E* 774

Londres
1777-1783

Robinet, Jean-Baptiste-René

*Dictionnaire universel des sciences
morale, économique, politique et diplomatique,
ou bibliothèque
de l'Homme-d'Etat et du Citoyen*

24

DICTIONNAIRE

UNIVERSEL.

TOME VINGT-QUATRIEME.

LO‑MIN

DICTIONNAIRE

UNIVERSEL

DES

SCIENCES

MORALE, ÉCONOMIQUE,

POLITIQUE ET DIPLOMATIQUE;

O U

BIBLIOTHEQUE

D E

L'HOMME-D'ÉTAT ET DU CITOYEN,

Mis en ordre & publié par M. ROBINET, Cenfeur Royal.

Au Temps & à la Vérité.

TOME VINGT-QUATRIEME.

A LONDRES,

C H E Z L E S L I B R A I R E S A S S O C I É S.

Et fe trouve à Paris chez l'Éditeur, rue de la Harpe à l'ancien College de Bayeux.

M. DCC. LXXXII.

TABLE

DES ARTICLES

DU TOME VINGT-QUATRIEME.

TABLE.

Fin de la Table.

BIBLIOTHEQUE
DE L'HOMME-D'ÉTAT,
ET
DU CITOYEN.

SUITE DE L'ARTICLE LOI.

§. X.

DES RAISONS D'ÉTABLIR OU D'ABROGER LES LOIX.

Par F. R. D. P.

EUX qui veulent acquérir une connoiffance exacte de la maniere dont il faut établir ou abroger les Loix', ne la peuvent puifer que dans l'hiftoire. Nous y voyons que toutes les nations ont eu des Loix particulieres : que ces Loix ont été établies fucceffivement ; & qu'il a fallu toujours beaucoup de temps aux hommes, pour parvenir à quelque chofe de raifonnable. Nous y voyons que les légiflateurs, dont les Loix ont fubfifté le plus long-temps, ont été ceux qui ont eu pour but le bonheur public, & qui ont le mieux connu le génie du peuple dont ils régloient le gouvernement.

Ce font ces confidérations qui nous obligent d'entrer ici en quelques détails fur l'hiftoire même des Loix, & fur la maniere dont elles fe font établies dans les pays les plus policés.

Il paroît probable que les peres de famille ont été les premiers légiflateurs : le befoin d'établir l'ordre dans leurs maifons les obligea, fans doute, à faire des Loix domeftiques. Depuis ces premiers temps, & lorfque les hommes commencerent à fe raffembler dans des villes, les Loix de ces jurifdictions particulieres fe trouverent infuffifantes pour une fociété plus nombreufe.

La malice du cœur humain, qui femble engourdie dans la folitude, fe ranime dans le grand monde ; & fi le commerce des hommes, qui affortit les caracteres les plus reffemblans, fournit des compagnons aux gens vertueux, il donne également des complices aux fcélérats.

Les défordres s'accrurent dans les villes : de nouveaux vices prirent naiffance, & les peres de famille, comme les plus intéreffés à les réprimer, convinrent, pour leur fureté, de s'oppofer à ce débordement. On publia donc des Loix, & l'on créa des magiftrats pour les faire obferver : tant eft grande la dépravation du cœur humain, que pour vivre en paix & heureux, on fut obligé de l'y contraindre par la puiffance des Loix !

Les premieres Loix ne parerent qu'aux grands inconvéniens ; les civiles régloient le culte des dieux, le partage des terres, les contrats de mariages, & les fucceffions : les Loix criminelles n'étoient rigoureufes que pour les crimes dont on redoutoit le plus les effets ; & enfuite, à mefure qu'il furvenoit des inconvéniens inattendus, de nouveaux défordres donnoient naiffance à de nouvelles Loix.

De l'union des villes fe formerent des républiques, & par la pente que toutes les chofes humaines ont à la viciffitude, leur gouvernement changea fouvent de forme. Laffé de la démocratie, le peuple paffoit à l'ariftocratie, à laquelle il fubftituoit même le gouvernement monarchique ; ce qui arrivoit en deux manieres, ou lorfque le peuple mettoit fa confiance dans la vertu éminente d'un de ces citoyens, ou lorfque par artifice quelque ambitieux ufurpoit le fouverain pouvoir. Il eft peu d'Etats qui n'aient pas effayé de ces différens gouvernemens ; mais tous eurent des Loix différentes.

Ofiris eft le premier légiflateur dont l'hiftoire profane faffe mention. Il étoit roi d'Egypte, & il y établit fes Loix ; les fouverains même y étoient foumis : ces Loix qui régloient le gouvernement du royaume, s'étendoient fur la conduite des particuliers.

Les rois n'acquéroient l'amour de leurs peuples qu'autant qu'ils s'y conformoient. Ofiris inftitua trente juges, dont le chef portoit au cou la figure de la vérité pendue à une chaîne d'or ; c'étoit obtenir gain de caufe que d'être touché par cette figure.

Ofiris régla le culte des dieux, le partage des terres, la diftinction des conditions; il ne voulut point qu'il y eût prife de corps contre le débiteur; toute féduction de rhétorique étoit bannie des plaidoyers : les Egyptiens engageoient les cadavres de leurs peres, ils les dépofoient chez leurs créanciers, pour nantiffement , & c'étoit une infamie que de ne les pas dégager avant leur mort. Ce légiflateur crut que ce n'étoit pas affez de punir les hommes pendant leur vie : il établit un tribunal qui les jugeoit après leur mort, afin que la flétriffure attachée à leur condamnation, fervît d'aiguillon pour animer les vivans à la vertu.

Après les Loix des Egyptiens, celles des Crétois font les plus anciennes : Minos fut leur légiflateur ; il fe difoit fils de Jupiter , & affuroit avoir reçu ces Loix de fon pere, afin de les rendre plus refpectables.

Lycurgue , roi de Lacédémone, fit ufage des Loix de Minos , auxquelles il en ajouta quelques-unes d'Ofiris, qu'il recueillit lui-même dans un voyage qu'il fit en Egypte ; il bannit de fa république, l'or, l'argent, toute forte de monnoies, & les arts fuperflus : il partagea également les terres entre les citoyens.

Ce légiflateur, qui avoit intention de former des guerriers, ne voulut point qu'aucune efpece de paffion pût énerver leur courage : il permit, pour cet effet, la communauté des femmes entre les citoyens; ce qui peuploit l'Etat, fans attacher trop les particuliers aux liens doux & tendres du mariage ; tous les enfans étoient élevés aux frais du public. Lorfque les parens pouvoient prouver que leurs enfans étoient nés malfains, il leur étoit permis de les tuer. Lycurgue penfoit qu'un homme qui n'étoit pas en état de porter les armes , ne méritoit pas la vie.

Il régla que les Ilottes, efpece d'efclaves, cultiveroient les terres, & que les Spartiates ne s'occuperoient qu'aux exercices qui les rendoient propres à la guerre.

La jeuneffe des deux fexes luttoit, ils faifoient leurs exercices tout nus, en place publique.

Leurs repas étoient réglés, où , fans diftinction des états, tous les citoyens mangeoient enfemble.

Il étoit défendu aux étrangers de s'arrêter à Sparte ; afin que leurs mœurs ne corrompiffent pas celles que Lycurgue avoit introduites.

On ne puniffoit que les voleurs mal-adroits : Lycurgue avoit intention de former une république militaire, & il y réuffit.

Dracon fut, à la vérité, le premier légiflateur des Athéniens : mais fes Loix étoient fi rigoureufes, qu'on difoit qu'elles étoient écrites plutôt avec du fang qu'avec de l'encre.

Nous avons vu comme les Loix s'établirent en Egypte & à Sparte : voyons maintenant comme elles furent réformées à Athenes.

Les défordres qui régnerent dans l'Attique , & les fuites funeftes qu'ils préfageoient, firent qu'on eut recours à un fage qui pouvoit feul réformer tant d'abus. Les pauvres qui fouffroient à caufe de leurs dettes, des vexations cruelles de la part des riches, fongerent à fe choifir un chef qui les délivrât de la tyrannie des créanciers.

Dans ces diffentions, Solon fut nommé archonte, & arbitre fouverain du confentement de tout le monde. Les riches, dit Plutarque, l'agréerent volontiers comme riche ; & les pauvres, comme homme de bien.

Solon déchargea les débiteurs : il accorda aux citoyens la liberté de tefter.

Il permit aux femmes qui avoient des maris impuiffans, d'en choifir d'autres parmi leurs parens.

Ces Loix impofoient des châtimens à l'oifiveté : elles abfolvoient ceux qui tuoient un adultere ; elles défendoient de confier la tutelle des enfans à leurs plus proches héritiers.

Ceux qui avoient crevé l'œil à un borgne, étoient condamnés à perdre les deux yeux : les débauchés n'ofoient point parler dans les affemblées du peuple.

Solon ne fit aucune Loi contre le parricide ; ce crime lui paroiffoit inoui. Il penfoit que c'eût été l'enfeigner plutôt que le défendre.

Il vouloit que fes Loix fuffent dépofées dans l'aréopage : ce confeil fondé par Cécrops qui, au commencement étoit compofé de trente juges, s'augmenta jufqu'à cinq cents : l'aréopage tenoit fes féances de nuit ; les avocats y plaidoient les caufes fimplement ; il leur étoit défendu d'exciter les paffions.

Les Loix d'Athenes pafferent enfuite à Rome : mais comme les Loix de cet empire devinrent celles de tous les peuples qu'il conquit ; il fera néceffaire de nous étendre davantage fur leur fujet.

Romulus fut le fondateur & le premier légiflateur de Rome ; voici le peu qui nous refte des Loix de ce prince.

Il vouloit que les rois euffent une autorité fouveraine dans les affaires de juftice & de religion ; qu'on n'ajoutât point foi aux fables qu'on rapportoit des dieux ; qu'on eût d'eux des fentimens faints & religieux, en n'attribuant rien de déshonnête à des natures bienheureufes. Plutarque ajoute que c'eft une impiété de croire que la divinité prenne plaifir aux attraits d'une beauté mortelle. Ce roi fi peu fuperftitieux ordonna cependant qu'on n'entreprit rien, fans avoir préalablement confulté les augures.

Romulus plaça les patriciens dans le fénat, les plébéiens dans les tribus ; & il ne comptoit pour rien les efclaves dans fa république.

Les maris avoient le droit de punir de mort leurs femmes, lorfqu'elles étoient convaincues d'adultere, ou d'ivrognerie.

La puiffance des peres fur leurs enfans n'avoit point de bornes ; il leur étoit permis de les faire mourir lorfqu'ils naiffoient monftrueux. On puniffoit les parricides de mort. Un patron, qui fraudoit fon client, étoit en abomination ; une belle-fille qui battoit fon pere, étoit abandonnée à la vengeance des dieux Pénates. Romulus voulut que les murailles des villes fuſſent ſacrées ; & il tua ſon frere Remus, pour avoir tranſgreſſé cette Loi en ſautant par-deſſus les murs de la ville qu'il élevoit.

Ce prince établit des aſiles : il y en avoit entre autres auprès de la roche Tarpéienne.

A ces Loix de Romulus, Numa en ajouta de nouvelles : comme ce prince étoit fort pieux, & que ſa religion étoit épurée, il défendit que perſonne donnât aux dieux la figure humaine, ou celle de quelque bête. Delà vint que les CLX premieres années depuis la fondation de Rome, il n'y eût point d'images dans les temples.

Tullus Hoſtilius, afin d'exciter le peuple à la multiplication de l'eſpece, voulut que, lorſqu'une femme accoucheroit de trois enfans à la fois, ils fuſſent nourris aux dépens du public, juſqu'à l'âge de puberté.

Nous remarquons parmi les Loix de Tarquin, qu'il obligea chaque citoyen de donner au roi le dénombrement de tous ſes biens, au riſque d'être puni s'il y manquoit ; qu'il régla les dons que chacun devoit faire aux temples ; & qu'entre autres il permit que les eſclaves mis en liberté puſſent être reçus dans les tribus de la ville ; les Loix de ce prince furent favorables aux débiteurs.

Telles ſont les principales Loix que les Romains reçurent de leurs rois ; Sextus Papirius les recueillit toutes, & elles prirent de lui le nom de code Papirien.

La plupart de ces Loix, faites pour un Etat monarchique, furent abolies par l'expulſion des rois.

Valerius Publicola, collegue de Brutus dans le conſulat, un des inſtrumens de la liberté dont Rome jouiſſoit, ce conſul, ſi favorable au peuple, publia de nouvelles Loix, propres au genre de gouvernement qu'il venoit d'établir.

Ces Loix permettoient d'appeller au peuple des jugemens des magiſtrats, & défendoient, ſous peine de mort, d'accepter des charges ſans ſon aveu. Publicola diminua les tailles, & autoriſa le meurtre des citoyens qui aſpiroient à la tyrannie.

Ce ne fut qu'après lui que s'établirent les uſures ; les grands de Rome les porterent juſqu'au denier huit. Si le débiteur ne pouvoit acquitter ſa dette, il étoit traîné en priſon, & réduit à l'eſclavage, lui & toute ſa famille. La dureté de cette Loi parut inſupportable aux Plébéïens, qui en étoient ſouvent les victimes : ils murmurerent contre les conſuls ; le ſénat ſe montra inflexible ; & le peuple, irrité de plus en plus, ſe retira au Mont ſacré. De-là il traita d'égal avec les ſénateurs ; & il ne rentra à Rome, qu'à condition qu'on aboliît ſes dettes, & que l'on créât des magiſtrats, qui par la charge de tribuns ſeroient autoriſés à ſoutenir ſes droits ; ces tribuns réduiſirent l'uſure au denier ſeize : & enfin elle fut tout-à-fait abolie pour un temps.

Les deux ordres qui compoſoient la république Romaine, formoient ſans cesse des desseins ambitieux pour s'élever les uns aux dépens des autres : de-là naquirent les défiances & les jalousies. Quelques séditieux, qui flattoient le peuple, outroient ses prétentions ; & quelques jeunes sénateurs, nés avec des passions vives, & avec beaucoup d'orgueil, rendoient les résolutions du sénat souvent trop séveres.

La Loi agraire, sur le partage des terres conquises, divisa plus d'une fois la république ; il en fut question l'année CCLXVII de sa fondation. Ces dissentions, auxquelles le sénat faisoit diversion par quelques guerres, mais qui se réveilloient toujours, continuerent jusqu'en l'année CCC. Rome reconnut enfin la nécessité d'avoir recours à des Loix qui pussent satisfaire les deux partis : on envoya à Athenes, Posthumius Albus, Antonius Manlius & Sulpitius Camerinus, pour y compiler les Loix de Solon. Ces ambassadeurs à leur retour, furent mis au nombre des Décemvirs : ils rédigerent ces Loix, qui furent approuvées du sénat par un arrêt, & du peuple par un Plébiscite ; on les fit graver sur dix tables de cuivre ; & l'année d'après on y en ajouta encore deux autres : ce qui forma un corps de Loix si connu sous le nom de celui des douze tables.

Ces Loix limitoient la puissance paternelle ; elles infligeoient des punitions aux tuteurs qui fraudoient leurs pupilles ; elles permettoient de léguer son bien à qui l'on voudroit. Les Triumvirs ordonnerent depuis que les testateurs seroient obligés de laisser le quart de leur bien à leurs héritiers ; & c'est l'origine de ce que nous appellons la légitime.

Les enfans posthumes, nés dix mois après la mort de leurs peres, étoient déclarés légitimes ; l'empereur Adrien étendit ce privilege jusqu'à l'onzieme mois.

Le divorce, jusqu'alors inconnu des Romains, n'eut force de Loi que par celle des douze tables ; il y avoit des peines infligées contre les injures d'effets, de paroles & par écrit.

L'intention seule du parricide étoit punie de mort.

Les citoyens étoient autorisés à tuer les voleurs armés, ou qui entroient de nuit dans leur maison.

Tout faux témoin devoit être précipité de la roche Tarpéïenne. En matieres criminelles, l'accusateur avoit deux jours, dans lesquels il formoit l'accusation, qu'il signifioit ; & l'accusé avoit trois jours pour y répondre. S'il se trouvoit que l'accusateur eût calomnié l'accusé, il étoit puni des mêmes peines que méritoit le crime dont il l'avoit chargé.

Voilà en substance ce que contenoient les Loix des douze tables, dont Tacite dit qu'elles furent la fin des bonnes Loix : l'Egypte, la Grece, & tout ce qu'elle connoissoit de plus parfait, y avoient contribué. Ces Loix, si équitables & si justes, ne resserroient la liberté des citoyens, que dans les cas où l'abus qu'ils en pouvoient faire, auroit nui au repos des familles & à la sureté de la république.

L'autorité du sénat sans cesse en opposition avec celle du peuple, l'ambition outrée des grands, les prétentions des Plébeïens, qui s'accroissoient chaque jour; & beaucoup d'autres raisons, qui sont proprement du ressort de l'histoire, causerent de nouveau des orages violens. Les Gracchus & les Saturninus publierent quelques Loix séditieuses. Pendant les troubles des guerres civiles, on vit un nombre d'ordonnances que les événemens faisoient paroître & disparoître. Sylla abolit les anciennes Loix, & en établit de nouvelles, que Lépidus détruisit. La corruption des mœurs, qui augmentoit avec ces dissentions domestiques, donna lieu à la multiplication des Loix à l'infini. Pompée, élu pour réformer ces Loix, en publia quelques-unes, qui périrent avec lui. Pendant vingt-cinq ans de guerres civiles & de troubles, il n'y eut ni droits, ni coutumes, ni justice, & on demeura dans cette confusion jusqu'au regne d'Auguste, qui sous son sixieme consulat rétablit les anciennes loix, & annulla toutes celles qui avoient pris naissance pendant les désordres de la république.

L'empereur Justinien remédia enfin à la confusion que la multiplicité des Loix apportoit à la jurisprudence ; & il ordonna à son chancelier Tribonien de composer un corps de droit parfait : celui-ci le réduisit en trois volumes, qui nous sont restés; savoir, le digeste, qui contient les opinions des plus célébres jurisconsultes; le code, qui renferme les constitutions des empereurs ; & les instituts, qui forment un abrégé du droit Romain.

Ces Loix se sont trouvées si admirables, qu'après la destruction de l'empire; elles ont été embrassées par les peuples les plus policés, qui en ont fait la base de leur jurisprudence.

Les Romains avoient apporté leurs Loix dans les pays de leurs conquêtes : les Gaules les reçurent, lorsque Jules César, qui les subjugua, en fit une province de l'empire.

Pendant le cinquieme siecle, après le démembrement de la monarchie Romaine, les peuples du Nord inonderent une partie de l'Europe ; ces différentes nations barbares introduisirent chez leurs ennemis vaincus, leurs Loix & leurs coutumes; les Gaules furent envahies par les Visigoths, les Bourguignons & les Francs.

Clovis crut faire grace à ses nouveaux sujets, en leur laissant l'option des Loix du vainqueur, ou de celles du vaincu; il publia la Loi salique, & sous les regnes de ses successeurs, on créa souvent de nouvelles Loix. Gondebaud, roi de Bourgogne, fit une ordonnance par laquelle il défere le duel à ceux qui ne voudront pas s'en tenir au serment.

Anciennement les seigneurs avoient le droit de juger souverainement & sans appel.

Sous le regne de Louis-le-gros, s'établit la justice supérieure & royale en France : nous voyons depuis, que Charles IX avoit intention de réformer la justice, & d'abréger les procédures; c'est ce qui paroît par l'ordonnance de Moulins. Il est à remarquer que des Loix si sages furent publiées dans des temps de troubles : mais, dit le préfident Hainault, le chancelier de l'Hôpital veilloit pour le falut de la patrie. Ce fut enfin Louis XIV qui fit rédiger toutes les Loix, depuis Clovis jufques à lui, dans un corps, qu'on appella de fon nom le code Louis.

Les Bretons que les Romains fubjuguerent, de même que les Gaulois, reçurent également des Loix de leurs conquérans.

Avant d'être affujettis, ces peuples étoient gouvernés par des Druides, dont les maximes avoient force de Loix.

Les peres de familles, chez ces peuples, avoient droit de vie & de mort fur leurs femmes & leurs enfans : tout commerce étranger leur étoit défendu ; ils égorgeoient les prifonniers de guerre, & en faifoient un facrifice aux dieux.

Les Romains maintinrent leur puiffance & leurs Loix, chez ces infulaires, jufqu'à l'empire d'Honorius, qui rendit aux Anglois leur liberté, l'an CCCCX, par un acte folemnel.

Les Pictes, alliés avec les Ecoffois, les attaquerent enfuite; les Bretons foiblement fecourus des Romains, & toujours battus par leurs ennemis, eurent recours aux Saxons : ceux-ci fubjuguerent toute l'ifle après une guerre de 150 ans ; & de leurs auxiliaires ils devinrent leurs maîtres.

Les Anglo-Saxons introduifirent dans la Grande-Bretagne leurs Loix ; les mêmes qui étoient en ufage anciennement en Allemagne : ils partagerent l'Angleterre en fept royaumes, qui fe gouvernoient féparément ; ils avoient tous des affemblées générales, compofées des grands du peuple & de l'ordre des payfans. La forme de ce gouvernement, qui étoit enfemble monarchique, ariftocratique & démocratique, s'eft confervée jufqu'à nos jours; l'autorité fe trouve encore partagée entre le roi, la chambre des feigneurs, & celle des communes.

Alfred-le-grand donna, à l'Angleterre, les premieres Loix, réduites en corps. Quoiqu'elles fuffent douces, ce prince fut inexorable envers les magiftrats convaincus de corruption : l'hiftoire remarque qu'en une année, il fit pendre quarante-quatre juges qui avoient prévariqué.

Selon le code d'Alfred-le-grand, tout Anglois, accufé de quelque crime, devoit être jugé par fes pairs; & la nation conferve encore ce privilege.

L'Angleterre prit une nouvelle forme par la conquête qu'en fit Guillaume, duc de Normandie : ce conquérant érigea de nouvelles cours fouveraines, dont celle de l'échiquier fubfifte encore; ces tribunaux fuivoient la perfonne du roi. Il fépara la jurisdiction eccléfiaftique de la civile; & de fes Loix, qu'il fit publier en langue Normande, la plus févere étoit l'interdiction de la chaffe, fous peine de mutilation ou de mort même.

Depuis Guillaume-le-conquérant, les rois fes fucceffeurs firent différentes chartes.

Henri I, dit Beauclerc, permit aux héritiers nobles de prendre poffeffion

des

des fucceffions qui leur retomboient fans rien payer au fouverain ; il permit même à la nobleffe de fe marier, fans le confentement du prince.

Nous voyons encore que le roi Etienne donna une charte, par laquelle il reconnoît tenir fon pouvoir du peuple & du clergé, qui confirme les prérogatives de l'églife, & abolit les Loix rigoureufes de Guillaume-le-conquérant.

Enfuite Jean-fans-terre accorda à fes fujets la charte, dite la grande-charte, elle confifte en LXII articles. *Voyez l'article* CHARTE.

Les articles principaux reglent la façon de relever les fiefs ; le partage des veuves défendant de les contraindre à convoler en fecondes noces : elle les oblige fous caution à ne fe point remarier fans la permiffion de leur feigneur fuzerain. Ces Loix établiffent les cours de juftice dans des lieux ftab les ; elles défendent au parlement de lever des impôts, fans le confentement des communes, à moins que ce ne foit pour racheter la perfonne du roi, ou enfin de faire fon fils chevalier, ou pour doter fa fille : elles ordonnent de n'emprifonner, de ne dépoffeder, ni de ne faire mourir perfonne, fans que fes pairs l'aient jugé felon les Loix du royaume ; & de plus, le roi s'engage à ne vendre, ni refufer la juftice à perfonne.

Les Loix de Weftminfter, qu'Edouard I publia, n'étoient qu'un renouvellement de la grande-charte, excepté qu'il défendit l'acquifition des terres aux gens de main-morte, & qu'il bannit les Juifs du royaume.

Quoique l'Angleterre ait beaucoup de fages Loix, c'eft peut-être le pays de l'Europe où elles font le moins en vigueur. Rapin Thoyras remarque très-bien que par un vice du gouvernement, le pouvoir du roi fe trouve fans ceffe en oppofition avec celui du parlement ; qu'ils s'obfervent mutuellement, foit pour conferver leur autorité, foit pour l'étendre ; ce qui diftrait & le roi & les repréfentans de la nation du foin qu'ils devroient employer au maintien de la juftice ; & ce gouvernement turbulent & orageux change fans ceffe fes Loix par acte de parlement, felon que les conjonctures & les événemens l'y obligent ; d'où il s'enfuit, que l'Angleterre eft dans le cas d'avoir plus befoin de réforme dans fa jurifprudence qu'aucun autre royaume.

Il ne nous refte qu'à dire deux mots de l'Allemagne. Nous reçûmes les Loix romaines, lorfque ces peuples conquirent la Germanie ; & nous les confervâmes, parce que les empereurs abandonnant l'Italie, tranfporterent chez nous le fiege de leur empire ; cependant il n'eft aucun cercle, aucune principauté, quelque petite qu'elle foit, qui n'ait un droit coutumier différent ; & ces droits, par la longueur du temps, fe font acquis force de Loix.

Après avoir expofé la maniere dont les Loix fe font établies chez la plupart des peuples policés, nous remarquerons que dans tous les pays où elles ont été introduites du confentement des citoyens, ce fut le befoin qui les y fit recevoir : & que dans les pays fubjugués, les Loix des conqué-

rans y devenoient celles des conquis ; mais qu'également par-tout elles ont
été augmentées fucceffivement. Si l'on eſt étonné de voir, au premier coup
d'œil, que les peuples puiffent être gouvernés par tant de Loix différentes ;
on peut revenir de ſa furprife, en obfervant que, pour l'eſſentiel des Loix,
elles ſe trouvent à peu près les mêmes; j'entends celles qui, pour le maintien de la ſociété, puniffent les crimes.

Nous obfervons encore, en examinant la conduite des plus ſages légiſlateurs, que les Loix doivent être adaptées au genre du gouvernement &
au génie de la nation qui les doit recevoir ; que les meilleurs légiſlateurs
ont eu pour but la félicité publique ; & qu'en général toutes les Loix qui
font les plus conformes à l'équité naturelle, à quelques exceptions près,
font les meilleures.

Comme Lycurgue trouva un peuple ambitieux, il lui donna des Loix plus
propres à faire des guerriers que des citoyens ; & s'il bannit l'or de ſa
république, c'étoit parce que l'intérêt eſt de tous les vices celui qui eſt le
plus oppoſé à la gloire.

Solon difoit de lui-même, qu'il n'avoit pas donné aux Athéniens les
Loix les plus parfaites, mais les meilleures qu'ils fuffent capables de recevoir. Ce légiſlateur confidéra non-feulement le génie de ce peuple, mais
auſſi la ſituation d'Athenes qui étoit aux bords de la mer : par cette raifon, il infligea des peines pour l'oiſiveté ; il encouragea l'induſtrie, & il ne
défendit point l'or & l'argent, prévoyant que ſa république ne pouvoit devenir grande ni puiffante que par un commerce floriffant.

Il faut bien que les Loix s'accordent avec le génie des nations, ou il ne
faut point eſpérer qu'elles ſubſiſtent. Le peuple Romain vouloit la démocratie ; tout ce qui pouvoit altérer cette forme de gouvernement, lui étoit
odieux : delà vint qu'il y eut tant de féditions pour faire paffer la Loi a-
graire ; le peuple ſe flattant que, par le partage des terres, il rétabliroit
une forte d'égalité dans les fortunes des citoyens ; delà vint qu'il y eut de
fréquentes émeutes pour l'abolition des dettes, parce que les créanciers,
qui étoient les grands, traitoient leurs débiteurs, qui étoient les plébéiens,
avec inhumanité ; & que rien ne rend plus odieuſe la différence des conditions, que la tyrannie que les riches exercent impunément fur les miférables.

On trouve trois fortes de Loix dans tous les pays ; à favoir : celles qui
tiennent à la politique, & qui établiffent le gouvernement ; celles qui
tiennent aux mœurs, & qui puniffent les criminels ; & enfin les Loix
civiles, qui reglent les ſucceſſions, les tutelles, les uſures & les contrats.
Les légiſlateurs, qui établiffent les Loix dans les monarchies, font ordinairement eux-mêmes fouverains : ſi leurs Loix font douces & équitables,
elles ſe foutiennent d'elles-mêmes ; tous les particuliers y trouvent leur
avantage : ſi elles font dures & tyranniques, elles feront bientôt abolies,
parce qu'il faut les maintenir par la violence, & que le tyran eſt feul contre tout un peuple, qui n'a de déſir que celui de les ſupprimer.

Dans plufieurs républiques, où des particuliers ont été législateurs, leurs Loix n'ont réuffi qu'autant qu'elles ont pu établir un jufte équilibre entre le pouvoir du gouvernement & la liberté des citoyens.

Il n'eft que les Loix qui regardent les mœurs, fur lefquelles les légiflateurs conviennent en général du même principe, excepté qu'ils fe font plus roidis contre un crime que contre un autre ; & cela fans doute pour avoir connu les vices auxquels la nation avoit le plus de penchant.

Comme les Loix font des digues qu'on oppofe au débordement des vices, il faut qu'elles fe faffent refpecter par la terreur des peines; mais il n'en eft pas moins vrai que les légiflateurs qui ont le moins aggravé les châtimens, font au moins les plus humains, s'ils ne font pas les plus rigides.

Les Loix civiles font celles qui different le plus entre elles : ceux qui les ont établies ont trouvé certains ufages introduits généralement avant eux, qu'ils n'ont ofé abolir fans choquer les préjugés de la nation ; ils ont refpecté la coutume, qui les fait regarder comme bonnes ; & ils ont adopté ces ufages, quoiqu'ils ne foient pas.équitables, purement en faveur de leur antiquité.

Quiconque fe donne la peine d'examiner les Loix avec un efprit philofophique, en aura, fans doute, trouvé beaucoup, qui d'abord paroiffent contraires à l'équité naturelle, & qui cependant ne le font pas. Je me contente de citer le droit de primogéniture. Il paroît que rien n'eft plus jufte que de partager la fucceffion paternelle en portions égales entre tous les enfans. Cependant l'expérience prouve que les puiffans héritages, fubdivifés en beaucoup de parties, réduifent, avec le temps, des familles opulentes à l'indigence ; ce qui a fait que des peres ont mieux aimé défhériter leurs cadets, que de préparer à leur maifon une décadence certaine. Et par la même raifon, des Loix qui paroiffent génantes & dures à quelques particuliers, n'en font pas moins fages, dès qu'elles tendent à l'avantage de la fociété entiere ; c'eft un tout auquel un légiflateur éclairé facrifiera conftamment les parties.

Les Loix qui regardent les débiteurs font, fans contredit, celles qui exigent le plus de circonfpection & de prudence de la part de ceux qui les publient. Si ces Loix favorifent les créanciers, la condition des débiteurs devient trop dure, un malheureux hafard peut ruiner à jamais leur fortune. Si au contraire cette Loi leur eft plus avantageufe, elle altere la confiance publique, en infirmant des contrats qui font fondés fur la bonne foi.

Ce jufte milieu, qui, en maintenant la validité des contrats, n'opprime pas les débiteurs infolvables, me paroît la pierre philofophale de la jurifprudence.

Nous ne nous étendrons pas davantage fur cet article : la nature de cet ouvrage ne nous permet point d'entrer dans un plus grand détail ; nous nous bornons aux réflexions générales.

B 2

Un corps de Loix parfaites feroit le chef-d'œuvre de l'efprit humain, dans ce qui regarde la politique du gouvernement ; on y remarqueroit une unité de deffein & des regles fi exactes & fi proportionnées, qu'un Etat conduit par ces Loix reffembleroit à une montre, dont tous les refforts ont été faits pour un même but ; on y trouveroit une connoiffance profonde du cœur humain & du génie de la nation ; les châtimens feroient tempérés, de forte qu'en maintenant les bonnes mœurs, ils ne feroient ni légers ni rigoureux ; des ordonnances claires & précifes ne donneroient jamais lieu au litige : elles confifteroient dans un choix exquis de tout ce que les Loix civiles ont eu de meilleur, & dans une application ingénieufe & fimple de ces Loix aux ufages de la nation ; tout feroit prévu, tout feroit combiné, & rien ne feroit fujet à des inconvéniens ; mais les chofes parfaites ne font pas du reffort de l'humanité.

Les peuples auroient lieu d'être fatisfaits, fi les légiflateurs fe mettoient à leur égard dans les mêmes difpofitions d'efprit où étoient ces peres de famille, qui donnerent les premieres Loix : ils aimoient leurs enfans ; les maximes qu'ils leur prefcrivoient, n'avoient d'objet que le bonheur de leurs familles.

Peu de Loix fages rendent un peuple heureux ; beaucoup de Loix embarraffent la jurifprudence. Par la raifon qu'un bon médecin ne furcharge pas fes malades de remedes ; le légiflateur habile ne furcharge pas le public de Loix fuperflues. Trop de médecines fe nuifent & empêchent réciproquement leurs effets ; trop de Loix deviennent un dédale, où les jurifconfultes & la juftice s'égarent.

Chez les Romains les Loix fe multiplierent, lorfque les révolutions étoient fréquentes ; tout ambitieux qui fe voyoit favorifé de la fortune, fe faifoit légiflateur : cette confufion dura, comme nous l'avons dit, jufqu'au temps d'Augufte, qui annulla toutes ces ordonnances injuftes, & remit les anciennes Loix en vigueur.

En France, les Loix devinrent plus nombreufes, lorfque les Francs, en conquérant ce royaume, y introduifirent les leurs ; Louis XI eut deffein de réunir toutes ces Loix, & d'établir dans fon empire, comme il le difoit lui-même, une feule Loi, un feul poids, & une feule mefure.

Il eft plufieurs Loix auxquelles les hommes font attachés, parce qu'ils font la plupart des animaux de coutume ; quoiqu'on pût en fubftituer de meilleures à leur place, il feroit peut-être dangereux d'y toucher ; la confufion que cette réforme mettroit dans la jurifprudence, feroit peut-être plus de mal que les nouvelles Loix ne produiroient de bien.

Cela n'empêche pas qu'il y ait des cas, où la réforme femble abfolument néceffaire : c'eft lorfqu'il fe trouve des Loix contraires au bonheur public, & à l'équité naturelle ; lorfqu'elles font énoncées en termes vagues & obfcurs ; & lors, enfin, qu'elles impliquent contradiction dans le fens ou dans les termes.

Entrons dans quelque éclairciffement fur cette matiere.

Les Loix d'Ofiris fur le vol font, par exemple, dans le cas de ces premieres, dont nous avons parlé : elles ordonnoient que ceux qui voudroient faire le métier de voleurs, fe fiffent infcrire chez leurs capitaines, & qu'on portât chez lui à l'inftant tout ce qu'on déroberoit. Ceux chez qui s'étoit fait le vol, venoient chez le chef des voleurs revendiquer leurs biens, qu'on leur reftituoit, pourvu que le propriétaire donnât le quart de la valeur : le légiflateur penfoit que par cet expédient, il fourniffoit aux citoyens un moyen de recouvrer ce qui leur appartenoit, moyennant une légere redevance ; c'étoit le moyen de faire des voleurs de tous les Egyptiens. Ofiris n'y penfoit pas fans doute en établiffant cette Loi, à moins qu'on ne veuille dire qu'il conniva au vol, comme à un mal qu'il ne pouvoit pas empêcher : de même que le gouvernement d'Amfterdam fouffre les muficos, & celui de Rome les maifons de joie privilégiées.

Les bonnes mœurs & la fureté publique demanderoient cependant qu'on abrogeât cette Loi d'Ofiris, fi malheureufement on la trouvoit établie.

Les François ont pris le contre-pied des Egyptiens : ceux-là étoient trop doux ; ceux-ci font trop féveres. Les Loix françoifes font d'une rigueur terrible ; tous les voleurs domeftiques font punis de mort; ils difent pour fe juftifier, qu'en puniffant féverément les coupeurs de bourfes, ils détruifent la femence des brigands & des affaffins.

L'équité naturelle veut, qu'il y ait une proportion entre le crime & le châtiment : les vols compliqués méritent la mort : ceux qui fe commettent fans violence ont des côtés, par lefquels on peut envifager, avec compaffion, ceux qui en font coupables.

Il y a l'infini entre le deftin d'un riche & le fort d'un miférable : l'un regorge de biens & nage dans le fuperflu ; l'autre, abandonné de la fortune, manque même du néceffaire. Qu'un malheureux dérobe, pour vivre, quelques piftoles, une montre d'or, ou pareilles bagatelles, à un homme que fa magnificence empêche de s'appercevoir de cette perte; faut-il que ce miférable foit dévoué à la mort ? l'humanité n'exige-t-elle pas qu'on adouciffe cette extrême rigueur? Il paroît bien que les riches ont fait cette Loi : les pauvres ne feroient-ils pas en droit de dire : que n'a-t-on de la commifération pour notre état déplorable? Si vous étiez charitables, fi vous étiez humains, vous nous fecourriez dans nos miferes, & nous ne vous volerions pas. Parlez; eft-il jufte que toutes les félicités de ce monde foient pour vous, & que toutes les infortunes nous accablent ?

La jurifprudence Pruffienne a trouvé un tempérament entre le relâchement de celle d'Egypte, & la févérité de celle de France : les Loix ne puniffent point de mort le vol fimple ; elles fe contentent de condamner le coupable à certain temps de prifon. Peut-être feroit-on mieux encore d'introduire la Loi du talion, qui s'obfervoit chez les Juifs; par laquelle le voleur étoit obligé de reftituer le double de ce qu'il avoit dérobé, ou de fe conftituer l'efclave de celui dont il avoit faifi le bien. Si l'on fe contente de punir légérement les petites fautes, on réferve les derniers fupplices aux brigands, aux meurtriers, aux affaffins, de forte que la punition marche toujours de pair avec le crime.

Aucune Loi ne révolte plus l'humanité, que le droit de vie & de mort, que les peres avoient fur leurs enfans, à Sparte & à Rome. En Grece, un pere qui fe trouvoit trop pauvre pour fournir aux befoins d'une famille nombreufe, faifoit périr les enfans qui lui naiffoient de trop; à Sparte & à Rome qu'un enfant vint au monde mal conformé, cela autorifoit fuffifamment un pere à lui ôter la vie. Nous fentons toute la barbarie de ces Loix, à caufe que ce ne font pas les nôtres : mais examinons un moment fi nous n'en avons pas d'auffi injuftes.

N'y a-t-il point quelque chofe de bien dur dans la façon dont nous puniffons les avortemens? A Dieu ne plaife que j'excufe l'action affreufe de ces Médées, qui, cruelles à elles-mêmes, & à la voix du fang, étouffent la race future (fi j'ofe m'exprimer ainfi) fans lui laiffer le temps de voir le jour! Mais que le lecteur fe dépouille de tous les préjugés de la coutume; & qu'il daigne prêter quelque attention aux réflexions que je vais lui préfenter.

Les Loix n'attachent-elles pas un degré d'infamie aux couches clandeftines? Une fille, née avec un tempérament trop tendre, trompée par les promeffes d'un débauché, ne fe trouve-t-elle pas, par les fuites de fa crédulité, dans le cas d'opter entre la perte de fon honneur, ou celle du fruit malheureux qu'elle a conçu? N'eft-ce pas la faute des Loix, de la mettre dans une fituation auffi violente? Et la févérité des juges ne prive-t-elle pas l'Etat de deux fujets à la fois, de l'avorton qui a péri, & de la mere qui pourroit réparer abondamment cette perte, par une propagation légitime? On dit à cela qu'il y a des maifons d'enfans trouvés. Je fais qu'elles fauvent la vie à une infinité de bâtards : mais ne vaudroit-il pas mieux trancher le mal par fes racines, & conferver tant de pauvres créatures qui périffent miférablement, en aboliffant les flétriffures attachées aux fuites d'un amour imprudent & volage? (a)

Mais rien de plus cruel que la queftion : les Romains la donnoient à leurs efclaves, qu'ils regardoient comme une efpece de bétail domeftique: jamais aucun citoyen ne la recevoit.

La queftion fe donne en Allemagne aux malfaiteurs, après qu'ils font convaincus, afin d'arracher de leur propre bouche l'aveu de leurs crimes: elle fe donne en France pour avérer le fait, ou pour découvrir les com-

_____

(a) En quelques pays, l'opinion plus forte que les Loix commence à opérer la réforme que l'auteur propofe; & j'ai vu la bonne police prendre les moyens les plus doux & les plus conformes à la fragilité humaine, pour prévenir l'avortement volontaire.

plices. Autrefois les Anglois avoient l'*ordeal* ou l'épreuve par le feu & par l'eau : ils ont à préfent une efpece de queftion moins dure que l'ordinaire, mais qui revient à peu près à la même chofe.

Qu'on me le pardonne, fi je me récrie contre la queftion : j'ofe prendre le parti de l'humanité contre un ufage honteux à des chrétiens & à des peuples policés, & j'ofe ajouter contre un ufage auffi cruel qu'inutile. (a)

Quintilien, le plus fage, & le plus éloquent des rhéteurs, dit, en traitant de la queftion, que c'eft une affaire de tempérament. Un fcélérat vigoureux nie le fait : un innocent d'une complexion foible l'avoue ; un homme eft accufé ; il y a des indices ; le juge eft dans l'incertitude ; il veut s'éclaircir ; ce malheureux eft mis à la queftion. S'il eft innocent, quelle barbarie de lui faire fouffrir le martyre ; fi la force des tourmens l'oblige à dépofer contre lui-même, quelle inhumanité épouvantable que d'expofer aux plus violentes douleurs, & de condamner à la mort un citoyen vertueux contre lequel il n'y a que des foupçons! Il vaudroit mieux pardonner à vingt coupables que de facrifier un innocent. Si les Loix fe doivent établir pour le bien des peuples, faut-il qu'on en tolere de pareilles, qui mettent les juges dans le cas de commettre méthodiquement des actions criantes qui révoltent l'humanité?

Il y a plufieurs années que la queftion eft abolie en Pruffe ; on eft fûr de ne point confondre l'innocent & le coupable ; & la juftice ne s'en fait pas moins.

Examinons à préfent les Loix vagues & les procédures qui font dans le cas d'être réformées.

Il y avoit une Loi en Angleterre qui défendoit la bigamie : un homme fut accufé d'avoir cinq femmes ; & comme la Loi ne s'expliquoit pas fur ce cas, & qu'on l'interprete littéralement, il fut mis hors de cour & de procès. Pour que cette Loi fût claire, elle auroit du porter, *que quiconque prend plus d'une femme foit puni, &c.* Les Loix vagues & littéralement interprétées en Angleterre, ont donné lieu aux abus les plus ridicules.

Des Loix précifes ne donnent point lieu à la chicane, elles doivent s'entendre felon le fens de la lettre ; lorfqu'elles font vagues ou obfcures, elles obligent de recourir à l'intention du légiflateur, & au lieu de juger des faits, on s'occupe à les définir.

La chicane ne fe nourrit pour l'ordinaire que de fucceffions & de contrats ; & par cette raifon les Loix qui roulent fur ces articles, ont befoin de la plus grande clarté ; fi l'on s'occupe à vétiller fur les termes, en compofant des ouvrages d'efprit frivoles : à combien plus forte raifon les termes de la Loi méritent-ils d'être pefés fcrupuleufement?

Les juges ont deux pieges à craindre ; ceux de la corruption, & ceux

(a) *Voyez l'article* QUESTION.

de l'erreur : leur conscience doit les garantir des premiers, & les législateurs, des seconds. Des Loix claires, qui ne donnent pas lieu à des interprétations, y sont un premier remede; & la simplicité des plaidoyers, le second. On peut restreindre les discours des avocats à la narration du fait, fortifiée de quelques preuves, & terminée par un épilogue ou courte récapitulation. Rien n'est plus fort dans la bouche d'un homme éloquent que l'art de manier les passions; l'avocat s'empare de l'esprit des juges; il les intéresse, il les émeut, il les entraine; & le prestige du sentiment fait illusion sur le fond de la vérité. Lycurgue & Solon interdirent tous les deux cette sorte de persuasion aux avocats; & si nous en rencontrons dans les Philippiques & dans les Harangues sur la couronne, qui nous restent de Démosthenes & d'Eschine, il faut observer qu'elles ne se prononcerent pas devant l'aréopage, mais devant le peuple; que les Philippiques sont du genre délibératif; & que celles sur la couronne sont plutôt du genre démonstratif, que du judiciaire.

Les Romains n'étoient pas aussi scrupuleux que les Grecs sur les harangues de leurs orateurs : il n'est point de plaidoyer de Cicéron, qui ne soit plein de passion. J'en suis fâché pour cet orateur; mais nous voyons dans sa harangue pour Cluentius, qu'il avoit auparavant plaidé pour sa partie adverse. La cause de Cluentius ne paroît pas absolument bonne : mais l'art de l'orateur l'emporte. Le chef-d'œuvre de Cicéron est, sans doute, la peroraison de la harangue pour Fontéïus : elle le fit absoudre, quoiqu'il paroisse coupable. Quel abus de l'éloquence que de se servir de son enchantement pour énerver les Loix les plus sages?

La Prusse a suivi cet usage de la Grece : & si les raffinemens dangereux de l'éloquence sont bannis des plaidoyers, elle en est redevable à la sagesse du grand-chancelier, dont la probité, les lumieres & l'activité infatigable, auroient fait honneur aux républiques Grecque & Romaine, dans les temps où elles étoient les plus fécondes en grands-hommes.

Il est encore un article qui doit être compris sous l'obscurité des Loix; c'est la procédure & le nombre d'instances que les plaideurs ont à parcourir avant que de terminer leurs procès. Que ce soient de mauvaises Loix, qui leur fassent injustice; que ce soient des plaidoyers artificieux qui obscurcissent leurs droits; ou que ce soient des longueurs, qui, absorbant le fond même du litige, leur fassent perdre les avantages qui leur sont dûs; tout cela revient au même. L'un est un mal plus grand que l'autre : mais tous les abus méritent réforme. Ce qui alonge les procès, donne un avantage considérable aux riches sur les plaideurs qui sont pauvres; ils trouvent le moyen de traduire le procès d'une instance à l'autre; ils molestent & ruinent leur partie; & ils restent à la fin les seuls dans la carriere.

Autrefois dans ce pays, les procès duroient au-delà d'un siecle : lors même qu'une cause avoit été décidée par cinq tribunaux, la partie adverse, au
plus

plus haut mépris de la juftice, en appelloit aux univerfités; & les profeffeurs en droit réformoient fes fentences à leur gré. Un plaideur jouoit bien
de malheur, qui, dans cinq tribunaux & je ne fais combien d'univerfités, ne trouvoit pas des ames vénales & corruptibles. Ces ufages ont
été abolis, les procès font jugés en dernier reffort dès la troifieme inftance; & le terme limité d'un an eft prefcrit aux juges, dans lequel ils doivent terminer les caufes les plus litigieufes. *(a)*

Il nous refte encore à dire quelques mots fur les Loix qui impliquent
contradiction, foit par les termes, foit par le fens même.

Lorfque dans un Etat les Loix ne font pas raffemblées en un feul corps,
il faut qu'il y en ait qui fe contredifent entr'elles : comme elles font l'ouvrage de différens légiflateurs qui n'ont pas travaillé fur le même plan,
elles manqueront de cette unité fi effentielle & fi néceffaire à toutes les
chofes importantes.

Quintilien traite de cette matiere dans fon livre de l'orateur, & nous
voyons, dans les oraifons de Cicéron, qu'il oppofe fouvent une Loi à une
autre; nous trouvons de même dans l'hiftoire de France, des édits, tantôt
en faveur & tantôt contre les huguenots. Le befoin de rédiger ces fortes
d'ordonnances, eft d'autant plus indifpenfable, que rien n'eft moins digne
de la majefté des Loix, qu'on fuppofe toujours établies avec fageffe, que
d'y découvrir des contradictions ouvertes & manifeftes.

L'édit contre les duels eft très-jufte, très-équitable, très-bien fait : mais
il n'amene point au but que les princes fe font propofé en le publiant :
des préjugés plus anciens que cet édit emportent fur lui de haute-lutte;
& il femble que le public, rempli de fauffes opinions, foit convenu tacitement de n'y point obéir : un point d'honneur mal-entendu, mais généralement reçu, brave le pouvoir des fouverains; & ils ne peuvent maintenir cette Loi en vigueur, qu'avec une efpece de cruauté. Tout homme
qui a le malheur d'être infulté par un brutal, paffe pour un lâche dans
tout l'univers, s'il ne fe venge de fon affront, en donnant la mort à celui
qui en eft l'auteur. Si cette affaire arrive à un homme de condition, on le regarde comme indigne des titres de nobleffe qu'il porte; s'il eft militaire, &
qu'il ne termine point fon différend, on le force de fortir avec ignominie du
corps dans lequel il fert; & il ne trouve de l'emploi dans aucun fervice de l'Europe. Quel parti prendra donc un particulier, s'il fe trouve engagé dans une
affaire auffi épineufe ? Voudra-t-il fe déshonorer en obéiffant à la Loi, ou ne
rifquera-t-il pas plutôt fa vie & fa fortune pour fauver fa réputation?

Le point de la difficulté qui refte à réfoudre, feroit de trouver un expédient, qui, en confervant l'honneur aux particuliers, maintînt la Loi dans
toute fa vigueur.

(a) Voyez l'article PROCÉDURE.

La puiſſance des plus grands rois n'a rien pu contre cette mode barbare : Louis XIV, Frédéric I & Frédéric-Guillaume publierent des édits rigoureux contre les duels ; ces princes n'avancerent rien, ſinon que les duels changerent de nom, & paſſerent pour des rencontres ; & que bien des nobles qui avoient été tués, furent enterrés, comme étant morts ſubitement.

Si tous les princes de l'Europe n'aſſemblent pas un congrès, & ne conviennent entre eux d'attacher un déshonneur à ceux qui, malgré leurs ordonnances, tentent de s'égorger dans ces combats ſinguliers ; ſi, dis-je, ils ne conviennent pas de refuſer tout aſile à cette eſpece de meurtriers, & de punir ſévérement ceux qui inſulteront leurs pareils, ſoit en paroles, ſoit par écrit, ou par voies de fait, il n'y aura point de fin aux duels.

Qu'on ne m'accuſe point d'avoir hérité des viſions de l'abbé de ſaint Pierre : je ne vois rien d'impoſſible à ce que des particuliers ſoumettent leurs querelles à la déciſion des juges ; de même qu'ils y ſoumettent les différends qui décident de leurs fortunes ; & par quelle raiſon les princes n'aſſembleroient-ils pas un congrès pour le bien de l'humanité ; après en avoir fait tenir tant d'infructueux ſur des ſujets de moindre importance ? J'en reviens-là, & j'oſe aſſurer que c'eſt le ſeul moyen d'abolir en Europe ce point d'honneur mal placé, qui a coûté la vie à tant d'honnêtes gens dont la patrie pouvoit s'attendre aux plus grands ſervices.

Telles ſont en abrégé les réflexions que les Loix m'ont fournies ; je me ſuis borné à faire une eſquiſſe au lieu d'un tableau ; & je crains même de n'en avoir que trop dit.

Il me ſemble enfin que, chez des nations qui ſortent à peine de la barbarie, il faut des légiſlateurs ſéveres ; que chez les peuples policés, dont les mœurs ſont douces, il faut des légiſlateurs humains.

S'imaginer que les hommes ſont tous des démons, & s'acharner ſur eux avec cruauté ; c'eſt la viſion d'un miſanthrope farouche ; ſuppoſer que les hommes ſont tous des anges, & leur abandonner la bride ; c'eſt le rêve d'un capucin imbécile : croire qu'ils ne ſont tous bons, ni tous mauvais ; récompenſer les bonnes actions au-delà de leur prix, punir les mauvaiſes au-deſſous de ce qu'elles méritent ; avoir de l'indulgence pour leurs foibleſſes, & de l'humanité pour tous ; c'eſt comme en doit agir un homme raiſonnable.

§. X I.

LOI DE PERMISSION.

C'EST la liberté que le ſouverain laiſſe à ſes ſujets d'agir ou de ne pas agir dans les choſes qui ne ſont pas expreſſément preſcrites, par la Loi obligatoire, comme ils le trouveront à propos, pour leur aſſurer une pleine jouiſſance de leurs droits à cet égard.

Barbeirac, Burlamaqui & quelques autres jurifconfultes ont foutenu
avec plus de chaleur que de raifon cette nouvelle efpece de Loi.

1°. En effet, la Loi naturelle s'étend à tout ce que nous devons faire
& à ce que nous devons éviter : il n'y a donc point de Loi de permiffion : car dès qu'une action eft permife par le droit naturel, elle eft ordonnée, & l'homme n'a point de liberté à cet égard.

2°. Entre le bien & le mal moral, il n'y a point de milieu : le moindre bien moral eft un mal relatif, & le moindre mal moral eft un bien
relatif : le bien ou le mal relatif n'eft pas moins un bien ou un mal réel
que le bien & le mal abfolu. Le droit naturel nous ordonne de fuivre le
bien, & d'éviter le mal. Il n'y a donc point d'action permife dans la morale qui ne foit en même temps ordonnée. Si elle eft permife, elle ne
doit pas être oppofée à la nature de l'homme. Lorfqu'il s'agit d'actions
morales, ce qui n'eft pas oppofé à la nature humaine, lui convient ; &
toute action convenable à la nature humaine eft ordonnée par le droit
naturel.

Je dis lorfqu'il s'agit d'actions morales, car une action relativement aux
Loix civiles quoiqu'utile à l'homme, peut être confidérée comme une
action indifférente, qui ne peut être l'objet d'une Loi quelconque. Par
exemple, la promenade relativement aux Loix civiles, eft une action indifférente, & chacun eft obligé de laiffer jouir de ce droit celui qui fe
promene, droit qui n'eft pas une fuite de la prétendue Loi de permiffion,
mais du droit primitif des hommes, qui en introduifant le droit de propriété, ont confervé la communauté primitive à l'égard des grands chemins
& de la liberté naturelle. Mais fi l'on envifage la promenade comme un
exercice du corps néceffaire pour conferver, ou pour rétablir la fanté,
l'homme eft obligé par le droit de la nature de fe promener. Les Loix
civiles ne l'y obligeront pas, elles lui laifferont une pleine & entiere
liberté, mais au tribunal des Loix naturelles il n'en fera pas moins
condamné.

3°. Burlamaqui demande s'il eft convenable à l'homme qu'il affujettiffe
fes actions à quelque regle fixe & invariable, ou s'il peut au contraire fe
livrer indifféremment à tous les mouvemens de fa volonté, & jouir ainfi
pleinement & fans contrainte de la félicité extrême avec laquelle cette
faculté la tourne de tous côtés, par une fuite de la flexibilité qui lui eft
naturelle ; concluant fort bien, que l'homme ne fauroit fubfifter fans une
regle. Mais comment concilierons-nous la néceffité d'une regle pour
l'homme, avec cette prétendue Loi de permiffion? Si l'homme a befoin
d'une regle, & qu'il l'ait effectivement reçue de la libéralité du Créateur,
pourquoi encore des Loix de permiffion? pourquoi une Loi pour régler certains mouvemens de la volonté, tandis que pour d'autres il aura été abandonné à fa liberté naturelle, aux caprices de fon humeur, à la fougue de
fes paffions? Le législateur n'a-t-il donc pas prévu tous les cas poffibles?

est-ce que l'homme étoit plus porté à se contenir dans les actions permises, que dans celles qui par la regle sont ordonnées ou défendues? est-ce enfin que ces actions permises sont hors de la sphere de celles qui regardent notre bonheur? & dans ce dernier cas, nous sommes hors de la question, car c'est dans la morale que l'on demande s'il y a une Loi proprement dite de simple permission.

4°. La Loi est une regle de conduite, c'est un flambeau qui va devant les hommes afin qu'ils ne s'écartent pas du droit chemin de la vertu. Qui pourroit donc s'imaginer que le silence du législateur soit une telle regle, un tel flambeau? Celui qui se tait ne dirige pas; celui qui ne défend point une action ni ne l'ordonne, ne prescrit point de regle. On peut comparer la Loi obligatoire à un flambeau qui nous éclaire pendant que nous marchons dans les ténebres de la nuit, & la Loi de permission aux endroits reculés qui ne sont pas éclairés. Diroit-on que l'intention de celui qui nous éclaire dans les ténebres de la nuit, est que les endroits qu'il n'éclaire pas soient pour l'homme abandonné à son sort, jouissant de ses droits, une occasion de chûte? Cette privation de lumiere peut-elle être regardée comme une lumiere véritable? Or, c'est précisément la même chose que la Loi de permission dans le sens que lui donnent ceux qui la défendent; c'est une Loi fondée dans le silence du législateur; c'est une regle de conduite donnée par un législateur lorsqu'il ne dirige point : c'est une lumiere qui éclaire par la privation même de la lumiere.

La réponse qu'on pourroit donner, savoir que la permission n'éclaire pas tant celui à qui on dit qu'une chose est permise, que toute autre personne qui est tenue par-là de ne lui causer aucun obstacle lorsqu'il veut faire ce que la Loi lui permet; cette réponse, dis-je, ne diminue point la force des raisons précédentes; car ce droit n'est pas l'effet de la permission, mais de la Loi naturelle à laquelle l'action de celui qui agit la croyant permise, n'est pas censé contraire. Car à l'égard de toutes les choses, où la Loi ne nous apporte aucun obstacle, nous jouissons d'une pleine liberté, dont l'effet principal est, que personne n'a droit de nous troubler dans l'usage innocent de cette liberté. Ainsi il est tout-à-fait superflu d'accorder expressément par une Loi la liberté de faire ces sortes de choses, dont la permission se déduit aisément de cela seul qu'elles ne sont pas défendues.

En effet, tant s'en faut que la simple permission du législateur, fondée sur son silence, donne le droit à ceux qui agissent par cette prétendue Loi de permission de n'être pas troublés dans leurs actions, que même dans les permissions pleines & absolues ils n'acquierent pas ce droit. Par exemple, les Loix civiles permettent positivement à un mari de tuer sa femme, lorsqu'il la trouve en flagrant délit : cependant elles ne défendent pas pour cela aux autres d'empêcher ce meurtre, s'ils le peuvent. L'on voit donc que le droit que nous avons de n'être pas empêchés dans les actions qui ne font pas l'objet de la législation, est purement & simplement une suite de la liberté naturelle de l'homme, qui n'a pas été restreinte dans les actions indifférentes, ou qui ne font pas comprises dans la sphere des actions morales.

On pourroit se faire plus facilement illusion à l'égard de la Loi de permission dans le droit civil, où le législateur ne pouvant pas tout prévoir, ni comprendre tous les cas possibles dans un code, on pourroit s'imaginer que les actions dont il n'a point fait mention, font des actions permises, & cela par un consentement tacite du législateur, qui ayant passé en revue toutes les actions de ses sujets, en a ordonné ou défendu un certain nombre, tandis qu'il a laissé les autres à leur liberté naturelle. Mais dans cette même illusion je ne saurois voir une Loi proprement dite de permission. Car d'abord les Loix civiles ne font qu'un commentaire des Loix naturelles, qui à leur tour en font le supplément. Ainsi, ce qui échappe au législateur humain, n'a pas surement échappé au législateur divin. Donc, les actions dont la Loi ne fait point mention, font ou moralement bonnes ou moralement mauvaises. Dans le premier cas les actions font ordonnées; dans le second elles font défendues par le droit naturel, car la permission tacite des Loix civiles n'a pas assez de force pour faire qu'une action mauvaise en elle-même ne soit pas contraire au droit naturel. Il n'y a donc point d'actions permises dans le sens de la Loi de permission, par rapport à la morale. Que si l'on parle des actions indifférentes, nous avons déjà dit, qu'elles font permises par une suite de la liberté naturelle.

7. La permission expresse a beaucoup plus de force que la permission tacite; cependant la permission expresse dans le droit civil n'accorde pas le droit à celui qui s'en sert de n'être pas gêné dans les actions qu'il commet en conséquence de la permission. Il n'y a guere que deux cas où les législateurs donnent une permission expresse. 1°. Lorsqu'on ne permet ou qu'on ne tolere une chose que jusqu'à un certain point; & 2°. lorsqu'on laisse racheter par une espece d'impôt la liberté d'agir, ou l'impunité. On allegue pour le premier cas l'exemple du prêt à usure, que les Loix de plusieurs Etats permettent sur un certain pied seulement. L'autre se voit dans les prostitutions publiques, qui font tolérées en quelques endroits moyennant un certain tribut. Or ces permissions ne défendent pas aux autres d'empêcher l'usurier & la prostituée.

8. Enfin, suivant les auteurs de la Loi de permission, Dieu ne sauroit permettre positivement la moindre chose qui soit mauvaise de sa nature. Tout ce donc que Dieu permet par la prétendue Loi de permission, n'est pas mauvais de sa nature; c'est-à-dire, n'est pas contraire à l'ordre, à la convenance, à la nature des choses; or comme ce qui n'est pas contraire à l'ordre, à la convenance, à la nature des choses, doit y être conforme, car il n'y a point de milieu entre une action conforme & une action con-

traire à cet ordre, à cette convenance, à cette nature des chofes, ce que Dieu permet étant conforme à l'ordre, à la convenance, à la nature des chofes, eft en même temps ordonné par une véritable Loi obligatoire.

§. XII.

LOI NATURELLE.

C'EST une Loi que Dieu impofe à tous les hommes, & qu'ils peuvent découvrir & connoître par les feules lumieres de leur raifon, en confidérant avec attention leur nature & leur état.

L'exiftence de la Loi naturelle fuppofe trois articles : favoir, 1°. l'exiftence de Dieu, *Voyez* DIEU : 2°. que Dieu a le droit d'impofer des Loix aux hommes : 3°. qu'il leur en a donné effectivement.

Dès que nous avons reconnu un Dieu créateur, il eft bien vifible que c'eft un maître, qui a par lui-même un droit fouverain de commander aux hommes, de leur prefcrire des regles de conduite, de leur impofer des Loix; & il n'eft pas moins évident que les hommes de leur côté, fe trouvent par leur conftitution naturelle, dans l'obligation d'affujettir leurs actions à la volonté de ce premier être.

En effet, on ne peut douter que celui qui exifte néceffairement & par lui-même, & qui a créé l'univers, ne foit doué d'une puiffance infinie. Comme il a donné l'être à toutes chofes par fa feule volonté, il peut auffi les conferver, les anéantir, ou les changer à fon gré.

Mais fa fageffe n'eft pas moindre que fa puiffance. Ayant tout fait, il doit tout connoître : il connoît & les caufes & les effets qui en peuvent réfulter. On voit d'ailleurs dans tous fes ouvrages les fins les plus excellentes, & un choix des moyens les plus propres à y parvenir : en un mot, tout y eft, pour ainfi dire, marqué au coin de la fageffe.

La raifon nous apprend auffi que Dieu eft un être effentiellement bon.

Voilà donc un fupérieur doué fans contredit de toutes les qualités néceffaires pour avoir le droit d'empire le plus légitime & le plus étendu qu'on puiffe concevoir. Et puifque de notre côté, l'expérience nous fait affez fentir que nous fommes foibles & fujets à divers befoins; puifque nous avons tout reçu de lui, & qu'il peut encore ou augmenter nos biens, ou nous en priver, il eft évident que rien ne manque ici pour établir d'un côté la fouveraineté abfolue de Dieu, & de l'autre notre abfolue dépendance.

Mais cela ne fuffit pas : on demande encore fi Dieu a voulu en effet ufer de fon droit. Il peut fans doute nous donner des Loix, mais l'a-t-il fait réellement, & quoique nous dépendions de lui pour notre vie & pour nos facultés phyfiques, ne nous a-t-il point laiffé dans l'indépendance par rapport à l'ufage moral que nous en ferons? C'eft le troifieme point qui nous refte à examiner; c'eft même le point capital.

Il faut déjà compter pour beaucoup, d'avoir trouvé ici toutes les cir- conftances néceffaires pour donner lieu à une legiflation. Voilà un fupé- rieur, qui par fa nature poffede au plus haut dégré toutes les conditions requifes pour établir une autorité légitime; & de l'autre voilà les hommes, qui font aes créatures de Dieu, doués d'intelligence & de liberté, capa- bles d'agir avec choix, fenfibles au plaifir & à la douleur, fufceptibles de bien & de mal, de récompenfes & de peines. Une pareille aptitude à donner des Loix & à en recevoir, ne fauroit être inutile. Ce concours de rapports & de circonftances indique fans doute un but, & doit avoir quelque effet; ni plus ni moins qu'une certaine organifation dans l'œil indique que nous fommes deftinés à voir la lumiere. Pourquoi Dieu nous auroit-il fait précifément tels qu'il le faut pour recevoir des Loix, s'il ne nous en vou- loit point donner? Ce feroient autant de facultés perdues. Il eft donc non- feulement poffible, mais très-probable, que telle eft en général notre deftination, à moins que des raifons plus fortes ne prouvaffent le con- traire. Or bien loin qu'il y ait aucune raifon qui détruife cette premiere préfomption, nous allons voir que tout va à la fortifier.

En confidérant le bel ordre que la fageffe fuprême a établi dans le monde phyfique, on ne fauroit fe perfuader qu'elle ait abandonné au ha- fard & au déréglement le monde fpirituel ou moral. La raifon nous dit au contraire, qu'un être fage fe propofe en tout une fin raifonnable, & qu'il emploie les moyens néceffaires pour y arriver. La fin que Dieu s'eft pro- pofée par rapport à fes créatures, & en particulier par rapport à l'hom- me, ne peut être, d'un côté, que fa gloire; & de l'autre, que la per- fection & le bonheur de fes créatures, autant que leur nature ou leur conf- titution les en rend capables. Ces deux vues fi dignes du Créateur, fe com- binent & fe réuniffent parfaitement. Car la gloire de Dieu confifte à ma- nifefter fes perfections, fa puiffance, fa bonté, fa fageffe, fa juftice; & ces mêmes vertus ne font autre chofe que l'amour de l'ordre & du bien univerfel. Ainfi l'Etre fouverainement parfait & fouverainement heureux, voulant conduire l'homme à l'état d'ordre & de bonheur qui lui convient, ne peut manquer de vouloir en même-temps ce qui eft néceffaire pour un tel but: & dès-lors il ne peut qu'approuver les moyens qui y font pro- pres, tandis qu'il rejette & défapprouve ceux qui ne le font pas. Si la conftitution de l'homme étoit purement phyfique ou méchanique, Dieu feroit lui-même tout ce qui convient à fon ouvrage. Mais l'homme étant une créature intelligente & libre, capable de difcernement & de choix; les moyens que Dieu emploie pour le conduire à fa deftination, doivent être proportionnés à fa nature, c'eft-à-dire tels que l'homme y entre & y concoure par fes propres actions.

Or comme tout moyen n'eft pas également bon pour conduire à un

certain but , toutes les actions de l'homme ne fauroient auffi être indifférentes. Il eſt bien évident que toute action qui va contre les fins que Dieu
s'eſt propofées, n'eſt point ce que Dieu veut ; & qu'il approuve au contraire celles qui par elles-mêmes font propres à avancer fes fins. Dès qu'il
y a un choix à faire, & un chemin à tenir plutòt qu'un autre, qui peut
douter que notre Créateur ne veuille que nous prenions le vrai chemin ?
& qu'au lieu d'agir témérairement & au hafard, nous agiffions en créatures raifonnables, c'eſt-à-dire en faifant ufage de notre liberté & des autres facultés qu'il nous a données, de la maniere qui convient le mieux
à notre état & à notre deſtination, pour répondre à fes vues, pour avancer notre bonheur & celui de nos femblables ?

Ces confidérations prendront encore une nouvelle force, fi l'on fait attention aux fuites naturelles du fyſtême oppofé. Que feroit l'homme & la
fociété, fi chacun étoit tellement le maître de fes actions, qu'il pût tout
faire à fon gré, & n'avoir d'autre principe de conduite que fon caprice
ou fes paffions ? Suppofez que Dieu abandonnant l'homme à lui-même,
ne lui eût effectivement preſcrit aucune regle de vie, & ne l'eût affujetti
à aucune Loi ; la plupart des facultés de l'homme & de fes talens lui deviendroient inutiles. A quoi lui ferviroit le flambeau de la raifon, s'il ne
fuivoit qu'un inſtinct groffier, fans faire aucune attention à fes démarches ?
A quoi bon le pouvoir de fufpendre fon jugement, fi l'on fe livre étour-
diment aux premieres apparences ? Et de quel ufage fera la réflexion, s'il
n'y a ni à choifir ni à délibérer ; & fi au lieu d'écouter les confeils de la
prudence, on fe laiffe entraîner par d'aveugles penchans ? Non-feulement
ces facultés qui font l'excellence & la dignité de notre nature, fe trouveroient par-là tout-à-fait frivoles ; elles tourneroient encore à notre préjudice par leur excellence même : car plus une faculté eſt belle & relevée,
plus l'abus eſt dangereux.

Non-feulement ce feroit-là un grand malheur pour l'homme confidéré
feul & en lui-même ; c'en feroit un plus grand encore pour l'homme confidéré dans l'état de fociété. Car l'état de fociété, plus que tout autre, demande des Loix, afin que chacun mette des bornes à fes prétentions, &
n'attente point au droit d'autrui. Autrement la licence naîtroit de l'indépendance. Laiffer les hommes abandonnés à eux-mêmes, c'eſt laiffer le
champ libre aux paffions, & ouvrir la porte à l'injuſtice, à la violence,
aux perfidies, aux cruautés. Otez les Loix naturelles & ce lien moral qui
entretient la juſtice & la bonne foi parmi tout un peuple, & qui établit
auffi certains devoirs foit dans les familles, foit dans les autres relations de
la vie ; les hommes ne feront plus que des bêtes féroces les uns pour les
autres. Plus l'homme eſt adroit & habile, plus il fera dangereux pour fes
femblables : l'adreffe fe tournera en rufe, & l'habileté en malice. Il ne
faudra plus parler alors des avantages ni des douceurs de la fociété : ce feroit un état de guerre, un vrai brigandage.

Si

Si l'on dit que les hommes eux-mêmes ne manqueroient pas de remédier à ces défordres, en établiffant des Loix entr'eux; (outre que les Loix humaines auroient peu de force fi elles n'étoient pas fondées fur des principes de confcience) cette remarque va à reconnoître la néceffité des Loix en général, & nous donne ici gain de caufe. Car s'il eft dans l'ordre de la raifon que les hommes établiffent entr'eux une regle de vie, pour fe mettre à couvert des maux qu'ils auroient à craindre les uns des autres, & pour fe procurer les avantages qui peuvent faire leur bonheur tant public que particulier; cela même doit faire comprendre que le Créateur, infiniment plus fage & meilleur que nous, aura fans doute fuivi la même méthode. Si un bon pere de famille ne néglige pas de diriger fes enfans par fon autorité & fes confeils, pour mettre l'ordre dans fa maifon, peut-on s'imaginer que le pere commun des hommes néglige de leur donner le même fecours? Et fi un fage fouverain n'a rien tant à cœur que de prévenir la licence par de bons réglemens, comment croire que Dieu, qui eft bien plus ami des hommes que ceux-ci ne le font de leurs femblables, ait laiffé tout le genre humain fans direction & fans guide, même fur les chofes les plus importantes & d'où dépend tout notre bonheur? Un pareil fyftême ne feroit pas moins contraire à la bonté de Dieu qu'à fa fageffe. Il faut donc revenir à d'autres idées, & dire que le Créateur par un effet de fa bonté, ayant fait les hommes pour les rendre heureux, leur ayant imprimé une pente invincible pour le bonheur, & les ayant en même temps affujettis à vivre en fociété, leur a fans doute auffi donné des principes qui leur faffent aimer l'ordre, & des regles qui leur indiquent les moyens de le procurer & de le maintenir.

En effet, s'il s'étoit repofé fur les hommes pour l'établiffement de ces principes, je me plaindrai qu'infiniment plus fage & meilleur qu'eux, il a oublié fa fageffe & fa bonté pour s'en rapporter à des êtres vicieux & bornés. Je demanderai comment les hommes s'y feront pris, quel guide ils auront pu fuivre pour établir ces Loix, s'ils n'en ont point trouvé en eux-mêmes le principe & le modele : je demanderai s'ils les ont portées à l'aventure, par caprice & fans choix, ou s'ils ont eu pour les porter, une Loi intérieure, un principe de direction. J'objecterai les monumens de nos hiftoires, & je demanderai pourquoi & comment, fi toute Loi eft d'inftitution humaine, il y a eu une religion & un culte avant qu'il y eût un magiftrat civil? Pourquoi tant d'actions font-elles par-tout réputées vicieufes, quoiqu'elles ne foient réprimées par aucune Loi humaine? Comment les hommes ont-ils pu convenir dans tous les temps, dans tous les lieux, de regarder certaines actions déterminées comme bonnes & louables, certaines autres comme mauvaifes, fans une regle commune & naturelle qui leur ait fervi de principe de direction? Je demanderai où fe font tenus les comices du genre humain pour régler les principes & déterminer les conféquences. Par qui & comment les hommes, au milieu des paffions

qui les divifent, des intérêts qui les féparent, ont-ils été amenés à fe dé-
fifter ainfi des prétentions de l'intérêt & des droits que la paffion s'arroge ? Cette révolution a-t-elle pu fe faire, fans au moins l'étayer de bons
titres, & fans de puiffans raifonnemens ? Quels ont pu être ces raifonnemens, finon l'imitation & le développement de cette Loi naturelle que
nous admettrons ?

Je ferai plus; je me plaindrai que ce Dieu fi bon & fi fage, m'ait abandonné à tous les écarts, ou du moins à l'infuffifance des Loix humaines.
Car la Loi civile n'a de force que pour empêcher les hommes de violer
ouvertement la juftice : elle n'a point de prife fur les attentats fecrets, qui
ne font pas moins préjudiciables. On peut dire même, que les foins que
les magiftrats fe donnent pour la fureté commune, endorment fouvent les
gens de bien & éguifent l'induftrie des fcélérats : que les précautions prifes
par la légiflation ont fouvent tourné contr'elle, en fubtilifant les vices, &
en raffinant l'art du crime : que l'autorité de la Loi n'empêche pas toujours
les atteintes ouvertes & publiques que l'on donne au droit & à la juftice :
qu'il faut fouvent fermer les yeux, lorfqu'il y a lieu de craindre qu'une
prohibition trop févere ne donne lieu à une irrégularité plus grande ; que
tout ne tombe pas fous la direction & fous l'autorité du magiftrat : qu'il
ne pourroit qu'avec danger, & très-difficilement, prendre connoiffance des
devoirs d'obligation imparfaite, de ceux de la reconnoiffance, du fecret,
de l'hofpitalité, de la charité, &c. quoique la violation, bien que moins
prompte dans fes effets, en foit auffi fatale, que celle des devoirs étroits
& d'obligation de juftice : que le juge n'a de principe réprimant que les
peines ; & qu'il ne l'a même, que d'une maniere infuffifante; qu'il manque d'encouragement pour infpirer la vertu, faute de pouvoir connoître
affez les objets dignes de fa faveur, & par l'impoffibilité où il eft de les
récompenfer, y ayant une forte de contradiction de lever comme taxe,
ce qu'on payeroit enfuite comme récompenfe.

Je me plaindrai enfin de ce qu'il n'y aura point de principe réprimant
pour ceux qui veillent à la manutention des Loix. Une juftice toute humaine courroit rifque de n'être qu'une ombre de juftice. Qui m'affureroit
qu'elle ne feroit pas vendue comme la vertu ; qu'on ne vendroit pas les
fuffrages, & avec eux le droit de faire les Loix ou de les appliquer ? Si
fans elles, tout étoit confondu & mis à prix, comment aurai-je confiance,
que la crainte ou l'efpérance, l'intérêt ou le dépit ne prendront pas pour
les dicter la place de l'équité, fi l'être fouverain qui a formé l'univers &
qui le foutient, qui commande aux rois comme aux bergers, n'a pas gravé
fes loix dans le cœur de ceux qui font au-deffus des Loix humaines, & s'il
ne leur demande pas compte de leur adminiftration & de leur conduite?

A quoi même ferviroient les peines capitales, auxquelles la fociété condamne les fcélérats, fi l'on n'étoit affuré, que ce Dieu adorable, réparera
un jour & pour toute l'éternité, ces défordres & ces fcandales, qui obfcur-

ciffent fa providence, qui la cachent, qui la font méconnoître, en faifant un jour tomber fur ceux qui les commettent, fa vengeance redoutable, d'une maniere digne de la juftice, digne de la fainteté de fes Loix, digne de fon bras tout-puiffant, de fa majefté infinie, & de fon amour effentiel pour l'ordre & pour la bienféance ? La mort, non, la mort, fi elle étoit la fin des peines, quoique la plus grande de celles que la fociété inflige, ne feroit pas capable d'arrêter le crime, au milieu des paffions qui y portent, des tentations fortes & fréquentes qui y follicitent. N'entraînant point de crainte après elle, des ames féroces feroient peu retenues par l'horreur qu'elle infpire : & Céfar même ne jugeroit pas d'après cette fuppofition, qu'on eût eu raifon d'en concevoir de l'horreur. Il eft donc vrai que les Loix humaines ne font pas une barriere affez forte contre les vices qui détruifent la fociété, ni un principe de direction affez puiffant pour conduire l'homme au bonheur. Leur néceffité & leur infuffifance fe réuniffent pour démontrer que Dieu ne s'en eft pas repofé fur les hommes : & que dans fa fageffe & fa bonté, il nous a donné des principes pour nous faire aimer l'ordre, & des regles pour nous y affujettir.

Mais rentrons en nous-mêmes, & nous trouverons qu'en effet ce que nous devions attendre à cet égard de la fageffe & de la bonté divine, fe trouve dicté par la droite raifon qu'il nous a donnée, & par des principes gravés dans notre cœur.

S'il y a des vérités de fpéculation qui foient évidentes, & s'il y a des axiomes certains qui fervent de bafe aux fciences ; il n'y a pas moins de certitude dans certains principes faits pour nous diriger dans la pratique, & pour fervir de fondement à la morale. Par exemple, que le créateur tout fage & tout bon mérite les refpects de la créature ; que l'homme doit chercher fon bonheur ; qu'il faut préférer le plus grand bien au moindre ; qu'un bienfait mérite de la reconnoiffance ; que l'état d'ordre vaut mieux que l'état de défordre, &c. Ces maximes & d'autres femblables ont leur évidence peu différente de celles-ci, le tout eft plus grand que fa partie ; ou la caufe eft avant l'effet, &c. Les unes & les autres font dictées par la raifon la plus pure ; c'eft pourquoi nous nous fentons comme forcés d'y donner notre fentiment. On ne contefte guere ces principes généraux, on difpute feulement fur leur application & leurs conféquences. Mais dès qu'on a une fois reconnu la vérité des principes, leurs conféquences, foit immédiates, foit éloignées, ne font pas moins certaines, pourvu qu'elles foient bien enchaînées entr'elles ; il ne s'agit que de les déduire par une fuite de raifonnemens bien liés & concluans.

L'évidence de ces maximes eft fi forte, que les libertins même & les proftitués jeteroient des pierres à ceux qui oferoient débiter dans des difcours publics que le libertinage & la proftitution n'ont rien que d'innocent. Un maître déclaré de mauvaifes mœurs ouvriroit en vain fon école. On ne parle qu'avec horreur de quelques prétendus philofophes modernes qui ont

ofé nier qu'il y eût pour les hommes des Loix. L'impreffion de ces Loix
eft fi profonde, qu'elle ne s'efface point dans les efprits même déterminés
à les méconnoître : elle gêne leurs penfées, elle traverfe les efforts qu'ils
font pour s'égarer, & les ramene au fentiment qui dément leurs bizarres
imaginations. Ils ne peuvent s'empêcher de voir que leur fyftême tend à
renverfer toute l'économie de la vie humaine, & ils voudroient que leurs
lecteurs ne s'en apperçuffent point. C'étoit l'inquiétude du poëte Lucrece
pour les fiens : je crains, leur difoit-il, que vous ne penfiez que nos raifonnemens vous menent droit à l'impiété ; & que nous vous faifons entrer
dans la voie du crime. Il prévoyoit donc que tout fon fyftême échoueroit
infailliblement contre des principes dominants & trop enracinés pour qu'il
fe flattât de les détruire.

On pourroit les appeller *un heureux préjugé* qui ne vient point de l'é-
ducation, qui n'a point fon origine dans quelques opinions particulieres ou
populaires, qui ne dépend point des inftitutions ou des conventions des
hommes ; de ce préjugé du cœur qui fent la différence du bien & du mal,
fans autre inftruction que celle de la nature : qui reconnoît l'un & l'autre
à la plus fimple attention, quand on les lui propofe. Qu'on vous débite,
ou qu'on vous faffe lire les préceptes rapportés ci-deffus, ou les fuivans :
qu'il faut honorer fes peres & meres, obéir à fes magiftrats, contribuer à
l'avantage de la fociété, reconnoître les bienfaits, ne point fe parjurer,
ne point voler, ne point tuer, ne point calomnier, ne point dire d'injures, ne point tromper, ne point rendre de faux témoignage, ne point envier les biens, ni la femme d'un autre, ne point faire, en un mot, à autrui ce que vous ne voudriez pas qu'il vous fît, & vous montrer pour
les autres ce que vous fouhaiteriez qu'ils fuffent pour vous ; a-t-on befoin
de vous rendre quelque raifon de ces maximes, ou de vous alléguer quelque autorité pour les confirmer ? N'éprouvez-vous pas ce que faint Paul
dit de la loi qui les a prefcrites ? Vous confentez à cette loi dans le fond
de votre cœur : vous la trouvez bonne, jufte & fainte ; vous fentez que
c'eft comme de votre propre fond qu'on a tiré ce qu'on vous commande &
ce qu'on vous défend : vous voudriez vous y conformer ; vous voudriez
que tous les autres s'y conformaffent : & vous-même fi vous aviez eu des
Loix à faire, c'eft ainfi que vous les auriez faites ; vous n'avez befoin que
de la fuggeftion de votre confcience pour y foufcrire.

On n'obferve pas toujours ces regles ; mais on ne ceffe point de les approuver : les moins honnêtes gens fe piquent de l'être : tous font une
profeffion publique de ce qu'on nomme la probité. On auroit honte & l'on
craindroit de parler fur ce fujet autrement que les autres. L'intérêt fait dire
à ceux même qui n'ont point de probité, qu'ils en ont. Ils feroient choqués de n'en point trouver dans les autres : ils n'eftiment au fond que ceux
qu'ils ont lieu de croire gens de bien ; la vertu jouit de fes privileges parmi
ceux même qui paroiffent la méprifer ; elle plaît jufques dans ceux qu'on

n'aime point. Les libertins font de vains efforts pour la décrier; on ne réuffit point à la rendre ridicule fi on ne la défigure : la force de la décence & de la vérité la défend & la fait triompher de la raillerie la plus fpirituellement ou la plus malignement imaginée.

Dans quelques difpofitions enfin qu'on foit pour elle, elle refte en poffeffion de régler le langage fur les idées qui font nées du fentiment que nous en avons. Nous difons dans nos difcours ordinaires, qu'il faut être homme de parole, qu'il faut tenir fes engagemens, remplir les devoirs de la nature & de la fociété : nous l'entendons dire, & nous applaudiffons: l'équité de ces devoirs nous domine. Il y a toujours dans les vertus quelque chofe qui nous attire par fa propre force, malgré la réfiftance de nos mauvais penchans. Il y a de même dans tous les vices une iniquité qui révolte & qui en donne de l'horreur. On hait les calomniateurs, les trompeurs, les injuftes, les ufurpateurs, & les parjures; la moindre vérité plaît fi fort, qu'un cœur bien fait ne peut la voir bleffer fans chagrin. On ne peut entendre proférer un menfonge fans éprouver du déplaifir. Un cœur droit s'afflige même fans intérêt de voir quelqu'un manquer à fes promeffes. On frémit d'entendre faire un faux ferment devant les tribunaux. On voudroit ne l'avoir pas exigé. Toutes ces confidérations nous font clairement fentir l'exiftence des Loix naturelles, & l'empire qu'elles ont fur nous.

Si l'on demande après cela de quels principes la raifon fe doit fervir, pour juger de ce qui appartient aux Loix naturelles, & pour les déduire ou les développer; je réponds en général, qu'il n'y a qu'à faire attention à la nature de l'homme & à fes états ou relations; & comme ces relations font différentes, il peut y avoir auffi divers principes, qui nous menent à la connoiffance de nos devoirs.

Mais avant que d'en venir là, il fera bon de faire quelques remarques préliminaires fur ce qu'on appelle *principes des Loix naturelles;* & cela pour écarter d'avance les équivoques qui ont caufé de l'embarras fur cette matiere.

Quand nous demandons ici quels font les premiers principes des Loix naturelles, nous demandons quelles font ces vérités ou ces propofitions primitives, par lefquelles nous pouvons effectivement connoître quelle eft la volonté de Dieu à notre égard; & parvenir ainfi par de juftes conféquences, à la connoiffance des Loix particulieres & des devoirs que Dieu nous impofe par la droite raifon.

Il ne faut donc pas confondre les principes dont il eft ici queftion, avec la caufe efficiente & productrice des Loix naturelles, ni avec le principe obligatoire de ces mêmes Loix. Il eft hors de doute, & tout le monde en convient, que c'eft la volonté de l'Etre fuprême qui eft la caufe efficiente des Loix de la nature, & la fource de l'obligation qu'elles produifent.

Mais cela pofé, il refte encore à favoir comment l'homme peut parve-

nir à connoître cette volonté, & à trouver des principes qui en nous affurant de l'intention de Dieu, nous mettent en état d'en déduire tous les
devoirs particuliers, autant qu'on les peut connoître par la feule raifon.
Vous demandez, par exemple, s'il eft du droit naturel que l'on répare le
dommage, ou que l'on foit fidele à fes engagemens. Si l'on fe contente
de vous répondre, que la chofe eft inconteftable, parce que Dieu le veut
ainfi ; il eft bien manifefte que l'on ne fatisfait pas fuffifamment à votre
queftion ; & que vous pourriez encore demander raifonnablement, que
l'on vous indiquât un principe, qui vous fît véritablement connoître que
telle eft la volonté de Dieu : car c'eft là ce que vous cherchez.

Remarquons enfuite que les premiers principes des Loix naturelles doivent être, non-feulement vrais, mais encore fimples, clairs, fuffifans &
propres à ces Loix.

Ils doivent être vrais : c'eft-à-dire, qu'il faut les puifer dans la nature &
dans l'état des chofes. Des principes faux ou fuppofés ne pourroient produire que des conféquences de même nature ; on n'élevera jamais un édifice folide fur des fondemens ruineux.

Ils doivent être fimples & clairs par eux-mêmes, ou du moins faciles à
faifir & à développer. Car les Loix naturelles étant obligatoires pour tous
les hommes, il faut que leurs premiers principes foient à la portée de tout
le monde, & qu'avec le fens commun chacun puiffe s'en inftruire aifément.
Ce ne feroit donc pas fans raifon qu'on fe défieroit de principes recherchés, fubtils, ou trop métaphyfiques.

J'ajoute que ces principes doivent être fuffifans & univerfels. Il faut que
l'on en puiffe déduire par des conféquences immédiates & naturelles, toutes les Loix de la nature & tous les devoirs qui en réfultent ; en forte que
l'expofition des détails ne foit proprement que l'explication des principes ;
à peu près comme la production ou l'accroiffement d'une plante n'eft autre
chofe que le développement du germe ou de la femence.

Et comme la plupart des Loix naturelles font fujettes à diverfes exceptions, il eft encore néceffaire que les principes foient tels qu'ils renferment la raifon des exceptions même ; & que non-feulement on en puiffe
tirer toutes les regles ordinaires de la morale, mais qu'ils fervent de plus
à reftreindre ces regles, quand le lieu, le temps & l'occafion le demandent.

Enfin ces premiers principes doivent être établis de telle maniere, qu'ils
foient effectivement le fondement propre & direct de tous les devoirs de
la Loi naturelle ; en forte que, foit que l'on parte du principe pour en déduire les conféquences, foit que l'on remonte des conféquences au principe, la fuite des raifonnemens foit toujours immédiate, & que le fil, pour
ainfi dire, n'en foit jamais interrompu.

Au refte, c'eft, à parler en général, une chofe indifférente, que l'on
réduife tout à un feul principe, ou que l'on en pofe plufieurs. Il faut con-

fulter & fuivre en cela les regles d'une méthode judicieufe & précife. Ce que l'on peut dire là-deffus, c'eft qu'il ne paroît nullement néceffaire à la folidité ou à la perfection du fyftême, que toutes les Loix naturelles fe déduifent d'une feule & unique maxime fondamentale : peut-être même la chofe n'eft-elle pas poffible. Quoi qu'il en foit, c'eft un travail d'efprit affez inutile, que de vouloir tout ramener à cette unité.

Le feul moyen de parvenir à la connoiffance des Loix naturelles, c'eft de confidérer avec attention la nature de l'homme, fa conftitution, les relations qu'il a avec les êtres qui l'environnent, & les états qui en réfultent. En effet, le terme même de droit naturel, & la notion que nous en avons donnée, font voir que les principes de cette fcience ne peuvent être puifés que dans la nature même & dans la conftitution de l'homme. Voici donc deux propofitions générales, que nous poferons comme le fondement de tout le fyftême des Loix de la nature.

I. *Propofition.* Tout ce qui eft dans la nature de l'homme & dans fa conftitution primitive & originaire, & tout ce qui eft une fuite néceffaire de cette nature & de cette conftitution, nous indique certainement quelle eft l'intention ou la volonté de Dieu par rapport à l'homme, & par conféquent nous fait connoître les Loix naturelles.

II. *Propofition.* Mais pour voir un fyftême complet des Loix naturelles, il faut non-feulement confidérer la nature de l'homme telle qu'elle eft en elle-même; il eft néceffaire encore de faire attention aux relations qu'il a avec les autres êtres, & aux divers états qui en font la fuite : autrement il eft bien manifefte qu'on n'auroit qu'un fyftême incomplet & défectueux.

On peut donc dire que le fondement général du fyftême des Loix naturelles, c'eft la nature de l'homme prife avec toutes les circonftances qui l'accompagnent, & dans lefquelles Dieu lui-même l'a placé pour de certaines fins; entant que par ce moyen on peut connoître quelle eft la volonté de Dieu. En un mot, l'homme tenant de la main de Dieu lui-même tout ce qu'il eft, tant pour fon exiftence que pour fa maniere d'exifter; c'eft l'homme feul bien étudié, qui nous inftruira pleinement des vues que Dieu s'eft propofées en nous donnant l'être, & par conféquent des régles que nous devons fuivre pour remplir ces vues du Créateur.

Premiérement, la raifon nous faifant connoître Dieu comme l'être exiftant par lui-même, & le fouverain feigneur de toutes chofes; & en particulier comme notre créateur, notre confervateur & notre bienfaiteur, il s'enfuit que nous devons néceffairement reconnoître la fouveraine perfection de cet être fuprême, & la dépendance abfolue où nous fommes de lui; ce qui par une conféquence naturelle, produit en nous des fentimens de refpect, d'amour & de crainte, avec un entier dévouement à fa volonté. Car pourquoi Dieu fe feroit-il ainfi manifefté aux hommes par la raifon, fi ce n'eft afin que les hommes le connoiffant, aient de lui des sentimens proportionnés à l'excellence de sa nature, c'est-à-dire qu'ils l'honorent, qu'ils l'aiment, qu'ils l'adorent & lui obéissent?

Un respect infini est l'effet naturel de l'impression que fait sur nous la vue de toutes les perfections divines. L'amour & la reconnoissance ne peuvent se refuser à un être souverainement bienfaisant. La crainte de lui déplaire ou de l'offenser, est une suite naturelle de l'idée que nous avons de sa justice & de sa puissance; & l'obéissance ne peut que suivre de la connoissance de sa légitime autorité sur nous, de sa bonté & de sa haute sagesse, qui nous conduit toujours par la voie la plus convenable à *notre nature* & à notre bonheur. L'assemblage de tous ces sentiments, bien gravés dans le cœur, se nomme *piété*.

La piété, si elle est bien réelle, se manifestera au dehors en deux manieres, par les mœurs & par le culte. Je dis 1°. par les mœurs : parce qu'un homme pieux & véritablement pénétré des sentimens dont nous parlons, se trouve naturellement porté à parler & à agir de la maniere qu'il sait être la plus conforme à la volonté & aux perfections de Dieu : c'est là sa regle & son modele; d'où résulte la pratique des plus excellentes vertus.

2°. Mais outre cette maniere d'honorer Dieu, qui est sans contredit la plus nécessaire & la plus réelle, un homme religieux se fera un devoir & un plaisir de fortifier en lui ces sentimens de piété, & de les exciter chez les autres. De-là dérive le culte extérieur, tant particulier que public. Car soit que l'on envisage ce culte comme étant le premier & presque le seul moyen d'exciter, d'entretenir & de perfectionner dans le cœur les sentimens de religion & de piété, soit qu'on le considere comme un hommage que les hommes réunis par les sociétés particulieres ou publiques, rendent à Dieu en commun; soit que l'on joigne ces deux vues; la raison nous en fait un devoir d'une nécessité indispensable.

Ce culte peut bien varier quant à la forme; mais il y a pourtant un principe naturel qui en détermine le fond & l'essence, & qui en écarte les pratiques frivoles ou superstitieuses : c'est qu'il doit consister à instruire les hommes, & à les rendre pieux & vertueux, en leur donnant de justes idées de la nature de Dieu & de ce qu'il exige de nous.

Les différens devoirs que nous venons d'indiquer constituent la religion. Voyez ce mot

Si l'on cherche ensuite le principe des devoirs qui nous regardent nous-mêmes, il ne sera pas difficile de le découvrir, en examinant quelle est la constitution intérieure de l'homme, quelles ont été les vues du Créateur par rapport à lui, & pour quelles fins il lui a donné ces facultés d'esprit & de corps qui constituent sa nature.

Or il est de la derniere évidence, que Dieu en nous créant, s'est proposé notre conservation, notre perfection & notre bonheur. C'est ce qui paroît manifestement; & par les facultés dont l'homme est enrichi, qui

tendent

tendent toujours à ces fins, & par cette forte inclination qui nous porte à rechercher le bien & à fuir le mal. Dieu veut donc que chacun travaille à fa confervation & à fa perfection, pour acquérir tout le bonheur dont il eſt capable, conformément à fa nature & à fon état.

Cela étant, on peut dire que l'amour de foi-même, (j'entends un amour éclairé & raiſonnable) peut tenir lieu de premier principe à l'égard des devoirs qui concernent l'homme lui-même, entant que ce fentiment étant inféparable de la nature humaine, & ayant Dieu pour auteur, nous fait connoître clairement quelle eſt à cet égard la volonté de l'être fuprême. Mais il faut bien remarquer que l'amour de nous-mêmes ne peut nous ſervir ici de principe & de regle, qu'autant qu'il eſt dirigé par la droite raifon, conformément à ce que demandent notre nature & notre état. Car ce n'eſt que de cette maniere qu'il devient pour nous l'interprete de la volonté du Créateur, c'eſt-à-dire qu'il doit être ménagé de telle maniere, qu'il ne bleſſe ni les Loix de la religion, ni celles de la fociabilité. Autrement cet amour-propre deviendroit la fource de mille injuſtices; & loin de nous être utile, il nous tourneroit à piege, par le contrecoup que ces mêmes injuſtices ne manqueroient pas de nous porter. *Voyez* AMOUR *de foi-même.*

Mais ce n'eſt pas encore tout; je penſe que je ne ſuis pas ſeul ſur la terre; je me trouve au milieu d'une infinité d'autres hommes femblables à moi en toutes chofes; & comme c'eſt la naiſſance même qui m'aſſujettit à cet état, & que c'eſt le fait de la providence, cela me porte naturellement à penſer que l'intention de Dieu n'a pas été que chaque homme vécût feul & féparé des autres; il a voulu au contraire, qu'ils vécuſſent enſemble & unis en fociété. Le Créateur auroit pu fans doute former tous les hommes à la fois, mais féparés, en donnant à chacun d'eux des qualités propres & fuffifantes pour ce genre de vie folitaire. S'il n'a pas fuivi cette route, c'eſt apparemment parce qu'il a voulu que les liens du fang & de la naiſſance commençaſſent à former entre les hommes cette union plus étendue qu'il vouloit établir entr'eux.

Telle eſt en effet la nature & la conſtitution de l'homme, que hors de la fociété il ne fauroit ni conferver la vie, ni développer & perfectionner fes facultés & fes talens, ni fe procurer un vrai & folide bonheur. Que deviendroit un enfant, fi une main bienfaifante & fecourable ne pourvoyoit pas à fes befoins? Il faut qu'il périſſe fi perſonne ne prend foin de lui; & cet état de foibleſſe & d'indigence demande même des fecours long-temps continués. Suivez-le dans fa jeuneſſe, vous n'y trouverez que groſſiéreté, qu'ignorance & qu'idées confufes qu'il pourra à peine communiquer; vous ne verrez en lui, s'il eſt abandonné à lui-même, qu'un animal fauvage, & peut-être féroce, ignorant toutes les commodités de la vie, plongé dans l'oifiveté, en proie à l'ennui; & prefque hors d'état de pourvoir aux premiers befoins de la nature. Parvient-on à la vieilleſſe? C'eſt un retour d'in-

firmités qui nous rendent prefqu'auffi dépendans des autres que nous l'é-
tions dans l'enfance. Cette dépendance fe fait encore plus fentir dans les
accidens & dans les maladies. Que deviendroit l'homme alors, s'il fe trouvoit dans la folitude? Il n'y a que le fecours de nos femblables qui puiffe
nous garantir de divers maux, ou y remédier, & nous rendre la vie
douce & heureufe, à quelqu'âge & dans quelque fituation que nous foyons.

La fociété étant fi néceffaire à l'homme, Dieu lui a donné une conftitution, des facultés & des talens qui le rendent très-propre à cet état. Telle
eft, par exemple, la faculté de la parole, qui nous donne le moyen de
nous communiquer nos penfées avec tant de facilité & de promptitude, &
qui hors de la fociété, ne feroit d'aucun ufage. Nous avons reçu de Dieu
une intelligence dont l'utilité ne fe développe qu'en fociété ; par fon moyen
nos connoiffances ont franchi les bornes du globe dans lequel nous nous
étions trouvés renfermés ; nous fommes parvenus à multiplier, pour ainfi
dire, notre exiftence perfonnelle, à penfer, à agir dans les autres hommes,
à donner à nos volontés la puiffance de nous rendre préfens en différens
lieux à la fois : pourquoi donc aurions-nous reçu ces facultés intellectuelles,
par le fecours defquelles les hommes les plus éloignés les uns des autres
communiquent entr'eux & s'entre-fervent, fi ce n'eft pour que la fociété
des hommes exiftât par l'exercice habituel de ces mêmes facultés?

Cette intelligence qui nous rend maîtres de tout ce qui refpire, qui permet que notre foibleffe devienne la force dominante fur la terre, qui nous
éleve enfin à la connoiffance évidente de tant de vérités fublimes & importantes à notre bonheur, nous laifferoit dans un état qui, à plufieurs
égards, feroit fort inférieur à celui des brutes, fi dans un homme elle
n'étoit jamais enrichie des lumieres qui lui font préparées par les autres
hommes. Oui, notre intelligence, ce don fi précieux, eft une efpece de
patrimoine commun, qui n'a de valeur qu'autant que tous les hommes le
font valoir en commun, & qu'ils en partagent les fruits en commun. Lors
même que la mort nous fépare de la fociété, elle ne fépare point toujours
la fociété de la portion d'intelligence que nous avons cultivée pendant notre vie : les découvertes que nous avons faites par fon fecours, tous les
fruits, en un mot, que nous en avons retirés, fubfiftent encore après nous,
lorfque nous avons bien voulu les communiquer & ne point les dérober
à la fociété. Notre intelligence nous furvit ainfi pour l'utilité de nos femblables ; ils femblent en hériter. En un mot, fi notre intelligence n'étoit
pas commune à toute la fociété humaine, fes progrès, depuis une fi longue
fuite de fiecles, ne feroient pas plus avancés, qu'ils pourroient l'être pendant le court efpace de la vie d'un homme. L'on fait d'ailleurs ce que
l'intelligence humaine a valu dans quelques individus qui ont eu le malheur de paffer les premieres années de leur vie entiérement ifolés.

Que feroit l'homme, hors de la fociété, de ces fentimens fi conformes
à fa nature, qui fouvent l'entraînent malgré tous les efforts des paffions

contraires; de ces fentimens, dis-je, auxquels la nature a attaché tant de douceurs, la bienveillance, l'amitié, la reconnoiffance, la compaffion, la généroſité? Ces fentimens étant des penchans vraiment fociaux, feroient entiérement fuperflus, & même dangereux dans l'état de fociété, parce que ne pouvant point s'y livrer, l'homme en feroit continuellement tourmenté. Je fais que dans cet état il ne les fentiroit pas auffi bien que dans la fociété, parce qu'ils ne feroient pas développés; mais on ne fauroit en nier au moins le germe; or ce même germe des inclinations fociales en démontre clairement la deftination, favoir la fociété.

Tout donc nous fait fentir la néceffité de la fociété, tout nous y invite; befoins de l'efprit & du corps, facultés, penchans, organifation phyfique, l'amour même de nous-mêmes, & la néceffité de notre confervation, de notre perfection, de notre bonheur. D'un côté nous y fommes néceffairement portés; d'un autre nous y trouvons des avantages très-confidérables & des plaifirs les plus purs. C'eft montrer affez évidemment que l'intention du créateur eft que les hommes vivent en fociété, & que chacun s'y conduife de maniere à la rendre à foi-même, & aux autres, auffi agréable qu'il eft poffible, par l'exercice réciproque des vertus fociales qui en refferrent de plus en plus les liens.

Les moraliftes appellent *fociabilité* cette difpofition qui nous porte à la bienveillance envers nos femblables, à leur faire tout le bien qui dépend de nous, à concilier notre bonheur avec celui des autres, & à fubordonner toujours notre avantage particulier à l'avantage commun & général. Plus nous nous étudierons nous-mêmes, plus nous ferons convaincus que cette fociabilité eft en effet conforme à la volonté de Dieu. Car outre la néceffité de ce principe, nous le trouvons gravé dans notre cœur. Si d'un côté le créateur y a mis l'amour de nous-mêmes, de l'autre la même main y a imprimé un fentiment de bienveillance pour nos femblables. Ces deux penchans, quoique diftincts l'un de l'autre, n'ont pourtant rien d'oppofé; & Dieu qui les a mis en nous, les a deftinés à agir de concert pour s'entr'aider, & nullement pour fe détruire. Auffi les cœurs bien faits & généreux trouvent-ils la fatisfaction la plus pure à faire du bien aux autres hommes, parce qu'ils ne font en cela que fuivre une pente que la nature leur a donnée.

De ce principe de la fociabilité découlent naturellement tous les devoirs de l'homme envers fes femblables. Car 1°. cette union que Dieu a établie entre les hommes, exige d'eux que dans tout ce qui a quelque rapport à la fociété, le bien commun foit la regle fuprême de leur conduite, & qu'attentifs aux confeils de la prudence, ils ne cherchent jamais leur avantage particulier au préjudice de l'avantage public.

2°. L'efprit de fociabilité doit être univerfel. La fociété humaine embraffe tous les hommes avec lefquels on peut avoir quelque commerce, puifqu'elle eft fondée fur les relations qu'ils ont tous enfemble, en conféquence de leur nature & de leur état. La fociabilité donc confifte dans la difpofition générale d'un homme envers tout autre, en conféquence de laquelle ils fe regardent comme unis enfemble par les liens de la paix, de la bienveillance, de l'affection ; d'où il réfulte une obligation réciproque.

3°. La raifon nous dit enfuite que des créatures du même rang, de la même efpece, nées avec les mêmes facultés, pour vivre enfemble & pour participer aux mêmes avantages, ont en général un droit égal & commun. Nous fommes donc obligés de nous regarder comme naturellement égaux, & de nous traiter comme tels. Par-là l'on fent affez que fi nous avons des droits, nous avons auffi des devoirs. Tout ce qu'on nous doit, nous le devons auffi, à notre tour, aux autres ; & par conféquent, nul droit fans devoir, & nul devoir fans droit. C'eft le fondement de tous les devoirs réciproques.

Par tout ce que nous avons dit dans cet article, l'on peut conclure qu'il y a trois principes des Loix naturelles, relativement aux trois états primitifs de l'homme ; favoir, la religion, l'amour de nous-mêmes, la fociabilité. Ces principes ont tous les caracteres que nous demandions ci-deffus. Ils font vrais, puifqu'ils font pris dans la nature de l'homme, dans fa conftitution & dans l'état où Dieu l'a mis. Ils font fimples, car tirés du fond de notre propre confcience à l'aide du raifonnement le plus naturel, perfonne ne peut les ignorer, pour peu qu'il faffe attention, à ce qui fe paffe chez foi-même. Enfin, ils font fuffifans, puifque, comme nous verrons dans la fuite, ils embraffent tous les objets de nos devoirs, même les exceptions qui fe rencontrent ; & par conféquent, ils nous font connoître parfaitement la volonté de Dieu dans tous les états & toutes les relations de l'homme.

Entre ces trois principes généraux, il y a une fubordination naturelle qui fert à décider auquel de ces devoirs on doit donner la préférence. Le principe général pour bien juger de cette fubordination, c'eft que l'obligation la plus forte doit l'emporter fur la plus foible. » Athéniens, di- » foit Socrate, je vous honore & je vous aime, mais j'obéirai plutôt à » Dieu qu'à vous «. Voilà donc une maxime dont il n'eft jamais permis de s'écarter. Ce principe feul, *il faut obéir à Dieu plutôt qu'aux hommes*, eft capable de confondre un million d'infidélités dont on cherche l'excufe dans les refpects humains.

2°. Si ce que nous devons à nous-mêmes fe trouve en oppofition avec ce que nous devons à la fociété en général, la fociété doit avoir la préférence. 3°. S'il y a du conflit entre un devoir de l'amour de foi-même, & un devoir de la fociabilité, toutes chofes d'ailleurs égales, l'amour de foi-même doit prévaloir. 4°. Que fi l'oppofition fe trouve entre deux devoirs de la fociabilité, on doit préférer celui qui eft accompagné de la plus grande utilité.

Ajoutons fur cette matiere deux remarques importantes. L'on dit qu'en-

tre les maux il faut choifir le moindre. On fe laiffe couper un membre
pour fauver tout le corps. On abufe étrangement de cette maxime. C'eft
une économie qui n'eft point d'ufage dans la morale ; les maux ne s'y
compenfent point; entre deux vices il n'eft point de choix à faire ; & ce
n'eft jamais que par de faux jugemens qu'on eft réduit à cette extrémité
fâcheufe. On met l'obligation de fes devoirs en parallele avec des intérêts
qui ne font rien quand on les compare avec celui de la juftice.

L'on fe fait encore une autre illufion plus fpécieufe, mais d'autant plus
inexcufable qu'elle eft plus réfléchie; c'eft de faire un mal dans la vue
d'un bien. Ce bien paroît quelquefois fi grand & le mal fi petit, qu'on
ne croit pas devoir balancer à faire l'un pour l'autre. Mais l'obligation
d'être jufte n'admet point d'exceptions. La même autorité qui défend les
grandes fautes, interdit jufqu'aux plus petites. Elle veut qu'on s'abftienne
de l'apparence même du mal. C'eft outrager la fageffe de Dieu, de penfer qu'il nous ait impofé des devoirs qui ne pourroient s'accomplir que
par le violement de quelqu'autre devoir. Tout exercice de vertu ceffe dès
qu'il a befoin de la concurrence du vice. Si les doutes fur nos actions fe
multiplient, n'eft-ce pas prefque toujours par une fuite de nos négligences?
Nous ne réfléchiffons point, ou nous réfléchiffons peu fur nous-mêmes.
Nous ne confultons point notre cœur, & les principes de juftice & de
convenance qu'il nous donne fur la nature de nos actions. Nous ne faifons pas affez d'attention aux inftructions qu'on nous donne; ou fi nous les
recevons, nous les oublions & nous les perdons de vue par nos diffipa-
tions. Nous préférons les connoiffances frivoles à la fcience de bien vivre :
il femble que ce foit-là le dernier de nos intérêts ; nous nous livrons aux
paffions vaines ou déréglées; ceux même qui font inftruits craignent fouvent de l'être trop , ils font profeffion d'ignorer les fcrupuleux détails de
leurs devoirs, & s'en applaudiffent. Combien peu d'ames amies de leurs
obligations, ne fe reconnoiffent pas à ce portrait !

Après ce que l'on vient d'expofer fur les principes des Loix naturelles, &
fur la maniere dont nous parvenons à les connoître, il ne faut pas demander fi Dieu a fuffifamment notifié aux hommes ces mêmes Loix. Nous voyons
clairement que l'on en peut découvrir tous les principes , & déduire de-
là tous nos devoirs, par cette lumiere naturelle qui n'a été refufée à perfonne. C'eft en ce fens qu'il faut entendre ce que l'on dit communément , que cette Loi eft naturellement connue de tous les hommes.

En effet, le droit naturel découlant de la nature & de la conftitution
de l'homme, il y a des principes univerfels, fur lefquels tous les hommes
font d'accord; mais s'ils different quelquefois dans leurs opinions, relativement aux Loix de la nature, cette différence naît uniquement de leur
inattention , quand il s'agit d'appliquer les principes généraux aux cas
particuliers. La précifion eft l'ame de toutes les fciences. Car je ne parle
pas de ceux qui ne fe font jamais donné la peine d'étudier férieufement

le code de l'humanité. Cette réflexion eſt fort naturelle, auſſi a-t-elle déja
été faite par Epictete. » Il y a des notions communes, dit-il, dont les
» hommes conviennent également. Les diſputes, les ſéditions, les guerres,
» d'où viennent-elles? De l'application de ces notions communes à chaque
» fait particulier. La juſtice & la ſainteté ſont préférables à toutes choſes,
» perſonne n'en doute. Mais une telle choſe eſt-elle juſte, eſt-elle ſainte?
» Voila ſur quoi on s'égorge. Chaſſons cette ignorance, & apprenons à ap-
» pliquer ces notions à chaque fait particulier, il n'y aura plus de diſpu-
» tes, plus de guerres : Achile & Agamemnon ſeront d'accord. « N'eſt-ce
pas dire en d'autres termes : appliquons-nous ſérieuſement à l'étude du droit
de la nature, apprenons ce qui eſt naturellement juſte & injuſte, & agiſ-
ſons en conſéquence ; & l'humanité ne ſera plus déshonorée par le carnage
des armées, par les guerres des peuples, & par les querelles des particuliers ?

Le même Epictete fait dans un autre endroit de ſes diſcours des recherches ultérieures ſur cette matiere. Le paſſage eſt trop beau pour être
omis ici. Le voici. » Il n'y a point d'hommes qui n'ait naturellement une
» certaine idée, une certaine notion du bien, du mal, de l'honnête, du
» déshonnête, du juſte, de l'injuſte, du bonheur, du malheur, & des
» devoirs ou pratiqués ou négligés. D'où vient donc que ſur ces matieres
» on ſe trompe ſi ſouvent quand on juge des faits particuliers? Cela vient,
» comme je l'ai déja dit, de ce que nous appliquons mal nos notions
» communes, & que nous jugeons par des préjugés peu approfondis. Le
» beau, le bon, le mal, le bien, le juſte, l'injuſte, ſont des termes que
» tout le monde emploie également avant que d'avoir appris à les appli-
» quer avec raiſon & avec juſtice. Delà naiſſent les diſputes, les querel-
» les, les guerres. Je dis cela eſt juſte : un autre dit cela eſt injuſte :
» Comment convenir? Quelle regle avons-nous pour bien juger? Sera-ce
» l'opinion? Mais nous voilà deux, & nous ſommes dans deux opinions
» contraires. D'ailleurs, comment l'opinion peut-elle être un juge ſûr?
» Les fous n'ont ils pas leurs opinions? Il faut pourtant bien qu'il y ait
» une regle ſûre pour connoître la vérité; car il n'eſt pas poſſible que Dieu
» ait laiſſé les hommes dans une entiere ignorance de ce qu'ils doivent
» ſavoir pour ſe conduire. Cherchons donc cette regle, qui peut ſeule
» nous délivrer de nos erreurs, & guérir la témérité & la folie de l'opi-
» nion. Cette regle eſt d'appliquer à l'eſpece les caracteres que l'on donne
» au genre, afin que ces caracteres connus & avoués de tout le monde,
» nous ſervent à redreſſer nos préjugés ſur chaque fait particulier. Par
» exemple, nous avons l'idée du bien; il s'agit de ſavoir ſi la volupté eſt
» un bien : examinons-la ſelon cette idée, & peſons-la dans cette balance.
» Je la peſe avec ces caracteres du bien qui ſont mes poids. Je la trouve
» legere, je la rejette; car le bien eſt une choſe ſolide & d'un très-
» grand poids. »

Au reste, il faut bien remarquer, que quand nous difons que l'homme peut, en faifant ufage de fa raifon, acquérir la connoiffance des Loix naturelles, cela n'exclut point les fecours qu'il peut tirer d'ailleurs. Il y a des perfonnes qui ayant pris un foin particulier de cultiver leur efprit, font en état d'éclairer les autres, & de fuppléer par leurs inftructions à la groffiéreté & à l'ignorance du commun des hommes. Cela eft dans le plan de la providence. Dieu ayant deftiné l'homme à la fociété, & lui ayant donné une conftitution relative à cette fin, les divers fecours que les hommes tirent les uns des autres, ne doivent pas moins être comptés au rang des moyens naturels, que ceux que chacun trouve en foi-même & qu'il tire de fon propre fonds.

En effet, tous les hommes ne font pas capables par eux-mêmes de développer méthodiquement les principes des Loix naturelles, & les conféquences qui en réfultent. Il fuffit que les génies médiocres puiffent du moins comprendre ces principes, quand ils leur font expliqués, & fentir la vérité & la néceffité des devoirs qui en découlent, en les comparant avec la conftitution de leur propre nature. Que s'il y a des efprits d'un ordre encore inférieur, ils ne peuvent guere fe conduire que par les impreffions de l'exemple, de la coutume, de l'autorité, ou de quelque utilité préfente & fenfible. Quoiqu'il en foit, & tout bien compté, la Loi naturelle eft fuffifamment notifiée, pour que l'on puiffe dire qu'aucun homme en âge de difcrétion & dans fon bon fens, ne fauroit alléguer pour excufe valable une ignorance invincible à cet égard.

Faifons ici une réflexion qui fe préfente d'elle-même. C'eft que fi l'on fait attention à la maniere dont nous avons établi les principes des Loix naturelles, on reconnoîtra que la méthode que nous avons fuivie, eft une nouvelle preuve de la certitude & de la réalité de ces Loix. Nous avons mis à part toute fpéculation abftraite & métaphyfique, pour ne confulter que le fait, que la nature & l'état des chofes. C'eft dans la conftitution effentielle de l'homme & dans les rapports qu'il a avec les autres êtres, que nous avons puifé nos principes; & le fyftéme qui en réfulte, a une liaifon fi intime & fi néceffaire avec cette nature & cet état de l'homme, que l'on ne fauroit les féparer. Que fi l'on joint à cela tout ce qui a été déjà obfervé ci-deffus, il nous femble que l'on ne fauroit méconnoître les Loix naturelles, ni douter de leur réalité, fans renoncer aux plus pures lumieres de la raifon, ce qui conduiroit jufqu'au pyrrhonifme.

Mais fi par un effet de la fageffe du Créateur, les principes des Loix naturelles font faciles à découvrir, & fi la connoiffance des devoirs qu'elles nous impofent eft à la portée même des efprits les plus médiocres, il eft certain auffi que ces Loix ne font point impraticables. Au contraire elles ont une proportion fi manifefte avec les lumieres de la droite raifon & avec les inclinations les plus naturelles, elles ont un tel rapport avec notre perfection & notre bonheur, qu'on ne peut les regarder que comme un effet de la bonté de Dieu envers les hommes. Puisque nul autre motif que celui de faire du bien, ne pouvoit porter l'être existant par lui-même & souverainement heureux, à former des êtres doués d'intelligence & de sentiment, ce ne peut être que par une suite de la même bonté qu'il leur a donné des Loix. Il n'a point eu seulement en vue de gêner leur liberté : mais il a voulu leur faire connoître ce qui leur convenoit le mieux, ce qui étoit le plus propre à leur perfection & à leur félicité ; & pour donner plus de poids aux motifs raisonnables qui devoient les déterminer, il y a joint l'autorité de son commandement.

Cela nous fait comprendre pourquoi les Loix naturelles sont telles qu'elles sont. Il falloit, suivant les vues de Dieu, que les Loix qu'il donnoit aux hommes convinssent à leur nature & à leur état, qu'elles tendissent par elles-mêmes à procurer la perfection & le bien de l'individu & de l'espece, celui des particuliers & de la société. En un mot, le choix de la fin déterminoit la nature des moyens.

En effet, il y a des différences naturelles & nécessaires dans les actions humaines & dans les effets qu'elles produisent. Les unes conviennent par elles-mêmes à la nature de l'homme & à son état, les autres n'y conviennent pas & y sont même opposées ; les unes contribuent à produire l'ordre & à le maintenir, les autres tendent à le renverser ; les unes procurent la perfection & le bonheur des hommes, les autres produisent leur dégradation & leur misere. Ce seroit fermer les yeux à la lumiere & la vouloir confondre avec les ténebres, que de ne pas reconnoître ces différences. Elles sont palpables ; quoique l'on puisse dire au contraire, le sentiment & l'expérience détruiront toujours ces fausses subtilités.

Ne cherchons donc pas ailleurs que dans la nature même des actions humaines, dans leurs différences essentielles & dans leurs suites, le vrai fondement des Loix naturelles, & pourquoi Dieu défend certaines choses, tandis qu'il en commande d'autres. Ce ne sont point des Loix arbitraires, ou telles que Dieu pût ne les point donner, ou en donner d'autres toutes différentes. La souveraine sagesse, de même que la souveraine puissance, ne va pas à faire le contradictoire & l'absurde. C'est toujours la nature des choses qui lui sert de regle dans ses déterminations. Dieu étoit le maître sans doute de créer ou de ne pas créer l'homme ; de le créer tel qu'il est, ou de lui donner une nature différente. Mais s'étant déterminé à créer un être raisonnable & sociable, il ne pouvoit lui prescrire que ce qui convient à une telle créature. On peut dire même que la supposition, que les principes & les regles du droit naturel dépendent d'une volonté arbitraire de Dieu, va à détruire & à renverser le systême de la Loi naturelle. Car si ces loix n'étoient pas une suite nécessaire de la nature, de la constitution & de l'état de l'homme, nous ne saurions en avoir une connoissance certaine que par une révélation bien claire, ou par quelqu'autre promulgation formelle de la part de Dieu. Mais on convient que le droit naturel

est

eſt & doit être connu par les ſeules lumieres de la raiſon. Ce ſeroit donc l'anéantir que de le concevoir comme dépendant d'une volonté arbitraire; ou du moins ce ſeroit réduire la choſe à une eſpece de pyrrhoniſme, puiſqu'on n'auroit aucun moyen naturel de s'aſſurer que Dieu commande ou défend une choſe plutôt qu'une autre. Si donc les Loix naturelles dépendent originairement de l'inſtitution divine, comme on n'en ſauroit douter, il faut convenir auſſi que ce n'eſt pas d'une inſtitution purement arbitraire, mais d'une inſtitution fondée d'un côté ſur la nature même & la conſtitution de l'homme, & de l'autre ſur la ſageſſe de Dieu qui ne ſauroit vouloir une fin, ſans vouloir en même-temps les moyens qui ſeuls peuvent y conduire.

Après avoir vu que les Loix naturelles ſont par elles-mêmes praticables, manifeſtement utiles, très-conformes aux idées que la droite raiſon nous donne de Dieu, convenables à la nature de l'homme, & à ſon état, en un mot, parfaitement conformes à l'ordre, & enfin ſuffiſamment notifiées; il n'y a plus de doute que des Loix revêtues de tous ces caracteres ne ſoient obligatoires, & ne mettent les hommes dans l'indiſpenſable néceſſité d'y conformer leur conduite. Il eſt même certain que l'obligation que Dieu nous impoſe par ce moyen, eſt de toutes la plus forte, parce qu'elle eſt produite par le concours & la réunion de tous les motifs les plus puiſſans & les plus propres à déterminer la volonté. En effet, les conſeils & les maximes de la raiſon nous obligent, non-ſeulement parce qu'ils ſont en eux-mêmes très-convenables, & qu'ils ont leur fondement dans la nature & dans les relations immuables des choſes; mais encore par l'autorité de l'être ſuprême, qui intervient ici, en nous faiſant connoître clairement qu'il veut que nous les obſervions, par cela même qu'il eſt l'auteur de cette nature des choſes & des relations qu'elles ont entr'elles. En un mot la Loi naturelle nous lie tout à la fois par une obligation interne & externe; ce qui produit le plus haut degré de néceſſité morale, & qui aſſujettit le plus fortement la liberté, ſans la détruire.

Cela étant, l'obéiſſance due aux Loix naturelles eſt une obéiſſance ſincere, & qui doit partir d'un principe de conſcience. Le premier effet de ces loix eſt de régler les ſentimens de notre eſprit & les mouvemens de notre cœur. Ce ne ſeroit pas ſatisfaire à ce qu'elles exigent de nous, que de nous abſtenir extérieurement de ce qu'elles condamnent, ſi c'étoit à regret & contre notre volonté. Et comme il n'eſt pas permis de déſirer ce qu'il n'eſt pas permis de faire; il eſt auſſi de notre devoir, non-ſeulement de pratiquer ce qui nous eſt ordonné, mais encore de l'approuver & d'en reconnoître l'utilité & la juſtice.

Un autre caractere eſſentiel des Loix naturelles, c'eſt qu'elles ſont univerſelles, c'eſt-à-dire, qu'elles obligent tous les hommes ſans exception. Car non-ſeulement tous les hommes ſont également ſoumis à l'empire de Dieu; mais encore les Loix naturelles ayant leur fondement dans la conſ-

titution & l'état des hommes, & leur étant notifiées par la raifon, il eft
bien manifefte qu'elles conviennent effentiellement à tous, & les obligent
tous fans diftinction, quelque différence qu'il y ait entr'eux par le fait,
& dans quelque état qu'on les fuppofe. C'eft ce qui diftingue les Loix
naturelles des Loix pofitives : car une Loi pofitive ne regarde que certaines perfonnes ou certaines fociétés en particulier.

Il faut encore remarquer, que toute action qui paroît avantageufe ou nuifible à la fociété humaine en général, dans quelque état que les hommes
puiffent être, en tout temps, & en tout lieu, doit être cenfée pour abfolument prefcrite ou défendue par le droit naturel. Ainfi quoique le larcin, par exemple, ou l'adultere, aient pu, par un effet de certaines circonftances, ne troubler que peu ou point une fociété particuliere, comme
on prétend que l'expérience le fit voir autrefois dans la république des
Meffagetes & dans celle des Lacédémoniens ; ces deux crimes n'en font
pas pour cela moins contraires à la Loi naturelle ; parce que fi on les permettoit toujours & dans tous les pays du monde, il en réfulteroit de terribles défordres, qui tôt ou tard détruiroient ou bouleverferoient un Etat :
au lieu que toute fociété, de quelque nature qu'elle foit, fera toujours plus
tranquille & plus heureufe, lorfque ceux qui la compofent s'abftiendront
religieufement de ravir les biens ou de débaucher la femme de leur prochain, que fi l'on y commet impunément de tels attentats.

On trouve dans le quatrieme livre de Marc-Antonin une bonne preuve
de l'univerfalité des Loix naturelles. » Si l'intelligence, dit-il, nous eft
» commune à tous, la raifon qui nous rend animaux raifonnables, l'eft
» auffi. Si la raifon l'eft, la raifon qui ordonne ce qu'il faut faire & ce
» qu'il faut éviter, l'eft encore. Cela étant, la Loi eft commune : la Loi
» étant commune, nous fommes donc concitoyens : fi nous fommes con-
» citoyens, nous vivons donc fous une même police ; & le monde eft une
» ville par conféquent. »

Nous avons remarqué ci-deffus que les Loix naturelles, quoique établies
par la volonté de Dieu, ne font pas l'effet d'une volonté arbitraire, mais
qu'elles ont leur fondement dans la nature des chofes & dans les rapports
qui font entr'elles. Il fuit de-là que les Loix naturelles font immuables,
& qu'elles n'admettent aucune difpenfe. C'eft encore là un caractere propre de ces Loix, qui les diftingue de la Loi pofitive, foit divine, foit
humaine.

On peut dire encore, fi l'on veut, que les Loix naturelles font éternel-
les ; quoiqu'à dire vrai, cette expreffion foit par elle-même peu précife, &
plus propre à répandre de l'obfcurité dans nos idées que de la clarté. Ceux
qui ont parlé les premiers de l'éternité des Loix naturelles, l'ont fait vraifemblablement par oppofition à la nouveauté & aux fréquentes mutations
des Loix civiles. Ils ont voulu dire fimplement, que le droit naturel eft
antérieur aux Loix de Minos, par exemple, de Solon ou de tout autre lé-

giflateur ; qu'il eft auffi ancien que le genre humain : & jufques-là ils
avoient raifon. Mais dire, comme font plufieurs théologiens & moraliftes,
que la Loi naturelle eft coéternelle à Dieu, c'eft avancer une propofition
qui, réduite à fa jufte valeur, ne fera pas exactement vraie ; puifque la
Loi naturelle étant faite pour l'homme, fon exiftence actuelle fuppofe celle
du genre humain. Que fi l'on entend feulement par-là, que Dieu en avoit
l'idée de toute éternité, alors on n'attribue rien aux Loix naturelles qui ne
leur foit commun avec tout ce qui exifte.

Nous ne faurions mieux terminer cet article que par le beau paffage de
Cicéron que Lactance nous a confervé : » la droite raifon, difoit ce phi-
» lofophe, eft certainement une véritable Loi conforme à la nature, com-
» mune à tous les hommes, conftante, immuable, éternelle. Elle porte
» les hommes à leur devoir par fes commandemens, & les détourne du
» mal par fes défenfes... Il n'eft pas permis de retrancher quelque chofe
» de cette Loi, ni d'y rien changer, & bien moins de l'abolir entiére-
» ment. Le fénat ni le peuple ne fauroient en difpenfer. Elle s'explique
» d'elle-même & ne demande point d'autre interprete. Elle n'eft point au-
» tre à Rome, & autre à Athenes ; elle n'eft point autre aujourd'hui, &
» autre demain. C'eft la même Loi éternelle & invariable, qui eft don-
» née à toutes les nations, en tous temps & en tous lieux ; parce que
» Dieu qui en eft l'auteur, & l'a lui-même publiée, fera toujours le feul
» maître & le feul fouverain de tous les hommes. Quiconque violera cette
» Loi, renoncera à fa propre nature, fe dépouillera de l'humanité, & fera
» par cela même rigoureufement puni de fa défobéiffance ; quand même
» il éviteroit tout ce que l'on appelle ordinairement fupplice. » Cicéron,
de républ. lib. III. apud Lactant. *inft. divin. lib. VI. cap. viij.*

§. XIII.

LOIX CIVILES.

CE font toutes celles que le fouverain de la fociété impofe à fes fujets.

L'agriculture, en donnant naiffance aux arts & au commerce, a bientôt
enfanté par une fuite naturelle le droit civil ; & l'agriculture a été connue
très-anciennement chez plufieurs peuples. Le feul objet que nous ayons à
envifager pour le moment, font les fuites que l'agriculture a eues par rapport au gouvernement, & à l'établiffement des Loix civiles.

La culture de la terre demande de grands foins & de grands travaux ;
les peuples qui ont embraffé ce genre de vie ont été obligés de chercher
dans leur induftrie les fecours dont ils avoient befoin. Ces recherches ont
donné naiffance à une grande quantité d'arts : ces arts ont produit le commerce ; le commerce a multiplié & diverfifié les intérêts refpectifs & particuliers des différens membres de la fociété. Il a fallu des réglemens pour

tous ces objets ; c'eſt ainſi que l'agriculture, par ſes dépendances, a donné lieu à l'établiſſement d'un grand nombre de Loix. Ce ſont ces différentes Loix propres au gouvernement des peuples cultivateurs, qui ont formé le corps de la juriſprudence civile.

La premiere Loi qu'on aura établie, aura été pour aſſigner & aſſurer à chaque habitant une certaine quantité de terrein. Dans les temps où le labourage n'étoit point encore connu, les terres étoient en commun. Il n'y avoit ni bornes ni limites qui en réglaſſent le partage, chacun prenoit ſa ſubſiſtance où il jugeoit à propos. On abandonnoit, on reprenoit ſucceſſivement les mêmes cantons, ſuivant qu'ils étoient plus ou moins épuiſés : cette maniere de vivre n'a plus été praticable quand l'agriculture a été introduite. Il fallut alors diſtinguer les poſſeſſions, & prendre les meſures néceſſaires pour faire jouir chaque citoyen du fruit de ſes travaux. Il étoit dans l'ordre que celui qui avoit ſemé du grain fût ſûr de le recueillir, & ne vît pas les autres profiter des peines & des ſoins qu'il s'étoit donnés. De-là ſont émanées les Loix ſur la propriété des terres, ſur la maniere de les partager & d'en jouir. Ces objets ont toujours extrêmement occupé les légiſlateurs. Homere nous apprend qu'un des premiers ſoins de ceux qui dans ces temps reculés formoient de nouveaux établiſſemens, étoit de partager les terres entre les habitans de la colonie. Les Chinois diſent auſſi que Gin-hoang, un de leurs premiers ſouverains, diviſa toutes les terres de ſon empire en neuf parties, l'une deſquelles fut deſtinée pour les habitations, & les huit autres pour l'agriculture. Nous voyons encore par l'hiſtoire du Pérou, que les premiers Incas avoient grande attention à faire le partage & la diſtribution des terres entre leurs ſujets.

Ce n'étoit pas aſſez d'avoir établi & réglé le partage des terres, il falloit encore réprimer & prévenir les uſurpations. Les anciens légiſlateurs ne négligerent ſur ces objets aucune précaution. Dans la vue de prévenir tous les ſujets de diſcorde, & de mettre un frein à la cupidité, ils obligerent chaque particulier à fixer par des bornes l'étendue de ſon terrein, ſoit en profitant de celles que la nature pourroit offrir, ſoit en y ſuppléant par des marques ſolides & durables. Cette pratique eſt fort ancienne : on la trouve marquée très-expreſſément dans la Geneſe. Elle étoit auſſi en uſage dès le temps de Job, il met à la tête des uſurpateurs & des méchans ceux qui arrachent les bornes des héritages. Moyſe en fait une défenſe expreſſe aux Iſraélites ; & on voit par la maniere dont il s'explique, que l'uſage de diſtinguer les héritages par des bornes, étoit connu bien avant ce légiſlateur. Les auteurs profanes nous donnent également à connoître combien cette coutume étoit ancienne. Homere en parle comme d'un uſage de la plus haute antiquité. Virgile en rapporte l'établiſſement au ſiecle de Jupiter, c'eſt-à-dire, aux temps les plus reculés. On eut ſoin en même temps d'établir les peines les plus rigoureuſes contre ceux qui entreprendroient d'enlever les bornes des héritages. Numa avoit ordonné la peine de mort contre

L O I.

ceux qui auroient commis un pareil attentat. La politique intéreſſa même la religion dans un objet d'où dépend le maintien de la ſociété : on rechercha à retenir par la crainte des dieux ceux que les Loix humaines n'auroient pas été ſeules capables d'arrêter.

L'agriculture a donc donné naiſſance à·la propriété des domaines, mais cette propriété change néceſſairement à la mort de chaque poſſeſſeur. Les peines & les travaux qu'exige la culture de la terre ont attaché particuliérement les hommes à un objet qui leur coûte tant de fatigues. De-là le ſoin d'en tranſmettre la jouiſſance & la poſſeſſion à ce qu'ils ont de plus cher; il a fallu conſéquemment établir des Loix pour régler la maniere dont ſeroient partagés les domaines, ſoit qu'un homme laiſſât pluſieurs enfans, ſoit qu'il mourût ſans poſtérité, ou qu'il voulût en diſpoſer d'une maniere particuliere. C'eſt le partage des terres qui a donné naiſſance au droit & à la juriſprudence. Les Loix concernant cette matiere forment une des parties les plus conſidérables du code civil.

On ne finiroit point ſi l'on vouloit rechercher toutes les Loix que l'agriculture a occaſionnées. Il ſuffit d'avertir que la découverte de cet art, & de ceux qui en ſont une ſuite néceſſaire, eſt un objet qu'on ne doit jamais perdre de vue quand on veut remonter à l'origine du droit civil. Il ne ſeroit·pas poſſible au ſurplus d'entrer dans aucun éclairciſſement ſur les premieres Loix civiles des anciens peuples. Les faits & les détails hiſtoriques nous manquent dans ces ſiecles reculés. Ce que l'on peut dire de plus probable, c'eſt que le droit civil aura d'abord été fort incertain. La juriſprudence n'a pû ſe former que par la ſucceſſion des temps. Un légiſlateur ne peut pas prévoir tous les événemens. L'exigence des cas, les nouvelles circonſtances ont donné lieu à l'établiſſement de la plus grande partie des conſtitutions civiles : chaque fois qu'il s'eſt préſenté un nouvel événement, on a fait une nouvelle Loi.

L'agriculture, comme je l'ai déjà dit, a donné ſucceſſivement naiſſance à la plus grande partie des arts; les arts ont produit le commerce, & le commerce a néceſſairement occaſionné quantité de réglemens : il a même fallu par la ſuite étendre ou réformer ces réglemens, à meſure que le commerce s'eſt étendu; que l'induſtrie s'eſt perfectionnée; qu'il s'eſt introduit de nouveaux ſignes de denrées; qu'on a fait de nouvelles recherches, & que l'abondance a produit le luxe & la ſomptuoſité.

On n'a connu & on n'a ſu travailler les métaux qu'après un certain temps; l'uſage qu'on a fait de cette découverte a produit de nouveaux arts, & avancé extraordinairement les progrès de ceux que l'on connoiſſoit auparavant : autres ſources de nouvelles Loix. L'introduction de ces mêmes métaux dans le commerce, comme prix commun de toutes les marchandiſes, a dû amener néceſſairement de nouveaux réglemens, de nouvelles ordonnances. Les acquiſitions & les obligations ſont les ſuites naturelles du commerce & de l'induſtrie, du maniement & du mouvement de l'argent.

De-là l'origine de certaines formules propres à dresser & à constater les actes par lesquels les citoyens peuvent s'obliger respectivement les uns envers les autres. De-là encore l'établissement nécessaire des officiers publics, chargés de recevoir & de garder ces fortes d'actes.

Ajoutons que les guerres ont très-souvent fait changer de face aux empires. Les conquêtes ont introduit de nouvelles façons de penser, de nouvelles mœurs, de nouvelles vues, & même de nouveaux arts. Le système politique des Etats a dû par conséquent changer bien des fois, suivant les différentes circonstances & les positions diverses où les peuples se font trouvés; & la législation s'est nécessairement ressentie de toutes ces différentes variations.

D'ailleurs ce n'a été que par la succession des temps qu'on a pu reconnoitre les abus & les inconvéniens de certaines Loix. Ces Loix auront été supprimées ou corrigées par des réglemens qu'on leur aura substitués. Les auteurs qui peuvent seuls aujourd'hui nous instruire de la jurisprudence des anciens peuples, n'ont pas pû avoir des lumieres bien exactes sur ces objets; ils n'ont connu les nations dont ils parlent que dans des temps bien postérieurs à ceux que nous examinons, & alors le code civil de ces nations avoit acquis une forme fixe & assurée. Les historiens de l'antiquité n'ont pu en quelque sorte parler que des Loix qui étoient en vigueur dans les siecles où ils écrivoient. Or, quoique l'époque de la plus grande partie de ces Loix ne nous soit pas connue, il n'est pas cependant à présumer que toutes celles dont on ignore les auteurs aient été l'ouvrage des premiers législateurs. Disons encore que la plupart des écrivains de l'antiquité ont fait, en général, très-peu d'attention à la jurisprudence & aux Loix civiles des anciens peuples.

Ne nous fatiguons donc point à rechercher quelles auront été les premieres Loix civiles; qu'il nous suffise de savoir que toutes celles, qui par la suite ont formé le code civil des nations, émanent soit directement, soit indirectement de l'agriculture. L'histoire, indépendamment de toutes les réflexions, l'atteste de la maniere la plus solemnelle. Qu'on parcoure les annales de tous les peuples policés, on y verra les Loix civiles prendre naissance en même temps que l'agriculture, & l'un & l'autre établissement être l'ouvrage des premiers souverains. L'Egypte publioit les services qu'Ofiris avoit rendus au genre humain par la découverte de l'agriculture, & par l'établissement de ses Loix. Les Grecs en disoient autant de Cérès; les premiers peuples de l'Italie, de Saturne; les anciens habitans de l'Espagne, d'Habis; & les Péruviens, de Manco-Capac; les Chinois font le même honneur à Yao.

Nature des Loix civiles.

LES Loix civiles donnent aux Loix naturelles tout l'effet qu'elles doivent avoir, afin de rendre les hommes heureux. Car, 1°. elles servent à faire connoître plus particuliérement les Loix naturelles elles-mêmes. 2°. Elles leur donnent un nouveau degré de force, & en rendent l'observation plus assurée au moyen de leur sanction, & des peines que le souverain inflige à ceux qui les méprisent & qui les violent. 3°. D'ailleurs, il y a bien des choses que le droit naturel prescrit seulement d'une maniere générale & indéterminée; ensorte que le temps, la maniere & l'application aux personnes & aux circonstances, sont laissées au discernement & à la prudence d'un chacun. Cependant il étoit nécessaire au bon ordre & à la tranquillité publique, que toutes ces choses fussent réglées, & c'est ce que font les Loix civiles. 4°. Elles servent aussi à expliquer ce qu'il peut y avoir d'obscur, dans les maximes du droit naturel. 5°. Elles modifient en diverses manieres l'usage des droits que chacun a naturellement. 6°. Enfin, elles déterminent les formalités que l'on doit suivre, les précautions que l'on doit prendre, pour rendre efficaces & valables, les différens engagemens que les hommes contractent entr'eux, & de quelle maniere chacun doit poursuivre son droit en justice.

Ainsi, pour se faire une juste idée des Loix civiles, il faut dire, que comme la société civile n'est autre chose que la naturelle elle-même, modifiée par l'établissement d'un souverain qui commande pour y maintenir l'ordre & la paix, de même aussi les Loix civiles font les Loix naturelles elles-mêmes, perfectionnées & modifiées d'une maniere convenable à l'état de la société & à ses avantages.

Cela étant, on peut fort bien distinguer deux sortes de Loix civiles : les unes sont telles par rapport à leur autorité seulement, & les autres par rapport à leur origine. On rapporte à la premiere classe toutes les Loix naturelles, qui servent de regle dans les tribunaux civils, & qui sont d'ailleurs confirmées par une nouvelle sanction du souverain. Telles sont toutes les Loix qui déterminent quels sont les crimes qui doivent être punis en justice, quelles sont les obligations pour lesquelles on doit avoir action devant les tribunaux, &c.

Pour les Loix civiles, ainsi appellées à cause de leur origine, ce sont des Loix arbitraires, qui ont uniquement pour principe la volonté du souverain, & qui supposent certains établissemens humains : ou bien qui roulent sur des choses qui se rapportent au bien particulier de l'Etat, quoiqu'indifférentes en elles-mêmes & indéterminées par le droit naturel. Telles sont les Loix, qui reglent les formalités nécessaires aux contrats, aux testamens, la maniere de procéder en justice, &c. Bien entendu que tous ces réglemens doivent tendre au bien de l'Etat & des particuliers ;

& ainfi ce font proprement des fupplémens aux Loix naturelles elles-mêmes.

Il eft très-important de bien diftinguer dans les Loix civiles ce qu'elles ont de naturel & de néceffaire, de ce qui n'eft qu'arbitraire. Les maximes du droit naturel, fans l'obfervation defquelles les citoyens ne fauroient vivre en paix, doivent néceffairement avoir force de Loi dans tous les Etats; il ne dépend pas du prince de les laiffer en arriere. Pour les autres regles du droit naturel, qui n'intéreffent pas fi effentiellement le bonheur de la fociété, il ne convient pas toujours de leur donner force de Loi. L'examen des actions contraires, à ces maximes, feroit fouvent d'une difcuffion très-difficile. D'ailleurs cela donneroit lieu à une infinité de procès. Enfin, il étoit convenable de laiffer aux véritables gens de bien, aux cœurs généreux, l'occafion de fe diftinguer par la pratique des devoirs, dont la violation n'emporte aucune peine devant le tribunal humain.

Quoique le pouvoir de faire des Loix civiles foit un pouvoir fuprême, cependant ce n'eft pas un pouvoir arbitraire, mais au contraire, il fe trouve limité en plufieurs manieres.

1°. Et comme le fouverain tient originairement la puiffance légiflative de la volonté, de chaque membre de la fociété, il eft bien évident que perfonne ne peut conférer à autrui plus de droit qu'il n'en a lui-même, & que par conféquent la puiffance légiflative ne peut s'étendre au-delà. Le fouverain ne peut donc ni commander, ni défendre que des chofes ou des actions volontaires ou poffibles.

2°. D'ailleurs, les Loix naturelles difpofent des actions humaines antécédemment aux Loix civiles, & les hommes ne fauroient fe fouftraire à l'autorité des premieres. Donc ces Loix primitives limitent encore le pouvoir du fouverain, & ils ne fauroient rien déterminer valablement au contraire de ce qu'elles commandent ou défendent expreffément.

Mais il faut bien prendre garde de ne pas confondre ici deux chofes, tout-à-fait diftinctes, je veux dire, l'état naturel, & les Loix de la nature. L'état naturel & primitif de l'homme peut fouffrir différens changemens, diverfes modifications dont l'homme eft le maître, & qui n'ont rien de contraire à fes obligations & à fes devoirs. A cet égard, les Loix civiles peuvent bien apporter quelques changemens à l'état naturel des hommes, & en conféquence faire quelques réglemens inconnus au droit naturel, fans que pour cela, elles aient rien de contraire aux Loix naturelles, qui fuppofent l'état de liberté dans toute fon étendue, mais qui permettent pourtant à l'homme de modifier & de reftreindre cet état, de la maniere qui lui paroît la plus avantageufe.

Cependant, nous fommes bien éloignés d'approuver la penfée de ces politiques qui prétendent qu'il n'eft pas poffible que les Loix civiles foient contraires au droit naturel; » parce, difent-ils, qu'il n'y a rien de jufte » ou d'injufte avant leur établiffement. «

Il eſt auſſi ridicule de ſoutenir qu'avant l'établiſſement des Loix civiles & de la ſociété, il n'y eut aucune regle de juſtice à laquelle les hommes fuſſent aſſujettis, que ſi l'on prétendoit que la vérité & la droiture dépendent de la volonté des hommes, & non pas de la nature même des choſes. Il auroit même été impoſſible aux hommes de fonder des ſociétés qui puſſent ſe maintenir, ſi antécédemment à ces ſociétés, il n'y avoit eu ni juſtice, ni injuſtice, & ſi l'on n'avoit été perſuadé, qu'il étoit juſte de tenir ſa parole ou injuſte d'y manquer.

Telle eſt, en général, l'étendue du pouvoir légiſlatif & la nature des Loix civiles, au moyen deſquelles ce pouvoir ſe développe. Il en réſulte que toute la force des Loix civiles conſiſte en ces deux choſes, ſavoir dans leur *juſtice* & dans leur *autorité.*

L'autorité des Loix civiles conſiſte dans la force, que leur donne la puiſſance de celui, qui étant revêtu du pouvoir légiſlatif, a droit de faire ces Loix; & dans l'ordre de Dieu, qui commande de lui obéir. Pour la juſtice des Loix civiles, elle dépend de leur rapport à l'ordre de la ſociété, dont elles ſont les regles, & de leur convenance avec l'utilité particuliere, qui ſe trouve à les établir ſelon que les temps & les lieux le demandent.

Et puiſque la ſouveraineté, le droit de commander, a pour fondement naturel une puiſſance bienfaiſante, il s'enſuit néceſſairement que l'autorité & la juſtice des Loix, ſont deux caracteres eſſentiels à leur nature, & au défaut deſquels elle ne ſauroit produire une véritable obligation. La puiſſance du ſouverain fait l'autorité de ſes Loix, & ſa bénéficence ne lui permet pas d'en faire d'injuſtes.

Quelque certains & inconteſtables que ſoient ces principes généraux, il faut cependant prendre garde de n'en pas abuſer dans l'application. Il eſt ſans doute eſſentiel à toute Loi qu'elle ſoit juſte & équitable; mais il ne faut pas conclure de là que les particuliers ſoient en droit de refuſer d'obéir aux ordonnances du ſouverain, ſous prétexte qu'ils ne les trouvent pas tout-à-fait juſtes. Car outre qu'il faut donner quelque choſe à la foibleſſe inſéparable de l'humanité, le ſoulevement contre la puiſſance légiſlative, qui fait toute la ſureté de la ſociété, va au renverſement de la ſociété. Et les ſujets ſont dans l'obligation de ſouffrir les inconvéniens qui peuvent réſulter de quelques Loix injuſtes, plutôt que d'expoſer par leur rebellion l'Etat à être renverſé.

Mais ſi l'abus de la puiſſance légiſlative alloit juſqu'à l'excès & au renverſement des principes fondamentaux des Loix naturelles, & des devoirs qu'elles impoſent, il n'y a nul doute que dans ces circonſtances, les ſujets autoriſés par l'exception des Loix divines, ne fuſſent en droit, & même dans l'obligation, de refuſer d'obéir à des Loix de cette nature.

Ce n'eſt pas aſſez : afin que les Loix civiles impoſent une véritable obligation, qu'elles ſoient juſtes & équitables, il faut encore que les ſujets

en aient une parfaite connoiſſance. Cependant les *ſujets* ne ſauroient connoitre, par eux-mêmes, les Loix civiles, du moins dans ce qu'elles ont
d'arbitraire. Elles ſont à cet égard, comme des faits que l'on peut ignorer.
Le ſouverain doit donc publier ces Loix, & il doit exercer la juſtice, non
par des décrets arbitraires & formés ſur le champ, mais par des Loix bien
établies & duement notifiées.

Ces principes nous fourniſſent une réflexion importante pour les ſouverains. Puiſque la premiere qualité de la Loi eſt, qu'elle ſoit connue, les
ſouverains doivent les publier de la maniere la plus claire. En particulier,
il eſt abſolument néceſſaire que les Loix ſoient écrites dans la langue du
pays; il ſeroit même convenable qu'on ne ſe ſervît pas d'une langue
étrangere dans les écoles de juriſprudence. Car que peut-on concevoir de
plus contradictoire avec le principe qui veut, que les Loix ſoient parfaitement connues, que de ſe ſervir de Loix étrangeres, écrites dans une langue
morte, inconnue au commun des hommes, & de faire enſeigner ces Loix
dans la même langue? On ne ſauroit s'empêcher de le dire; c'eſt là un
reſte de barbarie, également contraire à la gloire des ſouverains & à l'a-
vantage des ſujets.

Si donc on ſuppoſe les Loix civiles, accompagnées des conditions dont
nous venons de parler, elles ont ſans contredit la force d'obliger les ſujets à leur obſervation. Chaque particulier eſt tenu de ſe ſoumettre à leurs
réglemens, tant qu'ils ne renferment rien de manifeſtement contraire aux
Loix divines, ſoit naturelles, ſoit révélées; & cela non-ſeulement par la
crainte des peines, qui ſont attachées à leur violation, mais encore par
principe de conſcience, en vertu d'une maxime même du droit naturel, qui ordonne d'obéir aux ſouverains en tout ce que l'on peut faire
ſans crime.

Pour bien comprendre ces effets des Loix civiles, il faut remarquer que
l'obligation qu'elles impoſent, s'étend non-ſeulement ſur les actions exté-
rieures, mais encore juſques ſur l'intérieur de l'homme, ſur les penſées de
ſon eſprit & les ſentimens de ſon cœur. Le ſouverain en preſcrivant des
Loix à ſes ſujets, ſe propoſe de les rendre véritablement ſages & vertueux :
s'il commande une bonne action, il veut que ce ſoit par principe qu'on
l'exécute; & lorſqu'il défend un crime, il ne défend pas ſeulement l'action
extérieure, mais il défend même d'en concevoir la penſée, d'en former
le deſſein. En effet, l'homme étant par ſa nature un être intelligent &
libre, il ne ſe porte à agir qu'en conſéquence de ſes jugemens, par une
détermination de ſa volonté & par un principe intérieur Or cela étant, le
moyen le plus efficace que le ſouverain puiſſe employer, pour procurer le
bonheur & la tranquillité publique, c'eſt de travailler ſur l'intérieur, ſur le
principe des actions humaines, en formant l'eſprit & le cœur des ſujets à
la ſageſſe & à la vertu.

Auſſi eſt-ce dans cette vue & pour cette fin, que ſont formés tous les établiſſemens publics pour l'éducation de la jeuneſſe. Toutes les écoles publiques & tous les docteurs qui y enſeignent, ſont établis pour cela. Le but de tous ces établiſſemens eſt d'éclaircir les hommes, de les inſtruire & de leur inſpirer de bonne heure les regles d'une vie ſage & honnête. Ainſi le ſouverain a par l'inſtruction un moyen très-efficace d'inſinuer dans l'ame de ſes ſujets, les idées & les ſentimens qu'il veut leur inſpirer, & par-là ſon autorité a de très-grandes influences ſur les actions intérieures, ſur les penſées & les ſentimens des hommes, qui ſe trouvent ainſi ſoumis à la direction des Loix, autant du moins que la nature de la choſe peut le permettre.

On demande donc, ſi un ſujet peut exécuter innocemment une Loi injuſte de ſon ſouverain, ou s'il doit plutôt refuſer conſtamment d'obéir, même au péril de perdre la vie? Puffendorff ſemble ne répondre à cette queſtion qu'en héſitant; mais il ſe détermine enfin pour le ſentiment d'Hobbes, & il dit, » qu'il faut bien diſtinguer, ſi le ſouverain nous commande de faire, en notre propre nom, une action injuſte, qui ſoit réputée nôtre; ou bien s'il nous ordonne de l'exécuter en ſon nom, & en qualité de ſimple inſtrument, & comme une action qu'il répute ſienne. Au dernier cas, il prétend que l'on peut ſans crainte exécuter l'action ordonnée par le ſouverain, qui alors en doit être regardé comme l'unique auteur, & ſur qui toute la faute doit retomber. C'eſt ainſi, par exemple, que les ſoldats doivent toujours exécuter les ordres de leur prince, parce qu'ils n'agiſſent pas en leur propre nom, mais comme inſtrumens & au nom de leur maître. Mais au contraire, il n'eſt jamais permis de faire en ſon propre nom, une action injuſte, directement oppoſée aux lumieres d'une conſcience éclairée. C'eſt ainſi, par exemple, qu'un juge ne devroit jamais, quelque ordre qu'il en eût du prince, condamner un innocent, ni un témoin à dépoſer contre la vérité.

Mais il me ſemble que cette diſtinction ne leve pas la difficulté; car de quelque maniere qu'on prétende qu'un ſujet agiſſe dans ces cas-là, ſoit en ſon propre nom, ſoit au nom du prince, ſa volonté concourt toujours en quelque ſorte, à l'action injuſte & criminelle qu'il exécute. Ainſi, ou il faut toujours lui imputer, en partie, l'une & l'autre action, ou l'on ne doit lui en imputer aucune.

Le plus ſûr eſt donc, de diſtinguer ici entre un ordre évidemment & manifeſtement injuſte, & celui dont l'injuſtice n'eſt que douteuſe ou apparente. Quant au premier, il faut ſoutenir généralement & ſans reſtriction, que les plus grandes menaces ne doivent jamais porter à faire, même par ordre & au nom du ſouverain, une choſe qui nous paroit évidemment injuſte & criminelle, & qu'encore que l'on ſoit fort excuſable devant le tribunal humain, d'avoir ſuccombé à une ſi rude épreuve, on ne l'eſt pourtant pas devant le tribunal de Dieu.

Ainſi un parlement, par exemple, à qui un prince ordonneroit d'enre-

giftrer un édit manifeftement injufte , doit , fans contredit, refufer de le faire. J'en dis autant d'un miniftre d'Etat, que fon maître voudroit obliger à expédier ou à faire exécuter quelque ordre plein d'iniquité ou de tyrannie ; d'un ambaffadeur à qui fon maître donne des ordres accompagnés d'une injuftice manifefte, ou d'un officier à qui le roi commanderoit de tuer un homme dont l'innocence eft claire comme le jour. Dans ces cas-là , il faut montrer un noble courage & réfifter de toutes fes forces à l'injuftice , même au péril de tout ce qui peut nous en arriver. *Il vaut mieux obéir à Dieu qu'aux hommes.* Et en promettant au fouverain une fidelle obéiffance, on n'a jamais pu le faire que fous la condition qu'il n'ordonneroit jamais rien qui fût manifeftement contraire aux Loix de Dieu, foit naturelles, foit révélées. Il y a là-deffus un beau paffage dans une tragédie de Sophocle : » Je ne croyois pas, dit Antigone à Creon, roi de Thebes,
» que les édits d'un homme mortel tel que vous, euffent tant de force,
» qu'ils duffent l'emporter fur les Loix des dieux même, Loix non écrites,
» à la vérité, mais certaines & immuables ; car elles ne font pas d'hier,
» ni d'aujourd'hui ; on les trouve établies de temps immémorial ; perfonne
» ne fait quand elles ont commencé. Je ne devois donc pas, par la crainte
» d'aucun homme, m'expofer, en les violant, à la punition des dieux. «
Sophocl. Antigon. v. 463 , &c.

Ces gouverneurs de place qui refuferent courageufement d'exécuter les ordres barbares de Charles IX, à la fameufe faint Barthelemi , ont été loués de tout le monde ; & la cour n'ofa les punir, au moins ouvertement.
» Sire, écrivoit le brave d'Orte, commandant dans Bayonne, j'ai commu-
» niqué le commandement de votre majefté à fes fideles habitans & gens
» de guerre de la garnifon ; je n'y ai trouvé que bons citoyens & braves
» foldats, mais pas un bourreau. C'eft pourquoi eux & moi fupplions
» très-humblement votre majefté, de vouloir employer nos bras & nos
» vies en chofes poffibles, quelque hafardeufes qu'elles foient, nous y
» mettrons jufqu'à la dernière goutte de notre fang. Voyez Mezeray , *Hift.
de France, tome II, page 1107.*

Mais s'il s'agiffoit d'un ordre qui nous parût injufte, mais d'une injuftice douteufe, alors le plus fûr, fans contredit, c'eft d'obéir. Le devoir de l'obéiffance étant d'une obligation claire & évidente , il doit l'emporter dans le doute. Autrement, fi l'obligation où font les fujets d'obéir aux ordres de leur fouverain, leur permettoit de refufer de les exécuter, jufqu'à ce qu'ils fuffent pleinement convaincus de leur juftice, cela réduiroit manifeftement l'autorité du prince à rien, anéantiroit tout ordre & le gouvernement même. Il faudroit que les foldats , les huiffiers, les bourreaux entendiffent la politique & la jurifprudence, fans quoi ils pourroient fe difpenfer d'obéir, fous le prétexte qu'ils ne feroient pas bien convaincus de la juftice des ordres qu'on leur donne, ce qui mettroit évidemment le prince hors d'état d'exercer les fonctions du gouvernement. C'eft donc aux

fujets à obéir dans ces circonftances, & fi l'action eft injufte en elle-même, on ne fauroit raifonnablement leur en rien imputer, mais la faute
toute entiere retombe fur le fouverain.

Voici les principales attentions que doit avoir un fouverain dans l'établiffement des Loix civiles.

1°. Il doit donner toute fon attention à ces regles primitives de juftice,
que Dieu lui-même a établies, & faire enforte que fes Loix y foient parfaitement conformes.

Autant que les Loix civiles feront conformes aux Loix naturelles, elles
pourront être utiles ; autant qu'elles s'en écarteront ou les altéreront, elles
feront préjudiciables. A ce figne certain on reconnoîtra les bonnes & les
mauvaifes Loix. Le légiflateur fe peut comparer au jardinier qui fait prendre diverfes figures à l'arbre qu'il taille à fa volonté : fi fes opérations
fecondent la feve, fon travail eft bon ; fi elles la contrarient, il eft mal
entendu. S'il entreprend de changer fon fruit, il doit confulter l'analogie
du fujet & de la greffe ; fi les feves ne peuvent s'accorder, foit par leurs
qualités élémentaires, foit par la fougue de l'une & la lenteur de l'autre,
les fruits feront débiles, même l'arbre dépérira avec le fruit, felon l'éloignement des proportions.

2°. Il faut que les Loix foient de nature à pouvoir être obfervées & fui-
vies avec facilité. Les loix d'une exécution trop difficile, ne font propres
qu'à compromettre l'autorité des magiftrats, ou à donner lieu à des foule-
vemens capables de renverfer l'Etat.

3°. Il faut bien fe garder de faire des Loix fur des chofes inutiles & non
néceffaires.

4°. Que les Loix foient telles que les fujets fe portent d'eux-mêmes,
plutôt que par néceffité, à leur obfervation. Pour cela, il ne faut faire que
des Loix dont l'utilité foit évidente, ou du moins expliquer & faire connoître aux fujets les raifons & les motifs qui ont porté à les établir.

5°. L'on ne doit pas facilement fe porter à changer les Loix établies,
fans une grande néceffité. Les fréquens changemens aux Loix affoibliffent
fans contredit, leur autorité, & celle du fouverain lui-même.

6°. Le fouverain ne doit pas accorder des difpenfes légérement & fans
de très-fortes raifons ; autrement on affoiblit les Loix, & on donne lieu à
des jaloufies, toujours pernicieufes à l'Etat & aux particuliers.

7°. Il faut faire enforte, que les Loix s'entr'aident les unes les autres,
c'eft-à-dire, que les unes préparent à l'obfervation des autres, & qu'elles
la rendent plus facile : c'eft ainfi, par exemple, que de fages Loix
fomptuaires qui mettent des bornes à la dépenfe, contribuent beaucoup
à l'exécution des Loix, qui ordonnent les impôts & les contributions publiques.

8°. Un prince qui veut faire de nouvelles Loix, doit fur-tout être attentif aux circonstances ; c'est principalement de-là que dépend le succès d'une Loi nouvelle & la maniere dont elle est reçue.

9°. Enfin, le moyen le plus efficace qu'un prince puisse mettre en œuvre, pour faire observer ses Loix exactement, c'est de s'y assujettir lui-même & de montrer le premier l'exemple, ainsi que nous l'avons déjà remarqué ci-devant.

§. X I V.

Parallele des Loix naturelles & civiles.

LE développement des principes des Loix naturelles, exposé dans son article, *Voyez* LOI NATURELLE, nous fait admirer la simplicité de la législation divine. Par le même acte qu'il *créa l'homme pour la société*, Dieu lui donna la législation la plus sublime & la plus étendue. Car l'homme, en tant que créature de Dieu, reconnoît aisément tous ses devoirs d'amour, de respect & de crainte envers son créateur ; & devant par-là à son créateur son essence & son existence, il reconnoît qu'il n'en est pas le maître, mais qu'il les a reçues comme un dépôt dont il est responsable. Enfin créé pour la société, & devant vivre avec ses semblables qui lui sont parfaitement égaux, il en sent toutes les suites, & parcourt, sans peine, toutes les obligations dont il est chargé vis-à-vis d'eux. Et à moins que sa raison ne soit entiérement étouffée par les passions, ou par une éducation convenable plutôt aux bêtes brutes que digne d'un être raisonnable, ces principes si simples le rendront vertueux, & par conséquent, heureux.

Ajoutons encore que cette admirable législation n'étant pas écrite, mais gravée dans le cœur de l'homme, étant le résultat de sa nature, de son origine, de sa destination, est la seule capable de rendre l'homme vertueux ; car il en porte le code toujours avec lui, & il n'est pas possible de l'ensevelir dans l'oubli : elle est toujours présente, elle pese les actions avant & après leur exécution, elle nous avertit sans jamais y manquer, & souvent même malgré nous, de leur honnêteté ou de leur turpitude ; tandis que les magistrats, même les plus laborieux, ignorent la plupart des Loix de leur propre pays, étant à tout moment obligés d'en consulter les volumes. Lycurgue, ce grand législateur a été le seul qui connût cette vérité ; aussi défendit-il expressément de coucher ses Loix par écrit. Il voulut les imprimer dans l'esprit & dans le cœur de ses concitoyens par la pratique & par l'usage. » Persuadé, dit Plutarque, que ce qu'il y a de plus fort » & de plus efficace pour rendre les villes heureuses & les peuples ver- » tueux, c'est ce qui est empreint dans les mœurs & dans les esprits des » citoyens. « Et il y réussit. En effet, le gouvernement de Lacédemone, où l'autorité étoit partagée en cinq corps différens, deux rois, un sénat, cinq éphores & l'assemblée du peuple, étoit une espece de paradoxe politique. Il fembleroit que l'oppofition de toutes ces différentes puiffances, qui fe traverfoient réciproquement, auroit dû être une fource perpétuelle de troubles & de diffentions inteftines. Cependant on ne trouve dans l'hiftoire aucun Etat qui ait été moins agité que Sparte ; & Polybe dit, que de tous les peuples connus, il n'y en avoit point qui eût confervé plus long-temps fa liberté. Ce ne fut certainement pas l'effet d'un gouvernement auffi défectueux dans fa conftitution que l'étoit celui de Lacédémone. On n'en peut donc attribuer la caufe qu'aux mœurs des Spartiates, & par conféquent à la légiflation de Lycurgue, qui approchoit de fort près la légiflation naturelle. Tant qu'elle fut exactement obfervée, l'intérêt de l'Etat prévalut fur des confidérations particulieres, & Sparte fit trembler fes voifins. Elle périt dès qu'elle s'en écarta.

Après ces confidérations, quel jugement porterons-nous de cet amas énorme de volumes de Loix, de glofes & de commentaires dont le droit civil eft compofé, amas propre plutôt à inviter les magiftrats à demeurer dans l'ignorance, qu'à former les mœurs d'une nation & à la rendre vertueufe ?

Il eft certain que pour mener les hommes à la vertu, il faut les y former de bonne heure : l'âge de l'éducation eft le feul propre pour y parvenir : A cet âge on commence à former les habitudes d'un jeune homme, on lui développe le germe de la raifon, qu'on promene des principes du jufte & de l'honnête aux conféquences les plus fimples, afin que dans la fuite, la raifon plus exercée, puiffe en faire l'application aux conféquences plus compofées & plus éloignées ; & ces maximes connues, ces applications faites fyftématiquement dans le bas âge, font ineffaçables de l'efprit de l'homme. Elles font fon guide toute fa vie.

Mais il eft impoffible d'en faire autant pour les Loix civiles. D'abord elles font fi peu cohérentes entr'elles, qu'elles femblent être plutôt l'ouvrage du pur hafard que d'une raifon éclairée. Guidés par des vues & des intérêts différens, ceux qui les font, s'embarraffent peu du rapport de ces Loix entr'elles. Il en eft de la formation de ce corps entier des Loix comme de la formation de certaines ifles : des payfans veulent vider leur champ des bois, des pierres, des herbes & des limons inutiles ; pour cet effet, ils les jettent dans un fleuve, où je vois ces matériaux chariés par les courans, s'amonceler autour de quelques rofeaux, s'y confolider & former enfin une terre ferme. C'eft cependant à l'uniformité des vues du légiflateur, à la dépendance des Loix entr'elles, que tient leur excellence, & c'eft de cette excellence qu'on doit en attendre tout le fuccès ; fi elle manque, les Loix font inutiles, & elles ne fervent tout au plus qu'à faire fentir qu'il y a un pouvoir légiflatif dans l'Etat. Mais pour établir cette dépendance & obtenir cette excellence de la légiflation, il faut pouvoir les rapporter toutes à un principe fimple, tel que celui de l'utilité publique, c'eft-à-dire, du plus grand nombre des hommes foumis à la même forme de gouvernement :

principe dont perſonne ne connoit toute l'étendue, ni la fécondité : principe qui renferme toute la morale & la légiſlation, que beaucoup de gens répetent ſans l'entendre, & dont les légiſlateurs même n'ont encore qu'une idée ſuperficielle, du moins ſi l'on en juge par le malheur de preſque tous les peuples de la terre.

Outre l'incohérence des Loix civiles entr'elles, leur multiplicité eſt un obſtacle encore plus fort que le premier à leur dépendance, & par conſéquent à leur excellence. Car la multiplicité des Loix répugne avec leur perfection. Tacite l'a dit avant moi : la multitude des Loix dans un gouvernement, eſt une preuve de ſa corruption. En effet, pourquoi de nouvelles Loix, ſi les premieres arrêtoient l'injuſtice? Pourquoi les troiſiemes, ſi les ſecondes y ſuffiſoient? De deux choſes l'une : ou la cupidité eſt parvenue à ne plus connoître de frein, ou le frein eſt mal forgé, les Loix mal faites. On en fait d'autres ; & il eſt difficile alors qu'un nombre infini de Loix, ſur-tout de déciſions hypothétiques, n'offrent des prétextes & des eſpérances à un eſprit avide & prévenu par ſon intérêt ; de ſorte que les Loix ſans nombre prouvent la corruption & la ſervent.

Ajoutons enfin que les Loix naturelles, en nous faiſant connoître nos devoirs, nous perſuadent de leur juſtice, de leur honnêteté, de leur rapport avec notre bonheur ; & cela d'une maniere à n'en pouvoir point douter. C'eſt au contraire un très-grand défaut d'une Loi civile lorſqu'elle raiſonne ; car c'eſt dans ce raiſonnement de la Loi que l'on croit ſouvent trouver les moyens d'établir un intérêt dont on eſt préoccupé ; c'eſt dans ce raiſonnement que les eſprits ſubtils cherchent des détours pour éluder le véritable ſens de la Loi : enfin c'eſt ce raiſonnement qui a fourni ce nombre immenſe de commentaires, qui au lieu d'éclaircir, augmentent la confuſion. Le raiſonnement eſt indigne, dit-on, de la majeſté de la Loi. *Nihil mihi videtur frigidius*, diſoit Séneque, *quàm Lex cum prologo : JUBEAT LEX NON SUADEAT.* Cependant un être raiſonnable ſera porté bien plus efficacement à l'obſervation des Loix, lorſqu'il en connoit le rapport avec ces puiſſans motifs qui le déterminent à s'y conformer. Or les Loix naturelles nous le font voir dans tout l'éclat de l'évidence, tandis qu'il eſt de l'intérêt des Loix civiles de nous le cacher. *Jubeat Lex, non ſuadeat.*

Si donc les Loix civiles ſont incohérentes entr'elles, & n'approchent nullement du ſyſtême : ſi le nombre en eſt exorbitant : ſi elles ne perſuadent point ; comment veut-on prétendre de les graver dans le cœur des hommes, de les y arranger avec le même ordre, avec la même facilité qu'on y grave les Loix naturelles ; de les porter par-là à reconnoître l'intérêt qui doit les déterminer à s'y conformer, & à parvenir par ce moyen à former les mœurs d'une nation & à la rendre vertueuſe? Auſſi y a-t-il long-temps que le droit civil a renoncé à cette prétention ; car tout légiſlateur reconnoit qu'avec ſes codes, il ne fera que des fourbes, qui ne ſe conformeront à ſes arrêts, qu'autant qu'ils pourront craindre que la puiſſance coactive rive ne foit prête à fondre fur eux; & feront ufage de toute la rufe humaine pour s'en écarter impunément. Pour parvenir à ce but, il faudroit que les Loix civiles puffent régler l'intérieur de l'homme; mais comme elles ne fauroient, dit-on, y pénétrer, elles ne font pas en droit de fe mêler de ce qui fe paffe. Voilà un raifonnement fondé fur une de ces maximes gothiques que l'ufage a confacré, fans que perfonne ofe les approfondir.

Le droit civil ne peut pas régler l'intérieur de l'homme : fes Loix ne fauroient y pénétrer; elles ne font pas en droit de fe mêler de ce qui s'y paffe. Mais d'abord ces mêmes Loix civiles n'en ordonnent-elles pas l'obfervation? Or dès que les hommes doivent les obferver, il faut néceffairement que la volonté s'y détermine; ainfi ces mêmes Loix ont droit de régler les déterminations de la volonté & par conféquent l'intérieur de l'homme; à moins qu'on ne dife que c'eft l'automate dans l'homme qui obferve les Loix civiles. Mais l'homme ne s'y foumet que malgré lui, & par crainte : foit; il s'y foumet cependant, il fe détermine à la fin à conformer fa volonté à celle du légiflateur ; celui-ci regle donc l'intérieur de l'homme, bon gré, malgré qu'il en ait; & tout ce que l'on pourroit conclure delà, ce feroit, qu'il y a des hommes dont le cœur fe moule par raifon fur la volonté du fouverain, & d'autres que la feule crainte fléchit. Mais les Loix naturelles, dont tout le monde reconnoît l'empire fur le cœur humain, ne font-elles pas fujettes au même fort? D'ailleurs, pour qu'une Loi civile foit fage, je dirai encore plus, pour qu'elle nous oblige, elle doit être une application ou un commentaire fuivant les circonftances d'une nation, des Loix naturelles. Jamais fouverain, tant foit peu raifonnable, n'a ofé s'attribuer ouvertement le pouvoir de faire des Loix uniquement à fa fantaifie, & fans avoir égard aux principes naturels du jufte & de l'injufte. Or fi les Loix naturelles règlent l'intérieur de l'homme, fi elles ont le droit de fe mêler de ce qui s'y paffe, pourquoi le refuferons-nous à leurs applications, à leurs commentaires?

Mais il y auroit encore un autre moyen de revendiquer ce droit aux Loix civiles, & de leur donner cette efficace de rendre les hommes vertueux, que perfonne ne s'eft jamais avifé de refufer aux Loix naturelles. Ce feroit de leur oppofer le fceau de ces dernieres, pour m'exprimer ainfi. C'eft-à-dire, il faudroit 1°. que le légiflateur obligeât tous fes fujets fans exception, à s'inftruire dans le droit naturel; inftruction qu'on pourroit rendre très-courte & foit facile. Je voudrois même qu'on préférât cette inftruction à celle de la religion ; car outre que le droit naturel embraffe auffi les devoirs religieux, il s'étend beaucoup fur les devoirs de la fociabilité, ce que les inftructions de la religion ne font pas. D'ailleurs le raifonnement étant une nourriture beaucoup plus conforme à la nature d'un être raifonnable, que la fimple voix d'un catéchifte, les devoirs de l'homme, développés par la raifon, auront bien plus de prife fur lui que la lecture d'un catéchisme. Le légiflateur devroit se montrer inflexible contre l'inobfervation des Loix naturelles, le plus ferme appui du bonheur de l'Etat; il devroit les rendre inviolables par cette fanction, qui porte ordinairement la plupart des hommes à l'obfervation des Loix civiles; c'eft l'obfervance des Loix naturelles qui doit faire la premiere Loi de l'Etat.

2°. Mais comme les différentes circonftances phyfiques & morales rendent l'application des Loix naturelles à certains cas fort compliquée, & que la plupart des hommes ne fauroient jamais faire, le légiflateur eft obligé de faire des Loix civiles, au moyen defquelles il montre cette application. Or c'eft-là l'écueil où la plupart des légiflations humaines ont échoué; parce qu'ayant perdu de vue les Loix naturelles, qu'elles ne devoient que commenter, elles ont prétendu donner des regles de conduite aux hommes, tirées de leur propre fonds, fans appercevoir que l'homme n'eft fufceptible d'autre regle que de celle qui eft fondée fur fa propre nature, & qui le mene clairement & diftinctement à fon bonheur. Le légiflateur fenfé doit donc rapprocher fes Loix autant qu'il eft poffible, des principes des Loix naturelles, & les propofer comme des conféquences évidentes de leurs décifions toujours infaillibles. *Repetam ftirpem juris à natura*, difoit fagement Cicéron. C'eft-là la vraie fource de la légiflation; car il ajoute, *non à prætoris edicto ut plerique nunc, neque à XII Tabulis, ut fuperiores, fed penitùs ex intimá philofophiá haurienda juris difciplina.* C'eft en effet le véritable but de la philofophie; but qui nous a été montré déjà depuis bien long-temps par le divin Socrate; mais que les hommes ont malheureufement prefque toujours perdu de vue. *Socrates autem primus philofophiam devocavit è cœlo & in urbibus collocavit, & in domos etiam introduxit, & coegit de vita & moribus, rebufque bonis & malis quærere.* Par ce moyen, les hommes inftruits des principes des Loix naturelles, & pénétrés de leur fainteté, reconnoîtront aifément cette même qualité dans les Loix civiles, & ils feront portés à les obferver par raifon plutôt que par crainte, & la légiflation humaine pourra fe flatter d'avoir autant d'empire fur le cœur de l'homme, que les Loix naturelles y en ont. En effet, quel empire n'ont-elles pas fur le cœur de l'homme ces Loix civiles, qui ou découlent clairement des Loix naturelles, ou qui font des Loix naturelles elles-mêmes; telles que celles qui défendent le meurtre, l'adultere, ou qui ordonnent la réparation du dommage? Au contraire, quelle indifférence ne fent-on pas pour ces Loix, qui ou ne découlent pas clairement des décifions du droit naturel, ou même s'en éloignent, comme la Loi de l'oftracifme, la peine de mort que Dracon avoit décernée pour les moindres fautes; celle des Romains qui condamne au dernier fupplice tous les efclaves qui fe font trouvés fous le même toit avec un maître, dans le temps que celui-ci a été affaffiné, quand même on n'a aucune preuve qu'ils foient complices du meurtre, &c. Si on veut fléchir le cœur de l'homme, il faut le prendre par le cœur; & le feul moyen c'eſt d'étudier ſa nature & de s'y conformer.

3°. Il ne ſuffit pas de mettre de la liaiſon entre les Loix civiles & les Loix naturelles; mais il faut encore que la légiſlation humaine, imitant la légiſlation divine naturelle, porte des Loix courtes, préciſes, bien méditées, liées entr'elles, mais ſur-tout ſi bien dictées, qu'elles n'en aient pas beſoin d'autres pour les interpréter. Les Loix de Moyſe, celles de Dracon, de Lycurgue, de Romulus, de Numa, celles des XII tables, peuvent ſervir de modele; mais il faut ſur-tout veiller avec ſévérité à leur exécution. On s'accoutume à mépriſer les Loix dès qu'on peut les tranſgreſſer impunément.

4°. Mais ſi le légiſlateur veut obtenir ſon grand but dans les Loix qu'il porte, s'il ſouhaite que ſes Loix aient quelque empire ſur le cœur de ſes ſujets, il doit prendre bien garde de ne pas les multiplier ſans une extrême néceſſité: il doit même regarder cette néceſſité comme un vrai malheur; car toute nouvelle Loi civile eſt un nouveau pas que la nation fait à la corruption. Nous avons vu que les Loix naturelles ſuffiſent à l'homme pour qu'il s'acquitte de ſes devoirs, pour être vertueux, & pour obtenir ſon bonheur. La moindre connoiſſance qu'il ait des Loix naturelles, eſt ſuffiſante pour lui faire ſentir cette vérité. Que ſi le légiſlateur a donné encore plus de force à ces Loix par une ſanction civile; la raiſon & la crainte, les plus puiſſans motifs des déterminations humaines, doivent porter ſurement l'homme à vivre conformément à ces Loix. Mais ſi ces digues ne ſuffiſent pas pour arrêter l'impétuoſité des paſſions, comment pourroit-on ſe flatter de s'y oppoſer par une digue bien plus foible, telle que la légiſlation civile, qui, la crainte temporelle exceptée, n'a d'autre force que celle que les Loix naturelles lui donnent? Ne vaudra-t-il pas infiniment mieux conſerver la premiere digue, la réparer dans les endroits où elle peut ſouffrir, & par une ſurveillance à toute épreuve, la rendre inébranlable, & la mettre à l'abri de toute infraction? Ajoutons encore que la ſurveillance à l'exécution des Loix doit malheureuſement diminuer dans la même proportion que le nombre des Loix augmente; les magiſtrats même & ceux qui doivent veiller à cette exécution, ne les connoiſſent pas ſeulement toutes, lorſque le nombre en eſt conſidérable. Que ſi on ne veille pas à l'exécution des Loix, à quoi bon les faire? En effet, ce qu'on conclut ordinairement de la publication d'une nouvelle Loi, c'eſt: *nous en avons pour une quinzaine de jours.* C'eſt l'effet naturel de l'abus de la puiſſance légiſlative.

L O I.

§. XV.

LOIX FONDAMENTALES.

LES Loix fondamentales de l'Etat, prises dans toute leur étendue, sont non-seulement des ordonnances par lesquelles le corps entier de la nation détermine quelle doit être la forme du gouvernement, & comment on succédera à la couronne, mais encore ce sont des conventions entre le peuple & celui à qui il défere la souveraineté, qui réglent la maniere dont on doit gouverner, & par lesquelles on met des bornes à l'autorité souveraine. Ces réglemens sont appellés des Loix fondamentales, parce qu'elles sont comme la base & le fondement de l'Etat, sur lesquels l'édifice du gouvernement est élevé, & que les peuples les considerent, comme ce qui en fait toute la force & la sureté.

Ce n'est pourtant que d'une maniere impropre & abusive, qu'on leur donne le nom de Loix ; car, à proprement parler, ce sont de véritables conventions : mais ces conventions étant obligatoires entre les parties contractantes, elles ont la force des Loix mêmes. Entrons dans quelque détail.

Je remarque d'abord, qu'il y a une espece de Loi fondamentale de droit & de nécessité essentielle à tous les gouvernemens, même dans les Etats, où la souveraineté est la plus absolue ; & cette Loi, c'est celle du bien public, dont le souverain ne peut jamais s'écarter, sans manquer à son devoir ; mais cela seul ne suffit pas pour rendre la souveraineté limitée. Ainsi les promesses, ou expresses ou tacites, par lesquelles les rois s'engagent même avec serment, quand ils parviennent à la couronne, de gouverner suivant les Loix de la justice & de l'équité, de veiller au bien public, de n'opprimer personne, de protéger les bons, de punir les méchans, & autres choses semblables n'apportent aucune limitation à leur autorité, & ne diminuent rien du pouvoir absolu : il suffit que le choix des moyens pour procurer l'avantage de l'Etat, & la maniere de les mettre en usage, soient laissés au jugement & à la disposition du souverain ; autrement la distinction du pouvoir absolu & du pouvoir limité se trouveroit anéantie.

Mais à l'égard des Loix fondamentales, proprement ainsi nommées, ce ne sont que des précautions plus particulieres que prennent les peuples, pour obliger plus fortement les souverains à user de leur autorité, conformément à la regle générale du bien public, & c'est ce qui peut se faire en différentes manieres ; mais ensorte que ces limitations de la souveraineté ont plus ou moins de force, selon le plus ou le moins de précautions que la nation a prises, afin qu'elles eussent leur exécution.

Ainsi 1°. une nation peut exiger du souverain, qu'il s'engage par une promesse particuliere à ne point faire de nouvelles Loix, qu'il ne fera au-

eune nouvelle impofition, qu'il ne levera des impôts que fur certaines chofes, qu'il ne donnera point des emplois à un certain ordre de gens, qu'il
ne prendra point à fa folde des troupes étrangeres , &c. Alors l'autorité fouveraine fe trouve véritablement limitée à ces différens égards , enforte que
tout ce que le fouverain feroit au contraire de l'engagement formé où il
eft entré, feroit nul & de nulle force. Que s'il furvenoit quelques cas extraordinaires dans lefquels le fouverain eftimât qu'il fût du bien public,
que l'on s'écartât des Loix fondamentales, le prince ne fauroit le faire de
fon chef, au mépris de fon engagement; mais il devroit, dans ces circonftances, confulter là-deffus le peuple lui-même ou fes repréfentans. Autrement fous prétexte de quelque néceffité ou de quelque utilité, le fouverain pourroit aifément éluder fa parole, & anéantir l'effet des précautions
que la nation a prifes pour reftreindre fon pouvoir. Mais pour une plus
grande fureté de l'exécution des engagemens dans lefquels eft entré le fouverain, & qui limitent fon pouvoir, il eft convenable d'exiger formellement de lui, qu'il convoquera une affemblée générale du peuple, ou de fes
repréfentans, ou des grands de la nation, lorfqu'il s'agira de chofes que
l'on n'a pas voulu laiffer à fa difpofition : ou bien, la nation peut établir
d'avance un confeil, un fénat, un parlement, fans le confentement duquel
le prince ne puiffe rien faire par rapport aux chofes qu'on n'a pas voulu
foumettre à fa volonté.

Au refte, il eft ordinaire de ne pas s'entendre, lorfqu'on parle de ce que
peuvent les fouverains. Ce pouvoir offre deux idées différentes qu'il eft
bon de ne pas confondre. Il exprime la faculté d'agir indéfiniment par
la fupériorité des forces : c'eft dans ce fens que Pline difoit à l'empereur
Trajan : *il eft heureux de pouvoir tout ce qu'on veut*. Ce terme exprime
auffi cette même faculté, mais reftreinte dans les bornes du devoir. C'eft
dans ce fecond fens que le même Pline ajoute : *il eft magnanime de ne
vouloir que ce que l'on peut*. Le fouverain peut tout ce que fes devoirs lui
permettent. Et lorfqu'il borne l'activité de fon pouvoir par les Loix fondamentales, il n'en diminue point l'étendue : il fait dans ce moment un acte
de fouveraineté. Le prince ne déroge point à fa dignité, lorfqu'il s'affujettit aux Loix de l'Etat. Que dis-je? il n'eft aucun qui ne fe glorifie de les
refpecter, & qui ne cherche à perfuader qu'il les fuit, lors même qu'il
s'en éloigne. Tibere difoit : » Il faut non-feulement que le bon prince fe
foumette aux lumieres du fénat, il faut encore qu'il ferve le général des
citoyens, fouvent chacun d'eux en particulier. » Il a ainfi prononcé le jugement qui l'a déclaré un mauvais prince.

Les empereurs Romains connoiffoient fans doute la dignité des fouverains, ils en étoient jaloux : cependant ils déclarerent dans une Loi adreffée
au fénat, qu'il eft conforme à l'humanité de délibérer des Loix avec
ceux qu'elles intéreffent. » Nous affemblerons, difent-ils, les grands de
notre cour & votre compagnie, pour traiter de la Loi. Si elle plait, elle

fera dictée, & votre confentement unanime fera confirmé par notre autorité. Sachez que nous ne publierons autrement aucune Loi. Nous fentons
que c'eſt l'intérêt de notre gloire.

Lorſque Lycurgue forma la conſtitution de Lacédémone, il établit un
ſénat indépendant, dont un des devoirs étoit de balancer le pouvoir des
rois & la liberté des citoyens. On s'apperçut que l'autorité de ce corps
& celle des rois, étoient un double joug qui s'appeſantiſſoit ſur les peuples : on créa des éphores. Cet établiſſement corrigeoit un vice de la fondation, & entroit dans ſes vues. Cinq cents ans après, Cléomenes, ſous
prétexte d'une réforme générale, entreprit de ramener la république aux
inſtitutions primitives de Lycurgue : il détruiſit les éphores, & abrogea ainſi
une Loi qui étoit fondamentale. Il la changea ſeul, & ſans conſulter la
nation : il régna en deſpote : l'Etat fut renverſé, & il fut le dernier des
rois de Sparte.

Un prince qui place ſon trône au milieu de ſes ſujets, qui délibere avec
eux des maux de l'Etat & de leurs remedes, qui veut entendre de leur
bouche ce qui peut le mieux convenir à leurs beſoins & à l'honneur de
l'Etat, eſt un prince qui craint les conſeils pernicieux & intéreſſés de ſes
adulateurs. Un tel prince montre qu'il aime & qu'il cherche la vérité qui
le fuit. Il ſouhaite, il mérite, & il obtient l'amour de ſes peuples ; &
bien loin de donner par-là atteinte à ſes droits, il affermit, au contraire,
ſa couronne. Ce n'eſt ni imperfection, ni foibleſſe dans une autorité ſouveraine, que de ſe ſoumettre à la Loi de ſes promeſſes ou à la juſtice des
Loix. La néceſſité de bien faire, & l'impuiſſance de faillir, ſont les plus
hauts degrés de la perfection. Dieu, ſelon la penſée de Philon, ne peut
aller plus avant : & c'eſt dans cette divine impuiſſance, que les ſouverains,
qui ſont ſes images ſur la terre, le doivent particuliérement imiter dans
leurs Etats.

Quelques peuples ont pouſſé fort loin leurs précautions, en inſérant formellement dans leurs Loix fondamentales, une clauſe commiſſoire, par laquelle le roi étoit déclaré déchu de la couronne, s'il venoit à violer ces
Loix. Puffendorff en rapporte un exemple tiré du ſerment de fidélité que
les peuples d'Arragon prêtoient autrefois à leurs rois. » Nous qui valons
» autant que toi, (ils auroient bien mieux dit plus que toi,) te faiſons
» notre roi, à condition que tu garderas & obſerveras nos privileges &
» nos libertés, & non pas autrement. «

Au reſte, quand même la clauſe commiſſoire ne ſe trouve pas expreſſe
dans les formulaires des ſermens des rois des ſouverainetés limitées, elle
s'y trouve toujours ſous-entendue par des termes équivalens. Tel, par exemple, eſt celui-ci : *Je jure, au nom de Dieu tout-puiſſant, & promets de
gouverner bien & duement les ſujets commis en ma garde, & faire de mon
pouvoir, jugement, juſtice & miſéricorde.* Ce ſerment renferme tout ce
qu'un ſouverain doit à ſes ſujets, en conſervant ſa ſouveraineté ; car celui

qui gouverne bien & duement, & qui fait juſtice, remplit tous ſes devoirs, & gouverne ſelon les Loix reçues & approuvées. Ce formulaire vaut autant, dans le fond, que celui de Henri, duc d'Anjou, lorſqu'il reçut la couronne de Pologne. Il ſuffira d'en rapporter la derniere clauſe qui eſt commiſſoire : *Etſi, quod abſit, ſacramentum meum violavero, nullam nobis incolæ hujus regni obedientiam præſtare debebunt.* Lorſqu'une nation ſe donne un ſouverain en lui préſentant les Loix fondamentales, elle eſt cenſée répéter avec le peuple d'Arragon : » Nous qui valons autant que toi, » te faiſons notre roi à condition que tu garderas les Loix fondamentales » ſelon leſquelles nous prétendons être gouvernés & pas autrement. « Ainſi la clauſe commiſſoire y eſt toujours ſous-entendue; & les ſujets quelle que ſoit la formule du ſerment, peuvent auſſi bien y avoir recours, quand même la clauſe commiſſoire n'eſt que tacite, qu'un mauvais prince peut l'éluder par la force quand même la clauſe eſt expreſſe.

C'eſt au moyen de ces Loix fondamentales, qu'une nation limite véritablement l'autorité qu'elle donne au ſouverain, & qu'elle s'aſſure ſa liberté; car la liberté civile doit être accompagnée, non-ſeulement du droit d'exiger du ſouverain, qu'il uſe bien de ſon autorité, mais encore de l'aſſurance morale que ce droit aura ſon effet, *Voyez* LIBERTÉ CIVILE : & ce qui ſeul peut donner aux peuples cette aſſurance, ce ſont les précautions qu'ils ſe ménagent contre l'abus du pouvoir ſouverain en limitant par-là ſon autorité, de maniere que ces précautions puiſſent aiſément avoir leur effet.

Ces précautions ſont une ſuite néceſſaire de l'établiſſement des ſociétés civiles. Car la fin de la ſociété civile étant de remédier aux inconvéniens qui ſe trouvent dans l'état de nature, & qui naiſſent de la liberté naturelle, où chacun eſt juge dans ſa propre cauſe; il a fallu, dans cette vue, établir une certaine autorité publique & approuvée, à laquelle chaque membre pût appeller & avoir recours, pour obtenir la réparation des injures reçues, ou pour terminer les diſputes & les procès qui pourroient s'élever. Or par-tout, & dans tous les cas où l'on ne peut appeller & avoir recours à une autorité ſemblable pour faire décider de ſes différends, on retombe dans l'état de nature. Il paroît donc que le prince abſolu eſt tel à l'égard de ceux qui ſont ſous ſa domination. En effet, ce prince, en s'attribuant à lui ſeul, tant le pouvoir légiſlatif que le pouvoir exécutif, ne laiſſe point à ceux, ſur qui il exerce un pouvoir injuſte, un juge à qui ils puiſſent appeller comme capable de décider & régler toutes choſes librement ſans exception des perſonnes, & avec autorité, & de qui ils puiſſent eſpérer de la conſolation & quelque réparation, lorſqu'ils en auroient reçu, ſoit de lui-même, ou par ſon ordre quelque injure ou quelque dommage. Qu'un tel deſpote s'appelle *czar*, ou *ſultan*, il eſt auſſi bien dans l'état de nature avec tous ceux qui ſont ſous ſa domination, qu'il y eſt avec tout le reſte du genre-humain. Car par-tout où il y a des gens qui n'ont point de Loix que celles de la nature; & point de juge auquel ils

puissent appeller sur la terre, pour la décision des disputes de droit qui
peuvent s'élever entr'eux, on y est toujours dans l'état de nature, & exposé à tous les inconvéniens qui l'accompagnent ; avec cette seule & mal-
heureuse différence, que dans le cas supposé on est sujet, ou plutôt esclave d'un prince absolu, qui a, à sa disposition, toutes les forces de la
nation réunies pour nous faire du mal : au lieu que dans l'état ordinaire
de nature, chacun a la liberté de juger de son propre droit, de le maintenir & de le défendre autant qu'il peut : & il n'a à faire qu'avec un égal
en forces physiques. Mais toutes les fois que les biens d'un homme seroient
envahis par la volonté ou par l'ordre de son souverain, non-seulement il
ne pourroit avoir recours à une autorité publique, comme doivent avoir la
liberté de faire ceux qui sont dans une société civile ; mais, comme s'il
étoit dégradé de l'état commun de créature raisonnable, il n'a pas la liberté de juger de son droit & de le soutenir ; & par-là il est exposé à
toutes les miseres & à tous les inconvéniens, qu'on a sujet de craindre
d'un homme, qui étant dans l'état de nature, se croit tout permis, lorsqu'il ne voit rien qui puisse s'opposer à ses volontés, & qui de plus est
corrompu par la flatterie & armé d'un grand pouvoir. Si une nation établissoit sur elle un pouvoir absolu, qui n'eût d'autres Loix que les Loix
naturelles, dans l'élection du souverain elle devroit lui dire. » L'état où
» nous nous trouvons est exposé à des inconvéniens qui nous rendent mal-
» heureux : soyez notre chef, jugez nos différends, administrez la justice,
» défendez-nous contre nos ennemis, procurez-nous la paix tant au de-
» dans qu'au dehors, nos forces, nos biens, nos volontés même, tout est
» entre vos mains pour en disposer suivant que vous le trouverez conve-
» nable à notre bonheur : « ce chef accepte ces offres, il prend les rênes
du gouvernement. Est-ce là une société civile en prenant ce terme dans
toute son étendue ? Je le nie. Cet établissement ne remplit qu'une partie
des vues d'un sage gouvernement : il peut mettre à l'abri des injustices les
sujets entr'eux ; mais il ne les garantit pas des injustices du souverain. A la
vérité, ils se sont bien précautionnés contre les insultes de leurs égaux ;
mais ils se laissent exposés à celles d'un supérieur, d'autant plus redoutable, qu'il a en main toutes les forces de l'État.

Mais, dit-on, le prince doit suivre les Loix naturelles. Les particuliers
dans l'état de nature y étoient aussi soumis : mais cela ne les a pas empêchés de recourir à l'établissement des sociétés civiles. J'avoue, que si les
Loix naturelles & leur sanction faisoient sur les hommes l'impression
qu'elles devroient faire, l'on pourroit hardiment conférer le pouvoir absolu
à un prince, dès qu'on voudroit en avoir un ; car dans cette supposition
il vaudroit infiniment mieux rester dans l'état de nature. Mais comme les
Loix naturelles ne sont qu'une foible barriere aux mauvais penchans de
l'homme, un pouvoir absolu ne change point l'état naturel de l'homme,
& loin d'en éviter les inconvéniens, il lui en forge de bien plus terribles.

Ce

Ce n'eſt donc que le pouvoir limité qui forme une véritable ſociété civile, & qui peut rendre les hommes réellement heureux. Qu'il eſt beau de voir un roi de France, par exemple, convoquer les Etats, & leur dire : » qu'il » les avoit fait venir pour avoir leurs avis, & ſe corriger s'il avoit fait » quelque choſe qu'il ne dût pas faire. » Les rois de Danemarc & ceux de Suede, ſe ſont autrefois, par des traités ſolemnels, réciproquement déféré la connoiſſance des différends qui pourroient naître entr'eux & leur ſénat. Les princes & les Etats d'Oſt-Friſe, & les bourgeois d'Emden, ont de même conſtitué la république des Provinces-Unies juge de leurs différends. Les princes & la ville de Neufchâtel établirent en 1406, le canton de Berne juge & arbitre perpétuel de leurs conteſtations. C'eſt ainſi encore que ſuivant l'eſprit de la confédération helvétique, le corps entier prend connoiſſance des troubles qui s'élevent dans quelqu'un des Etats confédérés, quoique chacun d'eux ſoit véritablement ſouverain & indépendant. Mais pourquoi chercher d'autres exemples, lorſque nous en avons un que tous les ſouverains doivent prendre pour modele ? Dieu lui-même, en ſe mettant à la place des rois, dit : » Aſſemblez tous les peuples de la » terre ; qu'ils jugent entre mon peuple & moi, ſi je n'ai pas fait pour » lui tout ce que j'ai dû faire. « Le Souverain des êtres reconnoît qu'il eſt des devoirs pour lui : il prend un juge entre lui & ſon peuple ; & il ſuppoſe qu'en qualité de roi il n'eſt pas maître abſolu : quelle leçon pour les ſouverains !

Ces limitations du pouvoir ſouverain ne le rendent point défectueux, & elles ne donnent aucune atteinte à la ſouveraineté même ; car un prince ou un ſénat à qui on a déféré la ſouveraineté ſur ce pied-là, en peut exercer tous les actes auſſi bien que dans une monarchie abſolue ; toute la différence qu'il y a, c'eſt qu'ici le prince prononce ſeul en dernier reſſort, ſuivant ſon propre jugement ; mais dans une ſouveraineté limitée, il y a une certaine aſſemblée qui, conjointement avec le prince, connoit de certaines affaires & dont le conſentement eſt une condition néceſſaire & ſans laquelle le ſouverain ne ſauroit rien déterminer. Mais la ſageſſe & la vertu des bons princes ſe trouvent toujours fortifiées par le concours de l'aſſiſtance de ceux qui conjointement avec eux ont part à l'autorité ; ils font toujours tout ce qu'ils veulent lorſqu'ils ne veulent que ce qui eſt juſte & bon, & ils doivent s'eſtimer heureux de ne pouvoir pas faire le contraire.

En un mot comme les Loix fondamentales, qui limitent l'autorité ſouveraine, ne ſont autre choſe que des moyens dont les peuples ſe ſervent pour s'aſſurer que le prince ne s'écartera point de la Loi générale du bien public, dans les circonſtances les plus importantes, on ne ſauroit dire qu'elles rendent la ſouveraineté imparfaite ou défectueuſe : Car ſi l'on ſuppoſoit un prince d'une autorité abſolue, mais en même temps d'une ſageſſe & d'une vertu ſi parfaite, qu'il ne s'écartât jamais le moins du monde

de ce que demande le bien public, & que toutes fes déterminations fuffent affujetties à cette regle fupérieure, diroit-on pour cela que fon pouvoir fût en quelque chofe affoibli ou défectueux? Non fans doute; par
conféquent les précautions que les peuples prennent contre la foibleffe ou
la malice inféparables de l'humanité, en limitant la puiffance de leurs
fouverains, pour empêcher qu'ils n'en abufent, n'affoibliffent ou ne diminuent en rien la fouveraineté, mais au contraire, elles la perfectionnent,
en réduifant le fouverain à la néceffité de bien faire, & en le mettant,
pour ainfi dire, dans l'impuiffance de faillir.

L'on voit par-là que les Loix fondamentales d'un Etat font moins
faites pour les princes fages qui ne montent fur le trône que pour répondre aux intentions de ceux qui lui ont confié la plénitude du pouvoir;
que contre ces princes qui regardent la fouveraineté comme un domaine
dont ils peuvent difpofer à leur fantaifie, les fujets comme des efclaves
faits pour eux, & deftinés à facrifier leurs biens & leurs vies à leur fervice, leurs paffions & leurs plaifirs pour la Loi fuprême. Et il eft clair
que les Loix ne fauroient jamais affez gêner de tels princes, & former
une digue affez forte contre les maux dont les fujets font menacés par
leur méchanceté. Un fecret que l'on cache aux monarques fuperbes, &
qui cependant devroit faire leur leçon, c'eft qu'il n'y a d'abfolu que le
pouvoir des Loix; & que le plus abfolu des monarques eft celui qui eft
le plus aimé.

§. XVI.

POUVOIR DU SOUVERAIN SUR LES LOIX CIVILES.

LEs fouverains font au-deffus des Loix civiles : c'eft une conféquence néceffaire du droit qu'ils ont de les faire. Ils peuvent les modifier, les interpréter, les annuller, en donnant de meilleures. On ne peut, avec quelque raifon, contefter ce droit à la fouveraineté.

Mais la force de ces Loix n'eft pas la même dans les différentes conftitutions. Il faut diftinguer dans quelles mains l'autorité réfide ; fi c'eft dans
celles du peuple, ou d'un confeil de plufieurs. Les Loix font perpétuelles,
non dans le fait, mais par leur nature.

Si au contraire, la fouveraineté eft fur la tête d'un feul, l'autorité des
Loix qu'il publie, ne dure, par elle-même, qu'autant que fa vie. Si elles
fubfiftent après lui, c'eft par la volonté, par le confentement exprès ou tacite de celui qui lui fuccede : il dépend de lui de les révoquer. Si ce
principe étoit hors du vrai, il en réfulteroit, que la fouveraineté ne fe trouveroit pas même parmi les rois héréditaires; le fucceffeur feroit lié par les
Loix de celui qui l'auroit précédé.

Ces maximes qui peuvent regarder en général toutes les Loix civiles, s'appliquent plus particuliérement aux ordonnances d'octrol, aux privileges, aux immunités. Ce font autant d'efpeces d'aliénations. Le fouverain n'en peut point faire qui porte après lui du préjudice à fes fuccesseurs. Son domaine ne lui appartient pas.

C'est une contrariété bien remarquable dans les chofes humaines : les plus puissans des hommes n'ont qu'un ufufruit ; les plus foibles ont une propriété.

Le chancelier de France, l'Hôpital, refufa conftamment de fceller un privilege d'exemption de tailles pour faint Maur-des-fossés, parce qu'il portoit un affranchissement perpétuel. On voit dans le même royaume, à chaque avénement à la couronne, les corps & communautés, & les particuliers, taxés pour la confirmation de leurs privileges & de leurs concessions ; preuve inconteftable qu'ils ont pris fin par la mort de ceux qui les avoient accordés.

On peut encore appercevoir ici, que lorfque la fouveraineté réfide dans un corps, le pouvoir en eft plus abfolu. Le corps ne meurt jamais ; les privileges y font permanents : ce n'eft pas l'homme, c'eft l'Etat qui en difpofe.

On doit excepter de cette regle les privileges qui feroient accordés à une ville, à une province que l'on annexe à un Etat ; c'eft alors un contrat fynalagmatique. Ce n'eft plus aliéner des droits acquis : ce n'eft plus, par conféquent, faire tort, ni à la couronne, ni aux fuccesseurs : ce n'eft changer l'état des chofes, que pour acquérir fous une condition. Aucune juftice ne permet de s'en départir de part ni d'autre.

Il faut encore excepter les privileges que j'appellerai généraux ; tels font ceux de la noblesse dans la monarchie, ceux de la magiftrature dans toutes fortes de corps politique : ils tiennent en quelque maniere à la conftitution.

L'efprit républicain a trouvé des raifons à oppofer au pouvoir du fouverain fur les Loix. On a commencé par les formules fi connues des édits : *Par cet édit perpétuel & irrévocable ; à tous préfens & à venir*, & autres femblables, dont on ufoit à Rome & ailleurs, & dont l'ufage s'eft confervé jufqu'à nous. C'eft le langage de celui qui penfe faire au mieux, qui fe flatte que fa Loi eft assez bonne pour durer toujours. On fait rarement des Loix pour n'être que provifionnelles. Ces formules n'ont jamais été regardées comme obligatoires : ce font des paroles, & rien au-delà.

L'argument le plus fpécieux paroît être pris des fermens que les fouverains ont coutume de faire lors de leur avénement à la couronne. Ils promettent ordinairement de conferver ces Loix ; mais il feroit puérile de penfer que le ferment s'étend à toutes les fortes de Loix, & qu'il oblige dans la précifion des termes. Il oblige conformément à l'efprit qu'il renferme.

Cet efprit pourroit permettre, & même exiger que le prince annullât, la même Loi qu'il auroit juré positivement d'observer ; il le doit, lorsque, par des cas nouveaux, le bien de l'Etat le demande ; le serment oblige uniquement de ne le faire qu'à propos. Cette obligation est naturelle : elle existe sans le serment.

Un des plus anciens formulaires des sermens des rois de France, mérite d'être rapporté : il est simple ; il est abrégé, & renferme tout ce qu'un roi doit à ses sujets, en conservant sa souveraineté : *Je jure, au nom de Dieu tout-puissant, & promets de gouverner bien & dûment li sujets commis en me garde, & faire de tout mon pouvoir, jugement, justice & miséricorde.* Ce serment n'a pas besoin d'interprétation : celui qui gouverne bien & duement, & qui fait justice, remplit tous ses devoirs.

On peut remarquer une différence bien caractérisée entre ce serment & celui de Henri, duc d'Anjou, lorsqu'il reçut la couronne de Pologne. Il suffira d'en rapporter la derniere clause, pour que l'on apperçoive combien on peut concevoir de degrés dans la puissance dë ceux auxquels on donne le nom de *souverains : Etsi, quod absit, sacramentum meum violavero, nullam nobis incolæ hujus regni obedientiam præstare debebunt.*

Ce serment est dicté par la justice la plus rigoureuse ; il exprime la réciprocité des engagemens que le droit naturel impose généralement à tous les hommes. Mais c'est une des Loix naturelles dont les souverains sont exceptés dans le fait. L'inconvénient en seroit trop funeste à la société : elle rendroit l'obéissance arbitraire.

Si le souverain n'est pas lié par les Loix de ses prédécesseurs, il l'est encore moins par les siennes propres. Les canonistes décident que le pape ne se lie jamais les mains ; pourquoi ne le diroit-on pas des monarques ? Il est toujours sous-entendu que c'est l'équité qui délie celles des uns comme celles des autres.

Le prince a pour lui les raisons communes à tous les hommes, qui leur permettent de changer ce qu'ils ont fait. Il a par-dessus eux à conserver les droits de sa majesté, & ceux de son Etat, auxquels il doit plus qu'à lui-même. Ces droits exigent souvent qu'il renverse ce qu'il aura édifié. Il est étonnant qu'une proposition aussi évidente ait trouvé des contradicteurs.

On a voulu soutenir l'opinion contraire par l'exemple des Loix irrévocables chez les Medes, par l'obligation prétendue, dans laquelle fut leur roi, de laisser jeter, malgré lui, *Daniel dans la fosse aux lions.* On a cité la réponse de Périclès aux Lacédémoniens, lorsqu'ils vouloient engager Athenes à révoquer l'édit qui causa la guerre du Peloponnese, & d'autres faits dans le même goût. Ces traits d'histoire n'empêcheront jamais que la maxime d'Etat que l'on a établie, ne soit véritable.

La condition des rois & celle des peuples seroit bien à plaindre, si le prince, auquel il est impossible de tout voir, de tout peser, forcé d'abandonner le détail des réflexions à ceux qu'il commet au gouvernement, ne pouvoit corriger une erreur, lorsque ses yeux sont dessillés.

L'hiſtoire de Daniel nous apprend que les courtiſans perſuaderent au roi des Medes, qu'il n'étoit pas le maître d'accorder la grace d'un ſujet, coupable de ne s'être pas ſoumis à ſon édit. Daniel commençoit à occuper la faveur ; il étoit étranger : la jalouſie des grands leur ſuggéra la fauſſe application de la Loi nationale. Lorſque le roi des Medes s'en fut apperçu, il leur fit ſubir le ſupplice auquel Daniel étoit échappé.

Cet exemple éclairci, prouve au contraire combien les diſcours ſpécieux de ceux qui aſſiégent le trône, doivent être ſuſpects ; que la poſition néceſſaire des rois, qui les expoſe à être plus aiſément ſurpris que le général des hommes, les autoriſe encore davantage à changer leurs Loix. Cet exemple nous montre encore le traitement que méritent ceux qui, faiſant entrer leurs paſſions & leurs intérêts dans les conſeils qu'ils donnent aux princes, abuſent indignement de leur confiance & de leur facilité.

La déciſion doit être la même, quoique le ſouverain ait reçu un prix de ce qu'il a accordé. Il peut toujours reprendre ce qu'il a donné, & rendre ce que lui ou ſes prédéceſſeurs ont reçu, ou plutôt l'équivalent.

Un roi d'Arragon ordonna par une Loi, que le titre de la monnoie ne ſeroit jamais changé ; & ſes Etats s'engagerent à leur tour, de lui payer un certain ſubſide tous les ſept ans. Dans la ſuite cet édit fut annullé. On a ſoutenu mal-à-propos que dans des circonſtances, le ſouverain ne pouvoit changer une Loi. Les ſujets n'avoient aucune raiſon de ſe plaindre, s'ils ne perdoient qu'autant qu'ils gagnoient par le retranchement du ſubſide.

Si cependant cette Loi eût été obſervée depuis pluſieurs ſiecles, ſi elle eût acquis la force que leur donne le long eſpace des temps & la longue poſſeſſion, il convenoit mieux que le roi d'Arragon la laiſſât ſubſiſter.

Après avoir diſputé aux rois, le droit d'abroger les Loix qu'ils ont publiées eux-mêmes, on a cherché des raiſons pour les diſſuader d'en uſer. On eſt tombé dans un autre excès : on a dit que la variation étoit indigne de la majeſté ſouveraine, qu'elle étoit une foibleſſe, un aveu de peu de réflexion, & même d'imprudence : on s'eſt mépris.

On a ſubſtitué une fauſſe grandeur à la majeſté véritable, l'orgueil à la dignité, l'opiniâtreté à la droiture.

Les rois accablés ſous le nombre imaginable des objets que préſente le gouvernement, ne prétendent pas à l'infaillibilité : auroient-ils à rougir d'une erreur dont le reproche ne tombe pas ſur leur perſonne ? Si par des liaiſons quelquefois imperceptibles, ou par l'abus de ceux qui exécutent, ce qu'on aura ordonné dans la vue d'un bien, produit un effet que l'on n'a pas prévu, faudra-t-il laiſſer ſubſiſter le mal par l'idée d'une grandeur imaginaire ? Le prince ne recule pas ; lorſqu'il rétrograde ſur le chemin qui l'a égaré, il s'avance vers la bonne voie.

On veut donner à des rois les qualités vicieuſes des ames vulgaires. Si un miniſtre, enflé d'une folle vanité, parvenoit à inſpirer à ſon prince ces maximes, on pourroit s'écrier avec l'auteur de l'*Esprit des Loix* : *Tout est perdu.*

Charles V, surnommé le *Sage*, convoqua les Etats sur les plaintes de la Guienne : il leur dit : » Qu'il les avoit fait venir pour avoir leurs avis, » & se corriger, s'il avoit fait quelque chose qu'il ne dût pas faire ». C'est penser en roi. Un sentiment contraire est un sentiment dur ; il est d'obstination & de fausse gloire.

Ceux qui n'ont pas voulu étendre aussi loin leurs doutes sur l'autorité des princes, se sont contentés de mettre en question, si le droit des souverains alloit jusqu'à changer les coutumes & les Loix de police générale & en usage, sans le consentement des Etats représentatifs de la nation.

Il est vrai qu'on a vu en France, où l'on ne dispute pas la souveraineté du monarque, les rois consulter leurs Etats, leur proposer les réglemens qu'ils croyoient convenables, & les mettre en délibération. Doit-on conclure que le consentement des Etats étoit nécessaire? Non, sans doute. Celui qui demande un conseil, veut entendre les raisons, & les méditer; cette démarche ne l'oblige pas à le suivre. On a vu dans ce même royaume, dans le temps où l'usage des Etats étoit le plus fréquent, la Loi que l'on appelle l'*édit des meres*, changer l'ordre auparavant établi dans les successions, sans consulter les Etats.

Les exemptions, les dérogeances aux Loix générales accordées en faveur des particuliers, offrent une matiere plus délicate.

Abroger une Loi que les changemens des temps, ou des circonstances ont rendu inutile ou désavantageuse, c'est protéger l'Etat, c'est être attentif au bien de tous. Déroger à une Loi qui demeure en vigueur, pour n'en exempter que quelques personnes, c'est partialité.

Les rangs différens peuvent bien faire tolérer des inégalités dans certaines Loix, comme seroit la maniere différente de succéder des nobles & des roturiers; mais elles doivent être uniformes pour tous ceux du même ordre. Les différences qui seront bonnes entre les rangs, seront des distinctions odieuses entre les particuliers du même étage.

Toute Loi, commune à tout un ordre de sujets, est comme une chaîne qui, après les avoir unis les uns aux autres, les lie au souverain. Si on ôte quelques-uns de ces chaînons, ceux qu'ils unissoient, sortent du rang; l'union est interrompue; la chaîne perd sa force, les liaisons de chaque membre vis-à-vis de l'Etat, & dans le rapport des citoyens entr'eux, ne sont plus les mêmes : c'est un désordre.

C'est des enchaînemens réciproques & imperceptibles, que résulte toute l'économie de l'Etat. Les acceptions sont la suite de l'importunité. Mille ressorts cachés, peut-être odieux, font agir la protection qui les procure. Les exemptions ne peuvent jamais concourir au bien public : elles doivent nécessairement répandre beaucoup d'abus. Il est rare qu'elles ne menent à quelque injustice.

La supériorité sur les Loix civiles & le pouvoir de les changer, seront toujours des droits acquis aux monarques; mais cette faculté sera toujours ménagée par celui qui saura régner. Il n'annullera les Loix anciennes qu'autant qu'elles seront manifestement préjudiciables; il n'en donnera de nouvelles que dans des cas de nécessité, & qu'après un examen bien approfondi. Il évitera le danger des motifs qui sont particuliers à ceux de son conseil, s'il daigne pressentir ses peuples.

Les empereurs Romains connoissoient la dignité souveraine, ils en étoient jaloux; cependant ils déclarerent dans une Loi adressée au sénat, qu'il est conforme à l'humanité de délibérer des Loix avec ceux qu'elles intéressent: » Nous assemblerons, disent-ils, les grands de notre cour, & votre compagnie, pour traiter de la Loi. Si elle plait, elle sera dictée, & votre » consentement unanime sera confirmé par notre autorité. Sachez que nous » ne publierons autrement aucune Loi. Nous sentons que c'est l'intérêt de » notre gloire «. On ne lit pas un mot qui ne soit digne de remarque.

Un prince qui place son trône au milieu de ses sujets, qui délibere avec eux des maux de l'Etat & de leurs remedes, qui veut entendre de leur bouche ce qui peut le mieux convenir à leurs besoins & à l'honneur de la république, est un prince qui craint les conseils pernicieux & intéressés de ses adulateurs. Ce prince aime & recherche la vérité qui le fuit par-tout ailleurs. Il souhaite, il mérite, & il obtient l'amour de ses peuples. Ce n'est pas donner atteinte à ses droits; c'est affermir sa couronne.

§. X V I I.

POUVOIR DES LOIX SUR LE SOUVERAIN.

S'IL est utile, quelquefois même nécessaire, d'abroger les Loix civiles, de les changer ou d'y ajouter, il est bien rare qu'il soit convenable d'en user de même à l'égard des Loix politiques. Celles-ci ne regardent pas les sujets comme membres d'une société susceptible d'une infinité de divisions, mais comme faisant partie d'un corps politique indivisible.

Ces Loix, non-seulement distinguent leur nature, mais encore elles forment le droit public de chacun d'eux; & ce droit n'est pas le même dans les différens Etats, quoique leur nature paroisse semblable.

Le nom des magistrats, leur nombre, la maniere de les choisir, leurs fonctions, ni leurs pouvoirs n'étoient pas les mêmes à Athenes & à Rome: les Loix politiques de la France ne sont pas celles de l'Angleterre.

Ce sont elles qui réglent les différens degrés d'autorité des princes & des magistrats, des devoirs & de la liberté des peuples.

On peut également appeler ces Loix constitutives ou fondamentales. Il n'est pas nécessaire, pour leur donner ces noms, qu'elles ayent existé dans le principe; il suffit qu'elles soient la base actuelle de la constitution ou de l'une de ſes parties. Tout Etat a ſes Loix fondamentales, ſi on excepte le deſpotiſme; toute autre ſouveraineté reconnoît la propriété & le patrimoine comme un droit des ſujets.

Ces Loix peuvent être écrites, ou ne l'être point. Des uſages invétérés, cimentés par une exécution conſtante, ſous la foi deſquels les ſujets ont long-temps obéi, acquierent la force de Loi, lorſque le conſentement général & l'opinion commune les ont fixés comme des points de regle & de certitude.

Le royaume de France appartint à Philippe de Valois, en vertu d'une coutume à laquelle ſon ancienneté & le vœu général de la nation, donnoient plus d'autorité que ſi elle eût été écrite parmi les Loix ſaliques; c'eſt par elle que ce royaume eſt parvenu juſqu'au roi régnant.

Ces Loix ſont immuables par leur nature, le ſouverain les doit reſpecter; elles ſont annexées à ſa couronne, elles en forment les branches; il doit la rendre telle qu'il l'a reçue; il ne peut ſouffrir la diminution de ſes droits, ſans ſe dégrader; il ne peut les augmenter, ſans faire tort à ſes peuples: c'eſt une ſubſtitution perpétuelle de part & d'autre, dont le titre eſt ſacré, qui remonte à l'origine de la monarchie, & qui ne doit avoir que la même fin.

Les ſujets n'auroient aucun droit de changer la conſtitution monarchique en républicaine; de même le monarque ne doit pas prétendre celui de transformer une monarchie légitime en un Etat deſpotique, & Charles VI ne fut pas le maître de priver ſa poſtérité maſculine de ſa ſucceſſion. Il eſt vrai que quelques rois jouiſſent de toute l'autorité de la nation; mais jouir n'eſt pas poſſéder, c'eſt un uſufruit qui ne permet pas de dénaturer.

C'eſt de ces grandes Loix qui aſſurent la conſtitution du corps politique, l'Etat du prince & celui du citoyen, que l'on doit dire: *Digna vox eſt majeſtate regnantis, legibus alligatum ſe principem profiteri.*

Cependant lorſque ces Loix, comme il peut arriver, deviennent nuiſibles à l'Etat, je croirois que le prince en peut corriger les abus pour l'utilité publique. Si de nouvelles circonſtances, des révolutions de fait ou de ſyſtême, les rendent entiérement mauvaiſes; ſi on s'apperçoit que la conſtitution peche, il eſt juſte alors d'ajouter, de retrancher: mais il eſt juſte d'appeller la nation à ces changemens.

Je rapporterai ici un exemple qui rendra ſenſibles les principes que je viens d'avancer. Lorſque Lycurgue forma la conſtitution de Lacédémone, il établit un ſénat indépendant, dont un des devoirs étoit de balancer le pouvoir des rois, & la liberté des citoyens. On s'apperçut que l'autorité de ce corps & celle des rois, étoient un double joug qui s'appeſantiſſoit ſur les peuples: on créa des éphores. Cette inſtitution corrigeoit un vice de la fondation, & entroit dans ſes vues; c'eſt dans ces cas que l'on peut changer.

Cet arrangement dura cinq cents ans, au bout deſquels Cléomenes, fous un prétexte de réforme générale, entreprit de ramener la république aux inftitutions primitives de Lycurgue : il détruifit les éphores, & abrogea une Loi qui étoit devenue conftitutive & facrée par le laps du temps. Son autorité feule fit un changement ; il régna en defpote ; l'Etat fut renverfé ; & lui, le dernier des rois de Sparte.

Les titres qui ont fait la plupart des monarques, font perdus dans l'oubli des temps ; mais qu'ils tiennent leur pouvoir de Dieu, ou du confentement des peuples ; que la conquête ou la convention aient fondé les royaumes, les chofes font égales. Perfonne ne difconviendra que le pouvoir le plus authentique, le plus étendu, peut être exercé d'une maniere équitable ou abufive : l'exercice eft légitime, fi, au défaut des conventions, il eft appuyé, fur les Loix divines & fur celles de la nature ; il eft abufif, s'il n'en connoît aucunes.

Le droit de conquête a pu donner celui d'affujettir les vaincus à des Loix qui furent dans ce moment arbitraires, & d'ordonner de la forme du gouvernement, fans la participation des peuples. Ainfi les Loix qu'il a plu au conquérant de dicter, l'efpece de l'Etat qu'il lui a plu d'établir, font les conditions qu'il a impofée, & fous lefquelles il a reçu le ferment des nouveaux fujets. Ce ferment a rendu volontaire la foumiffion qui étoit forcée auparavant ; les Loix font devenues communes au vainqueur & au vaincu.

Lorfque ces Loix primitives, confacrées par un ancien ufage, font méprifées ou interverties, il eft évident que l'on renchérit encore fur la violence qui avoit fait la Loi, & que le joug eft aggravé. Si ces Loix étoient originairement un accord, il eft fenfible que la convention eft violée.

Je conçois, fi les fouverains tiennent leur autorité des hommes, que ceux-ci ont pu leur donner des pouvoirs exorbitans, par crainte, par furprife, par enthoufiafme. S'ils la tiennent de Dieu, il n'a pu en émaner que la juftice & la douceur.

Samuel ayant facré le roi que Dieu avoit choifi, compofa un livre des droits de la majefté. Les Hébreux ont écrit que fes rois le fupprimerent pour étendre leur pouvoir fur leurs fujets, avec plus de facilité. Mais les Loix divines marquent toujours des limites à la fouveraineté la moins bornée : eh ! qui peut méconnoître ces Loix ? La raifon que nous tenons de la divinité, nous les fait appercevoir fans peine. Que l'idée de la juftice foit fimple ou compofée, innée ou factice, le fentiment en eft commun à tous les hommes.

Ce feroit tromper les princes, ce feroit les faire courir à leur perte, & mettre l'univers en feu, fi on leur difoit qu'ils ne font pas affujettis à des devoirs. Lorfque Dieu s'eft mis à la place des rois ; il a dit : » Affemblez tous les peuples de la terre ; qu'ils jugent entre mon peuple & » moi, fi je n'ai pas fait pour lui tout ce que j'ai dû faire. » Le fouverain des Etres veut reconnoître qu'il eſt des devoirs pour lui, il veut prendre un juge entre lui & ſon peuple. Quel exemple pour les rois!

Il eſt ordinaire de ne pas s'entendre, lorſqu'on parle de ce que peuvent les ſouverains. Le verbe *pouvoir* offre deux idées différentes qu'il eſt bon de ne pas confondre. Il exprime la faculté d'agir indéfiniment par la ſupériorité des forces; c'eſt dans ce ſens que Pline-le-jeune diſoit à l'empereur Trajan: *Il eſt heureux de pouvoir tout ce qu'on veut.*

Ce terme exprime auſſi cette faculté reſtreinte dans les bornes du devoir. C'eſt dans cet autre ſens que le même Pline ajoute : *Il eſt magnanime de ne vouloir que ce que l'on peut.* Le ſouverain peut tout ce que les devoirs lui permettent : il ne peut rien de ce qu'ils ne lui permettent pas.

Mais le doute n'eſt pas terminé, ſi on continue à demander en quoi conſiſtent ces devoirs. Ils ſont renfermés dans le ſerment que j'ai rapporté : *Gouverner bien & dûment, & faire juſtice;* & ce n'eſt autre choſe que gouverner ſelon les Loix reçues & approuvées.

Il eſt néanmoins indubitable que ce n'eſt pas aux peuples à renfermer les ſouverains dans leurs devoirs. Le caractere imprimé ſur leur front, eſt auguſte & ſacré; il ne laiſſe en partage que la vénération & l'obéiſſance. Le traitement le plus rude ne peut excuſer le fils impie qui diſpute par la révolte, les droits paternels. Il ſeroit heureux qu'une intelligence mutuelle pût retenir chacun dans des bornes que la raiſon preſcrit.

Mais les devoirs ſont de foibles barrieres de part & d'autre. Le corps de l'hiſtoire nous repréſente ſans ceſſe ces devoirs violés de tous côtés, des rois tyrans & des peuples révoltés. La cauſe de ces déſordres eſt dans l'oubli des Loix conſtitutives.

Il n'eſt pas dans l'ordre naturel des choſes, que les peuples tranſgreſſent les premiers ce qu'ils doivent à la puiſſance ſouveraine. Il faut un concours, un concert d'un nombre infini de volontés du côté du peuple, pour lui faire franchir ce devoir. Il ſuffit, du côté du prince, de l'égarement d'une ſeule volonté. Il arrive trop ſouvent que c'eſt l'ouvrage d'un mauvais conſeil.

Les rois ſont deſtinés à conduire les hommes, autant par l'exemple que par les Loix. C'eſt à eux à ne donner que ceux que l'on doit ſuivre. La ſatisfaction ou le mécontentement des ſujets eſt dans leur main : ils ont le choix de l'amour ou de la haine. Le pouvoir moral dérive des Loix & du juſte : il eſt légitime. Le pouvoir phyſique dépend de la force : c'eſt une barbarie.

Un ſouverain qui borne lui-même l'activité de ſon pouvoir, n'en diminue point l'étendue; il fait dans ce moment un acte de ſouveraineté. Le prince ne déroge point à ſa dignité, lorſqu'il s'aſſujettit aux Loix de l'équité. Il n'eſt aucun d'eux qui ne ſe glorifie de les reſpecter, qui ne cherche à perſuader qu'il les ſuit, lors même qu'il s'en éloigne.

Tibere diſoit : » Il faut non-ſeulement que le bon prince ſe ſoumette

» aux lumieres du sénat, il faut qu'il serve au général des citoyens, &
» souvent à chacun d'eux en particulier. » Il prononçoit le jugement qui
l'a déclaré un mauvais prince.

Les Loix de l'équité ne sont point écrites; elles ne paroissent pas commander : leur joug est volontaire : il n'ôte pas la souveraineté, il en
rend digne.

§. X V I I I.

LES LOIX CIVILES DANS LEUR ORDRE NATUREL.

Par DOMAT. (a)

JEAN DOMAT, avocat du roi à Clermont en Auvergne, né dans
cette ville en 1625 (le 30 de novembre) & mort à Paris en 1696,
(le 14 de mars) fut encouragé par une pension de 2000 livres que la
cour lui donna en 1683, à achever cet ouvrage. Il en publia une premiere partie en 1689, & mit à la tête une dissertation qu'il intitula *Traité
des Loix* ; il en donna une seconde quelque temps après ; & le reste, quoique composé, ne vit le jour qu'après la mort de l'auteur. Tout cela qui a
été augmenté depuis, forme aujourd'hui un ouvrage assez étendu qui, dans
la nouvelle édition a pour titre : » Les Loix civiles dans leur ordre na-
» turel, le droit public, & *Legum delectus*. Par M. Domat, avocat du
» roi au siege présidial de Clermont en Auvergne : nouvelle édition, revue,
» corrigée, augmentée des troisieme & quatrieme livres du droit public,
» par M. de Hericourt, avocat au parlement de Paris, & des notes de
» feu M. de Bouchevret, ancien avocat au parlement de Paris, sur le *Legum
» delectus*, qui ne se trouvent point dans les éditions précédentes. Paris, 1735,
» 2 vol. in-folio. «
Nous allons donner une analyse étendue de ce grand traité.

P R E M I E R E P A R T I E.

CET ouvrage estimé depuis long-temps, semble acquérir de nos jours un
nouveau prix, depuis que la philosophie, qui commence à sortir du cabinet des gens de lettres pour monter sur les tribunaux de la magistrature,
a dirigé les esprits dans la recherche des Loix, qui peuvent assurer le bonheur de l'humanité. Avant de parcourir toutes les parties qui composent ce
vaste édifice, jetons un moment les yeux sur le plan que l'architecte s'en
est tracé. Tout le monde connoît dans quel cahos les Loix romaines, si

---

(a) Cet ouvrage jouit d'une si grande réputation, qu'on nous feroit un crime de n'en
pas donner une analyse étendue.

refpectables d'ailleurs, étoient plongées, malgré les efforts des empereurs, & les travaux des jurifconfultes. C'eft dans ce cahos que M. Domat fe propofe de porter la lumiere. Son deffein eft de mettre les Loix civiles dans leur ordre, de diftinguer les matieres de droit, & de les affembler, felon le rang qu'elles ont dans le corps qu'elles compofent naturellement : de divifer chaque matiere, felon fes parties, & de ranger en chaque partie, le détail de fes définitions, de fes principes & de fes regles, n'avançant rien qui ne foit, ou clair par foi-même, ou éclairci par ce qui précede. Il n'eft peut-être pas inutile de remarquer, que cet ouvrage contient des vérités fi communes, que plufieurs perfonnes feront étonnées de les y trouver; mais il faut fe reffouvenir, que c'eft par ces fortes de vérités fi fimples, qu'on parvient à la connoiffance de celles qui le font moins; c'eft ainfi que dans la géométrie, il faut commencer par apprendre que le tout eft plus grand, qu'aucune de fes parties, & d'autres vérités, dont l'évidence n'échappe pas même aux enfans, & dont l'ufage eft néceffaire pour en pénétrer d'autres quelquefois fi profondes, que tous les efprits n'en font pas capables.

Le deffein de mettre les Loix civiles en ordre a engagé l'auteur à compofer un traité des Loix en général, qu'il a jugé auffi néceffaire pour bien entendre les Loix civiles, que l'eft pour apprendre la géographie, une connoiffance au moins générale du fyftême du monde telle que nous la donne la cofmographie. Ce traité, dans l'ouvrage de M. Domat, tient la place qu'occupe la tête dans la compofition du corps humain. Nous allons tâcher d'en donner à nos lecteurs une idée fatisfaifante, en confultant cependant la précifion qui doit faire le premier mérite de l'analyfe.

L'auteur établit d'abord que les principes des Loix ont été inconnus aux payens, ce qu'il prétend prouver par l'exemple des Romains qui, malgré toute la fageffe de leurs Loix civiles, s'étoient permis, comme les autres peuples, d'ôter la vie à leurs efclaves & même à leurs propres enfans, comme fi la puiffance que donne la qualité de pere & celle de maître, pouvoit difpenfer des Loix de l'humanité. Cette oppofition fi extrême entre l'équité qui luit dans les Loix fi juftes qu'ont fait les Romains, & l'inhumanité de cette licence, fait bien voir qu'ils ignoroient la fource de la juftice même qu'ils connoiffoient. On en voit, felon l'auteur, une autre preuve bien remarquable, dans l'idée que leurs philofophes leur avoient donnée de l'origine de la fociété des hommes. Idée que plufieurs de nos philofophes ont cependant renouvellée depuis peu, en prétendant que les hommes avoient commencé à vivre comme des bêtes fauvages, fans aucune liaifon entr'eux, jufqu'à ce que le plus fort ou le plus adroit, les ait apprivoifés pour en former une fociété.

On ne s'arrêtera point à confidérer les caufes de cette contrariété fi étrange de lumiere & de ténebres dans les hommes les plus éclairés de tous ceux qui ont vécu dans le paganifme. Les premiers élémens de la re-

ligion chrétienne, dit le pieux Domat, expliquent cette énigme. D'après
cette affertion, fujette à quelque difcuffion, l'auteur trouve les premiers
principes des Loix civiles dans la nature de l'homme, dans la religion de
l'homme, & dans les deux premieres Loix naturelles de l'homme. La nature de l'homme confifte, étant créé à l'image de Dieu, à être capable de
poffeder ce fouverain bien; fa religion eft la lumiere qui conduit à ce fouverain bien, & fa premiere Loi eft celle qui lui commande la recherche
de ce fouverain bien. Cette premiere Loi étant commune à tous les hommes, en renferme une feconde qui les oblige de s'unir & de s'aimer entr'eux. C'eft par l'efprit de ces deux premieres Loix, dit toujours M. Domat,
que Dieu deftinant les hommes à l'union dans la poffeffion du fouverain
bien qui eft leur fin commune, a commencé de lier entr'eux une premiere
union, & il a fait dépendre leur derniere union, qui doit faire leur béati-
tude, du bon ufage de cette premiere qui doit former leur fociété. C'eft
ainfi que Dieu deftinant les hommes à la fociété, a formé des liens qui les
y engagent. Ces engagemens font de deux efpeces. La premiere eft celle
qui fe forme par les liaifons naturelles du mariage entre le mari & la femme, & de la naiffance entre les parens & les enfans. La feconde renferme
toutes les autres fortes d'engagemens qui rapprochent toutes les différentes
perfonnes les unes des autres. C'eft par tous les engagemens de ces deux
efpeces, que Dieu forme l'ordre de la fociété des hommes. Nous venons
de voir quelles font les premieres pierres avec lefquelles l'auteur éleve l'é-
difice des Loix. Il entre enfuite dans la juftification des principes qu'il a
établis, & qui, par leur prolixité, ne font point de nature à entrer dans
une analyfe. Paffons maintenant au corps de l'ouvrage, c'eft-à-dire, au traité
des Loix civiles.

Cet ouvrage en deux parties, eft enfuite divifé, favoir la premiere partie, en quatre livres, & la feconde en cinq. Cependant l'auteur a cru devoir faire précéder fon ouvrage par un titre qu'il intitule *livre préliminaire*, parce qu'il contient, dit-il, trois fortes de matieres, qui étant communes à toutes les autres, & néceffaire pour les bien entendre, doivent
les précéder; les matieres de ce livre préliminaire font comme les premiers
élémens du droit, car avant qu'on entre dans le détail des regles, il eft
premiérement néceffaire de connoître en général les efpeces & la nature
de ces regles, & la maniere de les bien entendre & de les bien expliquer.

On entend communément par ces mots de *Loix* & de *regles*, ce qui eft
jufte, ce qui eft ordonné. On peut diftinguer deux idées que donnent &
le mot de *Loi* & celui de *regle*. L'une eft l'idée de ce que l'on conçoit
être jufte, quoiqu'on ne faffe pas réflexion fur les termes de la Loi, &
l'autre eft l'idée des termes de la Loi, & felon cette feconde idée, on appelle la *regle* ou la *Loi*, *l'expreffion du légiflateur*. L'auteur prévient qu'il
ufera toujours indiftinctement du mot de *Loi* & de celui de *regle*, dans
toute la fuite de fon ouvrage.

Les regles de droit sont donc des expressions courtes & claires, de ce que demande la justice dans les divers cas. Ces regles ou Loix, sont ou naturelles ou arbitraires. Les regles du droit naturel sont telles que Dieu même a établies, & qu'il enseigne aux hommes, par la lumiere de la raison : les regles arbitraires sont toutes celles que les hommes ont instituées, & qui, sans blesser l'équité naturelle, peuvent statuer d'une maniere ou d'une autre. Par exemple, on peut établir ou ne pas établir l'usage des fiefs, & cette diversité que la nature ne fixe pas, a son autorité dans le réglement arbitraire qu'en fait le législateur, & qu'il peut varier à son gré. 1°. Ces regles, soit naturelles, soit arbitraires, se subdivisent encore en regles générales qui conviennent à toutes les matieres. 2°. En d'autres communes à plusieurs matieres & non pas à toutes, 3°. en plusieurs qui ne sont propres qu'à une, & qui n'ont aucun rapport aux autres. Toutes ces regles cessent d'avoir leur effet, non-seulement si on les applique hors de leurs bornes, & dans des matieres où elles ne se rapportent point, mais aussi lorsque dans leurs matieres, on les détourne à une application fausse & contre leur esprit.

Les exceptions sont aussi des regles qui bornent l'étendue des autres, & qui disposent autrement par des vues particulieres qui rendent juste ou injuste, ce que la regle entendue, sans exception, rendoit, au contraire, ou injuste ou juste. Ainsi, par exemple, la regle générale qu'on peut faire toutes sortes de conventions est bornée, par la regle qui défend celles qui sont contre les bonnes mœurs.

Toutes les Loix doivent être connues, ou tellement exposées à la connoissance de tout le monde, que personne ne puisse impunément y contrevenir sous prétexte de les ignorer. Ainsi les regles naturelles étant des vérités immuables, dont la connoissance est essentielle à la raison, on ne peut pas dire qu'on les ait ignorées, comme on ne peut pas dire qu'on ait manqué de la raison qui les fait connoître. Les Loix arbitraires sont de deux especes; l'une de celles qui, dans leur origine, ont été établies, écrites & publiées par ceux qui en avoient l'autorité, comme sont en France les ordonnances des rois, & l'autre de celles dont il ne paroît point d'origine, mais qui se trouvent reçues par l'approbation universelle & immémoriale, & c'est ce que l'on appelle *coutumes*. Ces coutumes tirent leur autorité du consentement du peuple dans une république. Dans une monarchie, elles n'ont force de Loi que par la volonté du souverain. La justice des Loix naturelles étant immuable, elles reglent également & l'avenir & le passé, il n'en est pas de même des Loix arbitraires. Comme elles ne tirent leur autorité que de la volonté du législateur, elles ne reglent que l'avenir, sans aucune puissance sur le passé. Les affaires qui se trouvent pendantes, lorsqu'il survient de nouvelles Loix, se jugent par les dispositions des Loix précédentes, à moins que ces nouvelles Loix ne réglassent des questions pour lesquelles il n'y avoit aucune Loi, ni aucune coutume. Un autre effet des Loix nouvelles, c'eft qu'elles peuvent, felon le befoin, changer les fuites que devoient avoir les Loix précédentes, mais toujours fans donner atteinte au droit qui étoit acquis à quelques perfonnes. Remarquons que l'ufage & l'autorité de toutes les Loix, foit naturelles, foit arbitraires, confiftent à ordonner, défendre, permettre & punir. Les Loix puniffent non-feulement ce qui bleffe évidemment le fens de leurs termes, mais encore tout ce qui paroiffant n'avoir rien de contraire aux termes, blefferoit directement ou indirectement leur intention; s'il pouvoit arriver des cas qui ne fuffent réglés par aucune Loi expreffe ou écrite, ils auroient pour Loi les principes naturels de l'équité, qui eft la Loi univerfelle.

Il arrive affez fouvent & fur-tout en deux fortes de cas, qu'il eft néceffaire qu'on interprete les Loix. L'un eft lorfqu'il fe rencontre dans une Loi quelque obfcurité, & l'autre, lorfque le fens d'une loi, tout évident qu'il paroît dans les termes, conduiroit à des conféquences fauffes & à des décifions injuftes : par exemple, c'eft une regle des plus claires, qu'un dépofitaire doit rendre le dépôt à celui qui le lui a confié, quand il lui plaira de le redemander; mais, fi le maître de l'argent avoit perdu le fens, quand il redemande fon argent, perfonne n'ignore que ce feroit une injuftice de le lui donner. Ce principe de l'interprétation des Loix par l'équité, ne regarde pas feulement les Loix naturelles, mais il s'étend auffi aux Loix arbitraires, parce qu'elles ont toutes leur fondement dans les Loix naturelles. Mais il faut ajouter à ce principe de l'équité, qui regarde l'interprétation des Loix arbitraires, un autre principe qui leur eft propre, c'eft l'intention du légiflateur. Par exemple, il eft de l'équité que celui qui a obligeamment prêté fon argent fans en retirer de reconnoiffance, & à qui le débiteur dénie le prêt, puiffe être reçu à prouver le prêt, s'il en a d'autres preuves que l'écrit qui lui manque, & cette même équité demande auffi cet ufage des preuves dans les autres efpeces de conventions. Mais parce qu'il eft de l'intérêt public de ne pas laiffer d'occafion à la facilité des fauffes preuves, l'ordonnance de Moulins, & celle de 1667, qui ont défendu les preuves de conventions fans écrits, au-deffus de cent livres, ont donné par-là de juftes bornes à la liberté de recevoir les preuves des conventions. Il faut prendre garde de ne pas confondre ces fortes d'interprétations des Loix dont on vient de parler, avec celles qui font réfervées au prince & dont nous expliquerons, dans la fuite, la différence effentielle.

C'eft un principe certain que la juftice univerfelle eft la bafe de toutes les Loix, foit naturelles, foit arbitraires. Si donc il arrive qu'une regle naturelle étant appliquée à quelque cas qu'elle paroît comprendre, il s'enfuive, cependant, une décifion contraire à l'équité, il faut en conclure que la regle eft mal appliquée. Ainfi la regle qui veut que celui qui a prêté quelque chofe à un autre pour en ufer, puiffe la retirer quand il lui plaira, produiroit une conséquence qui blesseroit l'équité, si on lui permettoit de reprendre la chose prêtée, pendant qu'elle sert actuellement à l'usage pour lequel il l'avoit donnée, & d'où elle ne pourroit être tirée sans dommage. Si une loi arbitraire étant appliquée au cas qu'elle paroît comprendre, il en résulte une conséquence qui blesse l'intention du législateur, la regle ne doit pas s'étendre à ce cas.

Observons qu'il ne faut pas prendre pour des injustices contraires à l'équité, ou à l'intention du législateur, les décisions qu'on appelle *rigueur de droit*, lorsqu'il est évident que cette rigueur, est essentielle à la Loi d'où elle suit, & qu'on ne pourroit apporter de tempérament à cette Loi, sans l'anéantir. Ainsi, si un testateur ayant dicté son testament, & prenant la plume pour le signer, meurt dans ce moment, ou après l'avoir signé, on manque à une autre formalité nécessaire, ce testament sera absolument nul, quelque certitude qu'il y ait de la volonté du testateur, & quelque favorables que puissent être ses dispositions, parce que ces formalités sont la seule voie que les Loix reçoivent, pour faire la preuve de la volonté du testateur. Si la dureté du droit n'est pas une suite essentielle de la Loi, mais que la Loi puisse avoir son effet par quelque tempérament, que demande l'équité & qui est l'esprit de la Loi, il faut alors préférer l'équité, à cette rigueur que demande la lettre. Il suit delà, qu'on ne peut fixer pour regle générale, ni que la rigueur du droit doive être toujours suivie contre les tempéramens de l'équité, ni qu'elle doive toujours y céder.

Quoique la rigueur du droit semble distinguée de l'équité, & qu'elle y paroisse même opposée, il est toujours vrai, dans les cas où cette rigueur doit être suivie, qu'une autre vue de l'équité lui donne sa justice, & comme il n'arrive jamais que ce qui est équitable blesse la justice, il n'arrive jamais aussi que ce qui est juste blesse l'équité. Les obscurités ainsi que les autres défauts d'expression qui peuvent rendre douteux le sens d'une Loi, doivent se résoudre par le sens le plus naturel, qui est le plus conforme à l'intention du législateur, & que l'équité favorise le plus. Si dans quelque Loi il se trouve une omission d'une chose qui soit essentielle à la Loi, ou qui soit une suite nécessaire de sa disposition, on peut alors suppléer à ce qui manque à l'expression, & étendre la disposition de la Loi, à ce qui étant compris dans son intention, manque dans ses termes : si le sens de la Loi étant clair il en naissoit des inconvéniens contre l'utilité publique, il faudroit alors avoir recours au prince pour apprendre de lui son intention, sur ce qui peut être sujet à *interprétation*, *déclaration*, ou *modération*. Lorsque la disposition d'une Loi est bien connue, & que son motif ne l'étant pas, il paroît en résulter quelque inconvénient, il faut présumer que la Loi a, d'ailleurs, son équité, par quelque vue du bien public, qui doit faire préférer son sens à toute interprétation qui y seroit contraire.

Les Loix qui restreignent la liberté naturelle, ou qui dérogent au droit commun, ou qui établissent des peines contre les délits, ou qui permettent l'exhérédation, l'exhérédation, &c. s'interpretent toujours avec tous les tempéramens d'humanité qu'elles peuvent souffrir : on interprete aussi avec faveur les bienfaits des princes, en leur donnant toute l'étendue raisonnable que peut leur donner la présomption de la libéralité naturelle aux princes, pourvu qu'on ne les étende pas d'une maniere qui fasse préjudice à d'autres personnes. Observons que si les Loix, où il se trouve quelque difficulté, ont rapport à d'autres Loix qui puissent en éclaircir le sens, il faut préférer à toute interprétation, celle dont les autres Loix donnent l'ouverture. Si quelques provinces manquent de regles certaines pour des difficultés, dans des matieres qui y sont en usage, & que ces difficultés ne soient point réglées par les Loix naturelles, ou les Loix écrites, mais qu'elles dépendent des coutumes & des usages, on doit s'y régler par les principes qui suivent des coutumes de ces lieux même ; & si cela ne regle point la difficulté, il faut suivre ce qui s'en trouve réglé par les coutumes voisines, & sur-tout par celles des principales villes.

Dans les Loix qui *permettent* on tire la conséquence du plus au moins ; ainsi ceux qui ont le droit de donner leurs biens ont, à plus forte raison, le droit de les vendre. Dans les Loix qui *défendent* on tire la conséquence du moins au plus. Ainsi les prodigues à qui on interdit l'administration de leurs biens, ne peuvent, à plus forte raison, les aliéner. Cette étendue des Loix du plus au moins, ou du moins au plus, est bornée aux choses qui sont de même genre, que celles dont la Loi dispose : il n'en est pas de même quand ce sont des choses d'un genre différent ; ainsi la Loi qui permet aux adultes de s'engager dans le mariage, & d'y obliger leurs biens, quoiqu'ils soient mineurs, seroit mal appliquée à d'autres sortes de conventions, quoique moins importantes. Ainsi les Loix qui notent d'infamie seroient mal appliquées à la privation des biens, encore que l'honneur soit préférable au bien. Si quelque Loi faisoit cesser la recherche de quelque abus, le pardonnant pour le passé, ce seroit le défendre pour l'avenir.

Lorsqu'un droit vient à quelqu'un par la disposition d'une Loi, ce droit lui est acquis par l'effet de la Loi, soit que cette personne sache ou ignore cette Loi, & soit aussi qu'elle sache ou ignore le fait d'où dépend le droit que la Loi lui donne ; ainsi le créancier de qui le débiteur vient à mourir, a son droit acquis contre l'héritier, quoiqu'il ignore la mort de son débiteur, & quand il ne sauroit pas même que la Loi engage l'héritier aux dettes de celui à qui il succede. Et c'est une suite de cette regle, que les droits de cette nature, qui sont acquis aux personnes par l'effet de la Loi, passent à leurs héritiers, s'il arrive qu'ils meurent avant d'avoir exercé ni connu leur droit. Il est libre aux personnes capables d'user de leurs droits, de renoncer à ce que les Loix établissent en leur faveur, à moins que par cette renonciation, ils ne blessent les intérêts d'autrui. Les Loix ont leur effet indépendamment de la volonté des particuliers. Ainsi un testateur ne peut empêcher, par aucune précaution, que les Loix n'aient leur effet contre les difpofitions qu'il pourroit faire contraires à celles des **Loix**. Enfin de toutes les regles qui ont été expliquées jufqu'à préfent, on peut conclure qu'il eft dangereux qu'on n'applique mal les regles du droit, fi on manque d'une connoiffance affez étendue de leur détail, & des diverfes vues néceffaires pour les interpréter.

Des perfonnes.

QUOIQUE les Loix civiles reconnoiffent une efpece d'égalité qui met le droit naturel entre tous les hommes, elles diftinguent les perfonnes par de certaines qualités qui ont un rapport particulier aux matieres du droit civil, & qui font ce qu'on appelle *l'état des perfonnes*. Les diftinctions que font entre les perfonnes, les qualités qui reglent leur état, font de deux fortes. La premiere eft de celles qui font naturelles, ainfi ç'eft la nature qui diftingue les fexes ; & la feconde eft de celles qui font établies par les Loix humaines. Ainfi l'efclavage eft un état qui n'eft pas naturel & que les hommes ont établi, & felon les différentes diftinctions de ces deux efpeces, chaque perfonne a fon état réglé, par l'ordre de la nature & par celui des Loix. Les diftinctions qui font l'état des perfonnes par la nature font fondées fur le fexe, fur la naiffance, fur l'âge, &c. nous allons jeter un coup-d'œil fur ces différentes diftinctions.

1°. Le fexe qui diftingue l'homme & la femme fait entr'eux cette différence pour ce qui regarde leur état, que les hommes font capables de toutes fortes d'engagemens & de fonctions, dont les femmes font incapables : ainfi les femmes ne peuvent exercer une magiftrature, ni être témoins dans un teftament, ni poftuler en juftice, ni être tutrices que de leurs enfans. 2°. La naiffance met les enfans fous la puiffance de ceux de qui ils naiffent ; d'où réfultent des effets, qui conftituent l'état des fils de famille. 3°. Les enfans légitimes, favoir, ceux qui naiffent d'un mariage légitimement contracté, & les bâtards, favoir, ceux qui naiffent hors d'un mariage légitime. 4°. Les enfans qui naiffent morts, & qui ne font pas plus confidérés que s'ils n'avoient jamais été nés ni conçus. 5°. Les avortons, favoir, ceux qu'une naiffance prématurée fait naitre, ou morts, ou incapables de vivre. Obfervez 6°. que les enfans qui font encore dans le fein de leur mere, n'ont pas leur état réglé, lequel ne doit l'être, que par leur naiffance. Ainfi on leur conferve les fucceffions échues avant leur naiffance. Ainfi on punit comme homicide la mere qui procure fon avortement. 7°. Les pofthumes, favoir, ceux qui naiffent après la mort de leur pere, & qui par cette naiffance, font diftingués de ceux qui naiffent pendant que leur pere eft encore vivant, en ce que les pofthumes ne fe trouvent jamais fous la puiffance paternelle, & ne font pas du nombre des fils de famille dont nous traiterons ci-après. 8°. Ceux qui naiffent après la mort de leur mere & qu'on tire du ventre de la mere morte font de la condition des autres enfans. 9°. Les hermaphrodites, savoir, ceux qui ont la marque des deux sexes & ne sont réputés que de celui qui prévaut en eux. 10°. Les eunuques, savoir, ceux qu'un vice de conformation, soit de naissance ou d'une autre cause rend incapables d'engendrer. L'auteur, d'après les Loix romaines, compte encore plusieurs especes de personnes dont l'état est fixé, non par les Loix, mais par la nature : nous devons nous borner ici à ceux que nous venons d'indiquer, en remarquant cependant que l'âge est encore une distinction marquée par la nature, entre ceux qui n'ont pas assez de raison pour se conduire eux-mêmes & ceux à qui l'âge a donné assez de maturité pour en être capables.

Voyons maintenant quelles sont les distinctions de l'état des personnes, non plus par la nature, mais par les Loix civiles. Ce sont celles qui sont établies par des Loix arbitraires, soit que ces distinctions n'ayent aucun fondement dans la nature, comme celles des personnes libres & des esclaves, ou que quelque qualité naturelle y ait donné lieu, comme sont la majorité & la minorité. Dans le droit romain, on considéroit trois choses en chaque personne, pour en fixer l'état ; savoir *la liberté, la cité, la famille*. Nous avons en France une distinction des personnes, qui n'est pas du droit romain. C'est celle que fait la noblesse entre les gentilshommes, & ceux qui ne l'étant pas, sont appellés roturiers. On distingue encore en France, les habitans des villes qui ont quelques privileges, & les gens de la campagne, qui n'ont pas les mêmes droits. Il faut ajouter à ces distinctions, celles que font quelques coutumes, des personnes de condition servile, qui les distinguent de ceux qui sont de condition franche.

Reprenons maintenant en peu de mots les distinctions des personnes, dont les Loix civiles ont fixé l'état. Il faut compter au nombre de ces personnes 1°. les esclaves, 2°. les hommes libres, 3°. les affranchis, 4°. les fils & les filles de famille, 5°. les enfans émancipés. Il faut observer ici, que l'émancipation qui met un fils ou une fille hors de la puissance paternelle, ne regarde que les effets que les Loix civiles donnent à cette puissance, mais ne change rien pour ceux qui sont du droit naturel. 6°. Les adultes & impuberes. 7°. Les majeurs & les mineurs. Observez qu'on doit mettre au rang des mineurs, les prodigues, quoiqu'ils soient majeurs, parce que leur mauvaise conduite les rend incapables de l'administration de leurs biens, & des engagemens qui en sont la suite. 8°. Les regnicoles & les étrangers. 9°. Ceux qui sont morts civilement. 10°. Les religieux profès. 11. Les ecclésiastiques, & enfin les communautés, soit ecclésiastiques soit laïques, c'est-à-dire, les assemblées de plusieurs personnes unies en un corps, formé par la permission du prince, sans laquelle ces sortes d'assemblées seroient illicites. On observera que les communautés, c'est-à-dire, les chapitres, les universités, les monasteres, les corps-de-ville, les corps de métier, &c. entr'autres différences qui les distinguent des personnes particulieres, éprouvent certaines incapacités naturelles à cet état, comme est celle d'aliéner leurs fonds, sans de justes causes, &c.

Des choses.

LES Loix civiles étendent les distinctions qu'elles font des choses à tout ce que Dieu a créé pour l'homme. Il y a cependant une distinction entre les choses qui sont toutes naturelles, & celles qui sont établies par les Loix civiles seules. Parlons des premieres : les cieux, les astres, la lumiere, l'air & la mer, sont des biens tellement communs à toute la société des hommes, qu'aucun ne peut s'en rendre le maître, ni en priver les autres. Les fleuves, les rivieres, les grands chemins sont aussi au nombre des choses publiques, mais suivant les Loix du pays, & la volonté du prince qui en regle l'usage, sans qu'elles puissent jamais appartenir à aucun particulier. On met au nombre des choses publiques, celles qui sont à l'usage commun des habitans d'une ville, ou d'un autre lieu, & où les particuliers ne peuvent avoir aucun droit de propriété. La terre étant donnée aux hommes pour leur demeure, on y distingue les portions de la surface de la terre que chacun occupe, & toutes les choses que nous pouvons en séparer pour nos usages. C'est ce qui fait la distinction de ce que nous appellons immeubles ou meubles. Quoique les distinctions des choses dont nous venons de parler aient été faites par les Loix civiles, on a dû les séparer de celles dont nous allons traiter, car les précédentes sont formées par la nature, & les Loix civiles n'ont fait que les remarquer ou y ajouter. Parmi les choses que les Loix civiles distinguent par elles-mêmes, & sans le concours de la nature, il faut compter au premier rang 1°. les choses sacrées & destinées au culte divin, comme sont les églises, les vases sacrés & les choses saintes, comme les cimetieres, les ornemens, &c. Les Loix civiles font une autre distinction générale des choses, entre celles qui sont sensibles & corporelles, & celles qui sont incorporelles.

Parmi les immeubles qui sont en commerce & à l'usage commun des hommes, il y en a quelques-uns que les particuliers peuvent posséder de plein droit sans aucune charge, & il y en a d'autres qui sont affectés à certaines charges & redevances, qui en sont inséparables. Ainsi on a dans ce royaume des héritages qu'on appelle *allodiaux*, qui ne doivent ni cens, ni aucune charge semblable. On peut mettre au nombre des fonds, que les particuliers ne peuvent posséder de plein droit, ceux où se trouvent des mines d'or & d'argent, & d'autres métaux ou matieres, sur lesquelles le prince a son droit. On distingue encore dans l'ordre des Loix, ce qu'on appelle *un trésor*, c'est-à-dire, selon l'expression des Loix, un ancien dépôt d'argent ou d'autres choses précieuses qu'un événement fait découvrir, & dont on ignore le maître.

LOI. 8₅

LIVRE PREMIER.

Des engagemens volontaires & mutuels par les conventions.

LEs conventions font les engagemens qui fe forment par le confentement mutuel de deux, ou de plufieurs perfonnes, qui fe font entr'eux, une Loi d'exécuter ce qu'ils promettent; on voit par cette idée générale des conventions, que ce mot comprend, non-feulement tous les contrats de toute nature, mais auffi, tous les pactes particuliers qu'on peut ajouter à chaque contrat. Enfin ce mot de convention comprend, même les actes par lefquels on déroge du confentement des parties, aux contrats auxquels on s'étoit engagé. Ce font ces fortes de conventions qui feront la matiere de ce premier livre. Et parce qu'il y a plufieurs regles qui conviennent à toutes les efpeces de conventions, ces fortes de regles communes feront la matiere d'un premier titre qui fera des conventions en général. On expliquera enfuite le détail des regles particulieres de chaque efpece de convention fous fon titre propre.

TITRE PREMIER.

LA matiere des conventions eft la diverfité infinie des manieres volontaires dont les hommes réglent entr'eux les communications & les commerces de leur induftrie, de leur travail, & de toutes chofes, felon leurs befoins. De ces différentes fortes de conventions, quelques-unes font d'un ufage fi fréquent, & fi connu par-tout, qu'elles ont un nom propre, comme la vente, le louage, le dépôt, &c. il y en a d'autres qui n'ont point de nom propre, comme fi une perfonne donne à quelqu'un une chofe à vendre à un certain prix, à condition qu'il retiendra pour lui ce qu'il pourra en avoir de plus; mais obfervez que toutes les conventions, foit qu'elles aient un nom, ou qu'elles n'en aient pas, ont toujours leur effet, & qu'elles obligent toujours à ce qui eft convenu. Les conventions s'accompliffent par le confentement donné & arrêté réciproquement. Ainfi la vente eft accomplie par le feul confentement, quoique la marchandife ne foit pas délivrée, ni le prix payé. Ce confentement fe donne, ou par écrit, ou fans écrit. Les conventions par écrit fe font, ou par-devant notaires, ou fous feing privé. Celles fans écrit, fe font verbalement, ou par quelqu'autre voie, qui marque ou préfuppofe le confentement. En général, les conventions peuvent fe faire, non-feulement entre préfens, mais auffi entre abfens, par procureur, ou même par lettres.

Les premieres regles à obferver, pour qu'une convention foit valide, font que celui qui contracte ne foit pas inhabile à contracter, & que fa convention n'ait rien de contraire aux Loix établies & aux bonnes mœurs. Ainfi un infenfé, un mineur ne peuvent contracter aucun engagement. Là eſt néceſſaire que les conventions ſoient faites avec connoiſſance & avec liberté ; ſi elles manquent de l'un ou de l'autre de ces caracteres, elles ſont nulles. Comme les conventions ſe forment par le conſentement, il s'enſuit que perſonne ne peut en faire pour un autre, s'il n'a pouvoir de lui. Voilà la regle générale. Voici les exceptions. Les tuteurs, les curateurs, les chefs de communautés, & toutes les perſonnes qui en ont d'autres ſous leur puiſſance, peuvent faire pour elles des conventions, ſelon l'étendue de leur pouvoir. Si un tiers traite pour un abſent, ſans avoir ſon ordre, mais s'en faiſant fort, l'abſent n'entre dans la convention que lorſqu'il la ratifie, mais après qu'il a ratifié ce qui a été géré pour lui, quoiqu'à ſon préjudice, il ne peut plus ſe plaindre.

Les conventions étant formées, tout ce qui a été convenu, tient lieu de Loi à ceux qui les ont faites. L'auteur établit ici quinze regles néceſſaires à obſerver, pour l'interprétation des conventions ; comme le plan de cet ouvrage exige que nous reſſerrions les matieres qu'on y traite, nous nous bornons à placer ici quelques-unes de ces regles les plus eſſentielles. Si l'intention commune des parties ne ſe découvre par l'expreſſion, & qu'on puiſſe l'interpréter par quelque uſage des lieux, ou des perſonnes qui ont fait la convention, il faut s'en tenir à ce qui ſera plus vraiſemblable. Toutes les clauſes des conventions s'interprétent les unes par les autres, en donnant à chacune le ſens qui réſulte de toute la ſuite de l'acte entier. Si les termes d'une convention paroiſſent contraires à l'intention des contractans, d'ailleurs évidente, il faut ſuivre cette intention, plutôt que les termes. Si quelqu'un eſt obligé indéterminément à l'une ou à l'autre de deux choſes, il a la liberté de donner celle qu'il voudra, ſi la convention n'a rien de contraire ; les expreſſions qui ne peuvent avoir aucun ſens par aucune voie, ſont rejetées, comme ſi elles n'étoient pas écrites. Les fautes d'écriture, qui peuvent être réparées par le ſens aſſez entendu, n'empêchent pas l'effet que doit avoir la convention.

Dans toutes ſortes de conventions on peut diſtinguer trois eſpeces d'engagemens ; 1°. ceux qui ſont exprimés ; 2°. ceux qui ſont des ſuites naturelles des conventions ; 3°. ceux qui ſont réglés par quelque Loi, ou quelque coutume. En toutes conventions, l'engagement de l'un étant le fondement de l'autre, le premier effet de la convention eſt que chacun des contractans peut obliger l'autre, à exécuter ſon engagement en exécutant le ſien de ſa part, ſelon que l'un & l'autre s'y ſont obligés par la convention. Si cependant la convention n'étant pas encore exécutée, il arrive un changement qui en empêche l'exécution, il eſt ſous-entendu par la volonté tacite des contractans, que cette exécution doit reſter ſuſpendue, juſqu'à ce que l'obſtacle ſoit levé. Le ſecond effet des conventions eſt que celui qui manque aux engagemens où il eſt entré, ſoit qu'il ne le puiſſe, ou qu'il ne le veuille, ſera tenu des dommages & intérêts de l'autre, ſuivant la nature de la convention, la qualité de l'inexécution, & les cir-

conſtances. Si l'on avoit omis dans une convention d'exprimer le terme du
payement ou d'une choſe promiſe, c'eſt une ſuite de la convention, que
comme le terme ne s'ajoute qu'en faveur de celui qui eſt obligé, s'il ne lui
eſt pas donné de temps pour ce qu'il doit faire ou donner, il le doit d'abord
& ſans terme. Celui qui a un terme pour exécuter ſa convention, ne peut
être pourſuivi qu'après le dernier moment du terme expiré.

Perſonne n'eſt tenu dans aucune eſpece de conventions de répondre des
pertes cauſées par des cas fortuits, comme ſont un coup de foudre, un
débordement, une violence, &c. Et la perte de la choſe qui périt tombe
ſur celui qui en eſt le maître, & non ſur celui qui, par convention,
s'en étoit chargé, à moins que par convention auſſi il n'en ait été autrement convenu. Comme il arrive ſouvent dans la ſuite des conventions,
que la même choſe, ou la même affaire, eſt une occaſion de gain ou de
perte, ſelon la diverſité des événemens, il eſt toujours ſous-entendu, que
celui qui doit profiter du gain, doit ſouffrir la perte, ſi ce n'eſt qu'elle
doive être imputée à la faute de l'autre. Il n'y a aucune eſpece de convention, où il ne ſoit ſous-entendu que l'un doit à l'autre la bonne foi,
avec tous les effets que l'équité peut demander, tant en la maniere de
s'exprimer dans la convention, que pour l'exécution de ce qui eſt convenu. Obſervez que cette bonne foi, n'eſt pas bornée à ce qui regarde les
contractans, mais ils la doivent auſſi à ceux qui ont intérêt à ce qui ſe
paſſe entr'eux; ainſi, ſi un dépoſitaire découvre que celui qui a fait le
dépôt, a volé la choſe dépoſée, la bonne foi l'oblige à la refuſer au voleur qui la lui a confiée, & à la rendre à celui qui en eſt légitimement
le maître.

Nous venons de voir quelles ſont les différentes eſpeces de conventions;
voyons maintenant quelles ſont les diverſes ſortes de conditions qu'on peut y
ajouter. Ces conditions s'appellent *pactes* : quelques-uns ſont communs à
toutes ſortes de conventions, quelques-autres ne ſont propres qu'à certaines eſpeces de conventions. Nous en parlerons dans la ſuite. Revenons aux premiers. Comme les conventions ſont arbitraires, & ſe diverſifient ſelon les
différens beſoins, on peut en toutes ſortes de conventions, ou de contrats
ajouter toutes ſortes de conditions, de réſerves, de reſtrictions, &c. Pourvu
qu'il n'y ait rien de contraire aux Loix & aux bonnes mœurs. Comme il
eſt aſſez ordinaire dans les conventions qu'on prévoit des événemens qui
pourront faire quelque changement où l'on veut pourvoir, on regle ce
qui ſera fait, ſi ces cas arrivent, & c'eſt ce qui ſe fait par l'uſage des
conditions. Ainſi s'il eſt dit qu'en cas qu'une maiſon vendue ſe trouve ſu-
jete à une telle ſervitude, la vente ſera réſolue, c'eſt une condition ;
car on prévoit un cas & on y pourvoit. Les conditions ſont expreſſes,
ou tacites. Les premieres ſont celles qui ſont nommément expliquées, comme
quand on dit, ſi telle choſe arrive, ſi telle choſe eſt faite, &c. Les ſecondes ſont celles qui ſe trouvent renfermées dans une convention, ſans

y être exprimées, comme s'il est dit, dans une vente d'un héritage, que le vendeur se réserve les fruits de l'année, cette réserve renferme la condition qu'il naisse des fruits.

Dans les conventions dont l'accomplissement dépend de l'événement d'une condition, toutes choses demeurent en suspens, jusqu'à ce que la condition soit arrivée. Cette condition est-elle arrivée? elle donne un plein effet à la convention. Dans les conventions déjà accomplies, mais qui peuvent être annullées par l'événement d'une condition, toutes les choses demeurent dans l'état de la convention; ainsi s'il est dit qu'une vente accomplie sera annullée, au cas que dans un certain temps, un tiers donne un plus haut prix de la chose vendue, l'acheteur jusques là demeure le maître. Il prescrit, il jouit, & si la chose périt, il en souffre la perte. Lors qu'au contraire la vente n'est pas accomplie, & que son accomplissement dépend d'une condition, si avant l'événement de cette condition, la chose périt, c'est le vendeur qui souffre la perte, car il demeure le maître, jusqu'à ce que l'événement de la condition accomplisse la vente; il est évident que les conditions impossibles annullent les conventions où on les ajoute. Si les conditions n'arrivent qu'après le décès des contractans, elles ont leur effet à l'égard de leurs héritiers. Si la condition d'où il dépend qu'une convention soit accomplie ou résolue, est indépendante du fait des contractans, elle a son effet d'abord qu'elle est arrivée ou connue. Par exemple, s'il est convenu qu'une vente de fourages, n'aura son effet qu'en cas qu'un régiment de cavalerie arrive dans tel temps, elle aura son effet d'abord que le régiment sera arrivé, ou elle demeurera nulle s'il n'arrive point; si la condition, au contraire, dépend entièrement ou même en partie du fait de l'un des contractans, & qu'il n'y ait pas satisfait dans le temps, il est sous-entendu, que dans les cas, où il seroit de l'équité de donner un délai, il doit être accordé, selon les circonstances, comme lorsque le retardement n'a causé aucun dommage, ou qu'il peut être facilement réparé. Voici un cas qu'il faut excepter des regles précédentes. Si le délai, accordé par le juge, d'exécuter une condition, ne peut avoir lieu, sans blesser l'essentiel de la convention, la condition aura son effet sans retardement, soit qu'elle dépende du fait de l'un des contractans, soit qu'elle en soit indépendante. Si l'accomplissement d'une condition est empêché par celui des contractans qui a intérêt qu'elle n'arrive point, soit qu'elle dépende de son fait ou non, la condition à son égard sera tenue pour accomplie ; & il sera obligé à ce qu'il devoit faire, ou donner, ou souffrir, au cas de l'événement de la condition.

Au nombre des conditions, on compte les *clauses résolutoires*, c'est-à-dire, celles par lesquelles on convient que la convention sera résolue en un certain cas, & les *clauses pénales*, c'est-à-dire, celles qui ajoutent une peine pour le défaut d'exécution de ce qui est convenu, comme est, en général, la peine des dommages & intérêts, &c. S'il est dit qu'une convention

sera

fera réfolue, au cas que l'un des contractans manque d'exécuter de fa
part quelqu'un de fes engagemens, la claufe réfolutoire n'aura pas cet effet
qu'il dépend de lui de réfoudre la convention, en n'exécutant pas ce qu'il
a promis, mais il dépendra de l'autre, ou de le contraindre à l'exécution,
ou de faire réfoudre la convention avec les dommages & intérêts qui pourront lui être dûs. Ainfi, lorfqu'il eft dit qu'une vente fera annullée faute
de payement, il ne dépendra pas de celui qui doit payer de réfoudre la
convention, en ne payant pas. Voilà quelles font les regles, d'après lefquelles on peut prononcer fur la nullité des conventions; voyons à préfent
quelles font celles qui font nulles dans leur origine.

Les conventions font nulles, ou par l'incapacité des perfonnes, ou par
quelque vice de la convention, ou par quelqu'autre défaut : quant aux perfonnes, elles peuvent être incapables de contracter, ou par la nature, ou
par la Loi. Les infenfés font dans la premiere claffe, & les prodigues dans
la feconde. Les premiers font incapables de toute convention quelle qu'elle
foit, les feconds, ne font incapables que de celles qui peuvent leur nuire.
Il faut compter les mineurs au nombre des feconds, ainfi que les femmes qui, felon quelque coutume, peuvent s'obliger en partie, & qui, felon d'autres, ne le peuvent pas du tout. Remarquez qu'il y a des conventions qui peuvent être déclarées nulles dans leur origine, de la part de
l'un des contractans, & qui fubfiftent irrévocablement de la part de l'autre. En voici un exemple. Le contrat entre un majeur & un mineur, peut
être annullé à l'égard du mineur, s'il n'eft pas à fon avantage, & il fubfifte à l'égard du majeur, fi le mineur ne demande pas à en être relevé,
par la raifon que le majeur a fu, ou dû favoir la condition de celui avec
qui il traitoit.

Les conventions qui étoient fujettes à être annullées par l'incapacité des
perfonnes, font validées dans la fuite, fi l'incapacité ceffant, elles rati-
fient la convention. Ceux que la nature ne rend point incapables de contracter, mais qui ne le font feulement que par la défenfe de la Loi, ne
laiffent pas de s'engager par leur convention à une obligation naturelle
qui, felon les circonftances, peut avoir cet effet, favoir, qu'encore qu'ils
ne puiffent être condamnés à ce qu'ils ont promis, fi cependant ils fatis-
font à leur engagement, ils ne peuvent en être relevés. Il faut mettre au
nombre des conventions nulles dans leur origine, celles où l'on met en
commerce les chofes qui n'y font point, comme les chofes facrées ou publiques, &c. Celles où l'erreur & la force ont préfidées. Si dans une convention, l'un eft obligé de donner une chofe à l'autre, & qu'avant la
délivrance la chofe ceffe d'être en commerce, fans le fait de celui qui
devoit la donner, la convention fera annullée. Ainfi la vente d'un héritage
deviendra nulle, fi cet héritage eft deftiné pour un ouvrage public, fans
le fait du vendeur. Si les conventions qui acquierent quelques droits à des
tierces perfonnes fe trouvent nulles, elles n'ont pas plus d'effet à l'égard

de ces perfonnes qu'à l'égard des contractans. Ainfi le créancier n'a aucune hypotheque fur l'héritage que fon débiteur avoit acquis par un contrat nul. Avant de paffer au titre fecond, difons un mot de la réfolution des conventions qui differe de leur nullité, en ce que la nullité fait qu'il n'y a eu qu'une apparence de convention, & que la réfolution anéantit une convention qui réellement exiftoit. Les conventions principales étant réfolues, celles qui en étoient des fuites, le font auffi. Lorfque la réfolution d'une convention n'eft pas accordée volontairement, celui qui fe plaint ne peut troubler l'autre, mais il doit fe pourvoir en juftice, pour faire réfoudre la convention, & pour faire exécuter ce qui aura été ordonné.

T I T R E I I.

Du contrat de vente.

ON appelle ainfi une convention par laquelle l'un donne une chofe pour un prix d'argent en monnoie publique, & l'autre donne le prix pour avoir la chofe. Le contrat de vente, comme tous les autres, forme trois fortes d'engagemens. La premiere, de ceux qui y font exprimés, la feconde de ceux qui font la fuite naturelle de la vente, quoique le contrat n'en exprime rien, & la troifieme de ceux que les Loix & les coutumes y ont établis. Ces engagemens font communs, & à celui qui vend, & à celui qui achete. Voyons ceux qui obligent particuliérement l'une ou l'autre de ces deux perfonnes. On n'achete une chofe qué pour avoir le droit de la poffëder. Ainfi le premier engagement du vendeur eft de délivrer la chofe vendue, quoique le contrat n'en exprime rien. Le fecond eft de conferver la chofe vendue & d'en avoir foin jufqu'à la délivrance, comme doit en avoir celui qui a emprunté une chofe pour fon ufage. Le troifieme eft que le vendeur doit garantir, c'eft-à-dire, faire que l'acheteur puiffe poffëder avec fureté la chofe vendue. Le quatrieme eft de reprendre la chofe vendue fi elle a des vices qui la rendent inutile à fon ufage, ou trop incommode. Voici maintenant quels font les engagemens de l'acheteur envers le vendeur. Le principal eft celui de la Loi naturelle, qui oblige à ne pas fe prévaloir de la néceffité du vendeur pour acheter à vil prix. Il faut encore compter au nombre des premiers engagemens de l'acheteur envers le vendeur, l'obligation de payer le prix de la chofe vendue, au jour & au lieu réglé par la vente, foit au temps de la délivrance, foit avant, foit après, ainfi qu'il en aura convenu dans le contrat. Si l'acheteur ne paye pas au terme, & que le vendeur n'ait pas encore fait la délivrance, il peut retenir la chofe vendue par forme de gage, jufqu'au payement. L'acheteur ne doit pas d'autres dommages pour le feul retardement du prix, que l'intérêt des deniers ; outre ce cas, où l'acheteur doit payer l'intérêt, il y en a trois autres, favoir, par convention s'il eft ftipulé, par demande en juftice & par la nature de la chofe vendue, fi elle produit des fruits ou autres revenus. Si l'acheteur ne paye au terme après la délivrance, le vendeur pourra demander la réfolution de la vente faute de payement; il ne dépend jamais de l'acheteur d'éluder l'effet de la vente par le défaut du payement du prix, & le vendeur a toujours le droit de l'y contraindre, fi de fa part il exécute fes engagemens. C'eft encore un engagement de l'acheteur envers le vendeur, d'être tenu de prendre foin de la chofe achetée dans tous les cas où il peut arriver que la vente foit réfolue, foit par fon fait, foit par une des claufes du contrat.

Quant à la nature de la marchandife, ou de la chofe vendue, elle peut être corporelle, comme des meubles, des immeubles, &c. ou incorporelle, comme une dette, une hérédité, une fervitude, &c. On peut vendre des chofes à venir, comme des fruits, ou des animaux qui pourront naître; des chofes incertaines, comme le pêcheur vend un coup de filet avant qu'il le jette; des chofes en gros & en bloc, comme fi on vend toutes les marchandifes qui font dans une boutique, quoique ces chofes puiffent fe compter, fe pefer & fe mefurer.

Quant au prix de la marchandife, il ne peut jamais être autre chofe, que de l'argent en monnoie publique; car fi on donnoit quelque autre chofe, ou qu'on faffe quelque ouvrage, ce feroit, ou un échange, ou un autre contrat, mais ce ne feroit plus une vente. Il y a quelques marchandifes dont le prix peut être réglé pour le bien public, comme il l'eft, par exemple, pour le pain, & d'autres chofes en quelques polices; mais hors de ces réglemens, le prix des chofes eft indéfini. L'auteur établit ici, relativement à la vente, des principes particuliers qui rentrent dans les principes généraux qu'il a pofés, en traitant des conventions, & que nous avons rapportés.

TITRE III.

De l'échange.

QUOIQUE l'ufage de l'échange ait naturellement précédé celui de la vente, qui n'a commencé que par l'invention de la monnoie publique, il a été de l'ordre d'expliquer les regles du contrat de vente avant que de parler de l'échange. On appelle ainfi une condition où les contractans fe donnent l'un à l'autre une chofe pour une autre, quelle qu'elle foit, hors l'argent monnoié, car alors, comme nous l'avons déjà dit, ce feroit une vente. Dans le contrat d'échange, la condition des contractans étant égale; en ce que l'un & l'autre donnent une chofe pour une autre, on ne peut y faire la diftinction d'un vendeur & d'un acheteur, non plus que d'un prix & d'une marchandife; mais l'un & l'autre tiennent lieu tout enfemble & de vendeur de la chofe qu'ils donnent, & d'acheteur de celles qu'ils prennent. Principe général; toutes les regles du contrat de vente ont lieu dans l'échange,

M 2

à la réferve de ce qui fe trouveroit n'être pas de la nature de ce contrat, comme ce qui regarde le payement du prix.

TITRE IV.

Du louage.

LE louage en général, & en y comprenant toutes les efpeces de baux, eft un contrat par lequel l'un donne à l'autre, la jouiffance ou l'ufage d'une chofe, ou de fon travail, pendant quelque temps pour un certain prix, qui peut être réglé en deniers, ou en une certaine quantité de denrée. Les engagemens que forment le contrat de louage, les baux à ferme, & les autres baux, paffent aux héritiers du bailleur & à ceux du preneur. Les engagemens d'un preneur, en général, font d'obferver ce qui eft prefcrit par la convention, par les Loix & par les coutumes : Il eft fur-tout obligé d'ufer de la chofe louée, en bon pere de famille, fans fouffrir qu'il fe faffe rien au préjudice du bailleur, à peine d'être tenu du dommage qu'il pourroit lui caufer. A moins que la chofe louée ne vint à être endommagée, fans qu'il y eut de fa faute. Si le propriétaire d'une maifon louée fe trouve en avoir befoin pour fon propre ufage, il peut obliger le locataire à la lui remettre dans le temps arbitré par le juge. Le locataire eft encore obligé de vider la maifon, fi le propriétaire veut y faire des réparations; & fi c'eft par néceffité, comme pour refaire ce qui menace ruine, le propriétaire ne fera tenu d'aucuns dommages & intérêts, mais feulement de décharger le locataire des loyers, ou de les lui rendre s'ils étoient payés.

Voyons maintenant, en général, quels font les engagemens du bailleur. Il eft tenu principalement de faire jouir librement le preneur, & de lui délivrer la chofe en état de fervir à l'ufage pour lequel elle eft louée. Si le bailleur vend une maifon ou un autre héritage, qu'il avoit loué, le bail eft rompu par ce changement de propriétaire; & l'acheteur peut difpofer de la chofe comme bon lui femble, à moins que le vendeur ne l'eût obligé à tenir le bail. Mais fi l'acheteur expulfe le preneur, le bailleur eft tenu des dommages & intérêts que cette interruption du bail aura pu caufer. Si le bailleur vient à léguer la maifon ou l'héritage loué, le légataire n'eft pas obligé de tenir le bail fait par le teftateur, car il devient ainfi que l'acheteur, nouveau propriétaire. Si celui qui loue une chofe pour quelque ufage, la donne telle, que par quelque défaut, il en arrive du dommage, par exemple, fi celui qui loue des vaiffeaux pour y mettre du vin, de l'huile, &c. en donne qui ne foient pas bien conditionnés, il fera tenu de la perte.

Les baux à ferme font les louages des fonds qui de leur nature produifent des fruits, foit par la culture, comme les terres, les vignes, ou fans culture, comme un bois taillis, un étang, un pâturage. Ce qui diftingue les baux à ferme de ces fortes d'héritages, de ceux des maisons & autres bâtimens qui ne produisent aucun fruit, & qui se donnent, non à ferme, mais à loyer, pour l'habitation, ou quelque autre usage. Si le temps du bail à ferme étant expiré, le bailleur laisse le preneur en jouissance, & que le premier continue d'exploiter la ferme, elle est renouvellée par ce consentement tacite qui s'appelle *réconduction*.

La réconduction qui renouvelle le bail, en renouvelle aussi toutes les conditions. Mais si, dans le premier bail, il y avoit eu des cautions, leur engagement finit avec le bail & n'est pas renouvellé par la réconduction. A moins qu'ils n'y ayent renouvellé leur consentement. Quant aux engagemens réciproques du fermier envers le propriétaire, & du propriétaire envers le fermier, voici quels font les principaux. Le fermier doit jouir en bon pere de famille du fonds qu'il tient à ferme, le conserver, & le cultiver ainsi qu'il est convenu par le bail, ou réglé par l'usage. Les fruits & revenus du fonds baillé à ferme font affectés pour le prix du bail, soit que le fermier demeure en jouissance, soit qu'il en subroge un autre. Si le fermier qui n'a qu'un bail d'une seule année & à prix d'argent ne recueille rien, par un cas fortuit, comme une gelée, un débordement, &c. ou même par le fait des hommes, comme si la récolte en temps de guerre, lui étoit enlevée par l'ennemi, il sera déchargé de payer le prix. Il n'en seroit pas de même si le fermier souffroit quelque perte peu considérable par la nature même du fonds, comme si les fruits, cette année, n'étoient pas d'une bonne qualité ou que quelque chose en ait diminué la quantité; car comme il devoit avoir le profit entier, quelque grand qu'il fût, il est juste qu'il souffre de légeres pertes. Le fermier ne peut quitter ni interrompre l'exploitation de la ferme, & s'il y manque, le propriétaire peut agir, pour le contraindre à exécuter ses engagemens.

Quant aux engagemens du propriétaire envers le fermier, si ce dernier a fait des réparations dispendieuses, dont il n'étoit tenu ni par son bail, ni par l'usage des lieux, le propriétaire sera obligé, ou de l'en rembourser, ou de les déduire sur le prix du bail. Si le propriétaire fournit au fermier quelques instrumens pour l'exploitation de la ferme, celui-ci doit en prendre le même soin que de la ferme même. Mais si ces choses font estimées par le bail à un certain prix; ce sera une vente, & elles seront propres au fermier.

Dans les baux à prix fait, & autres louages du travail des ouvriers, le bailleur est celui qui donne le travail à faire & le preneur est celui qui entreprend l'ouvrage. Le preneur est quelquefois seulement chargé d'un simple ouvrage, comme un graveur à qui on donne un cachet à graver, ou d'un simple travail, comme un voiturier, ou de fournir la matiere de l'ouvrage, avec son travail, comme un architecte qui fournit & son talent & les matériaux. Outre les engagemens qui font communs à tous les preneurs & dont nous avons indiqué les plus essentiels, ceux qui entreprennent quelque travail, ou quelque ouvrage, doivent de plus répondre des défauts causés par leur ignorance, car c'eſt leur faute s'ils ignorent leur profeſſion. Si ce qui eſt donné à un ouvrier pour y travailler, périt entre ſes mains, ſans qu'il y ait de ſa faute, mais par le défaut de la matiere même, comme ſi une améthyſte donnée à graver, vient à ſe briſer ſous la main du graveur, par quelque défaut de la matiere, il n'en ſera pas tenu, à moins, qu'il n'eut entrepris l'ouvrage à ſes périls. Quoique l'ouvrier doive répondre des défauts de l'ouvrage, ſi cependant le maître l'a lui-même conduit & réglé, il ne pourra s'en plaindre.

Celui qui donne un ouvrage à faire eſt obligé de fournir à l'entrepreneur ce qui eſt du marché; ſoit qu'il doive donner quelque matiere, nourrir l'ouvrier, ou faire quelque autre choſe. Il eſt évident qu'il doit auſſi payer le prix de l'ouvrage, après qu'il eſt fait & reçu, ou à meſure du travail, ou même par avance, ſelon qu'il aura été réglé par la convention; & au défaut du payement au terme, il doit les intérêts du prix depuis la demande. Si le bailleur diffère de recevoir l'ouvrage, ou s'il refuſe ſans juſte ſujet, & que la choſe périſſe après ſon retardement, il eſt juſte qu'il n'en ſoit pas moins forcé d'en payer le prix.

Des baux emphytéotiques.

L'EMPHYTÉOSE eſt un contrat par lequel le maître d'un héritage le donne à l'emphytéote pour en jouir & en diſpoſer à perpétuité, moyennant une certaine rente, en deniers, grains ou autres eſpeces. On voit que l'emphytéoſe eſt diſtinguée des baux à ferme, 1°. par la perpétuité, 2°. par la tranſlation d'une eſpece de propriété. La perpétuité de l'emphytéoſe fait qu'elle paſſe, non-ſeulement aux héritiers de l'emphytéote, mais à tous ceux qui en ont le droit, ſoit par donation, ſoit par vente, &c. C'eſt une ſuite de la nature de l'emphytéoſe, que l'emphytéote ne peut détériorer le fonds, ni même ôter les améliorations qu'il y avoit faites. C'eſt auſſi une ſuite de l'emphytéoſe, que faute de payement de la rente, l'emphytéote peut être expulſé; & ſi le cas arrive, il n'a pas le droit d'exiger le rembourſement des frais qu'il a faits pour améliorer l'héritage, car l'héritage ne lui avoit été donné qu'à condition de l'améliorer. Mais il eſt de la prudence du juge d'accorder un délai pour le payement de la rente à proportion des circonſtances.

TITRE V.

Du prêt à uſage & du précaire.

LE prêt à uſage eſt une convention par laquelle l'un donne à l'autre, une choſe, pour s'en ſervir à certain uſage, & pendant ſon beſoin, ſans payer aucun prix. Car s'il y avoit un prix, ce ſeroit un louage. On ne peut

prêter à ufage, les chofes qui fe confument, comme l'argent & les denrées, car les prêter pour les confumer, ce feroit un fimple prêt, qui eft
une convention d'une autre nature. C'eft à celui qui prête une chofe à régler de quelle maniere, & pendant quel temps, celui qui l'emprunte
pourra s'en fervir. Ce principe général nous difpenfe de rapporter ici les
regles particulieres que l'auteur établit fur le prêt à ufage. Il faut cependant
remarquer une différence effentielle entre le prêt à ufage & le précaire;
c'eft que le précaire finit à la mort de celui qui a prêté, & non le prêt
à ufage. Car le précaire ne dure qu'autant que veut celui qui a prêté, &
fa volonté ceffe par fa mort, au lieu que dans le prêt à ufage, celui qui
prête, a voulu laiffer la chofe pendant le temps de l'ufage accordé.

T I T R E VI.

Du prêt.

L E prêt eft une convention par laquelle l'un donne à l'autre une certaine quantité de ces fortes de chofes qui fe donnent au nombre, au poids
& à la mefure, comme font l'argent monnoyé, le bled, le vin, &c. à
condition que, comme on ceffe d'avoir ces chofes, quand on en ufe, celui qui les emprunte rendra, non la même chofe, mais autant de la même
efpece, & en pareille quantité. Dans le prêt il fe fait une aliénation de la
chofe prêtée, & celui qui l'emprunte en devient le propriétaire, car autrement il n'aura pas le droit de la confumer, ce qui arrive dans le prêt
à ufage. Ceux qui prêtent de l'argent aux fils de famille, fans une jufte
caufe, mais pour leurs débauches, ne peuvent répéter ce qu'ils ont prêté
de cette maniere. L'obligation des fils de famille ne fera pas même validée
par la mort du pere, car elle étoit vicieufe dans fon origine. Si cependant
le fils de famille eft émancipé, fon obligation fubfifte, fans qu'on entre en
connoiffance des motifs du prêt. Il en feroit de même fi le pere avoit ratifié l'obligation de fon fils.

T I T R E VII.

Du dépôt & du féqueftre.

L E dépôt eft une convention par laquelle une perfonne donne à une
autre quelque chofe en garde, & pour la lui rendre, quand il lui plaira
de la retirer. Le dépôt doit être gratuit, car autrement ce feroit un louage, où le dépofitaire loueroit fon nom. On peut dépofer des chofes qu'on
ne montre point au dépofitaire, comme fi on lui donnoit à garder une caffette cachetée où fermée à clef, & en ce cas il n'eft tenu que de rendre
la caffette dans le même état, fans répondre des chofes que celui qui dé-

pofe, pourroit prétendre y avoir mifes. Comme il eſt de la nature du dépôt, qu'il n'eſt pas fait pour l'intérêt du dépoſitaire, ainſi que le prêt à
uſage, mais pour le ſeul intérêt de celui qui dépoſe, il peut le retirer lorſque bon lui ſemble, quand même il y auroit un temps réglé pour le dépôt, pourvu que ce ne ſoit pas dans un contre-temps où le dépoſitaire ne
puiſſe le rendre, par quelque obſtacle qu'on ne pourroit point lui imputer.
Le dépoſitaire qui uſe de la choſe dépoſée, contre le gré du maître, commet une eſpece de larcin, & il ſera tenu de tous les dommages & intérêts qui en ſeront ſuivis; ſi le dépoſitaire ne veut plus garder la choſe dépoſée, le dépoſant ſera tenu de la reprendre. Si le dépoſitaire eſt une perſonne de peu de ſens, ou un homme négligent en ſes propres affaires, comme ſeroit un prodigue, ou un mineur ſans expérience, celui qui a dépoſé
entre les mains d'un pareil dépoſitaire ne doit s'en prendre qu'à lui, ſi le
dépôt périt, par quelque faute que cette perſonne n'ait pas été capable d'é-
viter. Si le dépôt étant demandé, le dépoſitaire reſte en demeure, ſon retardement le rendra reſponſable de tous les cas fortuits qui pourront arriver depuis la demande.

Le ſéqueſtre conventionnel eſt un tiers choiſi par deux ou pluſieurs perſonnes, pour garder en dépôt un meuble ou un immeuble dont la propriété
ou la poſſeſſion eſt conteſtée entre eux, & pour le rendre à celui qui en
ſera reconnu le maître. Ainſi chacun d'eux eſt conſidéré, comme dépoſant ſeul la choſe entiere : comme le ſéqueſtre d'un héritage doit le faire
cultiver, cette eſpece de dépôt n'eſt pas d'ordinaire gratuite, c'eſt pourquoi, outre ſes dépenſes, on lui donne un ſalaire pour ſon temps & ſa
peine, ce qui, comme on voit, le diſtingue du dépoſitaire qui doit l'être
gratuitement. Il eſt une eſpece de dépôt qu'on nomme néceſſaire; c'eſt celui des choſes qu'on ſauve d'un incendie, d'une ruine, d'un naufrage, &c.
Celui qui eſt chargé d'un dépôt néceſſaire eſt obligé à une fidélité encore
plus rigoureuſe que tout autre dépoſitaire, non-ſeulement par la commiſération que demande ce dépôt, mais par la néceſſité qui le met entre ſes
mains, ſans qu'on ait la liberté d'en choiſir un autre. Il eſt de l'intérêt public que ſon infidélité ſoit vengée par quelque peine, ſelon la prudence
du juge.

TITRE VIII.

De la ſociété.

LA ſociété eſt une convention entre deux ou pluſieurs perſonnes, par
laquelle ils mettent en commun, ou tous leurs biens, ou une partie, ou
quelque commerce, ou quelque ouvrage, pour partager tout ce qu'ils pourront avoir de gain, ou ſouffrir de perte de ce qu'ils auront mis en ſociété.
A moins qu'il ne ſoit ſpécifié dans le contrat des aſſociés, que l'un aura
plus de part au gain, qu'il ne ſouffrira de perte, & que l'autre, au contraire,

traire, portera une plus grande part de la perte, que celle qu'il pourra avoir au profit. On peut même, par convention, donner part au gain à l'un des affociés, & le décharger de toute perte.

Ce n'eft pas affez pour former une fociété que plufieurs perfonnes aient quelque chofe de commun entre eux, comme les cohéritiers d'une même fucceffion; cette maniere d'avoir quelque chofe de commun entre plufieurs, ne renfermant point le choix réciproque des perfonnes, ne les lie point en fociété. Le choix des perfonnes eft tellement effentiel, que les héritiers même des affociés ne fuccedent point à cette qualité. La fociété peut être contractée pour commencer d'abord, ou après un certain temps, & pour durer, ou jufqu'au temps dont on convient, ou pendant la vie des affociés, de forte que la mort de l'un n'interrompt point la fociété à l'égard des autres. Les fociétés font ou générales de tous les biens des affociés, ou particulieres de quelques biens. La fociété générale de tous les biens comprend tout ce qui peut appartenir, ou qui pourra être acquis aux affociés, par quelque caufe que ce puiffe être; par conféquent, les fucceffions, les legs, & toute autre forte d'acquifition y font compris, à moins qu'on ne les réferve.

Dans la fociété générale de tous les biens, chaque affocié doit rapporter non-feulement tout ce qui peut provenir de fon induftrie, mais s'il arrive qu'en fon particulier, il lui ait été fait quelque tort, quelque injure, il doit rapporter à la fociété le dédommagement qu'il en recevra. Que fi, au contraire, un des affociés eft condamné fur une accufation qu'il ait attirée, il portera feul toute la peine qu'il a méritée. A moins qu'il ne foit condamné injuftement, car alors l'injuftice doit tomber fur toute la fociété. Dans une fociété générale, chaque affocié ne peut difpofer que de fa portion. Ainfi les affociés de tous les biens qui ont des enfans, les entretiennent du fond commun, mais ils ne peuvent en doter leurs filles, car une dot eft un capital que l'affocié doit prendre fur fa portion, à moins que la convention ou quelque ufage ne le réglât autrement. Les dettes paffives s'acquittent du fonds commun, mais les deniers empruntés par un affocié, & qui n'ont point fervi à l'avantage de la fociété, font la dette propre de celui qui a emprunté. Regle générale, fi par quelque faute ou mauvaife voie, un affocié caufe du dommage à la fociété, il fera tenu de le réparer. Si un des affociés s'eft affocié quelqu'autre perfonne, il fera tenu du fait de cette perfonne, & répondra à la fociété de ce que ce tiers y aura caufé de perte, car c'eft fa faute d'avoir mal choifi, & à l'infçu des autres.

Si un affocié fouffre quelque perte particuliere en faifant l'affaire de la fociété, comme fi, dans un voyage, il avoit été volé, bleffé, lui ou fon domeftique, il en fera dédommagé fur le fonds de la fociété; comme la fociété fe forme par le confentement, elle fe réfoud auffi de même. Il eft libre aux affociés de rompre leur fociété, même avant la fin du temps

qu'elle devoit durer, fi tous y confentent. Il eft libre auffi à chaque affocié de renoncer à la fociété, lorfque bon lui femble; il peut y renoncer
fans le confentement des autres, même avant le terme où elle doit finir,
& quand il auroit été convenu qu'on ne pourroit interrompre la fociété,
pourvu toutefois que ce ne foit pas de mauvaife foi qu'on y renonce,
comme fi on quittoit pour acheter feul ce que la fociété vouloit acheter,
pourvu encore qu'on n'y renonce pas dans un temps qui cauferoit quelque dommage. L'affocié qui renonce à la fociété dans un contre-temps,
non-feulement ne fe dégage pas à l'égard des autres, mais il eft tenu des
dommages & intérêts que cette renonciation aura pu caufer. La renonciation même de bonne foi eft inutile à celui qui l'a faite, jufqu'à ce qu'elle
foit connue aux autres affociés, & fi dans l'entre-temps après la renonciation & avant qu'elle foit connue, celui qui renonce fait quelque profit, il
fera tenu de le rapporter; mais s'il fouffre quelque perte elle fera pour
lui. Et fi dans ce même-temps les autres font quelque gain, il n'y aura
point de part, & s'ils fouffient quelque perte il y contribuera. Quoique
généralement l'héritier entre dans tous les droits de celui à qui il fuccede,
cependant comme il n'eft pas affocié, il ne peut s'immifcer à exercer cette
qualité. Il eft, à l'égard des autres affociés, comme font ceux qui ont
enfemble quelque chofe de commun fans convention. Ce qui lui donne
le droit de prendre connoiffance de ce qui fe paffe dans la fociété, & de
s'en faire rendre compte pour la confervation de fon intérêt. L'héritier de
l'affocié a part aux profits qu'auroit eu celui à qui il fuccede, foit qu'ils
fuffent déjà acquis par les affaires qui étoient confommées, ou qu'ils duffent fuivre de celles qui reftoient, & il doit auffi porter fa portion des charges & des pertes de ces mêmes affaires.

T I T R E IX.

Des dots.

LA dot eft le bien que la femme apporte au mari pour en jouir, &
l'avoir toujours en fa puiffance pendant le mariage. Toute conftitution de
dot renferme la condition que le mariage foit accompli. Le fonds que le
mari acquiert des deniers dotaux n'eft pas dotal, il eft propre au mari. La
dot peut comprendre, ou tous les biens de la femme préfens & à venir,
ou feulement tous fes biens préfens, ou une partie, felon qu'il aura été
convenu. Si le mari tire du fonds dotal quelque profit qui tienne lieu de
revenu, il lui appartiendra, mais fi le profit n'eft pas de la nature des fruits
& des revenus, c'eft un capital qui augmente la dot. Le fonds dotal ne
peut être aliéné ni hypothéqué par le mari, non pas même quand la femme y confentiroit. La défenfe d'aliéner le fonds dotal, comprend celle de
l'affujettir à des fervitudes, ou de laiffer perdre celles qui y font dues, &
d'en empirer autrement la condition.

La fille qui fe marie doit être dotée par fon pere, s'il eft vivant. Lorf-qu'une fille mineure fe marie après la mort de fon pere, comme elle eft maîtreffe de fon bien, quoique fous la conduite d'un tuteur, c'eft elle-même qui fe conftitue fa dot fous cette autorité. La dot que le pere a conf-tituée de fon propre bien, s'appelle à fon égard, *dot profectice*. Cette dot retourne au pere, qui furvit à fa fille, fi elle meurt fans enfans. Toutes perfonnes, parens ou étrangers, peuvent conftituer une dot, mais ils n'ont pas le droit de réverfion, s'ils ne l'ont ftipulé; car c'eft une donation libre & irrévocable qu'ils ont voulu faire. Le mari qui reçoit des intérêts d'un débiteur de la dot, furfoyant par-là le principal qu'il pouvoit exiger, fera tenu de la dette, fi ce débiteur devenoit infolvable. Si le fonds dotal eft poffédé par une tierce perfonne, & que le mari laiffe écouler tout le temps de la prefcription, il en répondra.

Parmi les engagemens que contracte le mari, en recevant la dot de fa femme, le principal eft celui de la rendre, lorfque le cas arrive. Lorf-que le cas de la reftitution de la dot eft arrivé, elle doit être rendue, ou à la femme, fi elle a furvécu, ou à fes héritiers, ou à fon pere, s'il avoit fait la conftitution, ou autres perfonnes à qui la dot devra appar-tenir. La reftitution de la dot, eft diminuée par les dépenfes que le mari aura faites pour la confervation du bien dotal. Ces dépenfes font de trois fortes. Quelques-unes font néceffaires, d'autres font utiles quoique non néceffaires, & les troifiemes font de pur agrément. Pour les dépenfes né-ceffaires le mari peut retenir le fonds dotal, ou une partie felon leur valeur, & en demeurer en poffeffion jufqu'à leur rembourfement. Pour les dépenfes utiles, & non néceffaires, le mari doit en être pareillement rembourfé, quand même elles auroient été faites fans le confentement de la femme. Quant aux dépenfes qui fe font pour le plaifir, fans néceffité, fans utilité, elles ne fe recouvrent point, quand même la femme y auroit engagé fon mari. Si cependant ces dernieres dépenfes font de nature à pouvoir enlever les objets qui les ont occafionnés, fans qu'ils périffent, le mari, ou fes héritiers peuvent les enlever.

Nous ne devons point traiter de la dot des femmes, fans dire un mot des biens paraphernaux. On appelle ainfi les biens que la femme ne donne point en dot. La différence, entre la dot & les biens paraphernaux, con-fifte, en ce qu'au lieu que les revenus de la dot font au mari, les re-venus des biens paraphernaux font à la femme; elle peut difpofer & de ces revenus & du principal, même fans l'autorité de fon mari. Si les biens paraphernaux, du confentement de la femme, font remis en la puiffance du mari, il eft obligé d'en prendre le même foin, que de fes biens pro-pres, & il répondra des fautes contraires à ce foin. On ne doit pas met-tre au nombre des biens paraphernaux, les biens de la femme, s'il n'en paroît pas un jufte titre. Car tout bien dont le titre & l'origine ne fe voit pas, appartient au mari. La féparation de biens, entre le mari & la fem-

N 2

me, eſt une des principales cauſes de la reſtitution de la dot ; la femme
ſéparée de biens , n'acquiert , par la ſéparation , que le droit de jouir de ſes
biens , & les conſerver. Mais elle ne peut les aliéner que ſelon que les
Loix peuvent le permettre. Si , outre les biens dotaux , la femme avoit mis ,
en la puiſſance du mari , les biens paraphernaux , & qu'ils ne ſoient pas en
nature , elle pourroit , en vertu de ſa ſéparation , ſaiſir & faire vendre les
biens du mari pour recouvrer les ſiens , ſoit dotaux , ſoit paraphernaux.

TITRE X.

Des donations entre-vifs.

LA donation entre-vifs eſt un contrat qui ſe fait par un conſentement
réciproque , entre le donateur qui ſe dépouille de ce qu'il donne , pour le
tranſmettre gratuitement au donataire , & le donataire qui accepte & acquiert ce qui lui eſt donné. Si le donataire eſt incapable d'accepter ,
comme ſi c'eſt un enfant , il faut que l'acceptation ſoit faite par une perſonne qui puiſſe accepter pour lui , comme ſon pere , ſon tuteur , *&c.* Quoique la donation ſoit une libéralité , elle eſt irrévocable , comme les autres
conventions ; après que la donation eſt accomplie , il n'eſt plus au pouvoir
du donateur d'impoſer au donataire aucune condition , quand ce ſeroit
même le pere du donataire. En toutes donations , ſoit univerſelles de tous
biens , ou particulieres de certaines choſes , le donateur peut ſe réſerver l'u-
ſufruit des choſes qu'il donne. S'il y avoit de la mauvaiſe foi de la part
du donateur , comme s'il avoit donné une choſe qu'il ſavoit n'être pas à
lui , il ſeroit tenu des dommages & intérêts que le donataire pourroit ſouffrir. Le principal engagement du donataire , eſt de remplir les conditions
de la donation , quand il y en a ; & s'il y manque , la donation pourra
être révoquée , ſelon les circonſtances.

TITRE XI.

De l'uſufruit.

L'USUFRUIT eſt le droit de jouir d'une choſe , dont on n'eſt pas le propriétaire , la conſervant entiere , ſans la détériorer , ni la diminuer. On peut
jouir par uſufruit , non-ſeulement des immeubles , mais auſſi des meubles ,
comme d'une tapiſſerie , d'un troupeau , de bétail , *&c.* L'uſage eſt diſtingué de l'uſufruit , en ce qu'au lieu que l'uſufruit eſt le droit de jouir de
tous les fruits & revenus que peut produire le fonds qui y eſt ſujet , l'uſage
ne conſiſte qu'au droit de prendre ſur les fruits du fonds , la portion que
l'uſager peut en conſumer , ſelon ce qui eſt néceſſaire pour ſa perſonne ,
ou réglé par ſon titre , & le ſurplus appartient au maître du fonds. Si les

fruirs dont l'ufager a droit de prendre ce qui lui eft néceffaire pour fes befoins, font fi modiques dans le fonds dont il a l'ufage, qu'il n'y ait précifément que ce qu'il lui en faut, il aura le tout comme l'ufufruitier. Le droit d'ufage n'eft pas feulement pour une ou plufieurs années, mais il s'étend à la vie de l'ufager, fi le titre de ce droit ne le regle autrement. L'ufufruitier ainfi que l'ufager, contracte plufieurs engagemens envers le propriétaire. Nous ne ferons ici mention que des principaux. Le premier engagement de l'ufufruitier eft de fe charger des chofes dont il a l'ufufruit, foit meubles, foit immeubles, & d'en faire un inventaire & procès-verbal, en préfence des perfonnes intéreffées, pour marquer en quoi elles confiftent, & en quel état il les prend, afin de régler ce qu'il devra rendre après l'ufufruit fini, & en quel état il devra le rendre. Le fecond engagement de l'ufufruitier eft de donner les furetés néceffaires au propriétaire pour la reftitution des chofes données en ufufruit. Un autre engagement de l'ufufruitier eft d'acquitter les charges des chofes dont il a l'ufufruit, comme font les tailles, &c. L'ufufruitier eft auffi engagé à faire les dépenfes néceffaires pour tenir en bon état les chofes dont il a l'ufufruit. Tous les engagemens de l'ufufruitier, font communs à l'ufager à proportion de fon droit d'ufage. De fon côté, le propriétaire eft engagé à rembourfer l'ufufruitier, fi celui-ci a fait des dépenfes néceffaires, au delà de celles auxquelles il étoit tenu. L'ufufruit & l'ufage finiffent par la mort naturelle, & par la mort civile de la perfonne qui en avoit le droit, parce que ce droit étoit perfonnel.

T I T R E X I I.

Des fervitudes.

LA fervitude eft un droit qui affujettit un fonds, à quelque fervice, pour l'ufage d'un autre fonds qui appartient à un autre maître. Par exemple, le droit qu'a le propriétaire d'un héritage, de paffer par le fonds de fon voifin, pour aller au fien. Les fervitudes font de plufieurs fortes, felon les diverfes fortes de fonds, & felon les différens ufages, qui peuvent fe tirer d'un fonds pour le fervice d'un autre. Les fervitudes font toutes comprifes fous deux efpeces générales, l'une de celles qui font naturelles & d'une abfolue néceffité, comme la décharge de l'eau d'une fource, qui coule dans le fonds qui eft au-deffous. L'autre eft de celles que la nature ne rend pas abfolument néceffaires, mais que les hommes établiffent, pour une plus grande commodité, quoique le fonds fervant ne foit point naturellement affujetti à l'autre. Le droit & l'ufage d'une fervitude fe reglent par le titre qui l'établit, & elle a fes bornes & fon étendue felon qu'il en a été convenu. Le droit de fervitude peut s'acquérir fans titre, par la prefcription. Les fervitudes s'établiffent non-feulement par convention & par teftament, mais encore par autorité de juftice, fi ce font

des fervitudes naturellement néceffaires qui foient refufées. Le droit de fervitude comprend les acceffoires, fans lefquels on ne pourroit en ufer. On peut acquérir l'affranchiffement d'une fervitude, par prefcription, comme on en acquiert le droit. Les fervitudes étant attachées au fonds, elles ne peuvent paffer d'une perfonne à l'autre, fi le fonds n'y paffe. Les fervitudes des maifons & autres bâtimens, font de plufieurs fortes, felon les befoins, comme les décharges d'eaux, les jours, les vues, un droit d'appuyer, un paffage & autres femblables. Les fervitudes des héritages de la campagne comme prés, terres, vignes, &c. font auffi de plufieurs fortes, felon le befoin. Le propriétaire du fonds affervi eft obligé de fouffrir l'ufage de la fervitude, & de ne rien faire qui puiffe en ôter l'ufage, ou le diminuer, ou le rendre incommode. De fon côté le propriétaire du fonds pour lequel il eft dû une fervitude, ne peut en ufer que fuivant fon titre, fans rien innover, ni dans le fonds affervi, ni dans le fien propre, qui empire la condition de la fervitude. La fervitude ceffe lorfque les chofes fe trouvent en tel état qu'on ne peut en ufer ; comme fi le fonds affervi vient à périr. Les fervitudes finiffent auffi, lorfque le maître du fonds affervi, ou celui du fonds pour lequel la fervitude étoit établie, devient le propriétaire de l'un & de l'autre. Car la fervitude eft un droit fur le fonds d'autrui, & le droit d'un maître fur fon propre bien ne s'appelle pas une fervitude. Si l'héritage affervi eft décrété, la fervitude ne laiffe pas de fe conferver, car il eft vendu comme il fe comporte, & elle fe conferve à plus forte raifon, fi c'eft le fonds pour lequel elle eft due, qui foit décrété.

TITRE XIII.

Des tranfactions.

LA tranfaction eft une convention entre deux ou plufieurs perfonnes, qui pour prévenir, ou terminer un procès, réglent leur différent de gré à gré, de la maniere dont ils conviennent, & que chacun d'eux préfere à l'efpérance de gagner, jointe au péril de perdre. Les tranfactions ont une force pareille à l'autorité des chofes jugées, parce qu'elles tiennent lieu d'un jugement d'autant plus ferme, que les parties y ont confenti, & que l'engagement qui délivre d'un procès eft toujours favorable. Les tranfactions, où l'un des contractans fe trouve engagé par le dol de l'autre, n'ont aucun effet. Si celui qui avoit un droit acquis par un teftament qu'il ignoroit, déroge à ce droit par une tranfaction avec l'héritier, cette tranfaction fera fans effet, lorfque le teftament viendra à paroître. Si après un procès jugé à l'infçu des parties, elles en tranfigent, la tranfaction fubfiftera, fi on pouvoit appeller, car le procès pouvant encore durer, l'événement étoit incertain.

TITRE XIV.

Des compromis.

LE compromis eft une convention par laquelle les perfonnes qui ont un procès, ou un différend, nomment des arbitres pour le terminer, & s'obligent réciproquement, ou à exécuter ce qui fera arbitré, ou à une certaine peine, d'une fomme, que celui qui contreviendra à la fentence arbitrale, fera tenu de payer à l'autre qui voudra s'y tenir. Le compromis & le pouvoir qu'il donnoit aux arbitres, finit lorfque le temps qu'il donnoit eft expiré, quoique la fentence n'ait pas été rendue. On ne peut pas compromettre des caufes qui regardent l'état des perfonnes ; comme s'il s'agiffoit de favoir, fi un homme eft légitime, ou s'il eft bâtard, s'il eft religieux profès, ou s'il ne l'eft point, s'il eft gentilhomme, ou roturier, &c.

TITRE XV.

Des procurations, mandemens & commiffions.

LA procuration eft un acte par lequel celui qui ne peut vaquer lui-même à fes affaires, donne pouvoir à un autre de le faire pour lui, comme s'il étoit lui-même préfent. On peut donner pouvoir de traiter, agir, ou faire autre chofe, non-feulement par une procuration en forme, mais par une fimple lettre, ou par une tierce perfonne qui faffe favoir l'ordre & le pouvoir qu'on donne. Celui qui a donné une procuration, une commiffion ou un autre ordre à un abfent, commence d'être engagé envers lui, dès le moment que celui à qui il a donné l'ordre, commence à l'exécuter, & fon premier engagement eft de ratifier ce qui aura été fait felon le pouvoir qu'il avoit donné. Comme le procureur conftitué peut ne pas accepter le pouvoir qui lui eft donné, il eft obligé, s'il l'a accepté, de l'exécuter, & s'il y manque il fera tenu des dommages & intérêts, qu'il aura caufés pour n'avoir point agi. Si cependant le procureur conftitué a manqué d'exécuter l'ordre qu'il avoit accepté, les chofes étant en tel état, qu'il n'en arrive aucun préjudice à celui qui l'avoit conftitué, la fimple inexécution de l'ordre ne l'engage à rien. Le pouvoir & la charge du procureur conftitué finiffent par le changement de la volonté de celui qui l'avoit choifi. Celui qui ayant conftitué un procureur, en conftitue un autre pour la même affaire, révoque par là le pouvoir qu'il avoit donné au premier. Mais fi le premier avoit déjà exécuté l'ordre, avant que la révocation lui fût connue, celui qui l'avoit conftitué ne pourra le défavouer. Les procurations finiffent auffi par la mort, foit de celui qui avoit donné l'ordre ou de celui qui s'en étoit chargé. Cette regle fouffre cependant quelques exceptions trop longues pour être ici placées.

L O I.

TITRE XVI.

Des personnes qui exercent quelques commerces publics, de leurs commis,
& des lettres de change.

LES conventions dont on a parlé jusqu'à présent, sont précédées d'une liberté réciproque qu'ont les contractans de traiter l'un avec l'autre. Nous en avons excepté le dépôt nécessaire. Mais il y a des conventions où l'on n'a pas le choix des personnes, ni la liberté de s'abstenir de l'engagement. Ainsi ceux qui sont en voyage, sont obligés de confier leurs hardes & leurs équipages dans les hôtelleries; ce qui fait un engagement entr'eux & les hôtelliers. Ainsi ceux qui ont à faire quelque voyage par des routes où il y a des voitures publiques sur terre ou sur mer, & qui n'ont pas d'équipages à eux pour voyager, sont obligés de se servir de ces voitures publiques, & pour leurs personnes & pour leurs marchandises, ce qui forme un engagement réciproque entr'eux & ceux qui font ces voitures. Il y a encore des commerces d'autre nature, qui ont ce rapport avec ceux dont on vient de parler, que ceux qui exercent ces commerces contractent & par eux-mêmes & par leurs commis des engagemens dont la sureté intéresse le public, comme sont les commerces de banque & de change. Quant aux engagemens de l'hôtellier, il est tenu du fait des personnes de sa famille & de celui de ses domestiques, selon leurs fonctions. L'engagement de l'hôtellier, pour le fait de ses domestiques, est borné à ce qui se passe dans son hôtellerie, & si quelqu'un de ses domestiques dérobe en quelque autre lieu, il n'en est point tenu. Le premier de ses engagemens envers les voyageurs, est de faire garder, avec soin, toutes les choses déposées dans l'hôtellerie, soit en sa présence, soit dans son absence : il en est de même du maître d'un vaisseau ou d'une voiture publique. Quant aux banquiers, lorsqu'ils reçoivent de l'argent à condition de faire délivrer la même somme dans un certain temps & dans un certain lieu, ils sont obligés de l'acquitter au jour & au lieu, & s'ils y manquent, ils sont tenus des dommages & intérêts de celui qui avoit donné l'argent à cette condition.

TITRE XVII.

Des proxenetes ou entremeteurs.

ON peut ajouter à toutes les différentes especes de convention, une matiere qui est comme accessoire. C'est l'usage des entremetteurs qui font profession d'assortir ceux qui, selon leur besoin, cherchent l'un à vendre, l'autre à acheter, ou échanger, ou louer ou faire des affaires de toute nature. L'engagement d'un entremetteur est semblable à celui d'un procureur constitué, d'un commis, &c. avec cette différence, que l'entremetteur étant

employé

employé par des perfonnes qui ménagent des intérêts oppofés, il eft comme
commis de l'un & de l'autre, pour négocier l'affaire dont il s'entremet:
ainfi fon engagement eft double. Les entremetteurs ne font pas refponfa-
bles des événemens des affaires dont ils s'entremettent, fi ce n'eft qu'il y
eût du dol de leur part. Comme ceux qui emploient des entremetteurs
leur donnent leurs ordres, ils font obligés de ratifier ce qui fe trouve fait,
en vertu du pouvoir qu'ils avoient donné, de même que ceux qui conftituent des procureurs.

TITRE XVIII.

Des vices des conventions.

ON appelle vices des conventions, ce qui bleffe leur nature & leurs caractere effentiels; comme, 1°. l'ignorance de fait; elle confifte à ne pas
favoir une chofe qui eft, par exemple fi un héritier inftitué, ignore le
teftament qui le fait héritier. 2°. L'ignorance de droit. Elle confifte à ne
pas favoir ce que la loi ordonne, comme fi un donataire ignore qu'il
faut infinuer la donation. Remarquez que l'ignorance de droit ne doit s'é-
tendre que fur le droit pofitif, & non fur le droit naturel que perfonne ne peut
ignorer. 3°. La force. On appelle ainfi toute impreffion illicite qui porte
une perfonne contre fon gré, par la crainte de quelque mal confidérable,
à donner un confentement qu'elle ne donneroit pas, fi fa liberté étoit dé-
gagée de cette impreffion. Il eft évident que toute convention, où l'un
des contractans n'a confenti que par force, eft nulle, & celui qui a exercé
la force en fera puni felon la qualité du fait. 4°. Le dol & le ftellionat.
On appelle dol, toute furprife, fraude, fineffe, feintife & toute autre mauvaife voie pour tromper quelqu'un. On diftingue le ftellionat du dol en
général. On donne particuliérement ce nom à cette efpece de crime que
commet celui qui, ayant engagé une chofe à une perfonne, la vend enfuite à une autre, lui diffimulant cet engagement. 5°. Les conventions illicites. Ce font celles qui bleffent les loix, & en cela elles ne font pas feulement nulles, elles font encore puniffables.

LIVRE SECOND.

Des engagemens qui fe forment fans convention.

PARMI tous les engagemens qui fe forment fans convention, le plus
important eft celui des tuteurs. Il fait auffi une ample matiere des Loix
civiles, ce qui a obligé d'en faire le premier titre de ce fecond livre.
On expliquera enfuite les autres dans leur ordre.

Tome XXIV. O

LOI.

TITRE PREMIER.

Des tuteurs.

LE tuteur est celui à qui on commet le soin de la personne & des bien du mineur. Le mineur est celui qui n'a pas encore 25 ans accomplis. L tuteur étant nommé pour tenir lieu de pere au mineur, cette charge ren ferme deux obligations générales. L'une pour la conduite & l'éducation d la personne du mineur, l'autre pour l'administration de ses biens. Celui qu a été nommé tuteur & qui n'a point d'excuse valable est obligé d'accep ter la tutelle & de l'exercer. La nomination des tuteurs peut se faire e deux manieres, pour ce qui regarde la sureté des biens du mineur. L'une lorsque les nominateurs se rendent certains de la solvabilité des tuteurs sans les obliger de donner caution ; l'autre, lorsque les tuteurs ne son reçus qu'en donnant cette sureté. Ceux qui se rendent caution des tuteurs sont tenus de tout ce que les tuteurs pourront devoir à cause de leur ad ministration. Comme les tuteurs sont engagés à tout ce qui regarde l'ad ministration des biens du mineur, les mineurs sont aussi réciproquemen engagés d'approuver après leur majorité, tout ce que les tuteurs ont gér raisonnablement & de bonne foi. S'il y a deux ou plusieurs mineurs sou une seule tutelle, elle finit pour chacun à sa majorité, & celui qui e devenu majeur, peut obliger le tuteur à lui rendre compte, quoique la tu telle dure encore à l'égard des autres. L'incapacité exclut de la tutelle, ceu même qui voudroient l'accepter ; & les moyens d'excuses en dispensen ceux qui pourroient être tuteurs, s'ils y consentoient.

TITRE II.

Des curateurs.

LES insensés étant incapables de la conduite de leurs personnes & d leurs biens, quoiqu'ils soient majeurs, on leur nomme des curateurs qu en prennent soin. Il y a plusieurs sortes de curateurs, mais de quelque sort qu'ils soient, ils sont tenus, comme les tuteurs, de prêter serment, & d faire un inventaire des biens dont ils sont chargés, & de prendre le mêm soin de ce qui dépend de leur administration, que les tuteurs doivent pou la leur. Ce principe général nous dispense d'exposer ici les regles parti culieres qui concernent la tutelle. Les curateurs qui sont établis pour les personnes & pour les biens, ont leur action, contre les personnes même dont ils ont été curateurs, si elles deviennent capables d'ouir leur compte Les curateurs dont l'administration n'a rapport qu'aux biens, ont leur action contre les personnes intéressées à ces biens, comme contre les héritiers.

TITRE III.

Des syndics & autres administrateurs des communautés.

CEUX qui ont la permission de former un corps ou une communauté, ont aussi leurs droits, leurs biens, & leurs affaires, & ne pouvant vaquer tous ensemble à tout ce qui regarde leur communauté, ils peuvent y préposer des personnes qui en prennent le soin, & qu'on appelle *syndics*. Les communautés qui ont nommé des syndics, sont tenues de ratifier tout ce qu'ils ont bien géré, selon leur pouvoir. L'engagement d'une communauté ne se divise pas entre les personnes qui la composent, de sorte que ce soit l'engagement de chacun en particulier. C'est le corps entier qui est engagé par le fait de celui qu'elle a préposé.

TITRE IV.

De ceux qui font les affaires des autres à leur insçu.

LES Loix civiles n'obligent personne à prendre le soin des affaires des autres, mais celui qui s'y engage volontairement n'est plus libre de les abandonner. Il sera tenu de continuer ce qu'il a commencé. De son côté, celui de qui un autre fait quelque affaire à son insçu, est obligé envers lui des suites que demande ce qu'il a géré. On s'appercevra sans doute que les bornes qu'on s'est prescrites nous forcent à ne rapporter, dans la suite de cette analyse, que les principes généraux, de chaque titre.

TITRE V.

De ceux qui se trouvent avoir quelque chose de commun ensemble sans convention.

UNE chose peut être commune à plusieurs personnes sans qu'il y ait entr'eux aucune convention. Par exemple, deux donataires d'une même chose, l'ont commune entr'eux, sans societé & sans aucune convention. Leurs engagemens sont, en général, de la partager quand l'un d'eux le voudra, de se faire justice entr'eux des gains & des pertes, de compter de leurs jouissances & de leurs dépenses, de répondre chacun de son propre fait & du dommage qu'il peut avoir causé dans la chose commune.

LOI.

TITRE VI.

De ceux qui ont des héritages joignans.

L'USAGE des bornes eſt principalement pour les héritages de la campagne, où il n'y a point de bâtimens qui en regle l'étendue ; mais les bâtimens ou les lieux clos de murailles, ſoit dans les villes, ſoit à la campagne, ont leurs confins. Obſervez que les emphytéotes, les uſufruitiers, les engagiſtes, peuvent, de même que les propriétaires, exercer l'action pour régler les bornes, avec les poſſeſſeurs des héritages voiſins. Si le poſſeſſeur d'un héritage uſurpe ſur ſon voiſin, au-delà des confins, il ſera tenu des dommages & intérêts pour ſon entrepriſe. Le titre 7me. ne contenant que des choſes de premiere évidence, paſſons à un autre plus intéreſſant.

TITRE VII.

Des dommages cauſés par des fautes qui ne vont pas à un crime.

ON peut diſtinguer trois ſortes de fautes dont il peut arriver quelque dommage. Celles qui vont à un crime, ou à un délit. Celles des perſonnes qui manquent aux engagemens des conventions, & celles qui n'ont point de rapport aux conventions & qui ne vont pas à un crime, ni à un délit. De ces trois ſortes de fautes, il n'y a que la derniere qui ſoit la matiere de ce titre. Par exemple, celui qui habite une maiſon eſt tenu du dommage que peut cauſer ce qui eſt jeté de cette maiſon, ſoit de jour, ſoit de nuit. Outre le dédommagement du mal qu'aura pu cauſer ce qui aura été jeté, celui qui tient la maiſon, ſera condamné à l'amende que la police aura réglée. Si quelque bétail gardé, ou échappé, a pacagé dans un lieu où le maître du bétail n'en avoit pas le droit, ou en un temps auquel le pacage n'étoit pas permis, il ſera tenu du dommage que ſon bétail aura cauſé. En général, ceux qui ont des animaux qui peuvent nuire, répondent des dommages arrivés faute d'une bonne garde. Si un bâtiment eſt en péril de ruine, le propriétaire du bâtiment voiſin, qui voit le ſien en danger d'être endommagé, par la chûte de l'autre, peut ſommer celui qui en eſt le propriétaire de le démolir, ou de le réparer. Regle générale. Toutes les pertes qui peuvent arriver par le fait d'une perſonne, ſoit imprudence, ou ignorance de ce qu'on doit ſavoir, doivent être réparées par celui qui y a donné lieu. Par exemple, les incendies n'arrivent preſque jamais, que par quelques fautes, au moins de négligence ; auſſi ceux de qui la faute, ſi légere qu'elle puiſſe être, cauſe un incendie, en ſeront tenus.

TITRE VIII.

Des engagemens qui se forment par des cas fortuits.

UN exemple éclaircira ce qu'on entend par cette espece d'engagement. Celui qui trouve une chose perdue, doit la rendre à son maître, s'il sait à qui elle est. Et s'il la retient, sans dessein de la rendre, il commet un larcin. Si un cas fortuit fait un changement de l'état de quelques lieux qui nuise à quelqu'un, & qu'il soit juste de remettre les choses au premier état, cet événement oblige ceux chez qui le travail devra être fait, d'en laisser la liberté à celui qui souffre le dommage, ou de le faire eux-mêmes, ou d'y contribuer. Nous avons dit que celui qui trouve une chose perdue est obligé de la rendre à son maître; ajoutons que celui à qui on rend la chose perdue, est obligé de sa part de rendre les dépenses employées, ou pour la conserver, ou pour la lui remettre.

TITRE IX.

De ce qui se fait en fraude des créanciers.

QUOIQUE les fraudes au préjudice des créanciers se fassent souvent par des conventions, entre les débiteurs & ceux qui sont d'intelligence avec eux, les engagemens qui naissent de ces fraudes, & qui obligent envers les créanciers ceux qui y participent, ne laissent pas d'être du nombre des engagemens qui se forment sans convention, car il ne s'en passe aucune entr'eux & le créancier. C'est un principe général dont il sera facile de faire l'application au cas particulier, que tout ce que font les débiteurs pour frustrer leurs créanciers, est révoqué; celui qui aura seulement participé à une fraude faite à des créanciers, sera tenu de rendre tout ce qu'il aura reçu par cette voie inique.

LIVRE TROISIEME.

TITRE PREMIER.

Des gages, hypotheques, & privileges des créanciers.

LE mot d'hypotheque signifie d'ordinaire la même chose que le mot de gage, c'est-à-dire, l'affectation de la chose donnée pour sureté de son engagement. Cependant le mot gage se dit plus proprement des choses mobiliaires, & le mot d'hypotheque signifie proprement le droit acquis au créancier sur les immeubles qui lui sont affectés par le débiteur. Il y a deux premieres efpeces d'hypotheque; l'une générale, qui affecte tous les biens du débiteur, l'autre fpéciale qui n'en affecte que la partie fpécifiée. Cette derniere fe fubdivife encore en deux fortes d'hypotheque, l'une où le créancier eft mis en poffeffion, l'autre, où la chofe demeure en la puiffance du débiteur. On peut auffi regarder l'hypotheque fous un autre point de vue, favoir comme fimple & comme privilégiée. La premiere eft celle qui ne fait qu'une affectation de la chofe hypothéquée, fans aucune différence, entre plufieurs créanciers, à qui la même chofe peut être engagée en divers temps, qu'en ce que le premier en date fera préféré aux autres qui n'auront aucun privilege, la feconde eft celle qui donne une préférence fans égard au temps. L'ufage de l'hypotheque étant de donner au créancier la fureté de fon payement, le premier effet de l'hypotheque, eft le droit de faire vendre le gage, foit que le créancier ait été mis en poffeffion, ou qu'il foit demeuré en celle du débiteur.

Le créancier qui n'eft pas en poffeffion de fon gage, ne contracte aucun engagement envers fon débiteur; mais s'il le poffede, fon premier engagement eft de répondre des pertes caufées par fon fait. Il faut diftinguer trois fortes de créanciers. Ceux qui n'ont ni hypotheque ni privilege, comme eft celui qui n'a qu'une fimple promeffe à caufe de prêt. Ceux qui ont hypotheque fans privilege, comme eft celui qui a une obligation à caufe de prêt pardevant notaire, & ceux dont la créance a quelque privilege qui diftingue leur condition de celle des autres créanciers. Le privilege d'un créancier eft donc le droit diftingué que lui donne la qualité de fa créance, qui le fait préférer aux autres créanciers, & même aux hypothéquaires, quoiqu'antérieurs. On peut fubroger à l'hypotheque. La fubrogation dont on parle ici, n'eft que le changement qui met une autre perfonne au lieu du créancier, & qui fait que le droit, l'hypotheque & le privilege qu'un créancier pouvoit avoir, paffe à la perfonne qui lui eft fubrogée, c'eft-à-dire, qui entre dans fon droit. L'hypotheque n'étant qu'un acceffoire de la dette, le payement qui anéantit la dette, éteint l'hypotheque : mais il faut qu'il foit entier de tout ce qui eft dû en principal, intérêts & frais.

TITRE II.

De la féparation des biens du défunt & de ceux de l'héritier entre leurs créanciers.

LORSQUE les créanciers d'un défunt craignent que l'héritier ne foit point folvable, ils peuvent faire féparer les biens de la fucceffion de ceux de l'héritier, pour s'affurer les biens du défunt leur débiteur, contre les créanciers de l'héritier. La féparation peut être demandée contre toutes perfonnes privilégiées, même contre le fifc. Si la féparation étant demandée, il s'y trouve des difficultés, comme fi la confufion des biens en rendoit la

distinction incertaine, ou que par d'autres circonstances, il y eut du doute
si la séparation doit avoir lieu ou non, il dépendra du juge d'en ordonner
par sa prudence selon l'état des choses.

TITRE III.

De la solidité entre plusieurs débiteurs & plusieurs créanciers.

LA solidité entre les débiteurs est l'engagement qui oblige chacun d'eux
envers le créancier pour la totalité de la dette. L'obligation de plusieurs
débiteurs qui promettent une même chose, n'est cependant pas solidaire,
si on ne l'exprime. La solidité entre plusieurs créanciers n'a pas cet effet,
que chacun d'eux puisse se rendre propre la dette entière, & en priver les
autres, mais elle consiste seulement en ce que chacun a droit de demander & de recevoir le tout, & le débiteur demeure quitte envers tous, en
payant à un seul.

TITRE IV.

Des cautions & fideijusseurs.

LES cautions ou fideijusseurs, sont ceux qui s'obligent pour d'autres personnes, & qui répondent en leurs noms de la sureté de quelque engagement, comme d'un prêt, d'une garantie, &c. L'obligation du fideijusseur
peut être moindre que celle du principal obligé. Ainsi, il peut ne s'obliger que pour une partie de la dette, il peut ne s'obliger que sous certaines conditions; quoique la dette soit pure & simple, il peut prendre un
temps plus long que celui de l'obligation principale; enfin, il peut adoucir sa condition de toutes les manieres dont il aura été convenu. On peut
se rendre caution, sans l'ordre de celui pour qui l'on s'oblige & même à
son insçu. Car de la part du créancier, il est juste qu'il puisse prendre ses
suretés indépendamment de la volonté de son débiteur. L'obligation du fideijusseur n'étant qu'accessoire à celle du principal obligé, elle ne peut avoir
son effet qu'au cas que le débiteur ne puisse pas payer. Cependant ceux
qui se sont rendus cautions judiciaires, peuvent être contraints, sans discussion du principal débiteur, non-seulement parce qu'ils s'obligent envers
la justice, dont l'autorité le demande ainsi, mais à cause de la nature des
dettes, où cette sureté peut se trouver nécessaire. Le principal obligé est
tenu d'indemniser son fideijusseur, soit en le faisant décharger de l'obligation, ou acquittant la dette. Si le principal obligé ne satisfaisant point le
créancier, il se fait des poursuites contre le fideijusseur, & qu'il soit obligé
d'acquitter la dette, il recouvrera contre le débiteur, & le principal & les
intérêts qu'il aura payés au créancier, & aussi les intérêts de ce principal
& de ces intérêts. Si un des fideijusseurs acquitte la dette, il n'aura son

recours que contre le débiteur, mais non contre les autres fidéjuffeurs, car il n'acquitte que fon engagement & le payement qu'il fait, fans fe fervir du bénéfice de divifion contre les autres fidéjuffeurs ; éteignant l'obligation principale, celle des autres qui n'en étoit qu'un acceffoire, ne fubfifte plus. Si dans l'obligation principale il y a quelque vice effentiel qui l'anéantiffe, comme fi elle eft contraire aux Loix, l'obligation du fidéjuffeur eft auffi anéantie. Car on ne peut prendre de fureté pour faire valoir des engagemens vicieux par eux-mêmes. Si une premiere obligation étant expirée, le débiteur l'a renouvellée par une feconde, celui qui étoit caution de la premiere, ne le fera point de la feconde, s'il ne s'y oblige de nouveau.

TITRE V.

Des intérêts & restitutions de fruits.

ON appelle intérêts, le dédommagement que la Loi ordonne que les créanciers de fommes d'argent recevront des débiteurs qui font en demeure de payer ce qu'ils doivent. L'intérêt que doivent les débiteurs faute de payement, eft réglé à un certain pied de tant pour livre, & cet intérêt fe prend fur ce pied, depuis qu'il commence d'être dû, jufqu'au payement. On appelle *dommages & intérêts*, le défintéreffement ou le dédommagement que doivent ceux qui font tenus de quelque dommage. Toutes les regles de la matiere des dommages & intérêts regardent, ou la queftion de favoir s'il en eft dû, ou celle de favoir en quoi ils confiftent. La queftion de favoir s'il eft dû des dommages & intérêts eft toujours une queftion de droit qui dépend de favoir fi celui à qui on les impute, doit en être tenu. Cette premiere queftion étant décidée, c'en eft une feconde de favoir en quoi confiftent les dommages & intérêts, & enfin c'en eft une troifieme de favoir à combien il faut les eftimer, ce qui ne doit être regardé que comme une queftion de fait. L'auteur donne fur ces trois queftions les éclairciffemens les plus fatisfaifans. On pourra les confulter au befoin. Difons, avant de finir ce titre, un mot de la reftitution des fruits. C'eft ainfi qu'on appelle une efpece de dédommagement que doit celui qui a indûment joui du revenu d'un autre. Car cette reftitution répare la perte que cette jouiffance a caufée à celui qui devoit jouir. Il ne faut pas borner le mot de fruits au fens ordinaire des fruits que la terre produit. Ce mot fignifie ici toutes les différentes fortes de revenus de quelque nature qu'ils puiffent être. Quelque nombre d'années que la jouiffance dont la reftitution doit être faite, puiffe avoir duré, quand même ce feroit contre un poffeffeur de mauvaife foi, il n'eft dû que la fimple eftimation de cette jouiffance, fans aucun intérêt de la valeur des fruits de chaque année, mais s'il y a une demande de cet intérêt, il fera dû depuis la demande. Car la valeur de fes fruits qui font un bien effectif, tient lieu de capital.

TITRE

TITRE VI.

Des preuves & préfomptions, & du ferment.

ON appelle preuves en juftice, les manieres réglées par les Loix pour découvrir & pour établir avec certitude la vérité d'un fait contefté. Ces preuves font de plufieurs efpeces. Les premieres font les *preuves par écrit*. C'eft ainfi qu'on appelle celles qu'on tire de quelque acte écrit, comme d'un contrat, d'un teftament, &c. Les preuves par écrit ayant leur fermeté, par un témoignage que les perfonnes qui font les actes, rendent contre eux-mêmes, & un témoignage qui eft immuable, il ne peut y avoir de meilleure preuve de ce qui s'eft paffé entr'eux, que ce qu'ils ont eux-mêmes exprimé. Les fecondes font celles qu'on nomme *preuves par té-moins*. Les témoins font des perfonnes qu'on a fait appeller en juftice, pour déclarer ce qu'ils favent de la vérité des faits conteftés entre les par-ties. L'ufage des témoignages eft infini, & ne peut par conféquent être détaillé dans un ouvrage de la nature de celui-ci. Principe général. S'il arrive qu'un témoin puiffe être convaincu d'avoir porté un faux témoignage, il en fera puni, felon la qualité des circonftances.

Les préfomptions, font des conféquences qu'on tire d'un fait connu, pour fervir à faire connoître la vérité d'un fait incertain. Les préfomp-tions font de deux efpeces. Quelques-unes font fi fortes, qu'elles vont à la certitude, & tiennent lieu de preuves, même dans les crimes. D'au-tres ne font que des conjectures qui laiffent dans le doute. En général, la certitude ou l'incertitude des préfomptions, & l'effet qu'elles peuvent avoir pour fervir de preuves, dépendent de la certitude ou de l'incertitude des faits dont on tire les préfomptions, & de la juftefse des conféquences qu'on tire de ces faits, pour la preuve de ceux dont il s'agit. Quant au ferment, c'eft un acte de religion, où celui qui jure, prend Dieu pour témoin de fa fidélité, en ce qu'il promet, ou pour juge & vengeur de fon infidé-lité, s'il vient à y manquer. Comme on ne vient à faire une partie, en fa propre caufe, qu'au défaut de preuves, perfonne n'eft reçu à jurer, fi le ferment ne lui eft déféré par le juge, qui doit connoître fi les preuves font fuffifantes, ou s'il eft néceffaire d'en venir au ferment. Il faut obfer-ver que le ferment ne peut jamais avoir lieu que dans les matieres civi-les. Car dans les crimes, il ne peut être déféré, ni par l'accufateur à l'accufé, ni par l'accufé à l'accufateur, ni par le juge à aucun des deux.

TITRE VII.

De la poffeffion & des prefcriptions.

LA poffeffion eft la détention d'une chofe que celui qui en eft maitre, ou qui a fujet de croire qu'il l'eft, tient en fa puiffance, ou en celle d'un autre par qui il poffede. Comme la poffeffion eft naturellement liée au droit de propriété, quiconque a acquis la propriété d'une chofe, en acquiert en même temps la poffeffion, ou eft en droit de l'acquérir, & de la recouvrer s'il l'avoit perdue. Ainfi il y a autant de diverfes caufes de pofféder, qu'il y a de différents titres de propriété. C'eft encore ici une des occafions, où nous regrettons de ne pouvoir entrer dans des détails que la forme de cette analyfe exclut néceffairement.

Paffons à la prefcription. C'eft une maniere d'acquérir & de perdre le droit de propriété d'une chofe, & tout autre droit par l'effet du temps. Comme les prefcriptions ont été établies pour le bien public, afin que la propriété des chofes ne foit point toujours dans l'incertitude, on peut mettre au rang des principes généraux, que celui qui a acquis la prefcription, n'a plus befoin d'aucun autre titre. Comme la prefcription s'acquiert par la poffeffion, & qu'on peut poffédez par d'autres perfonnes, on peut prefcrire, non-feulement par foi-même, en poffédant en perfonne, mais auffi en poffédant par d'autres; comme par un fermier, un locataire, un tuteur, un dépofitaire, &c. L'effet de la prefcription, ceffe dans le cas où les Loix la rendent inutile. Ce qui arrive, ou par la nature de la chofe, ou par la qualité de celui contre lequel on allegue la prefcription, ou par quelque vice de la poffeffion. Voyez ces différens articles difcutés dans l'ouvrage de M. Domat.

LIVRE QUATRIEME.

COMME les matieres du livre précédent où l'on a traité de ce qui peut ajouter aux engagemens, ou les diminuer, font communes à toutes fortes d'engagemens, foit qu'ils aient été formés par des conventions, ou fans conventions; les matieres de ce quatrieme livre font auffi communes à toutes fortes d'engagemens de ces deux efpeces.

TITRE PREMIER.

Des payemens.

LES payemens font les manieres dont un débiteur s'acquitte de ce qu'il devoit, ou d'une partie. Parmi les différentes façons de s'acquitter, remarquons une des principales. Si un débiteur délegue fon débiteur à fon créancier, je veux dire, s'il fubftitue en fa place fon débiteur qui s'oblige envers le créancier pour la même chofe, de forte que ce créancier fe contente de ce nouveau débiteur & décharge l'autre, cette délégation acquittera le premier débiteur. Les perfonnes qui ont intérêt qu'une dette foit acquittée peuvent en faire le payement, ainfi les coobligés folidairement peuvent payer les uns pour les autres. Ainfi les cautions peuvent payer ce qu'ils feroient obligés d'acquitter pour d'autres, &c. Si un débiteur qui doit à un créancier différentes dettes, veut en payer une, il a la liberté d'acquitter à son choix celle qu'il voudra.

TITRE II.

Des compensations.

LA compensation est l'acquittement réciproque, entre deux personnes qui se trouvent débiteurs l'un de l'autre. L'usage des compensations est nécessaire, pour éviter le circuit des deux payemens, s'il falloit que chacun des deux qui compensent, payât ce qu'il doit, & puis le reprît pour être payé. Quoique les dettes réciproques ne soient pas égales, pour compenser le tout, la compensation ne laisse pas de se faire de la moindre dette sur la plus grande qui s'acquitte d'autant. La compensation ne peut se faire qu'entre les personnes qui se trouvent avoir en leurs noms la double qualité de créancier & de débiteur. Par exemple, si un tuteur demande la dette due à un mineur, il ne se fera point de compensation de ce que ce tuteur, pourroit devoir au nom de son mineur à ce débiteur. Regle générale. Les dettes dont le terme n'est pas échu, ne se compensent pas avec celles qui sont dues sans terme, ou qui sont échues. Autre regle générale. Dans les crimes & les délits on ne compense ni les accusations ni les peines.

TITRE III.

Des novations.

LA novation est un changement que font le créancier & le débiteur, qui au lieu d'une dette en substituent une autre; de sorte que la premiere ne subsiste plus, & que le débiteur ne reste obligé que pour la seconde. Comme l'effet de la novation est d'anéantir l'obligation précédente, les hypotheques, les cautions, &c. de cette premiere obligation, ne subsistent plus, & les intérêts cessent de courir. Toute personne capable de contracter, peut innover & ce qu'il doit, & ce qui lui est dû. Les tuteurs & les curateurs peuvent faire des novations pour ceux qui sont sous leur charge, pourvu que ce soit à leur avantage. Si deux personnes sont solidairement créanciers d'une même dette, de sorte que chacun ait le droit de l'exiger & d'en acquitter le débiteur, il peut l'innover.

LOI.

TITRE IV.
Des délégations.

ON appelle délégation le changement d'un débiteur au lieu d'un autre, lorsque celui qui doit, substitue un tiers qui s'oblige en sa place, envers le créancier, de sorte que ce premier débiteur demeure acquitté & sa dette éteinte. Il y a cette différence entre la novation & la délégation, qu'au lieu qu'un tiers peut innover la dette du débiteur sans qu'il y consente, la délégation ne se fait que par consentement, & du débiteur qui en délègue un autre, & de celui qui est délégué, & du créancier qui accepte la délégation.

TITRE V.
De la cession des biens.

C'EST ainsi qu'on appelle l'abandonnement que fait un débiteur de tous ses biens, à ses créanciers, pour sortir de prison ou pour l'éviter. Si le débiteur a fait la cession des biens à quelqu'un de ses créanciers, elle a son effet à l'égard des autres. Car c'est à tous les créanciers que les biens de celui qui l'a faite sont abandonnés. Il ne faut pas confondre la cession des biens avec la *déconfiture*. Celle-ci est l'état d'un débiteur, lorsque ses biens ne suffisent pas à ses créanciers, pour les payer tous, & qu'il y a des biens dont le prix doit être distribué par contribution, sans privilège & sans hypothèque, de sorte que chaque créancier y ait part à proportion de ce qui lui est dû.

TITRE VI.
Des rescisions & restitutions en entier.

ON nomme ainsi un bénéfice que les loix accordent à celui qui a été lésé dans quelque acte, où il ait été partie pour le remettre au même état où il étoit avant cet acte. Les héritiers de ceux qui pouvoient être relevés peuvent exercer la rescision. Les personnes à qui les Loix accordent particuliérement ce bénéfice sont les mineurs, à cause de la foiblesse de leur âge, qui les prive de l'expérience nécessaire dans les affaires. Quant aux majeurs, les vices des conventions, dont nous avons parlé ci-dessus, sont autant de causes de rescision. Si dans un partage entre majeurs, il y a quelque lésion considérable, encore qu'il n'y ait eu ni dol, ni mauvaise foi de la part des copartageans, celui qui se trouvera lésé, pourra demander un nouveau partage. Les majeurs font aussi rescinder les ventes, s'ils ont vendu quelque chose au-dessous de la moitié de son juste prix. Les majeurs ne font pas seulement rescinder les actes où ils ont été parties, lorsque la rescision peut y avoir lieu, mais ils font aussi réparer ce qui peut avoir été fait à leur insçu, s'ils en ont reçu quelque préjudice.

LOI.

SECONDE PARTIE.

LIVRE PREMIER.

Des successions en général.

LE nom & la qualité d'héritier convient également, & à l'héritier légitime que la Loi appelle à la succession, & à l'héritier institué par testament. De même, les mots de successions & d'hérédité, sont communs aux deux especes de successions, testamentaire, ou *ab intestat*.

TITRE PREMIER.

De la qualité d'héritier.

L'HÉRITIER est le successeur universel de tous les biens & de tous les droits d'un défunt, & qui est tenu des charges de ces mêmes biens. Il y a deux sortes d'héritiers; ceux qui sont institués, c'est-à-dire, nommés par un testament, & ceux à qui la Loi defere la succession par proximité, & qu'on appelle pour cette raison héritier légitime; pour savoir qui peut être héritier, il faut savoir quelles sont les personnes qui ne peuvent l'être; ce sont celles qui en sont incapables & celles qui en sont indignes. Ainsi toute personne peut être héritier, soit *ab intestat*, si la Loi l'y appelle, soit par testament, pourvu qu'il n'y ait point de clause qui l'exclue du droit de succéder. Il y a des personnes incapables des successions *ab intestat*, quoique capables des successions testamentaires, comme les bâtards. Les causes d'incapacité de succéder sont de deux sortes; il y en a qui sont naturelles comme la cause de l'incapacité des enfans morts-nés; & il y en a d'autres réglées par les Loix, comme celle de l'incapacité des religieux profès. Les causes qui rendent l'héritier indigne de succéder, regardent quelque devoir qu'il peut avoir blessé, envers le défunt, soit contre sa personne pendant qu'il vivoit, ou après sa mort contre sa mémoire. Les causes qui peuvent rendre l'héritier indigne de succéder, sont indéfinies & le discernement de ce qui peut, ou ne peut pas suffire pour produire cet effet, dépend de la qualité des faits & des circonstances, ce qui nous dispense d'aucun détail sur ce sujet.

TITRE II.

Des héritiers bénéficiaires.

L'HÉRITIER soit testamentaire, ou *ab intestat*, qui ignorant les dangers de l'hérédité, craint de s'y engager, peut prendre le temps réglé par la

Loi, pour délibérer, avant que de faire sa déclaration, s'il veut être héritier ou non. Si l'héritier qui délibéroit vient à décéder avant que d'avoir fait sa déclaration, il transmet son droit à son héritier soit testamentaire soit *ab intestat*, qui pourra aussi délibérer, s'il acceptera, ou s'il renoncera à la succession du défunt. Celui qui ayant fait faire un inventaire dans les formes s'est déclaré héritier bénéficiaire, ne sera tenu des charges de la succession, que jusqu'à la concurrence, de la valeur des biens du défunt, sans que les siens y soient obligés. Toutes les dépenses que l'héritier bénéficiaire pourra avoir faites, comme pour les frais funéraires, ceux d'inventaire, &c. lui seront déduites sur ce qu'il aura reçu des biens de l'hérédité.

TITRE III.

Comment on acquiert une hérédité & comment on y renonce.

LE lecteur voit bien que ces mots de ce titre, *comment on acquiert une hérédité*, ne regardent pas la maniere dont on est appellé à la qualité d'héritier, car nous avons observé déjà, qu'on est fait héritier, ou par la disposition du testateur, ou par celle de la Loi : mais elles regardent seulement la maniere dont celui à qui une succession est échue, & qui n'a encore rien fait pour accepter cette qualité, peut se déclarer héritier, s'il veut user de son droit, & s'acquérir les biens de l'hérédité ; & ces autres paroles, *comment on y renonce*, s'entendent des manieres dont celui qui étoit appellé à la qualité d'héritier, peut faire connoître qu'il ne veut pas l'être. L'héritier qui s'est mis en possession d'un bien, qui n'étoit pas de l'hérédité, mais que par une erreur de faits, il croyoit en être, fait en cela même un acte d'héritier, car il explique son intention d'accepter cette qualité, & par là, il s'y oblige. Si celui qui étoit appellé à une succession, reçoit une somme d'argent ou autre chose pour y renoncer, & la faire passer à la personne qui devra succéder à sa place, il fait, par cette renonciation même, un acte d'héritier, car en recevant le prix de l'hérédité, il en fait une vente. L'héritier mineur ne peut faire acte d'héritier qui l'engage irrévocablement à cette qualité, & si la succession où il s'est immiscé se trouve onéreuse, il en est relevé. Aussitôt que l'héritier a fait un acte qui l'engage à cette qualité, soit qu'il possede ou non les biens de l'hérédité, il peut en exercer les droits, & il est aussi tenu de toutes les charges. L'héritier qui veut renoncer à une succession doit le faire par un acte qui marque cette volonté. Comme l'héritier ne peut diviser l'addition d'hérédité, pour n'en prendre qu'une partie & laisser le reste, il ne peut pas non plus diviser la renonciation, pour laisser une partie de l'hérédité & avoir le surplus. Il doit renoncer à toute l'hérédité ou la garder toute entiere. Celui qui a renoncé à une succession n'a plus le droit de la reprendre à celui qui s'est mis à sa place.

T I T R E I V.

Des partages entre cohéritiers.

LE partage des biens entre cohéritiers n'eft autre chofe que l'ufage
qu'ils font entr'eux du droit qu'ils ont tous réciproquement de prendre
fur les biens qui leur étoient communs, chacun une portion féparée de
celle des autres & qui lui tienne lieu de celle qu'il avoit indivife au tout.
Il s'enfuit de cette nature du partage que c'eft comme un échange que
font entr'eux les copartageans, l'un donnant fon droit à la chofe qu'il
laiffe, pour celui de l'autre en celle qu'il prend. Comme les héritiers partagent les biens de l'hérédité qui leur font connus, ils doivent auffi de
même partager toutes les charges. Il faut mettre au nombre des charges
de l'hérédité, ce que le défunt pouvoit devoir à l'un des héritiers. Principe général dont il fera facile de tirer des conféquences particulieres &
que nous fommes forcés d'omettre. Il faut diftinguer dans les biens qu'avoient
ceux qui meurent, trois différentes fortes qu'il peut y en avoir. La premiere, de ceux dont le droit que le défunt pouvoit y avoir, a ceffé après
fa mort; la feconde, des biens dont le défunt auroit difpofé, par legs
ou autrement, en faveur d'autres perfonnes que de fes héritiers, & la
troifieme de ce qui refte aux héritiers. On peut mettre au nombre des
chofes qui n'entrent point dans le partage, ce qu'un teftateur peut donner
en préciput à l'un de fes héritiers, c'eft-à-dire, en avantage au-deffus des
autres. Il eft évident que cet héritier favorifé doit le prendre avant le
partage. Comme les cohéritiers ont leur portion de l'hérédité par le même
droit qui leur eft commun, ils doivent avoir tous la même fureté de ce
qui leur eft donné dans leurs lots. Ainfi le partage renferme la condition
que les portions des cohéritiers demeurent affectées réciproquement, pour
les garantir les unes des autres. Voyez à ce fujet les regles que l'auteur
établit. Les pertes qui peuvent arriver par des cas fortuits, après le partage, regardent celui à qui étoit échue la chofe qui a péri ou qui eft
endommagée.

L I V R E S E C O N D.

Des fucceffions légitimes ou ab inteftat.

APRÈS avoir expliqué, autant que la forme de cet ouvrage le permet,
ce qu'il y a de commun aux fucceffions légitimes ou teftamentaires, paffons aux matieres propres à ces deux fortes de fucceffions.

TITRE PREMIÉR.

Comment fuccedent les enfans & les defcendans.

REGLE générale, on comprend fous le nom d'enfans & de defcendan
les fils & les filles, les petits-fils & les petites-filles fans diftinction de fe
ni de degré, & foit qu'ils defcendent de fils, ou de filles, & foit qu'
foient fous la puiffance paternelle ou qu'ils n'y foient pas. On n'entend p
ce nom d'enfans que ceux qui font légitimes ; les bâtards font appell
enfans naturels. Il faut encore mettre au rang des enfans qui ne font p
légitimes, ceux qui naiffent fi peu de temps après le mariage de le
mere, que le mari puiffe juftement prétendre n'en être pas le pere,
même que ceux qui naiffent fi long-temps après la mort du mari, qu'
doive juger qu'ils n'ont été conçus qu'après cette mort. Si la perfonne q
meurt, foit homme, foit femme, laiffe des enfans, ils lui fuccéderont p
portions égales, fans diftinction de fexe, & fans différence entre ceux q
feroient émancipés & ceux qui feroient reftés fous la puiffance paternell
Si outre les enfans du premier degré, il y avoit des enfans d'autres fil
ou d'autres filles décédés, ces enfans du fecond degré, ou leurs defce
dans, foit mâles, foit filles, en quelque degré que ce fut, feroient a
pellés à la fucceffion, pour y prendre la part qu'auroit eu la perfon
de qui ils defcendent, fi elle étoit vivante ; car ils la repréfentent
jouiffent de fon droit. Si le défunt a laiffé des enfans, ou petits-enfans
& que fon pere, fa mere, ou autres afcendans lui aient furvécu, fes en
fans, en quelque degré qu'ils foient, excluront fon pere, fa mere & to
autres afcendans, à plus forte raifon, les collatéraux, car c'eft l'ord
naturel que les biens paffent des peres aux enfans.

TITRE II.

Comment fuccedent les peres, les meres & les afcendans.

ON ufe fouvent des noms de parens & afcendans pour fignifier indi
tinctement toutes les perfonnes de qui chacun tire fa naiffance, & en c
fens, le pere & la mere, font du nombre des afcendans, mais parc
qu'ils font au premier degré, on les diftingue des autres afcendans ; &
ce dernier nom eft plus propre aux aïeuls & autres qui font au-deffu
De tous les biens que les enfans peuvent acquérir par leur travail, ou qu
peuvent leur échoir à quelque autre titre que ce puiffe être, foit qu'i
foient émancipés ou non, adultes ou impuberes, de l'un ou de l'autr
fexe, le pere n'a en rien la propriété, & elle eft acquife aux enfans,
la réferve de ce qui pourroit être provenu du profit des biens du pere
qu'un fils, non émancipé, auroit pu avoir en fes mains ; car la proprié
d

de ce profit appartiendroit au pere, mais il a fur les biens acquis à fon fils, un droit d'ufufruit. Il faut excepter des biens du fils non émancipé, fujets à l'ufufruit du pere, ce que le fils peut avoir reçu de la libéralité d'un prince. Le droit de *retour* ou de *réverfion* qui remet aux afcendans les chofes qu'ils avoient données à leurs defcendans, qui meurent avant eux, fans laiffer d'enfans, eft fi naturel, qu'il a été également reçu & dans l'ancien droit Romain & dans le nouveau. Il faut diftinguer deux fortes de droit de retour; celui que la loi donne aux peres & aux afcendans, encore qu'il n'y ait point de convention, & celui qui peut avoir été ftipulé par une convention expreffe, foit par un afcendant, ou autre donateur, même par un étranger.

T I T R E I I I.

Comment fuccedent les freres, les fœurs & les autres collatéraux.

ON appelle collatéraux tous ceux qui n'étant ni afcendans ni defcendans les uns des autres, defcendent ou d'un même pere ou d'une même mere, ou d'un autre afcendant qui leur eft commun. Entre les collatéraux, les plus proches font les freres & les fœurs, qui font de trois fortes. Ceux qui font nés d'un même pere, & d'une même mere, que nous appellons *germains*; ceux qui font nés d'un même pere, mais de différentes meres, que nous appellons *confanguins*, & ceux qui ont une même mere, mais de différens peres que nous appellons *utérins*. Les plus proches, après les freres & les fœurs font les oncles & les tantes, c'eft-à-dire, les freres & les fœurs du pere & de la mere, & enfuite les neveux & les nieces, c'eft-à-dire, les enfans des freres & des fœurs. Après les freres & les enfans des freres, tous les autres collatéraux viennent felon leur degré de proximité, fans aucune diftinction, les plus proches excluant toujours les plus éloignés. Quant aux maris & aux femmes, ils fuccedent l'un à l'autre, fi le prédécédé meurt fans enfans, fans parens, & fans teftament, & le furvivant exclura le fifc.

T I T R E I V.

Du rapport des biens.

LE rapport des biens eft l'engagement des enfans & autres defcendans à remettre dans la maffe de l'hérédité de leur pere, mere ou autre afcendant, à qui ils veulent fuccéder, les chofes à eux données par cet afcendant, pour être partagées entr'eux & leurs cohéritiers, de même que les autres biens de l'hérédité. Le rapport fe fait de forte que ce qui eft rapporté, étant joint à la maffe, le tout fe partage en autant de portions qu'il y a d'héritiers, y comprenant & ceux qui rapportent & ceux à qui le rapport eft fait. Remarquez qu'il n'y a que les enfans ou autres defcendans héritiers de leurs peres & meres ou d'autres afcendans , qui foient obligés entr'eux au rapport dont nous parlons , parce que les motifs des Loix qui ordonnent ce rapport ne conviennent qu'à eux. Il faut diftinguer deux fortes de biens, que peuvent avoir les enfans, ou autres defcendans, qui ont à partager entr'eux la fucceffion de leur pere , ou d'un autre afcendant ; l'une , des biens qui font venus de cet afcendant, & l'autre, des biens qu'ils peuvent avoir eu d'ailleurs, à quelque titre que ce puiffe être , foit par des libéralités d'autres perfonnes que leurs afcendans, foit par leur induftrie ou par d'autres voies.

LIVRE TROISIEME.

Des fucceffions teftamentaires.

ON doit avertir le lecteur qu'on ne parlera point ici de cette efpece de teftament qu'on appelle olographe , c'eft-à-dire , entiérement écrit & figné de la main du teftateur , fans aucuns témoins; non plus que des teftamens des pauvres gens de la campagne, où les Loix difpenfent de l'exactitude des formalités.

TITRE PREMIER.

Des teftamens.

LE teftament eft une inftitution d'héritier faite dans les formes prefcrites par les Loix, foit qu'avec cette inftitution il y ait d'autres difpofitions, ou qu'elle foit feule. Il réfulte de cette définition du teftament qu'il renferme deux caracteres effentiels qu'il faut diftinguer. L'un , qu'il contient la difpofition de tous les biens , & l'autre, que c'eft une difpofition à caufe de mort qu'on peut révoquer. Quoique le teftateur ne nomme pas d'autre héritier que celui qui devoit lui fuccéder *ab inteflat*, s'il accepte l'hérédité , il fera héritier teftamentaire ; & en cette qualité, tenu d'acquitter les legs & toutes les charges du teftament. Remarquez comme une regle générale, que toute difpofition à caufe de mort qui ne contient pas d'inftitution d'héritier, n'eft pas proprement un teftament, mais un codicille ou une donation à caufe de mort. Il y a deux chofes à confidérer dans un teftament pour en reconnoître la validité. L'une eft de favoir, fi celui qui a fait un teftament, en avoit le pouvoir, & fi les perfonnes, en faveur de qui il a difpofé, font capables de recevoir ce qui leur eft donné. L'autre de favoir, fi le teftament eft fait dans les formes. Examinons en peu de mots ces deux articles. 1°. Les caufes qui rendent incapables de tefter fe tirent de quelques-unes de ces qualités dont nous avons parlé dans l'article *des perfonnes*, comme des qualités d'impubere, étranger condamné à mort, fils de fa-

mille, infenfé, prodigue, fourd & muet, &c. obfervez que celui qui n'é-
tant pas tout enfemble, fourd & muet de naiffance, le deviendroit par
quelque accident, après avoir appris à écrire, pourroit faire fon teftament.
Car il pourroit expliquer fa volonté en l'écrivant lui-même. Il en eft de
même pour les muets qui favent écrire. Les religieux profés font auffi dans
l'incapacité de tefter, après qu'ils ont fait les vœux; mais ils peuvent auparavant faire un teftament, encore qu'ils ayent l'habit de religion, pendant
qu'ils font dans le temps de probation ou de noviciat, & leur teftament
aura fon effet auffi-tôt qu'ils auront fait la profeffion. Quant aux bâtards,
leur incapacité eft bornée à les exclure des fucceffions *ab inteftat*, & n'empêche pas qu'ils ne puiffent difpofer de leurs biens par un teftament. Il
faut remarquer cette différence, entre les diverfes incapacités dont on
vient de parler, que celle des étrangers & celle des condamnés à mort,
n'annullent pas feulement les teftamens de ceux qui font dans l'une ou
l'autre de ces deux efpeces d'incapacité, dans le temps de leur teftament,
mais que, fi elles furviennent à celui qui avoit fait fon teftament n'étant
dans aucune incapacité, & qu'il fe trouve dans l'une ou dans l'autre au
temps de fa mort, le teftament fera annullé. Car ceux qui meurent dans
cet état, ne peuvent point avoir d'héritier; 2°. Quant aux formalités néceffaires pour valider un teftament, leur diverfité dépend de la diverfité
des teftamens. Par exemple, les officiers de guerre & les foldats qui font
actuellement dans l'expédition, étant hors d'état de pouvoir obferver toute
les formalités que les Loix ordonnent pour les teftamens, font difpenfés
de celles que l'état où ils fe trouvent ne leur permet pas, & ils peuvent
expliquer leur volonté de la maniere que la conjoncture où ils fe rencontrent peut leur rendre poffible, pourvu que leur intention paroiffe par de
bonnes preuves; & c'eft cette efpece de difpofition qu'on appelle *teftament militaire.*

Comme les teftateurs les plus habiles peuvent juftement craindre qu'il
n'y ait quelque nullité dans leur teftament, plufieurs prennent la précaution d'ajouter à leur teftament cette claufe qu'on appelle *codicillaire*, que
*fi leur difpofition ne peut valoir comme un teftament, elle vaille comme un
codicille, ou autrement en la meilleure forme qu'elle pourra valoir.*

Outre le défaut de formalités qui peut annuller un teftament, il y a
d'autres caufes qui peuvent avoir cet effet. On peut mettre pour la premiere, une feconde volonté du teftateur qui faffe un autre teftament. Un
teftament fait dans toutes les formes eft encore annullé par la naiffance
d'un enfant que le teftateur n'auroit pas inftitué fon héritier; car comme
l'hérédité eft due aux enfans, & par les Loix, & par la nature, s'ils n'ont
mérité l'exhérédation, l'enfant qui furvient au teftateur eft fon héritier, &
l'on préfume avec raifon qu'il auroit révoqué ce teftament fi la mort ne
l'avoit prévenu. Si cependant cet enfant né après le teftament, venoit à
mourir, avant la mort du teftateur, fon pere, il auroit fon effet.

Si le teſtateur qui a des enfans en exhérede quelqu'un, ſans de juſtes cauſes, ſon teſtament ſera annullé pour l'inſtitution d'héritier; & il en ſeroit de même, ſi le teſtateur qui n'auroit point d'enfans, avoit exhérédé, ſans de juſtes cauſes, ſon pere, ſa mere, ou autres aſcendans. On peut conſulter l'ouvrage que nous analyſons pour connoître les autres cauſes de nullité dans les teſtamens : obſervons ſeulement que parmi ces différentes cauſes, il faut diſtinguer celles qui anéantiſſent entiérement le teſtament, de ſorte qu'il n'en ſubſiſte aucune diſpoſition, & celles qui annullent ſeulement, ou l'inſtitution d'héritier, ou quelqu'autre diſpoſition, ſans toucher au reſte. Comme le teſtament ne doit contenir que la volonté du teſtateur qui doit être libre, s'il étoit prouvé qu'un teſtateur eut été obligé par quelque violence à faire un teſtament, & même toute autre diſpoſition à cauſe de mort, non-ſeulement elle ſeroit nulle, mais l'auteur de cette entrepriſe en ſeroit puni comme d'un crime, ſelon la qualité du fait & les circonſtances. Il en ſeroit de même ſi un teſtateur voulant révoquer ſon teſtament, en ſeroit empêché par quelque voie illicite, de la part de ceux qui doivent profiter de ce teſtament. Pour ce qui concerne l'interprétation des teſtamens, il faut obſerver trois ſortes d'expreſſions; la premiere de celles qui ſont parfaitement claires; la ſeconde, de celles qui ſont ſi obſcures qu'il eſt impoſſible de leur donner un ſens; & la troiſieme de celles où il ſe trouve quelque ambiguité qui peut en rendre le ſens incertain.

Les expreſſions parfaitement claires ne ſouffrent point d'interprétation; celles qui n'ont aucun ſens ſont rejetées, comme ſi elles n'étoient point écrites, & celles où il ſe rencontre quelque ambiguité, s'explique, ſoit par la volonté du teſtateur d'ailleurs ſuffiſamment connue, ou par ſon caractere, ou par d'autres circonſtances qui peuvent manifeſter ſon intention. Outre les difficultés qui peuvent naître des défauts des expreſſions dans les teſtamens, il y en a d'autres qui ont d'autres cauſes, & qui ne ſauroient être prévenues par les diſpoſitions les mieux expliquées. Quelques-unes naiſſent du changement que font des événemens imprévus, & qui obligent à conjecturer, par les préſomptions qu'on peut fonder ſur les intentions connues du teſtateur, ce qu'il auroit réglé lui-même, s'il avoit prévu cet événement. D'autres ont pour cauſe, quelque erreur du teſtateur, dans un fait qui lui étoit inconnu, & où ſes diſpoſitions marquent ce qu'il auroit ordonné, ſi la vérité qu'il ignoroit, lui avoit été connue; d'autres enfin ont d'autres cauſes toutes différentes. C'eſt un principe général que la premiere regle de l'interprétation des difficultés dont nous parlons, eſt la volonté du teſtateur; ſoit que cette volonté paroiſſe par ſes diſpoſitions, ou par des conſéquences ſûres qu'on en peut tirer, ou même par des conjectures. Voyons maintenant quelles ſont les conditions, les charges, les deſtinations, les motifs, les déſignations, & les termes du temps que les teſtateurs peuvent ajouter à leurs teſtamens.

1º. Les conditions dans les testamens sont des dispositions particulieres, qui font partie de celles du testament, & que le testateur y ajoute pour régler l'effet qu'il veut y donner, si un cas, qu'il prévoit, arrive ou n'arrive point, soit qu'il fasse dépendre de cet événement la validité de ce qu'il ordonne de cette maniere, ou que seulement il veuille y faire quelque changement selon le cas qu'il arrivera. Ainsi un testateur peut léguer une dot à une fille au cas qu'elle se marie, & ce legs dépendra de l'événement de son mariage. 2º. Les charges sont des engagemens que le testateur impose à l'héritier, ou autre à qui il peut donner, comme s'il charge son héritier d'un usufruit sur quelque fonds, ou d'une rente viagere, en faveur d'une tierce personne. 3º. Les destinations sont les affectations aux usages que le testateur veut être faites des choses qu'il donne; ainsi, si un testateur donne une somme à un hôpital pour être employée à un bâtiment, c'est une destination qu'il fait de ce legs. 4º. Les motifs sont les causes que les testateurs expriment quelquefois, pour rendre raison de ce qui les a engagés à quelques dispositions, & ils sont de deux sortes. L'une des motifs qui regardent le passé & précedent la disposition du testateur, & l'autre des motifs qui regardent l'avenir, & dont l'espérance ou l'attente, engage le testateur à quelque disposition. 5º. La désignation est une expression que le testateur substitue, au lieu du nom de la personne ou de la chose qu'il veut nommer, ou qu'il ajoute pour la spécifier plus expressément, comme si au lieu de nommer un héritier, il le désigne par sa qualité, par exemple, s'il donne au fils aîné d'un tel. 6º. Les termes du temps sont les délais que le testateur peut ajouter à ses dispositions, soit pour en différer l'exécution, ou pour en faire dépendre la validité. Ces termes sont de deux sortes, l'un d'un temps certain, comme au premier jour d'une telle année, l'autre d'un temps incertain, comme au temps de la mort, ou du mariage d'une personne.

Le droit qu'ont les héritiers ou légataires de profiter des portions les uns des autres, quand il y en a qui ne veulent ou qui ne peuvent recueillir les leurs, s'appelle *droit d'accroissement*, parce que la portion vacante accroît à celle des autres. Entre cohéritiers légitimes il y a toujours droit d'accroissement, car l'hérédité est acquise au plus proche capable de succéder. Ainsi il doit l'avoir entiere s'il n'y a pas de cohéritiers, mais si un des cohéritiers mouroit après l'ouverture de la succession sans l'avoir connue, ou avant que de l'accepter, il transmettroit son droit à ses héritiers, & son cohéritier n'y auroit plus de part par l'accroissement.

La transmission est le droit que peuvent avoir des héritiers ou des légataires de faire passer à leurs successeurs, l'hérédité ou le legs qui les regarderoit, s'ils meurent avant que d'avoir exercé leur droit. Il résulte de cette définition, que lorsque l'héritier a recueilli la succession, & que le légataire a reçu le legs, ce n'est plus par la transmission que leur droit passe à leurs héritiers, mais simplement par succession, comme leurs autres biens. Il y a cela de commun à l'héritier & au légataire, qu'encore que leurs droits aient pour titre le teftament, fi néanmoins il arrive qu'ils meurent avant le teftateur, quoiqu'après le teftament, il n'y a point de tranfmiffion, car le teftament ne doit avoir fon effet que par la mort du teftateur. Si, à l'égard d'un légataire, le legs eft pur & fimple, c'eft-à-dire, fans condition, fon droit lui eft acquis à la mort du teftateur, & s'il vient à mourir avant que d'avoir demandé ni même fu le legs, il tranfmet fon droit à fes héritiers. Si le legs étoit conditionnel, c'eft-à-dire, qu'il dépendît de l'événement d'une condition, le droit n'en feroit acquis au légataire, que lorfque la condition feroit arrivée, & s'il mouroit auparavant, comme il n'auroit aucun droit au legs, il n'en tranfmettroit rien à fon héritier, & quoique la condition arrivât enfuite après la mort de ce légataire, cet événement feroit inutile à fon héritier.

L'exécution des teftamens eft naturellement le devoir des héritiers qui, demeurant les maîtres des biens, font tenus de toutes les charges, & les légataires ou autres perfonnes intéreffées, ont la liberté d'y veiller & de faire exécuter ce qui les regarde. Comme il y a fouvent des difpofitions dans les teftamens, dont l'exécution dépend de la feule bonne foi des héritiers, & que plufieurs héritiers manquent de s'en acquitter, il eft libre aux teftateurs de charger d'autres perfonnes de l'exécution de leurs difpofitions qu'ils ne veulent point dépendre de leurs héritiers, & on appelle *exécuteurs teftamentaires*, ceux à qui le teftateur donne ce pouvoir.

TITRE II.

Du teftament inofficieux & de l'exhérédation.

LES teftateurs qui ont des enfans ou autres defcendans, que la Loi appelle à leur fuccéder *ab inteftat*, ne peuvent les déshériter s'ils n'en ont de juftes caufes. Il en eft de même pour les teftateurs qui n'ont point d'enfans, & à qui leurs peres ou meres ou autres afcendans furvivent. Si un pere ou autre afcendant, fans déshériter expreffément un de fes enfans, n'en fait aucune mention dans fon teftament, ce filence qu'on appelle *prétérition*, eft confidéré de même que l'exhérédation qui n'a point de caufe. La prétérition des parens dans le teftament de leurs enfans à qui ils doivent fuccéder *ab inteftat*, s'il n'y avoit point de defcendans qui duffent les exclure, a le même effet que celle des enfans dans les teftamens des parens. Si la perfonne qui pouvoit fe plaindre du teftament inofficieux, avoit des enfans & venoit à mourir avant que d'avoir exercé fon droit, ces enfans pourroient fe plaindre de ce teftament du chef du défunt, fi ce n'eft qu'avant fa mort il l'eut approuvé. Mais fi c'étoient d'autres héritiers, ils ne pourroient exercer la plainte d'inofficiofité qu'en cas que le défunt l'eut commencé lui-même. Si un pere ou une mere qui avoit deux ou plufieurs enfans, ayant difpofé de fes biens entr'eux par un teftament, venoit dans la fuite à avoir un autre enfant, dont il n'eut fait aucune mention dans ce teftament, & mouroit fans l'avoir changé, ce teftament ne feroit aucun préjudice au droit de l'enfant. Car fi c'étoit par négligence que ce teftament n'eut pas été réformé, il feroit inofficieux, & fi c'étoit par un pur effet d'une mort imprévue, comme fi c'étoit d'une mere qui fut morte de l'accouchement de cet enfant, dont elle pouvoit attendre la naiffance pour régler fes difpofitions, la préfomption qu'elle ne pouvoit avoir pour cet enfant que des fentimens de mere, fuppléeroit au défaut d'un teftament, que cet événement imprévu l'avoit mife hors d'état de faire. De toutes les perfonnes que les Loix appellent aux fucceffions légitimes, il n'y a que ceux qui font dans la ligne des afcendans & des defcendans du teftateur, qui puiffent alléguer l'inofficiofité contre un teftament, & ce droit ne paffe à aucun des collatéraux, pas même aux freres & aux fœurs. Comme la nature qui appelle les enfans à la fucceffion de leurs parens, regarde les biens de ces parens comme déjà propres aux enfans, ils ne peuvent en être privés, s'ils n'ont mérité de l'être. Auffi les Loix en reftreignant la liberté d'exhéréder de la part des peres, ont-elles réglé les caufes qui peuvent mériter l'exhérédation de la part des enfans. Voici les principales. Les peres & autres afcendans peuvent exhéréder leurs enfans, s'ils ont attenté à leur vie, s'ils leur ont fait quelque outrage grief. S'ils ne les ont tiré de prifon, s'obligeant de payer pour eux, felon que leurs biens le permettoient. S'ils les ont laiffés en captivité, pouvant les racheter. Si le pere, ayant été en démence, ils avoient manqué de lui rendre les fervices que cet état exigeoit. Si par violence, ils l'avoient empêché de difpofer de fes biens par un teftament. Remarquez que fi le pere étoit mort fans pouvoir tefter & exhéréder, le fils qui auroit ufé d'une telle voie, ce fils ne laifferoit pas d'être privé de l'hérédité. Une caufe d'exhérédation qui a lieu particuliérement en France, c'eft lorfque les enfans fe marient contre le gré de leur pere, à moins que les fils âgés de 30 ans & les filles de 25, *ne fe foient mis en devoir de requérir l'avis & confeil de leurs peres & meres.* Les caufes qui permettent aux parens d'exhéréder leurs enfans, font à peu près les mêmes que celles qui autorifent les enfans à exhéréder leurs parens. Ce principe eft prefque général. Quoique les parens puiffent priver de leurs biens les enfans qui méritent de l'être, cependant fi une fille dotée avoit encouru l'exhérédation, la dot donnée, ou même promife au mari, ne laifferoit pas de lui être due, car à fon égard, les charges du mariage lui font un jufte titre pour retenir la dot, ou pour la demander indépendamment du fait de fa femme. Obfervez que fi la perfonne exhérédée, quoique injuftement, avoit une fois approuvé le teftament, l'exhérédation auroit fon effet, foit que ce fût par un acte exprès que le teftament eut été approuvé, ou par des actes qui renfermaffent cette approbation. Si un fils exhérédé, ayant commencé l'inftance fur la plainte d'inofficiofité, la laiffoit périr, faute d'en continuer les pourfuites pendant le temps réglé par la Loi, ce filence tiendroit lieu d'approbation du teftament dont il s'étoit plaint. Si la plainte d'inofficiofité regardoit une difpofition, où il ne fut pas fait d'autre tort à celui qui s'en plaindroit, que de le réduire à une portion moindre que fa légitime, fans le noter d'aucune accufation, l'effet de la plainte feroit de lui faire un fupplément de cette légitime telle qu'elle devroit être.

TITRE III.

De la légitime.

L A légitime eft une portion de l'hérédité que les Loix affectent aux mêmes perfonnes qu'on ne peut priver de la qualité d'héritier, & à qui elles donnent le droit de fe plaindre des difpofitions inofficieufes, ce qui a fait que la liberté de difpofer, à leur préjudice, a été bornée, de forte qu'il leur refte une partie de l'hérédité, dont on ne peut les priver par aucune difpofition. Il y a deux ordres de perfonnes à qui les Loix donnent une légitime aux enfans fur les biens de leurs parens, & aux parens fur les biens de leurs enfans, Mais fi dans une fucceffion, il y a tout enfemble des enfans du défunt & des afcendans, il n'y aura de légitime que pour les enfans; car ils excluent les afcendans des fucceffions. Tous les enfans de l'un ou l'autre fexe, ont indiftinctement le droit de demander leur légitime, foit qu'ils fe trouvent au premier degré de fils ou de filles, ou qu'ils foient defcendus d'un ou plufieurs degrés, pourvu feulement qu'ils fe trouvent appellés à l'hérédité, foit de leur chef, ou par représentation. La quote de la légitime eft la portion que fait dans le total des biens de l'hérédité, ce qui eft affecté à celui à qui il eft dû une légitime. A l'égard des enfans, la Loi a différemment réglé leur légitime felon leur nombre. S'il y a quatre enfans, ou un moindre nombre, ils ont tous enfemble pour leur légitime, le tiers des biens, de forte que ce tiers foit entier à un feul, s'il n'y en a qu'un, ou qu'il fe partage entre tous, felon leur nombre, chacun ayant pour fa légitime la part de ce tiers. S'il y a cinq enfans, ou un plus grand nombre, ils ont tous enfemble pour leur légitime, la moitié des biens. De forte que cette moitié fe partage entre tous, felon leur nombre, chacun ayant pour fa légitime fa part de cette moitié, & qu'elle foit entiere à un feul, s'il n'y en a qu'un. Comme la légitime eft une portion de l'hérédité, c'eft fur tous les biens qu'elle doit fe prendre, non en divifant chaque fonds, ou autres biens, pour faire part de chacun à qui il eft dû une légitime, mais en eftimant la totalité, pour lui donner de ces biens jufqu'à la valeur de fa portion. S'il y a deux, ou plufieurs enfans d'un même pere, ou d'une même mere, de divers mariages, leurs légitimes ne feront pas diftinguées par la différence de ces mariages, mais tous les

enfans

enfans d'un même pere, ou d'une même mere, quoique de divers lits, auront chacun fa légitime, felon que leur nombre de tous enfemble le demandera.

TITRE IV.

Des difpofitions de ceux qui ont convolé en fecondes noces.

IL faut diftinguer trois fortes de biens que peut avoir une perfonne qui fe remarie, ayant des enfans. Ceux qui lui font venus du premier mari, fi c'eft la femme, ou de la premiere femme, fi c'eft le mari. Ceux qui lui viennent de quelqu'un de leurs enfans communs, & ceux qui peuvent lui être acquis d'ailleurs. Une femme peut avoir de fon premier mari, ou un mari de fa premiere femme des biens de deux fortes. Ce qui lui feroit acquis par leur contrat de mariage, & ce que le premier mourant auroit pu laiffer au furvivant par teftament ou autre difpofition. En général, lorf-qu'un homme furvivant à fa femme, ou une femme à fon mari, convole en fecondes noces, ayant des enfans de leur mariage, tous les biens qui lui étoient venus du prédécédé, foit pour gains acquis par leur contrat de mariage, ou par des difpofitions entre-vifs, ou de quelque maniere que ce puiffe être, font affeétés, dès le moment du fecond mariage, à leurs enfans communs. De toutes les fortes de biens dont nous venons de par-ler, la propriété eft acquife aux enfans, de forte que la perfonne qui con-vole en fecondes noces n'en a plus que l'ufufruit. Quoique le pere ou la mere qui s'eft remarié, conferve la propriété de tous fes biens, à la réferve de ce qui eft affeété à fes enfans du premier lit, & que rien ne l'empêche de les aliéner, pourvu que ce foit fans bleffer la légitime dûe à fes enfans, cette liberté eft bornée par une des peines des fecondes noces. Car il n'eft pas permis à la femme qui, ayant des enfans, s'eft remariée, de difpofer d'aucune nature de bien en faveur du fecond mari, ni au mari en faveur de la feconde femme, qu'en réfervant à chacun de fes enfans, autant qu'il pourra donner.

LIVRE QUATRIEME.

Des legs & autres difpofitions à caufe de mort.

LES legs & autres difpofitions à caufe de mort, font diftingués des tefta-mens dont nous venons de traiter, en ce qu'il eft effentiel à un teftament qu'il contienne une inftitution d'héritier, au lieu que les autres difpofi-tions ne font que particulieres de certaines chofes.

LOI.

TITRE PREMIER.

Des codicilles & donations à caufe de mort.

LE codicille eſt un acte qui contient des diſpoſitions à cauſe de mort, ſans inſtitution d'héritier. Quoique le codicille ne contienne pas d'inſtitution d'héritier, comme le teſtament, perſonne ne peut faire de codicille, s'il n'a le droit de faire un teſtament. Car la liberté de diſpoſer d'une partie de ſes biens ſuppoſe, les mêmes qualités qu'il faut avoir pour diſpoſer du tout. Comme on ne peut par un codicille faire un héritier, on ne peut pas non plus, par ce moyen, ôter l'hérédité. On peut obſerver pour regle générale de la nature des codicilles qu'il faut y appliquer toutes les formalités des teſtamens qui peuvent leur convenir. Un premier codicille eſt annullé par un ſecond qui le révoque, mais ſi le ſecond fait ſeulement quelques changemens, l'un & l'autre ſubſiſteront en ce que le ſecond n'aura pas changé. Et ſi le ſecond ne change rien du premier, l'un & l'autre auront leur effet. Un teſtament poſtérieur au codicille peut ou le confirmer ou le révoquer, ou y changer, à plus forte raiſon que ne feroit un codicille ; ce qui dépend de la maniere dont le teſtateur ſe ſera expliqué dans ce teſtament. Si celui qui, n'ayant point d'enfans, auroit fait un codicille & un teſtament, vient enſuite à avoir des enfans, le codicille & le teſtament ſeront nuls. Quant à la donation à cauſe de mort, c'eſt une diſpoſition que fait celui qui, ne voulant pas ſe dépouiller de la choſe qu'il veut donner, déſire, qu'après ſa mort, elle paſſe à celui qu'il veut en favoriſer, & qu'il l'ait, plutôt que ſes héritiers. Les donations à cauſe de mort étant de même nature que les codicilles, on doit y obſerver les mêmes formalités. Les mêmes perſonnes qui peuvent, ou ne peuvent pas faire des codicilles ou des teſtamens, peuvent auſſi, ou ne peuvent pas faire des donations à cauſe de mort ; car il faut pour cette ſorte de diſpoſition, la même capacité que pour les deux autres.

TITRE II.

Des legs.

ON appelle ainſi une diſpoſition particuliere à cauſe de mort, en faveur de quelque perſonne, ſoit par un teſtament ou un codicille. On appelle fidéicommis particulier, une diſpoſition par laquelle l'héritier ou un légataire eſt prié de rendre, ou de donner à une tierce perſonne, une certaine choſe. En général, la validité des legs, ou fidéicommis, ou donations à cauſe de mort, renferme deux choſes ; ſavoir, la qualité de la diſpoſition qui fait leur nature, & les formalités des actes qui les contiennent, ſoit teſtamens, codicilles, ou donations : on peut ajouter pour une derniere regle de la nature des legs & autres donations à caufe de mort, que, comme les teftateurs ne peuvent difpofer que de leurs biens, les dettes paffives du teftateur, les moins favorables, font préférées à toutes fes difpofitions quelles qu'elles foient. Obfervez qu'on peut léguer toutes fortes de chofes, meubles ou immeubles, droits, fervitudes, & de toute autre nature qui foient en commerce, & qui puiffent paffer de l'ufage d'une perfonne à une autre. Par rapport aux *accceffoires* d'une chofe léguée, c'eft ainfi qu'on nomme ce qui n'étant pas la chofe même qu'on a léguée, y a cependant de fi fortes liaifons qu'on ne peut pas l'en féparer; & qu'il doit la fuivre; ainfi les fers & le licou d'un cheval, & le cadre d'un tableau, en font des acceffoires. On peut diftinguer deux fortes d'ac-ceffoires des chofes léguées; ceux qui fuivent naturellement la chofe, & qui fans qu'on les exprime, demeurent compris dans le legs, & ceux qui n'y font ajoutés que par une difpofition particuliere du teftateur. Ainfi le legs d'une maifon en comprend les clefs. Ainfi au contraire le legs d'une maifon ne comprendra pas les meubles qui s'y trouveront, à moins que le teftateur ne l'ait exprimé. Les acceffoires qui doivent fuivre la chofe léguée ne font jugés tels que par l'ufage qu'on leur donne & non par leur prix. De forte que l'acceffoire eft quelquefois d'une bien plus grande valeur que la chofe même, & il ne laiffe pas d'être à celui à qui elle eft léguée. Ainfi des pierreries enchaffées dans la boîte d'une montre, n'en font qu'un ornement, mais elles fuivront le legs de la montre. Lorfqu'un teftateur legue un ufufruit ou jouiffance d'une maifon, ou d'un autre fonds, la condition du légataire fera la même que des autres ufufruitiers, & la jouiffance aura la même étendue & les mêmes bornes. Il fera tenu auffi des mêmes charges des fonds fujets à fon ufufruit. On peut léguer une certaine fomme, ou une certaine quantité de grains ou autre chofe par forme de penfion, à payer chaque année, au légataire, ou pendant un certain temps, ou pendant fa vie, & il y a cette différence entre un legs de cette nature, & un legs d'un ufufruit qu'en celui-ci le légataire a une jouiffance incertaine, & peut avoir plus ou moins, & quelquefois rien, & qu'un legs annuel d'une certaine quantité eft toujours le même. Il y a encore cette différence entre le legs d'un ufufruit & un legs annuel; qu'un legs d'ufufruit ne peut être perpétuel, car il anéantiroit le droit de propriété, mais qu'un legs annuel peut être perpétuel, foit en faveur d'une communauté, ou des defcendans de quelque famille. Les legs d'ali-mens font diftingués de la plupart des autres legs, par la confidération de la néceffité qui les rend fi favorables, qu'on peut léguer les alimens aux per-fonnes même qui font incapables des autres legs; & fi un legs d'alimens, ou d'entretien ou de penfion annuelle étoit fait en faveur de perfonnes pauvres, il pourroit être mis au nombre des *legs pieux.* C'eft ainfi qu'on appelle ceux qui font deftinés à quelque œuvre de piété, foit qu'ils regardent le temporel, ou le fpirituel. Si un legs pieux n'avoit point de deftination

pour quelques ufages particuliers, comme fi un teftateur avoit légué en
général, ou à l'églife, ou aux pauvres, le legs à l'églife feroit pour la
paroiffe du lieu, où le teftateur avoit fon domicile, & le legs aux pauvres feroit pour l'hôpital de ce lieu, s'il y en avoit, finon pour les pauvres de cette paroiffe. Il faut remarquer que comme les legs pour des
œuvres de piété, ont la double faveur & de leur motif pour de faints
ufages, & de leur utilité pour le bien public, ils font confidérés, comme
privilégiés dans l'efprit des Loix. En pays de droit écrit les legs pieux
font dûs, quoique le teftament foit imparfait, quand il n'y auroit même
que deux témoins. On peut léguer une de deux ou de plufieurs chofes,
car on peut faire un tel legs, fans mention du choix, comme fi un teftateur legue fimplement un cheval à prendre de ceux de fon écurie. Le
légataire qui a le droit d'un choix, ne peut le faire avant que l'héritier
ait accepté la fucceffion. Car jufques-là, n'y ayant point d'héritier, il n'y
a perfonne à qui il puiffe faire connoître fon choix & qui puiffe en faire
la délivrance. Ainfi ce feroit inutilement qu'il auroit choifi. Si le légataire
meurt fans avoir fait fon choix, il tranfmet à fon héritier, & le droit au
legs, & celui du choix. On peut diftinguer en trois efpeces, toutes les
chofes, dont les teftateurs ont la liberté de faire des legs; la premiere,
de celles qui de leur nature ne produifent aucuns revenus, comme une
montre, &c. La feconde, de celles qui en produifent, comme une maifon, &c. La troifieme, des fommes de deniers, qui de leur nature ne
produifent rien, mais qui faifant le prix de tout ce qui eft en commerce,
font l'inftrument du commerce même. Si le teftateur n'a rien ordonné
pour les fruits & autres revenus que pourroient produire les chofes léguées,
ils ne feront dûs, qu'après la demande. Mais fi l'héritier étoit de mauvaife
foi, comme s'il avoit tenu le teftament caché, il devroit, non-feulement
tous les fruits depuis la mort du teftateur, mais les dommages & intérêts,
s'il y en avoit.

　　Comme le droit du légataire lui eft acquis par une difpofition à caufe
de mort, & que cette difpofition a fon effet au moment de la mort de
celui qui a difpofé, le droit au legs eft acquis au légataire dans ce même
inftant. Comme le legs doit fe prendre fur l'hérédité, dont la poffeffion
paffe du teftateur à l'héritier, c'eft de lui que le légataire doit avoir la délivrance de la chofe léguée. Pendant que la chofe léguée demeure en la
puiffance de l'héritier, il eft tenu de la conferver jufqu'à la délivrance,
& fi elle périt ou eft endommagée par fa faute, il en fera tenu. Les legs
dont il n'y a point de terme pour la délivrance, ou le payement, & qui
ne font pas conditionnels, doivent être acquittés, dès que l'héritier accepte la fucceffion; fi les légataires doutoient de la fureté de leurs legs, &
qu'ils ne vouluffent pas laiffer les biens de l'hérédité à la difpofition de
l'héritier, ils pourroient y pourvoir, foit en obligeant de leur donner une
caution ou une autre affurance. Si un légataire, ayant pu recevoir la chofe

léguée, avoit différé, la perte ou diminution qui pourroit arriver, le regardera. Il en seroit de même si la chose étoit périe, avant le terme de la délivrance, & que rien ne pût être imputé à l'héritier. Voyons maintenant, en peu de mots, comment les legs peuvent être nuls, révoqués, diminués, ou transférés à d'autres personnes. Un legs peut être nul en deux manieres, ou par une nullité qui se trouve dans le legs dès son origine, ou par une cause qui survienne, & l'annulle ensuite. Si le legs étoit nul dans son origine par la nature de la chose léguée, comme si c'étoit un lieu public, ce legs qui seroit nul, si le testateur mouroit au temps de ce testament, ne seroit pas validé dans la suite, quand il arriveroit qu'avant sa mort, la chose léguée eût changé de nature & eût été mise en commerce; car ce changement n'étant pas suivi d'une nouvelle disposition du testateur, laisseroit la premiere dans sa nullité. Le legs devient nul si le légataire meurt avant la mort du testateur, car ce n'étoit qu'au moment de cette mort, que son droit lui devoit être acquis, ainsi ne vivant plus, il ne peut l'acquérir.

Un testateur peut révoquer des legs, ou par des dispositions expresses, comme par un second testament, ou sans aucune disposition expresse, comme s'il dispose autrement de la chose léguée. Si un testateur vend ou aliene la chose léguée, le legs est révoqué. Il est clair qu'en s'en dépouillant lui-même, il en prive, à plus forte raison, le légataire qui doit la tenir de lui. Si après le testament, il se fait des changemens à la chose qui étoit léguée, ces changemens n'annullent point le legs. Ainsi le legs d'un bâtiment n'est point révoqué, quoiqu'il soit refait par parties successivement. Si cependant les changemens de la chose léguée, sont tels, qu'encore que la matiere en puisse rester, elle soit d'une autre nature, le legs est révoqué par ce changement. Ainsi, si un testateur qui auroit légué des étoffes de soie, en avoit fait faire des habits, il auroit par-là annullé le legs. Si la chose léguée vient à périr, & qu'il n'en reste que quelques accessoires, rien ne sera dû au légataire. Par exemple, si un cheval légué avec son harnois venoit à périr, le légataire n'auroit rien au harnois. Si celui qui avoit fait un legs de ses pierreries, de ses tableaux, &c. en vend une partie, le legs ne subsiste que pour ce qui en reste. Car comme il seroit augmenté, si le testateur avoit ajouté à la chose léguée, il est diminué, lorsqu'il en retranche. Lorsque par une seconde disposition, un testateur transfere à un second légataire, la même chose qu'il avoit auparavant donnée à un autre, le legs du premier légataire est tellement annullé par ce legs à un second, que, quand il arriveroit que le second légataire viendroit à mourir avant le testateur, le premier n'auroit rien. Un legs qui seroit bon & en bonne forme pourroit être annullé sans que le testateur fît aucune disposition expresse pour le révoquer, s'il arrivoit que le légataire s'en rendît indigne par quelqu'une des causes que nous avons rapporté en parlant des héritiers en général.

LOI.

TITRE III.

De la falcidie.

LA falcidie, ainsi nommée du nom de celui qui en fut l'inventeur, est le quart que l'héritier peut retenir des biens de la succession, lorsque les legs excedent les trois quarts. L'héritier ne peut demander de falcidie, s'il n'est héritier bénéficiaire, & ne fait voir par un inventaire en bonne forme, que les biens ne suffisent pas. Mais l'héritier pur & simple ne peut prétendre de falcidie, quand il seroit vrai qu'il y auroit moins de biens que de charges. Le quart que l'héritier doit avoir pour la falcidie, se compte sur le pied des biens de l'hérédité, au temps de la mort du testateur. La falcidie cesse en plusieurs cas, soit par des obstacles de la part de celui qui la prétendroit, ou par d'autres causes qui ne le regardent point. Quoique la falcidie soit un droit acquis par la Loi à l'héritier qui veut s'en servir, & qu'un testateur ne puisse empêcher que ses dispositions ne soient sujettes aux Loix, il est néanmoins permis à un testateur d'obliger son héritier à acquitter les legs, sans déduction de la falcidie ; & s'il l'ordonne ainsi bien expressément, la falcidie n'aura point lieu.

LIVRE CINQUIEME.

Des substitutions & fidéicommis.

CE nom de substitution, en général, a deux significations qu'il faut distinguer. L'une comprend les dispositions du testateur qui aiant institué un héritier, & craignant qu'il ne puisse ou ne veuille l'être, en nomme un autre, qui à son défaut soit son héritier. L'autre comprend les dispositions des testateurs, qui veulent faire passer leurs biens, d'un successeur à un autre, de sorte que le premier appellé aiant succédé, transmet après lui ces biens au second, & que s'il y en a plusieurs appellés, les biens passent de l'un à l'autre successivement.

TITRE PREMIER.

De la substitution vulgaire.

C'EST l'institution d'un héritier, appellé au défaut d'un autre, qui ne pourra ou ne voudra prendre cette qualité. On peut substituer, non-seulement un second héritier, au défaut d'un premier, mais un troisieme, au défaut d'un second, & encore d'autres en plusieurs degrés. On peut substituer, non-seulement à un héritier, mais à un légataire, de sorte que s'il ne peut ou ne veut acquérir le legs, il passe à celui que le testateur

lui aura fubftitué pour prendre fa place. Comme le fubftitué n'a aucun
droit à l'hérédité, qu'au cas que le premier inftitué ne fuccede point,
s'il arrive que le fubftitué meure avant que le premier héritier ait pris
fon parti, il meurt fans aucun droit à l'hérédité, & par conféquent n'en
tranfmet aucun à fes héritiers.

T I T R E I I.

De la fubftitution pupillaire.

C'EST ainfi qu'on appelle une difpofition que fait un pere, qui ayant
un enfant impubere fous fa puiffance, l'inftitue fon héritier & lui fubftitue
une autre perfonne, pour fuccéder à cet enfant, s'il n'étoit pas héritier
de fon pere, ou s'il l'étoit, pour fuccéder auffi à cet enfant, au cas qu'il
meure avant l'âge de puberté. On peut fubftituer de cette maniere, non-
feulement à un enfant qui foit déjà né, mais auffi à un pofthume qui
doive être fous la puiffance d'un teftateur quand il fera né. Si l'enfant
impubere étoit hors de la puiffance de fon pere, comme s'il étoit émancipé, le pere ne pourroit lui fubftituer pupillairement, car le droit de
faire une telle fubftitution n'eft accordé qu'à la puiffance paternelle.

T I T R E I I I.

Des fubftitutions directes & des fidéicommiffaires.

ON appelle fubftitution ou fidéicommis une difpofition qui fait paffer
une fucceffion, ou une partie, ou de certains biens, de la perfonne de
l'héritier ou du légataire à un autre fucceffeur, après le temps réglé par
le teftament. La liberté de fubftituer eft la même que celle d'inftituer des
héritiers ou des légataires, & celui qui jouit de ce dernier droit peut leur
fubftituer d'autres perfonnes pour recueillir les unes après les autres, les
biens qu'il leur aura affectés. Le teftateur peut, non-feulement charger fon
héritier de remettre l'hérédité, à une autre perfonne, au temps de la
mort de cet héritier, mais auffi de la rendre après un certain temps,
comme au temps de la majorité du fubftitué. On peut auffi fubftituer fous
condition, comme fi le fubftitué n'étoit appellé qu'au cas qu'il eut des enfans. Si le fidéicommiffaire ou fubftitué à qui les biens devroient être reftitués, n'ignorant pas fon droit, négligeoit d'en faire la demande, & l'en
laiffoit jouir au-delà du temps où la reftitution devroit être faite, cet héritier ne feroit pas tenu de reftituer cette jouiffance. Si un pere étoit
chargé de rendre à fon fils une hérédité, & qu'il aliénât les biens & les
diffipât, on pourroit l'obliger de remettre ces biens à fon fils, quoiqu'il
fût encore fous la puiffance de fon pere, & que le fidéicommis fût à

cette condition qu'il ne seroit ouvert, qu'après que le fils seroit émancipé, ou à quelqu'autre terme. Après que l'héritier chargé d'un fidéicommis d'une hérédité en a fait la restitution, comme tous les biens & tous les droits de cette hérédité passent à la personne du fidéicommissaire, il doit aussi en porter les charges & en garantir l'héritier qui lui a rendu le fidéicommis. Si l'héritier étoit un pere, ou autre ascendant chargé d'un fidéicommis envers ses enfans, il seroit excepté de la regle générale de donner caution, si ce n'est que le testateur l'y eut obligé, ou que cet héritier vint à convoler en secondes noces. Principe général, on peut faire une substitution ou fidéicommis particulier, comme d'un fief, d'une maison, d'une somme d'argent, & de toute autre chose qu'on veut faire passer d'un successeur à un autre. Ces fidéicommis particuliers peuvent se faire en plusieurs manieres, qu'on peut distinguer, ou par les différences des expressions dont les testateurs peuvent se servir, ou par les différences qui peuvent diversifier les dispositions de cette nature, indépendamment des manieres de les exprimer. Pour ce qui regarde les expressions, de quelque maniere que le testateur se soit expliqué, son intention connue doit servir de regle. Si un testateur nommant héritier son fils qui auroit des enfans, lui défendoit l'aliénation d'un certain bien, lui ordonnant qu'il le laissât dans sa famille, cet héritier ne pourroit donner ce bien à d'autres qu'à ses enfans, mais il pourroit le laisser à celui d'entr'eux qu'il voudroit choisir, car le laissant à un, ce seroit dans sa famille qu'il l'auroit laissé ; l'héritier ou le légataire chargé d'un fidéicommis, en doit les fruits & les intérêts, depuis le temps qu'il est en demeure de l'acquitter. Toute substitution, soit universelle, de l'hérédité, ou particuliere, de certaines choses, peut être faite, en faveur d'une seule personne ou de plusieurs, que le testateur y appelle pour le partager, soit également, soit inégalement.

TITRE IV.

De la trébellianique.

LA trébellianique est le quart de l'hérédité qui doit rester à l'héritier chargé de la rendre. Quoique le quart qui doit demeurer à l'héritier, soit une quote de l'hérédité, qui oblige à un partage des biens entre l'héritier & le fidéicommissaire, le testateur peut assigner à l'héritier un certain fonds, ou même une somme d'argent, au lieu de ce quart & en ce cas l'héritier remettant l'hérédité au fidéicommissaire, sous cette réserve, celui-ci demeurera seul tenu de toutes les charges, au lieu que si l'héritier prenoit le quart de l'hérédité, il se feroit un partage entr'eux des biens & des charges, à proportion de leurs portions. Si le testateur a expressément défendu la déduction de la trébellianique, l'héritier a bien la liberté d'accepter l'hérédité ou d'y renoncer, mais s'il l'accepte, il sera tenu d'accomplir

complir le fidéicommis fans rien retenir. Si l'héritier qui pouvoit retenir la trébellianique avoit reftitué l'hérédité entiere, fans aucune déduction, il ne feroit plus reçu à la demander, car on préfumeroit qu'il n'auroit fait en cela qu'accomplir plus exactement le fidéicommis, à moins qu'il ne parût par quelques circonftances, qu'une erreur de fait dût faire ceffer cette préfomption.

§. XIX.

T R A I T É D E S L O I X C I V I L E S,

Par Mr. de P. de T. La Haye, chez P. F. Goffe, & à Londres, chez la Société typographique, 1774, in-8vo. deux parties.

CET ouvrage eft très-digne de l'attention du public. Le but principal que Mr. de P. s'y propofe, eft de montrer que les Loix civiles, quoique le fonds en foit toujours le même, doivent néanmoins être modifiées différemment felon les circonftances, telles que font, par exemple, la fituation du pays, les qualités du fol, le climat, le gouvernement, les manieres, l'efprit & le caractere général de chaque nation. Cette propofition eft fi évidente par elle-même, qu'il paroit d'abord affez fuperflu de la démontrer. Mais fi l'on confidere que les Loix Romaines, faites pour un peuple dont la conftitution, le génie, les mœurs, les befoins étoient très-différens de ceux des nations modernes, ne laiffent pas de dominer encore & dans les tribunaux & dans les écoles, fi l'on confidere, dis-je, le refpect fuperftitieux que l'on a toujours en Europe pour ce code étranger, on fentira combien il eft néceffaire de s'élever contre un abus fi étrange & prefque univerfel. Il eft vrai que quelques habiles gens ont déjà prévenu à cet égard notre auteur. Dans ces dernieres années, fur-tout, le célèbre Mr. van der Marck, a diverfes fois porté des coups affez rudes au droit Romain, & il n'a pas tenu à lui qu'on n'en fécouât enfin le joug. Mais il y a tout lieu de croire que Mr. de P. ne connoît point les ouvrages de cet excellent jurifconfulte, car il ne les cite jamais. D'ailleurs il va bien plus loin que Mr. van der Marck, il entre dans de plus grands détails, fon zele eft plus ardent encore & il garde moins de ménagemens dans la guerre qu'il déclare au code Romain : qu'on en juge par les paffage que voici. *La compilation des Loix, faite par ordre de Juftinien, eft tout-à-fait extraordinaire dans fes défauts : c'eft l'affemblage de tous ceux qui peuvent fe rencontrer dans un code de Loix.... Ce corps de droit a été rédigé, il y a plus de mille ans, par les miniftres infenfés d'un empereur fans génie.... Quand ces minuties, ces abfurdités, ces inconféquences fe rencontrent à chaque inftant, peut-on fe mettre dans l'efprit que cet empereur ait eu le fens commun lorfqu'il a publié ces Loix ?... Cependant nous fommes affez infenfés que de nous creufer le cerveau, pour approfondir ces mêmes Loix, & en faire ufage dans les barreaux....*: *Juftinien étoit le plus ftupide de tous les légiflateurs.* Voilà des affertions qui paroîtront, fans doute, étrangement hérétiques & mal fonnantes aux dévots de Juftinien, & il eft aifé de prévoir combien ils feront fcandalifés, fi l'on fe rappelle les clameurs qui fe font élevées de toutes parts contre Mr. van der Marck, quoique bien plus modéré dans fes expreffions. Il eft certain que celles de Mr. de P. font un peu dures, & nous ne diffimulerons pas que nous fou-haiterions plus d'aménité dans fon ftyle, quelque chofe de moins tranchant dans fes décifions, & fur-tout moins de véhémence, & fi nous ofons le dire, moins d'amertume dans fes réflexions, non-feulement fur le droit qui eft en vogue dans prefque toutes les cours de judicature, mais auffi fur divers autres objets, & particuliérement fur le clergé de l'églife dont nous apprenons qu'il eft membre. A cela près, fon ouvrage eft excellent. L'a-mour de la juftice, de la vérité & de l'humanité, la haine de la tyran-nie, de la chicane, de la fuperftition & du fanatifme paroiffent l'avoir dicté, & l'auteur s'y montre auffi bon philofophe qu'habile jurifconfulte. Avant que de traiter des Loix civiles en général, il examine, en détail, les Loix des Romains, & l'on voit qu'il en a fait une étude approfondie, de même que de l'hiftoire, des mœurs & du gouvernement de ce peu-ple. Nous allons donner le précis de ces intéreffantes obfervations, après avoir rapporté en note les titres des chapitres de tout l'ouvrage. (*a*)

Les Romains avoient la politique de porter leurs Loix & leurs mœurs, par-tout où ils portoient le joug de leur domination. Ils maintenoient plus aifément par là leurs fujets dans l'obéiffance, & confervoient un afcendant plus durable fur leurs alliés. Les peuples de l'Afrique, de l'Efpagne, de l'Angleterre, de la Gaule, &c. fe plierent donc bientôt aux mœurs, aux Loix & à la langue des Romains. Il en eut été de même des Germains, fans la fameufe défaite de Varus. Après ce malheur, les Romains ne pu-rent plus fe rétablir folidement dans la Germanie. La fierté & la bravoure des Germains les garantirent de la domination des Romains, comme leur climat rude, leur fol inculte, & autres circonftances de leur fituation, durent les fouftraire à leurs Loix civiles. Mais dès que ces peuples aban-donnerent leur patrie pour s'établir dans d'autres pays, ils fe foumirent eux-mêmes au droit civil des Romains, à mefure qu'ils leur enlevoient des provinces dans lefquelles ce droit étoit établi. Ces provinces furent la

---

(*a*) 1. De l'établiffement du droit Romain dans l'Europe. 2. Des fources des Loix ci-viles des Romains. 3. Des moyens que les Romains avoient pour fe procurer leur fub-fiftance & pour s'enrichir. 4. Des conventions. 5. Des mariages & du divorce. 6. De la puiffance paternelle. 7. Du concubinage. 8. Des teftamens. 9. Des fidéicommis. 10. Des fucceffions *ab inteftat*. 11. De la raifon naturelle. 12. Des procès civils. 13. De la pro-cédure criminelle. 14. Des Loix canoniques. 15. Des Loix civiles en général. 16. Appen-dice, ou differtation fur l'état de l'agriculture chez les Romains, & fon influence fur leurs Loix, leurs mœurs, leur gouvernement & leur commerce.

Gaule, l'Espagne, & l'Italie. Lorsque divers peuples de la Germanie, les Visigoths, les Bourguignons & les Francs envahirent la Gaule, ils y trouverent les mœurs & les Loix Romaines, & ils ne tarderent pas à les adopter en grande partie. Ces conquérans barbares, qui sortoient à peine de leurs forêts, n'avoient point de Loix. Qu'en auroient-ils fait, eux qui avoient si peu d'idées, si peu de besoins, si peu d'affaires entr'eux, qu'un très-petit nombre de coutumes leur suffisoient pour prévenir ou terminer tous leurs différens? M. de P. se moque de ceux qui disent que les Francs avoient rédigé leurs Loix saliques avant de passer dans la Gaule, & il est persuadé que si dans les pays qu'ils conquirent, ils conserverent quelques-unes de leurs anciennes coutumes, & leur donnerent la forme de Loix, leurs codes furent néanmoins principalement composés des Loix & des coutumes que leurs nouveaux sujets avoient précédemment prises des Romains, & que les autres conquérans prirent depuis de leurs sujets. Aussi dans les capitulaires de Louis-le-Débonnaire, la Loi Romaine est-elle appellée la mere de tout droit humain. Ce qui prouve que les Francs, eux qui s'étoient fait des propres codes de Loix, reconnoissoient pourtant que le fond de leur droit civil étoit Romain.

Les temps malheureux qui suivirent le regne de Charlemagne, les invasions des Normands, les guerres intestines couvrirent toute l'Europe des plus affreuses ténebres; il n'y avoit presque que quelques moines & quelques évêques qui sussent lire ou écrire. Cela bouleversa toute la législation : on oublia tout ce qu'il y avoit de droit écrit, tant Romain que Germanique; on ne connoissoit plus que les usages : encore ceux-ci s'éteignirent-ils nécessairement pour la plus grande partie, & ce qui en resta, se fondit & s'absorba dans de nouvelles coutumes. Dans ces temps d'ignorance & de confusion, le clergé conservoit néanmoins une mémoire respectueuse du droit Romain, d'autant plus qu'il contenoit un grand nombre de constitutions d'empereurs chrétiens, qui étoient extrêmement favorables aux ecclésiastiques.

» Au commencement du douzieme siecle, les ténebres qui couvroient
» l'Europe, se raréfierent un peu : on entrevit quelque rayon de raison, un
» crépuscule de science littéraire. Il se trouva des gens qui étoient allés
» en Grece se polir, & s'instruire. Il est vraisemblable que quelqu'un de
» ceux qui alloient si loin chercher des lumieres, apporta en Europe le
» digeste de Justinien. Car quant à la prétendue découverte d'Amalphi,
» c'est un vieux conte, dont il ne faut plus parler. On commença à enseig-
» gner publiquement en Italie le droit Romain, & dans ce même siecle,
» il se trouva solidement rétabli en France, en Espagne, en Angleterre, &c.
» Ce fut un grand malheur pour l'Europe, car selon M. de P., aucun peu-
» ple n'a eu d'aussi bonnes Loix politiques, & d'aussi mauvaises Loix ci-
» viles que les Romains. Il est vrai que celles des peuples modernes de
» l'Europe sont, à certains égards, encore pires que celles des Romains;

» mais c'eſt que nous avons copiés les leurs , & que la copie eſt d'ordi-
» naire plus mauvaiſe que l'original. Il paroît donc étrange que les Loix
» civiles des Romains fuſſent ſi mauvaiſes, & leurs Loix politiques ſi bon-
» nes, tandis que les unes & les autres avoient été compoſées par les mê-
» mes légiſlateurs. La raiſon de cette différence eſt cependant aiſée à déve-
» lopper & à comprendre.

» L'ordre des patriciens compoſa les Loix politiques : ce fut auſſi lui
» qui forma le plan, jeta les fondemens, & éleva juſqu'à un certain point
» l'édifice de la juriſprudence civile. Dans celles-là comme dans celles-ci,
» cet ordre a conſtamment eu en vue ſa propre conſervation & ſes avan-
» tages. Ce but demandoit que les Loix politiques fuſſent bonnes, & les
» Loix civiles mauvaiſes. S'ils avoient fait de mauvaiſes Loix politiques,
» ils auroient ruiné l'Etat, & ſe feroient perdus avec lui : il falloit donc
» pour leur propre intérêt que ces Loix fuſſent bonnes. S'ils avoient fait
» de bonnes Loix civiles, l'ordre des plébéïens auroit pu ſe paſſer de leur
» ſecours, de leurs conſeils, & de leur direction dans les affaires entre
» particuliers; & les Plébéïens feroient devenus, à cet égard, indépendans
» des patriciens : indépendance qui auroit beaucoup diminué la ſupériorité,
» l'autorité & les profits pécuniaires de cet ordre. Leur intérêt exigeoit
» donc que ces dernieres Loix fuſſent mauvaiſes, & comme plus elles
» étoient mauvaiſes, plus les citoyens avoient beſoin de leurs lumieres, on
» peut bien s'imaginer que cet ordre étant rempli de gens les plus ſubtils
» & les plus ingénieux de l'univers, ils n'auront pas manqué de faire les
» Loix les plus mauvaiſes qu'il leur aura été poſſible. «

Rome n'eut d'abord que très-peu de Loix, & on les cachoit ſoigneuſement au peuple, afin de pouvoir les gouverner arbitrairement. Mais enfin les tribuns forcerent les patriciens de nommer des députés pour aller raſ-
ſembler en Grece, les Loix qu'ils trouveroient les plus convenables aux
Romains. Lorſque les députés furent de retour, les patriciens choiſirent dix
commiſſaires de leur ordre pour former un code de Loix. Ces Loix ayant
été écrites ſur douze tables, & expoſées en public, furent trouvées admirables. Le peuple les approuva, & les Romains les eurent toujours depuis
en très-grande vénération. Ce ſont celles que l'on appelle *les Loix des
XII tables*. Tacite dit qu'elles furent les dernieres bonnes Loix. Tite-Live
en parle de même; il les appelle la ſource de tout droit public & privé
chez les Romains : celles qui furent faites après, il ne les nomme qu'un
amas de Loix, entaſſées les unes ſur les autres. Cicéron préféroit la Loi
des XII tables à toutes les bibliotheques des philoſophes.

Après la publication de ces Loix, les patriciens virent que leur regne
alloit finir, ſi quelque nouvel expédient ne le prolongeoit. Les Plébéïens
n'avoient que faire de leurs conſeils, de leur direction, & de leur protection dans les affaires & les procès : ils trouvoient dans les Loix tout ce
qu'il leur falloit. Elles étoient expoſées en public : chacun pouvoit même

les apprendre par cœur ; ce que l'on fit, en effet, parce qu'elles étoient en petit nombre. Les patriciens s'arrogerent donc l'interprétation, l'application & l'exécution des Loix des XII tables. Ils introduisirent dans les procédures, des formules, des solemnités & des cérémonies, dont ils envelopperent toutes les affaires que les citoyens avoient entr'eux. Contrats, testamens, mariages, procès, tout fut soumis à ces formules, & celle des parties qui négligeoit la moindre de ces formalités, perdoit sa cause. Tant d'accessoires inutiles voiloient tellement les Loix, que les plébéïens, qui par leur genre de vie, ne pouvoient se livrer à cette étude, étoient dans l'impuissance d'entreprendre aucune affaire importante, ou d'intenter quelque action en justice, sans l'assistance des patriciens. De plus, ceux-ci se réservoient encore à eux seuls la connoissance des fastes ou du calendrier, de sorte que le peuple ne pouvoit savoir que d'eux quels étoient les jours judiciaires.

Enfin ces mysteres furent découverts par Flavius, qui avoit été greffier sous Apius Claudius Cœcus, un des premiers patriciens, & des plus célébres jurisconsultes. L'emploi de Flavius le rendant dépositaire des livres & des écrits de son maître, il put copier ceux qui contenoient les formules, & il les publia avec les fastes, vers l'an 449 de Rome. Le peuple en fut si satisfait, qu'il conféra la liberté, & l'honneur de l'édilité à Flavius, qui jusqu'alors n'avoit été qu'affranchi. Les patriciens inventerent de nouvelles formules, & de nouveaux rites ; & pour que ceux-ci n'eussent pas le sort des premiers, ils les déguiserent sous des chiffres imaginés tout exprès. Mais environ cent ans après, les plébéïens ayant forcé les patriciens à consentir que la dignité du grand pontificat fut également commune aux uns & aux autres, ces rites ne furent plus secrets, dès que Tibérius Coruncanius, de famille plébéïenne, fut élu grand pontife. Car les pontifes possédant tous les livres concernant le droit, Coruncanius dut en avoir connoissance, & il les expliqua publiquement à quiconque voulut l'entendre. Cinquante ans après Sextus Relius Catus divulgua aussi les chiffres, & leurs mysteres. Dès lors le droit devint une connoissance commune ; mais tout le monde étant déjà depuis deux siecles habitué à la gêne des rites & des formules ; & l'empire de la coutume tournant toute l'attention de ceux qui enseignoient & qui apprenoient le droit, à expliquer & à entendre ces formules, on ne songea plus à les abolir. L'esprit des formules n'étant que gêne & subtilité, il étoit naturel que les jurisconsultes s'occupassent à renchérir sur cette gêne & cette subtilité ; ce qui fit qu'il n'y avoit aucune science, où la justice & l'équité fussent plus étrangeres, que dans la jurisprudence : elles y étoient remplacées par des jeux de mots & des formalités.

Voici un exemple qui peut servir à donner une idée de l'esprit de cette jurisprudence formulaire. Mr. de P. le tire du chapitre 14 du livre 3 des Offices de Cicéron. Le passage est un peu long, mais il est si remarqua-

ble que nous croyons devoir le rapporter. » C. Cannius, chevalier romain,
» homme agréable & de bon esprit, & qui n'étoit pas sans étude, étant allé
» à Syracuse, non pour affaire, mais pour ne rien faire, comme il avoit
» accoutumé de dire, fit savoir qu'il seroit bien aise d'acheter une maison
» de plaisance proche de la ville, pour y aller quelquefois se divertir avec
» ses amis & se dérober aux visites. Ce bruit s'étant répandu dans la ville,
» un certain Pittius, qui faisoit la banque à Syracuse, lui dit qu'il en
» avoit une, qui à la vérité n'étoit point à vendre; mais qu'il la lui offroit
» pour en user comme si elle étoit à lui, & il le pria d'y venir souper le
» lendemain. Cannius l'ayant promis, le banquier qui, par son commer-
» ce, s'étoit acquis toutes sortes de gens, manda des pêcheurs, les pria
» de venir le lendemain pêcher devant sa maison, & leur donna quelques
» autres ordres qui convenoient à son dessein. Cannius ne manqua pas au
» rendez-vous. Il trouva un festin magnifique, & toute la mer couverte de
» barques de pêcheurs, qui venoient, l'un après l'autre, apporter à Pittius
» une grande quantité de poissons, comme s'ils fussent venus de les pren-
» dre devant lui. Cannius tout surpris de ce qu'il voyoit, quoi? dit-il à
» Pittius, y a-t-il donc ici tant de poissons, & y voit-on tous les jours tant
» de barques de pêcheurs? Tous les jours, répondit Pittius : il n'y a que
» ce seul endroit autour de Syracuse où l'on trouve du poisson, & où les
» pêcheurs puissent même venir prendre de l'eau : & tous ces gens là ne
» sauroient se passer de cette maison. Voilà Cannius amoureux de la mai-
v son; il presse Pittius de la lui vendre. Celui-ci paroît avoir bien de la
» peine à s'y résoudre; il s'en fait beaucoup prier; enfin il y consent. Can-
» nius, homme riche & qui aimoit son plaisir, l'achete même toute meu-
» blée. Pittius s'oblige solemnellement par écrit, & l'affaire est consom-
» mée. Cannius prie ses amis de le venir voir dès le lendemain; il s'y
» rend lui-même de fort bonne heure; mais il n'y avoit plus ni pêcheurs
» ni barques. Il demande à quelque voisin s'il étoit fête ce jour-là pour
» les pêcheurs. Nulle fête que je sache, dit le voisin : jamais on ne pêche
» ici, & hier je ne savois ce que tout cet appareil vouloit dire. Voilà Can-
» nius en grande colere : mais que faire? Car Aquilius mon collegue &
» mon ami, n'avoit pas encore imaginé les formules contre le dol & la
» mauvaise foi. «

Mr. de P. observe que ce passage prouve, qu'avant Aquilius, contemporain de Cicéron, il n'y avoit point de justice contre le dol & la tromperie. Après que ce préteur eut composé ses formules, on pouvoit à la vérité obtenir justice contre la fraude, mais seulement au cas que les contractans n'eussent pas oublié d'insérer dans leur contrat la formule contre
le dol. Quand celui qui avoit été dupé, étoit appellé en justice par le trom-
peur pour remplir ses engagemens, celui-là ne devoit pas oublier lors de
la contestation de la cause, de demander au préteur la formule contre le
dol, sans quoi il avoit indubitablement perdu son procès. Toute la force

résidoit donc, non dans la chose même, mais dans l'usage que l'on faisoit de la formule, premiérement dans le contrat, & ensuite devant le préteur. Notre habile auteur montre dans les chapitres sur les conventions & les testamens, quelle influence ces formules & l'esprit de la jurisprudence formulaire, eurent sur tout le droit civil des temps postérieurs, & il fait sentir l'empire que cet esprit exerce encore sur nous. » Les plus grands jurisconsultes de nos jours conviennent, dit-il, que les formules sont le fond de ce droit civil des Romains qu'on nous enseigne dans les écoles, & qu'on vénere dans le barreau. Ainsi le fond de notre jurisprudence est précisément jurisprudence formulaire; celle dont Cicéron disoit devant toute l'assemblée des juges, que c'étoit une science composée de choses feintes, & inventées au gré du caprice; celle dont le même Cicéron assure qu'on ne l'a admirée qu'autant qu'on a su en faire un mystere, mais qu'une fois découverte elle n'a plus paru qu'un amas de sottises & de tromperie; celle enfin, dont le grand orateur Antoine dit qu'elle fait de ceux qui la professent de vrais chicaneurs, fourbes & adroits, des gens sans principes dans leur conduite, des chanteurs de formules & des enchasseurs de mots. «

L O I S I R, f. m.

LE Loisir est le temps vide que nos devoirs nous laissent, & dont nous pouvons disposer d'une maniere agréable & honnête. Si notre éducation avoit été bien faite, & qu'on nous eût inspiré un goût vif de la vertu, l'histoire de nos Loisirs seroit la portion de notre vie, qui nous feroit le plus d'honneur après notre mort.

Le vrai Loisir n'est pas un état oisif, mais occupé. Ce n'est pas celui que les enfans aiment, mais celui qui convient aux gens sages; qui rend les hommes libres, & non esclaves; que les gens savans désirent, qui n'a point pour objet le libertinage, mais le repos; qui n'émousse point, mais qui aiguise les ressorts de l'esprit humain; enfin qui, loin d'étouffer les femences de la vertu, les vivifie.

Séneque demande si le sage peut s'éloigner des affaires pour se livrer au Loisir? Il fait voir que les chefs même des stoïciens ont été de cet avis; que l'honnêteté a toujours approuvé un Loisir, qui a pour objet l'étude de la sagesse & la contemplation de la nature.

Il finit par prononcer que le sage, dans le Loisir même, peut procurer les plus grands avantages à la république, & propose pour modele de ce genre de vie Zénon & Chrysippe, philosophes plus utiles à la société dans le calme paisible du repos, que bien des hommes livrés aux fatigues & au tumulte du gouvernement, quelquefois hélas! pour le malheur de leurs concitoyens.

L'on ne rentre point inutilement en foi-même. Quand on ne feroit dan les fentiers de la vertu que ce pas, il feroit décifif; lui feul produiroit les plus heureux changemens.

Eft-il, en effet, rien de plus fage que de fe renfermer dans le commerce des plus gens de bien, de choifir parmi eux un modele, de régler fur lui toutes les actions de fa vie? quelle fituation plus propre à ce plan, qu'un profond Loifir? c'eft là qu'on peut jouir, fans diftraction, des biens dont la feule idée féduit. Le monde corrompt; la folitude fortifie la raifon la moins affermie. Il coule dans fon fein, d'une fource pure, cette douce paix cette égalité, cette tranquillité qui ne fe trouve point dans une vie fans ceffe occupée de mille deffeins oppofés

LONDONDERRY, Comté d'Irlande.

CE comté eft dans la province d'Ulfter, vers la mer du nord, & vers les comtés d'Antrim, de Tyrone, & de Donnegal, ayant environ 32 milles de longueur & 30 de largeur, & jouiffant d'un bon air & d'un fol fertile. L'on y compte 3 villes ou bourgs parlementaires, 5 baronnies, 38 paroiffes, & 13,489 maifons. Sa capitale eft Derry, ou *Londonderry*, ville fituée fur la Mourn, à 5 milles du lac ou golfe de Foyle, & pourvue d'un port commode. C'eft un fiege épifcopal, & une place munie de quelques fortifications. Des habitans de Londres allerent s'y établir fous le regne de Jacques I l'an 1613, & ils y conftruifirent des maifons propres & folides. Leur argent & leur induftrie en firent un lieu de commerce : l'agriculture & les fabriques fe répandirent à la ronde ; & cette ville petite & nouvelle fe trouva bientôt dans la profpérité. Elle effuya l'an 1689 un fiege cruel de la part de Jacques II. qui ne put la prendre : la famine y fit alors fentir toutes fes horreurs; mais la conftance, le courage & la bravoure y déployerent toutes leurs forces : on s'y défendit avec le plus glorieux fuccès, fous la conduite d'un eccléfiaftique du nom de *Walker*, qui prit la place du commandant, mort au commencement du fiege.

LONDRES, Ville capitale de l'Angleterre.

LONDRES eft l'une des plus anciennes, des plus grandes, des plus riches, des plus peuplées & des plus floriffantes villes du monde. Elle étoit déjà très-célèbre par fon commerce du temps de Tacite, *copiâ negociatorum ac commeatuum maximè celebre;* mais Ammien Marcellin a été plus loin,

il

il a tiré l'horofcope de fa grandeur future, *Londinium*, dit-il, *vetus op-pidum, quod Augustam posteritas adpellabit.*

Elle mérite aujourd'hui ce titre à tous égards. M. de Voltaire la préfente dans fa Henriade, comme le *centre des arts*, le *magafin du monde* & le *temple de Mars.*

Pour comble d'avantages, elle jouit du beau privilege de fe gouverner elle-même. Elle a pour cet effet, fes cours de juftice, dont la principale eft nommée, *commun-concil*, le confeil-commun ; c'eft une efpece de parlement anglois, compofé de deux ordres ; le lord maire & les échevins, repréfentent la chambre des feigneurs ; & les autres membres du confeil, au nombre de 2¡1, choifis dans les différens quartiers de la ville, repréfentent la chambre des communes. Cette cour feule a le pouvoir d'honorer un étranger du droit de bourgeoifie. C'eft dans cette cour ·que fe font les loix municipales, qui lient tous les bourgeois, chacun y donnant fon confentement, ou par lui-même, ou par fes repréfentans ; en matieres eccléfiaftiques, la ville eft gouvernée par fon évêque, fuffragant de Cantorbery.

Londres contient cent trente-cinq paroiffes, & par conféquent un grand nombre d'églifes, dont la cathédrale nommée *S. Paul*, eft le plus beau bâtiment qu'il y ait dans ce genre, après S. Pierre de Rome. Sa longueur de l'orient à l'occident, eft de 570 pieds ; fa largeur du feptentrion au midi, eft·de 311 pieds, fon dôme depuis le rez de chauffée, eft d'environ 318 pieds de hauteur. La pierre de cet édifice qui fut commencé en 1667, après l'incendie, & qui fut promptement achevé, eft de la pierre de Portland, laquelle dure prefque autant que le marbre.

Les non-conformiftes ont dans cette ville environ quatre-vingts affemblées ou temples, au nombre defquels les proteftans étrangers en ont pour eux une trentaine ; & les Juifs y jouiffent d'une belle fynagogue.

On compte dans Londres cinq mille rues, environ cent mille maifons, & un million d'habitans.

Cette capitale, qui felon l'expreffion des auteurs anglois, éleve fa tête au-deffus de tout le monde commerçant, eft le rendez-vous de tous les vaiffeaux qui reviennent de la Méditerranée, de l'Amérique & des Indes orientales. C'eft elle, qui après avoir reçu les fucres, le tabac, les indiennes, les épiceries, les huiles, les fruits, les vins, la morue, &c. répand toutes ces chofes dans les trois royaumes : c'eft auffi dans fon fein que viennent fe rendre prefque toutes les productions naturelles de la grande Bretagne. Cinq cents gros navires y portent continuellement du charbon de terre ; que l'on juge par ce feul article, de l'étonnante confommation qui s'y fait des autres denrées néceffaires à la fubfiftance d'une ville fi peuplée. Les provinces méditerranées qui l'entourent, tranfportent dans fes murs toutes leurs marchandifes, foit qu'elles les deftinent à y être confommées, ou à être embarquées pour les pays étrangers. Vingt mille mariniers font occupés fur la Tamife à conduire à Londres, ou de Londres dans les provinces, une infinité de chofes de mille efpeces différentes. Enfin, elle eft comme le reffort qui entretient l'Angleterre dans un mouvement continuel.

Je ne me propofe point d'entrer ici dans de plus grands détails fur ce fujet. John Stow a comme immortalifé les monumens de cette ville immenfe, par fon ample defcription, que l'auteur de l'Etat de la grande Bretagne a pourfuivi jufqu'à ce jour; on peut les confulter.

Mais je ne puis m'empêcher d'obferver, que la plupart des belles chofes, ou des établiffemens importans qu'on y voit, font le fruit de la munificence de fes citoyens eftimables qui ont été épris de l'amour du bien public, & de la gloire d'être utiles à leur patrie.

L'eau de la nouvelle riviere, dont les habitans de Londres jouiffent, outre l'eau de la Tamife, eft dûe aux foins, à l'habileté & à la générofité du chevalier Hughes Middleton. Il commença cet ouvrage de fes propres deniers en 1608 & le finit au bout de cinq ans, en y employant chaque jour des centaines d'ouvriers. La riviere qui fournit cette eau, prend fa fource dans la province de Hartford, fait 60 milles de chemin, avant que d'arriver à Londres, & paffe fous huit cents ponts.

La bourfe royale, cet édifice magnifique deftiné aux affemblées des négocians, & qui a donné lieu à tant d'excellentes réflexions de M. Addiffon dans le *fpedateur*, fut fondée en 1566 par le chevalier Thomas Gresham, négociant, fous le regne d'Elifabeth. C'eft aujourd'hui un quarré long de 230 pieds de l'orient à l'occident, & de 171 pieds du feptentrion au midi, qui a coûté plus de 50 mille livres fterling; mais comme il produit 4 mille livres fterling de rente, on peut le regarder pour un des plus riches domaines du monde, à proportion de fa grandeur.

Le même Gresham, non content de cette libéralité, bâtit le college qui porte fon nom, & y établit fept chaires de profeffeurs, de 50 liv. fterling par an chacune, outre le logement.

On eft redevable à des particuliers, guidés par le même efprit, de la fondation de la plupart des écoles publiques, pour le bien des jeunes gens : par exemple, l'école nommée *des tailleurs*, où l'on enfeigne cent écoliers gratis; cent pour deux shellins 6 fols chacun par quartier; & cent autres pour cinq shellins chacun par quartier, ce qui ne fait que 3 ou 6 livres monnoie de France par tête, pour trois mois; cette école, dis-je, a été fondée par Thomas White, marchand tailleur de Londres; il devint échevin de la ville, & enfuite fut créé chevalier.

M. Sutton acheta en 1611 le monaftere de la Chartreufe, 13 mille liv. fterling, & en fit un hôpital pour y entretenir libéralement quatre-vingts perfonnes, tirées d'entre les militaires & les négocians.

Ce même citoyen crut auffi devoir mériter quelque chofe de fes compatriotes qui voudroient cultiver les lettres. Dans cette vue, il fonda une école, pour apprendre le latin & le grec à quarante jeunes gens, dont les plus capables passeroient ensuite à l'université de Cambridge, où d'après sa fondation, l'on fournit annuellement à chacun d'eux, pour leur dépense pendant huit ans, 30 livres sterling.

La statue de Charles II. qui est dans Soho-Square, a été élevée aux frais du chevalier Robert Viner.

Mais la bourse de Gresham, & tous les bâtimens dont nous venons de parler, périrent dans l'incendie mémorable de 1666, par lequel la ville de Londres fut presqu'entièrement détruite. Ce malheur arrivé après la contagion, & au fort d'une triste guerre contre la Hollande, paroissoit irréparable. Cependant, rien ne fait tant voir la richesse, l'abondance & la force de cette nation, quand elle est d'accord avec elle-même, que le dessein formé par elle, d'abord que l'embrasement eut cessé, de rétablir de pierres & de briques sur de nouveaux plans, plus réguliers & plus magnifiques, tout ce que le feu avoit emporté d'édifices de bois, d'agrandir les temples & les lieux publics, de faire les rues plus larges & plus droites, & de reprendre le travail des manufactures & de toutes les branches du commerce en général, avec plus de force qu'auparavant; projet qui passa dans l'esprit des autres peuples, pour une bravade de la nation Angloise, mais dont un court intervalle de temps justifia la solidité. L'Europe étonnée, vit au bout de trois ans, Londres rebâtie, plus belle, plus réguliere, plus commode qu'elle n'étoit auparavant; quelques impôts sur le charbon, & sur-tout l'ardeur & le zele des citoyens, suffirent à ce travail, également immense & coûteux; bel exemple de ce que peuvent les hommes, dit un auteur moderne, & qui rend croyable ce qu'on rapporte des anciennes villes de l'Asie & de l'Egypte, construites avec tant de célérité.

Londres se trouve bâtie dans la province de Middlesex, du côté septentrional de la Tamise, sur un côteau élevé, situé sur un fond de gravier, & par conséquent très-sain. La riviere y forme une espece de croissant; la marée y monte pendant quatre heures, baisse pendant huit, & les vaisseaux de charge peuvent presque arriver jusqu'au pont de cette métropole; ce qui est un avantage infini pour le prodigieux commerce qu'elle fait.

Son étendue de l'orient à l'occident, est au moins de huit milles; mais sa plus grande largeur du septentrion au midi, n'a pas plus de deux milles & demi. Comme Londres est éloignée de la mer d'environ 60 milles, elle est à couvert dans cette situation de toute surprise de la part des flottes ennemies.

Nous observerons en finissant cet article, que sous le nom de *Londres*, qui dérive de *Lhongdinas*, ou *Lundayn*, ancien mot breton qui vouloit dire *ville à vaisseaux*, l'on comprend trois lieux contigus, qui different par leur maniere de se gouverner, & qui, chacun à part, députent des membres au parlement; ce sont la ville ou cité de Londres, celle de Westminstter , & le bourg de Soutwark : les deux premieres bordent le même côté de la Tamise, & Soutwark eft vis-à-vis dans la province de Surrey; il y a trois ponts entre le bourg & les deux villes. Londres proprement, dit, élit quatre membres de la chambre des communes; Weftminfter deux; & Soutwark deux. Londres fe gouverne par fon maire, comme il a été dit plus haut : Weftminfter fe gouverne par le chapitre de fa cathédrale, lequel fait adminiftrer fa juftice & fa police par un grand fénéchal, Highfteward, & par des officiers fubalternes; & Soutwark eft fous la juftice & la police de la province de Surrey.

Sa diftance eft à 85 lieues, fud-eft, de Dublin, 90, fud, d'Edimbourg, 100, nord-oueft, de Paris, 255, nord-eft, de Madrid, 282, nord-oueft, de Rome, & 346, nord-eft, de Lifbonne, avec laquelle néanmoins elle a une pofte réglée chaque femaine, par le moyen de fes pacquebots.

Par rapport à d'autres grandes villes, Londres eft à 70 lieues, nord-oueft, d'Amfterdam, 170, fud-oueft, de Copenhague, 240, oueft, de Vienne, 295, fud-oueft de Stockholm, 280, oueft de Cracovie, 530, oueft, de Conftantinople & de Mofcow.

Long. fuivant Flamftead & Caffini, 17. 26. 15. *lat.* 51. 31. La différence des méridiens entre Paris & Londres, ou pour mieux dire entre l'obfervatoire de Paris & celui de Gresham, eft de 2. 20. 45. dont Londres eft plus à l'occident que Paris.

L O R R A I N E, *ci-devant Etat fouverain de l'Europe, & aujourd'hui province de France.*

CE qu'on appelle aujourd'hui Lorraine n'eft qu'une très-petite partie de l'ancien royaume de ce nom. Il comprenoit toutes les provinces fituées entre la Saone, la Meufe, l'Efcaut, & le Rhin, ou ce qu'on nommoit alors la *Germanie premiere* ou *fupérieure*, la Germanie *feconde* ou *inférieure*; la *Belgique premiere* & une partie de la *Belgique feconde*. Lors de la décadence de l'empire Romain jufqu'à l'établiffement de la monarchie Françoife il fouffrit beaucoup des courfes des barbares, qui, la plupart, y dirigoient leur route pour fe rendre dans les provinces méridionales. Ce fut que vers le milieu du cinquieme fiecle que les Leuci, les Médiomatrices & les Veroduni qui l'habitoient, commencerent à refpirer un peu fous la domination des François; & ils firent depuis la plus noble partie du grand royaume d'Auftrafie formé en 511, après la mort de Clovis-le-grand & le partage ordinaire des cadets de la maifon de France, jufqu'en 679, époque de fa réunion à la Neuftrie.

En 855 ce pays fut donné à Lothaire II, petit-fils de Louis-le-Débon-

naire, lors du partage des Etats de Lothaire I, fon pere, & il en forma
un royaume qu'on appella depuis de fon nom, Lorraine, Loter-Reich en
Tudefque, *Lotharingia* ou *Lotharii Regnum*. A la mort de ce prince qui
ne laiffoit point d'enfans, ce royaume devoit appartenir de droit à l'empereur Louis II fon frere : mais Louis-de-Germanie & Charles-le-Chauve,
fes oncles, trouverent à propos de s'en emparer & de le partager dans
une entrevue qu'ils eurent au pays de Liege fur les rives de la Meufe en
870. Charles eut pour fa part les Diftricts de Vienne en Dauphiné, de
Lyon, de Befançon, & tout ce qui eft fitué à la gauche du Mont Jura,
des Vofges, de la Mofelle & de l'Ourte, petite riviere du Luxembourg,
qui fe jette dans la Meufe près de Liege ; & tout ce qui eft à la droite
de ces limites échut à Louis-le-Germanique, nommément les villes de
Metz, de Treves, de Cologne, & les Pays-Bas. Au décès de Louis-le-
Begue fils de Charles-le-Chauve, la portion qu'il avoit héritée de fon
pere dans la Lorraine, paffa à Louis & Carloman, fes deux fils aînés,
qu'il avoit eus d'Anfgarde ; mais Louis III, fils de Louis-le-Germanique
les attaqua, prétendant qu'ils n'étoient pas nés d'un mariage légitime, &
les contraignit d'acheter la paix par la ceffion de leur part dans ce royaume qui fut alors réuni tout entier à celui d'Allemagne. Arnoul, fils naturel de Carloman, qui fut fait roi de Germanie en 888, & empereur
l'année fuivante, donna, en 895, la Lorraine, à titre de royaume, à
Zwentebold, fon fils illégitime, qui n'en jouit que cinq ans, ayant été
affaffiné en 900, par fes fujets, qui fe foumirent à Louis-l'Enfant fils d'Arnoul & fon fucceffeur au trône d'Allemagne & à l'empire. Mais ce dernier prince étant mort en 911 fans avoir été marié, une partie des Lorrains reconnut Charles-le-fimple, roi de France pour légitime héritier de
leur maître ; l'autre partie, à l'imitation des Allemands, obéit à Conrad I,
comte de Franconie, élu roi de Germanie & empereur en 912. Et c'eft
là la fource des difputes qui s'éleverent après, entre ces couronnes qui
toutes deux y firent adminiftrer, pendant un certain temps, leurs portions
refpectives par des gouverneurs amovibles. Enfin cet Etat déchiré par des
guerres civiles, au milieu des troubles excités en France par la révolte de
Robert, comte de Paris, & par l'emprifonnement de Charles-le-fimple, fe
foumit, en 924, à Henri-l'Oifeleur, qui en laiffa le duché à Gifelbert,
puiffant feigneur du pays, auquel il donna fa fille Gerberge en mariage.
Le roi Charles renonça quatre ans après à tous les droits qu'il confervoit
fur la Lorraine, en reconnoiffance des démarches que l'empereur avoit faites
pour lui procurer la liberté : mais à peine Henri II s'en fut-il mis en
poffeffion, qu'elle fut dévaftée par les Hongrois, qui y mirent tout à feu
& à fang. En 963 Brunon de Saxe, archevêque de Cologne & frere de
l'empereur Otton I, en obtint le gouvernement fuprême fous le titre d'archiduc, & en 959, il la partagea en deux parties, l'une appellée la *Baffe-
Lorraine* ou *Lothier*, & l'autre la *Haute-Lorraine* ou *Lorraine-Moffelune*,

qui eſt celle d'aujourd'hui, & qu'il fit gouverner par Frédéric petit-fils de Ricuin comte de Verdun, mais ſous ſa dépendance. Après Brunon, Otton I n'y nomma plus de duc, & il s'en réſerva le gouvernement en chef juſqu'à ſa mort. Mais l'empereur Otton II forma de ce pays deux fiefs particuliers, mouvants de l'Allemagne & indépendants l'un de l'autre. Celui de la Haute-Lorraine fut confié à Frédéric, fils de celui qui y avoit commandé ſous Brunon ; & à ſon décès, il paſſa à Thierry ſon fils, puis à Frédéric II, ſon petit-fils & le dernier de ſa famille. La Baſſe-Lorraine fut donnée à Charles, frere de Lothaire roi de France, qui la laiſſa en héritage à ſon fils Otton, lequel étant mort ſans enfans, la conféra, de l'agrément de l'empereur ſon ſuzérain, à Godefroi-le-Barbu, fils de Godefroi comte des Ardennes.

En 1033, ces deux fiefs furent réunis en faveur de Gothelon, frere de Géofroi; mais à ſa mort arrivée en 1044, ils furent ſéparés de nouveau & pour toujours, & partagés entre ſes fils Gothelon II, & Godefroi II, remarquable par ſes fréquentes révoltes. Quelques raiſons ayant porté l'empereur Henri III, à dépoſer Gothelon II, en 1046, il donna la Haute-Lorraine, qu'il poſſédoit, au duc Albert, iſſu de la maiſon d'Egesheim en Alſace, & deſcendant du duc d'Alſace Ethichon I, ſouche commune des maiſons d'Autriche & de Lorraine. Mais Albert ayant été tué peu de temps après par Godefroi frere de Gothelon, ſon duché fut donné à Gérard d'Alſace ſon neveu, auteur de la maiſon actuelle de Lorraine, qui le tranſmit à ſa poſtérité, qui en jouit, par une ſuite de grands princes plus ou moins célébres dans l'hiſtoire des empereurs, juſqu'en 1430, temps auquel mourut Charles II, dit l'audacieux, & où commence une période nouvelle & très-remarquable dans l'hiſtoire de Lorraine. Ce prince ne laiſſa qu'une fille, ſous le nom d'Iſabelle, qui hérita de ſes Etats, & les porta en dot à Réné d'Anjou roi titulaire de Naples & de Sicile, qu'elle épouſa en 1431, & qui réunit à la Lorraine le duché de Bar qu'il avoit acquis, l'année précédente par ceſſion, du duc Louis II, ſon oncle, qui avoit embraſſé l'Etat eccléſiaſtique, & avoit été fait cardinal. Après la mort de ſon fils Jean duc de Calabre, & celle de ſon petit-fils Nicolas duc de Lorraine, Réné I, déſigna pour ſon ſucceſſeur Réné II, fils de ſa fille Jolande & de Ferry, comte de Vaudemont, fameux par les guerres qu'il eut à ſoutenir contre Charles-le-téméraire, duc de Bourgogne, qui vouloit lui enlever la Lorraine, & qu'il vainquit en 1477. C'eſt de lui que vient cette nombreuſe poſtérité de la maiſon de Lorraine ſi répandue en Europe (Antoine ſon fils aîné en fonda la ligne directe, & Claude ſon cadet eſt chef de la branche collatérale qui s'eſt étendue en France) : Il tranſmit ſes Etats en 1508, au duc Antoine ſon fils, & celui-ci à François ſon aîné en 1544. Il n'y eut que le duché de Mercœur qu'il donna à ſon ſecond fils Nicolas. L'année ſuivante Charles III, fils de François, fut duc de Lorraine, & en 1558 il épouſa Claude, fille de Henri II, roi de France. Il mérita le nom de Grand par ſes vertus & par un regne floriſſant & pacifique qui ne fuit qu'en 1608. L'aîné de ſes fils Henri-le-Bon lui ſuccéda, & mourut en 1624, laiſſant ſes Etats à ſa fille Nicole & à Charles IV, ſon neveu, qui l'avoit priſe en mariage. En 1625, ce même Charles, ſous prétexte que la loi ſalique avoit force de loi en Lorraine, fit reconnoître François de Vaudemont ſon pere, & frere cadet d'Henri-le-Bon, pour ſouverain légitime, & quelques jours après il reprit de lui la ſouveraineté. Il commit d'énormes excès en guerre & en amour, & prouva plus d'une fois qu'il étoit mauvais politique. Ayant pris parti pour la maiſon d'Autriche, dans la guerre de trente ans, les François l'en punirent & le chaſſerent de ſes Etats. Il y rentra néanmoins en 1659; mais ſous des clauſes fort dures. En 1662, il fit un traité avec Louis XIV, qui portoit, qu'après ſa mort la Lorraine appartiendroit à la couronne, à condition que toute la maiſon de ce nom ſeroit miſe au rang des princes du ſang. Mais peu fidele à ſes engagemens, il ſe brouilla encore avec la France, & fut obligé en 1670, de quitter de nouveau ſes Etats, qui furent démembrés & dévaſtés. Il mourut en Allemagne au ſervice de l'empereur en 1675, & ſon neveu, fils de Nicolas François ſon frere, hérita de lui la ſeule qualité de duc de Lorraine, ſous le nom de Charles V. Héros célèbre par ſes victoires ſur les Turcs, il ne goûta jamais la ſatisfaction de gouverner ſon pays, parce qu'il refuſa conſtamment d'accepter les conditions, auxquelles on vouloit le lui rendre, lors de la paix de Nimegue. Léopold ſon fils aîné lui ſuccéda au titre de duc en 1690, & enſuite du traité de Ryſwick conclu en 1697, il entra enfin en poſſeſſion réelle de l'héritage de ſes peres, que les François poſſédoient depuis vingt-ſept ans. En prince ſage, il s'occupa tout entier du bonheur de ſes peuples, & répara les déſaſtres de ſon pays, qu'il ſut maintenir en paix entre les deux plus grandes puiſſances de l'Europe. Il fit un traité avec la France en 1718 (a). Son fils François-Etienne lui ſuccéda en 1729, mais appellé à de plus hautes deſtinées, il ne fit que ſe montrer à ſes ſujets, & laiſſa ſa régence à Eliſabeth Charlotte d'Orléans, ducheſſe douairiere. En 1733, les François s'en emparerent, & par les préliminaires de paix ſignés à Vienne le 3 Octobre 1735, il fut arrêté que les duchés de Lorraine & de Bar ſeroient cédés au roi Staniſlas, beau-pere de Louis XV, en dédommagement de la couronne de Pologne, & qu'après ſa mort, ils ſeroient réunis à perpétuité, & en toute ſouveraineté, à la couronne de France : que par contre l'empereur Charles VI, donneroit le grand duché de Toſcane en indemniſation à François-Etienne alors ſon gendre. Ce traité ayant été confirmé l'année ſuivante, Staniſlas, de concert avec la France, prit poſſeſſion de ſes nouveaux Etats en 1737, & dès-lors ce prince, le modele des rois, les a gouvernés plus en pere qu'en maître juſqu'en 1766, qu'il mou-

(a) On le trouvera à la fin de cet article.

rut à Luneville univerfellement regretté. La France en entra immédiatement en poffeffion, & c'eft un des plus beaux fleurons que Louis XV ait
ajoutés à fa couronne.

Le titre des ducs de Lorraine étoit : *Par la grace de Dieu, duc de Lorraine & de Mercœur, roi de Jérufalem, Marchis, duc de Calabre, de Bar,
& de Gueldres, marquis de Pont-à-Moufon, & de Nomeny, comte de
Provence, Vaudemont, Blamont, Zutphen, Saarwerden & de Salm.* On
voit par-là & les terres qu'ils avoient poffédées, & les prétentions qu'ils
pouvoient former. Le prince aîné du duc portoit le titre de *comte de Vaudemont,* du vivant de fon pere ; & tant qu'il n'étoit point marié, il fe qualifioit auffi de *marquis de Pont-à-Moufon,* mais après fon mariage on le
nommoit *duc de Bar.*

La maifon de Lorraine, en vertu d'un traité conclu en 1736, conferve
tous les titres, armoiries & prérogatives dont elle jouiffoit autrefois, avec
le rang & la qualité de fouverain, fans que cela lui donne, au refte, aucun droit fur le pays.

La Lorraine, telle qu'elle eft aujourd'hui, eft bornée au nord par le
duché de Luxembourg & l'électorat de Treves ; au nord-eft par le duché
de Deux-Ponts & le Palatinat du Rhin ; à l'eft par l'Alface ; au fud-eft
par le Sundgau ; au fud par la Franche-Comté, & à l'oueft par le Barrois
qui la fépare de la Champagne. Elle a 39 lieues de longueur, fur 27 de
largeur ; ce qui peut être évalué à 750 lieues quarrées : mais il faut déduire de cette capacité de terrein, celui qu'occupent le pays Meffin, le
Toulois & le Verdunois, qui fe trouvent en quelque forte enclavés dans
la Lorraine. L'air y eft généralement un peu épais, cependant bon & fain,
mais prefque par-tout plus froid que chaud, & toujours en proportion de
la diftance des Vofges, couvertes de neiges la plus grande partie de l'année.
Le fol des plaines y eft fertile en grains, vins & fruits ; & celui des montagnes & des côteaux dont elle eft parfémée, abonde en bois, en gibiers
& en bons pâturages pour toutes fortes de beftiaux. On y trouve auffi plufieurs fources d'eaux minérales très-célèbres, des fources falées de grand
produit, des mines d'argent, d'azur, de cuivre, de plomb & de fer ; des
lacs & des étangs très-poiffonneux, fur-tout celui de Lindre dont le revenu
annuel eft, dit-on, de 16,000 livres. Le ruiffeau de Neuné ou Neuny &
la Vologne produifent des perles ; & les montagnes des Vofges, qui s'é-
tendent entre la Lorraine, le Sundgau, l'Alface & la Bourgogne jufqu'aux
confins de la Champagne, fourniffoient ci-devant des agathes, des grenats
de toutes couleurs, des calcédoines très-groffes, du jafpe & autres pierres précieufes ; mais aujourd'hui on n'y en trouve plus, foit que les mines
aient été épuifées, foit qu'on néglige de les travailler. On en tire encore
des marbres & une matiere foffile dont on fait des coupes & toutes fortes
de vafes. Les principales rivieres dont ce pays eft arrofé, font la Meufe,
la Mofelle, la Sarre, la Saone qui ne fait qu'en mouiller les frontieres du

côté

côté de la Bourgogne, la Vologne, la Mortagne, & une infinité d'autres moins confidérables. La Lorraine n'eft que médiocrement peuplée, & l'on n'y compte guere au-delà de 600,000 ames. Ses habitans ont eu de tout temps la réputation d'être vaillans, & les ducs ci-devant entretenoient des armées particulieres, qui rendoient toujours de très-grands fervices. La France, elle-même, a tiré, plus d'une fois, avantage des forces de cette province au préjudice de fes propres ducs. Ses revenus annuels, joints à ceux du Barrois, font eftimés monter à 8 ou 9 millions de livres. La langue françoife y eft ufitée par-tout, excepté dans le bailliage Allemand; & il n'y a point d'autre culte que le catholique Romain. Tel eft l'état actuel du duché de Lorraine qui fe divifoit jadis en trois bailliages généraux, favoir le bailliage de Nancy ou le bailliage François, le bailliage des Vofges, & le bailliage Allemand, appellé auffi *Lorraine Allemande*.

La ville capitale de la Lorraine eft Nancy, ville grande, belle & forte avec une bonne citadelle, ancienne réfidence des ducs, fituée au pied d'une montagne, dans une plaine agréable & fertile à un quart de lieue oueft de la riviere de Meurthe; chef-lieu du bailliage, & fiege d'un gouverneur, d'un commandant, d'un lieutenant-de-roi, &c. d'une intendance, cour fouveraine; chambre des comptes; chambre des confultations; bureaux généraux de recette des fermes & des domaines; maîtrife particuliere des eaux & forêts; capitainerie des chaffes; recettes particulieres des finances & des bois; corps de ville, compofé d'un bailli, d'un lieutenant-général de police, d'un confeiller pour la nobleffe, de quatre confeillers pour le tiers Etat, d'un confeiller-tréforier, d'un affeffeur-premier-commis, d'un procureur-fyndic, d'un fecrétaire-greffier; & d'un commis. Lieutenance générale de police; juftice confulaire; prévôté générale de maréchauffée, &c. On la divife en vieille & neuve ville; la premiere en général affez mal bâtie & très-irréguliere, forme un quarré long de 300 toifes fur 200 fermé d'une bonne enceinte & flanqué de plufieurs baftions. Les rues en font étroites pour la plupart; mais ornées cependant de beaucoup d'édifices anciens & de beaux hôtels bâtis fous le regne du duc Leopold. On y voit auffi la place dite la *Carriere* où fe faifoient autrefois les joutes & les tournois, & qui confifte aujourd'hui en un quarré long de 75 toifes fur 20 environ, planté en grande partie d'allées d'arbres formant une belle promenade, fermée par un mur d'appui chargé de vafes, & le tout bordé de maifons magnifiques, rendues uniformes aux dépens du feu roi de Pologne. On compte parmi, le palais, où la cour fouveraine & la plupart des autres tribunaux rendent la juftice; le tréfor des chartes où font les archives de l'Etat; la bourfe des marchands qui fert auffi de palais à la juftice confulaire, &c. Léopold y avoit commencé un château fuperbe, qui étant refté imparfait à fon décès, fut démoli en 1739, & remplacé par deux beaux pavillons féparés qui fervent de logement aux principaux officiers de la garnifon, & qui joignent les angles de la place par plufieurs colonnes difpoſées en demi-cercle. L'eſpace ménagé entr'eux ſert de perſpective à l'intendance, palais ſuperbe accompagné de jardins délicieux qui conduiſent à une promenade publique, pratiquée ſur un des baſtions de la ville. Ce palais dont le plan eſt auſſi dirigé en demi-cercle ſéparé des pavillons, dans ſon vide, par un terrein de 35 toiſes ſur 15, appellé *fer de cheval*, termine la carriere au nord, & lui donne exactement la figure d'un miroir de toilette. Vis-à-vis l'intendance, au midi de cette place, eſt la porte royale ou l'arc de triomphe, qui communique à la ville neuve. Celle-ci commencée en 1591 repréſente une eſpece de triangle ou plutôt de poligone, & renferme un eſpace coupé en croix de 500 toiſes de long, ſur 300 dans ſa moyenne largeur. Ses rues ſont toutes larges, tirées au cordeau, & ornées de belles maiſons. On y remarque ſur-tout la place royale conſtruite par le roi Staniſlas, & d'où la vue s'étend juſqu'au bout de la carriere, par une rue uniforme de 30 toiſes ſur 10. Elle forme un quarré de 50 toiſes du nord au Sud, & de 55 de l'eſt à l'oueſt, bordé de maiſons à façades égales & parmi leſquelles ſont l'incomparable hôtel-de-ville qui en borne tout le côté méridional ; la ſalle de la comédie, le college royal des médecins, &c. A chacun des angles ſupérieurs ſont de belles fontaines accompagnées de magnifiques grillages, & diſtinguées par les noms de Neptune & d'Amphitrite. Les angles d'entrée ſont ornés de ſuperbes grilles ſurmontées du chiffre du roi de France, avec la couronne au-deſſus. Au milieu de la place eſt la ſtatue pédeſtre de Louis-le-bien-aimé en bronze, élevée ſur un piédeſtal de marbre garni de médaillons, en face de la porte royale, la vue vers la France, & le bras droit étendu du côté de l'Allemagne. La place de St. Staniſlas eſt auſſi très-remarquable par la régularité des maiſons qui la bordent, & par la belle fontaine de forme pyramidale en plomb qu'on voit au milieu, & qui repréſente allégoriquement l'alliance de la maiſon de Bourbon avec celle d'Autriche par le traité de 1756. On compte à Nancy une égliſe primatiale magnifique ; cinq égliſes paroiſſiales, parmi leſquelles eſt celle de St. Roch, qui renferme le tombeau du Roi Staniſlas-le-bienfaiſant ; deux hôpitaux ; deux confrairies de pénitens ; un college & noviciat ci-devant aux jéſuites ; une abbaye de bénédictins, dix couvens d'hommes & dix couvens de femmes indépendamment d'un monaſtere de N. D. du refuge ; trois écoles gratuites ; une ſociété royale des ſciences & belles-lettres, fondée par lettres-patentes du feu roi de Pologne en 1751, & qui diſtribue annuellement deux prix de 600 liv. chacun, mais à des Lorrains excluſivement ; un college royal de médecine, une bibliotheque publique, une univerſité, & 25 à 30 mille perſonnes en 6000 familles. La collégiale de St. Georges étoit autrefois le lieu de la ſépulture des ducs de Lorraine ; mais ayant été démolie en 1743, tous les monumens qu'elle renfermoit furent tranſportés dans le caveau de la Rotonde aux cordeliers, où ſe trouvoient déjà les tombeaux du plus grand nombre des princes & princeſſes de cette maiſon morts poſtérieurement. La neuve ville étoit autrefois munie de fortifications qui paſſoient pour les plus belles de l'Europe, & qui furent démolies en 1661.

Le fauxbourg de Boudonville & Trois-maiſons, & celui de Bon-ſecours, forment une troiſieme partie de la ville de Nancy, qui a ſon mérite comme les deux autres. Le premier renferme, outre pluſieurs beaux jardins, une égliſe paroiſſiale; le crône, port où l'on débarque les marchandiſes qui viennent par eau à Nancy; une commanderie de l'ordre de Malthe qui conſiſte en une cenſe près d'une chapelle au bord de l'étang de St. Jean, où Charles-le-Hardi, duc de Bourgogne, fut tué dans la bataille que René II gagna ſur lui en 1477, &c. Le ſecond ou celui de Bon-ſecours, a une égliſe paroiſſiale, un hôtel magnifique ou ſéminaire des miſſions royales, un couvent de minimes, & l'égliſe de N. D. de Bon-ſecours, où Staniſlas a fait élever un magnifique mauſolée à Catherine Opalinska ſon épouſe qui y eſt inhumée. Nous mettrons ici le traité que la France conclut en 1718 avec le duc de Lorraine, à cauſe des éclairciſſemens qu'il préſente ſur les anciens rapports de ce duché avec ce royaume, dont ils ont fait peu à peu une province. Diſons un mot de la ſituation où la France ſe trouvoit alors.

Il étoit de l'intérêt du duc régent de ſe faire des amis de ſes voiſins, ou du moins de leur ôter les moyens de ſe liguer avec ceux qui pourroient le troubler dans la poſſeſſion des droits de ſa naiſſance, confirmés par les renonciations & par les traités, ſur-tout garantis indirectement par l'article V du traité de la triple alliance ſignée à la Haye le 4 de janvier 1717. C'eſt pourquoi il mit la derniere main à un traité déjà entamé ſous Louis XIV pour régler tous les droits & toutes les prétentions entre la couronne de France & le duc de Lorraine. Sans cela, à la premiere occaſion, rien n'auroit empéché ce prince, de ſe ſervir du moindre prétexte qui auroit pu lui donner des alliés capables de faire valoir tant de droits de la maiſon de Lorraine, qui n'ont été étouffés & comme ſupprimés que par la puiſſance & les armes formidables de Louis XIV. Le traité ſuivant, s'il ne donnoit pas un allié au régent, ôtoit à un prince, que la ſituation de ſes Etats peut rendre nuiſible, tout prétexte de remuer; outre que la couronne y trouvoit un avantage réel, vu les ceſſions qui y ſont ou réglées ou confirmées. Ce traité ne trouva point d'obſtacle au dehors, perſonne n'étant en droit de ſe mêler de ce que les deux cours trouveroient à propos de réſoudre.

TRAITÉ

ENTRE le roi de France & ſon alteſſe royale le duc de Lorraine, conclu à Paris le 22 janvier 1718.

» LE feu roi de glorieuſe mémoire ayant toujours eu à cœur de terminer & ajuſter avec Mr. le duc de Lorraine, tout ce qui reſtoit à exécuter à ſon égard en conſéquence du traité de paix conclu à Ryſwick le 30 octobre 1697. Sa majefté peu après ce traité auroit nommé des commiffaires, pour avec ceux dudit duc examiner tous les points, articles & difficultés dont il s'agiffoit, à quoi ils fe feroient refpectivement employés pendant le peu de durée de cette paix : mais la matiere s'étant trouvée d'une longue difcuffion, la guerre furvenue entre les principales puiffances de l'Europe n'auroit pas permis de continuer les conferences tenues à ce fujet. La paix n'eut pas plutôt reparu par le traité de Baden en 1714, que le feu roi continuant dans le même défir, & en exécution de l'article XII de ce dernier traité, auroit fait reprendre la négociation en 1715 en la ville de Metz. Les commiffaires du roi & du duc y travailloient depuis plufieurs mois, & felon toute apparence ils l'auroient heureufement terminée ; mais ayant plu à Dieu au mois de feptembre de la même année, d'appeler à foi le feu roi, elle fut encore interrompue jufqu'au commencement de l'année 1716, que le roi auroit à l'imitation du feu roi, fon bifayeul, & de l'avis de fon alteffe royale monfieur Philippe duc d'Orléans, petit-fils de France, oncle du roi, régent du royaume, fait reprendre & continuer les conferences pendant le cours des années 1716 &. 1717. Et comme par le XXVIII article du traité de Ryfwick le duc de Lorraine pour lui, & fes hoirs fucceffeurs, doit être rétabli dans la libre & pleine poffeffion des Etats, lieux & biens, que le duc Charles fon grandoncle paternel poffédoit en 1670, lorfqu'ils furent occupés par les armes du feu roi, à l'exception néanmoins des changemens portés audit traité de Ryfwick. Qu'après une précédente & longue occupation du même pays par les armes de fa majefté, commencée vers l'année 1639, il avoit été paffé à Vincennes un traité entre le feu roi & le feu duc Charles le dernier février 1661, par le XIX article duquel il avoit dû être rétabli dans tous fes Etats & feigneuries, même dans les villes, places & pays qu'il y avoit autrefois poffédés dépendant des trois évêchés, Metz, Toul & Verdun, & généralement dans tout ce dont jouiffoit fon prédéceffeur le dernier duc Henri lors de fon décès arrivé en 1624 & qui pouvoit lui appartenir à titre de fucceffion, échange ou acquifition, à la réferve de ce qui par ce traité de 1661 a été uni, incorporé, & doit démeurer à la couronne de France. Que fur l'exécution de ce traité étant furvenu plufieurs difficultés, il en fût arrêté & figné un autre entre le feu roi & ledit duc Charles le dernier août 1663 par lequel il eft porté qu'il feroit nommé au plutôt des commiffaires de part & d'autre pour régler les difficultés qui étoient furvenues depuis la fignature du traité du dernier février 1661 fur l'exécution d'icelui, & nommément touchant les abbayes de faint Epure, & de faint Manfuy, Phalfbourg, marquifat de Noméni, & faint Avold, & autres lieux, lefquelles difficultés n'ont cependant jamais pu être terminées à caufe de la feconde occupation de la Lorraine par les armes du roi en 1670 temps auquel le duc Charles faifoit folliciter par fes envoyés auprès du feu roi, la décifion d'icelles, & la pleine exécution de ce traité, duquel & de celui de 1663. le duc de Lorraine a toujours demandé l'exécution en vertu de celui de Ryfwick comme repréfentant le feu duc Charles fon grand-oncle, & exerçant tous les droits & actions, réfultans defdits traités. A quoi les commiffaires du roi ayant fait difficulté, prétendant oppofer une fin de non-recevoir tirée du traité de Ryfwick contre ceux de 1661 & 1663, en ce que ledit duc ne pouvoit être rétabli, en vertu & en conformité du traité de Ryfwick, que purement & fimplement, dans les Etats, lieux & biens que le duc Charles poffédoit réellement & de fait en 1670; & la conteftation ayant été portée au confeil, il y auroit été reconnu que ledit duc avoit droit d'exercer les actions fondées fur les traités de 1662, & 1663 de même qu'auroit pu faire ledit duc Charles; enfuite de quoi les commiffaires de Lorraine ayant continué de foutenir leurs demandes, & produit leurs titres, tant pour les reftitutions des villes, pays & lieux, avec les fruits & jouiffances d'iceux, qui par les traités de 1661 & 1663 devoient revenir au duc Charles, que pour l'équivalent de la ville & prévôté de Longwy, avec reftriction des jouiffances & fruits de ladite ville & prévôté de Longwy; enfemble la reftitution des autres lieux dont le duc de Lorraine étoit en poffeffion avant & depuis l'année 1670, par lui prétendus en vertu du traité de Ryfwick, & des fruits & jouiffance d'iceux, &. y ayant encore des abornemens à faire en exécution du même traité & des ajuftemens pour la liberté du commerce, & pour la réciprocité entre les trois évêchés & la Lorraine, fuivant l'ancien ufage interrompu en quelques endroits par les troubles & par les guerres, les commiffaires du roi y auroient répondu par différens mémoires & titres, formé leurs demandes pour fa majefté, & pour le foutien de fes droits. Après plufieurs conférences tenues entre les commiffaires refpectifs, où tous les traités ont été examinés, les difficultés difcutées à fond, propofé refpectivement les échanges & abornemens convenables, mefuré, calculé & balancé l'étendue & la valeur des pays & des droits à céder & à retenir, & enfin foigneufement pefé tout ce qui reftoit à ajufter pour l'entiere exécution des traités : & le roi défirant que le tout foit réglé par les commiffaires qui de fa part ont tenu lefdites conférences avec ceux de Lorraine, auroit à cet effet, & de même avis de fadite alteffe royale monfieur le régent, donné commiffion & plein-pouvoirs au fieur Dominique de Barbarie, chevalier, feigneur de St. Conteft, & autres lieux, confeiller d'Etat de fa majefté, fon ambaffadeur & plénipotentiaire ci-devant pour la paix conclue à Baden, & au Sr. Henri François de Paule le Fevre, chevalier, feigneur d'Ormeffon, Amboille & autres lieux, maître des requêtes ordinaires de l'hôtel de fa majefté, confeiller en fon confeil des finances. «

» Et monfieur le duc de Lorraine auroit pareillement donné fes commiffions & pleins-pouvoirs au fieur Jean-Baptifte de Mahuet, chevalier, baron de Drouville, feigneur de Sauley, & autres lieux, confeiller d'Etat, premier préfident de fa cour fouveraine, fon envoyé extraordinaire ; au fieur François de Barrois, chevalier, baron de Manonville, feigneur de Kœurs & autres lieux, confeiller d'Etat, & fon envoyé extraordinaire : lefquels, après s'être communiqués réciproquement leurfdits pleins-pouvoirs & commiffions, qui feront inférés à la fin du préfent, font convenus des conditions & articles qui fuivent. «

» I. Les traités paffés entre le feu roi & le feu duc de Lorraine Charles, le dernier février 1661, & le dernier août 1663, enfemble ceux paffés entre le roi & l'empereur & l'empire à Ryfwick, le 30 octobre 1697, & à Baden le 7 feptembre 1714, en ce qui concerne le duc de Lorraine, devant fervir de bafe & de fondement au préfent traité, feront pleinement exécutés, fi ce n'eft en tant qu'il y fera expreffément dérogé par celui-ci. «

» II. Sa majefté par le XXXII article du traité de Ryfwick s'étant réfervé la fortereffe de Saarlouis avec une demi-lieue de circuit à défigner par les commiffaires du roi & du duc, laquelle fortereffe & demi-lieue de circuit font demeurées à fa majefté en pleine fouveraineté à perpétuité ; mais au lieu d'un abornement par la demi-lieue portée audit traité, le gouverneur de cette place pour le roi ayant de concert avec les officiers de fon alteffe royale de Lorraine, confervé depuis la paix de Ryfwick jufqu'à préfent, & pour le fervice de la garnifon, les villages de Liftroff, Emftroff, Frawlouter, Roden, Beaumarais, avec l'emplacement de la ville de Valdrevange, les bâtimens qui y reftent avec tous leurs bans & finages, les fiefs, cenfes, métairies, & généralement toutes les dépendances enclavées dans l'étendue des bans & finages defdits villages & ville de Valdrevange aux environs de Saar-Louis, il a été convenu après l'approbation du confeil, que ce qui a été fait en cela par provifion demeurera définitif ; & en conféquence que lefdits villages, emplacement de ville, bâtimens, les bans & finages, & leurs dépendances généralement quelconques, foit qu'elles excédent la demi-lieue ou non, demeureront incommutablement à perpétuité en pleine fouveraineté au roi. Son alteffe royale de Lorraine lui en faifant furabondamment, en & tant que befoin feroit, toute ceffion & tranfport ; auquel effet il fera procédé à l'abornement des finages & dépendances defdits lieux, par les commiffaires de part & d'autre, pour les féparer d'avec les autres lieux, villages, bans, & finages voifins appartenans à la Lorraine, & qui doivent lui refter, quand bien même quelque portion de ceux-ci rentreroit dans la demi-lieue de circonférence de la place, lefquels derniers villages & bans feront pareillement abornés, le tout fans préjudice des droits de parcours dont les habitans defdits lieux ont d'ancienneté joui réciproquement pour le pâturage de leurs beftiaux fur les bans les uns des autres, dans lequel ufage ils feront maintenus pour toujours, fans pouvoir jamais y être troublés. »

» III. La ville & prévôté de Longwy avec les appartenances & dépendances étant conformément au XXXIII article dudit traité de Ryſwick, demeurées à perpétuité en toute ſouveraineté & propriété au roi, ſes hoirs & ſucceſſeurs, en échange de quoi ſadite majeſté a dû céder à ſon alteſſe royale une autre prévôté dans l'un des trois évéchés, de la même étendue & valeur, dont on a dû convenir par des commiſſaires reſpectifs. Cet échange n'ayant pu juſqu'à préſent être conſommé, & le feu roi ayant conſidéré qu'en vertu du même traité, ſes troupes qui vont dans les places frontieres, ou qui en reviennent, devant avoir le paſſage ſûr & libre par les Etats du duc ; que d'ailleurs les pays des évéchés & de la Lorraine étant non-ſeulement limitrophes, mais preſque tous mutuellement en-clavés, l'étendue en entier de la prévôté de Longwy étoit non-ſeulement de difficile échange, mais peu néceſſaire au ſervice de la place, ſadite majeſté prit la réſolution de ne retenir que la ville de Longwy & quel-ques villages aux environs. A quoi ſadite alteſſe royale auroit conſenti, à la charge qu'il lui en ſeroit fourni l'équivalent ; & la propoſition ayant été portée au conſeil & agréée, il a été convenu que ledit article XXXIII, du traité de Ryſwick demeurera reſtreint par le préſent, & n'aura lieu que pour les villes haute & baſſe de Longwy, & pour les villages de Mevy, Herſerange, Longlaville, Mont Saint-Martin, Glaba, Autru, Piémont, Romain, Lexi & Réhou, avec tous leurs bans, finages & dépendances, & tout le terrein qui peut appartenir au domaine du duc dans l'étendue ou enclave deſdits bans & finages, ſoit qu'ils excedent ou non la demi-lieue de circonférence de la place de Longwy, déſignée au plan & carte to-pographique qui en a été dreſſé. Le duc cede pareillement la propriété franche & déchargée de toutes dettes, engagemens & hypotheques, de toutes les ſeigneuries, juſtices, fiefs, cens, métairies, moulins, droits, domaines, bois, forêts, revenus, & généralement de tout ce qui peut lui appartenir dans leſdites villes & villages, leſquels avec leurs apparte-nances, dépendances & annexes, demeureront incommutablement en toute ſouveraineté & propriété au roi, tant en vertu dudit traité de Ryſwick que du préſent, pour en jouir par ſa majeſté & ſes ſucceſſeurs, comme ladite alteſſe royale, & ſes prédéceſſeurs en ont joui, ou dû jouir, & dont l'é-change ou l'équivalent ſera fourni, ainſi qu'il ſera dit dans la ſuite. «

» IV. Le bois nommé le bois Mouckot, dont la communauté des ha-bitans de Longwy eſt propriétaire, ſe trouvant ſitué ſur le territoire du vil-lage de Sonn, dans la partie de la même prévôté qui ſera rendue à la Lor-raine, comme il ſera dit dans l'article ſuivant ; & ſon alteſſe royale ayant une portion de ſon bois nommé des recrutes, qui entre dans la demi-lieue de circonférence de ladite place déſignée audit plan & carte, il a été arrêté que pour la convenance reſpective, ledit bois de Mouckot demeurera au duc, tant en propriété que ſouveraineté, & ladite portion de bois des recrutes rentrant dans ladite demi-lieue, appartiendra en propriété auxdits habitans & communauté de Longwy, pour en jouir ſous la ſouveraineté du

roi, à l'effet de quoi elle fera féparée du furplus de ladite forêt des recrutes, qui fera reftituée à fon alteffe royale, par un foffé & par des bornes
qui feront plantées par les mêmes commiffaires qui procéderont à l'abornement des lieux cédés au roi, contre ceux de ladite prévôté qui feront
reftitués au duc. «

» V. Le furplus de villages & lieux de ladite prévôté de Longwy, leurs
bans & finages, appartenances, dépendances & annexes, quand même
quelques-uns rentreroient dans la ligne de la demi-lieue du circuit de la
place, feront remis à fon alteffe royale, pour en jouir par elle, & les ducs
fes fucceffeurs, en tous droits de fouveraineté & propriété, comme ledit
feu duc Charles en jouiffoit en 1670. Sa majefté en tant que befoin feroit
lui en faifant toute rétroceffion, avec renonciation à cet égard au bénéfice
à elle acquis par ledit article XXXIII du traité de Ryfwick, & pour prévenir toute conteftation au fujet de la fouveraineté & propriété des lieux de
la même prévôté de Longwy qui reftent à la France, & de ceux qui re-
tournent à la Lorraine, il en fera fait par des commiffaires de part & d'autre une défignation, féparation, & abornement fur les différens terreins,
& fur le pied de ladite carte topographique, fans préjudice néanmoins du
droit de parcours pour le pâturage des beftiaux des habitans defdits villages de l'une & de l'autre fouveraineté, qui fera réciproquement entretenu
& confervé fuivant leur ancien ufage. Mais lefdits villages de l'une & de
l'autre fouveraineté demeureront déchargés ; favoir, ceux qui reftent à la
France de toutes jurifdictions, bannalités, fervitudes, corvées & autres
preftations généralement quelconques, envers le domaine du duc, & réciproquement tous les lieux & habitans de ladite prévôté qui doivent lui
retourner, font & demeurent affranchis, libres & déchargés de toutes jurifdictions, bannalités, fervitudes, corvées, & autres preftations généralement quelconques, dont ils pourroient avoir été ci-devant tenus envers le
domaine du roi, & notamment les habitans des villages de Gondrange, du
prieuré de Brehain-la-Cour, de la Magdelaine Redrang, Athus, Afch, Ba-
tincourt, Bury-la-ville, Houdlemont, & autres fi aucun y a, de l'obligation de faucher, faner & voiturer les foins des prés nommés les breuils
du château de Longwy, & en conféquence de la divifion ainfi faite de ladite prévôté, il a été convenu que les titres, papiers & enfeignemens qui
peuvent concerner en particulier les villages & lieux de ladite prévôté qui
doivent revenir à fon alteffe royale, lui feront reftitués, & à l'égard des
titres qui peuvent concerner en commun, la ville & tous les villages de
ladite prévôté, comme font les comptes du domaine de la Gruire & autres, ils feront partagés en les divifant d'année à autre alternativement. «

» VI. Le roi ayant retenu & étant demeuré faifi par le VI article du
traité de 1661 des places & des poftes de Haufman, Saarbourg, & Phalfbourg en fouveraineté & propriété franche & déchargée de toutes dettes
& hypotheques, & étant furvenu en la même année 1661 des difficultés
                                                                      fur

fur l'exécution dudit article entre les commissaires de sa majesté & ceux du
duc, au sujet des villages de la dépendance dudit Phalsbourg, & de celui
de Niderwilers dépendant de Saarbourg, faisant partie des difficultés que
l'on est convenu de régler par le traité de 1663, en ce que sa majesté
n'a dû avoir que lesdits postes & places de Kaufman, Saarbourg, & de
Phalsbourg, avec la demi-lieue de route, & les villages en dépendans
nommés en l'article XIII dudit traité de 1661, ou qui se trouveroient enclavés dans la largeur de la demi-lieue qui devoit former ladite route;
les commissaires du roi auroient prétendu prendre d'autres villages dépendans dudit Phalsbourg, & au lieu de suivre la route par celui de Niderwilers, en auroient formé une autre qui emporte des villages Lorrains non
cédés, & néanmoins conservé toujours celui de Niderwilers, ce qui faisoit
un double emploi. Il a été convenu par le présent que ledit village de
Niderwilers, ensemble les autres pris dans la dépendance de Saarbourg, &
de Phalsbourg en ladite année 1661, demeureront au roi, de même que
les villages de Hentidorff, Lutzelbourg, Dann, Hultenhausen, Hassembourg
& Wilsperg, de la dépendance de Phalsbourg, en sorte qu'avec les autres
villages dudit Phalsbourg, compris dans la route, la principauté entiere
dudit Phalsbourg appartiendra à sa majesté, auquel effet sadite altesse royale
lui en fait cession & transport en propriété & souveraineté, déchargée de
toutes dettes & hypotheques. Cede pareillement ledit duc, toutes les seigneuries, fiefs, justices, domaines, bois, forêts, revenus, & généralement
tout ce qui lui appartient ou pourroit appartenir dans lesdites places, &
postes de Saarbourg & Phalsbourg, villages en dépendans cédés par le
traité de 1661, & par le présent, leurs bans & finages, appartenances &
dépendances, & annexes, généralement quelconques, déchargées de toutes
dettes & hypotheques, pour demeurer uni & incorporé à la couronne de
France, en sorte que ledit duc, ses hoirs & successeurs n'y puissent jamais
rien prétendre sous quelque prétexte que ce soit. «

» VII. Le duc renoncera & renonce en faveur du roi, à tous droits &
prétentions de souveraineté, de propriété, ou autres, sur les villages &
abbayes de S. Epure, & de S. Mansuy près de Toul, leurs bans & finages, sur les appartenances & dépendances desdits bans & finages, droits
& domaines, si aucun sadite altesse y en a. Elle renonce pareillement à
tous droits, & prétentions de souveraineté & autres, sur les villages de
Vaucremont, Stoncourt, Viller, & Aurich, autrement Ongarange, composant le ban de S. Pierre; & sur les villages de Xousse ou Xuisse, Thon-
ville, & Brulange, composant le ban de la Rotte, leurs finages, appartenances & dépendances, laquelle souveraineté appartiendra à l'avenir sans
contredit au roi, tant suivant ses anciens droits & prétentions, qu'entant
que besoin seroit, en vertu de la présente renonciation & cession, au moyen
de quoi toutes les difficultés & contestations à régler pour ce regard par
ledit traité de 1663, demeureront éteintes & terminées. «

» VIII. Le duc ayant la propriété & souveraineté de la forêt de Kallenhoven, & par le V article du traité de 1661, le roi étant demeuré saisi
de la place de Sierck ; & du nombre de 30 villages en dépendans, dont
quelques-uns voisins de ladite forêt y ont de toute ancienneté des usages
pour chauffage, marnage & pâturage. Il a été convenu pour prévenir toutes
difficultés, que sadite altesse royale cédera & cede à sa majesté en propriété & souveraineté, trois mille arpens mesure ordinaire du pays à prendre dans ladite forêt, à commencer à l'extrémité extérieure du canton de
bois appellé de la Zigelleray ou de la Thuillerie, aboutissant du côté septentrional aux bans des villages de Kerlingen & de Frichingen, & de rentrer depuis ladite extrémité dans le corps de ladite forêt, continuant jusqu'à l'endroit où finira le toisé desdits 3,000 arpens cédés, lesquels seront
abornés & séparés du reste de ladite forêt par des bornes & par un fossé
qui seront plantés & faits en présence des commissaires de part & d'autre,
dans lesquels 3,000 arpens sont entendus compris les 3,000 arpens accordés
par le feu duc Charles à la chartreuse de Rhetel pour la moitié du chauffage d'icelle, & moyennant ladite cession, sa majesté sera chargée dans
lesdits 3,000 arpens de fournir & laisser les usages anciens & accoutumés
auxdits villages dépendans de Sierck, & à ladite chartreuse de Rhetel, le
surplus de ladite forêt Lorraine en demeurant exempte, en sorte que chaque
souverain ne sera chargé dans ses forêts que des usages des villages & lieux
de sa domination. «

» IX. Et comme le village de Frichingen dépendant de la Lorraine, voisin de la forêt Kallenhoven, & du canton de bois de la Thuillerie, se
trouve enclavé & mêlé avec d'autres villages cédés au roi en 1661, il a
été convenu que ledit village de Frichingen demeurera cédé à sa majesté
en vertu du présent traité, pour être joint aux autres villages François de
la dépendance de Sierck, & que ses habitans jouiront de l'usage qui leur
appartient dans la portion de ladite forêt abandonnée au roi, en échange duquel village sa majesté cede à son altesse royale celui d'Ewendorff dépendant dudit Sierck, domination de France, joignant d'autres villages Lorrains : lesquels villages de Frichingen & Ewendorff ainsi échangés avec leurs
bans, finages & dépendances ; ensemble leurs domaines & revenus appartiendront à l'avenir, le premier au roi, & le second au duc, qui sera tenu
de fournir aux habitans d'icelui dans sadite forêt de Kallenhoven, l'usage
qu'ils peuvent y avoir. «

» X. Les villages d'Arnaville, Vilcey, Hageville, Jonville & Olley, qui
ont été retenus jusqu'à présent sous l'autorité du roi, ayant été connus être
d'une souveraineté indivise entre sa majesté, à cause de la terre de Gorze
& son altesse royale, à cause du bailliage de Nancy & de la prévôté de
la chaussée, demeureront échangés & séparés en entier pour éviter toutes
contestations, ainsi qu'il en suit : savoir, que les villages de Vilcey, Hageville & Jonville, resteront en entier en souveraineté au roi, avec leurs

dépendances, revenus, droits & domaines particuliers qui y appartenoient
ci-devant au duc de Lorraine & de Bar, son alteſſe royale faiſant à ſa majeſté, en tant que beſoin ſeroit, toute ceſſion & tranſport de ſes droits &
prétentions ſur leſdits villages & dépendances ; & en échange, la ſouveraineté des villages d'Arnaville & d'Olley, avec leurs dépendances, appartiendra en entier audit duc, ſa majeſté lui faiſant pareillement toute cef-
ſion & tranſport des parts, portions & droits qui lui appartenoient eſdits
lieux ; bien entendu que le préſent échange & ajuſtement ne pourra nuire
ni préjudicier aux droits, revenus, ni autres choſes qui peuvent appartenir
dans leſdits lieux à l'abbé de Gorze, ou autres ſeigneurs particuliers. «

» XI. Le duc cede au roi tous les droits qu'il peut avoir en la ſouve-
veraineté, juſtice & domaine ſur la rue dite de Bar, au village Kunetan-
ge, prévôté de Thionville, lequel appartiendra en entier ſans conteſtation
à ſa majeſté ; en échange de quoi le roi cede audit duc le droit de ſouveraineté, qu'il a ſur l'emplacement du château de Beauzemont, ſitué dans le
village Lorrain du même nom. «

» XII. Son alteſſe royale en conſidération du préſent traité, renonce à
tous ſes droits & prétentions ſur les fruits & jouiſſances de tous les lieux &
pays qui ont été retenus ſous la domination de ſa majeſté, & conteſtés
avant 1670, & depuis le traité de Ryſwick juſqu'à préſent ; leſquels lieux
& pays lui ſont reſtitués, ou qu'elle abandonne par le préſent traité, & en
fait toute ceſſion & remiſe à ſa majeſté, à la réſerve néanmoins des jouiſſances & fruits de la ville & prévôté de Longwy, dont elle ſera indem-
niſée par ſa majeſté ſuivant la liquidation qui en ſera faite par des commiſſaires de part & d'autre, à compter depuis l'échange des ratifications du
préſent traité, pour parvenir à laquelle liquidation, le roi ſera communiquer aux commiſſaires du duc les comptes, regiſtres, & autres enſeignemens qui ont ſervi à la jouiſſance & perception des revenus de ladite ville
& prévôté de Longwy. «

» XIII. Moyennant les ceſſions, renonciations du duc, les ajuſtemens
précédens, & en conſidération de tout ce que deſſus, le roi tant pour remplir les changes & équivalens de ladite ville de Longwy & des villages &
lieux en dépendans, énoncés en l'article III du préſent traité, & des villages dépendans de Phalſbourg & Saarbourg, & autres ci-devant énoncés
qu'autrement, cede & tranſporte au duc tous les droits de ſouveraineté &
autres qui peuvent appartenir à ſa majeſté ſur la ville & fauxbourgs de Ramberviller, ſur les lieux & villages de Jeaumenil, Houſſeras, Autrey, St. Be-
noiſt, Bru, Xaffeviller, Doncieres, Noſſoncourt, Menil, Sainte Barbe, An-
glemont, Bazien & Menarmont, leurs bans & finages, & ſur toutes les
cenſes, fiefs & uſines y enclavées, leurs appartenances & dépendances
compoſant la châtellenie dudit Ramberviller, ſans en rien excepter, enſemble la ſouveraineté ſur les bois nommés le grand bois de la Châtellenie & de Fenne, dont la propriété appartient à l'évêché de Metz dans

X 2

l'étendue de ladite Châtellenie de Ramberviller, quoiqu'ils ne foient pas compris dans celle des bans & finages des villages & lieux ci-devant nommés. Cede pareillement fadite majefté fes droits de fouveraineté fur les villages de Rouille & Domtaille, avec tous leurs bans & finages, appartenances & dépendances, fans en rien excepter, lefquels quoiqu'ils ne foient pas originairement de ladite châtellenie, y font ordinairement annexés, tous lefquels lieux & villages, ainfi qu'ils le font ci-devant fpécifiés, appartiendront à l'avenir à perpétuité audit duc, fes hoirs & fucceffeurs ducs de Lorraine, en tous droits de fouveraineté & autres quels qu'ils foient qui y appartenoient ci-devant à fa majefté, à quelque titre que ce foit, en forte qu'elle & les rois fes fucceffeurs n'y puiffent déformais rien prétendre, fans préjudice néanmoins aux droits de propriété, domaines, revenus, juftic.s & jurifdictions qui appartiennent dans lefdits lieux à l'évêque de Metz & autres vaffaux lefquels leur font confervés en leur entier, à la charge de faire exercer lefdites juftices & jurifdictions dans l'étendue de ladite châtellenie, & defdits Rouille & Domtail, fous le reffort des cours fupérieures du duché de Lorraine, par des officiers réfidens fous la domination. «

» XIV. Le duc poffédant en tous droits de fupériorité territoriale la portion du marquifat de Nomeny, qui lui eft reftée après le traité de 1661 & la châtellenie entiere de Hombourg, Saint-Avold, fa majefté a déchargé & décharge fadite alteffe royale pour raifon de ladite portion du marquifat, & de ladite châtellenie entiere, leurs dépendances & appartenances, de tous les droits de fuprême domaine, jurifdictions, & autres que la couronne de France peut avoir acquis fur icelles, tant par le traité de Munfter en 1648, qu'autrement, même fur les trois moulins dudit Saint-Avold, & la cenfe d'Oderfang dépendante de l'un defdits moulins, & fur les villages de Henriville, & de haute Vigneulle, en allemand d'Oberfilen, qui lui feront remis, fi fait n'a été, comme dépendans dudit Saint-Avold; defquels droits de fuprême domaine, jurifdictions & autres quels qu'ils puiffent être, fadite majefté fait ceffion & tranfport au duc, pour du tout en l'état qu'il le poffede après le traité de 1661, en jouir par ledit duc, fes hoirs, & fucceffeurs en toute fouveraineté, comme de fon duché de Lorraine, auquel il demeurera incorporé. «

» XV. Sa majefté a pareillement déchargé les villages dépendans de la terre & feigneurie de Commerci & l'abbaye de Rieval qui y eft fituée, du reffort du bailliage & fiege préfidial de Vitry & par appel au parlement de Paris, auquel reffort ils font foumis; & de tous autres droits que fa majefté auroit pu y prétendre, dont en tant que befoin, elle fait toute ceffion & tranfport à fadite alteffe, laquelle en jouira paifiblement à l'avenir en tous droits de fouveraineté, comme elle jouit actuellement de la ville de Commerci & des autres lieux & villages dépendans de ladite terre & feigneurie, en vertu du traité paffé entre le feu roi & ledit duc, le 7 mai

1707, qui fera au furplus fuivi & exécuté, comme s'il étoit inféré ici de mot à mot. «

» XVI. Sa majefté a encore cédé à fon alteffe royale les droits de fouveraineté & autres qui lui appartiennent à caufe de fon château de Paffavant, fur un fief appartenant aux fieurs de Grignoncourt & confors dans le village Lorrain de Martinvelle, & fur les dépendances dudit fief dans ce village, & fur fon ban & finage, fa majefté déchargeant en outre les habitans dudit village de Martinvelle, du droit de fauvegarde, des quatre fols par ménage qu'ils lui doivent à caufe de fon château de Paffavant. »

Demeurera de même cédé audit duc, le droit de fouveraineté appartenant au roi fur quelques maifons du village Lorrain de Boccange ; enfemble le droit que fa majefté pourroit avoir fur partie du territoire dudit village, fans préjudice néanmoins des droits qui peuvent appartenir au feigneur du village de Barthoncourt du pays Meffin, fur lefdites maifons, fur les réfidens en icelles, & même fur ledit territoire de Boccange fi aucun droit il y a, lefquels droits lui font confervés en leur entier.

Le village de Maxey fous Brixey, & la rue, dite la Rue-du-fief, dans celui de Pagny fur Meufe, autrement de Blanchecolle, feront reftitués au duc, ayant été juftifié que le duc Charles les poffédoit en tous droits de fouveraineté, juftice & domaine, en 1670, & long-temps auparavant ; lequel village de Maxey, fa majefté décharge des foi & hommage qui lui en étoient dûs, à caufe de fon château de Monteclair, & les habitans du même village du droit de fauvegarde, de deux fols par ménage qu'ils doivent audit château.

Décharge pareillement ladite Rue-du-fief de Pagny de foi & hommage dûs à fa majefté à caufe de fon château de Vaucouleurs à condition néanmoins que la dite Rue-du-fief fera & demeurera unie au corps dudit village, faifant partie de la prévôté de Gondrecourt dépendant du Barrois, & comme telle comprife dans l'hommage dû au roi par ledit duc ; à caufe du Barrois.

» XVII. Sa majefté fera reftituer à fon alteffe royale la forêt de Monderen & celle de Kallenhoven, ayant été juftifié que lefdites forêts appartiennent en fouveraineté à la Lorraine, & ne font dans aucune des dépendances des villages de la prévôté de Sierck, cédés à la France par le traité de 1661. Bien entendu que cette remife n'aura lieu qu'après la diftraction au profit de fa majefté de 3,000 arpens à elle cédés par l'article VIII du préfent traité, & que le duc fera tenu de fournir, & laiffer prendre dans ladite forêt de Monderen & autres, de la domination du roi, les ufages & affouages qu'ils peuvent y avoir, comme d'ancienneté fuivant leurs titres ou poffeffions. »

» XVIII. Les villages de Moulotte, de Mailly, de Leywiller, d'Ariance, & les cenfes de Roza, de la Haute-Voille, de Bouzonville, de Marien-

Flosfeld, & la petite seigneurie ou cense de St. Martin, située près de Nomeny qui appartenoient au duc Charles, & qu'il possédoit depuis le traité de 1561, seront rendus en toute souveraineté à son altesse royale. »

» XIX. La restitution provisionnelle que le roi fit faire au duc en l'année 1701, des villages de Bulligny, Bagneux, Crezille, Martemont, Aingerey, Tuillay-aux-Grozeilles, Sexey-aux-Forges, Colombay, Allain-aux-Fœufs, Viterne, le Momrot, Crepey, Selaincours, & Manoncourt, dépendans de sa prévôté de Gondreville, & des villages de Vaxy, Puttigny, Gerbecourt, & Lubecourt, qui composent le val de Vaxy, dépendant de sa prévôté d'Amance, lesquels avoient été retenus sous l'obéissance du roi depuis le traité de paix de Ryswick, vaudra & tiendra pour définitive, sans qu'à l'avenir sadite altesse royale doive ni puisse plus être troublée en la possession de la souveraineté desdits lieux, sous quelque prétexte que ce soit. «

» XX. Sur la difficulté concernant l'état & sujétion personnelle des curés des villages ci-après, qui restoit indécise depuis les traités passés, le 2 octobre 1704 & 21 mai 1705, entre le sieur de Harrouys intendant en Champagne, commissaire du roi, & le sieur de Sarrasin, conseiller d'Etat, commissaire du duc, par lesquels traités ils ont procédé conjointement dans les villages de Burey-en-Vaux, Badonwiller, Goussaincourt, Espiez, Lezeville, d'Ainville & Saint-Germain, dont la souveraineté est indivise entre sa majesté, à cause de ses prévôtés de Vaucouleurs, d'Andelot & de Grand ; & sadite altesse royale à cause de ses prévôtés de Goudrecourt & de Fong, à la reconnoissance des habitans qui y doivent être sujets du roi, & à celle des habitans qui y doivent être sujets du duc, conformément aux anciens usages y observés ; il a été convenu que lesdits traités seront suivis & exécutés, & que pour terminer toute contestation sur le fait desdits curés, ceux qui sont actuellement pourvus des cures desdits villages, sous quelque domination & en quelques pays qu'ils soient nés, seront tous réputés & tenus sujets du roi & que les curés qui leur succéderont immédiatement dans lesdites cures, sous quelque domination & en quelque pays qu'ils soient nés, appartiendront au duc, & après la mort de ces derniers, leurs successeurs seront sujets du roi, & ainsi alternativement, à mesure que les cures vaqueront & seront remplies, les curés appartiendront tantôt à la majesté & tantôt à son altesse royale. «

» XXI. L'abornement fait par le gruyer de Coiffy ès mois de novembre & décembre 1678, janvier, avril & juin 1679, de la forêt de Passavant en la partie de France, demeure nul & comme non-advenu, par rapport aux limites de ladite forêt vers le septentrion ; & en conséquence les bornes qu'il y fit planter sous les nombres 72, 73, 74, 75, 76, 77, 78, 79 80, & 81, comme aussi celle du milieu de la verrerie de Saint-Vaubert, autrement dit *de Thomas*, non désigné dans les procès-verbaux desdits mois, seront retirées & supprimées : ce faisant, le duc demeurera maintenu en

la possession de la souveraineté de toute l'étendue du territoire de ladite
verrerie, suivant l'enceinte des anciennes petites bornes marquées de croix
de Lorraine qui sont jusqu'à l'alignement de la chapelle de saint Vaubert,
Ledit duc demeurera pareillement en possession de la souveraineté & propriété du terrein en nature de forêt qui est à l'orient du territoire de ladite
verrerie, jusqu'au territoire de celle du Morillon comme faisant ledit terrein une partie de la forêt d'Attigny, jusqu'aux huit anciennes grandes bornes
commençant la premiere vers le milieu de l'alignement méridional du territoire de la verrerie de saint Vaubert ; laquelle derniere borne fait la séparation de trois provinces, de Champagne, de Lorraine & du comté de
Bourgogne, desquelles huit bornes, ensemble de celles qui séparent le territoire de la verrerie de Saint-Vaubert du côté méridional, il sera fait visite
& reconnoissance par des commissaires respectifs qui feront marquer les armes de France, sur lesdites bornes du côté qu'elles regardent la forêt de
Passavant, en laissant celles de Lorraine qui se trouveront sur l'autre face,
si mieux lesdits commissaires n'estiment convenir d'y mettre de nouvelles
bornes, qui soient parfaitement uniformes & semblables à celles qui furent plantées entre les deux portions de ladite forêt de Passavant, par des
commissaires respectifs, en 1584, pour servir de limites des souverainetés. «

» XXII. A l'égard de la partie de forêt appellée vulgairement le
Bois-du-Différend qui ne fut point partagé en 1584, il est convenu que le
partage en sera fait par les mêmes commissaires en deux portions égales,
& que celle qui sera joignante à la partie de la forêt de Passavant, tombée au lot de sa majesté en 1584, y demeurera réunie tant en souveraineté qu'en propriété ; & l'autre partie appartiendra à sadite altesse royale,
tant en souveraineté qu'en propriété : à l'effet de quoi il sera mis entre
lesdites deux portions du Bois-du-Différend, des bornes conformes à celles
qui furent plantées pour séparer les portions de la forêt de Passavant
en 1584. «

» XIII. Le roi donnera ordre pour faire remettre incessamment audit duc, la
ville de Saint-Hypolite, avec ses appartenances & dépendances, comme
elle fut remise au duc Charles après le traité de 1661, pour en jouir par
sadite altesse royale en tous droits de souveraineté, justice & domaine, de
même qu'en jouissoit ledit duc Charles en 1670, & que lui & ses prédécesseurs en avoient joui auparavant. «

» XXIV. La forêt située sur le penchant méridional du Val-de-Lievre,
appellé *Hynderwaldt* par les communautés de Berkeim, de Saint-Hypolite
& d'Orschweiler, leur demeurera propre & commune depuis le confluent
des deux ruisseaux de Bolembach, en suivant les bornes que l'on y trouve
plantées jusqu'à la rencontre d'un rocher, qui est marqué d'une croix au
confluent des deux ruisseaux de Watembach, & en remontant sur la droite,
& le long du ruisseau du grand Watembach, jusqu'à la rencontre du grand
rocher nommé Reinolstein autrement *Ramelstein*, qui est au sommet de la

montagne appellée *Denkel*, autrement *Hury*, de toutes lesquelles bornes il
sera faite une description, procès-verbal, & carte topographique par des
commissaires qui seront nommés de part & d'autre, lesquels pourront encore en faire planter d'autres ès lieux où ils le trouveront à propos, &
même depuis le confluent des deux Watembachs, jusqu'audit rocher de Ramelstein, sans préjudice néanmoins aux droits du pâturage que les habitans
de Lievre ont dans ladite forêt, & à la propriété des terres ou prés qui
y sont enclavés, lesquels ne sont pas en nature de forêt, dont ils conti-
nueront de tirer librement les fruits, conformément à la sentence arbitrale datée du mercredi après le dimanche de *Jubilate* de l'année 1516. «

» XXV. Lesdites trois communautés de Berkeim, Saint-Hypolite & Orschweiler, jouiront de ladite forêt de Hynderwald par indivis, comme elles
ont fait ci-devant & jusqu'à présent, & les officiers de chacune desdites
communautés y auront jurisdiction en premiere instance par prévention les
uns sur les autres. Ce faisant, ils auront droit de connoître des mesus, délits & malversations, dont leurs forestiers auront fait rapport, ou dont ils
auront les premiers dressé des procès-verbaux dans les cours de leurs visites; & en cas d'appellations de leurs jugemens, elles seront portées par-
devant les juges supérieurs de la communauté dont les officiers auront prévenu, ensorte que les appellations des jugemens rendus par ceux de Berkeim & d'Orschweiler, seront portées pardevant les tribunaux supérieurs de
la province d'Alsace, & celles des jugemens rendus à Saint-Hypolite, seront portées pardevant les tribunaux supérieurs de Lorraine, tous lesquels
juges supérieurs pourront indistinctement esdits cas de ressort, faire les des-
centes, vues de lieux, enquêtes & toutes autres procédures nécessaires dans
ladite forêt que le cas requerra, sans pour ce acquérir aucune jurisdiction pri-
vative sur*icelle, ni préjudicier aux droits & autorité de l'autre souveraineté. «

» XXVI. Et en conséquence, la montagne particuliere appellée le *Spied-
mont* par les habitans de Lievre, commençant depuis ledit rocher qui est
au confluent desdits deux ruisseaux de Watembach, en remontant à l'occident de celui du grand Watembach jusqu'à la rencontre dudit rocher de
Ramelstein, avec le terrein qui s'étend depuis cet alignement jusqu'aux
bornes séparatives du ban de Sainte-Croix, souveraineté de Lorraine, est
déclarée appartenir & faire partie du Ban-de-Lievre, souveraineté de
Lorraine. «

» XXVII. Sa majesté se déporte des prétentions mues depuis peu sur
Sainte-Marie-aux-Mines, & le Val-de-Lievre en la partie appellée de Lorraine, sur la seigneurie de Tanviller & dépendances, sur un quart du village de Herange & prétendues dépendances, sur la seigneurie du Dordal
& sur le village de Manonviller, à l'exception de quelques maisons situées
dans ce dernier village, qui dépendent de la seigneurie de Herbeviller,
Lanoy, évêché de Metz, de tous lesquels lieux son altesse royale conti-
nuera de jouir comme ci-devant en tous droits de souveraineté, sans au-

cune

cune réferve , & fans pouvoir ni elle ni fes fucceffeurs y être troublés à l'a-
venir fous quelque prétexte que ce foit, le tout néanmoins fans préjudice
des droits des feigneurs particuliers fur quelques-uns defdits lieux, lefquels
leur demeurent confervés en leur entier. «

» XXVIII. Les évêques de Metz, Toul & Verdun prétendans que les
ducs de Lorraine poffedent depuis long-temps plufieurs terres & fiefs fitués
dans les Etats defdits ducs, lefquels fiefs & terres proviennent originairement du temporel defdits évêchés, dont les anciens ducs de Lorraine ont
prêté foi & hommage auxdits évêques, ils ont demandé la continuation defdites foi & hommage; & fon alteffe royale ayant foutenu que par le traité
du dernier Février 1661, Art. XIX, le duc Charles ayant été remis & établi dans la poffeffion & jouiffance de tous les autres Etats, & feigneuries
qui lui furent lors reftitués, même des villes, places, & pays qu'il avoit
autrefois poffédés dépendans defdits trois évêchés, & généralement tout ce
dont le dernier duc Henri jouiffoit lors de fon décès arrivé en 1624, &
qui pourroit lui appartenir à titre de fucceffion, échange ou acquifition,
à la réferve de ce qui par le même traité, a été incorporé à la couronne
de France, & ce pour en jouir par ledit duc Charles en tous droits de fouveraineté, juftice & domaine en la même maniere que ledit duc Henri
en jouiffoit, fans que ledit duc Charles ni fes fucceffeurs y puiffent êtré
troublés fous quelque prétexte que ce foit & fous les autres conditions
portées par ledit art. XIX. Qu'ainfi le duc régnant ne pouvoit être tenu à
cet égard que comme le duc Charles fon grand-oncle l'a été en vertu dudit art. XIX. Il a été convenu & arrêté par le préfent que ledit duc & fes
fucceffeurs ducs de Lorraine, feront feulement à l'avenir obligés & tenus
de prêter & faire les foi & hommage auxdits évêques pour les terres &
fiefs fitués dans fes Etats qui peuvent provenir du temporel defdits évêchés,
& dont lefdits évêques juftifieront que le duc Henri ou le duc Charles
leur auront rendu & prêté les foi & hommage, lefquels fadite alteffe royale
& les ducs fes fucceffeurs feront tenus de rendre, comme les ducs Henri
& Charles ont fait. «

» XXIX. En conformité de l'art. XXXV du traité de Ryfwick, les bénéfices eccléfiaftiques qui ont été conférés par fa majefté jufqu'au jour de
la fignature du préfent traité, dans les lieux que fa majefté fera remettre
à la Lorraine comme étant de fon ancienne dépendance, feront laiffés aux
poffeffeurs modernes qui les ont obtenus. Il en fera ufé de même & réciproquement dans les lieux retenus, cédés & incorporés à la couronne de
France, & dans ceux cédés à la Lorraine par le préfent traité dans lefquels fa majefté & fon alteffe royale, chacun dans fa domination refpectivement, pourront exercer les droits de patronage, nomination & autres;
que l'un ou l'autre des deux fouverains y ont exercés, lefquels leur demeureront transférés avec lefdits pays, pour eux & leurs fucceffeurs. «

» XXX. Pour maintenir la tranquillité entre les fujets des pays & lieux

qui par le préfent traité doivent paffer de la domination de fa majefté fous
celle de fon alteffe royale à titre de reftitution, il eft convenu que l'article XXXVI dudit traité de Ryfwick fera exécuté à leur égard ; ce faifant,
que toutes les procédures, fentences, décrets & autres actes faits & rendus par les tribunaux, juges & autres officiers de fa majefté au fujet des
différends & actions jugés définitivement, tant entre les fujets des deux fouverains qu'autres, du temps que fa majefté a poffédé ledit pays & lieux
jufqu'au jour des ratifications du préfent traité, auront lieu & fortiront leur
plein & entier effet, de même que fi fa majefté en étoit reftée en poffeffion, & il ne fera point permis de révoquer en doute lefdits actes, fentences, décrets, de les annuller, ou d'en retarder ou empêcher l'exécution,
mais il fera libre aux parties d'avoir recours à la révifion des procès, felon
l'ordre & la difpofition des Loix & ordonnances du pays, les fentences &
jugemens demeurans cependant en leur force & vigueur, de même que les
lettres de juftice & de grace, même de retrait féodal que fa majefté peut
avoir accordées. «

» XXXI. Et quant aux procédures, fentences ou jugemens qui pourroient
avoir été faits & rendus, foit avant ou depuis le traité de Ryfwick, à
l'occafion des lieux qui dépendoient ci-devant des Etats du duc, & que
fa majefté lui fait rendre, par lefquelles procédures, fentences ou jugemens, les droits que ledit duc peut avoir par devers lui en plufieurs caufes auroient été bleffés, l'article XLII dudit traité de Ryfwick fera exécuté
comme s'il étoit inféré ici de mot à mot. «

» XXXII. Dans tous les pays, villes, villages & lieux cédés, échangés,
ou rendus par le préfent traité, les vaffaux, fujets ou habitans de quelque
qualité & condition qu'ils foient fans aucune réferve, demeureront du
jour de l'échange des ratifications du préfent traité déchargés, quittes &
abfous des foi, hommage, fermens de fidélité, obéiffance, fervices, jurifdictions & fujétions dônt ils étoient tenus précédemment envers celui des
fouverains qui les cede, échange ou rend, & ils pafferont immédiatement
fous la foi, hommage, ferment de fidélité, obéiffance, fervice, jurifdiction & domination de l'autre fouverain, fous lequel ils doivent refter par
le préfent traité, & de fes fucceffeurs à perpétuité, fans que l'autre fouverain
ni fes fucceffeurs y puiffent à l'avenir rien prétendre, fous quelque prétexte que ce puiffe être, dérogeant l'un & l'autre refpectivement à cet
effet à toutes loix, coutumes, ftatuts, conftitutions & ordonnances, même
qui auroient été confirmés par ferment, faifant, au contraire, auxquelles &
aux claufes dérogatoires, & aux dérogatoires des dérogatoires, il eft expreffément dérogé par le préfent traité, excluant à perpétuité toutes exceptions fous quelques raifons, & prétexte qu'elles puiffent être fondées, &
en conféquence celui des deux fouverains auquel lefdits lieux, villes, villages & pays, vaffaux, fujets & habitans devront appartenir par le préfent
traité, pourra en vertu d'icelui, s'en mettre en poffeffion fans avoir befoin

d'autre formalité, fi bon lui femble, bien entendu néanmoins que tant à l'égard de Ramberviller, fa châtellenie & dépendances, & autres lieux qui par le préfent traité paffent fous la domination dudit duc, que des lieux de l'ancienne dépendance de la Lorraine qui font reftitués, l'article XXXIV du traité de Ryfwick aura lieu & fera exécuté comme s'il étoit inféré ici de mot à mot ; ce faifant les troupes de fa majefté qui vont dans les places frontieres ou qui en reviennent, auront le paffage fûr & libre dans lefdits lieux & pays, de même que dans le furplus des Etats de fadite alteffe royale en la maniere portée audit article XXXIV. »

» XXXIII. Par l'article XL du traité de Ryfwick ayant été ftipulé que l'on confervera entre la Lorraine & les évêchés de Metz, Toul, & Verdun, l'ancien ufage & liberté du commerce qui doit dorefnavant être très-exactement obfervé avec avantage réciproque des deux parties, il a été jugé à propos pour l'utilité commune defdits évêchés & de la Lorraine, d'expliquer par le préfent traité plufieurs points, & de régler les difficultés à l'occafion de l'ancien ufage & liberté de commerce entre ces deux pays, même d'ajouter audit article du traité de Ryfwick concernant cette matiere, afin que la réciprocité qui a été l'objet defdits ufages & des concordats fi fouvent réitérés entre les évêchés & la Lorraine, foit encore mieux entretenue, ainfi qu'il fera porté par les articles fuivans. »

» XXXIV. En exécution des mêmes concordats & des privileges refpectivement accordés pour le commerce entre les villes & évêchés de Metz, Toul & Verdun, & leurs territoires, & les Etats de Lorraine, terres & pays appartenans au duc, il y aura une entiere liberté de commerce & de communication réciproque entre les deux pays pour y faire entrer, vendre & débiter ou fimplement paffer, traverfer & fortir toutes fortes de denrées, vivres & marchandifes du cru ou de la fabrique des deux pays, à la charge de fatisfaire aux péages anciens feulement, tels & en la maniere déclarée ès articles fuivans, fans qu'il puiffe à l'avenir être demandé ni levé de part ni d'autre, aucuns autres anciens droits quels qu'ils puiffent être au préjudice de ladite liberté de commerce pour le befoin & pour la confommation mutuelle defdits deux pays. »

» XXXV. Les habitans des mêmes pays pourront encore réciproquement y faire entrer, vendre & débiter, ou fimplement paffer, traverfer & fortir des denrées, vivres & marchandifes provenans des manufactures & Etats étrangers, en fatisfaifant aux anciens péages comme en l'article précédent. Et en cas de marchandifes étrangeres, dont l'entrée, l'ufage ou le commerce feroient prohibés, dans l'une ou dans l'autre des deux dominations, elles y pourront paffer debout, traverfer & fortir en obfervant les conditions & précautions exprimées ès articles 58, 59, 60, 61, 62, & 63, du préfent traité & toujours en fatisfaifant aux anciens péages. »

» XXXVI. Ce qui eft porté par les deux articles précédens fera pareillement pour & dans les villes & lieux faifant partie de la généralité de

Metz, qui ont été cédés à la couronne de France; soit par l'Espagne dans le traité des Pyrenées du 7 novembre 1659, soit par le duc Charles de Lorraine dans le traité de Vincenne du dernier février 1661, soit par son altesse royale dans le traité de Ryswick du 30 octobre 1697, & dans le présent : toutes lesquelles villes & lieux étant limitrophes, enclavés, ou voisins des Etats du duc, participeront à la liberté, réciprocité & mutuelle communication en la maniere ci-devant énoncée, bien entendu que les villes, lieux, & pays dépendans de l'intendance de Champagne, qui sont pourtant de la généralité de Metz pour le fait des impositions ordinaires, demeurent exceptés, comme du passé, du bénéfice desdits réciprocité & concordats. «

» XXXVII. Tous lesdits sujets de part & d'autre pourront librement & en tout temps tirer & transporter les fruits, vivres & denrées & leur cru & concru, de l'un desdits pays à l'autre, excepté en cas de disette si considérable, que si les fermiers ou cultivateurs des héritages payant à leurs maîtres, en grains, le prix de leurs baux ou administrations, vulgairement appellé *canon*, il ne restât pas auxdits fermiers des grains en suffisance pour réensemencer les terres affermées, en ce cas les propriétaires seront obligés de leur laisser les semences nécessaires, sauf à les reprendre, par préférence & privilege à la récolte suivante. «

» XXXVIII. Pourront aussi les sujets des deux pays, acheter, commercer & transporter toutes especes de fruits, vivres & denrées autre que de leur cru & concru réciproquement comme bon leur semblera, à condition néanmoins qu'en cas de disette considérable, il ne leur sera pas permis de faire sortir desdits deux pays, les choses nécessaires à la vie, qu'ils y auront acheté ou commercé pour les envoyer dans aucuns autres pays quels qu'ils soient, lesquels pays, audit cas de disette, sont par le présent traité réputés étrangers, par rapport aux pays de la généralité de Metz compris dans le présent traité, & aux Etats de sadite altesse royale, l'intention de ce concert de réciprocité, n'étant que pour subvenir en cas de disette aux besoins & à la consommation naturelle desdits deux pays. »

» XXXIX. Les habitans desdits pays auront la faculté de transporter d'un pays à l'autre franchement & librement en tous temps, même en cas de disette, les gerbes de grains, les foins, les raisins ou vendanges & autres fruits qu'ils recueilleront en espece sur les héritages dont ils sont propriétaires, fermiers ou cultivateurs, situés dans les bans & finages dépendans de l'un ou de l'autre pays, lorsque lesdits héritages feront partie & seront dans la proximité des métairies, fermes, gagnages & terres dont le corps ou le gros sera situé en celui de l'autre Etat ou pays où réside le sujet qui en voudra faire le transport, sans que pour raison d'icelui, il puisse être assujetti à aucune sorte de droit. »

» XL. La même liberté & faculté subsistera pour tous les fruits, vivres

& denrées que les fujets de chacun defdits Etats & pays auront de leur cru ou concru. ès biens qui leur appartiennent, ou qu'ils tiendront à ferme ou à loyer dans le détroit du territoire particulier où ils feront leurs réfidences, lefquels fruits, vivres & denrées ils pourront librement tranfporter d'un lieu dudit pays à l'autre, quand bien même dans ce tranfport ils pafferoient accidentellement fur quelques parties du territoire de l'autre Etat & pays, comme territoire emprunté, fans que pour raifon de ce paffage, il puiffe être exigé aucun droit quel qu'il foit. »

» XLI. Il a été convenu que les anciens péages des Etats & pays du duc de Lorraine font les droits de haut-conduit fpécifiés dans fa déclaration du mois d'août 1704, fondée fur les anciennes ordonnances, réglemens & tarifs de fes prédéceffeurs, fuivant laquelle déclaration tous lefdits fujets de la généralité de Metz compris au préfent traité, payeront le droit de haut-conduit, à la réferve de ceux qui feront compris dans les articles 43, 44, 45, 46, & 47 ci-après, qui ne le payeront que fuivant les modifications y énoncées, & en conféquence les bureaux établis tant avant que depuis ladite déclaration & tous les autres que fadite alteffe royale & fes fucceffeurs ou leurs fermiers-généraux trouveront à propos d'établir ou de changer dans la fuite pour la perception defdits droits, fubfifteront, à condition toutefois que le droit de haut-conduit ne fera levé qu'une feule fois dans chacun des cinq diftricts ou départemens qui font la divifion de fon pays, conformément à ladite déclaration, au moyen de quoi il ne fera donné aucun empêchement aux voituriers ou conducteurs de marchandifes ou denrées fujettes à ce droit; lorfqu'ils l'auront payé au premier bureau du diftrict où ils pafferont en repréfentant aux commis des autres bureaux du même diftrict fur la route, l'acquit de paye du bureau où ils auront acquitté le droit. »

» XLII Les acquits de paye de haut-conduit feront expédiés fous les noms des voituriers & conducteurs defdites marchandifes & denrées; il ne fera délivré qu'un acquit pour toutes celles qui feront comprifes dans une feule lettre de voiture, & fous la conduite d'un même voiturier. »

» XLIII. Les traités & conventions paffées en 1614, 1615, & autres années entre les évêques de Metz & les ducs de Lorraine, font confirmés par le préfent; & en conformité de ce qui y eft porté, les fujets & habitans de l'évêché de Metz, feront exempts des droits de haut-conduit pour tous les grains, foins, pailles & bois provenant de leur cru & concru, foit en les y tranfportant des pays du duc dans ledit évêché pour les y confommer, foit dudit évêché dans les pays de fon alteffe royale pour les y commercer, mais ils feront feulement affujettis au droit de haut-conduit pour les fruits, denrées & effets qui leur proviendront d'achat, commerce, ferme, ou admodiation qu'ils auront faits tant dans lefdits pays de l'évêché & de Lorraine que hors d'iceux, fuivant les tarifs réglés par lefdits traités pour les diftricts de Chateaufalin, de Nancy, & de Salin, l'étape y énoncé fous les dénominations de Salone, Drouville & de Domepure, & ce pour les chofes marquées auxdits tarifs feulement. »

» XLIV. Tous les habitans & fujets de la ville de Phalfbourg, des villages & dépendances de la principauté dudit Phalfbourg, cédés au roi tant par ledit traité du dernier février 1661 que par le préfent, les habitans de la ville de Saarbourg, des villages de Niderfwiler & autres compris dans la route de Metz audit Phalfbourg, formée en exécution du même traité de 1661, font faits participans des diftinctions & avantages acquis dans les Etats du duc aux fujets & habitans de l'ancien territoire de l'évêché de Metz, par les conventions d'entre les évêques de Metz & les ducs de Lorraine, moyennant quoi la réciprocité y ftipulée en faveur des fujets defdits ducs dans ledit évêché de Metz, fera à leur égard pareillement pratiquée dans lefdites villes & lieux de Phalfbourg, Saarbourg, Niderfwiler & autres énoncés au préfent article. «

» XLV. Les bourgeois & habitans de la ville de Toul & pays Toulois, demeureront exempts, & déchargés des droits de haut-conduit de Saint Epure, dont le bureau eft transféré à Gondreville dans tout fon diftrict pour toutes fortes de fruits, denrées & marchandifes néceffaires à leurs propres befoins & confommations dans ladite ville & pays Toulois. Seront encore lefdits bourgeois & habitans exempts de tout droit de haut-conduit dans les quatre autres diftricts pour les fruits & denrées de leur cru & concru qu'ils transporteront des Etats du duc dans ladite ville de Toul, & pays Toulois, pour y être confommés, & réciproquement les fujets dudit duc feront exempts de tous droits pour le transport ou paffage des fruits & denrées de leur cru & concru qu'ils transporteront defdites villes de Toul & pays Toulois dans les Etats de fadite alteffe royale, pour y être pareillement confommés; mais les bourgeois & habitans de la ville & pays Toulois, refteront comme du paffé fujets aux droits de haut-conduit pour les fruits, denrées, & marchandifes qu'ils feront paffer par les Etats du duc pour les transporter ailleurs que chez eux, & réciproquement les fujets de fon alteffe royale payeront les anciens droits à Toul & pays Toulois dans ce dernier & pareil cas.

» XLVI. Il ne fera exigé ni perçu aucun droit de haut-conduit fur les menues denrées qui feront portées en la ville de Verdun pour y être confommées, foit qu'on les porte à bras ou à hottes, ou qu'elles y foient voiturées par chevaux, ânes, chars, & charettes, comme braife, charbons, fagots, bois de chauffage, volailles, poiffons, pommes, poires, & autres menus fruits qui paroîtront vifiblement être deftinés à l'ufage des bourgeois & habitans de la même ville. »

» XLVII. Et en ce qui concerne les anciens droits que les fujets dudit duc feront obligés & tenus de payer dans les trois évêchés & autres villes & lieux de la généralité de Metz, compris au préfent traité, lefquels droits il eft néceffaire de conftater pour prévenir toutes difficultés tant par rap-

port aux origines & aux différens établiſſemens deſdits droits, qu'aux époques des anciens concordats; il a été convenu que pour les villes & lieux
des trois évêchés & terre de Gorze, ces droits ſeront fixés & arrêtés ſur
le pied de l'uſage de l'année 1600, dont on dreſſera des tarifs par commiſſaires de part & d'autre ſur les titres, documens, regiſtres, renſeignemens
ou uſages à rapporter par les villes & lieux des trois évêchés & de la terre
de Gorze. »

» Et à l'égard des anciens droits du roi, ou des villes dans les pays &
lieux cédés par l'Eſpagne à la couronne de France, & qui ſont joints à la
généralité de Metz, ils ſeront fixés à l'époque de l'année 1542, ſur les titres, regiſtres, tarifs, renſeignemens, & uſages à rapporter par les fermiers du roi, leurs prépoſés ou commis, & par les officiers des villes. «

» Au cas qu'il plaiſe au roi de faire ci-après percevoir les anciens péages de Lorraine dans les lieux cédés à ſa majeſté par les ducs, ils ſeront
fixés comme il enſuit dans les villes de Longwy, Marville, Saarlouïs &
Sierck, & villages & lieux en dépendans, qui y ſont ſous la domination
de France. Savoir, que les ſujets de Lorraine réſidens dans le diſtrict ou
département dudit haut-conduit du Barrois, ne payeront point le droit de
haut-conduit dans Longwy, Marville & dépendances, & réciproquement les
ſujets du roi deſdites villes de Longwy, Marville, & dépendances, ſeront
exempts du haut-conduit du Barrois dans tout ſon diſtrict, mais le ſurplus
des ſujets du duc venant eſdites villes de Longwy, Marville & dépendances, payeront le haut-conduit du Barrois. «

» Les ſujets de ſadite alteſſe royale réſidens, dans l'étendue du haut-
conduit de Chateauſalin, ne payeront pas le droit d'icelui dans les villes
de Saarlouïs, Sierck, & leurs dépendances, & réciproquement les ſujets
deſdites villes de Saarlouïs, Sierck & dépendances ſeront exempts du droit
de haut-conduit de Chateauſalin dans tout ſon diſtrict; mais le ſurplus des
ſujets de Lorraine venant eſdites villes de Saarlouïs, Sierck, & dépendances, payeront le haut-conduit de Chateauſalin, le tout ſuivant que les droits
de haut-conduit du Barrois & de Chateauſalin ſont énoncés dans la déclaration de Lorraine du mois d'août 1704, à l'exception néanmoins des cas
portés aux articles XXXIX & XL du préſent, pour leſquels les ſujets
des deux ſouverains demeurent réciproquement exempts de tous péages
& droits. «

» XLVIII. Les ſujets de ſon alteſſe royale qui viendront dépoſer leurs
bois ſur le port de la riviere de Mozelle, près la ville de Toul, y payeront les droits de la ville ſur ledit port, tant & ſi long-temps qu'ils voudront s'en ſervir ſeulement. «

» XLIX. Outre les droits anciens de Lorraine ci-devant ſpécifiés, que
les ſujets des trois évêchés & des pays dépendans de la généralité de Metz,
compris dans le préſent traité, doivent payer dans les Etats du duc; ils
ſeront encore obligés de payer tous les autres droits y établis, ſoit d'en-

trée & iſſue foraine, de traverſe, & autres pour les vivres, denrées & marchandiſes qui ne ſeront deſtinées à leurs beſoins & conſommations naturelles, mais dont ils feront commerce, & qu'ils voudront tranſporter ailleurs que dans leſdits pays de la généralité de Metz. «

» L. Le traité ou concordat du dix-huitieme juin 1604, ſubſiſtera ſelon ſa forme & teneur, & demeurera commun avec tous leſdits ſujets ; leſquels en conſéquence ſeront obligés de prendre des acquis à caution dans les bureaux où ils chargeront, s'il y en a d'établis, ſinon au premier bureau plus prochain de leur paſſage, pour les vivres, denrées & marchandiſes qu'ils deſtineront à l'uſage & conſommation de l'un ou de l'autre deſdits deux pays, leſquels acquits à caution ſeront expédiés ſans déballer ſous le nom de chaque propriétaire & marchand qui fera entrer, paſſer, ou ſortir leſdits vivres, denrées & marchandiſes, & non ſous le nom des voituriers & conducteurs d'icelles. Pour l'effet duquel acquit à caution, ils donneront gages ou caution de renvoyer dans quinze jours ou trois ſemaines au plus tard leſdits acquits, certifiés par l'un des officiers qui ſera commis à ce ſujet dans chacun hôtel-de-ville deſdits Etats & pays, & par le maire ou principal officier des bourgs, villages & autres lieux où les déchargemens auront été faits, portant que les vivres, denrées, & marchandiſes mentionnées & déclarées éſdits acquits à caution, y auront été déchargées pour y être diſtribuées ſans fraude ; & ſera l'émolument des commis des bureaux fixé à quatre gros, faiſant trois ſols tournois pour la délivrance, réception & décharge de chacun deſdits acquits à caution. «

» LI. Les habitans de l'évêché de Metz, ſeront ſuivant le traité du 25 ſeptembre 1610 diſpenſés de prendre dans les Etats du duc des acquits à caution en la forme portée par l'article précédent, de même que ceux de la principauté de Phalsbourg, de Saarbourg, Niderſwiler, & des lieux compris en la route de Metz à Phalsbourg, réglée en exécution du traité de 1661, à la charge néanmoins de donner par les uns & par les autres aux commis du premier bureau des Etats de Lorraine, où ils chargeront, ou dans le plus prochain de leur paſſage, un certificat écrit & ſigné d'eux ou d'un tabellion, portant déclaration de la quantité & qualité des denrées & marchandiſes ſujettes auxdits impôts, qu'ils y auront chargées, ou fait paſſer pour les tranſporter dans les terres de l'évêché de Metz, principauté de Phalsbourg, Saarbourg, Niderſwyler & autres lieux de ladite route avec promeſſe de rapporter témoignage d'un officier de l'hôtel-de-ville ou de juſtice, dans quarante jours, d'y avoir conduit & déchargé leſdites denrées & marchandiſes, moyennant lequel certificat le commis du bureau Lorrain leur délivrera un paſſavant ſans frais, qui ſera renvoyé avec ledit certificat & témoignage de déchargement. «

» LII. Les ſujets des trois évêchés & des pays de la généralité de Metz, ci-devant déſignés, qui feront embarquer au cioſne de Nancy, & voiturer par eau dudit Nancy à Metz des effets, denrées & marchandiſes, ſeront

ront tenus, outre les droits du haut-conduit de Nancy & des autres diſ-
tricts, ſelon les différens cas ci-devant expliqués & déterminés, de payer
encore pour le droit du croſne, ce qui eſt porté au tarif de 1666, ainſi
que les payent les propres ſujets du duc & tous autres, moyennant quoi
leſdits ſujets des trois évêchés, & des pays de la généralité de Metz,
ne payeront pas le haut-conduit du Barrois, en paſſant par eau ès villes
& lieux où la riviere Mozelle touche aux terres du Barrois entre Nancy
& Metz. «

» LIII. Il en ſera de même pour les effets, denrées, ou marchandiſes
que les mêmes ſujets feront embarquer à Metz pour les amener ſur ladite
riviere à Nancy, pour leſquelles ils ne payeront rien en paſſant ſur le diſtrict du haut-conduit du Barrois, mais ils payeront le haut-conduit de Nancy, & les droits de croſne en y arrivant. «

» LIV. A l'égard des effets, denrées & marchandiſes que les mêmes
ſujets voudront embarquer ſur la Mozelle dans les lieux du diſtrict du haut-
conduit du Barrois qui ſont entre les villes de Nancy & de Metz, ou qui,
après avoir été embarquées à Metz ou à Nancy, ſeroient déchargées en
chemin dans l'étendue du même diſtrict du haut-conduit du Barrois, leſdits ſujets ſeront obligés de payer le droit dudit haut-conduit du Barrois
par rapport aux chars, charettes & chevalées qui auront tranſporté leſdits
effets, denrées & marchandiſes ſur ou depuis les bords de ladite riviere,
à la reſerve néanmoins que pour les denrées provenans du cru & concru
des habitans de l'évêché de Metz, principauté de Phalsbourg, de Saar-
louys, Niderſwiler, & autres lieux de la route de Metz à Phalsbourg, deſtinées à leur conſommation pour leſquelles ſuivant les art. 43 & 44 ci-devant, ils ſont exempts de payer aucun haut-conduit, ils ſeront au cas ſuſ-
dit pareillement diſpenſés de payer celui du Barrois, il en ſera de même
pour les habitans des villes de Longwy, Marville & dépendances, leſquels ſuivant l'article XLVII ci-devant, ſont exempts du haut-conduit du
Barrois. «

» LV. La ſituation des trois évêchés & des Etats du duc, leur voiſinage
& enclaves, mutuelles alliances de familles, la conformité des mœurs, &
preſque les Loix & autres conſidérations, ayant ci-devant donné lieu à
une réciprocité d'hypotheques des actes publics paſſés dans l'un ou dans
l'autre pays, qui ſubſiſte entre pluſieurs parties d'iceux à l'avantage des
ſujets, il a été convenu que cette réciprocité d'hypotheques ſera étendue
pour l'avenir dans toutes les parties des pays de la généralité de Metz compriſes en ce traité, & dans toutes les parties des Etats dudit duc ; & en
conſéquence que tous les actes publics, ſoit arrêts, jugemens, ſentences,
contrats, & tous autres inſtrumens, qui ſeront ci-après paſſés par ou devant les tribunaux & officiers de juſtice temporelle, notaires tabellions,
garde-nottes, & greffiers deſdits deux pays, emporteront réciproquement
pareils hypotheques dans les mêmes pays, & telles qu'ils les auroient, ſelon

Tome XXIV. Z

les loix dans les lieux, où ces actes auroient dû être passés naturellement avant la présente convention, à condition néanmoins que les droits de sceaux, ou de bullette dûs pour les contrats réels, seront payés dans les lieux où seront situés les héritages & biens fonds qui auront donné lieu aux contrats & actes. «

» LVI. Au surplus, tous les autres traités ou concordats ci-devant faits entre lesdits pays, seront observés & exécutés en ce qui ne s'y trouvera pas changé ou dérogé par le présent. «

» LVII. Les sujets du roi de la prévôté de Vaucouleurs & dépendances ne payeront aucun droit, pas même de haut-conduit, pour les denrées & marchandises provenant des terres de la domination de sa majesté, qu'ils feront passer & traverser sur celles du duc pour la consommation de ladite prévôté & dépendance, non plus que pour celles qu'ils transporteront de ladite prévôté & dépendance, dans lesdites terres du roi, & réciproquement les sujets de son altesse royale, ne seront tenus de payer aucun droit dans ladite prévôté & dépendances pour le passage & la traverse qu'ils y feront de leurs denrées & marchandises provenant des Etats dudit duc, & qu'ils y porteront pour leur consommation. «

» LVIII. Les sujets du duc ou autres lesquels venant des pays étrangers dans ceux de sadite altesse royale, auront à emprunter les terres des Etats & pays de la généralité de Metz compris en ce traité, pour conduire & voiturer dans lesdits Etats du duc des marchandises des Indes, du Levant, & autres pays, ou manufactures étrangeres dont le roi a jugé à propos de défendre l'entrée, le port, l'usage, débit & commerce dans ses Etats par arrêt de son conseil du 27 août 1709, & autres que sa majesté & ses successeurs pourroient défendre à l'avenir, seront tenus de déclarer à la premiere ville ou lieu de la domination de France sur leur passage au bureau des fermes, s'il y en a; & s'il n'y en a pas, au commis ou préposé dans chacun des lieux ci-après spécifiés, le nombre des tonneaux, balots, caisses ou paquets contenant lesdites marchandises, qu'ils auront à faire entrer, traverser & passer sur lesdites terres de la généralité de Metz & de les y faire plomber, afin que pendant ledit transport, il ne puisse rien être tiré desdits tonneaux, balots, caisses ou paquets. Ils seront en outre tenus d'y prendre un acte ou acquit à caution, par lequel le marchand ou voiturier desdites marchandises s'obligera de rapporter ou renvoyer dans quarante jours au même bureau, préposé ou commis, un certificat écrit au dos dudit acte ou acquit à caution, par lequel le principal officier de l'hôtel-de-ville ou du lieu des pays du duc pour lequel les marchandises sont destinées, déclare qu'elles y auront été déchargées avec les plombs entiers & en bon état; & à faute par les marchands ou voituriers de satisfaire aux formalités du présent article, ils seront condamnés en cinq cents livres d'amende, & lesdites marchandises défendues, ensemble les chevaux & équipages qui les auront conduites, déclarés acquis & confisqués au roi. «

» LIX. Lesdits marchands ou voituriers seront obligés, s'ils en sont requis, de représenter aux commis des autres bureaux de sa majesté, s'il y en a sur leur passage, lesdits tonneaux, balots, caisses ou paquets plombés en bon état, ensemble ledit acquit à caution sur lequel lesdits commis mettront leur *visa*, si bon leur semble. Lesdits marchands ou voituriers feront encore pareilles représentations, s'ils en sont requis en chemin par les commis ambulans, ou roulans en campagne pour le service des fermes de sa majesté, sans obligation néanmoins de prendre leur *visa*. «

» LX. Si par cas fortuit lesdits marchands ou voituriers se trouvent obligés de séjourner, ou de décharger lesdites marchandises en route, il leur sera permis de le faire, à condition de les déposer dans les bureaux des fermes du roi, s'il y en a dans le lieu, sinon dans le poids des villes & lieux publics où l'on a accoutumé de déposer les marchandises; & à défaut de lieux publics destinés à cet effet, ils les déposeront chez un notable habitant, & en feront sur le champ leur déclaration aux subdélégués de l'intendance de Metz, dans les villes où il y en a, sinon au sindic, mayeur, ou principal officier du lieu, qui leur en donnera un acte. «

» LXI. Lesdits marchands ou voituriers ne seront obligés de payer aucune chose pour la fourniture des cordes ou ficelles, plombs, fabrication ou impression desdits plombs non plus que pour la confection, expédition & réception desdits acquis à caution & *visa* d'iceux, ni même pour lesdits certificats ou actes de dépôt en cas fortuit, à tout quoi les commis des bureaux de sa majesté & autres préposés, ensemble les officiers seront obligés de fournir, & vaquer incessamment avec diligence & de bonne foi, en sorte que lesdits marchands & voituriers n'en reçoivent aucun retardement ni intérêt par affectation. «

» LXII. Et pour plus ample explication de l'article LVIII, ci-devant, les lieux où lesdits marchands & voituriers devront faire leur déclaration & plomber, seront quant à présent les ci-après nommés; savoir, dans la route de Verdun, le premier bureau sera réputé à Cousonvoy, Mouzon & Verdun; au choix desdits marchands & voituriers; & comme la ferme générale de France n'a aucun bureau dans les routes ci-après, il a été convenu que pour lesdites routes, il sera établi par le sieur intendant de Metz des commis ou préposés pour recevoir les déclarations, & plomber; savoir, pour la route d'Ariou, un en la ville basse de Longwy, pour la route de Luxembourg, un dans la ville de Thionville; pour la route par eau sur la Mozelle, un en la ville de Sierck; pour la route par eau sur la Saare, un à Valdrevange; pour la route de Francfort à Metz, un en la ville de Metz; pour la route de Sarbruk par Saint-Avold & Pont-de-Pierre, un au village de Théting; & à l'égard de la route de Vic pour la haute Lorraine, un en la ville de Vic, sauf à fixer encore ci-après de concert d'autres lieux pour déclarer & plomber, ou à en changer pareillement quelques-uns de ceux ci-dessus énoncés s'il est nécessaire. »

» LXIII. Lesdits marchands & voituriers ne pourront être réputés en fraude, avant que lesdits bureaux ou préposés soient établis, & en état de plomber, & après qu'ils l'auront été, lesdits marchands & voituriers ne seront censés être en fraude, quelques routes qu'ils ayent tenues, qu'après qu'ils auront passé les détroits des lieux de l'établissement desdits bureaux ou préposés, sans y avoir fait déclaration & plomber; mais s'ils sont rencontrés après en avoir passé le détroit, sans y avoir fait déclaration & plomber, leurs tonneaux, balots, caisses ou paquets de marchandises défendues, ou si les plombs s'en trouvent altérés ou rompus, lesdits marchands & voituriers seront réputés en fraude & sujets aux peines déclarées dans l'article LVIII, ci-devant. »

» LXIV. En cas que dans la suite son altesse royale, ou les ducs ses successeurs trouveroient à propos de défendre dans leurs Etats & pays, certaines especes de marchandises, les marchands ou voituriers sujets du roi, ou autres qui voudroient y en faire passer & traverser, seront obligés aux mêmes précautions que celles ci-devant énoncées, à l'effet de quoi l'on conviendra pour lors de bonne foi par commissaires respectifs, des bureaux où elles seront déclarées & plombées sous les mêmes peines. »

» LXV. Les délits & mésus commis ès bois & forêts appartenans au duc situés dans l'évêché de Metz, seront conformément aux concordats passés entre les ducs de Lorraine, & les évêques de Metz ès années 1603, 1615, 1621, & autres, poursuivis & jugés sans appel par-devant les juges communs du sieur évêque de Metz ou de ses vassaux, d'une part, & un officier des salines de Lorraine, chacun dans son district, d'autre part; sans qu'aucun autre tribunal supérieur ou inférieur, quel qu'il soit, puisse en connoître, sauf aux parties dans le cas de deni de justice ou de nullité de jugemens, à se pourvoir en recours par-devers les commissaires qui seront nommés par sa majesté; & par son altesse royale, pour connoître en dernier ressort desdits cas seulement. »

» LXVI. La même chose sera observée pour les bois & forêts appartenans au duc, situés sur les lieux compris dans la route désignée, en 1661, de Metz à Phalsbourg, dont les habitans par le présent traité sont rendus participans des avantages particuliers acquis aux sujets de l'évêché de Metz dans les pays de Lorraine, par les conventions faites entre les ducs de Lorraine & les évêques de Metz; & en conséquence, les délits & mésus qui seront commis èsdits bois & forêts, seront poursuivis & jugés sans appel par le commissaire que sa majesté, ou ses vassaux seigneurs desdits lieux nommeront, & par l'un des officiers des salines de Lorraine, sauf les deux cas de recours qui seront exercés suivant qu'il est porté dans l'article précédent. »

» LXVII. Pour maintenir le bon ordre public réciproquement entre les pays de la généralité de Metz compris dans ce présent traité & ceux du duc, il est convenu qu'à l'imitation de ce qui est porté au concordat de 1615 ; entre l'évêché de Metz & les Etats de son alteffe royale, les juges refpectifs defdits pays de la généralité de Metz & des Etats de fadite alteffe royale, feront tenus d'accorder *pareatis*, ou affigner les délinquans ès forêts de l'un des Etats & pays, quoique réfidens dans l'autre, dans le cas où la procédure ne fera pourfuivie que civilement. Les mêmes *pareatis* feront auffi accordés fans difficulté pour l'exécution des jugemens qui pourroient être rendus en conféquence, tant en premiere inftance qu'en caufe d'appel. »

» LXVIII. Le préfent traité fera ratifié & approuvé par fa majefté & par fon alteffe royale, & les ratifications feront délivrées dans le terme de trois femaines ou plutôt, fi faire fe peut, à compter du jour de la fignature. »

» En foi de quoi nous commiffaires de fa majefté & de fadite alteffe royale, & fous leurs bons plaifirs, en vertu de nos commiffions & pleinspouvoirs refpectifs, avons èfdits noms figné ces préfentes de nos feings ordinaires & à icelles fait appofer les cachets de nos armes. »

(L. S.) DE BARBERIE DE   (L. S.) J. B. MAHUET.
           SAINT-CONTEST.
(L. S.) LE FEVRE D'ORMESSON.   (L. S.) F. BARROIS.

A Paris, ce vingt-un janvier mil fept cents dix-huit.

L O T E R I E, f. f. *Efpece de jeu de hafard, dans lequel différens lots de marchandifes ou différentes fommes d'argent font dépofées pour en former des prix & des bénéfices à ceux à qui les billets favorables échoient.*

QUAND je vois un fouverain établir une Loterie nationale, me difoit un homme en place, je me figure un pere de famille taillant, tous les foirs, au pharaon avec fes enfans. Ce moyen d'attirer à lui leur argent eft-il honnête, eft-il décent? Mais, lui répondis-je, fi fes enfans font poffédés du démon du jeu, ne vaut-il pas mieux qu'ils fe ruinent avec leur pere qu'avec un étranger? L'argent qu'il leur gagne, refte dans la famille, il n'eft pas abfolument perdu pour eux, ils le retrouveront un jour, & dès-à-préfent même, ce pere bienfaifant l'emploie à fournir à leurs befoins. S'il fe prête à la paffion qu'ils ont pour le jeu, c'eft moins pour gagner leur argent que pour les empêcher de le perdre ailleurs. S'il fait mal, c'eft pour éviter un plus grand mal. ⚓ Cette raifon ne me fatisfait point; je ne crois pas qu'il foit permis de faire un mal pour en éviter un plus grand. Quelque penchant que puffent avoir mes enfans pour le

LOTERIE.

jeu, je ferois bien fâché de les mettre à même de me reprocher de leur avoir offert moi-même une table de pharaon, & de leur avoir gagné leur argent. Ainfi raifonne un particulier, & il a raifon, j'ajoute même qu'une Loterie préfente encore une idée plus odieufe que la comparaifon qu'on vient de faire. Car la Loterie eft un jeu, où mille malheureux contribuent au bonheur d'un feul ; & quiconque a le gros lot peut dire, voilà l'argent de vingt mille de mes concitoyens qu'un coup du hafard me donne, fans que je l'aie mérité. Cette penfée eft chagrinante & même humiliante pour un ame honnête & fenfible. Je craindrois, en recevant cet argent, d'entendre vingt mille voix me redemander une partie de leur fubfiftance; puifqu'il n'eft que trop ordinaire, fur-tout au bas peuple, de mettre à la Loterie, non fon fuperflu, (il n'en a pas) mais fon ftrict néceffaire.

La politique n'a pas une morale auffi rigoureufe. Elle fe croit obligée de prendre tous les moyens d'empêcher l'argent des fujets de fortir de l'Etat. Il eft fûr que la fureur des Loteries eft pouffée par-tout à un point exceffif; s'il n'y a point de Loterie dans l'Etat, on ira porter fon argent aux Loteries étrangeres qui cherchent à l'attirer, de forte qu'une Loterie nationale eft aujourd'hui un établiffement néceffaire. Auffi y en a-t-il dans tous ou prefque tous les Etats de l'Europe. Chaque adminiftration s'étudie à faire donner la préférence à la fienne par l'avantage des conditions, & par d'autres circonftances qui ne font point à négliger quelque peu importantes qu'elles paroiffent. En Hollande, s'il n'y a point de loi qui défende de mettre aux Loteries étrangeres, au moins n'eft-il pas permis de les annoncer ni d'en faire aucune efpece de mention dans les papiers publics, de peur d'expofer les Hollandois à la tentation d'y rifquer leur argent, ce qui feroit au détriment de la Loterie de l'Etat. C'eft encore une bonne politique de morceler les billets en moitié, quart, huitieme, &c. Afin que tous les fujets, depuis le moindre artifan jufqu'à l'homme le plus riche, puiffent jouer à ce jeu, chacun felon fes facultés ; de multiplier les tirages, de ne donner, qu'un certain nombre de billets au prix de l'Etat, &c. Ces opérations font d'une Loterie une efpece d'agiotage qui échauffe les efprits, & préfente aux joueurs plus de hafard & de moyens de gagner. Il eft vrai que les chances défavorables, fe multiplient en même proportion, mais l'homme, toujours porté à fe flatter, fe perfuade aifément ce qu'il défire.

Les Loteries ayant pour objet de parvenir à faire des fonds deftinés à une entreprife utile, à quelque befoin de l'Etat, ont l'avantage de fuppléer aux impôts. Au moins on peut les regarder comme l'efpece d'impôt la moins onéreufe, puifqu'elle eft volontaire. Donne qui veut, & feulement autant qu'il veut. Qu'on ne dife pas qu'on y eft invité par l'appât puiffant d'un gain confidérable, & que c'eft un piege tendu à la cupidité humaine. Mais fi vous croyez que c'eft un piege, pourquoi y donnez-vous? Si trompé vingt fois par un efpoir toujours illufoire pour vous,

vous vous obftinez encore à tenter la fortune, vous ne devez vous en prendre qu'à vous-même. Il eft fi doux d'avoir beaucoup en rifquant peu: La Loterie eft une maniere fi commode de s'enrichir. C'eft-à-dire que ce jeu vous plaît tant que fi vous ne pouviez pas jouer chez vous, vous iriez jouer ailleurs. L'Etat fait donc bien de profiter de votre paffion pour ce jeu, plutôt que de vous en laiffer porter le tribut aux nations. voifines.

Ainfi les Loteries font devenues des opérations de finances que l'on a retournées & travaillées de toutes les manieres pour en tirer tout le parti poffible; elles font d'autant meilleures que l'habileté du calculateur qui les invente & les emploie, eft plus grande. Les derniers emprunts faits en France fous cette forme, en font la preuve.

La Loterie la plus fimple eft celle qui eft compofée d'un certain nombre de billets, d'un prix égal, & d'une quantité déterminée de primes & de lots inégaux, & d'un feul tirage qui décide le fort des billets. La Loterie de Hollande a fix tirages : ce qui partage les billets en fix portions. Si donc l'on n'a payé un billet quelconque que pour le premier tirage, il faut le nourrir à chaque nouveau tirage, fi l'on veut qu'il participe aux primes & aux lots qui s'y diftribuent. Dans ces Loteries le montant des primes & des lots eft égal au produit des billets. Suppofons cent mille billets à dix francs; cela forme un total d'un million. Alors les lots font tellement combinés qu'ils faffent auffi une fomme d'un million. L'Etat retient ordinairement douze ou douze & demi pour cent, tant pour les frais de régie que pour fon bénéfice. C'eft le taux ordinaire. Les Loteries de cette efpece ont toutes un inconvénient inévitable : l'époque du tirage n'en peut pas être fixé fi l'on veut que tous les billets foient remplis pour procéder au tirage; ou fi l'on en fixe le terme, l'Etat rifque de fe voir chargé d'un grand nombre de billets qui n'auront point été pris. Il eft vrai que ces billets peuvent avoir des lots : ils peuvent auffi n'en point avoir, & dans le cas le bénéfice fur lequel on comptoit fe trouve diminué. La longueur du tirage eft encore un inconvénient qui fait perdre beaucoup de temps aux magiftrats qui préfident, & à tout le peuple qui y affifte. Sans compter qu'il peut aifément fe gliffer de l'erreur, foit volontaire, foit involontaire dans cette opération, lorfqu'elle eft forcément prolongée pendant plufieurs jours. On fait le proverbe, *Loterie, filouterie*, proverbe malheureufement accrédité par les petites Loteries particulieres qu'on ne devroit jamais permettre, fous quelque prétexte que ce fût, & par quelques autres que le défaut de confiance a fait tomber. La fidélité dans le tirage ne fuffit pas, il faut encore de la promptitude & de l'exactitude dans le payement des lots.

La Loterie de Gênes, établie en 1620, a fervi de modele à celle de Rome, de Venife, de Vienne, de Berlin, de Paris, &c. Elle eft compofée de quatre-vingt-dix numeros dont on en tire cinq feulement. Cette forme a bien des avantages : elle offre à chacun la facilité de s'y intéreffer au-

tant & auffi peu qu'il veut ; elle abrege, multiplie & rapproche les tirages.
Celle de *Génes* fe tire dix fois l'an, celle de France deux fois par mois.
L'homme qui joue à la Loterie aime à voir fon fort promptement décidé.
La multiplicité des tirages eft une chofe bien vue. J'ai déjà dit que chaque
Loterie de Hollande avoit fix tirages, & à peine le dernier tirage d'une
Loterie eft-il fini, qu'on en ouvre un autre. La Loterie de *Génes*, & les
femblables donnent encore à chaque joueur la faculté de porter le lot qu'il
peut avoir, à telle fomme qu'il lui plaît en faifant une mife plus ou moins
forte à fa volonté, les lots n'y étant point déterminés, comme dans les
autres efpeces de Loteries.

Mais, comme tout ce qui eft à l'avantage du joueur eft en même proportion défavorable à la Loterie, elle court de grands rifques toutes les fois qu'un
nombre, ou plufieurs nombres liés enfemble par terne, quaterne ou quine font
exceffivement chargés ; fi le hafard vouloit qu'ils fortiffent de la roue de
fortune, leur fortie pourroit caufer une perte confidérable à l'Etat. Cependant quelquefois le public fixe fon idée ou fon efpoir fur tel nombre particulier, & telle combinaifon de nombres ; tout le monde veut mettre fur
ces nombres : ce qui en accroît la charge à un point exceffif, tandis que
les autres reftent vides. Pour prévenir cet inconvénient qui pourroit devenir très-dommageable à la Loterie, ou déterminer la charge de chaque nombre par extrait, ambe, terne, &c. lorfqu'elle eft pleine, on les ferme,
c'eft-à-dire, qu'il n'eft plus permis de mettre aucune fomme fur ces numeros. On fait par le tableau des billets pris, quand un numero commence
à fe charger beaucoup ; & pour avoir ce tableau, on oblige chaque bura-
lifte d'envoyer au bureau-général tous les foirs pour la capitale, & tous les
jours de pofte pour les provinces, le bordereau des billets qu'il a livrés.
Cette précaution gêne la liberté des joueurs, elle borne jufqu'à un certain
point la faculté de choifir leurs billets, & de les compofer avec tels numeros qu'ils jugent à propos. D'un autre côté elle affure le payement des lots
qu'ils peuvent avoir. Il ne faut pas que la Loterie rifque de faire banqueroute ; il eft plutôt expédient qu'elle foit fûre d'un bénéfice : cette fureté fait celle des joueurs. D'ailleurs dans les autres efpeces de Loterie,
compofées d'un certain nombre de billets, perfonne ne peut avoir le même billet ; dès que tel billet eft pris par un particulier, tous les autres qui
voudroient avoir le même numero, font obligés de s'en paffer ; au lieu que
dans la Loterie de *Génes*, de Rome, de Paris, &c. Cent perfonnes peuvent fe faire un billet fur la même combinaifon de nombres, jufqu'à ce
qu'elle ne devienne trop chargée. Il faut que la Loterie foit en état de faire
face à tout, de payer tous les lots qui fortent. Si les joueurs la mettoient
hors d'état de payer, en chargeant exceffivement certains nombres qui
viendroient à fortir, leur efpoir feroit illufoire, & ils fe feroient tort à
eux-mêmes. On ne doit pas regarder les fonds de la Loterie, comme une
mine inépuifable. Ce fonds eft fourni par les joueurs mêmes. Si quelque tirage

rage lui est désavantageux, il faut que les autres lui soient profitables en plus grande proportion. L'Etat n'établit une Loterie que pour y gagner. Il faut qu'il y ait un bénéfice, même un bénéfice considérable, puisque ces fonds sont destinés à des entreprises, des besoins, pour lesquels il faudroit tirer de l'argent du peuple, par une voie plus onéreuse. On ne doit donc pas trouver mauvais qu'il prenne toutes les précautions que dicte la prudence, non-seulement pour ne pas perdre, mais encore pour s'assurer un bénéfice. Quand deux particuliers jouent l'un contre l'autre à quelque jeu que ce soit, ils tâchent de gagner le plus qu'ils peuvent, chacun ruineroit volontiers son adversaire. Le cas est ici bien différent. Personne sans doute n'approuveroit une Loterie nationale, telle que l'Etat risqueroit de se ruiner pour enrichir deux ou trois particuliers qui y joueroient gros jeu. Tous les sujets sont intéressés à la prospérité de l'Etat, sa ruine leur seroit dommageable; ce seroit de leur bourse qu'il faudroit réparer ses pertes. L'Etat n'a d'argent qu'autant que les sujets lui en fournissent. Une Loterie nationale doit être envisagée comme une espece d'impôt volontaire qui doit produire un fonds toujours subsistant, parce qu'il est toujours renouvellé.

C'est encore pour assurer ce bénéfice de l'Etat qu'on ne s'en tient nulle part, ni à Gênes, ni à Rome, ni à Vienne, ni à Paris, &c. à l'égalité de chance entre la mise, & la somme qu'elle peut rendre au joueur. Pour que le jeu fût égal, un extrait devroit rendre 18 fois la mise, un ambe 400½, un terne 11,748. A Gênes, on ne donne pour l'extrait que 13r½ fois la mise, 2304½ pour l'ambe & 2,857½ pour le terne. A Rome, l'extrait produit aux gagnans 14 fois la mise, l'ambe 266½, le terne 5,142½. Il n'y a ni quaterne ni quine à Gênes & à Rome. L'Etat ne veut pas risquer ces chances. La Loterie royale de France ne donnoit lors de son établissement, au mois de Juin 1776, que 15 fois la mise pour l'extrait, 270 fois pour l'ambe, & 5,200 fois pour le terne, mais il y avoit quatre tirages de primes gratuites, outre des extraits & des ambes déterminés, & des quaternes & quines. Dès le commencement de l'année suivante un arrêt du conseil d'Etat supprima les primes gratuites & augmenta l'extrait & l'ambe déterminés, & le terne, le quaterne & le quine; de sorte qu'actuellement l'extrait simple est de 15 fois la mise, l'extrait déterminé de 70 fois, l'ambe simple de 270 fois, l'ambe déterminé de 5,100 fois, le terne de 5,500 fois, le quaterne de 75,000 fois, & le quine d'un million de fois, comme on peut le voir dans le tableau que je joins à cet article.

Il résulte que la Loterie de France est plus avantageuse aux joueurs qu'aucune autre : ce qui a été calculé pour lui faire donner la préférence. Il faut croire aussi que les habiles calculateurs, qui l'ont établie sur ce pied, ont trouvé par leurs combinaisons que ce surcroît d'avantage pour les joueurs étoit compensé en faveur de l'Etat par les extraits & les ambes déterminés, ainsi que par les quaternes & les quines beaucoup plus difficiles à rencontrer que les autres chances. Un quine est un phénomene.

On peut donc croire que la Loterie royale de France eft la perfection des établiffemens de cette forte ; c'eft elle que nous propoferons pour modele de ces opérations de Finances.

LOTERIE ROYALE DE FRANCE,

Etablie par Arrêt du Confeil d'Etat du Roi, le 30 Juin 1776.

LA Loterie royale de France eft compofée dans les mêmes principes que celles établies à Gênes, Rome, Venife, Milan, Naples, Vienne, Bruxelles, Berlin, &c. avec addition des chances d'extrait déterminé, d'ambe déterminé, de quaterne, de quine & de plufieurs primes gratuites accordées en proportion de la valeur des mifes.

On fuivra dans le tirage de cette Loterie, la méthode qu'on obfervoit ci-devant dans les tirages de la Loterie de l'école royale militaire.

Le jour du tirage, on enfermera dans la roue de fortune quatre-vingt-dix étuis d'égale grandeur, forme & poids ; chacun de ces étuis contiendra un quarré de vélin fur lequel fera infcrit chaque numéro, depuis le numéro 1, jufques & compris le numéro 90.

Tous les numéros, avant d'être placés dans leurs étuis, feront expofés aux yeux de tous les affiftans ; après cette formalité on mêlera les quatre-vingt-dix étuis dans la roue de fortune, & l'on en tirera cinq feulement. Le tirage de ces cinq numéros fera nommé *tirage des lots*, & déterminera le montant des lots de tous ceux qui auront pris intérêt à la Loterie.

Immédiatement après ce tirage des lots, il fera fucceffivement fait quatre autres tirages qui feront appellés *tirages des primes gratuites*, & feront défignés par les noms de *premiere, feconde, troifieme & quatrieme claffe*. Pour y procéder avec célérité, on expofera aux yeux du public les cinq numéros qui feront fortis de la roue de fortune, & chacun d'eux, felon l'ordre de fon extraction, y fera jeté une feconde fois pour être mélangé avec les quatre-vingt-cinq numéros reftans. La même opération fe répétera jufqu'à quatre fois confécutives. On obfervera que les primes gratuites n'auront lieu que fur les chances d'ambe déterminé, de terne, de quaterne & de quine ; & que pour avoir droit de participer à la fortie foit de deux, foit de trois, foit de quatre, foit enfin de cinq numéros qui feront tirés de la roue de fortune, il faudra que l'actionnaire fe conforme en tout point aux regles prefcrites par les articles IX & X du plan de cette Loterie annexé à l'arrêt du confeil ; c'eft-à-dire qu'on ne pourra prétendre aux primes d'ambe qu'autant qu'on aura lié au moins fix nombres par ambe déterminé ; & aux primes de terne, quaterne & quine, qu'autant qu'on aura joué ces chances fur dix nombres liés & au-deffus.

Il y aura dans chaque bureau de receveur, deux fortes de billets & deux fortes de reconnoiffances ; les unes feront délivrées à l'actionnaire qui voudra placer fa mife fur les chances fimples, c'eft-à-dire, fur l'extrait fimple, l'ambe fimple, le terne, le quaterne, le quine; les autres feront délivrées à ceux des mêmes actionnaires qui voudront placer leurs mifes fur les chances déterminées, c'eft-à-dire, fur l'extrait déterminé ou l'ambe déterminé: dans les deux cas, les receveurs délivreront à chaque actionnaire une reconnoiffance provifionnelle, pour être échangée contre le billet original. La reconnoiffance & le billet original émaneront d'une même fouche, & fe rapprocheront par une légende contenant ces mots : *Loterie royale de France*. En échange de la reconnoiffance, il fera fourni à l'actionnaire, fous le plus bref délai, le billet original pour lui fervir de titre, & ce ne fera que fur la préfentation de ce titre qu'il pourra prétendre au payement du lot & des primes qui lui feront échus.

Chacun des actionnaires fera libre de placer fa mife fur tel numéro & telle quantité de numéros qu'il lui plaira choifir, depuis le numéro 1, jufques & compris le numéro 90.

A l'égard des différentes chances à courir, on pourra s'intéreffer de fept manieres principales.

SAVOIR:

1°. Sur un feul Numéro, qui s'appelle communément *Extrait fimple.*

2°. Sur un feul Numéro, dont l'ordre de fortie doit être défigné & qu'on appellera. . . . . *Extrait déterminé.*

3°. Sur deux Numéros liés enfemble, qu'on appelle communément . . . . *Ambe fimple.*

4°. Sur deux Numéros liés enfemble, dont l'ordre de fortie pour chacun d'eux doit être défigné & qu'on appellera . . . . *Ambe déterminé.*

5°. Sur trois Numéros liés enfemble, qu'on appelle communément . . . . *Terne.*

6°. Sur quatre Numéros liés enfemble, qui s'appelleront . . . . *Quaterne.*

7°. Sur cinq Numéros liés enfemble, qui s'appelleront *Quine.*

On pourra placer fur l'Extrait fimple depuis un fol jufqu'à dix mille livres.

Sur l'Extrait déterminé, depuis douze fols jufqu'à mille livres.

Sur l'Ambe fimple, depuis fix deniers jufqu'à quatre cents livres.

Sur l'Ambe déterminé, depuis fix deniers jufqu'à cent quatre-vingts livres.

Sur le Terne, depuis fix deniers jufqu'à cent cinquante livres.

Sur le Quaterne, depuis fix deniers jufqu'à douze livres.

Sur le Quine, depuis fix deniers jufqu'à trois livres.

L'actionnaire gagnera pour chaque lot qui lui échoira au tirage des lots.

S A V O I R :

Par Extrait fimple.	15
Par Extrait déterminé.	70
Par Ambe fimple.	270
Par Ambe déterminé.	4900
Par Terne.	5200
Par Quaterne.	70000
Par Quine.	1000000

} *fois la Mife.*

Indépendamment des avantages que préfentent les différentes chances à courir, & principalement celles de l'ambe déterminé & du quine, pour lefquels cette Loterie ne fe trouve en concurrence avec aucune autre, les actionnaires jouiront encore des privileges & prérogatives des primes qu'on accordera, par forme de gratification, à ceux des actionnaires dont les billets feront compofés dans les formes prefcrites ci-après à l'article des primes gratuites.

Le bénéfice des primes gratuites accordé par la Loterie fera payé,

S A V O I R : pour chaque,

CLASSES.	AMBE déterminé.	T E R N E.	QUATERNE.	Q U I N E.	
1e	500	500	15000	80000	
2e	»	300	9000	60000	} *fois la mife.*
3e	»	»	6000	40000	
4e	»	»	»	20000	

E X P L I C A T I O N D E S C H A N C E S.

Extrait fimple.

S'intéreffer par extrait fimple, c'eft uniquement chercher à rencontrer un, deux, trois, quatre & même les cinq numéros qui font tirés de la roue de fortune. En fuppofant que l'actionnaire ait, de cette maniere, placé fa mife fur dix numéros à raifon de 3 livres chaque, il gagnera 45 livres pour la fortie de chacun des numéros qui fortiront de la roue de fortune.

Extrait déterminé.

S'intéreſſer par extrait déterminé, c'eſt parier que tel ou tel des 90 numéros qui compoſent la Loterie ſortira le premier, le deuxieme, le troiſieme, le quatrieme ou le cinquieme de la roue de fortune.

EXEMPLE.

N. a choiſi les ſix numéros ſuivans, 10, 21, 32, 43, 54, 65, pour les jouer par extrait déterminé, & il a indiqué que le numéro 10 ſortira le premier, ou le ſecond, ou le troiſieme, ou le quatrieme, ou le cinquieme de la roue de fortune; que le numéro 21 ſortira le premier, ou le ſecond, ou le troiſieme, ou le quatrieme ſeulement; que le numéro 32 ſortira le premier, ou le ſecond, ou le troiſieme ſeulement, que le numéro 43 ſortira le premier ou le ſecond ſeulement; que le numéro 54 ſortira le premier ſeulement; & qu'enfin le numéro 65 ſortira le premier, ou le troiſieme, ou le cinquieme ſeulement.

Comme l'intention d'N. eſt de placer 3 livres ſur chaque chance qui réſulte des ſix numéros qu'il a adoptés pour compoſer ſa miſe, il payera comme ci-après. Savoir :

Pour les cinq ſorties appliquées à la rencontre du N°. 10. 15 liv.
Pour les quatre ſorties appliquées à celle du N°. 21. . . . 12
Pour les trois ſorties appliquées à celle du N°. 32. . . . 9
Pour les deux ſorties appliquées à celle du N°. 43. . . . 6 } 54 liv.
Pour la ſeule ſortie appliquée à celle du N°. 54. . . . 3
Pour les trois ſorties appliquées à celle du N°. 65. . . . 9

Il réſulte de cette combinaiſon que les ſix numéros d'N. ou telle autre quantité de nombres, depuis le numéro 1 juſqu'à 90, s'appellent *extraits déterminés* dès que le ponte en a déſigné l'ordre de ſortie, & que chaque numéro pouvant ſortir de la roue de fortune ou le premier, ou le ſecond, ou le troiſieme, ou le quatrieme, ou le cinquieme, les 90 numéros qui compoſent la Loterie produiſent 450 chances ou ſorties à courir par extrait déterminé.

Ambe ſimple.

S'intéreſſer par ambe ſimple, c'eſt placer une ſomme quelconque ſur deux, trois, quatre, cinq, ſix, ſept, huit, neuf, dix, & même ſur une plus grande quantité de numéros, depuis un juſques & compris quatre-vingt-dix, ſans être contraint d'en déſigner l'ordre de ſortie. Si parmi les dix nombres choiſis, il s'en rencontre deux tels qu'ils ſoient dans les cinq qui ſont tirés de la roue de fortune, & qu'on ait placé 3 liv. ſur cet ambe, on recevra 810 liv. pour ſa ſortie.

Si l'actionnaire rencontre trois numéros , il gagnera trois lots d'ambes
simples de huit cents dix livres chacun, qui formeront une somme totale
de deux mille quatre cents trente livres ; s'il rencontre quatre numéros,
il gagnera six lots d'ambe simple de huit cents dix livres chacun, ou une
somme totale de quatre mille huit cents soixante livres ; si enfin il rencontre les cinq numéros qui sont tirés de la roue de fortune, il gagnera les
dix lots d'ambe simple qui en résultent, & qui à raison de huit cents dix
livres chacun lui produiront une somme totale de huit mille cent livres :
les chances ne vont pas plus loin, parce qu'on n'extrait que cinq numéros de la roue de fortune.

Ambe déterminé.

S'intéresser par ambe déterminé, c'est non-seulement chercher à rencontrer deux numéros quelconques parmi les cinq qui sortiront de la roue de
fortune, mais c'est encore s'obliger à désigner chacun d'eux dans l'ordre de
sortie qu'on aura indiqué.

E X E M P L E.

N. a choisi les cinq numéros suivans, savoir : 7, 29, 35, 41 & 88.
Il veut placer sur toutes les sorties & combinaisons déterminées, qui peuvent en résulter à raison de deux sols sur chaque sortie ; dans cette supposition, il est une regle générale, qui veut que pour trouver plus aisément
la quantité d'ambes déterminés qui sont à payer par l'actionnaire, le receveur commence par voir combien il résulte d'ambes simples dans la quantité de nombres proposés pour faire sa mise, & comme un ambe simple
vaut vingt ambes déterminés que le receveur multiplie par le nombre 20,
les ambes simples résultans de sa première opération, il trouvera la quantité des ambes déterminés qu'il doit faire payer à l'actionnaire, à raison des
nombres dont il aura fait choix.

Les cinq nombres demandés par N. sont 7, 29, 35, 41 & 88, les dix
ambes simples qui en résultent en les liant deux à deux dans toutes leurs
combinaisons possibles, seront :

$$
\begin{array}{rcl}
7 & \ldots & 29 \\
7 & \ldots & 35 \\
7 & \ldots & 41 \\
7 & \ldots & 88 \\
29 & \ldots & 35 \\
29 & \ldots & 41 \\
29 & \ldots & 88 \\
35 & \ldots & 41 \\
35 & \ldots & 88 \\
\& \ 41 & \ldots & 88 \\
\end{array}
$$

Chacun defdits ambes fimples ainfi décompofés, étant enfuite multipliés par 20, N. fe trouvera avoir à payer 200 chances par ambe déterminé, lefquelles à raifon de deux fois chaque, lui coûteront la fomme de vingt livres.

Pour ne rien laiffer à défirer fur le principe & l'infaillibilité de cette regle générale, on va analyfer ici les 20 chances déterminées qui proviennent du premier ambe fimple 7 & 29.

E X E M P L E.

ORDRE DE SORTIE.

	Premiere.	Seconde.	Troifieme.	Quatrieme.	Cinquieme.	
Ordre numérique.	7	29				1 Ambe.
	7		29			1 Ambe.
	7			29		1 Ambe.
	7				29	1 Ambe.
		7	29			1 Ambe.
		7		29		1 Ambe.
		7			29	1 Ambe.
			7	29		1 Ambe.
			7		29	1 Ambe.
				7	29	1 Ambe.
Ordre numérique renverfé.	29	7				1 Ambe.
	29		7			1 Ambe.
	29			7		1 Ambe.
	29				7	1 Ambe.
		29	7			1 Ambe.
		29		7		1 Ambe.
		29			7	1 Ambe.
			29	7		1 Ambe.
			29		7	1 Ambe.
				29	7	1 Ambe.
						20 Ambes.

L'on peut facilement, d'après cette décompofition, opérer fur chacun des ambes fimples qui fuivent 7 & 29, c'eft-à-dire tenir la même route

pour 7 & 35, enfuite pour 7 & 41, & ainfi jufqu'à la fin, & l'on trouvera que fans répéter aucunement les forties qui proviennent des dix ambes fimples, ou 5 numéros choifis par N. il aura 200 chances à payer.

Terne.

S'intéreffer par terne, c'eft placer une fomme quelconque fur trois, quatre, cinq, fix, fept, huit, neuf, dix ou une plus grande quantité de numéros liés enfemble, choifis parmi les 90, fans être obligé d'en défigner
l'ordre de fortie; fi dans la quantité des numéros qui auront été choifis par
un actionnaire, il s'en rencontre trois, n'importe lefquels, parmi les cinq
qui feront tirés de la roue de fortune, ils fuffifent à l'actionnaire pour lui
faire gagner un lot de terne, ou cinq mille deux cents fois la valeur de
la fomme qui fe trouvera placée fur les trois numéros échus; en conféquence fi la mife totale eft en raifon de trois livres fur chaque terne féparément, le lot attaché au terne échu fera de quinze mille fix cents livres;
fi l'actionnaire devine quatre numéros, il gagnera quatre lots de terne de
quinze mille fix cents livres, ou une fomme totale de foixante-deux mille
quatre cents livres; enfin fi l'actionnaire devine cinq numéros; il gagnera
dix lots de terne, chacun de quinze mille fix cents livres, ou une fomme
de cent cinquante-fix mille livres.

Quaterne.

S'intéreffer par quaterne, c'eft placer une fomme quelconque fur quatre,
cinq, fix, fept, huit, neuf, dix, onze, douze, treize, quatorze, quinze,
vingt, & même fur une plus grande quantité de numéros liés enfemble,
fans que l'actionnaire foit contraint de défigner l'ordre de leur fortie. Si
parmi la quantité des numéros que tel ou tel actionnaire aura adoptés pour
former fa mife, il s'en trouve quatre, n'importe lefquels, parmi les cinq
qui fortent de la roue de fortune, ils fuffifent à cet actionnaire pour lui
faire gagner un lot de quaterne, ou foixante-dix mille fois la valeur de la
fomme qui fe trouvera placée fur les numéros échus; en conféquence, fi
la mife totale eft à raifon de vingt fols fur chaque quaterne, le lot attaché au quaterne échu fera de la fomme de foixante & dix mille livres;
enfin fi parmi tous les numéros qui compofent le billet du fufdit actionnaire, il arrive qu'il ait deviné, n'importe dans quel ordre de fortie, les
cinq numéros qui font tirés de la roue de fortune, il gagnera les cinq lots
de quaterne qui en réfultent, ou une fomme totale de trois cents cinquante
mille livres.

Quine.

S'intéreffer par quine, c'eft placer une fomme quelconque fur cinq, fix,
fept, huit, neuf, dix & même fur une plus grande quantité de numéros
choifis

choifis parmi les 90, qui compofent la Loterie; fi parmi les nombres qu'un particulier aura adoptés fur cette chance, il vient à rencontrer les cinq numéros qui font fortis de la roue de fortune, il gagnera le lot de quine qui en réfultera, c'eft-à-dire un million de fois la fomme qui fe trouvera placée fur les cinq numéros; en conféquence, fi la mife totale eft en raifon de douze fols fur chaque quine, le lot attaché à celui qui en fera forti, fera de fix cents mille livres.

Différentes manieres de compofer les mifes pour participer aux tirages des primes gratuites.

CHANCE D'AMBE DÉTERMINÉ.

Chaque billet d'ambe déterminé qui fera compofé d'une colonne de	Mifes les plus baffes à raifon de chaque ambe déterminé		
	livres.	*fols.*	*deniers.*
Six numéros & au-deffus, pourra fe prendre à raifon de trois deniers, ci.	»	»	3
De vingt-un numéros & au-deffus, pourra fe prendre à raifon d'un denier, ci. . . .	»	»	1
De trente-un numéros & au-delà pourra fe prendre à raifon d'un doûzieme de denier, ci.	»	»	» 1⁄12 de den.

Explication.

Tout porteur d'un billet compofé dans les différentes formes prefcrites ci-deffus, pourra participer à un tirage de gratification pour lequel il ne fera foumis à aucun débourfé ni rétribution quelconque, c'eft-à-dire, que le billet de tel ou tel actionnaire rentrera gratuitement dans la roue de fortune au tirage qui fuivra immédiatement celui des lots. Quant à la valeur du lot de gratification accordée à titre de prime, l'actionnaire fera payé pour la rencontre d'un ou plufieurs ambes déterminés, à raifon de cinq cents fois la valeur de la mife qui aura été placée fur chacun d'eux. De cette maniere un actionnaire pourra gagner deux fois de fuite; favoir, au premier tirage 4900 fois la valeur de chaque ambe déterminé, pour fa rencontre, & 500 fois la valeur au tirage fuivant.

CHANCE DE TERNE.

Chaque billet de terne composé d'une colonne de	Mises les plus basses à raison de chaque terne résultant des nombres choisis.		
	livres.	sols.	deniers.
Dix numéros & au-dessus, pourra se prendre à raison de trois deniers, ci.	»	»	3
De vingt-un numéros & au-dessus, pourra se prendre sur le pied d'un denier, ci. . .	»	»	1
De trente-un numéros & au-dessus, pourra se payer à raison d'un douzieme de denier, ci.	»	»	» 1/12 de den.

Explication.

Tout porteur d'un billet composé dans les différentes formes prescrites ci-dessus, participera à deux tirages de gratification pour lesquels il ne sera soumis à aucun débourse ni rétribution quelconque, c'est-à-dire, que le billet de tel ou tel actionnaire rentrera gratuitement dans la roue de fortune aux deux tirages qui suivront immédiatement le tirage des lots. Quant à la valeur des lots accordés à titre de primes aux deux tirages de gratification, l'actionnaire sera payé au premier des deux à raison de cinq cents fois la valeur de chaque terne, & au second à raison de trois cents fois la valeur de la mise sur chacun desdits ternes ; de cette maniere un actionnaire pourra gagner jusqu'à trois fois de suite ; savoir, au premier tirage 5,200 fois la valeur de chaque terne, au second 500 fois & 300 fois au troisieme, même dix primes, s'il rencontroit les cinq nombres.

CHANCE DU QUATERNE.

Chaque billet de quaterne composé d'une colonne de	Mises les plus basses à raison de chaque quaterne résultant des nombres choisis.		
	livres.	sols.	deniers.
Dix numéros & au-delà pourra se payer à raison de trois deniers, ci.	»	»	3
De vingt-un numéros & au-delà pourra se payer sur le pied d'un denier, ci. . . .	»	»	1
De trente-un numéros & au-delà, pourra se payer sur le pied d'un douzieme de denier, ci.	»	»	» 1/12 de den.

Explication.

Tout porteur d'un billet compofé dans les différentes formes prefcrites ci-deffus, participera à trois tirages de gratification pour lefquels il ne fera foumis à aucun débourfé ni rétribution quelconque, c'eft-à-dire, que le billet de tel ou tel actionnaire rentrera gratuitement dans la roue de fortune aux trois tirages qui fuivront immédiatement celui auquel aura été placé le billet. Quant à l'objet des lots accordés à titre de primes au trois tirages de gratification, l'actionnaire fera payé au premier des trois à raifon de quinze mille fois la valeur de la mife portée fur chaque quaterne, au fecond à raifon de neuf mille fois, & au troifieme enfin à raifon de fix mille fois; de cette maniere cet actionnaire pourra gagner jufqu'à quatre fois de fuite; favoir, au premier tirage 70,000 fois la valeur de la mife portée fur chaque quaterne, 15,000 fois au fecond, 9,000 fois au troifieme & enfin 6,000 fois au quatrieme. Il pourra même gagner les primes réfultantes de la fortie des cinq nombres.

CHANCE DU QUINE.

Chaque billet de quine compofé d'une colonne de	Mifes les plus baffes à raifon de chaque quine réfultant des nombres choifis.		
	livres.	fols.	deniers.
Dix numéros & au delà, pourra fe payer à raifon de trois deniers, ci.	»	»	3
De vingt-un numéros & au delà, pourra fe payer à raifon d'un denier, ci.	»	»	1
De trente-un numéros & au delà pourra fe payer à raifon d'un douzieme de denier, ci.	»	»	» 1/12 de den.

Explication.

Tout porteur d'un billet compofé dans les différentes formes prefcrites ci-deffus, participera à quatre tirages de gratification pour lefquels il ne fera foumis à aucun débourfé ni rétribution quelconque, c'eft-à-dire, que le billet de tel ou tel actionnaire rentrera gratuitement dans la roue de fortune aux quatre tirages qui fuivront immédiatement celui auquel aura été placé le fufdit billet. Quant à la valeur des différens lots accordés à titre de primes aux quatre tirages de gratification, l'actionnaire fera payé au premier tirage à raifon de quatre-vingt mille fois la valeur du quine échu, foixante mille fois au fecond tirage, quarante mille fois au troifieme & vingt mille fois au quatrieme & dernier tirage de gratification. De cette maniere tous les intéreffés pourront gagner fur cette chance jufqu'à cinq fois de fuite; favoir, au premier tirage un 1,000,000 de fois la va-

2

leur de la mife portée fur le quine échu, 80,000 fois au fecond, 60,000 fois au troifieme, 40,000 fois au quatrieme & 20,000 fois au cinquieme & dernier tirage.

OBSERVATIONS GÉNÉRALES (a)

Sur les différentes manieres de s'intéreſſer à cette Loterie.

Pour connoître à fond & calculer exactement le prix des différens billets qu'un particulier voudra lever au bureau, en proportion de la quantité des numéros fur lefquels il défirera placer une fomme quelconque fur toutes les chances, voici une regle fimple, aifée & infaillible, au moyen de laquelle il trouvera le montant des extraits fimples, ambes, ternes, quaternes & quines réfultans de telle quantité de nombres qu'il voudra adopter pour compofer fon jeu.

EXEMPLE.

Suppofons la quantité des numéros ou extraits demandés être de dix, ci.	**10** *Extraits.*
Il faut multiplier cette quantité par une unité de moins.	**9**
Produit. . . .	**90**
Pour trouver les ambes, on prend la moitié de ce produit.	**45** *Ambes.*
On multiplie ces 45 ambes par deux unités de moins que les extraits.	**8**
Produit. . . .	**360**
Pour trouver les ternes, on prend le tiers de ce produit, ci ⅓	**120** *Ternes.*
On multiplie les 120 ternes par trois unités de moins que les extraits.	**7**
Produit. . . .	**840**
Pour trouver les quaternes, on divife ce produit par quatre.	**210** *Quaternes.*
On multiplie les 210 quaternes par 4 unités de moins que les extraits, ci.	**6**
Produit. . . .	**1260**
Enfin pour trouver les quines, on divife ce produit par cinq ⅕.	**252** *Quines.*

(a) On trouve, chez les receveurs, des comptes faits pour faire connoître aux actionnaires les fommes à payer proportionnellement aux mifes qu'ils voudront faire.

Un actionnaire qui désireroit placer dix numéros, par extrait simple, ambe simple, terne, quaterne & quine, auroit donc à payer 10 extraits simples, 45 ambes simples, 120 ternes, 210 quaternes & 252 quines; qu'on applique à cet exemple telle quantité de nombres qu'un actionnaire voudra choisir pour former sa mise, on trouvera sans fraction la quotité des chances qu'il devra payer.

A cet avantage l'actionnaire pourra joindre celui de s'intéresser à son choix, conjointement ou séparément sur les nombres qu'il aura adoptés, suivant les différentes manieres expliquées ci-contre.

DÉCOMPOSITION DES CHANCES

Dans toutes leurs combinaisons.

Extrait simple.	Extrait, Ambe & Quaterne.
Ambe simple.	Extrait, Ambe & Quine.
Terne	Extrait, Terne & Quaterne.
Quaterne.	Extrait, Terne & Quine.
Quine.	Extrait, Quaterne & Quine.
Extrait & Ambe.	Ambe, Terne & Quaterne.
Extrait & Terne.	Ambe, Terne & Quine.
Extrait & Quaterne.	Ambe, Quaterne & Quine.
Extrait & Quine.	Terne, Quaterne & Quine.
Ambe & Terne.	Extrait, Ambe, Terne & Quaterne.
Ambe & Quaterne.	Extrait, Ambe, Terne & Quine.
Ambe & Quine.	Extrait, Terne, Quaterne & Quine.
Terne & Quaterne.	Extrait, Ambe, Quaterne & Quine.
Terne & Quine.	Ambe, Terne, Quaterne & Quine.
Quaterne & Quine.	Extrait, Ambe, Terne, Quaterne &
Extrait, Ambe & Terne.	Quine.

L'extrait déterminé & l'ambe déterminé sont les seules chances qui nécessitent les mises séparées.

Pour servir en outre de preuve & de contrôle aux opérations qui seront faites d'après les différentes combinaisons ci-dessus, on joint un tableau de progression des extraits simples, extraits déterminés, ambes simples, ambes déterminés, ternes, quaternes, quines qui résultent des vingt premiers numéros de cette Loterie.

TABLEAU DE PROGRESSION.

EXTRAITS simples.	EXTRAIT déterminés.	AMBES simples.	AMBES déterminés.	TERNES.	QUATERNES.	QUINES.
1	5	»	»	»	»	»
2	10	1	20	»	»	»
3	15	3	60	1	»	»
4	20	6	120	4	1	»
5	25	10	200	10	5	1
6	30	15	300	20	15	6
7	35	21	420	35	35	21
8	40	28	560	56	70	56
9	45	36	720	84	116	126
10	50	45	900	120	210	252
11	55	55	1100	165	330	462
12	60	66	1320	220	495	792
13	65	78	1560	286	715	1287
14	70	91	1820	364	1001	2002
15	75	105	2100	455	1365	3003
16	80	120	2400	560	1820	4368
17	85	136	2720	680	2380	6188
18	90	153	3060	816	3060	8568
19	95	171	3420	969	3876	11628
20	100	190	3800	1140	4845	15504

RÉCAPITULATION.

LIMITE DE CHACUNE DES MISES SUR DIFFÉRENTES CHANCES.
SAVOIR:

			liv.	fols.	den.			livres.	fols.	den.
	EXTRAIT simple	depuis	"	1	"	. . . .	jusqu'à	10000	"	"
	EXTRAIT déterminé	depuis	"	12	"	. . . .	jusqu'à	1000	"	"
	AMBE simple	depuis	"	"	6	. . . .	jusqu'à	400	"	"
PAR	AMBE déterminé	depuis	"	"	6	. . . .	jusqu'à	180	"	"
	TERNE	depuis	"	"	6	. . . .	jusqu'à	150	"	"
	QUATERNE	depuis	"	"	6	. . . .	jusqu'à	12	"	"
	QUINE	depuis	"	"	6	. . . .	jusqu'à	3	"	"

BÉNÉFICE d'un Actionnaire en supposant qu'il soit sorti de la Roue de fortune, soit un, soit deux, soit trois, soit quatre, soit même les cinq Numéros dont il aura fait choix.

INDICATION DE LA QUANTITÉ	Extrait simple.		Extrait déterminé.		Ambe simple.		Ambe déterminé.				Terne.					Quaterne.						Quine.						
	Chances résultantes	Lots échus.	Chances résultantes	Lots échus.	Chances résultantes	Lots échus.	Chances résultantes	Lots échus.	Prime gratuite I. classe	Total du bénéfice.	Chances résultantes	Lots échus.	Primes gratuites. I. classe	II. classe	Total bénéfice.	Chances résultantes	Lots échus.	Primes gratuites. I. classe	II. classe	III. classe	Total du bénéfice.	Chances résultantes	Lots échus.	Primes gratuite. I. classe	II. classe	III. classe	IV. classe	Tot.l du bénéfice.
		fois		fois		fois		fois	fois	fois		fois	fois	fois	fois		fois	fois	fois	fois	fois		fois	fois	fois	fois	fois	fois
Un	Un	15	Un	70	Un	270	Un	"	"	"	"	"	"	"	"	"	"	"	"	"	"	"	"	"	"	"	"	"
Deux	Deux	30	Deux	140	Un	270	Un	4000	"	5400	"	"	"	"	"	"	"	"	"	"	"	"	"	"	"	"	"	"
									500																			
Trois	Trois	45	Trois	210	Trois	810	Trois	14700	1500	16200	Un	5000	500	"	6000	"	"	"	"	"	"	"	"	"	"	"	"	"
														300														
Quatre	Quatre	60	Quatre	280	Six	1620	Six	29400	3000	32400	Quatre	20800	2000	1200	24000	Un	70000	15000	9000	6000	100000	"	100000	"	"	"	"	"
Cinq	Cinq	75	Cinq	350	Dix	2700	Dix	49000	5000	54000	Dix	52000	5000	3000	60000	Cinq	350000	75000	15000	30000	500000	Un	80000	60000	40000	20000	1200000

N. B. Quoique les explications ci-devant données sur chaque chance & sur les primes gratuites ne laissent rien à désirer, on croit à propos d'observer que ce seroit une erreur de penser qu'il soit nécessaire de gagner au premier tirage, appellé tirage des lots, pour avoir droit de participer aux bénéfices des primes gratuites ou tirages de gratification. L'actionnaire qui n'aura rencontré aucun des ambes déterminés résultans de cinq premiers nombres extraits de la roue de fortune, ne sera point pour cela déchu de l'espoir qui lui reste sur le premier tirage des primes, auquel tirage il lui sera payé cinq cents fois la valeur de la mise pour la sortie de chaque ambe déterminé. Il en est de même pour les chances des terne, quaterne, & quine. Si parmi les nombres qu'un actionnaire aura choisis, il ne rencontre au tirage des lots ni terne, ni quaterne, ni quine, il ne lui sera pas moins payé pour la sortie de chaque terne au tirage de la gratification, cinq cens fois la mise &c. &c.

LOTERIE.

9

9

ARRÊT DU CONSEIL D'ÉTAT DU ROI,

Portant suppression des primes gratuites de la Loterie royale, à compter du 1 février 1777, & augmentation des lots.

Du 3 décembre 1776.

Extrait des regiſtres du conſeil d'Etat.

SUR ce qui a été repréſenté au roi, étant en ſon conſeil, que l'arrêt rendu en icelui le 30 juin dernier, établiſſoit des primes gratuites de différentes claſſes, en faveur des actionnaires de la Loterie royale de France, créée par ledit arrêt, qui auroient rempli les conditions auxquelles leſdites primes étoient attachées, en compoſant leurs miſes des nombres de numéros fixés par ledit arrêt; & que les actionnaires déſireroient à la place de ces primes, quelqu'augmentation ſur les lots, auxquels ils participeroient tous également, ſans diſtinction des nombres dont leurs miſes ſeroient compoſées : Qu'il étoit encore ordonné par ledit arrêt, que les chances d'ambe déterminé, de terne, de quaterne & de quine, pourroient ſe prendre à raiſon de trois deniers, d'un denier & d'un douzieme de denier, ſuivant les nombres dont les miſes ſeroient compoſées, & que toutes ces différentes conditions & combinaiſons néceſſitoient des calculs difficiles & embarraſſans qu'il ſeroit à propos de ſimplifier, en traitant tous les actionnaires également : Que l'extrait ſimple pouvoit ſe prendre à raiſon d'un ſou, tandis que l'extrait déterminé, plus difficile à rencontrer, ne pouvoit être pris qu'à raiſon de douze ſous : Que pour faciliter le calcul des ambes déterminés, il convenoit que les numéros de miſes fuſſent tous pris également entr'eux, lorſque les actionnaires voudroient s'intéreſſer ſur cette chance : qu'enfin il ſeroit à propos d'abroger les billets à ſouche, dont l'uſage preſcrit par ledit arrêt, retarde l'expédition de ces billets qui doivent être remis aux actionnaires, en échange des reconnoiſſances qui leur ont été délivrées, & qu'ils ſont tenus de rapporter. A quoi voulant pourvoir : oui le rapport du ſieur Taboureau des Reaux, conſeiller d'Etat, & ordinaire au conſeil royal, contrôleur général des finances ; *Le roi étant en ſon conſeil*, a ordonné & ordonne : que les primes gratuites accordées aux actionnaires de la Loterie royale de France, par l'arrêt du conſeil du 30 juin dernier, demeureront éteintes & ſupprimées, à compter du tirage qui aura lieu le 1er. Février prochain ; qu'en conſéquence, il ne ſera plus fait, lors des tirages, qu'un ſeul tirage des lots, leſquels ſeront portés; ſavoir, à cinq mille cent, au lieu de quatre mille neuf cents fois la miſe pour l'ambe déterminé; à cinq mille cinq cents, au lieu de cinq mille deux cents fois la miſe pour le terne; & à ſoixante-quinze mille, au lieu de ſoixante-dix mille fois la miſe pour le quaterne.

Veut fa majefté qu'il ne foit reçu aucuns deniers ni fractions de denier dans les mifes , de quelque quantité de numéros qu'elles foient compofées : ordonne pareillement fa majefté que l'extrait fimple fera reçu de même que l'extrait déterminé, à raifon de dix fous, & non au-deffous, & toujours fucceffivement de dix fous en dix fous; que l'ambe fimple & l'ambe déterminé feront pris à raifon de quatre fous, & toujours de quatre fous en quatre fous; que le terne fera pris à raifon de deux fous, & toujours de deux fous en deux fous; qu'enfin le quaterne & le quine feront pris à raifon d'un fou, & toujours de fou en fou : veut fa majefté que les chances d'ambe déterminé, foient prifes également fur tous les numéros, lorfque les actionnaires voudront s'intéreffer fur ladite chance : ordonne fa majefté que l'ufage des billets à fouches qui tiennent aux reconnoiffances, & qui ont été prefcrits par l'arrêt du 30 juin dernier, demeure éteint & fupprimé ; & qu'il foit imprimé d'autres reconnoiffances & d'autres billets conformes au modele annexé au préfent arrêt, lefquels billets feront changés avec lefdites reconnoiffances que les actionnaires feront tenus de rapporter : ordonne au furplus fa majefté que l'arrêt du confeil du 30 juin dernier, fera exécuté felon fa forme & teneur, en ce qui n'eft pas contraire au préfent arrêt. Fait au confeil d'Etat du roi, fa majefté y étant, tenu à Verfailles le trois décembre mil fept cent foixante-feize. *Signé* BERTIN.

Modele du billet original.

B U R E A U   ✠   ✠ E

—————————————————————————————————————

L O T E R I E R O Y A L E D E F R A N C E.
T I R A G E D E

mil fept cent

Pour *le payement fait par le porteur du préfent billet, de la fomme de   il lui fera payé par l'adminiftration, fuivant la mife ci-deffous fpécifiée pour chaque lot; favoir, par extrait fimple, quinze fois la mife; par ambe fimple, deux cents foixante-dix fois; par terne, cinq mille cinq cents fois; par quaterne, foixante-quinze mille fois; par quine, un million de fois; par extrait déterminé, foixante-dix fois; & par ambe déterminé, cinq mille cent fois.*

EXTRAIT fimple. . . . . . . à
AMBE fimple. . . . . à
TERNE. . . . . à
QUATERNE. . . . . à
QUINE. . . . . à
EXTRAIT déterminé. . . . . à
AMBE déterminé. . . . . . à

Modele

Modele de reconnoiſſance.

LOTERIE ROYALE DE FRANCE.

B^au. N^o. Enregiſtrement N^o.

TIRAGE DE

mil ſept cent

J'*ai reçu la ſomme de*

pour placer au tirage

prochain, ſur les nombres ci-après.

EXTRAIT ſimple. ; . . à
AMBE ſimple. . . . . . à
TERNE. . . . . à
QUATERNE. . . . . . . à
QUINE. . . . . à
EXTRAIT déterminé. . à
AMBE déterminé. . . . à

La préſente reconnoiſſance doit être rapportée & échangée contre le billet, attendu que les lots ſeront payés ſur les billets & non ſur les reconnoiſſances, conformément aux arrêts du conſeil d'Etat du roi des 27 ſeptembre 1760, & 30 juin 1776, qui ordonnent que les actionnaires s'aſſureront de l'uniformité entre leurs reconnoiſſances & les regiſtres, qui feront foi & ſeront admis en preuve : & que dans le cas de quelque différence entre leſdites reconnoiſſances & les regiſtres, les actionnaires ne pourront prétendre autre choſe que la reſtitution de leurs miſes.

Le porteur a donné le N^o. *en cas de ſubſtitution.*
Fait à *le* 177

LOTTIN, (Jean-François) *Auteur Politique.*

LOTTIN étoit un gentilhomme de Volterre en Toſcane, qui fut ſecrétaire de Coſme II, grand duc de Florence. Il compoſa en Italien un ouvrage dont nous avons une traduction Françoiſe ſous ce titre : » Avis civils » contenant pluſieurs beaux & utiles enſeignemens, tant pour la vie poli- » tique, que pour les conſeils & gouvernement des Etats & républiques. » Par

ris 1584. Cette traduction est dédiée, par le libraire Jean Rocher, au
duc de Joyeuse : & voici l'idée magnifique qu'il y donne de l'ouvrage de
Lottin. » Le prince y trouvera advis & conseils duisans au bon & droit
» gouvernement de son Etat ; le gentilhomme l'adresse de bien comman-
» der & de bien obéir , & en somme de bien faire en l'exercice de la guerre ;
» le citoyen , le moyen de bien dresser, maintenir & gouverner la police
» d'une ville ; l'artisan, de bien ouvrer en son état ; le maître de bien
» commander à ses serviteurs ; les serviteurs de bien obéir aux maîtres ;
» les peres, de se bien comporter envers les enfans ; les enfans, de droitement
» honorer & révérer les peres ; les maris, du traitement qu'ils doivent
» à leurs femmes ; les femmes, du devoir qu'elles ont à rendre à leurs
» maris ; les conseillers & gens appellés aux délibérations & conseils des
» affaires, de sagement donner leurs opinions & advis ; & les consultans
» de bien & prudemment les recevoir, & s'en aider en tous leurs négo-
» ces & entreprises. » Un ouvrage qui rempliroit exactement tout cela,
seroit un traité complet de morale politique. Le livre de Lottin, quoique
bon , est bien éloigné de ce degré de perfection.

LOUANGE, s. f.

IL faut que la Louange ait pour nous bien des charmes, puisque, malgré ce qu'il nous en coûte pour saisir ce fantôme, nous le poursuivons
toujours avec tant d'ardeur....

Il est bien humiliant pour l'homme, que la vertu n'ait point par elle-
même assez d'empire sur son cœur, pour l'assujettir à ses loix, & qu'il
faille que la Louange lui serve, en quelque sorte, de véhicule dans la route
de ses devoirs.

Où sont les ames assez grandes pour se contenter de faire de belles actions, sans désirer les éloges qu'on en regarde comme la récompense ?

Mériter des Louanges, & être réellement modeste, voilà le grand homme.

Si rien n'est plus flatteur qu'une Louange assortie aux circonstances, &
qui semble naître sans apprêts, le grand Condé dut être bien sensible à ce
que lui dit Louis XIV, lorsqu'il l'alla saluer, après la bataille de Sénef.
Le roi se trouva sur le grand escalier, lorsque ce prince, qu'une attaque
de goutte empêchoit de monter aussi facilement qu'il l'auroit souhaité, s'é-
cria : « Sire, je demande pardon à votre majesté, si je la fais attendre. »....
» Mon cousin , lui répondit le roi , ne vous pressez pas ; on ne sauroit
» marcher bien vîte , quand on est aussi chargé de lauriers que vous
» l'êtes (a).

(a) Henri IV savoit louer avec la même délicatesse. Parlant un jour du maréchal de
Biron aux députés du parlement de Paris, il leur dit : » Messieurs, voilà un homme que
» je présente également à mes amis & à mes ennemis. «

Les Louanges directes font regardées comme également fâcheufes à donner & à recevoir ; & en effet, tout éloge qui fait rougir celui à qui il s'adreffe, eft honteux pour celui qui le prononce.

C'eft une chofe affez rare que de favoir manier la Louange, & de la donner avec agrément & avec juftice. Le mifanthrope ne fait pas louer : fon difcernement eft gâté par fon humeur. L'adulateur, en louant trop, fe décrédite & n'honore perfonne. Le glorieux ne donne des louanges que pour en recevoir ; il laiffe trop voir qu'il n'a pas le fentiment qui fait louer. Les petits efprits eftiment tout, parce qu'ils ne connoiffent pas la valeur des chofes : ils ne favent placer ni l'eftime ni le mépris. L'envieux ne loue perfonne, de peur de fe faire des égaux. Un honnête homme loue à propos : il a plus de plaifir à rendre juftice, qu'à augmenter fa réputation, en diminuant celle des autres. Les perfonnes attentives & délicates fentent toutes ces différences. Si vous voulez que la Louange foit utile, louez par rapport aux autres, & non par rapport à vous.

La plupart de ceux qui louent, font auffi vains que ceux qui blâment : ils cachent dans leur cœur autant de baffeffe, que les autres de malignité. On loue les perfonnes, & on ne doit louer que les actions.

Il n'eft jamais permis de donner de fauffes Louanges, non parce que ces Louanges pourroient infpirer de l'orgueil, mais parce qu'il n'eft jamais permis de parler contre la vérité. Au contraire, on peut, & même on doit fouvent donner des Louanges véritables, quoiqu'elles puiffent flatter l'orgueil & la vanité de ceux à qui on les donne, lorfqu'à la faveur de ces Louanges, on fait paffer des avis falutaires, une correction utile.

Les Louanges qu'on ne mérite pas, montrent ce qu'on devroit être, & font un reproche tacite, mais bien fenfible, qu'on manque des qualités qu'on devroit poffèder.

La Louange nous fait fouvent demeurer au-deffous de nous-mêmes, en nous perfuadant que nous fommes déjà au-deffus des autres, & nous retient dans une médiocrité vicieufe, qui nous empêche d'arriver à la perfection.

Il eft peu d'ames d'affez bonne trempe, pour réfifter au poifon de la Louange ; quoique, à dire le vrai, il foit bien honteux de fe laiffer corrompre avec une monnoie dont les plus pauvres font riches, & dont les moins gens de bien font les plus libéraux.

Il n'y a point de Louanges qui doivent moins obliger que celles que les gens de lettres fe donnent les uns aux autres. C'eft une nation qui ne parle jamais de perfonne avec indifférence. Il faut toujours, ou qu'elle loue, ou qu'elle blâme : fi elle blâme, ce n'eft guere fans paffion ; fi elle loue, ce n'eft guere fans intérêt.

Les gens de lettres font fi connus pour avides de gloire, qu'on a toujours fujet de croire qu'ils ne travaillent à celle des autres, que pour obliger les autres à travailler à la leur.

La premiere Louange qu'on donna, fut le premier figne de corruption.

Ceux qui, ne trouvant rien de plus beau ni de meilleur dans la vie, que de s'y faire un grand nom, donnent tous leurs foins à fe faire connoître, & à s'attirer les Louanges du public; ceux-là, dis-je, vivent & fubfiftent d'odeur. Les applaudiffemens qu'on donne au génie, à l'efprit, au goût, à la bravoure, à l'adreffe, en un mot, à tous les dons extraordinaires de la nature & de l'art, ne peuvent être mieux comparés qu'à ces atomes imperceptibles qui émanent fans ceffe d'un corps odoriférant. Ces Louanges chatouillent l'imagination; elles flattent l'efprit; elles réjouiffent le cœur. Oui, ce que vous dites d'obligeant à ce grand homme, en quelque genre qu'il excelle; ce que vous lui dites d'obligeant fur fon mérite, c'eft une fleur que vous lui préfentez. Il la reçoit, en écoutant avec plaifir; il la fent, par de fréquens retours fur foi-même; il s'embaume, & il fe laiffe tranfporter à la douceur de l'impreffion. Mais cette odeur, toute agréable qu'elle eft, ne laiffe pas de produire fon mauvais effet. Elle remue, elle ébranle trop le cerveau; & par-là elle l'affoiblit. Un homme fouvent applaudi, pour peu qu'il écoute la voix flatteufe & infinuante de l'amour-propre, ne tarde guere à renchérir fur l'idée que le public a de lui; & s'étant mis une fois au plus haut prix, au dernier degré, il gâte fa réputation par fon orgueil; & les indices qu'il donne qu'il fait trop de cas de foi, le rendent méprifable à ceux même qui l'avoient le plus eftimé.

Rien ne peint mieux au naturel le goût que nous trouvons dans les éloges qui nous font le moins dûs, que ces paroles d'un prélat Italien dont quelqu'un louoit la libéralité, quoique fon avarice fût extrême: *M'adula, difoit-il, ma mi piace. Il me flatte; mais il me plaît.*

Tu mens; mais dis toujours, difoit auffi fort ingénument un orateur à qui l'on offroit un encens qu'il fentoit avoir peu mérité.

Les Louanges donnent du courage, & augmentent l'envie de bien faire. On ne doit jamais louer que ce qui eft digne d'éloge, & ce qui mérite d'être encouragé; c'eft ainfi que fe conduit l'homme judicieux & fage: jamais l'intérêt ne lui arrache les Louanges; & jamais il n'en refufe à la vertu.

Les princes reçoivent, pour l'ordinaire, beaucoup plus de Louanges pendant leur vie, qu'après leur mort. La plupart des gens de lettres ont un fort contraire: tant qu'ils refpirent, on les critique, ou on les oublie, felon qu'ils fe diftinguent ou qu'ils demeurent confondus dans la foule; mais on les célebre prefque tous, dès qu'ils ne font plus.

Les Louanges ne diftinguent point les princes: on n'en donne pas plus aux bons qu'aux autres; mais la poftérité diftingue les Louanges qu'on a données à différens princes: elle confirme les unes, & déclare les autres de viles flatteries.

La Louange eft peu fufpecte, lorfqu'elle parle d'un rival, ou d'un ennemi.

LOUANGE.

Les grands doivent se défier des Louanges qu'on leur donne ; il en est d'eux comme des femmes ; on leur dit rarement la vérité ; on les flatte toujours. *Voyez* ADULATION , FLATTEUR, FLATTERIE.

Des Louanges & de l'ostentation.

LA Louange réfléchit naturellement sur la vertu d'où elle prend sa source : mais comme dans un miroir, la réflexion est infidele, si la glace est fausse , l'encens des Louanges tire son prix de la main qui nous l'offre. Celles qui sortent de la bouche du peuple sont bien équivoques ; la vaine enflure qu'elles produisent en nous, montre assez qu'elles sont le fruit d'un mérite frivole. Le sublime des mœurs n'est pas à la portée du vulgaire ; l'écorce des vertus séduit son admiration, & l'étalage seul lui arrache des applaudissemens ; c'est un écho qui rend du bruit pour du bruit.

La renommée est semblable à un fleuve qui soutient les corps légers, tandis que les corps solides tombent au fond & disparoissent sous les eaux. Mais quand une réputation est fondée sur l'approbation des sages , & portées sur les ailes de la multitude , alors elle est durable & permanente. Ce n'est plus le vain parfum des fleurs du printemps que les zéphyrs dissipent ; c'est le baume des plantes qui vit, après qu'on les a cueillies.

Les Louanges sont une espece de marchandises qu'il faut bien peser, avant d'en accepter ; c'est un commerce où l'adulation s'enrichit : elles sont triviales, quand celle-ci est basse ; elles sont délicates, quand celle-ci est adroite & subtile. Un adulateur ingénieux épiera les traces de votre amour-propre, qui est le plus grand de tous les flatteurs, & ne manquera pas de vous louer, par le titre qui vous chatouille davantage.

Une Louange peu commune & placée à propos a toujours un grand sel, & flatte bien agréablement celui qui la mérite.

Les éloges que reçoivent les princes & les grands, ne sont la plupart que les avis d'une certaine affection qui se couvre du respect ; c'est à leur discernement de ne pas s'y méprendre.

Gardez-vous de ces dangereux ennemis qui ne vous louent, que pour donner occasion à la malignité de vous rabaisser. Leurs discours sont l'exorde d'un panégyrique à la tête d'une satyre.

Il n'est pas toujours indécent de vanter son état & sa profession. Il y a une maniere de se louer soi-même , qui cache un raffinement de vanité sous un voile de modestie ; c'est de vanter dans un autre un avantage qui vous distingue ; l'éloge retombe heureusement sur vous.

Sotte & puérile confiance de se croire important ! Dès qu'on prête la main à une affaire, aussi-tôt c'est nous qui l'avons mise en train, comme s'il n'y avoit pas de ressorts plus puissans, ou que souvent elle n'allât pas d'elle-même ?

A cet orgueil se joint l'esprit de manege : on espere beaucoup de soi, on en promet encore davantage, il faut bien s'intriguer; mais qu'arrive-t-il? *Beaucoup de bruit, peu de fruit.* Ces fortes de génies font pourtant utiles, & fouvent néceffaires dans un Etat. La manie de remuer les feroit d'abord agir contre ceux qui ne les employeroient pas; enfuite ce font des trompettes, qui enflent les tons. Il eft queftion d'engager une ligue de deux puiffances contre une troifieme : on exagere auprès de chaque prince la force de fon voifin; enforte qu'ils croiront l'un & l'autre former une alliance plus confidérable qu'elle n'eft réellement. C'eft ainfi qu'il fe fait quelque chofe de rien; car un menfonge établit une heureufe confiance, & l'illufion fupplée à la réalité, pour produire de grands effets. On fe plaint de ce penchant que nous avons pour l'erreur; mais banniffez de la terre les opinions bizarres, les efperances trompeufes, les faux jugemens, les imaginations extravagantes : que deviendront les hommes? Le menfonge eft comme l'alliage qui rend l'or plus maniable, en lui ôtant de fon prix.

L'oftentation a toujours réuffi dans les démocraties, rarement à la cour des rois, ou dans un corps de fénateurs. Elle ne fied pas mal à un homme de guerre, fur-tout à un général; & pour faire aimer la belle gloire, il y faut mêler un peu de la fauffe; la bravoure des foldats eft toute dans les yeux, ou dans la voix de celui qui les commande; ils ont befoin, pour marcher, qu'on leur enfle le cœur de vaines promeffes & de magnifiques projets, un fanfaron menera donc mieux les affaires. Les efprits modeftes ont plus de left que de voile; avec cela rien ne va.

La réputation des favans ne voleroit pas bien loin, fi l'oftentation ne lui prêtoit des ailes. Cicéron n'eût peut-être pas tant fait parler de lui, s'il n'en avoit parlé lui-même, avec une efpece d'affectation putide. L'oftentation eft un vernis qui a la propriété d'embellir & de conferver tout ce qu'il touche.

L'homme veut être applaudi par les autres, ou par lui-même. La vertu (faut-il le dire?) a befoin de fe faire valoir pour être remarquée; & Socrate qui connoiffoit le foible des hommes, vouloit les frapper par des exemples & des difcours impofans. Cependant cette vaine préfomption excite l'admiration des fots & la pitié des fages; elle nous rend la dupe des parafites, & le jouet de nos propres folies.

LOYSEAU, (Charles) *Jurisconsulte célébre.*

CHARLES LOYSEAU, avocat au parlement de Paris, qui nâquit dans cette capitale en 1564, & qui y mourut le 27 d'octobre 1627, fut un jurisconsulte célébre. Je ne sais en quel temps ses œuvres furent imprimées; mais l'exemplaire que j'en ai, porte : *Nouvelle édition suivant la correction & augmentation de l'auteur.* Paris, 1678, in-folio.

Ce sont plusieurs traités de droit, parmi lesquels on en trouve un des seigneuries, qui est divisé en seize chapitres, dont le second & le troisieme concernent les seigneuries souveraines.

Il a divisé les seigneuries en seigneuries *publiques*, c'est-à-dire, souveraines, & en seigneuries *privées*, c'est-à-dire, seigneuries de terres possédées sous un souverain.

Selon cet écrivain, la seigneurie publique est ainsi appellée, parce qu'elle donne la puissance publique, & emporte le commandement sur les personnes & sur les biens. C'est en vertu de cette seigneurie qu'on contraint quelquefois les personnes de faire la guerre, qu'on les emprisonne, qu'on les punit corporellement, qu'on les fait mourir quand le cas y échet, qu'on leve des subsides pour les besoins de l'Etat, qu'on vend les biens par les voies de la justice, & qu'on les confisque. Les François victorieux confisquerent toutes les terres des Gaules; ils formerent de quelques-unes le domaine du roi, & distribuerent les autres à leurs chefs, donnant à un tel capitaine une province à titre de duché; à un tel, un pays situé sur la frontiere, à titre de marquisat; à l'un, une ville avec son territoire, à titre de comté; à l'autre, des châteaux ou villages, avec les terres d'alentour, soit sous le titre de baronnie, châtellenie ou simple seigneurie, & à tous selon leur mérite particulier & selon le nombre des soldats qu'ils avoient sous eux : car les soldats eurent part à cette distribution; mais les terres ne leur étoient pas données pour en jouir en parfaite seigneurie. Les capitaines se réserverent un droit sur la seigneurie privée. Les terres furent données aux capitaines, à titre de fief, c'est-à-dire, à la charge d'assister toujours le souverain en guerre. Ce qui a formé l'origine des censives, c'est que les capitaines ou les soldats rendirent aux naturels du pays quelques petites portions de leurs terres, pour ne pas exterminer les vaincus, & pour les employer au labourage, non à titre de fief, car ils leur ôterent l'usage des armes, mais à titre de cens, c'est-à-dire, à condition de leur en payer une rente annuelle.

De-là, deux degrés de seigneurie privée; la directe, qui est celle des seigneurs féodaux ou censiers : l'utile, qui est celle des vassaux & sujets censiers. Notre auteur trouve aussi deux sortes de seigneuries publiques, la souveraine & la suzeraine. Il pense que la souveraineté est la propre seigneurie de l'Etat, & qu'elle en est inséparable. L'Etat & la souveraineté pris *in concreto* sont synonymes. Comme c'est le propre de toute seigneurie d'être inhérente à quelque fief ou domaine, la souveraineté *in abstracto* est attachée à l'Etat, au royaume ou à la république; elle consiste dans une puissance absolue, c'est-à-dire, parfaite & entiere de tout point, sans degré de supériorité, sans limitation de temps, sans exception d'aucune des personnes ni d'aucun des biens qui sont dans l'Etat. C'est cette puissance absolue qui est la différence spécifique & la vraie marque pour distinguer les seigneuries souveraines d'avec celles qui ne le sont pas.

Tout cela est vrai; les idées que l'auteur donne de la souveraineté sont justes; il confirme souvent ce qu'a dit Bodin, & quelquefois il le réfute avec raison; mais cette matiere a été discutée depuis plus amplement par Grotius & Puffendorff; & néanmoins, la lecture du traité des seigneuries de Loyseau peut être utile pour un François, parce qu'il a développé beaucoup de faits de notre histoire, & appliqué les principes au gouvernement de France qui étoit son seul objet.

L U

LUBECK, *Ville libre, impériale Anféatique.*

CETTE ville eft dans le cercle de la Baffe-Saxe, capitale de la Vagrie, fiege d'un évêché, dont l'évêque eft prince de l'empire & fuffragant de Brême. Elle a une citadelle & un port, & forme une efpece de république.

Elle doit fans doute fa naiffance à des cabanes de pêcheurs; car on ne fait ni quand, ni qui l'a fait bâtir; & comme on n'en trouve aucune mention avant Godefchale, roi des Hérules ou Obotrites, lequel fut affaffiné par les Slaves vers l'an 1066, on prétend qu'il en fut le reftaurateur; mais que ce foit lui, Vikbon Danois, Trutton le Vandale ou tel autre que l'on voudra qui en ait jeté les fondemens, ce n'eft certainement aucun roi de Pologne, quoi qu'en difent les hiftoriens de ce royaume.

Nous favons que dans le treizieme fiecle Lubeck étoit déjà confidérable, qu'elle avoit la navigation libre de la Drave, & que Voldemar, frere de Canut, roi de Danemarc, s'en étant emparé, ne ménagea pas les habitans. Ceux-ci, pour s'en délivrer, s'adrefferent à l'empereur Frédéric II, à condition d'être ville libre & impériale. Auffi depuis 1227, Lubeck conferva fa liberté, & devint une véritable république fous la protection de l'empereur. Malheureufement elle fut réduite en cendres par un incendie en 1276.

Elle a joué le premier rang entre les anciennes villes Anféatiques, & en eut le directoire. Elle embraffa la confeffion d'Augfbourg en 1535, & jouit actuellement d'un territoire affez étendu, dans lequel on compte une centaine de villages; elle a rang au banc des villes impériales, à la diete de l'empire, & elle y alterne pour la préféance avec la ville de Worms.

Lubeck eft fituée au confluent des rivieres de la Drave, de Wackenitz & de Steckenitz, à 4 lieues du golfe de fon nom, dans la Wagrie, aux confins de Stomar, & du duché de Lawenbourg; elle eft à 19 lieues, nord-oueft, de Lawenbourg, 15, nord-eft, d'Hambourg, 53, fud-oueft, de Copenhague, 178, nord-oueft, de Vienne. *Long.* felon Appien, 28, 20; felon Bertius, 32, 45, *lat.* felon tous les deux, 54, 48. Jean Kirckman, Henri Meibomius, Henri Muller, & Laurent Surius font nés à Lubeck.

Le droit Lubeck eft le droit que Lubeck a établi originairement dans fon reffort pour le régir & le gouverner.

Comme autrefois cette ville avoit acquis une grande autorité par fa puiffance & par fon commerce maritime, il arriva que fes loix & fes ftatuts furent adoptés par la plupart des villes fituées fur la mer du nord. Stralfund, Roftock, & Wifmar en particulier, obtinrent de leurs maitres la liberté d'introduire ce droit chez elles, & d'autres villes le reçurent malgré leurs souverains.

Plufieurs auteurs placent les commencemens de ce droit fous Frédéric II qui, le premier, accorda la liberté à la ville de Lubeck, & de plus confirma fes ftatuts & fon pouvoir légiflatif; il y a néanmoins apparence que le droit qui la gouverne ne fut pas établi tout à la fois, mais qu'on y joignit de nouveaux articles de temps à autres, felon les diverfes conjonctures. Ce ne fut même qu'en 1582 que le fénat de Lubeck rangea tous fes ftatuts en un corps de Loix, qui vit le jour en 1586. L'autorité de ce code eft encore aujourd'hui fort confidéré dans le Holftein, la Poméranie, le Mecklenbourg, la Pruffe & la Livonie : quoique les villes de ce pays n'aient plus le privilege d'appeler à Lubeck, on juge néanmoins leurs procès felon le droit de cette ville; ce qui s'obferve particuliérement au tribunal de Wifmar.

L U C E R N E, *l'un des treize cantons ou républiques des Suiffes, ayant pour capitale la ville du même nom.*

LA fituation de la ville de Lucerne, dans un lieu, où une riviere navigable fort d'un lac affez étendu, fait préfumer qu'il dut s'y former un établiffement de pêcheurs & de bateliers, auffi-bien que de cultivateurs, fitôt que la population des pays voifins put fournir la matiere de quelques échanges. Cette riviere s'appelle la *Reufs*. Le lac d'où elle débouche eft nommé le *lac des quatre Waldftætt*, ou cantons forétiers, qu'il ne faut pas confondre avec les quatre Waldftatt ou villes forétieres fur le Rhin; il s'étend, fous une forme très-irréguliere, entre les confins des cantons de Lucerne, de Schweiz, d'Uri & d'Unterwalden. Comme dans fa majeure partie il eft bordé par de très-hautes montagnes, fa profondeur eft proportionnée à l'élévation de fes bords. On fait dériver le nom de Lucerne d'un phare, qu'on fuppofe avoir été établi au haut d'une tour très-ancienne, fondée au milieu des eaux.

Quelle que puiffe être l'antiquité de la ville de Lucerne, elle doit inconteftablement fes premiers accroiffemens à l'établiffement d'un monaftere de bénédictins, fondé vraifemblablement dans le fixieme fiecle, foumis à l'abbaye de Murbach en Alface, & converti en un chapitre de chanoines réguliers vers 1455. A mefure que la ville s'étendit fur les deux rives de la Reufs, on établit des ponts, pour réunir les différens quartiers. C'eft une particularité, que dans une ville d'une étendue médiocre, il fe trouve trois ponts couverts, pour l'ufage des gens à pied; l'un de 500, un autre de 316, & le troifieme de 176 pas géométriques.

Le fort de cette ville, dans le moyen âge, a été femblable à celui de la plupart des villes de l'Europe. Son conseil municipal n'exerçoit qu'une police de commune, très-circonscrite ; les corps de métiers eurent des privileges, & le corps général de la bourgeoisie obtint successivement des immunités. Mais toute espece de jurisdiction, & la haute police s'exerçoit dans la ville au nom de l'abbé de Murbach, par des officiers ou juges de son choix ; & les nobles des environs étoient la plupart ses vassaux.

Par une réciprocité d'obligation, le monastere s'étoit engagé envers la bourgeoisie de Lucerne de ne point aliéner ses droits sans leur consentement. Cependant l'empereur Rodolphe I, occupé du projet de former à ses fils un patrimoine digne du rang où il venoit d'être élevé, persuada l'abbaye de Murbach de lui vendre sa jurisdiction sur Lucerne & sur d'autres fiefs circonvoisins. Les petits pays d'Uri, Schweiz & Unterwalden, voisins de Lucerne, jouissoient de la prérogative du relief direct de l'empire, & se refuserent avec fermeté aux sollicitations du duc d'Autriche de le reconnoître ses sujets. Albert, fils de Rodolphe I, parvenu à son tour à la dignité impériale, voulut forcer ces pays à se soumettre ; les procédés tyranniques de ses officiers révolterent les peuples ; leur union & l'expulsion des baillis Autrichiens fixent l'époque du commencement de la ligue Helvétique. La victoire de Morgarten de 1315, qui mit le sceau à la nouvelle confédération, ne pouvoit manquer d'augmenter la défiance des gouverneurs Autrichiens sur le compte de leurs nouveaux sujets de Lucerne ; il est à présumer, que l'exemple & les premiers succès des confédérés invitoient les peuples voisins à tourner leurs regards sur les avantages d'une indépendance toujours flatteuse. Las des hostilités, auxquelles les exposoit la rupture ouverte entre les pays ligués & le parti Autrichien, ils conclurent avec les premiers une treve contre le gré de leurs maitres. Les Autrichiens crurent devoir prévenir les progrès de ce parti ; les mesures qu'ils prirent sourdement ayant été découvertes, les citoyens, après s'être saisis des postes, congédierent le gouverneur, chasserent les partisans des ducs, & entrerent dans la ligue perpétuelle des trois pays. Depuis 1332, la date de cette alliance, ils vécurent en inimitié ouverte avec le parti Autrichien, nonobstant que les droits des ducs avoient été réservés dans le traité. Dans l'espace de vingt ans la ligue s'accrut jusqu'au nombre de huit cantons, parmi lesquels Lucerne est le quatrieme en date, & devient le troisieme en rang. Voyez CORPS HELVÉTIQUE.

Sur ces entrefaites cette ville avoit gagné quelques conquêtes sur les vassaux de la maison d'Autriche. En 1386 les ducs résolurent de frapper un coup décisif. Il y eut un choc sanglant près de la petite ville de Sempach. La victoire demeura aux confédérés. Léopold d'Autriche resta mort sur le champ de bataille avec la fleur de la noblesse de son parti. La paix de 1389 procura à Lucerne l'affranchissement entier de la domination autrichienne ; il fut confirmé, & même étendu par l'empereur Sigismond, lors du concile de Constance.

Nous ne rapporterons pas ici les divers événemens communs à toute la nation Helvétique, auxquels la république de Lucerne a été intéressée. Ses citoyens & sujets ont eu part aux dangers & aux succès de diverses guerres soutenues par les Suisses; ils en ont partagé la gloire & les conquêtes. Ces faits mémorables ont été déjà indiqués dans quelques articles précédens, & feront rapportés dans l'ordre de leurs dates dans l'article SUISSE.

Le schifme politique, occafionné par le schifme fur les dogmes, a donné, à l'Etat de Lucerne, comme au plus ancien des cantons qui font demeurés attachés à l'églife de Rome, le premier rang dans les dietes particulieres des Suisses catholiques. Les recès, les actes & diplomes publics, la correspondance avec les puiffances étrangeres dont ce parti a recherché l'appui ou accepté l'union, tous ces titres & écrits font dépofés à Lucerne de la même maniere que la chancellerie générale du corps Helvétique eft fixée à Zuric. Dans les brouilleries entre les huit anciens cantons, occafionnées par les progrès de la réformation dans des bailliages indivis entre ces cantons, & par les querelles entre les abbés de St. Gall & le peuple de Tokenbourg, & qui éclaterent dans les années 1529, 1531, 1655 & 1712, l'Etat de Lucerne, uni avec les trois cantons fes plus anciens alliés & avec celui de Zoug, contre les cantons de Zuric & de Berne, fut obligé de fournir prefque feul les munitions, & de fupporter les plus grands frais.

On a lieu d'efpérer que ces querelles ne fe réveilleront plus. Les objets douteux qui en furent le prétexte font fixés par des traités; les préjugés de partis & de fectes s'affoibliffent chaque jour davantage; d'ailleurs la politique doit ramener Lucerne à une union plus ftable avec les ariftocraties voifines. Cet intérêt doit fe faire mieux fentir, après l'expérience des divers mouvemens intérieurs éprouvés par la république; dans ces momens de crife, l'attrait d'une indépendance égale à celle des peuples des Etats démocratiques voifins, préfenté aux communes par des citoyens mécontens, peut augmenter les embarras du gouvernement & la fermentation des efprits. En 1477, & depuis dans la mutinerie affez générale des payfans en 1652, quelques fujets de l'Etat de Lucerne fe révolterent; ils furent défarmés, & des bourgeois convaincus d'avoir encouragé cette levée de boucliers, reçurent le châtiment mérité. Encore de nos temps, en 1764, fut découverte une trame de quelques citoyens contre l'Etat; le gouvernement, inquiet fur les fuites, avertit les Etats de Zuric, Berne, Fribourg & Soleure, de fe préparer à protéger fa conftitution, en vertu de la garantie réciproque énoncée dans les traités d'alliance. Les préparatifs de ces Etats ariftocratiques pour fecourir au befoin le gouvernement de Lucerne, mirent celui-ci à même de févir fans crainte contre les coupables. Depuis cette époque le gouvernement entretient une garde de 150 hommes dans la ville.

Le canton, ou le pays fujet à la ville de Lucerne, peut avoir, dans fa plus grande largeur ou longueur, dix à onze lieues communes. On en estime la population à cent mille ames, & on assure, qu'avant trois siecles environ, elle n'alloit qu'à la moitié de ce nombre. Nous ne savons si ces faits sont appuyés sur des preuves bien constatées.

La partie méridionale du pays est montueuse, toutefois sans qu'elle renferme ni des glaciers ni de grandes étendues de rocs & de cimes stériles; elle est, au contraire, abondante en bois & en pâturages, & fournit au commerce d'exportation des fromages & des bestiaux. On trouve dans cette partie des sources minerales, divers minerais & fossiles. De toutes les montagnes du pays, le mont Pilate, au pied duquel est située la ville de Lucerne, est célèbre, tant par des traditions populaires, que par des relations un peu enflées des curiosités qu'elle présente. Elle forme un promontoire, relativement aux districts de la Suisse qui s'ouvrent en plaines, & par cette circonstance sa cime offre une vue singuliérement étendue, sur des pays riches & bien cultivés.

Toute la partie septentrionale du canton de Lucerne est d'un sol fertile en grains, en fruits & en fourrages. Ses recoltes, année commune, suffisent pour le besoin des habitans; mais comme les montagnards de divers cantons voisins viennent se pourvoir de blé au marché de Lucerne, il faut que la ville tire d'autres parties de la Suisse, & même le plus souvent de l'Alsace ou de la Souabe, cet excédent de consommation ou de commerce. C'est aussi du marquisat de Baden & de l'Alsace que les Lucernois tirent les vins qui manquent à leur pays. On évalue à 200,000 liv. ce seul objet d'importation annuelle. La France & la Baviere leur fournissent les sels, ainsi qu'à la majeure partie de la Suisse. Les manufactures du pays se réduisent à quelques filatures de soie ou de coton.

Le gouvernement de Lucerne a tant de ressemblance avec ceux des autres cantons aristocratiques, que nous pouvons nous borner à une notice générale, sans nous appesantir sur des détails. Le pouvoir souverain réside dans un conseil de cent personnes, choisies dans le corps de la bourgeoisie. Trente-six conseillers, pris du nombre de cents, forment le sénat ou conseil étroit. Il est partagé en deux divisions égales, qui se remettent l'une à l'autre l'administration tous les six mois; on les appelle *la division* ou *le côté d'été*, & *la division* ou *côté de l'hyver*; parce que l'une releve l'autre aux deux fêtes de St. Jean, après le solstice de l'été & celui de l'hyver. La division qui sort de charge n'est pas exclue des assemblées pendant le semestre suivant, mais celle qui rentre y est obligée par serment. C'est la division qui sort, à laquelle compete le grabaut ou la réélection de celle qui succede; elle complete aussi les places vacantes par mort, en choisissant les nouveaux sujets ou dans le grand conseil ou dans le corps de la bourgeoisie. La réélection, ou la confirmation des membres du grand conseil, se fait aussi chaque semestre, par le conseil des cent. Après ces opérations la nouvelle division du sénat prête serment dans la chapelle d'une église, &

le grand conseil sur l'hôtel-de-ville. La bourgeoisie est aussi appellée, chaque fois, à renouveller le serment de fidélité au gouvernement.

Il faut, pour pouvoir prétendre aux charges, être citoyen né dans le canton ou au service de la république. Une loi expresse interdit au pere & au fils, ou à deux freres, de pouvoir siéger dans le même temps, dans un même corps de conseil; l'un cependant peut être du grand conseil pendant que l'autre siege en sénat; il est assez ordinaire, qu'après la mort d'un sénateur, le fils ou le frere lui succede; il suffit d'avoir vingt ans accomplis pour être éligible. L'entrée dans le sénat donne le patriciat à la personne & à ses descendans, & ce titre de noblesse est reconnu dans l'ordre de Malthe.

Les premieres dignités de l'Etat sont celles des deux avoïers; elles sont à vie. Chaque avoïer préside, pendant six mois, à la division du sénat qui est en fonction, & pendant le même temps aux assemblées du grand conseil. Le conseiller le plus âgé, dans chaque division, porte le titre de statthalter ou lieutenant de l'avoïer. Après ces magistrats, le trésorier, les deux panner-herren ou porte-bannieres, le venner ou banneret y sont les officiers les plus distingués de l'Etat.

Le grand conseil est le juge criminel en dernier ressort. La justice civile, la régie des biens des pupilles, l'administration de l'économie publique & des différens départemens de police civile & militaire, &c. sont confiés à divers comités, subordonnés aux conseils. La bourgeoisie est divisée en quartiers & en tribus; mais cette répartition n'a rien de relatif à la constitution & à la forme du gouvernement. Cette bourgeoisie n'est pas nombreuse; par-là même le nombre des familles, qui participent aux charges & aux honneurs dans l'Etat, est assez limité. On ne compte pas au-delà de trois mille ames dans la ville de Lucerne; les religieux & autres ecclésiastiques y sont à proportion trop nombreux.

Tout le canton est divisé en quinze bailliages. Les baillis sont choisis en partie dans le sénat, en partie dans le grand conseil. Trois seulement de ces baillis résident sur les lieux; les autres demeurent chez eux dans la capitale.

Les lieux les plus remarquables sont la petite ville de Sempach, située sur les bords d'un petit lac. Ses champs sont devenus célébres par la bataille de 1386. Le duc Léopold d'Autriche, au milieu d'un bataillon serré de ses gens d'armes à pied, y présentoit aux troupes des confédérés un front impénétrable, quand le célébre Winkelried, originaire d'Unterwalden, se dévouant pour la patrie, saisit autant de piques qu'il en put embrasser, & s'appuyant sur leurs pointes, ouvrit avec son corps une breche, par laquelle les Suisses pénétrerent dans les rangs des ennemis; avec leurs armes pesantes ils hacherent en pieces tous ceux qui oserent tenir ferme. Léopold, de son côté, refusa de quitter le champ de bataille, & périt les armes à la main.

Willisaw est le lieu du canton le plus considérable après la capitale. Cette ville jouit de diverses immunités; on y trouve l'aisance que la culture peut procurer, sans le secours des arts & du commerce.

S. Urbain, monastere de l'ordre de Cîteaux, & Munster, chapitre de chanoines réguliers, sont les deux fondations les plus riches de ce canton, où l'on trouve beaucoup d'autres monasteres bien dotés.

Toute la milice du canton est partagée en cinq brigades d'infanterie, & chaque brigade en cinq bataillons, de six cents hommes. La brigade a son état major; chaque bataillon un capitaine & plusieurs officiers subalternes. La premiere division d'un bataillon, commandée pour marcher au premier ordre, est de 225 hommes; les augmentations se font par piquets de cinquante hommes par bataillon. La cavalerie ne consiste qu'en trois compagnies de dragons, & le corps d'artillerie est composé de cinq compagnies. L'arsenal de Lucerne est, à proportion de cette milice, assez bien fourni; la plupart des canons sont de nouvelle fonte.

C'est à Lucerne que réside le nonce du pape. Sa présence a souvent fait naître des embarras; lorsque des nonces, fâchés de leur inaction, ont voulu se mêler avec trop de chaleur de la police ecclésiastique dans le pays, le gouvernement a toujours soutenu ses droits avec fermeté.

Au reste l'Etat de Lucerne a part, non-seulement à tous les gouvernemens indivis des anciens cantons, & à toutes les alliances de la nation Suisse avec d'autres puissances, & aux privileges qui en sont le fruit, mais particuliérement aux traités & engagemens des Etats catholiques de la Suisse avec les Etats voisins.

Cette république n'a pas de grands revenus. Les plus grandes ressources même des maisons patriciennes consistent, dans des fidéicommis, dans le service militaire étranger, dans l'état ecclésiastique pour les cadets de famille, & dans les charges publiques. En général l'industrie a fait beaucoup moins de progrès chez les Suisses catholiques que chez les Suisses protestans. Mais on doit s'attendre de voir diminuer de jour en jour les obstacles qu'un faux zele opposoit aux progrès des lumieres. Les sciences, & à leur suite les arts & l'activité, se répandront par-tout, où de meilleures institutions auront perfectionné l'éducation de la jeunesse. La preuve la plus sûre d'un gouvernement sage & modéré, c'est l'accroissement de la population & l'aisance du peuple; & cette preuve existe dans les Etats de la république de Lucerne.

Impositions, droits & revenus du canton de Lucerne.

ON ne leve, dans le canton de Lucerne, aucune imposition pour les dépenses & les besoins de l'Etat, tant qu'il reste dans le trésor public des fonds provenant des rentes foncieres, des dixmes, des péages, des lods & autres droits seigneuriaux; mais lorsque le trésor public est épuisé, chaque habitant, fans exception, eft taxé à une fomme proportionnée à fes facultés ; & dès que le befoin ceffe, cette contribution ceffe pareillement.

On leve cependant, dans la ville de Lucerne, une légere taxe fur les bourgeois, pour fubvenir à la dépenfe de la garde de la ville.

Dans chaque bailliage, les gens de la campagne payent auffi aux baillis, chacun dans leur diftrict, une fomme qui revient à environ 30 fous par tête, mais dont il rentre une très-petite partie dans la caiffe publique.

On a voulu établir fur le clergé de ce canton, qui eft très-riche, une contribution, fous le nom de *don gratuit* ; mais le pape a refufé jufqu'ici de donner fon confentement pour l'établiffement de cette taxe.

Les droits de lods & ventes, & ceux fur les fucceffions, ne font payés, dans le canton de Lucerne, que dans les diftricts où le fouverain eft feigneur direct ; mais lorfqu'un particulier veut abdiquer fon droit d'habitant & emporter fa fortune en pays étranger, il paye dix pour cent de la vente de fon bien.

Les actes publics ne font fujets à aucuns autres droits qu'à l'honoraire du greffier qui les rédige.

Les droits de péages, dans le canton de Lucerne, font à peu près les mêmes que dans celui de Berne. *Voyez* BERNE.

Les commerçans étrangers jouiffent, dans ce canton, des mêmes privileges que les négocians nationaux ; ils vont de foire en foire, & payent, outre les droits de péages, deux fous par florins du montant de la vente qu'ils font : on s'en rapporte, pour la perception de cette taxe, à leur déclaration.

Les revenus qui proviennent des domaines & des dixmes, font perçus par les baillis, qui en rendent compte au confeil. Quant aux autres droits, revenus ou impofitions, ils font levés par des employés ou receveurs qui portent leur recette au tréforier de l'Etat : on s'en rapporte entiérement, & fans aucun examen, à leur bonne foi.

Le penchant que les habitans du canton de Lucerne montrent pour l'entiere indépendance, eft fi marqué, que les magiftrats font forcés de ne faire aucun ufage des avantages que leur donneroit fur le peuple la forme de leur gouvernement, dans la crainte de voir, au premier moment, leur autorité s'évanouir.

Les fels ou les penfions que la France fait délivrer & payer aux habitans du canton de Lucerne, fourniffent aux befoins courans de l'Etat, & au payement des appointemens de fes confeillers.

LUCQUES,

LUCQUES, *Ville & Republique d'Italie.*

LA ville de Lucques contient environ 20 mille ames : située à cinq lieues de la mer de Toscane, & à quatre lieues, au nord, de Pise, près du fleuve Serchio ; elle est la capitale de la troisieme république d'Italie. C'est une ville si ancienne qu'on en ignore la fondation ; elle faisoit partie de l'ancienne république des Toscans, que les Romains détruisirent environ 300 ans avant Jesus-Christ. Tite-Live nous apprend que Titus Sempronius, après une campagne contre Annibal, se retira à Lucques pendant l'hiver. Strabon, dans le cinquieme livre de sa Géographie, parle avec éloge de ses habitans, & du cas que le sénat en faisoit. Quoique soumise aux Romains, cette ville avoit des privileges considérables, avec le rang de colonie Romaine ; elle jouissoit d'une espece de liberté, & se gouvernoit par ses loix. Elle étoit alors la premiere ville par laquelle on entroit de la Toscane dans la Gaule Cisalpine.

L'époque la plus célébre dans l'histoire de la ville de Lucques, est le séjour que Jules César y fit l'an 53 avant Jesus-Christ, lors du premier triumvirat : il y passa l'hiver ; Pompée & Crassus s'y rendirent avec une multitude de personnages distingués. Appian d'Alexandrie dit, que tous les magistrats de Rome y vinrent, & qu'on vit paroître à la fois 200 sénateurs devant la porte de César ; cela prouve que dès ce temps-là Lucques étoit une ville grande, agréable & commode. Totila s'empara de la ville de Lucques en 550 ; les Goths ayant occupé pour lors une grande partie de l'Italie, étoient établis à Lucques dans le VI° siecle, lorsque Narsès, général de l'empereur Justinien, ayant détruit leur royaume, prit, après la bataille de Nocera, toutes les villes de la Toscane ; il fit le siege de Lucques, où il employa tous les artifices d'un général habile : il y fut occupé sept mois entiers, & les habitans ne se rendirent que lorsque manquant de tout, ils perdirent l'espérance de recevoir les secours qu'on leur avoit promis.

Cette ville eut ensuite divers souverains particuliers, sous le nom de ducs, de comtes ou de marquis ; un des plus célébres fut Adalbert, surnommé le *riche*, qui vivoit l'an 917, & qu'on appelloit *marquis de la Toscane, Tuscorum potens marquio* ; son tombeau est à la porte de la cathédrale de Lucques : c'est de lui que Muratori fait descendre les princes d'Est, & la maison de Brunswick-Hanovre qui regne en Angleterre.

La comtesse Mathilde étoit aussi fille d'un duc de Lucques, qui mourut en 1052 ; elle étoit princesse de Toscane, de Lombardie, vice-reine de la Ligurie. Elle soutint pendant 30 ans les guerres les plus périlleuses contre les schismatiques & les anti-papes ; elle chassa d'Italie l'empereur Henri IV. qui étoit excommunié, donna ses Etats à l'église. Cette illustre

Tome XXIV. Ee

princeſſe avoit eu tous ſes ancêtres à Lucques, & peut-être y naquit-elle
auſſi : elle mourut en 1115, & la ville de Lucques reprit alors ſa liberté.

Dans le XIIIᵉ ſiecle, Florence & Lucques étant du parti des Guelphes
& du pape, eurent beaucoup à ſouffrir des Gibelins ; Lucques fut forcée
en 1263, de ſe ranger du parti de l'empereur & des Gibelins, elle revint
enſuite au parti des Guelphes; elle fut ſouvent d'un grand ſecours aux Florentins, mais elle forma toujours une république diſtincte de la leur.

Elle fut gouvernée vers 1320, par Caſtruccio Caſtracani, célébre capitaine
Gibelin, qui gagna la bataille d'Altopaſcio, contre les Florentins, le 13 ſeptembre 1325; l'empereur Henri IV, rendit la liberté à cette ville en 1369,
& au moins depuis 1430, elle s'eſt toujours maintenue dans la forme républicaine. Nicolas Piccinino lui aida beaucoup à conſerver ſa liberté vers
l'an 1450; cependant elle fut obligée de ſe mettre alors ſous la protection
de l'empereur, qui la regarde toujours comme fief de l'empire; mais elle
ſe ſoutient tout auſſi indépendante que Veniſe, Gênes & les autres Etats
de l'Italie, qui ont preſcrit depuis plus de quatre ſiecles, en faveur de la
liberté, contre l'ancienne ſouveraineté des empereurs; il y a des monnoies
de Lucques où l'on avoit mis la figure de l'empereur; mais actuellement,
on y met la célébre image appellée le *Volto Santo*.

La ville de Lucques a environ deux milles d'Italie, ou 1800 toiſes de
tour; elle eſt environnée de onze baſtions de briques, avec de très-bons
remparts, commencés vers 1550, après qu'on eut démoli les vieilles murailles de pierre & de brique, faites ſous Didier, roi des Lombards. Les
nouveaux remparts ont été achevés en 1620; ils ſeroient très-forts, s'il y
avoit à l'extérieur des ouvrages avancés. Ces remparts ſont plantés de grands
arbres, qui forment tout autour de la ville des promenades très-agréables,
où l'on peut aller à pied & en carroſſe, comme dans le cours dont Paris
eſt environné. Lorſqu'on apperçoit la ville de loin, il ſemble voir un bois
de haute futaye, au milieu duquel s'éleve un clocher. Les foſſés ſont bai-
gnés par un des bras du Serchio : au-deſſus de la porte d'entrée on lit ces
paroles en lettres d'or, *Libertas*.

Le gouvernement de la république de Lucques produit dans ce petit
Etat une proſpérité, une abondance, une population, dignes d'envie : cela
doit inſpirer le déſir de le connoître en détail. Voici en abrégé ce que
j'en ai appris.

Le gouvernement de Lucques eſt ariſtocratique, c'eſt-à-dire que les nobles ſeuls y ont part; il faut avoir 25 ans pour entrer au conſeil, & il y
a à peu près 240 nobles, actuellement en âge de majorité & capables d'ê-
tre reçus dans le conſeil; la nobleſſe eſt héréditaire : cependant on l'obtient quelquefois, ou par un mérite perſonnel, ou par le payement d'une
ſomme d'argent, en ſuppoſant qu'on ſoit d'une bonne & ancienne famille.

Les nobles ſont diviſés en deux congrégations, chacune de 90 perſon-

nes, avec plus de 30 adjoints ; ces deux congrégations forment alternativement le conseil, chacune une année , & celle qui termine l'année de
son gouvernement, choisit dans son corps 20 personnes qui élisent ensuite
les membres de la nouvelle congrégation pour l'année suivante, en les
prenant parmi les nombres qui n'étoient pas compris dans celle qui quitte ;
car l'on ne peut y entrer deux ans de suite.

Les magistrats qui remplissent diverses fonctions particulieres, pour l'économie ou la politique, sont tous tirés du corps de la noblesse : on les
élit chaque année, excepté la suprême magistrature, composée des neuf
anciens, *anziani* & du *gonfaloniero*, qui changent tous les deux mois, &
forment ce qu'on appelle *supremo magistrato*.

L'élection de tous ceux qui sont destinés à devenir gonfaloniers ou anciens, se fait pour trois ans, dans un conseil de 36 personnes , qui est
aussi chargé de l'élection de plusieurs autres magistrats, concurremment
avec 18 adjoints. Cette élection se fait avec beaucoup de solemnité, &
s'appelle communément *rinuovazione della Tasca*, parce qu'on renouvelle
alors la boëte des scrutins.

Le renouvellement se fait au bout de deux ans & demi ou trois ans ,
suivant le nombre des sujets ; on choisit 150 ou 180 nobles ; parmi ceux-
là , neuf sont destinés à faire l'élection, on les appelle *assortitori* ; ils choisissent d'abord le gonfalonier, & ils font ensuite le choix des magistrats
qui devront de deux en deux mois former le conseil suprême, *supremo
magistrato*.

Les *assortitori* mettent dans la boëte, avec le plus grand secret, les noms
qu'ils ont choisis, dix à dix ; & tous les deux mois on en extrait dix personnes, pour former les neuf anciens & le gonfalonier, qui sont ainsi
tirés au sort parmi ceux qu'on avoit choisis lors du renouvellement du
scrutin.

La faculté législative & le pouvoir suprême, résident dans le conseil ,
formé par les deux congrégations réunies. La plupart des décrets ne peuvent passer à moins qu'ils n'aient les trois quarts des suffrages de ceux qui
sont présens, & qu'il n'y ait au moins 80 nobles assemblés, outre les
grands magistrats.

Le gonfalonier & les anciens représentent le prince ou la république ,
& ils ont le droit de proposer au conseil les objets de délibérations qui
leur paroissent convenables ; le gonfalonier est le premier représentant, le
premier proposant, c'est à quoi se réduit tout son pouvoir ; il porte une
robe de velours ou de damas cramoisi & une veste galonnée ; il a le titre
de prince de la république, & en lui parlant, on lui donne le titre d'excellence ; il loge dans le palais de la république , où il est nourri aux dépens de l'Etat ; il a tous les honneurs de la souveraineté, mais il est hors
d'Etat d'en abuser. Il y a une garde à la porte du gonfalonier ou plutôt
du palais de la république, elle est composée de 70 Suisses, vêtus avec

des pourpoints & des culottes à fond bleu, rayés de rouge & de blanc ; leur petit nombre fait qu'ils se rangent tous sur une même ligne quand le sénat défile.

La puissance exécutrice réside en partie dans les anciens & le gonfalonier, mais en partie aussi dans les divers magistrats, chacun pour la partie dont il est chargé.

La troisieme puissance de l'Etat, qui est celle de la justice, est confiée presqu'en entier à cinq auditeurs, l'un qui s'appelle *podesta*, est destiné à juger les causes criminelles; les quatre autres sont pour les causes civiles.

Ces juges sont toujours étrangers, ainsi que dans plusieurs autres villes d'Italie, afin qu'ils n'aient dans le pays, ni parenté, ni liaisons qui puissent les corrompre; quand le podesta condamne à mort, il envoie sa sentence au sénat, qui la laisse exécuter, ou qui fait grace, s'il le juge à propos. Lorsque le podesta marche en cérémonie, il porte une verge d'argent d'environ un pied, sur laquelle est écrite la devise de la république, *libertas*, & à l'extrémité il y a une panthere, simbole de la force.

La police est exercée à Lucques avec une très-grande rigidité. Il y a quarante sbires, du nombre desquels on tire deux escouades pour faire la patrouille pendant la nuit ; elles sont chacune accompagnées d'un estafier, portant la livrée du prince de la république ; cet estafier marche avec elle pour servir de témoin, en cas de besoin. Comme le port d'armes y est défendu, si quelque citoyen est surpris avec des armes blanches, le lendemain il est condamné aux galeres; si on lui a trouvé des armes à feu, on l'envoie également aux galeres, mais préalablement on lui donne trois secousses d'estrapade. A l'égard des étrangers, on permet, depuis quelques années, de porter l'épée dans la ville. Il est absolument nécessaire que la police soit bien observée à Lucques, car la populace est très-féroce, ainsi que dans toutes les républiques où l'idée avantageuse de la liberté, entretient toujours les esprits dans une espece d'indépendance & de fierté, qui, quoique bien assortie aux principes d'un gouvernement libre, produiroit une véritable brutalité, si les mœurs n'étant plus d'accord avec les loix, on venoit à n'avoir rien à craindre.

Pour entretenir dans l'esprit du peuple l'amour de la liberté, on fait chaque année, le dimanche de Quasimodo, une procession solemnelle accompagnée de beaucoup de cérémonies, qui sont destinées à rappeller le souvenir de la liberté, & qui en porte le nom.

Tout l'Etat de la république de Lucques ne contient que 118000 ames, dont 20000 habitent la capitale ; les 98000 restantes habitent les villages & les châteaux de l'Etat.

Si l'on compare cette population avec l'étendue du terrein, on trouvera 295 personnes par mille ou 1863 personnes pour une lieue quarrée.

Pour favoriser & accroître cette prospérité & cette population, le conseil porte ses vues sur tous les détails du bien public avec la plus grande attention ; dans les maladies épidémiques, on envoie des médecins dans les campagnes, & l'on établit des hôpitaux ; dans des tems de cherté, l'on diftribue du pain au peuple pour le prix ordinaire ; tous les fours appartiennent à la république ; les magiftrats chargés de cette partie & qui compofent *l'uffizio dell' abondanza*, veillent à ce qu'on y travaille toujours. Il n'y a que trois boutiques où l'on vende du pain, & il eft défendu d'en faire cuire chez foi ; auffi les magiftrats ont-ils foin de tenir toujours les magafins publics bien fournis. Pour foutenir le commerce, l'Etat prête de l'argent à ceux qui méritent ce fecours.

Le fervice militaire ne dépeuple point les campagnes, car la république n'a jamais de guerre : il y a 200 ans qu'elle n'a vu d'ennemis fous fes murs : les impofitions font très-modiques, elles ne vont pas à plus de 600 mille livres ; les richeffes de la république font entre les mains des particuliers, où elles fe trouvent au befoin ; car Lucques avoit prêté à la régence de Tofcane des fommes confidérables dans la derniere guerre.

Chacun y jouit de la plus grande fureté dans fa perfonne & dans fes biens ; les injuftices y font rigoureufement punies & les nobles même font hors d'état de nuire à qui que ce foit.

Il n'y a point de pauvres, ni de fainéans dans cette république, le luxe n'a point encore corrompu les mœurs, l'égalité républicaine y eft maintenue autant qu'il eft poffible ; tous les nobles font habillés de noir, à moins qu'ils ne foient à la campagne, le gonfalonier eft le feul qui ait du galon fur fon habit : il n'y a ni marquis, ni comtes, ni autres titres de diftinction, & l'on n'y porte point d'épée.

L'état militaire, compofé d'un colonel & autres officiers, eft fubordonné à des commiffaires tirés de la nobleffe, & qu'on appelle *commiffaires de l'ordonnance*. Un de leurs principaux devoirs eft de raffembler les milices & les faire marcher fur le champ au fecours de la ville, s'ils appercevoient le fanal allumé fur la tour du palais de la république.

Il y a toujours 20 mille hommes de milice exercés & en état de prendre les armes au befoin ; mais on fe contente d'entretenir habituellement 6000 hommes de milices réglées & payées, pour fervir promptement & au premier fignal.

Tout le territoire de la république n'a que 40 milles de long fur 15 de large, ou plus exactement, 400 milles quarrés, le mille à 908 toifes de long, cela fait 366 mille arpens de Paris, & équivaut à 8 lieues en tout fens. Le terrein eft fort montueux, il y a cependant quelques plaines ; par exemple, celle où eft la ville de Lucques ; c'eft la premiere vallée que forme l'Apennin au fud-oueft de l'Italie.

L'agriculture y eft dans la plus grande vigueur ; les terres y rendent 15 à 20 pour un dans la plaine, & un même champ donne ordinairement trois récoltes en deux ans ; favoir, du bled, du millet ou autres menus grains, & des raves qui fervent à nourrir les beſtiaux pendant l'hiver, & qui ſe ſement dans les mois de juillet & d'août.

Les montagnes, ſont preſque toutes plantées de vignes, d'oliviers, de châtaigniers, de mûriers, & l'on y trouve même de petits champs à bled. Il n'y a preſque ni bois, ni lieux incultes, & en donnant beaucoup d'attention à l'agriculture, on tire parti de montagnes qui par-tout ailleurs ſeroient abandonnées; auſſi ce terrein eſt diviſé entre pluſieurs propriétaires qui n'en ont chacun qu'une portion médiocre; on y ſuit le précepte de Virgile, *exiguum colito*, ſecret excellent pour la perfection de toute eſpece de régie. Il n'y vient cependant pas aſſez de bled, & l'on eſt obligé d'en tirer de l'étranger à cauſe de la grande population de ce petit Etat.

Le pays étant très-bas, ſur-tout du côté de la mer, on y nourrit beaucoup de beſtiaux, qui fourniſſent du laitage en abondance; mais il y a peu de chevaux. Le poiſſon y eſt très-bon & en ſi grande abondance, ſur-tout dans le lac de Seſto & dans celui de Maſſacciuoli, qu'on en porte dans les provinces voiſines. Les truites & les anguilles qu'on prend dans les eaux qui coulent des montagnes, ſont fort eſtimées, de même que les crabes de mer & ceux d'eau douce.

Les vers à ſoie qu'on y éleve, donnent chaque année 25 à 30 mille livres peſant de ſoie, & une partie ſe fabrique dans le pays même : c'étoit autrefois une branche de commerce extrêmement conſidérable, qui avoit fait appeller cette ville *Lucca l'induſtrioſa* : on y travaille encore actuellement beaucoup d'étoffes de ſoie, & les nobles même en peuvent faire le commerce ſans déroger. Cela étoit eſſentiel dans une république.

La récolte de l'huile forme un objet très-conſidérable pour la république, d'autant plus qu'une partie eſt de la premiere qualité qu'il y ait dans toute l'Italie; les olives, ſont ſur-tout fort recherchées & l'on en fait plus de cas que des huiles; peut-être que l'art de faire l'huile pourroit y être perfectionné : quoiqu'il en ſoit, on en recueille 40 mille barils, peſant chacun 76 de nos livres, 12 mille ſuffiſent pour la conſommation du pays, le reſte s'exporte & vaut environ un louis le baril.

Une grande partie de la plaine, & ſur-tout du côté des rivages de Viareggio, eſt marécageuſe, mal ſaine & ne produit preſque rien; le niveau en eſt plus bas que celui de la mer, enſorte qu'on n'a aucune eſpérance de parvenir à un entier défrichement. Cependant, par le moyen des digues & des portes qui empêchent la communication de l'eau de la mer avec l'eau douce, & au moyen du défrichement des bois qui couvroient cette plage, on l'a beaucoup améliorée; & depuis 30 ans le nombre des habitans de Viareggio eſt devenu cinq fois plus conſidérable qu'il n'étoit. Voyez le *Voyage en Italie*, par M. de la Lande.

L U C U L L U S.

LUCULLUS, quoique de race confulaire, n'ofa fe prévaloir du privilege de fa naiffance pour parvenir aux dignités. Son pere avoit été convaincu de malverfation dans la régie des deniers publics, & fa mere avoit offert au milieu de Rome le fpectacle fcandaleux de la proftitution. L'amour des lettres fut la paffion de fa jeuneffe. Il les cultiva avec tant de fuccès, qu'il ne craignit point de jouter contre l'orateur Hortenfius. La poéfie fit fes délices. Il écrivit en vers grecs la guerre des Marfes avec tant d'élégance, que Sylla le choifit pour tranfmettre à la poftérité l'hiftoire de fa vie. Le premier acte public qu'il fit, fut de citer en juftice l'augure Servilius, accufateur de fon pere. Ce témoignage de fa piété filiale ne fut pas le feul qui fit connoître la trempe de fon cœur. Son frere Lucius fut un autre lui-même. Ils femblerent n'avoir qu'une ame & que les mêmes affections. Lucullus ne voulant pas fe prévaloir de fon droit d'aîneffe, refufa toutes les dignités pour les faire tomber fur la tête de ce frere chéri. Le peuple frappé de cette tendreffe fraternelle, les affocia tous deux à l'édilité; Lucullus fit fon apprentiffage d'armes contre les Marfes. Sylla charmé de fa douceur & de fa capacité, lui confia tous les emplois qui exigeoient de l'intelligence & du courage. Il fut chargé d'aller en Egypte & en Lybie pour en tirer des vaiffeaux & des grains. Il aborda dans l'ifle de Candie, qu'il mit dans les intérêts du dictateur. Les habitans de Cyrene, épuifés par des guerres civiles, l'appellerent pour appaifer leurs diffentions, & leur donner des loix. Il fit voile enfuite pour l'Egypte, où Ptolomée lui fit une réception magnifique. On le logea dans le palais du monarque, & on fournit à fa dépenfe avec un fafte royal. Lucullus, qui naturellement aimoit le luxe, réprima fon penchant. Il refufa tous les préfens qui lui furent offerts, & entre autres quatre-vingts talens; & faifant divorce avec les plaifirs, il ne s'occupa que de fa négociation. Il réfifta même à la curiofité de voir Memphis & les monumens de l'Egypte. Dès que fes affaires furent terminées, il prit congé du jeune Ptolomée, qui lui offrit une émeraude d'un grand prix. Il fe fit un fcrupule de l'accepter; mais ayant vu que le portrait du monarque y étoit gravé, il crut ne pouvoir la refufer fans paroître incivile. En quittant l'Egypte, il paffa dans la Grece & dans l'Afie mineure, où il eut la dextérité de détacher les peuples de Co, de Rhodes, de Cnide, de l'alliance de Mythridate. Il fe fervit de leurs fecours pour foumettre Samos. Quelque temps après il diffipa les flottes du roi de Pont dans deux batailles. Alors couvert de gloire, il alla rejoindre Sylla dont il étoit le lieutenant, & qui en mourant l'inftitua tuteur de fon fils. Cette confiance fut le germe de la haine que lui porta Pompée baffement jaloux de cette prédilection.

Lucullus élu conful après la mort du dictateur, fut chargé de faire la guerre à Mithridate. Ce monarque qui avoit envahi la Bythinie, fut bientôt contraint de l'abandonner. Un revers effuyé devant Cyzene, l'obligea de fe réfugier par mer dans fes Etats, abandonnant à fes lieutenans le foin de fon armée de terre, qui fut pourfuivie & battue par Lucullus fur les bords du Granique. Le vainqueur parcourut les côtes de l'Hélefpont, où il équipa une flotte nombreufe dont il fe fervit pour diffiper les reftes de celle de Mithridate. Après ces heureux fuccès, il paffa l'Euphrate, & fondit fur Tygrane, roi d'Armenie, dont l'armée forte de plus de cent mille combattans, fut difperfée par une poignée de Romains. Cette victoire fut fuivie de la prife de Tygronocerte, capitale de l'Armenie, où toutes les richeffes du monarque étoient accumulées. Il eut pouffé plus loin fes conquêtes, fi fes foldats, rebutés d'une fi longue marche, n'euffent refufé de le fuivre. Sa févérité, fa hauteur, avoient aliéné le cœur des foldats ; le fénat fentit la néceffité de le rappeller ; Pompée lui fut fubftitué dans le commandement, & Lucullus revint à Rome, où on lui décerna les honneurs du triomphe. Alors dégoûté du tumulte des affaires, il fe confacra à une philofophie délicate & voluptueufe, perfuadé que tout avoit fes bornes, que le fage devoit connoître pour ne point les franchir. Ce fut dans ce loifir philofophique qu'uniquement occupé de jouir de la vie, qu'il fit conftruire des maifons délicieufes où tous les voluptueux étoient invités ; & comme fi la terre n'eut point été fuffifante à fes défirs, il éleva de fuperbes édifices au milieu de la mer même. Ses jardins enchanteurs renfermoient les fleurs de toutes les contrées, dont le parfum embaumoit les airs. Sa maifon de plaifance auprès de Naples étoit baignée des eaux de la mer qui formoient un détroit où l'on trouvoit les poiffons les plus rares & les plus exquis. Des montagnes percées à jour ne bornoient pas la vue. C'étoit fur-tout dans la dépenfe de fa table qu'il faifoit étaler fon luxe & fa magnificence. Toutes les provinces renommées par leurs productions, étoient tributaires de fa délicateffe. Les lits où les convives étoient couchés, étoient couverts de riches tapis de pourpre ; & comme fi l'or n'eut point été un métal affez précieux, les vafes étoient enrichis de diamans, de rubis & d'émeraudes. Pompée étant tombé malade, fon médecin lui ordonna de manger une grive. C'étoit dans une faifon où l'on n'en trouvoit point. On lui confeilla d'envoyer chez Lucullus qui en faifoit nourrir de toutes les efpeces. Eh quoi ! s'écria Pompée, fi Lucullus n'étoit ni fenfuel, ni voluptueux, il faudroit donc fe réfoudre à mourir. Loin de rougir de fon luxe, il en tiroit vanité. Quelques feigneurs Grecs ayant été invités à fa table, fe firent un fcrupule d'y retourner, craignant de lui occafionner trop de dépenfes ; Lucullus en fut averti, il leur fit dire que la plus grande dépenfe étoit faite pour lui. Un jour qu'il devoit fouper feul, fa table fut fervie fans fomptuofité, on lui en dit la raifon, il fe mit en colere en difant, ne favoit-on pas que Lucullus devoit fouper chez Lucullus. Pompée

&

& Cicéron l'ayant rencontré dans la place publique, lui demanderent à
souper, & croyant le surprendre, ils lui firent promettre de ne point
donner de nouveaux ordres à ses domestiques, parce qu'ils ne vouloient
rien d'extraordinaire. La convention fut acceptée, & il se contenta de dire
en entrant chez lui, qu'on eut à le servir dans la salle d'Apollon. C'étoit
ordonner par ce seul nom un banquet magnifique. Le nom de chaque
salle indiquoit la dépense qu'on devoit faire. Le repas qu'on donnoit dans
la salle d'Apollon coûtoit cinquante mille écus. Ses maisons, ses galeries,
ses jardins étoient ouverts aux étrangers comme aux citoyens. Il répandoit
indistinctement ses largesses sur les maîtres & sur les esclaves. Les savans
& les littérateurs étoient accueillis & magnifiquement récompensés. Il
s'instruisoit avec eux, & ils trouvoient à s'instruire avec lui. L'excés des
voluptés émoussa ses organes ; quelques années avant sa mort, il tomba
en démence, & son frere fut chargé de la régie de ses biens. On raconte
qu'un de ses affranchis, dans le dessein de se faire encore plus aimer de
lui, lui fit prendre un breuvage empoisonné, qu'on lui avoit dit être un
philtre propre à redoubler l'affection. Il mourut dans un âge fort avancé.
Il fut extrêmement regretté du public, qui vit tarir la source de ses largesses.

LUDWIG, (Jean-Pierre) *Auteur Politique.*

LUDWIG a fait un ouvrage qui a pour titre : *Joh. Petri Ludwig de
jure adlegandi ordinum S. R. I. argumentum hactenùs à nemine ex instituto
tractatum, nunc verò ab ortu progressuque reipublicæ germanicæ, ad pacem
usque Ryswicensem & annos post chr. natum M. D. CC. partim ex editis
plenæ fidei monumentis, partim ex ineditis legatorum commentariis compo-
situm, confectum, cum indice rerum. Halæ Hermonduror. 1704 in-4°.*
L'auteur se propose de prouver que les Etats de l'empire ont droit d'envoyer des ministres conjointement avec ceux de l'empereur pour toutes les
négociations qui intéressent le corps germanique. Avant Ludwig, aucun
auteur n'avoit traité cette question *ex professo.* Pour établir le droit des
Etats, il fait voir l'origine & les progrès de l'empire d'Allemagne ; il y
distingue trois âges différens qui sont autant de formes de son gouvernement. Le premier a commencé avant Charlemagne, c'étoit un temps de
liberté ; le second avec Charlemagne & a continué sous ses descendans,
c'étoit un temps de sujétion. Le troisieme dure depuis que la race des
Carlovingiens a cessé de gouverner l'Allemagne ; & c'est un gouvernement
composé de monarchie & de république. L'ouvrage est bon ; & Ludwig
n'oublie rien de tout ce qui peut contribuer à établir ce droit de colléga-
tion qu'il soutient. Nous avons traité ailleurs cette question du droit public
d'Allemagne.

L U N E B O U R G, *Principauté d'Allemagne dans le cercle de la* *Baſſe-Saxe.*

CETTE principauté touche aux duchés de Brême & de Verden, au comté de Hoya & à la principauté de Calenberg du couchant, à cette même principauté, au dioceſe de Hildesheim & au duché de Brunſwick du midi, au même duché & à celui de Mecklenbourg, & encore à la vieille Marche du levant, & vers le nord au duché de Lawenbourg & à l'Elbe, qui la ſépare du territoire de la ville impériale de Hambourg.

Le terroir y eſt de différente qualité ; il eſt fertile le long de l'Elbe, de l'Aller & de la Jetze, ſec & ſablonneux dans d'autres endroits. Il y a des cantons en nature de bruyeres, d'autres aſſez marécageux pour produire de la tourbe, & d'autres encore, qui ſont purs marais. Les terres les plus mauvaiſes de tout le pays ſont celles qui ſe trouvent au milieu ; partie, dans laquelle ſont pratiqués les grands chemins, mais par leſquels cependant un voyageur ne doit point juger des autres. La qualité diverſe des terres détermine ſes productions ; il y croît du froment, du ſeigle, de l'orge, de l'avoine, des pois, du ſarraſin, du lin, du chanvre, des houblons & du jardinage de toutes eſpeces ; il produit auſſi des chênes, des hêtres, des ſapins, des bouleaux & du bois d'aune. Pluſieurs bailliages ne ſont point des récoltes proportionnées à leurs beſoins ; il en eſt d'autres en revanche, où il croît du grain en abondance. Il en eſt de même de l'éducation des chevaux & des bêtes à cornes ; elle eſt plus ou moins conſidérable, ſelon que le ſol pourvoit plus ou moins à leurs beſoins. Les bruyeres nourriſſent de nombreux troupeaux de moutons d'une eſpece médiocre ; la laine en eſt à la vérité longue, mais de groſſiere qualité. Le grand nombre de mouches à miel, qu'on y éleve, fait que tant la cire que le miel n'y ſont nullement rares. Le gibier y eſt également commun, l'endroit, où il abonde le plus, eſt la forêt de Gœrde. Le pays de Lunebourg eſt renommé par les bonnes pierres à chaux, qu'on en tire, & par les ſalines, qui y ſont conſidérables. L'endroit nommé Wietz a des foſſes, dans leſquelles on trouve du goudron, & celui de Hænigſen en a des ſources. Les rivieres fourniſſent & des meres-perles, & des poiſſons de toutes eſpeces. L'Elbe traverſe les parties orientale & ſeptentrionale de cette principauté. Les avantages, que celle-ci en retire, ſont importants, ſoit parce qu'il fertiliſe les terres, qui y ſont attenantes, ſoit parce qu'il facilite la ſubſiſtance des habitans par le grand nombre de poiſſons, qu'on y prend ; ſoit enfin par l'aiſance que procure la navigation, & par le produit des péages, qui y ſont établis. Ce fleuve reçoit la Jetze, qui découle de l'ancienne marche ; l'Ilmenau, ou pour mieux dire, l'Elmenau, qui eſt navigable & prend ſa ſource dans le bailliage de Giffhorn ; il reçoit la Luhe,

la Séeve & pluſieurs autres moindres rivieres, qui naiſſent dans la principauté même. Celle d'Aller, qui eſt pareillement navigable, naît dans le
duché de Magdebourg; elle parcourt la partie méridionale de cette principauté pour ſe rendre dans celle de Verden, après avoir vu groſſir ſes
eaux par celles de l'Ocker, de la Fuhſe, de l'Oerze, de la Bohme & de
celles de pluſieurs autres moindres rivieres.

La principauté contient trois grandes villes, ſavoir, Lunebourg, Ulzen
& Zelle, onze petites & treize bourgs. Les corps, qui compoſent l'entier
college de la province, ſont : 1°. le directeur provincial, qui eſt l'abbé
du couvent de Saint Michel de Lunebourg, & qui, pour entrer en charge, doit être confirmé par le roi, auquel il eſt préſenté à cet effet par
les conſeillers provinciaux. Ce directeur, à qui l'on donne le titre d'excellence, a rang après les conſeillers intimes actuellement en charge, & prend
le pas ſur le préſident du tribunal ſupérieur des appellations, à moins que
celui-ci ne ſoit lui-même conſeiller intime. 2°. Huit conſeillers, qui avec
le directeur, dont il vient d'être parlé, forment le conſeil provincial. 3°. Deux
conſeillers du tréſor; 4°. quatre députés ordinaires de la nobleſſe. Il a été
ſtatué par ordonnance du roi du 2 novembre 1752, de quelle façon il ſeroit procédé, le cas échéant, à l'élection de ces ſortes d'officiers; tous les
biens nobles furent partagés à cet effet en quatre quartiers ou cantons,
qui ſont celui de Lunebourg, celui de Luchau, celui de Zelle & celui de
Giffhorn; le premier fut compoſé de 48 biens nobles, le ſecond de 49,
le troiſieme de 50 & le dernier de 48, dont les poſſeſſeurs auroient chacun droit de ſuffrage. On aggrégea à chaque canton un député perpétuel
de la nobleſſe & deux conſeillers du conſeil de la province, dont l'un élu
de tout le corps de la nobleſſe & de la principauté, & l'autre de celle
du canton, dans lequel ce dernier doit poſſéder un des biens nobles, dont
il vient d'être parlé. Nul d'entr'eux n'a d'avantage, que celui que peut
lui donner l'ancienneté. Lorſqu'il s'agit de faire choix d'un nouveau membre, telle eſt la façon d'y procéder : le député ordinaire perpétuel notifie
aux nobles de chaque canton, poſſédant les biens ci-deſſus indiqués, le
jour qu'a fixé le directeur de la province, pour qu'ils aient à s'aſſembler
dans les villes, dont leurs quartiers portent le nom; où, les députés perpétuels préſident, ils éliſent à la pluralité des voix deux autres députés,
qu'on appelle d'élection, qui l'un & l'autre doivent être d'ancienne nobleſſe, du même canton, & poſſéder un de ces biens, auxquels eſt attaché
le droit de ſuffrage. Ces députés élus ſe rendent au jour, fixé par le même directeur, dans la maiſon des Etats à Zelle, où ſe rendent auſſi les
huit conſeillers provinciaux, qui, préſidés du même directeur, font, avec
les députés, l'élection dont il s'agit. Celui, ſur lequel eſt tombé le choix,
eſt enſuite préſenté au ſouverain, qui, s'il le juge à propos, accorde la
ratification ſur ce néceſſaire. La nobleſſe concourt de façon ſemblable, lorſqu'il eſt queſtion d'élire un conſeiller du tréſor; on le choiſit dans le corps

de cette même noblesse ; mais, attendu que les députés ne font qu'au nombre de huit, tandis que la compagnie, qui forme le conseil de la province, est composée de neuf membres sur le pied complet, le conseiller survivant du trésor se joint aux huit députés, pour donner la neuvieme voix. Arrivant le cas qu'il meure un député ordinaire de la noblesse, il est remplacé par une autre personne de qualité du même canton, dans lequel vaque la place. Tous les corps, qui composent le college provincial, font alors choix de deux sujets capables, dont le canton en adopte un, qui ensuite est présenté au roi, pour être admis dans sa charge. Le conseil provincial choisit concurremment avec les deux conseillers du trésor, soit le secrétaire du trésor, soit le receveur-général ; mais la premiere de ces deux compagnies nomme seule le syndic de la province, & tous les autres employés d'une moindre importance, dont les fonctions néanmoins intéressent le public.

Les dietes se tiennent deux fois par année, & font indiquées par le souverain. La tenue s'en faisoit à Hœfering, bailliage de Bodenteiche, jusqu'en 1652 ; mais elles furent transférées à cette époque dans la maison des Etats, qui se trouve dans la ville de Zelle ; ceux qui ont droit d'y assister, font : les conseillers de la province & ceux du trésor ; les quatre députés perpétuels de la noblesse, dont les deux plus anciens seuls y ont droit de suffrages ; ceux des évêchés de Bardewick & de Ramelsloh, & ceux des villes de Lunebourg, d'Ulzen & de Zelle. Les volontés du roi y font indiquées par un de ses ministres, auquel les Etats ne répondent que par l'organe de leur syndic.

Il se trouve dans cette principauté près de 200 paroisses luthériennes, qui toutes font divisées en quinze surintendances, & celles-ci en deux autres générales. La ville de Lunebourg, où il y a une académie pour des gens de qualité, contient quatre paroisses soumises à une surintendance particuliere. Les deux églises, que l'on voit à Zelle, font à l'usage de deux communautés, l'une allemande, l'autre françoise, qui professent la religion réformée. Plusieurs villes de la principauté font pourvues de bonnes écoles latines.

Les manufactures & les fabriques, qui ont le plus de réputation, font celles de toiles, de rubans, de bas & de chapeaux. La ville de Zelle a acquis quelque célébrité par les ouvrages en or & en argent, que l'étranger recherche, & celle de Haarbourg par sa blancherie de cire & par ses fabriques d'amidon & de sucre. Les productions du pays, qu'on exporte le plus, consistent en blés, en sarrasin, légumes, houblons, lin, chevaux, bêtes à cornes, & principalement en veaux gras, dont le seul bailliage de Winsen sur la Lühe fait un commerce avec la ville de Hambourg d'environ 6000 écus par an. L'on en exporte aussi des mâts, du bois à différens usages, de grands & de moindres bateaux, de la volaille, de la laine, de la cire tant crue que blanchie, du miel, du sel, du sucre, du fil, des toiles de toutes qualités, des bas, des draps, des ouvrages en or & en argent, &c. La grande quantité de voitures chargées de marchandiſes, qui dirigent leur route vers Hambourg, Lubeck & Altona, procurent encore pluſieurs moyens de ſuſtentation aux habitans de ce pays.

Cette principauté dérive des biens héréditaires, que poſſédoit le comte Billung, dont le fils, nommé Hermann, fut créé duc de Saxe par l'empereur Otton I. Le duc *Magnus*, dernier de ſa race, étant mort ſans laiſſer d'héritier mâle, Wulfhild, ſa fille, porta ſes biens au duc Henri de Baviere en mariage, d'où ils paſſerent à ſa poſtérité, ainſi qu'il a été obſervé dans la deſcription générale des pays que poſſede la maiſon électorale de Brunſvick-Lunebourg.

Le roi de la Grande-Bretagne a, comme propriétaire de cette principauté, ſéance & ſuffrage non-ſeulement dans le college des princes de l'empire, mais auſſi dans les aſſemblées circulaires de la Baſſe-Saxe. La taxe matriculaire, qu'il eſt chargé d'acquitter en cette qualité, conſiſte à fournir 20 cavaliers & 120 fantaſſins, ou à payer 720 florins en argent.

Les ducs de Lunebourg établirent à leur cour différentes grandes charges héréditaires, dont ils inveſtirent des familles nobles du pays; celle de grand-maréchal fut donnée à la maiſon de Meding; celle d'intendant des cuiſines & d'échanſon à la famille de Vehren, & celle de grand-tréſorier aux nobles de Kneſebeck. Ces mêmes ducs établirent auſſi une grande charge, appellée *Erbpœtkeramt*, qu'ils conférerent à la maiſon de Spœrken, charge qui probablement eſt celle de *gourmet* (*officium præguſlatoris.*)

La ville de Zelle eſt le ſiege de la juſtice de la chancellerie (*Juſtiz-Kanzley*) & celui du tribunal de la cour de toute la principauté. Le pays eſt en droit de préſenter deux aſſeſſeurs à ce tribunal, dont le choix dépend purement du conſeil provincial ; elle a le droit auſſi de préſenter deux membres du ſiege ſupérieur des appellations, dont l'un de qualité & l'autre de condition bourgeoiſe. Leur élection ſe fait enſuite à la pluralité des voix lors de la tenue des dietes, auxquelles les conſeillers de la province & ceux du tréſor ont chacun une voix, & les députés de la nobleſſe, ainſi que ceux des abbayes & des villes, auſſi une voix par chaque claſſe.

Les revenus, que le prince touche des 39 bailliages & prévôtés bailliageres, qui lui appartiennent, de même que ceux, que lui produiſent les droits régaliens, doivent former des ſommes conſidérables, puiſque dans le nombre des bailliages il en eſt, qui rapportent 14,000, 15,500 & même 27,000 rixdales. Les péages établis ſur l'Elbe ſont auſſi avantageux que les objets de recette, dont il vient d'être parlé; ils le ſont plus peut-être. La province eſt chargée du recouvrement 1°. des contributions, qui ſe payent tous les mois : elles ſont accordées au ſouverain dans les dietes qui ſe tiennent deux fois l'année, & ſe montent par chaque mois à plus de 20,000 rixdales. La ville de Lunebourg eſt tenue d'en acquitter ſeule la ſeizieme partie. 2°. Un impôt nommé *Licent;* il n'eſt perçu que ſur ceux qui habitent dans les villes, & la conceſſion s'en fait également de ſix mois en ſix mois; les prélats & le corps de la nobleſſe en ſont exempts. 3°. Un autre impôt, appellé *Schatz*, auquel les dettes nationales ont donné lieu; la perception s'en fait ſur le bétail, ſur la biere, ſur le vin & ſur l'eau-de-vie, & il produit par an 40 à 50,000 rixdales. Les frais de légations ſont un ſujet de dépenſe, auquel la province eſt obligée de contribuer. La recette de ces divers impôts ſe fait par des receveurs ſous l'inſpection de commiſſaires, qui les uns & les autres ſont nommés à leurs charges par le conſeil provincial.

Il ſe trouve dans cette principauté des villes, des abbayes, des couvents, des bailliages royaux, des prévôtés bailliageres & des juriſdictions particulieres nobles. Nous ne parlerons ici que des grandes villes, qui ont voix & ſéance aux dietes.

Lunebourg, capitale de la principauté, ſituée ſur la riviere d'Elmenau ou Ilmenau, qui eſt navigable & traverſe une partie de la ville. Elle a un demi-mille de circuit, & eſt entourée de foſſés, de remparts & de murailles flanquées de tours. Les maiſons, qu'elle contient, peuvent être au nombre de 1300, & ſes habitans à celui de 8 à 9000. Il y a quatre paroiſſes, qui ſont celle de ſaint Jean, à laquelle eſt attaché le ſurintendant, & de laquelle dépend une école latine compoſée de cinq claſſes; celle de ſaint Nicolas; celle de ſaint Lambert, appellée auſſi *Sülzkirche*, & celle de ſaint Michel, de laquelle il ſera parlé par la ſuite. Il y eut autrefois un couvent de Minimes attenant à l'égliſe de la Vierge; les bâtimens, qui en faiſoient partie, ſervent aujourd'hui d'arſenal & de bibliotheque, appartenant l'un à la ville & l'autre aux magiſtrats; il y a auſſi, ſur le même emplacement, une maiſon de force très-ſolide; l'époque de ſa conſtruction remonte à 1676. L'hôpital du ſaint Eſprit, celui ſitué au canton dit *zum Grahl*, ont chacun une égliſe. Il en eſt un autre, appellé cour de ſaint Nicolas, près de Bardewick, peu diſtant de cette ville. Le château du ſouverain fait face à la place du grand marché, de même que la maiſon de ville. Le premier fut réparé & rendu d'un aſpect plus riant en 1763, pour ſervir de demeure au prince héréditaire de Brunswick. L'ancien couvent des Prémontrés, appellé *Heiligenthal*, adoſſé à une montagne nommée de même, fut ſupprimé en 1530; les biens, qui en dépendirent, furent partagés de façon entre le ſouverain & la ville, que ceux ſitués hors de ſon enceinte échurent au premier, & que la ville fut miſe en poſſeſſion des autres. L'ancienne égliſe de ce couvent ſert aujourd'hui de magaſin à ſel. La porte, dite *Sülzthor*, fut arrangée de telle ſorte en 1753, que par la conſtruction de quelques appartemens on put y établir un amphithéâtre d'anatomie. Le couvent de ſaint Michel n'occupe plus la place ſur le Kalkberg, où Hermann, duc de Saxe, le fit conſtruire en 955; il fut bâti en 1373 dans un lieu attenant à cette montagne, où il eſt demeuré juſqu'à nos jours; les moines, qui l'habitoient autrefois, furent des Bénédictins, qui, pour y entrer, étoient obligés de faire preuve d'une ancienne noblesse. Ils quitterent la religion catholique romaine en 1532 pour embrasser la doctrine de Luther, & quant au couvent, le duc Christian Louis le supprima en 1655 du consentement de la noblesse, & en fit une académie de gentilshommes, à laquelle il joignit un gymnase en 1660, qui en fut retranché par la suite. Un intendant de la province, créé en 1655, prit la place de l'ancien abbé de ce couvent; il eut postérieurement le titre de directeur provincial, & est encore qualifié ainsi actuellement. Lorsque cette importante place devient vacante, le conseil provincial a coutume de présenter au souverain deux ou trois sujets capables tirés du corps de la noblesse; celui-ci en choisit un, & le revêtant de l'autorité nécessaire l'envoie en possession de sa nouvelle charge. Ce directeur réside dans la maison abbatiale, & est, à l'instar de l'ancien abbé, le premier état de la principauté; il préside dans le college & a rang après les conseillers provinciaux; s'il est question d'accorder des lettres d'investiture, il y prend pour titre : *Par la grace de Dieu, directeur provincial & seigneur de la maison de saint Michel de Lunebourg.* Il est chargé de l'inspection supérieure de l'académie de la noblesse, dans laquelle les jeunes gentilshommes de la principauté sont entretenus & instruits gratis, & les étrangers à prix d'argent. L'instruction qu'ils y reçoivent, leur est donnée par trois professeurs, l'un desquels est en même-temps chargé de l'inspection ordinaire; ils y apprennent la langue françoise, à faire des armes, à danser & à monter à cheval, & occupent un bâtiment spacieux construit en pierres en 1711. Cette instruction est tellement recherchée, qu'on a déjà vu des comtes & des princes venir grossir le nombre des éleves. Celui qui est chargé des affaires de la campagne, *ruralium Magister,* l'est en même-temps de la sous-inspection de l'académie, & de l'administration de la cuisine, de la cave & des biens dépendans du couvent; il tient la place de l'ancien procureur ou trésorier, *camerarius.* Cet office ne fut créé qu'en 1559, & rendu stable en 1655. En cas de mort de celui qui en est pourvu, le conseil provincial choisit un sujet capable dans le corps de la noblesse, le présente au souverain qui le reçoit, & lui accorde les lettres de confirmation nécessaires. L'église du couvent de saint Michel, dans le milieu de laquelle est l'ancien caveau des ducs, est desservie par un curé particulier, & par un diacre; on voit, sur le maître-autel, cette fameuse table, couverte ci-devant de lames d'or le plus fin de l'Arabie, & parsemée de quantité de pierres précieuses, qu'un filou, nommé Nickel List, fut dépouiller en 1698, au point qu'il ne reste plus que très-peu d'or, & plus aucun de ces joyaux, qui en faisoient le principal ornement. Il dépend de ce couvent une école latine de quatre classes, l'hôpital de saint Benoît avec sa chapelle, plusieurs autres églises de campagne, & grand nombre de biens-fonds épars, qui, par cette raison, ne peuvent être représentés sur la carte de cette principauté, & forment néanmoins un bailliage particulier. L'endroit le plus remarquable de ceux qui lui appartiennent, est *Grünhagen* fur l'Elmenau ; il est peu éloigné de Bienenbuttel, & contient un bien noble possédé en franc-aleu ; les anciens abbés en faisoient ordinairement le lieu de leur demeure. Quoique le couvent de saint Michel soit dans l'enceinte de la ville de Lunebourg, il n'est point soumis cependant à sa jurisdiction. La bourgeoisie de cette ville se divise en quatre classes, 1°. celle des familles patriciennes, qui jouissent, même hors de la ville, des prérogatives de la noblesse ; la plupart possedent des biens nobles, & tous ne se marient qu'avec les précautions les plus grandes, pour ne point se mésallier ; 2°. les brasseurs ; 3°. les négocians, les marchands, nommés dans le pays *Kagelbrüder*, & qui admettent aussi dans leur classe les commissionaires qui se chargent d'entrepôts ; 4°. les gens de métiers & autres personnes de ce genre, dans le nombre desquels sont compris aussi ceux des marchands & commissionnaires, qui ne se sont point faits recevoir dans la tribu des *Kagelbrüder* de la troisieme classe. Dans cette énumération ne sont point compris ceux employés à la fabrication du sel, les bateliers & les journaliers, dont la quantité est assez considérable. On élit les magistrats depuis 1639, moitié parmi les familles patriciennes, & moitié parmi les gens de lettres ; ils ont haute & basse justice, & leur ressort s'étend sur toutes sortes de matieres. La partie de la ville, appellée *Sülze*, forme une sorte de ville séparée de celle de Lunebourg, en ce qu'elle est entourée de murs, & qu'elle a des magistrats particuliers ; elle n'est composée que de cinquante quatre maisons basses & bâties en terre, dans chacune desquelles il y a quatre chaudieres de plomb, qu'il faut refondre chaque mois, & qui servent à y cuire la muire, & à l'y laisser évaporer. Ce sont ces parties subtiles, qui s'évaporent, qui forment le sel. Il y a quatre sources abondantes d'eau saumâtre au bas de la Sülze, trois dans les fossés de la ville à peu de distance du Kalkberg, & une autre tout près de l'endroit, où étoit bâti autrefois le couvent des Minorites. Les eaux des unes & des autres de ces sources sont conduites, par le moyen des tuyaux, dans un réservoir pratiqué dans ledit endroit, nommé *Sülze*, d'où elles sont puisées & partagées dans toutes ces maisons. Le sel, qui en provient, appartient à ceux qui sont maîtres des chaudieres, ou qui y ont part, soit propriétairement, soit en vertu d'un bail ; on les nomme maitres sauniers, *Sülfmeister*. Ces chaudieres ne sont guere possédées que par les patriciens.

Les cinquante-quatre maisons, dont il a été parlé, forment un pareil nombre de sauneries, qui contiennent 216 chaudieres. On y travailloit ci-devant tous les jours. Chaque saunerie étoit estimée communément à 40,000 rixdales, ce qui feroit, pour les cinquante-quatre, un capital de deux millions de rixdales ; mais elles ont diminué de prix depuis cette évaluation. En 1776 il n'y en eut plus que trente quatre d'employées, faute de débit. La cinquieme partie de toutes ces salines appartient propriétairement au souverain, comme étant aux droits des couvents, qui ont embrassé la religion
luthérienne.

LUNEBOURG.

LUNEBOURG.

luthérienne. Cette partie est administrée pour son compte en particulier. La ville de Lunebourg est tenue d'acquitter, à la chambre des finances du roi, une somme de près de 6000 rixdales pour les impôts & les péages sur le sel. Il fut un temps que la consommation du sel étoit plus forte, qu'elle ne l'est aujourd'hui ; il se fabriquoit alors, & on vendoit au-delà de 30,000 muids de sel chaque année, ce qui fait 120,000 tonnes ; mais ce genre de commerce a diminué considérablement depuis. Le conseil provincial, curieux de savoir les propriétés du sel qui se fabrique dans cette ville, & quelle comparaison il y avoit à faire à celui de Halle dans le duché de Magdebourg, à celui d'Allendorf, de Frankenhausen & de Bergue, les physiciens de la ville firent, par son ordre, l'analyse des uns & des autres en 1735, & trouverent, que celui de Lunebourg est préférable en ce qu'il emplit mieux le boisseau, qu'il est le plus blanc, & que sec une fois il ne prend point sitôt l'humidité que les autres, que d'ailleurs il a plus de mordacité, & est plus favorable à la santé.

L'on tire de la pierre à chaux des roches de Schildstein & de Kalkberg, situées au couchant de Lunebourg. Cette ville étoit autrefois monétaire ; il en sortoit des pieces d'or & d'argent ; mais elle ne bat plus que des monnoies de peu de valeur, dont il en faut 36 pour un gros de Misnie. On en exporte du sel, de la chaux, de la biere, de la toile, de la ratine, &c. Il y arrive aussi des marchandises de toute l'Allemagne, pour être conduite par l'Elmenau à Hambourg, & par chariots à Lubeck ; celles qui en reviennent par contre, s'envoient facilement à leur destination. L'entrepôt s'en fait dans les bâtimens élevés exprès sur les rives de l'Elmenau. Toute la partie, qui intéresse le commerce, est confiée aux soins d'un certain nombre de personnes, qui forment entr'eux un corps particulier de négocians.

Le Kalkberg est situé au couchant de Lunebourg, peu loin de la porte neuve. Il occupe la fausse braie de cette ville, de laquelle il est séparé. Ce Kalkberg est une grande roche escarpée, dont le côté opposé à la ville fournit des pierres à chaux. Il s'y trouve de profondes cavernes dans de certaines parties, & son pourtour forme des terrasses dans d'autres. Un ouvrage à couronne, dont les extrémités aboutissent au rempart, défend cette roche du côté de la ville ; un autre à cornes en rend l'approche difficile par derriere, tandis que le sommet, taillé en platte-forme, est revêtu d'un parapet garni de canons. La maison du commandant, l'église & les casernes sont bâties sur une grande terrasse, qui fait face à la ville.

La mention la plus reculée, qui soit faite de la ville de Lunebourg, remonte à l'année 795, temps auquel les Saxons tuerent Wizzan de Luine, roi des Obotrites. Les salines y étoient déjà en état de rapport en 906 ; mais quant au nom de Lunebourg, il est rapporté pour la premiere fois dans un diplome de l'empereur Otton-le-grand, daté de 957, par lequel ce prince accorda au couvent de Saint Michel un péage sur les sels qui

Tome XXIV. Gg

fortiroient de la partie de cette ville, appellée *Sülze*. Il y a toute apparence que ses plus anciens habitans furent des Venedes, & que la ville fut composée de différens villages, puisqu'une partie de la ville porte encore aujourd'hui le nom de village des Venedes, *Wendische Dœrp*, & une autre celui de *Modestœrpe* ou *Modesdorf*. Les ducs de Saxe de la maison de Billung fonderent le couvent de Saint Michel sur le Kalberg, dont il vient d'être parlé. Cette ville méritoit déjà quelqu'attention en 1073, temps auquel elle fut surprise, ainsi que le Kalkberg, par l'empereur Henri IV. Elle fut prise une seconde fois en 1138 par Albert margrave de Brandebourg, dont le séjour y fut court par la raison que Gertrude, mere du duc Henri-le-lion, s'en rendit maîtresse peu de temps après. Le duc Guillaume étant mort, la ville reconnut d'abord la domination du duc Magnus, auquel elle avoit prêté serment de fidélité du vivant même du premier; mais elle rompit ses engagemens par ordre de l'empereur, & se soumit à Albert, duc de Saxe. Las sans doute de subir son joug, les bourgeois se saisirent par ruse des fortifications de la ville en 1371, & en acquirent la propriété en 1442, en les achetant à prix d'argent des ducs Guillaume-Frédéric & Otton. Les Suédois mirent le siege devant cette ville en 1636, qui toutefois ne fut pas long; elle se rendit presqu'aussitôt, & son exemple fut suivi par le fort du Kalkberg. Ils ne s'y maintinrent que l'espace d'une année; le duc George de Lunebourg s'empara de l'un & de l'autre en 1637, & en 1651 la ville se désista de tous les droits qu'elle pouvoit y avoir, en faveur du duc Christian Louis, qui la rendit plus redoutable en augmentant les fortifications.

Ulzen, ville sur l'Elmenau, qui se partageant en deux bras en fait une espece d'isle. Cette riviere se forme en cet endroit de 11 coulans d'eaux, qui s'y réunissent, & d'où il paroît qu'elle a pris son nom. Elle étoit anciennement navigable dès sa naissance; ce qui le prouve, est que les Anglois commerçoient avec cette ville, & que leurs bateaux arrivoient à un port, qui y subsiste encore; ce qui le prouve encore, est un bateau de cuivre doré, dont les marchands de la même nation ont fait présent, & qui se trouve exposé à la vue du public dans l'église principale de cette ville. Ulzen contient 329 maisons, dont 304 des particuliers, les autres occupées par des nobles, des prédicateurs, des employés aux écoles & autres personnes privilégiées. Le magistrat y exerce la haute & basse justice; le roi régla leur façon de procéder par une ordonnance, qu'il rendit en 1750, temps auquel il supprima la jurisdiction du prévôt de la ville. Le prédicateur en chef est chargé de la direction de l'église principale, qui est celle de la Vierge; il est, en même-temps, prévôt & surintendant, dont l'autorité s'étend sur 17 églises. Les hôpitaux y sont au nombre de trois, en y comprenant celui situé hors de la porte de Lunebourg, à deux desquels sont attachées des églises. Il y a encore une autre église, mais hors de l'enceinte de la ville; elle est placée devant la porte, qu'on nomme

LUNEBOURG.

Gudesthor. L'école latine, qui a 4 régens, occupe un bâtiment, dans lequel le duc Ernefte, dit le confeffeur, prit naiffance. Attenant à l'églife de la Vierge, l'on voit un édifice, appellé *Herrenhof*, dans lequel ont réfidé autrefois des princes; les commandans de la garnifon y demeurerent poftérieurement; mais, changeant de deftination, il n'eft plus aujourd'hui que la maifon d'un particulier. La contrée, qui entoure cette ville, eft renommée par le beau lin, qu'on y cultive, & par la qualité de toiles, qu'on y tiffe. Les habitans de cette ville trouverent autrefois des moyens abondans de fuftentation dans leur commerce de lin, de toiles, de laine & de cire; leurs brafferies, les eaux-de-vie, qu'ils faifoient, & le paffage continuel des rouliers & des marchands, leur étoient auffi d'un grand fecours; mais la plupart de ces reffources ne fubfiftent plus; ils ne fe foutiennent plus guere que par l'exportation, qu'ils font d'une grande quantité de farines. Cette ville portoit le nom de *Lœwenwold* dans des temps reculés, & dut fon exiftence à l'empereur Otton I. Il fera dit à l'article d'*Oldenftadt*, village paroiffial de cette principauté, comment elle le changea par la fuite. Le duc Otton I lui accorda les droits de ville en 1247, tels que les eut celle de Lunebourg. Les bourgeois de ce lieu jouiffant de l'exemption des péages établis à Lunebourg, les ducs Jean & Albert de Saxe l'octroyerent auffi à ceux d'Ulzen fur la réquifition que leur en fit le duc Albert de Brunfwick-Lunebourg en 1268. Günzel, comte de Schwerin, avoit à prétendre quelques droits & prérogatives dans la ville d'Ulzen; il s'en deffaifit en 1269, en faveur du duc Jean de Lunebourg, qui l'année d'après augmenta le nombre des priviléges, dont elle avoit joui jufqu'alors. Elle entra dans l'alliance des villes anféatiques en 1451. Les Suédois la molefterent en 1635 par les contributions énormes, qu'ils en extorquerent, & par furcroît de malheur elle effuya un incendie 11 années après, qui n'en épargna que la moindre partie.

Zelle, ville fortifiée & bien bâtie, qu'arrofe la riviere d'Aller, qui eft navigable, & qui reçoit celle de Fuhfe. Elle eft compofée de 564 maifons, en y comprenant celles du fauxbourg de *Fritzenwiefe*, qui en fait une partie particuliere; fi l'on y ajoute celles des autres faubourgs, & celles conftruites hors des portes & dans les jardins, le nombre peut en être porté à 1400. Cette ville eft le fiege du tribunal des appellations de tous les Etats de la maifon électorale de Brunfwick-Lunebourg, celui de la juftice de la chancellerie, & celui du confeil fupérieur; tous ces corps tiennent leurs affemblées dans la partie de la maifon des Etats provinciaux, dans laquelle eft établie la chancellerie. La ville de Zelle eft encore le fiege de la grand'prévôté, de la châtellenie, d'une des deux furintendances générales & d'une furintendance particuliere, que le furintendant général, prédicateur de l'églife paroiffiale, aide à adminiftrer. Les autres bâtimens publics font: la maifon de ville, le manege, fes écuries du prince & l'arfenal. Le magiftrat a la baffe juftice dans la ville & dans de certaines parties des faux-

bourgs ; il participe, en quelque façon, à l'exercice de la justice criminelle,
en ce qu'il fait constituer les délinquans prisonniers, lorsqu'ils sont dans
l'enceinte de la ville, qui les interroge sommairement, assisté par des commissaires au procès-verbal de torture, & que le bourguemaître régent présente la sentence de mort au châtelain, chargé de l'instruction du procès,
après que le magistrat l'a reçue avec le surplus de la procédure des officiers de justice de la chancellerie. Ce même corps administre aussi les affaires de police dans la ville, conjointement avec le commissaire, qui en
est particuliérement chargé. Les habitans s'y entretiennent principalement
du grand passage des marchandises & du grand commerce de grains, qui
se fait avec le duché de Brême, commerce que la riviere d'Aller favorise
singuliérement. Le tribunal des appellations y attire d'ailleurs une foule de
plaideurs, qui est encore d'une grande ressource. Il y a outre cela des artistes & des manufacturiers de toutes especes ; ceux des premiers, qui y
ont le plus de réputation, sont les ouvriers en or & en argent ; leurs ouvrages sont recherchés & exportés au loin à l'étranger. L'on voit près de
la ville un château entouré d'un rempart & d'un large fossé plein d'eau ; les
princes de Brunswick-Lunebourg de la branche de Zelle, éteinte en 1715, y
faisoient anciennement leur demeure. Il fut bâti en 1485 par le duc Henri,
& beaucoup amélioré par la suite. La ville, c'est-à-dire, Nouveau-Zelle,
n'a commencé à exister que sur la fin du treizieme siecle ; la chronique,
conservée à la maison de ville, en fixe l'origine en 1292 ; mais quoiqu'il
en soit, elle obtint du duc Otton en l'année 1300, les mêmes droits de ville,
dont jouissoit celle de Brunswick, droits, qui furent entiérement renouvellés
en 1447. Les François s'emparerent en 1757 du faubourg de *Fritzenwiese*
& le réduisirent en cendres.

Les choses qui, dans les faubourgs de Zelle, peuvent être dignes de remarque, sont la maison de force, l'église de la nouvelle ville, celle des réformés,
les écuries & le jardin du roi hors de la porte dite *Wester-Zellerthor*, l'hôpital de saint George, l'hôtel des invalides, l'église appellée *Blumlagerkirche*,
le grand & le petit jardin du roi situés hors de la vieille porte de Zelle,
l'hôpital de sainte Anne & la maison des orphelins hors de la porte nommée *Hehlenthor*.

La grande-prévôté de Zelle, ou le bailliage de Zelle, de même que les
douze prévôtés bailliageres, qui en relevent, sont administrées par un grand-
prévôt (*magnus advocatus,*) qui est choisi communément parmi les conseillers du conseil provincial. Ce grand-prévôt reçoit ses ordres directement
du souverain, auquel il présente aussi immédiatement les prévôts bailliagers
& autres officiers de moindre grade, qui, après avoir prêté serment à la
chambre électorale, en reçoivent leurs brevets intitulés au nom du souverain. En les admettant au serment, on indique aux uns & aux autres le
respect qu'ils doivent avoir pour les ordres de leur chef en affaires, qui concernent son ministere. Dans le cas qu'il soit fait de nouveaux réglemens

en matiere de finances, foit pour tout le pays en général, foit pour le bailliage de Zelle feulement, ces réglemens, en tant qu'ils intéreffent ce bailliage, font adreffés au grand-prévôt par un refcrit du fouverain même, pour y être rendus publics. Il eft chargé auffi de veiller à l'exécution des baux des moulins, des dixmes, des bergeries, &c. à l'entretien des bâtimens du prince, dont il ordonne les réparations de fon chef, lorfqu'elles n'excedent point la fomme de cent rixdales; l'infpection fupérieure des forêts & celle des moulins eft de fon reffort; il peut faire des remifes en affaire de finances jufqu'à la portée de quarante rixdales, lorfqu'elles font requifes, & ainfi du refte. C'eft lui qui audience les comptes des prévôts bailliagers, ainfi que tous ceux qui dans l'étendue de fon bailliage font chargés de quelque recette; & après les avoir arrêtés, il les fait paffer à la chambre des comptes. Quant aux affaires contentieufes, il eft libre aux parties de fe pourvoir directement par-devant le grand-prévôt ou par-devant le prévôt bailliager, dans la jurifdiction duquel demeure le défendeur, ou dans laquelle fe trouve la chofe conteftée; celui-ci alors vérifie l'objet, qui a donné lieu à la caufe, & après avoir entendu les parties pour & contre, ftatue juridiquement fur la demande, ou leve la difficulté par quelque tempérament amiable. Il eft libre au grand-prévôt d'examiner les regiftres d'audience du prévôt bailliager, & de confirmer ou d'infirmer fes fentences. Celle des parties, qui croit fes intérêts léfés, peut fe pourvoir par appel, foit à la chancellerie, foit au confeil fupérieur, fi l'objet contefté excede la fomme de vingt flor. valeur de Lubeck. Les matieres criminelles ne concernent le grand-prévôt qu'autant que les délits font de peu de conféquence. Ceux qui font chargés de quelque emploi de la cour, foit dans les écuries, foit relativement à la chaffe, ou aux forêts, les prévôts bailliagers même font fujets à fa jurifdiction en premiere inftance. Ce même grand-prévôt affifte, s'il le juge à propos, aux plaids annaux, qui fe tiennent dans ces prévôtés, & il en a même la direction, lorfqu'il s'y trouve préfent.

LUSACE, *Province d'Allemagne.*

LA Luface, qui s'étend du nord-oueft vers le fud-eft, eft bornée au levant par la Siléfie, au midi par la Bohême, au couchant par la Mifnie & au nord par la Marche de Brandebourg. Son étendue eft d'environ 180 lieues géographiques quarrées, fans toutefois y comprendre la partie, qui dépend du marquifat de Brandebourg, & qui contient environ 20 lieues géographiques quarrées. Suivant l'opinion d'Abraham Frentzel, le nom efclavon *Luzice* ou *Laufitz* doit fignifier un pays rempli de forêts & d'eau.

Le bas marquifat porta le premier ce nom , & en a joui exclufivement pendant 350 ans, c'eft-à-dire jufqu'au milieu du quinzieme fiecle ; ce fut alors que le haut marquifat fut appellé du même nom , ayant jufque-là porté celui de la Marche ou du pays de Budiffin & de Gœrlitz, & quelquefois celui de neuf cantons & villes. Le premier diplome , dans lequel fe trouve le nom de Haute-Luface, fe date de 1466 ; cependant la derniere des deux autres dénominations étoit encore ufitée dans le même temps, comme on peut s'en convaincre par d'autres chartes. Sous le regne du roi Matthias un noble de Stein alors préfet du pays , prenoit, dans les actes publics, le titre de préfet des deux Lufaces & les autres fuivirent fon exemple.

La Haute-Luface eft plus montueufe & plus faine que la baffe, où il y a beaucoup de marais & de bourbiers. Celle-ci par contre a de meilleures forêts & en plus grand nombre que la premiere, dont les contrées graffes manquent ordinairement de bois ; cependant les autres cantons en ont en quantité fuffifante & même en abondance dans les landes. On trouve auffi des *tourbes* dans le cercle de Gœrlitz comme à Tauchritz, dans le territoire du chapitre de Joachim-Stein , qui produit la meilleure, à Kieflingfwalda, à un mille & demi de Lauban, à Heyerfdorf, dans les landes de Muskai, dans le territoire de la ville de Zittau, près de Neukretfcham & de Schreiderfdorf. Dans les contrées montagneufes de la Haute-Luface, fur les confins de la Boheme & de la Siléfie, l'agriculture n'eft guere en vogue. Les landes fur les confins de la Baffe-Luface & fur ceux de la Siléfie ont un terrein ingrat & ftérile, mais riche en gibier. La plaine eft en partie feche, en partie humide, fur-tout au centre de la Haute-Luface, où elle eft graffe & d'un très-grand rapport. La baffe eft un mélange de bruyere & de contrées fertiles. On cultive dans les deux marquifats du feigle , du froment, de l'orge, de l'avoine, du blé farrafin ainfi que des pois, des lentilles, des feves & du millet. On y a auffi de la graine de grémil, communément dite manne. La culture du lin y eft affez bonne. La Baffe-Luface l'emporte fur la haute en tabac, houblon, fruits, légumes & en vignobles, qui donnent des vins rouges & blancs, quoiqu'en petite quantité ; celui de Guben eft le meilleur. Mais ces productions ne fuffifent pas à l'entretien des habitans, qui font obligés d'y fuppléer chez l'étranger. Il s'eft établi dans la Haute-Luface une fociété économique, dont l'objet principal eft la culture des abeilles. La tenue des beftiaux eft très-confidérable, le gibier n'y manque pas, & les rivieres, les lacs & les étangs fourniffent toutes fortes de poiffons. Par-ci par-là on trouve une terre argileufe blanche, grife & rougeâtre, dont on fe fert pour faire des pipes & toutes fortes d'ouvrages de poterie. Il y a auffi des carrieres. Des diamans femblables à ceux de Boheme fe trouvent fur les montagnes de Lœbau & de Kœnigshayn ; & dans les contrées de Lauban on découvre de temps en temps des agathes & des jafpes. Près de Muska il y a une mine d'alun, dans le village de Grofmehre en Baffe-Luface du vitriol & de la couperofe. En différens endroits on trouve un minerai ferrugineux d'une affez bonne qualité, qu'on emploie à toutes fortes d'ufages. Les *fontaines minérales* de Gutfchdorf dans la feigneurie de Kœnigfbrück, celles de Lœbau, de Zittau, de Schœnberg, de Lübben & de Guben ne font pas fans mérite.

Les rivieres fuivantes prennent leurs fources en Luface : 1°. la Sprée, en langue Venede *Sprowa*, en Bohémien *Spro*, a fa fource dans le cercle de Budiffin entre les villages Eberfbach & Gerfdorf, qui appartiennent à la ville de Zittau ; elle reçoit la riviere de Schœps & fe confond avec la Havel dans la marche de Brandebourg près de Spandau. 2°. L'Elfter noire tire auffi fon origine du cercle de Budiffin ; elle reçoit près Hoyerswerda l'eau noire (*fchwarze Waffer*), & paffe dans le cercle de Mifnie. 3°. La Pulfnitz prend auffi fa fource dans le cercle de Budiffin au-deffous de la petite ville de Pulfnitz, & tombe dans l'Elfter noire près d'Elfterwerda dans le cercle de Mifnie. Je paffe fous filence d'autres rivieres moins confidérables. La Neiffe, qui prend fa fource en Boheme, traverfe principalement la Luface, où elle reçoit la Wittge, la Luba ou Lubus, avec quelques autres petites rivieres, & va fe décharger dans l'Oder au-deffous de Guben. Le Queis paffe fur la frontiere de la Luface & de la Siléfie. On y trouve de temps en temps de la nacre de perles.

On compte dans la Haute-Luface fix villes appellées villes par excellence, ou les fix villes ; feize petites (Landftædtchen) & fept bourgs ; dans la Baffe-Luface on ne compte que quatre villes, qui ont féance aux dietes provinciales ; treize petites & quatre bourgs.

Les habitans les plus anciens, dont nous ayons une connoiffance certaine, font les Semnons ou Senons, nation d'origine Sueve, qui habita la Haute-Luface, & qui par l'émigration qu'elle entreprit, fit place aux Vandales, qui à leur tour quitterent le pays au feptieme fiecle & l'abandonnerent aux Sorabes, qui étoient un peuple Efclavon. Dans le douzieme fiecle il y arriva auffi des colons des Pays-Bas & du côté du Rhin. Aujourd'hui les villes font prefqu'entierement peuplées d'Allemands ; mais dans les villages on trouve plus de Venedes que d'Allemands. Les demeures des Venedes commencent près de Lœbau & s'étendent par la Haute & Baffe-Luface, jufque dans la marche de Brandebourg. Ils confervent toujours l'habillement Venede & leur ancien langage. Leur dialecte differe non-feulement des autres langages efclavons ; mais même le dialecte de la Haute-Luface eft tout autre que celui de la baffe. Les deux dialectes different confidérablement de la langue efclavonne-venede, qui eft en ufage dans la Carniole, la Dalmatie, la Croatie, la Hongrie & dans les pays voifins. On compte environ 449 villages Venedes dans la Haute-Luface. Auffi l'idiome des habitans Allemands n'eft pas plus uniforme.

Chaque marquifat a deux fortes d'Etats, favoir, les feigneurs & les villes. Nous en parlerons à la description particuliere de chaque marquisat. Nous ne ferons ici qu'une observation générale sur la noblesse de ce pays. Quelques familles nobles descendent, à ce qu'il paroît, des anciens Esclavons. On compte ordinairement dans ce nombre toutes celles dont les noms se terminent en *itz* & *zin*. Quelques autres sont si anciennes, qu'il est très-difficile, pour ne pas dire impossible, d'en découvrir l'origine ; telles sont, par exemple, celles de Gersdorf, mais la plupart sont venues s'y établir dans des temps plus ou moins reculés, de la Boheme, de la Siléfie, de la Pologne, de la Saxe & de différens autres pays Allemands & étrangers. Un noble de la Haute-Lusace, qui achete un fief dans la basse, est aussi peu censé être étranger, qu'un noble de la Basse-Lusace est censé l'être dans la haute ; déclaration, qui a été renouvellée occasionellement par les Etats des deux marquisats en 1689 & 1690.

Ce n'est que dans le septieme siecle que les Venedes de ces contrées ont eu une teinture de la religion chrétienne ; mais ce ne fut que quelques siecles après qu'on put les réduire sous l'obéissance de l'église romaine, & la violence qu'on y employa, ne pouvoit nécessairement que les aigrir ou en faire des hypocrites. Dans le onzieme siecle on bâtit plusieurs couvens & églises pour la propagation du christianisme parmi les Venedes ; néanmoins ils n'en connurent le fond que long-temps après de même que le reste des habitans de ce pays.

Dès l'année 1521 la doctrine de Luther trouva des adhérans dans la Haute & dans la Basse-Lusace, & s'étendit peu à peu au point que cette religion devint la dominante, & l'est encore aujourd'hui. On compte dans la Haute-Lusace 40 à 50 mille Venedes protestans, qui possedent 62 églises, où le service divin se fait en langue venede. L'autre partie des Venedes, forte d'environ 8,000 ames, est catholique - romaine, & est en possession de dix églises, chapelles & oratoires. En 1722 une colonie des freres de l'unité, vint de la Boheme & de la Moravie s'établir en Haute-Lusace, & bâtit l'endroit appellé *Herrenhuth*. Depuis ce temps-là ils ne s'y sont pas seulement multipliés, mais ils ont même acquis une autorité, qui a excité l'attention de la communion luthérienne de cette province.

Le grand-sénéchal de Budissin, qui étoit pour lors un comte de Gersdorf, reçut en 1750 des lettres du roi, portant que les freres de l'unité, établis en Haute-Lusace, devoient être tolérés & protégés en qualité de chrétiens de la confession d'Ausbourg & de sujets fideles ; qu'on devoit les faire jouir des privileges & des droits à eux accordés, dans l'espérance qu'ils se conduiroient à l'avenir aussi tranquillement & décemment, qu'ils avoient fait jusqu'alors, & qu'en conséquence ils continueroient de recevoir des marques convaincantes de la faveur & protection du prince.

Plusieurs membres de cette communion possedent dans la Haute-Lusace,

des

des terres nobles très-confidérables & jouiffent, à l'inftar des autres états du pays, de la jurifdiction civile & du droit de patronage.

Les fciences font eftimées & cultivées dans les deux marquifats, qui ont produit différens favans d'une grande réputation ; cependant la Haute-Luface peut à cet égard fe glorifier de la préférence. L'ignorance groffiere commença à y difparoitre dans le treizieme fiecle, & les fciences s'y introduifirent infenfiblement avec les couvens jufqu'en 1450. Depuis cette époque jufqu'à la réformation, elles y firent de nouveaux progrès ; car plufieurs favans, qui y vinrent des pays étrangers, apporterent des livres & des connoiffances & perfectionnerent les écoles. Depuis ce temps la Haute-Luface a donné aux étrangers différens grands génies de fon pays, qui ont été employés avec diftinction, dans l'églife, dans les univerfités & même dans les cours de plufieurs princes & rois. Ce ne fut cependant qu'après la réformation, que la littérature s'y épura & s'y affermit, & depuis ce temps elle eft parvenue dans la Haute-Luface fur-tout à une fplendeur éclatante. Les écoles dans les fix villes font bien rentées & floriffantes, principalement les colleges de Gœrlitz, de Budiffin & de Zittau, qui jouiffent de la plus haute réputation. Les imprimeries, qui s'y font multipliées, ont été perfectionnées. Dans la Baffe-Luface il y a auffi quelques bonnes écoles & différentes bourfes pour ceux, qui fe vouent aux études. Car non feulement les états & les villes en ont fixé pour la nobleffe & pour la roture, mais il y a auffi des bourfes de familles; ce qui fert à encourager & à foutenir l'émulation des jeunes gens pour les études, & leur donne occafion de fe rendre utiles à la patrie.

La Luface fans les manufactures ne pourroit jamais nourrir fes habitans ; mais fes nombreufes & belles fabriques de laines & de toiles leur fourniffent un moyen beaucoup plus que fuffifant pour fubfifter. Elles fleuriffent fur-tout dans la Haute-Luface. Les manufactures en drap font les plus anciennes, ayant été en vigueur dès le treizieme fiecle dans plufieurs villes, qui leur dûrent leur bien-être. La feule ville de Gœrlitz par fon commerce tiroit autrefois plus d'une tonne d'or par année de fes voifins; mais l'importation de fes draps dans les pays de Brandebourg & d'Autriche ayant été défendue, les manufactures de la Luface font confidérablement déchues: au refte les draps de ce pays font de différente qualité, & les meilleures ne le cedent guere à ceux d'Hollande. A Budiffin & dans fes environs on fabrique beaucoup de bas, de guêtres, de bonnets & de gants. Les manufactures de toiles font pareillement importantes ; les plus confidérables fe trouvent dans la Haute-Luface.

La conduite que les empereurs Ferdinand II, Ferdinand III & Léopold tinrent vis-à-vis les proteftans de la Boheme & de la Siléfie, porta un grand nombre d'entr'eux à fe retirer vers la Haute-Luface. Ils agrandirent les villages fitués fur les frontieres de ces pays, principalement ceux des montagnes, & y exercerent pour la plupart le métier de tifferand. Depuis ce temps, c'eft-à-dire depuis 1623, ce pays a pris une face toute différente, étant devenu plus peuplé & plus riche, & fes nouveaux habitans, qui fe font beaucoup multipliés, ont jeté le fondement de la grande étendue, que les manufactures de toile & le commerce eurent dans la fuite dans la Haute-Luface; on peut en rapporter l'époque principale entre les années 1660 & 1590. On fait en Luface différentes efpeces de toiles, de blanches, de grifes communes & fines, de même que du damaffé blanc & très-beau à l'ufage de la table & des lits & du treillis blanc. Mais le débit des différentes efpeces de toiles grifes & blanches ayant diminué depuis plufieurs années, & celui des toiles teintes, nappées, modelées & imprimées, étant devenu plus fréquent ; cela a donné lieu à une nouvelle branche de commerce, qui eft pouffé au plus haut point. Les teintures en noir & en couleurs fines font fubfifter auffi une grande quantité d'hommes. De plus il y a dans ce pays de très-bonnes fabriques de chapeaux, de cuir, de papier, de poudre, des forges & des verreries, des blancheries de cire & quantité d'autres arts & métiers.

Ces manufactures, principalement celles de draps & de toiles, produifent un commerce important. Il eft vrai qu'il n'eft plus fi confidérable qu'il étoit autrefois, cependant il ne laiffe pas d'être d'un grand avantage à la Luface; en ce qu'il furpaffe l'importation des laines, fils & foies, dont on a befoin pour les manufactures, & celle des marchandifes étrangeres de foie, laine, galons d'or & d'argent, des dentelles, vins, épiceries, blé, fruits frais & fecs, légumes & houblon. Le commerce des toiles a commencé en 1684.

L'établiffement des métiers & le trafic des toiles dans les villages ont fait naître entre les Etats & les villes de longues conteftations, qui même ont occafionné des commiffions dans les années 1712 & 1714. Les fix villes de la Haute-Luface alleguent, pour défendre leur caufe, les refcrits du fouverain des années 1682, 83, 84, 1704, 1706 & 1708, par lefquels le commerce en gros, fous peine de confifcation, eft défendu aux gens de la campagne, & à tous ceux qui n'ont pas fait leurs cours d'apprentiffage : mais les Etats foutiennent que la plupart de ces refcrits ont été expédiés fur les repréfentations que les négocians des fix villes firent de leur côté feulement, & que celui de 1682, fur lequel ils s'appuyent le plus, n'a jamais été publié dans le pays. Ils réclament une fentence rendue en 1674 par la chambre des appellations à Drefde, & devenue obligatoire, par laquelle cette province fut maintenue dans la poffeffion d'un libre commerce en toiles : ils alleguent encore d'autres conftitutions & argumens, qui rendent le commerce des villages néceffaire & utile, & foutiennent que le trafic en toile eft un moyen de fubfiftance commun à tous les habitans, auquel les villages auffi bien que les villes, en qualité de membres d'un même corps politique, ont droit de participer.

L'hiftoire de ces deux marquifats ne doit pas être confondue. Ce qui forme aujourd'hui la Haute-Lusace, appartenoit autrefois à la Boheme, & étoit gouverné, par conséquent, par les ducs & rois de Boheme : cependant la ville de Budissin avec le district de Nissin (qui s'étendoit alors de Nossen en Misnie, jusqu'à Budissin) appartenoit au comte de Groitsch entre le 11 & 12 siecle. Le roi Wenceslas Ottocar donna, à sa fille Béatrice, les villes de Budissin, de Gœrlitz, de Lauban & de Lœbau avec les districts en dépendans, lorsqu'elle épousa, en 1231, le margrave de Brandebourg Otton-le-pieux. Ce même margrave acquit aussi Camentz & Ruhland, à la mort de Mechtilde, épouse d'Albert II, électeur de Brandebourg, qui avoit apporté ces domaines à son mari. La ville de Zittau, avec son territoire, resta unie à la couronne de Boheme. Le premier margrave de la Basse-Lusace, Gera, fut nommé en 931 par Henri I, roi de Germanie, & confirmé par Otton-le-Grand. Jean III, margrave de Brandebourg, joignit à ses Etats une partie de la Basse-Lusace, & son frere, Waldemar I, électeur & margrave, se mit en possession du reste, & régna sur la Haute & Basse-Lusace : mais après sa mort en 1319, la Haute-Lusace se mit volontairement sous la protection de la Boheme ; & le roi Jean de Lutzelbourg en fut investi, dans la même année, par l'empereur Louis de Baviere. Ce ne fut cependant qu'en 1355, qu'elle fut pleinement incorporée au royaume de Boheme, par l'empereur Charles IV, qui, en 1370, en fit de même de la Basse-Lusace qu'il avoit achetée; mais en 1461 & 1550, on en céda quelques villes & villages à l'électeur de Brandebourg. En 1623, les marquisats de la Haute & Basse-Lusace, comme fiefs de la Boheme, furent engagés à Jean George, électeur de Saxe, pour les 72 tonnes d'or qu'il avoit employées à secourir l'empereur contre les Bohémiens. Par la paix de Prague, en 1635, on lui en fit la cession plénière & transmissible à ses héritiers, quoiqu'à titre de fiefs; & en 1636 il en prit possession. Au reste, l'empereur se réserva pour lui & ses successeurs, dans le royaume de Boheme, le titre avec les armes de la Lusace, sans néanmoins préjudicier à cette cession. L'électeur Jean George, par son testament, légua, en 1652, la Haute-Lusace à son successeur dans l'électorat & la Basse au duc Chrétien I, administrateur de l'évéché sécularisé de Mersebourg. Le roi, & électeur Frédéric Auguste III, ayant pris, en 1738, cette administration, la Basse-Lusace retourna à la maison électorale, qui, depuis ce temps, gouverne les deux marquisats, sans qu'ils soient incorporés aux anciens pays héréditaires de l'électorat, dont ils sont & demeurent séparés.

Ces marquisats different considérablement entre eux quant à leur constitution, au gouvernement & au droit de la levée des contributions. Ils se sont sur-tout opposés à une taxe proportionnelle pour le prince territorial, & les Etats de chaque marquisat se sont réservés un consentement libre. Il paroît que le rang des deux marquisats étoit douteux autrefois, mais la Haute-Lusace a depuis très-long-temps le pas sur la Basse.

Les armes du marquisat de la Haute-Lusace, sont un mur d'or, crenelé

Hh 2

& maçonné en noir, le tout en champ d'azur : l'écu porte un heaume couronné, furmonté de ce mur, avec deux ailes d'aigle de couleur d'azur. Les armes du marquifat de la Baffe-Luface, font un bœuf de gueules qui regarde la droite en champ d'argent.

Le marquifat de la Haute-Luface.

CE marquifat a des Etats de différentes efpeces, qui font les feigneurs & les villes.

I. Les feigneurs fe divifent en 1°. *Barons* (*Standesherren*) *Proceres*, *Domini*, *Majores*, en langue Bohémienne, *Koraufewny Pani Wetfy*; & qui ont leurs arriere-vaffaux & leur propre jurisdiction. Ce font les poffeffeurs des quatre baronnies Hoyerswerda, Kœnigsbruck, Mofska & Seidenberg.

2°. En prélats, qui font le doyen de Budiffin, les abbeffes de Marientern & de Marienthal, & le prieuré de Lauban. Lorfqu'en 1635 ces marquifats furent cédés entiérement à l'électeur de Saxe, celui-ci promit par la convention de Prague, de maintenir les droits & privileges des chapitres & couvens, & nommément de conferver l'exemption dont ils jouiffent pour le fpirituel de tout tribunal féculier, & de laiffer aux vifites ordinaires & générales, pleine & entiere liberté. En vertu du même traité, chaque roi de Boheme eft le protecteur des chapitres, des couvens & du clergé catholique dans les deux marquifats; mais cette protection ne s'étend que fur les objets, qui concernent le culte; car pour tout le refte ils dépendent de l'électeur. En conféquence de cet arrangement le roi de Boheme envoie des commiffaires aux élections des prévôts de Budiffin, de Marienftern & de Marienthal; & l'élection faite on requiert la confirmation dudit roi, en fa qualité de protecteur & d'avocat. L'élection d'un nouveau doyen de Budiffin eft auffi notifiée à l'électeur de Saxe, dont on requiert pareillement la confirmation, en fa qualité de feigneur territorial, & le no vel élu lui prête foi & hommage; ce qui fe fait ordinairement au grand bailliage, après quoi il fe rend perfonnellement à Drefde, pour faire à l'électeur fa très-humble foumiffion. Quelques nouveaux doyens ont cherché à prêter cet hommage pardevant le confeil intime de Drefde, & ils en ont obtenu la permiffion, mais à titre de grace fpéciale, qui ne devoit en rien préjudicier aux droits du grand bailliage. Le doyen préfide aux jugemens de fon chapitre, dont le fyndic doit toujours être de la confeffion d'Augfbourg. Les couvents de Marienftern & de Marienthal rendent hommage à l'électeur, lorfqu'il prend le gouvernement des deux marquifats, par le miniftere de leurs repréfentans appellés *prévôts*. L'abbé d'Offeg en Boheme fait la vifite de ces couvens, pour ce qui regarde le fpirituel; c'eft encore lui qui notifie l'élection canonique des abbeffes au roi de Boheme & lui demande fa confirmation. Chacun de ces couvens a la haute & baffe jurifdiction; ils ont pour agent un gentilhomme luthérien de la nobleffe de la Haute-Luface, qui eft nommé & falarié par le chapitre avec le confentement du prince territorial, & reçu publique-ment dans les dietes, pour prendre voix & féance ; il préfide à l'adminif-tration de la juftice du couvent, & jouit de différentes autres prérogatives : mais on l'en prive autant qu'on peut & on s'étudie à lui cacher les affai-res intérieures du couvent & l'état ainfi que la régie de fes biens. La prieure de Lauban eft élue par le couvent en préfence du doyen de Budiffin, fans qu'on foit obligé de demander fa confirmation au roi de Boheme. Ce même doyen vifite feul le couvent & lui choifit fes confeffeurs dans les chanoines de Budiffin. Un bailli luthérien eft chargé de l'exercice de la jurifdiction de ce couvent.

3°. En nobleffe & bourgeoifie. Cet ordre eft compofé de comtes, barons, gentilshommes & de bourgeois, poffeffeurs des biens nobles & féodaux. En 1769 on comptoit ici 21 maifons de comtes, 14 de barons & 87 fa-milles nobles. Le droit d'indigénat n'a jamais eu lieu dans la Haute-Luface : quand un étranger ou un gentilhomme de la baffe y vouloit acheter un bien noble, il n'en étoit jamais empêché ni affujetti à obtenir un confen-tement fpécial, encore moins à payer une fomme d'argent ; cependant depuis un temps immémorial, il eft tenu de fe légitimer pardevant les états, en leur préfentant fon arbre de généalogie & de fe faire recevoir publiquement dans leurs corps, avant de pouvoir paroître aux dietes ; car il a été arrêté en 1503 & 1541, de n'admettre perfonne parmi eux, qu'un chevalier en état de faire preuve de quatre quartiers, & pour ce qui re-garde la réception publique on en trouve déja un veftige dans le contrat féodal de 1619. Un roturier, qui achete un bien noble, eft obligé de pa-roître à la diete, & de promettre par un revers qu'en cas qu'il voulût la revendre, il en donnera la préférence aux Etats.

II. Les *villes-états* font les villes municipales, qu'on appelle *villes* par excellence, ou les *fix villes*, & quelquefois même villes royales & électo-rales (*Weichbildftædte.*) Voici leur rang : Budiffin, Gœrlitz, Zittau, Lau-ban, Camenz & Lœbau. Les trois premieres font appellées les *villes pré-féantes*. Ces fix villes tiennent immédiatement du prince territorial leurs privileges & libertés, qui font partie de pures faveurs, partie achetées, & partie mixtes. L'origine de leur autorité fe date du treizieme fiecle, qu'elles commencerent à fe liguer enfemble, ce que fit auffi la nobleffe contre les villes. Sous les empereurs Charles IV, Wenceflas, (de qui elles acheterent nombre de privileges) & Sigifmond, leur autorité s'agrandit au point que dans les expéditions militaires elles avoient leurs bannieres at-titrées. Néanmoins elles ont encouru deux fois la difgrace du prince terri-torial ; favoir, dans la guerre de Smalcalde, en 1547, & dans celle de 30 ans, en 1620. La premiere de ces difgraces leur coûta bien cher, & elles fe tirerent de la feconde par l'interceffion de l'électeur de Saxe. Voici les plus effentiels de leurs privileges. Elles forment le fecond ordre des

Etats de ce marquifat ; jouiffent du libre exercice de la religion & des droits qui y font attachés ; ont la libre adminiftration de leurs biens patrimoniaux , fi les bourguemeftres & échevins l'exercent de bonne foi ; elles jugent en premiere inftance , ont le droit de glaive & tirent le produit des amendes fifcales : les bourgeois & fujets ne dépendent que de leurs magiftrats municipaux , qui peuvent en exiger l'obéiffance ; elles ont la libre élection pour la magiftrature , à laquelle toutefois le préfet & le fénéchal ont ordre d'avoir l'œil ; les caves municipales ont droit de bouchon pour le vin & fous quelque reftriction pour la biere étrangere , le droit de gabelle , &c. Budiffin a le droit de faire des ftatuts & ordonnances , de les changer & d'appeller immédiatement au prince territorial. Les autres villes s'arrogent le même privilege. Outre plufieurs autres , dont elles jouiffent toutes fix , elles en prétendent encore qui leur font difputés. Ces villes font depuis long-temps en conteftation avec l'ordre des feigneurs , touchant le droit de brafferie , le commerce , les arts & métiers , & d'autres objets. Malgré les prérogatives , dont nous venons de faire mention , les fix villes ne font pas des villes libres mais municipales & princieres , ce qui paroit clairement par la formule du ferment de fidélité qu'elles font obligées de prêter. Elles tiennent leurs affemblées dans la ville de Lœbau , fur la convocation faite par celle de Budiffin.

En vertu du traité de Prague de 1534 & de la déclaration de l'empereur Ferdinand de 1544 , ces deux Etats dans les délibérations relatives aux affaires publiques forment deux fuffrages , dont le premier appartient à l'ordre des feigneurs ; le fecond aux fix villes unies. Ces deux ordres participent à toutes les délibérations & décifions relatives au bien général , & fans leurs avis & confentement , on ne peut établir aucun impôt , ni faire ou permettre aucune difpofition contraire à la conftitution du pays.

Ce marquifat eft divifé dans les cercles de Budiffin & de Gœrlitz , qui ont encore leurs diftricts particuliers. Chacun de ces cercles a les deux fortes d'Etats , dont nous venons de parler. Dans chacun d'eux les Etats des feigneurs fe divifent en grand & petit comité , & dans le refte de la nobleffe , & ce font eux qui élifent les officiers provinciaux de leur cercle fans la participation des Etats de l'autre. L'ordre des villes eft formé par les magiftrats de trois villes municipales incorporées à chacun des deux cercles , & elles envoient aux dietes leurs députés.

Les affemblées des Etats ou dietes fe divifent 1°. en ordinaires , qui fe tiennent trois fois par an dans la ville de Budiffin au nom de tout le marquifat , & fans convocation préalable. L'ouverture s'en fait le lendemain du dimanche *Oculi* , à la faint Barthelemi , qui eft le 24 août , & à la fainte Elifabeth le 19 de novembre. Ces affemblées portent auffi le nom de dietes volontaires. On y compte de même celle du lendemain des rois , qui fe tient à Gœrlitz , & pour laquelle le bureau du cercle convoque l'ordre des feigneurs par lettres-patentes circulaires. 2°. En extraordinaires, lorfque les Etats s'affemblent d'ordre du prince, foit pour délibérer fur des demandes propofées par des commiffaires, foit pour affifter à l'inftallation d'un nouveau préfet, ou bien lorfque les anciens, pour affaires graves & urgentes, demandent une diete au directoire de Budiffin & de Gœrlitz. La convocation de ces affemblées extraordinaires fe fait par lettres particulieres pour les poffeffeurs des baronnies, & par lettres-patentes pour les autres nobles poffeffionnés. Les comités des deux Etats font convoqués en cas de befoin par les anciens du cercle de Budiffin.

Les dignitaires & officiers du marquifat font élus & brevetés partie par le prince, partie par les Etats. Le préfet (*Landvogt*), qui eft le premier dignitaire du pays, eft nommé par le prince, & réfide ordinairement à Budiffin. Il y eft inftallé dans une diete convoquée pour cet effet, après avoir donné aux Etats un revers fcellé, par lequel il promet de les maintenir fidélement & fans exception dans leurs droits, patentes, privileges, poffeffions, graces, jurifdictions, immunités, & coutumes, anciennement accordés par les empereurs, rois, princes & feigneurs, & par eux acquis & exercés en temps & lieux; de veiller à la fureté du pays, des villes & des grands chemins & de pourvoir les Etats de bons fénéchaux, conformément aux avis qu'il en recevra. Ce revers eft en ufage depuis l'année 1420. Le préfet reçoit du prince une inftruction, donnée pour la premiere fois en 1561 par l'empereur Ferdinand I, & par laquelle il lui eft enjoint entr'autres de tenir au nom du feigneur les grands tribunaux, ainfi que les juftices auliques & provinciales, & de préfider à toutes les affaires litigieufes, de donner en préfence du fénéchal l'inveftiture des fiefs, d'affifter celui-ci dans l'exécution des inftructions à lui données, fans empiéter toutefois fur fes fonctions, non plus que l'autre fur les fiennes. Il donne au marquifat, du fû & de l'avis des Etats revêtus du droit d'élection, des fénéchaux pour les deux directoires de Budiffin & de Gœrlitz, & nomme auffi le juge aulique & le chancelier. Lorfque les juges abufent de leur jurifdiction, il eft autorifé d'y participer. Il eft de plus, chargé des logemens des troupes, *&c*. Depuis l'année 1737 fon alteffe royale le prince électoral a été revêtu de la préfecture, mais à la mort du roi Augufte III cette place a été conférée en 1764 à un miniftre de l'électeur. Le fénéchal (*Landeshauptmann*) eft élu & choifi par le prince dans fix fujets capables de l'ordre des barons & des nobles, que les Etats lui propofent, & cela en vertu d'un privilege par eux acquis en 1603 de l'empereur Rodolphe II, pour la fomme de 7000 écus d'Allemagne. L'objet de fon inftitution eft de lever & d'adminiftrer tous les revenus & émolumens appartenans au prince dans l'étendue du marquifat, à l'effet de quoi ce dernier lui donne un adjoint, (*Gegenhœndler*) de la claffe des nobles. Conjointement avec le préfet il régit les fix villes ainfi que les biens domaniaux du prince, & les châtellenies tant eccléfiaftiques que féculieres. Il veille auffi à ce qu'on obferve dans les villes, les ftatuts & réglemens du prince, qu'on y rende la juſtice en conſéquence. Il tient avec le préfet la main à ce que les emplois de bourguemaîtres & échevins ſoient conférés à des ſujets capables. Le procureur de la chambre (*Cammer procurator*) eſt également à la nomination du prince.

Par un décret de la diete de 1675, le grand bailli d'épée (*Ober-Amts-hauptmann*) du cercle de Budiſſin, ſuivant un uſage immémorial, eſt uniquement choiſi par le petit comité dans le corps, qui compoſe le petit & grand comité. Cette élection ſe fait de la maniere ſuivante : on nomme d'abord à la pluralité des voix cinq perſonnes, qui enſuite ſont réduites à trois, & de ce dernier nombre l'ordre des ſeigneurs tire le grand bailli, dont l'élection eſt de ſuite notifiée aux députés des trois villes incorporées pour en recueillir auſſi les ſuffrages. Si celles-ci confirment la nomination du nouvel élu, on lui fait part du choix fait de ſa perſonne, par une députation compoſée du petit & grand comité de la claſſe des nobles & des députés des villes, avec priere d'accepter cet emploi en attendant l'agrément du prince. L'élection du bailli d'épée (*Amtshauptmann*) du cercle de Gœrlitz ſe fait avec les mêmes formalités. Les deux anciens de chaque cercle ſont choiſis par leurs comprovinciaux dans la claſſe des nobles aux dietes convoquées à cette fin & confirmés par le préfet. Ils ſont réputés peres & chefs du pays, & leurs fonctions dans les dietes, ainſi qu'aux directoires & aux grands tribunaux, &c. ſont importantes & d'une grande étendue. L'officier nommé *Landesbeſtallter*, eſt auſſi pris dans la claſſe des nobles par les deux cercles conjointement, quoiqu'en obſervant l'alternative arrêtée par la convention de Budiſſin de l'année 1665 ; il eſt chargé de porter la parole aux dietes générales & d'y tenir le plumitif. Le ſyndic de la province, qui eſt le conſultant des Etats, eſt un juriſconſulte d'extraction roturiere.

A Budiſſin comme à Gœrlitz il y a un directoire du cercle (*Kreiſamt*), qui connoit en premiere inſtance de toutes les affaires civiles & féodales de chaque cercle. Le premier indépendamment du grand bailli d'épée eſt compoſé des deux anciens du cercle de Budiſſin & des députés des trois villes municipales, qui en ſont partie, l'autre eſt formé par le bailli d'épée, les deux anciens du cercle de Gœrlitz & les députés de ces trois villes municipales. En vertu d'un uſage très-ancien il ſe tient auſſi dans ce marquiſat une juſtice aulique dont le reſſort s'étend ſur les actes de derniere volonté, les renonciations, les bans, &c. Dans le cercle de Budiſſin le préfet conſtitue un juge aulique particulier tiré du corps de la nobleſſe & qui ſiege trois fois l'année. Dans celui de Gœrlitz, c'eſt le bailli d'épée, qui en fait les fonctions toutes les fois que les circonſtances l'exigent ; mais l'un & l'autre eſt aſſiſté de trois aſſeſſeurs élus par les Etats. Le juge aulique (*Hofrichter*) eſt chargé de veiller, lors de l'engagement ou de la vente de quelques terres, à ce qu'elles ſoient offertes & abandonnées au parageau par préférence. Il eſt de plus tenu de prendre connoiſſance des affaires criminelles,

minelles, qui furviennent parmi la nobleffe. Les affifes du grand tribunal (a) fe tiennent trois fois l'année à Budiffin dans le château d'Ortenburg à l'iffue des dietes ordinaires, & l'on prétend que cette coutume fe date de 1505. Le préfet y préfide, & c'eft en fon nom que les fentences & arrêtés font prononcés & expédiés fauf l'appel au prince. Après lui le fénéchal occupe le premier rang. Les affeffeurs font le grand bailli & le bailli d'épée, les quatre anciens des deux cercles, quatre gentilshommes de chacun, & les neuf députés des fix villes. Ce tribunal exerce fa jurifdiction fur toute la nobleffe poffeffionnée & leurs fujets, ainfi que fur les bourgeois des villes. Les matieres, qui s'y portent, font : les appels des fentences du préfet, des fénéchaux, de la juftice aulique, de celles du clergé en matieres civiles, de celles des nobles & des magiftrats municipaux ; les affaires litigieufes entre le préfet & les particuliers du corps des Etats ; celles qui font relatives à la liberté publique & à l'adminiftration de la juftice, ainfi que tous les objets, qui par leur importance ne peuvent ni ne doivent fe juger fans la participation de cette cour, comme par exemple procès de limites & de cours d'eaux, & d'autres matieres femblables, enfin les affaires criminelles d'une nature grave, & les procès pour caufe d'injure. Ce grand tribunal a un chancelier, un vice-chancelier, qui partagent entre eux les expéditions, & un protonotaire, la juftice féodale de ce marquifat lui eft annexé ; & il eft foumis au confeil d'état de l'électeur, de même que tout le marquifat de la Haute-Luface.

Il faut ajouter à ces différens tribunaux les deux chambres de tutelles pour les nobles, établies l'une à Budiffin, l'autre à Gœrlitz. Chacune eft compofée de trois nobles & d'un jurifconfulte, qui dans la chambre de Budiffin eft toujours le fyndic provincial ; fa jurifdiction s'étend fur tous les orphelins des poffeffeurs des terres nobles ou roturieres immédiatement reffortiffantes aux deux directoires.

Il ne fe trouve dans la Haute-Luface aucun confiftoire ou juftice générale pour le fpirituel des Luthériens. Celui qui a le droit de patronage annexé à fes terres, l'exerce en fon propre & privé nom, fuivant les loix du pays & en conféquence de la forme prefcrite pour la tenue des prônes d'épreuve de ceux, qui afpirent au miniftere ; il expédie fous fon nom la vocation & les lettres de préfentation pour l'examen des candidats, qui enfuite peuvent fe faire examiner & ordonner à Leipzig, à Wittenberg ou à Drefde. La dépofition d'un miniftre ne dépend pas du caprice du patron laïque, mais du grand tribunal fur l'expofé des griefs, lorfqu'ils font fuffifans. Le doyen de Budiffin ne difpenfe plus comme ci-devant les Luthériens en matiere de mariage, excepté ceux qui font fes fujets ; tous les autres s'adreffent directement au prince, qui les fait expédier par le grand

(a) *Das hochlöbliche Oberamt und Judicium ordinarium derer hoch und wohl Verordneten von Land und Städten.*

bailli. Ce doyen a un tribunal eccléſiaſtique & exerce ſur les catholiques tous les droits appellés épiſcopaux. On trouve en Haute-Luſace 62 égliſes venedes, ſavoir : huit catholiques & 54 luthériennes ; 37 de ces dernieres ſont ſituées dans le cercle de Budiſſin & 17 dans celui de Gœrlitz. Le ſervice de ces égliſes s'étend à près de 449 villages.

Les revenus, que le prince territorial tire de la Haute-Luſace, ſont les impoſitions accordées par les Etats, parmi leſquels il faut compter aujourd'hui la capitation & la taille, & les gabelles ſur la biere, l'acciſe, les péages, &c. Les Etats perçoivent eux-mêmes les contributions accordées ſuivant le cadaſtre arrêté entre l'ordre des ſeigneurs & celui des villes par la convention de 1581, à l'occaſion des ſubſides pour la guerre contre les Turcs. Parmi les villes celle de Gœrlitz fournit la plus forte contribution, car ſi les ſix villes étoient taxées à 400 écus, elle en payeroit 149. Les villes & leurs bourgeois ont des terres compriſes dans les tarifs municipaux, & d'autres jadis à la nobleſſe, qui les leur a vendu, & celles-ci entrent dans le tarif de la province, c'eſt-à-dire, qu'elles payent leur quote-part dans les charges publiques, non à la ville, mais à la recette des cercles de Budiſſin ou de Gœrlitz. Le prince peut ordonner la réviſion des rôles, d'autant plus qu'il reçoit ſouvent des plaintes ſur l'excédent que les ſeigneurs reſpectifs veulent s'arroger.

Le Marquiſat de la Baſſe-Luſace.

Les Etats de la Baſſe-Luſace ſe diviſent auſſi en deux claſſes, qui ſont les ſeigneurs & les villes.

I. La claſſe des ſeigneurs eſt compoſée : 1°. De l'ordre des prélats, qui comprend l'abbé de Neu-Zelle, ordre de Cîteaux, & les commanderies de Sonnenbourg, Friedland & Schenkendorf, ordre de Malthe. Le grand-prieur de Sonnenbourg nomme un bailli d'épée du corps des nobles, qui remplit en ſon nom les devoirs vaſſallitiques, & qui eſt membre du grand comité. 2°. De l'ordre des barons, ſavoir les poſſeſſeurs des baronnies de Dobrilugk, Torſta, Pfœrten, Sorau, Leuthel, Drehna, Straupitz, Lieberoſe, Lubbenaü & Amtitz. 3°. De l'ordre équeſtre, qui comprend les comtes, barons, gentilshommes, & autres poſſeſſeurs des biens nobles & féodaux. Les fiefs de la Baſſe-Luſace peuvent être aliénés, échangés & engagés ſelon le bon plaiſir des poſſeſſeurs, & au défaut d'hoirs naturels ils paſſent, ſans nouvelle inveſtiture, aux freres, neveux, nieces & autres proches. La coutume exigeoit autrefois que celui qui vouloit obtenir l'indigénat, ou qui vouloit participer aux privileges, payât certains frais d'immatriculation & qu'il achetât, pour ainſi dire, l'entrée dans cette claſſe ; mais depuis pluſieurs années cet uſage eſt aboli, de ſorte que la conceſſion de l'indigénat ne dépend aujourd'hui que du prince territorial.

II. L'ordre des villes, au nombre de quatre, est formé par les députés de Lukau, Guben, Lübben & Kalau.

Le marquisat de la Basse-Lusace est divisé en cinq cercles, savoir celui de Lukau, de Guben, de Lübben, de Kalau & de Spremberg, où les Etats ci-dessus mentionnés, sont répandus. Chaque cercle tient dans sa capitale une diete sous la présidence de l'ancien. L'ordre des seigneurs forme le grand & petit comité, qui pour des affaires importantes & pressées s'assemblent du su & de l'agrément de la régence, & celui-ci rend compte des conclusions à la cour électorale. Pour ce qui concerne la diete de ce marquisat, il faut observer 1°. qu'on y célebre deux assemblées ordinaires ou volontaires, pour la tenue desquelles on demande l'agrément de la régence, qui non-seulement en fixe le jour, mais commet aussi son président, pour y occuper la même place. Elle convoque les baronnies par lettres particulieres & le reste des Etats par patentes. Ces dietes se tiennent ordinairement à Lübben vers l'épiphanie & la St. Jean. 2°. On appelle *grande diete*, quand le prince convoque à son gré les Etats, & leur fait des propositions par l'organe de ses commissaires.

Les dignitaires & officiers du marquisat sont partie à la nomination du prince, partie à celle des Etats. Le premier président de la régence fait les fonctions du ci-devant préfet. Le prince constitue de même un sénéchal pour l'administration de ses revenus, & son adjoint, dit Gegenhændler, avec le procureur de la chambre : ces deux derniers sont pris de la roture. Le juge provincial est également nommé par le prince, qui le choisit dans les sujets, que les Etats lui proposent alternativement de la classe des barons & de l'ordre équestre. Chaque cercle a un noble pour ancien. Quand cette place est vacante, les Etats réunis proposent quelques sujets, desquels on en élit un à la pluralité des voix. Il faut y ajouter deux anciens de la roture, honneur que les Etats en diete conferent à deux bourguemaîtres, l'un de Lukau, l'autre de Guben. Les anciens nobles des cercles de Lukau, Guben & Kalau sont en cas de besoin représentés par trois députés de l'ordre équestre. Le receveur en chef est choisi par les Etats dans le même ordre, & on lui adjoint un caissier d'extraction bourgeoise. L'officier, dit Landesbestallter, chargé dans les dietes de porter la parole, & d'y tenir le plumitif au nom des Etats, est toujours roturier ; mais le syndic provincial est pris dans la noblesse.

L'abbaye, les commanderies de Malthe, les baronnies, seigneuries & villes ont leurs jurisdictions particulieres, dont on peut appeller à la justice provinciale, qui se tient deux fois par an à Lübben, & qui outre le grand juge est composée de deux assesseurs nobles & de six roturiers. Les premiers sont élus par le corps des Etats, deux des autres sont nommés par le prince, deux par l'ordre des barons, un par la ville de Lukau & un autre par celle de Guben ; tous ensemble sont confirmés par l'électeur. Il est des causes qui sans être portées à la justice provinciale, passent directement à la

régence, qui reçoit auffi les appels de cette même juftice. Elle a été fubfti-
tuée en 1666 au tribunal de la préfecture & tient fon fiege à Lübben. Elle
connoît, foit directement, foit par voie d'appel, de toutes les affaires de
juftice, féodales & de police, qui furviennent dans les cercles. Elle eft
compofée d'un préfident, d'un vice-préfident, de quatre confeillers actuels,
dont deux font tirés du corps des barons ou de l'ordre équeftre, deux de
la roture, & de plufieurs autres officiers. On peut appeller de ce tribunal
fuivant l'exigence des cas au confeil d'Etat du prince. La régence eft auffi
la cour féodale ordinaire de la Baffe-Luface.

Les affaires eccléfiaftiques reffortiffent au confiftoire, fondé en 1668 &
compofé d'un directeur, d'un confeiller noble, d'un roturier & de deux
affeffeurs, qui font le furintendant-général de Lübben & le premier pafteur
de Lukau.

Chaque cercle a fa caiffe particuliere, qui reçoit les contributions, &
les verfe dans la caiffe générale, régie par le receveur en chef ci-deffus
mentionné, & dont les comptes font examinés tous les ans & quittancés
par une commiffion des Etats.

L U X E, f. m. *L'ufage que l'on fait des richeffes pour fe procurer une
exiftence agréable.*

L E Luxe a pour caufe premiere ce mécontentement de notre état; ce
défir d'être mieux, qui eft & doit être dans tous les hommes. Il eft en
eux la caufe de leurs paffions, de leurs vertus & de leurs vices. Ce défir
doit néceffairement leur faire aimer & rechercher les richeffes; le défir de
s'enrichir entre donc & doit entrer dans le nombre des refforts de tout
gouvernement qui n'eft pas fondé fur l'égalité & la communauté des biens;
or l'objet principal de ce défir doit être le Luxe; il y a donc du Luxe
dans tous les Etats, dans toutes les fociétés : le fauvage a fon hamac qu'il
achete pour des peaux de bêtes; l'Européen a fon canapé, fon lit; nos
femmes mettent du rouge & des diamans, les femmes de la Floride mettent du bleu & des boules de verre.

Le Luxe a été de tout temps le fujet des déclamations des moraliftes,
qui l'ont cenfuré avec plus de morofité que de lumiere, & il eft depuis quelque temps l'objet des éloges de quelques politiques qui en
ont parlé plus en marchands ou en commis qu'en philofophes & en hommes d'Etat.

Ils ont dit que le Luxe contribuoit à la population.

L'Italie, felon Tite-Live, dans le temps du plus haut degré de la grandeur & du Luxe de la république Romaine, étoit de plus de moitié moins

peuplée que lorfqu'elle étoit divifée en petites républiques prefque fans Luxe & fans induftrie.

Ils ont dit que le Luxe enrichiffoit les Etats.

Il y a peu d'Etats où il y ait un plus grand Luxe qu'en Portugal ; & le Portugal, avec les reffources de fon fol, de fa fituation, & de fes colonies, eft moins riche que la Hollande qui n'a pas les mêmes avantages, & dans les mœurs de laquelle regnent encore la frugalité & la fimplicité.

Ils ont dit que le Luxe facilitoit la circulation des monnoies.

La France eft aujourd'hui une des nations où regne le plus grand Luxe, & on s'y plaint avec raifon du défaut de circulation dans les monnoies qui paffent des provinces dans la capitale, fans refluer également de la capitale dans les provinces.

Ils ont dit que le Luxe adouciffoit les mœurs, & qu'il répandoit les vertus privées.

Il y a beaucoup de Luxe au Japon, & les mœurs y font toujours atroces. Il y avoit plus de vertus privées dans Rome & dans Athenes, plus de bienfaifance & d'humanité dans le temps de leur pauvreté que dans le temps de leur Luxe.

Ils ont dit que le Luxe étoit favorable aux progrès des connoiffances & des beaux-arts.

Quels progrès les beaux-arts & les connoiffances ont-ils fait chez les Sibarites, chez les Lydiens, & chez les Tonquinois?

Ils ont dit que le Luxe augmentoit également la puiffance des nations & le bonheur des citoyens.

Les Perfes fous Cyrus avoient peu de Luxe, & ils fubjuguoient les riches & les induftrieux Affyriens. Devenus riches, & celui des peuples où le Luxe régnoit le plus, les Perfes furent fubjugués par les Macédoniens, peuple pauvre. Ce font des fauvages qui ont renverfé ou ufurpé les empires des Romains, des califes de l'Inde & de la Chine. Quant au bonheur du citoyen, fi le Luxe donne un plus grand nombre de commodités & de plaifirs, vous verrez, en parcourant l'Europe & l'Afie, que ce n'eft pas du moins au plus grand nombre des citoyens.

Les cenfeurs du Luxe font également contredits par les faits.

Ils difent qu'il n'y a jamais de Luxe fans une extrême inégalité dans les richeffes, c'eft-à-dire, fans que le peuple foit dans la mifere, & un petit nombre d'hommes dans l'opulence; mais cette difproportion ne fe trouve pas toujours dans les pays du plus grand Luxe, elle fe trouve en Pologne & dans d'autres pays qui ont moins de Luxe que Berne & Geneve, où le peuple eft dans l'abondance.

Ils difent que le Luxe fait facrifier les arts utiles aux agréables, & qu'il ruine les campagnes en raffemblant les hommes dans les villes.

La Lombardie & la Flandre font remplies de Luxe & de belles villes; cependant les laboureurs y font riches, & les campagnes y font cultivées

& peuplées. Il y a peu de Luxe en Espagne, & l'agriculture y est négligée; la plupart des arts utiles y sont encore ignorés.

Ils disent que le Luxe contribue à la dépopulation.

Depuis un siecle le Luxe & la population de l'Angleterre sont augmentés dans la même proportion; elle a de plus peuplé des colonies immenses.

Ils disent que le Luxe amollit le courage.

Sous les ordres de Luxembourg, de Villars & du comte de Saxe, les François, le peuple du plus grand Luxe connu, se sont montrés le plus courageux. Sous Sylla, sous César, sous Lucullus, le Luxe prodigieux des Romains porté dans leurs armées, n'avoit rien ôté à leur courage.

Ils disent que le Luxe éteint les sentimens d'honneur & d'amour de la patrie.

Pour prouver le contraire, je citerai l'esprit d'honneur & le Luxe des François dans les belles années de Louis XIV, & ce qu'ils sont depuis; je citerai le fanatisme de patrie, l'enthousiasme de vertu, l'amour de la gloire qui caractérisent dans ce moment la nation Angloise.

Je ne prétends pas rassembler ici tout le bien & le mal qu'on a dit du Luxe, je me borne à dire le principal, soit des éloges, soit des censures, & à montrer que l'histoire contredit les unes & les autres.

Les philosophes les plus modérés qui ont écrit contre le Luxe, ont prétendu qu'il n'étoit funeste aux Etats que par son excès dans le plus grand nombre de ses objets & de ses moyens, c'est-à-dire, dans le nombre & la perfection des arts, à ce moment des plus grands progrès de l'industrie, qui donne aux nations l'habitude de jouir d'une multitude de commodités & de plaisirs, & qui les leur rend nécessaires. Enfin, ces philosophes n'ont vu les dangers du Luxe que chez les nations les plus riches & les plus éclairées; mais il n'a pas été difficile aux philosophes, qui avoient plus de logique & d'humeur que ces hommes modérés, de leur prouver que le Luxe avoit été vicieux chez des nations pauvres & presque barbares; & de conséquence en conséquence, pour faire éviter à l'homme les inconvéniens du Luxe, on a voulu le replacer dans les bois & dans un certain état primitif qui n'a jamais été & ne peut être.

Les apologistes du Luxe n'ont jusqu'à présent rien répondu de bon à ceux qui, en suivant le fil des événemens, les progrès & la décadence des empires, ont vu le Luxe s'élever par degrés avec les nations, les mœurs se corrompre, & les empires s'affoiblir, décliner & tomber.

On a les exemples des Egyptiens, des Perses, des Grecs, des Romains, des Arabes, des Chinois, &c. dont le Luxe a augmenté en même-temps que ces peuples ont augmenté de grandeur, & qui depuis le moment de leur plus grand Luxe n'ont cessé de perdre de leurs vertus & de leur puissance. Ces exemples ont plus de force pour prouver les dangers du Luxe que les raisons de ses apologistes pour le justifier; aussi l'opinion la plus générale aujourd'hui eft-elle que pour tirer les nations de leur foibleffe & de leur obfcurité, & pour leur donner une force, une confiftance, une richeffe qui les élevent fur les autres nations, il faut qu'il y ait du Luxe; il faut que ce Luxe aille toujours en croiffant pour avancer les arts, l'induftrie, le commerce, & pour amener les nations à ce point de maturité fuivi néceffairement de leur vieilleffe, & enfin de leur deftruction. Cette opinion eft affez générale, & même M. Hume ne s'en éloigne pas.

Comment aucun des philofophes & des politiques qui ont pris le Luxe pour objet de leurs fpéculations, ne s'eft-il pas dit : dans les commencemens des nations, on eft & on doit être plus attaché aux principes du gouvernement; dans les fociétés naiffantes, toutes les loix, tous les réglemens, font chers aux membres de cette fociété, fi elle s'eft établie librement; & fi elle ne s'eft pas établie librement, toutes les loix, tous les réglemens font appuyés de la force du légiflateur, dont les vues n'ont point encore varié, & dont les moyens ne font diminués ni en force ni en nombre; enfin l'intérêt perfonnel de chaque citoyen, cet intérêt qui combat prefque par-tout l'intérêt général, & qui tend fans ceffe à s'en féparer, a moins eu le temps & les moyens de le combattre avec avantage; il eft plus confondu avec lui, & par conféquent, dans les fociétés naiffantes, il doit y avoir plus que dans les anciennes fociétés un efprit patriotique, des mœurs & des vertus.

Mais auffi dans le commencement des nations, la raifon, l'efprit, l'induftrie, ont fait moins de progrès; il y a moins de richeffes, d'arts, de Luxe, moins de manieres de fe procurer par le travail des autres une exiftence agréable; il y a néceffairement de la pauvreté & de la fimplicité.

Comme il eft dans la nature des hommes & des chofes que les gouvernemens fe corrompent avec le temps; il eft auffi dans la nature des hommes & des chofes qu'avec le temps les Etats s'enrichiffent, les arts fe perfectionnent & le luxe augmente.

N'a-t-on pas vu comme caufe & comme effet l'un de l'autre ce qui, fans être ni l'effet ni la caufe l'un de l'autre, fe rencontre enfemble & marche à peu près d'un pas égal?

L'intérêt perfonnel, fans qu'il foit tourné en amour des richeffes & des plaifirs, enfin en ces paffions qui amenent le Luxe, n'a-t-il pas, tantôt dans les magiftrats, tantôt dans le fouverain ou dans le peuple, fait faire des changemens dans la conftitution de l'Etat qui l'ont corrompu? ou cet intérêt perfonnel, l'habitude, les préjugés, n'ont-ils pas empêché de faire des changemens que les circonftances avoient rendu néceffaires? N'y a-t-il pas enfin dans la conftitution, dans l'adminiftration des fautes, des défauts qui, très-indépendamment du Luxe, ont amené la corruption des gouvernemens & la décadence des empires?

Les anciens Perfes vertueux & pauvres fous Cyrus, ont conquis l'Afie, en ont pris le Luxe, & fe font corrompus. Mais fe font-ils corrompus pour avoir conquis l'Afie, ou pour avoir pris fon Luxe, n'eft-ce pas l'étendue de leur domination qui a changé leurs mœurs. N'étoit-il pas impoſſible que dans un empire de cette étendue, il ſubſiſtât un bon ordre ou un ordre quelconque. La Perſe ne devoit-elle pas tomber dans l'abime du deſpotiſme? or par-tout où l'on voit le deſpotiſme, pourquoi chercher d'autres cauſes de corruption?

Le deſpotiſme eſt le pouvoir arbitraire d'un ſeul ſur le grand nombre par le ſecours d'un petit nombre; mais le deſpote ne peut parvenir au pouvoir arbitraire ſans avoir corrompu ce petit nombre.

Athenes, dit-on, a perdu ſa force & ſes vertus après la guerre du Péloponneſe, époque de ſes richeſſes & de ſon Luxe. Je trouve une cauſe réelle de la décadence d'Athenes dans la puiſſance du peuple & l'aviliſſement du ſénat; quand je vois la puiſſance exécutrice & la puiſſance légiſlative entre les mains d'une multitude aveugle, & que je vois en même temps l'aréopage ſans pouvoir, je juge alors que la république d'Athenes ne pouvoit conſerver ni puiſſance ni bon ordre; ce fut en abaiſſant l'aréopage, & non pas en édifiant des théâtres, que Periclès perdit Athenes. Quant aux mœurs de cette république, elle ſe conſerva encore long-temps, & dans la guerre qui la détruiſit elle manqua plus de prudence que de vertus, & moins de mœurs que de bon ſens.

L'exemple de l'ancienne Rome, cité avec tant de confiance par les cenſeurs du Luxe, ne m'embarraſſeroit pas davantage. Je verrois d'abord les vertus de Rome, la force & la ſimplicité de ſes mœurs naître de ſon gouvernement & de ſa ſituation : mais ce gouvernement devoit donner aux Romains de l'inquiétude & de la turbulence; il leur rendoit la guerre néceſſaire, & la guerre entretenoit en eux la force des mœurs & le fanatiſme de la patrie. Je verrois que dans le temps que Carnéades vint à Rome, & qu'on y tranſportoit les ſtatues de Corinthe & d'Athenes, il y avoit dans Rome deux partis, dont l'un devoit ſubjuguer l'autre, dès que l'Etat n'auroit plus rien à craindre de l'étranger. Je verrois que le parti vainqueur, dans cet empire immenſe, devoit néceſſairement le conduire au deſpotiſme ou à l'anarchie; & que quand même on n'auroit jamais vu dans Rome ni le Luxe ni les richeſſes d'Antiochus & de Carthage, ni les philoſophes & les chef-d'œuvres de la Grece, la république Romaine n'étant conſtituée que pour s'agrandir ſans ceſſe, elle ſeroit tombée au moment de ſa grandeur.

Il me ſemble que ſi pour me prouver les dangers du Luxe, on me citoit l'Afie plongée dans le Luxe, la miſere & les vices; je demanderois qu'on me fît voir dans l'Afie, la Chine exceptée, une ſeule nation où le gouvernement s'occupât des mœurs & du bonheur du grand nombre de ſes ſujets.

Je ne ſerois pas plus embarraſſé par ceux qui, pour prouver que le Luxe corrompt les mœurs & affoiblit les courages, me montreroient l'Italie moderne

derne qui vit dans le Luxe, & qui en effet n'est pas guerriere. Je leur dirois que si l'on fait abstraction de l'esprit militaire qui n'entre pas dans le caractere des Italiens, ce caractere vaut bien celui des autres nations. Vous ne verrez nulle part plus d'humanité & de bienfaisance; nulle part la société n'a plus de charmes qu'en Italie; nulle part on ne cultive plus les vertus privées. Je dirois que l'Italie; soumise en partie à l'autorité d'un clergé qui ne prêche que la paix, & d'une république où l'objet du gouvernement est la tranquillité, ne peut absolument être guerriere. Je dirois même qu'il ne lui serviroit à rien de l'être; que les hommes ni les nations n'ont que foiblement les vertus qui leur sont inutiles; que n'étant pas unie sous un seul gouvernement, enfin qu'étant située entre quatre grandes puissances, telles que le Turc, la maison d'Autriche, la France & l'Espagne, l'Italie ne pourroit, quelles que fussent ses mœurs, résister à aucune de ces puissances; elle ne doit donc s'occuper que des loix civiles, de la police, des arts, & de tout ce qui peut rendre la vie tranquille & agréable. Je conclurois que ce n'est pas le Luxe, mais sa situation & la nature de ses gouvernemens, qui empêchent l'Italie d'avoir des mœurs fortes & les vertus guerrieres.

Après avoir vu que le Luxe pourroit bien n'avoir pas été la cause de la chûte ou de la prospérité des empires & du caractere de certaines nations; j'examineroit si le Luxe ne doit pas être relatif à la situation des peuples, au genre de leurs productions, à la situation & au genre de productions de leurs voisins.

Je dirois que les Hollandois, facteurs & colporteurs des nations, doivent conserver leur frugalité, sans laquelle ils ne pourroient fournir à bas prix le fret de leurs vaisseaux, & transporter les marchandises de l'univers.

Je dirois que si les Suisses tiroient de la France & de l'Italie beaucoup de vins, d'étoffes d'or & de soie, des tableaux, des statues & des pierres précieuses, ils ne tireroient pas de leur sol stérile de quoi rendre en échange à l'étranger, & qu'un grand Luxe ne peut leur être permis que quand leur industrie aura réparé chez eux la disette des productions du pays.

En supposant qu'en Espagne, en Portugal, en France, la terre fût mal cultivée, & que les manufactures de premiere ou seconde nécessité fussent négligées, ces nations seroient encore en état de soutenir un grand Luxe.

Le Portugal, par ses mines du Brésil, ses vins & ses colonies d'Afrique & d'Asie, aura toujours de quoi fournir à l'étranger, & pourra figurer entre les nations riches.

L'Espagne, quelque peu de travail & de culture qu'il y ait dans sa métropole & ses colonies, aura toujours les productions des contrées fertiles qui composent sa domination dans les deux mondes; & les riches mines du Mexique & du Potozi soutiendront chez elle le Luxe de la cour & celui de la superstition.

La France, en laissant tomber son agriculture & ses manufactures de premiere ou feconde néceffité, auroit encore des branches de commerce abondantes en richeffes; le poivre de l'Inde, le fucre & le café de fes colonies, fes huiles & fes vins, lui fourniroient des échanges à donner à l'étranger, dont elle tireroit une partie de fon Luxe; elle foutiendroit encore ce Luxe par fes modes : cette nation long-temps admirée de l'Europe eft encore imitée aujourd'hui. Si jamais fon Luxe étoit exceffif, relativement au produit de fes terres & de fes manufactures de premiere ou feconde néceffité, ce Luxe feroit un remede à lui-même, il nourriroit une multitude d'ouvriers de mode, & retarderoit la ruine de l'Etat.

De ces obfervations & de ces réflexions je conclurois, que le Luxe eft contraire ou favorable à la richeffe des nations, felon qu'il confomme plus ou moins le produit de leur fol & de leur induftrie, ou qu'il confomme le produit du fol & de l'induftrie de l'étranger; qu'il doit avoir un plus grand ou un plus petit nombre d'objets, felon que ces nations ont plus ou moins de richeffes : le Luxe eft à cet égard, pour les peuples ce qu'il eft pour les particuliers, il faut que la multitude des jouiffances foit proportionnée aux moyens de jouir.

Je verrois que cette envie de jouir dans ceux qui ont des richeffes, & l'envie de s'enrichir dans ceux qui n'ont que le néceffaire, doivent exciter les arts & toute efpece d'induftrie. Voilà le premier effet de l'inftinct & des paffions qui nous menent au Luxe & du Luxe même; ces nouveaux arts, cette augmentation d'induftrie, donnent au peuple de nouveaux moyens de fubfiftance, & doivent par conféquent augmenter la population; fans Luxe il y a moins d'échanges & de commerce; fans commerce les nations doivent être moins peuplées; celle qui n'a dans fon fein que des laboureurs, doit avoir moins d'hommes que celle qui entretient des laboureurs, des matelots, des ouvriers en étoffes. La Sicile qui n'a que peu de Luxe eft un des pays les plus fertiles de la terre, elle eft fous un gouvernement modéré, & cependant elle n'eft ni riche ni peuplée.

Après avoir vu que les paffions qui infpirent le Luxe, & le Luxe même, peuvent être avantageufes à la population & à la richeffe des Etats, je ne vois pas encore comment ce luxe & ces paffions doivent être contraires aux mœurs. Je ne puis cependant me diffimuler que dans quelques parties de l'univers, il y a des nations qui ont le plus grand commerce & le plus grand Luxe, & qui perdent tous les jours quelque chofe de leur population & de leurs mœurs.

S'il y avoit des gouvernemens établis fur l'égalité parfaite, fur l'uniformité de mœurs, de manieres, & d'état entre tous les citoyens, tels qu'ont été à peu près les gouvernemens de Sparte, de Crete, & de quelques peuples qu'on nomme *fauvages*, il eft certain que le défir de s'enrichir n'y pourroit être innocent. Quiconque y défireroit de rendre fa fortune meilleure que celle de fes concitoyens, auroit déjà ceffé d'aimer les loix de fon pays & n'auroit plus la vertu dans le cœur.

Mais dans nos gouvernemens modernes, où la conſtitution de l'Etat &
des loix civiles encouragent & aſſurent les propriétés : dans nos grands
Etats où il faut des richeſſes pour maintenir leur grandeur & leur puiſſance, il ſemble que quiconque travaille à s'enrichir ſoit un homme utile
à l'Etat, & que quiconque étant riche veut jouir, ſoit un homme raiſonnable ; comment donc concevoir que des citoyens, en cherchant à s'enrichir & à jouir de leurs richeſſes, ruinent quelquefois l'Etat & perdent
les mœurs ?

Il faut, pour réſoudre cette difficulté, ſe rappeller les objets principaux
des gouvernemens.

Ils doivent aſſurer les propriétés de chaque citoyen ; mais comme ils
doivent avoir pour but la conſervation du tout, les avantages du plus
grand nombre, en maintenant, en excitant même dans les citoyens
l'amour de la propriété, le déſir d'augmenter ſes propriétés & celui d'en
jouir ; ils doivent y entretenir, y exciter l'eſprit de communauté, l'eſprit
patriotique ; ils doivent avoir attention à la maniere dont les citoyens
veulent s'enrichir, & à celle dont ils veulent jouir ; il faut que les moyens
de s'enrichir contribuent à la richeſſe de l'Etat, & que la maniere de
jouir ſoit encore utile à l'Etat ; chaque propriété doit ſervir à la communauté ; le bien-être d'aucun ordre de citoyens ne doit être ſacrifié au
bien-être de l'autre ; enfin le Luxe & les paſſions qui menent au Luxe
doivent être ſubordonnés à l'eſprit de communauté, aux biens de la
communauté.

Les paſſions qui menent au Luxe ne ſont pas les ſeules néceſſaires dans
les citoyens ; elles doivent s'allier à d'autres, à l'ambition, à l'amour de
la gloire, à l'honneur.

Il faut que toutes ces paſſions ſoient ſubordonnées à l'eſprit de communauté ; lui ſeul les maintient dans l'ordre, ſans lui elles porteroient à de
fréquentes injuſtices & feroient des ravages.

Il faut qu'aucune de ces paſſions ne détruiſe les autres, & que toutes ſe
balancent ; ſi le Luxe avoit éteint ces paſſions, il deviendroit vicieux &
funeſte, & alors il ne ſe rapporteroit plus à l'eſprit de communauté : mais
il reſte ſubordonné à cet eſprit, à moins que l'adminiſtration ne l'en ait
rendu indépendant, à moins que dans une nation où il y a des richeſſes,
de l'induſtrie & du Luxe, l'adminiſtration n'ait éteint l'eſprit de communauté.

Enfin, par-tout où je verrai le Luxe vicieux, par-tout où je verrai le
déſir des richeſſes & leur uſage contraire aux mœurs & au bien de l'Etat,
je dirai que l'eſprit de communauté, cette baſe néceſſaire, ſur laquelle
doivent agir tous les reſſorts de la ſociété, s'eſt anéanti par les fautes du
gouvernement, je dirai que le Luxe utile ſous une bonne adminiſtration,
ne devient dangereux que par l'ignorance ou la mauvaiſe volonté des adminiſtrateurs, & j'examinerai le Luxe dans les nations où l'ordre eſt en
vigueur, & dans celles où il s'eſt affoibli.

Je vois d'abord l'agriculture abandonnée en Italie sous les premiers empereurs, & toutes les provinces de ce centre de l'empire Romain couvertes de parcs, de maisons de campagne, de bois plantés, de grands chemins, & je me dis qu'avant la perte de la liberté & le renversement de la constitution de l'Etat, les principaux sénateurs, dévorés de l'amour de la patrie, & occupés du soin d'en augmenter la force & la population, n'auroient point acheté le patrimoine de l'agriculteur pour en faire un objet de Luxe, & n'auroient point converti leurs fermes utiles en maisons de plaisance : je suis même assuré que si les campagnes d'Italie n'avoient pas été partagées plusieurs fois entre les soldats des partis de Sylla, de César & d'Auguste, qui négligeoient de les cultiver, l'Italie même sous les empereurs, auroit conservé plus long-temps son agriculture.

Je porte mes yeux sur des royaumes où regne le plus grand Luxe, & où les campagnes deviennent des déserts; mais avant d'attribuer ce malheur au Luxe des villes, je me demande quelle a été la conduite des administrateurs de ces royaumes; & je vois de cette conduite naître la dépopulation attribuée au Luxe, j'en vois naître les abus du Luxe même.

Si dans ces pays on a surchargé d'impôts & de corvées les habitans de la campagne; si l'abus d'une autorité légitime les a tenus souvent dans l'inquiétude & dans l'avilissement; si des monopoles ont arrêté le débit de leurs denrées; si on a fait ces fautes & d'autres dont je ne veux point parler, une partie des habitans des campagnes a dû les abandonner pour chercher la subsistance dans les villes; ces malheureux y ont trouvé le Luxe, & en se consacrant à son service, ils ont pu vivre dans leur patrie. Le Luxe en occupant dans les villes les habitans de la campagne, n'a fait que retarder la dépopulation de l'Etat, je dis retarder & non empêcher, parce que les mariages sont rares dans des campagnes misérables, & plus rares encore parmi l'espece d'hommes qui se réfugient de la campagne dans les villes : ils arrivent pour apprendre à travailler aux arts de Luxe, & il leur faut un temps considérable avant qu'ils se soient mis en état d'assurer par leur travail la subsistance d'une famille, ils laissent passer les momens où la nature sollicite fortement à l'union des deux sexes, & le libertinage vient encore les détourner d'une union légitime. Ceux qui prennent le parti de se donner un maître, sont toujours dans une situation incertaine, ils n'ont ni le temps ni la volonté de se marier; mais si quelqu'un d'eux fait un établissement, il en a l'obligation au Luxe & à la prodigalité de l'homme opulent.

L'oppression des campagnes suffit pour avoir établi l'extrême inégalité des richesses dont on attribue l'origine au Luxe, quoique lui seul au contraire puisse rétablir une sorte d'équilibre entre les fortunes : le paysan opprimé cesse d'être propriétaire, il vend le champ de ses peres au maître qu'il s'est donné, & tous les biens de l'Etat passent insensiblement dans un plus petit nombre de mains.

Dans un pays où le gouvernement tombe dans de ſi grandes erreurs, il ne faut pas de Luxe pour éteindre l'amour de la patrie ou la faire haïr au citoyen malheureux ; on apprend aux autres qu'elle eſt indifférente pour ceux qui la conduiſent, & c'eſt aſſez pour que perſonne ne l'aime plus avec paſſion.

Il y a des pays où le gouvernement a pris encore d'autres moyens pour augmenter l'inégalité des richeſſes, & dans leſquels on a donné, on a continué des privileges excluſifs aux entrepreneurs de pluſieurs manufactures, à quelques citoyens pour faire valoir des colonies, & à quelques compagnies pour faire ſeules un riche commerce. Dans d'autres pays, à ces fautes on a ajouté de rendre lucratives à l'excès les charges de finance qu'il falloit honorer.

On a par tous ces moyens donné naiſſance à des fortunes odieuſes & rapides : ſi les hommes favoriſés qui les ont faites, n'avoient pas habité la capitale avant d'être riches,.ils y ſeroient venus depuis comme au centre du pouvoir & des plaiſirs; il ne leur reſte à déſirer que du crédit & des jouiſſances, & c'eſt dans la capitale qu'ils viennent les chercher : il faut voir ce que doit produire la réunion de tant d'hommes opulens dans le même lieu.

Les hommes dans la ſociété ſe comparent continuellement les uns aux autres, ils tentent ſans ceſſe à établir dans leur propre opinion, & enſuite dans celle des autres, l'idée de leur ſupériorité : cette rivalité devient plus vive entre les hommes qui ont un mérite du même genre; or il n'y a qu'un gouvernement qui ait rendu, comme celui de Sparte, les richeſſes inutiles, où les hommes puiſſent ne pas ſe faire un mérite de leurs richeſſes; dès qu'ils s'en font un mérite, ils doivent faire des efforts pour paroître riches; il doit donc s'introduire dans toutes les conditions une dépenſe exceſſive pour la fortune de chaque particulier, & un Luxe qu'on appelle de bienſéance : ſans un immenſe ſuperflu chaque condition ſe croit miſérable.

Il faut obſerver que preſque dans toute l'Europe l'émulation de paroître riche, & la conſidération pour les richeſſes ont dû s'introduire indépendamment des cauſes ſi naturelles dont je viens de parler ; dans les temps de barbarie où le commerce étoit ignoré, & où des manufactures groſſieres n'enrichiſſoient pas les fabriquans, il n'y avoit de richeſſes que les fonds de la terre, les ſeuls hommes opulens étoient les grands propriétaires; or ces grands propriétaires étoient des ſeigneurs de fiefs. Les loix des fiefs, le droit de poſſéder certains biens maintenoient les richeſſes entre les mains des nobles; mais les progrès du commerce, de l'induſtrie & du Luxe ayant créé, pour ainſi dire, un nouveau genre de richeſſes qui furent le partage du roturier, le peuple accoutumé à reſpecter l'opulence dans ſes ſupérieurs, la reſpecta dans ſes égaux : ceux-ci crurent s'égaler aux grands en imitant leur faſte; les grands crurent voir tomber l'hiérarchie qui les élevoit au-

deſſus du peuple, ils augmenterent leur dépenſe pour conſerver leurs diſtinctions : c'eſt alors que le Luxe de bienſéance devint onéreux pour tous
les états & dangereux pour les mœurs. Cette ſituation des hommes fit dégénérer l'envie de s'enrichir en exceſſive cupidité ; elle devint dans quelques pays la paſſion dominante, & fit taire les paſſions nobles qui ne devoient point la détruire, mais lui commander.

Quand l'extrême cupidité remue tous les cœurs, les enthouſiaſmes vertueux
diſparoiſſent ; cette extrême cupidité ne va point ſans l'eſprit de propriété
le plus exceſſif, l'ame s'éteint alors, car elle s'éteint quand elle ſe con-
centre.

Le gouvernement embarraſſé ne peut plus récompenſer que par des ſommes immenſes ceux qu'il récompenſoit par de légeres marques d'honneur.

Les impôts multipliés ſe multiplient encore, & peſent ſur les fonds de
terre & ſur l'induſtrie néceſſaire, qu'il eſt plus aiſé de taxer que le Luxe,
ſoit que par ſes continuelles viciſſitudes il échappe au gouvernement, ſoit
que les hommes les plus riches aient le crédit de s'affranchir des impôts;
il eſt même moralement impoſſible qu'ils n'aient pas plus de crédit qu'ils ne
devroient en avoir ; plus leurs fortunes ſont fondées ſur des abus & ont été
exceſſives & rapides, plus ils ont beſoin de crédit & de moyens d'en obtenir. Ils cherchent & réuſſiſſent à corrompre ceux qui ſont faits pour les
réprimer.

Dans une république, ils tentent les magiſtrats, les adminiſtrateurs : dans
une monarchie, ils préſentent des plaiſirs & des richeſſes à cette nobleſſe,
dépoſitaire de l'eſprit national & des mœurs, comme les corps de magiſtrature ſont les dépoſitaires des loix.

Un des effets du crédit des hommes riches quand les richeſſes ſont inégalement partagées, un effet de l'uſage faſtueux des richeſſes, un effet du
beſoin qu'on a des hommes riches, de l'autorité qu'ils prennent, des agrémens de leur ſociété, c'eſt la confuſion des rangs dont j'ai déjà dit un mot;
alors ſe perdent le ton, la décence, les diſtinctions de chaque état, qui
ſervent plus qu'on ne penſe à conſerver l'eſprit de chaque état; quand on
ne tient plus aux marques de ſon rang, on n'eſt plus attaché à l'ordre général ; c'eſt quand on ne veut pas remplir les devoirs de ſon état, qu'on
néglige un extérieur, un ton, des manieres qui rappelleroient l'idée de ces
devoirs aux autres & à ſoi-même. D'ailleurs, on ne conduit le peuple ni
par des raiſonnemens, ni par des définitions ; il faut impoſer à ſes ſens,
& lui annoncer par des marques diſtinctives ſon ſouverain, les grands, les
magiſtrats, les miniſtres de la religion; il faut que leur extérieur annonce
la puiſſance, la bonté, la gravité, la ſainteté ; ce qu'eſt ou ce que doit
être un homme d'une certaine claſſe, le citoyen revêtu d'une certaine dignité : par conſéquent l'emploi des richeſſes qui donneroit au magiſtrat l'é-
quipage d'un jeune ſeigneur, l'attirail de la molleſſe & la parure affectée
au guerrier, l'air de la diſſipation au prêtre, le cortege de la grandeur au

simple citoyen ; affoibliroit néceſſairement dans le peuple l'impreſſion que doit faire ſur lui la préſence des hommes deſtinés à le conduire, & avec les bienſéances de chaque état, on verroit s'effacer juſqu'à la moindre trace de l'ordre général, rien ne pourroit rappeller les riches à des devoirs, & tout les avertiroit de jouir.

Il eſt moralement néceſſaire que l'uſage des richeſſes ſoit contraire au bon ordre & aux mœurs. Quand les richeſſes ſont acquiſes ſans travail ou par des abus, les nouveaux riches ſe donnent promptement la jouiſſance d'une fortune rapide, & d'abord s'accoutument à l'inaction & au beſoin des diſſipations frivoles : odieux à la plupart de leurs concitoyens, auxquels ils ont été injuſtement préférés, aux fortunes deſquels ils ont été des obſtacles, ils ne cherchent point à obtenir d'eux ce qu'ils ne pourroient en eſpérer, l'eſtime & la bienveillance ; ce ſont ſur-tout les fortunes des monopoleurs, des adminiſtrateurs & receveurs des fonds publics qui ſont les plus odieuſes, & par conſéquent celles dont on eſt le plus tenté d'abuſer. Après avoir ſacrifié la vertu & la réputation de probité aux déſirs de s'enrichir, on ne s'aviſe guere de faire de ſes richeſſes un uſage vertueux, on cherche à couvrir ſous le faſte & les décorations du Luxe, l'origine de ſa famille & celle de ſa fortune, on cherche à perdre dans les plaiſirs le ſouvenir de ce qu'on a fait & de ce qu'on a été.

Sous les premiers empereurs, des hommes d'une autre claſſe que ceux dont je viens de parler, étoient raſſemblés dans Rome où ils venoient apporter les dépouilles des provinces aſſujetties ; les patriciens ſe ſuccédoient dans les gouvernemens de ces provinces, beaucoup même ne les habitoient pas, & ſe contentoient d'y faire quelques voyages ; le queſteur pilloit pour lui & pour le proconſul que les empereurs aimoient à retenir dans Rome, ſur-tout s'il étoit d'une famille puiſſante ; là le patricien n'avoit à eſpérer ni crédit, ni part au gouvernement qui étoit entre les mains des affranchis, il ſe livroit donc à la molleſſe & aux plaiſirs ; on ne trouvoit plus rien de la force & de la fierté de l'ancienne Rome, dans des ſénateurs qui achetoient la ſécurité par l'aviliſſement ; ce n'étoit pas le Luxe qui les avoit avilis, c'étoit la tyrannie ; comme la paſſion des ſpectacles n'auroit pas fait monter ſur le théâtre les ſénateurs & les empereurs, ſi l'oubli parfait de tout ordre, de toute décence & de toute dignité n'avoit précédé & amené cette paſſion.

S'il y avoit des gouvernemens où le légiſlateur auroit trop fixé les grands dans la capitale ; s'ils avoient des charges, des commandemens, &c. qui ne leur donneroient rien à faire ; s'ils n'étoient pas obligés de mériter par de grands ſervices leurs places & leurs honneurs ; ſi on n'excitoit pas en eux l'émulation du travail & des vertus ; ſi enfin on leur laiſſoit oublier ce qu'ils doivent à la patrie, contens des avantages de leurs richeſſes & de leur rang, ils en abuſeroient dans l'oiſiveté.

Dans pluſieurs pays de l'Europe, il y a une ſorte de propriété qui ne demande au propriétaire ni foins économiques, ni entretien; je veux parler des dettes nationales, & cette forte de biens eft encore très-propre à augmenter, dans les grandes villes, les défordres qui font les effets néceffaires d'une extrême opulence unie à l'oifiveté.

De ces abus, de ces fautes, de cet état des chofes dans les nations, voyez quel caractere le Luxe doit prendre, & quels doivent être les caracteres des différens ordres d'une nation.

Chez les habitans de la campagne, il n'y a nulle élévation dans les fentimens, il y a peu de ce courage qui tient à l'eftime de foi-même, au fentiment de fes forces; leurs corps ne font point robuftes, ils n'ont nul amour pour la patrie qui n'eft pour eux que le théâtre de leur aviliffement & de leurs larmes : chez les artifans des villes il y a la même baffeffe d'ame, ils font trop près de ceux qui les méprifent pour s'eftimer eux-mêmes; leurs corps énervés par les travaux fédentaires, font peu propres à foutenir les fatigues. Les loix qui, dans un gouvernement bien réglé, font la fécurité de tous, dans un gouvernement où le grand nombre gémit fous l'oppreffion, ne font pour ce grand nombre qu'une barriere qui luî ôte l'efpérance d'un meilleur état; il doit défirer une plus grande licence plutôt que le rétabliffement de l'ordre : voilà le peuple, voici les autres claffes.

Celle de l'état intermédiaire, entre le peuple & les grands, compofée des principaux artifans du Luxe, des hommes de finance & de commerce, & de prefque tous ceux qui occupent les fecondes places de la fociété, travaille fans ceffe pour paffer d'une fortune médiocre à une plus grande; l'intrigue & la friponnerie font fouvent fes moyens : lorfque l'habitude des fentimens honnêtes ne retient plus dans de juftes bornes la cupidité & l'amour effréné de ce qu'on appelle plaifirs, lorfque le bon ordre & l'exemple n'impriment pas le refpect & l'amour de l'honnêteté, le fecond ordre de l'état réunit ordinairement les vices du premier & du dernier.

Pour les grands, riches fans fonctions, décorés fans occupations, ils n'ont pour mobile que la fuite de l'ennui, qui ne donnant pas même des goûts, fait paffer l'ame d'objets en objets, qui l'amufent fans la remplir & fans l'occuper; on a dans cet état non des enthoufiafmes, mais des engouemens pour tout ce qui promet un plaifir : dans ce torrent de modes, de fantaifies, d'amufemens, dont aucun ne dure, & dont l'un détruit l'autre, l'ame perd jufqu'à la force de jouir, & devient auffi incapable de fentir le grand & le beau que de le produire; c'eft alors qu'il n'eft plus queftion de favoir lequel eft le plus eftimable de Corbulon ou de Traféas, ou fi on donnera la préférence à Pilade ou à Batylle; c'eft alors qu'on abandonne la Médée d'Ovide, le Thiefte de Varus, & les pieces de Térence pour les farces de Labérius; les talens politiques & militaires tombent peu à peu, ainfi que la philofophie, l'éloquence, & tous les arts d'imitation : des hommes frivoles qui ne font que jouir, ont épuifé le beau & cherchent l'extraordinaire;

traordinaire ; alors il entre de l'incertain, du recherché, du puéril dans les idées de la perfection ; de petites ames qu'étonnent & humilient le grand & le fort, leur préferent le petit, le bouffon, le ridicule, l'affecté ; les talens qui font le plus encouragés font ceux qui flattent les vices & le mauvais goût, & ils perpétuent ce défordre général que n'a point amené le Luxe, mais qui a corrompu le Luxe & les mœurs.

Le Luxe défordonné fe détruit lui-même, il épuife fes fources, il tarit fes canaux.

Les hommes oififs qui veulent paffer fans intervalle d'un objet de Luxe à l'autre, vont chercher les productions & l'induftrie de toutes les parties du monde : les ouvrages de leurs nations paffent de mode chez eux, & les artifans y font découragés : l'Egypte, les côtes d'Afrique, la Grece, la Syrie, l'Efpagne, fervoient au Luxe des Romains fous les premiers em-pereurs, & ne lui fuffifoient pas.

Le goût d'une dépenfe exceffive répandu dans toutes les claffes des ci-toyens porte les ouvriers à exiger un prix exceffif de leurs ouvrages. Indé-pendamment de ce goût de dépenfe, ils font forcés à hauffer le prix de la main-d'œuvre, parce qu'ils habitent les grandes villes, des villes opu-lentes, où les denrées néceffaires ne font jamais à bon marché : bientôt des nations plus pauvres & dont les mœurs font plus fimples, font les mê-mes chofes; & les débitant à un prix plus bas, elles les débitent de pré-férence. L'induftrie de la nation même, l'induftrie du Luxe diminue, fa puiffance s'affoiblit, fes villes fe dépeuplent, fes richeffes paffent à l'étran-ger, & d'ordinaire il lui refte de la molleffe, de la langueur, & de l'ha-bitude à l'efclavage.

Après avoir vu quel eft le caractere d'une nation où regnent certains abus dans le gouvernement ; après avoir vu que les vices de cette nation font moins les effets du Luxe que de ces abus, voyons ce que doit être l'efprit national d'un peuple qui raffemble chez lui tous les objets poffibles du plus grand Luxe, mais que fait maintenir dans l'ordre un gouvernement fage & vigoureux, également attentif à conferver les véritables richeffes de l'Etat & les mœurs.

Ces richeffes & ces mœurs font le fruit de l'aifance du grand nombre, & fur-tout de l'attention extrême de la part du gouvernement à diriger toutes fes opérations pour le bien général, fans acception ni de claffes ni de particulier, & de fe parer fans ceffe aux yeux du public de ces in-tentions vertueufes.

Par-tout ce grand nombre eft ou doit être compofé des habitans de la campagne, des cultivateurs; pour qu'ils foient dans l'aifance, il faut qu'ils foient laborieux ; pour qu'ils foient laborieux, il faut qu'ils aient l'efpé-rance que leur travail leur procurera un état agréable; il faut auffi qu'ils en aient le défir. Les peuples tombés dans le découragement, fe conten-tent volontiers du fimple néceffaire ; ainfi que les habitans de ces contrées fertiles ou la nature donne tout, & où tout languit, fi le légiflateur ne fait point introduire la vanité & à la fuite un peu de Luxe. Il faut qu'il y ait dans les plus petits bourgs, des manufactures d'uftenfiles, d'étoffes, &c. néceffaires à l'entretien & même à la parure groffiere des habitans de la campagne : ces manufactures y augmenteront encore l'aifance & la population. C'étoit le projet du grand Colbert, qu'on a trop accufé d'avoir voulu faire des François une nation feulement commerçante.

Lorfque les habitans de la campagne font bien traités, infenfiblement le nombre des propriétaires s'augmente parmi eux : on y voit diminuer l'extrême diftance & la vile dépendance du pauvre au riche ; delà ce peuple a des fentimens élevés, du courage, de la force d'ame, des corps robuftes, l'amour de la patrie, du refpect, de l'attachement pour des magiftrats, pour un prince, un ordre, des loix auxquelles il doit fon bien-être & fon repos : il tremble moins devant fon feigneur, mais il craint fa confcience, la perte de fes biens, de fon honneur & de fa tranquillité. Il vendra cherement fon travail aux riches, & on ne verra pas le fils de l'honorable laboureur quitter fi facilement le noble métier de fes peres pour aller fe fouiller des livrées & du mépris de l'homme opulent.

Si l'on n'a point accordé les privileges exclufifs dont j'ai parlé, fi le fyftême des finances n'entaffe point les richeffes, fi le gouvernement ne favorife pas la corruption des grands, il y aura moins d'hommes opulens fixés dans les capitales, & ceux qui s'y fixeront n'y feront pas oififs ; il y aura peu de grandes fortunes, & aucune de rapide : les moyens de s'enrichir, partagés entre un plus grand nombre de citoyens, auront naturellement divifé les richeffes ; l'extrême pauvreté & l'extrême richeffe feront également rares.

Lorfque les hommes accoutumés au travail font parvenus lentement & par degrés à une grande fortune, ils confervent le goût du travail, peu de plaifirs les délaffe, parce qu'ils jouiffent du travail même, & qu'ils ont pris long-temps, dans des occupations affidues & l'économie d'une fortune modérée, l'amour de l'ordre & la modération dans les plaifirs.

Lorfque les hommes font parvenus à la fortune par des moyens honnêtes, ils confervent leur honnêteté, ils confervent ce refpect pour foi-même qui ne permet pas qu'on fe livre à mille fantaifies défordonnées ; lorfqu'un homme par l'acquifition de fes richeffes a fervi fes concitoyens, en apportant de nouveaux fonds à l'Etat, ou en faifant fleurir un genre d'induftrie utile, il fait que fa fortune eft moins enviée qu'honorée ; & comptant fur l'eftime & la bienveillance de fes concitoyens, il veut conferver l'une & l'autre.

Il y aura, dans le peuple des villes & un peu dans celui des campagnes, une certaine recherche de commodités & même un Luxe de bienféance, mais qui tiendra toujours à l'utile ; & l'amour de ce Luxe ne dégénérera jamais en une folle émulation.

Il y régnera dans la feconde claffe des citoyens un efprit d'ordre &

cette aptitude à la difcuffion que prennent naturellement les hommes qui s'occupent de leurs affaires : cette claffe de citoyens cherchera du folide dans fes amufemens même : fiere, parce que de mauvaifes mœurs ne l'auront point avilie; jaloufe des grands qui ne l'auront pas corrompue, elle veillera fur leur conduite, elle fera flattée de les éclairer, & ce fera d'elle que partiront des lumieres qui tomberont fur le peuple & remonteront vers les grands.

Ceux-ci auront des devoirs, ce fera dans les armées & fur la frontiere qu'apprendront la guerre ceux qui fe confacreront à ce métier, qui eft leur état; ceux qui fe deftineront à quelques parties du gouvernement, s'en inftruiront long-temps avec affiduité, avec application, & fi des récompenfes pécuniaires ne font jamais entaffées fur ceux même qui auront rendu les plus grands fervices; fi les grandes places, les gouvernemens, les commandemens ne font jamais donnés à la naiffance fans les fervices; s'ils ne font jamais fans fonctions, les grands ne perdront pas dans un Luxe oifif & frivole leur fentiment & la faculté de s'éclairer : moins tourmentés par l'ennui, ils n'épuiferont ni leur imagination ni celle de leur flatteur, à la recherche des plaifirs puérils & des modes fantaftiques; ils n'étaleront pas un fafte exceffif, parce qu'ils auront des prérogatives réelles & un mérite véritable dont le public leur tiendra compte. Moins raffemblés, & voyant à côté d'eux moins d'hommes opulens, ils ne porteront point à l'excès leur Luxe de bienféance : témoins de l'intérêt que le gouvernement prend au maintien de l'ordre & au bien de l'Etat, ils feront attachés à l'un & à l'autre; ils infpireront l'amour de la patrie & tous les fentimens d'un honneur vertueux & févere; ils feront attachés à la décence des mœurs, ils auront le maintien & le ton de leur état.

Alors ni la mifere ni le befoin d'une dépenfe exceffive n'empêchent point les mariages, & la population augmente; on fe foutient ainfi que le Luxe & les richeffes de la nation : ce Luxe eft de repréfentation, de commodité & de fantaifie : il raffemble dans ces différens genres tous les arts fimplement utiles & tous les beaux-arts; mais retenus dans de juftes bornes par l'efprit de communauté, par l'application aux devoirs, & par des occupations qui ne laiffent perfonne dans le befoin continu des plaifirs, il eft divifé, ainfi que les richeffes; & toutes les manieres de jouir, tous les objets les plus oppofés ne font point raffemblés chez le même citoyen. Alors les différentes branches de Luxe, fes différens objets fe placent felon la différence des états : le militaire aura de belles armes & des chevaux de prix; il aura de la recherche dans l'équipement de la troupe qui lui fera confiée : le magiftrat confervera dans fon Luxe la gravité de fon état; fon Luxe aura de la dignité, de la modération : le négociant, l'homme de finance auront de la recherche dans les commodités : tous les états fentiront le prix des beaux-arts, & en jouiront; mais alors ces beauxarts ramenent encore l'efprit des citoyens aux fentimens patriotiques &

aux véritables vertus : ils ne font pas feulement pour eux des objets de diffipation, ils leur préfentent des leçons & des modeles. Des hommes riches dont l'ame eft élevée, élevent l'ame des artiftes; ils ne leur demandent pas une Galatée maniérée, de petits Daphnis, une Madeleine, un Jérôme ; mais ils leur propofent de repréfenter Saint-Hilaire bleffé dangereufement, qui montre à fon fils le grand Turenne perdu pour la patrie.

Tel fut l'emploi des beaux-arts dans la Grece avant que les gouvernemens s'y fuffent corrompus : c'eft ce qu'ils font encore fouvent en Europe chez les nations éclairées qui ne fe font pas écartées des principes de leur conftitution. La France a fait faire un tombeau par Pigalle au général qui l'a couverte de gloire : fes temples font remplis de monumens érigés en faveur des citoyens qui l'ont honorée, & fes peintres ont fouvent fanctifié leurs pinceaux par les portraits des hommes vertueux. L'Angleterre a fait bâtir le château de Bleinheim à la gloire du duc de Malboroug : fes poëtes & fes orateurs célebrent continuellement leurs concitoyens illuftres, déjà fi récompenfés par le cri de la nation, & par les honneurs que leur rend le gouvernement. Quelle force, quels fentimens patriotiques, quelle élévation, quel amour de l'honnêteté, de l'ordre & de l'humanité, n'infpirent pas les poéfies des Corneille, des Adiffon, des Pope ! Si quelque poëte chante quelquefois la molleffe & la volupté, fes vers deviennent les expreffions dont fe fert un peuple heureux dans les momens d'une ivreffe paffagere qui n'ôte rien à fes occupations & à fes devoirs.

L'éloquence reçoit des fentimens d'un peuple bien gouverné; par fa force & fes charmes elle rallumeroit les fentimens patriotiques dans les momens où ils feroient prêts à s'éteindre. La philofophie, qui s'occupe de la nature de l'homme, de la politique & des mœurs, s'empreffe à répandre des lumieres utiles fur toutes les parties de l'adminiftration, à éclairer fur les principaux devoirs, à montrer aux fociétés leurs fondemens folides, que l'erreur feule pourroit ébranler. Ranimons encore en nous l'amour de la patrie, de l'ordre, des loix ; & les beaux-arts cefferont de fe profaner, en fe dévouant à la fuperftition & au libertinage; ils choifiront des fujets utiles aux mœurs, & ils les traiteront avec force & avec nobleffe.

L'emploi des richeffes dicté par l'efprit patriotique, ne fe borne pas au vil intérêt perfonnel & à de fauffes & de puériles jouiffances : le Luxe alors ne s'oppofe pas aux devoirs de pere, d'époux, d'ami & d'homme. Le fpectacle de deux jeunes gens pauvres qu'un homme riche vient d'unir par le mariage, quand il les voit contens fur la porte de leur chaumiere, lui fait un plaifir plus fenfible, plus pur & plus durable, que le fpectacle du grouppe de Salmacis & d'Hermaphrodite placé dans fes jardins. Je ne crois pas que dans un état bien adminiftré & où par conféquent regne l'amour de la patrie, les plus beaux magots de la Chine rendent auffi heureux leurs poſſeſſeurs que le ſeroit le citoyen qui auroit volontairement contribué de ſes tréſors à la réparation d'un chemin public.

L'excès du Luxe n'eſt pas dans la multitude de ſes objets & de ſes moyens; le Luxe eſt rarement exceſſif en Angleterre, quoiqu'il y ait chez cette nation tous les genres de plaiſirs que l'induſtrie peut ajouter à la nature, & beaucoup de riches particuliers qui ſe procurent ces plaiſirs. Il ne l'eſt devenu en France que depuis que les malheurs de la guerre de 1700 ont mis du déſordre dans les finances & ont été la cauſe de quelques abus. Il y avoit plus de Luxe dans les belles années du ſiecle de Louis XIV, qu'en 1720, & en 1720 ce Luxe avoit plus d'excès.

Le Luxe eſt exceſſif dans toutes les occaſions où les particuliers ſacrifient à leur faſte, à leur commodité, à leur fantaiſie, leurs devoirs ou les intérêts de la nation; & les particuliers ne ſont conduits à cet excès que par quelques défauts dans la conſtitution de l'Etat, ou par quelques fautes dans l'adminiſtration. Il n'importe à cet égard que les nations ſoient riches ou pauvres, éclairées ou barbares, quand on n'entretiendra point chez elles l'amour de la patrie & les paſſions utiles; les mœurs y ſeront dépravées, & le Luxe y prendra le caractere des mœurs : il y aura dans le peuple foibleſſe, pareſſe, langueur, découragement. L'empire de Maroc n'eſt ni policé, ni éclairé, ni riche; & quelques fanatiques ſtipendiés par l'empereur, en opprimant le peuple en ſon nom & pour eux, ont fait de ce peuple un vil troupeau d'eſclaves. Sous les regnes foibles & pleins d'abus de Philippe III, Philippe IV & Charles II, les Eſpagnols étoient ignorans & pauvres, ſans force de mœurs, comme ſans induſtrie; ils n'avoient conſervé de vertus que celles que la religion doit donner, & il y avoit juſques dans leurs armées un Luxe ſans goût & une extrème miſere. Dans les pays où regne un Luxe groſſier, ſans art & ſans lumieres, les traitemens injuſtes & durs que le plus foible eſſuie par-tout du plus fort, ſont plus atroces. On ſait quelles ont été les horreurs du gouvernement féodal, & quel fut dans ce temps le Luxe des ſeigneurs. Aux bords de l'Orénoque les meres ſont remplies de joie quand elles peuvent en ſecret noyer ou empoiſonner leurs jeunes filles, pour les dérober aux travaux auxquels les condamnent la pareſſe féroce & le Luxe ſauvage de leurs époux.

Un petit émir, un nabab, & leurs principaux officiers, écraſent le peuple pour entretenir des férails nombreux : un petit ſouverain d'Allemagne ruine l'agriculture par la quantité du gibier qu'il entretient dans ſes Etats. Une femme ſauvage vend ſes enfans pour acheter quelques ornemens & de l'eau de-vie. Chez les peuples policés, une mere tient ce qu'on appelle un *grand état*, & laiſſe ſes enfans ſans patrimoine. En Europe, un jeune ſeigneur oublie les devoirs de ſon état, & ſe livre à nos goûts polis & à nos arts. En Afrique, un jeune prince negre paſſe les jours à ſemer des roſeaux & à danſer. Voilà ce qu'eſt le Luxe dans des pays où les mœurs s'alterent; mais il prend le caractere des nations; il ne le fait pas, tantôt efféminé comme elles, & tantôt cruel & barbare. Je crois que pour les peuples il vaut encore mieux obéir à des épicuriens frivoles qu'à des sauvages guerriers, & nourrir le Luxe des fripons voluptueux & éclairés que celui des voleurs héroïques & ignorans.

Puisque le défir de s'enrichir & celui de jouir de ses richesses font dans la nature humaine dès qu'elle est en société; puisque ces défirs soutiennent, enrichissent, vivifient toutes les grandes sociétés; puisque le Luxe est un bien, & que par lui-même il ne fait aucun mal, il ne faut donc, ni comme philosophe, ni comme souverain attaquer le Luxe en lui-même.

Le souverain corrigera les abus qu'on peut en faire & l'excès où il peut être parvenu, quand il réformera dans l'administration ou dans la constitution les fautes ou les défauts qui ont amené cet excès ou ces abus.

Dans un pays où les richesses se seroient entassées en masse dans une capitale, & ne se partageroient qu'entre un petit nombre de citoyens chez lesquels régneroit sans doute le plus grand Luxe, ce seroit une grande absurdité de mettre tout-à-coup les hommes opulens dans la nécessité de diminuer leur Luxe; ce seroit fermer les canaux par où les richesses peuvent revenir du riche au pauvre; & vous réduiriez au désespoir une multitude innombrable de citoyens que le Luxe fait vivre; ou bien ces citoyens, étant des artisans moins attachés à leur patrie que l'agriculteur, ils passeroient en foule chez l'étranger.

Avec un commerce aussi étendu, une industrie aussi universelle, une multitude d'arts perfectionnés; n'espérez pas aujourd'hui ramener l'Europe à l'ancienne simplicité; ce seroit la ramener à la foiblesse & à la barbarie. Je prouverai ailleurs combien le Luxe ajoute au bonheur de l'humanité; je me flatte qu'il résulte de cet article que le Luxe contribue à la grandeur & à la force des Etats, & qu'il faut l'encourager, l'éclairer & le diriger.

Il n'y a qu'une espece de loix somptuaires qui ne soit pas absurde, c'est une loi qui chargeroit d'impôts une branche de Luxe qu'on tireroit de l'étranger, ou une branche de Luxe qui favoriseroit trop un genre d'industrie aux dépens de plusieurs autres; il y a même des temps où cette loi pourroit être dangereuse.

Toute autre loi somptuaire ne peut être d'aucune utilité; avec des richesses trop inégales, de l'oisiveté dans les riches, & l'extinction de l'esprit patriotique, le Luxe passera sans cesse d'un abus à un autre: si vous lui ôtez un de ses moyens, il le remplacera par un autre également contraire au bien général.

Des princes qui ne voyoient pas les véritables causes du changement dans les mœurs, s'en sont pris tantôt à un objet de Luxe, tantôt à l'autre: commodités, fantaisies, beaux-arts, philosophie, tout a été proscrit tour à tour par les empereurs romains & grecs; aucun n'a voulu voir que le Luxe ne faisoit pas les mœurs, mais qu'il en prenoit le caractere & celui du gouvernement.

La premiere opération à faire pour remettre le Luxe dans l'ordre & pour rétablir l'équilibre des richeſſes, c'eſt le ſoulagement des campagnes. Un prince de nos jours a fait, ſelon moi, une très-grande faute en défendant aux laboureurs de ſon pays de s'établir dans les villes; ce n'eſt qu'en leur rendant leur état agréable qu'il eſt permis de le leur rendre néceſſaire, & alors on peut, ſans conſéquence, charger de quelques impôts le ſuperflu des artiſans du Luxe qui reflueront dans les campagnes.

Ce ne doit être que peu à peu & ſeulement en forçant les hommes en place à s'occuper des devoirs qui les appellent à la campagne, que vous devez diminuer le nombre des habitans des capitales.

S'il faut ſéparer les riches, il faut diviſer les richeſſes; mais je ne propoſe point des loix agraires, un nouveau partage des biens, des moyens violens; qu'il n'y ait plus de privileges excluſifs pour certaines manufactures & certains genres de commerce; que la finance ſoit moins lucrative; que les charges, les bénéfices ſoient moins entaſſés ſur les mêmes têtes; que l'oiſiveté ſoit punie par la honte ou par la privation des emplois; & ſans attaquer le Luxe en lui-même, ſans même trop gêner les riches, vous verrez inſenſiblement les richeſſes ſe diviſer & augmenter, le Luxe augmenter & ſe diviſer comme elles, & tout rentrera dans l'ordre. Je ſens que la plupart des vérités renfermées dans cet article, devroient être traitées avec plus d'étendue; mais j'ai reſſerré tout, parce que je fais un article & non pas un livre : je prie les lecteurs de ſe dépouiller également des préjugés de Sparte & de ceux de Sybaris; & dans l'application qu'ils pourroient faire à leur ſiecle ou à leur nation de quelques traits répandus dans cet ouvrage, je les prie de vouloir bien, ainſi que moi, voir leur nation & leur ſiecle, ſans des préventions trop ou trop peu favorables, & ſans enthouſiaſme, comme ſans humeur.

ESSAI SUR LE LUXE.

Par M. le Baron DE HALLER.

DE toutes les recherches qui exercent les eſprits de ce ſiecle éclairé, peut-être aucune n'eſt ſi importante, pour le bien public & pour l'intérêt de l'humanité, que celle qui concerne le Luxe. Il eſt regardé par les uns comme un des plus grands fléaux, & par d'autres comme la ſource de l'opulence & de l'induſtrie.

On a dit & on a répété depuis long-temps, que l'on diſpute ſouvent faute de s'entendre, & que chacun donne un ſens différent aux mots dont on ſe ſert, parce qu'on ne les définit pas également. Cela eſt vrai quelquefois, mais cela n'empêche pas qu'il n'y ait des cas, où en prenant tous les mots d'une propoſition exactement dans une même acception, il y a néanmoins pluſieurs perſonnes qui raiſonnent différemment, & le réſultat de leur combinaison se trouve diamétralement opposé. Il est cependant bon de commencer d'abord par définir les mots qui font l'état de la question, nommément quand le sens en est complexe. Tel est le mot Luxe, qui présente un sens vague & indéterminé; ce qui assurément a contribué à la diversité des sentimens opposés qu'il y a sur cette importante matiere, lorsqu'il est question d'examiner s'il est utile ou nuisible à un Etat.

De tout temps on avoit regardé le Luxe comme la cause de la corruption des mœurs, & la ruine des royaumes, & c'étoit, pour ainsi dire, un axiome irréfragable; mais dans ce dernier siecle, des esprits éclairés ont fait à l'envi l'apologie du Luxe, & ont prétendu qu'il étoit nécessaire pour faire fleurir un grand royaume, pour favoriser le commerce, la circulation, l'industrie, les manufactures; & que le Luxe seul redressoit, pour ainsi dire, l'inégalité des conditions en mettant à contribution le superflu des uns pour subvenir à la nécessité des autres. C'est lui, dit-on, qui enfante tous les raffinemens du bon goût, & développe les talens de tant d'artistes dont l'art & le génie sont encouragés par la profusion & la prodigalité que le Luxe introduit. Voilà le beau côté de la médaille. Mais comme souvent, *ce qu'on voit dans un objet n'est pas tout ce qu'on peut y voir, & qu'une vérité, en nous interceptant la vue d'autres vérités, nous conduit souvent à l'erreur,* il se pourroit faire qu'en approfondissant plus la matiere, l'on trouvât que quoique presque tout ce qu'on vient de dire soit vrai jusqu'à un certain point, le mal que le Luxe excessif cause d'un autre côté est infiniment plus dangereux, & la spéculation confirmera ce que l'expérience de tous les siecles nous a démontré. C'est une vérité historique & constante, que le trop grand Luxe a toujours été l'avant-coureur de la destruction d'un Etat: disons plus, il en a été presque toujours la cause. Le travail & l'économie sont les principes de la vraie prospérité, & l'éclat du faste & de la magnificence ne sont sans cela qu'une fausse splendeur qui cache la misere.

Mais c'est ici qu'il faut nous arrêter un moment avant de passer plus loin, pour avoir une idée précise de ce qu'on entend par le mot Luxe. Si l'on veut désigner par Luxe tout ce qui excede le nécessaire physique, je ferois l'apologie des sauvages, en ramenant, pour ainsi dire, les loix de Lycurgue, ce qui n'est pas mon intention. Je conviens encore que ce qui étoit Luxe dans un temps, ne l'est plus dans un autre; mais c'est dans cette gradation, dont le progrès va à l'infini, qu'il faut, avec sagacité, saisir le degré de l'échelon où il dégénere en vice; j'entends un vice politique qui, loin d'être utile, devient nuisible à l'Etat. Cette distinction est encore locale, individuelle, & sujette à différens temps & époques. Ce qui est un Luxe ruineux dans un pays, seroit peut-être utile ou indifférent dans un autre. Un Luxe destructif & indécent dans un ordre de la société, est honorable, indispensable & utile dans un autre: & enfin dans le

même

même pays, où un certain Luxe est nécessaire, il peut y avoir des temps où des loix somptuaires seroient utiles.

Si l'on veut prendre la peine de me suivre dans l'analyse de ces principes, on verra que quoique abstractivement le Luxe paroisse produire certains avantages, l'abus est la cause de plus grands désordres. Si la dépense ou le Luxe de chaque particulier étoit le thermometre de sa fortune, le degré du Luxe seroit assurément le symptôme de la puissance, de la richesse, de l'industrie & de l'opulence d'un Etat, mais n'en seroit pas pour cela la cause, & en arrêteroit les progrès. Mais que seroit-ce lorsque la vanité & l'amour-propre, excités par l'opinion, par la coutume & par l'orgueil, quelquefois par la nécessité, fait qu'on veut paroître établi pour s'établir, & qu'on aspire à une considération au-delà de son état, & qu'on se met par sa dépense, pour un temps, au-dessus de cet état, en sapant les fondemens d'un édifice commode & nécessaire pour en bâtir un plus grand qu'on ne sera jamais en état d'élever? L'Etat perd la maison & ne gagne pas le palais. Dans un pays où le Luxe regne, cet exemple est répété des milliers de fois dans tous les ordres de l'Etat. Le Luxe dont je parle est donc celui qui excite plusieurs à faire une dépense au-delà de ce que leurs facultés ne comportent, par la considération attachée à ce Luxe, par le mépris où tombent ceux qui ne sont pas en état de la faire, par l'universalité de son usage, par l'opinion d'autrui ; ce qui fait que le superflu, l'inutile, le frivole, est presque devenu nécessaire & indispensable. C'est dans cet aspect qu'on peut avoir eu raison de dire, *que la félicité & la puissance apparente que le Luxe communique durant quelques instans à une nation, est comparable à ces fievres violentes qui prêtent durant le transport une force incroyable aux malades qu'elles dévorent, & semblent ne multiplier les forces d'un homme que pour le priver au déclin de l'accès & de ces forces même, & de la vie.* Ce sont des branches gourmandes qui dessechent le tronc & épuisent les racines. Un habile jardinier les retranche. On peut, à force d'engrais, de fumier & de serres chaudes, avoir une récolte précoce & brillante ; mais cette fécondité qui étonne, s'épuise par l'abus de ses forces ; la langueur & la stérilité s'ensuivent.

Il est encore physiquement vrai, qu'un Luxe excessif amollit le corps & affoiblit le courage ; la mollesse énerve les uns, & les besoins exténuent les autres. Les besoins multipliés se tournent en habitude ; cette habitude en diminuant les agrémens de la possession, ne diminue pas toujours le désespoir de la privation. Il n'est que trop vrai que *l'on est souvent malheureux de perdre des choses qu'on n'est pas heureux de posséder.* Qu'on ne dise pas que c'est un mal individuel qui ne regarde pas le public, l'Etat s'en ressent toujours. S'il étoit vrai que les biens de ceux qui se ruinent se trouvassent épars dans les autres individus de l'Etat, la ruine des malheureux seroit encore nuisible à l'Etat, parce que c'est la multitude des aisés qui en fait l'opulence : mais il est absolument faux que ces biens se retrouvent fur la maffe du public. Si les biens de chaque particulier étoient un état d'argent numéraire, cela pourroit être, mais les biens, qui pour la plupart font des biens de conventions, factices, artificiels, l'induftrie, le crédit, l'opinion, tous êtres de raifon forment, foutiennent, étayent une grande partie des richeffes qui s'évanouiffent, difparoiffent & s'anéantiffent avec la ruine de leurs premiers poffeffeurs, & font perdues pour l'Etat; les biens-fonds même qui font les plus folides, & dont l'exiftence femble ne pouvoir s'anéantir, & dont par conféquent les poffeffeurs paroiffent indifférens à l'Etat, ne le font pas encore, entendu que le dérangement des premiers poffeffeurs en fait négliger la culture & la valeur, & l'Etat s'en reffent. D'ailleurs, jamais les terres ne font mieux cultivées que lorf-qu'elles font partagées en plufieurs mains. Avec cela, qu'on faffe attention que cent bourgeois aifés font infiniment plus utiles à un Etat que cent pauvres, ou dix puiffamment riches. Cette affertion eft fi évidente, qu'il n'eft pas néceffaire de la prouver : c'eft la quantité des ménages qui fait à la longue une dépenfe honnête, foutenue & permanente, qui augmente la circulation, l'induftrie, la confommation, le commerce, les manufac-tures, & tous les arts utiles, *qui font les aînés des arts agréables.* Mais quand un Luxe exceffif fait que *les arts font lucratifs, en raifon inverfe de leur utilité, les plus néceffaires deviennent pour lors les plus négligés, & l'Etat fe dépeuple par la multiplication des fujets qui lui font à charge;* C'eft alors que l'on tombe précifément dans l'inconvénient des fauvages du Canada, *qui coupent l'arbre par le tronc pour en ôter le fruit.* Ce qui affoiblit chaque membre d'un corps, doit néceffairement affoiblir tout le corps : or le Luxe exceffif affoiblit, fans contredit, prefque tous les ordres d'un corps politique dans l'état phyfique & dans l'état moral; par confé-quent il doit ruiner & détruire la conftitution de ce corps. Un autre in-convénient qui réfulte du Luxe, c'eft que, felon l'ordre naturel, la propa-gation de l'efpece doit augmenter dans un pays, fi un vice inhérent, phyfique ou moral ne l'empêche. Nous avons vu dans des temps, où le Luxe ne régnoit que chez les grands, des effaims fortir d'un pays fans le dépeupler pour s'établir ailleurs; mais le Luxe des peres, dont l'exemple fâcheux eft fouvent tout l'héritage des enfans, les jette forcément dans l'état céliba-taire en arrêtant les fources de la vie & de la propagation. Il eft clair que par la fubdivifion des biens d'un pere à fes enfans, ces enfans ne fauroient vivre fur le même ton que leur pere a vécu, que par une induftrie éco-nomique. Des peres économes dans un commerce ou dans un trafic lucratif, faifoient fubfifter chacun de leurs enfans fur un pied auffi folide qu'étoit le leur, & laiffoient en mourant à l'Etat le double, le triple, & fouvent le quadruple de ce qu'il perdoit : ils ne quittoient la fcene qu'en laiffant un ou plufieurs fubftituts de la même force qu'eux. L'économie, l'épargne, j'ofe le dire, l'avarice d'un homme qui théfaurife, n'eft jamais perdue pour l'Etat, dont l'exiftence ne doit jamais être confidérée abftractivement dans le moment préfent ; mais la poftérité en fait une partie. Les avares & les économes ne renferment pas leur argent dans les coffres, ils le font circuler à l'avantage du contemporain & de la poftérité ; avec cela des gens économes, fans autre Luxe qu'une aifance & une commodité bourgeoife, peuvent fubfifter d'un commerce & d'un trafic honnête & facile, au lieu que par le ravage que le Luxe fait, le moindre revers, la moindre perte, culbutent la fortune d'un homme ; & les moyens ordinaires ne fuffifent pas, ils font obligés de recourir à des moyens violens & hafardeux. Le commerce & le trafic dégénerent fouvent en jeu de hafard ; le remede eft pire que le mal, & l'on fe ruine plutôt (a). Je paffe fous filence combien cette dure néceffité d'être & de paroître, corrompt les mœurs, *en réduifant toutes nos paffions à la foif de l'or*, & cela par l'honneur qui en réfulte. L'effet fe tourne contre la caufe : femblables à ces malheureufes victimes de l'amour, qui, par un fentiment d'honneur, étouffent les fruits de leurs paffions illégitimes, & les cris de la nature ; victimes de l'honneur, on le devient de la honte. Tout confpire dans le Luxe à corrompre les mœurs : il éclipfe, il étouffe les vertus, ou plutôt les déprave ; il ne connoit que les plaifirs, qui font auffi illufoires que les honneurs que le Luxe attire. L'efpérance fait illufion, & flatte fur l'avenir ; l'efprit eft la dupe du cœur. On veut arracher de la confidération, jouir du moment préfent, éviter le mépris actuel ; toute autre confidération s'éclipfe, on s'étourdit fur les fuites, on ferme les yeux pour ne pas voir, comme ces oifeaux qui, pourfuivis par les chaffeurs, enfoncent la tête dans le fable, & fe croient à l'abri du péril dès qu'ils ne le voient plus.

Pour voir, par des exemples de fait, le tort que le Luxe fait au commerce, l'on n'a qu'à jeter les yeux fur l'état de celui de certain port de mer fur la Méditerranée, où tout confpire pour l'avantage de ceux qui s'en mêlent. Qu'on faffe après l'énumération de ceux qui s'y font ruinés, & je défie qui que ce foit d'en trouver d'autre caufe que le Luxe exceffif. Si l'on avoit fait dans ce port le commerce avec l'efprit du commerce, cette ville auroit été une pépiniere de richards où la capitale eut trouvé des recrues pour ceux qui doivent s'y ruiner. Les troncs y refteroient toujours & s'y multiplieroient. Il y a bien d'autres racines que le Luxe deffeche & empêche de fe ramifier en plufieurs branches.

Il y a 70 ans que les plus grands négocians d'une ville qui a été & qui eft encore une des plus commerçantes de l'Europe, (Amfterdam) n'a-

***

(a) » Celui qui confume peu & lentement, dit un auteur moderne, fe contente de » petits profits & peut les attendre, *multi pochi fanno un affai*, a dit la plus économe des » nations ; mais, au contraire, celui qui confomme rapidement & avec profufion, veut » acquérir & recouvrer de même. Si les proverbes n'étoient pas profcrits, on pourroit » citer le proverbe François, auffi énergique que l'Italien, *les petits ruiffeaux font les* » *grandes rivieres.*

voient ni jardins ni maifons de campagne comparables à celles que leurs commis poffedent aujourd'hui. La conftruction & la dépenfe immenfe de l'entretien de ces palais de fées, ou plutôt de ces gouffres, n'eft pas le plus grand mal ; mais la diftraction & la négligence que ce Luxe caufe, portent fouvent un grand préjudice dans les affaires & dans le commerce. D'abord l'on n'y va que les dimanches & les jours de fêtes, puis on s'y plaît, on s'y accoutume, on y fait un plus long féjour, on fe repofe fur les commis des foins de fes affaires, on en perd le fil, l'on ne voit plus par fes propres yeux ; & dès lors l'on eft prefque ruiné. Les commis fuivent l'exemple du maître, le défordre s'en mêle, & renaît dans la fuite des efforts même qu'on fait pour le réparer. Qu'on faffe encore attention que plus on occupe le temps à gagner de l'argent, moins on a celui de le dépenfer. Mais le commerçant économe ne le fait pas moins circuler au profit de l'Etat dans le même commerce. Vingt commis dans un grand comptoir font plus utiles à la fociété que l'entretien de vingt laquais. Un grand négociant, par la geftion de fon commerce, procure le pain à un plus grand nombre de gens que ne fait le fafte d'un grand feigneur. Ce n'eft pas aux frélons à fe nourrir aux dépens des laborieufes abeilles. C'eft par le commerce & par l'économie que les fortunes des uns fe font fans préjudice de celles des autres ; les fources n'en font point fufpectes. On ne fait que trop que ces fortunes rapides & immenfes qu'on fait par d'autres moyens font regardées comme non utiles au public ; c'eft, dit-on, une hydropifie, ce n'eft pas de l'embonpoint. Des efprits du premier ordre regardent ces fortunes prodigieufes & immenfes comme le véhicule & le foyer du Luxe. Ce font les modeles dont les copies fe multiplient pour un temps & difparoiffent pour toujours. Le Luxe des grands n'excite point l'envie ni l'émulation ; mais l'on ne peut fouffrir une difparité auffi prodigieufe parmi fes égaux ; de-là les efforts d'imitation. Mais comme il y a plus de grenouilles que de bœufs, le nombre de ceux qui crèvent eft grand. Mais laiffons-là cette difcuffion, & arrêtons-nous à faire voir que le défaut d'économie, ou plutôt l'abus du Luxe, eft la caufe de l'expatriation de bien du monde, & attaque la propagation de tout côté. Un pere qui a trois ou quatre enfans, & qui confume tout fon revenu ; qui a élevé & accoutumé fes enfans à ce Luxe, les rend malheureux. On veut continuer le même train de vie fans avoir les mêmes moyens, ce qui eft la fource de tant de défordres. On s'expatrie, on devient célibataire, on tombe dans l'indigence, on augmente le monachifme, on fe jette dans le militaire, & c'eft peut-être le feul bien qui en réfulte. Mais c'eft toujours *un corps qui dévore fes propres membres.*

Si le Luxe étoit plus modéré & qu'il y eût plus de citoyens aifés, l'on vendroit à Lyon, par exemple, un tiers plus d'étoffes communes ; on y employeroit plus de monde, on gagneroit davantage fur le nombre d'étoffes modeftes qu'on ne gagnoit fur les parentes fuperbes en or & en ar-

gent. Il en eſt de même des autres branches de l'induſtrie; la main-d'œuvre, qui feroit à meilleur marché, ſi le Luxe n'avoit enchéri les choſes
de premiere néceſſité, favoriſeroit toutes les manufactures & toutes les fabriques, & augmenteroit beaucoup le commerce au-dehors; l'agriculture
même s'en reſſentiroit. La culture des terres n'eſt jamais négligée par un
peuple laborieux, ſobre, tempérant & économe; elle ſuit la population,
& la cauſe à ſon tour. Le Luxe ſeul fait négliger ce grand objet; l'on ne
ſauroit jamais exagérer combien la culture des terres & la population ſont
les premiers objets de l'adminiſtration & la ſource de la grandeur & de
l'opulence d'un Etat. Quand cette vérité deviendroit faſtidieuſe à force d'être
répétée, elle ne ſeroit pas moins importante : c'eſt le ſort de toutes les
vérités qui deviennent des lieux communs. Mais je demande, ſi quand toute
la halle, les ſavoyards & les fiacres de Paris, répéteroient vingt fois le
jour deux & deux ſont quatre, ſi cela altere la vérité de cette aſſertion? Il
en eſt de même de ces vérités injuſtement appellées triviales; preſque tous
les proverbes ſont dans ce cas-là. Eſt-ce que la vérité vieillit & devient
ignoble? Les proverbes la rendent-elle roturiere pour l'avoir miſe dans la
bouche du peuple? Ainſi, quand on le répétera encore autant de fois que
cela a été dit, il ne ſera pas moins vrai que le Luxe exceſſif eſt la cauſe
de la décadence des Etats; il étouffe l'eſprit patriotique, fait éclipſer les
vertus, ſubſtitue une fauſſe gloire à la véritable. C'eſt lui qui fait qu'il y a
tant de bourgeois & ſi peu de citoyens. Chacun excédé de ſes propres beſoins, que l'opinion & l'habitude ont multipliés, ne fait pas attention à
ceux de l'Etat. Tous les efforts ſont épuiſés dans le détail du ménage que
le Luxe a enfanté; les reſſorts des reſſources ſont preſque uſés dans le particulier; le public les trouve épuiſés. De-là ces emprunts immenſes que
l'Etat eſt néceſſité de faire, & dont une puiſſance voiſine paroit abuſer;
emprunts inconnus à nos ancêtres, qui maſquent la foibleſſe réelle par des
forces apparentes, qui reculent le mal, le pallient, mais ne le guériſſent
pas. Cette méthode des emprunts auroit de grands avantages ſi l'on n'en
abuſoit pas. Mais le Luxe détruit les moyens qui pourroient le rendre ſa-
lutaire. La création des fonds publics, quand on les fait à propos, & qu'elle
n'excede point la ſphere de la puiſſance, eſt une alchymie réaliſée, dont
ceux même qui l'operent, n'entendent pas ſouvent tout le myſtere. Mais
un degré trop violent de feu, peut réduire en fumée l'or qui eſt dans le creuſet.

L'analyſe de tous ces principes, ou plutôt toutes ces vérités, amplifiées
avec des citations *d'Horace*, *de Perſe*, *de Saluſte*, *de Cicéron*, illuſtrées de
faits hiſtoriques; tout cela délayé dans des diſſertations particulieres, formeroit un grand volume, mais je me contenterai de cette exquiſſe; j'indiquerai ſeulement quelques moyens de ralentir le Luxe relatif (a). Les loix

_____

(a) Un auteur célébre, (M. de Mirabeau) regarde comme une des cauſes du Luxe,
l'admiſſion de la jeuneſſe dans la ſociété, & le relachement de la diſcipline domeſtique.
Les inconvéniens de cet uſage y ſont développés ſupérieurement, & l'on ne ſauroit trop
lire ces excellent morceau.

fomptuaires ne feroient pas affez efficaces : elles doivent quelquefois fe reftreindre à un certain temps, comme les Romains firent dans la feconde guerre punique ; avec cela elles ne répondent pas toujours au but qu'on fe propofe ; on les élude en raffinant fur un Luxe modefte, on le rend auffi coûteux qu'un Luxe faftueux. C'eft à la légiflation à prévenir cet abus, mais le moyen le plus fpécifique, feroit celui qui ôteroit par une fage légiflation, cette ridicule confidération à un extérieur frivole, & l'attacheroit à un mérite réel, & qui détruiroit ce mépris injufte, où la fimplicité modefte eft tombée par une dépravation de goût & de raifonnement. Celui, dis-je, qui, par une fage légiflation, trouveroit le fecret de détruire ce preftige, rendroit un grand fervice à l'humanité ; la vertu & l'émulation renaîtroient, le vice & la fatuité fe cacheroient. Après la promulgation des loix fomptuaires divifées en plufieurs claffes, felon les différens ordres de l'Etat, on pourroit encore tâcher de diftinguer la vertu & le mérite par quelque marque équivalente à la fuppreffion de l'éclat extérieur, pour pouvoir, du moins, afpirer à ce qu'on tâche tant de mériter. Par exemple, tout négociant, tout commerçant en détail, tout trafiquant, tout manufacturier, tout artifte, tout laboureur, qui feroit voir au gouvernement qu'il auroit augmenté fon bien-fonds & fon patrimoine de la moitié ou d'un quart par des voies honnêtes & légitimes, auroit une diftinction honorable ; par exemple, un ordre du mérite qui lui concilieroit l'eftime du prince qui donne le ton, & par conféquent la confidération du contemporain. Tout homme qui, à fa mort, n'auroit point laiffé à fes enfans & à fes héritiers le patrimoine & les biens de fon pere, perdroit le titre diftinctif, & recevroit quelque légere flétriffure, à moins que des accidens inévitables n'en fuffent la caufe. Perfonne prefque ne fe ruineroit ; mais cette loi tiendroit de la tyrannie, & elle ne fauroit s'établir fans de grandes reftrictions. On pourroit établir des loix qui ferviffent d'obftacles à la folle dépenfe des particuliers, & au Luxe relatif de ceux qui fe ruinent pour ne point le paroître. On pourroit établir des fecours réels par des banques d'emprunts, pour étayer & relever à temps ceux qui commencent à déchoir, en les mettant à l'abri des ufuriers & des moyens violens qui les écrafent. Leur crédit étant foutenu, leur fortune s'en releveroit, fi en même-temps on attachoit des diftinctions honorables pour ceux qui ont effuyé des pertes & des malheurs accidentels, & qui auroient recours à temps à ces expédiens pour rétablir leur fortune, en faifant en même-temps main-baffe fur toute dépenfe inutile & frivole : au moyen de quoi une maifon qui fe réduiroit à temps, recevroit les moyens de fe rétablir d'une façon auffi honorable qu'utile. Ces expédiens feroient peut-être plus facile dans la pratique qu'on ne fe l'imagine, & d'une utilité prodigieufe ; mais cela feroit l'objet d'un traité particulier. On a démontré que l'on eft univerfellement martyr de l'opinion, & c'eft en courant après les honneurs qu'on les perd : c'eft une idole qu'on encenfe, au hafard d'en devenir la victi-

me. On prend l'ombre pour le corps ; il y a moins de prodigues qu'on
ne penſe, on ne ſe ruine guere que par la crainte d'être ruiné, & de manquer de conſidération dans le public. Ce ſont là les motifs qui jettent enfin
tant de gens dans des entrepriſes haſardeuſes, comme ces valétudinaires
qui, pour jouir d'une vigueur que leur conſtitution ne comporte pas, s'a-
bandonnent aux charlatans, qui en peu de temps détruiſent & leur reſte
de ſanté & leur vie ; au lieu qu'un bon régime les auroit fait aller juſqu'au
bout de leur courſe avec agrément & ſans incommodité. C'eſt-là le grand
ſecret de la décadence de tant de familles nobles, bourgeoiſes, commerçantes, trafiquantes ; c'eſt-là ce qui a ſemé la miſere ſi près de l'opulence.

> Coutume, opinion, reine de notre ſort,
> Vous réglez des mortels & la vie & la mort.

Chacun fait des efforts pour paroître au deſſus de ſon état, pour obtenir une conſidération ſupérieure à cet état. Les prudens ſont ceux *qui vivent en pauvres pour paroître riches*, tant il eſt vrai qu'on préfere ſouvent
la morale de l'opinion au bien-être phyſique : c'eſt peut-être le plus grand
effort de la vertu & du vice. C'eſt donc dans l'opinion & dans la morale
qu'on doit chercher la ſource de ce vice. Les états en étant moins confondus, le Luxe ſe trouveroit plus à ſon aiſe & à ſa place, & le bon goût
ſeroit plus délicat étant moins commun. Aucune branche de l'induſtrie
ne ſeroit ſupprimée, mais les fleurs ne prendroient pas la place des fruits.
Le Luxe rectifié pourroit même être reſtreint en temps de guerre ſelon les
circonſtances, en faiſant céder l'intérêt particulier au bien public, & en
eſſuyant de petits inconvéniens pour en éviter de grands.

Qu'on n'oublie pas que je ſuis convenu que ce qui eſt Luxe dans un
temps, & pour un ordre ou claſſe de gens, ne l'eſt pas pour l'autre : ce
ſeroit confondre le Luxe avec la dépenſe. Le Luxe qui détruit une petite
république, ne détruiroit peut-être pas un grand royaume : mais il y a un
degré de Luxe nuiſible à la monarchie la plus opulente. L'uſage univerſel
du vin eſt un Luxe ruineux pour l'Angleterre, & ne l'eſt nullement en
France. Il y a pluſieurs objets de cette nature. Le détail & l'analyſe de
toutes ces diſtinctions eſt peut-être l'objet le plus important pour l'humanité. Je ſuis perſuadé que le bien public, le repos des familles en dépend,
ainſi que la gloire des ſouverains, le bien-être de notre ſiecle, & celui de
la poſtérité.

LUXEMBOURG, (le Duché de) *l'une des dix-sept Provinces des Pays-Bas.*

LE duché de Luxembourg eſt ſitué entre l'évêché de Liege, l'électorat de Treves, la Lorraine, & la Champagne. Il appartient, pour la majeure partie, à la maiſon d'Autriche, & pour l'autre, à la France, par le traité des Pyrénées : Thionville eſt la capitale du Luxembourg François. Il eſt du gouvernement militaire de Metz & de Verdun, & pour la juſtice du parlement de Metz.

Le comté de Luxembourg fut érigé en duché par l'empereur Charles IV, dont le règne a commencé en 1346. On a trouvé dans cette province bien des veſtiges d'antiquités Romaines, ſimulacres de faux-dieux, médailles & inſcriptions.

La ville de Luxembourg, capitale de tout le duché, a été fondée par le comte Sigefroi, avant l'an 1000; car ce n'étoit qu'un château en 936.

Elle fut priſe, par les François, en 1542, & 1543. Ils la bloquerent en 1682, & la bombarderent en 1683 : Louis XIV la prit en 1684, & en augmenta tellement les fortifications, qu'elle eſt devenue une des plus fortes places de l'Europe. Elle fut rendue à l'Eſpagne, en 1697, par le traité de Ryſwick. Les François en prirent de nouveau poſſeſſion en 1701; mais elle fut cédée à la maiſon d'Autriche par la paix d'Utrecht. Elle eſt diviſée en ville haute, & en ville baſſe, par la riviere d'Elſe; la haute ou ancienne ville eſt ſur une hauteur preſque environnée de rochers; la neuve ou baſſe eſt dans la plaine, à 10 lieues ſud-eſt de Treves, 40 ſud-oueſt de Mayence, 15 nord-oueſt de Metz, 65 nord-eſt de Paris. *Long.* 23. 42. *lat.* 49. 40.

L Y

LYCURGUE, *Légiflateur de Sparte.*

LYCURGUE, fils d'Eunome, roi de Sparte, eut un frere aîné qui monta
fur le trône après la mort de fon pere, & qui mourant fans enfans, laiffa
fa femme enceinte. Lycurgue fut appellé à l'héritage de fon frere : mais
il ne prit que le nom de tuteur, déclarant que le fceptre feroit remis dans
les mains de l'enfant qui naîtroit. La reine lui propofa de l'époufer, & de
faire périr l'enfant qu'elle portoit dans fon fein. Il crut devoir diffimuler
l'horreur de cette offre pour en prévenir l'exécution. Dès que la reine fut
accouchée d'un fils qu'on nomma Charilaus, il s'en faifit, & fut le préfenter aux magiftrats de Sparte, en leur difant, voilà votre roi. Cette générofité lui attira la haine de cette marâtre qui lui fufcita par-tout des ennemis, en l'accufant de confpirer contre la liberté publique. Ce fut pour
fe fouftraire à fes vengeances qu'il s'éloigna de Sparte, où le mépris des
loix avoit introduit la licence. La légiflation lui parut avoir befoin de réforme, & ce fut pour en rectifier le vice qu'il alla à l'école des nations.
La fageffe des inftitutions de Minos l'attira dans la Crete dont les peuples
lui parurent les plus heureux malgré l'auftérité de leurs loix. Il parcourut
enfuite les différens Etats de l'Afie ; & ce fut dans ce voyage qu'il raffem-
bla les hommages d'Homere, dont chaque ville n'avoit que quelques
fragmens. L'Egypte étoit alors l'école de la fageffe & du génie ; il s'y
tranfporta pour y méditer la forme du gouvernement ; & après avoir balancé les avantages & les vices de la conftitution des différens empires,
il forma un corps de loix de tout ce qu'il avoit vu de plus utile & de
plus fage.

Sparte, pendant fon abfence, étoit tombée dans toutes les horreurs de
l'anarchie ; lui feul pouvoit rétablir l'ordre : on lui envoya des députés pour
le prier de hâter fon retour ; il fe rendit à cette invitation. La licence dont
il fut le témoin à fon arrivée, le confirma dans la réfolution de changer
la forme du gouvernement, mais avant de l'exécuter, il voulut imprimer
à fon ouvrage le fceau de la religion : il confulta l'oracle de Delphes, dont
les prêtres corrompus par fes largeffes, rendirent une réponfe favorable. Il
fe fortifia enfuite du fecours des principaux citoyens, & quand il fe fut
affuré de leur appui, il fe tranfporta à la tête de gens armés au milieu
de la place publique où il expofa le plan de fa légiflation nouvelle. Il établit un fénat compofé de trente-huit citoyens qui eurent pour chefs les
deux rois, fi l'on peut appeller de ce nom deux citoyens qui ne pouvoient
rien entreprendre fans avoir la pluralité des voix. Leur adminiftration étoit

foumife à l'examen & à la cenfure. Ils ne pouvoient rien fur le peuple; & les loix pouvoient tout fur eux. Le devoir du fénat étoit de tenir la balance entre les rois & le peuple, dont l'autorité étoit extrêmement bornée; puifqu'ils ne pouvoient que ratifier ou rejeter les délibérations. Le fénat avoit feul le droit de convoquer ou de rompre les affemblées où l'on ne pouvoit délibérer que fur ce qu'ils avoient propofé.

L'inégalité des fortunes faifant beaucoup de mécontens; il engagea les plus riches de l'Etat à mettre leurs biens-fonds en commun. La Laconie fut partagée en trente mille portions dont chacune fuffifoit aux befoins d'une famille. Neuf mille furent affignées aux citoyens, & le refte fut abandonné aux habitans de la campagne. Toute inégalité dans les biens meubles fut fupprimée, la monnoie d'or & d'argent fut décriée; on lui fubftitua la monnoie de fer, dont le poids étouffant l'induftrie commerçante, étouffa auffi le germe de la cupidité. Le deffein de Lycurgue n'étoit pas de former un peuple conquérant : il ne fe propofoit que d'ôter aux étrangers l'envie de les conquérir. C'eft pourquoi il profcrivit la navigation, & attacha une efpece d'ignominie à la guerre maritime. Cette défenfe étoit d'autant plus légitime qu'en profcrivant l'or & l'argent, il mettoit fa patrie dans l'impuiffance d'équiper des flottes. L'intempérance lui parut un vice honteux & deftructeur des mœurs. Ce fut pour en prévenir les ravages qu'il établit les repos publics, où le riche & le pauvre confondus prenoient la même nourriture. Chaque table étoit de quinze perfonnes, & l'on n'y fervoit que des mets groffiers & communs. Cet établiffement trouva d'abord beaucoup de contradicteurs; il s'éleva une fédition où Lycurgue perdit un œil. L'auteur de cette offenfe qu'il pouvoit punir, obtint fon pardon, & devint le plus zélé de fes partifans.

L'éducation de la jeuneffe lui parut un objet intéreffant pour l'Etat : l'enfant qui venoit au monde, étoit vifité par les anciens de chaque tribu, & fi l'on trouvoit fa conftitution vicieufe & difforme, on l'étouffoit, ou on l'expofoit à la voracité des bêtes. Cette inftitution qui outrageoit la nature, doit infpirer de l'horreur pour la mémoire de ce légiflateur. Les enfans fembloient plutôt appartenir à la patrie, qu'à leurs parens; & quand ils étoient parvenus à l'âge de fept ans, on les arrachoit aux careffes de leur famille pour leur donner une éducation commune. C'étoit là que diftribués en différentes claffes, on les accoutumoit à fupporter le froid & le chaud, à marcher nuds pieds, & à avoir toujours la tête rafée & découverte. C'étoit par ce régime auftere qu'on les familiarifoit avec les fatigues & à l'intempérie de l'air. A l'âge de douze ans, ils paffoient dans une autre claffe dont la difcipline étoit encore plus févere. On les accoutumoit à l'obéiffance pour leur apprendre à commander. On leur infpiroit un refpect religieux pour les loix, les magiftrats & les vieillards. On les inftruifoit de toutes les rufes de la guerre. On les faifoit combattre les uns contre les autres avec tant d'opiniâtreté, que fouvent un des combattans y perdoit la vie. C'étoit par ces exercices que Lycurgue se proposoit de former un peuple de soldats redoutables à des voisins inquiets & ambitieux. Cette éducation dure dégénéroit en férocité. On vouloit qu'ils souffrissent sans se plaindre, lorsqu'on les fouettoit jusqu'au sang sur l'autel de Diane. Le larcin n'avoit rien de honteux chez un peuple qui ne reconnoissoit point de droit de propriété ; mais il étoit puni lorsqu'il étoit découvert, non qu'on voulût le réprimer, mais afin d'inspirer de la ruse à ceux qui le commettoient.

C'étoit dans les conversations de la table que les enfans cultivoient leur esprit, & les repas étoient des écoles de tempérance & d'instruction. L'amour de la patrie leur faisoit défier les plus grands dangers. La fuite étoit déshonorante ; il falloit qu'un Spartiate revînt avec son bouclier ou sur son bouclier, c'est-à-dire, qu'il vainquît ou qu'il mourût. Leur coutume étoit de rapporter sur son bouclier celui qui avoit perdu la vie dans le combat.

Lycurgue étendit sa vigilance jusques sur l'éducation des filles, & convaincu de leur ascendant sur l'esprit des hommes, il crut devoir élever leur courage pour en donner l'exemple à ceux qui cherchoient à leur plaire. Au lieu de les former dans l'art de séduire, & de se parer, il leur prescrivit un exercice laborieux qui les rapprochoit des hommes. La femme Spartiate qui se distinguoit par sa légéreté à la course ou par son adresse à lancer un javelot, avoit le premier rang dans les hommages de la patrie. Capables des vertus les plus héroïques, elles n'ambitionnoient d'autre parure que leur courage & leur pudicité. Le fanatisme de la liberté étouffoit en elles la tendresse de mere ; & lorsqu'elles apprenoient que leur fils avoit été tué dans un combat, elles examinoient sur son corps s'il avoit été blessé pardevant.

Lycurgue bannit de sa république les sciences & les arts comme les alimens du luxe. Un Spartiate ne trouvoit le délassement de ses travaux que dans la chasse & les exercices du corps. Les spectacles furent proscrits ; le législateur crut devoir interdire à ses concitoyens des scenes attendrissantes, qui en flattant les oreilles & les yeux, attisoient le feu des passions. Une législation aussi rigoureuse & aussi bizarre forma des héros & des citoyens. Les étrangers qui eurent un Spartiate à la tête de leurs armées, se crurent invincibles, & rarement ils en essuyerent des disgraces. Tant que les loix de Lycurgue furent en vigueur, Sparte n'eut aucun rebelle à punir ; & l'harmonie qui régna parmi ses enfans, lui assura la supériorité sur le reste de la Grece. Il est vrai qu'un caractere de hauteur & de férocité rendit sa domination odieuse, & qu'elle ne put se maintenir que par une continuité de guerre.

Lycurgue eut la consolation de voir, avant de mourir, ses loix établies & révérées. Son ambition satisfaite prévint l'inconstance des peuples. Il leur déclara qu'il alloit consulter l'oracle de Delphes, & les engagea par serment à l'observation de ses loix jusqu'à son retour. Les prêtres dévoués depuis long-temps à ses desseins, répondirent que Sparte seroit la dominatrice de la *Grece* tant qu'elle reſpecteroit ſes loix. Cette réponſe fut envoyée à *Sparte* qui la reſpecta comme l'arrêt de la divinité. *Lycurgue* voyant ſes projets accomplis n'eut plus rien à déſirer. Il réſolut de ſe donner la mort en ſe privant de manger. Son gouvernement ſubſiſta pendant plus de ſept cents ans, & quoiqu'il combattît tous les ſentimens de la nature, il fit de ſes concitoyens autant de fanatiques impaſſibles qui furent toujours prêts à mourir pour la patrie.

L Y O N N O I S, *Grande Province de France, & l'un de ſes Gouvernemens.*

LE gouvernement du *Lyonnois* renferme les provinces de *Lyonnois, Foreſt & Beaujolois,* & ſes bornes ſont, à l'oueſt l'*Auvergne* ; au ſud le *Vivarais* & le *Velay* ; à l'eſt le *Rhône* qui le ſépare de la principauté de *Dombes* & du *Dauphiné* ; au nord la *Bourgogne* ; & au nord-oueſt le *Bourbonnois.* Son étendue eſt de 24 grandes lieues de longueur ſur 16 de largeur. Il dépend, pour le ſpirituel, de l'archévêché de *Lyon* ; pour les finances, de la généralité de même nom : pour le civil, du gouvernement de *Paris,* & la juſtice ſe rend dans ſes tribunaux conformément au droit écrit ou droit Romain. Pour le militaire enfin, l'on y compte un gouverneur-général ; un lieutenant-général pour le roi ; un lieutenant de roi de *Foreſt* ; un lieutenant de roi de *Beaujolois* ; un ſénéchal de *Lyonnois* ; un commandant-général pour le roi ; un prévôt-général & trois lieutenans de maréchauſſée, *&c.*

Le *Lyonnois* province avec titre de Comté, eſt borné au nord par le *Beaujolois* ; à l'eſt par la *Saone* & le *Rhône* ; au ſud & à l'oueſt par le *Foreſt.* Sa longueur eſt de 13 à 14 lieues ſur 8 de large, ce qui peut être évalué à 70 lieues quarrées. C'eſt un pays mêlé de côteaux & de montagnes avec quelques plaines, & arroſé par le *Rhône* & la *Saone* ; la *Guillotiere* ; le *Giez* qui vient de *Saint-Chaumont* & ſe jette dans le *Rhône* un peu au-deſſus de *Givors* ; le *Garon* qui ſe perd dans le même fleuve un peu au-deſſus de l'embouchure du *Giez* ; l'*Azergues* qui découle des montagnes limitrophes du *Charolois* & du *Beaujolois,* & ſe mêle à la *Saone* entre *Lyon* & *Villefranche,* la *Benne,* la *Brenne, &c.* Le climat, quoique tempéré, y eſt plus froid que chaud & plus humide que ſec, à cauſe des brouillards qui y regnent. La terre y eſt peu fertile en blé, mais on y recueille d'excellens vins, ſur-tout ceux de *Condrieu,* & ceux de *Côterotie* le long du *Rhône.* Il y a une mine de cuivre, une ſource d'eau minérale, & du vitriol près de *Chaſſey* ; des pierres figurées aux environs de *Lyon* ; & par-tout de bons pâturages où l'on entretient du bétail. Les habitans ſont actifs, vigilans, de bonne foi, un peu groſſiers à la campagne, mais dociles, & généralement animés d'un esprit de commerce & d'industrie qui les distingue. Ils entretiennent une infinité de manufactures en draperies, soieries, étoffes d'or & d'argent, rubans & dentelles de toutes fortes, galons, toiles de fil de coton, ouvrages de mode, chapeaux, merceries, &c. dont le débit est immense, & les dédommage amplement du peu d'avantages naturels de leur sol.

Du temps de César, le Lyonnois étoit habité par les Segusiani ou Infubres, & sous Honorius il se trouvoit compris dans la premiere Lyonnoise. De la domination des Romains il passa sous celle des Bourguignons, & fit partie du premier royaume de Bourgogne, à la chûte duquel il avint aux François qui le posséderent jusques vers l'an 870. Charles-le-Chauve en confia alors le gouvernement, de même que du Forest & du Beaujolois, à Guillaume I, qui s'y rendit bientôt indépendant, & le transmit à ses enfans à titre d'hérédité. Bozon I, s'en empara lors de son usurpation; & en 955, il fut cédé à Conrad, roi du second royaume de Bourgogne & d'Arles; en faveur de son mariage avec Mathilde de France, fille de Louis-d'Outre-Mer. Des deux fils qu'il eut de cette princesse, le plus jeune, nommé Burchard, fut archevêque de Lyon, & profita de l'indolence de Rodolphe III, son frere, & de l'amour de sa mere, pour obtenir en apanage le Lyonnois, dont il transmit la possession indépendante à ses successeurs. Frédéric-Barberousse, la leur assura par une bulle en date du 18 novembre 1157, ce qui fit naître entre l'archevêque & le comte de Forest, qui, par succession de Guillaume I, se qualifioit comte de Lyon, des différens qui durerent jusqu'en 1173, que Guy II, se prêta enfin à une transaction avec l'archevêque Guichard, par laquelle il céda à l'église de Lyon tout ce qui lui appartenoit dans cette ville & dans le Lyonnois; & reçut en échange plusieurs terres que celle-ci possédoit en Forest & en Beaujolois & 1100 marcs d'argent pour mieux-value. Dès lors les chanoines prirent le titre de *comtes de Lyon*, qui leur fut confirmé par deux déclarations de Philippe-le-Bel. L'archevêque & le chapitre s'étant divisés dans la suite, & ne pouvant s'accorder sur le partage des fonctions de leurs officiers, céderent au roi en 1314, la jurisdiction temporelle de la ville de Lyon que Louis-Hutin réunit à la couronne; & en 1563, Charles IX, acheta ce qui leur restoit de droit de justice, ensorte que ce prélat & ses chanoines ne conservent plus aujourd'hui que le simple titre de comtes.

Lyon, ville ancienne, grande, riche, belle, célèbre, très-peuplée, fort commerçante, & la plus considérable du royaume après Paris, capitale du pays & de tout le gouvernement, est située au confluent de la Saone & du Rhône. C'est le siege du gouverneur-général & du sénéchal; archevêché, primatie, officialité métropolitaine, officialité ordinaire, chambre souveraine du clergé, chambre diocésaine; bureau ou conseil charitable; justice du glaive du chapitre de Lyon, jurisdiction du comté; cour, prévôté-générale & hôtel des monnoies, présidial, sénéchaussée royale; intendance, généralité, bureau des finances, élection, grande-maîtrise & maîtrise particuliere des eaux & forêts; grande-prévôté, tribunal & résidence de maréchauffée, jurifdiction des gabelles, jurifdiction de la douane, bureau-général du tabac; maitrife des ports, ponts & paffages, recette générale de la capitation, direction du vingtieme; confulat, cour de la confervation, jurifdiction du parquet, chambre du commerce, jurifdiction de la police, &c. L'on y compte quatre grands faubourgs; favoir, celui de Vaife, celui de la Croix-rouffe, celui de la Guillotiere, & celui de Saint-Juft ou de Saint-Irénée; huit grandes & belles portes d'entrée, avec un capitaine des chaînes & neuf commis; vingt-huit pennonages ou quartiers, qui font Plau-confort, le Change, le Griffon, la Rue-Thomaffin, la Rue-Belle-Cordiere, la Juifverie, Saint-George, la Rue-Neuve, la Croifette, Saint-Vincent, la Grande-Côte, le Port-Saint-Paul, Bon-Rencontre, la Place-Neuve, la Rue-Buiffon, le Port-du-Temple, Porte-Froc, la Pêcherie, la Place-Saint-Pierre, la Rue-Tupin, la Rue-de-l'Hôpital, la Gourguillon, la Place de Louis-le-Grand, le Platre, les Terreaux, Pierre Scize, le Plat-d'argent, Saint-Nizier; quatorze paroiffes, fept collégiales, deux féminaires; une abbaye, fept communautés féculieres & quinze couvens réguliers d'hommes; trois abbayes royales, un prieuré & douze couvens de filles; fix confreries de pénitens, deux hôpitaux-généraux; deux fondations de piété & de charité; une communauté de nouvelles-catholiques, une communauté du bon pafteur; une maifon de filles pénitentes; une maifon de force ou de reclufes; une maifon ou hôpital de la providence; une congrégation des fœurs de la charité; deux colleges occupés ci-devant par les jéfuites, & adminiftrés aujourd'hui par un bureau créé par édit de 1763, un college de médecine; un corps de chirurgie; une académie des fciences, belles-lettres & arts, autorifée par lettres-patentes de 1724; une fociété royale d'agriculture; une école royale vétérinaire; une académie du roi pour l'éducation des gentilshommes; un concert; une bibliotheque publique, auffi nombreufe que bien arrangée, ouverte le lundi & le jeudi non fériés de chaque femaine; nombre de bibliotheques particulieres, cabinets de médailles, collections d'antiques ouverts en tout temps aux étrangers & aux curieux; deux magafins de toutes fortes de mufique, d'inftrumens & de cordes d'inftrumens; une infinité de maîtres-jurés en toutes fortes d'arts & de fciences; feptante-deux communautés des arts & métiers; trois forts, favoir, le château de Pierre-Scize ou Pierre-Encize, bâti fur un rocher efcarpé à la rive droite de la Saone & muni d'un gouverneur, d'un commandant & d'un major, avec une garnifon de trente hommes, fervant tant à la garde de la place qu'à celle des prifonniers d'Etat qu'on y met; le boulevard de faint Jean, & le château de faint Clair; un arfenal bien fourni; quantité de curiofités anciennes & nouvelles; quatre places principales: la place royale, ornée dans fon milieu de la ftatue équeftre de Louis XIV, en bronze, avec les ftatues du Rhône & de la Saone, & des trophées placés fur les deux faces du piédeftal; la place des Terreaux, où l'on voit l'hôtel-de-ville, l'un des plus vastes & des plus beaux de l'Europe ; la place-consort, & celle du change où est la bourse ; plusieurs autres places moins considérables ; de magnifiques quais ; un pont de vingt arches toutes de pierre sur le Rhône ; trois ponts, dont un seul de pierre & les deux autres de bois, sur la Saone, 7780 feux, & environ 116,000 ames. Cette ville peut avoir le quart de l'étendue de Paris. Ses rues sont la plupart étroites, & elle renferme dans son enceinte quelques montagnes couvertes de vignes, de jardins, d'habitations & de couvens, dont l'ensemble offre le point de vue le plus agréable. Ses habitans sont presque tous occupés aux fabriques & manufactures de toutes sortes d'étoffes & de dorures qui y sont établies, & son commerce aussi riche que varié s'étend par tout le royaume, en Suisse, en Italie, en Espagne, dans les Pays-Bas, en Angleterre & en Allemagne.

L'archevêque de Lyon jouit de très-grandes distinctions & de plusieurs prérogatives, entr'autres du droit de primatie sur les provinces ecclésiastiques de Lyon, Tours, Sens & Paris. Ses suffragans sont les évêques d'Autun, Langres, Mâcon, Chalon-sur-Saone, Dijon & saint Claude. Son diocese comprend 841 paroisses ou annexes divisées en vingt archiprêtrés, seize abbayes, douze chapitres. Ses revenus annuels montent à 50,000 liv. & selon sa taxe en cour de Rome il paye 3000 florins pour l'expédition de ses bulles. L'église cathédrale, sous le titre de *saint Jean*, est grande & bien éclairée. Son chapitre, l'un des plus illustres de l'Europe, a le roi pour premier chanoine ; les autres ont, comme nous l'avons dit, la qualité de comtes, & sont obligés de faire preuve de quatre quartiers de noblesse, à leur réception. Une des singularités du service qu'ils font, c'est qu'il n'y a jamais ni orgue, ni musique, ni livre pour chanter, & que lorsque l'archevêque officie, on fait l'essai du pain & du vin avant la consécration ; ce qui se prend pour une marque de la souveraineté dont il jouissoit autrefois.

Le Forest, province avec titre de comté, est borné au nord par le Charolois, le Beaujolois & par des enclaves du Lyonnois qui confinent avec le Bourbonnois ; à l'est par le Lyonnois & le Beaujolois ; au sud par le Velay & le Vivarais ; & à l'ouest par l'Auvergne. C'est une grande vallée fertile & agréable de 21 lieues de long sur 11 de large ; ce qui peut être évalué à 144 lieues quarrées. Le climat y est tempéré, mais peu sain dans la plaine, à cause des étangs qui s'y trouvent. Les rivieres qui l'arrosent, sont la Loire, le Renaison, l'Argent, le Lignon, le Furand, l'Aubie, &c. La terre y produit du blé & quantité de beau chanvre, de bons vins, des châtaignes connues à Paris sous le nom de *marons de Lyon*, &c. La plus haute des montagnes qui bordent la vallée, c'est le Mont-Pilat, qui s'étend en chaîne, près des confins du Vivarais, & sur lequel on trouve beaucoup de simples & des pâturages excellens où l'on nourrit du bétail. Il y a une mine de charbon de terre fort abondante au voisinage de saint Etienne ; des sources d'eaux minérales-vitrioliques à saint Galmier & à saint

Aloan ; des mines de fer dans plusieurs endroits, &c. Les habitans du pays
sont laborieux, ouverts, doux dans la plaine, mais rudes & grossiers dans
les montagnes, & préférant généralement leur genre de vie à tout autre
qui, aux dépens de leur repos, leur procureroit une amélioration de fortune. Leur commerce consiste en ouvrages de fer & d'acier, en chanvres,
en vins, en bétail, en marons, en planches, &c.

Du temps de César le Forest étoit habité par les Segusiani, & sous Honorius il faisoit partie de la première Lyonnoise. De la domination des Romains, il passa successivement sous celles des Bourguignons & des François, & eut enfin ses comtes particuliers depuis Guillaume I, qui l'usurpa,
& le transmit à ses successeurs dont la tige mâle s'éteignit en 1369, en la
personne de Jean II. Anne de Bourbon, sa mere, s'en empara, & le donna
à sa petite-fille Anne, dauphine d'Auvergne, comtesse de Clermont, qui
avoit épousé Louis II, duc de Bourbon, dont la postérité jouit du Forest
jusqu'en 1522, que Suzanne de Bourbon, femme du connétable de ce nom,
étant morte, Louise de Savoie se le fit adjuger après bien des débats, &
le remit au roi François I, son fils, qui le réunit à la couronne en 1531.
Henri III, alors duc d'Anjou le reçut pour partie de son apanage en 1566.
Il fut cédé à la reine Elisabeth d'Autriche, à titre de douaire, en 1574;
& depuis, toutes les reines veuves l'ont possédé successivement : Louise
de Lorraine en 1590 ; Marie de Médicis en 1611, & Anne d'Autriche
en 1643.

Le Beaujolois ou Baujolois, province avec titre de Sirie, est borné au
nord par le Charolois & le Mâconnois ; à l'est par la Saone qui le sépare
de la principauté de Dombes; au sud par le Lyonnois propre & le Forest;
& à l'ouest par le Forest seul. Sa longueur est de douze lieues sur sept de
large ; ce qui peut être évalué à cinquante lieues quarrées. Le climat y
est sain, mais un peu froid; les rivieres qui l'arrosent, sont la Saone, la
Loire, le Reins, l'Azergues, l'Ardiere, &c. La terre y produit beaucoup
de blé, de chanvre, de vin & de fruits. Les pâturages y sont abondans,
de même que le gibier ; & l'on tire des planches de sapin, des bois de
charpente & de construction de la forêt de Pramenon qui est la plus considérable du pays. Il y avoit jadis des mines de différens métaux qu'on
n'exploite plus depuis long-temps. Les habitans du Beaujolois sont vifs,
laborieux ; & leur principal commerce roule sur les productions de leur sol.

Du temps de César, cette province étoit habitée par les Segusiani, comme le Forest & le Lyonnois dont elle a suivi le sort jusqu'à Guillaume I,
qui la laissa au second ou au troisieme de ses fils. Edouard II, le seizieme
de ses successeurs, en fit don en 1400, de même que de la principauté
de Dombes, à Louis II, duc de Bourbon, dont la postérité en jouit jusqu'à ce que Louise de Savoie se la fit adjuger. François I la réunit à la
couronne en 1531 ; François II l'en détacha en 1560, & elle appartient
aujourd'hui à la maison d'Orléans. Villefranche en est la capitale.

M. MA

M. MA

MACHIAVEL, *Auteur Politique.*

NICOLAS MACHIAVEL qui, le premier, a fait un corps de maximes politiques, & dont le nom rappelle à l'esprit l'idée d'un scélérat, devroit y rappeller aussi celui d'un auteur dont la doctrine considérée, même du côté de l'utile, ne peut être d'aucun usage dans la forme qu'ont pris les gouvernemens de l'Europe, & dans les mœurs qui y regnent. Mais il n'en faut pas, sans doute, juger par notre siecle & ce qui s'y passe, mais par le siecle où Machiavel vivoit, & par les horreurs dont il étoit témoin.

Ce citoyen de Florence, qui y mourut en 1526, selon Poccianti, & en 1530, s'il en faut croire Paul Jove & Pierre de Saint Romuald, feuillant, n'avoit point eu d'éducation, & savoit si peu de latin, qu'en écrivant son Tite-Live, il prend souvent à contre-sens le texte qu'il en rapporte. Quant à la langue grecque, il ne la savoit pas même lire ; mais il servit de secrétaire au docte Marcel Virgile, qui lui faisoit extraire ce qu'il y avoit de meilleur dans les bons auteurs ; ce qui donna lieu depuis à Machiavel d'enchasser dans ses ouvrages de beaux passages de Plutarque, de Lucien, & des autres lumieres de l'ancienne Grece qui y sont subtile-ment traduits. Ses talens naturels étoient fort supérieurs aux connoissances qu'il avoit acquises. Machiavel avoit trempé dans la conjuration de Soderini contre les Médicis, & lorsqu'après un exil de dix-huit ans, ceux-ci furent rétablis dans Florence, il fut appliqué à la question. Comme il n'avoua rien, le cardinal de Médicis lui fit donner l'emploi d'historiographe de la république avec des appointemens considérables. Cet homme, qui avoit des mœurs dissolues, aima toujours l'anarchie, & ne favorisa le gouver-nement du peuple, que parce qu'il en approche davantage. Il pratiqua mal les préceptes de dissimulation qu'il donnoit aux autres, & témoigna plus d'une fois de l'admiration pour Brutus & Cassius ; ce qui le rendit suspect d'un complot contre le cardinal Julien, qui fut depuis Clément VII. La conjuration d'Ajaceri & d'Almanni, pour assassiner tous les Médicis, étant découverte, on eut de violens indices qu'elle ne s'étoit pas faite sans la participation de Machiavel ; mais on ne put l'en convaincre. On n'osa même l'appliquer à la question, parce qu'on savoit fort bien qu'il l'endu-reroit sans rien découvrir. On se contenta de l'abandonner à la misere où il étoit réduit. C'est apparemment pendant cette seconde disgrace, qu'il fut obligé de sortir de son pays, puisqu'il se plaint dans ses ouvrages qu'il souffre injustement, & qu'on l'y voit tantôt en France, tantôt à Rome, quelquefois en d'autres lieux, sans qu'on trouve qu'il ait jamais eu aucun emploi hors de fa patrie. Il fe fit mourir lui-même, fans y penfer, en prenant, par précaution, une médecine qui l'étouffa.

Machiavel a compofé plufieurs ouvrages (a) fur des fujets étrangers au mien, mais il en a fait deux fur des matieres de gouvernement.

I. Le premier a pour titre : *Le Prince*, traduit en François, & commenté par Amelot de la Houffaye, in-12. Amfterdam, 1648.

II. Le fecond contient des *Difcours politiques* fur la premiere Décade de Tite-Live ; il en a compofé trois livres qui, dans la traduction Françoife de fes œuvres imprimées à Amfterdam en 1697, forment deux volumes in-12, & qui fervent comme de commentaire à fon *Prince*.

Dans les difcours politiques de Machiavel, on trouve des idées grandes, nobles, équitables, qui donnent une idée très-avantageufe de fon efprit & de fon cœur. Cet ouvrage eft eftimé & mérite de l'être ; mais on a reproché à l'auteur de n'avoir fouvent expofé que des demi-vérités, pour avoir négligé d'examiner les faits par toutes leurs faces & dans toutes leurs circonftances.

Pour fon *Prince*, fi on le prend à la lettre, on ne peut le lire fans être indigné de la doctrine détestable qu'il femble contenir. C'est un efprit dur, féroce & peu religieux ; le defpotifme, la diffimulation, l'impiété, la fourbe, l'artifice, la perfidie, font fes principes de gouvernement. Auffi cet ouvrage a-t-il attiré à fon auteur l'averfion de tous ceux qui ont cru y voir un docteur du crime, qui pervertit la politique & enfeigne à un tyran à ruiner les Etats que la politique doit conferver. On ne peut douter que le machiavélifme ne foit un fyftéme détestable ; mais pour juger du perfonnel de Machiavel, il eft queftion de favoir fi cet auteur politique admettoit dans fon cœur les maximes horribles qu'il développoit en public, ou s'il ne les expofoit au grand jour que parce que plufieurs princes de fon temps & entr'autres Borgia fon héros, en faifoient la regle de leur conduite, & qu'il vouloit par-là dévoiler leur honte, leur iniquité, & mettre ainfi les Etats de l'Italie en garde contre la méchanceté de ces monftres politiques.

Gafpard Schioppius s'eft élevé avec force contre le livre de Machiavel, par un ouvrage qui a paru dans le commencement du dix-feptieme fiecle, & que fon auteur a intitulé : *De Pædiâ Politicâ*, de l'inftruction politique.

Il parut, en 1622, une autre critique in-12 fous ce titre : » Fragment » de l'Examen du *Prince* de Machiavel, où il eft traité des confidens, des » miniftres & des confeillers particuliers du prince, enfemble de la for- » tune des favoris, » fans lieu d'impreffion & fans nom d'imprimeur, & fimplement avec la date de l'année. Cet ouvrage eft plein de lacunes. On

---

(a) L'hiftoire de Florence, contenant ce qui s'eft paffé depuis 1205 jufqu'en 1494 ; la vie de Caftrucio Caftracani ; des poéfies ; d'autres pieces fugitives qu'on a raffemblées en un volume in-4to, & qui ont été imprimées à Geneve en 1550.

en fit une feconde édition en 1633, fur une copie moins imparfaite.

Innocent Gentillet, Dauphinois, avocat au parlement de Touloufe, & enfuite fyndic de la république de Geneve, a auffi attaqué Machiavel, par un ouvrage exprès qui parut d'abord en François avec ce titre : « Difcours » fur les moyens de bien gouverner & maintenir une bonne paix en un » royaume ou autre principauté, divifés en trois parties, à favoir du confeil, » de la religion & de la police que doit tenir un prince, contre Nicolas » Machiavel, Florentin, » avec la date de 1576, fans lieu d'impreffion & fans nom d'auteur ni d'imprimeur. Cette critique parut enfuite en latin, de la compofition du même Gentillet, avec cet autre titre : *Commentarium de regno & quovis principatu rectè & tranquillè adminiftrando libri tres, in quibus ordine agitur de Confilio, Religione & Politicâ, quam Princeps quilibet in ditione fuâ tueri & obfervare debet.* La même critique fut enfin publiée avec le titre d'*Anti-Machiavel*, titre qui, des converfations fami-lieres, paffa dans cette édition.

Poffevin, jéfuite, Jérôme Oforius, évêque de Sylves en Portugal, & mille autres auteurs ont porté un jugement très-défavorable du *Prince* de Machiavel.

Tout cela n'a pas empêché qu'on n'ait fait plufieurs éditions de cet ou-vrage en François, en Latin & en Allemand. Sagredo, (*a*) nous apprend qu'il a été même imprimé en langue Turque.

Machiavel commençoit à vieillir, mais un adverfaire d'un rang fuprême vient de le rajeunir, & de le mettre entre les mains de tout le monde. L'année 1740 vit éclore tout à la fois, à quelques mois & à quelques jours de différence près, trois anti-Machiavels. Le premier avec ce titre : *Anti-Machiavel ou examen du Prince de Machiavel.* Londres, chez Jean Mayer, 1740 ; le fecond, fous le même titre, la Haye, chez Vanduren, 1740 ; le troifieme eft intitulé : *Anti-Machiavel, ou effai de critique fur le Prince de Machiavel.* La Haye, chez Pierre Paupie, 1740. L'éditeur de cet ou-vrage, qui vivoit chez l'étranger, n'avoue que cette édition ; mais en la confrontant avec les deux autres, on jugera que le défir de revenir dans fa patrie lui donna, dans cette derniere édition, une circonfpection qu'il eut dû avoir avant de faire les deux autres. Les maximes de cette nouvelle critique de Machiavel font, à parler en général, moralement bonnes ; mais la plupart font communes. La critique porte ordinairement à faux. Elle eft fouvent injufte & prefque toujours pleine de déclamation & d'ai-greur. Le ftyle en eft diffus & empoulé, & il n'eft prefque aucun chapitre qui ne commence par une efpece de préface qui lui eft particuliere, & qui eft d'ordinaire étrangere au fujet. Il eft, au refte, brillant & femé de comparaifons qui quelquefois font belles & juftes. L'auteur & l'éditeur pa-

_____

(*a*) Dans fon hiftoire de l'empire Ottoman.

roiſſent vouloir éloigner des vices les princes, & les porter aux vertus de leur état; mais ce but n'eſt qu'apparent; & le lecteur ne peut s'empêcher d'en reconnoître deux autres; l'un, de faire parade de ſentimens fort libres ſur la religion; l'autre, d'exciter la jalouſie des princes contre le plus puiſſant monarque de l'Europe. Les raiſonnemens de cet ouvrage ne ſont ni précis, ni de ce ton frappant qui parle à la fois à l'eſprit & au cœur; & rarement ſont-ils appuyés de ces faits ſinguliers de l'hiſtoire qui rappellent toute l'attention d'un lecteur, & que Machiavel ſait choiſir & employer ſi heureuſement. Ils ſont preſque toujours coupés par des réflexions légeres qui ne ſont propres qu'à amuſer, & qui font perdre le fil des choſes.

Si Machiavel a eu des adverſaires, il a eu auſſi des partiſans. Quelques auteurs ont traité de préjugé cette prévention générale; & ſes traducteurs ont entrepris ſon apologie comme d'autres écrivains ont fait celle de l'injuſtice, de la folie, & de tout ce qu'il y a jamais eu de plus mépriſable & de plus mauvais ſur la terre. C'étoit un jeu de la part de ces autres écrivains; mais c'eſt ſérieuſement que les partiſans de Machiavel ont ſoutenu qu'il ne s'eſt propoſé que de dire ce que les princes font, & non d'enſeigner ce qu'ils devroient faire.

C'eſt ſur ce fondement que Wicquefort (a) prétend que les ouvrages de Machiavel peuvent être d'un grand ſecours à l'ambaſſadeur, comme ſi Machiavel avoit parlé en hiſtorien, & non en homme qui donne des préceptes, & comme s'il étoit permis aux écrivains d'avancer des maximes abominables, ſans prémunir leurs lecteurs.

Amelot, l'un des traducteurs de Machiavel, eſt allé juſqu'à ſoutenir que non-ſeulement les maximes de cet auteur ſont utiles, mais que la pratique en eſt indiſpenſable aux princes.

Chriſtus entreprit auſſi l'apologie de Machiavel, il y a quelques années, par un ouvrage exprès qui a pour titre : *Joh. Frider. Chriſtii de Nicolao Machiavello libri tres, in quibus de vitâ & ſcriptis, item de ſectâ ejus viri, atque in univerſum de politicâ noſtrorum, poſt inſtauratas litteras, temporum ex inſtituto diſſeritur, Hiſtoriæque civilis & rei litterariæ paſſim ratio habetur, partim jam primùm editi, partim iterùm cuſi auctiores* (b). On reproche à Machiavel (dit ce diſſertateur) I. D'avoir déchiré la religion chrétienne. II. D'avoir formé le ſyſtême de tyrannie le plus pernicieux & le plus ſcélérat. Chriſtus prétend juſtifier Machiavel du premier reproche, en remarquant que ſi, dans ſes diſcours politiques ſur Tite-Live, il s'eſt élevé contre la religion, c'eſt contre le Papiſme. La cour de Rome a, ſelon cet auteur Luthérien, toutes les raiſons du monde de regarder Machiavel comme un franc libertin; mais tout bon proteſtant le doit enviſager comme un honnête homme qui gémiſſoit des abus dont l'égliſe étoit

---

(a) De l'ambaſſadeur, pag. 174 du premier vol. de l'édition de 1724.
(b) *Lipſiæ & Halæ Magdeburgicæ apud J. C. Krebſium*, 1731, in-4to. 134 pages.

inondée. Quant au fecond reproche, Chriftus avoue que le prince de Machiavel contient un fyftême de tyrannie très-bien lié, & qui n'eft rien
moins que fcrupuleux. L'apologifte le défend en faifant voir que Machiavel
charge ce fyftême pour le rendre odieux ; que fon but n'eft point de dire
aux princes, voilà le fyftême que vous devez fuivre ; mais voilà les principes déteftables qui reglent votre conduite, voyez combien cette politique
eft horrible, combien elle vous fait détefter, combien de crimes elle vous
force de commettre, & combien elle vous éloigne du vrai bonheur & de
la véritable gloire qui ne peuvent fe trouver que dans la pratique des vertus. Sans doute une profonde & conftante diffimulation, pouffée jufqu'à l'art
d'aller à fes fins par les voies qui paroiffent s'en écarter davantage, eft le
grand principe du machiavélifme, mais le machiavélifme eft le fyftême
que Machiavel développe & non celui qu'il adopte. Voyez ce que nous en
avons dit dans la préface de cet ouvrage. Voici du refte ce que M. de
Réal dit de cette profonde diffimulation. » Quelque prévenu que je fois
» contre Machiavel, je reconnois que l'ufage de ce principe renfermé dans
» de certaines bornes pourroit n'être pas criminel. Tout dépend de l'ap-
» plication qu'on en fait, & de la qualité des moyens dont les princes fe
» fervent pour cacher leurs vues à leurs ennemis. Ceux que Machiavel pro-
» pofe aux princes qu'il veut former, font affurément très-criminels ; & ils
» ont d'ailleurs le défaut qu'ont toutes les regles de conduite que la juftice
» n'avoue point. C'eft de ruiner d'abord la réputation, & dans la fuite les
» affaires de ceux qui les emploient. «

Nous nous croyons difpenfés d'entrer dans aucuns détails fur le fond
du machiavélifme. Ce fyftême déteftable ne pouvant être d'aucune utilité
dans l'état actuel des chofes, mérite d'être à jamais oublié.

MACONOIS, *Contrée de Bourgogne.*

LE Mâconois, dont Mâcon eft la capitale, eft un pays mêlé de plaines fertiles en toutes fortes de grains ; de coteaux couverts de vignes qui
produifent d'excellens vins, & de montagnes qui rendent le pays froid &
les voitures difficiles. Son étendue eft de dix-huit lieues de longueur fur
quatorze de largeur, & il avoit jadis fes comtes particuliers. Aujourd'hui
il a encore fes Etats diftincts, & il forme un bailliage principal de cent
& feptante-fix paroiffes.

MADAGASCAR, *Royaume d'Afrique.*

Madagascar, une des plus grandes iſles connues, eſt ſituée ſur la côte orientale de l'Afrique, vis-à-vis des royaumes de Sofala, de Moſambique, & de Mélinde. Elle s'étend depuis le 11me. degré de latitude méridionale juſques vers le 27me. On lui donne ſept cents lieues de circuit. L'air y eſt infect & preſque mortel pour les Européens. A l'odeur ſi douce des orangers & des citronniers, ſe mêlent les exhalaiſons des rivieres qui, preſque deſſechées par la chaleur, ne roulent dans leurs eaux que de la fange pendant plus de ſix mois. Cependant le terroir eſt fertile, & la nature en prodiguant tous ſes dons aux Madécaſſes, n'a que trop favoriſé leur indolence naturelle. Le riz & les autres légumes croiſſent preſque ſans culture. Mais la vigne & le froment que les Européens ont voulu y tranſplanter, ont trompé leurs eſpérances. Le riz ſupplée au blé, & l'hydromel que compoſent les naturels du pays, leur tient lieu de vin. Il a, comme lui, la propriété funeſte d'aliéner la raiſon. Mais c'eſt pour un Madécaſſe, une perte légere dont il ſe conſole aiſément. Les bœufs, les vaches, les moutons, les chevres y ſont en ſi grand nombre, que cette iſle ſemble n'être qu'une vaſte campagne couverte d'un ſeul troupeau. Les volatils domeſtiques y ſont auſſi familiers, & plus communs que les nôtres. Nous en avons long-temps tiré l'ébene, l'ambre gris, l'aloës, l'encens, le ſouffre, le benjoin, & d'autres productions utiles dans les arts ou dans la médecine. Mais à la longue la nature s'épuiſe; & les beſoins des hommes ſont inépuiſables. Les topazes, les améthyſtes, & les autres pierres précieuſes qui nous viennent de ces côtes, ſont moins eſtimées que celles du reſte des Indes. On a cru long-temps que cette iſle renfermoit des mines d'or, mais on a renoncé à ces magnifiques chimeres. Ce préjugé étoit fondé ſur ce qu'on voyoit briller ce métal dans tous les ornemens des hommes & des femmes qui vinrent recevoir les Européens ſur le rivage, lors de leur deſcente. Mais cet or, dont ils eſtimoient la beauté, & dont ils mépriſoient la valeur, peut leur avoir été apporté par les Arabes, lorſque ceux-ci pour faire une irruption dans cette iſle, traverſerent le canal du Moſambique. C'eſt ainſi que l'on nomme l'eſpace de mer qui la ſépare du continent. Il y regne des vents aliſés, réglés dans leur naiſſance, uniformes dans leur force, que les navigateurs ſaiſiſſent avec attention, lorſqu'ils s'engagent dans le canal pour aller aux Indes ou pour revenir en Europe.

Les Negres de cette iſle different de ceux de Guinée par la régularité de leurs traits, une laine plus longue, des levres moins groſſes. La taille des femmes eſt ſvelte, leur figure ſpirituelle, & nous verrons qu'elles ont allumé quelquefois de grandes paſſions, même dans des ames européennes. Quant à la maniere de vivre de ces inſulaires, on auroit tort de chercher chez eux les mœurs simples des peuples qui n'ont eu d'autre législateur que la nature. Vers la fin du quinzieme siecle, une horde d'Arabes aborda dans cette isle, soumit la plus grande partie, & suivant la coutume des peuples conquérans, donna ses préjugés & ses mœurs aux vaincus. On ne s'étonnera donc plus de voir ces peuples se circoncire, jeûner, admettre les deux principes des Manichéens, & faire des offrandes au diable. Ils placent même son nom dans leurs prieres avant celui de Dieu : tant il est vrai que dans le cœur humain, le sentiment de la crainte l'emporte toujours sur celui de la reconnoissance. Un autre culte qui pourroit bien aussi leur venir du continent, c'est la vénération profonde qu'ils ont pour l'or. Ils le baisent avec respect, & savent le façonner pour leur parure. Les grillons, espece d'insectes, ont aussi part à leurs hommages. Ils les renferment avec ce qu'ils ont de plus précieux dans un panier artistement travaillé. C'est là ce qu'ils appellent leur *oly*. Ils le consultent dans leurs entreprises ; & lui rendent graces lorsqu'ils ont réussi.

Les Madécasses épousent plusieurs femmes. La loi qui leur permet d'en avoir autant qu'ils en peuvent nourrir, ne les oblige pas, sans doute, de les satisfaire. Au reste, rien de si simple que leurs noces. Dès que l'amant plaît, le mariage se consomme, il se célebre ensuite lorsque les parens de la fille ont accordé leur consentement ; & ce suffrage est le prix d'un troupeau, & de quelques bijoux dont le gendre leur fait présent. Alors la fille lui appartient. C'est un bien qu'il vient d'acheter. Il est vrai qu'il le partage quelquefois avec des amis. C'est une politesse à Madagascar, que d'offrir à son hôte la plus belle de ses femmes. L'adultere n'est à leurs yeux, qu'un larcin léger, dont une légere amende est le châtiment. Le divorce y est très-ordinaire. On se doute bien que des maris peu délicats, doivent être des peres peu tendres. Il y a à Madagascar, des jours qu'ils appellent *malheureux*, & qu'en effet ils rendent exécrables, où ce seroit une impiété de laisser vivre un nouveau né. Si l'accouchement est douloureux, l'enfant est étouffé par la mere elle-même. Interrogez-la sur le motif d'une action si détestable, elle répond froidement que cet enfant devoit un jour semer de chagrins la vie de sa mere, puisque même avant de naître, il s'est plu à la tourmenter. Du reste, les Madécasses sont bien faits, alerte, paresseux, adroits, superstitieux, dissimulés, flatteurs, & dès-lors très-propres aux arts & aux sciences.

Leur langue tient beaucoup des langues orientales. La différence des accens dans les différentes provinces, lui fait éprouver quelques variations. Mais elle a sa grammaire, ce qui prouve encore qu'elle vient du continent. Ces peuples paroissent lâches & poltrons. Lorsque la guerre est déclarée entre deux nations, chaque parti s'assemble dans une vaste plaine ; les chefs haranguent la jeunesse. On part. On marche lentement. Le camp est toujours entouré de palissades, à travers lesquelles on tire. Mais soit mal-adresse, soit terreur réciproque, tous les coups sont perdus, & souvent dans une action générale, il ne reste pas un seul homme sur le champ de bataille. La famine seule décide du succès de la campagne. L'armée qui n'a pas apporté d'assez fortes provisions s'enfuit, elle est poursuivie ; les vainqueurs font des prisonniers, dans le trouble d'une retraite précipitée ; & ces prisonniers deviennent esclaves. Avant l'arrivée des Européens dans leur isle, les Madécasses n'avoient d'autres armes qu'une massue, & une sagaïe, espece de javelot. On leur a donné des armes à feu, & heureusement on n'a pas rendu leurs guerres plus meurtrieres.

Leurs loix sont plus dangereuses qu'utiles. Un homme est-il accusé d'un crime, on le soumet à l'épreuve du tanquin. C'est une espece de poison qu'on lui fait avaler. S'il meurt, il étoit coupable ; s'il survit à cette épreuve, il étoit innocent. Ainsi, un homme robuste peut se promettre l'impunité. Cette extravagance ressemble bien aux jugemens de Dieu accrédités chez nos ancêtres ; & la torture qu'on fait encore essuyer aux accusés, n'est pas moins contraire à la raison & aux loix de l'humanité.

Ce fut en 1506, que les Portugais découvrirent l'isle de Madagascar, & la nommerent l'isle *Saint-Laurent.* Ils s'y établirent. Les Hollandois y jeterent aussi quelques colons, les Anglois ne tarderent pas à se montrer sur les côtes. Enfin, les François en 1665 aborderent à la côte méridionale de l'isle qu'ils nommerent *Dauphine*, & bâtirent le fort Dauphin. Une grande partie de ces aventuriers périt, ou par l'intempérie du climat, ou sous les coups des Negres. La cour se hâta d'envoyer un renfort. Il arriva après bien des périls.

Cette seconde colonie étoit à peine descendue sur la côte, que la division se mit parmi les chefs. Ses travaux furent troublés par les incursions des Negres ; & les maladies acheverent de la ruiner. Il ne restoit que trente hommes en état de porter les armes. Ces aventuriers partirent, & soumirent un pays très-vaste. Ces conquêtes furent l'ouvrage de deux mois ; on les perdit en un jour. Dian Mananghe, l'un des plus puissans souverains de l'isle, se déclara à la fois le protecteur & l'esclave des François, leur paya tribut, & leur prêta ses armes. Le gouverneur du fort Dauphin pour prix de tant de services, voulut le baptiser. Cet apôtre, soldat, prêcha un Dieu de paix le pistolet à la main, & dit au Dian d'opter entre la mort & l'évangile. Un missionnaire moins fanatique, sépara le convertisseur & le prosélite. Dian Mananghe se retira plein d'horreur pour les François, & s'unit contr'eux à Dian Lavatanghe. Ils étoient perdus, s'ils n'avoient trouvé une ressource dans les différens qui s'éleverent entre Dian Raffiffate, qui régnoit dans la vallée d'Ambouille, & Dian Ramaël, chef de la province de Mandrérei. Le premier se ligua avec les François : ceux-ci lui envoyerent le Vacher, surnommé la Case, né à la Rochelle, de parens obscurs. Celui-ci sut profiter de l'effroi que jetoit parmi les peuples l'explosion de la poudre, d'un coup de fusil il abatit Ramaël, & dissipa son armée. Dans une seconde bataille, Dian Dalasse, ami & vengeur

de

de Ramaël, fut encore terraffé par Lacafe, qui lui laiffa la vie, & lui rendit la liberté. Il devint l'amour des peuples, & la terreur des fouverains. Sa vie ne fut qu'une fuite de triomphes. Après la mort de Raffiffate, il fuccéda à fes Etats par fon mariage avec fa fille Dian-Nungh qu'il aimoit, & dont il étoit aimé. Dian-Poulle, c'eſt le nom que les infulaires lui donnoient, fut toujours le protecteur & l'ami de fes compatriotes. Il porta dans ces climats barbares des vertus qui y étoient inconnues, fit adopter notre morale à fes fujets, fans leur faire adopter nos mœurs, leur enfeigna les arts utiles, & fur-tout celui d'être heureux. Depuis ce temps, les Madécaffes ont eu peu de démélés avec les François : & c'eſt moins par la haine de ces peuples, que par l'intempérie du climat, qu'ils ont été forcés d'abandonner leurs établiffemens dans cette ifle.

Cependant quelques voyageurs affurent que fi l'on vouloit y encourager l'agriculture, elle feroit dans peu les plus grands progrès. Les ifles de France & de Bourbon qui en font voifines, y trouveroient dans tous les temps une reffource affurée contre les difettes qui affligent fréquemment la premiere de ces ifles. Les efcadres de France deftinées pour les grandes Indes, obligées de relacher dans le port de l'ifle de France pour s'y rafraîchir, y trouveroient des provifions abondantes apportées de Madagafcar, & ne feroient pas dans le cas de perdre leur temps à aller à Batavia ou au Cap, mendier des vivres chez les Hollandois, tandis que les ennemis enlevent les places françoifes, comme il eſt arrivé dans la guerre de 1762.

Le froment croîtroit, dit-on, à Madagafcar dans la même abondance que le riz. (a) Il a été cultivé autrefois avec fuccès dans l'établiffement que les François poffedent à la pointe méridionale de l'ifle fous le nom de *Fort Dauphin*. On y trouve encore aujourd'hui de beaux épics de froment qui y fut cultivé anciennement, & qui depuis que les François en ont été chaffés, s'eſt femé annuellement de lui-même, & croît pêle-mêle avec des herbes naturelles du pays. Les terres y font d'une fertilité inconcevable; les infulaires font intelligens & adroits. Dans les quartiers où les Arabes n'ont point pénétré, ils ont les fimples loix de la nature & les mœurs des premiers hommes. Ces loix & ces mœurs font plus favorables à l'agriculture que toutes les fublimes fpéculations, que les traités les plus complets fur les meilleures pratiques, que tous ces moyens employés de nos jours pour ranimer parmi nous un art que nos mœurs nous font regarder avec mépris, ou traiter avec légéreté, & qui eſt fans ceffe harcelé, fans ceffe opprimé par une foule d'abus fortis de nos loix même.

(a) D'autres affurent le contraire, comme nous l'avons dit au commencement de cet article; il faudroit donc s'en affurer par des épreuves multipliées & en grand.

M A D E R E, *Isle de l'Océan Atlantique.*

CETTE isle est située à environ 13 lieues de Portosanto, à 60 des Canaries entr'elles & le détroit de Gibraltar, par les 32 degrés 27 minutes de latitude septentrionale, & à 18 de longitude, à l'ouest du méridien de Londres.

Elle fut découverte en 1420 par Juan Gonzalès & Tristan Vaz, Portugais. Ils la nommerent *Madeira*, c'est-à-dire bois ou forêt, parce qu'elle étoit hérissée de bois lorsqu'ils la découvrirent. On dit même qu'ils mirent le feu à une de ces forêts pour leurs besoins; que ce feu s'étendit beaucoup plus qu'ils n'avoient prétendu, & que les cendres qui resterent après l'incendie, rendirent la terre si fertile, qu'elle produisit dans les commencemens soixante pour un; de sorte que les vignes qu'on y planta, donnoient plus de grappes que de feuilles.

Madere a, suivant Sanut, 6 lieues de largeur, 15 de longueur de l'orient à l'occident, & environ 40 de circuit. Elle forme comme une longue montagne qui court de l'est à l'ouest, sous un climat des plus agréables & des plus tempérés. La partie méridionale est la plus cultivée, & on y respire toujours un air pur & serein.

Cette isle fut divisée par les Portugais en quatre quartiers, dont le plus considérable est celui de Funchal. On comptoit déjà dans Madere en 1625 jusqu'à quatre mille maisons, & ce nombre a beaucoup augmenté. Elle est arrosée par sept ou huit rivieres & plusieurs ruisseaux qui descendent des montagnes.

La grande richesse du lieu sont les vignobles qui donnent un vin exquis; le plan en a été apporté de Candie. On recueille environ 28 mille pieces de vin de différentes qualités; on en boit le quart dans le pays; le reste se transporte ailleurs, sur-tout aux Indes occidentales & aux Barbades. Un des meilleurs vignobles de l'isle appartenoit autrefois aux jésuites, qui en tiroient un revenu considérable.

Tous les fruits de l'Europe réussissent merveilleusement à Madere. Les citrons en particulier, dont on fait d'excellentes confitures, y croissent en abondance; mais les habitans font encore plus de cas des bananes. Cette isle abonde aussi en sangliers, en animaux domestiques, & en toutes sortes de gibier. Elle retire du blé des Açores, parce qu'elle n'en recueille pas assez pour la nourriture des insulaires.

Ils sont bigots, superstitieux au point de refuser la sépulture à ceux qu'ils nomment *hérétiques*; en même temps ils sont très-débauchés, d'une lubricité effrénée, jaloux à l'excès, punissant le moindre soupçon de l'assassinat, pour lequel ils trouvent un asile assuré dans les églises. Ce contraste de dévotion & de vices prouve que les préjugés ont la force de concilier dans l'efprit des hommes les oppofitions les plus étranges; ils les dominent au point, qu'il eft rare d'en triompher, & fouvent dangereux de les combattre.

MADRAS, ou MADRASPATAN, *Grande Ville des Indes Orientales, fur la côte de Coromandel, dans le pays d'Arcate, & fur le bord de la mer.*

CETTE ville fut bâtie il y a environ un fiecle par Guillaume Sanghorne. Comme il la plaça dans un terrein fablonneux, tout-à-fait aride & entiérement privé d'eau potable qu'il faut tirer de plus d'un mille, on chercha les raifons qui pouvoient l'avoir déterminé à ce mauvais choix. Ses amis prétendirent qu'il avoit efpéré, ce qui eft en effet arrivé, d'attirer à lui tout le commerce de faint Thomé, & fes ennemis l'accuferent de n'avoir pas voulu s'éloigner d'une maitreffe qu'il avoit dans cette colonie Portugaife. Cet établiffement s'eft tellement accru avec le temps, qu'il a été partagé en trois divifions; la premiere, qui fert d'habitation à huit ou neuf cents Anglois, hommes, femmes ou enfans, eft entourée d'une muraille, peu épaiffe, défendue par quatre baftions foibles, de mauvaife conftruction & fans aucun ouvrage extérieur. Elle eft connue en Europe fous le nom du fort *Saint-George*, & dans l'Inde, fous celui de *Ville-blanche*. Au nord de cette partie eft une autre divifion contigue qu'on nomme la *Ville-noire*, beaucoup plus grande & encore plus mal fortifiée, où font les Juifs, les Arméniens, les Maures, les plus riches d'entre les marchands Indiens. Au delà eft un faubourg tout-à-fait ouvert où vit le peuple. Outre ces trois divifions qui compofent la ville de Madras, il y a deux villages très-grands & très-peuplés à peu de diftance. La ville & fon territoire qui peut avoir quinze milles de circonférence, contiennent deux cents cinquante mille habitans prefque tous nés aux Indes, de différentes caftes & de diverfes religions. On diftingue entr'eux environ trois ou quatre mille chrétiens qui fe nomment eux-mêmes Portugais, & qui paroiffent être réellement defcendus de cette nation.

Dans une fi grande population, il n'y a pas un feul tifferand. Environ quinze mille ouvriers font occupés à imprimer, à peindre les belles perfes qui fe confomment en Europe, une quantité confidérable de toiles communes deftinées pour les différentes échelles des mers d'Afie, fur-tout pour les Philippines; peut-être compteroit-on quarante mille perfonnes dont l'induftrie eft employée à arranger, à débiter du corail, de la verroterie dont les femmes dans l'intérieur des terres ornent leurs cheveux ou forment des colliers & des bracelets. D'autres travaux inféparables d'un grand entrepôt occupent beaucoup de bras. Les colons qui ont mérité la confiance de la

compagnie fe répandent dans l'Acate & dans les pays voifins pour y acheter les marchandifes dont elle a befoin. Les plus confidérables prêtent de
l'argent aux négocians anglois qui, fans être de la compagnie, ont la liberté de trafiquer dans les différentes échelles de l'Afie; ils s'affocient avec
eux ou chargent fur leurs bâtimens des effets pour leur propre compte. Les
entreprifes réunies de la compagnie & des particuliers, ont fait de Madras
une des plus opulentes, & des plus importantes places de l'Inde.

Indépendamment des bénéfices que font les Anglois fur les toiles qu'ils
tirent de cette ville, fur les draps & les autres marchandifes qu'ils y vendent, les douanes, les droits fur le tabac & fur le bétel & quelques autres
impofitions, leur forment un revenu de cinq cents mille roupies. Une garnifon de mille Européens & de quinze ou dix-huit cents Cypayes, affure
la durée de ces avantages. *Long.* 98, 8, *lat.* felon le P. Munnaos, 13, 20.

MADRID, *Ville d'Efpagne dans la nouvelle Caftille, & la capitale
de toute l'Efpagne, quoique ce ne fût autrefois qu'un bourg.*

EN 1085, fous le regne d'Alphonfe VI, après la capitulation de Tolede,
qu'occupoient les Mahométans, toute la Caftille neuve fe rendit à Rodri-
gue, furnommé le *Cid*, le même qui époufa depuis Chimene, dont il
avoit tué le pere. Alors Madrid, petite place qui devoit un jour être la
capitale de l'Efpagne, tomba pour la premiere fois au pouvoir des chrétiens.

Cette bourgade fut enfuite donnée en propre aux archevêques de Tolede,
mais depuis Charles V les rois d'Efpagne l'ayant choifie pour y tenir leur
cour, elle eft devenue la premiere ville de cette vafte monarchie.

Elle eft bâtie au milieu d'une grande plaine, eft de toutes parts entourée de collines, & a trois lieues de circuit, non compris le château ni le
jardin de Buenretiro. Dans la partie occidentale & méridionale de la ville
coule le Manzanarès, qui ne groffit qu'en hiver par la fonte des neiges,
& eft très-petit tout le refte du temps, & particuliérement en été. Cependant le roi Philippe II fit bâtir fur cette riviere en 1584, un pont de pierres, qui a 1100 pas de long & 22 de large dans un efpace de 700 pas:
fa conftruction doit avoir coûté 200,000 ducats; on le nomme *la puente
fegoviana* : Philippe V fit bâtir fur cette même riviere, dans la partie méridionale de la ville, un fecond pont plus magnifique encore que le précédent, & l'appella le *pont de Tolede.* A l'occident de la ville, le long des
prairies qui bordent le Manzanarès, eft un chemin élevé, appellé *fevrida*
& garni d'ormes des deux côtés : il fert de promenade au printemps & en
été. Madrid renferme environ 13,100 maifons; fous le regne de Ferdinand VI on comptoit 26,043 habitans de 18 jufqu'à 60 ans; 10,676 domeftiques; 735 pauvres; 207 journaliers n'ayant pas de maifon; 5,660 veu-

ves & 42,168 femmes & enfans de différens âges, en tout 101,037 ames. Toutes les rues font pavées, & ont de la pente vers le milieu, afin que les ordures qu'on y jette durant la nuit, puiſſent s'écouler avec les autres immondices. Parmi ces rues il y en a beaucoup de mauvaiſes ; on en voit cependant pluſieurs qui font larges & belles ; & l'on trouve auſſi dans quelques-unes des pierres plates placées le long des maiſons, afin qu'on puiſſe marcher plus commodément. La grande place appellée *plaza major*, feroit belle ſi elle étoit tenue proprement, & ſi d'ailleurs elle n'étoit pas ordinairement remplie de petites boutiques, où l'on vend des vivres. C'eſt fur cette place, mais principalement & communément dans un bâtiment rond qui eſt devant la porte d'Alcala, que ſe donnent les combats de taureaux. Madrid eſt partagée en treize paroiſſes, ſavoir : ſainte Marie, ſaint Sébaſtien, ſaint Jacques, ſaint Martin, ſaint Guinés, ſaint Nicolas, ſaint Sauveur, ſaint Jean, ſainte Croix, ſaint Pierre, ſaint André, ſaint Michel, ſaint Juſte. Il y a outre cela ſix égliſes filiales. Parmi le grand nombre de chapelles on remarque fur-tout celle de ſaint Iſidore, patron de la ville de Madrid : elle a été fondée par le roi Philippe IV. On compte d'ailleurs 69 couvens, 22 hôpitaux, &c. Le palais royal eſt fitué fur une hauteur, à l'occident de la ville ; il a une très-belle vue tant du côté de la campagne que vers le Manzanarès. Il fut réduit en cendres en 1734 ; mais il a été depuis rebâti avec plus de goût. Tous les tribunaux & colleges ſupérieurs ont leur fiege dans Madrid. Il y a de plus 4 académies royales, ſavoir, l'académie royale eſpagnole : elle s'occupe de l'éloquence & de la pureté de la langue eſpagnole ; l'académie royale d'hiſtoire ; l'académie royale de medecine, & l'académie royale de peinture, de ſculpture & d'architecture connue ſous le nom d'*académie de Saint Ferdinand*.

Madrid jouit d'un air très-pur, très-ſubtil, & froid dans certains temps, à cauſe du voiſinage des montagnes. Elle eſt fituée, à ſix lieues, ſud oueſt, d'Alcala, ſept de l'Eſcurial, neuf de Puerto de Guadaréma, cent ſix, nord-eſt, de Liſbonne, environ deux cents de Paris, & trois cents de Rome. *Long.* ſelon Caſſini, 13ᵈ. 45ˡ. 45ˡˡ. *lat.* 40, 26.

MADURÉ, *Royaume des Indes Orientales.*

CE royaume ; fitué au milieu des terres dans la grande peninſule qui eſt en-deçà du Gange, eſt borné au nord par les terres de Mayſſur & celles qui appartiennent au gouverneur de Gingi ; à l'orient par les Etats du roi de Tanjaor ; au midi par la mer méridionale des indes ; & à l'occident par les Etats des princes de Malabar. Il eſt auſſi grand que le Portugal, & ſon revenu eſt d'environ huit millions. On y compte ſoixante-dix Palleacarens ; ce font des gouverneurs abſolus dans leurs petits Etats, &

qui ne font tenus qu'à payer une taxe que le roi de Maduré leur impofe.
Ce prince peut mettre aifément fur pied vingt mille hommes d'infanterie &
cinq mille de cavalerie. Il a près de cent éléphans qui lui font d'un
grand fecours pour la guerre.

Dans le royaume de Maduré, comme ailleurs, on trouve des riches &
des pauvres, des gens d'une haute naiffance, & d'autres dont la naiffance
eft vile & obfcure. Mais dans ce royaume les pauvres font peut-être en plus
grand nombre qu'ailleurs. On voit une infinité de malheureux mourir de
faim, d'autres contraints de vendre leurs enfans & de fe vendre eux-mêmes, afin de pouvoir vivre. Il y en a qui travaillent toute la journée comme
des forçats, & gagnent à peine de quoi fubfifter ce jour-là même. On voit
une multitude de veuves qui n'ont pour tout fonds & revenu qu'une efpece
de rouet à filer. On trouve plufieurs perfonnes, tant hommes que femmes,
dont l'indigence eft fi grande, qu'ils n'ont pour fe couvrir qu'un méchant
morceau de toile tout en lambeaux, & qui n'ont pas même une natte pour
fe coucher. Les maifons des payfans d'Europe font des palais en comparaifon des miférables taudis où la plupart de ces malheureux font logés. Trois
ou quatre pots de terre font tous les meubles de leurs cabanes. Plufieurs
chrétiens y paffent les années entieres fans fe rendre à l'églife, faute d'a-
voir la petite provifion de riz ou de millet néceffaire pour vivre durant le
voyage.

Généralement parlant, c'eft un crime aux particuliers de ce pays d'être
riches. Il n'y a point d'accufation à laquelle on prête plus volontiers l'o-
reille, ni de crime plus févérement puni. De-là vient que les riches cachent avec foin leur argent, & que fouvent avec de grandes richeffes, ils
ne font ni mieux logés, ni mieux vêtus, ni mieux nourris que les plus in-
digens. Mais fi d'un côté on affecte à Maduré de paroître pauvre au milieu
des richeffes, d'un autre côté on y eft très-jaloux des diftinctions & du
rang que donne la naiffance. Il n'y a guere de nation qui ait tant de délicateffe que celle-ci fur ces fortes de prérogatives. Tout le peuple eft partagé en plufieurs caftes, c'eft-à-dire, en plufieurs claffes de perfonnes qui
font du même rang & d'une égale naiffance, qui ont leurs ufages, leurs
coutumes & leurs loix particulieres; car on peut bien acquérir par de
belles actions de l'honneur & des richeffes, mais la nobleffe ne s'acquiert
pas de même. C'eft un pur don de la naiffance; le roi ne peut la donner,
& les particuliers ne peuvent l'acheter. Le roi n'a aucun pouvoir fur les
caftes; il ne peut pas lui-même paffer à une cafte fupérieure. Celle du
prince qui régnoit en 1713, étoit des plus médiocres. On voit fouvent des
conteftations & des difputes entre les caftes. Il y a telle cafte fi baffe &
fi méprifable, que ceux qui en font, n'oferoient regarder en face un homme d'une cafte fupérieure. S'ils le faifoient, il auroit droit de les tuer
fur le champ.

Les hommes ont divers emplois; les uns fervent le prince, les autres cultivent la terre ; ceux-ci s'appliquent au commerce , ceux-là travaillent aux arts méchaniques , & ainsi du reste. Mais on ne voit ni financiers , ni gens de robe. Les intendans ou gouverneurs sont chargés tout à la fois & de l'administration de la justice , & de la levée des deniers & du gouvernement militaire. La justice se rend sans fracas & sans tumulte. La plupart des affaires , sur-tout celles qui sont de moindre importance , se terminent dans le village ; chacun plaide sa cause , & les principaux font l'office de juge. On n'appelle guere de leurs sentences , principalement si ces juges sont, comme il arrive presque toujours , des premiers de la caste. Quand on a recours au gouverneur, pour l'ordinaire il met les deux parties à l'amende ; il fait le moyen de les trouver coupables toutes deux.

Le dedans de l'Etat est communément assez paisible. Les gouverneurs levent de temps en temps des soldats, selon les besoins où ils se trouvent. Le roi envoie quelquefois des corps d'armée dans les provinces ; mais ce n'est guere que pour soumettre quelque seigneur rebelle , qui refuse de payer le tribut, ou pour châtier ceux qui font des injustices trop criantes. Pourvu que le coupable ait de l'argent & qu'il veuille bien en venir à une composition honnête, on lui fait bon quartier ; du reste à lui permis de se dédommager par de nouvelles vexations dont il accable le pauvre peuple. Ces seigneurs dont je parle , sont comme de petits souverains , qui commandent absolument sur leurs terres ; ils sont héréditaires, au lieu que les gouverneurs & les intendans se révoquent & se restituent au gré du prince. Tel gouverneur n'est pas quatre jours en place, & dans ce peu de temps il ne laisse pas de s'enrichir, s'il est habile. On met souvent ces gouverneurs à la question pour leur faire rendre gorge , après quoi, quelques vexations qu'ils aient commises, on ne laisse pas de les rétablir dans leurs charges.

Dans le Maduré l'eau est la boisson ordinaire ; ce n'est pas qu'on n'y fasse des liqueurs qui enivrent : mais il n'y a que les personnes de la lie du peuple qui en usent : les honnêtes gens en ont horreur. La principale de ces liqueurs est celle qui découle des branches de palmier. On fait aussi avec une certaine écorce & de la cassonade de palmier une eau-de-vie qui prend feu comme celle d'Europe.

Ce royaume n'est pas autrement garni d'arbres fruitiers : on n'y voit presque aucuns de ceux que l'on a en Europe. La banane & la figue d'Inde y sont communes ; mais ces dernieres different beaucoup de nos figues par la figure & le goût. Il y a des mangles du côté des montagnes, des ates & des goyaves dans les jardins.

On trouve dans les montagnes des éléphans, des tigres, des loups, des singes , des cerfs, des sangliers, &c. mais on laisse le gibier assez en repos, quoique la chasse soit permise à tout le monde.

Les bœufs sont de grand usage : on ne mesure les richesses d'un chacun que par le nombre qu'il en a. Ils servent au labourage & aux voitures. La

plupart ont une groſſe boſſe ſur le cou. On les attelle aux chars ſur leſquels on place les idoles, que l'on traîne en pompe par les rues. On ne
ſait à Maduré ce que c'eſt que carroſſe ; les grands ſeigneurs ſe font porter
en palanquin ; mais ils doivent en avoir la permiſſion du prince. C'eſt un
crime digne de mort que de tuer un bœuf, une vache, ou un buffle. Il y
a apparence que c'eſt dans la vue de favoriſer la multiplication de ces animaux, que la défenſe en a été faite. Ils n'y multiplient que médiocrement,
& ſont ſujets à de fréquentes maladies. La chevre, le mouton, la poule
ſont les viandes d'uſage.

Maduré, la capitale du royaume, eſt environnée d'une double muraille ;
chaque muraille eſt fortifiée à l'antique de pluſieurs tours quarrées avec
des parapets, & garnies d'un bon nombre de canons. La for\tereſſe dont la
forme eſt quarrée, eſt entourée d'un foſſé large & profond avec une eſcarpe & une contreſcarpe très-forte. Il n'y a point de chemin couvert à
l'eſcarpe. Au lieu de glacis on voit quatre belles rues qui répondent aux
quatre côtés de la fortereſſe. On en peut faire le tour en moins de deux
heures. Les maiſons qui bordent ces rues ont de grands jardins du côté de
la campagne, qui eſt belle & fertile.

MAGISTRAT, ſ. m. *Tout officier revêtu de quelque portion de
la puiſſance publique.*

LES premiers Magiſtrats établis chez les Hébreux, furent ceux que Moyſe
choiſis par le conſeil de Jéthro ſon beau-pere, auquel ayant expoſé qu'il
ne pouvoit ſoutenir ſeul tout le poids des affaires, Jéthro lui dit de choiſir
dans tout le peuple des hommes ſages & craignant Dieu, d'une probité
connue, & ſur-tout ennemis du menſonge & de l'avarice, pour leur confier une partie de ſon autorité ; de prendre parmi eux des tribuns, des
centeniers, des cinquanteniers & dixainiers, ainſi qu'il eſt dit au *xviij de
l'Exode* : ceci donne une idée des qualités que doit avoir le Magiſtrat.

Pour faire cet établiſſement, Moyſe aſſembla tout le peuple ; & ayant
choiſi ceux qu'il crut les plus propres à gouverner, il leur ordonna d'agir
toujours équitablement, ſans nulle faveur ou affection de perſonnes, &
qu'ils lui référeroient des choſes difficiles, afin qu'il pût les régler ſur leur
rapport.

Comme les Iſraëlites n'avoient alors aucun territoire fixe, il partagea
tout le peuple en différentes tribus de mille familles chacune, & ſubdiviſa
chaque tribu en d'autres portions de cent, de cinquante, ou de dix familles.

Ces diviſions faites, il établit un préfet ou intendant ſur chaque tribu,
& d'autres officiers d'un moindre rang ſur les ſubdiviſions de cent, de cinquante, & de dix.

Moyſe

Moyfe choifit encore par l'ordre de Dieu même, avant la fin de l'année, feptante autres officiers plus avancés en âge, dont il fe forma un confeil, & ceux-ci furent nommés *feniores & magiftri populi*; d'où eft fans doute venu dans la fuite le terme de Magiftrats.

Tous ces officiers établis par Moyfe dans le défert, fubfifterent de même dans la Paleftine. Le fanhédrin ou grand-confeil des feptante établit fon fiege à Jérufalem : ce tribunal fouverain, auquel préfidoit le grand-prêtre, connoiffoit feul de toutes les affaires qui avoient rapport à la religion & à l'obfervation des loix, des crimes qui méritoient le dernier fupplice ou du moins effufion de fang, & de l'appel des autres juges.

Il y eut auffi alors à Jérufalem deux autres tribunaux & un dans les autres villes, pour connoître en premiere inftance de toutes les affaires civiles, & de tous les délits autres que ceux dont on a parlé.

Les centeniers, cinquanteniers, dixainiers, eurent chacun l'intendance d'un certain quartier de la capitale.

Les Grecs qui ont paru immédiatement après les Hébreux, & qui avoient été long-temps leurs contemporains, eurent communément pour maxime de partager l'autorité du gouvernement & de la magiftrature entre plufieurs perfonnes.

Les républiques prenoient de plus la précaution de changer fouvent de Magiftrats, dans la crainte que s'ils reftoient trop long-temps en place, ils ne fe rendiffent trop puiffans & n'entrepriffent fur la liberté publique.

Les Athéniens qui ont les premiers ufé de cette politique, choififfoient tous les ans 500 de leurs principaux citoyens, dont ils formoient le fénat qui devoit gouverner la république pendant l'année.

Ces 500 fénateurs étoient diftribués en dix claffes de 50 chacune, que l'on appelloit *prytanes*; chaque prytane gouvernoit l'Etat pendant trente-cinq jours.

Des cinquante qui gouvernoient pendant ce temps, on en tiroit toutes les femaines dix, qui étoient qualifiés de préfidens; & de ces dix on en choififfoit fept qui partageoient entr'eux les jours de la femaine, & tout cela fe tiroit au fort. Celui qui étoit de jour, fe nommoit *archi*, prince ou premier; les autres formoient fon confeil.

Ils fuivoient à peu près le même ordre pour l'adminiftration de la juftice : au commencement de chaque mois, lorfqu'on avoit choifi la cinquantaine qui devoit gouverner la république, on choififfoit enfuite un Magiftrat dans chaque autre cinquantaine. De ces neuf Magiftrats appellés *archontes*, trois étoient tirés au fort pour adminiftrer la juftice pendant le mois; l'un qu'on appelloit *préfet* ou *gouverneur* de la ville, préfidoit aux affaires des particuliers, & à l'exécution des loix pour la police & le bien public; l'autre nommé βασιλεύς, *roi*, avoit l'intendance & la jurifdiction fur tout ce qui avoit rapport à la religion; le troifieme appellé *polemarchus*, connoiffoit des affaires militaires & de celles qui furvenoient entre les citoyens

& les étrangers ; les six autres archontes servoient de conseil aux trois premiers.

Il y avoit encore quelques autres tribunaux inférieurs pour différentes matieres civiles & criminelles ; ils changeoient aussi de juges les uns tous les mois, les autres tous les ans.

Tous ces tribunaux n'étoient chargés de la police que pour l'exécution ; la connoissance principale en étoit réservée au sénat de l'aréopage, qui étoit le seul tribunal composé de juges fixes & perpétuels ; on les choisissoit entre les principaux citoyens qui avoient exercé avec le plus d'applaudissement l'une des trois magistratures dont on vient de parler.

Le nom de *magistrature* n'étoit donné à Rome qu'aux charges qui s'exerçoient dans la ville, & on appelloit simplement *potestates*, les fonctions de ceux qui commandoient dans les provinces. On ne pouvoit parvenir à aucune magistrature de la république, qu'après avoir servi dix ans dans la milice romaine, ainsi que nous l'apprend Polybe : *Urbanum magistratum capiendi nemini jus est, antequàm dena stipendia emerita habeat.* Ainsi, personne ne pouvoit être admis aux charges avant vingt-sept ans ; l'âge où l'on étoit enrôlé dans les légions romaines, commençant à dix-sept. Cependant quelques-uns furent affranchis de cette loi, tels que Scipion l'Africain, Pompée & Auguste qui parvinrent aux grandes charges de la république, sans avoir l'âge requis, & sans avoir auparavant passé par les autres charges, ce qui étoit encore nécessaire, parce qu'on ne parvenoit aux plus hautes que par degrés. Ceux qui prétendoient aux magistratures chez les Romains, étoient obligés pendant deux ans, de paroître aux assemblées du peuple avec une simple robe blanche, sans la tunique de dessous, afin d'ôter tout soupçon qu'ils portassent de l'argent pour acheter les suffrages, & afin de pouvoir, s'ils avoient reçu des blessures à l'armée, les montrer plus facilement au peuple, en ouvrant leur robe, & s'attirer par ce moyen sa protection. Le jour de l'élection arrivé, les prétendans, que l'on appelloit *Candidati* à cause de leur robe, venoient au champ de Mars, & n'épargnoient ni prieres, ni flatteries, ni bassesses, pour gagner les suffrages de chaque particulier, appellant chacun par son nom, lui prenant les mains, ce qui étoit une grande politesse chez les Romains ; & c'est pour cela qu'ils avoient ordinairement auprès d'eux quelqu'un de ces gens que l'on appelloit *nomenclateurs*, parce qu'ils servoient à nommer les citoyens que les candidats ne connoissoient pas. Enfin, ils étoient si rampans dans cette occasion, qu'ils alloient jusqu'à embrasser les genoux de ceux dont ils briguoient les suffrages. On observoit, comme nous l'avons déjà dit, une gradation dans la demande des charges, & ce n'étoit que par les petites, que l'on arrivoit aux grandes. La premiere à poursuivre, étoit la questure, après laquelle, on parvenoit à l'édilité, qui conduisoit à la préture, & de celle-ci, on montoit au consulat, la premiere charge de l'Etat, la plus éminente dignité, & le comble des honneurs. Avant que d'entrer en charge, il falloit prendre les auspices, & cet usage avoit commencé avec Rome même ; car Romulus ne s'étoit pas contenté de faire regarder à ses sujets les auspices comme un acte de religion, il en avoit fait une loi qui ordonnoit que personne ne pourroit accepter la royauté, ni aucune autre charge, ou le commandement des armées, que l'on n'eût auparavant consulté les auspices, pour savoir la volonté des dieux, & qu'on ne les eût trouvés favorables : *Et morem instituit in posterum,* dit Denys d'Halicarnasse, *ne quis regnum assumeret, magistratumve iniret, nisi ut Deus addiceret, estque hæc auspicii lex apud Romanos longo tempore observata.* Cet historien ajoute que de son temps, cette loi ne subsistoit plus, & qu'on en avoit seulement conservé la forme ; que pour cela, ceux qui devoient être revêtus des charges, passoient la nuit sous une tente, d'où ils sortoient le lendemain au point du jour, pour faire certaines prieres dans un lieu découvert ; qu'alors quelques augures qui s'y trouvoient, & que le public payoit pour ces sortes de fonctions, leur venoient annoncer qu'ils avoient vu un éclair du côté gauche, quoiqu'ils n'en eussent cependant vu aucun, & que le prétendant, se contentant des paroles de l'augure, alloit aussi-tôt accepter la dignité. Sous la république, & même long-temps sous les empereurs, il n'y eut point à Rome de magistrature perpétuelle, & à la réserve des présidens que les empereurs envoyoient dans les provinces, & dont ils prorogerent le commandement pendant plusieurs années, il n'étoit pas permis d'exercer plus d'un an une magistrature quelconque. Un particulier, dont le pere étoit prisonnier de guerre chez les ennemis, ne pouvoit pendant ce temps-là être élevé à aucune charge, parce qu'on trouvoit de l'indécence à laisser le gouvernement de la république au fils d'un homme qui n'étoit pas libre. Il falloit mettre dix ans d'intervalle entre l'exercice d'une charge & la demande de la même charge, & il y eut même une loi pour défendre d'y prétendre après l'avoir exercée une fois ; mais elle fut abrogée ; & n'eut pas lieu dans la suite, puisque nous voyons un même homme plusieurs fois consul. Il étoit aussi défendu d'avoir deux charges ensemble, au moins deux charges ordinaires & du premier rang ; mais lorsque la république eut perdu sa liberté, cette loi ainsi que celle de Romulus sur le vol des oiseaux, la loi *cornelia,* sur la gradation à observer dans la promotion aux charges, l'autre loi touchant les interstices des magistratures, furent entiérement négligées. Tous les Magistrats étoient obligés, dans l'espace de cinq jours après leur installation, de jurer l'observation des loix, & lorsqu'ils sortoient de charge, il étoit permis de les rechercher sur cet article.

Ceux qui avoient exercé quelque charge civile, même quelque genre de sacerdoce dans Athenes, qui y avoient eu quelqu'administration, ou quelque maniement, ne pouvoient point disposer de leurs biens par testament, ni les donner par la voie de l'adoption, ni les consacrer aux dieux, ni en faire des offrandes dans leurs temples, qu'ils n'eussent rendu leurs comptes après être fortis de charge : jufques-là tous leurs biens étoient cenfés engagés à la république. Il y avoit dix tribunaux établis à Athenes pour rendre la juftice, favoir : fix pour les affaires purement civiles, que l'on appelloit l'*Hélicie*, la *Trigone*, le *Parabyfte* moyen, le grand *Parabyfte*, le tribunal de *Lyens*, & celui de *Metiochus*; & quatre pour les matieres criminelles. Les juges de tous ces différens tribunaux devoient être aifés & accommodés des biens de la fortune, avoir des biens fonds dans l'Attique, & des enfans, ou promettre de fe marier. Outre cela, il y avoit trois greffiers, dont l'un avoit les ordonnances, & en faifoit la lecture dès que les orateurs le requéroient ; le fecond faifoit la lecture des loix, & le troifieme écrivoit les décrets. Homere nous apprend que les juges, dans les premiers temps, portoient un fceptre à la main; mais ils le quittoient, lorfqu'ils étoient affis, & qu'ils écoutoient les parties. Ils le reprenoient de la main des hérauts, lorfqu'ils alloient aux opinions : outre cela, ils tenoient à la main un fymbole, ou une marque qu'on leur donnoit en entrant, & qu'ils rendoient en fortant, avec quoi ils avoient leur rétribution, qui étoit trois oboles : on ne fait point ce que c'étoit que ce fymbole, ou cette marque qu'on leur donnoit. Les parties qui plaidoient, mettoient leurs titres & les pieces de leurs procès dans des vafes d'airain ou de terre, faits de maniere que les particuliers ne pouvoient les ouvrir, pour en retirer ce qui y étoit renfermé. C'étoit un crime capital que de les rompre. Ces fortes de vafes étoient appellés *Echinos*.

Il y avoit plufieurs fortes de Magiftrats chez les Romains : 1°. des Magiftrats ordinaires, & des magiftrats extraordinaires. 2°. Des Magiftrats patriciens, d'autres plébéïens & d'autres mixtes. 3°. On diftinguoit encore les grands & les petits Magiftrats : il y en avoit encore de curules & de non-curules, des Magiftrats de ville & des Magiftrats de province. Nous allons les faire connoître en détail.

Magiftrats curules, étoient ceux qui avoient le droit de fe fervir de la chaife curule, comme le dictateur, le conful, le préteur & l'édile curule, qui feuls avoient auffi le droit d'images. Ceux d'entr'eux qui pouvoient étaler celles de leurs ancêtres dans certaines cérémonies, étoient cenfés nobles; & on appelloit *hommes nouveaux* ceux qui ne pouvoient montrer que leurs propres portraits. Ils faifoient porter par-tout cette chaife d'yvoire qui étoit la marque de leur dignité : elle étoit fort élevée, ayant au bas plufieurs degrés.

Magiftrats extraordinaires, étoient des magiftrats qu'on ne créoit que dans les néceffités preffantes, non dans les comices par centuries, mais dans l'affemblée par tribus, comme l'exigeoient les circonftances ; tels étoient le dictateur avec fon maître de la cavalerie, le cenfeur, l'inter-roi & autres.

Les grands Magiftrats, étoient ainfi appellés, parce qu'ils avoient les grands aufpices, le droit des licteurs & des meffagers, & qu'ils étoient élus dans les comices par centuries, tels étoient les confuls, les préteurs & les cenfeurs.

Les petits Magiftrats, étoient ceux qui n'avoient que les petits aufpices, & qui étoient créés dans les comices par tribus : c'étoient les édiles curules & plébéïens, les tribuns du peuple, les quefteurs, les triumvirs capitaux, nocturnes & monétaires, les intendans des vivres, les quefteurs du parricide, les Magiftrats provinciaux, ordinaires & extraordinaires.

Il y avoit des Magiftrats plébéïens & d'autres patriciens. Au commencement de la république, ils étoient tous patriciens ; mais dans la fuite, le peuple eut part à toutes ces dignités, excepté à celle d'inter-roi. Les Magiftrats plébéïens étoient les tribuns & les édiles du peuple ; tous les autres étoient mixtes.

Les Magiftrats provinciaux, étoient ceux dont les fonctions n'avoient d'exercice que hors la ville & dans les provinces où la république les envoyoit, pour les gouverner en qualité de proconful, de préteur, de propréteur, & leur rendre la juftice felon les loix Romaines. De ce nombre étoit encore le quefteur qui étoit chargé de lever les tributs. Tous les Magiftrats provinciaux jouiffoient dans leur département, mais non pas à Rome, des honneurs des grands Magiftrats : ils n'étoient pas cependant des Magiftrats proprement dits, puifqu'il n'y en avoit de tels qu'à Rome ; mais c'étoient des hommes munis de pouvoir, *cum poteftate*, & lorfque le peuple avoit donné fa voix & qu'il y avoit joint une loi, alors on difoit qu'ils avoient le commandement, *cum imperio*. Ils ne partoient jamais feuls pour leur province, & ils étoient toujours accompagnés d'une fuite compofée de foldats, de lieutenans, de tribuns, de capitaines, & de tous les officiers de leur maifon, & de ceux qu'on appelloit *contubernales*, qui étoient de jeunes gens de condition qui les fuivoient, pour fe former fous leurs yeux, à la guerre & aux emplois. Il y avoit encore à leur fuite un certain nombre de leurs amis de différent rang, qu'on appelloit de la premiere, de la feconde & de la troifieme familiarité. Du temps de la république, on leur fourniffoit tout ce qui étoit néceffaire pour leur route & pour le féjour, les habits, les chevaux, les mulets, les meubles, & la raifon qu'en apporte Tite-Live, c'eft *Ne quid tale imperarent fociis* ; car l'Etat ne vouloit pas qu'ils fuffent à charge aux alliés, & il prétendoit arrêter par-là tout prétexte de fe livrer à des exactions odieufes. Ceux qui avoient prévariqué dans leur gouvernement, étoient traduits en juftice, lorfqu'ils étoient de retour à Rome, & les peuples qu'ils avoient vexés, pouvoient les accufer de concuffion, de péculat, & d'autres crimes. Chez les Athéniens, les Magiftrats étoient choifis dans trois claffes de citoyens, formées fur l'eftimation des biens de chacun : ce fut Solon qui fit ce réglement ; ainfi on n'admettoit aux emplois de la république, que ceux qui étoient infcrits fur le regiftre des citoyens. L'élection fe faifoit par le fort ou par le fcrutin, à la pluralité des bulletins, ou par l'élévation de la main. Les deux premieres fe faifoient dans le temple de Théfée, & la derniere près de la citadelle. Les Magiftrats nouvellement élus devoient comparoître devant les cogiftes, pour y répondre fur les articles de leurs vies & de leurs mœurs, fur l'état de leurs biens, & fur le temps qu'ils avoient fervi la république. Ces Magiftrats étoient les archontes, les prytanes, les héliaftes, les amphictions, &c.

Les Magiftrats, font, après le fouverain, les principales perfonnes dans le gouvernement civil du corps politique. C'eft fur eux que la fouveraineté fe repofe, elle leur communique fon autorité & la force de commander ; leur premier devoir, par conféquent, eft de foumettre la portion qu'ils en exercent, au commandement de la fouveraineté, puifqu'ils ne difpofent que de ce qui lui appartient.

Le Magiftrat doit favoir obéir au prince, céder au pouvoir des Magiftrats fes fupérieurs, honorer fes égaux, commander avec modeftie à fes inférieurs.

Cependant l'obéiffance du Magiftrat a fes degrés, elle a même fes bornes ; fi elle étoit aveugle & fervile (ceci regarde principalement les monarchies), il feroit efclave, & ne feroit pas Magiftrat. Il ignoreroit les devoirs qui lui font tracés par la même main à laquelle il doit obéir. La même fageffe qui a impofé la foumiffion, en a dicté les regles par la bouche des fouverains.

On divife les ordres qui partent de la fouveraineté, en trois claffes. Ou ce font des lettres de forme de juftice ; ou bien ce font des privileges, des difpenfes de quelques loix accordées à des particuliers, à des communautés ; ou enfin ce font des loix deftinées à être perpétuelles & générales pour un Etat.

La premiere efpece laiffe au Magiftrat fon entiere liberté. Les lettres en contiennent ordinairement la claufe ; elles n'obligent qu'autant que l'expofé fe trouve conforme à la vérité des faits. C'eft cette vérité qui détermine le juge ; en rejetant les lettres du prince, il fe conforme à fa volonté.

La feconde efpece n'oblige pas encore le Magiftrat étroitement, & l'on y peut faire plufieurs diftinctions, fi, comme dans les précédentes, le prince a été furpris dans ce qui lui a été expofé ; fi fon ordonnance eft appuyée fur des faits, la connoiffance de ces faits appartient au juge. Le fort des rois feroit à plaindre, fi ceux qu'ils honorent de leur confiance, les laiffoient expofés à des méprifes dans lefquelles il eft facile de les engager. On dit qu'il y avoit autrefois à Rome *au Campofiori*, des témoins toujours prêts à dépofer de la probité ou du favoir d'un homme qu'ils entendoient nommer pour la premiere fois.

Mais lorfque le Magiftrat n'auroit à oppofer à la grace du prince que des faits que le prince ne peut ignorer ; s'il lui a plu de donner, comme on l'a vu, les premieres dignités de la juftice à un homme élevé dans les finances, & la direction des finances, à celui qui a été nourri dans la judicature ; fi encore le fouverain motive fon ordre par des raifons à lui connues, le Magiſtrat ne doit point examiner les faits, ni s'informer quelles ſont ſes raiſons & leur ſolidité : il ne peut dans ces cas, ſe refuſer à l'obéiſſance.

Il n'en ſeroit pas de même, s'il réſultoit du privilege ou de la diſpenſe un préjudice gréveux à d'autres citoyens. Le Magiſtrat alors n'eſt pas aſtreint à y avoir égard. Cette clauſe ſe voit ſouvent dans des patentes de cette nature ; & ſi elle eſt omiſe, des loix générales y ont pourvu.

Lorſqu'on adreſſe au Magiſtrat un ordre de la troiſieme eſpece, ſon premier devoir eſt d'obéir. On ne peut cependant lui refuſer la faculté d'examiner ce qui doit faire la regle de ſa conduite à l'avenir, ce qu'il doit obſerver le premier pour le faire obſerver aux ſujets ſoumis à ſon reſſort. S'il s'apperçoit que l'édit contienne des choſes contraires à la religion, aux loix de la nature, aux mœurs, le Magiſtrat doit refuſer ſon conſentement, mais toujours avec reſpect. Il feroit une injure à ſon ſouverain, s'il penſoit que l'iniquité, l'injuſtice, fuſſent ſa volonté. Pluſieurs Magiſtrats refuſerent d'obéir à l'ordre du fameux maſſacre de la ſaint Barthelemi ; ils en ſeront à jamais loués.

Mais ſi un édit ne fait que changer des loix civiles, même un certain droit public, quand il révoqueroit une loi utile pour en ſubſtituer une autre qui le ſeroit moins, le Magiſtrat ne peut que ſurſeoir, repréſenter, & finir par ſe ſoumettre.

Le bon ordre exige que les jugemens du Magiſtrat, lorſqu'ils ſont devenus définitifs, attirent le reſpect & la ſoumiſſion du citoyen. Il ſe peut cependant qu'il s'y ſera gliſſé des inattentions, peut-être même quelqu'injuſtice. De même le Magiſtrat doit reſpecter la volonté réitérée du ſouverain. S'il en échappe quelqu'une qui ne ſoit pas avantageuſe à l'Etat, ce ſont des inconvéniens inévitables, comme ceux des arrêts peu judicieux.

Une maxime contraire entraîneroit de plus grands maux. On ne doit rien ſouffrir qui puiſſe avoir l'ombre du mépris, lorſqu'il s'agit des ordres de la ſouveraineté & de la déciſion de ceux qui ſont chargés de diſtribuer la juſtice : l'excès de l'abus pourroit ſeul faire excuſer les refus.

On peut demander ſi le Magiſtrat doit remettre ſa charge, plutôt que de donner ſon conſentement à un édit qu'il croiroit bleſſer ſa conſcience.

La déciſion ſeroit moins délicate pour le Magiſtrat unique, que pour un college. Un ſeul homme ſe peut remplacer ; mais un ſénat verſé dans ſes fonctions, cauſeroit des maux infinis à la république s'il l'abandonnoit. Avant qu'on eût raſſemblé aſſez de membres pour former un nouveau corps, avant que ce corps enfant ſût marcher & ſe conduire, bien des déſordres affligeroient le public.

Si l'édit étoit véritablement contraire à l'honneur, à la religion, on pourroit décider dans le cas forcé, d'approuver ou de ſe démettre. Mais outre que le fait en lui-même & ſes circonſtances ſont trop difficiles à préſuppoſer, je ſens qu'il eſt dangereux de donner des maximes dans des matieres où l'arbitraire de l'opinion ſe peut introduire.

Tous les hommes font fujets à fe prévenir & fe méprendre ; la crainte de trahir l'honneur ou la religion eft impérieufe, elle défigure les objets, elle porte dans l'ame un trouble qui offufque fa lumiere, lorfqu'elle ne devroit marcher qu'avec l'évidence : le dirai-je, on y peut puifer des prétextes d'autant plus à craindre, qu'ils font plus plaufibles. Offrir une démiffion générale, eft une menace ; la donner, un abandon du bien public. Un corps doit attendre, enveloppé dans fon devoir, qu'on la lui demande.

A plus forte raifon, il ne feroit pas bien à quelques membres, dont l'opinion ne prévaudroit pas, de quitter les charges dont ils font revêtus ; leur confcience n'eft point chargée d'un événement auquel ils ont oppofé leur voix. Il y auroit un excès d'amour-propre, même de l'entêtement, à croire qu'ils auroient mieux penfé que le général.

Il fe peut cependant que le petit nombre aura pour lui la vérité ; il doit alors fe conferver pour des temps plus favorables, & ne point abandonner la juftice à ceux qui feroient dans l'erreur.

Il eft des occafions où le Magiftrat doit favoir plier & céder pour éviter de plus grands maux. La gravité ou la légéreté de l'injuftice doivent en régler les occafions. Cette maxime eft encore plus forte pour le Magiftrat unique, le premier après le fouverain, & lorfque le mal part de la propre volonté du prince, plutôt que de celle de fon confeil.

Le fameux jurifconfulte Papinien ne fuivit pas cette regle. Il avoit été nommé par l'empereur Sévere, tuteur des princes fes fils. Caracalla, ayant tué fon frere Geta, il fit prier Papinien de colorer ce meurtre de quelque raifon apparente devant le fénat ; Papinien le refufa, & répondit qu'il n'étoit pas fi facile d'excufer le crime que de le commettre. Cette réponfe lui coûta la vie.

C'étoit peu de chofe en foi ; mais cette vie auroit pu être d'une grande utilité à l'Etat. Elle étoit le feul frein qui pût modérer le mauvais naturel de Caracalla.

La condefcendance raifonnée peut adoucir ; il eft affuré que l'inflexibilité ne peut qu'aigrir. Papinien, louable pour fa vertu, peut être blâmé comme ayant le fort de la république confié à fes foins : il ne s'agiffoit point d'empêcher une injuftice, elle étoit faite, il falloit fonger à l'avenir. Il n'appartient qu'aux grands génies de favoir quand il faut plier ou fe roidir.

On demande encore fi le Magiftrat ou le commiffaire, qui ont commencé à exécuter les ordres qu'ils ont reçus, doivent en arrêter l'exécution, s'ils apprennent le changement de la volonté du fouverain.

Il eft des cas dans lefquels il fert le prince en ne lui obéiffant pas. Si cette exécution commencée a donné aux chofes un mouvement qu'il feroit dangereux d'arrêter ; fi le contre-ordre porte un préjudice réel à l'Etat dans les circonftances du temps, il doit juger qu'il vient du prince mal inftruit.

C'eft encore au Magiftrat qu'il eft remis de difcerner quel a été l'objet
de

de la loi dans les peines qu'elle a établies. Il est à son arbitrage de diminuer les peines pécuniaires; il peut même en absoudre après les avoir prononcées, en les déclarant comminatoires; il est au-dessus de son pouvoir de les augmenter, lorsque la loi les a fixées.

Il juge encore si les peines corporelles sont de rigueur, ou si elles sont publiées seulement dans la vue de détourner du crime & de le prévenir. Un édit d'Henri II, prononce la peine de mort contre les filles qui n'auront pas déclaré leur propre honte au Magistrat. Les juges auxquels cet édit a été envoyé, n'en ont exécuté la lettre, que lorsque le fruit a péri. Ce n'est pas se refuser à la loi, c'est connoître son esprit.

Le même esprit qui ne permet pas au Magistrat de prononcer une amende plus forte que celle de la loi, lui défend d'aller plus loin que les ordres du souverain. Il est aussi coupable que celui qui désobéiroit. Cependant on a vu des ames assez corrompues, assez basses, pour lever sur les peuples des impôts plus forts que ceux qui leur étoient demandés. Tibere, quoique Tibere, reprit aigrement le préfet d'Egypte, coupable de cette indignité, il lui dit : » Je veux bien que l'on tonde mes brebis, » je ne veux pas qu'on leur enleve la peau. »

Il est naturel que celui qui exerce le commandement dans une république puisse contraindre & punir ceux qui voudroient désobéir à ses ordres ou à ses défenses : si les loix ont la force de commander, défendre, permettre & châtier, c'est par la bouche des Magistrats. La loi est muette, le Magistrat est la loi vivante; il doit parler pour elle, mais ne parler que par son esprit.

Le droit de commander du Magistrat n'est point une autorité, sur tout particulier indistinctement, ni pour toutes les choses : elle est divisée par les matieres, les personnes & les lieux. Les fonctions des charges sont renfermées dans le territoire, le siege, le genre des faits & la classe des citoyens pour lesquels la jurisdiction est donnée. Les édits qui créent les charges, expriment & réglent tous ces points.

Le pouvoir par conséquent n'est point inhérent à la personne du Magistrat, mais à l'office suivant sa qualité : & le commandement peut appartenir à une charge seule, ou conjointement à plusieurs qui forment un corps.

Les moyens de contraindre, comme suite du droit de commander, consistent à prononcer des amendes & à saisir les biens, même les personnes, pour obliger à l'exécution de la chose commandée.

Quelques charges n'ont qu'une partie de ces pouvoirs, quelques autres ont tous les trois. Quelques-unes les possedent définitivement; dans d'autres ils peuvent être suspendus par l'appel au supérieur. Ces divisions & ces gradations sont utiles au bien du public.

Il est encore avantageux pour les peuples que la réunion des pouvoirs en dernier ressort appartienne à un college plutôt qu'à un seul individu :

ils auroient, au lieu d'un Magiſtrat, un maître ſuperbe, peut-être corrompu.

Il eſt convenable cependant à leur intérêt, que quelquefois un ſeul
exerce le pouvoir de tous, mais jamais dans toute ſon étendue, ni pour
long-temps.

La magiſtrature eſt ſacrée, & par conſéquent la perſonne qui l'exerce
l'eſt auſſi dans le temps de ſon exercice. Si le Magiſtrat uſe de violence
dans cette qualité, il eſt défendu de lui oppoſer la réſiſtance; ſi c'eſt hors
de ſon ſiege, hors de ſes fonctions, il n'a pas de loi particuliere en ſa
faveur.

De même, s'il ſort des bornes de ſon pouvoir, s'il ordonne des choſes
qui ne ſont pas de ſa compétence, ſes ordres n'ont pas plus de force que
ceux de tout autre citoyen. Il n'eſt Magiſtrat que dans la partie confiée à
ſon miniſtere.

C'eſt une conſéquence du reſpect dû au Magiſtrat, qu'il puiſſe lui-même
venger les injures qui lui ſont faites, lorſqu'il eſt dans ſes fonctions. Ce
n'eſt point le cas de la maxime qui défend de ſe faire juſtice à ſoi-même.
Ce n'eſt pas l'offenſe faite à ſa perſonne que le Magiſtrat punit, c'eſt celle
qui eſt faite à la ſouveraineté qui l'a chargé de ſon pouvoir, & qu'il repréſente dans ce moment & dans cette partie.

Mais comme l'homme pourroit agir ſous le manteau du Magiſtrat, la
punition eſt bornée à une amende, & au plus fort à une priſon momentanée. Si l'injure peut mériter une peine plus grave ou une autre ſatisfaction, il doit dépouiller la perſonne publique, & attendre la juſtice de
ſes collegues ou de ſes ſupérieurs.

Mais quoique le Magiſtrat ne fut point occupé dans l'exercice de ſes
fonctions, l'outrage qui lui ſeroit fait, eſt un délit plus grave que s'il étoit
fait à un particulier. Les perſonnes publiques portent dans tous les temps
un caractere qui les diſtingue du commun des hommes : *Qui tribunis
plebis, ædilibus, judicibus noeuerit, ejus caput Jovi ſacrum eſt*; ainſi parloit la loi des Romains.

Il eſt du bon ordre que celui qui eſt néceſſaire au public, qui s'expoſe
tous les jours à des haines particulieres pour le ſervir, ait une ſauve-garde
pour ſa perſonne. Elle conſiſte dans un châtiment plus marqué des injures
qui lui ſont faites. Si les punitions étoient légeres, les affronts deviendroient communs & les charges abandonnées.

Nous liſons que les cenſeurs dégraderent un citoyen Romain de ſon
rang, pour avoir bâillé avec indécence à leur tribunal. Lorſque ces maximes ne ſont plus reſpectées; lorſque les hiérarchies ſont confondues, la
ſubordination mépriſée, ce ſeront autant de préſages d'un changement
inévitable & prochain dans un Etat.

On trouve ordinairement dans un corps politique bien réglé trois ordres
principaux de Magiſtrats : le premier eſt de ceux que l'on appelle impro-

prement *fouverains*. Ce terme, qu'un mauvais ufage a établi, veut dire fimplement ceux qui par leur rang font au-deffus de tous les autres. Aucun Magiftrat ne leur commande, ils commandent à des Magiftrats au-deffous d'eux.

La feconde claffe reçoit les ordres des premiers, & en donne à de plus fubalternes. Enfin la troifieme n'a point de Magiftrats au-deffous d'elle, & n'exerce fon pouvoir que fur des particuliers fujets à fon reffort.

On a vu le premier ordre des Magiftrats réduit à une feule tête. Sous les empereurs Romains, le préfet du prétoire commandoit à tous. On appelloit devant lui des jugemens des gouverneurs des provinces ; telle a été en France la dignité de maire du palais.

Jamais un corps politique ne doit donner un pouvoir auffi immenfe à un feul homme, qu'avec les précautions que l'on prenoit à Rome contre le dictateur : le prince doit toujours être lui-même le premier Magiftrat de fon royaume, le Magiftrat des Magiftrats, celui qui commande feul à ceux qui commandent aux autres.

En cette qualité, il eft dans l'ordre que le pouvoir des Magiftrats du premier rang s'éclipfe par la préfence du fouverain. A Rome, les confuls baiffoient les maffes & les faifceaux devant le peuple, & lui parloient debout. En France, dans les lits de juftice, celui qui parle aux pieds du roi & pour lui, prononce : *Le roi vous dit*; on n'y dit pas *fon procureur ce requérant*; mais *ouï fur ce, fon procureur*. Perfonne ne requiert, le fouverain préfent fait entendre fa volonté.

Tel eft l'effet de la préfence de la majefté royale : on ne fauroit douter alors que ce ne foit fa véritable volonté qui eft annoncée ; on n'a pas le même degré de certitude dans fon abfence. Ce qu'un roi prononce a un poids, une autorité, qu'il n'appartient à perfonne de fuppléer : un des chefs d'accufation contre le chancelier Poyet, fut de s'être fervi dans d'autres occafions de ces termes : *Le roi vous dit*.

La magiftrature du fouverain a par-tout fes diftinctions & conferve un caractere qui ne fe communique point. Ses ordres feuls expriment qu'ils émanent de fa volonté. Les ordonnances du refte des Magiftrats ne portent ni ces termes ni d'équivalens.

Elle exige encore de ceux-ci des égards qui ne font que pour elle : il feroit trop long de détailler jufqu'où s'étendent la déférence & le refpect qui lui font dûs ; j'en rapporterai feulement un exemple pour me faire entendre.

Le Magiftrat qui bannit un coupable de fon reffort, le bannit de la cour du fouverain, lorfque le territoire où il fait fa réfidence ordinaire, eft enclavé dans ce reffort. Mais il ne lui conviendroit pas de prononcer qu'il le bannit de la cour du prince ; la faute ne feroit pas dans le fonds de la chofe, elle feroit dans l'expreffion.

Cependant ces Magiftrats du fecond ordre font les juges des intérêts

civils du premier. Les souverains de l'Europe en général, animés d'un
sentiment bien digne de leur gloire, ont voulu, par leur exemple, apprendre aux sujets qu'il n'appartient à personne de se juger soi-même.

Si celui d'entr'eux, qui se rendroit juge dans ses causes, ne se condamnoit pas au moindre doute, on ne croiroit jamais qu'il exerce la justice,
mais le pouvoir d'un despote intéressé ; ils gagnent à se laisser juger.

Ils ne plaident pas en leur nom, mais par leur procureur. Ce sage
tempérament conserve la grandeur de la majesté, & l'éclat du nom n'é-
blouit point le juge.

Il est mieux encore que le prince laisse la décision de son intérêt au
corps de magistrature, juge naturel de la matiere & du territoire, que s'il
nommoit des commissaires. Choisir des juges pour le civil, est à peu près
se faire justice à soi-même : dans le criminel, c'est montrer de la passion
& dicter le jugement.

A l'exemple de ce qui se passe en présence du souverain, l'autorité du
Magistrat inférieur est suspendue par la présence du supérieur de la même
classe & du même ressort. Le supérieur a le droit de prendre le siege du
subalterne & de le présider : un moindre pouvoir est éclipsé par le plus
grand dans la même jurisdiction.

Il faut supposer cependant que les deux pouvoirs partent de la même
main. En France, un bailli ne pourroit prendre le siege d'un juge de
seigneur.

En concours de puissance égale, le collegue peut arrêter son collegue,
& l'un & l'autre pouvoir doit cesser : comme le choc de deux corps égaux
à tous égards, & qui se rencontrent avec le même degré de vitesse, les
rendra tous les deux immobiles.

On peut donner pour regle certaine que dans tous les colleges des Magistrats, le plus grand nombre a le pouvoir sur le moindre, & que l'avis
de la pluralité forme une décision qui a la même force que si elle étoit
unanime.

La circonstance de trois avis a donné bien de l'embarras & formé une
infinité de questions. Il est étonnant de voir une loi du digeste qui décide
que, lorsqu'un avis condamne à vingt écus, l'autre à dix, & un troisieme
à cinq, ce dernier doit prévaloir, parce que, dit le jurisconsulte Julia-
nus, c'est la somme en laquelle ils sont tous trois d'accord ; c'est un vrai
sophisme.

Il est plus surprenant encore de voir Grotius & Puffendorff partagés sur
cette loi, & raisonner long-temps sur le parti que l'on doit embrasser entre l'avis de dix & celui de cinq.

La regle de la pluralité n'étoit pas usitée à Rome parmi les tribuns ; la
volonté d'un seul arrêtoit les volontés de tous les autres : telle est la nature
du droit d'empêcher, droit capable de gâter les constitutions qui d'ailleurs
seroient les meilleures.

t>GISTRAT.>** 317ment>

Je penserois que le sénat influa beaucoup dans cette irrégularité. Le peuple, toujours extrême & insensé, crut ne pouvoir donner trop d'étendue à l'autorité de ses tribuns; il pensa qu'un seul d'entr'eux pourroit défendre sa liberté, si tous les autres venoient à l'abandonner. Il ne s'appercevoit pas qu'il ôtoit la liberté d'agir à ses défenseurs. Quand on est préoccupé d'une grande passion, on ne voit qu'un écueil parmi plusieurs.

Le sénat approuva & se prêta à cette imprudence : il ne lui falloit qu'un tribun pour arrêter le pouvoir des tribuns qu'il accordoit au peuple avec tant de regret. Il étoit difficile que dans leur nombre il n'en trouvât un qu'il pût détacher des autres. Il se servoit souvent de cet expédient.

Le lieutenant, *locum tenens*, n'a pas autant de pouvoir que le Magistrat dans son absence; il ne peut ordonner qu'au nom du Magistrat. Quoique les choses ayent souffert quelques changemens en France à l'égard des lieutenans des Magistrats, les baillis & sénéchaux intitulent leurs jugemens du nom du grand bailli ou grand sénéchal.

Le lieutenant ne peut pas faire appeller devant lui toutes les mêmes personnes qui doivent se présenter devant le Magistrat. Cette regle ne s'observe plus en France vis-à-vis des lieutenances qui ont été érigées en charges & vendues : mais encore aujourd'hui un évêque, quand il s'agit de la discipline ecclésiastique, n'est pas tenu de répondre devant l'official, ni les vicaires-généraux, mais seulement à la personne de l'archevêque. Ces déférences sont dues à la dignité du Magistrat & au rang de la personne appellée devant lui.

Il est nécessaire qu'entre des Magistrats d'égale puissance, l'un ait la préséance sur l'autre, autrement le temps se perdroit en disputes ou en civilités.

Rome a souvent varié là-dessus. Entre les consuls, le premier désigné fut pendant un temps le premier nommé dans les actes; quelquefois ce fut le plus âgé. La prérogative de l'honneur fut donnée par la loi *Pappia* au consul marié, & lorsqu'ils l'étoient tous les deux, à celui qui avoit le plus d'enfans. Il y a plusieurs manieres de régler les rangs; elles sont assez indifférentes : le seul point essentiel est qu'ils soient réglés.

Rien ne doit empêcher le Magistrat inférieur de faire exécuter son jugement par sa propre autorité, lorsque personne n'en appelle. On ne blesse point l'autorité du supérieur, lorsqu'on exécute ce que les parties intéressées reconnoissent juste. Il faut excepter les jugemens où il s'agit de la vie ou de l'honneur, je l'ai déjà dit ailleurs.

Non-seulement les Magistrats se doivent des égards d'une jurisdiction à l'autre, mais encore le lien universel qui doit unir tous les hommes, veut qu'on les observe entre les corps politiques.

Un marchand François fut condamné à Venise dans une affaire civile & se retira en France. Le Vénitien qui avoit obtenu la condamnation, l'y suivit avec des lettres de sa république, que l'on appelle *rogatoires*. On ne voulut pas examiner fi le François étoit bien ou mal condamné ; on examina feulement s'il avoit contracté à Venife & s'il s'étoit foumis à la jurifdiction de la feigneurie, & on laiffa exécuter le jugement.

On n'en ufe pas de même dans les affaires criminelles, par une maxime fupérieure. Le feul fouverain doit décider s'il veut livrer le coupable, ou que fes Etats lui fervent d'afile.

Il arrive rarement dans des crimes importans, qu'un gouvernement fe refufe aux prieres d'un autre. Les nations les plus impérieufes & les moins policées ont donné des exemples de ce qu'exige le bien public. Le fultan Mahomet, furnommé le *Grand*, ayant appris que l'affaffin de Julien de Médicis s'étoit retiré à Conftantinople, le fit prendre & le renvoya à Florence. Tout doit fe réunir pour purger la terre des fcélérats.

La magiftrature eft donc l'exercice d'une des plus nobles fonctions de l'humanité : rendre la juftice à fes femblables, & maintenir fes loix, le fondement & le lien de la fociété, c'eft fans doute un état dont rien n'égale l'importance, fi ce n'eft l'exactitude fcrupuleufe avec laquelle on en doit remplir les obligations.

Si l'on peut dire avec affurance, qu'un Etat n'eft heureux qu'autant que par fa conftitution toutes les parties qui le compofent tendent au bien général comme à un centre commun, il s'enfuit que le bonheur de celui dans lequel différens tribunaux font dépofitaires de la volonté du prince, dépend de l'harmonie & du parfait accord de tous ces tribunaux, fans lequel l'ordre politique ne pourroit fubfifter. Il en eft des différens corps de magiftrature dans un Etat, comme des aftres dans le fyftême du monde, qui, par le rapport qu'ils ont entr'eux & une attraction mutuelle, fe contiennent l'un l'autre dans la place qui leur a été affignée par le créateur, & qui fuivent, quoique renfermés chacun dans un tourbillon différent, le mouvement d'impulfion générale de toute la machine célefte.

QUALITÉS NÉCESSAIRES A UN MAGISTRAT. (*a*)

Etendue de fa charge.

LA providence a créé le Magiftrat pour la garde du peuple. Le Magiftrat ne doit pas être regardé comme un homme ; lors même qu'il eft enfant, il faut le confidérer comme un Dieu : le Magiftrat eft réellement un Dieu, né dans ce monde fous la forme humaine. Le Magiftrat ne doit jamais paffer pour méprifable : fi quelqu'un le croit vil & bas, que le Ma-

(*a*) Cet article eft extrait du code des Gentoux, qui donne ici, au terme de *Magiftrat*, une étendue beaucoup plus grande que l'acception ordinaire. Le mot de la langue famskrete, qu'on a traduit par Magiftrat, ne fignifie pas feulement celui qui adminiftre la juftice, mais celui qui eft revêtu de l'autorité fouveraine.

giſtrat détruiſe ce coupable, ainſi que ſes biens & ſes propriétés ; que les biens & la propriété de tous ceux à qui le Magiſtrat montre des égards & de la bonté s'accroiſſent : ſi le Magiſtrat ſe met en colere contre quelqu'un, que cette perſonne meure : que celui qui maltraite & qui injurie le Magiſtrat perde la vie. La providence a créé les châtimens pour la conſervation du Magiſtrat ; ſi le Magiſtrat les inflige ſuivant le *Shaſter*, ſes ſujets obéiront à ſes ordres : s'il le punit ſelon le *Shaſter*, il ruinera ſon royaume.

Le Magiſtrat ne percevra point le tribut ſur ſes ſujets pendant quatre mois ; il leur permettra de diſpoſer à leur gré de ce temps : en travaillant à leur ſatisfaction & à leur contentement, il les excitera à cultiver & à améliorer leurs terres. Durant les autres huit mois, il percevra le tribut établi pour chaque année, & il nommera des *hircarrahs* & des eſpions dans ſon royaume, pour voir à quoi s'occupe chaque individu, & ſi tout eſt tranquille : il ſaiſira ceux qui ſeront coupables de quelque crime ; & auſſi inexorable que le royaume de la mort, il les punira. Que le Magiſtrat faſſe de bonnes œuvres ; qu'il parle au peuple en termes tendres & affectueux, afin qu'ils ſoient heureux & reconnoiſſans ſous ſon adminiſtration ; qu'il ſoit ſi formidable que ſes ennemis n'oſent jamais paroître en ſa préſence ; qu'il ait de l'indulgence & de la commiſération, & qu'il partage les afflictions & les maux de tout ſon peuple.

Le Magiſtrat fera faire pour lui un paraſol de plumes de paon.

Le magiſtrat ſe choiſira ſept ou huit conſeillers parmi ceux qui auront des principes ſages, de la pénétration & du jugement, des opinions ſaines, un rang diſtingué & du courage, qui ſeront les défenſeurs de ce qui eſt louable, qui auront mérité l'approbation des *ryots*, & dont le pere & les ancêtres auront été conſeillers du Magiſtrat.

Le Magiſtrat établira pour ſon *Leekhuk* ou *Moonſhi* & ſecrétaire, un homme qui ait de la mémoire, qui parle ſi clairement, qu'on comprenne ce qu'il veut dire, qui ſoit honnête, qui n'ait point de mauvaiſes habitudes ; qui domine la concupiſcence, la colere, l'avarice, la folie, l'intempérence, l'ivrognerie & l'orgueil, & qui ſoit inſtruit dans la ſcience.

Le Magiſtrat élira pour ſon *doot*, c'eſt-à-dire, ſon agent ou *hircarrah*, celui qui a des principes ſages, qui eſt verſé dans tout le Shaſter & dans les affaires, qui peut entendre ce que ſignifient un ſigne de tête ou un geſte, qui peut diſcerner au mouvement des levres du Magiſtrat, ou à l'aſpect de ſa phyſionomie, le plaiſir ou le déplaiſir du Magiſtrat, qui inſpire le reſpect, qui peut achever heureuſement tout ce qu'il commence, qui peut retenir tous les diſcours qu'on prononce devant lui, qui n'eſt pas dominé par la concupiſcence ou la colere, l'avarice ou la folie, l'ivrognerie ou l'orgueil, qui connoit la poſition & l'état de tous les royaumes, qui peut diſtinguer les temps convenables de ceux qui ne le ſont point, qui a de la force, du courage, & qui parle avec aiſance.

Le Magiſtrat conſtruira une fortereſſe dans le lieu qu'il voudra habiter, & une muraille des quatre côtés de la fortereſſe avec des tours & des créneaux ; il l'entourera de toutes parts d'un foſſé, auprès duquel il y aura de l'eau, afin que dans les temps de néceſſité, lorſque les ſources manqueront, le foſſé puiſſe être toujours plein ; il plantera des arbres en dedans de la fortereſſe ; il y entretiendra des troupes de cavalerie & d'infanterie pour la garder, ainſi que de grandes quantités d'armes, d'argent, de proviſions de bouche, de chevaux, de foin, d'éléphans, de chameaux, de bétail, & de toute ſorte de bêtes de charge, pluſieurs brames, des peintres, des forgerons, & toute ſorte d'ouvriers. Il y aura auſſi dans la fortereſſe toute ſorte d'inſtrumens de muſique & de grands réſervoirs : enfin on y raſſemblera aſſez de proviſions de différentes eſpeces, pour que jamais on n'y ait beſoin de rien.

Le Magiſtrat dominera ſa concupiſcence, ſa colere, ſon avarice, ſa folie, ſon ivrognerie & ſon orgueil : comment celui qui ne pourroit pas ſoumettre ces paſſions, ſeroit-il en état de nourrir & de protéger ſon peuple ? il ne doit pas être ſéduit par les plaiſirs de la chaſſe, ni adonné au jeu ; il ne doit pas s'occuper beaucoup à danſer, chanter, jouer des inſtrumens de muſique ; il ne doit pas dormir pendant le jour : il n'accuſera perſonne à faux ; il ne reſtera pas caché dans ſes appartemens ſecrets ; il ne boira point de vin ; il n'ira nulle part ſans raiſon ; il ne blâmera perſonne ſans être bien inſtruit ; il ne moleſtera point les hommes de mérite ; il ne fera mourir perſonne par adreſſe ou par tromperie ; il n'enlevera la propriété de qui que ce ſoit ; il n'enviera pas le mérite ſupérieur d'un autre ; il ne dira point que les hommes de mérite ne ſont pas des hommes de mérite ; il n'inſultera point ſes ſujets ; il ne les jugera point coupables, ſans qu'ils aient commis un crime.

Le Magiſtrat donnera des biens & de l'argent à l'homme bon ; il parlera amicalement aux enfans, aux vieillards, aux hommes dans le beſoin, & à ceux qui ſont en état de faire le ſervice divin, & il leur donnera de l'argent : tous ceux qui chercheront un aſile auprès de lui, il les conſolera, il leur accordera ſa protection, & il n'en recevra point de préſens : il nourrira les *Ryots* de ſon royaume d'après les réglemens du *Shaſter* ; il infligera des châtimens à ſes ennemis, ſuivant qu'ils le mériteront ; il ne nourrira point le reſſentiment dans ſon cœur contre ſes amis ; il aura des intentions pures ; dans tous les cas il épargnera & excuſera les Brames : ſi on vient faire la guerre avec des forces ſupérieures, égales ou inférieures aux ſiennes, il ne doit point alors manquer de courage.

Le Magiſtrat ne fera point la guerre avec des machines perfides, ou des armes empoiſonnées, ou avec des canons ou des fuſils (*a*), ou aucune

_____

(*a*) Il y a dans l'Anglois, *with cannon and guns.*

autre

autre efpece d'armes à feu ; pendant la guerre il ne maffacrera point un homme né eunuque, ni celui qui joignant fes mains demande quartier, ni celui qui n'a aucun moyen de s'échapper, ni celui qui eft affis, ni celui qui dit, » je fuis devenu de votre parti «, ni celui qui eft endormi, ni celui qui eft nud, ni celui qui ne combattoit point, ni celui qui vient voir la bataille, ni celui dont les armes font brifées, ni celui qui eft bleffé, ni celui qui craint de fe battre, ni celui qui s'enfuit du champ de bataille.

Si un homme a pris, dans un combat des voitures, des éléphans ou des chevaux, des chameaux, des vaches, des buffles, des chevres, des moutons, ou quelque bête que ce foit ; ou du riz, ou du froment, ou de l'orge, &c. ; de la graine de moutarde, ou autres chofes pareilles, ou des parafols, ou des vêtemens, ou du fel, ou du fucre, il en deviendra le légitime poffeffeur ; mais l'or, l'argent, les joyaux ou les terres, dont il s'emparera, appartiendront au Magiftrat.

Le Magiftrat, avant la bataille, apprendra de fes *hircarrâhs* & de fes efpions, quelles font la pofition & les occupations de l'ennemi : fi fes confeillers & fes autres fujets font découragés, il leur donnera des biens & de l'argent, il leur parlera amicalement & d'une maniere confolante, afin de relever leur courage.

Le Magiftrat tentera d'abord avec l'ennemi des accommodemens de paix ; & il ne fe préparera pas tout d'un coup à combattre ; fi l'ennemi ne fait pas de compofition, le Magiftrat propofera quelqu'argent, comme un moyen de conciliation ; fi l'ennemi ne l'accepte pas, le Magiftrat enverra parmi fes adverfaires, un homme adroit & artificieux, en le chargeant de s'infinuer au milieu d'eux, d'y répandre le mécontentement, afin qu'ils puiffent fe difputer, fe battre, & fe détruire eux-mêmes ; fi ce moyen ne réuffit pas pour obtenir la paix, qu'il fe prépare à une bataille.

Lorfque l'armée & les munitions de guerre feront completes ; lorfque les confeillers feront contens, & d'un avis unanime, le Magiftrat laiffera livrer bataille.

Quand les confeillers du Magiftrat & les foldats feront d'accord & pleins de courage ; quand l'ennemi aura fait peu de préparatifs, & que les foldats & les confeillers de l'ennemi feront mécontens, qu'on choififfe ce moment pour le combattre.

Lorfque les préparatifs des ennemis font formidables, & ceux du Magiftrat foibles, il divifera fon armée en deux parties, & en attaquant l'ennemi en deux endroits, il obtiendra la victoire.

Si les ennemis font victorieux, & le Magiftrat défait, il cherchera de la protection auprès de ceux qui ont un jugement fain & des difpofitions pacifiques.

Le général de l'armée veillera de toutes parts, & il ira attaquer l'ennemi de quelque côté qu'il approche.

Quelle que foit la province que le Magiftrat réuniffe à fon autorité, après l'avoir conquife, il rendra un culte au Dieu de ce pays; il donnera beaucoup de biens & d'argent aux brames de cette province; il témoignera du refpect & des égards aux hommes honnêtes; de la clémence & de la bonté à fes nouveaux fujets, & il pourra nommer à la magiftrature de cette province, le premier qui fe trouvera defcendu du même grandpere que le Magiftrat qu'il aura foumis.

Le Magiftrat fe levera quatre *gurrhees* (a) avant le jour, il fera fes ablutions, & il adorera fon Dieu d'une maniere convenable, il fe vêtira d'un habit riche, il fe parera de joyaux précieux; & après avoir fait des falutations refpectueufes à la divinité & aux brames, il s'affiera fur le trône de la magiftrature; il expédiera les différentes affaires du gouvernement; & en tout il fe conformera au *Shafter*.

Le Magiftrat nommera quelqu'un pour fon *Gomaftàh* ou agent dans chaque ville; il établira un commiffaire fur deux villes, un *Ihtimandàr* ou furintendant pour trois villes, une autre perfonne pour cinq villes, une autre pour dix, une autre pour vingt, une autre pour cent, & un nouvel *Ihtimandàr* pour mille villes. S'il arrive quelque chofe dans une des villes, le *Gomaftàh* en avertira l'*Ihtimandàr* de deux villes; celui-ci en donnera avis à l'*Ihtimandàr* de trois; celui-ci à l'*Ihtimandàr* de cinq; l'*Ihtimandàr* de cinq villes à l'*Ihtimandàr* de dix villes; l'*Ihtimandàr* de dix villes à l'*Ihtimandàr* de vingt villes; l'*Ihtimandàr* de vingt villes au maître de cent villes; le maître de cent villes au maître de mille villes; & enfin celui-ci au Magiftrat fuprême.

Pendant le mois de *Cheyt* (partie de mars & d'avril), le Magiftrat ne permettra à perfonne d'apprêter fes alimens pendant le jour; il fera creufer des puits & des réfervoirs en différens endroits, il ordonnera qu'on enduife d'argile les maifons du royaume, qu'on jette hors du pays cultivé les amas de bois & d'herbe; qu'on nettoie les puits & les réfervoirs, remplis de vafe, de ronces & de décombres, & il ne permettra point d'allumer du feu le jour : feulement les brames pourront accomplir le *Jugg*; & les forgerons, les orfevres & les autres ouvriers de cette efpece, avoir du feu dans les boutiques; mais ils auront grand foin que rien ne fe brûle. Si quelqu'autre perfonne durant le mois de *Cheyt*, fait du feu le jour, en le jugera coupable. Le Magiftrat prendra garde qu'il n'entre dans fon royaume des gens fans aveu & de mauvais principes, ou des hommes qui ne peuvent pas diftinguer entre le bien & le mal, ou de ceux qui font nés eunuques, ou de ceux qui font accoutumés à s'enivrer, de peur que par hafard ils ne mettent le feu à la maifon de quelqu'un.

Le Magiftrat conftruira dans fes Etats des édifices remarquables par leur force & leur élégance, & il y placera, avec toute la dignité & le refpect qui leur eft dû, dix brames favans dans les *Bedas* du *Shafter*, & dans le

---

(a) Une *gurrhee* eft un efpace de temps qui comprend 24 minutes.

M A G I S T R A T.

S

Shertee du *Shafter* (qui foient exercés d'ailleurs aux œuvres de piété; qui foient compatiffans & bons, d'une famille diftinguée; inftruits des affaires, & qui connoiffent les devoirs de chaque cafte particuliere); afin qu'ils aient l'infpection & la furintendance des affaires religieufes & autres. S'il ne peut pas y placer dix brames, il y en placera fept ou cinq, ou trois, ou deux; & lorfqu'il s'élevera des doutes en quelque occafion que ce foit, il les propofera à ces brames, qui répondront fuivant le *Shafter*: le Magiftrat agira d'après cette décifion.

Le Magiftrat veillera fur les quatre caftes avec toute la circonfpection poffible: il fera rentrer dans les devoirs de fa cafte, quiconque en aura oublié les principes; fi le délinquant ne fe corrige pas, il le menacera de le punir.

Tout royaume où les brames ne pourront pas fe procurer la nourriture & le vêtement, tombera dans la défolation; le Magiftrat doit toujours pourvoir à leur habillement & à leur fubfiftance.

Tous ceux que le Magiftrat employera comme ferviteurs, obtiendront un falaire proportionné à leur travail, afin qu'ils ne foient pas réduits au befoin & à la mifere.

Le Magiftrat veillera à ce que les grands chemins foient libres, afin que les hommes & le bétail aient affez de place pour y paffer; il placera dans quelques endroits retirés fes magafins, les écuries de fes éléphans, fes arfe-naux, fes étables, & les barraques de fes foldats.

Le Magiftrat entretiendra plufieurs médecins habiles, des magiciens (ceux qui guériffent par des charmes), & des chirurgiens; & il aura des provifions de médicamens & d'huiles de toute efpece; il aura auffi à fon fervice un grand nombre de bouffons ou de parafites, de farceurs, de danfeurs & de lutteurs; & il contentera tous fes ferviteurs, confeillers & autres gens de fa fuite.

Si le Magiftrat ne peut pas punir les voleurs & les affaffins nocturnes; s'il eft hors d'état de faifir le voleur, & de lui faire rendre ce qui a été dérobé, il donnera à la perfonne volée la valeur de la chofe qu'on lui aura prife.

Il ne s'appropriera fous aucun prétexte, les chofes qui ne lui appartiennent pas, fuffent-elles très-peu importantes; il traitera fes fujets comme fes propres enfans. S'il arrive un malheur au Magiftrat, il n'en fera point épouvanté, ni même affligé; il fera tranquille & fans inquiétude, mais il s'abftiendra des divertiffemens.

Le Magiftrat ne montrera ni impatience, ni colere, en écoutant les plaintes de fes fujets; & s'il eft maltraité par quelqu'un, contre lequel il viendra de prononcer, il ne fera point fâché, mais il pardonnera fon er-reur au coupable; il donnera aux brames le falaire qui leur eft dû pour l'accompliffement du *jugg*, du *poojeh*, & des autres cérémonies religieufes; & pour cela il n'exigera rien de qui que ce foit.

Le Magiſtrat prendra dans ſon royaume toutes les meſures que lui ſuggérera la prudence, pour qu'aucun homme ne commette d'adultere avec la femme d'un autre, & pour qu'on n'exerce point de violences : un Magiſtrat qui punit les coupables eſt digne d'éloges.

Le Magiſtrat percevra ſur le peuple le tribut néceſſaire, & il ne commettra jamais d'injuſtice : il écoutera dans toutes les affaires l'avis de ceux qui ſont doués d'un jugement ſain & qui ſont inſtruits.

Si des brigands attaquent le royaume du Magiſtrat, & moleſtent le peuple, le Magiſtrat les punira ; s'il ne le fait pas, il eſt indigne de la magiſtrature. Un Magiſtrat qui perçoit ſur ſes ſujets le tribut accoutumé ſans les protéger & ſans en prendre ſoin, ira en enfer.

Le Magiſtrat veillera ſur lui-même, afin qu'on ne puiſſe jamais découvrir ſes foibleſſes, & il s'inſtruira des fautes des autres par ſes *hircarrâhs* & ſes eſpions.

Si on a établi une fondation religieuſe en faveur d'un brame ou de quelqu'autre perſonne pour l'accompliſſement du *poojeh* & du *dewtah*, le Magiſtrat n'y aura aucun droit : quiconque ſe rend coupable d'une pareille uſurpation, reſtera, quel qu'il ſoit, mille ans en enfer.

Un royaume où les hommes d'un certain rang mangent dans les maiſons des proſtituées, connoiſſent des proſtituées, ou s'accoutument à boire du vin, marche vers ſa ruine : il eſt donc du devoir du Magiſtrat de chercher à prévenir ces abus.

Si un Magiſtrat, ſans diſtinguer les bons des méchans, impoſe des amendes contre le texte du *ſhaſter*, la déſolation s'emparera de ſon royaume.

Si un voleur ou un perturbateur du repos public, moleſte le peuple, & que le Magiſtrat & ſes conſeillers connoiſſent le coupable, ſans le punir, ils doivent être jugés par les perſonnes mortes pendant leur vie.

Lorſque le Magiſtrat voudra demander l'avis de ſes conſeillers, il choiſira un lieu retiré au haut d'une maiſon, ou au ſommet d'une montagne, ou au milieu d'un déſert, ou quelqu'autre endroit ſecret, & il y tiendra ſon conſeil ; mais il ne le tiendra pas dans les lieux où il y aura des perroquets ou d'autres oiſeaux babillards.

Le Magiſtrat ne prendra pas conſeil d'un vieillard foible, ou d'une femme, ou d'une perſonne étrangere aux œuvres de piété : la magiſtrature ne ſera pas de longue durée, lorſqu'outre les conſeillers du Magiſtrat, d'autres ſeront inſtruits de ſes deſſeins.

Eſſais ſur l'idée d'un parfait Magiſtrat, où l'on fait voir une partie des obligations des juges. in-12. 1701.

CET ouvrage d'un citoyen honnête, plein de piété & de religion, ne contient que des inſtructions & des réflexions vulgaires, écrites d'un ſtyle négligé & fans graces. C'eft pourquoi nous nous difpenferons d'en faire l'analyfe ; mais nous y recueillerons quelques anecdotes intéreffantes.

La porte de M. de Lamoignon étoit ouverte à tous ceux qui vouloient lui parler d'affaires. Le pauvre en recevoit un accueil auffi gracieux que l'homme de qualité. » N'ajoutons pas, difoit-il, au malheur qu'ils ont » d'avoir des procès, celui d'être mal reçus de leurs juges. Nous fommes » établis pour examiner leurs droits, & non pour éprouver leur patience. »

Avant que les charges de judicature fuffent vénales en France, tous les Magiftrats, en montant fur le tribunal, juroient qu'ils n'avoient point acheté le nouveau rang dont ils étoient décorés. Louis XII, partant pour l'Italie, & voulant s'épargner le déplaifir de mettre un impôt fur fon peuple, vendit les charges magiftrales. Cependant le ferment fut confervé comme une forme refpectable par fon antiquité, de forte que le nouveau Magiftrat commençoit l'exercice de fes fonctions par une efpece de parjure. Guillaume Joli ayant acheté la charge de lieutenant-général de la connétablie, s'obftina à ne point jurer contre la vérité & contre la notoriété publique. Henri IV approuva fa conduite, & abolit cet ufage, où le ridicule fe mêloit au menfonge.

Toute fourberie eft indigne d'un Magiftrat, mais il eft une adreffe que l'honnêteté permet, & que la loi autorife. Telle eft celle du Magiftrat qui, pour voir fi un accufé étoit gaucher, (connoiffance néceffaire au procès-criminel dont il s'agiffoit) laiffa tomber fon gant. L'accufé auffi-tôt le releva de la main gauche, & le préfenta au juge.

M. de Montholon, premier garde des fceaux de ce nom, avoit accompagné Louis XIII à la Rochelle. On fe fouvient de ce fiege fameux, où le fanatifme fit des héros & des rebelles. Les Rochellois fe foumirent enfin : le roi qui pouvoit les exterminer, fe contenta d'une amende de 200,000 livres, dont il fit préfent à Montholon. Cet illuftre Magiftrat les rendit auffi-tôt aux Rochellois, à condition qu'ils feroient bâtir un hôpital ; ce qui fut exécuté.

Lizet, premier préfident au parlement de Paris, digne par fon intégrité d'être propofé pour modele à tous les Magiftrats, eut le malheur de déplaire à la ducheffe de Valentinois. Il fut contraint de fe démettre de fa charge. Il difoit en la quittant : » J'ai été trois ans confeiller, douze ans avocat » du roi, vingt ans premier préfident, & dans toutes ces places je n'ai » pas acquis autant de terre que j'en ai fous les pieds. » Le roi fut obligé de lui donner une abbaye pour fubfifter.

L'auteur rapporte ainfi l'origine des épices. Dans les premiers temps la juftice étoit gratuite en France, elle étoit auffi très-fouvent ambulante, comme l'échiquier de Normandie. On payoit le voyage du juge, & les frais d'enquêtes. Mais les Magiftrats ne pouvoient rien accepter de plus. Par la fuite ils devinrent moins défintéreffés, & les cliens plus généreux. On leur fit préfent de confitures & de fucreries ; ce don gratuit qui devint un tribut, reçut le nom d'épices. Il s'en faut bien que les *épices* aient diminué en même proportion que le prix *des fucreries & des confitures*. La justice étoit alors au berceau ; mais en avançant en âge, elle a laissé la friandise aux enfans, & ce n'est plus avec des bonbons qu'on la nourrit.

Histoire de la Magistrature Françoise.

Nous connoissons une histoire manuscrite de la magistrature Françoise, par M. le vicomte de Toustain. Nous allons en transcrire la conclusion. Ce réfumé succinct suffira pour donner une idée de l'ouvrage même.

..... » Obfcurcir ou cacher les vertus, diffimuler les abus ou les écarts, insulter aux malheurs, flatter le pouvoir, méconnoître les dignités, tels font les défauts que nous croyons avoir évités en exposant la naissance, les progrès, les changemens, la composition, la formation, les fonctions, l'importance des cours souveraines. La plupart, & les parlemens fur-tout, furent dans l'origine le démembrement de la portion judiciaire de ces grands corps politiques, dont ils ont conservé le nom, de ces corps qui représentoient tous les ordres, difcutoient toutes les affaires, & furveilloient tous les intérêts de la nation. Nous allons maintenant préfenter, avec le plus de précision qu'il nous fera possible, le réfultat moral & politique de nos recherches & de nos idées. «

» Partant toujours de la forme & conftitution du gouvernement Fran-çois, comme d'un point fixe & invariable, nous n'avons point dit avec Boulainvilliers qu'il n'y a cœur de gentilhomme qui ne doive frémir du pouvoir que les parlemens fe font arrogé ; nous n'avons point répété d'après Voltaire que, fous un gouvernement vigoureux, le parlement n'est rien ; mais nous avons cru devoir modifier l'un par l'autre les fyftêmes du comte du Buat & du préfident de Montefquieu, & nous avons penfé, comme le préfident Hainaut, que puifque le droit après tout doit demeurer à quel-qu'un, il faut bien que, dans une vraie monarchie, la puiffance exécutive le cede enfin à la puiffance légiflative. Cette maxime a, nous l'avouons, fes inconvéniens. Mais en est-elle moins folide, moins inconteftable, moins facrée, puifque les principes contraires en auroient infiniment davantage ? Il n'appartient qu'à l'auteur de toute perfection de créer des ouvrages par-faits, & de tous les établiffemens humains le moins mauvais doit, fans doute, être réputé le meilleur. «

» Quelque fauffes conféquences qu'on ait voulu tirer des exemples mal compris de 1380, 1558, 1596, &c., nous croyons avoir démontré jufqu'à l'évidence que la magiftrature n'est point un ordre à part, qu'elle forme un mélange ou compofé de tous les ordres également propre à chacun d'eux, qu'étant pourvue par le fouverain de l'autorité néceffaire pour rendre fes loix cheres & refpectables au même peuple, dont elle doit auffi lui rappeller les droits & les befoins, en l'abfence des congrès nationaux, on doit la regarder comme le lien falutaire qui refferre toutes les parties de l'Etat, comme le centre commun où viennent fe réunir tous les intérêts & toutes les claffes. «

» Les emplois de légiftes, dans lefquels on comptoit un affez grand nombre de gentilshommes dès le temps même de faint Louis, étant devenus les premiers ou plutôt les feuls de la magiftrature depuis la retraite des juges guerriers, c'eft bien fagement que les nobles ont abjuré les préjugés gothiques qui les auroient empêché de fervir la patrie, comme plufieurs de leurs ancêtres, dans la diftribution de la juftice, s'ils euffent toujours dédaigné ces emplois qu'on a rendus malheureufement incompatibles (a) avec la profeffion des armes. On a vu dans les charges du parlement de Paris la branche aînée de la même famille, dont les cadets y fiégeoient en qualité de pairs du royaume. Et l'on fait combien la pairie moderne eft un ombre refpectable de l'ancienne, à laquelle on ne peut cependant pas l'affimiler. «

» L'auteur de cet écrit a reçu des brevets contrefignés de miniftres fortis par eux-mêmes ou par leurs peres du fein de la judicature. Deux fils de Magiftrats font les deux préfidens de la nobleffe, fous lefquels il a eu fucceffivement l'honneur de voter dans un pays d'Etats. Un des comtes de Lyon, commiffaires qui ont admis les preuves de fa fœur au chapitre de Neuville, étoit auffi fils de Magiftrat. Par une particularité remarquable, le major, le lieutenant-colonel, le colonel, & l'infpecteur d'un des régimens où il a été employé, étoient encore tous les cinq fils de Magiftrats, auffi-bien que l'un des maréchaux de France fous lefquels il a fervi. Ce même auteur n'ignoroit pas que la lifte de certaines cours fupérieures offre plus de noms de l'ancienne chevalerie que celle de certains corps militaires. Il n'avoit pas oublié non plus les réglemens de Moulins (art. 21) & de Blois (art. 263), concernant la naiffance des baillis & fénéchaux. On ne doit donc pas s'étonner que dans un *Précis hiftorique, moral & politique fur la nobleffe françoife* (in-12, Amfterdam 1777) il ait imprimé ces mots :

» Il y a de quoi rire comme Démocrite, ou gémir comme Héraclite à
» voir le dédain ftupide de quelques militaires pour la robe qu'ont portée
» leurs ancêtres, & la morgue pédantefque avec laquelle des jufticiers, nés
» de gens de guerre, méprifent l'uniforme & fe pavanent dans leur fimarre.
» Il femble qu'on facrifieroit à fa compagnie, à fa profeffion & pays &
» famille, tant l'efprit de corps, qu'il ne faut pas confondre avec l'efprit
» de fon état, dégénere foit en faction, foit en détour ou raffinement du

(a) Cette incompatibilité ne nous a cependant pas femblé fi funefte que la vénalité fur laquelle nous fommes entiérement de l'avis de M. d'Argenfon. C'eft vraifemblablement fur cette féparation des armes & fur cette finance des charges de juftice que M. Linguet a fondé fa diftinction de la *robe* à la *toge*. On favoit avant lui que la différence du pouvoir actif & fouverain au pouvoir paffif & fubordonné, conftitue celle d'un fénat à un parlement.

» plus infupportable égoïfme, quand il n'eft pas épuré par l'efprit de pa-
» trie. Rois & miniftres., légiflateurs & philofophes , maîtres & précep-
» teurs de la terre, fans confondre les rangs établis pour le maintien de
» la fociété, occupez-vous de faire fraternifer les profeffions, fi vous voulez
» que les hommes fraternifent.

MAGNANIMITÉ, f. f.

LA Magnanimité eft affez définie par fon nom ; néanmoins on pourroit
dire que c'eft le bon fens de l'orgueil , & la voie la plus noble pour recevoir des louanges.

La Magnanimité ne connoît point la jaloufie ; elle méprife les injures, &
ne s'attache qu'aux grandes chofes. C'eft la vertu de peu de gens; & l'on
eft rarement grand homme, quand on ne l'a pas. Elle rend celui qui la poffede maître de lui-même, pour le rendre maître des autres. Quelque motif qui la faffe naître, ceux qui en font pourvus, font toujours eftimables.

> Il eft des cœurs fi grands , fi généreux,
> Que tout le refte eft bien vil auprès d'eux.

La Magnanimité eft le véritable apanage d'un fouverain. C'eft elle qui
lui donne de grandes vues & de nobles fentimens; c'eft elle qui l'éleve au-
deffus des paffions, qui le rend fupérieur à la haine & le fait triompher
du cruel plaifir de la vengeance. Un prince magnanime n'a point de joie
plus pure que celle de pardonner ; & c'eft principalement à cette joie qu'on
reconnoît fa Magnanimité. Ce n'eft pas fur la reconnoiffance du peuple
qu'il mefure fes foins & fa bonté : il agit par des vues plus défintéreffées
& plus nobles.... Il penfe que c'eft à la bonté à furmonter l'ingratitude,
& non à l'ingratitude à étouffer la bonté.

Il aime à faire valoir les fervices qu'on lui rend & à les récompenfer.
Il n'a garde d'imiter ces princes dont parle l'hiftoire, dont l'ame retrécie eft
bornée par la jaloufie, qui croyoient fe déshonorer en avouant qu'on les
avoit bien fervis. Il met fa grandeur à être fincere & reconnoiffant ; à eftimer un bienfait felon fon véritable prix, à déclarer qu'il a reçu un fig-
nalé fervice d'un grand général, fi la chofe eft vraie, & à fuppléer par les
témoignages d'eftime & d'amitié, ce qui manque néceffairement à toute
récompenfe d'un autre genre.

MAIN-

MAIN-D'ŒUVRE, ſ. f.

CE mot a deux acceptions différentes : quelquefois il ſignifie l'ouvrage que fait chaque fabriquant, quelquefois il ſe prend pour le prix que l'entrepreneur lui en donne ; dans ce dernier ſens, un auteur qui a traité du commerce, dit que c'eſt un grand avantage d'établir des manufactures dans un Etat, quand même les marchandiſes qui s'y font, n'iroient pas à l'étranger, parce que c'eſt toujours profiter de la Main-d'œuvre, c'eſt-à-dire, épargner à l'Etat le prix de la façon qu'il faudroit payer pour les marchandiſes étrangeres.

L'emploi des hommes augmente par la conſommation ; la conſommation par le bon marché, qui dépend du prix de la Main-d'œuvre, la Main-d'œuvre ſuit le prix des choſes néceſſaires à la vie, comme ſa regle générale & la plus immédiate.

L'induſtrie & le génie des hommes influe enſuite ſur le prix de cette Main-d'œuvre, en diminuant le travail ou le nombre des mains employées ; tel eſt l'effet des moulins à eau & à vent, des métiers & autres machines d'une invention précieuſe.

La nation qui poſſédera la Main-d'œuvre au meilleur marché, & dont les marchands ſe contenteront du gain le plus modéré, fera le commerce le plus lucratif & le plus étendu, toutes circonſtances égales.

Le prix des choſes néceſſaires à la vie étant la regle du prix de la Main-d'œuvre, la ſobriété qui regne dans les campagnes n'indique-t-elle pas évidemment combien on devroit y favoriſer l'établiſſement des manufactures, par préférence ſur les villes de luxe ?

Telles ſont les maximes d'un homme célébre par ſes *remarques ſur les avantages & les déſavantages de la France & de la Grande-Bretagne, par rapport au commerce*, in-12. 1754, p. 293, &c.

MAISIERES, (Philippe de) *Chancelier des royaumes de Jéruſalem & de Chypre, pour le roi Pierre I, ambaſſadeur vers le pape Grégoire II de la part de Pierre II, miniſtre d'Etat du roi de France Charles V, & premier précepteur du dauphin qui fut depuis Charles VI.*

PLUSIEURS écrivains ont attribué à Maiſieres *le ſonge du Vergier qui parle de la diſpute du clerc & du chevalier*, imprimé à Paris en 1491, & réimprimé dans le traité des libertés de l'égliſe gallicane de l'édition de 1731. D'autres attribuent cet ouvrage à Nicolas Oresme (*a*); d'autres à Charles de Louvier qui, selon eux, pour récompense de son travail, fut fait conseiller d'Etat (*b*); d'autres, à Jean de Lignan; d'autres, à Guillaume Ockam; d'autres, aux chanceliers Jean ou Guillaume de Dormans; d'autres enfin, à Alain Chartrier, à Raoul de Præles, à Philoteus, à Archillinus, ou à Jean des Vertus; mais l'auteur d'une dissertation expresse sur ce sujet (*c*) a fait voir que le *songe du Vergier* n'est pas de notre Maisieres.

Quoiqu'il en soit du nom de l'auteur, *le songe du Vergier* est un livre qui fut dédié à Charles V. Il a été composé sous le regne de ce prince, qui mourut le 16 septembre 1380. Il regarde les différends des deux puissances, & les usurpations que les juges séculiers & les juges ecclésiastiques se reprochoient réciproquement. C'est un ouvrage dont on ne sauroit faire une trop honorable mention; & il est appellé à juste titre dans l'édition latine : *Aureus de utrâque potestate libellus.* Le clerc & le chevalier, qui sont les interlocuteurs de ce dialogue, y disent chacun ce qui lui semble propre à la défense de la cause qu'il soutient. Si le laïque paroît plus raisonnable que l'ecclésiastique, c'est qu'en effet la cause qu'il défend est la meilleure, & que les prétentions & les abus des ecclésiastiques de ce temps-là avoient été portés à un excès intolérable. Le chevalier établit bien des vérités importantes; il soutient, par exemple, que l'évêque de Rome n'est le premier que par le consentement de l'église; & que si l'église vouloit, elle pourroit choisir un autre évêque à qui elle déféreroit la primauté. Il ne va pas toujours assez loin, retenu sans doute par les préjugés de ce temps-là. Il accorde, par exemple, que le prince temporel ne peut se constituer juge des bornes des deux puissances; & cependant on ne doute pas en France qu'il ne le puisse. Il ne soumet pas seulement son ouvrage au jugement du roi, il le soumet encore à celui du pape, & c'est une autre erreur.

Si Maisieres n'a pas la gloire d'être l'auteur du *songe du Vergier*, la dissertation anonyme que je viens de citer, lui attribue celle d'avoir composé un songe sous ce titre : *Ci est le livre appellé songe du vieil pellerin adressant au blanc faucon à bec & piés dorés, fait par Messire Phelippe de Maisieres, en son être chevalier chancelier de Chypre.* Cet autre songe n'a jamais vu le jour; il est demeuré manuscrit dans la bibliotheque des Célestins de Paris où Maisieres est mort. L'auteur de la dissertation dit avoir conféré tout ce qu'il en rapporte avec le manuscrit. Selon cette dissertation, *le songe du vieil pellerin* a été composé, en 1397, pour l'instruc-

(*a*) Voyez l'article ORESME.

(*b*) Hist. Généalogique de Ste. Marthe, tom. 1. p. 485.

(*c*) Brunet, dont la dissertation est dans le traité des libertés de l'église gallicane de l'édition de 1731; & dans le corps universel diplomatique du droit des gens.

tien de Charles VI, sous son regne, & pendant sa minorité. Maisieres a
pour objet la réformation de tous les ordres de l'Etat, l'abréviation de la
procédure, & la discipline militaire. Pénétré de la parabole des talens que
Jesus-Christ propose dans l'évangile, & de cet ordre du pere de famille :
Negotiamini dum venio, il conçoit un grand désir de prêter à une sainte
usure, & de faire profiter ses deux *besans*. C'est ainsi qu'il appelle ses
deux *talens*, qui sont, comme saint Grégoire l'explique, l'entendement &
l'œuvre. Il veut principalement » devenir marchand, & les marchander à
» un faucon pélerin blanc au bec & pieds dorés, qu'il a nourri & ap-
» privoisé, & duquel il a été le premier fauconnier. Cettui-ci faucon
» blanc.... auculne fois est appelé le beau jour chrétien, fils du grand-
» maître des eaux & forêts, autrefois fils du seigneur du grand parc des
» blanches fleurs dorées.... emprès duquel le vieil & très-sage faucon,
» pere du blanc faucon, avoit laissé avoler ledit pauvre pélerin, & s'en
» étoit éloigné pour une dame, gratieuse maîtresse, solitude appellée, qu'il
» avoit prise à épouse..... &·pour finablement introduire le blanc faucon
» à bien & sagement vouler & enseigner au jeune cerf-voulant (*a*). Dans
» les réflexions que ce désir lui fait faire, il s'endort, & se trouve mira-
» culeusement introduit dans une chapelle de la Vierge. Une dame vénéra-
» ble, ornée de riches atours, soutenue par deux filles comme Esther,
» s'appuye sur l'autel, se fait connoître pour la *providence divine*, soutenue
» à droite par *amoureuse pitié*, & à gauche par *inflexible équité*. Elle lui
» dit que charité & sa sœur *sapience ont abandonné le monde*, parce que
» *les faux Alquemistes de toutes générations, spécialement de la chrétienté*,
» *refuserent les bons besans* qu'elles leur présentoient; qu'ils s'en forgerent
» de faux, qu'avec elles partirent vérité & trois sœurs, *paix, miséricorde*
» & *justice*, & que pour présenter un *besan* de bon alloy; il doit aller
» trouver les trois *roynes de la vraie Alquemie*, & s'en faire accompagner
» dans son pélerinage. » Tel est le précis du prologue qu'on trouve à la tête
des trois livres qui forment la distribution de cet ouvrage. Dans le corps
de l'ouvrage, le pélerin, appellé en figure, voyage, visite les trois parties
du monde, & vient finir ses courses à Paris. Ce livre fut composé lors du
schisme entre le pape Urbain VI, qui étoit alors à Gênes, & le pape Clément VII, qui siégeoit à Avignon. C'est en rendant compte de son passage
à Gênes & à Avignon, que le pélerin décrit vivement les vices, les défauts, l'orgueil, l'avarice, la luxure & l'esprit de chicane des deux cours
des pontifes. A son arrivée à Paris, le pélerin découvre les vices des Etats
du royaume qui y sont assemblés. Les artisans, les bourgeois, les rece-

---

(*a*) Le blanc-faucon & le cerf-volant désignent Charles VI, selon la clef qu'en donne
l'auteur de la dissertation. On sait que ce prince prit un cerf qui avoit un collier où ces
mots étoient écrits : *Hoc me Cæsar donavit*, & que cette aventure lui fit prendre un cerf
volant pour devise.

veurs, les élus, les tréforiers, les avocats, les juges, les parlemens; la maifon du roi & les grands feigneurs, les généraux d'armée, &, enfin, le clergé, tout paffe en revue. Notre Maifieres donne une infinité de regles & de préceptes pour la réformation qu'il confeille; ces regles & ces préceptes font bons pour le temps où ils ont été compofés. Ils roulent fur la maniere dont le roi doit fe conduire. I. En fa maifon & en fa vie ordinaire, II. Envers l'églife. III. Pour le gouvernement moral. IV. Pour le gouvernement politique.

Il y a tout lieu de croire que le *fonge du Vergier* & le *fonge du pélerin* ont été compofés pour décrire le déréglement & les ufurpations des eccléfiaftiques, à l'occafion de la difpute que Pierre de Cugnieres & Jacques Bertrand avoient eue environ cinquante ans auparavant. Ces deux fonges ne font pas du même écrivain. Le favoir & le goût de l'auteur du *fonge du Vergier* font honneur au regne de Charles V, qui a été fertile en perfonnages illuftres. L'auteur du *fonge du pélerin* a écrit fous le regne de Charles VI. Il eft médiocrement habile, & a beaucoup plus de bon fens que de lumiere. Le ftyle du premier eft laconique, jufqu'à devenir obfcur en beaucoup d'endroits; le ftyle du fecond eft diffus, jufqu'à répéter fréquemment les mêmes chofes. Celui-là n'a prefque rien de gothique dans le langage; celui-ci eft gothique, non-feulement dans fes expreffions, mais encore dans fon goût & dans fa maniere d'écrire.

M A I T R E, f. m. *Celui qui a des gens à fes gages pour le fervir.*

LORSQUE le genre humain s'étant multiplié, on eut défriché les terreins les plus fertiles, plufieurs accidens firent qu'un grand nombre de perfonnes manquerent de propriété, & ne furent à quoi employer leur travail pour fubfifter. Ceux au contraire qui étoient riches, engagerent ceux-ci à travailler pour eux, moyennant un certain falaire. Voilà comment la fociété des Maîtres & des ferviteurs s'eft établie. Il importe peu de favoir fi dans les premiers âges du monde, les hommes s'engagerent dans cet état pour toute leur vie, ou feulement pour un temps. Voici quelques réflexions qui ferviront à faire connoître les droits & les devoirs de cet état.

1°. Il eft d'abord conftant que le travail d'un homme d'une force & d'une fagacité ordinaire, fournit au-delà de ce qui eft néceffaire pour fon fimple entretien. Nous voyons généralement que ceux qui jouiffent d'une bonne fanté, gagnent affez pour nourrir leurs familles, & même pour leur procurer les plaifirs & les commodités de la vie. Si un ferviteur s'obligeoit par contrat à n'exiger de fon travail que ce qui eft néceffaire pour fon entretien, le contrat feroit manifeftement onéreux & injufte, & il auroit droit d'exiger un dédommagement, foit en pécule, foit en un petit patrimoine pour lui & fa famille, ou du moins que l'on pourvût à l'entretien de cette famille.

2°. Un pareil ferviteur, foit qu'il fe foit engagé pour la vie, ou pour un temps feulement, conferve tous les droits de l'humanité, & il peut les faire valoir contre fon Maître, ou contre tout autre, à l'exception du droit qu'il a fur fon travail, vu qu'il l'a transféré à fon Maître; mais au lieu de celui-ci, il exige qu'on le nourriffe, ou qu'on lui paye le falaire dont on eft convenu. Si en conféquence de la coutume établie, les Maîtres s'arrogent une jurifdiction raifonnable fur leurs domeftiques, le ferviteur qui entre volontairement à fon fervice, eft cenfé s'y être foumis, de même qu'un étranger fe foumet aux loix de l'Etat dans lequel il vit.

3°. Lorfqu'un ferviteur n'a point transféré un droit fur tous fes travaux, mais feulement fur un genre, il eft tenu de s'en acquitter; mais quant au refte, il eft auffi libre que fon Maître. Dans aucun de ces cas, le Maître ne peut transférer fon droit, ni obliger fon ferviteur à travailler pour un autre, à moins qu'ils n'en foient expreffément convenus dans le contrat. Il eft de la derniere importance pour les ferviteurs, de connoître les Maîtres auxquels ils s'attachent. Un homme qui a confenti à fervir un Maître humain, & qui le traite avec douceur, n'eft point cenfé avoir confenti à en fervir un autre qui auroit de mauvaifes manieres pour lui, & qui exigeroit de lui un travail au deffus de fes forces.

4°. Les hommes peuvent être légitimement placés dans un état de fervitude pire que celui dont je viens de parler, en conféquence des dommages qu'ils ont caufés à autrui, ou des dettes qu'ils ont contractées, & qu'ils fe font mis hors d'état d'acquitter par leur vie & par leurs débauches. La perfonne qu'ils ont léfée, a un droit parfait d'exiger qu'ils la dédommagent par leur travail pendant leur vie, fuppofé qu'ils ne puiffent acquitter leur dette plutôt. On peut, de même, condamner un criminel à un travail perpétuel, ou pour le punir de fes forfaits. Dans ces cas, le droit n'a lieu qu'en faveur des autres, & n'a pour but que de les dédommager de ce qu'ils ont fouffert. Encore qu'on doive avoir de l'humanité pour ces malheureux ferviteurs, à caufe qu'ils font nos femblables, cela n'empêche pas que leur Maître ne puiffe transférer fon droit & fon autorité fans leur confentement. On obfervera cependant que ni le criminel, après qu'il a fubi le châtiment public qu'on lui a infligé, ni encore moins le débiteur, ne perdent aucun des droits attachés à l'humanité, à l'exception de celui qu'on a fur leur travail. S'ils travaillent autant qu'ils peuvent, ils ont droit d'exiger qu'on les nourriffe; & qui plus eft, celui d'employer les moyens d'une jufte défenfe contre quiconque voudroit les tourmenter injuftement, les mutiler, ou les proftituer à la convoitife de leurs Maîtres, ou violenter leurs confciences. Ils peuvent acquérir des droits en vertu d'une obligation ou d'un legs, & s'en fervir pour éteindre leur dette, ou pour compenfer leur travail en tout, ou en partie, lorfqu'il ne leur eft point infligé par l'autorité civile par forme de châtiment exemplaire. Ils acquierent des droits particuliers par la remise que leurs Maîtres leur font d'une partie de leur travail.

Comme cette sorte d'esclavage a un fondement légitime, il s'ensuit que c'est à tort que certaines nations favorisent la liberté au point de ne jamais condamner aucun de leurs citoyens à une servitude perpétuelle. Cependant rien ne seroit plus propre à exciter l'industrie, ni à empêcher l'indolence du bas peuple, qu'une loi qui condamneroit les fainéants & les vagabonds à un esclavage perpétuel, si après les avoir admonétés, & les avoir détenus pendant quelque temps dans la servitude, ils s'obstinoient à ne pas vouloir travailler pour soutenir leurs familles. L'esclavage seroit encore un châtiment convenable pour ceux, qui se sont ruinés eux & leurs familles par leurs débauches & leur intempérance, & qui se sont rendus à charge au public. On pourroit, ainsi que le pratiquoient les Juifs, les assujettir à sept ans d'esclavage, sauf à leur rendre leur liberté, lorsqu'ils seroient devenus laborieux, ou à les détenir pour leur vie, s'ils refusoient de travailler. Ce seroit même un châtiment plus utile pour d'autres crimes, que ceux qu'on emploie communément.

Quant aux notions de l'esclavage qu'avoient les Grecs & les Romains, elles sont absolument injustes. Il n'y a ni dommage, ni crime qui puisse transformer une créature raisonnable en un effet mobiliaire, dénué de tout droit, & incapable d'en acquérir aucun, ni de recevoir aucune injure de la part du propriétaire, à moins qu'on ne dise qu'il est de l'intérêt public de faire du mal pour le seul plaisir d'en faire, ce qui choque la raison & le bon sens.

Ce qui donna lieu à cette espece d'esclavage, ce furent les prisonniers de guerre. J'examinerai jusques où s'étend le droit qu'a un conquérant de réduire les prisonniers de guerre & leurs descendans à un esclavage perpétuel, ou de les obliger à travailler pour autrui toute leur vie. Car à l'égard des autres maux que les Grecs & les Romains faisoient souffrir à leurs esclaves, rien ne sauroit les justifier.

Premiérement, il est étonnant que des peuples civilisés, qui témoignoient de si grands sentimens de vertu & d'humanité dans d'autres occasions, & qui connoissoient l'inconstance de la fortune, ayent introduit un usage aussi cruel tant à l'égard de ceux qui combattoient pour une cause juste, qu'à l'égard de ceux dont elle n'étoit point fondée, & qui pouvoit également avoir lieu pour les braves & pour les poltrons. Ces derniers couroient rarement ces sortes de dangers. La compassion & l'humanité, de même que la réflexion sur l'intérêt général de l'humanité, n'auroient-elles pas dû les détourner de cette coutume de faire les prisonniers de guerre esclaves, quand même ils auroient pu alléguer quelque droit extérieur de le faire?

On remarquera en second lieu, que personne ne peut s'emparer de force d'une chose qui ne lui appartient point, & que si elle le fait, elle est obligée en confcience de la rendre. Il eft vrai que les Etats ont introduit d'un commun accord un droit extérieur en faveur des Etats neutres & de leurs fujets, qui en vertu de quelque titre plaufible, ont eu des effets ou des prifonniers des Etats qui font en guerre, de maniere que les propriétaires ne peuvent les réclamer de l'Etat neutre fous quelque prétexte de juftice que ce puiffe être. Mais lorfque le butin refte entre les mains de celui qui l'a fait, fi fa caufe n'eft pas jufte, les anciens propriétaires peuvent le revendiquer, à moins qu'ils ne confentent d'y renoncer en vertu d'un traité qu'eux ou leurs gouverneurs peuvent avoir fait.

Mais quand même ceux dont la caufe eft fondée feroient des prifonniers de guerre, ils ne peuvent rien exiger d'eux en pareil cas, fi ce n'eft par forme de châtiment, ou de fureté pour l'avenir, ou de dédommagement. Or on ne fauroit condamner généralement tous les fujets d'un Etat à un efclavage perpétuel, quand même il auroit entrepris une guerre injufte, pour aucun de ces motifs.

Premiérement, la cinquieme partie des fujets ne fauroit être coupable, lorfqu'un Etat entreprend une guerre injufte. Dans un Etat démocratique, où tous les chefs des familles ont voix délibérative, les femmes, les mineurs, ni les domeftiques ne font point admis aux confeils publics, & ne compofent que les quatre cinquiemes de tel Etat que ce puiffe être. D'ailleurs il eft rare que les délibérations de ces fortes d'affemblées foient unanimes; & dans les autres formes de gouvernement, il n'y a pas un homme fur cent qui contribue à cette injuftice par fes confeils, ni qui puiffe s'y oppofer. Les fujets payent les taxes qui leur font impofées, fans favoir à quoi on les deftine. S'ils refufoient de le faire, on les y obligeroit de force, & ils n'empêcheroient pas que la guerre ne fe fît, quand même ils refuferoient d'y confentir & de payer des taxes : & au cas qu'ils la croient jufte, c'eft fouvent parce qu'ils en ignorent les motifs; ils font, à cet égard, dans une erreur invincible. Ils adoptent les raifons fpécieufes de ceux qui les gouvernent; & l'on ne fauroit blâmer un homme qui approuve une action injufte, en conféquence de la fauffe notion qu'on lui en donne, lorfqu'il n'eft pas à même d'en favoir davantage. Aucun corps politique ne peut châtier un peuple à caufe de la faute que fes chefs ont commife, vû qu'il n'y a contribué, ni par fes confeils, ni par fes actions.

Je dis en fecond lieu qu'en châtiant des fujets innocens, on n'obtient point la fin qu'on fe propofe dans les châtimens, qui eft d'empêcher les méchans de faire du tort à autrui. Cette conduite produit très-peu d'effets fur les princes injuftes. Le mieux feroit de punir les princes même qui font la caufe des injures dont on fe plaint. Le châtiment n'eft jufte qu'autant que celui qui le fouffre l'a mérité, & à l'égard de ceux qu'on inflige quelquefois aux innocens, ils ont un tout autre motif.

Quant à la fureté contre les mêmes offenfes, on ne peut l'exiger que de ceux qui ont commis quelque crime, ou qui y ont contribué en agiffant contre leur devoir. Et à l'égard de celle qu'on obtient en faisant les prisonniers esclaves, on eut pu employer une méthode plus humaine. On peut les retenir, eux & leurs effets, jusqu'à la paix, les obliger à contribuer par leur travail à l'agrandissement de l'Etat, & dans les cas où ils reconnoissent la justice de notre cause, les incorporer parmi les sujets, leur accorder tous les droits naturels de l'humanité, & même les naturaliser, pour diminuer les forces de l'ennemi & augmenter les nôtres.

Quant à la seconde raison, savoir la réparation du dommage, elle ne regarde que celui qui l'a causé, & non celui qui n'y a contribué en rien, & qui n'en a retiré aucun profit. Or tel est le cas de la plupart des sujets, lorsque leurs souverains entreprennent des guerres injustes contre leurs voisins.

A l'égard de l'autre raison qu'on allegue, » que si l'on a fait du mal, » ou causé du préjudice à autrui, de quelque maniere que ce soit, qui » puisse légitimement nous être imputée, on doit le réparer, autant qu'il » se peut, (a) soit en dédommageant la personne lésée, ou en lui livrant » celui qui l'a accusé en abusant de son office; » elle peut avoir lieu à l'égard des principaux citoyens qui choisissent des chefs injustes, ou qui établissent un plan de gouvernement qui tend naturellement à commettre des injustices, ou de ceux qui peuvent réprimer les Magistrats, ou les disposer : dans ces cas même, on doit laisser le choix à ceux qu'on a fait prisonniers de guerre, ou d'abandonner leurs chefs, & de les livrer, s'il est possible que la fidélité qu'ils leur doivent ne s'y oppose pas, ou de réparer les dommages, & donner telles sûretés que jugeront à propos des arbitres équitables, & retenir leurs chefs prisonniers.

Si les conquérans avoient quelques égards pour la justice, ils feroient en sorte de s'assurer de la personne des souverains injustes, de leurs conseillers & de leurs ministres qui les ont offensés, & ils laisseroient ensuite aux peuples la liberté d'établir une nouvelle forme de gouvernement, ou de choisir de meilleurs administrateurs qu'ils n'en avoient par le passé. Mais un pareil dédommagement ne sauroit avoir lieu, lorsqu'on l'a obtenu par force, ou que c'est la partie lésée qui l'offre; ce seroit à ceux même qui gouvernent l'Etat à l'offrir & à y consentir, plutôt que d'exposer leurs sujets à l'esclavage, & à exposer l'Etat lui-même à devenir une province du conquérant. Un prince victorieux peut, lorsqu'il lui plaît, obtenir un entier dédommagement, & des sûretés pour l'avenir, sans en venir à de pareilles extrémités. Ces réflexions montrent combien il est injuste de réduire une nation entiere en esclavage, à cause d'une guerre injuste que ses chefs peuvent avoir entreprise.

Quant à ceux qui portent les armes, soit en qualité de soldats, soit en

(a) C'est là le fondement naturel des *actions noxales & de pauperie* dont il est parlé dans la loi civile, §. 9. tit. 1, *Si quadrupes pauperiem*, &c.

qualité

qualité de fimples officiers, mais qui n'ont aucune part aux confeils publics, ils ignorent généralement l'injuftice de leur caufe. Il y a des Etats où on les enrôle par force, & dans les cas où ils s'engagent volontairement, c'eft toujours dans la préfomption qu'on les emploie dans une caufe jufte, & lorfqu'ils ont une fois pris parti, c'eft un crime capital à eux de défobéir à leurs fupérieurs. Lorfque la chofe eft ainfi, il y a de la barbarie à punir ces fortes de prifonniers. Nous fommes en droit de nous défendre, & de faire valoir nos droits par la force, tant qu'ils s'oppofent à nous : mais du moment qu'ils font prifonniers, & qu'ils ne peuvent plus nous nuire, nous devons nous fouvenir qu'ils font généralement innocens, & que ceux même qui connoiffoient l'injuftice de leur caufe, & qui fe font rendus criminels en prenant les armes contre nous, n'ont pu fans s'expofer aux plus grands maux fe difpenfer de le faire, vû qu'on leur eut fait un crime capital de défobéir à leurs fupérieurs. Nous devons nous fouvenir de l'inftabilité de la fortune, & confidérer que la févérité dont nous ufons, peut porter notre ennemi à ufer de repréfailles, & que notre exemple peut porter d'autres conquérans à le fuivre. Nous pouvons à la vérité retenir ces prifonniers, & les obliger à travailler, pour augmenter nos forces, & affoiblir celles de notre ennemi, jufqu'à ce que nous ayons obtenu la paix à des conditions raifonnables. Nous pouvons même les incorporer parmi nos fujets : mais tout autre traitement eft contraire à l'humanité, de même qu'aux égards que nous devons avoir pour le bien général.

Voilà quelles font les loix générales de la nature, par rapport aux prifonniers de guerre. Il peut cependant y avoir certains cas extraordinaires & preffans, capables de juftifier les démarches contraires. Par exemple, fi l'on n'a pas d'autre moyen pour empêcher un ennemi cruel & barbare de maltraiter ceux de nos citoyens qui font tombés entre fes mains, que d'ufer de repréfailles fur les prifonniers que nous avons faits fur lui. Si nous pouvons éviter l'effufion du fang de nos compatriotes, mettre un ennemi injufte à la raifon, ou l'empêcher de perfifter dans fes mauvais deffeins, en exerçant quelque févérité extraordinaire fur quelques prifonniers, dont il a la confervation à cœur, & en les continuant, jufqu'à ce que nous l'ayons amené à des conditions de paix raifonnables; fi nous fommes tellement affoiblis par la guerre dans laquelle notre ennemi nous a engagés par fes injuftices, que nous ne puiffions conferver notre indépendance, à moins que d'augmenter nos forces aux dépens de l'Etat qui nous a offenfés, par exemple, en faifant travailler les prifonniers que nous avons faits, ou en les tranfplantant dans notre pays, même fans leur confentement; dans ces cas-là, dis-je, on peut employer ces fortes de moyens, lorfque les autres n'ont pu réuffir.

Mais à moins d'une pareille néceffité, il y a de l'injuftice & de l'inhumanité à retenir les prifonniers qu'on a faits, fur-tout les femmes & les enfans, dans un efclavage perpétuel, lorfqu'on n'a point à craindre les

funeſtes effets de la haine, ou de la vengeance d'une poſtérité féroce & ir-
ritée. Car rien de plus conforme à l'ordre que de regarder les enfans des
eſclaves, comme des créatures deſtinées par la nature à être libres, ou
tout au plus comme des perſonnes endettées envers nous, juſqu'à la valeur
de ce qui eſt néceſſaire pour leur entretien. » Si le conquérant, diſent
» quelques auteurs, uſant des droits de la guerre à la rigueur, avoit fait
» mourir les peres & les meres, leurs enfans n'auroient pas vu le jour ; &
» par conſéquent ils doivent leur vie, & tout ce qu'ils poſſedent au con-
» quérant. « Je répons à cela, que les conquérans n'ont pas droit de
faire mourir leurs priſonniers de ſang-froid. Et quoiqu'ils puiſſent le faire
impunément, il ne s'enſuit pas, parce qu'ils n'ont pas commis ce crime,
qu'ils aient droit ſur leurs ſervices, ni ſur ceux de leurs enfans. Sur ce
pied-là, un homme ſeroit obligé d'être l'eſclave d'un voleur ou d'un pirate qui a épargné ſa vie, ou d'un homme qui a eu la généroſité de le
retirer d'entre ſes mains. Les princes doivent pareillement leur vie aux ſa-
ges-femmes, aux chirurgiens & aux médecins, vu qu'ils auroient pu la leur
ôter impunément ; s'enſuit-il pour cela qu'ils doivent être leurs eſclaves,
eux & leur poſtérité ? Je veux qu'on ait été en droit de faire mourir les
peres & les meres : leurs enfans naiſſent innocens, ce ſont des êtres raiſonnables de même eſpece que nous ; ils ſont l'ouvrage de Dieu, quant
au corps & à l'ame ; ils ſont compoſés de la même matiere que nous &
nos enfans ; ils ont enfin les mêmes facultés. Ils nous doivent leur entretien ; mais du moment qu'ils peuvent s'acquitter de cette dette par leur
travail, ou qu'un ami veut bien l'acquitter pour eux, la voix de la nature
ſemble réclamer, en leur faveur, l'état de liberté.

Un homme qui en retient un autre dans l'eſclavage, eſt obligé de prouver ſon droit. L'eſclave qu'on a vendu ou transporté dans un pays lointain,
n'eſt pas obligé à une preuve négative » qu'il n'a jamais perdu ſa liberté. «
Le poſſeſſeur, par violence, eſt tenu de montrer ſon titre, ſur-tout lorſque
l'on connoît le premier propriétaire. Dans ce cas-ci, l'homme eſt le premier propriétaire de ſa liberté. C'eſt à ceux qui l'en ont privé, à montrer
leurs titres. La loi judaïque, touchant la ſervitude des Hébreux, étoit très-
équitable ; elle étoit fondée ſur leur conſentement, ou ſur les crimes ou
les dommages qu'ils avoient commis ; elle avoit égard à leurs plaintes,
dans les cas où on les maltraitoit ; & elle fixoit le terme de leur ſervitude, à moins qu'ils ne vouluſſent la prolonger. Les loix touchant les eſclaves étrangers, avoient également pourvu à ce que leurs Maîtres ne les
maltraitaſſent. Mais ſous la loi du chriſtianiſme, la douceur dont les Hébreux étoient obligés d'uſer envers leurs compatriotes, doit au moins en
inſpirer une ſemblable envers tous les hommes, puiſqu'il n'y a plus de
diſtinction entre les nations, quant à l'humanité, à la miſéricorde, & au
droit naturel. A quoi j'ajouterai que quelques-uns de ces droits qu'elle donnoit, quant aux eſclaves étrangers, n'étoient que des indulgences pareilles

à celles qui autorifoient le divorce ; qu'elles n'accordoient qu'une impunité extérieure, mais qu'elles ne justifioient point ces pratiques dans le fort intérieur de la conscience.

Il est aisé de connoître les devoirs de cet état, parce que je viens de dire de sa nature & de ses causes. Le serviteur doit être fidele à son Maître, & le servir avec affection, comme étant en présence de Dieu, dont la providence lui a assigné ce lot. Le Maître, de son côté, doit le traiter avec douceur & humanité, se souvenant qu'il est son semblable, encore qu'il soit moins avantagé que lui du côté de la fortune ; qu'il a les mêmes vertus, & également susceptible de bonheur & de misere. Il doit sur-tout lui payer fidélement son salaire, & remplir les engagemens qu'il a pris avec lui.

Toute maison bien ordonnée, dit J. J. Rousseau, est l'image de l'ame du Maître. Les lambris dorés, le luxe & la magnificence n'annoncent que la vanité de celui qui les étale ; au lieu que par-tout où vous verrez régner la regle sans tristesse, la paix sans esclavage, l'abondance sans profusion, dites avec confiance : C'est un être heureux qui commande ici.

Un pere de famille, qui se plaît dans sa maison, a, pour prix des soins continuels qu'il s'y donne, la continuelle jouissance des plus doux sentimens de la nature. Seul, entre tous les mortels, il est Maître de sa propre félicité, parce qu'il est heureux comme Dieu même, sans rien désirer de plus que ce dont il jouit. ... S'il ne s'enrichit pas par de nouvelles possessions, il s'enrichit en possédant mieux. Il ne jouissoit que du revenu de ses terres ; il jouit encore de ses terres même, en présidant à leur culture & les parcourant sans cesse. ... Il n'étoit Maître qu'à prix d'argent ; il le devient par l'empire sacré de l'estime & des bienfaits. Que la fortune le dépouille de ses richesses, elle ne sauroit lui ôter les cœurs qu'il s'est attachés ; elle n'ôtera point des enfans à leur pere. Toute la différence est qu'il les nourrissoit hier, & qu'il sera demain nourri par eux. C'est ainsi qu'on apprend à jouir véritablement de ses biens, de sa famille & de soi-même ; c'est ainsi que les détails d'une maison deviennent délicieux pour l'honnête-homme qui sait en connoître le prix ; c'est ainsi que, loin de regarder ses devoirs comme une charge, il en fait son bonheur, & qu'il tire de ses touchantes & nobles fonctions la gloire & le plaisir d'être homme.

Le premier soin par lequel doit commencer l'ordre d'une maison, c'est de n'y souffrir que d'honnêtes gens. ... Mais la servitude & l'honnêteté sont-elles si compatibles, qu'on doive espérer trouver des domestiques honnêtes-gens ? Non ; pour les avoir, il ne faut pas les chercher ; il faut les faire ; & il n'y a qu'un homme de bien qui sache l'art d'en former d'autres.

Le grand art d'un Maître, pour rendre ses domestiques tels qu'il les veut, est de se montrer à eux tel qu'il est. Les domestiques ne lui voyant rien faire qui ne soit droit, juste, équitable, ne regardent point la justice comme le tribut du pauvre, comme le joug du malheureux, comme une des

miseres de leur état ; leur obéissance n'a ni mauvaise humeur ni mutinerie ;
ils respectent leur Maître ; ils le servent par attachement ; ils s'empressent
avec zele à faire prospérer sa maison, bien persuadés que leur fortune la
plus assurée est attachée à la sienne.... C'est une police bien sublime, que
celle qui sait transformer ainsi le métier de ces ames vénales, en une fonction de zele, d'intégrité, de courage, aussi noble, ou du moins aussi louable
qu'elle l'étoit chez les Romains.

Ce sont moins les familiarités des Maîtres, que leurs défauts, qui les font
mépriser chez eux ; & l'insolence des domestiques annonce plutôt un Maître vicieux, que foible ; car rien ne leur donne autant d'audace que la connoissance de ses vices ; & tous ceux qu'ils découvrent en lui, sont à leurs
yeux autant de dispenses d'obéir à un homme qu'ils ne sauroient respecter.

Le jugement des domestiques me paroît être l'épreuve la plus sûre & la
plus difficile de la vertu des Maîtres. On a dit qu'il n'y avoit pas de héros
pour son valet de chambre ; cela peut être ; mais l'homme juste a l'estime
de son valet.

Dans les maisons bien réglées, les domestiques de différent sexe ont
très-peu de communication ensemble ; & cet article est très-important pour
le bien & la tranquillité des Maîtres.... Les liaisons trop intimes entre les
deux sexes, ne produisent jamais que du mal.... L'accord des hommes
entr'eux, ni des femmes entr'elles, n'est pas assez sûr pour tirer à conséquence. Mais c'est toujours entre hommes & femmes que s'établissent ces
secrets monopoles qui ruinent, à la longue, les familles les plus opulentes.
Des Maîtres sensés doivent donc veiller à la sagesse & à la modestie des
femmes, non-seulement par des raisons de bonnes mœurs & d'honnêteté,
mais encore par un intérêt bien entendu.

Séneque écrivant à son ami Lucile : C'est avec plaisir, lui dit-il, que
j'apprends de ceux qui viennent de chez vous, que vous vivez familiérement
avec vos domestiques. C'est une preuve de votre prudence & de vos lumieres. Mais quoi, dira-t-on, ce sont des domestiques, des esclaves ! Je crois,
répond Séneque, qu'il vaudroit mieux dire : ce sont des hommes, des com-
mensaux, des amis, à qui il ne manque rien que le bien & la naissance.

Accoutumez-vous, dit madame Lambert à sa fille, dans les sages avis
qu'elle lui donne, accoutumez-vous à avoir de la bonté pour vos domestiques. Un ancien dit (Séneque) qu'il faut les regarder comme des amis malheureux. Songez que vous ne devez qu'au hasard l'extrême différence qu'il
y a de vous à eux. Ne leur faites point sentir leur état ; n'appesantissez point
leur peine. Rien n'est si bas que d'être haut à qui nous est soumis.

Soyez partisan de l'ordre, & tempérez le sérieux, qui vous convient
comme Maître, par la douceur & l'affabilité envers ceux qui vous servent :
souvenez-vous toujours que, comme hommes, ils sont vos égaux, & qu'il
n'y a point de proportion entre le loyer, même le plus fort, & la dure nécessité dans laquelle se trouve celui qui rend à son semblable des offices de

ferviteur. Donnez un bon exemple à vos domeftiques, & penfez bien, mon fils, qu'un Maître s'humilie de la façon la plus honteufe & fe met beaucoup au-deffous de fes domeftiques, quand ils font ou les témoins, ou les miniftres de fes crimes, & qu'ils ne trouvent pas en lui les qualités qui feules rendent un Maître digne du refpect, & lui attachent le cœur de fes gens.

Sommes-nous en droit de vouloir nos domeftiques fans défauts, nous qui leur en montrons tous les jours? Il faut en fouffrir. Quand vous leur montrez de l'humeur & de la colere, quel fpectacle n'offrez-vous point à leurs yeux? Ne vous ôtez-vous pas le droit de les reprendre? Il ne faut point avec eux une familiarité baffe; mais vous leur devez du fecours, des confeils & des bienfaits proportionnés à votre état & à leur befoin.

MALTE, ou MALTHE, *Ifle de la mer Méditerranée, entre les côtes d'Afrique, & celles de la Sicile qui n'en eft éloignée que de quinze lieues au feptentrion.*

LES Carthaginois pofféderent Malte; & l'on voit encore dans fes grottes des caracteres puniques. Cette ifle paffa enfuite avec celle de Sicile, fous la domination des Romains. Des Africains y vivoient apparemment fous la dépendance de Rome, lorfqu'après une violente tempête, le vaiffeau qui portoit S. Paul à Rome (a) y prit terre, car il eft écrit qu'elle étoit habitée par des barbares. Attilius la faccagea; & dans la décadence de l'empire, les Sarrazins qui s'étoient emparés de la Sicile, fe rendirent auffi les maîtres de Malte. Ils en furent chaffés par Roger, comte de Sicile (b). Cette Ifle tomba dans la fuite entre les mains du roi de Tunis. Charles-Quint en fit la conquéte, & y établit l'ordre de faint-Jean de Jérufalem.

C'eft au défir que les chrétiens eurent de garantir le faint-fépulcre de la profanation des infideles, que cet ordre doit fa naiffance. Un bourgeois du Martigues en Provence, appellé Jean-Baptifte Gerard, étoit recteur d'un hôpital que les chrétiens avoient établi à Jérufalem (c), avant que Godefroi de Bouillon s'en rendit le maître. Lorfque les Turcs en eurent été chaffés, ce prince crut qu'il étoit de fa piété de protéger Gerard, & ceux qui, fous Gerard, avoient foin des pélerins. Il leur fit des libéralités, leur donna le nom d'hofpitaliers, & voulut qu'ils portaffent un habit noir fur

---

(a) Act. chap. 28.

(b) En 1090.

(c) Il fut élu recteur de cet hôpital en 1099, & mourut en 1118. Il eft le premier dans la lifte des maitres de l'ordre de faint-Jean de Jérufalem, & le grand-maître d'aujourd'hui eft le foixante-huitieme.

lequel il y auroit une croix blanche à huit pointes, telle que celle qu'on voit encore aujourd'hui à leurs fucceffeurs. Ces hofpitaliers furent approuvés par le pape Honorius II (*a*) fous la regle de faint Auguftin, firent les trois vœux communs à tous les religieux, & s'engagerent par un quatrieme, de recevoir, de nourrir, & de défendre les pelerins chrétiens qui iroient à Jérufalem. Dès-lors, ils commencerent à combattre pour la fureté des paffages, en faveur des pieux voyageurs.

Chaffés de l'Afie par Saladin (*b*), ils allerent d'abord à Acre, & fe retirerent enfuite dans l'ifle de Chipre auprès de Gui de Lufignan qui en étoit roi. Bientôt ils s'établirent dans l'ifle de Rhodes, dont ils firent la conquête (*c*). Chaffés encore de Rhodes (*d*) par Soliman, ils fe réfugierent en Sicile. Ce fut pendant leur féjour dans cette ifle qu'ils obtinrent de Charle-Quint l'inféodation de celle de Malte, où ils font, depuis plus de deux cents ans, le rempart de la chrétienté contre les Turcs. Le bonheur qui avoit accompagné Soliman jufques-là, l'abandonna au fiege de Malte (*e*).

Il n'a tenu qu'à la fortune que le grand-maître & les principaux perfonnages de cet ordre ne fuffent maffacrés, il y a plufieurs années (*f*), & peut-être que l'ifle ne fût enlevée à la chrétienté, par la conjuration d'un bacha de Rhodes, prifonnier à Malte.

C'eft comme roi de Sicile que Charle-Quint donna (*g*) aux chevaliers de faint Jean de Jérufalem, Malte avec le domaine utile, la puiffance du glaive fur les habitans, & une autorité fouveraine pour tenir cette ifle du royaume de Sicile en fief noble, libre & franc. Le motif de la conceffion, ce fut afin que l'ordre n'errât plus par le monde, comme il avoit fait depuis la perte de Rhodes, & qu'il pût avoir une demeure fixe, & employer avec vigueur fes forces à l'avantage de la république chrétienne & contre fes ennemis jurés.

Voici les trois principales conditions de l'inféodation.

I. Que les chevaliers payeroient fimplement un cens d'un épervier ou faucon qu'ils feroient préfenter, au jour de la fête de tous les Saints, entre les mains du viceroi de Sicile, comme une marque de vraie reconnoiffance du fief, & qu'au moyen de ce cens, ils feroient quittes & exempts de tout autre fervice militaire qui eft de droit, & qui a coutume d'être rendu par les vaffaux.

(*a*) En 1124.
(*b*) En 1192.
(*c*) En 1303.
(*d*) En 1523.
(*e*) En 1566.
(*f*) Le jour de faint Jean 24 de juin 1749.
(*g*) Le 23 de mars 1530.

II. Que l'inveftiture du fief feroit renouvellée à chaque nouvelle fucceffion, felon la difpofition du droit commun, & que chaque nouveau grand-
maître, tant pour lui que pour tout l'ordre, prêteroit ferment que les chevaliers ne foufffiront ni ne permettront que de l'ifle de Malte il foit fait
dommages, préjudices, ou offenfes au royaume, domaines & fujets de Sicile, qu'ils ne prêteront ni fecours, ni faveur à quiconque porteroit ou
voudroit porter dommage à ces royaumes, & qu'au contraire ils employeront tous leurs foins & feront tous leurs efforts pour le détourner.

III. Que l'évêché de Malte, fuffragant de Palerme, demeureroit, comme
il étoit, dans le patronage du roi de Sicile, & que l'évêque feroit choifi
par le roi de Sicile fur trois fujets que lui préfenteroit le grand-maître, dont
un au moins feroit Sicilien.

Cet ordre religieux & militaire, qui a la même étendue que la religion catholique, reconnoît le pape pour fon fupérieur dans le fpirituel,
comme tous les autres ordres religieux le reconnoiffent. Le grand-maître,
qui eft élu au fcrutin par les profès de l'ordre conformément à la bulle
d'Urbain VIII (a), doit être confirmé par le pape qui entretient dans l'ifle
un inquifiteur, auquel il donne la qualité de fon commiffaire auprès du
grand-maître.

Malte eft l'une des ifles de la Méditerranée fur les côtes d'Afrique, dont
elle eft plus près que de l'Italie, car elle n'eft qu'à cinquante milles de
Tunis, & il y a quatre-vingts milles de Malte en Sicile. Elle appartiendroit donc par fa fituation plutôt à l'Afrique qu'à l'Europe; mais comme
elle tire fa fubfiftance de la Sicile, qu'elle en releve, que les fecours des
chrétiens, toujours prêts à courir à fa défenfe, font fa force, qu'elle eft
dans la dépendance du pape, & que les chevaliers font par état les ennemis des Mahométans, on eft dans l'ufage de la placer comme la Sicile
parmi les fouverainetés d'Italie.

Cette ifle eft une des plus fortes places du monde, tant par fa fituation
que par la bonté de fes fortifications. Elle peut avoir huit lieues de longueur & quatre de largeur. Elle eft compofée de deux villes, & d'environ
foixante bourgs ou villages. Les deux villes font la vieille cité, bâtie au
milieu de l'ifle, & la Valette fituée dans un golfe du côté de la Sicile. Le
Goze eft une ifle aux environs de celle de Malte dont elle dépend. Les
deux Comins qui appartiennent auffi à Malte, font moins deux ifles que
deux rochers fortifiés.

La plupart des fouverains catholiques ont fait des libéralités à l'ordre de
faint-Jean. Ils lui ont donné des domaines qu'il poffede dans leurs Etats,
fous le titre de commanderies; & comme les chevaliers de cet ordre font
un rempart pour l'Italie contre le Turc, il n'eft aucun de ces fouverains

_____

(a) Du 21 d'octobre 1634.

qui ne se soit fait un honneur de prendre leur défense toutes les fois qu'ils ont été attaqués par les Mahométans. Cette protection toujours constante, fait la sureté de l'ordre.

Le gouvernement de Malte est monarchique & aristocratique.

Il est monarchique pour les peuples des isles de Malte, du Goze, & des deux Comins, que le grand-maître gouverne au gré de sa prudence. Ce chef de l'ordre bat monnoie, fait grace aux criminels, & dispose souverainement de ce qui regarde les séculiers.

Il est aristocratique quant aux affaires de l'ordre, car le grand-maître n'en décide qu'à la tête de son sacré conseil, comme l'on parle à Malte. Cela exige quelque détail.

Il y a trois états dans l'ordre de Malte. Le premier est celui des chevaliers ; le second, celui des chapelains ; le troisieme, celui des servans d'armes. Les chevaliers doivent être nobles de quatre races, du côté paternel & maternel ; mais le pape accorde facilement des dispenses pour la noblesse maternelle. Les chapelains sont des prêtres, ou conventuels ou d'obédience, qui doivent être d'une famille honnête. Les servans d'armes doivent être aussi d'une famille honnête. Ce qui est remarquable ici, c'est que les laïques sont les supérieurs des ecclésiastiques & les gouvernent : établissement sage, parce que c'est aux laïques qu'appartient naturellement la puissance publique.

Le grand-maître donne les provisions des grands-prieurés, des bailliages, des commanderies, & il accorde tous les cinq ans une commanderie de grace dans chaque grand-prieuré, comme chaque grand-prieur en donne une dans son prieuré dans le même espace de temps. Toutes les personnes de l'ordre, quelqu'autorité qu'elles aient, lui doivent obéir en tout ce qui n'est point contraire aux statuts de l'ordre, & toutes les affaires considérables de l'ordre sont réglées au conseil où le grand-maître préside & où il a deux voix.

Le conseil de Malte est ou ordinaire ou complet. Au conseil ordinaire assistent les grand-croix & le plus ancien chevalier du couvent. Le conseil complet est composé des grand-croix & des deux plus anciens chevaliers de chaque langue. Les langues sont les différentes nations dont l'ordre est composé, Provence, Auvergne, France, Italie, Arragon, Castille, Allemagne & Angleterre. Ces huit langues ont leurs chefs à Malte, que l'on nomme *pilliers* ou *baillis conventuels*. Dans chaque langue, il y a plusieurs grands-prieurés & plusieurs baillis capitulaires, ainsi nommés, parce qu'ils ont séance après les grands-prieurs, dans les chapitres provinciaux. La langue de Provence est la premiere de toutes, parce que le fondateur de l'ordre étoit Provençal.

MAN.

MAN. (*Isle de*)

CETTE isle est située entre la Bretagne & l'Irlande, & ne contient guere plus de deux mille habitans. C'étoit, avant l'acquisition que M. de Grenville en a fait faire à la couronne d'Angleterre, une place de refuge pour les criminels, d'asile pour les banqueroutiers, & de dépôt général pour le commerce illicite. Les vins & les eaux-de-vie de France, les velours de Lyon, les étoffes de soie, le thé, le tabac, les liqueurs spiritueuses, le rum & les toiles blanches des Indes, toutes ces marchandises y étoient emmagasinées; &, à l'aide d'un bon vent & de la nuit, transportées, en fraude, en Irlande, en Ecosse & dans la partie la plus septentrionale de l'Angleterre. On la considéroit à Londres comme une forteresse au milieu du royaume, entre les mains des nations voisines & rivales. Indépendamment du tort qu'elle faisoit au commerce, & notamment à celui de la compagnie des Indes, elle faisoit perdre annuellement à l'accise ou à la douane de Londres 200,000 livres.

Henri IV donna cette isle, en 1405, à Jean lord Stanley, avec des prérogatives égales à celles dont jouissent les rois. Le trésor fut autorisé, par un acte du parlement, à racheter cette isle de lord Derby : mais il refusa de traiter; &, malgré le vœu général de la nation, & l'évidence de l'utilité publique, son refus fut respecté, tant on a d'égards, dans ce pays, à tout ce qui est relatif à la propriété. Le lord Derby mourut sans hoir mâle, & ce domaine étant passé au duc d'Athol, qui avoit épousé son héritiere, M. de Grenville a négocié cette importante affaire, & l'a consommée avec ce dernier possesseur, pour la somme de soixante & dix mille livres sterling.

MANCIPATION, s. f.

LA Mancipation, chez les Romains, étoit la vente des choses dont ils avoient la propriété, tels que les biens meubles & les biens fonds d'Italie. Car quant aux biens fonds des provinces, la possession ou jouissance appartenoit aux particuliers; mais le peuple Romain seul en avoit la propriété. Les formalités qui accompagnoient la vente ou aliénation de propriété des biens, étoient absolument nécessaires. Sans elles l'acheteur auroit reçu l'usage de ces biens, en vertu du consentement du vendeur, mais nullement la propriété. Il n'en étoit pas de même des biens qui n'appartenoient point en propre aux particuliers. Les formalités n'étoient pas nécessaires pour les transporter à d'autres : il suffisoit d'une cession en droit.

Les décemvirs, voulant empêcher toute fraude dans la vente des choses dont les particuliers avoient la propriété, de même que dans les autres contrats, introduifirent la garantie, c'eft-à-dire, qu'ils voulurent que tout ce qui étoit renfermé dans les termes d'un contrat quelconque, fut exécuté. Les jurifconfultes ne furent pas moins ardens à exiger cette fidélité. Ils décidèrent qu'il falloit qu'on exécutât non-feulement ce qui étoit exprimé dans un contrat, mais ce qui fe trouvoit fupprimé. La raifon en eft qu'un vendeur trompe un acquéreur, foit en exagérant le mérite de ce qu'il lui vend, foit en lui célant ce qu'il a de défectueux; & que de l'une & de l'autre façon, une chofe eft eftimée plus qu'elle ne vaut.

L'autorité des jurifconfultes, qui condamnoit le filence gardé fur le vice des chofes, fut appuyée par l'édit de l'édile. Le vendeur même, qui ignoroit le vice de celle qu'il livroit, étoit obligé de dédommager l'acquéreur par le retranchement de ce qu'il l'auroit vendue de moins, s'il eût été connu. Que fi le connoiffant, il ne le déclaroit pas, il étoit obligé à la réparation de tous les dommages, que l'acquéreur avoit foufferts, à l'occafion de cette vente. Il n'y étoit pas obligé, s'il prifoit une chofe fans défaut, plus qu'elle ne valoit; parce que la nature même fuggere de faire valoir ce qu'on a. Mais fi le défaut de cette chofe étant découvert, il s'obftinoit à le nier, la loi le condamnoit à payer le double de la valeur qu'elle avoit.

Par une autre loi des XII tables la chofe déjà livrée continuoit d'avoir le même maître, jufqu'à ce que l'acheteur l'eût payée, ou qu'il eût donné au vendeur une caution ou un gage garant du prix. Si le vendeur le refufoit par une confiance généreufe, elle étoit regardée comme payée & l'acheteur en devenoit le maître.

MANLIUS CAPITOLINUS.

IL eft rare qu'un méchant citoyen puiffe exciter des mouvemens dangereux dans une république qui n'eft pas corrompue. Outre les raifons qu'on pourroit alléguer pour le prouver, l'on peut encore l'appuyer par l'exemple de Spurius Caffius, & de Manlius Capitolinus. Le premier fut un homme fort ambitieux, qui avoit formé le deffein de devenir le maître de Rome, ce qu'il tâchoit d'exécuter, en gagnant autant qu'il pouvoit l'amitié du menu peuple, comme lorfqu'il propofa de lui vendre le territoire qu'on avoit conquis fur les Herniciens. Ce dangereux deffein fut pénétré par le fénat, qui prit foin de rendre cet homme fufpect au peuple; ce qui réuffit fi bien, que lorfqu'il offrit à la commune de lui diftribuer l'argent provenu des grains que le fénat avoit fait venir de Sicile, tout le peuple le refufa entièrement, s'imaginant que Spurius vouloit acheter leur liberté par cette largeffe.

Mais, fi ce peuple eût été alors corrompu, comme il le fut depuis, il n'auroit pas refufé cet argent, & il auroit ouvert, à cet homme, le chemin à la tyrannie, qu'il lui ferma par ce vertueux refus.

L'exemple de Manlius Capitolinus eft encore bien plus remarquable que le précédent; car, outre qu'il prouve fortement la maxime que nous venons d'avancer, c'eft qu'il fait voir encore qu'il n'eft point de valeur, de mérite, de fervices rendus à l'Etat, & de grandes qualités de corps & d'efprit, qui ne foient effacées par le vice indigne d'une violente & injufte ambition. L'on fait que cette paffion lui vint de l'envie qu'il portoit à Camille; & il s'en laiffa tellement aveugler que, fans penfer à la maniere dont il faut fe gouverner dans une république, & fans examiner fi le fujet qu'il vouloit corrompre, étoit fufceptible des impreffions qu'il tâchoit de lui donner, il commença à faire des mouvemens dans Rome, & contre le fénat, & contre les loix fondamentales de l'Etat. Ce fut dans cette occafion, où l'on vit combien le gouvernement de cette république étoit parfait, & combien le peuple en étoit fage & raifonnable; car, il n'y eut pas une feule perfonne du corps de la nobleffe, qui entreprit de défendre l'accufé, quoique les particuliers de cet ordre-là fe maintinffent avec chaleur les uns les autres. Pas un des parens de Manlius n'entreprit rien non plus en fa faveur; & quoiqu'en toute autre rencontre ce fût l'ordinaire de voir les parens des accufés paroître, devant le peuple, dans un état trifte, fales, & vêtus d'habits lugubres, pour exciter de la compaffion en leur faveur, il ne s'en trouva pas un qui voulût faire cette démarche pour celui-ci. Les tribuns du peuple qui appuyoient toujours tout ce qui paroiffoit être fait en fa faveur, fur-tout fi cela paroiffoit contraire aux intérêts de la nobleffe, fe joignirent dans cette occafion aux nobles, afin d'opprimer conjointement le fléau commun de la patrie. Car, quoique le peuple de Rome fût très-porté pour fon propre intérêt, qu'il aimât affez à mortifier la nobleffe, & qu'il eût beaucoup de penchant & d'inclination pour Manlius Capitolinus; néanmoins, dès que les tribuns l'eurent cité à comparoître devant leur affemblée, pour en être jugé fur les accufations intentées contre lui, alors ce même peuple, dépouillant la qualité de protecteur, pour prendre celle de juge, condamna cet accufé à mourir, fans avoir aucuns égards, ni à fes grands fervices, ni à l'amour qu'il avoit toujours eu pour lui.

Cette hiftoire eft une des plus remarquables, & des plus propres à faire voir combien tous les ordres de cette république fe conduifoient par les regles de la vertu & de l'équité; car il ne fe trouva aucun citoyen qui voulût défendre cet illuftre criminel, fi rempli d'ailleurs de tant de belles qualités, & qui avoit rendu mille fervices confidérables au public & aux particuliers: & la raifon de cela, c'eft que tout le peuple fe laiffoit conduire par l'intérêt & le bien de l'Etat, & point du tout par des confidérations particulieres; de forte qu'il fut bien plus touché des périls, où la vie de cet homme expofoit alors la république, qu'il n'eut d'égard aux grands fervices qu'il avoit rendus autrefois. C'eft ce qui fait dire à Tite-Live : *Voilà comme finit Manlius Capitolinus, qui feroit illuftre, s'il ne fût point né dans un État libre.*

Ceci nous fournit la matiere de deux réflexions. La premiere, que ceux, qui ont de l'ambition, doivent fe conduire d'une autre maniere dans une république corrompue, que dans celles qui fe gouvernent encore felon les principes de la raifon. La feconde réflexion, qui revient prefque à la premiere, c'eft que les hommes doivent extrêmement examiner les temps, pour régler leur conduite, fur-tout dans les grandes actions; car ceux, dont le mauvais choix, & les méchantes inclinations, les portent à agir, fans s'accommoder aux conjonctures où ils fe trouvent, ne manquent point de paffer la plupart de leur vie malheureufement, fans que ce qu'ils entreprennent réuffiffe jamais, au contraire de ceux qui favent s'accommoder aux temps.

Ce mot de Tite-Live fait voir, que fi Manlius fût né dans le fiecle de Sylla & de Marius, où le peuple étoit déjà corrompu, & qu'il l'eût pu, par conféquent, mener felon les mouvemens de fon ambition, il auroit, fans doute, eu le même fuccès que Marius, Sylla, & tous les autres qui afpirerent enfuite à fe rendre maîtres de l'empire. D'autre côté, fi Marius & Sylla euffent été du temps de Manlius, ils euffent été accablés dans les premiers mouvemens qu'ils auroient faits. Car un homme peut bien commencer à jeter les principes de la corruption dans une république; mais la vie d'un feul ne peut pas fuffire à la corrompre affez, pour qu'il eût affez de temps pour cela : il manqueroit toujours fon coup, parce que le naturel des hommes eft d'être impatiens, & qu'ils ne peuvent être un temps fi confidérable à forcer leurs paffions. C'eft ce qui fait qu'ils fe trompent fi fouvent dans leurs propres intérêts, & particuliérement dans les chofes qu'ils fouhaitent avec paffion. Ainfi, l'impatience ou l'imprudence, les feroit tomber dans des contre-temps qui les feroient périr.

Il eft donc néceffaire à un homme, qui veut opprimer la liberté d'une république, de trouver le peuple déjà corrompu depuis un temps confidérable; & même il faut que la corruption ait été introduite peu à peu, & de génération en génération : & c'eft ce qui ne manque jamais d'arriver, fi la vertu n'y eft de temps en temps rétablie par de grands exemples, ou fi l'on ne réforme fouvent les abus par de bonnes loix, qui ramenent l'Etat à fa premiere inftitution.

Manlius donc eût été un homme très-illuftre, s'il fût né dans une république corrompue. Qui voudra faire de grands changemens dans un Etat, ou en faveur de la liberté, ou pour y établir la tyrannie, doit, fur-tout, examiner le fujet qu'il a en main, & par cette connoiffance il doit tirer le pronoftic de ce qu'il peut efpérer ou craindre. Car il n'eft pas plus aifé de mettre un peuple en liberté, lorfqu'il veut vivre dans l'efclavage, que de foumettre un peuple libre, & qui aime fa condition préfente.

MANUFACTURE, f. f.

Tout le monde convient de la nécessité & de l'utilité des Manufactures, & il n'a point été fait d'ouvrage ni de mémoire sur le commerce, sans que cette matiere ait été traitée ; elle l'a été même si souvent & si amplement, qu'ainsi que les objets qui sont à la portée de tout le monde, cet article est toujours celui que l'on passe ou qu'on lit avec dégoût dans tous les écrits où il en est parlé. Il ne faut pas croire cependant que cette matiere soit épuisée, comme elle pourroit l'être, si elle n'avoit été traitée que par des gens qui auroient joint l'expérience à la théorie ; mais les fabriquans écrivent peu, & ceux qui ne le font pas n'ont ordinairement que des idées très-superficielles sur ce qui ne s'apprend que par l'expérience.

Par le mot Manufacture, on entend communément un nombre considérable d'ouvriers, réunis dans le même lieu pour faire une sorte d'ouvrage sous les yeux d'un entrepreneur ; il est vrai que comme il y en a plusieurs de cette espece, & que de grands atteliers sur-tout frappent la vue & excitent la curiosité, il est naturel qu'on ait ainsi réduit cette idée ; ce nom doit cependant être donné encore à une autre espece de fabrique ; celle qui n'étant pas réunie dans une seule enceinte ou même dans une seule ville, est composée de tous ceux qui s'y employent, & y concourent en leur particulier, sans y chercher d'autre intérêt que celui que chacun de ces particuliers en retire pour soi-même. De-là on peut distinguer deux sortes de Manufactures, les unes *réunies*, & les autres *dispersées*. Celles du premier genre sont établies de toute nécessité pour les ouvrages qui ne peuvent s'exécuter que par un grand nombre de mains rassemblées, qui exigent, soit pour le premier établissement, soit pour la suite des opérations qui s'y font, des avancés considérables, dans lesquelles les ouvrages reçoivent successivement différentes préparations, & telles qu'il est nécessaire qu'elles se suivent promptement ; & enfin celles qui par leur nature sont assujetties à être placées dans un certain terrein. Telles sont les forges, les fenderies, les trifileries, les verreries, les Manufactures de porcelaine, de tapisseries & autres pareilles. Il faut pour que celles de cette espece soient utiles aux entrepreneurs, 1°. que les objets dont elles s'occupent ne soient point exposés au caprice de la mode, ou qu'ils ne le soient du moins que pour des variétés dans les especes du même genre.

2°. Que le profit soit assez fixe & assez considérable pour compenser tous les inconvéniens auxquels elles sont exposées nécessairement, & dont il sera parlé ci-après.

3°. Qu'elles soient autant qu'il est possible établies dans les lieux même, où se recueillent & se préparent les matieres premieres, où les ouvriers dont elles ont besoin puissent facilement se trouver, & où l'importation de ces premieres matieres & l'exportation des ouvrages, puissent se faire facilement & à peu de frais.

Enfin, il faut qu'elles soient protégées par le gouvernement. Cette protection doit avoir pour objet de faciliter la fabrication des ouvrages, en modérant les droits sur les matieres premieres qui s'y consomment, & en accordant quelques privileges & quelques exemptions aux ouvriers les plus nécessaires, & dont l'occupation exige des connoissances & des talens; mais aussi en les réduisant aux ouvriers de cette espece, une plus grande extension seroit inutile à la Manufacture, & onéreuse au reste du public. Il ne seroit pas juste dans une Manufacture de porcelaine, par exemple, d'accorder les mêmes distinctions à celui qui jette le bois dans le fourneau, qu'à celui qui peint & qui modele; & l'on dira ici par occasion, que si les exemptions sont utiles pour exciter l'émulation & faire sortir les talens, elles deviennent, si elles sont mal appliquées, très-nuisibles au reste de la société, en ce que retombant sur elles, elles dégoutent des autres professions, non moins utiles que celles qu'on veut favoriser. J'observerai encore ici ce que j'ai vu souvent arriver, que le dernier projet étant toujours celui dont on se veut faire honneur, on y sacrifie presque toujours les plus anciens : de-là le peuple, & notamment les laboureurs qui sont les premiers & les plus utiles manufacturiers de l'Etat, ont toujours été immolés aux autres ordres; & par la raison seule qu'ils étoient les plus anciens, ont été toujours les moins protégés. Un autre moyen de protéger les Manufactures, est de diminuer les droits de sortie pour l'étranger, & ceux de traite & de détail dans l'intérieur de l'Etat.

C'est ici l'occasion de dire que la premiere, la plus générale & la plus importante maxime qu'il y ait à suivre sur l'établissement des Manufactures, est de n'en permettre aucune (hors le cas d'absolue nécessité) dont l'objet soit d'employer les principales matieres premieres venant de l'étranger, si sur-tout on peut y suppléer par celles du pays, même en qualité inférieure.

L'autre espece de Manufacture est de celles qu'on peut appeller *dispersées*, & telles doivent être toutes celles dont les objets ne sont pas assujettis aux nécessités indiquées dans l'article ci-dessus; ainsi tous les ouvrages qui peuvent s'exécuter par chacun dans sa maison, dont chaque ouvrier peut se procurer par lui-même ou par d'autres, les matieres premieres qu'il peut fabriquer dans l'intérieur de sa famille, avec le secours de ses enfans, de ses domestiques, ou de ses compagnons, peut & doit faire l'objet de ces fabriques dispersées. Telles sont les fabriques de draps, de serges, de toiles, de velours, petites étoffes de laine & de soie ou autres pareilles. Une comparaison exacte des avantages & des inconvéniens de celles des deux especes le feront sentir facilement.

Une Manufacture réunie ne peut être établie & se soutenir qu'avec de très-grands frais de bâtimens, d'entretien de ces bâtimens, de directeurs, de contre-maîtres, de teneurs de livres, de caiffiers, de prépofés, valets & autres gens pareils, & enfin qu'avec de grands approviſionnemens : il eſt néceſſaire que tous ces frais ſe répartiſſent ſur les ouvrages qui s'y fabriquent ; les marchandiſes qui en ſortent ne peuvent cependant avoir que le prix que le public eſt accoutumé d'en donner, & qu'en exigent les petits fabriquans. De-là il arrive preſque toujours que les grands établiſſemens de cette eſpece ſont ruineux à ceux qui les entreprennent les premiers, & ne deviennent utiles qu'à ceux qui profitant à bon marché de la déroute des premiers, & réformant les abus, s'y conduiſent avec ſimplicité & économie ; pluſieurs exemples qu'on pourroit citer ne prouvent que trop cette vérité.

Les fabriques diſperſées ne ſont point expoſées à ces inconvéniens. Un tiſſerand en draps, par exemple, ou emploie la laine qu'il a récoltée, ou en achete à un prix médiocre, & quand il en trouve l'occaſion, a un métier dans ſa maiſon où il fait ſon drap, tout auſſi-bien que dans un attelier bâti à grands frais ; il eſt à lui-même, ſon directeur, ſon contremaître, ſon teneur de livres, ſon caiſſier, &c. ſe fait aider par ſa femme & ſes enfans, ou par un ou pluſieurs compagnons avec leſquels il vit ; il peut par conſéquent vendre ſon drap à beaucoup meilleur compte que l'entrepreneur d'une Manufacture.

Outre les frais que celui-ci eſt obligé de faire, auxquels le petit fabriquant n'eſt pas expoſé, il a encore le déſavantage qu'il eſt beaucoup plus volé; avec tous les commis du monde, il ne peut veiller aſſez à de grandes diſtributions, de grandes & fréquentes peſées, & à de petits larcins multipliés, comme le petit fabriquant qui a tout ſous la vue & ſous la main, & eſt maître de ſon temps.

A la grande Manufacture, tout ſe fait au coup de cloche, les ouvriers ſont plus contraints & plus gourmandés. Les commis accoutumés avec eux à un air de ſupériorité & de commandement, qui véritablement eſt néceſſaire avec la multitude, les traitent durement & avec mépris; de-là il arrive que ces ouvriers ou ſont plus chers, ou ne ſont que paſſer dans la Manufacture & juſqu'à ce qu'ils ayent trouvé à ſe placer ailleurs.

Chez le petit fabriquant, le compagnon eſt le camarade du maître, vit avec lui comme avec ſon égal; a place au feu & à la chandelle, a plus de liberté, & préfere enfin de travailler chez lui. Cela ſe voit tous les jours dans les lieux où il y a des Manufactures réunies & des fabriquans particuliers. Les Manufactures n'y ont d'ouvriers, que ceux qui ne peuvent pas ſe placer chez les petits fabriquans, ou des coureurs qui s'engagent & quittent journellement, & le reſte du temps battent la campagne, tant qu'ils ont de quoi dépenſer. L'entrepreneur eſt obligé de les prendre comme il les trouve, il faut que ſa beſogne ſe faſſe; le petit fabriquant qui eſt maître de ſon temps, & qui n'a point de frais extraordinaires à payer pendant que ſon métier eſt vacant, choiſit & attend l'occaſion avec bien moins de défavantage. Le premier perd fon temps & fes frais ; & s'il a des fournitures à faire dans un temps marqué, & qu'il n'y fatisfaffe pas, fon crédit fe perd ; le petit fabriquant ne perd que fon temps tout au plus.

L'entrepreneur de Manufacture eft contraint de vendre, pour fubvenir à la dépenfe journaliere de fon entreprife. Le petit fabriquant n'eft pas dans le même befoin ; comme il lui faut peu, il attend fa vente en vivant fur fes épargnes, ou en empruntant de petites fommes.

Lorfque l'entrepreneur fait les achats des matieres premieres, tout le pays en eft informé, & fe tient ferme fur le prix. Comme il ne peut guere acheter par petites parties, il achete prefque toujours de la feconde main.

Le petit fabriquant achete une livre à la fois, prend fon temps, va fans bruit & fans appareil au-devant de la marchandife, & n'attend pas qu'on la lui apporte : la choifit avec plus d'attention, la marchande mieux, & la conferve avec plus de foin. Il en eft de même de la vente ; le gros fabriquant eft obligé prefque toujours d'avoir des entrepôts dans les lieux où il débite, & fur-tout dans les grandes villes où il a de plus des droits à payer. Le petit fabriquant vend fa marchandife dans le lieu même, ou la porte au marché & à la foire, & choifit pour fon débit les endroits où il a le moins à payer & à dépenfer.

Tous les avantages ci-deffus mentionnés ont un rapport plus direct à l'utilité perfonnelle, foit du manufacturier, foit du petit fabriquant, qu'au bien général de l'Etat : mais fi l'on confidere ce bien général, il n'y a prefque plus de comparaifon à faire entre ces deux fortes de fabriques. Il eft certain, & il eft convenu auffi par tous ceux qui ont penfé & écrit fur les avantages du commerce, que le premier & le plus général eft d'employer, le plus que faire fe peut, le temps & les mains des fujets ; que plus le goût du travail & de l'induftrie eft répandu, moins eft cher le prix de la main-d'œuvre ; que plus ce prix eft à bon marché, plus le débit de la marchandife eft avantageux, en ce qu'elle fait fubfifter un plus grand nombre de gens ; & en ce que le commerce de l'Etat pouvant fournir à l'étranger les marchandifes à un prix plus bas, à qualité égale, la nation acquiert la préférence fur celles où la main-d'œuvre eft plus difpendieufe. Or la Manufacture difperfée a cet avantage fur celle qui eft réunie. Un laboureur, un journalier de campagne, ou autre homme de cette efpece, a dans le cours de l'année un affez grand nombre de jours & d'heures où il ne peut s'occuper de la culture de la terre, ou de fon travail ordinaire. Si cet homme a chez lui un métier à drap, à toile, ou à petites étoffes, il y emploie un temps qui autrement feroit perdu pour lui & pour l'Etat. Comme ce travail n'eft pas fa principale occupation, il ne le regarde pas comme l'objet d'un profit auffi fort que celui qui en fait fon unique reffource : Ce travail même lui eft une efpece de délaffement des travaux plus rudes de la culture de la terre ; &, par ce moyen, il eft en état & en

habitude

habitude de se contenter d'un moindre profit. Ces petits profits multipliés sont des biens très-réels. Ils aident à la subsistance de ceux qui se les procurent; ils soutiennent la main-d'œuvre à un bas prix : or, outre l'avantage qui résulte pour le commerce général de ce bas prix, il en résulte un autre très-important pour la culture même des terres. Si la main-d'œuvre des Manufactures dispersées étoit à un tel point que l'ouvrier y trouvât une utilité supérieure à celle de labourer la terre, il abandonneroit bien vite cette culture. Il est vrai que par une révolution nécessaire, les denrées servant à la nourriture venant à augmenter en proportion de l'augmentation de la main-d'œuvre, il seroit bien obligé ensuite de reprendre son premier métier, comme le plus sûr : mais il n'y seroit plus fait, & le goût de la culture se seroit perdu. Pour que tout aille bien, il faut que la culture de la terre soit l'occupation du plus grand nombre; & que cependant une grande partie, du moins de ceux qui s'y employent, s'occupent aussi de quelque métier, & dans le temps sur-tout où ils ne peuvent travailler à la campagne. Or ces temps perdus pour l'agriculture sont très-fréquens. Il n'y a pas aussi de pays plus aisés que ceux où ce goût de travail est établi; & il n'est point d'objection qui tienne contre l'expérience. C'est sur ce principe de l'expérience que sont fondées toutes les réflexions qui composent cet article. Celui qui l'a rédigé, a vu sous ses yeux les petites fabriques faire tomber les grandes, sans autre manœuvre que celle de vendre à meilleur marché. Il a vu aussi de grands établissemens prêts à tomber, par la seule raison qu'ils étoient grands. Les débitans les voyant chargés de marchandises faites, & dans la nécessité pressante de vendre pour subvenir ou à leurs engagemens, ou à leur dépense courante, se donnoient le mot pour ne pas se presser d'acheter; & obligeoient l'entrepreneur à rabattre de son prix, & souvent à perte. Il est vrai qu'il a vu aussi, & il doit le dire à l'honneur du ministere, le gouvernement venir au secours de ces Manufactures, & les aider à soutenir leur crédit & leur établissement.

On objectera sans doute à ces réflexions l'exemple de quelques Manufactures réunies, qui non-seulement se sont soutenues, mais ont fait honneur à la nation chez laquelle elles étoient établies, quoique leur objet fut de faire des ouvrages qui auroient pu également être faits en maison particuliere. On citera, par exemple, la Manufacture de draps fins d'Abbeville; mais cette objection a été prévenue. On convient que quand il s'agira de faire des draps de la perfection de ceux de Vanrobais, il peut devenir utile, ou même nécessaire, de faire des établissemens pareils à celui où ils se fabriquent; mais comme dans ce cas il n'est point de fabriquant qui soit assez riche pour faire un pareil établissement, il est nécessaire que le gouvernement y concoure, & par des avances, & par les faveurs dont il a été parlé ci-dessus; mais, dans ce cas-même, il est nécessaire aussi que les ouvrages qui s'y font soient d'une telle nécessité, ou

d'un débit fi affuré, & que le prix en foit porté à tel point qu'il puiffe
dédommager l'entrepreneur de tous les défavantages qui naiffent naturellement de l'étendue de fon établiffement; & que la main-d'œuvre en foit
payée affez haut par l'étranger, pour compenfer l'inconvénient de tirer
d'ailleurs les matières premieres qui s'y confomment. Or il n'eft pas fûr
que dans ce cas même les fommes qui ont été dépenfées à former une
pareille fabrique, fi elles euffent été répandues dans le peuple pour en former des petites, n'y euffent pas été auffi profitables. Si on n'avoit jamais
connu les draps de Vanrobais, on fe feroit accoutumé à en porter de qualités inférieures, & ces qualités auroient pû être exécutées dans des fabriques moins difpendieufes & plus multipliées.

M A N T O U E, *Ville & Duché d'Italie dans la Lombardie, le long du
Pô qui coupe ce pays en deux portions.*

LE duché de Mantoue a cinquante-fix milles d'Angleterre en longueur, &
quarante en largeur. Il eft borné par le Milanez, le Modenois, le domaine
du pape & le territoire de Venife. Le Pô qui le partage en deux, reçoit
dans fon fein plufieurs autres rivieres. Le terroir de Mantoue eft fertile &
agréable; mais la plupart des villes qui en dépendent n'ont rien de bien
remarquable.

Mantoue, capitale de tout le pays, eft fituée dans une ifle, au milieu
d'un lac, formé par le Mincio. On ne peut aller dans la ville qu'au moyen
de quelques ponts ou chauffées. Cette ville, autrefois très-peuplée, ne contient guere plus de vingt à vingt-cinq mille habitans. Nonobftant l'incommodité de fa fituation, les rues font larges & droites, & les maifons bien
bâties. On y compte dix-huit paroiffes, fans parler d'une infinité d'autres
églifes qui appartiennent ou aux couvens ou aux hôpitaux. On voit encore
dans un des faubourgs le fameux palais du T. La cathédrale eft un fort
bel édifice, où l'on trouve les plus belles peintures d'Italie. Mais rien ne
rend la ville de Mantoue plus célèbre dans tout l'univers, que d'avoir donné
naiffance au poëte Virgile. Il y a près de cette ville un palais ducal, appellé *la Virgiliana*, en langue Italienne.

Mantoue tomba fous la domination des Goths & des Lombards, dans le
temps que ces peuples envahirent l'Italie. Charles V s'en remit en poffeffion, & l'empereur Othon II en donna la feigneurie à Boniface, fils de
Théodald. Boniface & la comteffe Mathilde, poffédèrent ces domaines,
comme des fiefs rélevant de l'empire, quoique la comteffe prétendît en
être fouveraine abfolue. Dans la difpute qui s'éleva entre cette princeffe &
l'empereur Henri IV, celui-ci s'empara de Mantoue; mais Mathilde la reprit en 1114, c'eft-à-dire, une année avant fa mort.

En 1220 Sordello, vicomte ou seigneur de Goito, ou *Goëta*, obtint le gouvernement de Mantoue & de ses dépendances. On dit même qu'il en fut reconnu souverain par l'empereur Frédéric II. Quoiqu'il en soit, Ricobald de Ferrare rapporte qu'il s'éleva des troubles dans Mantoue, qui devinrent funestes au souverain. On le chassa de la ville, & le peuple choisit, à la maniere des anciens Romains, deux magistrats ou podestats, auxquels il confia les rênes du gouvernement. Cette nouvelle constitution ne fut pas de longue durée. Les deux personnes qui étoient à la tête de l'administration ayant eu dispute ensemble, l'un d'eux trouva le moyen de sacrifier son adversaire à son ambition ; mais les peuples mécontens de son fils, auquel il avoit résigné son pouvoir, le chasserent pour mettre en sa place un de ses neveux. Celui-ci se maintint dans sa dignité, jusqu'au temps, où s'étant attiré le ressentiment de Louis de Gonzague, général des troupes de l'empire, dont il voulut enlever la femme, il fut extirpé lui & toute sa famille. Louis prit possession de Mantoue en 1328, en qualité de vicaire impérial en Italie.

Le Pape Jean XXII, qui se trouvoit alors à Avignon, refusant de le reconnoître en cette qualité, l'excommunia, lui & l'empereur Louis de Baviere ; mais cette excommunication ne dérangea aucunement les projets du marquis de Mantoue, qui n'y fit presque pas attention. Etant mort en 1360, il laissa ce marquisat à Gui, l'ainé de ses enfans. C'étoit un prince accompli à tous égards. On ne lui reprocha jamais que son trop d'indulgence envers ses trois fils, Ugolin, François & Louis. Le premier de ces trois enfans, qu'il aimoit de préférence, fut assassiné par ses deux freres, jaloux du pouvoir que lui donnoit leur pere.

François n'avoit que treize ans, lorsqu'il succéda à son pere en 1382. Ce fut lui qui défendit Mantoue contre les intrigues & la puissance de Galéace, premier duc de Milan. François se rendit recommandable par ses qualités civiles & militaires, par son amour pour les sciences & pour ceux qui les cultivoient, par la douceur de ses mœurs, en un mot par sa magnificence & sa libéralité. Il mourut en 1407, & eut pour successeur Jean-François, son fils, qui marchant sur les traces de son pere, s'acquit la même réputation, pour ne rien dire de plus. On remarque comme une chose assez particuliere, qu'il fût le premier des marquis de Mantoue, qui rendit publique la cérémonie de son installation. Ayant fait élever un superbe théâtre dans la grande place de Mantoue, il y reçut la couronne des mains même de l'empereur Sigismond. Jean-François eut plusieurs enfans, auxquels il laissa de grands héritages après sa mort. Louis, l'ainé de tous, eut en partage la ville de Mantoue, & tous les grands territoires qui en dépendoient ; les autres, ceux même qui avoient embrassé l'état eccléfiastique, furent dotés à proportion.

A peine François I avoit-il les yeux fermés, que Louis III, son successeur, chercha dispute à ses freres, au sujet de l'héritage de leur pere. Il les

força tous à le reconnoître comme leur supérieur & leur souverain. Les Vénitiens & le duc de Milan lui donnerent successivement le commandement de
leurs troupes. Louis embellit la ville de Mantoue, de bâtimens magnifiques;
mais il se rendit à jamais célèbre, en introduisant un bras du Mincio dans ses
domaines qui, par ce moyen, devinrent extrêmement fertiles. Il eut trois fils
de son mariage avec Barbe de Brandebourg, savoir Frédéric I qui lui succéda
après sa mort, arrivée en 1478; François Gonzague, fait cardinal en 1464,
& mort en 1483; Louis, nommé évêque de Mantoue en 1483, & mort
en 1511.

Frédéric I n'eut pas la gloire de se distinguer par les armes; mais il
s'acquit une réputation immortelle par la sagesse de son gouvernement.
L'accueil favorable qu'il fit aux sciences & aux beaux-arts, contribua merveilleusement à leurs progrès & à leur perfection. Ce prince, digne de régner
sur de plus vastes Etats, avoit pour maxime, que tous ses sujets devoient
jouir des doux fruits de l'aisance. Il accueillit toujours les malheureux, &
les alla chercher jusqu'au fond de leur retraite. Frédéric épousa Marguerite,
fille d'Albert III, duc de Baviere, de laquelle il eut trois fils & deux filles,
qui furent avantageusement mariées. Les fils furent François II, qui lui
succéda; Sigismond, cardinal & évêque de Mantoue, qui mourut en 1525,
& Jean Gonzague, qui laissa une nombreuse postérité. Frédéric I mourut
en 1484.

Il faudroit des volumes entiers pour rapporter toutes les circonstances de
la vie de François II. Contentons-nous de dire qu'il fut un des plus grands
généraux de son siecle, & qu'il marcha en tout sur les traces de ses ancêtres. A la cérémonie de son installation, on mit entre ses mains un sceptre
ou une baguette d'or; ce qui prouve, que les peuples d'Italie conservoient
encore, dans ce temps, quelques idées des droits municipaux dont ils
avoient joui sous la protection de l'empire; & qu'ils ne regardoient leur
souverain, que comme un de leurs compatriotes chargé de défendre leur liberté & leurs privileges. François rendit de grands services au roi de France, au pape, aux Vénitiens, & à d'autres puissances qui le chargerent alternativement du commandement de leurs armées. Il mourut en 1519. De
sa femme Isabelle, fille d'Hercules, duc de Ferrare & de Modene, il eut
trois fils & trois filles. Frédéric II, l'aîné des fils, lui succéda. Hercules
fut créé cardinal en 1527. Ferdinand, le troisieme des fils, eut pour apanage le duché de Melfi, & forma cette branche de la maison de Guastalla,
éteinte en 1746.

Frédéric II n'avoit que neuf ans lorsqu'il succéda à son pere. Quoique
très-jeune il fit paroître une grande impatience d'imiter ses vertus militaires. Le pape Léon X lui donna le commandement de ses troupes; & il
contribua beaucoup à la délivrance de Clément VII, retenu prisonnier dans
le château saint-Ange. Charles V étant venu se faire couronner empereur
à Bologne, alla rendre une visite à Frédéric, qu'il créa premier duc de

Mantoue. Ce prince épousa Marguerite, fille de Guillaume VIII, marquis de Montferrat. Il n'en eut qu'un fils, qui mourut dans son bas âge. Ainsi la succession retourna, après la mort de Frédéric en 1530, à Jean George, son frere. Celui-ci quitta l'état ecclésiastique, pour épouser Julie, fille du roi de Naples; il mourut trois ans après sans laisser d'enfans. Alors la maison de Savoie se mit en état de faire valoir ses prétentions; mais l'empereur ayant fait marcher une nombreuse armée dans le Montferrat, il en donna l'investiture à Frédéric, duc de Mantoue, qui, après s'être rendu célèbre dans la paix, comme dans la guerre, mourut en 1540, laissant trois fils, François, Guillaume, & Louis de Gonzague, duc de Nevers, en France.

François III, n'avoit que six ans lorsque son pere mourut. Il eut pour tuteur, Hercules, son oncle, homme d'une probité & d'une prudence admirable, qui lui fit épouser Marie-Catherine d'Autriche, fille de l'empereur Ferdinand I. Etant mort en 1550 sans en avoir eu d'enfans, il eut pour successeur Guillaume, son frere. Il n'arriva rien de remarquable pendant le regne de celui-ci, si l'on en excepte une dispute avec son cadet; cette querelle a quelque chose de trop intéressant pour ne pas être rapportée.

Louis de Gonzague avoit été élevé en France; il y devint amoureux de la princesse de Cleves, qui consentit enfin à l'épouser après trois ans de recherches. Cette princesse, par la mort de trois freres & de deux sœurs se vit bientôt une des plus riches héritieres du royaume de France. Elle apporta en mariage à Louis de Gonzague le duché de Nevers & le Rhetelois. Deux ans après son mariage le duc étant venu lever des troupes en Italie pour Charles IX, roi de France, demanda à Guillaume, son frere, sa portion de l'héritage de son pere & de sa mere. Celui-ci le refusa, & de-là il s'ensuivit une mésintelligence, qui eut des suites fatales pour cette famille. L'empereur Maximilien érigea vers l'an 1572 le Montferrat en duché, en faveur de Guillaume, qui mourut quelque temps après, laissant ses grands biens à son fils, Vincent I.

Ce jeune prince, pacifique & religieux, institua l'ordre du précieux sang en 1608, & mourut en 1612, après avoir épousé en premieres noces Marguerite, fille d'Alexandre, duc de Parme, & en secondes noces Eléonore, fille de François, grand-duc de Toscane. Il eut de celle-ci trois fils, François IV, Ferdinand & Vincent II, qui devinrent successivement ducs de Mantoue, & deux filles, dont l'une épousa le duc de Lorraine, & l'autre l'empereur Ferdinand II.

Vincent II, comme nous venons de le dire, succéda à ses deux freres; mais étant mort sans enfans, la ligne masculine de Gonzague s'éteignit dans sa personne. Alors la princesse Marie, fille unique de François IV, réclama la succession. De son côté le duc de Nevers se mit en devoir de faire valoir ses droits. L'affaire s'arrangea pourtant au moyen d'un mariage conclu entre le fils aîné du duc de Nevers & la princeffe Marie. En conféquence le duc prit poffeffion de Mantoue, en vertu de fon propre droit, & de celui de fa belle-fille. L'empereur qui fe prétendoit maître de difpofer de cet Etat, intervint dans la difpute, & fit mettre le duché en féqueftre.

Louis XIII, roi de France, ne foupirant qu'après une occafion d'humilier l'empereur, excita le duc de Nevers à foutenir fes prétentions par la force des armes. Mais l'empereur regardant cette démarche, comme une infraction manifefte à fon autorité, mit le duc fous le ban de l'empire. La guerre fuivit bientôt. L'armée Françoife paffa les montagnes, & vint faire lever le fiege de Cafal aux troupes impériales. L'Efpagne fe joignit à l'empereur, & les Vénitiens fe rangerent du côté du duc. Les deux partis tâcherent de mettre dans leurs intérêts le duc de Savoie, duquel dépendoit en grande partie le fuccès de cette guerre, en ce qu'il pouvoit fermer le paffage aux troupes. Le cardinal de Richelieu, toujours impétueux dans fes entreprifes, marcha contre la Savoie, à la tête d'une armée nombreufe. Sur le refus que fit le duc d'acquiefcer à fes propofitions, il affiégea Pignérole, dont il fe rendit maître en peu de temps. Néanmoins les impériaux, pourfuivant toujours leur plan de guerre, prirent d'affaut la ville de Mantoue. Le duc, qui s'y trouvoit pour lors, eut beaucoup de peine à fe réfugier dans la citadelle, & peu de jours après il fut obligé de fe rendre prifonnier. La paix de Quévafque conclue en 1631, rétablit enfin la tranquillité dans le Mantouan. L'empereur confentit à donner l'inveftiture de ce duché à Charles I duc de Nevers, qui le poffeda tranquillement jufqu'à fa mort, arrivée en 1637.

Charles II qui avoit époufé la princeffe Marie, ne régna pas long-temps. Charles III fon fils, prince mal-fait de fa perfonne, mais d'un efprit actif & pénétrant, époufa en 1646 Ifabelle Claire d'Autriche, fille de l'archiduc Léopold d'Infpruck. La vie de ce prince n'offre rien de remarquable, finon que s'étant brouillé avec la ducheffe fon époufe, il s'abandonna aux plus infames défordres.

Charles IV, fon fils & fon fucceffeur, n'avoit que fept ans, quand fon pere mourut. L'empereur Léopold fe chargea lui-même de l'adminiftration des affaires pendant la minorité du jeune prince, auquel il fit époufer en 1670, la princeffe Ifabelle de Guaftalla. Ce mariage mit le duc de Mantoue en poffeffion du riche duché de Guaftalla, malgré les prétentions que formerent ceux de la branche mafculine de cette famille. Charles, fuivant malheureufement les traces de fon pere, conçut un dégoût pour la ducheffe fon époufe, quoiqu'une des plus aimables princeffes de fon fiecle, & facrifia fes propres affaires à fon inclination pour les plaifirs. Les François s'en apperçurent, & loin de l'exciter à rentrer dans fon devoir, ils lui rendirent fon époufe de plus en plus odieufe. Le duc, par fes extravagances, fe trouva bientôt dépourvu d'argent & des chofes même les plus nécessaires. La cour de France lui fit des offres, à condition qu'il permettroit d'entretenir une garnison françoise à Casal. Charles résista long-temps aux vives sollicitations qui lui furent faites à ce sujet. Enfin, réduit à la derniere extrémité, il eut l'imprudence de signer un papier blanc qu'on eut soin de remplir en France par un ordre au gouverneur de Casal, d'abandonner la place aux troupes du roi.

L'empereur & les Vénitiens n'eurent pas plutôt appris cette cession, qu'ils firent au duc les reproches les plus sanglans. Il eut beau s'excuser, & jurer sur le saint évangile, qu'il n'avoit point vendu Casal aux François, on ne voulut pas le croire, malgré ses sermens. La France ayant prévu que le duc ne manqueroit pas de s'attirer le ressentiment de l'empereur & des Vénitiens, jugea qu'il étoit essentiel d'entretenir cette animosité. En conséquence, on lui fit naître le dessein de fortifier Guastalla; ce qui étoit une infraction manifeste à son contrat de mariage. Le seul obstacle qui s'opposoit à cette entreprise, étoit le manque d'argent. Les François l'eurent bientôt levé, en faisant passer au duc quarante mille louis d'or, dans l'espérance qu'ils se mettroient en possession de Guastalla comme ils l'avoient fait de Casal.

L'empereur irrité de la conduite du duc, ne put voir d'un œil d'indifférence tous ces préparatifs. Il lui fit représenter par ses ministres, qu'il agissoit non-seulement contre les conditions de son investiture; mais qu'il donnoit par-là occasion aux François de s'emparer de toute l'Italie. Le duc, sourd à toutes ces sages remontrances, mit par-là même l'empereur dans la nécessité de se joindre au roi d'Espagne, pour envoyer à Guastalla une armée formidable, qui obligea bientôt le duc à faire démolir lui-même les nouvelles fortifications de cette ville. Après cette expédition, Charles se retira à Venise, où continuant le même genre de vie, il n'essuya que des humiliations & des mépris. Ouvrant enfin les yeux, il chercha l'occasion de se réconcilier avec l'empereur. Ce prince le reçut avec bonté, & dès ce moment il devint un de ses plus chers favoris. Sur ces entrefaites, la guerre s'étant déclarée entre la France & l'empereur, la ville de Casal fut assiégée & reprise par le duc de Savoie, qui fut obligé de la rendre quelque temps après. L'inconstance du duc de Mantoue n'étoit pas encore fixée; & lorsque le trône d'Espagne vint à vaquer, il se rejeta bien vite dans le parti des François. Cependant il garda les plus grandes mesures, dans la crainte de donner à l'empereur un motif de l'accuser de trahison. Il refusa opiniâtrément d'admettre des troupes quelconques dans ses Etats; mais le prince de Vaudemont, après avoir cédé le Milanès aux François, & après s'être rendu maître de Mirandole, au commencement d'avril 1701, fit sommer le duc d'abandonner Mantoue à ses troupes. Quoiqu'on fit mine de tenir un conseil dans la ville, pour savoir si l'on acquiesceroit à cette sommation, il n'est pas douteux que tout ne fut concerté entre la France & le duc qui reçut, dit-on, cinquante mille louis d'or, pour la reddition de sa capitale.

L'empereur étoit tellement convaincu de cet arrangement, qu'il cita le duc & ses premiers ministres à la diete de Ratisbonne, pour entendre prononcer contr'eux la sentence de confiscation de leurs biens & de leurs Etats. Sur le refus du duc à paroître devant la diete, on déclara tous ses officiers & ses vassaux libres de leur serment de fidélité.

Le duc voyant ses intérêts entiérement ruinés à la cour impériale, se retira en France, où Louis XIV, qui le reçut à bras ouvert, lui fit épouser la princesse d'Elbœuf, & le revêtit en même-temps du titre de général des troupes Françoises en Italie. Cette nouvelle dignité dont il alla prendre possession quelque temps après, ne lui attira que des mépris & des railleries sanglantes de la part des officiers & des soldats. Enfin, les François furent chassés de Mantoue ; & le duc ayant perdu la plus grande partie de ses Etats, il se retira dans le petit domaine qui lui restoit sur les territoires de Venise, & mourut à Pavie le 5 juillet 1708, peu de jours après avoir été mis sous le ban de l'empire. Comme il ne laissa pas d'enfans, plusieurs branches des maisons de Guastalla & de Lorraine réclamerent l'investiture de Mantoue ; mais l'empereur retint pour lui-même ce duché, & donna celui de Monferrat au duc de Savoie. Depuis le duché de Mantoue a été uni ou annexé à celui de Milan.

DES IMPÔTS DANS LE DUCHÉ DE MANTOUE.

LES revenus du souverain, dans le duché de Mantoue, dérivent de trois sources :

1°. Des fonds domaniaux ou allodiaux.
2°. Des droits qui composent la ferme générale.
3°. Du produit de la taille réelle.

Fonds domaniaux ou allodiaux.

LES fonds allodiaux sont régis & administrés par un agent qui est sous l'inspection de la chambre des finances ; il a été fait pendant la derniere guerre des aliénations d'une partie de ces fonds ; leur produit annuel forme, dans l'état actuel, un objet de 80 à 90 mille livres, monnoie de France.

Fermes générales.

LES droits qui composent le bail de la ferme générale, sont assez multipliés. Ils sont environ au nombre de quarante-deux.

Les principaux consistent dans les douanes, les contrats, les droits sur le sel, la viande & le vin, & dans les droits d'entrée & de sortie.

Les

Les droits sur la viande reviennent à cinq sous (*a*) par livre, poids & monnoie du pays ; la livre pese vingt-quatre onces.

Les droits sur le vin sont de vingt pour cent de sa valeur.

Le prix du bail de la ferme générale forme un objet d'environ douze cents mille livres par an.

Impositions sur les fonds, ou taille réelle.

IL a été établi dans le duché de Mantoue, un cadastre dont les opérations ont été réglées & déterminées par les mêmes principes, d'après lesquels a été formé, sous la dénomination de *censimento* & par les soins de l'abbé de Néry, le cadastre du Milanois.

Ce cadastre contient une description générale de tous les fonds qui sont sujets à l'imposition ou taille réelle.

Ces fonds sont divisés en trois classes :

Dans la premiere sont compris ceux qui produisent du riz, ou qui forment des pâturages, & qui sont ou arrosés ou susceptibles de l'être par les rivieres & canaux.

La seconde comprend les fonds que l'on regarde comme bons.

La troisieme enfin ceux dont les produits sont de peu d'objet.

Les fonds compris dans la premiere classe & les jardins, payent, sans distinction, 11 liv. 8 sous par biolche : la biolche forme une étendue de terrein de huit cents toises carrées.

Les fonds de la seconde classe sont taxés à raison de 5 livres 14 sous monnoie du pays, par biolche.

Les taxes sur les fonds de la troisieme classe, varient suivant les lieux où les fonds sont situés ; quelques-uns de ces fonds payent depuis 3 livres jusqu'à 4 livres par biolche.

Le montant de ces taxes est acquitté en trois payemens égaux ; savoir, un tiers au mois de mars, un tiers au mois de juin, & le dernier tiers au mois d'octobre.

Les maisons des villes sont pareillement sujettes à la taille réelle, mais l'objet de cette taille est si modique, que le plus bel hôtel ne paye que 100 livres par an ; les maisons de campagne ne sont point assujéties à cette taille.

Les fonds ecclésiastiques, qui sont aliénés à bail emphytéotique, sont moins chargés que les autres.

Les fonds qui appartiennent à des particuliers qui sont absens, payent, en sus de la taxe ordinaire, 52 sous de plus par biolche.

Les moulins & autres usines, pour l'exportation desquels l'usage des eaux des rivieres ou canaux est nécessaire, payent une taxe qui revient à celle

_____

(*a*) Le sou de Mantoue ne fait que huit deniers de France, de sorte que les 5 sous de Mantoue font 3 sous 4 deniers monnoie de France.

qu'acquittent quarante biolches de terre qui jouiffent de l'ufage de ces mêmes eaux.

Le recouvrement des taxes impofées fur les fonds, ou de la taille réelle, fe fait de la maniere dont on va rendre compte.

Dans les premiers jours de chaque année, la chambre des finances fait adreffer aux propriétaires ou poffeffeurs des biens-fonds dans chaque diftrict, un billet imprimé, dans lequel font rappellés la quantité des biolches qu'il poffede, la qualité des fonds qui les compofent, & le montant de la fomme qu'il doit acquitter.

Faute de payement dans les délais qui font fixés, le redevable eft exécuté fans aucune formalité, & il eft obligé de payer en outre dix pour cent du montant de fa contribution.

Si le redevable eft hors d'état de payer, il doit fe pourvoir avant l'échéance du payement devant le tribunal auquel, & l'adminiftration & la jurifdiction fur ce qui concerne cette impofition, font confiées.

Ce tribunal peut accorder des délais pour l'acquittement de la taxe, mais fi le redevable fe prétendoit exempt, fa prétention ne pourroit être accueillie, parce que l'on regarde comme un principe certain, qu'aucun poffeffeur de fonds ne peut, à quelque titre que ce foit, être exempt du payement de l'impofition réelle.

C'eft ce tribunal qui connoît de toutes les conteftations qui furviennent dans la répartition & la levée de l'impofition ; c'eft pareillement de fon autorité que fe font tous les payemens ordinaires & extraordinaires, mais quant à ces derniers lorfqu'ils excedent la fomme de cent florins, il ne peut rien prefcrire qu'il n'y foit autorifé par un ordre fupérieur du gouvernement.

C'eft le préfident de ce tribunal qui a l'infpection & le contrôle de la caiffe, dans laquelle font verfés les fonds qui proviennent de l'impofition réelle.

M A R C A, (Pierre de) *Miniftre d'Etat, Auteur Politique.*

PIERRE DE MARCA, fucceffivement confeiller au confeil fouverain de Pau, préfident à mortier en ce même confeil érigé en parlement, confeiller d'Etat, évêque de Conferans, vifiteur-général & intendant de Catalogne, (province qui s'étoit fouftraite à l'obéiffance de Philippe IV, roi d'Efpagne) archevêque de Touloufe, miniftre d'Etat, & enfin archevêque de Paris, nâquit dans le château de Gant, province de Béarn, le 24 de janvier 1594, & mourut à Paris le 29 de juin 1662, trois jours après avoir reçu fes bulles de l'archevêché de Paris, & avant d'en avoir pris poffeffion.

Il étoit encore préfident du parlement de Pau, lorfque l'*Optatus Gallus* parut (*a*). Il fut chargé de réfuter cet ouvrage anonyme, & de garder un milieu qui conservant les libertés de l'église gallicane, fit voir qu'elles ne diminuent pas les justes droits du saint siege. Rien n'est plus sage que ce dessein. Puisque l'ignorance des bornes de la puissance séculiere & de l'autorité ecclésiastique cause de si grands différends, leur montrer ces bornes, c'est faire un effort louable pour engager l'une & l'autre puissance à ne les pas passer.

Notre Marca publia l'ouvrage dont on l'avoit chargé sous ce titre : *De concordiâ sacerdotii & imperii seu de libertatibus ecclesiæ gallicanæ.* Paris, chez Camusat 1651. Le parti qu'il prit fut, non-seulement d'interposer son jugement & de rapporter historiquement tout ce qui s'étoit passé dans les démêlés que les deux puissances ont eus, mais encore tout ce qui a été réglé dans la suite des temps à cet égard. Il le fit avec tant de netteté, qu'il en résulte sur chaque chef de contestation, des résolutions aussi claires que s'il avoit expliqué son sentiment dans les termes les plus décisifs. On trouva que d'un côté il avoit accordé au pape tous les honneurs, toutes les prérogatives, & tous les droits qui lui appartiennent, ensorte qu'un Ultramontain zélé, mais raisonnable, ne lui en eût pas attribué davantage; & de l'autre, qu'il avoit conservé les libertés de l'église gallicane, & tout ce qui est soumis à la puissance du roi très-chrétien, autant que l'auroit dû faire le cœur le plus François & le plus affectionné à sa patrie.

Il n'est pas néanmoins allé toujours assez loin, & il est d'ailleurs tombé dans quelques erreurs. Il s'est trompé, par exemple, lorsqu'il a dit que le concile de Trente avoit été reçu. (*b*) Il s'est encore trompé, lorsqu'il a écrit que le premier acte d'appel au futur concile est de l'an 1245, & il y a d'autres choses à reprendre dans l'ouvrage de cet écrivain.

Les graces qu'il obtint du roi, & auxquelles le saint siege mit le sceau de l'approbation apostolique, semblent devoir être des témoignages éternels de la satisfaction que l'une & l'autre puissance eurent de son ouvrage. On fit des libelles contre Marca, qui furent condamnés à Rome & brûlés à Paris, & il dit sur cela agréablement que c'étoit une suite de l'accord du sacerdoce & de l'empire. Tout cela semble encore confirmer que la cour de France & celle de Rome furent également satisfaites de l'auteur. Mais la vérité est qu'il tint dans la suite une conduite peu uniforme & peu raisonnable.

L'auteur ayant été nommé à l'évéché de Conserans en 1642, c'est-à-dire, un an après la publication de son livre, il n'obtint les bulles de cet évéché qu'en 1648, parce que Rome n'étoit pas alors contente de son ouvrage. Il fallut négocier avec elle, & Marca fit imprimer en 1646 à Barcelone, où il étoit dans ce temps-là, un écrit, dans lequel il rendoit compte du

(*a*) *Voyez l'article* OPTAT.
(*b*) *Voyez l'article* TRENTE.

deſſein qu'il avoit eu en compoſant ſon livre; il le ſoumettoit à la cenſure du ſaint ſiege, & il déclaroit que ce n'étoit pas aux princes à faire des loix eccléſiaſtiques, & qu'ils devoient ſeulement en procurer l'obſervation. Il avouoit qu'il lui étoit échappé des choſes dignes de blâme, & il promettoit de ne plus donner aucun ſujet de plainte à la cour de Rome. Il donna des éclairciſſemens ſur divers endroits de ſon livre qu'on avoit repris; & il joignit à cet écrit un mémoire dans lequel il faiſoit encore valoir ſa ſoumiſſion, & apportoit des témoignages de quatre archevêques & de huit évêques de France, qui répondoient de ſa piété & de ſon affection pour l'égliſe & pour la juriſdiction eccléſiaſtique. Cette ſorte de rétractation valut à l'auteur les bulles qui en étoient l'objet.

Trois ans après (en 1651) Marca étant encore en Catalogne, Vincent Candiot qui y étoit de la part du pape, fit ſigner à notre auteur une déclaration bien plus ample que celles qu'il avoit faites juſqu'alors. Le miniſtre Romain profita de l'affoibliſſement où une grande maladie avoit réduit le prélat François, pour lui faire ſigner, le 12 d'août, un autre écrit portant; que les privileges particuliers dont le roi très-chrétien jouit, lui ont été accordés par les papes, & qu'il ne peut en jouir ſans ce privilege; il proteſte qu'il ſuit & embraſſe en tout la doctrine que l'égliſe Romaine enſeigne touchant la juriſdiction & l'immunité eccléſiaſtique; il condamne tout ce qu'il avoit écrit de contraire dans le livre de l'accord du ſacerdoce & de l'empire, & promet de le corriger dans une autre édition.

C'eſt ainſi que cet auteur célèbre s'accommodoit au temps, & que flexible ſuivant les circonſtances, il faiſoit ſervir ſes grands talens à ſon ambition. Qu'on retranche donc ce que des ménagemens politiques lui ont fait faire, & qu'on juge de ce qu'il a penſé par ſon ouvrage même.

Etienne Baluze fit faire chez Muguet en 1665, après la mort de l'auteur, une ſeconde édition in-folio plus correcte, des quatre premiers livres qui avoient été publiés en 1641, & y ajouta quatre autres livres du même écrivain, qui compoſent la ſeconde partie de l'ouvrage. Le même Baluze en fit faire chez le même libraire une troiſieme édition en 1669, encore augmentée du traité des Légats que Marca avoit commencé, & que Baluze avoit achevé, & de quelques autres pieces, & enfin une derniere en 1704, chez la veuve Muguet, & toujours in-folio, qui comprend tout ce qui eſt dans les éditions précédentes, & pluſieurs remarques que Baluze fit pour juſtifier les ſentimens de Marca contre les critiques qui avoient attaqué ſon ouvrage.

Cet ouvrage, dont l'érudition eſt profonde & variée, eſt ſans contredit un des meilleurs qui aient été faits ſur les libertés de l'égliſe de France. Ce ne ſont pas ſeulement les principes du droit canonique de France qui y ſont expliqués; on y trouve encore le détail d'un grand nombre de faits de l'hiſtoire eccléſiaſtique.

Parmi les diſſertations poſthumes de Marca, imprimées in-4° à Paris en 1669, avec des lettres de Baluze & de Faget, on trouve un petit traité fort curieux fur les mariages. L'édition in-4° fut d'abord fupprimée; mais on réimprima auffi-tôt l'ouvrage in-12 dans les Pays-Bas.

Marca eft auffi l'auteur du livre qui a pour titre : *De l'autorité eccléfiaf-tique & féculiere fur les mariages;* ouvrage favorable à l'autorité des prin-ces. Il eft encore l'auteur de *trois Argumens* pour conclure la nullité du mariage des princes du fang de France fait fans le confentement du roi, & de quatre differtations fur le même fujet.

MARC-AURELE-ANTONIN, *Empereur Romain.*

Marc-Aurele, dont le nom rappelle l'idée d'un prince citoyen & ami des hommes, étoit d'une famille ancienne, & plus refpectable encore par une probité héréditaire que par les dignités. Son ame, en fe dévelop-pant, ne parut fujette à aucune des paffions qui amufent l'enfance & tyrannifent la jeuneffe. Être impaffible, il ne connut ni l'ivreffe de la joie ni l'abattement de la trifteffe : cette tranquillité d'ame détermina Antonin-le-pieux à le choifir pour fon fucceffeur. Après la mort de fon bienfaiteur il fut élevé à l'empire par le fuffrage unanime de l'armée, du peuple & du fénat. Sa modeftie lui infpira de la défiance, & ne fe croyant point capable de foutenir feul le fardeau de l'empire, il partagea le pouvoir fouverain avec fon frere Verus, gendre d'Antonin-le-pieux. Le partage de l'autorité, qui fomente les haines, ne fit que refferrer les nœuds de leur amitié fraternelle. Il fembloit qu'ils n'avoient qu'une ame, tant il y avoit de conformité dans leurs actions. Une police exacte, fans être auftere, réforma les abus & rétablit la tranquillité. L'Etat calme au dedans fut refpecté au dehors. Le fénat rentra dans la jouiffance de fes anciennes pré-rogatives; il affifta à toutes les affemblées, moins pour en régler les déci-fions que pour s'inftruire lui-même des maux de l'empire : fa maxime étoit de déférer à la pluralité des fuffrages. Il eft infenfé, difoit-il, de croire que l'avis d'un feul homme foit plus fage que l'opinion de plufieurs perfonnes integres & éclairées. Il avoit encore pour maxime de ne rien faire avec trop de lenteur ni de précipitation, perfuadé que les plus légeres imprudences précipitoient dans de grands écarts. Ce ne fut plus par la baf-feffe des intrigues qu'on obtint des emplois & des gouvernemens. Le mérite fut prévenu & récompenfé; le fort des provinces ne fut confié qu'à ceux qui pouvoient les rendre heureufes. Il fe regardoit comme l'homme de la république, & il n'avoit pas l'extravagance de prétendre que l'Etat réfidoit en lui. Je vous donne cette épée, dit-il au préfet du prétoire, pour me défendre tant que je ferai le miniftre & l'obfervateur des loix, mais je vous ordonne de la tourner contre moi, fi j'oublie que mon devoir eft de faire naître la félicité publique. Il fe fit un fcrupule de puifer dans le tréfor public fans avoir été autorifé par le fénat, à qui il expofoit fes motifs

& l'ufage qu'il vouloit faire de ce qu'il prenoit. Je n'ai, difoit-il, aucun droit de propriété en qualité d'empereur : rien n'eft à moi, & je confeffe que la maifon que j'habite eft à vous. Le peuple & le fénat lui décernerent tous les titres que l'adulation avoit proftitués aux autres empereurs, mais il refufa les temples & les autels. Philofophe fur le trône, il aima mieux mériter les éloges que de les recevoir. Dans fa jeuneffe il prit le manteau de la philofophie, qu'il conferva dans la grandeur comme un ornement plus honorable que la pourpre. Sa frugalité auroit été pénible à un fimple particulier. Dur à lui-même autant qu'il étoit indulgent pour les autres, il couchoit fur la terre & n'avoit d'autre couverture que le ciel & fon manteau : fa philofophie ne fut point une curiofité fuperbe de découvrir les myfteres de la nature & la marche des aftres. Il la courba vers la terre pour diriger fes mœurs. Le fléau de la pefte défola l'empire. Les inondations, les volcans, les tremblemens de terre bouleverferent le globe. Ces calamités multipliées firent naître aux Barbares le défir de fe répandre dans les provinces. Marc-Aurele fe mit à la tête de fon armée & marcha contre eux, les vainquit & les força de s'éloigner des frontieres. Après qu'il eut puni les Quades & les Sarmates, il eut une guerre plus dangereufe à foutenir contre les Marcomans. Il falloit de l'argent pour fournir à tant de dépenfes. Il refpecta la fortune de fes fujets, & il fuffit à tout en faifant vendre les pierreries & les plus riches ornemens de l'empire. Le fuccès de cette guerre fut long-temps douteux. Les Barbares, après avoir éprouvé un mélange de profpérités & de revers, furent plutôt fubjugués par les vertus bienfaifantes du prince philofophe que par fes armes. Marc-Aurele ne confia point à fes généraux le foin de cette expédition. Il commanda toujours en perfonne, & donna par-tout des témoignages de cette intrépidité tranquille qui marque le véritable héroïfme : on compara cette guerre aux anciennes guerres puniques, parce que l'Etat fut expofé aux mêmes dangers, & que l'événement en fut le même. Attentif à récompenfer la valeur, il érigea des ftatues en l'honneur des capitaines de fon armée qui s'étoient le plus diftingués. Son retour à Rome fut marqué par de nouveaux bienfaits. Chaque citoyen fut gratifié de huit pieces d'or. Tout ce qui étoit dû au tréfor public fut remis aux particuliers. Les obligations des débiteurs furent brûlées dans la place publique. Il s'éleva une fédition qui troubla la férénité de fi beaux jours. Caffius, qui fut proclamé empereur, fut maffacré par elle ; tous fes partifans obtinrent leur pardon & s'en rendirent dignes par leur repentir. Les papiers de ce chef rebelle furent tous brûlés par l'ordre de Marc-Aurele, qui craignit de connoître des coupables qu'il auroit été dans la néceffité de punir. Des profeffeurs de philofophie & d'éloquence furent établis à Athenes & ils furent magnifiquement payés. Fatigué du poids de l'empire, il s'affocia fon fils Commode, dont fon amitié paternelle lui déguifoit les penchans vicieux, & ce choix aveugle fut la feule faute qu'on eut à lui reprocher. Il fe retira à Lavinium pour y goûter les douceurs de la vie privée dans le fein de la philofophie qu'il appelloit fa mere, comme il nommoit la cour fa marâtre : ce fut dans cette retraite qu'il s'écria : heureux le peuple dont les rois font philofophes ! Importuné des honneurs divins qu'on vouloit lui rendre, il avoit coutume de dire, la vertu feule égale les hommes aux dieux. Un prince équitable a l'univers pour temple. Les gens vertueux en font les prêtres & les facrificateurs. Il fut arraché de fon loifir philofophique par la nouvelle que les Barbares avoient fait une irruption fur les terres de l'Empire. Il fe mit à la tête de fon armée, mais il fut arrêté dans fa marche par une maladie qui le mit au tombeau l'an 180. Il étoit âgé de foixante & un ans, dont il en avoit régné dix-neuf. Ses ouvrages de morale, dictés par le cœur, font écrits avec cette fimplicité noble qui fait le caractere du génie.

MARI, f. m. *Celui qui eft uni à une femme par le lien du mariage.*

LE Mari eft confidéré comme le chef de la famille & le maître de la fociété conjugale.

De l'autorité des Maris.

LE mariage a été la premiere des fociétés fimples & primitives qu'il y ait eu fur la terre. Sachons quel eft le fondement de l'autorité des Maris fur les femmes.

Dans les délibérations d'une fociété qui n'eft compofée que de deux perfonnes, il faut néceffairement que la voix de l'une des deux l'emporte ; & comme les Maris font d'ordinaire plus capables de gouverner que les femmes, il a paru jufte que le fuffrage du Mari eût la préférence fur celui de la femme. Le partage que la nature a faite de fes dons entre les deux fexes, a été la caufe de l'autorité du Mari fur la femme. Si les graces & la beauté méritent l'attachement du cœur, il eft jufte que la puiffance foit où fe trouvent plus communément la force du corps & la fageffe de l'efprit. Cette raifon qui a dicté la loi des mariages, a été le motif des conventions qui ont mis les femmes fous la puiffance des hommes ; mais fi ces conventions n'étoient pas intervenues, & que les femmes euffent vécu avec leurs Maris fans aucun traité, elles n'auroient été naturellement dans aucune dépendance des hommes.

Le droit naturel rend tous les hommes égaux ; & un homme n'a aucune autorité fur un autre, s'il ne l'a acquife par quelque convention. L'avantage que les hommes ont ordinairement du côté de la force du corps & de celle de l'efprit, ne donne, par lui-même, aucun empire fur le fexe. Le droit d'une jufte guerre n'a pas pu être non plus la fource de l'autorité des Maris fur les femmes, car l'affection mutuelle eft le lien des mariages ; & c'eft le confentement qui fait proprement une époufe, au lieu que la force n'eft guere propre qu'à faire un efclave. Ceux qui époufoient des femmes qu'ils avoient prifes à la guerre, adouciffoient, à leur égard, uniquement & précifément, parce qu'ils les époufoient, la rigueur de l'autorité arbitraire qu'ils tcnoient des armes ; & au droit de la guerre qui pouvoit fe perdre par la même voie qu'il avoit été acquis, fuccédoit dans le cas que je dis, un état de convention où le confentement devenoit la fource d'une autorité légitime. Le droit que les Maris ont acquis fur les femmes n'a donc pu venir que du confentement des femmes même. Il tire fon origine des conventions. La feule regle que le droit naturel prefcrive aux Maris & aux femmes, c'eft d'exécuter les conventions légitimes qu'ils ont faites, felon l'ufage ordinaire & fous l'autorité de l'Etat où ils vivent.

Suppofons un mariage à la maniere des Amazones, & voyons ce qui en réfulteroit. Les Amazones font réputées avoir été des femmes de Scithie qui habitoient près du Tanaïs & du Thermodoon, qui ont conquis une partie de l'Afie, qui vivoient fans hommes, & qui s'abandonnoient aux étrangers. Plufieurs auteurs en ont parlé. D'autres ont nié que cette nation ait jamais exifté. Quelques-uns ont entendu, par les Amazones, des armées d'hommes commandées par des femmes guerrieres. Il y a fur cela plufieurs autres opinions. On nous conte qu'un ardent défir de voir Alexandre, fit fortir de fes Etats, Thaleftris, reine des Amazones, & qu'elle ne diffimula point à ce prince, qu'elle étoit principalement venue le voir, parce qu'elle fe croyoit digne de donner des héritiers à fon empire : Or, en fuppofant que dans l'état de nature deux perfonnes s'engagent fimplement à cette union des deux fexes d'où naiffent des enfans, fans convenir de demeurer perpétuellement enfemble, ni l'homme ni la femme n'auront aucune puiffance l'un fur l'autre ; ils n'auront que le droit de s'approcher pour la propagation. L'on ne dépend pas naturellement de l'empire de quelqu'un, par cela feul qu'on eft obligé de fe conformer à fa volonté, en certains points, en conféquence d'une convention.

Il n'en eft pas du but du mariage, comme de celui des fociétés civiles. Le but des fociétés civiles eft de fe mettre en fureté contre les entreprifes des hommes injuftes ; celui du mariage eft feulement de travailler à la propagation du genre-humain ; & cette derniere fociété eft compofée d'un trop petit nombre de perfonnes, pour pouvoir s'entre-fecourir par leurs forces unies. Il femble donc que cette fociété que nous appellons un mariage, auroit pu uniquement confifter dans une fimple liaifon d'amitié, & fe former par une convention qui n'auroit attribué aucune forte d'autorité à l'un des affociés fur l'autre, & où il ne feroit entré rien d'approchant de cette autorité fouveraine, fans laquelle on ne fauroit concevoir de fociété civile.

Il eft vrai qu'une famille, fur-tout lorfqu'elle vit entiérement féparée & indépendante de toute autre, préfente quelque image d'un petit Etat, de forte qu'il femble qu'une femme qui y entre doive fe foumettre à la direction de celui qui en eft le chef. Ce feroit une chofe irréguliere qu'il y eût deux chefs dans une famille, ou qu'un membre de la famille ne dépendît point du chef ; mais l'union des familles, fur-tout de celles qui ren-

ferment

ferment un grand nombre de domeftiques, peut avoir deux fins : l'une, qui lui eft commune avec celle des fociétés civiles : l'autre, qui lui eft particuliere. La premiere confifte à fe procurer une défenfe mutuelle, par les forces réunies de plufieurs perfonnes ; & à cet égard, il faut fans doute que le chef de la famille ait quelque autorité ; mais comme une femme ne peut être que d'un fecours médiocre pour repouffer les infultes d'autrui, il fuffiroit qu'elle eût avec fon Mari une fimple liaifon relative à l'objet du mariage & fondée fur l'engagement où elle feroit entrée par la convention même du mariage. La feconde, qui eft le but particulier de l'union d'une famille où la fin propre & directe du mariage, ne demande pas non plus néceffairement que le Mari ou la femme ayent l'un fur l'autre une autorité proprement dite.

Tout le monde connoît ce paffage du fecond chapitre de la Genefe, qui prefcrit formellement aux femmes d'être foumifes à leurs Maris, comme à leurs maîtres (a) ; mais cette loi étant établie en forme de peine, elle n'eft que de droit pofitif. L'on peut faire telles conventions que l'on veut, lorfque les réglemens de la loi ne doivent avoir lieu que dans le filence des conventions des parties, & alors la difpofition de l'homme fait ceffer celle de la loi (b). La nature elle-même ne donne pas l'empire au Mari, indépendamment de toute convention & de la foumiffion volontaire de la femme. Cet empire eft contraire à l'égalité naturelle des hommes ; & de cela feul qu'on eft propre à commander, il ne s'enfuit pas qu'on en ait le droit. Le commandement que Dieu a fait aux femmes d'obéir à leurs Maris (c), n'empêche pas que, pour établir actuellement l'autorité de celui-ci, il ne foit néceffaire qu'il y ait une convention par laquelle la femme s'y foumette & qui rende immédiatement le Mari maître de fa femme.

Il eft fi certain que l'autorité des Maris n'a tiré fon origine, que des conventions, qu'il y a eu autrefois & qu'il y a même encore aujourd'hui des mariages où la femme n'eft pas foumife au Mari, & où au contraire le Mari eft foumis à la femme.

En Egypte, les contrats de mariage, je ne dis pas feulement du roi & de la reine, mais de tous les particuliers, donnoient autrefois l'autorité à la femme fur fon Mari.

Chez les Indiens Morotocos, peuple du Paraguai, les femmes ont toute l'autorité, & non-feulement les Maris leur obéiffent, mais ils font encore chargés des plus vils miniftéres du ménage & des détails domeftiques (d).

Jeanne, furnommée la Louve, reine de Naples & de Sicile, époufa Louis, prince de Tarente, à condition qu'il ne porteroit d'autre titre que

_____

(a) *Sub viri poteftate eris.*

(b) *Provifio hominis tollit provifionem legis*, maxime autorifée dans les douaires, dans les partages des biens, & en mille autres occafions.

(c) *Mulieres viris fubditæ fint, quoniam vir caput eft mulieris.*

(d) Vingt-cinquieme recueil des lettres édifiantes & curieufes, pag. 2co.

celui de prince de Tarente. Une autre Jeanne, pareillement reine de Naples, épousa Jacques de Bourbon, comte de la Marche, prince du sang de France, à condition qu'il ne porteroit pas le titre de roi (a).

Lorsque Raimond Berenger, comte de Barcelone, épousa Petronille, fille unique de Ramirmoine comte d'Arragon, il ne le fit que sous le nom de prince d'Arragon & comte de Barcelone (b).

Le mariage du fils unique de Charle-Quint (qui régna depuis sur l'Espagne, sous le nom de Philippe II) avec Marie reine d'Angleterre (c), fut contracté sans que le prince acquît aucune autorité sur sa femme, & sans que la princesse en acquît non plus aucune sur son Mari.

Les conditions de ces mariages illustres ne sauroient être trop approfondies, dans un ouvrage où l'on doit trouver tous les détails comme toute la science du gouvernement.

Les clauses de celui de Philippe & de Marie furent, que Philippe prendroit les titres du royaume & des provinces de sa femme, & qu'ils auroient l'un & l'autre le même pouvoir dans l'administration des affaires, sans néanmoins préjudicier aux privileges & coutumes du royaume; que Marie auroit seule la liberté de nommer aux bénéfices, de donner des graces, & de disposer des charges; qu'elle auroit aussi part dans tous les royaumes & dans toutes les seigneuries que Philippe possédoit; qu'au cas qu'elle lui survécût, il lui seroit fait pour son douaire une pension de soixante mille livres par an, comme autrefois à Marguerite d'Angleterre, veuve de Charles de Bourgogne, au payement de laquelle somme l'Espagne s'engageroit pour quarante mille livres, & la Flandre avec les autres provinces des Pays-Bas pour vingt mille livres; que les enfans mâles qui pourroient naître de ce mariage succéderoient à la couronne d'Angleterre & à tous les Etats que l'empereur tenoit dans les Pays-Bas & en Bourgogne; que don Carlos, né du premier mariage, succéderoit à tous les Etats & à tous les droits appartenans alors tant en Italie qu'en Espagne ou à Philippe son pere, ou à l'Empereur son ayeul, ou à Jeanne sa bisayeule, & qu'à cause de ces Etats, il seroit obligé de payer la somme de quarante mille livres; que s'il ne laissoit que des filles de ce mariage, l'aînée succéderoit à tous les Etats de Flandres, à condition que, du consentement & de l'avis de don Carlos son frere, elle choisiroit un Mari en Angleterre ou en Flandres; qu'au contraire si, sans l'aveu de son frere, elle en prenoit un ailleurs, elle seroit privée de la succession de la Flandres, & que don Carlos & ses héritiers y seroient maintenus dans leurs droits; que néanmoins elle & ses sœurs seroient dotées selon les loix & les coutumes des lieux; que s'il arrivoit que Charles ou ses successeurs

(a) *Collenusio*, histoire de Naples.
(b) *Joann. Vasæus in Chronic. Hisp. & Catal. Reg.*
(c) En 1553.

mouruffent fans héritiers, en ce cas celui ou celle qui naîtroit de ce mariage hériteroit de tous les Etats de l'un & de l'autre, tant de Flandres
que d'Efpagne, & de toutes les principautés d'Italie, & que ce fucceffeur
feroit obligé de conferver les droits, les privileges, les immunités, les
coutumes de chaque royaume ; qu'il y auroit entre l'empereur, Philippe,
& fes héritiers, Marie, fes enfans, & leurs hoirs, & enfin entre les royaumes & les Etats des uns & des autres, une amitié ferme & conftante, une
intelligence & une union perpétuelles & inviolables.

A ces conditions propofées au parlement d'Angleterre, pour en avoir fon
approbation, ce corps repréfentatif de la nation ajouta celles-ci : Que le
prince d'Efpagne ne pourroit élever qui que ce fût aux charges & dignités publiques, s'il n'étoit né en Angleterre & fujet de la reine ; qu'il auroit
dans fa maifon un certain nombre d'Anglois qui feroient traités honorablement & qui ne recevroient aucune injure de la part des étrangers ;
qu'il ne pourroit emmener la reine hors du royaume, à moins qu'elle ne
le demandât elle-même ; qu'il ne pourroit non plus emmener les enfans
qu'il auroit de la reine ; qu'ils feroient élevés en Angleterre, dans l'efpérance de la fucceffion, & qu'ils n'en fortiront point fans quelque néceffité ;
qu'en ce cas encore, il faudroit que ce fût du confentement des Anglois ;
que fi la reine mouroit fans enfans, le prince n'auroit aucun droit fur le
royaume, & qu'il le laifferoit libre au fucceffeur de la reine ; qu'il ne
changeroit rien aux ufages & privileges du royaume, foit publics, foit
particuliers ; qu'il confirmeroit & conferveroit les loix fondamentales de
l'Etat ; qu'il ne permettroit pas qu'on emportât d'Angleterre aucunes pierreries ni aucuns meubles précieux ; qu'il ne pourroit rien aliéner du domaine de la couronne ; qu'il conferveroit & entretiendroit les vaiffeaux, le
canon, & tous les arfenaux ; qu'il auroit foin de garder exactement les frontieres & les places fortifiées ; qu'on ne dérogeroit en rien, par ce mariage,
au traité fait depuis peu entre le roi de France & la reine ; que la paix
feroit inviolablement maintenue entre la France & l'Angleterre ; & qu'il
feroit cependant permis à Philippe d'envoyer à l'empereur fon pere du fecours de fes autres Etats & royaumes, foit pour fe défendre, foit pour venger les injures qu'il auroit reçues (a).

De nos jours, Georges, prince de Danemarc, époufa Anne, princeffe
d'Angleterre. La femme monta fur le trône de fes ancêtres, dans le commencement de ce fiecle, & le Mari demeura le premier fujet de fa femme.
On peut appliquer aux Maris qui époufent des princeffes fouveraines &
qui ne montent pas fur le trône avec elles, ce qu'a dit le poëte, qu'un
hymen inégal eft beaucoup moins un honneur qu'un fardeau dont l'éclat ne
diminue pas le poids (b).

(a) Hift. Thuan. lib. 13.
(b) *Non honor eft, fed onus, fpecies læfura ferentem.*
Si qua voles apté nubere, nube pari. Ovid.

Plus récemment encore, la fille unique de l'empereur Charles VI a épousé François-Etienne de Lorraine (alors duc de Lorraine & depuis grand duc de Toscane) a hérité des Etats héréditaires de sa famille, a reçu dans ces mêmes Etats le prince son Mari, & les a gouvernés souverainement, sans que son Mari qui est devenu empereur y ait eu aucune sorte d'autorité que celle qu'il a plu à l'impératrice de lui confier.

Ce sont là des mariages qu'on peut appeler irréguliers, à cause des conditions qui s'éloignent du droit commun. Les souverains font les leurs au gré de leur prudence & selon les besoins des pays soumis à leur domination. Dans les Etats où la femme est souveraine, de son chef, elle exerce sur son Mari l'autorité politique, comme un fils l'exerce en pareil cas sur son propre pere, & comme nos rois l'exercent sur les reines meres qui deviennent leurs sujettes, parce que le gouvernement de l'Etat l'emporte sur le gouvernement des familles, & qu'une puissance d'un ordre supérieur en fait cesser une d'un ordre inférieur, dans le cas où elles ne peuvent s'allier ensemble.

Mais quoique les contrats de mariage soient susceptibles de toute sorte de stipulations, quant à l'administration des biens, il ne faut pas croire qu'il fût permis parmi nous à des particuliers, de stipuler que la femme ne seroit, pour sa personne, dans aucune dépendance du Mari. Dans nos mœurs, cette clause seroit regardée comme illicite, en tant que contraire au droit positif & à l'honnêteté publique, & la femme n'en seroit pas moins soumise à l'autorité du Mari. Les loix Romaines décident qu'en ce cas-là les sermens même n'obligent pas les Maris (a).

Il faut reconnoître qu'un mariage régulier soumet la femme au Mari. L'usage de toutes les nations policées donne au sexe masculin quelque avantage sur l'autre sexe. Il forme une espece d'alliance inégale, par laquelle le Mari s'engage à protéger sa femme, & la femme à obéir à son Mari. De-là vient que Sara est fort louée, par les écrivains sacrés, de sa soumission à Abraham qu'elle appelloit son seigneur.

Il y a même eu des nations entieres chez lesquelles la loi générale du pays attribuoit une puissance absolue aux Maris. Romulus leur donna le droit de vie & de mort sur leurs femmes. Les Lombards eurent le même droit sur les leurs (b), & ils en usoient encore du temps de Balde, il n'y a guere que quatre siecles (c). Les anciens Gaulois avoient aussi ce droit de vie & de mort sur leurs femmes, aussi-bien que sur leurs enfans (d). C'étoit porter bien loin la puissance du chef de la société domestique ; mais au fond, une telle sujétion n'est pas incompatible avec l'amour conjugal,

---

(a) L. Juris gentium si plagii de pactis. L. generaliter de verb. obligat.

(b) Denis d'Halicarnasse, liv. 2.

(c) Accurs. & Bald. in L. invelles de revoc. donat. C.

(d) Cæsar, lib. 6. bell. gall.

que l'amour des sujets pour leur souverain ne l'est avec l'obéissance qu'ils lui doivent.

La coutume de tous les pays est que le mariage commence par les recherches de l'homme. Si, dans quelques lieux, les parens de la fille portent la proposition du mariage au jeune homme, ce n'est qu'afin que le choix de ce jeune homme tombe sur cette fille, & qu'il aille en faire la demande. Le premier objet qu'un homme se propose dans cette recherche, c'est d'avoir des enfans dont il soit le pere. De-là, la promesse que la femme fait de ne recevoir dans son lit que ce seul homme devenu son Mari.

Rien n'est plus contraire à l'ordre de la société humaine qu'une vie vagabonde où l'on n'auroit ni feu ni lieu. Un domicile commun est le moyen le plus propre pour se rendre des offices réciproques & pour élever des enfans. De-là, la convention par laquelle la femme s'engage à être toujours auprès de son Mari, à vivre avec lui dans une société très-étroite, & ne former avec lui qu'une famille.

Une femme n'est que ce qu'est son Mari. Si le Mari est noble, il annoblit sa femme roturiere (a) ; & si une demoiselle épouse un roturier, elle perd sa noblesse (b). Ce n'est pas la femme qui a reçu le Mari dans sa famille, c'est le Mari qui a reçu la femme dans la sienne, c'est le Mari qui est le chef de la famille, qui éleve ou qui abaisse la femme à son rang, & qui donne son nom à la femme & aux enfans. De-là, la conséquence, que c'est au Mari à régler les actions & les démarches de sa femme, & que sans sa permission, la femme ne peut quitter le domicile de son Mari. Aussi, le droit Romain veut-il que celui-là soit censé le pere qui est le Mari de la mere (c), s'il n'y a des preuves qui détruisent absolument cette présomption. Les loix supposent que le Mari, pouvant veiller à la conduite de sa femme, il a fait usage de son droit, & que la femme n'a pas violé la foi qu'elle avoit donnée, tant que le contraire ne paroît pas clairement. C'est sur ce principe, que les loix d'Angleterre obligent un Mari à reconnoître pour sien un enfant dont sa femme est accouchée, pendant une absence de plusieurs années, pourvu qu'il ne soit point sorti de l'isle. C'est sur ce principe aussi que les loix de France mettent le Mari dans le même engagement, à moins qu'il ne prouve qu'il y a une impossibilité, non morale mais physique, tirée de leur situation, que le Mari ait approché de sa femme pendant les neuf mois qui ont précédé l'accouchement.

Ce n'est pas seulement la personne de la femme, ce sont encore ses biens qu'un mariage régulier soumet au Mari. En général, dans les provinces de France où la communauté des biens est établie de droit entre

(a) L. Fæmina de Senat.
(b) Barthol. in leg. 1. de dig. C. Castrenf.
(c) Pater est quem justa nuptiæ demonstrant.

les personnes mariées, le Mari en est le chef, & sa femme ne peut disposer de rien sans son agrément. Cette coutume n'est pas particuliere à la France; elle s'observe pareillement en plusieurs villes d'Italie, ainsi que dans une partie de l'Espagne & de l'Allemagne, & dans presque tous les Pays-Bas. Si les parties n'ont point fait de contrat, c'est la loi du pays qui le fait, elles sont censées s'en être rapportées au droit commun. Si elles en ont fait un, il ne reste qu'à exécuter les articles arrêtés, d'une maniere toujours subordonnée aux loix du pays & aux coutumes des lieux.

Nos rois avoient accordé par différens édits, & notamment par celui du mois de novembre 1666, aux peres de familles ayant dix enfans vivans nés en légitime mariage, non prêtres, religieux, ni religieuses, exemptions de collecte de toutes tailles, sel, subsides, & autres impositions, tutelle, curatelle, logement de gens de guerre, contribution aux ustensiles, guet, garde, & autres charges publiques. Les mineurs taillables qui se marieroient avant ou dans la vingtieme année de leur âge devoient jouir des mêmes exemptions jusqu'à vingt-cinq ans. Les bourgeois & habitans des villes franches ayant dix enfans, de 500 livres de pension, & de 1000 livres s'ils en avoient douze; & les gentilshommes & leurs femmes, de 1000 livres avec dix enfans, & 2000 livres avec douze; mais sous prétexte que ces exemptions avoient donné lieu à quelques abus, elles furent toutes supprimées par déclaration du 13 janvier 1683, comme s'il n'eut pas été possible de remédier aux abus, sans anéantir une loi utile; en sorte que la crainte des charges & de la misere ayant fermé la route de la multiplication légitime, la nature qui ne veut rien perdre de ses droits, s'est tournée du côté d'un libertinage ou stérile, ou dont les productions périssent presque toutes faute de soins, autre effet de l'imperfection de notre police.

MARIAGE, s. m.

LA société de l'homme & de la femme, étant le principe & le fondement de toutes les autres, il est aisé de comprendre combien il importe que le Mariage soit dirigé par de sages loix.

§. I.

Nécessité du Mariage. Inconvéniens du libertinage. Amours illicites pernicieux à la société. Fidélité dans le Mariage. Inconvéniens de la polygamie. Concubinages. Droits du mari & de la femme. Obstacles naturels & moraux au Mariage. Divorce. Devoirs généraux du Mariage. Systéme de Platon.

LA premiere relation dans l'ordre de la nature est le Mariage. Depuis que le genre humain fut devenu sujet à la mort, il auroit fallu nécessairement ou que Dieu créât fans ceffe tous les jours de nouveaux hommes, ou que la race d'une fi noble créature s'éteignît dans l'efpace de la vie d'une perfonne, fi le créateur n'y eut pourvu dès le commencement par la différence des fexes, & par la faculté naturelle qu'il leur donna de perpétuer leur efpece. La nature de cet inftinct varie dans les brutes felon les différentes circonftances dans lefquelles elles fe trouvent. Comme dans la plupart des efpeces, les petits n'ont befoin que pour un temps du fecours de ceux qui leur ont donné le jour, & que les inftructions qu'ils peuvent leur donner fe réduifent à ce qui concerne la confervation de leur vie ; le feul inftinct leur fuffifoit pour perpétuer leur efpece, pour leur procurer la nourriture néceffaire, pour conftruire des nids & des tanieres à leurs petits, jufqu'à ce qu'ils foient en état de fe paffer d'eux, & de pourvoir euxmêmes à leur fubfiftance. On remarque quelque chofe de plus dans quelquesunes, favoir, une efpece de fociété & d'union entre le mâle & la femelle, avec quelques apparences d'affection & de fidélité. Mais la confervation de l'efpece humaine, l'éducation dont elle a befoin pour s'acquitter des devoirs de la vie, exigent pendant plufieurs années des foins conftans & pénibles, auxquels il eut été impoffible à la mere de vaquer fans le fecours du pere : je parle ici de la condition générale des hommes, à laquelle l'inftinct naturel doit fe rapporter, & non de l'état de ceux, qui ont fu s'élever au-deffus des autres par les richeffes qu'ils ont acquifes, fans compter que le bonheur des hommes dépend de l'éducation plus ou moins bonne qu'ils reçoivent. Il n'y a rien dans la nature qui montre mieux la bonté & la fageffe de fon auteur, que l'ufage que les hommes font de leur inftinct & de leurs affections diverfes pour parvenir à cette fin importante. Nous nous convaincrons aifément de nos devoirs dans cette relation du Mariage, en faifant attention à la conftitution de notre nature, relativement à cet objet.

Nous connoiffons tous le but que la nature s'eft propofé en nous donnant l'inftinct de perpétuer notre efpece, avant même que nous le fentions ; & nous avons une modeftie ou pudeur naturelle qui nous empêche de le fuivre, après même que nous en avons fenti l'effet. Nous devons encore avoir obfervé les foins & les peines qu'exigent l'entretien & l'éducation des enfans ; & que c'eft la raifon pour laquelle la nature a infpiré au pere & à la mere une affection conftante & permanente, dont ils ne peuvent abfolument fe paffer. Comme cette affection leur adoucit ces peines & ces foins, elle leur fait fentir de même l'obligation qu'ils ont de les partager. Il s'enfuit donc que tous ceux qui écoutent la voix de la nature, qui ont égard à l'obligation qu'elle leur impofe, ou qui ont quelque fentiment de vertu & d'humanité, doivent s'appercevoir, qu'en fatisfaifant l'inclination qu'ils ont de perpétuer leur efpece, ils doivent, tant par devoir que par affection pour les mêmes objets, s'unir d'intention, & partager avec la perfonne qu'ils ont choifie, les foins & les peines qu'exigent l'entretien & l'éducation des enfans. Or cela ne fauroit être, à moins que le mari & la femme n'aient une affection mutuelle, & c'eſt pour la faire naître, que la nature a donné à tous ceux qui ont de la pudeur & de la modeſtie, & qui veulent avoir des enfans, l'inclination de ſe marier. La beauté nous prévient en faveur du caractere moral, & l'on s'en aſſure par le commerce qu'on a avec la perſonne à laquelle on veut s'attacher. L'eſtime qu'on a pour la vertu, la ſageſſe, l'innocence des mœurs, la complaiſance, la confiance, & la bienveillance mutuelle, ſont les premiers motifs qui nous portent à l'aimer, & étouffent preſque cette impulſion brutale pour les plaiſirs qu'on pourroit goûter avec une perſonne dont on ignore les mœurs & le caractere. Comme nous connoiſſons d'avance le but naturel de ce penchant, & les obligations dont nous ſommes tenus envers ceux qui lui doivent le jour, & que nous ſommes doués de la raiſon, nous ſommes obligés de le réprimer, juſqu'à ce que nous ſoyons aſſurés d'avoir trouvé cette harmonie d'eſprit qui ſeule, peut faire ſupporter les ſoins que demande l'éducation des enfans, & que nos facultés nous permettent d'en avoir. Il eſt aiſé de voir que le pere & la mere ſont tenus de les partager, & que s'ils ont quelque affection pour eux, ils les croyent toujours au-deſſus de ce que la tendreſſe naturelle leur dicte. Cet inſtinct, & ces affections naturelles, jointes à la foibleſſe & à l'état de dépendance dans lequel ſont les enfans, nous montrent que l'intention de la nature eſt, qu'ils doivent le jour à des parens unis par un amour & une eſtime mutuelle, & qui aient aſſez d'affection pour eux, pour s'acquitter de l'obligation dans laquelle ils ſont de les nourrir & de les élever, juſqu'à ce qu'ils ſoient en état de ſe paſſer de leur ſecours.

Le méchaniſme moral de cet inſtinct a toujours été le même dans tous les temps, & chez toutes les nations, encore que des coutumes & des habitudes vicieuſes ayent pu ſouvent éteindre les diſpoſitions naturelles de quelques individus. Il nous montre la plupart des obligations du Mariage, toutes les conditions qu'on doit ſtipuler dans les contrats; & ce qui prouve encore plus nos obligations à cet égard, ſont les avantages que nous procurons à la ſociété, en répondant à l'intention de la nature, & les maux que nous lui cauſons, en nous en écartant.

On obſervera d'abord, que tout uſage des parties naturelles, dans lequel on ſe propoſe uniquement un plaiſir ſale & brutal, répugne manifeſtement à l'intention de la nature, & eſt auſſi pernicieux pour nos corps & pour nos ames, que pour la ſociété humaine. En effet, plus les aiguillons de l'amour ſont vifs, & plus la modeſtie qui nous eſt naturelle doit aller au-devant des déſordres qu'ils pourroient cauſer dans les corps des parens, de même que dans ceux de leurs enfans. La nature, plus attentive à cet égard pour les hommes, que pour les autres animaux, a voulu qu'ils fuſſent à même de ſatisfaire plus ſouvent le penchant qui les porte à aſſurer la conſervation de leur eſpece. Mais par un ſentiment de honte, par les paſſions morales qui accompagnent naturellement cet inſtinct, de même que par la raiſon que nous avons, la nature nous montre la maniere dont nous devons

ſatisfaire

satisfaire ce penchant d'une façon compatible avec les sentimens moraux de nos cœurs & les affections généreuses qui les accompagnent, de même qu'avec l'intérêt de la société.

Si l'on réfléchit attentivement sur la constitution de la nature humaine, on reconnoîtra encore, qu'il n'est nullement convenable, que la propagation de l'espece se fasse par des conjonctions vagues & licencieuses, quand même les personnes qui ont commerce ensemble, auroient intention de mettre des enfans au monde. Car les hommes, n'étant point sûrs que les enfans leur appartiennent, négligeroient leur éducation, & ne prendroient soin d'eux, qu'autant qu'ils y seroient portés par l'humanité ; ce qui est un motif dont tout le monde connoît l'insuffisance. Cette incertitude seule les priveroit de la satisfaction qu'ils trouvent à aimer & nourrir leurs enfans, & à travailler pour leur procurer un sort heureux. Les meres, sur lesquelles tout le fardeau tomberoit, ne sauroient veiller à leur éducation. Ils négligeroient leurs devoirs, & se livreroient comme leurs peres à toutes sortes de passions brutales. La nature se verroit donc frustrée de son intention, partie par la stérilité des femmes, & partie par le peu de soin qu'elles auroient de leurs enfans. On peut juger des mauvais effets qu'auroit un pareil libertinage, par ceux qu'il produit chez les nations qui sont soumises aux loix, & où la modestie fait la base de l'éducation qu'on donne à la jeunesse.

On ne peut donc que condamner ces passions abominables, qui ont pour objet des bêtes brutes, ou des personnes du même sexe, & même la conjonction naturelle des deux sexes, qui n'a pas pour but la propagation de l'espece. Ces sortes d'indignité sont également contraires à la volonté de Dieu, & marquent dans ceux qui les commettent une stupidité brutale, & une insensibilité totale pour ce qui convient à des êtres raisonnables, que la providence divine a placés dans ce système. Tout le monde sent les maux horribles que causeroient de pareils abus, s'ils étoient fréquens, encore que leurs effets soient peu considérables dans une nation qui a été élevée dans des sentimens de modestie, & qui a naturellement de l'horreur pour ces vices infames. Si ces hommes n'étoient plus contenus par les loix, & qu'ils fussent les maîtres de suivre leurs appétits brutaux, on verroit éclore quantité de passions monstrueuses, dont on n'a que trop d'exemples dans les historiens & les poëtes, & tels que les peuples qui ignorent ces vices, ne peuvent les concevoir. Si ces passions étoient fréquentes, un pays se dépeupleroit en peu de temps, & ne seroit plus rempli que de malheureux, aussi dépravés à l'égard des autres facultés de l'ame, qu'ils le sont par rapport à ces appétits. Il convient que les loix arrêtent le cours de ces passions monstrueuses & infames.

Comme il paroît par les observations ci-dessus, que la propagation de l'espece doit se faire par des parens unis par les liens de l'amitié, & qui se chargent en commun de l'éducation des enfans, il ne s'agit plus que d'examiner les conditions que doit avoir ce contrat, étant évident que tous les hommes font obligés de fe marier, & de contribuer chacun de leur côté à la propagation, à l'éducation de notre efpece, à moins qu'ils n'en foient empêchés par des caufes légitimes, un genre de vie d'un ordre fupérieur, des occupations publiques & incompatibles avec les foucis du ménage, ou par le mauvais état de leurs affaires. Ces raifons à part, ils ne peuvent fe difpenfer de porter une partie du fardeau que la nature nous impofe, ainfi que le prouve le défir qu'elle nous a donné.

Le premier article, & en même-temps le plus néceffaire, eft, que le mari foit affuré que les enfans lui appartiennent; & par conféquent la femme doit promettre à l'homme qui l'époufe, de n'accorder l'ufage de fon corps à d'autre qu'à lui. Rien n'eft plus criminel que de violer cet engagement, vu qu'on prive les hommes de ce qu'ils ont de plus cher, je veux dire, la certitude que les enfans font véritablement à eux.

On ne fauroit infpirer trop de modeftie aux filles. Perfonne n'ignore que les libertés qu'elles fe donnent avant que d'être mariées, outre l'habitude diffolue qu'elles leur font contracter, les attachent à ceux à qui elles ont accordé leurs faveurs, les affujettit à leurs volontés, & les familiarife fi fort avec le vice, qu'elles ne fe mettent plus en peine d'y réfifter, de maniere que ceux qui les époufent, ne fauroient s'affurer d'avoir des enfans légitimes. Lorfqu'on vient à découvrir leurs foibleffes, leur chafteté eft perdue pour jamais, & l'on ne compte plus fur leur fidélité après qu'elles font mariées. Leurs maris les méprifent, & elles ne jouiffent plus d'aucune réputation dans le monde. C'eft donc un très-grand crime à un homme de féduire une fille, vu que pour fatisfaire un plaifir brutal & paffager, il l'expofe à l'infamie, il lui fait perdre fon innocence, & la prive de cette affection & de cette confiance conjugale, dont dépend le bonheur de fa vie, & qu'elle ne peut l'obtenir qu'à l'aide de l'artifice & de la diffimulation, fans pouvoir même efpérer de réuffir.

Nous fommes tous également fenfibles à cette injure, lorfqu'on l'a faite à notre fœur ou à notre fille, foit qu'on emploie la violence, ou la féduction, & l'action eft également criminelle par rapport à autrui. Il eft donc du devoir de ceux qui font chargés de l'éducation des enfans, de leur infpirer des fentimens de modeftie, & de veiller qu'ils ne difent, ni ne faffent rien, qui puiffe la bleffer. Rien ne prouve plus la corruption d'un Etat, qui fe vante de foutenir la liberté & les droits des fujets, que de ne point châtier une pareille injure, quand même celle à qui on l'a faite, feroit d'une condition abjecte. Les gens du commun font auffi fenfibles que les grands à l'amour conjugal; ils font auffi jaloux qu'eux d'avoir des enfans légitimes; ils ont les mêmes défirs, & les mêmes fentimens qu'eux. Le crime donc que l'on commet, en les privant de cette fatisfaction, & cela pour fatisfaire un appétit brutal, eft infiniment plus grand que la plupart de ceux que l'on punit de mort. Il eft étonnant que la partie la moins coupable fupporte feule toute la peine, & qu'on n'en inflige aucune à celui qui a employé la fraude, le menfonge & le parjure pour la féduire.

Chez les nations dont les mœurs font corrompues, les femmes font infiniment moins fenfibles à cette infamie. Quelques créatures abjectes, dans qui la convoitife a éteint tout fentiment de modeftie, & étouffé jufqu'à ces fentimens & ces paffions délicates qui accompagnent naturellement l'amour véritable, fe livrent au libertinage, pour fatisfaire leur penchant, ou pour fe procurer de quoi vivre. Mais par-tout, où l'on a quelque égard pour la vertu, on doit châtier févérement une pareille conduite, vu que celles qui la tiennent, abufent de la foibleffe des jeunes gens, corrompent leurs mœurs, les rendent incapables de vaquer à leurs devoirs, & s'oppofent aux intentions que la nature a eues en donnant cet inftinct.

Le fecond article effentiel dans le Mariage eft, que le mari foit fidele à fa femme. Il eft vrai que l'infidélité du mari n'a pas entièrement les mêmes fuites que celle de la femme; il ne peut la tromper en lui donnant un enfant qui ne lui appartient point. Mais le crime eft le même à tout autre égard, & la femme a les mêmes raifons pour exiger que fon mari lui foit fidele. La femme ayant les mêmes inclinations que lui, elle a droit d'exiger qu'il lui foit attaché, & qu'il uniffe fes foins aux fiens, pour veiller à l'éducation de ces chers gages de leur amour, qui en ferrent les nœuds plus étroitement.

Le Mariage étant une fociété fondée fur une amitié & une affection réciproque, rien n'eft plus injufte que de vouloir qu'une femme s'attache uniquement à fes enfans & à fon mari, & qu'elle les regarde comme les plus chers objets de fes foins & de fes tendres follicitudes, tandis que celui-ci partage fon affection avec d'autres femmes, qui peut-être s'efforcent de le dégoûter de celle qu'il a prife. On ne fauroit fe promettre qu'une femme veuille prendre foin de fes enfans, lorfqu'elle n'eft point affurée de la fidélité de fon mari, & qu'elle fe voit privée de la fatisfaction qu'elle efpéroit de goûter dans fa compagnie. Voila comment le libertinage des époux prive la moitié de notre efpece, qui a droit de jouir des mêmes avantages de la vie que l'autre, du contentement & de la fatisfaction qu'elle efpéroit de goûter dans le Mariage. Toutes les inclinations tendres & généreufes qu'éprouvent les hommes épris d'un véritable amour, fe déclarent contre une pareille liberté, & leur montrent que la nature veut que le Mariage foit un état d'amitié réciproque; vu que ces fentimens font fondés fur l'eftime & la vertu, & que lorfqu'ils font finceres, ils ne peuvent être partagés. Un mari qui donne dans l'adultere, ou dans la polygamie, méprife fa femme légitime, parce que celle dont il eft épris, met tout en œuvre pour captiver fon cœur & fon efprit, & y réuffit pour l'ordinaire.

Les mauvais effets de la polygamie n'influent pas moins fur la génération naiffante & fur la fociété, que le libertinage des maris. Le nombre des enfans d'un homme peut augmenter au point, qu'il ne foit ni en état de les nourrir, ni de veiller à leur éducation. Il en négligera plufieurs, & bornera fon attention à ceux qu'il aime le plus. Comme la providence s'eft dé-

clarée contre la polygamie, en faifant naitre prefqu'autant de mâles que
de femelles, & même un peu plus des premiers, en permettant cet abus,
ou empêche plufieurs hommes de fe marier, de maniere que ne tenant
pas à la fociété, par un lien qu'ils font portés à défirer, ils acquierent fouvent des difpofitions contraires à fes intérêts. La polygamie empêche la
propagation de l'efpece, au lieu de la favorifer. Une nation fe peuple,
lorfque toutes les femmes engendrent & nourriffent les enfans qu'elles mettent au monde ; & cela arrive lorfque chaque femme a fon mari. Lorfqu'un homme a plufieurs femmes, il les néglige, de peur d'avoir trop d'enfans. Les femmes, de leur côté, font tentées de violer leurs engagemens,
parce qu'elles les trouvent trop onéreux, & tombent dans l'adultere. Auffi,
voyons-nous que par-tout où la polygamie eft permife (a), les femmes font
traitées comme des efclaves. On n'a aucun égard pour elles ; on s'en affure
par les chaînes, la prifon & les furveillans, plutôt que par les liens de
l'amour & de l'amitié.

Comme la charge commune de nourrir & d'élever les enfans, exige
que l'engagement que l'on contracte foit de longue durée, vu que les femmes font fécondes pendant un tiers de leur vie & plus, & qu'il peut arriver que les enfans aient encore befoin d'éducation, après que la mere
a ceffé d'en faire, on voit bien que cet engagement feroit infupportable,
s'il n'étoit fondé fur une amitié réciproque. Or, il ne fauroit y avoir d'a-
mitié folide parmi des perfonnes qui ne contracteroient cet engagement que
pour un temps, fur-tout s'il dépendoit du caprice & de la volonté de ceux
qui le contractent, ou de certaines conditions qu'ils n'ont pu prévoir. Les
deux parties ne fe portent à cet engagement que par un fentiment d'a-
mour & d'eftime réciproque, & chacun fait que le propre du véritable
amour eft d'être éternel. Or, il ne fauroit être tel dans un engagement à
terme, ou qui peut devenir nul, fans qu'il y ait de la faute des contractans. Celui du Mariage doit donc être pour la vie, fi l'on veut que l'a-
mitié fubfifte, & que cette relation ne fe borne point à un marché fervile.

Si c'eft une cruauté de répudier une femme qui nous aime, à caufe de
quelque infirmité corporelle qu'elle peut avoir, il y a pareillement de la
barbarie à la renvoyer lorfque les enfans viennent à mourir, vu qu'elle

_____

(a) Je conviens que des nations civilifées ont permis la pluralité des femmes, mais cela
n'empêche point que cette conduite ne foit criminelle. Je fais auffi que non-feulement dans
les premiers âges dont on ne peut tirer aucune induction, à caufe des circonftances qui
leur étoient particulieres, mais même dans les temps poftérieurs, quelques gens eftimables
d'ailleurs, ont tenu la même conduite ; mais la raifon en eft qu'ils n'en ont pas connu l'a-
bus, étant aveuglés par la coutume & par leurs paffions. Ne voit-on pas tous les jours
de fort honnêtes-gens qui trafiquent indifféremment en efclaves, & qui, pour fe conformer
à la coutume, rendent la moitié des fujets efclaves, fans qu'ils ayent rien fait pour l'être.
N'a-t-on pas vu des peuples qui, par un principe de piété ou d'amour pour leur pays,
ce qui eft un principe incomparablement plus noble que celui qui porte à la polygamie,
ont facrifié des hommes, & même leurs propres enfans? il ne s'enfuit pas de ce qu'un peuple fait une chofe, & de ce que ceux qui en fouffrent ne s'en plaignent point, qu'elle foit
légitime.

supporte pareillement cette perte. On ne voit pas même que le divorce en pareils cas procurât quelque utilité au public. Si le mari peut avoir des enfans avec une autre femme, celle-ci peut également en avoir avec un autre mari : quant à la naissance des enfans, peu importe au public que ce soit d'une de ces manieres, ou de l'autre, que la société compte de nouveaux membres. Si le motif de la propagation de l'espece pouvoit autoriser les divorces, ce seroit tout au plus dans le cas où le mari est devenu impuissant ; mais il est si dur de se séparer d'un ami dont on n'a pas lieu de se plaindre, & ce prétexte pourroit devenir si pernicieux pour opérer des séparations concertées, qu'on ne sauroit permettre le divorce en pareil cas.

Le concubinage (a) paroîtroit plus supportable dans le cas où l'on n'a point d'enfans, soit parce que la femme est stérile, soit parce qu'ils meurent en naissant : mais au moins faudroit-il que ce fût à condition que les enfans de la concubine n'hériteroient point de la femme légitime, & n'auroient qu'une certaine portion des biens acquis en commun ; & que lorsque le mari prend cette liberté, il fût permis à la femme de se séparer, si elle le veut, sur-tout si elle avoit lieu de croire que la stérilité ne vient point de sa faute. Mais si l'on considere la difficulté dont il est de décider ce point, & les suites qu'auroient les divorces, s'ils étoient autorisés pour ces sortes de raisons, on ne peut qu'approuver la défense que les loix ont faite de prendre des concubines, vu qu'elle est fondée sur l'humanité, sur le caractere de l'union conjugale, & qu'elle fait honneur à notre espece, d'autant plus qu'il est impossible de faire des loix générales qui préviennent tous les inconvéniens que peuvent avoir de pareils Mariages.

Les sentimens & les affections qui engagent l'homme & la femme dans les liens du Mariage, prouvent manifestement que les droits sont égaux dans cette société, & que le mari n'a pas plus de droit de commander que la femme. Quand même on accorderoit aux mâles plus de force d'esprit & de corps, ce ne seroit pas une raison pour qu'ils dussent gouverner dans une société ; il s'ensuivroit tout au plus que la femme doit du respect à son mari. D'ailleurs, il n'est point vrai que les hommes ayent généralement plus d'esprit que les femmes. S'ils l'emportent du côté de la force, les secondes ont en revanche des qualités aimables qui les dédommagent de ce qui leur manque de ce côté-là.

Il est certain d'abord que la nature ne donne aucun droit de comman-

---

(a) Quoique les loix romaines ayent permis le concubinage, même après que les empereurs eurent embrassé le christianisme, on ne doit pas croire qu'elles permissent à un homme marié d'avoir plusieurs femmes à la fois. Elles permettoient seulement aux hommes qui n'avoient point de femmes, tant avant qu'après que l'empire fût devenu chrétien, de contracter une espece de Mariage, conforme à la loi de nature & au christianisme ; mais tel que la femme & les enfans étoient privés des honneurs & des privileges civils dont jouissoient ceux dont le Mariage étoit légitime. (*Justa nuptiæ*) Ces sortes de Mariages ont encore lieu chez quelques peuples chrétiens.

der dans cette société, & que, mettant à part tout droit positif, il n'est
point à présumer que les parties ayent voulu en stipuler aucun. Mais, par
les dispositions des loix positives, il n'est pas douteux qu'il y a un droit
externe de supériorité, qui a été déféré aux maris. Mais ce droit ne peut
être que très-borné, ou en effet il ne vaut pas mieux que celui qu'un conquérant insolent extorque à un vaincu, ou qu'un filou obtient en vertu
de quelque défaut qu'il y a dans les loix civiles, ou en abusant de la foiblesse, de l'ignorance ou de l'inadvertance de sa partie. Un honnête-homme
ne doit point tirer avantage de ces loix ni de ces formalités, lorsqu'elles
blessent la justice & l'humanité. Lorsque le mari & la femme ont quelque
dispute sur des matieres qui concernent le ménage, il convient que celle-ci défere à l'opinion de son mari quand même elle ne seroit pas fondée; c'est un égard qu'elle lui doit, à cause de la supériorité des talens, & de l'intelligence qu'il a des affaires. Elle doit sur-tout le faire, lorsqu'elle est convaincue de cette supériorité des talens. Ce que je
dis ici n'a lieu qu'à l'égard des affaires peu importantes; mais lorsqu'elles
sont de nature à intéresser le bonheur d'une famille, & qu'ils ne peuvent s'accorder, la nature ne paroit suggérer d'autre méthode, que celle
de s'en rapporter à la décision d'un arbitre. En effet, les affaires domestiques paroissent être divisées en deux sexes, & dont par conséquent l'autre
ne doit se méler, si ce n'est dans le cas où ses conseils peuvent être de
quelque utilité.

L'autorité que les loix civiles de plusieurs nations donnent aux maris,
à quelque chose de monstrueux, & l'on peut mettre de ce nombre le droit
de vie & de mort. Rien n'est plus tyrannique ni plus inhumain que d'en
user, ou même que d'infliger un châtiment corporel à une femme. C'est
encore une chose imprudente & contraire à la nature, que de confier au
mari le bien entier d'une famille, sans en excepter la dot de la femme. Si
l'on avoit tenu une conduite contraire, & qu'on en eût confié une partie à
une femme prudente, ou à un dépositaire, on auroit souvent sauvé la fortune des enfans, que l'imprudence des peres a réduits à la mendicité : le
mieux est que l'on confie à tous deux les affaires importantes; de maniere
que l'un ne puisse transiger sans l'autre; qu'un juge civil ou un tiers arbitre connoisse des différends qui peuvent survenir entr'eux, ou que chacun
ait la direction de ce qui lui appartient. Dans les autres contrats de société,
on n'accorde jamais un pouvoir absolu à l'un des contractans, & l'on ne
voit pas qu'il y prétende en vertu de la supériorité de son esprit ou de sa
fortune. Il est même peu de sociétés où une partie s'arroge le droit de maltraiter l'autre en vertu de sa prétendue supériorité : au lieu qu'on voit tous
les jours quantité de maris maltraiter leurs femmes, comme s'ils avoient
dessein de les punir de leur crédulité & de l'imprudence qu'elles ont eue
de s'attacher à eux. On ne voit pas non plus dans les autres sociétés, un
inférieur payer son supérieur d'ingratitude, ainsi que le font quelques femmes qui ont pris un ascendant sur leurs maris, comme si elles vouloient se

venger de la sujétion que les loix leur imposent, & faire parade de la force d'esprit qui les a mises à même de s'y soustraire.

Les conditions dont je viens de parler sont les plus essentielles. Les contrats de Mariage qui renferment d'autres conditions, tels que ceux que l'on fait pour un certain nombre d'années, ou qui deviennent nuls dans le cas où les enfans survivent à leurs peres & meres, ou qui renferment d'autres conditions qui ne dépendent point des parties, de même que la polygamie, même chez les peuples où elle n'est point défendue par le droit positif, sont manifestement contraires à la nature & à l'équité. Un honnête-homme ne se croira pas dégagé de sa promesse à l'expiration du terme, ou à la mort de ses enfans, quand même il auroit stipulé ces conditions: pour peu qu'il réfléchisse sur l'injustice & la cruauté de cette conduite, les mêmes réflexions lui feront sentir la nullité des Mariages qu'il peut contracter du vivant de sa premiere femme.

Passons maintenant aux circonstances qui peuvent rendre le contrat de Mariage nul dès le commencement, ou dégager l'une & l'autre partie d'un contrat qui étoit auparavant valide.

Je mets au premier rang l'impuissance; soit naturelle, soit accidentelle. On peut y joindre une folie ou une imbécillité incurable. Il y a de telles maladies, qu'il conviendroit, pour le bien de la société, qu'on défendît d'épouser les personnes qui en sont attaquées, quand même on le sauroit, & qu'on voudroit en courir les risques. Lorsque les parties sont extrêmement âgées, rien n'empêche qu'elles ne se marient, à moins que des raisons de prudence, ou les obligations dont elles sont tenues envers leurs enfans, ne s'y opposent. Mais comme les Mariages entre des personnes d'un âge disproportionné, ne s'accordent que difficilement avec le vœu de la nature, ce ne peut être qu'avec une égale difficulté que l'on donne le nom de cet état honorable à un contrat passé entre un jeune homme dissolu & avare, & une femme décrépite qu'il ne recherche que pour son bien, ou entre un vieillard & une jeune fille qui ne l'épouse que pour cette raison, ou pour d'autres encore pires; les formalités solemnelles & les bénédictions qu'on emploie dans ces occasions, ne servent que d'un voile léger à leurs désirs profanes, auxquels se joignent souvent les sentimens de l'irréligion & de l'impiété.

Un autre obstacle qui rend le contrat de Mariage nul, est le défaut de connoissance dans les mineurs d'un âge encore trop tendre. Il peut même, à quelques égards, paroître étonnant que pendant que toutes les nations civilisées déclarent les mineurs incapables de contracter en matiere de commerce, & annullent les engagemens qu'ils peuvent avoir faits sans le consentement de leurs parens ou de leurs tuteurs, on leur ait laissé dans beaucoup de pays, le pouvoir de disposer validement de leurs personnes & de se marier, savoir les garçons passé quatorze ans, & les filles passé douze, & cela sans le consentement de leurs parens, & même contre leur volonté. Encore que le Mariage soit une des affaires les plus importantes de la vie, puisque c'est de lui que dépend le bonheur ou le malheur des hommes.

L'autorité publique a annullé chez quelques nations (a) les Mariages de ceux qui ne sont pas censés, à raison de leur âge, avoir acquis les connoissances suffisantes pour conduire leurs autres affaires, à moins que leurs parens n'y eussent consenti. Cette loi étoit plus sévere en apparence qu'elle ne l'étoit en soi. Elle avoit souvent l'avantage de prévenir le crime, au-lieu de le punr. Qu'on la suppose en effet établie, & l'on concevra aisément qu'une fille chaste & qui n'est d'humeur à se prostituer, se gardera bien pour lors de se rendre aux sollicitations d'un mineur, ni encore moins de le séduire. Dans le cas où un jeune homme, à force de sermens & de promesses, séduiroit une fille, lui promettant de ratifier son Mariage lorsqu'il aura atteint l'âge de maturité, on laisseroit le choix aux parens ou au tuteur de la fille, ou de le forcer à tenir sa promesse, ou d'annuller le contrat, & de faire punir de mort celui qui l'a séduite. On ne sauroit trouver ce châtiment trop sévere, si l'on fait attention au tort qu'une pareille action fait aux familles, vû qu'on l'approuve pour des crimes beaucoup moindres que celui-là.

Les obstacles moraux sont les suivans. 1°. Un Mariage antérieurement contracté, annulle, jusqu'à la mort de l'un des deux époux, tous les engagemens de même nature, qu'on peut prendre avec une personne différente. La loi de nature exige que l'on rende les Mariages publics, afin que l'on connoisse les personnes qui sont mariées, & qu'elles ne puissent point en imposer à d'autres, en leur faisant accroire qu'elles ne le sont point. Il faut distinguer ici un contrat imparfait qui oblige à un Mariage futur, du Mariage complet, de même que nous distinguons dans le commerce un contrat qui n'établit qu'un droit personnel, de celui qui transporte la propriété ou un droit réel. Un contrat antérieur qui constitue un Mariage complet, annulle celui qu'on peut faire avec une tierce personne, quand même elle n'en auroit aucune connoissance. Les personnes coupables de pareille fraude méritent un châtiment sévere; mais un contrat imparfait, qui ne fait qu'engager à un Mariage futur, ne sauroit annuller un Mariage subséquent, qu'on a définitivement contracté avec une tierce personne, soit qu'elle ignore le premier contrat, ou qu'elle ne l'ignore pas. Car dans ce cas, où l'une des deux personnes qui a contracté avec la partie frauduleuse, doit être déboutée de sa prétention, il y a moins de mal à annuller le contrat imparfait, que de dissoudre le Mariage qui a été définitivement contracté. Dans le cas où la tierce personne a eu connoissance d'un premier contrat qui constitue un Mariage complet, non-seulement le second Mariage doit être cassé, mais l'un & l'autre de ceux qui le contractent méritent un châtiment très-sévere. Les maux que ces sortes de

---

(a) Telle étoit la loi des Juifs & des Romains, ainsi qu'on peut le voir dans les *Instit. tit. de nuptiis*, & dans le commentaire de Vinnius.

fraudes

fraudes occafionnent font infiniment plus pernicieux & plus fenfibles que les injures que l'on punit du dernier fupplice, & les loix les plus féveres feroient encore douces, fi elles pouvoient empêcher ces fortes de crimes.

Les chrétiens, & même quelques nations payennes, ont toujours regardé les degrés trop proches de confanguinité & d'affinité, comme un obftacle moral au mariage. Les raifons naturelles qu'on allegue communément, ne répondent point à l'infamie ni aux notions d'impiété qui accompagnent ces fortes de Mariages. L'efpece la plus abominable eft celle qui a lieu entre les afcendans & les defcendans en ligne directe. Non-feulement l'inégalité d'âge, mais encore le refpect naturel qu'on doit avoir pour ces relations, font entiérement oppofées à l'égalité que le Mariage produit. Cependant la plus grande inégalité d'âge ne rend pas toujours les Mariages imprudens ni contraires aux bonnes mœurs. Ce n'eft ni le refpect qu'on doit au mérite & à l'autorité, ni la reconnoiffance qu'on doit avoir des bienfaits qu'on a reçus, qui choquent dans cette relation, quoique celle des parens produife cet effet. On ne fauroit expliquer, à moins d'admettre dans l'homme un inftinct naturel qui le porte à éviter ces fortes de Mariages, pourquoi tous les peuples les ont généralement en horreur. C'eft en vain qu'on m'objecteroit la pratique d'une fecte de Perfe, vu que ma fuppofition eft fondée fur les fentimens de tout le refte du monde.

On allegue que les freres & les fœurs, vivant enfemble dans une grande intimité dès leur plus tendre enfance, fe livreroient de bonne heure à toutes fortes de paffions, & feroient moins attentifs à s'en garantir, fi on ne leur infpiroit de bonne heure de l'horreur pour ce commerce. Mais il arrive fouvent que des coufins & des coufines germaines, & d'autres parens plus éloignés vivent enfemble dans la même intimité, fans qu'il réfulte aucun mauvais effet de la permiffion qu'on leur donne de fe marier. Si les Mariages entre les freres & les fœurs étoient permis, il pourroit fe faire que leurs paffions ne caufaffent pas plus de mal qu'elles n'en caufent dans d'autres occafions, où les jeunes gens vivent familiérement enfemble. S'il y a quelqu'averfion naturelle dans ce cas-ci, de même qu'entre les parens & les enfans qui réprime ce penchant naturel, elle paroît être moins forte, vu que quelques nations payennes ont autorifé ces Mariages entre freres & fœurs. Il y a plus d'égalité dans cette relation, au lieu que l'autorité habituelle que les peres & les meres exercent fur leurs enfans, & le refpect & la foumiffion à laquelle ils font accoutumés, peut fuffire pour réprimer ces inclinations amoureufes, qui fuppofent naturellement une égalité.

Quelles que puiffent être les caufes naturelles de l'averfion qu'on a généralement pour les Mariages entre les afcendans & les defcendans en ligne directe, il eft certain qu'elle a été la même chez plufieurs nations qui n'étoient point civilifées, fans qu'on puiffe l'attribuer, ni à des vues politiques, ni à des fentimens de décence & de délicateffe. C'eft ce qui fait croire à quelques uns (a) qu'il doit y avoir eu quelque prohibition divine, dont la mémoire ou la tradition s'est conservée chez les unes plus, & chez les autres moins, selon qu'elles ont été plus ou moins jalouses de la pureté des mœurs.

La prudence nous dicte une raison importante & manifeste, qui fait qu'un sage législateur doit défendre, non-seulement ces sortes de Mariages qui révoltent la nature, mais encore ceux des proches parens. C'est que s'ils étoient autorisés, ils deviendroient extrêmement fréquens, par la facilité qu'on trouveroit à les contracter, ce qui isoleroit chaque famille déjà trop disposée à former un système indépendant des autres, du moins à cet égard; au lieu qu'aujourd'hui, au moyen de cette défense & de l'horreur qu'elle inspire, ou pour d'autres causes qui peuvent également avoir lieu, une quantité innombrable de familles se trouvent unies par les seuls liens de l'amitié & de l'intérêt. Il peut encore y avoir d'autres raisons qui nous sont inconnues, ou auxquelles on n'a pas assez fait d'attention. Il peut se faire que ce mélange de différentes familles soit nécessaire pour empêcher l'espece humaine de dégénérer; quelques-uns prétendent que cela a lieu par rapport aux bestiaux, s'il est permis d'user d'une pareille comparaison.

Tel est l'avantage de cette défense, & elle ne sauroit avoir aucune suite fâcheuse. La nature a donné d'autres affections aux proches, qui sont pour eux des sources inépuisables de joie. Ces sortes de motifs autorisent un législateur à défendre ces sortes de Mariages, & après qu'il l'a fait, il faut n'avoir ni pudeur, ni modération, ni humanité pour y contrevenir. Ce qui prouve cependant que ces sortes de Mariages, qu'on traite ordinairement d'incestueux, n'ont point une contrariété absolue au droit naturel, est que Dieu a permis que les enfans du premier homme & de la premiere femme se mariassent les uns avec les autres, & qu'il les a même ordonnés dans des cas où ils étoient ordinairement défendus.

Les Etats chrétiens (b) ont suivi à cet égard la loi de Moyse, qui défend les Mariages entre les ascendans & les descendans en ligne directe, de même que dans la ligne collatérale, entre ceux qui sont au même degré que les peres & les enfans, comme entre un oncle & une niece, une tante & un neveu, ou un grand-oncle & une grande-niece, ou tels autres de leurs descendans, de même que tous les Mariages entre collatéraux au quatrieme degré. Ils défendent pareillement les Mariages entre les personnes qui, en vertu d'un Mariage antérieur, se trouvent dans un degré d'affinité qui les empêcheroit de le faire, si elles étoient au même degré de consanguinité. Les Mariages au quatrieme degré & au-delà sont permis.

_____

(a) C'est la plus forte preuve qu'on puisse donner de la tradition des Juifs au sujet des préceptes que Dieu donne à Noé & à ses descendans.

(b) On peut voir dans les écrits des théologiens & des canonistes, jusqu'à quel point l'évangile confirme & adopte les loix judaïques. Grotius, Puffendorff, Barbeyrac, s'étendent assez à ce sujet.

Voici la maniere dont la loi civile compte les degrés de confanguinité entre les collatéraux. Tous les parens defcendent d'une même fouche, & il y a autant de degrés qu'il s'eft écoulé de générations dans les deux lignes. Les freres & les fœurs font dans le fecond degré; les oncles & les nieces au troifieme; les coufins germains au quatrieme, & leurs enfans au fixieme. Suivant le droit canon, en ligne collatérale il faut deux perfonnes engendrées pour faire un degré. Ainfi les freres & les fœurs font au premier degré; les oncles & les nieces au fecond; les coufins & coufines germaines de même, & leurs enfans au troifieme; de forte qu'ils ne peuvent fe marier fans une difpenfe. Les enfans des coufins iffus de germains font au quatrieme; viennent enfuite les plus proches parens qui peuvent fe marier fans difpenfe.

Voilà, fuivant la loi publique, les obftacles qui rendent les Mariages nuls chez les chrétiens. Voyons maintenant quelles pourroient être les caufes qui donneroient lieu au divorce, je veux dire, qui dégageroient les parties de l'engagement qu'elles ont contracté, fi la loi divine n'y avoit mis obftacle. Cette confidération ne fera pas inutile; elle ne fera que mieux connoître la griéveté des crimes qui, fans l'intervention d'une loi fupérieure, fembleroient propre à rompre un lien auffi facré. Ces caufes, de même que dans tous les autres contrats, paroîtroient devoir être la violation de quelque condition effentielle, foit par le crime de l'une des parties, ou par tel accident qui la rendroit incapable de remplir les devoirs de cet état, fi l'autre partie fe trouvoit fuffifamment autorifée, à former une union conditionnelle, & qui put ceffer au cas qu'il arrivât. Il eft évident que l'adultere de la femme, feroit, dans la fuppofition que nous avons faite, une des principales caufes du divorce; & l'on peut en dire autant de celui de l'homme, vu qu'il promet d'être fidele à fa femme, & qu'il doit naturellement l'être pour les raifons qu'on a vues ci-deffus. Le contrat ne doit point dépendre de la condition que les enfans furvivront.

L'adultere des femmes eft caufe que les maris ne peuvent s'affurer que les enfans foient à eux, d'où il fuit qu'indépendamment de la perfidie, elles leur font une injure atroce. Celui des hommes eft une perfidie manifefte, vu qu'il eft contraire à l'affection qu'ils doivent avoir pour leurs femmes & pour leurs enfans. Il les détourne pour l'ordinaire de leurs affaires domeftiques & du travail, & contribue à la ruine & au déshonneur des familles. Les enfans qui naiffent d'un adultere, font voués à l'infamie & à la mifere; ou fuppofé que le pere adultere les reconnoiffe, il prive fes enfans légitimes d'une partie du bien qui leur revenoit, outre que la femme peut fe venger de cette perfidie. Le commerce qu'on a avec des proftituées, fans aucun deffein d'avoir des enfans, a cela de criminel, qu'il refroidit l'affection qu'un mari doit avoir pour fa femme, & qu'il entretient ces fortes de perfonnes dans ce métier infame; à quoi l'on peut ajouter qu'il éloigne les hommes du Mariage, & les détourne de toute occupation honnête. A l'égard de l'adultere que l'on commet avec la femme d'autrui, c'est un des crimes les plus horribles qu'on puisse commettre, pour les raisons que j'ai dites ci-dessus. Tout criminel qu'est le vol par lui-même, il est infiniment au-dessous du tort que l'on fait à un homme à qui l'on donne un enfant supposé, lequel hérite d'un bien acquis par son travail & ses peines, au préjudice de ses enfans légitimes. On ne sauroit donc punir avec trop de sévérité, ni blâmer les Juifs qui punissoient de mort les adulteres. (a)

Une autre cause de divorce, seroit, ce semble, la désertion malicieuse, ou le refus obstiné du devoir conjugal de la part de l'une ou de l'autre partie. On peut, il est vrai, l'exiger de force ; mais dans le cas où on ne peut l'obtenir, la partie innocente auroit une raison plausible de dissoudre le Mariage. Le but naturel que se proposent ceux qui se marient, c'est d'avoir lignée ; & par conséquent il faut que l'on s'accorde réciproquement l'usage de son corps : cette fin si intéressante du Mariage, s'anéantit, dès qu'une partie le refuse. Par la même raison, une haine ou une inimitié implacable de la part d'une des parties, sans que l'autre y ait donné lieu, paroîtroit encore offrir une raison suffisante de dissoudre le Mariage. Par exemple, tout attentat sur la vie, par le poison ou l'assassinat, une fausse accusation en matiere capitale, des insultes réitérées, seroient des sujets pour lesquels les loix pourroient permettre le divorce, dans l'hypothese ci-dessus formée. Il en est de même de la manie perpétuelle & de l'adultere, vu que les articles essentiels sont violés, & qu'on se trouve dans l'impossibilité de les remplir (b). Au reste, il est une sorte de divorce, que l'on appelle ainsi dans un sens moins rigoureux. Il consiste dans une séparation mutuelle, sans la rupture du lien conjugal. Souvent les raisons précédentes peuvent y donner lieu. Il importe de savoir comment on doit y procéder.

Le Mariage differe des autres contrats, en ce que d'autres personnes innocentes, savoir les enfans, ont intérêt que les obligations en soient maintenues & exécutées. Il ne doit donc point être permis aux parties de se séparer, lorsqu'elles le jugent à propos. Mais lorsque, par la faute de l'une ou de l'autre, on se trouve frustré du but essentiel de cette relation, qui est d'avoir des enfans & de vivre en société pour toute sa vie, la partie

---

(a) Voyez Levit. XX, 10 Deut. XXII, 22. Les peines que les anciennes loix Grecques & Romaines infligeoient aux adulteres, & à ceux qui débauchoient des personnes libres, même sans user de violence, étoient très-séveres. Il étoit permis de tuer le coupable sur le fait. La castration étoit le châtiment ordinaire. On ignore la maniere dont on poursuivoit ce crime en justice. La loi Julia de Adulteriis, permettoit l'actio publica, à quiconque vouloit l'intenter au nom de l'Etat ; & la peine pour l'homme étoit la rélégation & la confiscation des biens. Constantin voulut que l'adultere fût puni de mort. Cod. l. 9. tit. 9. l. 30. Les empereurs suivans adoucirent la peine. Nov. 134. 10. Justinien ordonna que la femme adultere seroit enfermée, pour sa vie, dans un monastere, & que l'homme seroit puni de mort.

(b) Dire que la désertion malicieuse ne seroit point un sujet de divorce, parce que la partie coupable ne renvoie point l'autre, & ne fait que la laisser, ce seroit disputer sur des mots.

innocente peut demander fa féparation, au cas qu'elle trouve ce parti préférable, & elle eſt même en droit d'exiger que l'autre contribue de ſon
bien & de ſon travail à l'entretien & à l'éducation de ſes enfans.

Les cours de judicature doivent connoître des violations de ce contrat
dans la ſociété civile, & cela d'une maniere plus févere que dans les autres, & dédommager la partie innocente aux dépens de celle qui eſt coupable. De plus, comme dans la plupart des Etats, on donne à certains
tribunaux le pouvoir de mitiger les contrats onéreux, & de les réſilier en
tout ou en partie, il convient de même d'accorder à quelques juges celui
de décerner la féparation des perſonnes, lorſque la ſociété ne peut que
leur être onéreuſe & nuiſible, ſoit par la faute de l'une ou de l'autre, ſoit
par quelqu'incompatibilité d'humeurs ; & quand, après un mûr examen,
on déleſpere de rétablir la paix dans leur ménage, en pourvoyant néanmoins à l'entretien des enfans : on doit cependant bien ſe garder de permettre ces ſortes de féparation, pour quelques démêlés ou inimitiés paſſa-
geres ; & il convient même d'y attacher des peines qui empêchent les
parties d'en venir à cette extrémité pour des cauſes légeres, & de tenir une
conduite illicite, dans la vue d'engager l'autre à vouloir une féparation.
Un moyen de les prévenir, c'eſt d'aſſigner les deux tiers ou la moitié de leurs
biens, ou la même portion de leur travail & de leurs profits à l'entretien
de leurs enfans, au cas qu'ils en aient, & de la mettre entre les mains
d'un dépoſitaire, ou au cas qu'ils n'en aient point, de les condamner à
une forte amende au profit de l'Etat. Si ces moyens avoient lieu, les demandes en féparation feroient plus rares, & les maris & les femmes vi-
vroient en bien meilleure intelligence. On pourroit même leur défendre
de ſe féparer pendant un certain temps, pour voir ſi elles ne ſe réconci-
lieroient point. Dans le cas où elles perſiſtent à vouloir ſe féparer à ces
conditions onéreuſes, & que c'eſt le plus ſûr remede pour les ſouſtraire
aux maux attachés à l'état violent où elles ſe trouvent (a), il ſemble
qu'on ne doit pas leur refuſer cette liberté. Lorſque la faute n'eſt que d'un
côté, on doit, au cas que la féparation ait lieu, faire porter toute la
peine à la partie coupable.

(a) On pourroit oppoſer quelques paſſages de l'écriture, pour prouver que le divorce,
entendu même dans le ſens le moins rigoureux, ne peut être permis, ſi ce n'eſt pour cauſe
d'adultere. Voyez Matth. v. 32. Marc. X. 5. 12. Luc. XVI. 18. Mais l'on convient que certaines défenſes également univerſelles, ne ſont que des expreſſions elliptiques, qui ſouffrent pluſieurs exceptions. Telles ſont celles qu'on trouve dans S. Matthieu, v. 31, &c. &
dans S. Jacques, v. 12 ; & voici le ſens dans lequel ceux à qui elles ſont adreſſées ont dû
les prendre. Vos docteurs vous enſeignent que telles & telles formules de ſermens ſont
obligatoires, & que telles autres ne le ſont point. (Voyez Matth. XXIII, 16-22.) Mais
moi je vous dis : Ne jurez point du tout ſans avoir intention de vous lier, ni par le
ciel, &c. Notre Seigneur leur montre enſuite que toutes ces formules, même celles que
leurs docteurs prétendoient n'être point obligatoires, ſont des façons métonymiques de jurer par le nom de Dieu. Voyez Grotius, D. J. B. & P. L. 3. & 13. On peut croire de
même que la défenſe du divorce eſt elliptique, ſans violer la regle exceptio confirmat regulam
in non exceptis.

Si l'on pouvoit imputer la corruption de ceux qui professent les meilleures institutions, à celles-ci ou à leur auteur, rien ne seroit plus capable de déshonorer le christianisme, que les loix reçues dans plusieurs Etats chrétiens, touchant la fornication, l'adultere & le divorce. L'écriture nous recommande la pureté des mœurs, & nous représente les vices contraires sans déguisement & avec les couleurs les plus odieuses ; & cependant dans plusieurs Etats chrétiens, on tolere la fornication la plus infame, on souffre que les citoyens débauchent les femmes & les filles, & l'on ne punit point ce crime, à moins qu'on n'ait usé de violence, comme si elles permettoient aux sujets de commettre toutes les infamies qu'il leur plaît. Les peines ecclésiastiques sont de nature à faire peu d'impression sur ceux qui ont assez d'imprudence & d'impiété pour ne point les craindre. Dans quelques pays, on n'en inflige aucune aux adulteres, ou l'on s'y borne à une amende pécuniaire, & ceux qui ont commis ce crime, ne sont exclus, ni des emplois civils, ni militaires, ni des honneurs attachés aux postes qu'ils occupent, tandis que pour des crimes infiniment plus légers, un homme est souvent exclu de ceux auxquels sa naissance le mettoit en droit de prétendre.

Il est aisé de connoître les obligations de cet état, par les fins qu'on se propose en l'embrassant. Le Mariage étant une société indissoluble, dont l'affection est la base, on doit principalement s'attacher à choisir une compagne dont la vertu, la prudence, l'humeur & le caractere soient tels, qu'elle puisse en resserrer les nœuds. Il convient que ceux qui s'engagent dans le Mariage, s'habituent à avoir des mœurs douces, à commander à leurs passions, & sur-tout qu'ils acquierent une connoissance suffisante des affaires de la vie. C'est dans ces occasions-ci que l'on doit déférer aux conseils de ses amis. Les jeunes gens s'engagent aisément, & leurs passions sont trop vives pour leur permettre de faire usage de leur réflexion.

Rien sur-tout n'est plus utile que de connoître d'avance les imperfections & les infirmités de l'espece humaine, pour ne rien se promettre de plus que ce qu'on peut en attendre. Les jeunes gens ont les passions trop vives pour pouvoir se connoître à fond ; ils ignorent les peines & les soucis du ménage, & delà vient que la moindre chose les met hors des gonds. S'ils connoissoient la foiblesse de l'homme, & combien il est sujet à se laisser emporter à ses passions, ils supporteroient plus aisément les contre-temps qui arrivent dans la vie, & s'attacheroient plutôt aux qualités de l'ame qu'à celles du corps.

Je ne puis passer sous silence les raffinemens de Platon à ce sujet. Il observe d'abord les inconvéniens qui résultent des liens limités du Mariage & de l'affection paternelle, en ce que les hommes bornant leurs vues & leurs affections à un petit nombre d'objets, & négligeant des intérêts plus étendus, ne recherchent que ceux de leurs enfans & de leurs parens ; qu'ils ne font aucune attention aux vices qu'ils peuvent avoir ; ce qui est cause que la discipline se relâche, qu'il survient des disputes & des divisions entre les familles ; qu'ils amaſſent ſouvent des richeſſes pour les membres les plus indignes de la ſociété, & leur procurent des honneurs & des dignités qu'ils ne méritent point. Il veut donc que les gardiens de l'Etat banniſſent la propriété, & avec elle, tous les liens fondés ſur ces affections limitées. Que les femmes ſoient en commun, que les peres & les meres ne connoiſſent point leurs enfans, & ne ſe connoiſſent pas même les uns les autres : que l'on porte les enfans à meſure qu'ils naiſſent au bercail commun, comme appartenant à l'Etat. Ce plan eſt conſtamment mauvais ; mais il ne l'eſt pas autant que bien de gens l'ont prétendu, quoi qu'il n'y en ait peut-être aucun qui s'allie plus difficilement avec la ſenſualité.

Le plus grand défaut de ce ſyſtême, eſt qu'il n'eſt point conforme à la nature humaine, ni aux affections que Dieu nous a données. J'ai montré les inconvéniens qu'il y auroit à craindre de la communauté des femmes, & celle des enfans en cauſeroit de plus grands encore. Premiérement, les ſoins & les peines que cauſent l'entretien & l'éducation des enfans, & que les peres & les meres ſupportent avec plaiſir, à cauſe de l'affection qu'ils ont pour eux, ſeroient inſupportables à tous autres, & il y en auroit peu qui vouluſſent ſe les donner. Ajoutez à cela qu'on priveroit les hommes d'une des plus grandes douceurs de la vie, ſi on leur ôtoit le plaiſir d'aimer leurs femmes & leurs enfans, vu que cet amour l'emporte ſur celui qu'on peut avoir pour une nation entiere, ou pour des perſonnes indifférentes. Et quant aux amitiés particulieres, qu'aucun ſyſtême ne ſauroit bannir, quand même on ne connoîtroit point les liens du ſang; tant que nos cœurs reſteront tels que Dieu les a faits, elles cauſeroient la plupart des maux que l'on veut éviter, à moins que les hommes ne fuſſent plus circonſpects dans le choix de leurs amis, qu'ils n'ont coutume de l'être dans celui d'une femme. La plupart des factions qui déchirent les Etats, ont rarement pour principe les liens du ſang : elles naiſſent de l'ambition & de la différence d'opinions que l'on a touchant le gouvernement, de l'admiration & du zele qu'on a pour certains caracteres favoris, ſur la fidélité & la ſageſſe deſquels on compte. Pourquoi donc vouloir bannir de la vie cet amour mutuel ſur lequel le Mariage eſt fondé, & qui a toujours été la ſource de l'induſtrie des hommes, de même que du zele qu'ils ont pour les intérêts de leur patrie ?

A moins qu'on ne donne aux hommes plus de lumieres & de vertus qu'ils n'en ont, & qu'on ne vienne à bout d'étouffer leurs affections naturelles, on ne doit pas eſpérer qu'ils deviennent induſtrieux & actifs, qu'ils ſupportent le travail, ni qu'ils s'expoſent au danger par un pur motif de bienveillance pour l'humanité, ſans aucun eſpoir d'exercer leur libéralité, leur généroſité & leur munificence en faveur des perſonnes qui leur ſont cheres. Un légiſlateur pourroit même (a) trouver des moyens pour préve-

_____

(a) Voyez là-deſſus la Cyropédie de Xénophon, l'Utopie de Th. Morus, le Télémaque, &c.

nir les maux que Platon craint, fans bannir pour cela les plaifirs que procure l'union des familles, au moyen des Mariages que l'on contracte. Le but du gouvernement civil, comme l'obferve Ariftote (a) dans l'endroit où il critique ce fyftème, n'eft pas fimplement l'union & la fureté, mais le bonheur général d'un peuple. HUTCHESON, *Syftème de Philofophie morale.*

§. II.

Jufte idée du Mariage avant qu'il fut élevé à la dignité de facrement. Le droit naturel n'impofe aucune obligation abfolue de fe marier, aujourd'hui que le monde eft peuplé ; & l'on doit fe conformer aux réglemens faits dans les fociétés civiles, foit fur le Mariage, foit au fujet du célibat.

LE Mariage eft un des plus folides fondemens de la fociété. Dans tous les temps, il a été fous la protection particuliere de Dieu ; les peuples même qui n'ont pas le bonheur d'être éclairés des lumieres de notre religion, faifoient de ce contrat un acte de culte relatif à leurs fauffes divinités. Dans l'ancienne loi, le ciel influoit fur la plupart des Mariages ; il les préparoit fouvent lui-même, par les traits d'une volonté marquée. Moyfe & les autres légiflateurs avoient foin de refferrer des nœuds fi refpectables ; il n'étoit pas permis de les rompre arbitrairement ; mais les mœurs n'étoient pas maintenues avec une exacte féverité ; & lorfque les époux fe dégoûtoient l'un de l'autre, & que des motifs puiffans autorifoient leur inconftance, on paffoit à la licence des divorces, profcrits parmi nous, depuis que le Mariage a été élevé à la dignité de facrement fous la loi de grace.

Tous les hommes defcendent d'un feul homme & d'une feule femme que le lien conjugal avoit unis. C'eft par la différence des fexes, par la faculté de perpétuer leur efpece, par le penchant d'un fexe pour l'autre, & par l'inclination des deux fexes pour leur poftérité, que Dieu a pourvu à la propagation. Il a voulu qu'ils fuffent portés à faire non-feulement fans répugnance, mais encore avec plaifir, un acte duquel dépend la confervation du genre humain. Sans cet attrait, les foins & les dépenfes de l'éducation des enfans, de la part des peres, & les inconvéniens de la groffeffe de la part des meres, y auroient pu mettre obftacle. Si l'on n'eût été follicité au Mariage par l'inclination naturelle que Dieu a mife en nous, quel homme auroit voulu mettre au monde des enfans qui font fouvent un fujet de douleur & toujours une occafion de peine & de dépenfe ! Quelle femme n'auroit pas été rebutée par les fuites de l'action du Mariage, fi cette action eût été fans charmes.

La premiere queftion qui fe préfente, c'eft de favoir fi les hommes font dans quelque obligation de fe marier ?

(a) Ariftote Polit. lib. II.

D'abord,

D'abord, les hommes font rigoureufement obligés par le droit naturel à tout ce qui contribue eſſentiellement au ſoutien de la ſociété : or le Mariage en étant le fondement, on ne peut pas diſconvenir que les hommes ne ſoient obligés par le droit naturel de ſe marier. Les anciens ont preſque tous reconnu qu'une telle obligation eſt conforme à la nature. *Quam autem ad tuendos, conſervandoſque homines hominem natum eſſe videamus; conſentaneum eſt huic naturæ, ut ſapiens velit gerere, & adminiſtrare rempublicam, atque ut è naturâ vivat, uxorem adjungere, & velle ex eâ liberos.*

L'âge auquel l'homme commence à être propre à ſe produire, eſt celui de la puberté; juſqu'alors la nature paroît n'avoir travaillé qu'à l'accroiſſement & à l'affermiſſement de toutes les parties de cet individu : elle ne fournit à l'enfant que ce qui lui eſt néceſſaire pour ſe nourrir & pour augmenter de volume; il vit, ou plutôt il ne fait encore que végéter d'une vie qui lui eſt particuliere, toujours foible, renfermée en lui-même, & qu'il ne peut communiquer; mais bientôt les principes ſe multiplient en lui; il acquiert de plus en plus, non-ſeulement tout ce qu'il lui faut pour ſon être, mais encore de quoi donner l'exiſtence à d'autres êtres ſemblables. Voilà la ſage économie de la nature, dont il faudroit être bien aveugle pour n'en pas reconnoître les vues. De quel uſage ſera donc dans un célibataire ce méchaniſme admirable, de la formation de la ſemence? Et cette même ſemence deſtinée uniquement à la génération, que produira-t-elle, lorſqu'on n'en fait pas l'uſage auquel la nature l'a ſagement deſtinée?

Les plus habiles médecins remarquent que, quoique le célibat nuiſe plus rarement que l'uſage immodéré qu'on peut faire des femmes, cependant la privation eſt aſſez ſouvent une ſource féconde de maux pour des perſonnes que la nature avoit particuliérement formées pour le Mariage & qui ont beaucoup de tempérament. Car ſans parler des fréquentes pollutions nocturnes qui affoibliſſent plus que l'embraſſement le plus voluptueux; ſouvent il leur ſurvient une gonorrhée opiniâtre qui énerve encore davantage : ou ſi la nature ne ſe débarraſſe pas de la liqueur ſéminale qui s'accumule, en croupiſſant elle s'épaiſſit, s'altere, ſe corrompt, d'où réſultent des obſtructions dans ſes organes ſecrétoires, des engorgemens, des varices, des tumeurs, des douleurs vives, effet de la dilatation forcée des canaux, des inflammations, dont les ſuites ſont plus ou moins dangereuſes, dégénérant ſouvent en abſcès, ou en ſquirrhes, & quelquefois de ſquirrhes en cancers. Outre cela, ce caractere d'acrimonie que cette liqueur acquiert par la ſtagnation occaſionne très-fréquemment un priapiſme, auſſi douloureux qu'importun, & dont l'hiſtoire des célibataires fournit pluſieurs exemples. Elle attaque même enfin & irrite tout le genre nerveux, & par-là donne lieu non-ſeulement à divers ſpaſmes, mais encore quelquefois à un délire mélancolique ou maniaque. Chez le ſexe, rien n'eſt plus commun que de voir éclore de cette même ſource des fleurs blanches, des langueurs, des fievres lentes, des pâles-couleurs, que les médecins nomment *chloroſis*, des vapeurs hyſtériques de toute eſpece , & une mélancolie qui dégénere pour l'ordinaire en fureur utérine.

L'inclination auſſi générale qu'invincible des deux ſexes l'un pour l'autre, le plaiſir très-ſenſible que la nature a attaché à la copulation, nous marquent aſſez clairement qu'ils ſont faits l'un pour l'autre , & que c'eſt agir contre les vues les plus marquées de la nature que de ne pas s'unir par un Mariage aſſorti. Comme la gravitation univerſelle eſt une propriété générale des corps, ainſi la tendance d'un ſexe contre l'autre, eſt une propriété naturelle & générale de l'homme. Or comme les loix particulieres de la gravitation univerſelle produiſent les différentes adhéſions des parties conſtituantes ou intégrantes des corps, que les chymiſtes appellent *affinités* ; ainſi les loix particulieres qui ſont celles d'une raiſon éclairée, doivent diriger la tendance univerſelle des ſexes , & en fixer les adhéſions particulieres. Toute la différence conſiſte en ce que la gravitation particuliere, de même que l'univerſelle, ſont des forces aveugles ; au lieu que ſi la tendance générale des ſexes l'eſt auſſi, la nature a laiſſé à la raiſon la direction de la tendance particuliere ; tout comme, après avoir formé l'homme avec un penchant irréſiſtible au bien en général, elle a remis entre ſes mains le choix des biens en particulier. Mais comme le choix des biens particuliers ne nous autoriſe pas à les mépriſer ; ainſi le choix des adhéſions particulieres ou du Mariage ne nous autoriſe pas non plus à l'éviter. D'autant plus que les ſuites du célibat ſont très-funeſtes ordinairement à l'état phyſique, morale & civil du célibataire. *Voyez* CÉLIBAT. Que l'on jette un coup-d'œil philoſophique ſur ces pelotons de prétendus célibataires fortuitement aſſemblés, ſur ces tubéroſités éparſes çà & là ſur le corps de la ſociété, ſur ces corps monſtrueux compoſés de célibataires qui ne tiennent à l'arbre que comme des plantes paraſites pour lui enlever la nourriture, & qui ne valent pas la branche la plus viciée ; que l'on entre un peu dans l'intérieur de leurs retraites ou de leurs priſons, & l'on ſe convaincra aſſez de la vérité de ma propoſition. Mais ſortons de ces endroits ténébreux, reſſources infames d'un malheureux célibat.

Je demande, le Mariage n'eſt-il pas un bien ? Les défenſeurs les plus outrés du célibat ne ſauroient le conteſter. Donc tous les hommes doivent embraſſer cet état. Nous ſommes obligés, par le droit naturel, d'embraſſer avec empreſſement tout ce qui eſt bien , ſoit phyſique, ſoit moral, ſoit civil ; or le Mariage eſt un bien à la fois phyſique, moral, & civil : la nature nous a fourni par un appareil admirable tout ce qui nous étoit néceſſaire pour l'embraſſer ; ſi nous ne l'embraſſons pas, toutes les proviſions de la nature ſont pour nous en pure perte, & ſouvent même funeſtes , ſoit au phyſique, ſoit au moral, ſoit au civil, peut-être à tous les trois enſemble.

Je ſais que dans un conflit de biens, il faut renoncer au moindre, & embraſſer le plus conſidérable. Mais dans quelles circonſtances prétend-t-on que le célibat ſoit un bien préférable au Mariage ? Eſt-ce dans la pauvreté ?

Un homme fobre qui travaille ne fera jamais pauvre : il aura toujours de quoi élever, fuivant fon état, fa famille ; & le bien de la fociété demande des hommes de leur état. Les fainéans font à la vérité pauvres, mais encore la plupart deviennent fort laborieux dès qu'ils font mariés, à moins qu'ils ne manquent entièrement de fentimens. On peut même par de bonnes loix les mettre dans la regle s'ils s'en écartoient. Se flatte-t-on d'avoir reçu du ciel le don de continence? Mais ceux qui s'en flattent, favent-ils ce qu'ils difent? Qu'eft-ce que le don de continence? Eft-ce l'étouffement de ce fentiment qui fait naître une forte d'inquiétude, d'agitation qui porte l'animal à en chercher le remede, par une excrétion des humeurs ftimulantes, en faifant ceffer l'érétifme, & par conféquent en faifant tomber dans le relâchement les fibres nerveufes & tous les organes, dont la tenfion étoit auparavant comme l'aliment même de la volupté : le don de continence, eft-ce, dis-je, l'étouffement de ce fentiment? Mais ce prétendu don nous rendroit ftupides ; car tel eft un homme fans paffion, & fur-tout fans cette paffion qui eft la plus violente chez lui après l'âge de puberté. Or cet étouffement ne peut fe faire qu'en empêchant la fecrétion de la femence dans les tefticules, & laiffant ainfi peut-être la plus belle branche du méchanifme animal oifive ; ou par la fuppreffion de l'effet naturel de la qualité ftimulante des humeurs particulieres contenues dans les fibres nerveufes ; fuppreffion qui devroit continuer bien long-temps dans certaines perfonnes, car du regne de Charles II, roi d'Angleterre, un homme de 120 ans fut accufé d'adultere. Or ces deux moyens font contre les loix ordinaires de la nature. Il faut donc que l'auteur de la nature s'en mêle. Mais eft-il vraifemblable que l'auteur de la nature fufpende les effets des caufes phyfiques pour autorifer par-là les hommes à violer les loix morales? Et à quoi bon accorderoit-il ce don, s'il eft permis d'appeller ainfi un ufage inventé par la fuperftition la plus groffiere, pendant que lui-même a préfenté à l'homme un remede très-naturel pour l'érétifme, & qu'il y a attaché le plaifir le plus vif, afin de le lui faire chercher fans répugnance & même avec empreffement, en fe conformant par-là aux vues admirables du Créateur? Il faut donc être bien téméraire pour ofer parler de ce prétendu don de continence.

En effet, il me femble que ceux qui y comptent le plus, n'y font guere attention. Car pour être affuré de ce don, il n'y a que deux moyens ; favoir, une révélation expreffe de Dieu, ou l'expérience. Le vrai temps de fe fervir de ce dernier, c'eft l'âge où le fentiment des plaifirs eft le plus vif, qui n'eft pas furement celui de la puberté, âge où la nature fe renouvelle, mais elle ne s'affermit pas encore. Le phyfique de l'homme fe développe avec toute fa force entre vingt & trente ans. Mais ces pauvres victimes de la fuperftition qui par un vœu folemnel s'engagent à vivre dans le célibat pendant toute leur vie, avant même l'âge de puberté, ne fauroient être affurés du don de continence par l'expérience : il faut donc une révélation expreffe de la divinité ; mais comme Dieu ne fe révele pas fi aisément aujourd'hui, ces prétendus célibataires, dépourvus du don de continence qu'on leur avoit fait espérer, se trouvent être tout à la fois des eunuques moraux & des étalons physiques des plus effrénés. Et comme ils ne peuvent plus contracter le Mariage moralement, ils en laissent le moral à ceux qui le contractent, en se contentant d'en percevoir ce qu'il y a de physique. Les catholiques qui nourrissent ces troupeaux de célibataires, ne font que trop l'expérience de cette vérité. C'est en effet une regle tirée de la nature, suivant la sage remarque de l'illustre auteur de l'*Esprit des Loix*, que plus on multiplie les célibataires, & on diminue le nombre des Mariages qui pourroient se faire, plus on nuit à ceux qui sont faits ; & que moins il y a de gens mariés, moins il y a de fidélité dans les Mariages ; comme lorsqu'il y a plus de voleurs, il y a plus de vols.

Prétend-on que l'état du célibataire soit préférable à celui de l'homme marié à titre de vertu, & que par-là le célibat soit d'un plus grand mérite que le Mariage ? Mais quelle vertu trouve-t-on dans le célibat ? Supposons pour un moment un célibataire qui ait eu assez de force pour résister pendant toute sa vie à la violence de la passion, sans s'être jamais écarté du droit chemin de la chasteté. Cette supposition, à la vérité, sent la république de Platon, qui suppose les hommes tels qu'ils devroient être ; mais en considérant les hommes tels qu'ils sont, je défie les célibataires à en produire un seul exemple, à moins d'un homme stupide. Mais n'importe, supposons ce célibataire exactement chaste, supposons qu'il se soit abstenu toute sa vie du remede naturel de l'érétisme. Le voilà dans son lit de mort tout rempli de sa vertu, & fondant là-dessus principalement l'espérance de son bonheur éternel. Mais s'il n'y avoit pas de la cruauté à troubler les flatteuses espérances d'un homme dans les derniers momens de sa vie, voici de quelle maniere je tâcherois de le désabuser.

Vous avez été assez heureux, Monsieur, pour surmonter les aiguillons de l'amour, vous avez pu vous passer du remede que la nature vous présentoit toutes les fois que vous étiez agité par l'érétisme. Je vous en félicite ; pour moi j'ai eu bien de la peine de suivre la loi, d'ailleurs fort raisonnable, que les physiciens prescrivent. *Homini adeò modicæ sunt vires, ut non multò plus quàm bis in septem diebus coïre possit.* Haller. *Elem. Physiol.* Tom. VII. p. 571.

On m'a enseigné, & je ne crois pas que l'on m'ait trompé, que la vertu morale est une habitude de vivre conformément aux lumieres d'une raison éclairée. Or voyons lequel de nous deux a vécu conformément à ces lumieres, & qui par conséquent de nous deux a été le vertueux.

Lorsque le printemps de la nature & la saison des plaisirs arriva, & que les premieres impressions de l'amour se firent sentir vivement chez moi, je consultai ma raison & celle de ceux qui s'intéressoient à mon bonheur, pour fixer ma forte tendance au beau sexe en général, à un objet particulier : heureusement le choix fut conforme à mes désirs, ayant fait choix d'une femme capable de rendre heureux l'homme le plus difficile. J'entrai

donc dans l'état du Mariage que vous avez évité pour être vertueux; c'est-
à-dire, dans cette alliance, ou dans cette union légitime, par laquelle un
homme & une femme s'engagent à vivre enfemble le refte de leurs jours
comme époux & époufe, & dans cette union que Jefus-Chrift a inftituée
comme le figne de fon union avec l'églife, & à laquelle il a attaché des
graces particulieres pour l'avantage de cette fociété, & pour l'éducation
des enfans qui en proviennent. Lors donc que la fievre attaquoit les fibres
nerveufes des organes de la génération, le remede étoit tout prêt parce
que je le trouvois chez moi fans le chercher ailleurs; il étoit infaillible, étant
celui même que l'auteur de la nature préfente à tous les hommes. Mais
vous, pour être vertueux, que faifiez-vous dans ces occafions? Au-lieu de
recourir au remede de la nature, que Jefus-Chrift, fuivant vous, a même
élevé à la dignité de facrement, vous fentiez les aiguillons, vous tâchiez
de les étouffer; ils redoubloient naturellement, car la qualité ftimulante de
la liqueur féminale obligée à fortir du corps par tranfpiration, augmentoit,
parce que le fel qui eft la caufe de cette qualité, ne tranfpirant pas avec
la même facilité que les autres parties de cette liqueur, refte dans les
vaiffeaux, fe fond dans la nouvelle femence, qui par conféquent doit être
toujours plus falace, & capable de donner des affauts plus rudes à votre
vertu. Vous étiez alors inquiet, agité, tourmenté, & incapable de vaquer
aux fonctions naturelles & civiles. Vous avez fait fans doute fort fouvent
ufage des confeils de votre confeffeur, auffi bon théologien que phyficien:
vous aurez eu recours à fon infinuation, à l'eau fraîche, à la priere, aux
mortifications de votre corps; mais l'expérience vous aura affez appris,
que vous n'avanciez guere, parce que furement ce n'étoient pas là les
moyens prefcrits par la nature de vous guérir, & vous n'avez guéri à la
fin que par le remede de la nature affoiblie par l'âge & épuifée avant le
temps par les coups violens auxquels votre opiniâtreté l'a fi long-temps
affujettie.

Il y a plus encore. En fuivant les vues de la nature dans la production
de la fievre vénérienne, & en en cherchant le remede là où elle a voulu que
les hommes le cherchaffent, à la relation de mari, elle m'a accordé auffi
celle de pere d'un nombre affez confidérable d'enfans, en qui je me fuis
vu revivre auffi fouvent que cette relation s'eft multipliée. Et à mefure
qu'elle fe multiplioit, je fentois augmenter chez moi la tendreffe envers
ma femme par les nouveaux gages de notre amitié, le courage à l'induftrie
& au travail pour être en état de m'acquitter du devoir facré de leur éducation; l'attachement à mes femblables dont je reconnoiffois les fecours
d'autant plus néceffaires que le nombre des perfonnes pour qui j'en avois
befoin augmentoit; le refpect aux loix & au fouverain, fous la garantie
defquels je croyois pouvoir vaquer tranquillement & furement à l'éducation
de ma famille, & à fon établiffement. Et tout en perpétuant mon nom,
elle augmente le nombre des fujets du fouverain, des membres de la fociété, & par conféquent les vraies richeffes du pays.

Mais vous, Monſieur, en quoi avec votre vertu, vous êtes-vous rendu utile à la ſociété? N'y ayant point de lien naturel, vous étiez tout prêt à rompre le lien civil; & ſi vous ne l'avez pas rompu, c'eſt parce qu'on a été aſſez complaiſant pour s'accommoder à toutes vos fantaiſies; car ſi l'on s'étoit aviſé de vous contrarier dans la moindre bagatelle, vous auriez tourné bruſquement le dos à cette ſociété dont vous étiez obligé de prendre à cœur tous les avantages que vous auriez pu lui procurer. Indépendant des autres, & ne vivant qu'en vous-même & pour vous-même, vous ne vous êtes que très-difficilement prêté aux beſoins de l'humanité; d'autant plus que dans votre état de célibataire n'en connoiſſant point les plus importans & ceux qu'intéreſſent plus vivement les hommes, vous ne pouviez pas ſentir aſſez la néceſſité de vous y prêter. En un mot, en vivant iſolé & dans la ſolitude, vous vous ſerez peut-être acquitté des devoirs envers vous-même; mais pour ce qui regarde ceux envers votre prochain, & envers la ſociété en général, vous les aurez très-mal remplis, parce que n'étant qu'homme à demi, vous avez manqué à ceux que la nature demande de nous avec le plus d'empreſſement. Vous n'avez donc été ni membre utile à la ſociété, ni bon citoyen.

Or, dites-moi, Monſieur, qui de nous deux s'eſt conduit conformément aux lumieres de la raiſon, qui de nous deux a marché par les voies adorables de la providence, qui de nous deux a répondu aux vues très-ſages de la nature, qui de nous deux enfin mérite le plus de louanges pour s'être acquitté de plus de devoirs, en entrant dans les engagemens les plus ſacrés de la nature? Eſt-ce vous l'homme vertueux pour avoir vécu dans le célibat, c'eſt-à-dire pour avoir tenu à l'arbre comme une branche inutile; pour avoir combattu ſottement toute votre vie contre les aiguillons de l'amour qui vous appelloient à vous conformer aux vues de la nature & à vous montrer homme dans toute l'étendue du terme, citoyen dans ſa véritable ſignification? Il faut être bien déraiſonnable, Monſieur, pour vous en perſuader, & entiérement aveugle pour ne pas voir clair dans un ſi beau jour.

Ainſi raiſonnent les moraliſtes prévenus en faveur de l'obligation de ſe marier. On leur fait des objections & ils tâchent d'y répondre. Mais, leur dit-on, ſi les hommes ſont obligés par le droit naturel de ſe conformer aux vues de la nature en ſe mariant, pourquoi les loix civiles ne rappellent-elles pas à l'état du Mariage ceux d'entre les hommes qui paroiſſent ſourds à la voix de la nature? Ils répondent que le dégoût pour le Mariage eſt une ſuite naturelle de la corruption des mœurs. L'hiſtoire de Sparte, d'Athenes, de Rome, l'hiſtoire de toutes les nations le démontre. Si l'on veut que les efforts des loix civiles puiſſent mettre en honneur le Mariage, & faire écouter aux hommes la voix de la nature, il faut commencer par réformer les mœurs. Mais hélas! quelle pauvre reſſource pour redreſſer le cœur humain corrompu que les loix civiles! quelle triſte figure font à Rome les cenſeurs, à Athenes les aréopagites, les éphores à Lacédemone, lorſ-

que ces respectables magistratures ne sont plus occupées à prévenir ce qui seroit capable d'altérer les mœurs; mais seulement à les venger, à les remonter lorsqu'elles sont déchues. Le prince qui ait eu le plus à cœur le Mariage de ses sujets, a été sans contredit Auguste. Tout le monde connoît les loix qu'il porta contre les célibataires & les récompenses qu'il proposa à ceux qui entroient dans le Mariage. Elles étoient certainement capables de déterminer ceux qui auparavant y avoient le plus d'éloignement. Mais comme la corruption étoit au comble, ses loix furent à peu près inutiles; ce qu'il fut obligé de reconnoître trente-quatre ans après qu'il les eut données; car ayant fait séparer les chevaliers Romains qui lui en demandoient la révocation, en faisant mettre d'un côté ceux qui étoient mariés, & de l'autre ceux qui ne l'étoient pas; ces derniers parurent en bien plus grand nombre. Alors Auguste, avec la gravité des anciens censeurs, leur tint ce discours : » Pendant que les maladies & les guerres nous enle-
» vent tant de citoyens, que deviendra la ville, si on ne contracte plus de
» Mariage? La cité ne consiste point dans les maisons, les portiques, les
» places publiques : ce sont les hommes qui font la cité. Vous ne verrez
» point, comme dans les fables, sortir des hommes de dessous terre
» pour prendre soin de vos affaires. Ce n'est point pour vivre seuls que
» vous restez dans le célibat : chacun de vous a des compagnes de table &
» de lit; & vous ne cherchez que la paix dans vos déréglemens. Citerez-
» vous l'exemple des vierges vestales? Donc si vous ne gardiez pas les
» loix de la pudicité, il faudroit vous punir comme elles. Vous êtes égale-
» ment mauvais citoyens, soit que tout le monde imite votre exemple,
» soit que personne ne le suive.... J'ai augmenté les peines de ceux qui
» n'ont point obéi : & à l'égard des récompenses; elles sont telles que je
» ne sache que la vertu en ait encore eu de plus grandes. Il y en a de
» moindres qui portent mille gens à exposer leur vie; & celles-ci ne vous
» engageroient pas à prendre une femme & à nourrir des enfans »! Rien sans doute plus sensé que ce discours. Mais le goût pour le Mariage tient naturellement à l'innocence des mœurs, & la corruption étoit parvenue à son comble au temps d'Auguste dans tout l'empire Romain ; & un peuple entièrement corrompu est irréformable. Aussi les belles réflexions d'Auguste n'eurent-elles pas un succès plus heureux que ses loix.

Quoiqu'il en soit, il est de l'intérêt de la société & du souverain d'encourager les Mariages par tous les moyens possibles, & l'histoire nous apprend que chez les nations les plus sages, il y avoit des récompenses & des privileges pour ceux qui devenoient peres de plusieurs enfans, & même des peines établies contre le célibat. Car non-seulement la principale force d'un Etat consiste dans le nombre des habitans; mais on a toujours remarqué que les gens mariés, les peres de plusieurs enfans, sont meilleurs citoyens & beaucoup plus attachés au gouvernement, au bien public que les célibataires. La raison en est manifeste, puisque les premiers tiennent à la société par beaucoup plus de liens : nos enfans sont d'autres nous-

mêmes; ils font, pour ainfi dire, des branches d'un même tronc qui ne
font qu'un tout avec lui : c'eft pour ainfi dire une extenfion de l'amour
de foi-même.

Cependant, pouffer la prévention en faveur du Mariage, jufqu'à en faire
une obligation de droit naturel, n'eft-ce pas outrer la morale naturelle.
Dans les premiers temps, il étoit queftion de peupler le monde, la loi
de Dieu & celle de la nature impofoient à toutes fortes de perfonnes une
efpece de néceffité de travailler à l'augmentation du genre-humain. Après
le deluge même, l'honneur, la nobleffe, la puiffance des hommes confif-
toient dans le nombre des enfans, on étoit fûr de s'attirer par là une
grande confidération & de fe faire refpecter de fes voifins. L'hiftoire des
Juifs nous a tranfmis le nom de Jaïr, juge d'Ifraël, qui avoit trente fils
portant les armes; & l'hiftoire des Grecs n'a pas oublié les noms de Da-
naüs & d'Egiptus dont l'un avoit cinquante fils & l'autre cinquante filles.
La ftérilité paffoit alors pour une efpece d'infamie dans les deux fexes, &
pour une marque non équivoque de la malédiction de Dieu. On penfoit
au contraire que c'étoit un témoignage authentique de fa bénédiction, d'a-
voir autour de fa table un grand nombre d'enfans rangés comme de jeunes oliviers. Ceux qui ofoient obferver le célibat, étoient regardés comme
des ennemis du genre-humain, & méprifés de tout le monde; mais aujourd'hui que la terre eft peuplée, d'où pourroit naitre, dans le droit naturel, l'obligation de fe marier? Les raifons que l'on a alléguées ci-deffus
fuffifent-elles pour l'établir? Cette obligation pourroit-elle être généralement remplie par tous les individus, dans l'état actuel des fociétés civiles?

Mais il eft une autre fource d'obligation. Elle fe trouve dans les loix
civiles, il faut les confulter & fe conformer aux réglemens qu'elles ont
faits, parce qu'elles font comme l'interprétation de la loi naturelle. Elles
n'obligent, à la vérité, que comme loix de police, mais les loix de police
obligent tous les membres d'un Etat.

Les Mariages font la richeffe & l'appui des empires, & la force des
Etats confifte dans le grand nombre d'hommes. Les plus fages politiques
ont fait, à cet égard, des loix que chaque nation a intérêt de renouveller, en obfervant la différence des mœurs, des temps, & des lieux.

Les ordonnances de Moyfe ne laiffoient pas aux particuliers la liberté
de vivre dans le célibat. Ses commentateurs portoient fort loin, à l'égard
des hommes, l'obligation de fe marier dès l'âge de vingt ans, en vertu
de ce précepte divin : *croiffez & multipliez*; ils traitoient d'homicides ceux
qui négligeoient de vaquer à la propagation de leur efpece. Pour les femmes, ils croyoient qu'elles n'étoient pas précifément obligées de fe marier
en un certain temps comme les hommes, parce que cela ne dépend pas
d'elles; ils penfoient qu'auffi-tôt qu'il fe préfentoit un parti convenable, elles
étoient indifpenfablement obligées de l'accepter.

Le légiflateur de Lacédémone ne traita pas plus favorablement ceux qui
vivoient dans le célibat. Ils étoient notés d'infamie & éloignés de toutes
charges

charges civiles & militaires. Il leur étoit défendu de se trouver à ces exercices publics où les filles combattoient. Exclus des jeux publics, ils étoient
obligés d'en servir eux-mêmes dans certaines fêtes solemnelles, & de faire
le tour de la place tout nuds au plus fort de l'hiver, en chantant une
chanson faite contr'eux, dont le sens étoit qu'ils souffroient justement cette
peine, pour avoir désobéi aux loix. Lorsqu'ils devenoient vieux, ils étoient
privés des honneurs, des soins, & des respects que les jeunes gens rendoient à la vieillesse. (a)

Platon, dans ses loix, (b) tolere le célibat jusqu'à trente-cinq ans; mais
il impose une amende à ceux qui ayant atteint cet âge, ne se marient point.
Il leur interdit les emplois, & ordonne qu'ils occuperont les derniers rangs
dans les cérémonies publiques.

L'une des instructions des censeurs Romains, (c) leur enjoignoit expressément de ne pas permettre qu'aucun citoyen restât dans le célibat. (d)
Ceux qui y vivoient n'étoient reçus ni à tester ni à rendre témoignage. La
première question que le censeur faisoit à ceux qui se présentoient pour
prêter serment, étoit celle-ci : *En votre ame & conscience, avez-vous un
cheval ? Avez-vous une femme ?* (e) Ceux des candidats qui avoient le
plus d'enfans étoient préférés pour les emplois auxquels ils aspiroient (f).
Cicéron veut que les hommes qui vivent dans le célibat, soient comme
indignes des honneurs de la république.

César voyant Rome dépeuplée par les guerres civiles, proposa de grandes récompenses à ceux qui s'employeroient à donner des enfans à la république. Auguste n'ordonna pas seulement des récompenses, il établit
des peines contre les hommes non mariés, en même-temps qu'il déclara
nuls les contrats de Mariage, lorsque la fille auroit moins de dix ans. (g)
Les chevaliers Romains demanderent l'abolition de ces loix; mais Auguste
les ayant fait assembler, & ayant trouvé que ceux qui n'étoient pas mariés étoient en plus grand nombre que les autres, il augmenta les peines
déjà établies contre eux, & en fit faire une loi célébre par M. Papius &
C. Pompæus, consuls subrogés, & qui eux-mêmes n'étoient pas mariés. (h)
Par cette loi nommée *Papia Poppæa*, du nom des deux consuls sous lesquels elle fut publiée, il établissoit des distinctions entre les citoyens, relativement au célibat, au Mariage, aux enfans, & au nombre des enfans.
Ceux qui ne se marioient point avant vingt-cinq ans, étoient exclus, après

(a) Plutar. in Lycurg. & in Apophtheg.
(b) Lib. 4. & 6.
(c) Cet article est rapporté par Cicéron, *lib. de legib.*
(d) *Cælibes esse prohibento.*
(e) *Ex animi tui sententiâ, tu equum habes? Tu uxorem habes?*
(f) Tacit. annal. l. 2.
(g) Dion. lib. 43.
(h) Dion.

ce terme, des charges & des honneurs, ils payoient un tribut particulier à la république, & devenoient incapables de recevoir aucun legs, à moins que le teftateur ne fût leur parent au fixieme degré. Les gens mariés, exempts de ces peines, précédoient encore dans tous les endroits où les places étoient marquées, ceux qui n'avoient point de femme; mais ils étoient précédés à leur tour par les citoyens qui avoient des enfans; & parmi ces derniers, la place la plus honorable appartenoit de droit à ceux qui avoient trois enfans. C'eft ce qu'on appelloit le droit des trois enfans (a) dont il eft fi fouvent parlé dans les auteurs qui ont écrit après Augufte.

Ceux des citoyens qui, après s'être mariés, pour concourir, autant qu'il dépendoit d'eux, aux vues du légiflateur, avoient eu le malheur de ne pas devenir peres, fe plaignirent de la dureté de la loi qui les puniffoit d'une faute involontaire, & les empereurs donnerent à quelques-uns les privileges dont jouiffoient ceux qui avoient trois enfans. Domitien les accorda à Martial; Trajan, à Pline-le-jeune & à Suétone. Le même Domitien défendit par une loi expreffe de faire des eunuques.

On l'accorda même quelquefois, ce droit des trois enfans, à des femmes, pour les rendre capables de fuccéder à leurs enfans morts fans avoir tefté.

La même loi *Papia Poppæa*, qui donna occafion au droit des trois enfans, fit naître auffi le droit des enfans communs. (b) Un mari & une femme ne pouvoient hériter l'un de l'autre, que de la dixieme partie de leur bien; mais ils pouvoient encore fe donner mutuellement autant de dixiemes qu'ils avoient d'enfans vivans d'un premier Mariage, & un autre dixieme, s'ils avoient eu un enfant commun qui eût vécu plus de neuf jours. La loi permettoit auffi à un mari & à une femme de s'inftituer réciproquement héritiers ou légataires univerfels, dans tous les cas fuivans; s'il y avoit un enfant né de leur Mariage, vivant à la mort de l'un d'entre eux; fi la femme accouchoit dans les neuf mois après la mort de fon mari; s'ils avoient eu le malheur de perdre un fils de quatorze ans ou une fille de douze, deux enfans de trois ans, ou trois enfans qui euffent vécu plus de neuf jours. Enfin, un mari pouvoit être utilement inftitué héritier par fa femme, & une femme par fon mari, fi la femme mouroit avant l'âge de vingt ans, & le mari avant vingt-cinq. La même chofe pouvoit fe faire, lorfque le mari avoit vécu dans l'état du Mariage jufqu'à foixante ans, & la femme jufqu'à cinquante.

Malgré tous ces adouciffemens, des gens mariés, qui ne vouloient pas que les marques d'amitié qu'ils fouhaitoient de fe donner dépendiffent du hafard, s'adreffoient aux empereurs pour obtenir la capacité de tefter utilement les uns en faveur des autres, de la même maniere qu'ils auroient pu le faire, s'ils avoient eu des enfans nés de leur Mariage. C'eft cette

---

(a) *Jus trium liberorum.*
(b) *Jus liberorum, jus communium liberorum, jus commune liberorum.*

capacité respective qui formoit le droit commun des enfans. (*a*) Tibere modéra la rigueur de la loi *Papia Poppæa*, parce qu'on avoit appris par expérience qu'elle groffiffoit l'épargne du prince fans multiplier les Mariages, ce qui a fait dire à un hiftorien Romain, (*b*) qu'Augufte dans fa vieilleffe, ne l'avoit portée, que pour avoir occafion d'augmenter fes revenus par les amendes auxquelles elle donneroit lieu.

Victor-Amédée, dernier roi de *Sardaigne*, ordonna que ceux de fes fujets qui auroient douze enfans légitimes & naturels, feroient exempts, durant leur vie, de toutes les impofitions & charges publiques, pour leurs biens, auffi-bien que des droits de gabelle & autres, pour les marchandifes & les denrées néceffaires à l'entretien, & qu'on compteroit au nombre de ces enfans ceux du premier degré, les enfans des enfans prédécédés, & ceux qui feroient morts au fervice du prince, en occafion de guerre. (*c*)

Le pape Benoit XIV a auffi rétabli les privileges dont jouiffoient chez les anciens Romains ceux qui avoient douze enfans. (*d*)

En France, Louis-le-Grand, croyant devoir relever la dignité des Mariages déprimés par la licence des temps, accorda des prérogatives à la fécondité. Inftruit de l'ufage particulier de la province de Bourgogne, fuivant lequel un homme ou une femme qui a douze enfans vivans, jouit de l'exemption de toutes impofitions, il ordonna (*e*) que les gentilshommes & leurs femmes qui auroient douze enfans nés en loyal Mariage, non prêtres, religieux, ni religieufes, & qui feroient vivans ou décédés en portant les armes pour fon fervice, jouiffent de deux mille livres de penfion; & ceux qui n'en auroient que dix, de mille livres. Le prince étendit les mêmes graces à tous les fujets du royaume. Les habitans des villes franches, bourgeois non taillables, ni nobles, & leurs femmes qui auront dix ou douze enfans, doivent jouir, en l'un & en l'autre cas, de la moitié des penfions accordées aux gentilshommes & à leurs femmes, aux conditions que je viens d'exprimer, & ils doivent auffi être exempts du guet, de la garde, & des autres charges de ville. Et pour les gens taillables, tout pere de famille qui aura dix enfans vivans, aux mêmes conditions, doit demeurer exempt de la collecte, de toute taille, taillon, fel, fubfides, & autres impofitions & charges publiques. Cet édit du feu roi, qui n'accordoit des privileges que dans un cas extrêmement rare, ne pouvoit pas beaucoup contribuer à la propagation, & il n'eft même plus en vigueur.

(*a*) *Jus commune liberorum.*

(*b*) Tacit. annal. lib. III.

(*c*) Art. 1 & 2 du titre V, livre VI du code Victorien de 1729.

(*d*) Edit de Benoit XIV, du mois de mars 1745.

(*e*) Par des lettres-patentes en forme d'édit données à Saint-Germain en Laye, dans le mois de novembre 1666, rapportées par la Roque, page 337 de fon traité de la nobleffe, édition de Rouen 1710.

L'intérêt des sociétés civiles a formé ces loix, & produit ces privileges. La raison nous dit que le Mariage étant une source féconde qui produit la force & la grandeur des Etats, chaque citoyen est obligé d'entrer dans un engagement qui seul peut. les perpétuer, mais comme l'obligation de se marier qui en résulte, n'est fondée que sur une loi affirmative, indéterminée, chaque personne n'est pas obligée de se marier indispensablement dans tous les temps, dans toutes les occasions. Ces loix affirmatives supposent toujours que l'on ait une occasion favorable qui mettent dans l'obligation de se marier. Cette obligation ne dépend pas seulement de l'âge ou des facultés naturelles nécessaires à la génération. Il faut encore, pour rendre cette obligation parfaite & déterminée à un certain sujet, que ce sujet trouve un parti honnête, qu'il ait de quoi entretenir une femme & des enfans, que des soins pénibles & laborieux ne l'éloignent pas du Mariage, & qu'il soit en état de soutenir, de tout point, le personnage, de mari & celui de pere de famille.

On n'est donc pas obligé de se marier lorsqu'on est trop jeune, qu'on n'a aucune sorte de bien, & qu'on a un juste sujet de craindre qu'on ne donnât à la république des citoyens misérables. Ceux qui ont le don de continence, & qui, par conséquent, ne troublent pas la société, par des commerces licencieux, peuvent aussi ne pas se marier, lorsqu'ils se croient plus utiles à la société, en vivant dans le célibat. On ne doit pas non plus blâmer ceux qui craignent de donner aux enfans d'un premier lit une marâtre ou un beau-pere fâcheux, ou de causer à ses enfans un préjudice considérable en passant à de secondes noces.

Par la même raison, il est évident que le législateur peut forcer au Mariage tous ceux qui sont dans un âge & d'une constitution propre à en remplir les devoirs, ou qu'il peut mettre en situation d'en soutenir les dépenses ; mais il est beaucoup plus. utile à un Etat d'engager au Mariage par l'attrait séduisant des récompenses, que d'y forcer par la crainte servile des peines.

Comme il y a des causes légitimes de ne pas appliquer à certaines personnes l'obligation indéterminée qu'impose la loi civile de se marier, il y en a aussi qui ajoutent à cette obligation un engagement particulier pour d'autres personnes. Par exemple, lorsque la famille régnante est réduite à la personne seule qui est assise sur le trône, les inconvéniens des interregnes & les mouvemens, qui peuvent troubler l'Etat dans un changement de gouvernement, imposent au prince un engagement particulier de se marier ; mais pour ces cas extraordinaires, on peut s'en rapporter à la sagesse de la nation & à cet amour de la postérité qu'elle a donné à chaque homme, amour qui agit bien plus puissamment sur le cœur des souverains, que sur celui des particuliers.

Il seroit bien injuste de défendre pour un temps à tous les citoyens de se marier, ou de ne le permettre qu'aux aînés des familles, comme si le don de continence étoit le propre des cadets. Ce moyen d'empêcher la trop grande multiplication des citoyens, dans certains pays où elle paroît à craindre, ne seroit guere moins dur que la coutume barbare d'exposer les enfans qui étoit autrefois si commune parmi les Grecs, & qui l'est encore parmi les Chinois, ou que l'expédient conseillé par Aristote de faire avorter les femmes; mais comme l'expérience apprend que certains emplois peuvent être beaucoup mieux exercés dans le célibat que dans le Mariage, rien n'empêche que les loix civiles n'excluent de ces emplois les gens mariés, ou ne les ôtent à ceux qui ne sauroient se résoudre à vivre dans le célibat. Cette exclusion même doit supposer que l'Etat soit assez peuplé d'ailleurs, & qu'il renferme dans son sein assez de gens continens pour ne pas craindre qu'elle fasse violence au naturel des habitans, ou qu'elle introduise d'un côté le dérèglement, pendant qu'elle établit de l'autre un ordre nécessaire.

§. I I I.

Conditions nécessaires pour rendre un Mariage valable. Des obstacles au Mariage. Des empêchemens établis par les loix civiles. Du consentement de l'homme & de la femme.

POUR se marier, il faut avoir les qualités physiques convenables au Mariage, c'est-à-dire une constitution propre à son principal but, la propagation de l'espece: ainsi, marier une fille avant qu'elle soit nubile, c'est faire outrage à la nature: ainsi, ceux qui n'ont pas la puissance de satisfaire le penchant d'un sexe pour l'autre, ne peuvent non plus prétendre au Mariage que les eunuques. Il faut encore avoir l'usage de la raison, donner un consentement libre, n'être dans aucune erreur de la personne & ne pas se trouver non plus actuellement dans les liens d'un autre Mariage. Si toutes ces circonstances ne concourent, le Mariage n'est pas valablement contracté.

La consanguinité & l'alliance ne forment naturellement aucun obstacle à l'union des deux sexes; mais les loix civiles, conformes en cela aux réglemens canoniques, défendent les Mariages à un certain degré de consanguinité & d'alliance, en sorte que, par cet obstacle moral, les Mariages entre ceux qui sont parens à certains degrés, ou alliés d'une certaine maniere, passent pour impurs, illicites, & nuls.

Dans la primitive église, il étoit permis à un cousin germain d'épouser sa cousine germaine, les enfans des deux freres avoient la liberté de se marier ensemble; pour empêcher qu'on ne s'alliât dans les familles payennes; mais Théodose-le-Grand défendit les Mariages entre cousins, à peine de mort, sous le prétexte de bienséance, que les cousines germaines tiennent lieu de sœurs à l'égard de leurs cousins germains. Je répete ce que je viens de dire, que dans chaque pays, il faut se conformer aux loix qu'on y a faites ou adoptées.

Les conjonctions illicites ne produisent aucune affinité, & il n'en résulte par conséquent aucun empêchement au Mariage.

L'affinité fondée sur un Mariage produit un empêchement, mais ce n'est qu'un empêchement de droit positif, dont l'autorité ecclésiastique peut dispenser. C'est un point qui est à présent incontestable, mais qui fut agité autrefois comme un problème dans une occasion célèbre. Henri VIII, roi d'Angleterre, prévenu d'une passion violente pour Anne de Boulen, portoit impatiemment le joug qui l'unissoit à Catherine d'Arragon sa femme, auparavant veuve d'Artus son frere aîné. Ce prince prétendit que le pape n'avoit pu lui accorder la dispense d'épouser sa belle-sœur. Cranmer, archevêque de Cantorberi, prononça la sentence de divorce que le pape avoit long-temps différée par divers motifs; & Anne de Boulen monta sur le trône dont on força Catherine d'Arragon de descendre après vingt-deux ans de regne. Ce divorce, dont les suites ont fait perdre l'Angleterre à la religion catholique, donna lieu aux plus fameuses universités de l'Europe & à tous les savans du seizieme siecle de discuter la question de l'affinité dans les Mariages. (a) Les souverains ne trouvent que trop souvent des adulateurs disposés à favoriser leurs passions. On ne manqua pas de faire paroître un grand nombre de suffrages pour autoriser le divorce de Henri VIII. Tous les partisans du prince soutinrent, que la prohibition du Mariage dans le premier degré d'affinité de la ligne collatérale, étoit de droit naturel & divin. Mais le plus grand nombre des canonistes & des théologiens, soit catholiques, soit protestans, démontra par des textes précis du vieux testament, par l'autorité des conciles, par le sentiment des docteurs des deux églises, & par des exemples tirés de l'histoire, que dans ce cas il n'y avoit qu'un empêchement de droit positif; & c'est une maxime regardée aujourd'hui comme incontestable, tant dans l'église catholique que parmi les protestans.

Les papes ont accordé dans tous les temps, des dispenses pour épouser la sœur de sa femme ou la veuve de son frere. Emmanuel, roi de Portugal, en vertu d'une dispense du Pape Alexandre VI, épousa successivement les deux sœurs. Henri VIII, roi d'Angleterre, dont je viens de parler, avec une dispense de Jules II confirmée par Clément VII, avoit épousé la veuve de son frere. En vertu de semblables dispenses, Sigismond-Auguste, & Jean-Casimir, tous deux rois de Pologne, épouserent, l'un la sœur de sa femme, & l'autre la femme de son frere. La maison de Farnese a donné, sur l'article que nous examinons, un exemple digne d'une attention particuliere. Dorothée-Sophie de Baviere, palatine de Neubourg (b) épousa (c) Edouard-Farnese II du nom, prince héréditaire de Parme, fils de Ranuse Farnese II du nom, duc de Parme & de Plaisan-

_____

(a) Voyez le détail de cette affaire dans le liv. 1 de l'histoire de Thou.
(b) Née le 11 de Juillet 1670.
(c) Le 3 d'avril 1690.

ce. Edouard-Farnese mourut (*a*) avant son pere. Il avoit eu de Dorothée-Sophie de Baviere deux enfans, Alexandre-Ignace qui étoit mort (*b*) & Elisabeth Farnese reine d'Espagne. Dorothée-Sophie de Baviere, sa veuve, épousa (*c*) François, duc de Parme, frere de son mari, avec une dispense du pape Innocent XII. (*d*)

On peut même remarquer que ces dispenses ne sont réservées ni aux seules têtes couronnées, ni aux seuls princes des familles souveraines, & que les papes les accordent non-seulement à des personnes illustres, mais même à de simples particuliers. Il y en a cent exemples en Espagne. La Pologne en a fourni plusieurs, & le comte de Flemming, grand trésorier de Lithuanie, a épousé, (*e*) avec dispense du saint siege, la seconde fille du prince Czartorinsky dont il avoit épousé l'aînée en premieres noces. Pour me borner ici à quelques exemples de France, je remarquerai simplement que le maréchal de Crequi obtint des dispenses pour épouser les deux sœurs; qu'un capitaine de cavalerie nommé Recourt, avec une dispense d'Innocent X, épousa aussi successivement deux sœurs; qu'un simple gentilhomme du feu comte d'Armagnac, grand écuyer de France, nommé La Chenaye, eut la permission d'épouser les deux filles d'une femme appellée Beaufort; que Paris de Montmartel, avoit épousé en premieres noces sa propre niece; & qu'enfin le duc de Bouillon, qui a survécu à sa femme, avoit épousé la veuve de son frere aîné, petite fille du fameux Jean Sobiesky, roi de Pologne.

Comme l'obligation de se marier est indéterminée, c'est aux loix civiles à fixer le temps où les citoyens seront capables des effets naturels & civils du Mariage, quelles conjonctions seront légitimes, & quelles illégitimes, le genre des alliances, & les formalités qui y doivent être observées.

Le remede doit commencer où commence le besoin; & sur ce principe, il semble qu'on pourroit soutenir que dès que les enfans sont en état de supporter les charges & de remplir les devoirs du Mariage, ils sont en droit de se marier; mais dans un âge tendre, les enfans ne sont pas tous en état de juger de ce qui convient à leurs intérêts, il faut que la raison de leurs parens vienne au secours de la leur. On n'a pu faire une loi particuliere pour chaque enfant, & l'on en a fait une générale pour tous, parce que les hommes ont à peu près la même capacité au même âge. Ce sont les besoins de la société, considérée en général, qui ont déterminé le réglement.

_____

(*a*) Le 5 septembre 1693.

(*b*) Le 5 d'août 1693.

(*c*) Le 3 de décembre 1694.

(*d*) François Farnese est mort le 26 de février 1727. Et Dorothée-Sophie de Baviere, sa veuve en secondes noces, le 15 de septembre 1748.

(*e*) En 1747.

Il y a des pays où il eſt, défendu aux citoyens d'épouſer des étrangeres, & aux nobles de ſe marier à des roturieres.

Dans l'ancienne Rome, la loi *Papia-Poppæa* portoit qu'une femme âgée de cinquante ans ne pouvoit pas ſe marier avec un homme qui en eût moins de ſoixante ; & qu'un homme de ſoixante ans ne pourroit pas non plus épouſer une femme qui en auroit moins de cinquante. On puniſſoit de mort non-ſeulement le rapt de violence, mais celui de ſéduction.

Parmi les Indiens, où le peuple eſt diviſé en pluſieurs claſſes, une loi de Brama, leur légiſlateur, défend aux laboureurs d'épouſer les filles des artiſans, & aux artiſans d'épouſer celles des laboureurs, & ainſi des autres profeſſions.

Les ordonnances de France, (a) qui ont preſcrit les ſolemnités & les conditions néceſſaires pour la validité des Mariages, exigent la proclamation des bancs, la préſence du propre curé, & celle des témoins aſſiſtans à la bénédiction nuptiale. Elles prononcent des peines contre les curés, vicaires, & autres prêtres qui paſſeront outre à la célébration des Mariages des enfans de famille, ſans le conſentement des peres & meres, tuteurs & curateurs. Parmi nous, le rapt de violence eſt puni de mort, (b) & la punition du rapt de ſéduction eſt réglée par les circonſtances. La nullité & l'exhérédation ſont les peines des Mariages faits volontairement par les mineurs, ſans le conſentement des peres, des meres, ou des tuteurs ſous la puiſſance de qui ils étoient. Les curés, avant que de commencer les cérémonies du Mariage, ſont tenus de s'informer ſoigneuſement, par quatre témoins dignes de foi, du domicile auſſi-bien que de l'âge & de la qualité de ceux qui le contractent, & s'ils ſont enfans de famille ou en la puiſ-ſance d'autrui, afin d'avoir en ce cas le conſentement de leurs peres, meres, ou tuteurs. On procede extraordinairement contre les curés & contre les témoins qui ne ſe conforment pas aux ordonnances du ſouverain ; (c) & nous vîmes, il n'y a pas long-temps, un grand exemple de la ſévérité des tribunaux. Une demoiſelle de treize ans, (d) qui étoit extrêmement riche, & qui vivoit dans un couvent à Paris, en étant ſortie, par la per-miſſion de la ſupérieure, ſous prétexte d'aller voir ſa mere dont elle avoit rendu une fauſſe lettre à la ſupérieure, alla dans une terre (e) en Poitou,

---

(a) Ordonnance de 1639, précédée & ſuivie de pluſieurs autres.

(b) Et néanmoins voulons que ceux qui ſe trouveront avoir ſuborné fils ou filles mi-neurs de vingt-cinq ans ſous prétexte de mariage ou autre couleur, ſans le gré, ſu, vou-loir, & conſentement exprès des peres & meres, & tuteurs, ſoient punis de mort. Arti-cle 42 de l'édit de Blois. Nos rois s'engagent le jour de leur ſacre à ne point pardonner le crime de rapt.

(c) Ordonnance de 1556, & édit du mois de mars 1697.

(d) Nommée Perenc de Moras, dont le pere étoit mort maître des requêtes. Elle a fait depuis un autre mariage.

(e) Contré.

trouver

trouver un gentilhomme (a) fort pauvre & âgé de plus de cinquante ans, qui s'y étoit rendu, après que toutes les mesures pour l'évasion de la fille eurent été prises entre eux. Le curé de la paroisse les maria. Les parens de la fille firent faire des procédures sur la séduction & sur toutes les suites qu'elle avoit eue ; & par l'arrêt qui fut rendu au parlement de Paris, (b) le Mariage fut déclaré mal célébré, & le ravisseur condamné à avoir la tête tranchée ; la femme-de-chambre qui avoit accompagné la fille séduite, à être fustigée, flétrie, & bannie du royaume à perpétuité ; le curé, à faire amende honorable & banni du royaume pour neuf ans ; & le pere du curé, qui avoit assisté au Mariage comme témoin, banni pour trois ans.

Les ecclésiastiques de France reconnoissent que les princes ont droit de mettre des empêchemens dirimans aux Mariages ; mais quelques-uns d'entre eux pensent que la nullité prononcée par la puissance temporelle, se borne aux effets purement civils, sans donner atteinte au sacrement ; qu'un arrêt qui, sur la disposition des loix civiles, anéantit un Mariage, ne délie ni l'honneur ni la conscience des parties ; & qu'il y auroit un grand inconvénient que les loix civiles prononçassent une nullité absolue des Mariages sans le consentement de l'église. Ce sentiment, ils n'oseroient le donner par écrit, parce qu'ils en seroient repris par les parlemens (c) & par tous les tribunaux du royaume qui, sans faire aucune sorte de mention des effets civils, jugent tous les jours que le défaut des formalités ordonnées par les loix du pays rend les Mariages absolument illégitimes, qui défendent aux parties ainsi mal conjointes de se *hanter & fréquenter*, & qui les autorisent ainsi à prendre d'autres engagemens. Le sacrement de Mariage supposant un contrat, celui-ci ne peut être nul, que l'autre ne le soit pareillement. Dieu pourroit-il approuver un engagement contracté par un citoyen, au mépris d'une puissance qu'il a lui-même établie sur la société & à laquelle il a ordonné d'obéir ?

Les formalités que le droit civil prescrit sont implicitement comprises dans le droit naturel, parce que la loi naturelle ordonne que les membres de l'Etat soient soumis à l'Etat.

Dans les Mariages, c'est le contrat civil qui fonde la matiere du sacrement. L'essence de ce contrat consiste dans le consentement mutuel des deux parties. Le sacrement n'étant fondé que sur la plénitude de puissance & de liberté dans ceux qui contractent, il n'est point appliqué à ceux qui n'ont pas la capacité de consentir. Cette capacité se mesure par les regles

(a) Nommé le marquis de Courbon.
(b) *L'arrêt par contumace contre Courbon*, contradictoire avec les autres accusés, est du 21 de mars 1739. Il fut exécuté le 7 d'avril suivant, à l'égard de la femme de chambre, & le 8 à l'égard du curé, réellement ; & à l'égard de Courbon, en effigie.
(c) Voyez l'arrêt célèbre du parlement de Paris du 16 de février 1677, au sujet d'une these de Jacques Lhuillier, soutenue en Sorbonne, depuis la page 276 jusqu'à la page 284 d'un livre qui a pour titre : *Notes sur le concile de Trente*. Bruxelles, 1678, in-4to.

du droit civil, par l'ordre des Etats, & par les loix publiques reçues dans chaque royaume.

Le contrat civil, pour avoir été élevé par la nouvelle alliance à la dignité de sacrement, n'a pas cessé d'être soumis à l'autorité & aux loix des princes, comme il l'étoit auparavant. L'évangile n'a pas diminué l'autorité des souverains, elle a, au contraire, augmenté l'obéissance des sujets envers leurs princes, en les y attachant par un nouveau lien plus fort que tous les autres, celui de la religion : ainsi, le contrat de Mariage n'a pas changé de nature, il est toujours la base du sacrement, & le sacrement suppose toujours la matiere propre & naturelle pour faire le sacrement. Les actes des contractans qui peuvent servir de matiere ou de base au Mariage, ne lui en servent effectivement qu'en tant qu'ils sont véritables & légitimes. Si le baptême ne peut s'administrer qu'avec de l'eau naturelle, le Mariage ne peut avoir lieu qu'en conséquence d'un consentement légitime donné selon les loix; & comme le baptême administré avec du vin ou avec quelque autre liqueur, ne seroit pas valable; de même le contrat civil du Mariage, où le consentement réciproque des parties ne se trouveroit pas légitime, ne peut être élevé à la dignité de sacrement.

Le rapt de violence & celui de séduction étant, selon le sentiment même des théologiens, un empêchement dirimant, il s'ensuit que le défaut du consentement des parens pour le Mariage des mineurs, est aussi un empêchement dirimant, parce que dans nos mœurs, un tel Mariage est toujours regardé comme l'effet de la séduction.

La puissance temporelle peut donc mettre des empêchemens dirimans aux Mariages, en déclarant les citoyens inhabiles à passer un contrat civil. Comme les contrats de Mariage, par leur nature, par leur objet, & par leur fin sont des contrats civils, ils ne peuvent être établis que par la puissance souveraine. Déclarer ces contrats légitimes ou invalides, rendre les personnes qui contractent habiles ou inhabiles au Mariage, c'est l'effet d'un pouvoir souverain sur le temporel. Le seul législateur, le seul souverain qui donne la force aux contrats, en peut prononcer la validité ou la nullité. Si l'autorité ecclésiastique avoit le droit de mettre au Mariage des empêchemens dirimans, elle auroit le pouvoir de faire des loix civiles qui regardent purement le temporel, mais elle ne l'a pas. Si elle prend connoissance des Mariages à cause du sacrement, ce doit être sans toucher à l'autorité que les souverains ont eue dans tous les temps sur le contrat qui en est la base.

C'est sur ce principe que les souverains ont toujours connu de la validité ou invalidité du contrat civil, élevé à la dignité de sacrement. De-là, toutes les loix des empereurs qui établissent les formalités nécessaires pour la perfection du contrat civil à l'effet de pouvoir être élevé à la dignité de sacrement. L'empereur Théodose déclara nuls les Mariages, entre les cousins germains. Les empereurs Constantin, Constans, Honoré, & Théodose-le-jeune, mirent un empêchement dirimant au Mariage, à cause de l'affi-

nité qui vient du lien conjugal ou de la fornication. Les empereurs Va-
lentinien, Valens, Théodofe, & Arcade, font les premiers qui aient défendu
les Mariages des chrétiens avec les gentils & avec les infideles. Nos rois
ont toujours fait les loix fur les Mariages, & leurs officiers ont toujours
jugé de leur validité.

Les magiſtrats féculiers ne font juges que du fait, s'il y a eu un confentement valable, ou s'il n'y en a pas eu. Ainſi, quand les cours fupérieures de France déclarent des Mariages abufifs, les magiſtrats ne touchent
point à la fubſtance du facrement dont la connoiſſance appartient à l'autorité eccléfiaſtique, ils déclarent feulement que les conditions impofées par
la puiſſance temporelle au contrat civil, pour être élevé à la dignité de facrement, n'ayant pas été remplies, il n'y a point de facrement. C'eſt
pourquoi, la forme de prononcer fur ces matieres eſt de dire que le Mariage a été mal, nullement, & abufivement contraĉté & célébré; mal contraĉté, parce que le contrat civil n'a pas été revêtu de toutes les conditions néceſſaires pour le rendre parfait, & pour pouvoir être élevé à la
dignité de facrement; mal célébré, parce que cette célébration qui fpiri-
tualife en quelque forte le contrat & le rend facrement, a été faite fans
la matiere qui eſt de l'eſſence du facrement.

Par le droit naturel, on eſt tenu d'exécuter tout ce qu'on a promis,
mais le droit civil ne donne aĉtion en juſtice que pour les promeſſes qui
ont une caufe & une caufe légitime, ou qui font accompagnées d'une ſti-
pulation réciproque. La raifon en eſt, qu'il importe à la fociété que les
citoyens ne prennent aucun engagement qu'avec une mûre délibération;
qu'ils voient clairement les fuites de leurs promeſſes; & qu'il n'y ait aucune difficulté dans l'exécution.

La raifon immédiate, & du droit qui eſt acquis par une convention,
& de la néceſſité qu'une promeſſe impofe, de faire quelque chofe dont on
n'étoit pas tenu auparavant, c'eſt le confentement qu'on y a donné. Il n'y
a donc ni droit acquis ni néceſſité de faire, fi ce confentement n'eſt in-
tervenu.

Ce n'eſt que par des ſignes que les hommes peuvent traiter enfemble.
Le confentement dont je parle réfulte expreſſément des paroles, des écrits,
des geſtes, ou tacitement de la nature de la chofe & du ſilence qu'on a
gardé dans certaines circonſtances où l'on auroit dû s'expliquer, fi l'on n'avoit
pas voulu confentir. Ce ſilence même devient un ſigne d'approbation. A ces
deux fortes de confentement exprès & tacite, il ne faut pas ajouter, à
l'exemple des jurifconfultes Romains un troiſieme confentement qu'ils appellent préfumé, & qu'ils ont inventé pour tous les cas où la raifon femble exiger qu'on confente. Quoiqu'une perfonne ait ignoré abfolument ce
qui fe paſſoit, & qu'ainſi elle n'ait pu y confentir ni expreſſément ni tacitement, ces Jurifconfultes fuppofent que fi elle en eût eu connoiſſance,
elle y auroit confenti. De quel ufage ce confentement feint pourroit-il
être dans les corps politiques! Il n'a de fondement que dans l'équité natu-

relle, & l'équité naturelle ne sauroit obliger devant les tribunaux humains.

Trois conditions sont nécessaires pour rendre le consentement obligatoire.

I. Il faut avoir l'usage de la raison. Le consentement doit être un acte réfléchi qui suppose dans celui qui le donne un jugement sain & entier. (a) Si l'on ne l'a point, on ne peut connoître la nature de l'engagement, ni par conséquent le contracter. De-là, il résulte que les promesses d'un homme en démence, d'un stupide, d'un enfant, sont nulles, lorsqu'elles ont été faites dans les temps de la démence, de la stupidité, & de l'enfance. De-là, il résulte aussi que les promesses faites par un homme ivre pendant l'ivresse, ne sont pas obligatoires, si cette ivresse a été au point d'ôter l'usage de la raison.

II. Il faut connoître la chose à laquelle l'on consent. On ne peut pas dire qu'un homme ait voulu ce qu'il n'a pas connu; & la volonté ne peut pas avoir acquiescé à ce qui n'a pas été l'objet de l'entendement.

III. Il faut avoir la liberté de refuser le consentement qu'on donne; ainsi toute crainte qui impose la nécessité de consentir, rend le consentement invalide, parce qu'on n'est pas censé faire ce qu'on fait par contrainte.

Ce n'est pas encore assez que ces trois conditions, usage de la raison, connoissance sans erreur, liberté, aient concouru pour former le consentement, il faut que le consentement soit mutuel, c'est-à-dire que la promesse soit acceptée par celui à qui elle est faite. De quelque maniere qu'un homme cede son droit, il est nécessaire, pour en être dessaisi, que la cession soit acceptée. Celui qui cede doit connoître si le droit est transféré, & il ne peut l'être que par l'acceptation. La volonté de celui qui a consenti peut varier, tant que celui au profit duquel il a donné son consentement, ne l'a pas accepté. Les donations sont nulles par le droit civil, si elles n'ont pas été acceptées par le donataire. L'obligation de donner est parfaite par le droit naturel; mais le droit d'exiger ne peut résulter par le droit civil, que des formalités qu'il a introduites.

C'est le consentement des parties (disent les jurisconsultes) & non la conjonction du corps qui constitue le Mariage. (b) Cette maxime signifie deux choses; l'une qu'un homme & une femme, pour avoir eu commerce ensemble, ne sont pas pour cela mariés, s'ils ne se sont pas donné la foi de Mariage; l'autre, qu'aussi-tôt que deux personnes se sont engagées à se marier ensemble, le contrat est parfait avant même la consommation du Mariage.

A cette maxime des jurisconsultes, il faut ajouter, avec les mêmes jurisconsultes, que le consentement donné par les parties n'en est pas moins valable, pour avoir été donné par obéissance aux ordres de leurs parens,

---

(a) *Consensus est liberæ voluntatis à sano atque integro judicio perfecta approbatio.*

(b) *Nuptias non concubitus, sed consensus facit.*

pourvu qu'en foi il ait été libre. (*a*) Sans cela, la légéreté, le caprice, & l'inconftance s'annonceroient hardiment fous les dehors trompeurs de la contrainte & de la violence. Il n'y auroit plus de tranquillité dans les familles; l'honnêteté feroit à chaque inftant violée; & une volonté déterminée ou par le pompeux appareil d'une fortune brillante, ou par le refpeĉt & l'obéiffance, ou par tous ces motifs réunis, y trouveroit toujours la preuve du défaut de confentement & de liberté.

La crainte fuffit pour annuller le confentement; (*b*) mais felon les loix civiles, les conftitutions canoniques, & le fentiment de tous les doĉteurs, ce ne doit pas être une vaine crainte, (*c*) il faut que la crainte foit telle, qu'elle puiffe ébranler avec raifon l'homme le plus ferme & le plus conftant (*d*). Les auteurs ne parlent pas d'une crainte légere qui ne fait impreffion que fur un efprit foible & timide, fur un homme chancelant dans fes réfolutions, épouvanté par une ombre, mais d'une crainte qui a pour objet quelque chofe de grand & de réel, & qui fait violence à la volonté d'un homme courageux juftement effrayé, lequel ne fe porte à ce qu'on exige de lui, que parce qu'il ne peut autrement éviter le mal extrême dont il eft menacé. Il faut que la crainte révérencielle foit accompagnée de menaces terribles, (*e*) que le danger foit évident (*f*), & que ces menaces partent ou d'un pere ou d'une autre perfonne à qui on doit du refpeĉt, & qui peut difpofer de notre vie & de nos biens (*g*).

§. I V.

Mariages par procureur. Mariages contraĉlés par les princes du fang royal de France, fans le confentement du roi. Mariages entre perfonnes de différente religion. Mariages entre les fouverains & des perfonnes d'une condition commune ; autres Mariages difproportionnés. Mariages de la main gauche. Du lien du Mariage.

DE ce que je viens de dire, qu'auffi-tôt que deux perfonnes fe font engagées à fe marier enfemble, le contrat eft parfait avant même la confommation du Mariage, il fuit que le Mariage contraĉté par procureur eft un véritable facrement. C'eft le fentiment d'un célèbre doĉteur de Sorbon-

---

(*a*) *Confenfus tamen remiffus, qualis eft voluntas ejus qui obfequitur imperio patris, fufficit ad matrimonium contrahendum.*

(*b*) *Nihil confenfui tam contrarium eft quàm vis atque metus. Leg. 116. §. de regulis juris.*

(*c*) *Non vanus timor, non vani homines.*

(*d*) *Qui meritò in hominem conftantiffimum cadat.*

(*e*) *Cum metu reverentiali conjunĉtæ graves minæ.*

(*f*) *Periculum gravis mali.*

(*g*) *Patris aut ejus perfonæ cui reverentia debetur, & à quâ vita fortunaque plurimum pendet.*

ne, (*a*) qui a écrit, dans ces derniers temps. La plupart de nos théologiens tiennent la même opinion. Aussi, l'empereur Maximilien, qui avoit épousé par procureur Anne de Bretagne, mariée en bas âge par François duc de Bretagne son pere, prétendit-il que sa femme lui avoit été enlevée, lorsque cette princesse épousa en personne Charles VIII roi de France, & depuis Louis XII son successeur. Mais lorsqu'Anne de Bretagne avoit été mariée par procureur à Maximilien, elle n'avoit pas l'âge compétant ; & d'ailleurs quelques-uns de nos théologiens pensent que le Mariage fait par procureur n'est pas un véritable sacrement, & fondent leur sentiment sur l'usage où est l'église de réitérer la célébration du Mariage, & de donner aux conjoints une nouvelle bénédiction nuptiale, ce qui fait penser à ces théologiens que la premiere célébration ne doit être regardée que comme des fiançailles plus solemnelles, & que le sacrement n'est conféré que par la seconde bénédiction donnée aux personnes contractantes (*b*).

Les loix civiles & même les loix ecclésiastiques ont, pendant plusieurs siecles, déclaré nuls les Mariages faits sans le consentement des peres, meres, tuteurs, ou curateurs. Il est vrai que cet usage a changé insensiblement, & que le concile de Trente a fait une loi générale pour la validité de ces Mariages ; mais cette loi ne doit être suivie que dans les lieux où ce concile a été reçu & publié, & il n'a été reçu ni publié en France. Aussi, les loix de ce royaume déclarent-elles ces sortes de Mariages nuls. Elles ne se contentent pas d'autoriser les parens à déshériter les mineurs qui se sont mariés sans avoir le consentement des peres & des meres, des tuteurs, ou des curateurs, elles autorisent encore les juges royaux à casser ces sortes de Mariages ; & c'est ce qu'ils font, de la maniere que je l'ai expliqué.

Nous tenons aussi dans cette monarchie, que les princes de la famille royale ne peuvent se marier sans le consentement du roi ; que la qualité de souverain & de chef de famille doit, à cet égard, opérer, dans la maison régnante, ce qu'opere celle de pere & de tuteur dans les familles particulieres, & qu'ainsi le Mariage contracté par un prince du sang royal, sans le consentement du roi, est nul, comme le sont ceux des enfans de famille, faits sans la permission des personnes dont ils dépendent.

_____

(*a*) Tournely, dans ses *Prælectiones theologica de sacramento matrimonii.* Paris, 1730 in-8vo.

(*b*) Ferdinand, prince des Asturies, depuis roi d'Espagne, épousa au nom du dauphin de France, Marie-Thérese-Antoinette-Raphaelle, infante d'Espagne, sa sœur. Le mariage fut célébré à Madrid le 18 de décembre 1744, & la seconde bénédiction nuptiale fut donnée dans la chapelle du château de Versailles le 23 de février 1745. Le dauphin de France étant devenu veuf, épousa la princesse de Saxe, par procureur, à Dresde ; & le 9 de février 1747, ce prince & cette princesse reçurent à Versailles la bénédiction nuptiale, par les mains du coadjuteur de Strasbourg. Le Mariage de l'infante d'Espagne dona Marie-Antoinette que le duc de Savoie fit, par procureur, à Madrid, fut ratifié dans l'église collégiale d'Oulx, le 31 de mai 1750 ; & ce fut le cardinal des Lances qui leur donna la bénédiction nuptiale.

C'eſt ſur ce principe que Louis XIII prétendit que le Mariage que Gaſton de France duc d'Orléans, ſon frere & ſon héritier préſomptif, avoit fait avec Marguerite de Lorraine (a) n'avoit pu être valablement contracté ſans ſon agrément. Cette queſtion partagea dans le temps les juriſconſultes & les théologiens de tous les pays. Je mets en note les écrits auſquels elle donna lieu; (b) & j'obſerve que le parlement de Paris rendit là-deſſus un arrêt, (c) & que ce Mariage ne fut regardé en France comme légitime, qu'après que les mariés eurent été réhabilités, & que le Mariage eût été confirmé du conſentement du roi.

De tous les ouvrages que je cite dans la note, le plus digne de conſidération ſans doute, c'eſt l'avis de l'aſſemblée générale du clergé de France. Cette aſſemblée nomma des commiſſaires qui conſulterent la faculté de théologie de Paris, & treize communautés de la même ville, jéſuites, jacobins, prêtres de l'oratoire, & autres. Ce ne fut qu'après avoir vu les avis de ces divers corps qui furent tous unanimes, que le clergé de France forma ainſi le ſien.

» Diſons, ſelon le véritable ſentiment de nos conſciences, d'un conſen-
» tement unanime, que les coutumes des ·Etats peuvent faire que les Ma-
» riages ſoient nuls & non valablement contractés, quand elles ſont raiſon-
» nables, anciennes, affermies par une preſcription légitime & autoriſée
» de l'égliſe, que la coutume de la France ne permet pas que les princes
» du ſang, & particuliérement les plus proches & qui ſont préſomptifs
» héritiers de la couronne, ſe marient ſans le conſentement du roi, beau-
» coup moins contre ſa volonté & défenſe; que tels Mariages ainſi faits
» ſont invalides & nuls, par le défaut d'une condition ſans laquelle les

---

(a) En 1632.

(b) Diſcours ſur le Mariage de Gaſton de France, par Leſcot, docteur de Sorbonne; Déclarations authentiques de la bonté & valeur du Mariage de ce prince, ſelon la réſolution des docteurs de Louvain, avec pluſieurs actes faits en conſéquence, tant par le duc d'Orléans, que par l'archevêque de Malines; Diſcours de Leſcot, pour ſervir de réponte aux docteurs de Louvain; Exercitatio canonica de validitate, ſeu nullitate matrimonii ſereniſſimi principis Joannis-Gaſtonii, ducis Aurelianenſis cum Margaretá principe à Lotharingiá; Gabrielis à S. Joſepho Carmelitæ, quæſtio theologica, an ſereniſſimi principis Gaſtonis, Aurelianenſis ducis, cum Margaretá à Lotharingiá matrimonium præſumptum irritum ſit, an legitimum; Conſultation pour le mariage du duc d'Orléans ſur la queſtion de droit; Raiſons pour ſoutenir la validité du Mariage de Monſieur, par Paſſart; Avis des docteurs de la faculté ſur ce Mariage, avec les avis dogmatiques de treize communautés ſur le même ſujet; Réſolution de l'aſſemblée générale du clergé de France ſur cette affaire; Examen déſintéreſſé de quatre docteurs de Paris touchant la validité des Mariages des princes, préſomptifs héritiers de la couronne de France; Raiſons de la réponſe rendue par le clergé à la queſtion propoſée à l'aſſemblée en 1635 ſur ce Mariage. On trouve pluſieurs autres actes ſur cette queſtion dans les mercures François de ces temps-là; dans le procès-verbal de l'aſſemblée du clergé de France de l'année 1635, & dans les mémoires du clergé, depuis la page 693, juſqu'à 713 du cinquieme volume. On peut lire auſſi les mémoires d'Omer Talon, depuis la page 115 juſqu'à la page 120 du premier volume, depuis la page 148 du ſecond, & depuis la page 151 juſqu'à la page 154 du troiſieme.

(c) Le 5 de ſeptembre 1634.

» princes ne font pas capables de légitimement & valablement contracter,
» & que cette coutume de la France est raisonnable, ancienne, affermie
» par une légitime prescription, & autorisée de l'église » (a).

Cet avis perd peut-être de son autorité, pour être favorable aux vues
du souverain qui l'avoit demandé. La coutume de France dont parle le
clergé, se réduit à l'usage où nos princes du sang ont toujours été de demander au roi son agrément pour le marier ; mais jusqu'au temps dont je
parle (b), ce n'a été en France qu'un usage de bienséance comme c'en
est aussi un dans tous les autres pays. Si, dans les occasions communes,
un particulier ne se marie jamais, sans en demander l'agrément à la principale personne de sa famille, comment imaginer qu'un prince de famille
souveraine prendra ce parti sans le consentement de son roi ? Mais il y a
loin de cet usage de bienséance à une obligation étroite qui puisse former
un empêchement dirimant. Ce qui se passa sous Louis XIII, la volonté
qu'eut ce monarque, & tant d'avis réunis ajoutent sans doute un grand
poids à la bienséance, & en font en France comme une formalité indispensable. L'on ne sauroit révoquer en doute qu'un souverain ne soit en droit
d'établir que les princes de son sang ne pourront se marier sans sa permission ; mais jusqu'à présent, il n'a point été fait de loi expresse dans ce
royaume sur ce sujet ; & tant que cette loi n'aura pas été portée, l'opinion
que nous tenons pourra être contredite. Elle est plus fondée, cette opinion,
sur la politique que sur la loi.

La loi turque permet à un mahométan d'épouser une chrétienne, parce
que la femme s'engage aisément à suivre la religion de son mari. Mais
par cette même raison, cette loi défend très-expressément qu'une maho-
métane épouse un chrétien. Cette raison politique, bonne peut-être parmi
les Turcs, eu égard à la dépendance où les femmes sont des hommes dans
la religion de Mahomet, porteroit à faux dans la religion chrétienne. L'histoire, tant sacrée que profane, prouve que les femmes ont beaucoup plus
de crédit sur leurs maris, pour les amener à leur religion, que les maris
n'en ont sur leurs femmes pour les porter à leur faire embrasser la leur.
Salomon, Samson, Zizaras, Holoferne, & mille autres en font des preuves dans l'histoire sacrée. Clotilde de Bourgogne, femme de Clovis ; Gi-
sèle, femme d'Etienne roi de Hongrie ; Théodolinde femme d'Agilulphe
roi des Lombards, & mille autres en font aussi des témoignages dans
l'histoire profane. La beauté, l'amour, la douceur de la voix, le charme
des insinuations sont des armes rarement impuissantes dans les mains des
femmes.

L'église a quelquefois toléré les Mariages entre les fideles & les infideles
pendant les premiers siecles, & le docteur de Sorbonne que j'ai cité (c)

(a) Décret de l'assemblée générale du clergé de France du 7 de juillet 1635.
(b) En 1635.
(c) Tournely.

pense

penfe que le Mariage étoit un véritable facrement, par rapport à la partie qui faifoit profeffion de la foi.

Catherine de France fœur de Henri IV, fe maria avec Henri de Lorraine duc de Bar, fils aîné de Charles II, duc de Lorraine. (*a*) Catherine étoit opiniâtrement huguenote. Le roi nouvellement converti à la religion catholique, appréhendoit qu'elle n'époufât quelque prince proteftant, & que fon mari ne devint le protecteur des calviniftes en France; il la maria au duc de Bar, pour acquérir la confiance des catholiques en recevant la maifon de Lorraine dans fon alliance. Le duc de Bar vouloit que ce Mariage fe fît à l'églife; & la fiancée, qu'il fe fît au prefche. Le roi le fit faire dans fon cabinet. Il y amena la princeffe fa fœur par la main, & ordonna à fon frere naturel qui étoit archevêque de Rouen depuis deux ans, de les marier. Ce nouvel archevêque en fit d'abord quelque difficulté, alléguant les canons qui le défendoient. Mais le roi lui repréfenta que fon cabinet étoit un lieu facré, & que fa préfence fuppléoit au défaut de toute folemnité, & l'archevêque n'eut pas la force de réfifter. Ce Mariage avoit été fait pour le bien de la religion catholique; mais Clément VIII, qui étoit affis fur la chaire de faint Pierre, ne vouloit point fouffrir un mal, quelque bien qui en pût arriver, il déclare que le duc de Bar avoit encouru excommunication, pour avoir, fans difpenfe de l'églife, contracté avec une hérétique, & tint ferme long-temps pour ne lui point donner l'abfolution, quelque inftance que le duc lui en pût faire. (*b*) A la fin, l'excommunication fut levée, & le mariage confirmé.

Le docteur dont j'ai parlé (*c*) eft perfuadé que les Mariages contractés entre un catholique & un proteftant ne font nuls ni de droit divin, ni de droit eccléfiaftique; il trouve difficile de prendre parti fur la queftion, fi le pape peût rendre licites ces Mariages par des difpenfes, telles (dit-il) que font celles que Clément VIII, accorda à Henri de Lorraine pour époufer Catherine de France, & celle d'Urbain VIII, en vertu de laquelle Henriette de France époufa Charles I, roi d'Angleterre; mais il avoue qu'en France il n'y a plus de difficulté depuis la déclaration du roi, qui porte expreffément que ces fortes de Mariages feront nuls, & que les enfans qui en naîtront feront illégitimes. Il ne fauroit en effet y avoir du doute à cet égard, puifque les Souverains ont le droit de mettre des empêchemens dirimans aux Mariages.

Voici la déclaration dont parle ce docteur : » Voulons & nous plait qu'à » l'avenir nos fujets de la religion catholique, apoftolique & romaine, ne » puiffent, fous quelque prétexte que ce foit, contracter Mariage avec ceux » de la religion prétendue réformée, déclarant tels Mariages non valable- » ment contractés, & les enfans qui en proviendront, illégitimes & in-

_____

(*a*) Ce Mariage fut célébré le 5 d'août 1598.
(*b*) Perefixe, hiftoire de Henri-le-Grand, fous l'an 1599.
(*c*) Tournely.

» capables de fuccéder aux biens meubles & immeubles de leurs peres &
» meres (*a*).

L'inégalité des conditions n'eft point un obftacle à la validité des Mariages,
felon les loix romaines. Par celles du digefte, il éroit défendu aux fena-
teurs & à leurs enfans de fe marier à des affranchies & à certaines femmes
de baffe condition (*b*). Cette prohibition fut abolie (*c*), au point qu'on eut
la permiffion d'époufer fon efclave, même après en avoir eu des enfans.
Par un Mariage fubféquent ils devenoient légitimes, & leur mere éroit libre.

La difpofition de ces nouvelles loix a été adoptée dans tous les pays
policés de l'Europe. Quelque différence qu'il y ait dans les conditions, le
Mariage n'eft pas moins légitime, les enfans ne font pas moins capables
de fuccéder aux titres de leurs peres, & les femmes ne jouiffent pas moins
des honneurs & du rang de leurs maris.

Cela a même lieu dans les Mariages des Souverains qui époufent de
fimples demoifelles ou même des femmes du peuple, à moins que les effets
civils du Mariage ne foient bornés par le contrat même ou par quelques
pactes de famille. C'eft l'ufage de tous les Etats de l'Europe; & c'eft ainfi
même que le confeil aulique d'Allemagne l'a jugé plufieurs fois, quoique
ce pays là ait un ufage fingulier, dont je parlerai bientôt. 1°. En faveur
d'Othon, fils d'Othon duc de Brunfwick-Lunebourg & de Mechtilde de
Campen, fimple demoifelle. 2°. En faveur des enfans d'Edouard-Fortunat
margrave de Bade & de Marie d'Euken, fille d'un gentilhomme Flamand,
contre Fréderic V margrave de Bade-Dourlach fon coufin (*d*). 3°. En faveur d'Efther-Marie de Wizleben veuve de Jean-Charles prince palatin
de Birckenfeldt, contre le prince Chriftian frere ainé de fon mari (*e*). 4°. En
faveur des enfans du troifieme lit du prince Jean-François-Defiré de Naf-
fau-Siegen & d'Ifabelle-Claire-Eugenie de la Serre (*f*). 5°. En faveur de
Frédéric-Charles d'Holftein Ploen, fils de Chriftian-Charles de Slefwick-
Holftein & de Dorothée-Chriftine d'Eychelberg, contre le prince Jean-
Adolphe-Ferdinand d'Holftein-Retvifch (*g*). 6°. En faveur des enfans du
duc-Antoine-Ulric de Saxe-Meiningen, & de Philippine-Elizabeth-Céfa-
rige (*h*), que ce prince avoit époufée, quoiqu'elle ne fut que femme de
chambre de la princeffe de Saxe. Il y a cent autres exemples de ces alliances inégales, qui donnent aux femmes des fouverains le même rang, &

(*a*) Déclaration du roi du mois de novembre 1680.

(*b*) *L. Lege Juliá. L. Obfervandum de ritu nupti.*

(*c*) Par la loi derniere au code *de Nuptiis*, & par les Novelles de Juftinien, nov. 18.
cap. 2. & nov. 78. cap. 2.

(*d*) En 1622.

(*e*) Le 11 d'avril 1715.

(*f*) Le 30 de feptembre 1724.

(*g*) Le 11 de feptembre 1731.

(*h*) Du 4 de février 1733.

aux enfans de ces femmes, la même capacité de fuccéder; mais quel exemple pourrois-je rapporter qui fut auffi illuftre que celui de Catherine femme du Czar Pierre-le-Grand, laquelle, après la mort de fon mari, demeura affife fur le trône que fon mari avoit occupé.

La maxime que les enfans d'un prince marié avec une perfonne d'une condition inégale, font capables de fuccéder aux Etats de leur pere, reçoit une exception en Allemagne. C'eft lorfque le Mariage a été contracté à la *morganatique* (a), comme parlent les docteurs Allemands, ou de la main gauche, fuivant notre expreffion. Il ne peut y avoir de Mariage à la morganatique, que dans deux cas.

L'un eft lorfqu'un prince paffe à de fecondes noces, & qu'il a du premier lit des enfans capables de foutenir l'éclat de fa maifon. Un fouverain qui fe trouve dans cette circonftance & qui ne veut pas empirer la condition de fes enfans du premier lit, en appellant au partage de fa fucceffion ceux qui pourroient naître d'un fecond, & fur-tout d'une femme de condition très-inférieure, borne leurs droits à une certaine portion de fes biens. Les feudiftes Allemands expriment, en ce cas-là, le but du mari par ces mots: *Ne voulant pas offenfer Dieu* (b), par où il faut entendre: de crainte de faire tort aux enfans du premier lit & de bleffer fa confcience, foit en vivant dans le crime, foit en manquant d'affigner une portion de fes biens aux enfans du fecond lit.

Le fecond cas où un prince Allemand fe marie à la morganatique, c'eft lorfque le contrat fait mention de l'inégalité des futurs conjoints, foit en faveur des enfans qu'il a déjà, foit en faveur de fes collatéraux ou agnats, avec la claufe expreffe que les enfans qui naîtront de ce Mariage ne fuccéderont ni aux fiefs ni aux dignités de leurs peres, & fe contenteront des fommes ou des terres qui leur font affignées par le contrat de Mariage.

Charles III duc de Lorraine (c) étoit dans ces circonftances, lorfqu'il fit (d) le Mariage dont je vais parler. Ce prince étant à Paris fe familiarifoit avec tout le monde, & ne gardoit aucune des bienféances de fon rang. Ce genre de vie lui donna occafion de parler à la fille d'un apoticaire d'Anne-Marie-Louife d'Orléans, ducheffe de Montpenfier, fille de Gafton de France duc d'Orléans, qu'il avoit vue quelquefois au palais de Luxembourg. Cette fille s'appelloit Marie-Anne-Françoife Pajot. Il en de-

(a) *Ad morganaticam legem.*

(b) *Nolens exiftere in peccato.*

(c) Le même que quelques hiftoriens appellent fauffement Charles IV. Il n'eft que le troifieme de la famille qui régnoit alors en Lorraine & qui regne à préfent en Tofcane. Il eft bien vrai qu'il y a eu un autre Charles, duc de Lorraine, mais on ne le doit pas compter, par ce qu'il étoit de la race de Charlemagne, qui n'a rien de commun avec la famille dont je viens de parler.

(d) Le 18 d'avril 1662.

vint paſſionné, au point que n'ayant pu la réſoudre à ſe rendre à ſes déſirs, il réſolut de l'épouſer. Le duc de Lorraine qui avoit un frere & un neveu, reconnoît d'abord, dans ſon contrat de Mariage avec la fille Pajot, que le prince Charles de Lorraine eſt ſon légitime ſucceſſeur, & déclare qu'il avoit réſolu de lui remettre ſes Etats, de ſon vivant, dans le deſſein d'achever ſes jours dans la tranquillité du célibat. Il dit enſuite qu'ayant reconnu qu'il étoit appellé à la condition d'un ſecond Mariage, ſans toutefois déroger à la déclaration qu'il venoit de faire de ſon ſucceſſeur, ce qui ſeroit plus difficile à exécuter s'il s'allioit à quelque maiſon d'une élévation proportionnée à la ſienne, & s'il venoit à avoir des enfans mâles ; il avoit jugé que le moyen le plus propre pour accorder ces deux points, c'étoit de faire choix d'une perſonne dont la pudeur & la ſageſſe remplaçaſſent ces éminentes & faſtueuſes qualités, qui ſont plutôt l'objet de l'ambition des hommes, que d'un amour chaſte & véritablement conjugal. Le contrat parle enſuite des malheurs qui ſuivent ordinairement les alliances des ſouverains, leſquelles ne ſont faites que dans des vues politiques. On y exprime les belles qualités de Marie-Anne-Françoiſe Pajot, le reſpect avec lequel Claude Pajot ſon pere & Eliſabeth Sovart ſa mere ont reçu la recherche du prince, & les conditions auxquelles le Mariage étoit conclu. Ces conditions ſont, que le pere & la mere de Marie-Anne-Françoiſe Pajot conſtituent en dot à leur fille la ſomme de cent mille livres, ſavoir, ſoixante mille livres en fonds de terre qu'ils abandonnent au duc de Lorraine, & quarante mille livres en argent comptant, moyennant quoi la fille renonce à la ſucceſſion de ſes pere & mere, ſans pouvoir y prétendre autre choſe. Le duc conſtitue à la future épouſe un douaire annuel de cinquante mille livres, monnoie de Lorraine, avec une habitation & des meubles convenables à une douariere de ſa qualité. Il lui donne, au cas qu'elle lui ſurvive, deux cents mille livres, monnoie de France, pour être inceſſamment employées en fonds de terre, & enfin cent mille livres, encore monnoie de France, pour ſes bagues & joyaux, avec cette clauſe importante dont je rapporte ici les propres termes : » Déclarant ledit ſeigneur duc, qu'en cas que Dieu lui donnât des enfans de » ſon Mariage, il prétend que tels enfans ſoient abſolument exclus des » ſucceſſions des duchés de Lorraine & de Bar, terres & ſeigneuries en » dépendantes, reconnoiſſant que telles ſucceſſions ne regardent que le » prince Charles de Lorraine, qu'il déclare à cet effet ſon héritier immua- » ble, voulant que tels enfans ſe contentent des revenus qu'on leur aſſigne- » ra, modiques à la vérité pour des fils de ſouverain, mais très-conſidé- » rables par rapport à la qualité de leur mere, ſe ſoumettant lui & ladite » demoiſelle Pajot ſa future épouſe, pour l'exécution de tous les pactes » entre eux accordés, au jugement du parlement de Paris. » Il ſeroit difficile de trouver un Mariage plus extraordinaire dans toutes ſes circonſtances. Pour remplir ſa vocation, le duc de Lorraine veut épouſer une fille du peuple, priver de ſa ſucceſſion les enfans qui pourront naître de ſon

Mariage, préférer fon neveu aux enfans qu'il pourra avoir, & fe foumettre au jugement d'un tribunal étranger qui, entre autres droits, aura celui
de déclarer & de maintenir le véritable fouverain de la Lorraine. Tout extraordinaire qu'il étoit, ce Mariage auroit eu lieu, fi Henriette d'Angleterre, duchefie d'Orléans, ne pouvant fouffrir l'indignité de cette alliance,
n'avoit fupplié Louis XIV d'interpofer fon autorité, pour empêcher qu'on
ne paffât outre. La fille Pajot fut enlevée & mife dans un couvent ; & le duc
de Lorraine, après avoir envain preffé, prié, follicité le roi, oublia fa
paffion avec d'autant plus de facilité, qu'il fut toute fa vie le plus leger &
le plus inconftant de tous les princes, dans fes goûts & dans fes affaires. (a)

Le Mariage à la morganatique a quelquefois donné lieu aux enfans de la
femme ainfi époufée, de fuccéder. Ç'a été lorfque l'empereur a rapproché
les conditions, en élevant la femme au rang de princeffe de l'Empire. Mais
comme par les loix de l'Empire, l'empereur dans l'exercice de ce qu'on
appelle fes *Réferves*, ne doit point préjudicier à un tiers, & que tels Mariages font une efpece de tache dans une maifon illuftre, ces fortes de graces font fouvent fujettes à révocation ou à reftitution. En voici un exemple
affez récent. Le duc Antoine-Ulric de Saxe-Meiningen ayant époufé Philippine-Elizabeth Zefcrin, d'une naiffance obfcure, & en ayant des enfans,
follicita l'empereur Charles VI d'accorder à fon époufe le rang & la dignité
de princeffe de l'Empire & de duchefie de Saxe, avec toutes les prérroga-
tives qui en dépendent, & l'habilité aux enfans de fuccéder aux fiefs patrimoniaux (b). L'empereur lui accorda fa demande. (c) Tous les princes de
la branche Erneftine de Saxe protefterent contre cette difpofition, & alléguerent pour fin de non-recevoir, qu'elle étoit contraire aux pactes de famille (d). Le frere du duc Antoine-Ulric intervint comme partie principale
oppofante. Le roi de Pologne, électeur de Saxe, fit des repréfentations fort
preffantes à l'empereur, dans un écrit qu'il lui adreffa en forme de lettre.
Le roi de Pruffe fe déclara pour la même caufe. Le diplome fut attaqué
comme fubreptice, & l'on fit voir à l'empereur qu'il avoit agi contre fa capitulation. Ce monarque, jaloux de fes *Réferves*, ne voulut point annuller
fon diplome; mais, pour ne pas mécontenter tant de puiffans princes, il
confentit que fon confeil aulique jugeât le point de la fucceffion. Il s'écoula
beaucoup de temps avant qu'on eût raffemblé & examiné les actes de part

(a) *Voyez* les Mémoires du marquis de Beauvau, *l.* 4. *p.* 221; les Mémoires pour fervir
à l'hiftoire univerfelle de l'Europe depuis 1600 jufqu'en 1716, *p.* 125, 126 & 127 du troifieme tome; le corps univerfel diplomatique du droit des gens, fixieme vol. deuxieme partie, *p.* 410; & l'hiftoire du regne de Louis XIV. Avignon, 1742, premier vol. depuis la
p. 585, jufqu'à la *p.* 588.

(b) Johan-Jacob Mofer, Wahl cap. Frantz des Erften. Tit. 1. *p.* 125 & *fuiv.*

(c) Par un diplome daté du 25 de feptembre 1727.

(d) Et nommément à celui du 8 de juin 1681, entre Frédéric, duc de Gotha, & Bernard, duc de Saxe-Meiningen.

& d'autre. Le *Conclufum* du confeil aulique ne fut pas favorable au duc Antoine-Ulric. Il prit alors le parti de décliner la compétence de ce tribunal, & de recourir à la diete. Sur ces entrefaites, Charles VI mourut; & dans le vingt-deuxieme article de la capitulation de fon fucceffeur, on prévint la confirmation du diplome & de l'état des enfans de Philippine-Elizabeth Zefcrin, qui étoit auffi morte, mais dont les fils fe qualifioient princes de l'empire & ducs de Meiningen. Charles VII, follicité de faire finir cette affaire, donna un décret (a) par lequel, fe conformant au *Conclufum* du confeil aulique, & à l'article XXII de fa capitulation, il débouta le duc Antoine-Ulric de fes prétentions; infirma, quant à la fucceffion & aux titres de la maifon ducale de Saxe, le diplome obtenu par lui du feu empereur; déclara fon Mariage une méfalliance dans toutes les formes; & les enfans iffus de ce Mariage inhabiles à fuccéder à aucun fief de l'empire. Il femble que, dans la derniere capitulation de François I, on a eu en vue de mettre ce décret à couvert de toute entreprife, puifqu'il y eft dit (b), que les expectatives pour les fiefs de l'empire concédées par les précédens empereurs, de même que les conventions d'hérédité & de fucceffion aux mêmes fiefs, faites & confirmées au préjudice d'un tiers, feront nulles & de nul effet. Les circonftances où fe trouvoit Charles VII furent favorables aux parties du Duc Antoine-Ulric. Un empereur puiffant cherche plutôt à ufer de fes *Réferves* & à les étendre, qu'à les négliger & à les reftreindre. Il hafarde même, pour parvenir à fon but, des entreprifes contraires à fa capitulation. S'il fe trouve dans une fituation formidable, qui ofera les traiter d'injuftices, de nullités? Tout plie, tout fe foumet: on diffimule, ou fi l'on fe plaint, on n'eft point écouté. Mille tranfgreffions ont donné lieu à autant de griefs & à des plaintes ameres, fans qu'on ait pu obtenir ni fatisfaction, ni redreffement. Tout cela n'eft point à craindre de la part d'un chef médiocrement puiffant. Loin d'entreprendre fur les loix qu'il a folemnellement jurées, il s'attache fcrupuleufement à les obferver, pour fe captiver l'affection des Etats que fa fituation lui rend néceffaire. Il eft timide, parce qu'il eft foible. Il feroit hardi & entreprenant, s'il étoit puiffant.

Pour connoître fi le Mariage eft un lien indiffoluble, il faut d'abord raifonner fur les principes du droit naturel.

Comme l'un des contractans ne peut pas fe dédire d'une convention fans le confentement de l'autre, le droit naturel ne permet point qu'un mari quitte fa femme, ou une femme fon mari, par un mouvement capricieux ou dans l'efpérance de trouver un meilleur parti. Qu'eft-ce que le Mariage? Une donation mutuelle que deux perfonnes libres fe font l'une à l'autre de leurs corps. La nature de cette fociété fait voir qu'elle doit durer long-temps. Ce n'eft pas feulement pour avoir des enfans, c'eft encore

(a) Daté de Francfort fur le Mein le 15 feptembre 1744.
(b) Capitulat. de François I, art. XI. 6. 9.

pour les élever qu'on se marie. De droit naturel, le mari doit par conséquent demeurer avec sa femme, au moins jusqu'à ce que les enfans soient en état de pourvoir à leur subsistance ou de vivre avec le bien qu'il leur laisse; les besoins seuls des enfans le demandent. Mais il ne paroît pas qu'il y ait rien, ni dans la nature ni dans le but de cette union, qui exige que le mari & la femme demeurent ensemble toute leur vie. Ainsi, à ne consulter que le droit naturel, il semble qu'ils pourroient se quitter après avoir élevé leurs enfans & leur avoir laissé du bien pour s'entretenir; & il est d'ailleurs évident, dans ce même droit, que l'un des mariés ne peut être obligé de tenir sa promesse, si l'autre manque à la sienne.

Mais le Mariage parmi nous n'est pas seulement une union naturelle entre des hommes, ce n'est pas seulement un contrat civil entre des citoyens, c'est de plus un sacrement entre des chrétiens. La nature forme l'engagement; la loi politique le détermine, le caractérise, le qualifie; l'église le consacre, & l'indissolubilité qu'il a, à ce dernier égard, est le sceau de la perpétuité qui renferme les contractans dans le vœu de la loi.

C'est une opinion assez commune parmi les chrétiens, que l'indissolubilité du Mariage est fondée sur l'institution primitive, suivant les paroles de la genese, (a) & dont le nouveau testament a renouvellé la loi; (b) mais il est inutile d'entrer dans cette question qui a été décidée & par le droit divin positif & par les loix civiles, (c) Jesus-Christ a rendu le Mariage indissoluble, en défendant que l'homme séparât ce que Dieu a joint.

Le concile de Trente a décidé, suivant (d) la doctrine de l'évangile & des apôtres, que le lien du Mariage n'est point résolu par l'adultere de l'une des parties.

La fécondité ne dépendant pas des hommes, la stérilité qui prive du fruit qu'on s'est proposé du Mariage, n'en résout pas non plus le lien, soit qu'elle vienne du côté de la femme, soit qu'elle vienne du côté du mari.

Mais l'une des plus constantes loix de l'église, est que tout Mariage contracté avec celui qui est véritablement impuissant au temps du Mariage, soit homme ou femme, mais impuissant d'une impuissance perpétuelle, est en lui-même nul & invalide. C'est la décision non-seulement des canons, (e) de tous les canonistes, & de tous les théologiens sans exception, mais encore celle des loix civiles (f) & des jurisconsultes qui ont discuté cette

---

(a) *Adhærebit vir uxori suæ, & erunt duo in carne unâ.* En S. Matth. chap. 19.

(b) *Nuptiæ sunt viri & mulieris conjunctio, individuum vitæ consortium continens.*

(c) *Quod Deus conjunxit homo non separet;* & en parlant du divorce : *ad initio non fuit sic.*

(d) Par le canon 7 de la session 24.

(e) Can. 13 & 14. Cauf. 27, quæst. 2.

(f) En la novelle quatre-vingt-dix-huit de l'empereur Léon, il est dit que cette conjonction ne peut être appellée un Mariage dans son principe : *Ne ab initio quidem Matrimonium vocari potest.*

matiere. (*a*) La raison en est évidente, c'est que la fin du Mariage, qui est la procréation des enfans, ne peut être remplie, lorsque l'un des deux conjoints est inhabile à l'action du Mariage.

Le divorce a été long-temps en usage parmi les chrétiens, & il a encore lieu parmi les protestans qui admettent l'adultere & la désertion militaire, parmi les causes de divorce. (*b*)

Parmi les chrétiens, le divorce légitime est celui qui se fait par un jugement valable de l'église, lorsqu'elle déclare le Mariage nul, & permet aux conjoints de se marier à d'autres. Tel a été le divorce de *Charlemagne* & de *Théodore*, fille de *Didier*, roi des Lombards; tel, celui de *Louis-le-jeune* & d'*Alienor d'Aquitaine*; tel celui de *Henri IV.* & de la reine *Marguerite*.

Le divorce illégitime est celui qui se fait, ou sans aucune autorité de l'église, ou par la prévarication de quelques-uns de ses ministres, condamnés publiquement par leurs supérieurs. Tels ont été le divorce de *Lothaire* & de *Theutberge*, & celui de *Henri VIII*, roi d'Angleterre, & de *Catherine d'Arragon*.

Les enfans nés dans la bonne foi du premier Mariage, quoique déclaré nul dans la suite, peuvent être légitimes; ceux qui naissent du second Mariage, contracté en vertu de la liberté que Dieu en a donnée, sont légitimes incontestablement; mais ceux qui naissent d'un Mariage fait à la suite d'un divorce illégitime, sont adultérins.

On a considéré qu'il seroit également déshonnête en soi & nuisible aux sociétés civiles, que le Mariage pût être résolu, même du consentement des parties. Ce n'est que pour des causes très-importantes que les loix civiles en avoient permis la résolution. Les parties elles-mêmes font d'ailleurs, dans le contrat civil, des conventions qui y mettent empêchement. La licence des divorces seroit une source féconde d'adulteres. Un homme qui, transporté de quelque passion, auroit répudié sa femme pour un léger sujet, pourroit se réconcilier avec elle après qu'elle auroit vécu avec un autre mari. Quel jugement les enfans pourroient-ils faire de leur mere, s'ils la voyoient tour-à-tour prise, chassée & reprise! L'état de Mariage, état digne, état saint, seroit continuellement profané. Il a donc fallu anéantir l'usage du divorce, & on y a substitué la simple séparation.

Les membres du corps humain sont destinés à lui demeurer unis, tant qu'il jouira de la vie; & cependant, cette union, quoique naturellement indissoluble n'empêche pas, s'il en est de gangrénés, qu'on les sépare du

---

(*a*) *Haud conceditur divortium nisi ex causâ fornicationis, sive adulterii & desertionis malitiosae.* Carpzovius.

(*b*) Ant. Hotman, de la dissolution du Mariage par impuissance. *Opusc. p.* 191: Dargentré sur l'art. 450 de la nouvelle coutume de Bretagne.

Omnes à Justiniano praescriptas causas ad eum numerum reductas, ut earum hodiè duas tantùm genuinas in ecclesiis nostris admittamus, adulterium nempè & malitiosam desertionem. Stikus.

tronc.

tronc. Nous avons fait, nous catholiques, quelque chose de pareil au sujet du Mariage. Les mariés sont liés irrévocablement. Leur union va jusqu'à l'identité, nulle puissance ne sauroit la rompre. Tout cela est vrai ; & c'est précisément, parce que cela est vrai, que tout à la fois, à la honte & pour le secours de l'humanité, il a fallu chercher, trouver le remede de la séparation du corps & d'habitation, & déterminer en même-temps les causes qui seules pourroient l'opérer. Les loix civiles (a) & les loix canoniques (b) ordonnent la séparation de corps entre les conjoints, lorsque le mari bat fréquemment sa femme, qu'il la chasse de chez lui, qu'il l'accuse d'adultere, qu'il lui refuse des alimens, qu'il met sa vie en danger, ou qu'il lui fait quelque outrage sanglant. Pour opérer cette séparation, il faut communément que les juges aient lieu de croire que la vie de la femme seroit en danger, si elle continuoit de demeurer avec son mari, ou que le mari se soit livré à une diffamation publique. Les juges n'autorisent pas facilement une séparation qui offense l'honnêteté publique, & qui présente à la société les exemples les plus dangereux.

§. V.

DEUX PROJETS D'ARRÊT (c) CONCERNANT LES MARIAGES.

Par SPIFAME.

I. *Mariages forcés après vingt-cinq ans pour les hommes, & après quatorze pour les filles.*

» LE roi considérant que de la populosité bien morigenée viennent les bonnes villes, & que les enfans légitimes sont mieux nais & plus disposés à vertu que ne sont les bastards & illégitimes, la bonne conduite, desquels l'on estime plus miraculeuse ou casuelle, que naturelle & reiglée, a ordonné que par tous hostels-de-ville sera faite description par diversité d'estats, mestiers & aultre maniere de vivre des manans & habitans d'icelle, de tous jeunes enfans, selon l'estat & condition de leur pere, ou tuteurs en la maison & gouvernement desquels ils seront, & dont les premiers registres en seront faicts par les livres des baptesmes des curez des églises parrochialles d'icelles villes, dont tous les moys en seront portés les extraicts audict hostel-de-ville, pour de tous masles aagés de vingt-cinq

---

(a) *Si suæ vitæ veneno aut gladio aut alio simili modo insidiantem, si se verberibus, quæ ingenuis aliena sunt, afficientem maritum probaverit mulier, tunc & repudii beneficio uti quasi necessario permittunt, & causas dissidii legibus comprobare.* L. 8. au code. Repudiis.

(b) *Si capitali odio ita mulierem vir persequatur, quod marito dissidat, si tanta viri sit sævitia ut mulieri trepidanti non possit sufficiens securitas provideri, non solum non debet restitui, sed ab eo potius amoveri.*

(c) C'est le 53e. & 54e.

ans, & filles de l'aage de quatorze ans, faire commandement aux parens de les marier dedans trois ans, lors enfuyvans pour toutes préfixions & délais, en leur fignifiant que aultrement ledict temps paffé, les efchevins de ladicte ville les mariront à leurs droicts, fans aultre fommation ni interpellation, & lefdicts trois ans paffés, le roy enjoinct auxdicts efchevins de faire faire lefdicts Mariages à leur difcrétion, foubs la délibération toutefois de la chambre de police de premiere inftance, laquelle fera exécutée réaulment & de faict, nonobftant oppofitions ou appellations quelconques, & fans aucunement defférer à icelles, & dez l'heure de ladicte fignification, & injonction, feront les biens defdicts jeunes enfans faifis & mis en la main & gouvernement defdicts efchevins, pour leur amaffer quelques deniers, affin de célébrer lefdicts Mariages à leurs dépens, fans y employer les deniers communs dudict hoftel-de-ville, & s'ils n'ont aucun bien acquis, fera délivré exécutoire fur leurs pere & mere, ou aultre leurs plus prochains parens, pour advancer lefdicts frais nuptiaux, fauf à recouvrer par eulx fur leurs premiers & plus clers deniers defdictes jeunes gens, un an après leurdict mariage célébré, pour lefquels frais faire moindre, ordonne ledict feigneur que de toutes paroiffes feront affemblés tous ceux qui feront à marier au jour qui s'offrira, & fera faicte la célébrité de l'office divin en la meffe parrochialle de chafcune paroiffe, fans qu'il en coufte aulcune chofe aufdicts mariés, & le banquet nuptial fera pour tous en l'hoftel-de-ville, ou de chacun coufté defdicts mariés, ils feront appellés fix parens, qui feront douze perfonnes à table pour un Mariage, & vingt-quatre pour deux Mariages, trente-fix pour trois, quarante-huit pour quatre Mariages, & ainfi conféquemment, & défend ledict feigneur de faire aucun banquet n'affemblée, fans octroy & privilege fpécial d'icelui porté par fes lettres-patentes; & avant que faire lefdicts Mariages, lefdicts efchevins loueront pour un an les maifons ou chambres garnies de meubles, où fe doibvera retirer chacun mefnaige, pour fuppléer le faict defdicts futeurs époux, dont l'on fe prendra aufdicts efchevins, lefquels partant feront fonds defdicts deniers pour ledict louage, affin de payer les propriétaires conducteurs, fans s'en pouvoir addreffer contre lefdicts mariés, pour leur donner loifir de dreffer leur petit mefnage à fureté; & deffend ledict feigneur de ne faire, pour raifon defdicts Mariages entre lefdicts futeurs époux, qui feront mariés à la diligence defdits efchevins, aulcuns contrats ou inftrumens dotaux, & auffi n'en fera befoing, parce qu'ils feront mariés à leurs droicts, & feront tous deux de même eftat pour fe pouvoir mieux conferver, & fe trouver d'une même fcience, éducation & nourriture, prenans plaifir & exerceans leur labeur à une mefme chofe. «

OBSERVATIONS.

La néceffité de foutenir, d'augmenter la population, & les maux que caufe le célibat, font des chofes bien connues, bien fenties, & fur lef-

quelles nous avons des discours très-sages & très-pressans. Mais il faut sur
cet objet, comme sur bien d'autres, des loix précises, dont la voix im-
périeuse soit respectée des foibles comme des puissans. Les encouragemens
présentés par Spifame, pour obtenir une meilleure population, sont restés
en projets jusqu'à nos jours, & vraisemblablement ceux que l'on propose-
roit aujourd'hui auroient le même sort; tant l'homme corrompu est préoccupé de tout ce qui concerne son bonheur personnel. D'ailleurs, il faut
convenir que quelque bonnes que soient ces loix, quelque pressante que
soit leur promulgation, il est des préliminaires indispensables, & sans
l'exécution desquels il est impossible d'en retirer aucune utilité. Il faut
avant tout, que l'abondance répandue dans les familles, étouffe les cris
du besoin.

II. *Pour conserver la pureté dans les Mariages, &c.*

» LE roi voulant tenir la main à garder l'honneur de l'estat de Mariage,
conserver le bien qui y est, & ayder à couvrir les fautes secretes amen-
dables, & réparables par honte & pénitence, sans ministere de justice, &
rigoureusement pugnir les audaces & meschancetés manifestes qui y sur-
viennent, & les scandalisent au grand destourbier, & désadvantage des lig-
nées qui en sourdent, a ordonné & ordonne qu'il sera diligemment informé à l'encontre de tous mariz qui prennent proffict, pasture, pratique
ou autre émolument en l'adultaire & turpitude de leurs femmes, laquelle
ils procurent par grande lascheté & meschanceté, par·tout blasmée &
odieuse, sans toutefoys aucunement en informer contre leurs femmes, attendu la fragilité du sexe, & l'instigation de leurs mariz, & contraincte
qu'ilz leurs font à ne pourvoir à leurs nécessités, sinon par telle voye
leur défaillans en debvoir marital, qui est le défrayement de leurs femmes,
pour les retenir en pudeur matronalle & chasteté conjugalle; & pareillement ordonne ledict sieur qu'il soit informé contre les peres & meres,
tuteurs & tutrices, oncles, ayeulx & ayeules, qui mettent à mal leurs
filles, niepces ou pupilles, ou les delaissent en mauvais estat par connivence vitieuse, ou rétention injuste de leurs biens, & délaissement inoffi-
cieux·d'icelles, & enjoinct ledict seigneur à tous juges criminelz d'en faire
pugnition condigne par confiscation de corps & de biens, selon l'exigence
& gravité de leurs crimes & délictz, nonobstant les arrestz & jugementz
donnez sur la tollérance des ribaulx mariez. »

O B S E R V A T I O N S.

La pureté dans les Mariages est, dira-t-on à Spifame, une belle chi-
mère; ce seroit beaucoup obtenir que de forcer à plus de retenue, ce qu'une
censure sévere & bien conduite pourroit, peut-être, procurer. En effet, il
ne seroit pas absolument vrai de dire une telle réforme impossible, puis-

que l'on a vu cette honnêteté régner dans les premiers temps de la république Romaine, & que l'on a vu pendant 700 ans, dans l'iſle de Chio,
n'y point marier une fille qui ne fut vierge, & pas une femme pendant ce
temps ébrécher la pureté du Mariage. D'ailleurs on donneroit à croire qu'il
faut laiſſer ces déſordres impunis, ce qui ne ſe doit ſurement pas ; car il
eſt reconnu qu'ils ſont la ſource de maux encore plus grands & plus dangereux. Les malheurs des familles précédent toujours ceux de l'État. Il n'eſt
aucune révolution dans les empires, dont ces déréglemens ne ſoient la baſe.
Les chefs & ceux qui les ſecondent, ſont toujours des hommes dont la
fortune eſt délabrée par la mauvaiſe adminiſtration intérieure de leur famille ; ils ne peuvent que gagner par la ſubverſion de toutes les loix & la
chûte d'une patrie pour laquelle ils ſe ſont accoutumés peu à peu à ne plus
rien ſentir. Le mauvais mari a ſouvent commencé par être mauvais fils,
il eſt toujours mauvais pere, & il eſt impoſſible avec toutes ces qualités
qu'il ſoit bon citoyen. On penſe qu'il en eſt de même de la femme, qui
oublie ſes devoirs. Toutes ces conſidérations preſſent donc vivement un
gouvernement inſtruit, de faire diſparoitre, autant qu'il le peut, des abus
auſſi préjudiciables à ſa tranquillité & à ſon bonheur. Le *Solon* de la Suede,
le ſage Guſtave III, que nous avons ſi ſouvent occaſion de citer, n'a pas
oublié dans ſes utiles & nombreuſes réformes, les déſordres de ce genre.
Il a aggravé dans tous ſes Etats, la peine portée contre le crime d'adultere. Ceux qui en ſeront convaincus, payeront non-ſeulement une double
amende, mais les femmes mêmes, ſeront comme les hommes, condam-
nées à deux années de travail ; ceux-ci aux fortifications, celles-là dans les
maiſons de force à divers métiers. La juriſprudence moderne eſt trop in-
dulgente ſur ces objets, & les peines qu'elle prononce ne ſont preſque toujours que comminatoires ; il n'en étoit pas de même chez les Gaulois, auſſi
les liens du Mariage y étoient bien reſpecté. Nous ne ſommes guere dans
le cas de mettre ſur les tombeaux de nos mariés, cette inſcription, que
l'on trouve ſouvent ſur ceux des Romains : *Vixerunt ſine querela, ſine
jurgio, ſine bile.* On peut voir ce que Monteſquieu dit, *Eſprit des loix,*
ſur la continence des femmes.

M A R I A N A, (Jean) *Auteur Politique.*

JEAN MARIANA, né à Talavera dans le diocéſe de Tolede en 1537, jé-
ſuite en 1554, & mort à Tolede même le 17 de Février 1624, s'eſt diſtingué par un grand nombre de livres (entr'autres une hiſtoire d'Eſpagne)
dont deux regardent le gouvernement.

L'un a pour titre : *De monetæ mutatione,* matiere importante ſur laquelle les idées de l'auteur ſont bonnes. Ce livre déplut néanmoins à la
cour d'Eſpagne, à cauſe des circonſtances où il fut publié. Il y fut con-

damné, & se répandit rapidement dans toute l'Europe. Condamner un livre, c'est exciter la curiosité de le lire.

L'autre est le traité *De Rege & Regis institutione*, publié à **Tolede** en 1598, & depuis à **Mayence**, avec la permission des supérieurs (a) : ouvrage de ténebres, écueil de la gloire de Mariana !

En le publiant, il se proposa de justifier l'assassinat de Henri III, roi de France. Rien n'est si séditieux ni plus capable d'exposer les trônes à être renversés, que les maximes que l'auteur y débite. Il affecte de relever le courage & la fermeté intrépide de Jacques Clément. Il rapporte les raisons de ceux qui blâmoient l'assassinat, c'est-à-dire, selon lui, les raisons de ceux qui prêchent qu'il faut se soumettre patiemment au joug tyrannique de son légitime souverain. Avant d'y répondre, il allegue les argumens du parti contraire, lesquels il appuie sur cette base fondamentale, que l'autorité des peuples est supérieure à celle des rois. Il emploie deux chapitres entiers à établir cette opinion, & il ne craint pas de prononcer :

1º. Que, selon le sentiment des théologiens & des philosophes, chaque particulier est en droit d'ôter la vie à un prince qui, de vive force & sans le consentement public de la nation, s'est saisi de la souveraineté.

2º. Que si un prince élu légitimement ou successeur légitime de ses ancetres, renverse la religion & les loix publiques, sans déférer aux remontrances de la nation, on doit s'en défaire par les voies les plus douces.

3º. Que le moyen le plus court & le plus sûr est d'assembler les Etats, de le déposer dans cette assemblée, & d'y ordonner qu'on prendra les armes contre lui, si cela est nécessaire pour faire cesser la tyrannie.

4º. Que chaque particulier qui aura assez de courage pour entreprendre de tuer un tel prince, doit le faire.

5º. Que si l'on ne peut pas tenir les Etats, & qu'il paroisse néanmoins que la volonté du peuple est qu'on se défasse du tyran, il n'y a point de particulier qui ne puisse légitimement tuer ce prince, pour satisfaire aux désirs du peuple.

6º. Que le jugement d'un particulier ou de plusieurs ne suffit pas, mais qu'il faut se régler sur la voix du peuple, & consulter même des hommes graves & doctes.

7º. Qu'à la vérité, il y a plus de courage à s'élever ouvertement contre le tyran ; mais qu'il y a de la prudence à l'attaquer clandestinement, & à le faire périr dans les pieges qu'on lui tend.

8º. Pour terminer tant de maximes détestables par une proposition dont

---

(a) Stephanus Hojeda, *Visitator Societatis Jesu in provinciâ Toletanâ*, potestate speciali factâ a nostro patre generali Claudio Aquaviva, *do facultatem ut imprimantur libri tres quos de rege & regis institutione composuit P. Joannes Mariana ejusdem societatis*, quippe approbatos priùs à viris doctis & gravibus ex eodem nostro ordine, in cujus rei fidem hoc litteras dedi meo nomine subscriptas, & mei officii sigillo munitas. Madriti, in collegio nostro, quarto nonas decembris 1598.

l'extravagance égalât l'infamie, Mariana dit qu'il ne femble pas y avoir de la différence entre un affaffin qui tue d'un coup de couteau & un homme qui empoifonne; que néanmoins, comme le chriftianifme a abrogé les loix des Athéniens qui ordonnoient aux coupables d'avaler un breuvage empoifonné, il ne faut pas fe défaire du tyran, par le moyen d'un poifon mêlé dans fes alimens; & que fi l'on a recours au poifon, on l'applique aux habits ou à la felle du cheval.

Soit que ce livre infernal n'eût pas été connu en France, foit comme il eft plus vraifemblable, qu'on eût négligé de le condamner, douze ans s'écoulerent depuis la publication, fans qu'il fût profcrit; mais l'affaffinat de Henri IV (*a*) ayant tourné les efprits vers les précautions, le parlement de Paris » procédant au jugement du procès criminel & extraordinaire, fait » à la requête du procureur-général du roi, pour le très-méchant, très- » cruel & très-déteftable parricide, commis en la perfonne facrée du roi » Henri IV «, ordonna (*b*), qu'à la diligence des doyen & fyndic de théo- logie de la faculté de Paris, cette faculté feroit affemblée pour délibérer fur la confirmation de fon décret, du 13 de décembre 1413, réfolu par la cenfure de cent quarante-un docteurs, depuis autorifé par le concile de Trente : » Qu'il n'eft loifible à aucun, pour quelque caufe & occafion que » ce puiffe être, d'attenter aux perfonnes facrées des rois & des autres » princes fouverains «; & que le décret qui interviendroit en cette faculté, feroit foufcrit de tous les docteurs de la faculté qui auroient affifté à la dé- libération, enfemble par tous les bacheliers faifant leurs cours de théolo- gie, » pour ledit décret communiqué audit procureur-général & vu par » ladite cour, être par elle ordonné ce que de raifon «.

La Sorbonne s'affembla (*c*) en conféquence de l'arrêt du parlement, & fit cette conclufion : 1°. *Antiquam illam cenfuram facultatis* (*d*) *fynodi Conftantienfis fanctione firmatam* (*e*), *non modò iterari, verùm etiam om- nium hominum animis inculcari debere.* 2°. *Cenfet feditiofum, impium, & hæreticum effe, quocumque quæfito colore, à quocumque fubdito, vaffallo, aut extraneo, facris regum & principum perfonis vim inferre.* 3°. *Statuit ut omnes doctores & Baccalaurei theologiæ, quo die inftituta & articulos fa- cultatis jurare confueverunt, in hoc fimiliter decretum jurent, ac fingraphæ fuæ appofitione obteftentur fe illius veritatem docendo & concionando diligen- ter explicaturos.*

Sur le *vu* de cette conclufion de Sorbonne, du livre de Mariana, con- tenant plufieurs *blafphêmes exécrables* contre le feu roi Henri III, & les

___

(*a*) Tué le 14 de mai 1610.

(*b*) Par un arrêt du 17 de mai 1610.

(*c*) Le 4 de juin 1610 & les jours fuivans.

(*d*) Du 13 décembre 1413.

(*e*) Dans la quinzieme feffion du concile de Conftance.

personnes & Etats des rois & princes souverains, & des conclusions du procureur-général du roi, le parlement ordonna (a) que le décret de la faculté seroit mis dans les regiftres du parlement ; que toutes les années, il feroit lu, en l'affemblée de la faculté de théologie de Paris, le même jour qu'il a été rendu & publié aux prônes des paroiffes de Paris le dimanche fuivant, & que le livre de Mariana feroit brûlé par l'exécuteur de la haute juftice.

Rouffel, à qui j'ai donné une place dans cette bibliotheque, a réfuté le livre de Mariana.

Sur les remontrances qui furent envoyées à Rome par les jéfuites de France, Aquaviva, général de la fociété, défendit, dès le 8 de juillet 1610, fous peine d'excommunication & de fufpenfion du miniftere facré, à tous les fujets de fa compagnie, *de rien dire ou écrire qui pût autorifer, en aucune façon & fous aucun prétexte, le parricide des rois, que la loi de Dieu ordonne d'honorer & de refpecter comme perfonnes facrées que la main du Seigneur a placées fur le trône pour le bonheur des peuples.*

(a) Par un arrêt du 8 de juin 1610.

MARILAND, *Province de l'Amérique Septentrionale.*

CETTE province eft bornée au fud par la Virginie, à l'eft par l'Océan Atlantique, au nord par la Nouvelle-Angleterre & la Nouvelle-Yorck, à l'oueft par la riviere de Potowmmak. Elle eft partagée en onze comtés. Elle a pour habitans quarante mille blancs & foixante mille noirs. Elle eft adminiftrée par un chef & un confeil que nomme le feigneur propriétaire, & par deux députés élus dans chaque diftrict. Le gouverneur a, comme le monarque en Angleterre, la négative fur toutes les loix que propofe l'affemblée, c'eft-à-dire le droit de les rejetter.

Si cette colonie étoit rejointe à la Virginie, comme leur bien commun fembleroit l'exiger, on ne remarqueroit aucune différence dans ces deux établiffemens. Placés entre la Penfilvanie & la Caroline, ils occupent le grand efpace qui s'étend depuis la mer jufqu'aux monts Appalaches. L'air qui eft humide fur les côtes, devient pur, léger & fubtil, à mefure qu'on approche des montagnes. Le printemps, l'automne font de la plus heureufe température ; l'hiver a des jours d'un froid très-vif, l'été des jours d'une chaleur affommante. Mais ces excès durent rarement une femaine entiere. Ce qu'il y a de moins fupportable dans ce climat, c'eft une exceffive quantité d'infectes dégoûtans.

Les animaux domeftiques s'y multiplient prodigieufement. Les fruits, les arbres, tous les végétaux y réuffiffent à fouhait. On y récolte le meilleur blé de l'Amérique. Le fol gras & fertile dans les lieux bas, eft toujours bon, même loin des rivieres, quoiqu'il devienne fablonneux: moins égal que ne l'ont dépeint quelques voyageurs, mais affez uni jufqu'au voifinage des montagnes.

C'eft de ces réfervoirs que tombe un nombre incroyable de rivieres, dont la plupart ne font féparées que par un intervalle de cinq ou fix milles. Outre la fécondité que ces eaux diftribuent dans le pays qu'elles coupent, elles le rendent infiniment plus favorable au commerce qu'aucune autre contrée du nouveau monde, par la facilité des communications. La plupart de ces rivieres font navigables à un très-grand éloignement de la mer pour tous les vaiffeaux marchands, quelques-unes même pour tous les vaiffeaux de guerre. On remonte le Potowmmak près de deux cents milles; la James, l'Yorck, la Rappahannock plus de quatre vingts milles; les autres à une diftance qui varie felon que les cataractes, impoffibles à remonter, fe trouvent plus ou moins éloignées de leur embouchure. Tous ces grands canaux de navigation formés par la nature feule, aboutiffent à la baie de Chefapeak qui conferve environ fept ou neuf braffes d'eau, tant à fon entrée que dans toute fon étendue, prolongée jufqu'à deux cents milles dans les terres, fur une largeur moyenne de douze milles. Cette baie, quoique femée de petites ifles la plupart couvertes de bois, n'offre aucun danger; & toute la marine de l'univers y pourroit ancrer avec la plus profonde fureté.

Un fi rare avantage devoit empêcher qu'il ne fe formât de grandes peuplades, ou des villes confidérables dans les deux colonies. Auffi les habitans, certains de voir les navigateurs venir jufqu'à leur porte, & de pouvoir charger leurs denrées fans fortir de leurs plantations, fe font difperfés & fixés fur les bords de toutes les rivieres. Ils trouvoient dans cette fituation toute la commodité de la vie champêtre, jointe à l'aifance que le trafic apporte dans les villes; la facilité d'étendre leurs cultures dans un terrein fans limites, avec le fecours que le commerce préfente à la fructification des terres. Mais la métropole fouffroit doublement de cette difperfion; foit parce que les mariniers obligés d'aller former leurs cargaifons dans des habitations éparfes, reftoient trop long-temps abfens, foit parce que fes vaiffeaux étoient expofés à la piquure de vers dangereux qui, dans les mois de juin & de juillet, infeftent toutes les rivieres de cette région éloignée. La cour de Londres a fucceffivement employé tous les moyens d'engager les colons à former des entrepôts, pour le commerce de leurs productions. La contrainte des loix n'a pas été plus efficace que les voies d'infinuation. Enfin il y a quelques années qu'on ordonna de bâtir à l'entrée de toutes les rivieres des forts dont le canon protégeroit le chargement & le déchargement des vaiffeaux. Si l'exécution de ce projet n'avoit pas manqué faute de fonds, il eft vraifemblable que les habitans fe feroient infenfiblement raffemblés autour de ces citadelles; mais on peut douter fi c'eût été un avantage de réunir ainfi la population, & fi l'on auroit augmenté le commerce ou diminué l'agriculture.

Quoiqu'il

Quoiqu'il en foit, parmi les villes de ces deux colonies, il n'y en a pas deux qui méritent le nom de ville. Celles même qui font le fiege du gouvernement, n'offrent rien d'impofant. Villiamfbourg que la ruine de James-Town a rendu la capitale de la Virginie ; Annapolis devenue la capitale du Mariland après Sainte-Marie, ne furpaffent pas nos bourgs médiocres.

Comme dans toutes les chofes humaines un mal eft à côté d'un bien, il eft arrivé que la multiplication des habitations, en retardant la population des villes, a empêché qu'il ne fe formât un ouvrier, un artifte dans les deux provinces. Avec tous les matériaux néceffaires pour fournir à plufieurs de leurs commodités, à la plupart de leurs befoins, elles ont été réduites à tirer d'Europe des draps, des toiles, des chapeaux, de la clincaillerie, jufques aux meubles de bois les plus communs. A l'épuifement où ces extractions nombreufes & générales réduifoient les habitans, s'eft jointe une émulation de luxe que leur vanité fe piquoit d'étaler aux yeux du négociant Anglois, attiré dans leurs plantations par l'intérêt de fon commerce. Auffi dès le premier revers, fe font-ils trouvés furchargés de dettes envers la métropole, & dès-lors obligés de vendre leurs terres pour fe libérer ; ou pour garder leurs poffeffions, de les obérer par un intérêt ufuraire de huit ou neuf pour cent.

Il eft difficile que les deux provinces fortent de ce fâcheux état. Leur marine ne s'éleve pas au-deffus de mille tonneaux. Tout ce qu'elles envoient aux Antilles en blé, en beftiaux, en planches ; tout ce qu'elles expédient pour l'Europe en lin, en chanvre, en cuirs, en pelleteries, en bois de cedre où de noyer, ne leur rend pas quarante mille livres fterling. C'eft dans le tabac qu'elles peuvent trouver l'unique reffource qui leur refte.

De toutes les contrées où l'on plante du tabac, il n'en eft point où il ait autant profpéré que dans la Virginie & le Mariland. Leurs premiers colons en firent leur occupation. Plus d'une fois, ils en porterent les récoltes au-deffus des débouchés. Alors on arrêta les plantations dans la Virginie ; on brûla une certaine quantité de feuilles par habitation dans le Mariland. Mais avec le temps la paffion pour le tabac devint fi générale, qu'il fallut en multiplier les cultivateurs blancs & noirs. Actuellement on recueille à peu de chofe près la même quantité de tabac dans les deux provinces. Celui de la Virginie, plus doux, plus parfumé, plus cher, trouve fa confommation en Angleterre & au midi de l'Europe. Celui du Mariland convient davantage au nord, par le bon marché, par fa groffiéreté même plus analogue à des organes moins déliés.

Comme la navigation n'a pas fait les mêmes progrès dans cette partie de l'Amérique feptentrionale que dans les autres, ce font les vaiffeaux de la métropole qui vont y chercher les tabacs. Un navire eft communément trois, quatre & jufqu'à fix mois à former fa cargaifon. Cette lenteur vient de plufieurs caufes toutes très-fenfibles. Premiérement les tabacs ne font pas

emmagafinés dans les ports, & il faut les aller chercher dans les plantations même. En fecond lieu, il y a très-peu de colons en état de fournir
un chargement entier; & ceux qui le pourroient préferent de divifer leurs
rifques en plufieurs bâtimens. Enfin le prix du fret étant fixe, foit que
les productions fe trouvent prêtes ou non à être embarquées, les cultivateurs attendent que les navigateurs eux-mêmes viennent les folliciter de
tout arranger pour l'exportation. Ces différentes raifons font qu'on n'emploie à cette navigation que des bâtimens d'un port médiocre. Plus ils feroient grands, plus ils prolongeroient leur féjour en Amérique.

La Virginie paye toujours quarante fchelings de fret par barrique de tabac.
Le Mariland n'en paye que trente-cinq, à raifon d'une moindre valeur
dans fa marchandife, & de moins de lenteur dans fes chargemens. L'armateur Anglois y perd également comme navigateur; mais il y gagne
en qualité de commiffionnaire. Conftamment chargé de toutes les ventes
& de tous les achats qui fe font pour les colons, un prix de cinq
pour cent de commiffion le dédommage avec ufure de fes pertes & de
fes peines.

Cette navigation occupe deux cents cinquante navires qui forment enfemble trente mille tonneaux. Ils tirent des deux colonies cent mille barri-
ques de tabac qui, à raifon de huit cents livres l'une dans l'autre, donnent
quatre-vingt millions de livres pefant. La partie de cette production qui
croît entre les rivieres Yorck & James & dans quelques autres heureux cantons, fe vend fort cher; mais prife dans fa totalité, elle ne coûte, rendue
en Angleterre, que deux deniers & un quart la livre. Quatre-vingt millions pefant à deux deniers & un quart, donnent la fomme de 750,000
livres fterling.

Indépendamment des avantages que trouve l'Angleterre dans le débouché des produits de fon induftrie pour cette fomme, elle en obtient encore d'autres par la réexportation des trois cinquiemes du tabac qu'elle a
reçu. Cette feule branche de commerce doit former une augmentation
de 450,000 livres fterling dans fon numéraire, fans y comprendre ce qui
lui revient pour le fret & la commiffion.

Le fifc tire un plus grand parti encore de cette culture que les citoyens.
Chaque livre de tabac paye à fon entrée dans le royaume fix deniers un
tiers. Quatre-vingt millions pefant de tabac à fix deniers un tiers, devroient
donner à l'Etat 2,111,111 livres fterling. Mais comme il reftitue les droits
pour tout ce qui eft réexporté, & qu'on réexporte les trois cinquiemes,
le revenu public ne doit être groffi que de 844,444 livres fterling neuf
fchelings. L'expérience même prouve qu'il faut réduire cette fomme d'un
tiers, à caufe des remifes qu'on accorde au négociant qui paye comptant
ce qu'il eft autorifé à ne payer qu'au bout de dix-huit mois, & parce qu'il
fe fait habituellement une fraude immenfe dans les petits ports, quelquefois même dans les grands. Cette déduction monte à 281,481 livres neuf
fchelings, huit fols fterling; par conféquent il ne refte pour le gouverne-

ment que 562,962 livres 19 fcheling 4 fols fterling. Malgré ces derniers abus, la Virginie & le Mariland étoient beaucoup plus utiles à la Grande-Bretagne que fes autres colonies feptentrionales, plus même que la Caroline.

MARINE, f. f.

On entend par ce mot tout ce qui a rapport au fervice de la mer, foit par la navigation, la conftruction des vaiffeaux, & le commerce maritime ; foit par rapport au corps des officiers militaires, & ceux employés pour le fervice des ports, arfenaux & armées navales. Nous envifagerons d'abord la Marine relativement au commerce.

De la Marine marchande.

C'EST un principe inconteftable, que la grandeur & la puiffance relative des Etats, porte uniquement fur le plus ou le moins de richeffes territoriales & fur le fonds refpectif de la population ; que toutes les autres fources de l'opulence publique ne peuvent être comparées à celle-là, ni pour la folidité invariable des produits, ni pour l'abondance & l'efficacité des reffources qui en découlent. Il n'eft guere poffible d'attaquer des vérités fi frappantes, du moins directement, auffi ne le fait-on pas : mais fans contredire les avantages d'une grande population & d'un fol abondant & fertile, on croit en trouver la compenfation, & en quelque forte l'équivalent, dans les produits de l'induftrie, & fur-tout dans les gains du commerce maritime, dont on fe laiffe éblouir jufqu'à l'excès. On veut que ces foibles canaux de la fortune des Etats leur tiennent lieu de ces mines précieufes & inépuifables, que la terre livre à l'activité d'un grand peuple, qui y trouve les falaires de fes travaux avec autant de certitude & de conftance, que la nature en met elle-même dans la renaiffance annuelle de fes dons, & dans les immuables propriétés qu'elle leur accorde, de fe plier à nos befoins & à toutes les formes que leur donnent le génie & les mains des artiftes.

C'eft une erreur qu'il eft intéreffant de combattre : mais comme à cet égard rien n'égale les exagérations que font les Anglois & autres peuples, & qu'à les en croire la navigation feule peut former la plus folide richeffe des peuples ; c'eft avec eux principalement qu'il faut difcuter la queftion, parce que fi on a une fois détruit la haute opinion que l'Angleterre conçoit de la Marine, & les avantages exceffifs qu'elle y attache, l'illufion fe diffipe bien vite. Il ne fera pas difficile, après cela, de mettre les chofes à leur vrai degré de valeur, & de décider laquelle des deux, ou de l'opulence naturelle, ou de l'opulence factice, doit l'emporter dans la comparaifon & la balance du pouvoir.

Voyez, difent les Anglois, à quelle fortune peut atteindre un peuple navigateur : nous n'avions, en 1688, que huit cents mille tonneaux de navigation marchande, & tous nos biens & effets, meubles & immeubles, ne montoient qu'à fix cents feize millions fept cents mille liv. fterl., aujourd'hui notre Marine marchande eft portée à feize cents mille tonneaux, & notre richeffe nationale s'éleve à un milliard.

Paffons l'augmentation du double dans la navigation; mais eft-il bien vrai que la richeffe de l'Angleterre a fait depuis 1688, jufqu'à nos jours, un progrès de trois cents quatre-vingt-trois millions trois cents mille liv. fterl.? & quand ce prodigieux accroiffement de la richeffe nationale feroit vrai, eft-ce à l'augmentation de huit cents mille tonneaux de Marine qu'on doit l'attribuer?

Examinons d'abord l'accroiffement d'opulence en lui-même, & quel degré de probabilité on peut lui accorder.

Les fources de la richeffe d'un Etat ne peuvent avoir pour bafe que le territoire & le travail national : en 1688, la fomme entiere de tous les biens de l'Angleterre étoit de fix cents feize millions fept cents mille liv. fterl., qui à raifon du travail des hommes produifoient, felon M. Davenant, un revenu de fept & un huitieme pour cent, ou quarante-quatre millions fterling.

Pour accroitre un pareil fonds, il faut néceffairement augmenter le territoire & la population, ou du moins la population, fi l'on n'acquiert pas de nouveaux territoires. Or dans lequel de ces deux objets l'Angleterre a-t-elle fait des gains fenfibles? Eft-ce du côté du territoire? Tout ce qu'elle poffede aujourd'hui, elle en jouiffoit en 1688, car il ne faut pas encore mettre en ligne de compte, les conquêtes qu'elle a faites par la derniere guerre à la côte d'Afrique & dans l'Amérique, qui font de vaftes terreins à défricher. Eft-ce du côté de la population? La vieille Angleterre n'a certainement pas, à beaucoup près, le même nombre d'hommes qu'elle avoit alors : une navigation exceffive eft un principe tout deftructeur, & s'ils fe font augmentés dans l'Amérique, c'eft tout au plus en raifon du décroiffement qui s'eft fait en Europe.

Mais la culture des terres s'eft perfectionnée, les colonies Angloifes ont beaucoup plus de travaux & de commerce, les manufactures font devenues plus nombreufes & plus riches, la navigation eft doublée : foit. Mais à combien veut-on évaluer tout le gain que l'Angleterre retire de ces divers objets? Le bénéfice d'une nation n'a d'autre réalité que l'avantage de fa balance, c'eft-à-dire, celui qu'elle fe procure par les ventes de fes denrées & de fes ouvrages chez les divers peuples où elle porte fon commerce, déduction faite des chofes qu'elle reçoit en payement pour fa propre confommation. Et bien, prenons pour vrai dans toute fon étendue, ce que les Anglois nous difent de l'avantage de leur balance. Portons-la, comme eux, à deux millions cent foixante-quatorze mille liv fterl. par an.

Suppofons même qu'ils jouiffent de cette balance depuis 1688, fans qu'elle se soit jamais démentie ; & que ce bénéfice est demeuré tout entier en Angleterre sans qu'il s'en soit perdu une obole, pas même par le faste & le luxe qui suivent de si près l'augmentation de l'opulence.

Que verrons-nous dans ce calcul outré ? Nous verrons enfler chaque année le trésor de l'Angleterre de deux millions soixante-quatorze mille liv. sterl., ce qui dans le cours de 74 ans qui se sont écoulés depuis 1688 jusques en 1762, aura augmenté la richesse nationale de cent soixante millions huit cents soixante-quatorze mille liv. sterl.; c'est-là la plus excessive supposition qu'on puisse admettre en faveur de l'Angleterre. Or il y a encore bien loin de-là à trois cents quatre-vingt-trois millions trois cents mille liv. sterl. dont cette nation se gratifie depuis l'époque de 1688 jusqu'à nos jours.

Mais le calcul de la balance une fois fait, il n'est plus question de recourir aux branches particulieres de production ou d'industrie, ni de faire état des gains qu'elles procurent à la nation, puisque c'est du concours & de la réunion de toutes ces branches particulieres, & des sommes que chacune d'elles produit, que se forme la somme totale de la balance.

Delà il paroîtroit superflu de discuter en particulier pour quelle somme l'augmentation des huit cents mille tonneaux de Marine entre dans la balance de l'Angleterre : mais comme on en a fait un objet très-important, & que les calculateurs Anglois le donnent presque pour l'unique source du subit accroissement de leur opulence, il est nécessaire de l'examiner de plus près, ne fût-ce que pour prévenir les esprits contre ces calculs exagérés, qu'on trouve dans quelques écrits Anglois qui traitent du commerce.

Tout le calcul de la navigation se réduit à deux objets, savoir à la somme que coûte le vaisseau, & au profit qu'il donne : huit cents mille tonneaux de Marine, à cent cinquante livres le tonneau, représentent un fonds de cent vingt millions, & le gain du propriétaire du vaisseau évalué à dix pour cent par an, en donne douze. Voilà donc cent trente-deux millions d'accroissement très-réel que porte la navigation dans la richesse publique de l'Angleterre; mais aussi voilà tout : car le fret que gagnent les navires, ne doit point se compter, puisqu'après le profit du propriétaire du navire, ce qui reste, n'est que le fonds des salaires & de la nourriture des équipages, & de toutes les différentes especes d'ouvriers employés à la construction, au radoub & à l'équipement des vaisseaux. Car enfin tous les hommes de mer, tous les ouvriers nourris & payés par la Marine, que donnent-ils en échange? Leur art & leurs travaux : & bien, ne le donneroient-ils pas ailleurs, si la nation les occupoit à d'autres genres d'ouvrages? Un matelot, un calfat, un voilier, ne sont-ils pas des hommes qui travaillent pour la nation, comme le manufacturier & le cultivateur? Le fret des vaisseaux n'est donc point un profit national, du moins en ce sens que la richesse publique en puisse être augmentée; puisque si d'un côté la nation reçoit le montant de ce fret, elle perd de l'autre le tribut des travaux de tous ces hommes que la mer occupe, & qu'on pourroit assurément employer ailleurs. En effet, qu'un homme trouve sa subsistance ou sur mer ou fur terre, qu'il reçoive des falaires comme artifan ou comme matelot, cela fait-il quelque différence dans la fomme totale des travaux du peuple? Ce bénéfice du fret des vaiffeaux ne peut être fenfible, que dans les Etats où il n'y auroit point affez de travaux pour occuper tout le peuple. La Hollande eft dans ce cas-là. Tous ces hommes, qu'à défaut d'agriculture, elle ne peut employer à rien, elle les loue à toutes les nations de l'Europe pour voiturer leurs marchandifes, & le profit de ce louage eft d'autant plus liquide, qu'il eft pris tout entier fur les autres peuples, defquels la république reçoit très-réellement le fonds des falaires & de la fubfiftance de cette multitude de fujets, qu'elle tient fur les vaiffeaux à fret. Mais l'Angleterre, ni la France, ne font pas à beaucoup près dans cette pofition; la grandeur & la fertilité de leur territoire ne leur laiffent aucun homme inutile; & tout ce que ces deux royaumes en occupent à leur navigation ou dans leurs armées, eft d'autant enlevé à la culture des terres. Gagnent-ils beaucoup à cet échange de travaux de leurs fujets? Le problême fe réfoudra quand les divers Etats de l'Europe, préférant la folidité du pouvoir à une vaine oftentation de grandeur, feront enfin revenus de la manie de s'en impofer les uns aux autres par un étalage de forces, qui ne devroit tromper perfonne & qui ne fert réellement qu'à les affoiblir.

Cette immenfe navigation, cette augmentation de huit cents mille tonneaux de Marine, ces richeffes verfées dans la nation par tant de canaux, fe réduifent donc en derniere analyfe à cent trente-deux millions tournois, ou cinq millions fept cents quarante mille livres fterling. Quel rapport y a-t-il entre cette modique fomme & celle de plus de trois cents quatrevingt millions fterling à laquelle on prétend faire monter l'accroiffement arrivé dans la richeffe publique de l'Angleterre depuis 1688?

Qu'un peuple heureux fe faffe illufion fur les fources de fa félicité, qu'il en exagere l'abondance & le prix; il n'y a rien là de fort extraordinaire: mais l'erreur peut-elle être portée à cet excès, & les écrivains Anglois n'ont-ils point quelques motifs fecrets de l'accréditer & de la répandre? Un grand crédit à foutenir au dedans & au dehors, des dépenfes forcées & exceffives dont ce crédit eft la bafe unique, la guerre la plus ruineufe que l'Angleterre ait encore faite, (fi l'on en excepte celle qu'elle foutient actuellement) malgré les grandes acquifitions qu'elle lui a procurées; combien tout cela ne doit-il pas influer dans les tableaux qu'on nous donne de l'opulence de cette nation?

Où en feroient en effet ces écrivains, s'il falloit partir de l'état où fe trouvoit ce royaume en 1638? Sa richeffe entiere ne montoit alors qu'à fix cents feize millions fept cents mille livres fterling. En mettant toute cette fomme en valeur fans en laiffer un feul denier oifif, pas même les meubles, l'argenterie, les bijoux, & fuppofant qu'à raifon du travail national elle produifit fept & demi pour cent par an, tout le revenu du royaume ne s'éleveroit qu'à quarante-fix millions deux cents cinquante-deux mille cinq cents livres fterling. Le célèbre Davenant le portoit à cette époque à quarante-quatre millions fterling. Or les dépenfes de l'Angleterre montoient pendant la derniere guerre à plus de quatorze millions fterling par année, ce qui fait près d'un tiers du revenu général de la nation ; & fes dépenfes après cette guerre montoient à plus de huit millions, ce qui eſt au delà du fixieme du revenu général de la nation. Quel fpeĉtacle pour l'Europe ! & combien eſt-il intéreffant d'en affoiblir l'impreffion qu'on a faite fur le public, en fuppofant des accroiffemens de richeffes qui répondent à l'excès des dépenfes où la nation s'eſt laiffée emporter depuis quelques années ?

Mais du moins faudroit-il, en préfentant de fi prodigieux calculs, leur donner quelque fondement vraifemblable, & leur chercher d'autres appuis que les huit cents mille tonneaux de mer, dont la navigation eſt augmentée.

Non, on le répete, l'Angleterre n'a point accru fa richeffe de trois cents quatre-vingt-trois millions fterling depuis 1688. Une telle révolution qui va à plus du tiers en fus de ce qu'elle poffédoit alors, eſt démontrée impoffible dès qu'il ne s'eſt fait aucune augmentation dans la population & le territoire. Qu'elle s'attribue le plus brillant commerce, qu'elle ait même depuis 1688, confervé tous fes profits fans la moindre altération ; jamais elle ne fera augmenter fes richeffes mobiliaires d'une fomme fi forte ; car il ne s'agit ici que du mobilier : les fonds de terre demeurent toujours à peu près dans la même valeur, fauf les améliorations que peut apporter une culture plus animée & plus riche. Y penfe-t-on ? Pour former un pareil mobilier, il eût fallu s'approprier toutes les richeffes de l'Europe, & que l'Angleterre eût acquis à elle feule prefque tout l'or & l'argent, qui nous eſt venu du Nouveau-Monde ; car tout ce que l'Efpagne & le Portugal tirent de leurs mines, ne va chaque année qu'à fix millions quatre-vingt-fept mille livres fterling, ce qui dans le cours de foixante quatorze ans, donne quatre cents cinquante millions quatre cents trente-huit mille livres fterling. Quoi, de ces quatre cents cinquante millions quatre cents trente-huit mille livres qu'ont fourni dans cet intervalle les mines des Indes occidentales, l'Angleterre feule en auroit reçu trois cents quatre-vingt-trois, c'eſt-à-dire, près des trois quarts & demi, & entre tous les autres Etats de l'Europe, il n'en auroit été réparti qu'un huitieme ? C'eſt là cependant ce qu'il faut admettre pour appuyer l'étrange paradoxe de l'augmentation de trois cents quatre-vingt-trois millions fterling, fi gratuitement accordée à l'Angleterre depuis 1688.

Sans doute qu'un grand commerce, une grande navigation, une émulation vive & foutenue dans toutes les parties d'un Etat, y appelleront les richeffes, y entretiendront une circulation aĉtive & puiffante, & feront couler à la longue dans les mains du peuple les fources de l'aifance, des commodités, du luxe même. Mais enfin tout cela a fes bornes, & c'eſt la richeffe même qui fe les donne, & fixe de fes propres mains le terme de fon accroiffement. En effet, on n'amaffe point des tréfors pour le feul plaifir d'accumuler ; on en veut jouir & fe procurer le bien-être attaché à

l'abondance. Dès-lors les sources même de cette abondance s'alterent &
târiffant : un peuple trop aifé ne travaille plus, ou ce qui revient au même pour l'Etat & pour le commerce, il met fes travaux à trop haut prix,
ce qui dans tous les marchés lui ôte la concurrence, & diminue d'autant
fes exportations & fes ventes. Il eft d'ailleurs dans la nature que l'aifance
populaire introduife le goût du fuperflu & des befoins de fantaifie : on veut
les fatisfaire à tout prix, & alors les confommations de tout genre n'ont
plus de bornes ; ce qui fait fuir la richeffe par les mêmes routes qui l'a-
voient introduite dans la nation.

    Ces augmentations fi exceffives dans l'opulence publique, ne font que
des chimeres : & quand elles feroient poffibles, elles n'auroient qu'un inftant de confiftance, & les chofes deviendroient d'elles-mêmes à leur état
primitif. Il y a plus, une telle richeffe purement mobiliaire fe maintenant
par impoffible dans la nation avec quelque folidité, ne pourroit donner
qu'une profpérité momentanée, & la détruiroit enfin de fond en comble.
On ne compte en Angleterre que cinq millions d'ames, ou très-peu au-
delà, ce qui forme un million de familles de cinq perfonnes chacune : que
le commerce répartiffe les trois cents quatre-vingt-trois millions dont il
s'agit, à ce million de familles ; la fortune de chaque famille l'une dans
l'autre fe fera accrue de trois cents quatre-vingt-trois liv. fterl., environ
huit mille huit cents livres argent de France. Eh bien ! dans cette hypothefe l'Angleterre feroit perdue ; elle n'auroit pas un feul travailleur, du
moins pour les ouvrages durs & pénibles. On ne parle ici que de l'Angleterre, parce qu'elle fait prefque feule le commerce des trois royaumes, & que l'Ecoffe & l'Irlande n'en retirent que des avantages très-
bornés.

    Allons au vrai, & voyons les objets tels qu'ils font en eux-mêmes &
dans leurs fuites. Il eft certain qu'une augmentation du double dans la
Marine d'une nation, annonce un accroiffement proportionné ; & que de-là
on eft obligé de convenir que toutes les exportations ou importations ont
augmenté du double : & bien, mettons à prix les huit cents mille tonneaux de marchandifes que l'Angleterre commerce de plus, depuis 1688.
Un tonneau de marchandifes à prendre depuis le charbon de terre, le bois,
le blé, le riz, les pêches feches & falées, jufqu'au fucre & à l'indigo,
peut être évalué à deux cents cinquante livres. Les huit cents mille tonneaux d'effets commercés par l'Angleterre forment donc une augmentation
de deux cents millions dans le fonds national, lefquels ajoutés aux cent
vingt millions déjà comptés pour la valeur des vaiffeaux, donnent une fomme de trois cents vingt millions, ou quatorze millions fterl. C'eft-là dans
le vrai la fomme d'argent que l'Angleterre a ajoutée à fes premiers capitaux, & avec laquelle elle a payé les vaiffeaux & les marchandifes qu'elle
a au-delà de ce qui formoit fon ancienne navigation. Portons le calcul jufqu'à fon dernier terme : fuppofons que par cet accroiffement du commerce
maritime & les circulations qu'il occafionne, par les épargnes de la balance

                                                                                                                                                   &

& les améliorations de tout genre, dans le territoire, dans les colonies, dans les manufactures, dans les travaux de la nation, la richesse publique soit augmentée de manière que la balance du commerce soit aujourd'hui d'un cinquieme plus fort, & qu'elle monte à soixante millions au lieu de cinquante. Les Anglois eux-mêmes n'oseroient s'en flatter. Ces deux millions de plus répondroient à deux cents millions de capital dont tous les fonds de terre & toutes les autres sources de la fortune publique seront censés être augmentés. Par-là il y aura eu dans l'Etat un accroissement très-réel d'opulence ; 1°. le fonds des vaisseaux estimés cent vingt millions ; 2°. par la valeur des marchandises de leur chargement qui monte à deux cents millions ; 3°. par les améliorations de tout genre dans l'Etat, estimées deux cents millions relativement à l'augmentation que nous supposons dans la balance, ce qui fait un total de vingt millions, ou vingt-deux millions six cents mille liv. sterl.

Que cette nouvelle somme toujours en action produise par l'émulation & l'activité du peuple, un bénéfice permanent & invariable de sept & demi pour cent, comme le prouve l'expérience de tous les Etats commerçans, elle portera dans le revenu général de la nation un accroissement d'un million six cents quatre-vingt-quinze mille six cents soixante-quinze liv. sterl. ; laquelle somme ajoutée à celle de quarante-six millions deux cents cinquante mille liv. dont l'Angleterre étoit censée jouir en 1688, formera un revenu total de quarante-sept millions neuf cents quarante-sept mille six cents soixante-quinze liv. sterl., ou onze cents deux millions sept cents quatre-vingt-seize mille cinq cents vingt-cinq liv. tournois.

Il y a bien de l'apparence que c'est-là la vraie situation de l'Angleterre. Peut-être seroit-il impossible d'y ajouter seulement soixante millions de plus, sans choquer toutes les vraisemblances. En effet ce calcul répond de fort près à celui de sa population, & au produit territorial, qu'elle exige pour ses consommations annuelles.

Un seigneur Anglois assure dans un écrit sur les produits annuels de la culture d'Angleterre, que les habitans de cet Etat consomment par an six millions de quartieres de blé. La quartiere pese quatre cents soixante livres poids de marc, ce qui fait deux milliards sept cents soixante millions de livres de blé. Un homme mange par jour une livre & demie de blé, ou cinq cents quarante-huit livres de blé par an. Il n'y a donc en Angleterre qu'un peu plus de cinq millions d'ames. L'Ecosse & l'Irlande n'en contiennent que deux millions : la population entiere des trois royaumes n'est donc que de sept millions d'ames, ou d'un million quatre cents mille familles.

L'Angleterre étant un pays commerçant & fertile, on doit regarder ses habitans comme un peuple aisé, qui, par conséquent, consomme par famille l'une dans l'autre un revenu de sept cents cinquante livres tournois.

Ce qui forme un revenu général de.   .   .   . 1,050,000,000

A quoi il faut ajouter la balance du commerce, suppo-
posée de.   60,000,000

Plus les bois, les fers & autres matériaux pour la Marine
royale qui viennent du territoire, & n'entrent point comme
ce qui est employé aux autres navigations, dans la consommation du peuple ni dans la balance, évalués à.   .   . 20,000,000

revenu total de la nation.   .   .   . liv. 1,130,000,000

On voit combien les deux résultats se rapprochent, & qu'en portant à
onze cents trente millions le revenu général de l'Angleterre, c'est élever
le calcul politique à son dernier terme.

C'est à ce point de vue que doivent se placer tous les Etats, pour connoître les vraies limites de leur pouvoir, & jusqu'où s'étendent la somme
des richesses populaires, & les secours qu'ils doivent en attendre.

On a beau se repaître de ces amas d'or & d'argent qu'élève le commerce, & que mille besoins de caprice dissipent presqu'au même moment qu'ils
sont formés : tout se réduit à la renaissance annuelle des dons de la terre,
& à l'activité des travaux & de l'industrie, qui font éclore & perfectionnent ces dons. C'est-là l'opulence foncière & essentielle des Etats : n'importe à quoi les hommes s'occupent; le manufacturier, l'artiste, l'homme
de mer, le négociant qui appelle les richesses du dehors, tous prennent
sur la terre, comme le laboureur, le salaire de leurs peines; tous y trouvent leur subsistance, & la providence qui régit les nations, comme elle
gouverne les familles, ne les laisse point manquer du nécessaire physique;
elle y ajoute même les douceurs de la vie, & de quoi former des réserves pour les temps de calamité. Mais cet important objet une fois rempli,
elle ne se prête plus aux vues d'ambition & de cupidité des peuples; elle
repousse au contraire d'une main invisible tous les vœux secrets d'agrandissement & de fortune, qui, s'ils étoient écoutés, bouleverseroient les sociétés, romproient les liens de la subordination & la chaîne des travaux
utiles, comme de nation à nation ils détruiroient l'équilibre de puissance
qui doit les conserver & maintenir leur gouvernement.

Toutes les autres évaluations de l'opulence des peuples, qui ne portent
que sur les gains du commerce, objet infiniment foible, dès qu'il est rapproché des immenses productions du sol & des travaux d'une nation, ne
sont donc que de chimériques systêmes où se perdent les Etats, & dont
les chefs du gouvernement peuvent, comme le simple peuple, être la dupe
& la victime. Heureux s'ils reviennent de leur erreur assez tôt pour pouvoir
fermer l'abîme qu'elle a creusé, & faire reprendre à l'Etat sa première
consistance !

Sur ceci nous ne pouvons nous refuser à une réflexion qui se présente
naturellement à l'esprit, sur la situation de l'Angleterre. C'est la nation
dont la situation intéresse le plus toutes les nations européennes, soit qu'on

la confidere dans cet éclat extérieur dont la décoration nous éblouit & nous féduit, foit qu'on examine férieufement la folidité des principes qui conftitue fa puiffance.

Un Etat qui jouit à peine de onze cents trente millions tournois de revenu, quel impôt peut-il lever fur le peuple? Un feptieme de ce revenu? L'impofition eft affurément très-onéreufe : mais lui fuffit-elle dans la pofition où il fe trouve?

Un feptieme de onze cents trente millions donne environ 162,000,000
A déduire pour les frais de régie comptés feulement pour . 5,500,000

Refte net. 156,500,000

Or cette fomme eft fort inférieure à fes befoins, même en temps de paix : car voici fes dépenfes : l'Etat doit actuellement environ trois milliards deux cents vingt millions, qui, à quatre pour cent d'intérêt l'un dans l'autre font une dépenfe de 128,800,000
La lifte civile eft ordinairement d'un million fterl. ci. . 23,000,000
L'entretien des troupes eft d'un million fterl. ci. . . . 23,000,000
Dépenfes de la Marine. 17,250,000

Total des dépenfes pendant la paix. 192,050,000
La recette ci-deffus ne donne que 156,500,000

La dépenfe excede la recette de . . . . . ? . . . 37,550,000

Quand l'Angleterre leveroit un fixieme fur le peuple, fa recette n'iroit qu'à cent quatre-vingt-dix millions, & déduifant les frais de régie, à cent quatre-vingt-deux millions cinq cents mille livres; ce qui ne feroit encore qu'une recette inférieure à la dépenfe qui eft évidemment de plus de cent quatre-vingt-douze millions cinquante mille livres. Mais quel impôt, qu'un fixieme du revenu brut de tous les fonds d'un Etat! Quel eft le peuple qui ne fuccombera pas fous un poids fi énorme, fur-tout fi l'impôt eft de longue durée? il faut obferver encore que dans cette hypothefe, il n'y a rien pour les non-valeurs, & cependant les non-valeurs s'accroiffent toujours en proportion de ce que la charge impofée fur le peuple, eft plus onéreufe.

Quelle peut être la fource où un Etat qui s'eft mis dans cette fituation, peut puifer de quoi éteindre fucceffivement une dette d'environ trois milliards deux cents vingt millions? La politique la plus profonde & la plus recherchée ne fauroit trouver la fource d'une libération dans une Marine exceffive. Qu'on fuppofe tant qu'on voudra la Marine doublée depuis 1688, qu'on l'augmente encore, s'il eft poffible, d'un tiers en fus ; il n'en réfulteroit autre chofe, qu'un accroiffement très-rapide de la dépopulation, une deftruction très-fenfible du nerf de l'Etat & du principe conftitutif de la puiffance territoriale. Car tel eft inconteftablement l'effet d'une Marine portée à l'excès, elle énerve néceffairement & très-promptement par les dépenfes exceffives en hommes qu'elle exige, la nation qui s'y livre.

La navigation confidérée dans les limites qui doivent lui être affignées par la néceffité de conferver la population & l'induftrie intérieure, eft fans contredit le principe d'une grande puiffance; & ce qui eft peut-être encore plus intéreffant pour l'humanité, la navigation eft la fource d'un grand commerce. Le commerce de fret & d'économie eft celui qui donne le plus de forces & d'étendue à la navigation. La nation qui s'y livre, multiplie promptement fes vaiffeaux à l'infini, & la pratique de la mer lui donne cet avantage, que fes navigateurs deviennent plus hardis, & naviguent plus furement que ceux des autres nations. Par cette raifon cette nation emploie moins d'hommes fur les vaiffeaux, & fait les tranfports à plus bas prix que les autres.

Une nation navigante attire à elle les matériaux néceffaires à la conftruction, les matelots des autres Etats & toute forte d'ouvriers pour tous les ouvrages qui tiennent à la Marine; c'eft ainfi que la Hollande a infiniment augmenté fa population aux dépens des autres nations. C'eft ainfi qu'une nation navigante peut détruire enfuite la Marine des autres, ou l'empêcher de s'élever. Elle fait à cet égard ce que font d'autres nations dans la partie des manufactures: Ce font les mêmes conféquences des mêmes principes dans deux objets différens. Mais celui dont il s'agit ici, influe beaucoup plus que l'autre dans la puiffance politique : car les manufactures ne fauroient qu'attirer l'argent dans l'Etat : & la navigation, outre les richeffes qu'elle procure, donne à l'Etat une force réelle. Il eft même difficile aux nations induftrieufes dans les manufactures, d'empêcher les autres nations d'établir chez elles la même induftrie. Il eft bien plus aifé à la nation qui domine fur mer, telle que l'angloife, d'empêcher qu'une autre nation s'y établiffe puiffamment.

La nature a donné aux nations du nord, dans les matériaux néceffaires à la conftruction de la Marine, de quoi faire des échanges avantageux avec les nations du midi pour les productions de celles-ci qui leur manquent. Ces nations peuvent fe procurer de grands avantages, foit par les préparations qu'exigent ces matériaux pour être employés, foit en conftruifant même pour le compte des nations navigantes, foit enfin en fe livrant elles-mêmes à la navigation, & en tranfportant avec leurs propres navires, leurs matériaux aux nations du midi. Ces productions donnent naturellement à ces nations un avantage pour élever elles-mêmes une Marine en fourniffant à l'entretien de celle des autres nations, & cet avantage ne peut leur être ôté par aucune concurrence. Il eft même affez fingulier que plus les nations du midi donnent d'étendue à leur Marine, plus la balance des nations du nord devient avantageufe, & leur fournit des moyens d'accroître leur puiffance.

Le but principal où doivent tendre toutes les nations qui navigent, c'eft de conftruire des vaiffeaux parfaits & bons voiliers, & de les conftruire à meilleur marché que les autres nations. Celles auxquelles la nature a donné tous les matériaux néceffaires à la conftruction, peuvent aifément obtenir ces deux points nécessaires à la navigation : elles doivent se donner une grande supériorité sur les nations qui sont obligées de les acheter. Il est certain que celles-ci ne sauroient parvenir, quelques réglemens qu'elles puissent faire, à égaler le bon marché de la navigation des premieres, à moins que les nations propriétaires des matériaux, ne négligent de profiter de leurs avantages.

Le commerce maritime, si nécessaire pour élever une nation à un grand degré de puissance, devient donc nuisible, lorsqu'on s'y livre avec excès, & il le devient bien davantage, lorsqu'on lui donne cette étendue excessive par des guerres ruineuses. L'excès de la Marine détruit nécessairement alors les principes les plus actifs du commerce ; & cette industrie précieuse qui en est la premiere base.

De la Marine militaire.

LES puissances maritimes, qui ont des ports, une navigation marchande, & des possessions par-delà la mer à protéger, doivent indépendamment des forces de terre, entretenir aussi une Marine militaire. Nous comprenons sous ce mot tout ce qui a rapport à l'armée navale : ce qui forme quatre objets principaux ; 1°. les flottes mêmes, 2°. la construction des bâtimens qui les composent, 3°. l'équipage & les troupes qui les montent, 4°. les arsenaux de Marine où se gardent toutes les choses nécessaires à l'équipement & à l'usage des flottes ; car l'usage qu'on fait des forces navales, la maniere de les conduire, & de faire la guerre sur mer, est une science très-compliquée qui appartient aux amiraux, aux officiers de Marine, & qui demande une théorie profonde, jointe à une grande expérience.

Les flottes sont composées de vaisseaux de guerre, ou de vaisseaux de ligne, c'est-à-dire de vaisseaux assez grands pour le combat, & pour avoir place & rang dans une armée navale. Car, dans un jour de combat, l'avant-garde, le corps de bataille, & l'arriere-garde se mettent autant qu'ils le peuvent sur une même ligne, tant pour conserver l'avantage du vent, & afin que tous les vaisseaux courent au même bord, que pour ne pas rester par files les uns derriere les autres, ce qui empêcheroit ceux qui ne se trouveroient point au premier rang de tirer leurs bordées sur les vaisseaux ennemis, parce qu'ils rencontreroient les vaisseaux de leur parti. Or, pour pouvoir être rangé sur cette ligne, il faut qu'un vaisseau soit d'une certaine grandeur & capacité. On compte sous cette classe tous ceux qui peuvent porter depuis quarante jusqu'à cent canons. Tout ce qui est plus grand est plus pour l'ostentation que pour l'utilité. Ce sont des châteaux flottans, des machines lourdes, qui se remuent difficilement, & qui embarrassent beaucoup l'amiral qui les monte. Les autres navires qui renforcent ces flottes sont des frégates, des vaisseaux de transport pour les troupes, des vaisseaux de provision, des galiotes, des brûlots, & plusieurs autres bâtimens dont on peut apprendre les noms & l'usage dans les écoles

& les livres de Marine. Quant aux galeres, il femble qu'il n'y ait que le
préjugé de l'antiquité qui en faffe conferver l'ufage. Il y a bien des fiecles qu'on les a vues tranquillement amarrées dans les ports, & fervir tout
au plus de prifon aux forçats. Peut-être la religion de Malthe peut-elle s'en
fervir avantageufement dans la mer Méditerranée contre les pirates de Barbarie , ou les Ruffes dans divers parages de la mer Baltique , ces mers
n'étant que des efpeces de golfes où l'on peut rafer les côtes, incommoder
l'ennemi, & faire à tout moment quelque defcente. Mais, tout bien confidéré , une flotte compofée de bons vaiffeaux ne coûte pas plus d'entretien,
& eft d'un ufage bien plus univerfel.

Quant à la conftruction de ces différens bâtimens, il eft bon de fuivre,
en général, les maximes que nous prefcrivons ailleurs (à l'article NAVI-
GATION) pour la bâtiffe des navires marchands : nous y renvoyons le lecteur , pour ne pas tomber dans des répétitions inutiles. Ajoutons feulement
que l'amirauté de l'Etat doit avoir fes chantiers à part, où elle fait conftruire tous les vaiffeaux & autres bâtimens pour l'armée navale. Si le pays
ne produit point de bois de conftruction, point de fer, goudron, bray,
chanvre, lin, &c. il faut tâcher de faire venir ces matériaux en droiture
des endroits où ils font à meilleur marché. On peut faire des contrats
avantageux avec les négocians de Suede pour le fer, avec ceux de Riga
pour les mâts, avec ceux de Konigsberg, de Stettin, &c. pour le bois de
conftruction & pour les planches, avec ceux de Livonie pour le lin & le
chanvre. Les conftructeurs, charpentiers & autres ouvriers, qui travaillent
à la bâtiffe des vaiffeaux , doivent être les plus habiles gens qu'on peut trouver à prix d'argent, ou chez foi, ou chez d'autres nations.

L'amiral-général, le grand-amiral, quelque nom qu'on lui donne, eft le
chef des flottes, des armées & de la police navale d'un Etat. Il doit préfider à toutes les délibérations qui regardent la Marine. En temps de paix,
il prefcrit, fous l'autorité du fouverain, des loix à toute l'armée navale
en général, il les donne par écrit, & fait prêter ferment de les obferver.
En mer, l'amiral ou chef-d'efcadre, enfin le commandant de la flotte doit
fi bien donner fes ordres, que le plus mauvais voilier de fes vaiffeaux puiffe
fuivre l'armée , & y demeurer joint. Il établit des récompenfes pour ceux
qui les méritent, & fait punir ceux qui commettent des fautes. Ses ordres
fe communiquent à toute l'armée par des fignaux tels qu'il les a réglés auparavant. L'amiral ne fait le fignal de mettre à la voile que lorfque la
premiere ancre de fon vaiffeau eft levée, & que le cable de la feconde
eft déjà au cabeftan, à moins qu'il n'y ait quelque néceffité d'en ufer autrement. Lorfqu'il furvient des chofes extraordinaires, dont les avis ne peuvent être donnés par des fignaux, il fait porter fes ordres par de petits
bâtimens, ou bien il fait le fignal à tous les vaiffeaux de venir paffer à
fon arriere, où il leur explique lui-même fes intentions. Il prend bien garde
qu'on ne laiffe paffer aucun bâtiment fans l'avoir hélé, pour favoir où il
va. L'adreffe d'un amiral & fon expérience fe font connoître lorfqu'il gagne

le vent aux ennemis, foit en montant au vent, foit en perçant au travers
de leurs efcadres. Il importe extrêmement à une armée navale que fon
amiral ne foit point mis hors d'état de combattre, & de la commander ;
c'eft pourquoi il ne doit point s'engager légérement dans le fort de la bataille, mais donner par-tout fes ordres, prévenir la confufion, mener à
l'ennemi les vaiffeaux qui reftent en arriere, & avoir l'œil par-tout. Auffi
quand l'armée eft en marche pour aller à l'ennemi, l'efcadre de l'amiral fe
tient au milieu & fait le corps de bataille, foit qu'on marche en lignes,
en files ou en croiffant. Cette derniere forme de marche eft la plus avantageufe, parce qu'elle donne lieu à tous les vaiffeaux d'entrer en action.
Tous les vaiffeaux de l'armée doivent courir au fecours de leur amiral,
mais fur-tout fes matelots ne doivent jamais s'éloigner de lui. L'amiral
ne manque point de faire, tous les jours, prendre hauteur tant qu'il eft en
mer. Il fait faire continuellement des exercices aux équipages & aux foldats pour les tenir en haleine, & il a le pouvoir de prendre les voies qu'il
juge les plus convenables pour tenir tous les gens qui font à bord dans
l'obéiffance, & pour faire exécuter fes ordres.

Les autres officiers de la Marine font, le lieutenant-amiral-général, le
vice-amiral, le contre-amiral, les capitaines des vaiffeaux de ligne, les
capitaines des frégates, & autres bâtimens, les lieutenans, & divers officiers fubalternes, dont les titres, les dénominations & les emplois varient dans chaque pays. L'équipage eft compofé de matelots pour la manœuvre, de canonniers pour deffervir l'artillerie, & de troupes de Marine
pour combattre. Ces troupes ont, à la vérité, leurs officiers particuliers,
mais tout doit être fubordonné à l'amiral tant qu'on eft en mer. Un Etat
qui entretient des flottes, & dont par conféquent la Marine fait un objet
important, doit, en temps de paix, comme pendant la guerre, remplir
tous les emplois de la Marine par de bons & braves officiers, qui s'appliquent conftamment à la théorie de leur fcience, laquelle fe divife en
trois parties générales, favoir, l'architecture navale, qui apprend à conftruire toutes fortes de bâtimens de mer ; le pilotage, qui eft l'art de
conduire un vaiffeau en mer ; & l'art des évolutions, qui enfeigne comment il faut conduire des flottes ou armées navales. Lorfqu'il fe préfente
des occafions de faire quelque campagne, ces officiers doivent fervir en
qualité de volontaires, même fur les flottes étrangeres, pour fe perfectionner dans leur métier par l'expérience, & pour voir ce qui fe pratique
chez les autres nations. Les grandes puiffances commerçantes entretiennent
auffi des régimens de Marine, deftinés à fervir fur les flottes ; mais cet
ufage n'eft pas d'une néceffité abfolue, vu que toutes les troupes peuvent,
dans le befoin, être embarquées, & combattre fur les vaiffeaux de guerre,
comme à terre. Quant aux Matelots, il n'eft pas prudent de les enlever,
en temps de paix, à la navigation marchande, outre que leur entretien
conftant coûteroit un argent immenfe à l'Etat, & que reftant dans l'oifiveté
ils oublieroient l'exercice de leur métier. Il fuffit donc qu'on fache que le

pays puisse fournir, au besoin, un nombre suffisant de Matelots, dont on peut faire le dénombrement, & les réduire en classes durant la paix, pour les réclamer & en faire la levée à l'approche de la guerre, ou dans quelques autres cas de nécessité.

Les arsenaux de Marine doivent être amplement pourvus non-seulement de canons & d'autres armes à l'usage des flottes, mais aussi de tous les agrès nécessaires pour l'équipement des vaisseaux. Le détail de toutes ces choses est immense. Il faut voir avec attention un arsenal pour s'en former une idée. Depuis les plus gros canons jusqu'à une mèche, les plus grosses ancres jusqu'à la plus petite lanterne, tout doit se trouver dans un pareil magasin, & il faut établir des commissaires, également intelligents & fideles, pour en avoir l'inspection. On n'a pas besoin de dire que ces arsenaux doivent être établis dans des ports où le souverain entretient ses officiers de Marine & ses vaisseaux.

Mais ce n'est pas le tout d'établir une bonne Marine, il faut encore porter une attention extrême à sa conservation. Les vaisseaux qui restent plusieurs années amarrés dans les ports, sont sujets à se couvrir de mousse, & à pourrir au point qu'ils ne peuvent plus servir en mer. Il y a bien des exemples que de pareils vaisseaux, ayant été employés dans la suite à quelque expédition, & étant sortis à peine du Havre, sont coulés à fond & péris avec tout l'équipage. C'est une négligence impardonnable à l'amirauté. Il faut, de toute nécessité, tant pour la conservation des bâtimens même, que pour l'entretien de l'art de la Marine, & pour exercer les officiers & les matelots, que les flottes sortent tous les ans de leurs ports, & qu'elles restent quelque temps en mer. C'est le seul moyen d'entretenir tous ceux qui sont employés à la Marine dans la pratique de leur métier, & dans la discipline navale. D'ailleurs, l'eau de la mer, qui est imprégnée d'un sel corrosif, ronge cette mousse pernicieuse qui s'attache aux vaisseaux, & préserve le bois de la pourriture autrement inévitable. Le manque de cette précaution a été une des principales causes de la décadence de la Marine Hollandoise, & des frais énormes que cette république est obligée d'employer pour la rétablir. Il est indispensable que chaque vaisseau soit mis en mer au moins une fois tous les trois ans ; & si l'on craint la dépense de ces sortes de campagnes d'exercice, l'amirauté peut, en tout cas, prêter ses vaisseaux à la compagnie des Indes, lorsque l'Etat en a de, formée.

Les affaires de la Marine sont si importantes, & sujettes à tant de détails, que la plupart des puissances maritimes ont formé des départemens séparés auxquels elles en ont confié la régie, & qui ont à leur tête un ministre, ou autre personne considérable de l'Etat. Et en effet, l'objet en vaut bien la peine. Les flottes protegent le commerce, la navigation marchande, les côtes, les ports, les possessions étrangeres, & rendent une nation plus ou moins maîtresse de la mer. Cependant l'expérience de bien des siecles prouve que les intérêts des peuples ne se reglent guere que par

le

le fort des armes fur terre ; & comme difoit une dame illuftre de la cour de Louis XIV, depuis la baraille d'*Aclium*, aucun combat naval n'a été décifif.

MARNIX, (Jean de) *Baron de Potes, Auteur Politique.*

LE livre de Jean de Marnix, intitulé : *Réfolutions Politiques & Maximes d'Etat*, imprimé à Bruxelles en 1612, en un volume in-4to. réimprimé quelques années après, & contrefait à Rouen en 1624 fur la feconde édition, eft affez bien écrit pour le temps où il a été fait. Il eft divifé en fept fections, & chaque fection en plufieurs articles. La premiere fection roule fur la fcience politique ; la feconde fur le commandement & l'obéiffance ; la troifieme regarde ceux qui commandent ; la quatrieme contient quelques inftructions fur les pays qu'ils gouvernent ; la cinquieme traite des alliances des princes ; la fixieme, des confédérations ; la feptieme, de la diffimulation. L'auteur joint par-tout l'exemple à l'appui des raifons, & rend ainfi les inftructions qu'il donne plus utiles & plus agréables.

MARSELAER, *Auteur Politique.*

NOUS avons de cet auteur Flamand, un ouvrage qui a pour titre : *Frederici de Marfelaer equitis legatus, libri duo ad Philippum IV, Hifpaniarum regem*, imprimé à Anvers chez Plantin en 1626 en un volume in-4to, & en 1666 en un volume in-folio.

En traitant la queftion de la compétence du juge de l'ambaffadeur, Marfelaer fuit, pour ce qui regarde les affaires civiles, la diftinction du droit Romain, & foumet en matiere criminelle, l'ambaffadeur à la jurifdiction du prince chez qui le crime a été commis, en forte que fi l'on ne punit pas l'ambaffadeur, c'eft, felon Marfelaer, par un principe d'humanité, ou par des raifons de prudence, & non pas en vertu d'aucune obligation où l'on foit par le droit des gens, fur-tout quand il s'agit d'un crime d'Etat. Nous avons décidé autrement cette queftion à l'article JUSTICE.

MARSILE MENANDRIN, ou MARSILE DE PADOUE, *Jurifconfulte.*

MARSILE MÉNANDRIN, docteur de Padoue, connu fous le nom de *Marfile de Padoue*, né à Padoue, & mort en 1328 à Montemalto, fut un confeiller de l'empereur Louis de Baviere.

L'excommunication & la dépofition de ce prince, prononcées par Jean XXII,
furent réfutées par plufieurs écrivains ; Aliger Dante, Florentin ; Guillaume
Occam, Anglois ; Jean de Jeanduno ; Louis de Babemberg, Allemand, &
quelques autres ; mais l'empereur & l'empire même n'eurent point de dé-
fenfeur plus diftingué que notre jurifconfulte de Padoue. Il eft l'auteur
d'un ouvrage qui a pour titre : *Defenforium pacis, ubi de poteftate papæ
& imperatoris tractatur, fcriptum tempore Ludovici IV imperatoris, à Marfilio
Menandrino Patavino, J. C. circà annum 1324, in-folio 1525.* Le même,
cum præfatione Licentii Evangeli facerdotis (Beati Renani) in-folio, Ba-
fileæ 1522. Le même *cum notis Francifci Gomari in-8°.* Francofurti 1392.
Le même, *auctior in-8°.* Heydelbergæ 1599. Le même, *fub hoc titulo :
Legiflator de Jurifdictione Pontificis Romani & Imperatoris per Paterfo-
nium. in-8°. 1613.*

L'auteur foutient que non-feulement le pape doit être foumis à l'empereur dans les chofes temporelles, mais encore dans la difcipline extérieure
de l'églife, & que le pape ni toute l'églife enfemble ne peuvent punir de
peine coactive aucun homme, quelque méchant qu'il foit, fi le prince ne
leur en donne l'autorité. (a) Il s'eleve avec force contre les abus de la
cour de Rome, & prouve que de droit divin tous les évêques font égaux
au pape. Tout cela eft vrai ; mais au-lieu de réferver au pape fa primauté
qui ne lui avoit pas encore été contentée, il foutint que S. Pierre n'avoit
pas eu plus d'autorité que les autres apôtres, & qu'il n'avoit pas été
leur chef.

Jean XXII fit contre l'ouvrage de Marfile un décret, (b) par lequel il
réfuta le livre & excommunia l'auteur. C'eft contre cet écrivain qu'Albert
Pighius a fait la cinquieme de fes affertions touchant la hiérarchie de
l'églife. Elle a été imprimée avec les quatre autres à Cologne en 1544
& en 1572.

La faculté de théologie de Paris réfuta la propofition de l'auteur touchant
les peines coactives. Marfile de Padoue, dit Almain, (c) a erré dans la foi,
en ôtant à l'églife toute jurifdiction coërcitive. (d) Le concile provincial
de Sens, (e) faifant l'énumération des différens ennemis de l'autorité eccléfiaftique, met Marfile du nombre, en ce qu'il dépouille les prélats de toute
jurifdiction extérieure, fi elle ne leur eft donnée par le magiftrat féculier. *Voyez l'article* JURISDICTION ECCLÉSIASTIQUE, où vous trouverez
le jugement que l'hiftorien de l'églife a porté de toutes ces cenfures.

(a) *Quod papa vel ecclefia fimul fumpta nullum hominem quemcumque fceleratum poteft pu-
nire, punitione coactivá, nifi imperator daret eis poteftatem.*

(b) En 1327.

(c) Jacob. Alm. lib. de autor. ecclef.

(d) *Quod Marfilius de Paduá deviavit à fide, omnem jurifdictionem coercitivam auferens ab
ecclefiá.*

(e) Célébré en 1528.

Marsile de Padoue est encore l'auteur d'une consultation sur le divorce de Jean, fils du roi de Bohême, & de Marguerite, duchesse de Carinthie, dans laquelle il établit le droit des princes sur les mariages.

MARTINIQUE, (Isle de la) *La principale des Antilles Françoises.*

LA Martinique est située par les 14ᵈ. 43ˡ. & 9ᵘ. de latitude au nord de l'équateur, & sa longitude diffère occidentalement de 63ᵈ. 18ˡ. 45ᵘ. du méridien de l'observatoire de Paris; ce qui fait 4 heures, 13ˡ. & 15ᵘ. de différence.

Cette isle peut avoir 60 lieues de circuit, sa longueur est d'environ 25, sur une largeur inégale, étant découpée par de grandes baies, au fond desquelles sont de belles anses de sable, & de très-bons ports couverts par de longues pointes qui avancent beaucoup en mer; les rivages de l'isle sont défendus par des rochers & des falaises qui en rendent l'aspect formidable; quant à l'intérieur du pays il est occupé par de très-hautes montagnes, dont les intervalles forment de grands vallons remplis d'épaisses forêts, & arrosés d'un grand nombre de rivieres & de torrens, dont l'eau est communément excellente.

Quoique le climat par son excessive chaleur, soit souvent funeste aux étrangers intempérans, ceux qui y sont accoutumés y jouissent d'une aussi parfaite santé qu'en aucun lieu du monde; la terre y produit abondamment des cannes à sucre, du café, du coton, de la casse, du manioc, des fruits délicieux, & une prodigieuse quantité de plantes & de beaux arbres, dont le bois, les résines & les gommes ont des propriétés qui peuvent être utilement employées tant en médecine que dans les arts méchaniques. La culture du sucre a fait négliger celle de l'indigo, du rocou & du tabac; on commence depuis quelques années à reprendre avec succès celle du cacao, dont les arbres par une espece d'épidémie, étoient presque tous morts en 1728.

La colonie que M. Dosnambuc, gouverneur de l'isle de saint-Christophe, fit passer à la Martinique en 1635, s'est considérablement augmentée malgré les guerres qu'elle fut obligée de soutenir contre les sauvages, & les difficultés de défricher un pays rempli de serpens vénimeux & d'insectes fort incommodes.

D'après le dernier dénombrement qui est du 25 juillet 1767, la colonie toute nue, pour ainsi dire, & réduite à elle-même, réunit dans l'étendue de vingt-huit paroisses 12,450 blancs de tout âge & de tout sexe; 1,814 noirs ou mulâtres libres; 70,553 esclaves; 443 negres marons ou fugitifs; 84,817 têtes forment toute la population de l'isle. Le nombre des naissances fut en 1766 dans la proportion d'un à trente parmi les blancs, d'un à vingt-cinq parmi les noirs. De cette observation, si elle étoit constante, il résulteroit que le climat de l'Amérique est beaucoup plus favorable à la propagation des Africains que des Européens ; puisque ceux-là peuplent encore plus dans les travaux & les miseres de l'esclavage, que ceux-ci dans l'aisance & la liberté. Dès-lors on doit prévoir que la multiplication des noirs en Amérique y étouffera tôt ou tard celle des blancs, & vengera peut-être enfin la race des victimes sur la génération des oppresseurs.

Les troupeaux de la colonie sont composés de 3,776 chevaux ; de 4,214 mulets ; de 293 bourriques ; de 12,376 bêtes à cornes ; de 975 cochons ; de 13,544 moutons ou cabris.

Elle a pour ses vivres 17,930,596 fosses de manioc ; 3,509,048 bananiers, 406 carreaux & demi de patates.

11,444 carreaux de terre plantés en cannes ; 6,638,757 pieds de café ; 871,043 pieds de cacao ; 1,764,807 pieds de coton ; 59,966 pieds de caffier ; 61 pieds de rocou, forment ses cultures.

Ses prairies ou savanes occupent 10,972 carreaux de terre ; il y en a 11,966 en bois ; & 8,448 d'incultes ou d'abandonnés.

Le nombre des plantations où l'on cueille le café, le coton, le cacao, d'autres objets moins importans, est de 1,515. Il n'y en a que 286, où l'on fasse du sucre. Elles occupent 116 moulins à eau ; 12 à vent, & 184 à bœufs. Avant l'ouragan du 13 août 1766, on comptoit 302 petites habitations & 15 sucreries de plus.

Les produits réunis de la colonie se réduisent à vingt-quatre millions pesant de sucre terré, à quatre millions de sucre brut, à trente mille quintaux de café, à six mille quintaux de coton, à quatre cents quintaux de cacao. Ceux qui ne trouveront pas ce revenu proportionné au nombre d'esclaves employés pour l'obtenir, doivent considérer que le succès d'une culture quelconque ne dépend pas seulement de la quantité des bras qu'on y consacre, mais encore de beaucoup d'autres moyens d'exploitation dont le calcul est plus compliqué. L'étranger enleve en fraude environ un douzieme des denrées de l'isle. Le reste passe à la métropole. Pour cette extraction, le commerce de France expédia en 1766 cent quarante-trois bâtimens, dont dix-sept firent voile vers saint-Domingue & la Guadeloupe, après avoir vendu une partie de leur cargaison. Cent & un de ces navires aborderent au bourg saint-Pierre, trente-cinq au Fort-Royal, cinq à la Trinité, & deux au cap François.

Tous ceux qui par instinct ou par devoir s'occupent des intérêts de la patrie, ne voient point sans douleur une aussi belle colonie que la Martinique dans cet état de dépérissement. On sait, il est vrai, que le centre de cette isle, rempli de rochers affreux, n'est point propre à la culture du sucre, du café, du coton ; qu'une trop grande humidité y nuiroit à ces productions ; & que si elles y réussissoient, les frais de transport, au travers des montagnes & des précipices, rendroient inutile le succès de ces récoltes. Mais on pourroit former dans ce grand espace d'excellentes prairies ; & le fol n'attend que la faveur du gouvernement pour fournir aux habitans ce genre de fécondité reproductive des beftiaux, fi néceffaires à la culture & à la fubfiftance. L'ifle a d'autres quartiers d'une nature ingrate. Les uns font alternativement en proie à la féchereffe ou à la pluie. Il en eft des marécageux, prefqu'entiérement noyés par la mer ; d'autres où il ne croît que de ces plantes aquatiques connues fous le nom général de mangles, mais de plufieurs efpeces qui ne fe reffemblent pas. Ailleurs le terrein eft fi pierreux, qu'il fe refufe à tous les travaux, ou fi fort épuifé par le défaut d'engrais, qu'il ne mérite pas d'être remis en valeur. Cependant les connoiffeurs les plus modérés dans leurs calculs s'accordent tous à dire, que les terres fufceptibles d'exploitations, mifes dans toute leur valeur poffible, produiroient un revenu de dix-huit millions. La fituation actuelle de la Martinique éloigne prodigieufement de fi douces efpérances.

Les propriétaires des terres y peuvent être divifés en quatre claffes. La premiere poffede cent grandes fucreries exploitées par douze mille noirs. La feconde, cent cinquante exploitées par neuf mille noirs. La troifieme, trente-fix exploitées par neuf mille noirs. La quatrieme, livrée à la culture du café, du coton, du cacao, du manioc, peut occuper douze mille noirs. Ce que la colonie contient de plus en efclaves des deux fexes, eft employé pour le fervice domeftique, pour la pêche, ou pour la navigation.

La premiere claffe eft toute compofée de gens riches. Leur culture eft pouffée auffi loin qu'elle puiffe aller ; & leurs facultés la maintiendront fans peine dans l'état floriffant où ils l'ont portée. Les dépenfes même qu'ils font obligés de faire pour la reproduction, font moins confidérables que celles du colon moins opulent, parce que les efclaves qui naiffent fur leurs habitations, doivent remplacer ceux que le temps & les travaux détruifent.

La feconde claffe qu'on peut appeller celle des gens aifés, n'a que la moitié des cultivateurs dont elle auroit befoin, pour atteindre à la fortune des riches propriétaires. Euffent-ils les moyens d'acheter les efclaves qui leur manquent, ils en feroient détournés par une funefte expérience. Rien de fi mal entendu que de placer un grand nombre de negres à la fois fur une habitation. Les maladies que le changement de climat & de nourriture occafionne à ces malheureux, la peine de les former à un travail dont ils n'ont ni l'habitude, ni le goût, ne peuvent que rebuter un colon par les foins fatigans & multipliés que demanderoit cette éducation des hommes pour la culture des terres. Le propriétaire le plus actif eft celui qui peut augmenter fon attelier d'un fixieme d'efclaves tous les ans. Ainfi la feconde claffe pourroit acquérir quinze cents efclaves par an, fi le produit net de fa culture le lui permettoit ; mais elle ne doit pas compter fur des crédits. Les négocians de la métropole ne paroiffent pas difpofés à lui en accorder, & ceux qui faifoient travailler leurs fonds dans la colonie, ne les y ont pas vu plutôt oififs ou hafardés, qu'ils les ont portés en Europe ou à Saint-Domingue.

La troifieme claffe qui eft à peu près indigente, ne peut fortir de fa fituation par aucun moyen pris dans l'ordre naturel du commerce. C'eft beaucoup qu'elle puiffe fubfifter par elle-même. Il n'y a que la main bien-faifante du gouvernement, qui puiffe lui donner une vie utile pour l'Etat, en lui prêtant fans intérêt l'argent néceffaire pour monter convenablement fes habitations. La recrue des noirs peut s'y éloigner fans inconvénient des proportions que nous avons fixées pour la feconde claffe, parce que cha-que colon ayant moins d'efclaves à veiller, fera en état de s'occuper da-vantage de ceux dont il fera l'acquifition.

La quatrieme claffe, livrée à des cultures moins importantes que les fucreries, n'a pas befoin de fecours auffi puiffans pour recouvrer l'état d'ai-fance d'où la guerre, les ouragans, & d'autres malheurs l'ont fait déchoir. Il fuffiroit à ces deux dernieres claffes d'acquérir chaque année quinze cents efclaves, pour monter au niveau de la profpérité que la nature permet à leur induftrie.

Ainfi, la Martinique pourroit efpérer de ranimer fes cultures languiffan-tes, & de recouvrer le premier éclat de fon induftrie, fi elle recevoit tous les ans trois mille negres. Mais elle eft hors d'état de payer des recrues, & les raifons de fon impuiffance font connues. On fait qu'elle doit à la métropole comme dettes de commerce, environ un million. Une fuite d'in-fortunes l'a réduite à emprunter plus de quatre millions aux négocians éta-blis dans le bourg de faint Pierre. Les engagemens qu'elle a contractés à l'occafion des partages de famille, ceux qu'elle a pris pour l'acquifition d'un grand nombre d'habitations, l'ont rendue infolvable. Cette fituation défefpérée ne lui permet, ni les moyens d'un prompt rétabliffement, ni l'ambition de remplir toute la carriere de fortune qui lui étoit ouverte.

Encore eft-elle expofée à l'invafion. Mais quoique cent endroits de fes côtes offrent à l'ennemi les facilités d'une defcente, il ne l'y fera pas. Elle lui deviendroit inutile, par l'impoffibilité de tranfporter à travers un pays extrémement haché, fon artillerie, & fes munitions au Fort-Royal qui fait toute la défenfe de la colonie. C'eft vers ce parage feul qu'il tournera fes voiles.

Cette capitale eft avantageufement fituée près d'un excellent port cou-vert d'une péninfule entiérement occupée par une grande citadelle, ou ré-fide ordinairement le gouverneur général; mais le lieu le plus confidéra-ble de l'ifle, tant par fon étendue que par fon commerce & fes richeffes, eft le Fort-Saint-Pierre, diftant du Fort-Royal d'environ fept lieues. Sa fitua-tion s'étend en partie fur des hauteurs au pied d'une chaîne de montagnes, & en partie fur les bords d'une grande plage courbée en croiffant, au-devant de laquelle eft une fpacieufe rade, où nombre de vaiffeaux expé-diés de tous les ports du royaume abordent continuellement, excepté de-puis le 15 de juillet jufqu'au 15 d'octobre, temps de l'hyvernage, que ces vaiffeaux vont paffer dans le carénage du Fort-Royal pour être plus en fureté contre les ouragans & les rats de marée, très-fréquens pendant cette faifon.

Dans la partie orientale de l'iſle, ſont ſitués le bourg & le fort de la Trinité, au fond d'un grand cul-de-ſac, dans lequel les vaiſſeaux peuvent mouiller à l'abri des vents pendant la ſaiſon de l'hyvernage ; ce lieu eſt beaucoup moins conſidérable que les précédens. Outre ces trois principaux endroits, l'iſle eſt très-bien garnie dans toute ſa ci conférence d'un bon nombre de jolis bourgs, dont pluſieurs jouiſſent d'une agréable ſituation.

Les habitans de la Martinique, quoique moins opulens que ceux de Saint-Domingue, ſont preſque tous riches ; ils aiment le faſte & la dépenſe ; leur affabilité envers les étrangers trouve peu d'exemple ailleurs ; ils ſont naturellement généreux & très-braves. On n'ignore pas la réputation que les corſaires de la Martinique ſe ſont acquiſe pendant les guerres qui ſe ſont ſuccédées contre les ennemis de l'Etat.

MARTINUSI, (George) *Cardinal, Miniſtre en Hongrie.*

LA liberté de la Hongrie étoit encore intacte, malgré les efforts des Ruſſes, des Polonois, des Allemands, des Tartares & des Turcs. Mais cette liberté n'étoit que l'indépendance de quelques nobles, qui tenoient ſous le joug de la ſervitude, la partie la plus nombreuſe & la plus utile de la nation. Cet Etat formoit une république ſemblable à celle de Pologne, c'eſt-à-dire, un royaume gouverné par vingt mille deſpotes. Quelque fut l'origine de l'eſclavage dans cette contrée, ſoit qu'on la faſſe remonter à cette loi atroce des Huns, qui chargeoit de fers les malheureux qui arrivoient trop tard aux aſſemblées, & qui frappoit dans les coupables leur derniere poſtérité, ſoit, qu'on lui donne une autre cauſe, il eſt certain que le payſan, attaché à la glebe, victime de la barbarie féodale, voyoit dévorer le fruit de ſes travaux par un ſeigneur endormi non dans le ſein du luxe & des plaiſirs, mais dans celui d'une inſipide indolence, & qui ne ſe reveilloit, que, lorſque le cri de la guerre avoit retenti vers les frontieres. Voilà ce qu'on appelloit un peuple libre. Les nobles formoient la nation ; les roturiers étoient des eſpeces d'animaux domeſtiques accoutumés au joug, & nés pour le travail. Jaloux de la gloire de leurs maitres, ils avoient conſervé, même dans l'eſclavage, un caractere énergique. Ils ne connoiſſoient, que le nom de la liberté, mais ce fantôme eſt toujours puiſſant, ſur des cœurs faciles à ſéduire ; & quoiqu'il n'eut pour le payſan aucune réalité, il lui inſpiroit un courage au-deſſus des dangers lorſqu'il falloit défendre ſa patrie, ou plutôt ſa priſon.

La Hongrie étoit preſque déſerte. Les ravages des guerres avoient frappé toutes les générations. Aucun moyen politique n'encourageoit la population ; eh ! que ſervoit au payſan de ſe reproduire dans des malheureux deſtinés à mourir ſous le fer des Turcs ou des Tartares, après avoir vécu ſous le ſceptre d'un gentilhomme ? la moitié au moins de cette vaſte contrée étoit en forêts & en pâturages, productions fpontanées de la nature, qui exigent peu de travail, & dont la culture n'offre point de falaire à l'indigent. Les vignobles, dont les côteaux étoient couverts, prefque tous féconds par eux-mêmes, demandoient peu de bras pour leur entretien ; &, quant au froment, pourvu que le feigneur en recueillit affez pour fa maifon, & que le payfan eut de quoi foutenir fa trifte exiftence, l'ambition du maître, & l'induftrie du ferf ne s'étendoient pas plus loin.

La légiflation n'étoit pas même à fon berceau. Tous les crimes fe rachetoient avec des bœufs ; c'étoit une efpece de monnoie avec laquelle on payoit le droit d'infulter, de battre, celui même d'affaffiner. On faifoit cependant à l'homme l'honneur de l'eftimer plus qu'un bœuf, il en falloit donner un certain nombre, pour effacer un meurtre. Toutes les loix favorifoient les clercs & la nobleffe, régloient leurs droits refpectifs, quant au peuple, elles ne s'étoient apperçues de fon exiftence, que pour le punir lorfqu'il feroit coupable.

La couronne étoit élective, inftitution, qui feroit fage chez des êtres parfaits, dangereufe chez des hommes. Les élections étoient cependant moins orageufes qu'en Pologne ; les puiffances voifines y avoient moins d'influence, parce qu'on achete les fuffrages avec peu de pouvoir chez un peuple pafteur, pauvre, indolent, fans défirs, fans manufactures, fans arts & fans luxe. Mais l'efprit de parti, les intérêts contraires des grandes familles, faifoient naître prefque autant de maux, que la vénalité des fuffrages. La couronne étoit plus refpectée, que le roi qui la portoit ; & pour donner une idée de l'ignorance des Hongrois, il fuffit de dire, qu'ils croyoient que cet ornement étoit l'ouvrage des anges, & qu'ils l'avoient apporté eux-mêmes à faint Etienne. Un palatin réuniffoit l'autorité qu'ont eue en France les maires du palais & les connétables. Il étoit fait pour protéger la nation contre les rois, &, par une fuite néceffaire de fon immenfe pouvoir, les rois étoient fouvent obligés de protéger la nation contre lui. Le clergé jouoit un rôle important comme chez tous les peuples fuperftitieux. Les terres les plus fécondes, étoient le partage des évêques ; fouvent ils commandoient les armées, ils régnoient par les armes & par la fuperftition : le cafque & la mitre les rendoient également redoutables.

Des compagnies de gentilshommes marchoient fous leurs enfeignes au premier fignal, & leur engagement étoit indiffoluble, comme celui d'un foldat. La cavalerie faifoit la principale force des armées ; c'étoit des Huns leurs ancêtres, que les Hongrois tenoient ce goût conftant pour cette maniere de combattre. La Hongrie & les Etats limitrophes abondent en fourrages. Les vivandiers ne s'occupoient que de la fubfiftance des cavaliers ; les chevaux trouvoient leur pâture dans le camp même, ou à peu de diftance du camp. Les fréquentes incurfions des Tartares & des Turcs, les forçoient auffi à s'exercer dans un art, où leurs ennemis excelloient. Ce font les Hongrois, qui nous ont donné l'idée des troupes légeres, & de l'ufage qu'on peut en faire dans une marche & dans un combat.

La

La difcipline militaire étoit affez bien obfervée parmi la foldatefque. Le payfan accoutumé à ramper & à obéir jufques dans fes foyers, ne trouvoit point le joug trop rude, lorfqu'il étoit dans les camps. La juftice étoit prompte; les châtimens rigoureux; la foumiffion aveugle : c'eft cette habitude d'obéir, qui feule rend les peuples efclaves propres à la guerre. La crainte produit chez eux les mêmes effets, que l'amour de la gloire chez une nation libre, & redoutant plus leur capitaine, que leur ennemi, ils courent au péril, pour éviter l'échafaud.

La difcipline eccléfiaftique étoit plus févere encore, non pour les prêtres chargés de la maintenir, mais pour le peuple forcé de l'obferver. La plupart des loix étoient relatives au culte; le code le plus refpecté étoit l'ouvrage d'Etienne I, que la cour de Rome fit roi dans ce monde, & faint dans l'autre. Les faints n'ayant en vue que les délices d'une autre vie, s'occupent peu des biens de ce monde; le falut des ames leur eft plus cher, que le falut de la patrie; toute leur politique eft un fermon; & leurs loix font plus propres à former des cénobites, que des citoyens & des foldats. En Pologne on arrachoit les dents à celui qui n'obfervoit pas le jeûne & l'abftinence, prefcrits par l'églife; en Hongrie on étoit, peu s'en faut, auffi févere. Voilà les objets, dont les légiflateurs s'occupoient. L'agriculture, le commerce, les arts, la propriété ne leur fembloient pas dignes de leur attention. La fureté publique même excitoit peu leur vigilance, & féviffant contre le malheureux, qui avoit mangé de la viande un vendredi, ils puniffoient foiblement le fcélérat, qui avoit trempé fes mains dans le fang de fon femblable.

On fent qu'avec un pareil gouvernement, ce peuple avoit peu de reffources; il n'en trouvoit point dans fa propre induftrie; la fécondité naturelle du terroir étoit la feule qu'on n'eut pas détruite; & lorfque les Tartares, fléau périodique, qui, de fiecle en fiecle, venoit défoler la Hongrie, avoient porté le ravage aux deux extrémités du royaume, il falloit de longues années, pour effacer les traces de leurs fureurs. Cet état indigent, foible, & prefque défert étoit cependant l'objet de l'ambition de la maifon d'Autriche, & de la porte Ottomane. Placés entre deux voifins fi puiffans, les Hongrois, à force de courage, avoient confervé leur indépendance. Mais les Bohémiens avoient courbé leur tête altiere fous le joug de Ferdinand d'Autriche. Il brigua les fuffrages des Hongrois, mais la nobleffe, qui connoiffoit l'ambition de Charles-Quint fe garda bien de couronner fon frere; elle remit le fceptre dans les mains de Jean Zapola, prince peu digne de le porter. Un autre prince non moins ambitieux, non moins redoutable que Charles, régnoit à Conftantinople; c'étoit Soliman. Ferdinand n'ayant pu obtenir la couronne par fes largeffes, l'arracha par la force : Jean s'enfuit en Pologne. Les Hongrois appellerent les Turcs; c'étoit changer de tyrans; mais le joug que l'on porte eft toujours le plus odieux; un peuple opprimé reffemble à un malade, qui s'agite fans ceffe, pour changer de fituation, quoiqu'il fache, qu'il ne fera pas mieux.

Jean étoit toujours en Pologne, efpérant peu de fon courage, encore moins de fes amis, attendant tout de la fortune. Quelques Hongrois fideles l'avoient fuivi dans fa retraite. Mais, fans argent, fans reffources, fans efpoir comme lui, leur amitié fe bornoit à de ftériles confolations, à des confeils vagues & fans effet. Un moine ofa lui faire entrevoir que le chemin du trône ne lui étoit pas fermé pour jamais. C'étoit George Martinufi. Né d'une famille affez illuftre, que des revers avoit plongée au fein de l'indigence, il s'étoit dépouillé des livrées de la mifere, pour prendre celle de la fainéantife : un cloître lui parut un afile fûr, un port à l'abri des orages, d'où il pouvoit obferver les événemens, & faifir celui qui pourroit le conduire à la fortune. Il voyoit les Hongrois murmurer en fecret contre Ferdinand, qu'ils avoient couronné malgré eux; Soliman jetant un regard avide fur la Hongrie, & trouvant dans le motif de la défendre, un prétexte pour la fubjuguer; Ferdinand implorant en vain les fecours de Charles-Quint, trop occupé à conferver fes Etats pour fonger à étendre ceux de fon frere; le roi Jean abattu, miférable, & prêt à s'avouer la créature de l'être le plus foible, qui lui tendroit une main fecourable. Il favoit que ce prince, né fans talens, mais avec quelques vertus, étoit fur-tout fidele aux devoirs de la reconnoiffance. Le moment de crife étoit arrivé. La Hongrie ne pouvoit refter dans l'état de contrainte où elle fe trouvoit. On méditoit une révolution à Conftantinople, on en préparoit une autre en Hongrie, à Vienne on vouloit maintenir celle qu'on avoit opérée. George ne laiffa point paffer un inftant fi favorable pour un ambitieux. Il alla trouver l'infortuné monarque, lui offrit fes fervices, revint en Hongrie, excita la nobleffe à rendre à la patrie fon vrai maître, ralluma par-tout la haine du nom Autrichien; il étoit éloquent, il intéreffa tous les cœurs au fort d'un prince malheureux; il avoit de l'audace, il brava les fupplices que Ferdinand réfervoit à quiconque pourroit confpirer contre fon autorité; il étoit habile, il fut tromper la vigilance de l'ufurpateur. Le froc étoit fi refpecté, qu'il paffoit avec confiance dans le camp des Autrichiens; leur charité même le combloit de préfens, dont il achetoit des créatures à fon maître. Enfin il alla jufqu'à Conftantinople, & l'on vit au milieu du divan un moine en capuchon traiter avec les vifirs. Soliman répondit, qu'ayant toujours traité fes vaffaux avec une tendreffe paternelle, il étoit prêt à voler au fecours de fon cher & féal Jean, fon vaivode de Hongrie. C'étoit faire entendre affez, qu'il n'alloit conquérir ce royaume que pour lui-même, & qu'il ne laifferoit à Jean que l'autorité précaire d'un vice-roi. Mais l'infortuné n'avoit pas le choix des amis; il fallut fe jeter dans les bras du fultan, & lui rendre hommage. La révolution fut rapide, Jean fut rétabli dans fes Etats. Sa profpérité fut de courte durée; il mourut, & fon teftament devint après lui un flambeau de difcorde.

George avoit fu tirer parti de l'afcendant que lui donnoient fes fervices fur l'efprit du roi Jean. Ce prince avoit réuni fur la tête de fon bienfaiteur les titres de vaivode de Tranfilvanie, d'évêque de Varadin, de grand tré-

forier de la couronne : il l'avoit placé à la tête de fon confeil ; & du
moins Jean fe diftingua de la foule des rois, en fe fouvenant dans la
profpérité, de ceux qui l'avoient fervi dans fon indigence. Cette fingularité
méritoit d'être obfervée. Sa reconnoiffance s'étendit même au-delà des
bornes de fa vie. Il laiffoit un fils nommé Etienne; il le défigna pour fon
fucceffeur, & quoiqu'on fentit combien, dans l'état où fe trouvoit la
Hongrie, il étoit dangereux de lui donner un enfant pour maître, on n'en
choifit point d'autre, de peur d'augmenter le nombre des factions. Le
teftament du feu roi portoit que » pour foutenir le poids du gouvernement
» dans des circonftances fi délicates, & dans le temps d'une minorité, il
» jugeoit néceffaire d'affocier à la reine un régent, dont les fages confeils
» & la grande expérience fuffent l'appui de l'Etat ; qu'il avoit reconnu
» toutes ces grandes qualités dans George Martinufi, évêque de Varadin,
» en un degré plus éminent qu'en aucun autre de fes fujets ; qu'il le dé-
» claroit régent conjointement avec la reine, & que pour mieux marquer
» l'eftime qu'il faifoit d'un miniftre fi habile & fi fidele, il l'inftituoit feul
» tuteur d'Etienne, fon fils ; qu'enfin il ne doutoit point que les ordres
» du royaume n'approuvaffent une difpofition fi avantageufe pour leur gloire
» & pour leur repos. »

La nation ne balança point à confirmer ces difpofitions; l'acclamation
fut unanime. George étoit grand tréforier de la couronne ; il ne trouva
point de contradicteurs. Bientôt on vit arriver le comte de Salms, ambaffadeur de Ferdinand, qui venoit au nom de fon maître réclamer la couronne, dont Jean, dans un traité dicté par la force, l'avoit déclaré héritier.
Mais ce traité étoit nul, quand bien même une néceffité tyrannique n'eût
pas préfidé à cet accommodement. C'eft un problème, ou plutôt ce n'en
eft pas un de favoir, fi dans un Etat héréditaire, le monarque peut impofer
à fes fujets un autre joug que le fien, & les vendre ou les céder par un
traité, comme un propriétaire vend ou cede un fonds de terre. Mais jamais
on ne mettra en queftion, fi, dans un royaume électif, un roi peut, fans
l'aveu de la nation, tranfmettre à un prince étranger une couronne, qu'il
ne tient que du choix libre de fes fujets : les enfans même des fouverains
n'avoient pas en Hongrie le droit de fucceffion ; la nobleffe les avoit quelquefois couronné ; mais cette marque de refpect qu'elle accordoit de fon
propre mouvement à la mémoire de leur pere n'étoit point exigible. D'ailleurs le fceptre de Hongrie ne tomboit point en quenouille. Ainfi c'étoit en
vain que Ferdinand s'efforçoit de faire valoir les prétentions de Marie fon
époufe, fœur de l'infortuné Louis, qui périt à la bataille de Mohaez. Enfin
on n'avoit élu des princes étrangers, que, lorfque des fervices importans
rendus à la Hongrie les avoient, pour ainfi dire, naturalifés dans cette contrée. Ferdinand l'avoit ravagée; c'étoit le feul titre qu'il put préfenter. Le
régent développa, avec autant de force que de clarté, tous ces motifs d'exclufion. Cependant, pour fe donner le temps d'affermir fon autorité, de
lever des troupes, de chercher des alliés, il fit entendre au comte de Salms,

que la nation pourroit révoquer l'élection d'Etienne, mais que cette révolution demandoit une assemblée des Etats-Généraux, & qu'il falloit beaucoup de temps & de soins pour disposer les esprits en faveur de la domination autrichienne. Ferdinand ne fut pas le jouet d'une perspective si vague & si éloignée. En attendant qu'on assemblât une diete, il assembla une armée, elle courut de conquêtes en conquêtes; mais elle échoua devant Bude. George déploya dans ce siege des talens militaires, qui n'avoient alors rien de surprenant dans un évêque; enfin Soliman parut, mit les Autrichiens en déroute, & envoya la reine, son fils & George en Transilvanie, se réservant le soin de veiller seul à la sureté du patrimoine de son pupille. Car il avoit aussi quelque part à la tutelle. Du moins il s'étoit déclaré exécuteur du testament de Jean.

George ne tarda pas à jouer le roi dans la Transilvanie, & à traiter la reine comme sa premiere sujette, & son fils comme un eleve abandonné au despotisme d'un précepteur. La reine indignée de fléchir sous le sceptre d'un de ses sujets, envoya quelques amis fideles, porter ses plaintes à la Porte. Elle réussit. L'ambitieux George étoit suspect à Soliman, on n'ignoroit pas, qu'il négocioit secrétement avec Ferdinand, & son systême, de ménager les deux cours de Vienne & de Constantinople, de les animer l'une contre l'autre par de sourdes menées, laissoit assez voir le projet de régner lui-même à la faveur de ces divisions. Soliman déclara George déchu de toutes les dignités, dont il étoit revêtu, & le fit du même ton dont les papes autrefois déclaroient les souverains déchus du trône, lorsqu'ils osoient leur déplaire. Cette espece de bulle musulmane n'eut d'autre effet, que celui de soulever tous les esprits contre la reine, qui l'avoit demandée; & George sut si bien tirer parti du grand intérêt de la religion, l'arme ordinaire de ses pareils, que les Transilvains crurent servir Dieu, en trahissant leur souveraine. Isabelle entourée d'ennemis, fut contrainte de reconnoître par un acte authentique, que séduite par des discours insidieux, elle avoit injustement jeté sur le cardinal d'odieux soupçons. Les gens sensés ne virent dans cet acte qu'un monument de plus de la tyrannie du prélat. Mais les gens sensés sont le petit nombre; & la nation étoit pour Martinusi.

Tandis qu'il parcouroit la province, d'un bras écrasant les Turcs, de l'autre menaçant les Autrichiens, la reine parvint à force de larmes à toucher quelques ames sensibles. Les Etats s'assemblerent pour lui rendre l'autorité que le régent avoit usurpée; mais Martinusi parut, & le congrès se dissipa.

Le prélat voyoit son crédit anéanti pour toujours à Constantinople; si Soliman régnoit, la seule récompense qu'il en pouvoit attendre, étoit l'honneur du cordon. Si une révolution replaçoit sur le trône Isabelle & son fils, la conduite qu'il avoit tenue envers cette princesse, ne lui laissoit voir dans l'avenir, qu'une disgrace certaine. On prétend qu'il eut le dessein de se faire décerner la couronne à lui-même; mais comment se maintenir entre deux empires si puissans; il ne lui restoit plus qu'à traiter avec Ferdinand, & à lui livrer la Hongrie pour la gouverner fous fon nom. Il le fit, & ouvrit la Tranfilvanie aux Autrichiens. La reine fut contrainte d'approuver ce traité, & de céder fa couronne pour de foibles dédommagemens. Cette révolution attira les Turcs en Hongrie. George montra fur ce théâtre de guerre, autant de génie que de bravoure; fes talens fe développerent avec tant d'éclat, qu'il donna de l'ombrage à la cour de Vienne, & cette cour n'ofant le punir, le fit affaffiner.

Mr. Bequet a donné une hiftoire ou plutôt un long panégyrique de ce cardinal. Il loue férieufement fa candeur, fa bonne foi; à l'en croire, l'amour de la patrie étoit fa feule paffion; rendre la Hongrie heureufe & floriffante, étoit le feul but de fes efforts ambitieux. Les intérêts de fon pupille le touchoient plus que fes propres intérêts; s'il livra la Hongrie à Ferdinand, ce ne fut que pour écarter loin de cette contrée les ténebres de l'erreur dont Soliman alloit la couvrir. C'eft ainfi qu'on fe peint Martinufi lorfqu'on le juge d'après fes difcours, ou d'après les motifs dont il faifoit parade dans fes manifeftes. Mais qui ne fait, que ces menfonges authentiques, expofent toujours le contraire de ce que peuvent les fouverains & les miniftres; & qu'en prenant la négative de ce qu'ils ont affirmé fi publiquement, on feroit fouvent fûr de connoître leurs fecretes volontés? C'eft par leurs actions qu'il faut juger les miniftres, & non par des maximes vagues, par des difcours prémédités. Si Martinufi aima fa patrie, pourquoi attira-t-il fur elle tous les fléaux de la guerre; pourquoi la livra-t-il fucceffivement en proie aux Autrichiens & aux Turcs? Si la bonne foi étoit l'ame de fes démarches, pourquoi négocioit-il fecrétement avec une cour, tandis qu'il traitoit publiquement avec l'autre; fi fon zele pour l'évangile lui fit feul préférer le joug Autrichien au joug Mufulman, pourquoi trouva-t-on dans fes papiers les preuves d'une nouvelle intrigue avec la Porte? Sa conduite avec la reine, montre un ambitieux qui afpire au defpotifme dans un pays libre. On ne fait ce qu'il eût fait dans le gouvernement intérieur, fi l'Etat eût été plus calme. La fituation critique de la Hongrie, ne laiffoit à fes talens d'autres foins, que celui de vexer un peuple épuifé, de chercher des richeffes au fein de l'indigence, pour foutenir les frais de la guerre, & acheter les fecrets des ennemis de l'Etat. Au milieu de ces fecouffes, le meilleur miniftre eft celui qui fait le moins de maux à la nation, qui lui eft confiée. Ce n'eft point parmi les horreurs de la guerre qu'il peut s'occuper de la fplendeur, de l'agriculture, du commerce, & des arts. Créer des reffources pécuniaires, entaffer impôts fur impôts eft le plus grand chef-d'œuvre de fon génie. Difons mieux; Martinufi fut général & négociateur, mais il ne fut point miniftre.

Après tant de révoltes fucceffives l'empire de la maifon d'Autriche eft enfin affermi dans la Hongrie. Les vertus de Marie-Therefe ont dompté ces farouches efprits, que les armes de tant d'empereurs n'avoient pu affervir. La terreur qu'infpire à la Porte la vafte puiffance de cette famille, l'a forcée enfin à refpecter les frontieres de la Hongrie. Mais il refte beaucoup à faire encore pour le bonheur de cette contrée. L'agriculture est languissante chez un peuple serf attaché à la glebe, qui n'a pas même le choix des travaux & du champ qu'il veut cultiver. Il ne faut point demander quel est l'état des sciences dans un pays où l'on croit aux vampires, où les magistrats même en attestent l'existence. Le cours du Danube, le voisinage de la cour Ottomane, n'ont point encore ouvert les yeux aux Hongrois sur les trésors qu'ils pourroient se procurer par leur commerce. Leur industrie se borne à cultiver des vignes, à engraisser des bestiaux. Leurs villes qui pourroient être les temples des arts, ne sont que des forteresses habitées par des soldats. La population languit encore ; & ce n'est que d'une longue paix, & d'un despotisme plus modéré de la part des seigneurs, qu'on peut attendre une lente révolution, qui éleve peu à peu ce royaume au niveau des autres Etats de l'Europe. (M. DE SACY.)

M A S C O U, *Auteur Politique.*

LE docteur Jean-Jacques Mascou, l'un des savans hommes d'Allemagne, sénateur & bibliothécaire du sénat de Leipsick, est connu par quelques dissertations soutenues sous sa présidence, pendant qu'il étoit professeur en droit dans la même ville, par une très-bonne histoire des anciens Germains, laquelle il a conduite jusqu'au temps où les Francs s'établirent dans les Gaules, & par des élémens du droit public d'Allemagne qu'il a composés sous ce tire : *D. Jo. Jacobi Mascovii principia Juris publici Imperii Romano-Germanici, ex ipsis legibus actisque publicis eruta, & ad usum rerum accommodata.* Lipsiæ, apud Jacobum Schurter, 1729, in-8°. Je dois rendre compte de ce dernier ouvrage.

Ce sont des propositions historiques propres à servir de texte à des leçons de droit public ; & il paroit que c'est à quoi l'auteur les a destinées. Le volume est divisé en sept livres. On voit dans le premier les loix générales de l'empire ; dans le second, son étendue & sa division ; dans le troisieme, sa forme, l'élection, les prérogatives & la cour de l'empereur : on y parle aussi de l'impératrice, du roi des Romains & des vicaires de l'empire. Il s'agit dans le quatrieme, des Etats de l'empire en général. Le cinquieme traite en particulier des diverses branches de la jurisdiction de l'empereur, & des Etats par rapport à l'empire en général. Le sixieme, de la jurisdiction des Etats dans leur étendue, & de leurs prérogatives. Enfin il est parlé dans le septieme, de la noblesse & des ordres de chevalerie d'Allemagne.

Le merite de l'auteur ne l'a pas préservé des excès où tombent les auteurs Allemands, en parlant de l'empereur & des princes de leur pays, comme on peut le voir par ces deux propositions.

I. Mascou prétend que l'empereur n'ayant point de supérieur en ce monde, ne peut pas non plus avoir de juge (*a*). L'empereur d'Allemagne a un fupérieur en ce monde, c'eft la diete générale de l'empire, & il peut, par conféquent, avoir un juge.

II. L'empereur permet de traiter dans fa cour les miniftres des électeurs *à l'égal* de ceux des rois, & de leur rendre les mêmes honneurs, à ce que dit Mafcou, qui en conclut que les électeurs vont de pair avec les rois (*b*). Sur quoi il fuffit de renvoyer à ce que nous avons dit aux articles CAPITULATION & ELECTEUR.

(*a*) (Scilicet imperator) *Cùm in terris fuperiorem non habeat nec judicem propriè habet.* Mafcou, Princ. Juris publici, &c. p. 356.

(*b*) *Ibid.* p. 224.

MATRICULE DE L'EMPIRE.

C'EST le livre où font écrits fous l'autorité de l'empereur & de l'empire les noms des Etats, & ce que chacun d'eux doit contribuer aux néceffités communes.

Ce livre doit fon origine à l'empereur Sigifmond, qui manquant d'argent, & ayant perfuadé à l'empire qu'il étoit intéreffé à exterminer les Huffites de Bohême, le fit confentir à fe cottifer pour cette guerre. De-là naquit la premiere Matricule dont on ait connoiffance. S'il y en a eu d'autres auparavant, comme le prétendent quelques docteurs, il n'en refte aucun veftige, & l'on ne peut l'affirmer que par un efprit de divination.

La Matricule de Sigifmond fut dreffée à Nuremberg en 1431. Elle fe trouve dans les *actes de Brunfwick*, fous le titre d'*anfchlag auf gemeine fländen des reichs, zu Nüremberg, zu hülfe wieder die Bœhmengemacht, unter dem rœmifchen Keifer Sigifmundo.* Goldaft en fait mention dans fon *traité* du royaume de Bohême. Cette Matricule n'eft que particuliere, & ne contient pas à beaucoup près tous les Etats de l'empire.

En 1521, la diete, affemblée à Worms, travailla à une Matricule générale où tous les Etats furent infcrits, & taxés, chacun felon leurs forces. Mais comme depuis ce temps-là, divers Etats ont été exîmés, & que les uns ont diminué & les autres fe font accrus; qu'enfin il y en a que les empereurs ont exemptés de toute contribution, on a tâché de remédier à cet inconvénient en corrigeant & modérant cette Matricule; ces changemens n'ont pas contenté tout le monde, chacun prétendant que la Matricule fût modérée à fon égard, & foutenant que fa quote part étoit audeffus de fes forces.

Comme on n'a pu s'accorder fur ce fujet, on a pris, depuis long-temps, le parti de taxer, non tous les Etats de l'empire en général, mais chaque cercle en particulier, par une convention amiable avec les Etats. Ainfi

supposé que l'empereur demande trois cents mois romains & que la diete
les accorde ; une partie de ce secours doit être fournie en nature, c'est-à-
dire, en troupes tant d'infanterie, que de cavalerie, & le reste en argent.
Mais les circonstances exigent qu'on double ou qu'on triple les secours de
troupes, alors la taxe de la contribution pécuniaire est de deux florins par
cavalier & de quarante creutzers par fantassin, ce qui fait par semaine
monnoie de France cent sols pour chaque homme de cheval, & trente-
sept pour chaque fantassin : ainsi que cela fut réglé par le *placitum* de la
diete en 1681.

On divise tout cela en autant de portions qu'il y a de cercles ; &
chaque cercle exige des Etats qui le composent la portion qui lui est
assignée.

Cette même année 1681, l'empire ayant résolu de former une armée de quarante mille hommes, la répartition en fut faite de la maniere suivante :

	Cavaliers.	Fantassins.
Cercle électoral du Rhin	600	2707
Cercles de Haute-Saxe	1321	5707
D'Autriche	2521	5507
De Bourgogne	321	2707
De Franconie	980	1901
De Baviere	800	1493
De Souabe	1321	2707
Du haut-Rhin	491	2853
De Westphalie	1321	2707
De Basse-Saxe	1321	2707
	11997	27996

Dans la guerre pour la succession d'Espagne, le contingent fut triplé, &
l'armée de l'empire fut portée à cent vingt mille hommes ; mais ce nombre ne fut jamais complet, & se trouva souvent réduit à la moitié ; les uns
ayant refusé de fournir leurs contingens, & les autres les ayant fait marcher fort tard. Ce n'est pas que les loix de l'empire n'ayent tâché de prévenir ces refus & ces lenteurs ; mais c'est une affaire délicate que de procéder par voie d'exécution contre les Etats de l'empire un peu considérables. Le recès de la diete d'Augsbourg de 1555 dans l'article qui a pour
titre *Réglement d'exécution, Exécutions-Ordnung*, & particuliérement aux
paragraphes 82 & 97, veut qu'on procede contre les Etats qui négligent
de fournir leurs contingens, comme contre des réfractaires. Mais encore
un coup, l'exécution de ces sortes de décrets est sujette à de grandes
difficultés.

Les Etats fournissent leurs contingens de troupes, tout équipés, montés
& armés. Ils pourvoyent à leur nourriture tout comme s'ils servoient dans
leur

leur territoire, & continuent de les entretenir sur ce pied-là tant que la guerre dure.

Les contributions pécuniaires se levent sur les sujets des Etats comme nous l'avons dit ailleurs, & par maniere de collecte. C'est de ces collectes qu'on forme la caisse militaire pour les dépenses extraordinaires.

Enfin quelquefois les Etats accordent à l'empereur une espece de capitation, dont ils font eux-mêmes les avances, sauf à s'en faire rembourser par leurs sujets, à quoi ils n'ont garde de manquer; mais après cela il n'est pas permis à l'empereur de collecter les sujets des Etats sous prétexte de mois romains.

Cette capitation s'appelle en allemand *Reichs-Steuer*, capitation de l'empire. L'empereur ne peut l'exiger que de l'avis & du consentement des électeurs princes & autres Etats de l'empire; mais de dire si ce consentement est établi par la pluralité des voix, ou s'il faut l'unanimité, c'est ce qui n'est point décidé. A la diete même les sentimens sont partagés à cet égard.

Aussi-tôt que ces sommes sont rassemblées, les receveurs généraux les doivent faire déposer dans des villes de commerce, comme Francfort, Leipzick, Nuremberg, appellées, à cause de ces dépôts, *Leg-Stædte*.

L'empereur ne doit employer ces sommes qu'à l'usage pour lequel elles ont été accordées par l'empire. C'est un reproche que divers Etats ont fait aux précédens empereurs d'avoir employé les secours d'argent accordés pour faire la guerre aux ennemis du corps germanique, à des usages tout différens, ou les avoir requis ou dans la vue d'appauvrir l'empire & de l'affoiblir, ou pour payer des dettes, & fournir à des dépenses entiérement étrangeres. Aussi les Etats protestans se plaignirent qu'en 1605 l'empereur avoit livré aux Espagnols les sommes levées dans l'empire sous le spécieux prétexte d'éloigner les Turcs des frontieres de l'empire.

Le corps germanique s'est engagé à la défense de la Hongrie qu'il regarde comme le boulevard de l'Allemagne contre la puissance des Turcs; & les empereurs de la maison d'Autriche ont souvent employé ce motif pour tirer des sommes subsidiaires de l'empire dans des temps où ils savoient bien qu'ils n'avoient rien à craindre de la part des Ottomans, & qu'ils étoient bien assurés de la paix.

Pour obtenir ces sommes, les empereurs avoient la politique de s'adresser aux dietes circulaires, persuadés qu'il étoit plus aisé de gagner chaque cercle en particulier que de les gagner tous réunis dans une diete générale. Aujourd'hui ce n'est plus cela : il faut que l'empereur s'adresse à tous les Etats de l'empire assemblés en diete pour demander des subsides pécuniaires, soit en temps de paix soit en temps de guerre. Ce sont les termes de la derniere capitulation dans l'art. V. C'est sans doute pour obvier à l'inconvénient dont nous venons de parler que cette clause a été mise dans la capitulation.

MAZARIN, (Jules) *Cardinal & premier Ministre en France.*

DANS l'article FRONDE (auquel nous renverrons le lecteur pour tous les détails de cette guerre civile), nous avons peint le ministre, au milieu de ces orages, opposant aux flots irrités moins de courage que d'orgueil, multipliant les petites reffources, & n'ofant hafarder les grandes, careffant lâchement fes ennemis pour les ramener & les trahir enfuite, montrant beaucoup d'adreffe & peu de génie, toujours tremblant, fans cependant être entiérement déconcerté, dangereux dans fa vengeance, dangereux même dans fon amitié. Pour achever de donner une idée de fon ministere, il nous refte à dire ce qu'il fit après que le calme fut rendu à la France, par quels biens il crut compenfer les maux dont il avoit été la caufe, enfin, quels vices, quelles vertus compofoient fon caractere.

On ignore fi l'origine de Mazarin étoit illuftre ou obfcure; mais qu'importe aux hommes célèbres la célébrité de leurs ancêtres. L'homme obfcur a befoin du reflet de fa naiffance pour être apperçu dans la foule: l'homme appellé aux grands emplois par la fortune & par fes talens, fe paffe aifément de cet éclat étranger. Mazarin avoit été d'abord capitaine d'infanterie dans l'armée du pape; il avoit porté les armes dans la Valteline. Mais il ne fut qu'un capitaine vulgaire, & devint un négociateur important. La retraite du duc de Feria fut fon ouvrage; il négocia avec le maréchal d'Eftrées, & fut préfenté à Louis XIII & au cardinal de Richelieu. Le roi vit dans Mazarin tout ce que fon ministre lui fit voir, un homme adroit, bon négociateur, meilleur intrigant, qui pouvoit être utile à la France: il le fut en effet. La fucceffion au duché de Mantoue avoit mis l'Italie en feu; les petits princes de cette contrée, & les grandes puiffances voifines s'intéreffoient à cette querelle; elle fut du moins fufpendue par Mazarin: il obtint une treve. La guerre fe ralluma prefqu'auffi-tôt; les armées Efpagnoles & Françoifes étoient rangées en bataille; les foldats fe mefuroient des yeux, & marquoient leurs victimes, lorfqu'on vit accourir Mazarin, criant *alte, alte, paix, paix.* Elle fut conclue. Les Efpagnols évacuerent le Mont-Ferrat, & le duc de Savoie céda Pignerol au roi de France. Mazarin fut nommé nonce du pape en France, & vice-légat d'Avignon. On fent quel accueil on dut faire à un homme qui s'étoit affuré des droits fur la reconnoiffance de la cour; & qui devenoit chaque jour plus néceffaire.

Il reftoit encore d'anciens débats à terminer entre la France & l'Efpagne. Marie de Médicis, forcée depuis long-temps de fortir d'un royaume, où Richelieu ne laiffoit aucun pouvoir ni à la mere, ni au fils, offrit fa médiation: mais il falloit que fa lettre fut remife à Louis XIII, fans paffer par les mains de fon ministre. Car ce defpote, après avoir envahi toute l'autorité de fon maitre, après avoir étouffé dans fon cœur les fentimens les plus facrés & les plus doux de la nature, ne lui laiffoit pas même la liberté des correfpondances domeftiques; & le roi étoit plus efclave que le dernier de fes fujets. Mazarin fut choifi pour cette commiffion délicate; mais il ne réuffit pas, parce que Richelieu fut confulté, & que le roi eut cru manquer à fon devoir, s'il eut ofé agir d'après fon cœur. Mazarin retourna à Rome. Il y fut regardé, fi non comme un traitre, au moins comme un homme fufpeĉt qui, cherchant une nouvelle patrie au delà des monts, avoit facrifié plus d'une fois les intérêts du faint fiege & des princes d'Italie, à ceux de la maifon de Bourbon. Ces fecretes perfidies entretenoient l'amitié de Richelieu pour ce négociateur, & lui faifoient oublier qu'il avoit été l'émiffaire de Médicis. La cour de Rome mendioit les bonnes graces de ce cardinal, qui, defpote en France, avoit encore une influence prefqu'irréfiftible fur le refte de l'Europe. Ce fut dans cette vue, qu'elle accorda à Mazarin le chapeau de cardinal. En flattant le mi-niftre par cette nomination, on lui faifoit de fa créature un rival redou-table par fon rang. Mais Richelieu mourut peu de temps après, empor-tant dans le tombeau, la haine & l'admiration de la France. Louis XIII jouit peu de la liberté que lui laiffoit la mort de fon miniftre, ou plu-tôt de fon maître. Il ceffa de vivre, lorfqu'il commençoit à régner par lui-même.

Nous ne retracerons point les intrigues des courtifans, les atteintes por-tées aux dernieres volontés de Louis XIII, le choc des cabales, les pré-tentions de leurs chefs, l'élévation fubite de Mazarin au rang de premier miniftre, la difgrace de Potier, les murmures du peuple, l'indocilité du parlement, la ligue de toutes les chambres, les menées & l'audace du coadjuteur, l'enlevement de Brouffel & de Blanc-Menil, le foulevement de la nation, la fuite & le retour de la reine régente, l'aviliffement de la cour, les trames fecretes de l'abbé de la Riviere, l'incertitude de Gafton, la révolte rallumée, la captivité des princes, une guerre ouverte déclarée, le feu de la difcorde fe propageant dans les provinces, Condé devenu le fléau de fa patrie après en avoir été l'appui, Turenne devenu le foutien de la cour, après avoir combattu contr'elle, la capitale changée en un champ de bataille, l'éloignement de Mazarin, fon entrée triomphante dans Paris, l'inconftance du peuple qui tombe aux pieds de l'idole qu'il vient de brifer, par-tout le ridicule mêlé à l'atrocité, par-tout l'inconféquence & la fureur. On retrouvera au mot FRONDE tous ces tableaux, éternels monumens de délire que l'hiftoire ne peut diffimuler, & qu'on voit d'un œil tranquille, en fe repofant fur les précautions que la politique a prifes, pour empêcher ces troubles de renaître.

C'eft à cette époque que commence le gouvernement de Mazarin; juf-ques-là il avoit fait tout pour lui-même & rien pour l'Etat. S'il levoit des impôts, c'étoit pour acheter des créatures. Veiller à fa propre fureté, op-pofer l'intrigue aux cabales, contenir le peuple des provinces, réprimer celui de la capitale, préparer tantôt une fuite fûre, tantôt une victoire fa-

tale, tels avoient été les objets de ses soins. Mais lorsqu'on eut reçu avec
des acclamations ce même homme, dont, peu de temps auparavant, on
avoit mis la tête à prix, lorsque les François, en paix avec eux-mêmes,
n'eurent plus d'autres ennemis à combattre que les Espagnols, quand il ne
resta plus de cabale à étouffer, Mazarin prit en main les rênes de l'Etat.
Il devint un autre homme, il fut ministre, & ne parut point avilir un
rang que Richelieu avoit porté à un si haut degré de gloire.

Condé, devenu perfide par dépit, persistoit dans sa trahison par un faux
point d'honneur. Il étoit à la tête des Espagnols qui, par leur jalousie,
leurs intrigues, leur indocilité, lui apprenoient, ainsi qu'ils l'avoient appris
au connétable de Bourbon, que quels que soient ses talens, quels que soient
ses succès, un traître n'est jamais respecté de ceux même qu'il sert. Pour
comble de disgrace, il apprit que le prince de Conti, son frere, venoit de
s'unir à une niece du cardinal, étrange alliance, où l'on vit un prince du
sang vendre sa main & sa foi pour de l'or, au persécuteur de sa famille.
Le parlement qui avoit mis la tête de Mazarin à prix, avoit condamné
Condé à mort, oubliant que cette compagnie étoit elle-même complice
de ce prince.

Le roi n'étoit point encore sacré; on préparoit tout pour cette auguste
cérémonie, & Mazarin se promettoit les plus doux plaisirs, dont l'orgueil
humain puisse se flatter, lorsqu'on placeroit le diadéme sur la tête du jeune
monarque qu'il regardoit comme son pupille; mais sainte Menehould étoit
entre les mains de Condé, & on devoit craindre que les Espagnols, sans
respect pour la *sainte ampoule*, ne vinssent troubler la fête. On résolut
donc de s'emparer de la petite ville, dont la garnison causoit tant d'alarmes; cette expédition réussit, & le roi fut sacré sans trouble & sans inquiétude. Un succès avoit précédé son sacre, un succès plus grand le suivit.
Condé assiégeoit Arras à la tête de l'armée Espagnole, Turenne l'attaqua,
força ses lignes, remporta une victoire compléte, & ne laissa à son illustre adversaire que l'honneur d'une belle retraite. Tel étoit l'ascendant de
Mazarin, qu'il engagea le roi à reconnoître publiquement que c'étoit *aux
conseils, aux soins, aux travaux de ce ministre*, qu'il étoit redevable d'un
succès si glorieux. Mazarin avoit trouvé, il est vrai, des ressources pécuniaires pour entretenir les troupes dans cette campagne; mais il étoit aussi
indécent de le traiter, comme vainqueur des Espagnols, que de regarder
comme artiste, celui qui, pour de l'argent, se procure un chef-d'œuvre
de l'art. Le soldat rioit de la sotte vanité du cardinal, le peuple en étoit
indigné, on recommençoit à le chansonner; la cour l'en consola, en lui
donnant le gouvernement du pays d'Aunis; & on lui paya ainsi les périls,
les fatigues que Turenne, la Ferté & Grammont avoient essuyés. Mazarin
eut bientôt un nouveau sujet de s'enorgueillir; le duc de Modene avoit recherché son amitié, en épousant une de ses nieces. Attaché comme ses
ayeux aux intérêts de la France, il avoit fait quelques excursions sur le
duché de Milan. Dès-lors, l'empereur résolut de le traiter comme un vas-

fal rebelle, & de le dépouiller de fes Etats. Il leva des troupes; mais, par
les foins du négociateur Vignacourt, Mazarin fut diffiper l'orage, & foulever les Autrichiens contre leurs chefs. Il avoit adopté pour principe, que
tout fouverain eft indépendant dans fes Etats, que l'empereur n'a aucune
autorité fur les électeurs, ni le pape fur les princes d'Italie, fyftême affez
équitable, mais défavantageux à l'Italie & à l'Allemagne, qu'il expoferoit
par cette défunion aux invafions des grandes puiffances. Les électeurs, ainfi
que les fouverains au-delà des Alpes, ne font forts que par leur ligue, &
à toute ligue, il faut un chef.

Cependant la guerre entre la France & l'Efpagne, loin de s'éteindre,
s'enflammoit davantage. Mazarin fentoit que la néceffité de lever des impôts, pour fubvenir à tant de frais, le rendoit odieux, que d'ailleurs l'importance qu'on accordoit aux généraux pendant ces grandes querelles, di-
minuoit un peu cette importance exclufive, à laquelle il prétendoit. Il défiroit la paix; & pour engager l'Efpagne à la conclure, il fe ligua avec
l'Angleterre, avec ce Cromwel, homme étonnant par fon génie, par fa
tranquillité au fein du crime, qui fit périr fon roi fur l'échaffaud, & mourut lui-même dans fon lit, fans remords du moins apparens. Les Anglois
fervirent la France avec autant d'ardeur qu'ils l'avoient autrefois attaquée.
On ne fit que courir de victoires en victoires; mais tant de fuccès que la
renommée publioit dans l'Europe, ne confoloient point la France de la
multitude d'édits burfaux, dont elle étoit accablée. Le parlement voulut
renouveller ces affemblées féditieufes qui, pendant la fronde, avoient été
le foyer de la révolte. Louis XIV fe montra, parla en maître, & fut obéi.
Tout lui profpéroit. Innocent X venoit de defcendre au tombeau. Mazarin
avoit voulu faire tomber le choix des cardinaux fur Sachetti, fa créature
& celle de la maifon de Bourbon. Il ne put y réuffir, mais le hafard le
fervit mieux encore que fa prudence. Chigi fut élu, & fit par crainte,
tout ce que l'autre auroit fait par zele pour Louis XIV.

Les Efpagnols épuifés par leurs défaites, fongerent enfin à la paix, &
le cardinal partit pour la conclure, dans l'ifle des Faifans, aux pieds des
Pyrénées; cette époque eft la plus glorieufe de fa vie; l'honneur lui en
appartient, & la France lui dut les fruits qu'elle tira de ce traité. Il avoit
à négocier avec D. Louis de Haro, habile politique, qui avoit à la fois
beaucoup de mérite & beaucoup de vanité, deux chofes qui s'allient rarement. On conclut le mariage de Louis XIV avec l'infante d'Efpagne;
mais à condition qu'elle renonceroit, pour elle & pour fes enfans, à tout
ce qu'elle pouvoit attendre de la fucceffion de fon pere.

On fait que Louis XIV étoit épris des charmes d'une niece du cardinal.
Ce miniftre, qui avoit brigué tant d'autres illuftres alliances, eut affez de
grandeur d'ame ou de politique, pour ne pas vouloir placer fa parente fur
le trône. Il fallut en détacher le cœur d'un jeune prince vivement enflam-
mé. Voici dans quels termes il lui écrivoit.

» Je vous prie d'être perfuadé une fois pour toutes, que je ne faurois

» vous rendre un plus grand & plus important fervice que de vous parler
» avec la liberté que vous avez bien voulu me permettre.... Quant à la
» perfonne dont il eft queftion, (il s'agiffoit de fa niece) je ne fuis pas
» furpris de la maniere dont vous m'en parlez, puifque c'eft la paffion que
» vous avez pour elle qui vous empêche (comme il arrive d'ordinaire à ceux
» qui en ont comme vous,) de connoître ce qui en eft ; & je vous ré-
» ponds que, fans cette paffion, vous tomberiez d'accord avec moi, que
» cette perfonne n'a nulle amitié, qu'elle a une ambition démefurée, un
» efprit de travers & emporté, un mépris pour tout le monde, nulle re-
» tenue dans fa conduite, & un penchant à faire toutes fortes d'extrava-
» gances.... Enfin, vous verriez, comme moi, qu'elle a mille défauts, &
» pas une qualité qui la rende digne de votre bienveillance.... Si j'étois
» auprès de vous, je ne pourrois jamais m'empêcher de vous citer ce
» que vous avez dit vous-même en plufieurs rencontres, à l'occafion du
» mariage du marquis de Richelieu : *qu'il n'y a rien de fi honteux, ni*
» *qui mérite plus de mépris, que de fe méfallier....* Mais quand il feroit
» vrai, que le feul motif *de payer mes fervices* vous eut porté *à ce ma-*
» *riage*, étoit-il jufte que je m'oubliaffe jufqu'au point d'y confentir, &
» que, charmé d'une propofition fi éclatante & fi avantageufe pour moi,
» je puffe, pour mon intérêt particulier, & pour relever *ma réputation*,
» y donner les mains aux dépens de la vôtre. » Toute cette lettre eft du
même ftyle ; Mazarin n'épargne point à fa niece les noms les plus injurieux & les plus aviliffans. Il la traite de *créature*, terme bas, réfervé à la
populace. Il s'emporte beaucoup, fur ce qu'elle dédaigne fes confeils, fur
ce qu'elle s'oppofe à tous les ordres qu'il donne dans fa maifon, fur ce
qu'elle n'a point de lui cette haute idée qu'il en a lui-même, fur ce qu'enfin
fes lettres rares & laconiques expriment peu de vénération. Il paroît tellement irrité de fes procédés, qu'il fait foupçonner qu'un peu de reffentiment
fe méloit à fon zele pour la gloire du roi, qu'il ne faifoit que facrifier
fon ambition à fa vengeance, ou plutôt, que fon ambition même lui
dictoit ce refus, généreux en apparence, & qu'il craignoit que fa niece
n'afpirât à gouverner feule l'Etat, comme elle gouvernoit fa maifon. Au
refte, quel que fut le motif qui le guidât, fa réfiftance, ou défintéreffée,
ou politique, ou vindicative, fit le bonheur de la France, puifqu'elle lui
procura la paix. Elle fit la grandeur de la maifon de Bourbon, puifque,
dans la fuite, elle lui procura le trône d'Efpagne.

　Louis XIV céda enfin aux confeils d'un homme qui refufoit l'honneur
d'une fi haute alliance, & qui préféroit la grandeur de l'Etat à celle de
fa famille. La paix fut ratifiée par les deux rois de France & d'Efpagne.
Ils eurent une entrevue, où ils fe réconcilierent fincérement, quoiqu'avec
beaucoup de pompe & de majefté. Cette alliance, qui rendoit le calme à
une partie de l'Europe, fut célébrée avec une magnificence qui préfageoit
le goût du jeune roi pour le luxe & les arts. Condé, dont les intérêts un
peu traverfés par Mazarin, avoient été vivement foutenus par D. L. de

Haro, rentra enfin dans fa patrie, réfolu d'effacer, par des fervices fignalés, la honte de fes égaremens. La France recouvra enfin l'un de fes plus fermes appuis, & lui pardonna fa trahifon, en faveur de fa gloire, & du foin qu'il avoit eu de ne point laiffer avilir fon nom parmi une nation fiere & jaloufe. On oublia la fanglante journée du faubourg faint-Antoine, le fiege d'Arras, l'affaire des Dunes, & l'on ne fe fouvint plus que de Rocroy, de Fribourg, de Nortlingue & de Lens. Le parlement envoya une députation vers ce même profcrit, dont il avoit mis la tête à prix, & le remercia folemnellement d'avoir donné à la France, la paix & une fouveraine digne de fon amour.

Tous les yeux étoient fixés fur Mazarin. Il n'avoit plus d'ennemis à combattre, ni dans l'intérieur du royaume, ni hors des frontieres. On étoit impatient de voir comment il feroit ufage de fon repos, par quelles reffources il rétabliroit les finances épuifées, comment il foulageroit un peuple gémiffant fous le fardeau des impôts, par quels moyens il effaceroit les traces de tant de défaftres; pendant la fronde, on avoit vu le courtifan occupé à fe maintenir dans fon rang; au traité des Pyrénées on avoit vu le négociateur, mais on n'avoit point encore vu le miniftre, & on ne le vit pas. La mort vint le frapper dans le temps, où libre de toute autre inquiétude, il pouvoit s'occuper du bonheur de l'Etat. Il dicta fon teftament avec beaucoup de préfence d'efprit, légua des diamans au roi, à la reine, aux princes, & même au héros qu'il avoit tant perfécuté, & qui n'avoit probablement nulle envie d'être le légataire d'un homme qu'il méprifoit. Ses richeffes étoient immenfes, & lorfqu'on voit l'énumération des abbayes qu'il poffédoit, on a peine à concevoir comment il ofa fe les donner, & comment le clergé ne fe fouleva point, en le voyant accumuler tant de bénéfices fur fa tête.

Mazarin avoit l'efprit vif, mais peu jufte. Il fuffiroit pour le prouver, de rappeller ce qu'il dit à un magiftrat, qui prétendoit que le parlement avoit le droit de faire d'itératives remontrances, lorfqu'il s'agiffoit de la fortune des citoyens attaquée par un édit. Vous portez des glands, lui dit-il, n'eft-il pas vrai, que fi le roi vous ordonnoit de les quitter, vous les quitteriez? Hé bien; il faut obéir de même, lorfqu'il vous ordonne d'enregiftrer. Sans examiner jufqu'où s'étend l'autorité royale, il eft certain que Mazarin la défendoit très-mal, & qu'on pouvoit choifir une comparaifon plus jufte. Une des raifons qu'il faifoit valoir pour prouver à Louis XIV, que fa niece étoit indigne de l'eftime d'un fi grand prince, c'étoient les fatyres qu'on avoit faites contre elle. Mais il oublioit, qu'on avoit écrit contre lui-même, des volumes énormes d'injures, & que, s'il faut croire à toutes les calomnies imprimées, le roi, en parcourant ces libelles, auroit pris une étrange idée de fon miniftre. En général Mazarin parloit d'une maniere vague & peu réfléchie.

Quant au reproche qu'on lui fait, de n'avoir pas prévenu les maux de la France par une abdication qui l'eut immortalifé, c'étoit tout ce qu'on

auroit pu attendre d'un Ariftide : Mazarin n'étoit pas un héros ; dans toutes
fes démarches , il laiffoit appercevoir l'homme. La vengeance étoit fa paffion favorite ; il la couvoit long-temps , & préparoit lentement les moyens
de la fatisfaire. Tels font les défauts que l'hiftoire impartiale lui reproche ;
quant à tous les noms affreux qu'on lui a prodigués dans ces recueils de
libelles diétés par la haine, ce font autant de calomnies, qui infpirent tant
d'indignation à ceux qui les lifent, qu'ils font tentés de croire que le peuple, qui les répéta, méritoit fes malheurs. Mazarin fut , il eft vrai, la
caufe de tant de défaftres, mais il donna à la France, il forma Colbert &
Louvois. Il avoit été lui-même formé par Richelieu. On difoit que l'éleve
étoit indigne de fon maître. Il faut convenir qu'il ne l'égala point ; mais
il n'étoit ni fans mérite, ni fans talens. (*D. S.*)

M A Y, (Louis du) *Auteur Politique.*

LOUIS DU MAY, chevalier, fieur de Saletes, Bourguignon, fut confeiller du duc de Wirtemberg. Nous croyons communément en France que
cet auteur étoit François, ou au moins que fa famille étoit originaire de
France. Son nom & le titre de fa feigneurie ont des terminaifons françoifes, & prefque tous fes ouvrages font écrits en François, & en François paffable. Cependant la place qu'il rempliffoit auprès du duc de Wirtemberg forme un jufte doute fur le lieu de la naiffance de cet auteur, &
ce qui l'augmente, ce font ces mots qu'on lit dans l'avertiffement au lecteur qui eft à la tête du fecond des ouvrages dont je parle ici. » Bien
» que ce même auteur (du May) ne foit pas François, il n'a pourtant
» rien de rude dans fon difcours ; fes expreffions ne font point tirées, &
» fon langage a toutes les graces d'un regnicole pour un fujet de cette
» nature «. Quoiqu'il en foit, ce Louis du May, zélé partifan de la maifon d'Autriche, publia quatre petits ouvrages.

» I. Un Etat de l'empire ou abrégé du droit public d'Allemagne, mis
» en dialogue pour la plus grande commodité d'un jeune prince à qui il
» a été enfeigné par du May. Paris, 1660 & 1665, 2 vol. in-12. *Idem*,
in-12, Geneve, 1674. Cet ouvrage, compofé en Latin, a été traduit en
François par Alexis, avocat au parlement, qui dédia fa traduction à Her-
van, contrôleur-général des finances de France, & qui la fit imprimer
à Paris. Cet état de l'empire eft fort différent du véritable, & fur-tout de
celui d'aujourd'hui. Il eft peu exaét, & d'une médiocre utilité. On peut
juger par ce feul trait & de l'auteur & du livre. L'auteur y dit que les princes de la maifon d'Autriche ont reçu de grandes graces de Dieu & de la
nature; de la nature, en ce qu'ils ont le menton long & les levres groffes; ce qui, felon lui, témoigne leur piété, conftance & intégrité; (la
preuve eft tirée de loin) de Dieu, en ce que donnant, de leur main, un
verre

verre d'eau à un goîtreux, ils le guériffent, & qu'en baifant un begue, ils dénouent fa langue (*a*). Eft-ce crédulité? Eft-ce lâche flatterie? Voilà affurément des prérogatives très-fingulieres, & appuyées fur des fondemens bien folides : *Un menton long & de groffes levres !*

II. *Difcours hiftoriques & politiques fur les caufes de la guerre de Hongrie & fur les caufes de la paix.*. Lyon, chez Barthelemi Riviere, 1665, in-12. Ce qui fait le fujet de cet ouvrage, c'eft la guerre que Mahomet IV, fultan des Turcs, commença en Hongrie contre Leopold I, empereur d'Allemagne, en 1661, & laquelle fut terminée par le traité de paix conclu entre ces deux puiffances le 21 d'octobre 1664, dans un temps où les chrétiens remportoient tous les jours des avantages fur les Mahométans. C'eft proprement l'apologie de cette paix, faite dans ces circonftances, que notre Dumay entreprend. Il fait le détail des fréquentes guerres des Hongrois & des Turcs, pendant trois ans que Bajazet fut attiré en Hongrie. Il décrit le fiege & les événemens de la guerre de 1661 ; & il en explique les motifs qui engagerent Leopold à la terminer. Il donne de juftes éloges à la valeur des fix mille François qui rendirent de fi utiles fervices à la Hongrie, au corps Germanique, & à toute la chrétienté, au paffage de faint Godard. L'éloge de Louis XIV, qui donna ce fecours contre les Mahométans, n'eft pas oublié, & chaque capitaine François de diftinction y a le fien & celui de fa famille (*b*).

III. *La fcience des princes ou réflexions fur les confidérations fur les coups d'Etat de Gabriel Naudé.* Geneve, 1673, in-8° (*c*).

IV. *Le prudent voyageur, contenant la defcription politique des Etats de l'Europe.* Geneve, 1681, 3 vol. in-12. L'auteur avoit quelque teinture des intérêts des princes, de la politique & du droit public; mais il en faut faire l'étude dans d'autres ouvrages que les fiens.

(*a*) Du May, dialogue III.
(*b*) Voyez depuis la page 128 jufqu'à la page 134, & depuis la page 149 jufqu'à 152.
(*c*) *Voyez l'article* DE NAUDÉ.

MAYENCE, (Electorat de) *Etat catholique d'Allemagne.*

L'ELECTORAT de Mayence, le premier des électoraux, eft encore le plus confidérable des électoraux eccléfiaftiques du S. Empire. Il fait partie des cercles du haut & du bas Rhin, il a des provinces éparfes dans ceux de haute Saxe, de Franconie & de Souabe. Sa portion principale confifte dans fon archevêché, lequel eft fitué entre celui de Treves, le bas Palatinat, la Heffe, &c. & laquelle comprend entr'autres la ville de Mayence, capitale. Ses autres portions font des bailliages, préfectures ou gouvernemens, tels qu'Amœnebourg & Fritzlar dans la Heffe, Erfort & le pays d'Eichsfeld dans la Thuringe, & d'autres dont l'énumération n'importe pas : le tour ensemble renferme 41 villes & 21 bourgs avec une multitude de villages, dans le nombre desquels on ne fait point entrer les terres seigneuriales qui les entremêlent, parce que les possesseurs en sont envisagés comme membres de la noblesse immédiate de l'Empire, & non point comme sujets ou vassaux de l'électeur de Mayence; & en effet, le pays d'Eichsfeld est l'unique d'entre ceux qui sont soumis à ce prince, où l'on voie se former ce qu'on appelle des *Etats provinciaux*, c'est-à-dire des assemblées périodiques, où, conjointement avec d'autres classes de sujets, les gentilshommes soient consultés sur quelques-uns des arrangemens intérieurs de l'Etat.

Le Rhin, le Meyn, le Jaxt, la Lahne & la Leine arrosent en divers lieux l'électorat de Mayence, & y reçoivent plusieurs autres rivieres moins considérables, mais toutes utiles à sa prospérité. Ses productions les plus considérables sont les vins, les grains, les fruits, les légumes & les bois : les vins sur-tout, si fameux sous le nom de *vins de Rhin*, croissent en très-grande partie dans cet électorat. Il y a aussi quelques salines, & quelques mines de fer; & l'on y cultive avec succès le tabac, le lin & le chanvre. L'on convient enfin que jouissant toutes d'un bon sol, chacune des diverses portions de cet Etat donne, généralement parlant, à tous ses habitans, de quoi se nourrir par le travail, & de quoi s'enrichir par le commerce : aussi, par la conclusion réciproque de l'opulence du pays aux richesses du souverain, fait-on monter assez haut les revenus de l'électeur de Mayence; on croit qu'ils vont annuellement à la somme de 12 cents mille florins.

La religion catholique dominant dans les Etats de ce prince ecclésiastique, le clergé, comme on le comprend bien, y doit être fort nombreux & fort accrédité; il s'y partage en trois classes, dont la premiere comprend les cinq prélats & les dix-neuf chanoines capitulaires de la cathédrale de Mayence, avec les domicellaires destinés à les remplacer. Tous ces prélats & ces chanoines sont appellés à prouver à toute rigueur, non-seulement leurs seize quartiers de noblesse, mais encore leur qualité d'Allemands, & d'Allemands nés dans l'une ou dans l'autre des provinces du Rhin. La seconde classe comprend les membres de seize églises collégiales répandues dans le diocese de Mayence; & la troisieme est de quatorze doyennés d'où ressortissent 288 cures.

Les sciences, les arts & les métiers ne manquent point d'encouragement & de protection dans les Etats de Mayence; il y a des universités dans la ville de ce nom, & dans celle d'Erfurt, & des colleges académiques dans Aschaffenbourg, & dans Heiligenstadt. Il y a de plus des fabriques & des manufactures florissantes en plusieurs endroits du pays; & l'on remarque depuis un temps, que la cour de Mayence redouble d'attention & de soins, pour que le commerce de ses Etats réponde aux avantages de leur situation, & à l'abondance de leurs productions.

Cette cour, comme il a été insinué d'entrée, la premiere des électorales, & la plus confidérable des eccléfiaftiques du faint Empire, tire tout fon luftre & toute fa puiffance de la dignité archiépifcopale dont elle eft le fiege. Son ancienneté eft de la même date que celle des églifes de Treves & de Cologne; toutes trois furent, dit-on, fondées, ou vers la fin du premier fiecle, ou dans le commencement du deuxieme & l'établiffement de Mayence. s'attribue à faint Crefcence, comme l'établiffement de Treves s'attribue à faint Eufchaire, & l'établiffement de Cologne à faint Materne. Mais de ces trois antiques églifes, celle de Mayence fut la premiere qui fe vit érigée en archevêché, & faint Boniface en fut nommé par Carloman, frere de Pepin-le-Bref, le premier archevêque. En cette qualité, Boniface couronna Pepin roi des Francs l'an 751, & il fonda plufieurs évêchés & abbayes. Bientôt après, & autant par le confentement des papes, que par le vouloir des empereurs, cet archevêché s'accrut en force, en confidération & en autorité : la plus grande partie de l'Allemagne fut foumife à fa métropole; il eut feize évêques pour fuffragans; il fut fait archichancelier de l'empire, & il fut mis à la tête du college électoral & de la diete. Aujourd'hui toutes les anciennes fonctions de ce prince fubfiftent encore dans leur nature, mais non pas dans leur étendue. Des feize évêchés qu'il avoit originairement dans fa province, il en a été fouftrait ceux d'Olmutz, de Magdebourg, de Bamberg, de Prague, de Verden & de Halberftadt; & ceux qui lui reftent font Worms, Spire, Strafbourg, Conftance, Augsbourg, Coire, Wurtzbourg, Eichftadt, Paderborn, & Hildesheim.

Cet archevêque électeur eft élu par le chapitre de fa cathédrale, qui lui fait jurer une capitulation; après quoi viennent, au moyen d'une forte fomme d'argent, la confirmation du pape & le pallium.

Les landgraves de Heffe, les comtes palatins de Deux-Ponts, & les comtes de Greifenklau, de Schonborn, de Stollberg, & de Metternich, font les grands officiers du fiege de Mayence, lequel paye en mois romains 1927 florins 5½ creutzers, & en contribution à la chambre impériale 900 rixdallers 21¼ creutzers. Le prince qui remplit aujourd'hui ce fiege eft Frédéric-Charles-Jofeph d'Ertal. Aux grandes charges dont il eft revêtu, relativement à l'empereur & à l'empire en général, fe joint encore celle de directeur du cercle du bas Rhin en particulier.

La ville de Mayence, capitale de cet électorat, fituée au confluent du Rhin & du Meyn, & au centre d'une contrée riante & fertile, eft une place que l'un & l'autre des cercles du Rhin envifagent comme une de leurs fortereffes frontieres, & dans laquelle ils prétendent avoir droit de mettre garnifon, la diete de l'empire étant même entrée dans leurs vues à cet égard, l'an 1735, en accordant la levée de deux mois romains, pour en réparer les fortifications. Elle eft affez grande & affez peuplée; elle renferme le beau palais électoral appellé la *favorite*, & plufieurs autres édifices de bon goût. Sa cathédrale eft très-vafte & très-riche, & l'on y voit les tombeaux de nombre d'archevêques & de chanoines. Il y a d'ailleurs dans la ville huit églises collégiales, sept paroissiales, une abbaye de bénédictins, une chartreuse, six couvens d'hommes & sept de filles, six hôpitaux, un séminaire, & enfin une université fondée l'an 1477. Que Mayence ait jamais été l'une des villes libres & impériales d'Allemagne, c'est ce dont les savans ne conviennent pas entr'eux. Ce qu'il y a de certain, c'est que dès l'an 1486 les empereurs ni l'empire n'en ont pas contesté la propriété aux archevêques, & que si dès-lors elle est sortie des mains de ceux-ci, c'est pour tomber entre celle des Suédois, & des François qui ont fait la guerre à l'Allemagne : cependant on y a tenu plusieurs dietes générales; & c'étoit sous les Romains la capitale de la *Germania prima. Long.* 25 51 30 *lat.* 49 54.

Des impositions dans l'électorat de Mayence.

On suit, dans les différens électorats de l'empire les constitutions du corps germanique.

Les droits seigneuriaux dérivent, pour la plus grande partie, de l'ancien droit féodal des Lombards.

Dans l'électorat de Mayence, chaque communauté paye au seigneur territorial, par feu, par charrue & par arpent de terre, une somme qui est réglée ou par des titres, ou par la possession.

On divise communément les terres en trois classes, celles de la première payent 30 sous par arpent & celles de la derniere classe 10 sous ; (à Mayence le sou revient à celui de France.) D'autres communautés sont abandonnées, & payent annuellement une somme fixe, dont la répartition est faite par des habitans de ces communautés, qui sont nommés à cet effet.

L'industrie n'est imposée qu'à des sommes très-foibles, & cette circonstance devroit être favorable à ses progrès; mais d'un autre côté, elle est gênée & restreinte par d'anciens réglemens qui mettent des entraves continuelles à son accroissement; le prix de la main-d'œuvre en est considérablement augmenté. Il entre dans les vues du gouvernement de faire cesser ces abus & ces inconvéniens par de nouveaux arrangemens qui donnent aux arts tout l'essor dont ils peuvent être susceptibles.

La capitation n'a lieu qu'en temps de guerre; les besoins du moment en déterminent la quotité.

Les droits qui se perçoivent sur les denrées de consommation, sont en très-petit nombre, & très-modiques, si l'on en excepte ceux sur le vin; les cabaretiers payent le dixieme de tout le vin qu'ils débitent, & c'est cet objet qui forme la consommation dominante.

Chaque année, la régence adresse, pour la perception des droits & pour la levée des impositions, des mandemens aux grands-baillis & à leurs lieutenans qui en font la répartition sur chaque communauté.

Les chefs & les prévôts des communautés font faire la collecte; ils en remettent tous les trois mois le montant aux baillis qui le portent à la chambre des comptes du prince, & le tréforier leur en donne quittance. On ne paffe aux baillis, prévôts, & au tréforier, aucune taxation.

Les offices ne s'achetent point dans l'électorat de Mayence; leur produit fixe eft honnête, & leur cafuel très-confidérable. Il y a des bailliages dans lefquels le même officier tire de fon office jufqu'à 25 mille livres par an.

L'on affure que l'on a reconnu la néceffité d'établir une nouvelle forme d'adminiftration, foit dans la levée & répartition des impofitions, foit dans la perception des droits, foit dans la comptabilité, & qu'on s'occupe des moyens d'y parvenir.

MAYERNE-TURQUET, (Louis de) *Auteur Politique.*

LOUIS DE MAYERNE-TURQUET, Lyonnois, a fait un livre qui a pour titre : *La monarchie arifto-démocratique, ou le gouvernement com- pofé & mêlé des trois formes de légitimes républiques.* Paris, 1611, in-4°.

L'auteur dédia fon livre aux Etats-généraux des Provinces-Unies dans un temps où ils commençoient à fe former. Il leur expofe fa monarchie arifto-démocratique comme la meilleure de toutes les conftitutions, dans la penfée qu'ils employeront la tranquillité dont ils jouiffent après de grands mouvemens, à perfectionner leur république, qui a de grands rapports au plan de l'auteur, s'il faut l'en croire.

Il a divifé fon ouvrage en fept livres, dont je rapporterai ici les titres dans les propres termes de l'auteur. I. Des principes & caufes des polices & de l'ordre & difpofition de cette œuvre. II. Des mouvemens volontaires aux peuples à prendre certaine forme de police fous une fouveraineté, & des loix royales. III. Des vacations & exercices privés d'un chacun en la république, premiere, fimple & naturelle diftinction en corps univerfel du peuple. IV. Des magiftrats & officiers publics, & des perfonnes privées, deuxieme diftinction au corps du peuple, qui eft pure civile. V. Des no- bles & non nobles, troifieme & principale diftinction qui tient du naturel & du civil. VI. Des affemblées des Etats-généraux & de leur légitime ufage. VII. De la maifon & famille royale, cour & fuite ordinaire du roi, éducation des princes fes enfans, & de fes actions & occupations particulieres.

Le plan de l'auteur tient un peu de la république de Platon. Il eft plein d'inftructions politiques, dont l'objet eft la réformation de tous les Etats, & fur-tout celle du royaume de France auquel l'auteur revient fou- vent. Il s'en faut bien que fes idées foient toujours juftes, & l'on a de la peine à comprendre qu'il ait pu fe porter férieufement à propofer de changer prefque toutes les coutumes & prefque toutes les loix des Etats. Il n'eft pas plus aifé de concevoir comment il a pu obtenir en France le privilege (*a*) d'y faire imprimer un livre où il donne une fauſſe idée du gouvernement de ce royaume, en même-temps qu'il entreprend de porter de vives atteintes à la monarchie en général, où l'une des moins bonnes manieres de régir les Etats, c'eſt celle que l'auteur propoſe comme la meilleure.

On lit ces mots dans la bibliotheque françoiſe de Sorel (*b*) : » quelqu'un » a fait un livre en partie contre celui-ci (celui de Mayerne-Turquet) ap- » pellé *défenſe de la monarchie*, lequel n'a guere eu de cours, quoiqu'il » s'y trouve des choſes très-curieuſes; mais je n'ai point vu ce livre. »

(*a*) Le privilege du roi eſt du 4 de mai 1611.
(*b*) Paris, 1664, in-12, p. 62.

M E

M E C E N E, *Ministre & favori d'Auguste.*

Mécène, quoique simple chevalier Romain, descendoit des anciens rois d'Etrurie. La noblesse de sa naissance ne pouvoit lui donner aucune considération dans une république, dont le dernier citoyen se croyoit au dessus d'un roi. Ce fut donc moins par l'éclat de ses ancêtres, que par ses propres talens qu'il éleva si haut sa fortune, dont il eut encore le bonheur de jouir sans envie. Auguste se déchargeant sur lui du poids des affaires, lui fut redevable de la gloire de son regne. Ce fut par ses conseils que cet heureux usurpateur conserva l'empire qu'il vouloit abdiquer, pour se livrer aux douceurs de la vie privée. Mécene qui étoit autant l'ami de son maître que son ministre, lui apprit à rougir des cruautés du triumvirat, & le prenant par l'intérêt de sa gloire, il lui inspira des mœurs plus douces, qui firent oublier ses premieres fureurs. Un jour, voyant Auguste assis sur son tribunal où il dictoit des arrêts de mort, il lui jeta ses tablettes, où il avoit écrit ces mots, leve-toi bourreau. Cette remontrance hardie le fit descendre du tribunal pour remercier celui qui lui donnoit des leçons d'humanité. Tant que Mécene vécut, le penchant sanguinaire d'Auguste fut réprimé. Après sa mort, il sentit encore mieux le prix de son amitié. Toutes les fois qu'il faisoit une fausse démarche, il s'écrioit, si Mécene étoit encore en vie, je n'aurois pas cette faute à me reprocher. Quelques nuages obscurcirent les beaux jours de sa vie, il se brouilla avec son maître, qu'il soupçonna de vouloir séduire sa femme, mais l'habitude de s'aimer les réunit, & ils semblerent être nécessaires à leur bonheur réciproque.

Mécene a, sur-tout, immortalisé sa gloire par son goût pour les lettres, & par la protection qu'il accorda à ceux qui les cultivoient, Virgile, Horace & Varron furent moins ses protégés que ses amis. Horace eut sur-tout sa confiance, & en mourant, il le recommanda à Auguste, en lui disant qu'il lui laissoit dans Horace un autre lui-même. L'on donne encore aujourd'hui son nom aux grands qui protegent les lettres. Quoique sa maison fut le rendez-vous de tous les savans, on n'y connoissoit qu'une noble émulation, & comme il en écartoit la médiocrité ennemie des talens supérieurs, on n'y connoissoit point l'envie. Il partageoit son temps entre les affaires & les plaisirs. Actif & toujours en mouvement, il se refusoit au sommeil, lorsque son devoir l'exigeoit ; mais lorsque les affaires lui donnoient du relâche, il se livroit à la mollesse d'une femme ; voluptueux délicat, il donnoit la même application à la recherche des plaisirs, qu'à la discussion des affaires.

MÉCHANCETÉ, f. f.

LA Méchanceté eſt une diſpoſition du tempérament, qui nous porte à nuire à nos ſemblables. Ceux qui ont le malheur d'avoir un pareil penchant, doivent de bonne-heure faire tous leurs efforts pour l'étouffer, ou du moins y réſiſter. On paſſe un fleuve à ſa ſource : eſt-on éloigné d'elle ? Il entraîne tout ce qui s'oppoſe à ſon cours.

Les méchans ſont toujours malheureux : ils ſervent à éprouver un petit nombre de juſtes répandus ſur la terre; & il n'y a point de mal dont il ne naiſſe un bien. S'il n'y avoit que du bien, & point de mal, alors cette terre ſeroit une autre terre, l'enchaînement des événemens ſeroit un autre ordre de ſageſſe; & cet ordre, qui ſeroit parfait, ne peut être que dans la demeure éternelle de l'Être ſuprême, de qui le mal ne peut approcher.

Malherbe avoit un grand mépris pour les hommes en général. Après avoir fait le récit du péché de Caïn, & de la mort de ſon frere Abel, il diſoit : » Voilà un beau début ! Ils n'étoient que trois ou quatre au monde, & » l'un d'eux va tuer ſon frere. «

La Méchanceté n'eſt aujourd'hui qu'une mode. Les plus éminentes qualités n'auroient pu jadis la faire pardonner, parce qu'elles ne peuvent jamais rendre à la ſociété autant que la Méchanceté lui fait perdre, puiſqu'elle en ſape les fondemens, & qu'elle eſt par-là, ſinon l'aſſemblage, du moins le réſultat des vices. Aujourd'hui la Méchanceté eſt réduite en art ; elle tient lieu de mérite à ceux qui n'en ont point d'autre, & ſouvent elle leur donne de la conſidération. Triſte vérité, que l'homme vertueux n'éprouve que trop, ſur-tout dans les cours, théâtres d'intrigues où les méchans ont plus d'occaſions & de facilités qu'ailleurs de tramer leurs noirceurs, parce qu'ils y trouvent plus d'ames viles prêtes à ſervir leurs vues criminelles.

MÉDIATEUR, f. m.

MÉDIATION, f. f.

LORSQUE des nations ſe font la guerre pour ſoutenir leurs prétentions réciproques, on donne le nom de Médiateur à un ſouverain ou à un Etat neutre, qui offre ſes bons offices pour ajuſter les différends des puiſſances belligérantes, pour régler à l'amiable leurs prétentions, & pour rapprocher les eſprits des princes, que les fureurs de la guerre ont ſouvent trop aliénés pour écouter la raiſon, ou pour vouloir traiter de la paix directement les uns avec les autres.

Le

Le rôle de conciliateur est le plus beau qu'un souverain puisse jouer ; aux yeux de l'homme humain & sage, il est préférable à l'éclat odieux que donnent des victoires sanguinaires, qui sont toujours des malheurs pour ceux même qui les remportent, & qui les achetent au prix du sang, des trésors & du repos de leurs sujets.

La justice d'ailleurs de ce devoir est si sensible, que l'alcoran même le prescrit aux disciples de Mahomet ; car on y trouve, que si deux nations ou deux provinces de Musulmans sont en guerre, il faut que toutes les autres s'unissent pour les accommoder, & pour obliger celle qui a tort, à faire satisfaction à l'autre partie. A combien plus forte raison les chrétiens doivent-ils travailler avec ardeur à réconcilier les esprits, & à terminer les différends du prochain ?

Cette Médiation semble avoir pour principe un motif si louable, qu'il faudroit être bien sauvage pour rebuter fièrement ceux qui nous l'offrent, quand même on verroit qu'ils ont quelque relation particuliere avec l'ennemi. Car outre qu'il dépend de chacun d'accepter ou non les propositions ; ce sont ordinairement des amis qui en usent ainsi, pour ne pas être réduits à épouser la querelle de l'une ou de l'autre des parties. En effet, on a souvent grand intérêt, que la guerre ne s'allume ou ne dure pas long-temps entre deux puissances, soit parce qu'il en voleroit quelques étincelles dans notre pays, soit à cause qu'il est dangereux pour nous que ces deux puissances, ou l'une des deux seulement, soient ruinées ou affoiblies. En ce cas-là, notre propre conservation demande que nous travaillions sérieusement à étouffer de bonne heure le feu qui s'est pris chez nos voisins. Et quand même on n'y auroit point d'intérêt particulier, le bien de la paix en général veut que chacun fasse tout ce qui lui est possible pour mettre d'accord ceux qui ont ensemble quelque querelle.

Il faut que la Médiation soit acceptée par les parties intéressées ; il faut encore que le Médiateur ne soit point lui-même engagé dans la guerre que l'on veut terminer, qu'il ne favorise point une des puissances aux dépens de l'autre. En un mot dans ses fonctions de législateur, il doit se montrer équitable, impartial & ami de la paix.

La Médiation peut s'exercer par plusieurs personnes ou puissances à la fois ; bien entendu néanmoins qu'aucune d'elles ne se trouve déjà engagée par quelque traité particulier à secourir l'une des parties au cas que l'on en vienne aux mains ; car une promesse ne sauroit être ni annullée, ni restreinte par une convention postérieure avec un tiers. Rien n'empêche non plus qu'après avoir bien examiné les prétentions respectives de part & d'autre, on ne dresse ensemble des articles de paix, selon ce qui paroît le plus juste & le plus raisonnable, pour les proposer aux parties qui sont en guerre, leur déclarant en même temps que, si l'une d'elles refuse de faire la paix à ces conditions, on prendra le parti de l'autre qui les aura acceptées. Par-là on ne se rend nullement arbitre des deux parties malgré elles, & l'on ne s'attribue pas le droit de décider leur différend avec autorité; ce qui seroit contraire à l'indépendance de l'état de nature. On ne leur fait pas non plus cette proposition d'une maniere à prétendre qu'elles soient absolument tenues d'y acquiescer ; car à la rigueur elles ne l'y font pas. Mais, comme, par le droit naturel, chacun peut joindre ses armes à celles d'un autre, à qui il croit que l'on fait du tort, sur-tout lorsqu'il craint qu'il ne lui en revienne du mal à lui-même ; on témoigne par-là manifestement un amour sincere de la paix & de l'équité, en ce que l'on souhaite d'accommoder les autres à des conditions raisonnables, & qu'on ne veut point prendre les armes contre ceux qui refusent notre Médiation, avant que d'avoir tenté cette voie de douceur, qui est d'autant plus louable, qu'elle peut aisément prévenir ou terminer des guerres sanglantes.

MENDICITÉ, s. f.

C'EST une chose honteuse & funeste dans un Etat que d'y souffrir des mendians. L'aumône, louable dans ses principes, n'en est pas moins l'aliment de la fainéantise & de la débauche. Dans une grande partie de l'Europe, les enfans des villageois s'habituent, au sortir du berceau, à ce vil métier de mendians. Comment tirer de-là un peuple honnête & laborieux ? Rien de plus malheureux, sans doute, & rien dont on s'occupe moins.

Il est pourtant vrai que tout homme qui n'a rien au monde, & à qui on défend de mendier, a droit de demander à vivre en travaillant. Toutes les fois donc qu'une loi s'oppose à la Mendicité, il faut qu'elle soit précédée d'un appareil de travaux publics, qui occupent l'homme & le nourrissent ; il faut qu'en l'arrachant à l'oisiveté, on le dérobe à la misere. (a) Sans cela on le réduiroit aux plus cruelles extrémités, & l'Etat seroit responsable des crimes que la nécessité conseilleroit, & que le désespoir feroit commettre.

Alexandre ayant vaincu Darius, fit mettre aux fers les Athéniens & les Thessaliens qui se trouvoient avoir déserté chez les Perses, mais il ne punit pas de même les Thébains, parce que *nous ne leur avons laissé*, dit-il, *ni villes à habiter, ni terres à labourer.*

Il y a trois états dans la vie qui sont dispensés du travail, l'enfance, la maladie & l'extrême vieillesse ; & le premier devoir du gouvernement est de leur assurer à tous les trois des asiles contre l'indigence : je ne dis pas seulement des asiles publics, tristes & pitoyables ressources des vieillards, des enfans & des malades abandonnés, mais des asiles domestiques ; c'est-à-dire, une honnête aisance dans l'intérieur d'une famille laborieuse, & en état, par son travail, de subvenir à leurs besoins.

(a) C'est là sans doute la raison pourquoi les ordonnances & les réglemens contre la Mendicité sont si souvent renouvellés en France sans aucun fruit. Il semble que l'on trouve tant de dureté à les faire exécuter, qu'ils restent sans exécution.

Mais ces trois états exceptés, l'homme n'a droit de vivre que du fruit de fes peines, & la fociété ne lui doit que les moyens d'exifter à ce prix; mais ces moyens elle les lui doit; ce n'eft pas affez de dire au miférable qui tend la main, *va travailler*; il faut lui dire, *viens travailler*.

A quoi, me dira-t-on? *Quelles font les reffources pour occuper & pour nourrir cette foule d'hommes oififs?* Cette difficulté fera de quelque poids, lorfque toutes les branches de l'agriculture, de l'induftrie & du commerce, feront pleinement en vigueur, & que dans les campagnes, dans les atteliers, dans les manufactures, dans les armées, il ne reftera aucun vide. Mais tant qu'il y aura dans un Etat des terres incultes ou négligées, des befoins publics tributaires de l'induftrie des étrangers, des flottes fans matelots, des armées qui enlevent la fleur & l'efpérance des campagnes, des fortifications à réparer, des canaux à creufer, des ports & des rivieres à nettoyer fans ceffe, des chemins à entretenir fans le fecours ruineux des corvées, des arfenaux & des magafins à pourvoir d'un immenfe appareil de guerre & de marine; ce fera une queftion infenfée que de demander à quoi employer les mendians?

Mais en les employant, dit-on, *il faut que l'Etat les nourriffe*. La réponfe eft fimple : l'Etat les nourrit fans les employer, & l'aumône faite à l'homme oifif & lâche fera le falaire de l'homme utilement & honnêtement occupé.

MÉNIN, *Auteur Politique.*

NICOLAS MÉNIN, confeiller au parlement de Metz (a) a fait un » Traité hiftorique & chronologique du facre & couronnement des rois » & des reines de France depuis Clovis jufqu'à préfent, & de tous les prin- » ces fouverains de l'Europe, augmenté de la relation exacte de la céré- » monie du facre de Louis XV «. Paris, 1722, page 491. Ce même livre a été depuis imprimé fous ce titre : » Traité hiftorique & chronologique du » facre & couronnement des rois & des reines de France depuis Clovis I » jufqu'à préfent, & de tous les princes fouverains chrétiens, avec la rela- » tion du facre de Louis XV». Amfterdam, 1724, in-12. L'édition de Hollande eft la meilleure, parce que celle de France avoit fouffert quelques petits retranchemens, en paffant par les mains du cenfeur royal.

Cet ouvrage n'eft prefque qu'un abrégé de la partie du cérémonial Fran- çois de Théodore Godefroy, qui a rapport au facre de nos rois, & d'un livre qui a pour titre : *Le Théâtre d'honneur & de magnificence préparé au*

(a) Il eft l'auteur d'un *Abrégé méthodique de la jurifprudence des eaux & forêts.* Paris, compagnie des libraires, 1738, in-12, auquel il n'a pas mis fon nom.

facre des rois, par Marlot, bénédictin de St. Nicaife de Rheims, imprimé à Rheims en 1643, in-4to.

On trouve dans le livre de Ménin le détail de tout ce qui regarde le facre & le couronnement des rois, & fur-tout ceux des rois de France, les diverfes fonctions des pairs de France & des officiers de la couronne & les cérémonies anciennes & nouvelles, avec l'explication de leur origine & de leurs progrès. Les diverfes opinions des auteurs qui ont rapport au fujet, y font établies ou réfutées; & celles de Ménin font affez fouvent faines, fi l'on en excepte beaucoup de faits qu'il a adoptés ou qu'il fuppofe inconteftables, quoiqu'ils n'aient pas tout-à-fait ce caractere. Tels font la Sainte Ampoule miraculeufe, le pouvoir qu'ont nos rois de guérir des écrouelles, & la miffion prétendue divine de la Pucelle d'Orléans.

MER, f. f.

L'USAGE de la pleine Mer confifte dans la navigation & dans la pêche; le long des côtes, elle fert de plus à la recherche des chofes qui fe trouvent près des côtes, ou fur le rivage, telles que les coquillages, les perles, l'ambre, &c. à faire du fel, & enfin à établir des retraites & des lieux de fureté pour les vaiffeaux.

La pleine Mer n'eft point de nature à être occupée, perfonne ne pouvant s'y établir de maniere à empêcher les autres d'y paffer. Mais une nation puiffante fur Mer pourroit défendre aux autres d'y pêcher & d'y naviguer, déclarant qu'elle s'en approprie le domaine, & qu'elle détruira les vaiffeaux qui oferont y paroître fans fa permiffion. Voyons fi elle feroit en droit de le faire.

Il eft manifefte que l'ufage de la pleine Mer, lequel confifte dans la navigation & dans la pêche, eft innocent & inépuifable, c'eft-à-dire que celui qui navigue ou qui pêche en pleine Mer, ne nuit à perfonne, & que la Mer, à ces deux égards, peut fournir aux befoins de tous les hommes. Or la nature ne donne point aux hommes le droit de s'approprier les chofes dont l'ufage eft innocent, inépuifable & fuffifant à tous; puifque chacun pouvant y trouver, dans leur état de communion, de quoi fatisfaire à fes befoins, entreprendre de s'en rendre feul maître & d'en exclure les autres, ce feroit vouloir les priver fans raifon des bienfaits de la nature. La terre ne fourniffant plus fans culture toutes les chofes néceffaires ou utiles au genre humain extrêmement multiplié, il devint convenable d'introduire le droit de propriété, afin que chacun pût s'appliquer avec plus de fuccès à cultiver ce qui lui étoit échu en partage, & à multiplier par fon travail les diverfes chofes utiles à la vie. Voilà pourquoi la loi naturelle approuve les droits de domaine & de propriété, qui ont mis fin à la communion primitive. Mais cette raifon ne peut avoir lieu à l'égard des chofes dont l'ufage eſt inépuiſable, ni par conſéquent devenir un juſte ſujet de ſe les approprier. Si le libre & commun uſage d'une choſe de cette nature étoit nuiſible ou dangereux à une nation, le ſoin de ſa propre ſureté l'autoriſeroit à ſoumettre, ſi elle le pouvoit, cette choſe-là à ſa domination, afin de n'en permettre l'uſage qu'avec les précautions que lui dicteroit la prudence. Mais ce n'eſt point le cas de la pleine Mer, dans laquelle on peut naviguer & pêcher, ſans porter préjudice à qui que ce ſoit, & ſans mettre perſonne en péril. Aucune nation n'a donc le droit de s'emparer de la pleine Mer ou de s'en attribuer l'uſage, à l'excluſion des autres. Les rois de Portugal ont voulu autrefois s'arroger l'empire des Mers de Guinée & des Indes orientales; *voyez* Grotius, *Mare liberum*, & Selden *Mare clauſum*, lib. I. cap. XVII, mais les autres puiſſances maritimes ſe ſont peu miſes en peine d'une pareille prétention.

Le droit de naviguer & de pêcher en pleine Mer étant donc un droit commun à tous les hommes, la nation qui entreprend d'exclure une autre de cet avantage, lui fait injure & lui donne un juſte ſujet de guerre, la nature autoriſant une nation à repouſſer l'injure, c'eſt-à-dire, à oppoſer la force à quiconque veut la priver de ſon droit.

Diſons plus, une nation qui veut s'arroger ſans titre un droit excluſif ſur la Mer, & le ſoutenir par la force, fait injure à toutes les nations, dont elle viole le droit commun; & toutes ſont fondées à ſe réunir contr'elle, pour la réprimer. Les nations ont le plus grand intérêt à faire univerſellement reſpecter le droit des gens, qui eſt la baſe de leur tranquillité. Si quelqu'un le foule ouvertement aux pieds, toutes peuvent & doivent s'élever contre lui; & en réuniſſant leurs forces, pour châtier cet ennemi commun, elles s'acquitteront de leurs devoirs envers elles-mêmes & envers la ſociété humaine dont elles ſont membres. *Voyez* DROIT DES GENS, DEVOIRS DES NATIONS.

Cependant comme il eſt libre à un chacun de renoncer à ſon droit, une nation peut acquérir des droits excluſifs de navigation & de pêche par des traités, dans leſquels d'autres nations renoncent en ſa faveur aux droits qu'elles tiennent de la nature. Celles-ci ſont obligées d'obſerver leurs traités, & la nation qu'ils favoriſent eſt en droit de ſe maintenir par la force dans la poſſeſſion de ſes avantages. C'eſt ainſi que la maiſon d'Autriche a renoncé, en faveur des Anglois & des Hollandois, au droit d'envoyer des vaiſſeaux des Pays-Bas aux Indes orientales. On peut voir dans Grotius *de Jure B. & P. lib. II. cap. III. §. 25.* pluſieurs exemples de pareils traités.

Les droits de navigation, de pêche, & autres, que l'on peut exercer ſur la Mer, étant de ces droits de pure faculté, *jura meræ facultatis*, qui ſont impreſcriptibles; ils ne peuvent ſe perdre par le non-uſage. Par conſéquent, quand même une nation ſe trouveroit ſeule, depuis un temps immémorial, en poſſeſſion de naviguer ou de pêcher en certaines Mers; elle ne pourroit, ſur ce fondement, s'en attribuer le droit excluſif. Car de ce que les autres n'ont point fait uſage du droit commun qu'elles avoient à la navigation & à la pêche dans ces Mers-là, il ne s'enfuit point qu'elles ayent voulu y renoncer, & elles font les maîtreffes d'en ufer, toutes les fois qu'il leur plaira.

Mais il peut arriver que le non-ufage revête la nature d'un confentement, ou d'un pacte tacite, & devienne ainfi un titre en faveur d'une nation, contre une autre. Qu'une nation en poffeffion de la navigation & de la pêche en certains parages, y prétende un droit excluſif, & défende à d'autres d'y prendre part ; fi celles-ci obéiffent à cette défenfe, avec des marques fuffifantes d'acquiefcement, elles renoncent tacitement à leur droit en faveur de celle-là, & lui en établiffent un, qu'elle peut légitimement foutenir contr'elles dans la fuite, fur-tout lorfqu'il eft confirmé par un long ufage.

Les divers ufages de la Mer, près des côtes, la rendent très-fufceptible de propriété. On y pêche, on en tire des coquillages, des perles, de l'ambre, &c. Or à tous ces égards, fon ufage n'eft point inépuifable ; en forte que la nation à qui les côtes appartiennent, peut s'approprier un bien, dont elle eft à portée de s'emparer, & en faire fon profit, de même qu'elle a pu occuper le domaine des terres qu'elle habite. Qui doutera que les pêcheries des perles de Baharem & de Ceylan ne puiffent légitimement tomber en propriété? Et quoique la pêche du poiffon paroiffe d'un ufage plus inépuifable ; fi un peuple a fur fes côtes une pêcherie particuliere & fructueufe, dont il peut fe rendre maître, ne lui fera-t-il pas permis de s'approprier ce bienfait de la nature comme une dépendance du pays qu'il occupe ; & s'il y a affez de poiffons pour en fournir aux nations voifines, de fe réferver les grands avantages qu'il en peut tirer pour le commerce? Mais fi, loin de s'en emparer, il a une fois reconnu le droit commun des autres peuples d'y venir pêcher ; il ne peut plus les en exclure ; il a laiffé cette pêche dans fa communion primitive, au moins à l'égard de ceux qui font en poffeffion d'en profiter. Les Anglois ne s'étant point emparés dès le commencement de la pêche du hareng fur leurs côtes, elle leur eft devenue commune avec d'autres nations.

Une nation peut s'approprier les chofes, dont l'ufage libre & commun lui feroit nuifible ou dangereux. C'eft une feconde raifon pour laquelle les puiffances étendent leur domination fur la Mer, le long de leurs côtes, auffi loin qu'elles peuvent protéger leur droit. Il importe à leur fureté & au bien de leur Etat, qu'il ne foit pas libre à tout le monde de venir fi près de leurs poffeffions, fur-tout avec des vaiffeaux de guerre, d'en empêcher l'accès aux nations commerçantes & d'y troubler la navigation. Pendant les guerres des Efpagnols avec les Provinces-Unies, Jacques I, roi d'Angleterre, fit défigner tout le long de fes côtes des limites, dans lefquelles il déclara qu'il ne fouffiroit point qu'aucune des puiffances en guerre pourfuivit fes ennemis, ni même que fes vaiffeaux armés s'y arrêtaffent, pour épier les navires qui voudroient entrer dans les ports ou en fortir. Ces parties de la Mer, ainfi foumifes à une nation, font comprifes dans fon territoire; on ne peut y naviguer malgré elle. Mais elle ne peut en refuser l'accès à des vaifſeaux non-ſuſpeĉts, pour des uſages innocens ſans pécher contre ſon devoir; tout propriétaire étant obligé d'accorder à des étrangers le paſſage même ſur terre, lorſqu'il eſt ſans dommage & ſans péril. Il eſt vrai que c'eſt à elle de juger de ce qu'elle peut faire, dans tous les cas particuliers qui ſe préſentent; & ſi elle juge mal, elle péche, mais les autres doivent le ſouffrir. Il n'en eſt pas de même des cas de néceſſi-té, comme, par exemple, quand un vaifſeau eſt obligé d'entrer dans une rade qui vous appartient, pour ſe mettre à couvert de la tempête. En ce cas, le droit d'entrer par-tout, en n'y cauſant point de dommage, ou en le réparant, eſt, comme nous le ferons voir plus au long, un reſte de la communauté primitive, dont aucun homme n'a pu ſe dépouiller; & le vaifſeau entrera légitimement malgré vous, ſi vous le refuſez injuſtement.

Il n'eſt pas aiſé de déterminer juſqu'à quelle diſtance une nation peut étendre ſes droits ſur les Mers qui l'environnent. Bodin prétend que ſuivant le droit commun de tous les peuples maritimes, la domination du prince s'étend juſqu'à trente lieues des côtes. Mais cette détermination préciſe ne pourroit être fondée que ſur un conſentement général des nations qu'il ſe-roit difficile de prouver. Chaque Etat peut ordonner, à cet égard, ce qu'il trouvera bon, pour ce qui concerne les citoyens entr'eux, ou leurs affaires avec le ſouverain. Mais de nation à nation, tout ce que l'on peut dire de plus raiſonnable, c'eſt qu'en général la domination de l'Etat ſur la Mer voiſine va auſſi loin qu'il eſt néceſſaire pour ſa ſureté & qu'il peut la faire reſpeĉter; puiſque d'un côté, il ne peut s'approprier d'une choſe com-mune, telle que la Mer, qu'autant qu'il en a beſoin pour quelque fin légitime, & que d'un autre côté ce ſeroit une prétention vaine & ridicule de s'attribuer un droit, que l'on ne ſeroit aucunement en état de faire valoir. Les forces navales de l'Angleterre ont donné lieu à ſes rois de s'at-tribuer l'empire des Mers qui l'environnent, juſques ſur les côtes oppoſées. Selden rapporte un aĉte ſolemnel, par lequel il paroit que cet empire, au temps d'Edouard I étoit reconnu par la plus grande partie des peuples maritimes de l'Europe; & la république des Provinces-Unies le reconnut en quelque façon par le traité de Breda en 1667, au moins quant aux hon-neurs du pavillon. Mais pour établir ſolidement un droit ſi étendu, il faudroit montrer bien clairement le conſentement exprès ou tacite de toutes les puiſſances intéreſſées. Les François n'ont jamais donné les mains à cette prétention de l'Angleterre, & dans ce même traité de Breda, dont nous venons de parler, Louis XIV ne voulut pas ſouffrir ſeulement que la Manche fût appellée *Canal d'Angleterre* ou *Mer Britannique*. La république de Veniſe s'attribue l'empire de la Mer Adriatique, & chacun ſait la cé-rémonie qui ſe pratique tous les ans à ce ſujet. On rapporte pour cor̃ſir-mer ce droit, les exemples d'Uladiſlas, roi de Naples, de l'empereur Fréderic III & de quelques rois de Hongrie, qui demanderent aux Vé-nitiens la permiſſion de faire paſſer leurs vaifſeaux dans cette Mer. Que l'empire en appartienne à la république jufqu'à une certaine diftance de fes côtes, dans les lieux dont elle peut s'emparer & qu'il lui importe d'occuper & de garder, pour fa fureté; c'eft ce qui me paroît inconteftable : mais je doute fort qu'aujourd'hui aucune puiffance fût difpofée à reconnoître fa fouveraineté fur la Mer Adriatique toute entiere. Ces prétendus empires font refpectés tandis que la nation qui fe les attribue eft en état de les foutenir par la force; ils tombent avec fa puiffance. Aujourd'hui tout l'efpace de Mer, qui eft à la portée du canon le long des côtes, eft regardé comme faifant partie du territoire; & pour cette raifon, un vaiffeau pris fous le canon d'une foreterffe neutre, n'eft pas de bonne prife.

Les rivages de la Mer appartiennent inconteftablement à la nation maîtreffe du pays dont ils font partie, & ils font au nombre des chofes publiques. Si les jurifconfultes Romains les mettent au rang des chofes communes à tout le monde, *res communes*, c'eft à l'égard de leur ufage feulement; & on n'en doit pas conclure qu'ils les regardaffent comme indépendans de l'empire; le contraire paroît par un grand nombre de loix. Les ports & les havres font encore manifeftement une dépendance, & une partie même du pays, & par conféquent ils appartiennent en propre à la nation. On peut leur appliquer, quant aux effets du domaine & de l'empire, tout ce qui fe dit de la terre même.

Tout ce que nous avons dit des parties de la Mer voifines des côtes, fe dit plus particuliérement & à plus forte raifon, des rades, des bayes & des détroits, comme plus capables encore d'être occupés, & plus importans à la fureté du pays. Mais je parle des bayes & détroits de peu d'étendue, & non de ces grands efpaces de Mer, auxquels on donne quelquefois ces noms, tels que la baye de Hudfon, le détroit de Magellan, fur lefquels l'empire ne fauroit s'étendre, & moins encore la propriété. Une baye dont on peut défendre l'entrée, peut être occupée & foumife aux loix du fouverain; & il importe qu'elle le foit, puifque le pays pourroit être beaucoup plus aifément infulté en cet endroit, que fur des côtes ouvertes aux vents & à l'impétuofité des flots.

Il faut remarquer en particulier à l'égard des détroits, que quand ils fervent à la communication des deux Mers, dont la navigation eft commune à toutes les nations, ou à plufieurs, celle qui poffede le détroit ne peut y refufer paffage aux autres, pourvu que ce paffage foit innocent & fans danger pour elle. En le refufant fans jufte raifon, elle priveroit ces nations d'un avantage, qui leur eft accordé par la nature; & encore un coup, le droit d'un tel paffage eft un refte de la communion primitive. Seulement le foin de fa propre fureté autorife le maître du détroit à ufer de certaines précautions, à exiger des formalités, établies d'ordinaire par la coutume des nations. Il eft encore fondé à lever un droit modique fur les vaiffeaux qui paffent, foit pour l'incommodité qu'ils lui caufent en l'obligeant d'être fur fes gardes, foit pour la fureté qu'il leur procure en les protégeant contre leurs ennemis, en éloignant les pirates, & en fe char-

geant

geant d'entretenir des fanaux, des balifes & autres chofes néceffaires au falut des navigateurs. C'eft ainfi que le roi de Danemarc exige un péage au détroit du Sund. Pareils droits doivent être fondés fur les mêmes raifons & foumis aux mêmes regles que les péages établis fur terre, ou fur une riviere.

Eft-il néceffaire de parler du droit de naufrage, fruit malheureux de la barbarie, & qui a heureufement difparu prefque par-tout avec elle. La juftice & l'humanité ne peuvent lui donner lieu que dans le feul cas où les propriétaires des effets fauvés du naufrage ne pourroient abfolument point être connus. Ces effets font alors au premier occupant, ou au fouverain, fi la loi les lui réferve.

Si une Mer fe trouve entiérement enclavée dans les terres d'une nation, communiquant feulement à l'océan par un canal, dont cette nation peut s'emparer ; il paroît qu'une pareille Mer n'eft pas moins fufceptible d'occupation & de propriété que la terre ; elle doit fuivre le fort des pays qui l'environnent. La Mer méditerranée étoit autrefois abfolument renfermée dans les terres du peuple Romain : ce peuple, en fe rendant maître du détroit qui la joint à l'océan, pouvoit la foumettre à fon empire & s'en attribuer le domaine. Il ne bleffoit point par-là les droits des autres nations ; une Mer particuliere étant manifeftement deftinée par la nature à l'ufage des pays & des peuples qui l'environnent. D'ailleurs, en défendant l'entrée de la méditerranée à tout vaiffeau fufpect, les Romains mettoient d'un feul coup en fûreté toute l'immenfe étendue de fes côtes ; cette raifon fuffifoit pour les autorifer à s'en emparer. Et comme elle ne communiquoit abfolument qu'avec leurs Etats, ils étoient les maîtres d'en permettre, ou d'en défendre l'entrée, tout comme celle de leurs villes & de leurs provinces.

Quand une nation s'empare de certaines parties de la Mer, elle y occupe l'empire, auffi-bien que le domaine, par la même raifon que nous avons alléguée en parlant des terres. Ces parties de la Mer font de la jurifdiction, du territoire de la nation ; le fouverain y commande, il y donne des loix & peut réprimer ceux qui les violent ; en un mot, il y a tous les mêmes droits qui lui appartiennent fur la terre, & en général tous ceux que la loi de l'Etat lui donne.

Il eft vrai cependant que l'empire & le domaine, ou la propriété ne font pas inféparables de leur nature, même pour un Etat fouverain. De même qu'une nation pourroit poffédér en propre le domaine d'un efpace de terre ou de Mer, fans en avoir la fouveraineté ; il pourroit arriver auffi qu'elle eût l'empire d'un lieu, dont la propriété, ou le domaine utile feroit à quelqu'autre peuple. Mais on préfume toujours, quand elle poffede le domaine utile d'un lieu quelconque, qu'elle en a auffi le haut domaine & l'empire, ou la fouveraineté. On ne conclut pas fi naturellement de l'empire au domaine utile ; car une nation peut avoir de bonnes raifons de s'attribuer l'empire dans une contrée & particuliérement dans un efpace de Mer, fans y prétendre aucune propriété, aucun domaine utile. Les Anglois n'ont jamais prétendu la propriété de toutes les Mers, dont ils s'attribuoient l'empire.

M E S M E S, (Jean-Antoine de) *Comte d'Avaux, habile négociateur François.*

NÉGOCIATIONS DE JEAN-ANTOINE DE MESMES, COMTE D'AVAUX, EN HOLLANDE.

Depuis 1679, jusqu'en 1688.

DEPUIS la paix de Nimegue, les intrigues du prince d'Orange avoient éloigné les Hollandois des intérêts du roi de France. Ce prince ambitieux étoit venu à bout de diviser la république, & principalement les Etats-généraux, soit en corrompant les différens membres, soit par le moyen des ministres prédicans qui lui étoient absolument dévoués, & qui se montroient par-tout ennemis mortels des républicains.

Nonobstant ces sourdes menées, il eut été difficile au prince d'Orange de réussir dans son projet, si Louis XIV n'eût en ce temps agi lui-même contre ses propres intérêts. Les Hollandois regardoient comme un pur effet de sa bonté pour eux, la paix que ce monarque leur avoit accordée en 1672, dans un temps où il lui étoit facile & même avantageux de continuer la guerre; & je ne crois pas que Louis XIV fût plus maître dans Paris, qu'il l'étoit alors dans Amsterdam. Mais le roi de France ayant déclaré vouloir retenir les places des Pays-Bas (qui devoient être restituées à l'Espagne) jusqu'à ce que le roi de Suede eût été remis en possession des Etats qu'il avoit perdus dans la guerre, le prince d'Orange saisit avec adresse cette occasion, pour rendre suspecte la sincérité du roi. Dès lors l'affection des Hollandois se changea, sinon en haine, du moins en une défiance excessive, & ce qui leur paroissoit auparavant une marque de bonté de la part de Louis XIV, ne leur parut plus que l'effet de sa politique & de son ambition.

Le roi de France, instruit de la conduite du prince d'Orange, envoya le comte d'Avaux à la Haye, pour éclairer davantage ses démarches, & mieux pénétrer ses intentions. Cette négociation, facile en apparence, devenoit d'autant plus épineuse, que Louis XIV avoit expressément recommandé à son ambassadeur de ne lier de commerce avec le prince d'Orange, que celui dont il ne pourroit absolument se dispenser. Par-là M. d'Avaux se voyoit exclus de presque toutes les maisons principales de la Haye, ce qui rendoit sa commission infiniment plus pénible, n'étant pas aisé dans une république d'être bien informé de ce qui s'y passe, lorsqu'on n'a pas

avec tout le monde un commerce libre & ouvert, qui procure non-feulement des connoiffances & des amis de qui on tire de grandes lumieres,
mais qui donne occafion à ceux qui veulent venir révéler des fecrets,
d'entrer chez un ambaffadeur fans rien craindre. Le prince d'Orange ne
tarda pas à remarquer cette efpece d'indifférence de l'ambaffadeur François
à fon égard. Comme il en pénétra le motif, il feignoit de vouloir rentrer
dans les bonnes graces de Louis XIV, mais il prit en même temps des
moyens fûrs pour exciter les Etats-généraux à former une ligue offenfive
& défenfive avec l'Angleterre, ne doutant pas que la maifon d'Autriche,
ainfi que beaucoup de princes de l'empire n'y priffent bientôt part.

Cependant le prince d'Orange, intimement convaincu que le feul nom
de ligue avec l'Angleterre ne manqueroit pas d'effrayer les Etats-généraux, prit le fage parti de ne point s'en expliquer ouvertement, mais de
la propofer fimplement aux différens membres des Etats, fous le nom d'une
garantie du traité de Nimegue. Les Etats de Hollande euffent été infailliblement la dupe de cette fauffe déclaration, fi M. le comte d'Avaux, fi-
dellement informé des deffeins du prince d'Orange, n'eut entrepris, pour les
faire échouer, une démarche extraordinaire, & qui n'avoit point encore été
pratiquée par aucun ambaffadeur. Il fe rendit chez tous les députés des
dix-huit villes de la Hollande, afin de deffiller leurs yeux, & de leur démontrer qu'ils étoient à la veille d'agir contre leurs propres intérêts. Il
leur fit fentir combien ils fe rendroient coupables envers le roi de France, fi jamais ils acquiefçoient à quelqu'alliance que ce fut avec l'Angleterre; qu'ils devoient bien fe garder d'écouter les propofitions du prince
d'Orange, parce que ce feroit, en quelque forte, réunir dans la paix, les
mêmes Etats qui avoient été unis dans la guerre; que les intentions de
ce prince alloient beaucoup au delà de la garantie permife par les traités;
& que le roi auroit tout fujet de fe défier des bonnes intentions des Etats-
généraux, s'il voyoit qu'ils fe ferviffent du prétexte des garanties pour
former en effet une ligue contre la France, puifqu'il n'y avoit aucune
différence entre un traité qui contiendroit des garanties réciproques, & un
traité de ligue. Il finit par leur déclarer qu'il avoit cru de fon devoir de
leur faire connoître qu'en fuivant trop aveuglément les intentions du prince
d'Orange, ils étoient fur le point d'entrer dans des engagemens qui pourroient altérer la bonne intelligence qui régnoit entre la France & les Etats-
généraux, & obliger le roi à prendre des mefures, dont peut-être dans la
fuite ils auroient lieu de fe repentir.

Cette démarche inouie du comte d'Avaux produifit le meilleur effet.
Tous les députés lui protefterent que jamais ils n'avoient eu la moindre
intention de déplaire au roi très-chrétien, & qu'à l'avenir ils feroient moins
faciles à condefcendre aux défirs du prince d'Orange. En effet, les Etats-
généraux s'étant raffemblés le lendemain pour paffer l'acte de garantie
comme ils l'avoient promis la veille, tous les membres déclarerent qu'ils
n'ofoient y donner leur confentement, fans favoir plus fpécialement les

intentions de leurs fupérieurs à ce fujet. Le prince d'Orange, & le grand-penfionnaire Fagel furent extrêmement choqués de cette réfolution. Mais voulant à toute force terminer l'affaire, ils tâcherent de féduire les députés avant de les renvoyer dans leurs villes, & de faire quelques changemens aux articles du projet de traité de garantie réciproque, en leur proteftant que le traité étoit tel que l'ambaffadeur de France le défiroit pour qu'il fût agréé de fon fouverain. M. d'Avaux appréhendant que les députés ne don-naffent dans ce nouveau piege, redoubla de diligence, & leur repréfenta les inconvéniens auxquels la mauvaife foi du prince d'Orange ne pouvoit manquer de les expofer. Ces remontrances & cette nouvelle démarche fu-rent d'autant plus néceffaires, que le prince d'Orange mit en ufage toutes fortes d'artifices pour faire paffer cette affaire principalement à Amfterdam. Mais quelque preffantes que fuffent les inftances du prince, on apprit bien-tôt au retour des députés, que neuf principales villes, auxquelles les peti-tes fe conforment prefque toujours, avoient réfolu de refufer l'acte de ga-rantie. Alors le prince d'Orange voyant que par les précautions de l'am-baffadeur de France, il lui étoit impoffible de rien obtenir des Etats de Hollande, fit féparer l'affemblée de cette province prefque fur le champ. C'eft ainfi que la ligue qu'il vouloit former entre le roi d'Angleterre & les Etats-généraux fut rompue, fans qu'il ait jamais pu renouer la négo-ciation, quelqu'effort qu'il ait fait pour cela. Au refte, le roi d'Angleterre ne témoigna pas moins d'empreffement pour cette ligue que le prince d'O-range. Ce qui excitoit principalement à cette démarche le monarque An-glois, c'eft qu'il vouloit affembler fon parlement, & qu'il ne différoit à le faire, que parce que l'alliance n'étoit pas conclue. Il craignoit, avec rai-fon, de perdre fon autorité, ou de fe voir contraint de faire la volonté de fon parlement, lorfqu'une fois il l'auroit affemblé. Ainfi, l'on conçoit fans peine, qu'il étoit de la derniere importance que le prince d'Orange fît conclure cette alliance, avant que le parlement d'Angleterre fe raffem-blât, afin que le roi de la Grande-Bretagne s'en rendît plus facilement maî-tre, & qu'il trouvât moyen par-là de faire entrer le parlement dans une plus parfaite correfpondance avec lui. On fent affez que le zele du prince d'Orange à prendre auffi fortement les intérêts d'Angleterre, n'étoit fondé que fur les prétentions qu'il formoit dès-lors à la couronne de ce royaume.

Le projet d'une ligue entre la Grande-Bretagne & les Etats-généraux ayant échoué, M. d'Avaux tourna toutes fes vues à la conclufion d'une alliance entre la France & la Hollande. Cet ambaffadeur n'ignoroit pas les obftacles que le prince d'Orange mettroit à cette négociation. L'affaire eut été bientôt conclue, fi l'on eût pu, par quelque moyen, engager le prince d'Orange à la propofer, ou même s'il fe fût contenté de ne la traverfer que fous main ; mais il eut été impoffible de la terminer heureufement, fi ce prince s'y fût oppofé ouvertement. Sur ces entrefaites, M. d'Avaux reçut ordre de fa cour de préfenter un mémoire pour preffer l'alliance, &

les circonstances l'obligerent de s'adresser au pensionnaire Fagel, qui se chargea d'en faire la proposition lui-même aux Etats. Mais au lieu de remplir avec zele cette commission, il se contenta de présenter à ce sujet quelques réflexions aux Etats, & les pria d'examiner s'il étoit convenable, dans la situation des affaires, après avoir refusé l'acte de garantie au roi d'Angleterre, auquel on étoit obligé par des traités, de faire alliance avec la France. L'affaire fut mise selon la coutume entre les mains des commissaires ; & quoiqu'elle fût faite d'une maniere à n'être point acceptée, le prince d'Orange y vit une si grande disposition, qu'il se crut obligé d'en informer l'ambassadeur d'Angleterre, afin qu'il en prévînt sa cour sur le champ. Le roi de la Grande-Bretagne témoigna aux Etats-généraux beaucoup de mécontentement de leur démarche, & leur fit déclarer en termes positifs, que si cette alliance proposée se concluoit, ils ne devoient plus compter sur son amitié.

Une pareille déclaration étoit bien propre à intimider les Etats de la Hollande, & elle produisit l'effet que le prince d'Orange en attendoir. Cela n'empêcha pas néanmoins l'ambassadeur François de prendre des mesures avec les députés de Frise & de Groningue, afin qu'ils s'expliquassent hautement pour l'alliance avec son souverain. Le prince d'Orange vivement pressé de ne point s'opposer à la conclusion de cette affaire, n'eut d'autre ressource que de tâcher d'insinuer aux Etats qu'il étoit à propos de ne former ni l'une ni l'autre alliance, afin de ne s'attirer le ressentiment, ni de la France, ni de l'Angleterre. Mais M. d'Avaux ne tarda pas à faire évanouir ce scrupule, en indiquant la différence qu'il y avoit d'une simple alliance défensive, dont on ne se pouvoit pas plaindre, à un traité de ligue. Il représenta qu'il n'étoit pas surprenant que le roi de France eut trouvé à redire que les Etats-généraux, sous prétexte d'une garantie, formassent une ligue contre sa majesté ; mais qu'il ne voyoit point par quelle raison le roi d'Angleterre trouveroit mauvais que les Etats fissent une alliance avec sa majesté, qui ne lui donnoit pas plus de liaison avec eux, que celle qu'ils avoient avec tous les princes de l'Europe, avec qui ils avoient conservé pendant la guerre, ou renouvellé pendant la paix, les alliances contractées auparavant. Il ajouta que la ligue proposée par le prince d'Orange avec le roi d'Angleterre, n'étoit que trop clairement offensive contre Louis XIV ; au lieu que l'alliance défensive que sa majesté offroit de faire, ne tendoit ni à rompre avec aucune puissance, ni engager les Etats dans aucune querelle ; mais simplement à affermir la paix dans toute l'Europe.

Il seroit infini de rapporter tous les mouvemens que le prince d'Orange se donna pour faire échouer cette négociation. Il obligea sous les sermens les plus solemnels, non-seulement les commissaires, mais les conseils des villes de tenir secret tout ce qui se feroit dans la circonstance présente. Cela n'empêcha pas que M. d'Avaux, qui étoit sans cesse aux aguets, ne fût informé de tout ce qui se passoit dans les assemblées, ainsi que du résultat

des délibérations ; & l'on douta pendant quelque temps fi le prince d'O-
range ne propoferoit pas lui-même férieufement l'alliance avec la France.
Mais il étoit trop attaché aux intérêts du roi de la Grande-Bretagne pour
fe déterminer facilement à cette démarche ; & peu de jours après, M. d'A-
vaux eut la mortification d'apprendre que l'affaire avoit entièrement échoué,
par une imprudence du miniftere François, & par les vives appréhenfions
de s'attirer le reffentiment de la cour de Londres.

Dès ce moment M. d'Avaux mit tous fes foins à obferver les intrigues
que le prince d'Orange avoit en Angleterre. Il profita des avis qu'il en recevoit pour ôter non-feulement tout le mérite que ce prince prétendoit tirer auprès du roi de la Grande-Bretagne, de ce que les Etats-généraux n'a-
voient point fait d'alliance avec la France, mais encore pour le rendre
fufpeét par cet endroit à fa majefté Britannique. Il ne fit point difficulté de
découvrir, que ce n'étoit pas à fa confidération que le prince d'Orange s'é-
toit employé avec tant d'ardeur contre cette alliance, mais par fon propre
intérêt, puifqu'il étoit manifefte qu'il n'avoit eu d'autre but dans fa conduite, que de s'acquérir l'affeétion du parlement Anglois.

Ces raifons, quoique fuffifantes fans doute & bien démontrées, ne produi-
firent pas l'effet que l'ambaffadeur de France en attendoit. Elles ne firent
au contraire qu'irriter davantage le prince d'Orange, & le rendre plus attentif que jamais à profiter de toutes les occafions qui fe préfenteroient pour
allumer une guerre contre la France. Louis XIV venoit de rendre un édit contre les proteftans, qui paroiffoit tendre à exclure entièrement de fon royaume
l'exercice de la religion prétendue réformée. Cet édit avoit fait la plus vive
fenfation dans la Hollande, & aliéné en quelque forte ceux qui étoient encore portés pour les intérêts de fa majefté. Le Prince d'Orange, fur le
point de paffer en Angleterre, où des affaires effentielles exigeoient, difoit-il, fa préfence, ne manqua pas de former le deffein de faire une
guerre de religion, & donna ordre au penfionnaire Fagel d'en jeter les
premiers fondemens pendant fon abfence, bien perfuadé que tous les autres moyens lui ayant manqué, il en avoit trouvé un infaillible pour engager les Provinces-Unies dans une alliance avec l'Angleterre.

Le comte d'Avaux ne tarda pas à être inftruit de ce nouveau projet. Par
malheur il arriva, dans ce même temps, que les parlementaires d'Angleterre défiroient paffionnément la guerre pour une autre raifon ; c'étoit celle
de voir le roi d'Angleterre engagé dans quelque difpute avec la France,
afin de le laiffer dans l'embarras, ou de ne lui fournir des fubfides, que
lorfqu'il auroit fubi les conditions qu'ils lui vouloient impofer. De fon côté
le prince d'Orange, à fon retour d'Angleterre, déclara aux Etats-généraux,
que le roi de la Grande-Bretagne l'avoit mandé uniquement pour conférer avec lui touchant les ufurpations que le roi de France faifoit dans les
Pays-Bas. Il affura les Etats de l'amitié de fa majefté Britannique, & protefta
qu'il n'y avoit pas la moindre intelligence fecrete entre les rois de France &
d'Angleterre ; qu'il favoit de la propre bouche de ce dernier, que fi toutes

les tentatives qu'il faisoit faire auprès de Louis XIV n'avoit point d'effet ; & que la France continuât à faire des réunions, il se déclareroit contre elle, toute la nation Angloise étant portée pour la guerre. Le prince d'Orange finit par dire qu'on pouvoit assez voir par la maniere dont le roi traitoit ceux de la religion prétendue réformée, le peu d'amitié qu'il avoit pour ceux qui professoient cette religion, & par conséquent pour les États-généraux.

Cependant le prince d'Orange, qui ne vouloit pas rompre entiérement avec Louis XIV, & qui étoit bien aise de se conserver les bonnes graces de ce prince, remontroit sans cesse aux États-généraux, qu'ils ne sauroient user de trop de précautions, & qu'ils devoient bien se garder de rien faire qui put déplaire au roi ; mais dans le particulier il excitoit les différens membres à prendre des résolutions vigoureuses, afin d'empêcher que le roi de France ne se rendît maître peu à peu de tous les Pays-Bas espagnols. Dans une assemblée des États, dont il savoit bien que les délibérations seroient rapportées à l'ambassadeur de France, il s'étendit fort au long sur l'indispensable nécessité où l'on étoit de ne point s'attirer le ressentiment du roi, ajoutant qu'il étoit bien plus convenable de chercher des expédiens pour éviter la guerre. Il en proposa un dont il prétendoit que sa majesté ne pouvoit être blessée, & qu'il soutenoit que pas une ville ne pouvoit refuser. Ce projet étoit d'offrir à tous les princes de l'Europe & par conséquent au roi, de faire une association pour la conservation des traités de Westphalie & de Nimegue ; avec ces deux principales clauses, que si quelqu'un des princes qui entreroient dans ce traité, faisoit des entreprises contraires à ceux de Westphalie & de Nimegue, il seroit obligé de se soumettre à l'arbitrage des autres princes associés ; & en cas qu'il le refusât, les princes associés uniroient leurs forces pour l'y contraindre. Cette même clause devoit avoir son effet contre ceux qui n'ayant pas voulu entrer dans l'association, troubleroient le repos de la chrétienté & ne voudroient pas se soumettre à l'arbitrage.

Le prince d'Orange comptoit par là que si le roi de France entroit dans le traité d'association, il entreroit en même-temps dans une espece d'engagement avec les associés ; & que s'il le refusoit, il donneroit lieu à tous les princes chrétiens, & en particulier aux États-généraux, de croire qu'il avoit des desseins contraires à la conservation de la paix. Mr. d'Avaux n'eut pas de peine à pénétrer ces motifs du prince d'Orange ; il fit sentir aux députés des principales villes les conséquences du nouveau piege qu'on leur tendoit, & les engagemens dans lesquels on vouloit les entraîner contre les intérêts du roi de France, & par conséquent contre les leurs propres. Ses représentations vinrent trop tard. Le prince d'Orange avoit tellement séduit les principales villes, qu'il les avoit entiérement persuadé de deux choses, l'une que le roi de France ne pouvoit être véritablement offensé des traités d'association. L'autre que la conclusion de ces traités étoit le seul moyen de conserver la paix. En conséquence on apprit bientôt que les provinces de

Hollande, de Gueldres, de Zélande, de Frife & d'Utrecht, avoient non-
feulement donné les mains à cette affociation, mais qu'elles en preffoient
vivement la conclufion par leurs députés. Le roi d'Angleterre, celui de
Suede, les princes de la maifon de Lunebourg, l'électeur de Saxe, &c. entrerent dans cette affociation ; & quelque repréfentation que pût faire l'ambaffadeur de France, les ratifications furent échangées, malgré les proteffa-
tions de la province de Groningue, ce qui étoit agir contre les loix fondamentales du gouvernement.

Nous devons dire ici à la louange de M. d'Avaux, que cette affaire n'eût
peut-être jamais été terminée, fi la cour de France eût agi plus conformément aux informations de cet ambaffadeur. Sentant bien qu'il étoit néceffaire
d'intimider les Etats-généraux & de leur faire appréhender le reffentiment
de fa majefté, il prit la liberté d'écrire au roi, » que quoiqu'il ne pût pas
» répondre jufqu'où la terreur de fes armes pourroit porter les efprits de
» Hollande, il pouvoit néanmoins l'affurer , que ce feroit un motif très-
» fort & très-puiffant pour faire changer la conduite des Etats-généraux ;
» qu'il voyoit par expérience que leur ayant feulement fait connoître que
» fa majefté auroit du reffentiment de tout acte entrepris contre fon auto-
» rité, cela avoit produit le meilleur effet. « Ce qu'il y a de bien certain,
c'eft que Strafbourg ayant été foumis quelque temps après, l'épouvante fe
répandit tellement parmi les Hollandois, que non-feulement les actions
diminuerent de dix pour cent ; mais encore beaucoup de gens à Amfterdam vendirent les obligations qu'ils avoient fur cette province. Or, il étoit
facile de juger par-là, comme M. d'Avaux le fit très-bien obferver, de ce
que les Hollandois euffent fait, s'ils euffent vu qu'on leur en vouloit tout
de bon. Ce n'eft pas qu'il eût défiré que l'on en vînt à tenter la conquête
des Provinces-Unies ; il fouhaitoit feulement qu'on fe comportât envers elles
de maniere à leur faire tenir une conduite plus équitable.

Le prince d'Orange n'eut pas plutôt fait échanger les ratifications du
traité d'affociation, qu'il fit la propofition aux Etats-généraux d'augmenter
de douze mille hommes les forces de la république. Ce prince avoit pris
un tel afcendant dans le confeil, que la province de Hollande confentit à
cette demande, fans prefque faire aucune oppofition. M. d'Avaux, inftruit
de cette nouvelle contravention, reconnut fans peine le génie du prince
d'Orange qui agiffoit toujours fur les mêmes principes. Il avoit fait accroire
aux Etats-généraux que la nouvelle démarche qu'il leur propofoit de faire,
tendoit uniquement à la confervation de la paix ; & dès qu'elle fut faite,
il leur repréfenta la néceffité de s'armer, pour foutenir ce qu'ils avoient
réfolu. Une chofe affez finguliere, c'eft que la plupart des députés fe laiffoient entraîner fans favoir ce qu'ils faifoient ; & ceux qui avoient affez de
lumieres pour découvrir fes fineffes, manquoient de courage pour l'entreprendre, n'étant pas fûrs d'être fecondés au dehors ; & d'ailleurs, comme
je l'ai dit plus haut, les affaires de religion ne leur permettoient pas de
dire leur fentiment. Ces confidérations engagerent M. d'Avaux à prier les

                                                              Etats

Etats de venir chez lui, avant qu'ils se fussent assemblés pour la seconde fois, sous prétexte qu'il avoit des choses importantes à leur signifier touchant les Pays-Bas. Lorsqu'il se fut expliqué en présence de tous les membres, on remarqua que les créatures du prince d'Orange ne parlerent en aucune façon de l'envoi des douze mille hommes, & que dans les assemblées secretes ils n'oserent pas réitérer cette proposition. Ce n'est pas que le prince d'Orange crut que ces troupes fussent d'un grand secours aux Espagnols; il s'attendoit même qu'elles seroient battues, & qu'elles n'empêcheroient pas la prise de Luxembourg (alors bloqué par le maréchal de Crequi); mais c'étoit beaucoup pour lui de voir une fois la guerre ouverte, & tel étoit l'unique but de cet envoi.

Après bien des ruses, dont le prince d'Orange se servit inutilement pour avoir le consentement des Etats-généraux, il tenta de séduire l'assemblée, en lui représentant que personne ne désiroit la paix plus que lui; qu'il savoit très-bien que dans le malheur des circonstances, la république n'étoit pas en état de faire la guerre; mais qu'il falloit au moins se montrer fideles envers les Espagnols leurs alliés, en leur faisant obtenir de meilleures conditions du roi de France, avec lequel ces peuples étoient depuis long-temps en guerre. Il ajouta qu'il savoit à n'en pas douter que Louis XIV se relâcheroit sur beaucoup de choses, si les Etats-généraux témoignoient vouloir s'intéresser pour leurs alliés; qu'en conséquence, il étoit de leur intérêt aussi-bien que de leur honneur d'agir vigoureusement; que cette conduite, bien loin de leur attirer la guerre, leur procureroit à eux-mêmes une paix plus sûre & plus avantageuse; que sa majesté très-chrétienne ne romproit certainement pas avec les Etats-généraux, pour l'envoi de ce petit nombre de troupes; enfin, il alla jusqu'à dire que quelque chose qu'ils fissent en faveur des Espagnols, le roi de France les recevroit à bras ouverts, dès qu'ils voudroient travailler ensuite à l'accommodement avec l'Espagne.

Pour parer à ces discours captieux & capables de séduire des gens moins prévenus que les députés, M. d'Avaux eut recours à un moyen dont il avoit éprouvé déjà les heureux effets. Il rendit visite à tous les membres des Etats en particulier, & leur représenta tout le contraire de ce que le prince d'Orange leur avoit dit. D'un côté, il leur fit voir une paix sûre & inaltérable, & de l'autre, un renouvellement de guerre très-préjudiciable à leurs intérêts, & contraire même à leurs intentions. Enfin, il leur déclara que le roi étoit bien déterminé à ne point se relâcher de ses prétentions, & que l'envoi de douze mille hommes aux Espagnols attireroit infailliblement le juste ressentiment de sa majesté sur la république d'Hollande.

Cette démarche traversa pour quelque temps les desseins du prince d'Orange; & M. d'Avaux eut la satisfaction de voir que la plus grande partie des députés représenterent vivement aux Etats l'abîme dans lequel ils alloient se précipiter en faisant cet envoi de troupes. Mais le prince d'Orange étoit trop opiniâtre dans ses desseins pour ne pas les rassurer contre ces vaines frayeurs par un langage tout-à-fait opposé. Il eut un jour la hardieffe de dire aux Etats qu'il confentoit qu'ils s'en priffent à lui fi le roi de France déclaroit la guerre, quand la république auroit envoyé des troupes; & il leur remontra en même temps qu'ils alloient perdre tout crédit parmi les puiffances de l'Europe, fi, manquant à leur honneur & à leur parole, ils négligeoient de faire cet envoi. Ces motifs & plufieurs autres qu'il feroit trop long de rapporter, opérerent une révolution finguliere dans l'affemblée. Perfonne n'eut la force de contre-balancer les raifons du prince; & les Etats étoient fur le point de prendre une réfolution défavorable à la France, fi la prudence de M. d'Avaux n'eut encore paré à cet inconvénient.

Louis XIV venoit de lui écrire pour lui demander fon avis fur ce qu'il feroit à propos de faire dans la circonftance préfente. Ce prince lui marquoit de lui dire entre autres, s'il ne jugeroit pas convenable de déclarer aux Etats-généraux, qu'après avoir apporté de fa part toutes les facilités poffibles pour maintenir la paix, & terminer à l'amiable tous les différens qui pourroient être capables de la troubler, il regarderoit comme un commencement de rupture, tout ce que la Hollande entreprendroit en faveur des Efpagnols; qu'il feroit faifir tous les vaiffeaux de la république qui fe trouvoient dans les ports de France, ou pour les confifquer, fi les Etats pouffoient plus loin leur mauvaife intention, ou pour les faire rendre aux propriétaires auffi-tôt qu'ils auroient retiré leurs troupes, & qu'ils témoigneroient vouloir concourir à l'affermiffement de la paix. M. d'Avaux n'héfita pas de répondre au roi qu'avant d'en venir à une pareille déclaration, il falloit favoir fi effectivement fa majefté avoit réfolu de pouffer cette affaire jufqu'au bout, en cas que les Etats ne s'épouventaffent pas de fes menaces; car fi cela n'étoit point, ajoutoit-il, il n'y auroit rien de plus pernicieux pour les intérêts de la France qu'un relâchement de fa majefté; qu'il n'y avoit rien de mieux dans la circonftance préfente que de les laiffer tout appréhender en ne les menaçant de rien, & en ne les raffurant fur rien; & que l'unique moyen qu'il voyoit d'empêcher les Etats-généraux de prendre des réfolutions contraires au bien de la France, étoit peut-être de lever le blocus de Luxembourg.

Ces avis furent goûtés & devinrent le mobile de la conduite de la cour de Verfailles. Le maréchal de Crequi reçut ordre de faire retirer fes troupes de devant la place affiégée, & le roi parut confentir de remettre tous les différends qui reftoient à vider avec les Efpagnols, à l'arbitrage du roi d'Angleterre; fa majefté feignant de ne vouloir point fonger au recouvrement de fes droits, dans le temps qu'il apprenoit que le grand-feigneur étoit prêt d'attaquer la Hongrie avec toutes fes forces. Le ftratagême de M. d'Avaux eut le meilleur fuccès. Il évitoit une rupture entre la France & les Etats-généraux, & il mettoit la gloire de Louis XIV à l'abri de toute atteinte. Rien ne peut exprimer le chagrin & la défolation du prince d'Orange, lorfqu'il apprit cette nouvelle. S'il eût prévu cette réfolution, il eft certain qu'il n'eût pas manqué d'ordonner l'envoi des troupes, afin d'attribuer à cette démarche la levée du blocus de Luxembourg, mais M. d'Avaux, qui fembloit pénétrer les plus fecretes penfées de ce prince, fe hâta de dire en confidence à fes amis & de faire répandre dans le public, que fi les Etats s'étoient déterminés à envoyer les douze mille hommes, jamais le roi ne fe feroit porté à lever le fiege de Luxembourg.

Telle fut l'iffue de cette affaire épineufe qui penfa rallumer le flambeau de la difcorde entre les principales puiffances de l'Europe.

Louis XIV n'eut pas plutôt fait lever le blocus de Luxembourg, qu'il fit propofer des conditions d'accommodement auquel plufieurs princes de l'Empire confentirent. Mais le prince d'Orange qui avoit pour but de gagner du temps, mit en œuvre de nouvelles pratiques fecretes, dans l'efpérance de trouver enfin une occafion de rompre la paix. Ses premieres démarches tendoient à projetter un nouveau traité entre la Suede & les Etats-généraux ; & d'obtenir l'armement de vingt-quatre vaiffeaux de guerre pour foutenir ces nouveaux alliés contre les entreprifes du Danemarc, en cas que cette puiffance voulût s'oppofer au paffage des troupes Suédoifes en Poméranie. Le prince d'Orange rencontra de grandes difficultés dans la propofition qu'il en fit aux Etats-généraux ; mais telle étoit fon influence dans les affemblées qu'il détermina enfin les députés à agir contradictoirement aux intérêts de la république.

Une chofe qui mortifioit finguliérement le prince d'Orange, c'étoit de voir que Louis XIV s'en étoit rapporté entiérement à l'arbitrage du roi d'Angleterre pour terminer tous les différends qui fubfiftoient entre la France & l'Efpagne. Il n'y eut pas de reffort que le prince d'Orange ne fit jouer pour empêcher l'exécution de ce projet. D'abord il tenta de faire entrer les Etats-généraux dans l'arbitrage, efpérant qu'il auroit par-là une occafion de fe venger de Louis XIV, qui venoit d'ordonner le rafement des murs de la ville d'Orange. Ses tentatives ayant été infructueufes, il abandonna ce deffein ; mais il écrivit en même-temps au roi d'Efpagne, & le pria, au nom des Etats-généraux, de ne point accepter le roi d'Angleterre pour arbitre, à moins que la cour de Verfailles ne confentît auparavant de terminer par un accommodement général, tous les différends qu'elle avoit, tant avec l'Empire qu'avec l'Efpagne.

Sur ces entrefaites, l'ambaffadeur des Etats-généraux à Madrid, leur manda que l'empereur avoit écrit au roi d'Efpagne pour le prier de donner la moitié de quatre cents cinquante mille francs, dont les Suédois avoient befoin pour le tranfport de quinze mille hommes en Allemagne, & pour le prier d'exhorter les Etats-généraux de fournir l'autre moitié. Cette lettre fut appuyée par le prince d'Orange & le grand penfionnaire Fagel ; mais nonobftant leurs belles inftances, les Etats-généraux firent répondre, fur le champ, à leur ambaffadeur, que la république ne pouvoit promettre de donner des fubfides à aucune puiffance ; qu'elle n'étoit ni en deffein, ni en pouvoir de le faire. Cette démarche que l'on tâcha de tenir fort fecrete, parvint aux oreilles de M. d'Avaux, qui fe hâta d'en informer fa cour. Le

Rrr 2

roi en conféquence, fit déclarer au roi de la Grande-Bretagne, qu'il vouloit bien encore demeurer engagé jufqu'au 30 novembre 1682, aux offres qu'il avoit faites de terminer les différends avec l'Efpagne, par l'arbitrage de fa majefté Britannique; mais que fi elles n'étoient pas acceptées avant ce temps-là, il ne prétendoit plus y être tenu, & qu'il verroit à prendre pour lors les mefures qui lui fembleroient les plus convenables.

D'un autre côté, M. d'Avaux fit propofer, par la ville d'Amfterdam, dans l'affemblée des Etats, que l'on foumît à l'arbitrage du roi d'Angleterre les feuls différends que la cour de Verfailles avoit avec l'Efpagne, fans y mêler ceux de l'Empire. Mais le prince d'Orange particuliérement intéreffé à ce que cette propofition échouât, remontra avec beaucoup de chaleur, que le vrai moyen de maintenir toutes les puiffances de l'Europe dans le repos, étoit de fuivre les mêmes maximes qu'on avoit tenues jufqu'alors, & que l'expérience pouvoit le faire connoître dans tout ce qui s'étoit paffé. Il s'étendit beaucoup fur la néceffité où fe trouvoit le roi d'Angleterre pour fes propres intérêts de détourner le roi de France d'entrer en guerre, & il affura d'ailleurs que fa majefté Britannique avoit demandé au roi un délai, qu'il étoit moralement fûr d'obtenir. En effet, le roi accorda ce délai le 26 novembre, jufqu'au premier janvier, ce qui autorifa merveilleufement les raifonnemens du prince d'Orange, & fembloit être une preuve convaincante de ce qu'il avançoit.

Il n'en fallut pas davantage pour déconcerter prefqu'entiérement les députés d'Amfterdam, fur lefquels le miniftere de France comptoit particuliérement. Ils n'appuyerent que foiblement leur propofition au fujet de l'arbitrage, fe contenterent feulement de dire leur avis, & laifferent le prince d'Orange maître de conduire cette affaire à fon gré. Cette foibleffe des députés d'Amfterdam n'étonna pas l'ambaffadeur de France; il l'avoit prévûe depuis long-temps; auffi fit-il entrevoir dans fa dépêche du 25 mars au roi, que fi fa majefté fe donnoit la peine de faire une réflexion férieufe fur la conduite de ces Meffieurs, elle trouveroit que bien loin que cette ville fît du bien à la république, en témoignant, comme cela lui arrivoit fi fouvent, de bons fentimens, elle faifoit au contraire beaucoup de mal, parce qu'elle propofoit prefque tout ce qui pouvoit être avantageux au bien public, & puis elle s'en défiftoit. Par-là elle ôtoit aux autres l'efpérance de pouvoir faire réuffir des propofitions qui étoient échouées entre les mains de la plus puiffante ville des Etats. Auffi l'on eut dit que les régens d'Amfterdam ne faifoient ces fortes de propofitions que pour fatisfaire à leurs anciennes maximes & à l'efprit du peuple qu'ils contentoient en quelque façon, en indiquant qu'ils n'étoient pas coupables, fi les Etats-généraux ne prenoient pas de meilleures réfolutions.

M. d'Avaux ne doutant pas que cette affaire ne traînât en longueur, ou craignant peut-être que le parti du prince d'Orange ne vint enfin à l'emporter fur celui des vrais républicains, ofa donner en miniftre zélé & fidele des confeils à fon fouverain. Il repréfenta à fa majefté ce qu'il lui avoit écrit tant de fois, qu'il n'y avoit que la force qui put décider les Etats-généraux à lui être favorables. Il marqua au roi, que si l'état de ses affaires le lui permettoit, il pourroit venir avec des forces suffisantes déclarer aux Etats, qu'il avoit sujet d'être mécontent de leur gouvernement, & qu'étant informé d'ailleurs du peu de liberté qui régnoit dans leurs suffrages, il avoit jugé à propos de faire avancer ses troupes uniquement pour remettre les provinces dans leurs anciens droits; qu'il pouvoit demander que les Etats-généraux s'assemblassent (il y avoit au moins quarante ans qu'il ne s'étoit tenu une telle assemblée, n'y ayant pour lors que de simples députés des villes); & qu'ils pussent délibérer avec une pleine & entiere liberté, sur ce qu'ils jugeroient être des intérêts de la république. Il ajouta, pour hâter davantage cette ferme résolution, que dans le mécontentement qu'on avoit du prince d'Orange, qui gouvernoit presque despotiquement contre les loix de la république, les Etats seroient charmés d'être délivrés d'une aussi honteuse servitude, & qu'ils n'hésiteroient point à se ranger du parti de sa majesté. M. d'Avaux s'appuyoit encore sur ce qu'il avoit connu par expérience que toutes les tentatives du roi, pour ne point donner d'ombrage aux Etats-généraux, avoit servi au prince d'Orange à leur faire faire de fausses démarches; qu'il avoit appris que dans les délibérations secretes, il n'y avoit que la crainte qui faisoit quelqu'impression sur les esprits.

La suite des événemens justifia la solidité de ces réflexions. Louis XIV ayant fait sentir aux Etats-généraux, qu'il s'opposeroit, à main armée, aux tentatives qu'ils pourroient faire contre les intérêts de la couronne, on les vit moins empressés à suivre les conseils du prince d'Orange : ils proposerent de tenir une assemblée générale à la Haye, pour terminer tous les différends que le roi avoit, tant avec l'Empire qu'avec l'Espagne; & le prince d'Orange ajouta à cela, qu'il falloit demander au roi d'Angleterre qu'il voulût bien en être le médiateur. Cette proposition que l'on ne croyoit souffrir aucune difficulté, en essuya de grandes, principalement du côté de la France & de l'Angleterre. Mais les Etats-généraux fatigués en apparence de tous ces délais, firent déclarer à l'ambassadeur de sa majesté catholique, qu'ils ne vouloient plus s'embarrasser des affaires de toute l'Europe; & que comme ils prenoient celles des Pays-Bas Espagnols fort à cœur, ils souhaitoient que les Espagnols songeassent sérieusement à s'accommoder sans s'opiniâtrer plus long-temps à tenir leurs intérêts inséparablement unis à ceux de l'Empire. Le marquis de Grana répondit à cela que le roi d'Espagne, son maître, perdroit plutôt les Pays-Bas, que de se séparer de l'empereur.

Le prince d'Orange paroissant abandonner en quelque sorte le parti de l'Espagne, feignit en même-temps de vouloir rentrer dans les bonnes graces du roi de France. Il en fit parler à M. d'Avaux, par une personne de confiance, & il ajouta qu'il appréhendoit que dans la situation où étoient les affaires, l'on ne voudroit pas de lui, ou bien qu'on demanderoit des choses si fortes aux Espagnols, qu'il ne pourroit avec honneur s'employer auprès d'eux pour les leur faire accepter. Il promettoit d'ailleurs de preffer les Efpagnols de donner un équivalent pour Aloft, pourvu que la France acceptât cet équivalent dans un autre endroit que dans les Pays-Bas. C'étoit s'avancer beaucoup puifque les Etats n'avoient pas voulu décider jufqu'alors, que les Efpagnols duffent un équivalent pour les prétentions de Louis XIV; mais d'un autre côté le prince d'Orange déclaroit qu'il ne pouvoit agir efficacement, s'il ne favoit à peu près ce qui pourroit contenter fa majefté très-chrétienne.

M. d'Avaux ne fut point la dupe de cet artifice; il en inftruifit le roi, & lui manda que quelque défir que le prince d'Orange témoignât de rentrer dans l'honneur de fes bonnes graces, il ne paroiffoit guere porté à demander aux Efpagnols un équivalent qui pût fatisfaire fa majefté. Cette conjecture fut vérifiée par la démarche que fit le prince d'Orange, peu de temps après, de faire propofer par le grand penfionnaire Fagel aux Etats d'Hollande d'envoyer huit mille hommes au fecours des Efpagnols. Ses inftructions étoient de repréfenter encore, que comme on devoit s'attendre inceffamment à la guerre, il étoit néceffaire de faire une nouvelle levée de feize mille hommes; & que d'un autre côté il feroit fort à propos d'ordonner à leur flotte, d'aller à Gottembourg, pour y prendre quinze mille hommes, que le roi de Suede s'étoit engagé par un traité fecret, de faire paffer en Allemagne. Ces deffeins inquiéterent peu M. d'Avaux, par ce qu'il apprit prefqu'en même temps, par une correfpondance fecrete, que les députés d'Amfterdam apportoient des ordres fort contraires aux intentions du prince d'Orange.

Cependant, par un coup d'autorité inoui de la part d'un fujet, le prince d'Orange vint à bout, fans l'agrément des Etats, de faire partir les huit mille hommes, auxquels il en ajouta encore fix mille de fon propre chef; ce qui lui étoit d'autant plus facile, qu'il fe trouvoit maitre de la marche des troupes dans toute l'étendue de la domination de la république. Les Etats-généraux, loin de témoigner leur jufte reffentiment d'un procédé auffi hardi & auffi criminel, oferent à peine s'en plaindre. Tant ce prince avoit acquis d'afcendant ou plutôt d'empire fur les efprits. Auffi M. d'Avaux ne manqua-t-il pas d'en informer exactement le roi, afin de lui démontrer ce que l'on pouvoit attendre de gens, qui, après avoir raifonné fi folidement, & après avoir donné des ordres fi formels & fi précis, fe laiffoient entraîner contre leurs fentimens & contre leurs intérêts.

Le prince d'Orange ne s'en tint pas là; il trouva moyen par le miniftere du penfionnaire Fagel de faire prendre une réfolution aux députés des Etats-généraux, qui, fous apparence d'être dreffée pour procurer l'accommodement entre les cours de France & d'Efpagne, étoit une efpece d'invitation à leurs alliés de fe préparer à la guerre. Cette réfolution portoit que leur ambaffadeur repréfenteroit au roi d'Angleterre, qu'ayant fait tout ce qui dépendoit d'eux pour maintenir la paix dans les Pays-Bas, & voyant que toutes les remontrances qu'ils avoient faites pour cela, n'avoient point eu d'effet, & qu'on étoit à la veille d'une rupture, ils prioient sa majesté Britannique de concourir avec eux à faire terminer au plutôt les différends du roi avec l'Espagne. Ils demandoient, pour cet effet, que le roi d'Angleterre ménageât un terme de trois mois pour travailler à cet accommodement, puisque ce temps-là étoit marqué par les traités, & qu'on entrât au plutôt en négociation, afin que sa majesté Britannique & eux, pussent examiner le droit que les parties, de part & d'autre, prétendoient avoir, & pussent concerter les moyens de prévenir la guerre.

Un homme moins pénétrant que M. d'Avaux eut peut-être été la dupe d'un dessein aussi bien concerté ; mais il sentit que ce n'étoit qu'un artifice pour surprendre les Etats-généraux, & les engager dans la guerre, en cas que cette négociation préliminaire n'eut aucun succès. Il s'apperçut que le prince d'Orange vouloit seulement gagner du temps sans avoir envie d'accommoder les affaires, puisque ne les confiant pas à la décision du roi d'Angleterre seul, il étoit toujours le maître d'y apporter, au nom des Etats-généraux, tous les obstacles qu'il lui plairoit. En effet la suite démontra que la principale intention du prince d'Orange étoit d'obtenir la levée de seize mille hommes. M. d'Avaux communiqua ses sentimens aux principaux députés des villes, & leur représenta tout ce qu'il crut le plus propre à les éloigner de consentir à cette levée. Il leur témoigna que le roi vouloit la paix ; mais que si les Etats faisoient de nouvelles levées, il ne pouvoit, sans manquer à son honneur, ne les pas prévenir & ne pas agir contre eux avec toutes ses forces. Ces menaces eurent un heureux effet. La plus grande partie des députés demanda que la proposition nouvellement faite, fût mise entre les mains des commissaires, pour empêcher que le prince d'Orange ne fît résoudre & conclure brusquement cette affaire.

Quelque politique dissimulé qu'il fut, ce prince ne put s'empêcher de témoigner son mécontentement contre les députés, principalement contre ceux de la ville d'Amsterdam. Il eut une conversation très-vive avec ces derniers, & son emportement alla si loin, qu'il leur déclara qu'il étoit dans la ferme résolution, si l'on continuoit de s'opposer à cette levée, de quitter La-Haye, & de laisser aller les affaires comme elles pourroient, sans se mettre plus en peine de rien. Mais il n'étoit pas difficile de s'appercevoir, que le prince d'Orange ne mettroit jamais cette menace en exécution, & que son but unique étoit d'intimider les députés. M. d'Avaux ne manqua pas de les fortifier, & dès l'instant même il leur dit tout ce qu'il croyoit de plus propre à les maintenir dans leurs bons sentimens. Les Etats d'Hollande s'étant donc assemblés de nouveau, les députés d'Amsterdam refuserent constamment de consentir à la levée, & ceux de Delft & de Leyde s'étant joints à eux, le prince d'Orange ne put rien obtenir. Il ne se rebuta pas, & remit l'affaire en délibération. Mais voyant que les promesses, les menaces & les caresses étoient infructueuses, il tenta une démarche qui n'avoit été mise qu'une fois en pratique, depuis l'établissement de la république. Ce fut de former une députation solemnelle du corps des nobles des dix premieres villes de Hollande pour aller à Amſterdam, afin d'obliger cette ville à conſentir à la levée : En conſéquence on nomma quatre députés des nobles & deux de chacune des dix villes ; & l'on mit le prince d'Orange à la tête de la députation, comme premier noble & comme gouverneur.

M. d'Avaux ſe mit peu en peine de cette nouvelle démarche. Il découvrit à travers l'artifice tout l'embarras du prince d'Orange. En effet, on remarqua bientôt que ce prince ſe trouvoit alors réduit à une grande extrémité. Son amour-propre étoit ſinguliérement révolté de ſe voir obligé de démontrer à toute l'Europe, que la premiere ville des Etats, & celle qui paye la quatrieme partie de toutes les impoſitions des ſept provinces, s'oppoſoit formellement à ce qu'il ſouhaitoit. Sentant bien le tort que cela lui feroit auprès de ſes alliés, il envoya ſur le champ une perſonne de confiance à Amſterdam, pour déclarer au conſeil la réſolution qu'il avoit priſe, eſpérant qu'ils feroient quelques avances, pour empêcher que cette députation n'allât chez eux : mais ils manderent qu'ils ne pouvoient changer d'avis, & qu'ils attendroient les députés de Hollande.

Cette réponſe qui annonçoit la plus grande fermeté, mit le prince d'Orange au déſeſpoir. Cependant il ne perdit point de temps, & fit agir tous ſes amis auprès de la régence d'Amſterdam ; mais n'en pouvant rien obtenir, il envoya les députés des villes de Hollande, & lui-même ſe rendit à Amſterdam le 15 Novembre 1683. Comme il fit déclarer à ſon arrivée qu'il y venoit en qualité de gouverneur, on ne douta pas qu'il n'eut pris ce parti pour être préſent aux délibérations du conſeil de ville. Mais les perſonnes de la régence éviterent ce piege fort adroitement ; car au lieu de mettre les affaires dont il s'agiſſoit en délibération dans le conſeil de ville, ils réſolurent de faire examiner tous les mémoires qui leur ſeroient préſentés, ſoit par l'ambaſſadeur de France, ſoit par celui d'Eſpagne, à onze des principaux d'entre eux, qu'ils établirent pour commiſſaires. Ceux-ci s'acquitterent de leurs fonctions d'une maniere qui leur attira les applaudiſſemens de tous leurs concitoyens. Après avoir travaillé à dreſſer leurs avis, ils les préſenterent à l'aſſemblée. Ce n'étoit proprement qu'une répétition d'un mémoire qu'ils avoient déjà envoyé aux Etats de Hollande, & qui ſe réduiſoit à quatre points. Le premier, le refus formel de conſentir à la levée ; le ſecond, qu'il n'y avoit d'autre parti à prendre qu'à chercher des voies amiables pour terminer les différends entre les rois de France & d'Eſpagne ; le troiſieme, qu'on examinât l'état des finances du pays ; le quatrieme, qu'on preſſât les autres membres de l'Etat de payer ce qu'ils devoient de reſte.

Il eſt étonnant, comme l'écrivit M. d'Avaux au roi, que malgré les inſtances, les promeſſes & les ſollicitations du prince d'Orange, on eut tellement gardé le ſecret à ſon égard, qu'il n'eut pas la plus légere idée de ces réſolutions. Il ne s'en tint pas néanmoins à ce premier refus, parce qu'il eſpéroit toujours de faire changer les projets, vu le grand nombre de

créatures

créatures & d'amis qu'il avoit dans le conſeil d'Amſterdam. Il demanda
que la ville nommât de nouveaux commiſſaires pour entrer en conférence
avec les députés de Hollande ; mais elle ne ſe paſſa qu'en proteſtations de
part & d'autre du mal qui arriveroit de tout ce procédé. Enfin le prince
d'Orange voulant avoir une derniere réponſe ſe rendit à l'hôtel-de-ville, où
il fit une harangue très-vive aux perſonnes de la régence. Le penſionnaire
de la ville lui répondit ſur le même ton. Comme il répondoit au nom de
tous, il pria le prince d'Orange de ne pas les preſſer de lui donner une
réponſe cathégorique, non par aucun ſcrupule qu'ils euſſent de dire leurs
ſentimens, mais parce qu'ils étoient bien aiſes de s'en tenir à un procédé
honnête à l'égard de ſon alteſſe. Il ajouta que leur opinion n'aſpiroit qu'au
bien de l'Etat, au maintien de leur religion & à la conſervation de la
paix ; & que c'étoit à quoi ils croyoient que leurs réſolutions étoient conformes.

Ce diſcours mit le prince d'Orange dans une fureur ſinguliere, & donna
lieu à une converſation fort aigre de part & d'autre. Il leur reprocha dans
des termes ſi peu meſurés, qu'ils entretenoient des commerces illicites avec
la France, qu'un des bourguemeſtres régens ſe levant, lui répondit avec
beaucoup de fermeté, qu'à la vérité ils entretenoient un commerce avec
la France & d'autres Etats, comme cela étoit indiſpenſable dans une ville
auſſi puiſſante & d'un auſſi grand trafic que la leur ; mais qu'ils n'avoient
jamais eu aucun commerce dont ils n'euſſent rendu compte à l'Etat ; &
que pour lui il avoit des miniſtres qui entretenoient des correſpondances
dans pluſieurs cours de l'Europe, dont il n'avoit point fait part aux Etats ;
qu'ils lui en demanderoient compte un jour, mais que ce n'en étoit pas
encore le temps. Un autre bourguemeſtre ajouta, que quand la ville
d'Amſterdam auroit eu deſſein de changer de ſentiment, elle ne le feroit
pas, pour laiſſer un exemple à la poſtérité, que tous les efforts du prince
d'Orange ni ſa perſonne même n'avoient pu faire changer les libres réſolutions du conſeil de ville d'Amſterdam.

A ce diſcours le prince d'Orange ne put retenir ſa colere. Il ſe leva
bruſquement & ſortit de l'hôtel-de-ville, en jurant que les bourguemeſtres
ſe repentiroient un jour de leurs procédés. Le prince d'Orange de retour
à la Haye, propoſa aux Etats de faire la levée, malgré l'opiniâtreté de
la ville d'Amſterdam. Les députés des autres villes ſe récrierent d'abord
contre cette propoſition, & n'y conſentirent que ſous l'approbation de
leurs ſupérieurs. Le conſeil d'Amſterdam témoigna ſa ſurpriſe de ce que
dans une affaire, où le conſentement unanime de toutes les villes étoit requis, on eût pris une pareille réſolution contre le ſentiment de la plus
puiſſante ville de l'Etat. Ils adreſſerent leurs plaintes à M. d'Avaux, & le
prierent (choſe bien étonnante,) de faire agir lui-même l'ambaſſadeur
d'Angleterre. M. d'Avaux, inſtruit d'ailleurs que la province de Friſe avoit
réſolu de ne conſentir à rien, qu'elle ne vit auparavant ce que feroit la
ville d'Amſterdam, prit la liberté de mander au roi, que dans les circonſ-

tances préfentes, il étoit néceffaire de fe relâcher un peu du fyftême que l'on avoit fuivi jufqu'alors. Il pria fa majefté, en cas qu'elle fît attaquer quelque place confidérable en Flandres, de déclarer que ce n'étoit point par un deffein prémédité d'envahir les Pays-Bas, comme le prince d'Orange ne manqueroit point de le faire entendre ; mais que c'étoit uniquement l'opiniâtreté des Efpagnols, foutenue par la paffion du prince d'Orange, qui l'engageoit à en ufer de la forte.

Cependant, prefque toutes les villes de Hollande défendoient à leurs députés de confentir à la levée de feize mille hommes, tant que la régence s'y oppoferoit ; & le prince d'Orange, défefpéré de ce défaveu, fit venir les bourguemeftres dans fa chambre l'un après l'autre. Il menaça les uns de les perdre, & de ruiner leur famille ; il flatta les autres, en les affurant de toute fa reconnoiffance. Malgré tout cela, les bourguemeftres refterent fermes dans leurs fentimens. Ils ne douterent pas même de pouvoir abaiffer un jour l'autorité de ce prince & de rétablir le parti républicain. En effet, M. d'Avaux fut informé qu'ils avoient deffein, auffi-tôt l'accommodement fait entre la France & l'Efpagne, d'attaquer le prince d'Orange fur l'étendue qu'il avoit donnée au pouvoir de fa charge, & de faire abolir les députés aux affaires fecretes, par le moyen defquels il ôtoit la connoiffance des affaires les plus importantes aux Etats-généraux.

Le prince d'Orange n'ayant plus aucune efpérance de faire réfoudre la levée de feize mille hommes, s'avifa d'un nouveau moyen pour en venir à bout. Il concerta avec l'envoyé d'Efpagne, que celui-ci notifieroit aux Etats-généraux l'ordre que le roi d'Efpagne avoit donné de traiter les fujets François en ennemis. Mais cette politique produifit un effet contraire. Le prince d'Orange croyoit s'en fervir pour donner à entendre que la guerre étant déclarée, il falloit ne plus fonger qu'aux moyens de fecourir l'Efpagne. Mais les députés des villes de Hollande raifonnerent autrement, & témoignerent tous que c'étoit un coup de défefpoir de l'Efpagne, qui vouloit engager toute l'Europe en fa querelle, & que pour eux, ils étoient bien déterminés à n'y pas entrer. M. d'Avaux loua beaucoup les députés de leur réfolution. Il leur dévoila plus fpécialement les motifs de cette fauffe démarche ; & le prince d'Orange fentant bien la faute qu'il avoit commife, ne voulut pas même que l'affaire fût mife en délibération. Il déclara néanmoins en pleine affemblée, qu'il voyoit affez la cabale qui fe formoit dans la province de Hollande ; qu'il ne pouvoit arriver autre chofe de cette inconduite que la ruine du pays ; qu'il n'en feroit pas refponfable, & qu'il ne fe trouveroit plus dans l'affemblée de cette province, fi les chofes continuoient de la forte. Les députés d'Amfterdam ne témoignerent aucune inquiétude de ces menaces ; ils tinrent ferme ; & le prince d'Orange fe vit réduit à leur demander pour grace fpéciale, que puifqu'il s'étoit engagé fi avant, qu'ils ne déshonoraffent pas, par un plus long refus, une perfonne à qui ils avoient confié le gouvernement de leur Etat, & la conduite de leurs armées. Cette démarche n'eut pas un meilleur fuccès que les autres.

Néanmoins à force d'intrigues & de menées, le prince d'Orange trouva enfin moyen de faire confentir quelques villes à cette levée, malgré l'oppofition d'Amfterdam : il alla même jufqu'à offrir de faire donner une affurance fignée de douze des principaux membres de l'affemblée de Hollande, que bien-loin de fe fervir de l'irréfolution de la levée pour faire la guerre, il s'engageroit de s'appliquer avec les Etats-généraux, auffi-tôt qu'elle feroit prife, à trouver les plus courts expédiens pour terminer inceffamment les différends entre les rois de France & d'Efpagne. La propofition paffa à la pluralité des voix. Ceux d'Amfterdam, inébranlables dans leurs principes, ne fe contenterent pas de faire de fortes proteftations contre cette réfolution, comme contre une chofe qui fapoit les fondemens de la république; ils fommerent la province de Hollande de déclarer, fi elle prétendoit que la ville d'Amfterdam fût tenue de contribuer aux frais de cette levée. Là-deffus le penfionnaire Fagel s'emporta vivement; il dit que depuis que la république étoit république, on n'avoit pas fait une pareille demande : mais les députés d'Amfterdam infifterent encore plus fortement, & fommerent les députés des autres villes de rapporter à la premiere féance le fentiment de leurs fupérieurs fur cette demande.

M. d'Avaux, informé de tous ces débats, en donna fur le champ avis au roi. Il manda à fa majefté que toute cette affaire lui paroiffoit très-délicate & très-dangereufe; qu'il étoit à craindre que le prince d'Orange ne vînt à bout à la fin de corrompre la régence d'Amfterdam, ou du moins qu'il ne les abusât par l'efpérance d'une négociation qu'il étoit maitre de faire échouer toutes les fois qu'il lui plairoit; que ce prince voyoit affez qu'il ne parviendroit jamais à faire la levée des feize mille hommes, fi la régence d'Amfterdam continuoit d'y apporter tous les obftacles qui étoient en fon pouvoir; qu'ainfi il ne cherchoit qu'à les empêcher de prendre de pareilles réfolutions; que dans cette vue il les leurroit d'un accommodement, mais qu'il profiteroit du calme, pour exciter les Efpagnols à trainer la négociation en longueur; qu'enfuite il feroit faire des propofitions par les Efpagnols, qu'il fauroit ne pouvoir être acceptées du roi de France, & que la négociation fe rompant à caufe du refus de fa majefté, les régens d'Amfterdam fe trouveroient prefque engagés à entrer dans les fentimens du prince d'Orange : ces raifonnemens étoient très-fages; & la fuite de l'événement en démontra la folidité.

Pour complaire à la ville d'Amfterdam, Louis XIV écrivit à M. d'Avaux, qu'il vouloit bien accorder encore un délai aux Efpagnols jufqu'au mois de mars 1684; mais que s'ils ne prenoient pas un moyen fûr de terminer les différends de-là au temps fixé, il verroit à obtenir d'eux une fatisfaction compléte par la voie des armes; & qu'afin de leur faire fentir d'avance de quel intérêt il étoit pour l'Efpagne de ne pas différer plus long-temps, il avoit donné fes ordres pour faire bombarder inceffamment les principales villes de Flandres. Cette déclaration fervit merveilleufement à confirmer la ville d'Amfterdam dans fes fentimens. Le prince d'Orange de fon côté

n'omettoit rien pour faire conclure la levée ; & il avoit formé le projet
d'obtenir inceffamment une réfolution des Etats-généraux. En attendant on
le voyoit occupé fans ceffe à régler l'état des nouvelles levées, & à faire
la deftination des officiers. Cela obligea M. d'Avaux de redoubler fes foins
auprès de la régence d'Amfterdam. Il repréfenta aux députés qu'il ne fuffifoit pas qu'ils proteftaffent fortement contre la réfolution prife de faire la
levée ; qu'il étoit néceffaire qu'ils déclaraffent qu'ils ne pouvoient plus après
cela contribuer à l'état de guerre ordinaire, ni fournir aucuns fubfides. Ils
eurent quelque peine à faire cette démarche, parce que quelques précautions qu'ils priffent pour faire rompre la glace de leurs canaux, le froid
étoit fi pénétrant qu'il les avoit glacés prefque jufques dans le fond, & ils
craignoient que le prince d'Orange, qui venoit de mettre cinq mille hommes dans Narden, ne s'en fervît pour fe rendre maître de leur ville.

Quelque temps après la ville d'Amfterdam donna fes proteftations par écrit
contre la réfolution prife dans la province de Hollande de faire malgré elle
une levée de feize mille hommes. Ils déclarerent qu'après les nouveaux
moyens que le roi avoit offerts de terminer fes différends avec l'Efpagne,
on ne pouvoit dire avec fondement que cette nouvelle levée y pût contribuer en aucune forte ; qu'au contraire elle étoit très-préjudiciable à un accommodement, puifqu'elle fortifioit les Efpagnols dans l'opinion qu'ils
avoient conçue de continuer la guerre dans les Pays-Bas, & d'y engager
les Etats-généraux & l'Angleterre, comme on favoit qu'ils en avoient formé
le deffein. Ils ajouterent que le procédé, qu'on avoit eu en cette occafion,
tendoit vifiblement au changement & à la deftruction des loix fondamentales du gouvernement, & que cela étoit d'une conféquence d'autant plus
grande, qu'on pourroit dans d'autres affaires de la nature de celle dont il
s'agiffoit, qui ne pouvoit être conclue à la pluralité des voix, former une
réfolution comme celle-ci.

Le prince d'Orange, voyant que cette affaire prenoit la plus mauvaife
tournure, s'imagina porter les chofes à leur entiere conclufion, en faifant
un coup du plus grand éclat. Après avoir indiqué des conférences entre
les députés des Etats-généraux, & ceux des princes alliés, il en fit exclure les députés des provinces de Frife & de Groningue, fous prétexte
qu'ils ne vouloient pas prêter ferment de garder un fecret inviolable, même
envers leurs fupérieurs, fur ce qui fe traiteroit dans les affemblées. Cette
fingularité révolta les efprits ; mais le prince d'Orange, qui croyoit n'avoir
plus rien à ménager, ne s'en tint pas là. Le 16 de février, il fe rendit
fur les onze heures du matin aux Etats de Hollande, où il avoit affecté de
ne plus affifter depuis quelque temps. D'abord il en fit fermer les portes,
& ordonna que perfonne n'entrât ni ne fortît. Il exigea un ferment particulier des membres de l'affemblée, qu'ils garderoient inviolablement le
fecret fur tout ce qui y devoit être traité. Après ces formalités, qui eurent
lieu de furprendre, il déclara aux Etats, que venant en qualité de leur
gouverneur, il avoit à leur communiquer des chofes d'une conféquence

infinie; mais qu'il demandoit, avant tout, que ceux qui lui étoient fuf-
pects, euffent à fe retirer. Alors il défigna deux échevins d'Amfterdam &
le penfionnaire de cette ville, qui furent contraints de paffer dans une
chambre voifine. Le prince d'Orange expofa enfuite que ces perfonnes
avoient eu des correfpondances criminelles avec l'ambaffadeur de France,
& pour le prouver, il fit lire des lettres qu'il avoit fait voler cinq femaines auparavant, au courier que M. d'Avaux expédioit au roi. Après
cette lecture, le prince d'Orange mit l'affaire en délibération, & fept villes
furent d'avis de mettre ces députés en prifon, quoique les autres ne
ceffaffent de fe récrier contre cet abominable procédé, alléguant que les
deux prétendus coupables n'avoient rien fait que par ordre de la régence
d'Amfterdam. Leurs plaintes furent en quelque forte écoutées; mais le
prince d'Orange eut affez d'afcendant pour obtenir qu'on mît le fcellé fur
les papiers qu'ils avoient dans leur maifon à la Haye, affurant pofitivement
qu'on y découvriroit des preuves inconteftables de leur intelligence.

Malgré la nouveauté d'une démarche, dont il n'y avoit point d'exemple depuis l'établiffement de la république, fans parler ici de l'injure qu'on
faifoit à une ville fouveraine, & qui tenoit le premier rang dans l'État,
les ordres du prince d'Orange furent ponctuellement exécutés. Delà il eft
aifé de juger que le prince d'Orange, indigné de n'avoir pu obtenir ce
qu'il défiroit par la forte oppofition de la ville d'Amfterdam, n'avoit pu retenir plus long-temps fon reffentiment, & s'étoit porté à ces violences
extraordinaires. Quoiqu'il en foit nous ne pouvons déguifer qu'il fit une
grande faute dans la maniere dont il fe comporta. Il nous femble qu'il
avoit deux autres partis à prendre qui lui euffent certainement mieux réuffi.
L'un étoit de faire venir chez lui les députés d'Amfterdam; de leur déclarer qu'il avoit les lettres de l'ambaffadeur de France, de leur en montrer les endroits les plus critiques, & de leur dire qu'il avoit en main de
quoi les perdre; mais qu'il ne s'en ferviroit pas s'ils vouloient confentir à
la levée. Nous ne doutons pas que dans la crainte de fe voir abîmés fans
reffource, ils n'euffent accordé au prince d'Orange tout ce qu'il eût fou-
haité. L'autre expédient, en cas qu'il les eut voulu perdre abfolument, étoit
de faire arrêter de fon autorité ces deux députés, & de leur donner des
commiffaires comme on avoit fait à Barnewelt, ou les mettre entre les
mains de la juftice, qui les auroit condamnés fur le champ à perdre la
tête. On n'auroit pas après cela approfondi l'affaire. Le peuple auroit cru
les régens d'Amfterdam coupables de trahifon, & ils n'auroient plus été en
état de s'oppofer aux deffeins du prince d'Orange. Au lieu que la conduite
qu'il tint, ne fervit qu'à lui attirer une haine irréconciliable de la part des
régens d'Amfterdam & de la France.

En effet, M. d'Avaux ne fût pas plutôt informé de ce qui s'étoit paffé
dans la féance des Etats de Hollande, qu'il préfenta un mémoire aux Etats-
généraux, dans lequel il fe plaignoit vivement des procédés indignes du
prince d'Orange. Il leur demanda en termes énergiques la reftitution de fes

lettres, & déclara qu'il fe croyoit obligé en honneur & en confcience de
leur faire connoître que celui qui avoit déchiffré ces lettres étoit un ignorant ou un impofteur, s'il avoit rien mis qui pût intéreffer qui que ce
foit d'Amfterdam ou de quelque autre ville de Hollande, puifqu'on ne pouvoit trouver aucun endroit où des perfonnes de l'Etat y fuffent nommées.
Cette déclaration étoit bien néceffaire pour juftifier la régence d'Amfterdam. On ne fauroit croire les calomnies & les impoftures que les émiffaires
du prince d'Orange inventerent, & qu'ils répandirent dans le public &
parmi la populace, pour exciter quelque foulevement.

D'un autre côté les deux députés d'Amfterdam, que l'on gardoit à vue
dans leurs appartemens, ayant trouvé moyen de s'échapper, fe rendirent
fecrétement à Amfterdam, & firent affembler auffi-tôt le confeil de ville.
La furprife & l'indignation furent égales de voir que le prince d'Orange
eût ofé traiter ainfi les députés d'une ville qui pouvoit être regardée comme
la capitale de la Hollande. On réfolut d'abord d'écrire aux autres villes, pour
fe juftifier de la prétendue accufation que le prince d'Orange leur faifoit,
& pour leur faire de vives plaintes du procédé qu'on avoit eu à l'égard
de leurs députés. Le peuple qui ne s'étoit point laiffé prévenir, reconnut
aifément les calomnies qu'on imputoit à leurs régens; elles lui parurent
d'autant plus groffieres qu'on voyoit bien que cette ville n'avoit jamais
agi que pour la paix, pour la liberté, le foulagement du peuple, & qu'elle
n'avoit garde de travailler elle-même contre fes intérêts & à fa propre
ruine. Mais la conduite du prince d'Orange fervit encore mieux à juftifier
la régence d'Amfterdam. Par un nouvel attentat contre le droit des gens,
il fit imprimer les lettres de M. d'Avaux en différentes langues. Tout le
monde les lut avidement, & les honnêtes gens ayant bientôt démêlé la vérité, demeurerent plus convaincus que jamais, que le prince d'Orange
étoit capable de fe fervir de tous les moyens légitimes & illégitimes pour
venir à bout de fes deffeins.

Le prince d'Orange n'efpérant plus obtenir de réfolution de la province
de Hollande, felon les loix du gouvernement, qui l'autorifât à envoyer du
fecours aux Efpagnols, ne garda plus de mefures. Se prévalant injuftement
de fon pouvoir, il fit prendre réfolution à la pluralité des voix, ce qui
étoit abfolument contre les conftitutions de la république. Pour avoir plus
facilement le confentement de ceux qui donnerent les mains à la levée,
il fit mettre dans la réfolution, que les troupes ne pourroient être employées qu'à la défenfe des places des Efpagnols les plus expofées, dans lefquelles elles feroient mifes en garnifon; & il confentit que la province
de Hollande déclarât par le même acte, qu'elle ne prétendoit point, par cette
démarche, rompre avec le roi de France. Après cela, il trouva moyen de
faire paffer cette réfolution aux Etats-généraux, malgré l'oppofition des
provinces de Frife & de Groningue, c'eft-à-dire auffi irrégulièrement qu'il
venoit de le faire dans les Etats de Hollande. En conféquence, les ordres
furent auffi-tôt donnés pour faire marcher inceffamment ces troupes dans

les Pays-Bas. Mais il eut de grandes difficultés à essuyer, faute de bâtimens de transport. On fut obligé de contraindre plusieurs bateliers à se charger de la commission.

Quelque grands que fussent ces obstacles, ils n'arrêterent point le prince d'Orange. Il ne cessoit de faire toutes les démarches qui dépendoient de lui, pour engager les Etats-généraux dans la guerre. Ses régimens des gardes d'infanterie & de cavalerie étoient déjà en marche, & il avoit fait marquer son quartier à Vilvorden, près de Bruxelles, comme s'il eut dû suivre les troupes auxiliaires. M. d'Avaux, qui ne laissoit échapper aucune de ses démarches, informa son souverain de tout ce qui se passoit. Il manda à sa majesté, que le prince d'Orange agissoit avec tant d'ardeur & d'emportement, que l'on avoit tout lieu de croire qu'il hasarderoit un combat avec le peu de troupes qu'il conduisoit, ne se souciant pas de les perdre, pourvu qu'il allumât la guerre.

Cette tentative du prince d'Orange fit beaucoup d'impression en France & dans les cours des alliés. Louis XIV résolut de quitter Versailles, pour aller se mettre à la tête de sa principale armée, & assiéger Luxembourg. Mais comme ce prince étoit bien aise de faire connoître pour la derniere fois ses intentions aux Etats-généraux, il donna ordre à M. d'Avaux de leur présenter un mémoire. Cet écrit portoit en substance, » que les intri-» gues du prince d'Orange, & les sollicitations des ministres d'Espagne à » la Haye, ayant eu assez de pouvoir, non-seulement pour empêcher les » Etats-généraux de délibérer sur les offres justes & raisonnables de sa ma-» jesté, mais aussi pour les obliger d'envoyer tout ce qui leur restoit de » troupes aux Espagnols, en sorte qu'il étoit au pouvoir de ceux qui com-» mandoient ces troupes, d'engager par quelque acte d'hostilité les Provin-» ces-Unies dans une guerre avec la France, & de rompre pour toujours » la bonne correspondance que les villes & les provinces les plus atta-» chées aux anciennes & véritables maximes de la république, vouloient » encore garder avec ce royaume..... Que cela avoit déterminé sa majesté » à partir incessamment pour se mettre à la tête de ses armées, & se faire » un chemin à la paix, par la force de ses armes, après que toutes les » voies de la douceur lui avoient été inutiles. » Sur la fin de ce mémoire, Louis XIV déclaroit à quelles conditions il vouloit bien encore accorder la paix aux Espagnols. Il demandoit la ville de Luxembourg & toutes ses dépendances, Beaumont, Bouvines, & Chimay, également avec leurs dépendances ; laissant d'ailleurs la France & l'Espagne au même état de possession où elles se trouvoient, lors de la levée du blocus de Luxembourg, sans qu'il pût être tenu aucune prétention de part ni d'autre, pour quelque raison que ce fut.

Ce mémoire fit beaucoup de sensation en Hollande, parce qu'il y étoit encore dit, qu'au premier acte d'hostilité que les troupes des Etats commettroient contre celles de sa majesté, elle feroit saisir les vaisseaux & les effets appartenans aux Etats-généraux. Le prince d'Orange ne tarda pas à s'appercevoir lui-même, que le roi avoit touché vivement les Hollandois, par ce qui leur étoit le plus fenfible. Mais rien ne marquoit mieux le bon effet que l'on devoit attendre de la réfolution d'attaquer Luxembourg, & de préfenter en même-temps la paix aux Efpagnols, que l'emportement de l'envoyé d'Efpagne. Ce miniftre fe rendit auffi-tôt à Bruxelles pour conférer avec le marquis de Grana, qui avoit le commandement des troupes de fa majefté catholique dans les Pays-Bas. Ils compoférent enfemble un mémoire rempli d'impertinences & d'invectives, qui fut préfenté aux Etats-généraux, comme une réponfe à celui de l'ambaffadeur de France. La maniere dont ces meffieurs s'énonçoient, n'étoit certainement pas propre à ramener les efprits à la douceur. Ils difoient entr'autres, » que les inten- » tions du roi leur maître, étoient de n'écouter aucune des injuftes, ar- » tificieufes & impraticables propofitions de la France; » & plus bas, ils ajoutoient, » que ces nouvelles propofitions étoient plus orgueilleufes, plus » fujettes à caution, & plus éloignées de la raifon, que celles qui avoient » été faites jufqu'alors. »

Il feroit difficile de rendre l'indignation que fit naître ce mémoire de l'ambaffadeur d'Efpagne. Les Etats-généraux eux-mêmes ne purent fouffrir tant d'arrogance avec tant de foibleffe. Auffi s'en mirent-ils fort peu en peine. Il n'en fut pas de même de celui qu'avoit préfenté le comte d'Avaux. Plufieurs provinces des Etats convinrent entre elles de prendre une réfolution uniforme touchant le rappel de leurs troupes; & il fut aifé de comprendre par leurs démarches, qu'elles vouloient un accommodement à quelque prix que ce fût. C'eft pour cela que M. d'Avaux manda au roi, que le moindre relâchement que le prince d'Orange pourroit obtenir de fa majefté, cauferoit plus de préjudice que ne pourroit faire une augmentation à fes propofitions, fi l'on fe déterminoit à laiffer écouler inutilement le temps qui avoit été accordé. Sollicités par le prince d'Orange, & le penfionnaire Fagel, les Etats-généraux fe hâterent de propofer une treve entre l'Efpagne & la France. Mais comme les propofitions qu'ils en firent à M. d'Avaux étoient inintelligibles, & que leur réfolution n'étoit guere mieux digérée, il fe contenta de leur répondre que le roi de France, par le mémoire qu'il leur avoit préfenté derniérement, n'offroit plus d'accommodement avec l'Efpagne, qu'aux conditions qui y étoient portées, & il leur demanda fimplement s'ils les acceptoient.

Le prince d'Orange n'eut pas plutôt appris la réponfe de l'ambaffadeur de France, qu'il fe trouva dans une extrême perplexité. Furieux de n'avoir point réuffi, il agit avec tant de paffion, qu'il s'attira des reproches de fes créatures même. Voyant que les Etats-généraux n'entroient pas tout-à-fait dans fes fentimens, il leur déclara qu'ils pouvoient rappeller leurs troupes, ou leur ordonner de fe renfermer dans les places fortes d'Efpagne, qu'ils pouvoient abandonner Luxembourg, & faire tout ce qu'ils voudroient; mais que pour lui il perdroit plutôt la vie, que de laiffer prendre Luxembourg, & qu'il aimoit mieux aller périr devant cette place, que de confentir qu'on l'abandonnât.

l'abandonnât. Par ce court exposé, on peut juger de la situation dans laquelle dût se trouver M. d'Avaux durant tout le cours de cette négociation. Il avoit contre lui non-seulement le prince d'Orange, le pensionnaire, & ceux des Etats qui lui étoient dévoués; mais encore tous les ministres des alliés des Etats-généraux, qui ayant un commerce libre & ouvert avec eux, leur donnoient moyen de former des cabales continuelles.

Cependant les Etats des provinces bien intentionnées pour la France ne se mettoient guere en peine des emportemens du prince d'Orange. Les Etats de Groningue sur-tout, mirent aussi-tôt à exécution la résolution qu'ils avoient prise de rappeller leurs troupes. Ils écrivirent à tous les officiers de leur département, qui se trouvoient dans les Pays-Bas Espagnols ou dans les garnisons des Etats-généraux, qu'ils eussent à se rendre incessamment avec leurs régimens & leurs compagnies dans la province de Groningue. Le prince d'Orange, informé de cette ordonnance, se rendit au conseil d'Etat, où il fit des plaintes de ce procédé qu'il dit être contre les loix de l'union. Ses plaintes étoient certainement fondées, puisque les troupes des Etats-généraux sont soumises au capitaine-général lorsqu'elles sont hors de leurs provinces.

Sur ces entrefaites les Etats-généraux députerent quelques membres auprès de M. d'Avaux, pour se plaindre de ce que le roi avoit encore par ses derniers mémoires, ajouté à la dureté des conditions qu'il vouloit autrefois imposer aux Espagnols. Comme ils s'exprimerent avec beaucoup plus de force qu'ils n'avoient encore fait, il fut aisé de s'appercevoir qu'ils avoient été séduits par de nouvelles intrigues du prince d'Orange. En effet, dans sa derniere assemblée, il les avoit tellement abusés qu'il leur avoit fait promettre de déclarer nettement à l'ambassadeur qu'ils ne consentiroient jamais à laisser Luxembourg au roi, soit par un traité de paix, soit par un traité de treve; que leur honneur, leur intérêt & leur propre sûreté y répugnoient; que tous leurs alliés étant d'accord que les Espagnols ne pouvoient céder, il seroit ridicule à eux de vouloir les y contraindre. L'appât étoit trop grossier, pour séduire un homme aussi pénétrant que le comte d'Avaux. Sans s'inquiéter beaucoup de cette proposition des Etats-généraux, il leur répondit seulement qu'il informeroit le roi de leur résolution. Ce qui le rassuroit en cette circonstance, c'est qu'il savoit, à n'en pas douter, que le conseil de ville d'Amsterdam avoit pris une résolution secrete conjointement avec les provinces de Frise & de Groningue, qu'en cas que le prince d'Orange & le pensionnaire fussent assez puissants pour engager les Etats-généraux dans la guerre, les provinces de Frise & de Groningue, aussi-bien que la ville d'Amsterdam n'y entreroient point & fermeroient leurs comptoirs. En effet dans l'assemblée prochaine des Etats, les députés d'Amsterdam parurent si irrités des démarches du prince d'Orange, & parloient avec tant de force, qu'ils jeterent les autres villes dans l'étonnement. Ils se justifierent d'avance des malheurs qui arriveroient infailliblement, si les Etats-généraux s'obstinoient à rejeter les offres faites par le roi de France. Ils déclarerent hautement qu'ils ne prétendoient pas entrer dans les frais de la guerre prête à s'allumer; que pour cet effet ils fermeroient leurs comptoirs, & que si c'étoit là se séparer de l'union, ils étoient résolus de le faire, plutôt que de se laisser engager dans la guerre. On vit bien que les provinces en question, resteroient fermes dans leurs résolutions; ainsi les Etats-généraux se séparerent sans avoir rien décidé.

Cependant, le 4 de juin 1684, on apprit à la Haye la nouvelle de la reddition de Luxembourg. Le prince d'Orange partit aussi-tôt pour s'aller mettre à la tête des troupes des Etats-généraux. Ils furent très-offensés de ce qu'il avoit entrepris cette démarche sans leur en donner communication. De son côté, M. d'Avaux fut bien aise de profiter de la circonstance pour présenter un mémoire, dans lequel il détailla une seconde fois les intentions de sa majesté. Il y étoit dit que nonobstant les grands avantages que le roi pouvoit retirer de la prospérité de ses armes, & se trouvant en état de faire des conquêtes plus considérables & d'augmenter ses prétentions contre l'Espagne, cependant il vouloit bien accorder encore la paix aux conditions qu'il avoit proposées. Ce mémoire finissoit par déclarer que si les Etats laissoient passer plus de dix jours sans donner aucune réponse positive, sa majesté ne s'arrêteroit plus à aucune considération, & ne régleroit dorénavant ses demandes & ses prétentions, que selon le succès qu'il plairoit à Dieu de donner à la justice de ses armes. Les Etats-généraux furent extrêmement embarrassés à la lecture de ce mémoire. Ils envoyerent sur le champ des députés à l'ambassadeur de France, pour lui représenter qu'ils étoient tous portés à persuader le roi d'Espagne d'accepter la paix aux conditions prescrites; mais qu'ils avoient absolument besoin d'un plus long délai, pour rechercher les moyens les plus propres à traiter cette affaire, & les sûretés qu'on pourroit se donner réciproquement.

M. d'Avaux pénétra leur dessein, à travers ce désir extrême qu'ils témoignoient de conclure. Comme ils n'avoient intention que d'obtenir du temps, il leur répondit d'une maniere succincte, qu'il n'étoit pas nécessaire d'un plus long délai, puisque suivant les dernieres instructions qu'il avoit reçues, sa majesté consentoit à un accommodement déjà proposé, & sur lequel les parties intéressées avoient eu le loisir de faire leurs réflexions. Il ajouta qu'il voyoit avec déplaisir que ce n'étoit point cela qui les retenoit; que s'ils vouloient la paix générale aussi sérieusement qu'ils le protestoient, il n'y avoit ni de plus prompt, ni de plus sûr expédient que de convenir nettement & sans restriction, des offres de sa majesté, n'étant pas d'ailleurs en son pouvoir d'accorder aucun délai, & jugeant assez d'eux-mêmes qu'il n'étoit pas de la prudence du roi de perdre en de nouveaux délais les avantages que lui donnoit la saison, & qu'il devoit attendre du bon état de ses armées. Ces motifs parurent plausibles aux Etats-généraux; & Louis XIV témoigna lui-même à M. d'Avaux, combien il étoit satisfait de sa conduite.

Au reste, il est bon de remarquer ici que le conseil souverain de la république de Hollande, parut dès-lors moins empreſſé à prêter l'oreille aux inſtigations des créatures du prince d'Orange ; & pendant l'abſence de ce prince, on mit en délibération de preſſer effectivement les Eſpagnols d'accepter les offres du roi de France. Dès-lors tout fut à la Haye dans une agitation qui ne ſe peut exprimer. Le miniſtre d'Eſpagne ne répondit que par des reproches & des injures à la propoſition que lui firent les Etats-généraux. Les autres miniſtres des alliés s'emportèrent auſſi vivement, & déclarèrent que ſi les Etats ſe mêloient de conclure un pareil traité, ils proteſteroient par écrit, que c'étoit manquer à leurs alliances & à la bonne foi. Les créatures du prince d'Orange, de leur côté, n'avoient jamais tant fait de brigues & de cabales pour empêcher qu'on n'acceptât les offres de ſa majeſté.

Cette fermentation auroit pu cauſer un incendie général, ſi les créatures du prince d'Orange n'avoient trouvé moyen de reprendre leur aſcendant dans les délibérations. Les Etats de Hollande ſur-tout déſeſpérèrent preſqu'entièrement de faire prendre une réſolution aux Etats-généraux. Quant aux provinces de Friſe & de Groningue, elles déclarèrent à M. d'Avaux, qu'elles acceptoient, à leur égard, les offres du roi de France ; mais que ce qui leur donnoit le plus d'appréhenſion, étoit que le prince d'Orange marchoit avec l'armée de l'Etat, ne doutant pas que ce ne fût pour entreprendre quelque choſe. Ils craignoient même que ce prince ne vînt, avec cette armée, aſſaillir leurs provinces, pour les forcer à changer de ſentimens, & à céder à ſes vues.

Quoiqu'il en ſoit, les Etats-généraux ſe déterminèrent enfin à déclarer à leurs alliés, qu'ils alloient accepter les offres du roi, & ils les convièrent de faire la même choſe. Après cette démarche, ils ne ſongèrent plus qu'à rédiger par écrit des propoſitions ſur leſquelles ils croyoient qu'on devoit travailler à l'accommodement. Ces propoſitions portoient en ſubſtance, que les Etats-généraux employeroient ſans délai leurs bons offices auprès de ſa majeſté catholique, pour la porter à l'acceptation de la treve, aux conditions propoſées par ſa majeſté très-chrétienne ; mais que pour s'en acquitter avec plus de ſuccès, ils exigeoient le temps de ſix ſemaines ; que dans le cas où l'on en viendroit à un heureux accommodement, leurs hautes puiſſances & leurs alliés garantiroient les traités qui ſeroient ainſi faits, contre toutes nouvelles entrepriſes, telles qu'elles puſſent être, qu'en cas qu'on ne pût porter ſa majeſté catholique à faire ladite treve auxdites conditions, alors les Etats-généraux ne ſe mêleroient plus des affaires d'Eſpagne. Les députés des alliés ſe récrièrent fortement, comme ils l'avoient déjà fait ; mais comprenant tout le beſoin qu'ils avoient des Etats-généraux, ils furent contraints en quelque ſorte de déclarer, que malgré cette infraction, leurs maîtres ne laiſſeroient pas de vivre en bonne intelligence avec les Provinces-Unies. Il n'y eut que le miniſtre de Suede qui, s'emportant au-delà de toute imagination, employa les menaces & les remontrances pour les faire changer de ſentiment.

Les Etats de Hollande allerent encore plus loin. Craignant que les mouvemens que le prince d'Orange faisoit faire à ses troupes, n'aboutissent à une rupture ouverte, ils lui écrivirent très-expressément de ne rien entreprendre. Ce prince leur ayant répondu que ce n'étoit pas son dessein ; mais que l'armée de France étant fort proche, il étoit bien aise de se mettre sur ses gardes. Les Etats de Hollande peu satisfaits de cette réponse captieuse, prierent les Etats-généraux d'écrire eux-mêmes au prince d'Orange, pour le prier de revenir, & pour lui donner ordre de ne pas souffrir que leurs troupes commissent aucun acte d'hostilité. Cette résolution fit d'autant plus de plaisir à M. d'Avaux, qu'il avoit reçu nouvellement une lettre de M. de Louvois qui lui prescrivoit de s'informer ponctuellement de tous les mouvemens du prince d'Orange & des troupes Hollandoises, & d'en informer sur le champ la cour.

Les voies pour un accommodement paroissant ouvertes, comme je l'ai dit, il sembloit que les choses dussent s'arranger naturellement. Cependant jamais affaire ne trouva de plus grandes difficultés. Il ne s'agissoit pas seulement, comme l'avoit prévu M. d'Avaux, de faire la paix entre sa majesté & le roi d'Espagne ; il y alloit encore du maintien ou de la perte de l'autorité du prince d'Orange. Aussi employoit-on toutes les chicanes que pouvoit fournir la forme du gouvernement Hollandois ; & l'on alloit chercher tout ce qui pouvoit contribuer à aigrir les esprits ou à leur donner du courage. Malgré ces contre-temps, on travailla dans les Etats de Hollande & dans les Etats-généraux à dresser un projet d'articles. Les principaux étoient, en cas que le roi d'Espagne approuvât dans six semaines la treve, que le roi de France retireroit ses troupes de dessus les Etats de la domination d'Espagne, & restitueroit à sa majesté catholique tout ce que ses armes avoient occupé ; entr'autres Courtrai & Dixmude, après qu'elle en auroit fait abattre les murailles & raser les fortifications ; mais que si dans l'espace de six semaines, le roi d'Espagne ne fournissoit pas un acte de ratifications en bonne & due forme, les Etats-généraux s'obligeoient de retirer immédiatement, après les six semaines, toutes leurs troupes des Pays-Bas Espagnols, & de ne donner, durant toute cette guerre, aucune assistance à la couronne d'Espagne directement ni indirectement. Ils s'engageoient aussi de ne commettre aucun acte d'hostilité contre les troupes, pays & sujets de sa majesté, ni contre ses alliés.

Ce fut ainsi que Louis XIV, après s'être rendu maître de Luxembourg, fit une treve avantageuse, sans que le prince d'Orange, qui s'étoit mis à la tête d'une grosse armée, & qui faisoit en même-temps agir ses créatures dans les Provinces-Unies, put sauver Luxembourg ni empêcher la treve. On peut dire que cette négociation fit un honneur infini au comte d'Avaux, & que ce fut à ses soins principalement & à son habileté qu'on dut en attribuer l'heureux succès. Il écarta toutes les difficultés, il para à tous les inconvéniens avec une adresse merveilleuse qui lui mérita les justes louanges des ennemis même de la France.

Cependant l'affaire n'étoit pas encore entiérement terminée, & les brigues du prince d'Orange faillirent de rendre vaines les bonnes intentions des Etats-généraux. Il follicita en particulier toutes les provinces de ne pas foufcrire à la ratification. Ses tentatives n'euffent pas manqué de réuffir, fi les Etats n'euffent pris la réfolution de s'en rapporter à la pluralité des fuffrages, & non pas à l'unanimité. Voyant fes efpérances fruftrées de ce côté, le prince d'Orange fufcita les miniftres des alliés qui demanderent à être compris dans la treve, afin que la paix fût générale. On demandoit fur-tout à corps & à cris que la république de Gênes reçût le même avantage que l'Efpagne. M. d'Avaux entrevoyant le piege, n'héfita point à déclarer aux Etats-généraux, que ce feroit contredire formellement au traité qu'ils venoient de figner, & fort oppofé aux fentimens qu'ils avoient toujours témoignés, que d'y comprendre les intérêts de tout autre Etat que de l'Efpagne : Puis, voyant d'où le coup partoit, il ajouta, qu'ils ne devoient pas eux-mêmes fouhaiter que l'on comprît les affaires de Gênes dans ce traité, puifqu'après l'avoir refufé à la Haye, le penfionnaire Fagel en prendroit prétexte d'accufer ceux qui avoient conclu à ne pas inférer les intérêts de Gênes dans le traité, de s'être relâchés, & ne manqueroit pas de dire que le roi de France leur auroit accordé cet article & beaucoup d'autres s'ils avoient tenu ferme, puifqu'il vouloit bien l'admettre à cette heure, & que par-là il les décréditeroit entiérement auprès de leurs peuples. Ces réflexions parurent folides, & l'on y foufcrivit. Au refte, l'on doit dire ici à la louange des Etats-généraux qu'ils fe conduifirent dans cette affaire avec beaucoup de bonne foi & de fermeté. Mais il eft encore plus vrai qu'après les avoir compromis de la forte, il falloit les foutenir dans la fuite. Si on l'avoit fait, j'oferois affurer que le roi auroit difpofé des Etats-généraux à fa volonté.

Peu de temps après la conclufion de la treve avec l'Efpagne, le roi d'Angleterre mourut, & le duc d'Yorck, fon fils lui fuccéda. Le prince d'Orange, qui, quoiqu'il eut époufé la fille aînée du nouveau monarque, s'étoit toujours montré fon ennemi particulier, jugea de quelle importance il étoit pour lui de n'avoir plus dans la Hollande des perfonnes contraires à fes intérêts. Ses premieres démarches furent de fe raccommoder avec la régence d'Amfterdam, & les provinces qui s'étoient déclarées ouvertement pour la treve avec l'Efpagne. Quelque preffantes que fuffent fes follicitations, quelque flatteufes que fuffent fes promeffes, il ne put rien obtenir ni de la ville d'Amfterdam, ni des provinces de Frife & de Groningue, parce que leur intention étoit de rétablir la forme du gouvernement fur le pied où elle fe trouvoit au commencement de la république. Pour fe venger, en quelque forte, de leur obftination, ou plutôt pour accélérer un projet qu'il méditoit depuis long-temps, il réfolut d'entreprendre une alliance entre l'Angleterre & les Etats-généraux. La propofition n'en fut pas d'abord faite ; mais l'on tâcha d'y préparer de loin les efprits ; & lorfqu'on crut l'affaire en bon train, on hafarda de s'ouvrir à ce fujet dans une pleine affemblée des Etats. On engagea l'électeur de Brandebourg à entrer dans cette alliance; & ce Prince que l'on flatta par l'espérance de faire obtenir à l'un de ses fils la survivance des places du prince d'Orange, consentit volontiers à la proposition.

Il est aisé de comprendre que M. d'Avaux, qui étoit doué d'une pénétration singuliere, ne tarda pas à être instruit de toutes ces démarches. Il en écrivit à sa cour; & comme les momens étoient précieux, il hasarda de donner au roi ses avis à ce sujet. La parfaite connoissance qu'il avoit du pays étoit bien capable de lui fournir plus qu'à tout autre des moyens pour détruire ces projets dans leur naissance. Suivant lui, le seul remede efficace, étoit d'en employer de violens. En effet, on ne devoit pas craindre, en agissant à force ouverte, de jeter les Etats-généraux dans le désespoir, ni de les porter par la nécessité de leur propre défense à s'unir plus étroitement. Il falloit nécessairement qu'un prompt effort rompît cette alliance, parce que si elle eut été une fois affermie, le prince d'Orange n'eut pas manqué de faire naître quelque sujet de démélé avec la France par quelques-uns des alliés. Alors ils eussent agi avec bien plus d'avantages, que si au commencement de cette négociation, Louis XIV eut fait avancer une forte armée sur les frontieres des Etats-généraux, pour leur demander s'ils vouloient être ses amis ou ses ennemis. Une chose d'ailleurs à laquelle on devoit bien faire attention, c'est qu'en ce temps les places des Hollandois étoient très-mal en ordre; en sorte que l'on pouvoit facilement obtenir une entiere satisfaction, ou contraindre, par la prise de toutes les places de la généralité, les Etats à demander la paix à genoux.

Quoiqu'il en soit, il est certain qu'il n'y avoit que la peur de la guerre qui pût faire agir ou retenir les Hollandois. Il n'y avoit que cette crainte qui pût faire entrer quelques villes ou quelques provinces dans les sentimens de la ville d'Amsterdam, qui se montroit toujours affectionnée au service du roi de France. L'événement justifiera la solidité & la vérité de ces raisonnemens. Aussi-tôt que la ville d'Amsterdam & les provinces de Frise & de Groningue furent informées du projet de l'alliance, elles prirent des mesures entre elles pour en empêcher la confirmation. Elles déclarerent hautement, que cette alliance ne seroit jamais d'aucun avantage au roi d'Angleterre, non-seulement parce qu'elles s'y opposeroient fortement; mais encore qu'ils refuseroient de fournir à la plus grande dépense relative à cet objet.

Ce qui excitoit principalement la ville d'Amsterdam & les provinces de Frise & de Groningue à prendre des résolutions aussi fermes, étoit, outre l'attachement sincere qu'elles avoient pour Louis XIV, une persuasion intime que l'alliance avec l'Angleterre les mettroit dans une dépendance absolue de sa majesté Britannique & du prince d'Orange; & qu'elles seroient traitées plutôt en provinces annexées à la Grande-Bretagne, qu'en Etat libre & souverain. C'est pourquoi M. d'Avaux n'omit rien pour les fortifier dans ces sentimens. Mais le prince d'Orange, voyant bien qu'il tenteroit inutilement de les attirer dans son parti, prit d'autres mesures par lesquelles il lui étoit bien plus facile de venir à bout de ses desseins. Ce fut de faire signer, par les ambassadeurs des Etats & de Brandebourg, un nouvel acte de garantie. M. d'Avaux découvrit le piege. Il n'ignoroit pas que le feu roi d'Angleterre avoit fait un traité avec les Etats au mois de juillet 1678, qui portoit une garantie formelle des Pays-Bas, & une invitation aux autres princes d'y acquiescer. Comme ce traité n'avoit point été ratifié par la république, il étoit vraisemblable que le prince d'Orange, pour éviter toute altercation, vouloit remettre l'affaire sur le tapis. Ainsi quand même on n'auroit fait que renouveller purement & simplement ce traité, sans y rien ajouter, on n'auroit pu rien entreprendre de plus contraire aux intérêts de sa majesté très-chrétienne. D'ailleurs M. d'Avaux ne pouvoit s'imaginer que l'on prît en Angleterre cet acte de renouvellement d'alliance, comme une simple formalité qui n'ajoutoit rien aux engagemens précédens, car autrement l'on n'eût point fait difficulté de s'en expliquer en Angleterre & en Hollande; & toute la conduite du prince d'Orange démontroit bien qu'on ne devoit pas s'attendre à un procédé équitable de sa part.

Ce qui démontra bien évidemment les mauvaises intentions du prince d'Orange & du pensionnaire Fagel, fut la proposition que ce dernier fit dans une assemblée des Etats-généraux de proroger jusqu'à l'année 1700 un traité défensif que les Etats avoient fait avec l'électeur de Brandebourg, & qui ne devoit expirer qu'en 1688. Car enfin ce traité devant durer encore trois ans, il eût été inutile d'en faire le renouvellement, si l'on n'eût voulu pour lors prendre un nouvel engagement avec cet électeur & l'unir à d'autres princes. Quoiqu'il en soit, les députés des Etats-généraux, qui étoient tous créatures du prince d'Orange, donnerent volontiers les mains à la prolongation de ce traité. Il n'y eût que le député de Groningue, qui osa réclamer contre cette démarche. Mais, obligé de signer, il le fit, en protestant qu'il n'avoit aucun ordre particulier de ses supérieurs, qui ne pouvoient être engagés, qu'autant qu'ils le jugeroient à propos. Cet acte pouvoit, à la vérité, servir d'excuse au député; mais il ne faisoit rien contre la validité de ce traité.

Comme les affaires devenoient plus fâcheuses de jour en jour pour la France, M. d'Avaux ne vit d'autre remede que de maintenir les régens d'Amsterdam dans la bonne opinion de n'acquiescer à rien qui pût porter préjudice à sa majesté. Il leur représenta donc avec force les terribles conséquences de ces commencemens de ligue; & il lui fut d'autant plus aisé de les convaincre des mauvaises intentions du prince, d'Orange & du pensionnaire Fagel, qu'ils s'attachoient l'un & l'autre à renouveller un traité avec la Suede. Ce qu'il y avoit à craindre en cette circonstance, c'est que la ville d'Amsterdam pouvoit se laisser séduire à la fin, ou qu'ils ne fussent plus en état de s'opposer vigoureusement à toutes les démarches que la brigue voudroit entreprendre. C'est pourquoi, toute réflexion faite, M. d'Avaux jugeoit avec fondement que cette affaire ne pouvoit être détournée qu'en Angleterre, fur-tout au moment préfent, où le roi de la Grande-Bretagne étoit affez embarraffé par les féditions élevées dans fon royaume, pour donner à Louis XIV toutes les affurances qu'il pourroit défirer. Ces repréfentations étoient fans doute très-fages; mais foit que l'on eut voulu fuivre à la cour de Verfailles, un autre fyftême de politique, foit pour d'autres raifons que l'on ne connoît pas, on négligea les vrais moyens de prévenir les intrigues du prince d'Orange. Le traité entre l'Angleterre & les Etats-généraux fut figné & ratifié le 13 Septembre 1685, fans que la ville d'Amfterdam, comme l'avoit prévu M. d'Avaux, ait eu la fermeté d'y faire aucune oppofition.

Les bourguemeftres d'Amfterdam ne s'en tinrent pas à cette première démarche. Peu à peu ils fe laifferent féduire par les créatures du prince d'Orange; & enfin ils en vinrent à un accommodement. Pour pallier cet indigne procédé, ils firent entendre que c'étoit la févérité de Louis XIV à l'égard des proteftans de France, qui les avoit pouffé à cette réconciliation. Il eft certain que ce motif avoit animé ceux d'entre eux qui étoient les plus zélés pour la religion. Il eft certain auffi que cela fervit de prétexte à la foibleffe des autres, qui n'étoient pas fâchés de fe raccommoder, & de profiter de l'occafion, voyant que le public, excité par les déclamations des miniftres François, & par les faux rapports de ces réfugiés, témoignoit une grande animofité. Cette inconftance des régens d'Amfterdam ne furprit pas M. d'Avaux. Il l'avoit prévue, & il y avoit long-temps qu'il avoit marqué au roi, qu'il ne comptoit dans toute la ville d'Amfterdam que fur quatre ou cinq perfonnes qu'on pouvoit vraiment appeller bien intentionnées, c'eft-à-dire, qu'ils n'avoient nul ménagement pour le prince d'Orange, lorfqu'il s'agiffoit du bien de l'Etat.

Cependant meffieurs d'Amfterdam, fentant bien que leur réconciliation avec le prince d'Orange leur feroit nuifible à la cour de Verfailles, par rapport à leur commerce, s'adrefferent à l'ambaffadeur de France, pour tâcher de fe juftifier. Ils lui alléguerent comme une des raifons principales, qu'ils s'étoient vus délaiffés de tous les autres membres de l'Etat. Ils prétendoient que la plûpart des petites villes, qui étoient bien aifes d'éviter l'indignation du prince d'Orange, ne s'oppofoient pas à fes deffeins, dans l'efpérance qu'ils fauroient bien les traverfer eux-mêmes; qu'ainfi ils fe trouvoient toujours en butte au prince d'Orange, fans même être aidés par ceux qui avoient le plus d'intérêt à les feconder. Mais que ces petites villes n'ayant plus les mêmes confiances, elles feroient dans la néceffité de fonger un peu plus férieufement à leurs propres intérêts. M. d'Avaux, comprenant bien qu'il tâcheroit en vain de remettre la régence d'Amfterdam au même point d'où elle étoit partie, prit le fage parti de feindre. Il leur témoigna une fort grande indifférence fur cette réconciliation, qui, difoit-il, faifoit feulement ceffer la divifion dans la république, fans qu'on eût pour cela rien concerté contre les intérêts du roi. Cela produifit un très-bon effet, en ce que les régens d'Amfterdam prierent M. d'Avaux,

que

que leur ancienne correfpondance ne fût point interrompue. Il le leur promit uniquement dans la vue de tirer d'eux les éclairciffemens & les inftructions dont il pourroit avoir befoin dans la fuite.

Cependant le prince d'Orange, qui depuis long-temps avoit formé le projet de fe rendre maître du trône d'Angleterre, s'occupa de plus en plus à mettre fon deffein en exécution. Il étoit devenu tout puiffant en Hollande par fa réconciliation avec la ville d'Amfterdam, & fes volontés devenoient le mobile des réfolutions des Etats-généraux. Il y avoit long-temps qu'il fe ménageoit en Angleterre un parti confidérable, tout prêt à prendre fes intérêts au premier fignal. Les proteftans d'Angleterre lui avoient offert tout l'argent dont il auroit befoin, & ils lui avoient fait une avance confidérable, dont il s'étoit fervi pour armer une flotte nombreufe, après en avoir obtenu fans peine la permiffion des Etats-généraux. La promptitude avec laquelle les ordres furent donnés & exécutés, montroient bien que l'on n'avoit pas envie de perdre du temps, & qu'au premier moment on verroit une révolution peut-être univerfelle en Europe. Le prince d'Orange, comme s'il eût eu deffein de ne plus tenir en fufpens les principales puiffances, fit publier un manifefte, qui avoit pour but de démontrer qu'il étoit en droit de s'intéreffer pour la confervation de l'églife Anglicane, des droits & des privileges de la nation, & pour le maintien du teft & des loix pénales. Ainfi l'on n'avoit pas de peine à juger que le prince d'Orange vouloit déguifer fes propres intérêts, en ne paroiffant confulter que ceux de la religion.

Malgré que l'on travaillât jour & nuit dans Amfterdam & dans les autres villes maritimes de la république, à mettre en état tous les vaiffeaux qui étoient dans les ports; malgré que l'on fût fans ceffe occupé à Delft, où eft l'arfenal de la province d'Hollande, à embarquer du canon, des mortiers, des bombes & d'autres inftrumens de guerre, malgré que les lettres de M. d'Avaux fuffent remplies de tous ces détails, on eut beaucoup de peine à la cour de France de croire que toutes ces relations fuffent vraies. L'incrédulité étoit telle, que M. de Seignelay envoya un de fes premiers commis pour s'en informer par lui-même, & pour pénétrer encore mieux le motif de cet armement. Mais ce commis qui ne refta que vingt-quatre heures à Amfterdam, & qui n'examina tout qu'avec une forte d'indifférence, au lieu de déclarer les chofes comme elles étoient, rapporta feulement au roi, que l'on ne fe preffoit guere de faire l'armement, parce que cet homme s'étoit amufé aux bruits qu'on avoit fait répandre parmi le peuple, qui craignoit extrêmement la guerre. Cela obligea M. d'Avaux de dépêcher auffi-tôt un courier à Verfailles, pour convaincre fa majefté de tout ce qu'il avoit eu l'honneur de lui écrire au fujet de cet armement, qui ne regardoit que l'Angleterre.

Ce qu'il y a d'étonnant dans cette affaire, c'eft que l'on ne s'en rapporta aux avis de M. d'Avaux, que lorfqu'il ne fut plus temps de parer aux inconvéniens. Tous les jours, il apprenoit de nouvelles particularités, qui ne

laiſſoient aucun lieu de douter que le prince d'Orange n'eut le deſſein de
faire dans peu de temps une deſcente en Angleterre. Malgré toutes les meſures que notre Ambaſſadeur avoit priſes, on ne devoit pas s'attendre à aucun obſtacle de la part des Etats-généraux. Ils venoient d'approuver les
traités qu'il avoit faits, & de conſentir à prendre à leur ſolde treize mille
hommes qu'il avoit achetés d'un prince de l'empire ; ce qui témoignoit bien
évidemment leur intime liaiſon avec le prince d'Orange. M. d'Avaux croyoit
avec bien de la raiſon, qu'il n'y avoit que la crainte qui pût détourner les
Hollandois du parti qu'ils avoient pris. Il eut ſouhaité, (& c'eut été le
moyen le plus infaillible) que dans la conjonĉture préſente du paſſage du
prince d'Orange en Angleterre, on eût montré d'un côté aux Etats-généraux une puiſſante armée prête à marcher contre leurs provinces, & de
l'autre de bonnes conditions d'accommodement. Si l'on eut ſuivi ce ſyſtême, je ne doute pas qu'on ne les eût engagé par une bonne alliance dans
les intérêts du roi. Mais il falloit pour cela qu'ils euſſent ſérieuſement peur.
Car la plus grande partie des membres des Etats étoient tellement dévoués au prince d'Orange que, s'il réuſſiſſoit dans ſon entrepriſe, ils s'uniroient à lui, même contre les intérêts de la république, & cela ſous le
prétexte de religion.

Une choſe à laquelle l'on eut dû certainement faire attention, principalement en France, c'eſt que le prince d'Orange avoit envie de faire non-
ſeulement la conquête de l'Angleterre, mais encore celle de la Hollande. Car
enfin lorſque l'on conſidere que le prince d'Orange étoit ſur le point de
conduire avec lui quatorze mille hommes des meilleures troupes de l'Etat,
tous leurs vaiſſeaux de guerre, toute leur artillerie, &c. on n'a pas de
peine à ſe perſuader qu'il vouloit ſe rendre maître de toutes leurs forces,
afin qu'ils dépendiſſent de lui. Au lieu de faire ces juſtes réflexions, le
miniſtere de France, ne voulut ſuivre que ſes anciennes maximes ; & la
conduite nonchalante du roi d'Angleterre ſervit à ruiner entiérement ſes affaires. Quant à la Hollande, l'on peut dire qu'il y eut au commencement
beaucoup d'aveuglement & de paſſion dans le gouvernement de cet Etat,
& enfin beaucoup de foibleſſe. Par tout ce qui s'étoit fait en France depuis quelque temps, les Hollandois avoient une forte prévention qu'on
vouloit détruire leur religion & ruiner leur commerce ; mais je ne crois
pas qu'ils ayent jamais eu un deſſein bien formé de faire la guerre à Louis XIV.
Quoi qu'il en ſoit, ils ne tarderent pas à reconnoitre tout le tort qu'ils
s'étoient fait à eux-mêmes. Le prince d'Orange les avoit privés, par
cet armement, de toutes leurs forces de terre & de mer ; & outre cela,
il alloit emporter avec lui preſque tout l'argent de l'Etat. Mais ils s'é-
toient trop avancés pour pouvoir reculer ; & d'ailleurs ils n'étoient plus
en état de le faire, quand même leur bonne intention les y eût porté.

Le prince d'Orange s'étant embarqué, le 26 octobre 1688, à Helle-Voetſluis,
ſépara ſa flotte en trois eſcadres. Le vice-amiral Herbert commandoit l'a-
vant-garde ; le prince d'Orange le corps de bataille, & l'amiral de Zélande

Everſen avoit l'arriere-garde. Après avoir eſſuyé une violente tempête, qui endommagea beaucoup ſes vaiſſeaux, il gagna le Sud de l'Angleterre & vint débarquer à Torbay. On ſait quel fût le réſultat de l'entrepriſe ; & cette matiere étant étrangere au ſujet que nous traitons, nous n'entrerons dans aucun détail à cet égard.

C'eſt ainſi que le prince d'Orange vint à bout par ſes intrigues de mettre les Etats-généraux en guerre avec la France & la Grande-Bretagne. M. d'Avaux reçut ordre, peu après le départ de ce prince, de quitter la Hollande & de retourner à Verſailles. Je ne ſaurois me perſuader que l'on ne fût parvenu à ruiner les projets du prince d'Orange, & éviter cette rupture, ſi l'on eut mieux profité en France des avis de M. le comte d'Avaux. Mais il eſt bien difficile de faire changer de réſolution, des miniſtres qui croient leur ſyſtême le meilleur poſſible. Au reſte, il eſt certain que durant le cours de ſon ambaſſade à La Haye, M. d'Avaux a toujours montré une pénétration, une ſagacité, une préſence d'eſprit admirable, & une adreſſe ſurprenante à manier les affaires les plus délicates.

MESURE, ſ. f.

ON s'eſt ſouvent récrié contre les inconvéniens de la diverſité des Meſures & des poids ; & l'on a déſiré avec raiſon qu'il n'y eût qu'une Meſure & un poids uniformes, au moins dans chaque Etat. C'eſt l'objet d'un projet d'arrêt de Jean Spifame, politique du ſeizieme ſiecle. Il n'y a peut-être pas eu de miniſtre en France depuis cette époque, à qui la même idée ne ſoit venue, & pourtant elle eſt toujours reſtée ſans exécution. La réforme qu'on feroit obligé de faire dans les différentes provinces du royaume, pour parvenir à cette uniformité de poids & de Meſure, peut-elle donc rencontrer des obſtacles inſurmontables ?

ARRÊT CXCVI.

Une Meſure & un poids.

LE roy voulant faire euvre perfaict en la police de toutes ſes villes, & obvier aux frauldes & circonventions qui ſe font aux commerſes, & contraċts, tant de ſes ſubjets, enſemble, que des eſtrangiers avec eulx, a ordonné & ordonne, que doreſnavant par toutes les villes & places de ſon royaulme, & en toutes terres, ſeigneuries & pays de ſon obéiſſance, ne ſera plus faiċte ne tenue qu'une meſure, tant par ſes officiers que par autres ſeigneurs & officiers d'iceulx, ſoit à meſurage de bleds ou vins, ou autres grains & liqueurs, ſoit en aulnages de draps de toutes ſortes, toiſés de murailles & d'édifices, & tout autre maniere de meſurer, auſſi d'arpenter terres, & mesurer eaux & bois, & pareillement n'y aura qu'une maniere de poix, & une sorte de livres à poiser toutes choses qui sont à délivrer par poix, & ordonne que tous vendeurs à faux poix & fausse Mesure, & tous marchands en la maison desquelz faux poix seront trouvez, confisqueront toutes leurs denrées & marchandises, sans qu'il soit besoin d'informer des faussetez par eux faictes, tout ainsi que les faux monnoyeurs sont condamnez & tenuz pour convaincuz de fabrication de fausse monnoye, pour en estre trouvez saisiz, & des coings & marteaux aptes à icelle fabrication, & partant seront toutes Mesures estellonnées & marquées de la marque dudict sieur, en chambre de police de chascun hostel-deville, & enjoinct ledict sieur à tous juges présidiaux, de procéder à l'exécution de ce présent arrest incontinant & sans délay, sur la seulle copie d'icelluy, imprimé par l'imprimeur de la suicte de sa court.

MEXIQUE, *Grande contrée de l'Amérique septentrionale, qui avoit ses rois particuliers avant la conquête qu'en firent les Espagnols au commencement du seizieme siecle.*

CE fut Fernand Cortez qui découvrit le Mexique en 1519. Le gouvernement des peuples de cette grande contrée de l'Amérique étoit fort extraordinaire. Le pays étoit partagé en plusieurs cantons où régnoient de petits souverains qui s'appelloient caciques. Ils conduisoient leurs sujets à la guerre, levoient des impôts, & rendoient la justice; mais il falloit que leurs loix, leurs édits fussent confirmés par le sénat de Tlascala, qui étoit le véritable souverain. Il étoit composé de citoyens choisis dans chaque canton par les assemblées du peuple.

Les Tlascalteques avoient de belles loix & de belles mœurs. Ils punissoient de mort le mensonge, le manque de respect d'un fils à son pere, le péché contre nature. Les loix permettoient la pluralité des femmes, le climat & les mœurs y portoient, & le gouvernement y encourageoit.

Le mérite militaire étoit le plus honoré, comme il est toujours chez les peuples sauvages, ou conquérans. Il y avoit à Tlascala des ordres de chevalerie où n'étoient admis que ceux qui par des actions héroïques, ou par des conseils salutaires avoient rendu service à l'Etat.

Les négocians habiles obtenoient aussi des distinctions qui les élevoient à la noblesse. Etablissement singulier chez une nation pauvre, & qui avoit des loix somptuaires.

A la guerre, les Tlascalteques portoient dans leurs carquois deux fleches sur lesquelles étoient gravés les images de deux de leurs anciens héros. On commençoit le combat par lancer une de ces fleches, & l'honneur obligeoit à la reprendre.

Dans la ville ils étoient vêtus, mais ils se dépouilloient de leurs habits pour combattre.

On vantoit leur bonne foi & leur franchise dans les traités publics, & entr'eux ils honoroient les vieillards.

Le larcin, l'adultere & l'ivrognerie étoient en horreur. Ceux qui étoient coupables de ces crimes étoient bannis. Il n'étoit permis de boire des liqueurs fortes qu'aux vieillards épuisés dans les travaux militaires.

Les Tlascalteques avoient des jardins, des bains. Ils aimoient la danse, la poésie, & les représentations théâtrales. Une de leurs principales divinités étoit la déesse de l'amour. Elle avoit un temple magnifique, & on y célébroit des fêtes auxquelles accouroit toute la nation.

Leur pays n'étoit ni fort étendu, ni des plus fertiles de ces contrées. Il étoit montueux, mais fort cultivé, fort peuplé & fort heureux.

Voilà des hommes que les Espagnols ne daignoient pas reconnoître pour être de leur espece. Une des qualités qu'ils méprisoient le plus chez les Tlascalteques, c'étoit l'amour de la liberté. Ils ne trouvoient pas qu'ils eussent un gouvernement, parce qu'ils n'avoient pas celui d'un seul homme; ni une police, parce qu'ils n'avoient pas celle de Madrid; ni des vertus, parce qu'ils n'avoient pas leur culte; ni de l'esprit, parce qu'ils n'avoient pas leurs opinions.

Jamais, peut-être, aucune nation ne fut idolâtre de ses préjugés au point où l'étoient alors, où le sont encore aujourd'hui les Espagnols. Ces préjugés faisoient le fond de toutes leurs pensées, influoient sur tous leurs jugemens, formoient leur caractere. Ils n'employoient le génie ardent & vigoureux que leur a donné la nature, qu'à inventer une foule de sophismes pour s'affermir dans leurs erreurs. Jamais la déraison n'a été plus dogmatique, plus décidée, plus ferme & plus subtile. Ils étoient attachés à leurs usages, comme à leurs préjugés. Ils ne reconnoissoient qu'eux dans l'univers de sensés, d'éclairés, de vertueux. Avec cet orgueil national, le plus aveugle, le plus extrême qui fût jamais, ils auroient eu pour Athenes le mépris qu'ils avoient pour Tlascala. Ils auroient traité les Chinois comme des bêtes, & par-tout ils auroient outragé, opprimé, dévasté.

Malgré cette maniere de penser si fiere & si dédaigneuse, les Espagnols firent alliance avec les Tlascalteques qui leur donnerent des troupes pour les conduire & les appuyer. Ces peuples étoient depuis long-temps ennemis des Mexicains qui vouloient les soumettre à leur domination.

Avec ce secours, Cortez s'avançoit vers la ville capitale à travers un pays abondant, arrosé de belles rivieres, couvert de villes, de bois, de champs cultivés, & de jardins. La campagne étoit féconde en plantes inconnues à l'Europe. On voyoit une foule d'oiseaux d'un plumage éclatant, des animaux d'especes nouvelles. La nature étoit changée, & n'en étoit que plus agréable & plus riche. Un air tempéré, des chaleurs continues, mais supportables, entretenoient la parure & la fécondité de la terre. On voyoit dans le même canton des arbres couverts de fleurs, d'autres de fruits délicieux. On femoit dans un champ le grain qu'on moissonnoit dans l'autre.

Les Espagnols ne parurent point sensibles à ce nouveau spectacle. Tant de beautés ne les touchoient pas. Ils voyoient l'or servir d'ornement dans les maisons & dans les temples, embellir les armes des Mexicains, leurs meubles & leurs personnes : ils ne voyoient que ce métal ; semblables à ce mammone dont parle Milton, qui dans le ciel oubliant la divinité même, avoit toujours les yeux fixés sur le parvis qui étoit d'or.

Montezuma, empereur des Mexicains, après avoir essayé de détourner Cortez du dessein de venir dans sa capitale, l'y introduisit lui-même. Il commandoit à trente-trois caciques ou princes, dont plusieurs pouvoient mettre sur pied des armées nombreuses. Ses richesses étoient immenses, son pouvoir absolu. Son peuple avoit autant de connoissances & de lumieres, d'industrie & de politesse, qu'il y en avoit alors en Europe. Ce peuple étoit guerrier & rempli d'honneur.

Si l'empereur du Mexique eût su faire usage de ces moyens, son trône étoit inébranlable. Mais ce prince qui étoit parvenu à la couronne par sa valeur, ne montra pas le moindre courage d'esprit. Tandis qu'il pouvoit accabler les Espagnols de toute sa puissance, malgré l'avantage de leur discipline & de leurs armes, il voulut employer contre eux la perfidie.

Il les combloit à Mexico de présens, d'égards, de caresses, & il faisoit attaquer la Veracruz, colonie que les Espagnols avoient fondée pour s'assurer une retraite, ou pour recevoir des secours. *Il faut*, dit Cortez à ses compagnons, en leur apprenant cette nouvelle, *il faut étonner ces barbares par une action d'éclat : j'ai résolu d'arrêter l'empereur, & de me rendre maître de sa personne.* Ce dessein fut approuvé. Aussi-tôt, accompagné de ses officiers, il marche au palais de Montezuma, & lui déclare qu'il faut le suivre, ou se résoudre à périr. Ce prince, par une bassesse égale à la témérité de ses ennemis, se met entre leurs mains. Il est obligé de livrer au supplice les généraux qui n'avoient agi que par ses ordres, & il met le comble à son avilissement, en rendant hommage de sa couronne au roi d'Espagne.

Au milieu de ces succès, Cortez apprend que Narvaez, envoyé avec une petite armée par le gouverneur de Cuba, vient pour lui ôter le commandement de la sienne. Il marche à son rival, il le combat, il le prend prisonnier. Il fait mettre bas les armes aux vaincus, puis les leur rend en leur proposant de le suivre. Il gagne leur cœur par sa confiance & sa magnanimité ; & l'armée de Narvaez se range sous ses drapeaux. Il reprend la route de Mexico, où il avoit laissé deux cents hommes qui gardoient l'empereur.

Il y avoit des mouvemens dans la noblesse Mexicaine, qui étoit indignée de la captivité de son prince ; & le zele indiscret des Espagnols qui, dans une fête publique en l'honneur des dieux du pays, renverserent les autels, & massacrerent les adorateurs & les prêtres, avoit fait prendre les armes au peuple.

Les Mexicains n'avoient de barbare que leur superstition ; mais leurs prêtres étoient des monstres qui faisoient l'abus le plus affreux du culte abominable qu'ils avoient imposé à la crédulité de la nation. Elle reconnoissoit, comme tous les peuples policés, un Etre suprême, une vie à venir, avec ses peines & ses récompenses ; mais ces dogmes utiles, étoient mêlés d'absurdités qui les rendoient incroyables.

Dans la religion du Mexique, on attendoit la fin du monde à la fin de chaque siecle ; & cette année étoit dans l'empire un temps de deuil & de désolation.

Les Mexicains invoquoient des puissances subalternes, comme les autres nations en ont invoqué sous le nom de génies, de camis, de manitous, d'anges, de fétiches. La moindre de ces divinités avoit ses temples, ses images, ses fonctions, son autorité particuliere ; & toutes faisoient des miracles.

Ils avoient une eau sacrée dont on faisoit des aspersions. On en faisoit boire à l'empereur. Les pélérinages, les processions, les dons faits aux prêtres, étoient de bonnes œuvres.

On connoissoit chez eux des expiations, des pénitences, des macérations, des jeûnes.

Quelques-unes de leurs superstitions leur étoient particulieres. Tous les ans ils choisissoient un esclave. On l'enfermoit dans le temple, on l'adoroit, on l'encensoit, on l'invoquoit, & on finissoit par l'égorger en cérémonie.

Voici encore une superstition qu'on ne trouvoit pas ailleurs. Les prêtres pétrissoient en certains jours une statue de pâte qu'ils faisoient cuire. Ils la plaçoient sur l'autel, où elle devenoit un dieu. Ces jours-là une foule innombrable de peuple se rendoit dans le temple. Les prêtres découpoient la statue, ils en donnoient un morceau à chacun des assistans qui le mangeoit, & se croyoit sanctifié après avoir mangé son dieu.

Il vaut mieux manger des dieux, que des hommes ; mais les Mexicains immoloient aussi des prisonniers de guerre dans le temple du dieu des batailles. Les prêtres mangeoient ensuite ces prisonniers, & en envoyoient des morceaux à l'empereur & aux principaux seigneurs de l'empire.

Quand la paix avoit duré quelque temps, les prêtres faisoient dire à l'empereur que les dieux mouroient de faim ; & dans la seule vue de faire des prisonniers, on recommençoit la guerre.

A tous égards, cette religion étoit atroce & terrible. Toutes ses cérémonies étoient lugubres & sanglantes. Elle tenoit sans cesse l'homme dans la crainte. Elle devoit rendre les hommes inhumains, & les prêtres tout-puissans.

On ne peut faire un crime aux Espagnols d'avoir été révoltés de ces absurdes barbaries, mais il ne falloit pas les détruire par de plus grandes cruautés. Il ne falloit pas se jeter sur le peuple assemblé dans le premier temple de la ville, & l'égorger. Il ne falloit pas assassiner les nobles pour les dépouiller.

Cortez à son retour à Mexico, trouva les Espagnols assiégés dans le quartier où il les avoit laissés pour garder l'empereur. Il eut de la peine à pénétrer jusqu'à eux; & quand il fut à leur tête, il lui fallut livrer de grands combats. Les Mexicains montrerent un courage extraordinaire. Ils se dévouoient gaiement à une mort certaine. Ils se jetoient nuds & mal armés dans les rangs des Espagnols, pour rendre leurs armes inutiles, ou pour les leur arracher. Plusieurs tenterent d'entrer dans le palais de Cortez par les embrasures du canon. Tous vouloient mourir pour délivrer leur patrie de ces étrangers qui prétendoient y régner. Cortez venoit de s'emparer d'un temple qui étoit un poste avantageux. Il regardoit d'une plate-forme le combat où les Indiens s'acharnoient pour recouvrer ce qu'ils avoient perdu. Deux jeunes nobles Mexicains jettent leurs armes, & viennent à lui comme déserteurs. Ils mettent un genouil à terre dans la posture de supplians; ils le saisissent, & s'élancent de la plate-forme, dans l'espérance qu'en tombant avec eux, il sera écrasé comme eux. Cortez s'en débarrasse, & se retient à la balustrade. Les deux jeunes nobles périssent sans avoir exécuté leur généreuse entreprise.

Cette action, d'autres actes d'une vigueur pareille, font désirer aux Espagnols qu'on puisse trouver des voies de conciliation. Montezuma consent à devenir l'instrument de l'esclavage de son peuple, & il se montre sur le rempart pour engager ses sujets à se retirer. Leur indignation lui apprend que son regne est fini, & les traits qu'ils lui lancent, le percent d'un coup mortel.

Guatimozin, qu'on lui donna pour successeur, étoit fier, intrépide. Il avoit du sens, de l'imagination. Il pouvoit ramener les bons succès, & résister aux mauvais. Sa pénétration lui fit démêler que les attaques vives ne lui réussiroient que difficilement contre un ennemi qui avoit des armes si supérieures, & que la meilleure maniere de le combattre étoit de lui couper les vivres. Cortez ne s'apperçoit pas plutôt de ce changement de système, qu'il pense à se retirer chez les Tlascalteques; mais la retraite n'est pas facile.

Il faut combattre à chaque pas. Deux cents Espagnols plus chargés d'or que le reste de l'armée, & dont les richesses ralentissoient la marche, sont massacrés. Cortez lui-même se voit enveloppé par une multitude innombrable dans la vallée d'Otumba. Il fait face de tous côtés, & par-tout les Mexicains le pressent également. Son artillerie lui devient inutile, & la mousqueterie, le fer des lances & des épées n'empêcherent pas les Indiens d'approcher, & de combattre les Européens corps-à-corps. Dans ce moment, Cortez voit assez près de sa troupe l'étendard royal des Mexicains. Il se souvient qu'ils croient la destinée des combats attachée à cet étendart. Il se lance avec quelques cavaliers pour le prendre. L'un d'eux le saisit, & l'emporte dans le rang des Espagnols. Les Mexicains perdent courage. Ils prennent la fuite en jetant leurs armes. Cortez poursuit sa marche, arrive sans obstacle chez les Tlascalteques.

Il n'avoit perdu ni le deſſein, ni l'eſpérance de ſoumettre l'empire du Mexique ; mais il avoit fait un nouveau plan. Il vouloit ſe ſervir d'une partie des peuples pour aſſujettir l'autre. La forme du gouvernement, la diſpoſition des eſprits, la ſituation de Mexico favoriſoient ſon projet, & les moyens de l'exécuter.

L'empire étoit électif, & quelques rois ou caciques étoient les électeurs. Ils choiſiſſoient d'ordinaire un d'entr'eux. On lui faiſoit jurer que tout le temps qu'il ſeroit ſur le trône, les pluies tomberoient à propos, les rivieres ne cauſeroient point de ravages, les campagnes n'éprouveroient point de ſtérilités, les hommes ne périroient point par les influences malignes d'un air contagieux. Cet uſage pouvoit tenir au gouvernement théocratique, dont on trouve encore des traces dans preſque toutes les nations de l'univers. Peut-être auſſi le but de ce ſentiment bizarre étoit-il de faire entendre au nouveau ſouverain, que les malheurs d'un Etat venant preſque toujours des déſordres de l'adminiſtration, il devoit régner avec tant de modération & de ſageſſe, qu'on ne pût jamais regarder les calamités publiques comme l'effet de ſon imprudence, ou comme une juſte punition de ſes déréglemens.

Il y avoit les plus belles loix pour obliger à ne donner la couronne qu'au mérite; mais les prêtres influoient beaucoup dans les élections.

Dès qu'il étoit inſtallé, l'empereur étoit obligé de faire la guerre, d'amener des priſonniers aux dieux. Ce prince, quoique électif, étoit fort abſolu; parce qu'il n'y avoit point de loix écrites, & qu'il pouvoit changer les uſages reçus.

Il y avoit des conſeils de finance, de guerre, de commerce, de juſtice; des tribunaux répandus dans les provinces reſſortiſſoient à ces conſeils. Il y avoit auſſi des juges à peu près ſemblables à nos prévôts, qui jugeoient ſur le champ les parties; mais du jugement deſquels on appelloit aux tribunaux.

Preſque toutes les formes de la juſtice & les étiquettes de la cour, étoient conſacrées par la religion.

Les loix puniſſoient les crimes qui ſe puniſſent par-tout : mais les prêtres ſauvoient ſouvent les criminels.

Il y avoit deux loix propres à faire périr bien des innocens, & qui devoient appeſantir ſur les Mexicains le double joug du deſpotiſme & de la ſuperſtition. Elles condamnoient à mort ceux qui auroient bleſſé la ſainteté de la religion, & ceux qui auroient bleſſé la majeſté du prince. On voit combien de telles loix facilitoient les vengeances particulieres, ou les vues intéreſſées des prêtres & des courtiſans.

On ne parvenoit à la nobleſſe, & les nobles ne parvenoient aux dignités, que par des preuves de courage, de piété & de patience. On faiſoit dans les temples un noviciat plus pénible que dans les armées; & enſuite ces nobles auxquels il en avoit tant coûté pour l'être, ſe dévouoient aux fonctions les plus viles dans le palais des empereurs.

Cortez penfa que dans la multitude des vaffaux du Mexique, il y en auroit qui fecoueroient volontiers le joug, & s'affocieroient aux Efpagnols.

Il avoit vu combien les Mexicains étoient haïs des petites nations dépendantes de leur empire, & combien les empereurs faifoient fentir durement leur puiffance.

Il s'étoit apperçu que la plupart des provinces déteftoient la religion de la capitale, & que dans le Mexico même, les nobles & les hommes riches, dont la fociété dominoit la férocité des préjugés & des mœurs du peuple, n'avoient plus que de l'indifférence pour cette religion. Plufieurs d'entre les nobles étoient révoltés d'exercer les emplois les plus humilians auprès de leurs maîtres.

Après avoir reçu quelques foibles fecours des ifles efpagnoles, obtenu des troupes de la république de Tlafcala, & fait quelques nouveaux alliés, Cortez retourna vers la capitale de l'empire.

Mexico étoit bâtie dans une ifle au milieu d'un grand lac. Elle contenoit vingt mille maifons, un peuple immenfe, & de beaux édifices. Le palais de l'empereur bâti de marbre & de jafpe, étoit lui feul auffi grand qu'une ville. On y admiroit les jardins, les fontaines, les bains, les ornemens. On y voyoit des ftatues qui repréfentoient des animaux. Il étoit rempli de tableaux faits avec des plumes; l'éclat des couleurs étoit fort vif, & ils avoient de la vérité. Trois mille caciques avoient leurs palais dans Mexico : ils étoient vaftes & pleins de commodités. Ces caciques avoient la plupart, ainfi que l'empereur, des ménageries où étoient raffemblés tous les animaux du nouveau continent, & des appartemens où étoient étalées des curiofités naturelles. Leurs jardins étoient peuplés de plantes de toute efpece. Les beautés de la nature, ce qu'elle a de rare & de brillant, doit être un objet de luxe chez des peuples riches, où la nature eft belle, & où les arts font imparfaits. Les temples étoient en grand nombre, & la plupart magnifiques, mais teints de fang, & tapiffés des têtes des malheureux qu'on avoit facrifiés.

Une des plus grandes beautés de Mexico, étoit une place remplie ordinairement de plus de cent mille hommes, couverte de tentes & de boutiques, où les marchands étaloient toutes les richeffes des campagnes, & l'induftrie des Mexicains. Des oifeaux de toute couleur, des coquillages brillans, des fleurs fans nombre, des ouvrages d'orfévrerie, des émaux, donnoient à ces marchés un coup-d'œil plus éclatant & plus beau que ne peuvent en avoir les foires les plus riches de l'Europe.

Deux cents mille canots alloient fans ceffe des rivages à la ville, de la ville aux rivages. Le lac étoit bordé de plus de cinquante villes, & d'une multitude de bourgs & de hameaux.

Il y avoit fur le lac trois chauffées fort longues, & qui étoient le chef-d'œuvre de l'induftrie mexicaine. Il falloit que ce peuple fans communication avec des peuples éclairés, fans fer, fans l'écriture, fans aucun de ces arts à qui nous devons d'en connoître & d'en exercer d'autres, fitué dans un climat où la nature donne tout, & où le génie de l'homme n'eſt point éveillé par les beſoins : il falloit que ce peuple, qui n'étoit pas d'une antiquité bien reculée, fût un des plus ingénieux de la terre.

Cortez commença par s'aſſurer des caciques qui régnoient dans les villes ſituées ſur le bord du lac. Quelques-uns joignirent leurs troupes aux Eſpagnols ; les autres leur furent ſoumis. Cortez s'empara de la tête des trois chauſſées qui répondoient à Mexico. Il voulut auſſi ſe rendre maitre de la navigation du lac. Il fit conſtruire des brigantins qu'il arma d'une partie de ſon artillerie ; & dans cette ſituation, il attendit que la famine lui donnât l'empire du nouveau monde.

Guatimozin fit des efforts extraordinaires pour ſe dégager. Ses ſujets combattirent avec autant de fureur que jamais. Cependant les Eſpagnols conſerverent leurs poſtes, & porterent leurs attaques juſqu'au centre de la ville. Lorſque les Mexicains purent craindre qu'elle ne fût emportée, & que les vivres commencerent à manquer totalement, ils voulurent ſauver leur empereur. Ce prince conſentit à tenter de s'échapper pour aller continuer la guerre dans le nord de ſes Etats. Une partie des ſiens ſe dévoua noblement à la mort, pour faciliter ſa retraite en occupant les aſſiégeans ; mais un brigantin s'empara du canot où étoit le généreux & infortuné monarque. Un financier Eſpagnol s'imagina que Guatimozin avoit des tréſors cachés, & pour le forcer à le déclarer, il le fit étendre ſur des charbons ardens. Son favori expoſé à la même torture, lui adreſſoit de triſtes plaintes : » & moi, lui dit l'empereur, ſuis-je ſur des roſes « ? Mot comparable à tous ceux que l'hiſtoire a tranſmis à l'admiration des hommes. Un jour les Mexicains le rediront à leurs enfans, quand le temps ſera venu de rendre aux Eſpagnols ſupplice pour ſupplice, de noyer cette race d'exterminateurs dans la mer ou dans le ſang. Ce peuple aura peut-être les actes de ſes martyrs, l'hiſtoire de ſes perſécuteurs. On y lira ſans doute, que Guatimozin fut tiré demi-mort d'un gril ardent, & que trois ans après il fut pendu publiquement, ſous prétexte d'avoir conſpiré contre ſes tyrans & ſes bourreaux.

Dans les gouvernemens deſpotiques, la chûte du prince & la priſe de la capitale, entraînent ordinairement la conquête & la ſoumiſſion de tout l'Etat. Les peuples ne peuvent pas avoir de l'attachement pour une autorité qui les écraſe, ni pour un tyran qui croit ſe rendre plus reſpectable en ne ſe montrant jamais. Accoutumés à ne connoître d'autre droit que la force, ils ne manquent jamais de ſe ſoumettre au plus fort. Telle fut la révolution dans le Mexique. Des barbares ſortis du bord de ce continent, avoient jeté les fondemens de cet empire, il y avoit cent trente ans. Comme ils formoient un corps de nation, & qu'ils tiroient leur origine d'un pays fort rude, ils avoient réuſſi à ſubjuguer ſucceſſivement des ſauvages nés ſous un ciel plus doux, & qui ne vivoient pas en ſociété, ou qui ne formoient que des ſociétés peu nombreuſes. Leur domination entiere tomba ſous le pouvoir des Eſpagnols, dont elle ne put même remplir l'ambition, quoiqu'elle eût cinq cents lieues de long, sur environ deux cents de large.

Les conquérans y ajouterent d'abord du côté du sud le vaste espace qui s'étend depuis Guatimala jusqu'au golfe de Darien. Cet agrandissement coûta peu de temps, de sang & de dépenses; mais il fut de peu d'utilité. Les provinces qui les composent sont à peine connues. On n'y voit que peu d'Espagnols, la plupart fort pauvres, qui par leur tyrannie ont réduit les Indiens à se réfugier dans des montagnes, dans des forêts impénétrables. De tous ces sauvages, les seuls qui forment encore une nation, ce sont les Mosquites. Après avoir quelque temps combattu pour les plaines fertiles qu'ils habitoient dans le pays de Nicaragua, ils se sauverent au cap de Gracias à Dios dans des rochers arides, défendus du côté de la terre par des marais impraticables, & du côté de la mer par des places difficiles, ils bravent le courroux de leur ennemi. Leur liaison avec les corsaires Anglois & François qu'ils ont souvent suivis dans des expéditions très-périlleuses, ont bien pu augmenter leur rage contre leurs oppresseurs, accroître leur audace naturelle, accoutumer leurs mains aux armes à feu; mais leur population qui n'a jamais été considérable, a toujours été en diminuant. Elle ne passe pas actuellement deux mille hommes. Leur foiblesse les met hors d'état de donner la moindre inquiétude.

L'accroissement que la nouvelle Espagne a pris du côté du nord est plus considérable, & doit devenir beaucoup plus importante. On n'a parlé jusqu'ici que du nouveau Mexique, découvert en 1553, conquis au commencement du dernier siecle, révolté vers le milieu, & remis bientôt après sous le joug. Tout ce qu'on sait de cette immense province, c'est qu'on a fixé quelques sauvages, introduit un peu de culture, foiblement exploité quelques riches mines, & formé un établissement nommé *Santafé.* Cette conquête, qui est dans l'intérieur des terres, auroit été suivie d'une bien plus utile sur les bords de la mer, si depuis cent ans qu'elle est entamée, on s'y étoit attaché avec l'attention qu'elle méritoit.

L'ancien empire du Mexique étendoit à peu près ses bornes jusqu'à l'entrée de la mer Vermeille. Depuis ces limites jusqu'à l'endroit où le continent se joint à la Californie, est un golfe qui a près de vingt degrés de profondeur. Sa largeur est tantôt de soixante, tantôt de cinquante lieues, & rarement en a-t-elle moins de quarante. On trouve dans cet espace beaucoup de bancs de sable, & un assez grand nombre d'isles. La côte est habitée par plusieurs nations sauvages, la plupart ennemies. Les Espagnols y ont formé quelques peuplades éparses, auxquelles, suivant leur usage, ils ont donné le nom de provinces. Leurs missionnaires ont poussé plus loin les découvertes, & ils se flattoient de donner à leur nation plus de richesses qu'elle n'en avoit trouvé dans ses possessions les plus renommées: Plusieurs causes ont coucouru à rendre leurs travaux inutiles. A mesure qu'ils rassembloient, qu'ils civilisoient quelques Indiens, on les enlevoit pour les précipiter dans des mines. Cette barbarie ruinoit les établissemens naissans, & empêchoit d'autres Indiens de venir s'y incorporer. Les Espagnols, trop éloignés des yeux du gouvernement, pour être surveillés, se permettoient les crimes les plus atroces. Enfin, le vif-argent, les étoffes, les autres besoins y étoient portés de la Vera-Cruz à dos de mulet, par une route dangereuse & difficile, de six à sept cents lieues ; ce qui leur donnoit à leur terme une valeur dix ou douze fois plus grande que celle qu'ils avoient dans ce port célèbre. Il arrivoit delà, que les mines, quoique d'une abondance extrême, ne pouvoient pas payer les choses nécessaires, & que ceux qui les exploitoient, les abandonnoient par l'impossibilité où ils étoient de s'y soutenir.

Ce dernier inconvénient, qui paroissoit sans remede, faisoit sans doute fermer les yeux sur les abus crians qu'il eût été possible de réprimer. Il est vraisemblable qu'on les attaquera, maintenant qu'on a découvert des communications qui facilitent avec ces pays éloignés des liaisons utiles. Le jésuite Ferdinand Consang a parcouru en 1746, par ordre du gouvernement, le golfe entier de Californie. Cette navigation faite avec un soin extrême & beaucoup d'intelligence, a instruit l'Espagne de tout ce qu'il lui étoit important d'apprendre. Elle connoît les côtes de ce continent, les ports que la nature y a placés, les lieux sablonneux & arides qui ne sont pas susceptibles de culture, les rivieres, qui par la fertilité qu'elles répandent sur leurs bords, invitent à y former des peuplades. Rien n'empêchera qu'à l'avenir des vaisseaux sortis d'Acapulco, n'entrent dans la mer Vermeille, ne portent avec des frais médiocres dans les provinces qui la bordent, des missionnaires, des soldats, des mineurs, des vivres, des marchandises ; tout ce qui est nécessaire à des colonies, & n'en reviennent chargés de métaux. Lorsque les établissemens formés sur les côtes auront pris une consistance raisonnable, on s'enfoncera dans les terres jusqu'au nouveau Mexique, plus loin même si l'on veut. Les sauvages errans dans ce grand espace ne sont ni assez nombreux, ni assez unis, ni assez aguerris pour contrarier ce grand projet de maniere à le faire échouer.

On pourra même les déterminer à y concourir, si on veut renoncer aux maximes cruelles dont ils ont été jusqu'ici la victime, & s'occuper de leur bonheur. Avec de la vertu, de l'humanité & de la constance, les Espagnols parviendront à former un nouvel empire qui ne le cédera guere à l'ancien Mexique, ni pour l'étendue, ni pour la richesse des mines ; & qui lui sera supérieur pour la température & la salubrité du climat.

La nouvelle Espagne est presqu'entiérement située dans la zone torride. L'air y est excessivement chaud, humide, & mal-sain sur les côtes de la mer du nord. Ces vices de climat se font infiniment moins sentir sur les côtes de la mer du sud, & presque point dans l'intérieur du pays, où il regne une chaîne de montagnes qu'on regarde comme une continuation des Cordillieres.

La qualité du sol suit ces variations. La partie orientale est basse, marécageuse, inondée dans la saison des pluies, couverte de forêts impénétrables, & tout-à-fait inculte. On peut croire que si les Espagnols la laissent

dans cet état de défolation, c'eft qu'ils ont jugé qu'une frontiere déferte
& meurtriere fourniroit une meilleure défenfe contre les flottes ennemies,
que des fortifications & des troupes réglées qu'on n'entretiendroit pas fans
des frais immenfes; ou que les naturels du pays efféminés & mal difpofés
pour une domination étrangere. Le terrein de l'occident eft plus élevé, de
meilleure qualité, couvert de champs & d'habitation. Dans la profondeur
des terres on trouve des contrées que la nature a traitées libéralement ;
mais comme toutes celles qui font fituées fous le tropique, elles font plus
abondantes en fruits qu'en grains.

La population de ce vafte empire n'eft pas moins variée que fon fol. Ses
habitans les plus diftingués font les Efpagnols envoyés par la cour pour
occuper les places du gouvernement. Ils font obligés comme ceux qui, dans
la métropole, afpirent à quelques emplois eccléfiaftiques, civiles ou militaires, de prouver qu'il n'y a eu ni hérétiques, ni juifs, ni mahométans, ni
démêlés avec l'inquifition dans leur famille depuis quatre générations. Les
négocians qui veulent paffer au Mexique, ainfi que dans le refte de l'Amérique, fans devenir colons, font aftreints à la même formalité. On les oblige
de plus à jurer qu'ils ont trois cents palmes de marchandifes en propre dans
la flotte où ils s'embarquent, & qu'ils n'ameneront pas leurs femmes. A ces
conditions abfurdes, ils deviennent les agens principaux du commerce de
l'Europe avec les Indes. Quoique leur privilege ne doive durer que trois
ans, & un peu plus long-temps pour des pays plus éloignés, il eft très-pré-
cieux. A eux feuls appartient le droit de vendre comme commiffionnaires,
la majeure partie de la cargaifon. Si les loix étoient obfervées, les marchands fixés dans le nouveau monde, feroient bornés à difpofer ce qu'ils
ont reçu pour leur propre compte.

La prédilection du miniftere pour les Efpagnols nés en Europe, a réduit
les Efpagnols créoles à un rôle fubalterne, quoiqu'ils foient communément
plus riches, & d'une naiffance plus diftinguée. Les defcendans des compagnons de Cortez, les defcendans de ceux qui les ont fuivis, conftamment
exclus de toutes les places d'honneur ou d'adminiftration un peu importantes, ont vu s'affoiblir le puiffant reffort qui avoit foutenu leurs peres. L'habitude d'un mépris injufte qu'ils éprouvoient, les a rendus enfin réellement
méprifables. Ils ont achevé de perdre dans les vices qui naiffent de l'oifiveté, de la chaleur du climat, & de l'abondance de toutes chofes, cette
conftance & cette forte de fierté qui caractérifa de tout temps leur nation.
Un luxe barbare, des plaifirs honteux, des intrigues romanefques, ont énervé
tous les refforts de leur ame. La fuperftition a achevé la ruine de leurs vertus. Aveuglément livrés à des prêtres trop ignorans pour les éclairer par
leurs inftructions, trop corrompus pour les édifier par leur conduite, trop
avides pour s'occuper de cette double fonction de leur miniftere, ils n'ont
aimé dans la religion que ce qui affoiblit l'efprit, & ont fermé les yeux
fur ce qui peut rectifier leurs mœurs.

Les Mexicains font aujourd'hui moins malheureux. Nos fruits, nos grains

& nos quadrupedes ont rendu leur nourriture plus faine, plus agréable & plus abondante. Leurs maifons font mieux bâties, mieux diftribuées & mieux meublées. Des fouliers, un caleçon, une chemife, une cafaque de laine ou de coton, felon le climat, une fraife & un chapeau forment leur habillement. La confidération qu'on eft parvenu à attacher à ces jouiffances, les a rendus plus économes & plus laborieux.

Les habitans de la province de Chiapa, fe diftinguent entre tous les autres. Ils doivent leur fupériorité à l'avantage d'avoir eu pour pafteur Las Cafas, qui empêcha leur oppreffion dans les premiers temps. Ils font audeffus de leurs compatriotes par la taille, par l'efprit & par la force. Leur langue a une douceur, une élégance particulieres. Leur territoire fans être meilleur que les autres, eft infiniment plus riche en toutes fortes de productions. On les trouve peintres, muficiens, adroits à tous les arts. Ils excellent fur-tout à fabriquer ces ouvrages, ces tableaux, ces étoffes de plume qui n'ont jamais été imités ailleurs, & des tapis en laine de différentes couleurs que les meilleurs ouvriers d'Europe pourroient avouer. Leur ville principale fe nomme *Chiapa dos Indos.* Elle n'eft habitée que par les naturels du pays, qui y forment une population de quatre mille familles, parmi lefquelles on trouve beaucoup de nobleffe indienne. La grande riviere fur laquelle cette ville eft fituée, devient un théâtre où les habitans exercent continuellement leur adreffe & leur courage. Avec des bateaux ils forment des armées navales. Ils combattent entr'eux; ils s'attaquent, & ils fe défendent avec une habileté furprenante. Ils n'excellent pas moins à la courfe des taureaux, au jeu des cannes, à la danfe, à tous les exercices du corps. Ils bâtiffent des villes, des châteaux de bois qu'ils couvrent de toile peinte, & qu'ils affiegent. Enfin, le théâtre & la comédie font un de leurs amufemens ordinaires. On voit par ces détails de quoi les Mexicains étoient capables, s'ils euffent eu le bonheur de paffer fous la domination d'un conquérant, qui eût eu affez de modération & de lumiere pour relâcher les fers de leur fervitude, au lieu de les refferrer.

Les occupations de ce peuple font fort variées. Les plus intelligens, les plus aifés s'adonnent aux manufactures de premiere néceffité, difperfées dans tout l'empire. Il s'en eft établi de plus belles chez les Tlafcalteques. Leur ancienne capitale & la nouvelle, qui eft l'Os Angelos, font le centre de cette induftrie. On y fabrique des draps affez fins, des toiles de coton qui ont de l'agrément, quelques foieries, de bons chapeaux, des galons, des broderies, des dentelles, des verres, & beaucoup de clinquaillerie. Les arts ont dû faire naturellement plus de progrès dans une province qui avoit fu conferver long-temps fon indépendance; les Efpagnols ayant cru devoir un peu la ménager après la conquête, fes habitans avoient toujours montré plus de pénétration; foit qu'ils la duffent au climat, ou au gouvernement. A ces avantages s'eft joint celui de la pofition. Tous les habitans du Mexique qui paffent volontairement fur fon territoire pour aller acheter les marchandifes d'Europe, arrivées à la Vera-Cruz, ont trouvé commode de prendre fur leur route ce que la flotte ne leur fourniſſoit pas, ou ce qu'elle leur vendoit trop cher.

Le ſoin des troupeaux fait vivre quelques-uns des Mexicains, que la fortune ou la nature n'ont pas appellés à des fonctions plus diſtinguées. L'Amérique, au temps de ſa découverte, n'avoit ni porcs, ni moutons, ni bœufs, ni chevaux, ni même aucun animal domeſtique. Colomb porta quelques-uns de ces animaux utiles à Saint-Domingue, d'où ils ſe répandirent par-tout, & plutôt qu'ailleurs au Mexique. Ils s'y ſont prodigieuſement multipliés. On compte par milliers les bêtes à cornes, dont les peaux ſont devenues l'objet d'une exportation conſidérable. Les chevaux ont dégénéré, mais on compenſe la qualité par le nombre. Le lard des cochons y tient lieu de beurre. La laine des moutons y eſt ſeche, groſſiere & mauvaiſe, comme elle l'eſt par-tout entre les tropiques.

La vigne & l'olivier ont éprouvé la même dégradation. La plantation en avoit été prohibée au commencement, dans la vue de laiſſer un débouché aux denrées de la métropole. On accorda en 1706 aux jéſuites, & peu après au marquis Del Valle, deſcendant de Cortez, la permiſſion de les cultiver. Les expériences n'ont pas été heureuſes. A la vérité, on n'a pas abandonné ce qui avoit été fait ; mais perſonne n'a ſollicité la liberté de ſuivre un exemple qui ne préſentoit pas de grands avantages. D'autres cultures ont eu plus de ſuccès. Le coton, le ſucre, la ſoie, le cacao, le tabac, les grains d'Europe, réuſſiſſent tous plus ou moins bien. On eſt encouragé aux travaux qu'ils exigent par le bonheur qu'ont eu les Eſpagnols, de découvrir des mines de fer qui étoient entiérement inconnues aux Mexicains, & des mines d'un cuivre aſſez dur pour ſervir à labourer des terres. Cependant tous ces objets, faute de bras ou d'activité, ſont bornés à une circulation intérieure. Il n'y a que la vanille, l'indigo & la cochenille qui entrent dans le commerce du Mexique avec les autres nations.

Dans les premieres années qui ſuivirent la conquête, les Eſpagnols s'épargnoient les ſoins, les travaux, les dépenſes inſéparables de l'exploitation des mines. On arrachoit aux Mexicains tout ce qu'ils avoient amaſſé de métaux depuis la fondation de leur empire. Les temples, les palais des grands, les maiſons des particuliers, les moindres cabanes, tout étoit viſité & dépouillé. Quoique l'horreur des Indiens pour leurs oppreſſeurs fît rentrer beaucoup de ces richeſſes dans la terre, & en fît jeter encore plus dans le grand lac & dans les rivieres, l'imagination eſt étonnée de la quantité qui s'en trouva. Cette ſource épuiſée, il fallut recourir aux mines.

On en fouilla d'abord indifféremment par-tout, & de préférence ſur les côtes. L'expérience ayant prouvé que celles qui étoient les plus voiſines de l'Océan, étoient les moins abondantes, on s'en dégoûta. Aujourd'hui on n'en exploite aucune qui ne ſoit à une très-grande diſtance de la mer du Nord, où elle ſeroit expoſée aux incurſions, peut-être aux invaſions des Européens. Ce qui s'en trouve ſur le golfe de Californie paroît jouir d'une ſureté entiere, juſqu'à ce que ces parages ſoient plus connus & plus fréquentés.

quentés. Les principales font dans le Zacatecas, la nouvelle Bifcaye & le Mexico, trois provinces fituées dans l'intérieur de l'empire, où il eft impoffible à l'ennemi d'arriver par terre, où des rivieres navigables ne conduifent pas. Elles peuvent occuper quarante mille Indiens, dirigés par quarante mille Efpagnols.

Les mines appartiennent à celui qui les découvre. Les formalités auxquelles il eft affujetti fe réduifent à faire approuver fes échantillons par le gouvernement. On lui accorde autant de terrein qu'il veut; mais il eft obligé de donner une piaftre par pied au propriétaire. Le tiers du terrein qu'il achete, paffe au domaine, qui après avoir eu long-temps la manie funefte de le faire exploiter pour fon compte, a pris le parti de le vendre à qui veut le payer, & par préférence au mineur. Toutes les mines abandonnées tombent auffi dans les mains du roi.

Il tire quatre-vingts piaftres de chaque quintal de mercure qu'on exploite. Inutilement les gens éclairés ont repréfenté fouvent que ce prix exceffif faifoit néceffairement languir les travaux, on s'eft refufé à leurs inftances. Tout ce qu'elles ont produit, c'eft qu'on a accordé un crédit de deux ans, mais dont on fe fait payer les intéréts. Rarement ceux qui entreprennent d'exploiter des mines font-ils hors d'état de fe paffer de ces facilités. On ne voit guere fe livrer à ces entreprifes incertaines & dangereufes, que des hommes dont les affaires font équivoques, ou tout-à-fait ruinées.

Ce qui en éloigne fur-tout les gens fages & aifés, c'eft l'obligation de livrer la cinquieme partie de l'argent, & la dixieme partie de l'or qu'on arrache des entrailles de la terre, au gouvernement. Il s'eft long-temps refufé à cette différence; mais à la fin il y a été forcé, parce que les mines d'or, plus cafuelles que celles d'argent, étoient entiérement abandonnées. Les unes & les autres feront bientôt hors d'état de payer le tribut qui leur eft impofé. A mefure que leurs produits fe multiplient dans le commerce, ces métaux ont moins de valeur, ils expriment moins de chofes. Leur aviliffement auroit eu de plus grands effets qu'il n'en a eu, fi les travaux qui les procurent n'avoient été fucceffivement fimplifiés. Cette économie approche tous les jours de fon terme fenfible; & lorfqu'elle y fera parvenue, la cour de Madrid ne pourra pas fe difpenfer de diminuer les droits, à moins qu'elle ne confente à voir tomber les meilleures mines, comme elle a vu négliger les médiocres. Peut-être la verrons-nous dans peu réduite à fe contenter de deux réaux par marc qu'elle tire pour les droits de marque & de fabrication.

Les monnoies du Mexique fabriquent annuellement douze à treize millions de piaftres : la fixieme partie à peu près en or, le refte en argent. Il en paffe environ la moitié en Europe, le fixieme dans les Indes orientales, un douzieme dans les ifles efpagnoles. Le refte coule par une tranfpiration infenfible dans les colonies étrangeres, ou circule dans l'empire. Il y fert au commerce intérieur, & au payement des impofitions qu font confidérables.

Tome XXIV.   Y y y

Tous les Indiens mâles payent, depuis dix huit ans jufqu'à cinquante, une capitation de dix-huit réaux, dont feize doivent être verfés dans les caiffes du gouvernement, & le refte eft deftiné à divers ufages. Les métis, qui font cenfés Indiens dans les deux premieres générations, & les mulâtres libres, font affervis au même droir. On en exempte les efclaves negres, pour lefquels on a donné au roi trente-fix piaftres à leur entrée dans la colonie.

Les Efpagnols, qu'on n'a pas avilis jufqu'à leur impofer un tribut perfonnel, font affujettis à toutes les autres taxes. La plus forte eft celle de trente-trois pour cent du prix de toutes les marchandifes que l'Europe leur envoie. L'ancien monde en retient vingt-cinq fous diverfes dénominations, & il en eft payé huit à leur entrée dans le nouveau. Cet impôt ruineux n'empêche pas qu'elles ne foient foumifes dans la fuite à l'alcavala.

L'alcavala eft un droit fur toutes les chofes qui fe vendent ou s'échangent, & autant de fois qu'elles fe vendent ou qu'elles s'échangent. Cet impôt fut établi dans la métropole en 1341, & s'eft élevé peu à peu jufqu'à dix pour cent de la valeur de la marchandife vendue en gros, & jufqu'à quatorze de la marchandife vendue en détail. Philippe II après le défaftre de fa flotte, fi connue fous le titre faftueux d'invincible, fut déterminé par fes befoins à introduire cette impofition dans le Mexique, comme dans fes autres colonies. Quoiqu'elle ne dût durer qu'un temps, elle s'eft perpétuée. Il eft vrai qu'elle n'a pas été augmentée, & qu'elle eft reftée à deux & demi pour cent, où elle fut d'abord fixée. La cruciade n'a pas eu la même ftabilité.

C'eft une bulle qui donne de grandes indulgences, & qui permet l'ufage des œufs, du beurre, du fromage pendant le carême. Le gouvernement, à qui la cour de Rome en a abandonné le bénéfice, avoit diftribué en quatre claffes ceux qui voudroient en profiter. Elle étoit payée trois réaux & demi par ceux qui vivoient du fruit de leur induftrie. Ceux qui étoient parvenus à fe faire un capital de deux mille piaftres, la payoient huit réaux. Elle coûtoit deux piaftres à ceux qui en poffédoient plus de dix mille, & dix piaftres au vice-roi, & à ceux qui étoient revêtus des dignités les plus honorables. On s'en rapportoit à la confcience de chaque citoyen, en avertiffant qu'il n'obtenoit rien s'il ne proportionnoit fa contribution à fa fortune. Le Mexique feul rendoit alors environ cinq cents mille piaftres. Il eft vraifemblable que cette fuperftition s'affoibliffoit, puifque le miniftere a fixé en 1756, pour tous les états, la bulle à trois réaux. Le gouvernement n'oblige perfonne à la prendre, mais les prêtres refuferoient les confolations de la religion à ceux qui ne l'auroient pas achetée; & il n'y a peut-être pas dans toute l'Amérique efpagnole un homme affez éclairé ou affez hardi pour s'élever au deffus de cette tyrannie. On parle beaucoup de fauvages & de barbares; mais ceux dont la religion & le gouvernement fe jouent ainfi, font-ils des fauvages du nouveau monde ou de l'ancien, du nord ou du midi?

Un genre d'oppreſſion qui n'a pas été porté ſi patiemment, c'eſt l'impôt qu'on a mis dans les derniers temps ſur le ſel & ſur le tabac. Les peuples qui ſouffrent ſans murmurer, peut-être ſans trop ſentir leurs anciens maux, ont été révoltés de ces nouveautés. L'une leur a paru ſi oppoſée au droit naturel, & l'autre contrarioit ſi fort un de leurs goûts les plus vifs, que quoique façonnés de longue main au joug, ils ont murmuré. La conduite atroce des fermiers a beaucoup ajouté au mécontentement. Il s'eſt manifeſté d'un bout de l'empire à l'autre, avec un éclat qui a retenti juſqu'en Europe. Des tempéramens ont pallié le mal; mais les eſprits ſont toujours dans une fermentation que la métropole finira difficilement ſans ſacrifices. Un des plus agréables à ſes colonies ſeroit celui du papier marqué.

Indépendamment des tribus réguliers que l'Eſpagne exige de ſes colonies, elle tire dans des temps fâcheux, ſous le nom d'emprunt, des ſommes conſidérables dont on n'a jamais payé ni les intérêts, ni les capitaux. Cette vexation, qui a commencé du temps de Philippe II, s'eſt perpétuée juſqu'à nos jours. Elle a été plus ſouvent répétée ſous Philippe V, que dans le cours des autres regnes : ce qui n'a pas peu contribué à rendre le nom *François* odieux dans ces contrées. La contribution qui a porté ſur tous ceux qui avoient quelque fortune, a été plus forte au Mexique qu'ailleurs, parce que les Européens, les Créoles, les Métis, les Mulâtres, les Indiens ſur-tout, y jouiſſoient d'une plus grande aiſance. La proſpérité publique y a été bien diminuée par ces loix fiſcales, & l'eſt tous les jours encore plus par l'avidité du clergé.

Il tire rigoureuſement la dîme de tout ce qui ſe récolte. Les fonctions de ſon état lui ſont payées à un prix extravagant. Ses terres ſont immenſes, & acquierent tous les jours plus d'étendue. On le croit en poſſeſſion du quart des revenus de l'empire. Le ſeul évêque de Los Angelos a deux cents quarante mille piaſtres de rente. Ces richeſſes ſcandaleuſes ont tellement multiplié les eccléſiaſtiques, qu'ils forment aujourd'hui le cinquieme de toute la population des blancs. Quelques-uns ſont nés dans la colonie. La plupart ſont des aventuriers arrivés d'Europe pour ſe ſouſtraire à l'autorité de leurs ſupérieurs, ou pour faire promptement fortune.

Celle de la couronne n'eſt pas ce qu'elle devroit être. Les droits établis ſur les marchandiſes qui arrivent de Cadix, & ſur les mines, le vif argent, la capitation, les impôts, le domaine, ſont de ſi grands objets qu'on ne peut revenir de ſa ſurpriſe, quand on voit que le monarque ne retire annuellement du Mexique, quoique la mieux adminiſtrée de ſes poſſeſſions, qu'environ douze cents mille piaſtres. Le reſte, c'eſt-à-dire, preſque tout, eſt abſorbé par le gouvernement civil & militaire du pays, qui ſont l'un & l'autre dans le plus grand déſordre.

Les finances ſont en proie à une foule de commis répandus par-tout; aux corrégidors qui ont l'adminiſtration des places; à trois conſeils ſupérieurs de juſtice, connus ſous le nom d'audiences; à ceux qui ont la plénitude de l'autorité, ou aux ſubalternes qui gagnent la confiance des gens en place. Une partie de ces rapines passe en Europe, l'autre sert à nourrir l'orgueil, la paresse, le luxe, le libertinage d'un petit nombre de villes du Mexique, de sa capitale singuliérement.

Mexico, qui put quelque temps douter si les Espagnols étoient des brigands ou des conquérans, se vit presque totalement détruite par les guerres cruelles dont elle fut le théâtre. Cortez la rebâtit, l'embellit, en fit une cité comparable aux plus magnifiques de l'ancien monde, supérieure à toutes celles du nouveau.

Sa forme est quarrée. Ses rues sont larges, droites & bien pavées. Les édifices publics y ont de la magnificence, les palais de la grandeur, les moindres maisons des commodités. Une puanteur dangereuse qui s'exhaloit des canaux, dont la ville étoit traversée, en a fait diminuer le nombre. Son circuit, qui embrasse des promenades fort décorées, des jardins délicieux, est d'environ deux lieues. Les Espagnols y vivent dans une si grande sécurité, qu'ils ont jugé inutile de construire des fortifications, d'avoir des troupes & de l'artillerie.

L'air qu'on y respire est très-tempéré. Il n'est nullement désagréable d'être vêtu toute l'année d'étoffe de laine. Les moindres précautions suffisent pour n'avoir rien à souffrir de la chaleur. Charles-Quint demandoit à un Espagnol qui arrivoit de Mexico, combien il y avoit de temps entre l'été & l'hiver, *autant*, répondit-il avec vérité & avec esprit, *qu'il en faut pour passer du soleil à l'ombre.*

La ville est bâtie au milieu d'un grand lac divisé en deux parties par une langue de terre fort étroite. Celle dont l'eau est douce, tranquille & poissonneuse, tombe dans l'autre qui est salée, communément agitée & sans poisson. La circonférence de tout ce lac, qui est inégal dans son étendue, est d'environ trente lieues.

On ne s'accorde pas sur l'origine de ces eaux. L'opinion la plus commune & la plus vraisemblable les fait sortir d'une grande & haute montagne, située au sud-ouest de Mexico, avec cette différence que l'eau salée coule sous une terre remplie de mines qui lui communique sa qualité.

Avant la conquête, Mexico, & beaucoup d'autres villes situées sur les bords du lac, étoient exposées à des inondations qui en rendoient le séjour dangereux. Des digues, construites avec une dépense & des travaux incroyables, ne suffisoient pas toujours pour détourner les torrens qui se précipitoient des montagnes. Les Espagnols ont éprouvé les mêmes malheurs. Leur capitale a souvent vu deux ou trois pieds d'eau dans ses murs. Les édifices les mieux entendus ont été plus d'une fois renversés. Quelques précautions qu'on prenne pour faire des fondemens solides, les maisons sont au bout d'un certain temps à demi ensevelies dans un terrein qui n'est pas capable de les soutenir.

Ces inconvéniens firent former le projet de procurer aux eaux un écoulement par un canal de dix lieues, qui devoit les porter à la riviere de Tula. Des relations qu'on pourroit soupçonner d'exagération, quelque authentiques qu'elles paroiffent, affurent qu'en 1604 on employa pendant fix mois à ce grand ouvrage, quatre cents foixante-onze mille cent cinquante quatre Indiens. Pour fournir aux dépenfes qu'exigeoit ce grand appareil, on leva le centieme du prix des maifons, des terres, des marchandifes, impôt fans exemple dans le nouveau monde. L'ignorance, le découragement, des intérêts particuliers firent échouer l'entreprife.

Le vice-roi Laderevra penfa en 1635 qu'il feroit avantageux, qu'il étoit même indifpenfable de bâtir ailleurs Mexico. L'avarice qui ne vouloit rien facrifier; la volupté qui craignoit d'interrompre fes plaifirs; la pareffe qui redoutoit les foins, toutes les paffions fe réunirent pour traverfer cet arrangement; il fallut prendre le parti de refter où on étoit. Les nouveaux efforts qu'on a faits depuis pour rendre ce féjour auffi fûr qu'il eft agréable, n'ont pas été tout-à-fait heureux, foit que l'art ait été mal employé, foit que la nature ait oppofé au fuccès des obftacles infurmontables. Mexico refte toujours expofée à la fureur des eaux, & la crainte d'y être enfeveli a beaucoup diminué fa population. La plupart des hiftoriens affurent qu'elle paffoit autrefois deux cents mille ames : aujourd'hui elle n'eft que de foixante mille. Elle eft formée par des Efpagnols, des Métis, des Indiens, des negres, des mulâtres, par tant de races différentes, depuis le blanc jufqu'au noir, qu'à peine parmi cent villages en trouveroit-on deux de la même couleur.

Avant cette émigration, dans le temps que la capitale de la nouvelle Efpagne fe peuploit d'Européens, les richeffes s'y étoient accumulées à un point incroyable. Tout ce qui eft ailleurs de fer & de cuivre, fut d'argent ou d'or. On les fit fervir, ainfi que les perles & les pierres précieufes, à l'ornement des chevaux, des valets, des meubles les plus communs, aux plus vils offices. Les mœurs, qui fuivent toujours le cours du luxe, fe monterent au ton de cette magnificence romanefque. Les femmes, dans l'intérieur de leurs palais, furent fervies par des milliers d'efclaves, & ne parurent en public qu'avec un cortege réfervé parmi nous à la majefté du trône. Les hommes ajoutoient à ces profufions, des profufions encore plus grandes pour des négreffes qu'ils élevoient publiquement au rang de leurs maîtreffes. Ce luxe, fi effréné dans les actions ordinaires de la vie, paffoit toutes les bornes à l'occafion de la moindre fête. L'orgueil général étoit alors en mouvement, & chacun prodiguoit les millions pour juftifier le fien. Les crimes, néceffaires pour foutenir ces extravagances, étoient effacés d'avance : la fuperftition déclaroit faint & jufte tout homme qui donnoit beaucoup aux églifes.

Les tréfors & le fafte, qui en eft la fuite, ont dû néceffairement diminuer à Mexico, à mefure que ceux qui les poffédoient ont été chercher un afile à Los Angelos & dans d'autres villes. Cependant l'avantage qu'elle a d'être au centre de la domination, d'être le fiege du gouvernement, le lieu de la fabrication des monnoies, le féjour des grands propriétaires des terres, des plus riches négocians, a toujours retenu dans fes murs la plupart des grandes affaires de l'empire.

Celles que cette ville fait avec les autres parties de l'Amérique font très-bornées. Par la mer du nord, elle reçoit de Maracaïbo & de Caraque du cacao fort supérieur au sien, & des negres par la voie de la Havane & de Carthagene : elle donne en échange des farines & de l'argent.

Ses liaisons avec la mer du sud lui sont plus utiles, sans être beaucoup plus considérables. Dans les premiers temps, il fut permis au Pérou d'envoyer tous les ans à la nouvelle Espagne deux vaisseaux, dont les cargaisons réunies ne devoient pas valoir plus de deux cents mille piastres. On les réduisit peu après à un. Cette navigation fut depuis totalement supprimée en 1636, sous prétexte qu'elle ruinoit le commerce de la métropole par l'abondance des marchandises des Indes orientales qu'elle introduisoit. Les négocians de Lima se plaignirent long-temps inutilement d'une loi barbare, qui les privoit du double avantage de vendre le superflu de leurs denrées, & de recevoir celles qui leur manquoient. La communication entre les deux colonies fut enfin rétablie, mais avec des restrictions qui prouvent que le gouvernement n'avoit pas acquis des lumieres, & qu'il ne faisoit que céder à l'importunité. Depuis cette époque, des bâtimens expédiés de Callao & de Guayaquil, portent du cacao, des huiles, des vins, des eaux-de-vie à Acapulco & à Sonsonate, sur la côte de Guatimala, & en rapportent du brai, du goudron, du roucou, de l'indigo, de la cochenille, du fer, des merceries de Los Angelos, & autant qu'ils peuvent en contrebande des marchandises arrivées des Philippines, ces isles si célébres en Europe par les rapports qu'elles ont avec le Mexique.

Cette contrée est divisée en vingt-trois gouvernemens, qui dépendent tous du viceroi du Mexique, dont la résidence est dans la ville de Mexico, de sorte qu'il a plus de quatre cents lieues de pays sous ses ordres. Le roi d'Espagne lui donne cent mille ducats d'appointemens, à prendre sur les deniers de l'épargne, outre son casuel, qui n'est guere moins considérable, si l'avarice s'en mêle. L'exercice de sa vice-royauté est ordinairement de cinq ans.

Voilà toute l'histoire de l'empire du Mexique ; mais je ne conseille à personne de se former l'idée de la conquête qu'en firent les Espagnols, sur les mémoires d'Antonio de Solis.

M I

MIDDELBOURG, (Jacques de) *Auteur Politique.*

NOUS avons de cet écrivain, un ouvrage en faveur des empereurs, contre les prétentions des papes, sous ce titre : *Elegans libellus de præcellentiâ potestatis imperatoriæ contra cujusdam Aretini & aliorum calumnias ; à Jacobo Middelburgensi, Juris pontificii professore.* in-4to. Antuerpiæ, 1502. Cet ouvrage est curieux & néanmoins peu connu.

MILANEZ, ou Duché de MILAN.

LE duché de Milan est borné à l'occident par la Savoie, le Piémont, & le Montferrat ; au nord, par les montagnes de la Suisse, des Grisons, & de la Valteline ; à l'orient, par les pays qui appartiennent à la république de Venise, & par les duchés de Mantoue, de Parme & de Plaisance ; & au midi, par les Etats de Gênes, & par l'Apennin. C'est de tous les pays d'Italie, le plus agréable pour les commodités de la vie, le sol est extraordinairement fécond, ainsi que nous le verrons plus bas, & ses pâturages sont les plus riches de toute l'Italie. Le climat y est doux & tempéré, n'étant sujet, ni aux grands froids, ni aux grandes chaleurs. Le pays est coupé par une grande quantité de rivieres & de lacs qui abondent en poissons. Mais nous traiterons dans la suite ces objets plus en détail. On divise en treize parties le duché de Milan : le Milanez propre, le Pavésan, le Lodésan, le Crémonois, le Comasque, le comté d'Anghiera, les vallées de la Sessia, le Novarrois, le Vigevanois, la Laumelline, l'Alexandrin, le Tortonois, & le territoire de Babbio. Il n'y a point de pays dans le monde, qui ait éprouvé autant de révolutions, & qui ait été aussi souvent le théâtre de la guerre, que le Milanez : ce qui prouve malheureusement de quelle importance doit être tout ce pays. La nature l'a rendu propre à y élever toutes sortes de manufactures ; ensorte que ses habitans peuvent vivre dans l'abondance & dans le luxe, sans commercer avec les étrangers. Le produit de leur industrie, comme soies, draps, bas, gants, mouchoirs, acier, &c. font pencher en leur faveur la valeur du commerce. Si ce pays avoit un gouvernement tel que celui de la Hollande, de la Suisse, ou de l'Angleterre, ce seroit un des plus riches pays de l'univers, quoiqu'il n'ait pas en longueur plus de trente lieues, ni plus de quarante en largeur. Il avoit anciennement plus d'étendue, car la Vérone & le Bergamasque y étoient adjoints, & l'on voit quelles devoient être alors la richeffe & l'aifance des habitans, & la fplendeur & la magnificence de leurs anciens ducs, par les ouvrages admirables que ces princes ont laiffés, & qui fubfiftent encore malgré les ravages caufés par les guerres perpétuelles que les Milanois ont foutenues.

Du Milanez propre.

LE Milanez propre, occupe l'intervalle d'un quarré long, borné au nord par l'Adda & le Tefin, & au midi par le Pô, où ces deux rivieres ont leur confluent. Ce beau pays renferme Milan, ville capitale, & qui a donné fon nom à toute cette partie de la Lombardie, comprife fous la dénomination de duché de Milan. Les autres endroits font Agnadel, Marignan, Mouza, Carraval, Caffano, Canonica, Gorgonzola, & le Ghiera d'Adda, &c. dont nous parlerons en traitant des environs de Milan. Le Milanez ne renferme aucune forêt, & l'on n'en trouve même dans aucun endroit de toute cette belle plaine de Lombardie, l'une des plus délicieufes, des plus foibles, & des plus vaftes qu'il y ait en Europe. On rencontre feulement dans le Piémont quelques petits bois que le roi de Sardaigne fait précieufement conferver pour les plaifirs de la chaffe ; mais fi ce pays n'offre aucune forêt, en revanche il ne manque ni de fleuves, ni de lacs, ni de rivieres. Les principales rivieres qui arrofent les Etats de Milan, font les deux Doires, la Sture, la Seffia, le Tefin qui vient du lac majeur, l'Adda qui paffe dans le lac de Côme, le Mincio qui fort du lac de Guardia, le Lambro, l'Adige & le Pô, que Virgile appelle le roi des fleuves.

La ville de Milan, *Milano* en italien, & *Mediolanum* en latin, eft fituée, fuivant les dernieres obfervations du P. de la Grange, données en 1765, au 27me. méridien, & à la latitude de 45 degrés, 7 minutes, 47 fecondes. Milan, felon l'opinion de plufieurs auteurs, fait remonter fa fondation jufqu'au regne de Tarquin l'ancien, vers l'an 615 avant J. C. Mais Tite-Live affure expreffément que cette ville doit fa naiffance à Bellovefe, neveu d'Ambigatus, roi des Celtes, qui, vers l'an 364, de la fondation de Rome, vint faire une irruption en Italie, & forma le premier établiffement des Gaulois Jufubriens, dans le pays qu'il appelle Gaule Cifalpine. Brenus la ravagea quelque temps après, puis Annibal, Othon, &c. Elle devint enfuite la proie des Goths, des Huns, des Vandales, & enfin des Lombards. Lorfqu'elle eut paffé fous la domination des empereurs d'Allemagne, elle fut détruite de fond en comble par Fréderic Barberouffe, lequel épargna cependant quelques quartiers, & ne fit point paffer la charue, ni femer du fel fur le fol de cette ville, ainfi que l'ont rapporté quelques hiftoriens trop crédules & trop peu judicieux. Mais nous traiterons en fon lieu de chacune de ces particularités.

Fondation

Fondation de Milan. Sa population.

MILAN eſt, après Rome & Naples, la premiére ville d'Italie dans l'ordre de la richeſſe, de la population, de la grandeur & de la magnificence : c'eſt ce qui lui a mérité le titre de *grande*, *Milan la grande*, & on doit la regarder encore aujourd'hui, avec raiſon, comme une des plus belles villes du monde. On compte qu'elle peut avoir à préſent près de trois lieues de circuit, parce que Fernand de Gonzague, tandis qu'il étoit gouverneur de Milan ſous Charles-Quint, fit unir les faubourgs à la ville, par une nouvelle enceinte de murs. Mais une grande partie de ſa ſurface eſt convertie en jardins. On dit que vers l'an 1700, dans un dénombrement fait par les Eſpagnols, cette ville contenoit 300 mille ames; aujourd'hui quelques voyageurs lui en donnent 250 mille; mais la plupart s'accordent à dire qu'elle ne renferme tout au plus que 120 mille habitans. Elle eſt ſituée ſur une petite riviere qu'on appelle l'*Olana*, à laquelle il eſt probable que la ville de Milan a donné ſon nom, ou d'où elle a tiré le ſien.

La citadelle de Milan, bâtie par les Viſconti, dans un endroit où ils avoient leur château, eſt un hexagone régulier, flanqué de ſix baſtions, défendu par une muraille terraſſée, avec un chemin couvert, & un grand foſſé plein d'eau.

Les voyageurs ne s'accordent pas ſur le nombre des égliſes qu'ils donnent à Milan. Un auteur Anglois, dit expreſſément, d'après les voyageurs de ſon pays : (*a*) qu'on y compte 22 portes, 286 égliſes, dont 96 qui ſont paroiſſiales & 90 qui ſont des couvens, 100 confréries, & près de 120 claſſes, ou écoles.

L'abbé Richard (*b*) aſſure qu'elle a 9 portes, 6 quartiers, 260 égliſes, dont une cathédrale & onze collégiales, 71 paroiſſes, 30 couvens de religieux, 8 maiſons de clercs réguliers, 36 monaſteres de femmes, & 32 égliſes de confréries. Il ne parle pas des hôpitaux.

M. Groſley (*c*) ſoutient qu'elle n'a que 230 égliſes en tout, ſoit paroiſſes, monaſteres, ſéminaires, chapelles de pénitens, hôpitaux, colleges & confréries.

M. de la Lande (*d*) ſoutient poſitivement qu'elle a 61 paroiſſes, 43 couvens d'hommes, 51 de religieuſes, 7 colleges & 9 hôpitaux, ou conſervatoires, fondés pour l'entretien des enfans trouvés & des orphelins. Ces hôpitaux, dit-il, ſont adminiſtrés & dirigés par des ſœurs voilées, qu'on appelle *Orſolines*, & qui different des urſelines de France. Enfin, ſuivant M. de la Lande, le nombre des égliſes de Milan ne doit ſe monter qu'à 171.

(*a*) *Deſcription of the Milaneſe*, *in the moder.* Hiſt. vol. 37. pag. 345.
(*b*) Deſcription hiſtoriq. & critiq. de l'Italie, art. *Milan*, 1766, 6 vol. in-12.
(*c*) Nouveaux mémoires ſur l'Italie, par deux gentilshommes Suédois, 3 vol. in-12. 1764.
(*d*) Voyage d'un François en Italie, 8 vol. in-12. 1769.

La Martiniere (a) prétend avoir calculé, d'après les voyageurs, que Milan ne renferme que 71 paroiſſes, 36 couvens de filles, 30 couvens d'hommes, 8 maiſons de chanoines réguliers, 32 colleges & 26 écoles, ce qui forme en tout 203 égliſes. Ces contradictions, qui ſont fort fréquentes parmi les voyageurs, doivent réjouir un moment le lecteur, & lui faire juger du peu de cas qu'on doit faire des relations. Cependant comment eſt-il poſſible qu'ils puiſſent ainſi ſe contredire, car il y a des livres dans Milan, & même des almanachs, qui déſignent au juſte le nombre des égliſes de cette ville? Enfin Milan n'a que trop d'égliſes & de couvens; & s'il faut juger de la grandeur, de l'aiſance & de la population d'une ville par le nombre des égliſes & la richeſſe de ſes couvens, on doit ſoutenir que Milan forme une des plus grandes, des plus peuplées, & des plus opulentes villes de l'univers. Mais hélas! cette magnificence eccléſiaſtique prouve que les prêtres & les moines ſont heureux, tandis que le peuple gémit dans les horreurs de l'indigence. C'eſt pourquoi tout le monde en Italie veut ſe faire prêtre ou moine, parce que c'eſt l'état le plus heureux : état précaire qui annonce la ruine d'un pays. Il n'y a pas de milieu; & il faut en Italie, ou faire la charité, ou la recevoir : il faut donc ſe faire prêtre, &c.

Caractere des Milanois, mœurs, gouvernement, police, adminiſtration de la juſtice.

LES voyageurs remarquent tous que la nobleſſe de Milan eſt généreuſe, magnifique, & qu'elle reçoit avec amitié les étrangers, ſoit à la ville, ſoit à la campagne. Enfin ils s'accordent à dire que Milan eſt, de toutes les villes d'Italie, celle ou les étrangers ſont reçus avec le plus d'accueil, & où l'on fait meilleure chere. Les dames ont l'air moins gênés que dans les autres villes d'Italie, dit M. de la Lande, parce qu'elles reçoivent chez elles plus de compagnie. Elles ne ſe contraignent point comme à Gênes à ſe choiſir un ſigiſbé ou cavalier ſervant. » Milan, dit M. Groſley, eſt la premiere & la derniere ville d'Italie, où l'on trouve chez les femmes le ton d'aiſance, l'air, & les manieres de France. Par-tout ailleurs, ce ſont des modes ſurannées, des airs déhanchés, une contenance gauche, & un maintien bizarre. »

» Il n'y a peut-être pas de ville au monde, remarque l'abbé Richard, comme la ville de Milan, pour vivre avec agrément, & qui offre autant de reſſources aux voyageurs qui apportent avec eux des lettres de recommandation. Il y a vingt bonnes maiſons ouvertes, dans leſquelles on peut manger tous les jours en très-bonne compagnie. Les tables y ſont magnifiquement ſervies; & on trouve dans la nobleſſe de cette ville les ſentimens de la plus juſte reconnoiſſance. Les autres Italiens ſont étonnés

_____

(a) Dictionn. géograph. art. *Milan*, 6. vol. fol. 1765.

» de ces procédés, qu'ils trouvent très-bons tant qu'ils font à Milan. Mais
» comme il n'eft point dans leur goût de les imiter, ils la tournent en
» plaifanterie dès qu'ils font chez eux. «

Le peuple eft doux, affable, civil, & fi bon, que les autres Italiens appellent les Milanois *Bonnacci*, ou bonaces, parce qu'ils les regardent
comme étant moins fubtils, moins fins, & moins dégourdis. Ils font
un peu défians, & cela eft naturel, dit M. de la Lande, à ceux qui ont
été fouvent trompés. Ils aiment l'économie, & on leur reproche, peut-
être avec un peu trop de févérité, de tenir encore du génie des anciens
Lombards, qui fournilfoient autrefois toute l'europe de traitans durs & im-
pitoyables. Mais aujourd'hui les Bergamefques fe font rendus dans cet art
plus habiles que les Milanois leurs anciens maitres.

Le peuple de cette ville eft impatient, inquiet, remuant; & le fouverain doit bien prendre garde à ne pas les vexer par de nouveaux impôts,
s'il veut maintenir à Milan la paix & la tranquillité. La moindre augmentation dans le prix des denrées, jette le Milanois dans le défefpoir, &
fuffit pour faire naître des troubles & des féditions. Quelle différence, dit
avec beaucoup de mauvaife foi un voyageur moderne, entre ce peuple, &
le peuple François qui fe fait une gloire de fe laiffer écrafer d'impôts par
fon fouverain, & qui, dans toutes fes guerres civiles n'a jamais fait un
pas vers la liberté! Auffi de tous les peuples de l'univers, fans en excepter un feul, le plus efclave aujourd'hui, ajoute-t-il encore, c'eft le peuple
François.

L'impératrice-reine, en 1754, voulut, à l'inftigation des traitans, hauffer
le prix du tabac dans le Milanez. Mais cet acte de defpotifme excita une
fermentation violente parmi les bourgeois; le gouvernement fe crut à la
veille d'une révolte, & fut forcé de retirer promptement fon édit d'augmentation.

» On voit communément à Milan, dit l'abbé Richard, t. 1. p. 270, une
» efpece d'hommes d'une conformation particuliere. Ce font des nains d'une
» figure grotefque; ils ont de groffes têtes avec de grands traits, la taille
» très-courte, fort groffe, & difforme, les cuiffes courtes & groffes, & les
» jambes torfes. Il eft ordinaire d'en voir plufieurs enfemble, hommes &
» femmes, plus à Milan qu'en aucune autre ville de Lombardie. Cette race
» eft ordinairement très-forte, & fuivant les apparences, colere, & mé-
» chante. Il n'eft pas à fouhaiter qu'elle fe multiplie; & je ne fais com-
» ment l'autorité politique permet le mariage entre perfonnes ainfi confor-
» mées. J'ai remarqué en Lombardie, dans les jardins des maifons de cam-
» pagne, des ifs taillés d'après ces grotefques. Le goût de ceux qui les
» ont fait faire, ne doit pas fervir de modele : c'eft la plus vilaine dé-
» gradation de l'efpece humaine que je connoiffe. «

Le gouvernement de Milan eft adminiftré par le vice-gouverneur, le
miniftre d'Etat, le fénat, & les officiers municipaux chargés de veiller au
maintien de la police. C'eft aujourd'hui l'empereur Jofeph II, qui, comme

fouverain de Milan, nomme à toutes ces dignités, charges, & emplois. Le fénat eft compofé d'un préfident & de dix fénateurs, dont quatre font Milanois, & quatre font de la Tofcane. Les deux autres places font occupées par le gouverneur de Crémone, & par le gouverneur de Pavie. Le fénat juge en dernier reffort, & fans appel de toutes les caufes civiles & criminelles, fous la dépendance & l'autorité du miniftre d'Etat.

Milan, dit M. Grofley, fe gouverne par le droit Romain modifié par la coutume. Dans le partage des biens on fuit la loi de l'égalité, que la nobleffe même ne peut éluder, ni par des fubftitutions, ni par des acquifitions de biens-fonds faites dans les pays où cette loi n'eft pas établie. Il remarque auffi que depuis que Milan n'eft plus gouvernée que par une autorité fecondaire, la juftice a perdu la force que lui affure affez communément la préfence du fouverain : » Le défefpoir, dit-il, & fouvent l'impoffibilité de l'obtenir, détermine le peuple à fe la faire lui-même. Le » magiftrat ferme les yeux fur les effets de vengeances particulieres, & il » borne fes foins à la prohibition des ftilets & des piftolets de poche. » Tout homme faifi avec une arme prohibée, eft bâtonné & mis au cachot, d'où il ne fort qu'en payant une forte amende. «

Outre le fénat dont nous avons parlé, il y a encore à Milan d'autres tribunaux. (*a*) 1º. Le confeil fuprême de commerce, où l'on décide en dernier reffort de toutes les affaires majeures en matiere de finances, fermes, monnoies, &c. 2º. Le tribunal des finances, appellé fimplement *le magiftrat*, compofé de huit membres & d'un préfident. Le premier magiftrat s'appelle *le capitaine de juftice.* Son devoir eft de veiller à l'exécution du décret de la juftice ; il a trente fbires, ou foldats à fes ordres, pour l'intérieur de la ville, & vingt-quatre, pour la campagne. Cet office fe rapporte à celui de lieutenant de police. Le fecond magiftrat fe nomme *vicaire de la provifion*, c'eft, dit M. de la Lande, le premier officier municipal, & celui dont la charge eft de veiller à l'approvifionnement de la ville. Il a l'infpection des arts & métiers, & fixe le prix des denrées. 3º. *Le confeil des foixante*, appellé le confeil de ville. Ces foixante membres font appellés *décurions* ; on doit les choifir dans la premiere nobleffe. Ils ont le foin de l'adminiftration de la police, des ouvrages publics, & de l'approvifionnement. C'eft le confeil des foixante qui a le privilege de nommer le vicaire de la provifion. Il préfente au gouverneur trois fujets, parmi lefquels il en choifit un au nom du fouverain. Il y a encore un troifieme officier, qu'on nomme le *tenant royal*, dont l'office eft d'avoir l'infpection des rivieres, ponts & chauffées du Milanez.

La ville de Milan fe garde elle-même, & jouit du privilege de ne recevoir jamais de troupes. En temps de guerre feulement, la milice prend les armes. L'empereur ne peut avoir des troupes à Milan que dans la ci-

_____

(*a*) Calendrier de Milan.

tadelle ; aussi a-t-il grand soin que la citadelle soit toujours bien fournie , afin de tenir en bride des habitans fort jaloux de leur liberté.

Quant à la justice ecclésiastique, elle est administrée tant pour le civil que pour le criminel, par des clercs choisis par l'archevêque. Le peuple de Milan ne jouit plus du droit qu'il avoit de nommer ses archevêques, droit dont tous les peuples chrétiens jouissoient autrefois en Europe, & qui depuis a été attribué aux rois, comme un apanage de la royauté.

Manufactures , commerce.

ON voit à Milan beaucoup de fabricans en étoffes de soies, beaucoup d'orfevres & de fondeurs, beaucoup de lapidaires qui taillent le cristal de roche qu'on tire des Alpes , & dont ils font toutes sortes d'ouvrages. On y fabrique aussi de fort beaux carrosses, & ses ouvriers en ce genre, passent pour les plus habiles de l'Italie. A Rome, à Bologne, & dans toutes les autres villes des Etats d'Italie , on fait usage des voitures de Milan. Dans la *casa clerici*, qui forme un bâtiment d'une vaste étendue, on a établi plusieurs sortes de manufactures ; il y en a pour le verre, la fayance , les poils de chevre, les laines, &c. Ces diverses fabriques employent un grand nombre d'ouvriers. La *casa penyfa* renferme aussi plusieurs fabriques différentes ; comme des métiers de toutes les sortes, pour les soies & les dorures. On y fait, dit M. de la Lande , des velours d'une bonne qualité , des mouchoirs de soie, des gros-de-tours, des satins &c.

D'autres négocians ont élevé des fabriques de rubans, d'indiennes, de draps, & d'étoffes d'or & d'argent. Le même auteur fait cette observation : » Lorsque les Espagnols, dit-il , possédoient ce pays, ils répandirent dans » le Milanez beaucoup de pieces d'or & d'argent ; & c'est depuis ce temps- » là que les batteurs d'or , & les tireurs d'or ont toujours fait une partie » intéressante du commerce de cette ville. Aujourd'hui , par la rareté des » especes, ils travaillent en faux. Mais quand ils travaillent en fin, ils ont » le secret de ne dorer que d'un côté le fil d'argent, c'est-à-dire, le côté » seulement qui doit paroître ; en sorte qu'à Milan on ne peut pas retour- » ner les galons d'or, parce qu'ils ne sont dorés que d'un côté. «

C'est au temps de la magnificence des Visconti & de l'étendue de leur domination , dit M. Grosley, qu'il faut attribuer l'origine de ce proverbe : *Chi volesse resfetare Italia, fi ruina Milano.* Ruinez Milan, & vous releverez l'Italie. La chûte du commerce de cette ville, dit ce judicieux observateur, & l'extinction de la puissance des Visconti & des Sforces, a démenti ce proverbe, & en fait voir la fausseté. Cependant, quoique le commerce de Milan ne soit pas aujourd'hui ce qu'il a été, il ne laisse pas d'être fort étendu.

Le premier objet dont s'occupent les négocians, ce sont les soies crues & organsinées. Cette branche de commerce exige des fonds considérables, & les plus riches maisons de Milan s'en sont emparées exclusivement aux

autres, en formant entr'elles une société clandeſtine. Ce monopole n'eſt pas
moins nuiſible à l'acheteur qu'au vendeur, & fait un tort conſidérable au
commerce en général. La ſociété, dit M. Groſley, qui a traité à fond cet
article, fait acheter les ſoies du Milanez de caſſine en caſſine, ou de village en village, dans le temps de la récolte, & ſouvent avant la récolte ;
car elle ne ſe fait aucun ſcrupule d'accaparer. Lorſque les ſoies de Verone,
de Bergame, & des autres villes de la Lombardie, ſont raſſemblées dans
les magaſins, la ſociété écrit en France & en Angleterre que la récolte a
manqué, ou qu'elle a été peu favorable, & fixe en conſéquence le prix
des ſoies. Ce prix n'eſt pas toujours ſuivi ni adopté, par les autres marchands
ſubalternes qui ne ſont pas de cette ſociété. En conſéquence, les facteurs de
France & d'Angleterre arrêtent toutes les ſoies de ces marchands ſubalternes, tandis que la ſociété eſt obligée de garder les ſiennes dans ſes magaſins. Mais que fait alors la ſociété? Elle annonce en France & en Angleterre que la récolte prochaine donne les plus grandes eſpérances, & par
cet appât empêche les facteurs de rien acheter, en ſorte que le prix des
ſoies des marchands ſubalternes baiſſe tout-à-coup, parce qu'il ne ſe préſente plus d'acheteurs. C'eſt afin que les marchands ſubalternes ſe voient
obligés de vendre à vil prix ces mêmes ſoies à la ſociété, qui dans la ſuite
les revend fort cher aux crédules étrangers : car le temps de la récolte n'eſt
pas ſi-tôt arrivé, que la ſociété écrit aux Anglois, que les François, comme
les plus voiſins, les ont prévenus de viteſſe : qu'ils ont tout enlevé, &
qu'il n'en reſte plus à la ſociété qu'une certaine quantité qu'elle ſera obligée de leur vendre fort cher, &c. Elle donne aux François le même avis,
& les trompe également. On voit par-là, que cette ſociété exerce un monopole qui porte ſur le cultivateur même, parce qu'en ne recevant de ſes
ſoies d'autre prix que celui qui eſt fixé par la ſociété, il tourne vers des
objets plus lucratifs, une induſtrie que l'eſpoir ſeul du gain animoit & entretenoit ; & loin de faire de nouvelles plantations, il laiſſe les anciennes
tomber en ruine. Dégoûté de ce monopole établi à Milan, & à Veniſe,
& ruiné par les droits de tranſit établis par le roi de Sardaigne & autres
Etats adjacens, ſur les ſoies qui ne font que paſſer ſur leurs territoires,
& par d'autres droits encore plus forts qu'il faut payer à Milan, il ſe voit,
pour ainſi dire, forcé d'abandonner la culture des mûriers.

Le ſecond objet de commerce conſiſte dans les galons, brodures d'or &
d'argent, dentelles, gants, & autres marchandiſes ſemblables. Les manufactures de galons furent établis par les Eſpagnols, ſous Philippe II. Tant
qu'ils répandirent dans le Milanez, les piſtoles du Pérou, les galons d'or &
d'argent furent très-à la mode. Mais depuis que le duché de Milan eſt re-
tourné aux empereurs d'Allemagne, il ne s'en fait plus de conſommation, que
pour les ornemens d'égliſes, & les ameublemens de palais ; en ſorte que,
ni les bourgeois, ni les nobles, ne portent plus de galons fins. » Les bro-
» deries de Milan, remarque M. Groſley, mériteroient d'être plus connues
» en France, à cauſe de leur goût, & de leur légéreté, elles l'étoient beau-

» coup, dit-il, du temps de Louis XII & de François I, ainſi qu'il eſt aiſé
» de s'en convaincre en liſant Brantome. Les Lyonnois pourroient les in-
» troduire en France avec d'autant plus de facilité qu'elles ſont à très-bon
» compte à Milan, où toutes les manufactures ne ſe ſoutiennent plus que
» par la ſobriété naturelle du pays, le bas prix des denrées, & par conſé-
» quent, le bon marché de la main-d'œuvre. » Les mouchoirs de ſoie, fa-
briqués à Milan, ſont répandus dans toute l'Italie, mais ſur-tout dans le
Milanez & dans la Romagne, où l'humidité de l'air, obſerve M. Groſley,
force les habitans de ſe mettre ces mouchoirs autour du col, afin de ſe garantir des maux de gorge, ſi fréquens parmi les Milanois & les Romagnols
qui ne prennent pas cette précaution. Ces mouchoirs font partie du dés-
habillé des princes & des nobles. La bourgeoiſie, & le petit peuple ne les
quittent jamais, ni à la maiſon, ni en voyage.

Les rizieres du Milanez forment, ſuivant M. Groſley, le plus conſidérable objet du commerce. Mais ſi cet objet, dit-il, eſt lucratif pour le propriétaire, il eſt pernicieux pour le cultivateur. Le riz croît dans des champs
abſolument inondés ; & l'on a grand ſoin de faire toujours monter l'eau à
meſure que la plante grandit ; en ſorte que ſa tête ou ſon ſommet ſoit
toujours à fleur d'eau. Ce qui rend cette culture ſi commune & ſi aiſée
dans le Milanez, ce ſont les canaux ſans nombre dont tout ce pays eſt
coupé. Les voyageurs remarquent avec regret que les rizieres s'étendent
chaque année, & que ſi le gouvernement n'y met obſtacle, toute la Lombardie court grand riſque de n'être bientôt plus qu'une riziere. On ſeme
le riz au mois de mars, ou vers les commencemens d'avril au plus tard ;
& dès que la plante commence à germer, on la couvre d'eau. La récolte
ſe fait en ſeptembre. La paille, ou le corps de l'épi, eſt large d'environ
deux lignes, & reſſemble à des feuilles de jonc, ſuivant les obſervations
faites par l'abbé Richard. Le tuyau noueux qui porte l'épi, peut avoir,
dit-il, une ligne & demie de diametre. On fait écouler les eaux dans le
temps de la récolte ; & c'eſt alors, que l'air eſt tout rempli d'exhalaiſons
pernicieuſes & mal-ſaines qui s'élevent de ces marais, & qui font la ſource
de pluſieurs maladies épidémiques ; en ſorte que les pauvres cultivateurs,
meurent preſque tous d'hydropiſie, avant même que d'avoir atteint l'âge de
quarante ans. Cette conſidération devroit bien empêcher le gouvernement
de laiſſer convertir en rizieres tout le Milanez ; mais il faudroit pour cela
arrêter les monopoles des marchands de ſoie.

Les armes à feu fabriquées à Milan, étoient autrefois l'objet de l'admiration de toute l'Europe ; & il n'y avoit point de guerrier un peu célèbre qui
ne voulût avoir des armes de Milan. On voit dans Brantome, un long
détail des obligations que la France avoit à la ville de Milan pour la perfection des arquebuſes & des mouſquets, que le maréchal de Strozzi avoit
fait connoître à la cour de Henri II. Ce commerce eſt à préſent tombé
dans la plus grande décadence.

L'objet de commerce le plus grand, peut-être, pour Milan, c'eſt d'être,

par fa fituation, l'entrepôt naturel de toutes les marchandifes de l'Allemagne, de la Suiffe, & de Lyon, deftinées pour l'Italie. Tout ce que le négociant doit verfer de l'un de ces pays en Italie, ou de l'Italie dans ces
pays, paffe par Milan, & fait l'objet primitif ou fecondaire de plufieurs
maifons marchandes de cette ville, qui en retiennent beaucoup d'argent, fans
rien hafarder, foit par les droits, les frais de magafinage, & les marchés
pour les chargemens, marchés dans lefquels, obferve M. Grofley, les
commiffionnaires favent bien tirer parti, & de leurs commettans, & de
leurs voituriers.

» Dans les affaires de commerce & d'argent, dit M. Grofley, t. I. p. 152,
» les Milanois font toujours Lombards, dans la fignification que les Fran-
» çois avoient attachée à ce nom, lorfque la nation qui le porte, parta-
» geoit à Paris, avec les Juifs, toutes les négociations d'argent & de pa-
» pier. Les petits gains les flattent encore tellement, qu'ils ne peuvent s'y
» refufer, ni dans les plus grandes affaires, ni dans les fimples offices d'a-
» mitié. Le défintéreffement, ne fut jamais la premiere vertu du commerce.
» Mais pour gagner, il faut favoir perdre quelquefois. C'eft ce que favent
» pratiquer les Anglois, les Hollandois, les François & les Efpagnols; mais
» c'eft ce qu'ignorent encore, & veulent ignorer les Italiens. On en attribue
» la caufe à la multiplicité des diverfes monnoies qu'ils ont encore en Italie.
» Dès l'enfance ils s'adonnent à évaluer la perte ou le gain du change de
» ces monnoies; & par-là, ils font toujours affurés de fubtilifer l'étranger.
» Il femble qu'il y ait non-feulement à Milan, mais dans toute l'Italie,
» un pacte fecret, ou une ligue tacite entre les habitans, au préjudice de
» l'étranger, par lequel on donne un droit à percevoir fur le marchand
» auquel on adreffe un étranger pour quelque emplette. Par exemple, fi
» vous avez befoin d'acheter un cheval, celui qui vous mene chez le
» marchand a droit d'exiger de lui une récompenfe, ou plutôt une ré-
» tribution qui retombe toujours fur l'étranger, foit qu'il achete ou qu'il
» vende. »

Climat, fertilité du pays, produit des terres, revenus, finances,
impôts.

LE climat de Milan, dit M. de la Lande, eft froid pendant l'hiver, &
fi chaud pendant l'été, que les Milanois, ainfi que tous les autres Italiens,
mettent particuliérement tous leurs foins à fe garantir de la chaleur. On
ne connoît point l'ufage d'avoir des rideaux à fon lit; & les chaifes dans
lefquelles on voyage font ouvertes au froid & à tous les vents. En été on
ne voyage jamais pendant la chaleur; & pendant l'hiver la plupart des chemins font fi impraticables, que les voyageurs font obligés communément
d'aller paffer l'hiver à Naples, d'où ils ne partent qu'au printemps pour fe
rendre en Lombardie. On a obfervé que, pendant les hivers de 1763,
1766, 1767 & 1768, qui furent très-froids à Paris, le thermometre étoit,

à

à Milan, presqu'au même degré. Il est certain que les froids y sont plus
rigoureux qu'à Paris, & même qu'ils y durent plus long-temps. On a aussi
remarqué qu'il pleut un peu plus à Milan qu'à Paris; car pendant trois années consécutives, les observateurs se sont apperçus que la quantité moyenne
de la pluie tombée à Paris, n'alloit qu'à 19 pouces, tandis qu'à Milan elle
va toujours jusqu'à 23, 24, & 25.

On ignore l'usage de laisser reposer les terres dans le Milanez, & tous
les ans, réguliérement, le cultivateur fait deux récoltes : la premiere, en
froment ; & la seconde, en menus grains, c'est-à-dire, millet, blé de turquie,
& autres denrées semblables. Cet usage est général dans tout le Milanez,
à raison de la fertilité du terroir. Mais ce n'est pas à dire pour cela que les
arbres donnent deux fois du fruit, ainsi que le prétend l'abbé Richard, lorsqu'il dit : tom. III. p. 6. *Les troupeaux y portent deux fois , & l'on y recueille deux fois chaque année du fruit sur le même arbre.* Les fenaisons se
font toujours trois fois l'an , & souvent quatre fois : ce qui s'appelle alors
le *regain*. Cependant les prés qui n'ont pas le secours des eaux, ne se fau-
chent guere que deux fois ; mais il est rare que dans un pays aussi coupé
de rivieres que le Milanez, on ne puisse pas y faire quelques saignées
pour baigner les terres. Outre tous les fruits qu'on recueille en France, &
qui croissent également dans le Milanez, on en voit encore plusieurs autres qui sont inconnus à Paris, tels que les cédrats, &c. Mais sur-tout les
pommes d'or , *pomidori*, appellées aussi pommes d'amour. Elles sont douces, suaves, agréables, & l'on s'en sert pour donner à tous les mets la
couleur d'un coulis d'écrévisses.

Les Visconti , dit l'abbé Richard, en faisant dessécher les marais, & creuser
par-tout des canaux, ont fait la richesse des terres du Milanez, & leur ont
assuré une fécondité certaine. Les pâturages sont excellens, & nourrissent
un grand nombre de troupeaux, qui fournissent les plus excellens fromages, dont on fait une grande consommation dans le duché de Milan, mais
dont l'exportation est encore plus grande. Les habitans du Milanez font
aussi d'excellens vins dans le territoire d'Arone, & aux environs du lac
majeur. Ces vins sont légers, de bonne qualité, & ils sont réputés les meilleurs & les plus sains de la Lombardie. Les lacs & les rivieres fournissent
aussi d'excellens poissons , & en abondance. Il y a moins de gibier
que de volailles; mais les lacs & les rivieres suppléent à la venaison, en
fournissant une grande quantité d'oiseaux sauvages & aquatiques, qui
ont un goût excellent. Les châtaigniers & les marronniers forment encore
un grand objet d'économie pour les Milanois. Mais les mûriers & le riz,
ainsi que nous l'avons observé plus haut, font la principale étude des cultivateurs.

On a calculé que les soies du Milanez rapportoient au pays huit millions
argent de France. L'exportation du blé produit, à ce qu'on prétend, 1500
mille livres; les fromages 700 mille, les vaches & les chevaux, le lin ,
le chanvre & les laines non cardées, peuvent encore produire cinq mil-

lions : ce qui forme un total de quinze millions, argent de France, pour un pays où l'on ne compte qu'un million d'habitans. (*a*)

L'empereur Joseph II, aujourd'hui maître du Milanez, leve un peu plus de sept millions par an de ce duché. Mais on compte, dit M. de la Lande, qu'il n'en passe à Vienne tous les ans que 400 mille livres, tous frais faits, parce que le surplus de la somme est presque entièrement employé au payement des troupes, & à l'acquit des charges de l'Etat. Il est vrai, ajoute-t-il, que les sept millions en temps de guerre, passent en entier en Allemagne. Il sembleroit cependant qu'en temps de guerre, le Milanez devroit plutôt retirer de l'argent que d'en laisser sortir. M. Grosley a vu cet objet de finance autrement que M. de la Lande, & nous allons citer ses paroles : » La cour de Vienne, dit-il, tire chaque année huit à » neuf millions de livres de France en espece : exportation dangereuse qui » causera dans la suite un épuisement total, dont les funestes effets se font » déjà sentir par la diminution du commerce & des habitans... Une maison » à porte cochere, en 1758, au centre de la ville, & dans un des plus » beaux quartiers de Milan, deux appartemens complets, avec écuries, » remises, caves & cuisine, ne se louoit par an que 400 livres, argent de » France. (*b*) En gémissant sur leur état actuel, les Milanois frémissent à » la vue de l'avenir & de la ruine totale qu'ils attendent d'une alliance, » qui, en leur enlevant, & l'argent que les garnisons Allemandes laissent » chez eux, & celui que la guerre leur apportoit de temps en temps, ne » leur laisse de ressource que dans une industrie, qui ne peut avoir d'acti- » vité qu'autant que l'argent est très-commun. Enfin, ils comparent dou- » loureusement leur situation présente, avec la position de leurs ancêtres. »

La cour de Vienne ne retire pas elle seule tous les impôts établis sur les Milanois : la banque de S. Ambroise, qui n'est administrée que par des docteurs en droit, jouit de tous les droits d'entrée anciennement aliénés par le prince dans des besoins urgens, pour de l'argent que cette compagnie lui prêta alors, & qui n'a pas été remboursé depuis. C'est un bonheur pour la ville de Milan, parce que les actions de cette compagnie, qui ne peut jamais faire banqueroute, se vendent, s'agiotent & rapportent même jusqu'à quatre pour cent.

Le mont de piété, établi à Milan, sur le modele de celui de Rome, forme encore un objet de finance. Ses fonds se montent à 800 mille livres, argent de France ; il prête sans intérêt pour trois mois seulement. Ce terme expiré, on fait la vente des gages mis en dépôt, supposé que la personne à qui ils appartiennent, ne vienne pas les retirer.

_____

(*a*) Voyez l'ouvrage du marquis Campani : *Traité du commerce de Milan.*

(*b*) Cette même maison à Londres, seroit louée 400 louis ; à Amsterdam, 300 louis ; & à Paris, 200 louis.

Mesures, monnoies, poids, prix des denrées.

Le *braccio* ou la brasse, est de vingt-deux pouces de France. Le blé se mesure par *staro*, qui diffère peu du boisseau de Paris, & qui pese environ vingt livres. Toutes les monnoies étrangeres ont cours à Milan, & le louis d'or de France y vaut trente-trois livres du pays. La livre doit se réduire à 14 sols & demi argent de France. Les monnoies d'or du pays appellés *doubles*, ou *dobbla*, valent vingt-quatre livres du pays, c'est-à-dire, 17 livres 8 sols, argent de France. La livre de Milan, la grosse livre, *libra grossa*, livre de poids, est plus forte que celle de France ; en sorte que le muid de blé, *moggio*, qui coûte 24 livres du pays, ou 17 livres huit sols argent de France, ne pese que 250 livres, ou 233 livres poids de France. Le pain se vend 27 deniers la livre, argent & poids de France ; le bœuf coûte cinq sols environ, le veau six, & le mouton quatre, la livre, argent & poids de Paris. Le vin n'y coûte que quatre sols la bouteille, argent & mesure de Paris.

Environs de Milan.

On voit aux alentours de Milan, plusieurs belles maisons de campagne, parmi lesquelles on distingue celle du comte Arconati, appellée le *Castellazzo*, ou le petit château. Elle est dans une situation riante, à deux lieues de Milan, au milieu d'une magnifique plaine. Le jardin & les bâtimens sont superbes, ainsi que les grilles & la ménagerie. On y voit plusieurs belles peintures, & un grand nombre de statues, une *colossélo* sur-tout qui représente Pompée, laquelle fut apportée de Rome en 1627. C'est dans ce château qu'on voit les bas-reliefs qui représentent les exploits de Gaston de Foix, tué en 1512, à l'âge de vingt-quatre ans. Les autres maisons les plus renommées & les plus dignes de l'attention des voyageurs, sont : *Monbello, Birago, Comazzo*, & sur-tout la *Casa simonetta*, si célébre par un écho des plus fameux.

Les bourgs, couvens, forteresses, qui sont aux environs de Milan, & qui forment le Milanez propre, sont : Agnadel, *Agniadello*, bourg célébre dans l'histoire de France, par la bataille que gagna Louis XII, sur les Vénitiens & sur le pape, le 14 mai 1509, & qui le rendit maître de toute la Lombardie. Les Italiens nomment cette bataille, celle de Ghiara d'Adda, parce qu'Agnadel, ainsi que les villages circonvoisins, comme *Voilande* & les autres, sont renfermés dans une enceinte que les Milanois appellent *Ghiara d'Adda*, c'est-à-dire, cercle de l'Adda. Les autres endroits les plus connus dans les environs de Milan, sont Marignan, Cassano, Canonica, Gorgonzola, Caraval, & Monza.

Marignano, située sur le Lambro, n'est qu'à deux lieues de Milan. C'est un endroit célébre par la bataille que François premier remporta en septembre 1515, sur les Suisses, alliés de Maximilien Sforce. La bataille dura deux jours, c'est-à-dire, le 3 & 4 septembre, disent les historiens. Cela est-il bien vrai, & n'est-ce point une exagération de la part des historiens, pour flatter un roi de France? Il est vrai qu'elle fut si vive, qu'on rapporte que le maréchal Trivula, qui s'étoit déjà trouvé à dix-huit batailles rangées, (autre exagération) disoit : » que par-tout ailleurs c'avoient été » des jeux d'enfans, mais qu'à Marignan, c'étoit un combat de géans. »

Cassano est sur l'Adda, à quatre lieues de Milan. Cet endroit est encore remarquable par une bataille qu'on prétend que le duc de Vendôme remporta sur le prince Eugene, le 16 août 1705. Mais le prince Eugene s'attribue le gain de cette bataille, & fit chanter à Vienne des *Te deum*, ainsi que Louis XIV en fit chanter en France.

Canonica est aussi sur l'Adda, & à six lieues de Milan. C'est là qu'aboutit le canal de la Marthesana, ainsi appellé de l'ancienne *Marche marthesane* ou de Marthese, nom qui lui fut donné par les premiers de ses marquis, surnommé *Marthesius*. Le marquis de Carravage de Milan, possède un magnifique château à Canonica, lequel attire l'attention des curieux.

Gorgonzola est également située sur le canal de l'Adda. C'est là que commencent de magnifiques chemins bordés d'arbres, qui conduisent à Milan. Les grandes routes sont bien entretenues, & l'on y travaille comme en France, par corvées.

Chiararavalle, ou Caraval, est une riche abbaye de bernardins, fondée par saint Bernard, à une lieue de Milan. Les moines ont fait sculpter en bas relief sur leurs sieges ou stalles, toute la vie de leur saint patriarche; & tous les voyageurs disent que tous ces différens morceaux sont des chef-d'œuvres de sculpture. Ce monastere est célèbre par l'histoire d'une dévote, appellée Guillemine, morte en 1281, en odeur de sainteté, & qu'on déterra ensuite, parce qu'on la crut sorciere. Ses os furent brûlés, & les cendres jetées au vent. Cette histoire est fort singuliere; mais elle est digne de la barbarie & de l'ignorance du moyen âge.

Monza, petite ville située sur le Lambro, à cinq lieues de Milan. C'étoit du temps des Goths, une forteresse que Frédéric avoit fait réparer. Les Visconti la firent rebâtir, & la convertirent en prison d'Etat. Que d'illustres prisonniers sont morts dans ce château! Théodelinde, reine des Lombards, y fit élever une église à l'honneur de saint Jean-Baptiste. Elle la dota richement, & la combla de ses dons. On garde encore aujourd'hui dans le trésor de cette église, un saphir de grand prix, une belle croix de cristal que Théodelinde avoit reçue de saint Grégoire, & deux couronnes en forme de diadèmes, qui sont celles de Théodélinde & d'Agizulphe, son époux, dont cette princesse fit présent à cette église.

Mais le monument le plus curieux de ce trésor, est la couronne de fer, dont on couronnoit anciennement les empereurs d'Allemagne, comme rois de Lombardie. La cérémonie se faisoit à Milan, dans l'église de saint Ambroise, par l'archevêque, qui envoyoit chercher cette couronne à Monza, où les rois de Lombardie la laiffoient en dépôt. On l'appelle *couronne de fer*, à caufe d'un cercle de fer dont elle eft garnie au dedans, fabriquée, dit-on, avec un des clous qui fervirent au crucifiement. Au refte, il y a des voyageurs qui difent qu'elle eft fi petite, qu'elle ne ferviroit pas même pour la tête d'un enfant : fans doute que ce n'étoit que pour la forme, qu'on l'impofoit fur la tête des empereurs.

Il y a peu de pays en Europe aufli riches en lacs & en rivieres que le Milanez, à raifon de fa proximité des Alpes. Le lac de Come ; le lac Majeur, le lac de Lugano, celui de la Guarda, qui a douze lieues de long, le Téfin, l'Adda, & plufieurs autres rivieres, portent l'abondance & la fertilité dans les plaines du Milanez. Le lac Majeur eft remarquable par les iſles Borromées.

Les montagnes du Milanez qui font dans les Alpes, ne manquent pas d'habitans ; mais elles paroiffent défertes, en comparaifon des montagnes de la Suiffe qui les avoifinent, & qui, bien loin d'être aufli fertiles que celles du Milanez, font, pour ainfi dire, ftériles. La raifon de ce contrafte ne peut avoir fa fource que dans la différence des gouvernemens, & cette obfervation mérite l'attention du lecteur.

» Il y a quatre villages, dit M. de la Lande, qui faifoient autrefois » partie du duché de Milan, & que Louis XII, lorfqu'il conquit ce du- » ché, donna aux Suiffes. On les appelle *Lugano, Locarno, Mandriʒ,* & » *Bellenʒo.* Le territoire de Lugano contient quatre-vingt-neuf maifons ; il » n'eft point aufli bon que celui du Milanez, qui lui eft contigu ; cepen- » dant il eft plus cultivé, plus peuplé, les habitans y paroiffent plus riches » & plus contens. On n'y voit point de mendians, ni d'objets qui refpi- » rent la mifere. Leurs maifons font toutes bonnes, bien bâties & bien » meublées. Il n'en eft pas de même dans le Milanez : le terrein y eft cer- » tainement un des meilleurs d'Italie ; il produit en abondance du blé, » du vin, de l'huile, de la foie, & toutes fortes de denrées ; il y a des » pâturages en abondance ; cependant les payfans y font plus pauvres, la » population y eft moindre qu'à Lugano, & il y a beaucoup de terres en » friche. La raifon de cette différence vient, fans doute, du gouvernement ; » le peuple dans le Milanez, a toujours été chargé d'impôts, & géné par » des droits qu'on ne connoit point dans les républiques de la Suiffe ; » raifon qui doit faire frémir les princes qui accablent indignement leurs peuples d'impôts exorbitans.

A cet exemple, nous devons en joindre un autre, cité par M. Adiffon, par lequel il eft prouvé que la liberté feule fuffit pour rendre un peuple heureux, & que l'homme préfere naturellement cet avantage à tous les autres. » Le peuple de Saint-Marin, dit-il, eft plus heureux dans fes rochers » & fes neiges, fur les bords de la mer Adriatique, & près de la délicieufe » marche d'Ancone, que les autres peuples dans les vallées fertiles & char- » mantes d'Italie. Rien ne prouve mieux les avantages de la liberté & l'a- » verfion naturelle des hommes pour le gouvernement arbitraire, que de

» voir cette montagne couverte d'habitans, tandis que la campagne de Ro-
» me, ſi fertile, ſi féconde & ſi voiſine de Saint-Marin, eſt déſerte &
» dépeuplée «.

Le Paveſan.

LE Paveſan que les voyageurs appellent le jardin du Milanez, à cauſe
de ſa beauté & de ſa fertilité, eſt borné au nord par le Milanez propre, au
ſud par le territoire de Bobio, à l'eſt par le Lodeſan, & à l'oueſt par la
Laumelline. La ville capitale eſt Pavie qui lui a donné ſon nom. C'eſt une
grande ville bien bâtie, bien percée, bien alignée, mais peu peuplée : ce
qu'on doit attribuer aux exactions du gouvernement qui ont ruiné ſon commerce. On voit à Pavie la ſtatue de bronze du Pape Pie V, né à Boſco
dans le Milanez & bienfaiteur de cette ville. Ce monument eſt ſur la place
de l'univerſité, où ce pape a fondé un magnifique college. Parmi pluſieurs
tours quarrées très élevées, bâties de brique, & conſtruites dans le goût
gothique, les habitans en montrent une dans laquelle ils prétendent que
Théodoric fit enfermer le philoſophe Boëce, & ils vont la viſiter par dévotion. C'eſt ainſi que les ſages perſécutés pendant leur vie, ſont honorés
après leur mort.

Les autres endroits remarquables du Paveſan, ſont Voghera, Certoſa &
le château de Belgioſo, qui appartient aujourd'hui à la maiſon de Barbiano.

Le Lodeſan.

LE Lodeſan occupe dans toute ſa longueur les bords de la riviere d'Adda, ayant à l'eſt le Crémonois, au nord la ville de Milan, Pavie au couchant, & Plaiſance au midi. Ce pays eſt regardé par tous les voyageurs
comme le plus agréable, le plus fertile & le plus abondant qu'il y ait peut-
être en Europe; mais il manque de cultivateurs, ainſi que le Paveſan, depuis que le roi de Sardaigne a étendu ſes frontieres juſqu'aux portes de
Pavie & de Lodi. Ce prince a chargé de tant d'impôts tous les objets d'importation & d'exportation, que ſouvent ces objets même ne ſuffiſent pas
pour acquitter les droits. Cette exaction force le cultivateur à laiſſer à vil
prix des denrées dont il ne peut acquitter les droits aux ſujets du roi de
Sardaigne.

On ſait que ce prince a obtenu par les traités de 1735, 1736, 1738 &
1739, faits avec la France, le Novarois & le Tortonois; & par le traité
de Worms fait en 1743 avec la reine de Hongrie, le territoire de Bobio, le Vigevanois & comté d'Anghiera & plus de la moitié du Paveſan.
C'étoit le plus grand malheur qui pût arriver au duché de Milan qui, depuis cette époque, ſe trouve fort dépeuplé.

Il y a deux villes de Lodi, l'ancienne & la nouvelle. L'ancienne Lodi,
appellée aujourd'hui *Lodi-Vecchio*, & par corruption *Lodi-Ve*, eſt moins
une ville que les ruines d'une ville floriſſante, ruinée au onzieme ſiecle par

les Milanois jaloux de sa splendeur. La nouvelle Lodi, capitale du Lodesan, fut bâtie par l'empereur Frédéric Barberousse, à peu de distance de la
premiere. Ce prince accompagné de toute sa cour, en vit jeter les fondemens, lui accorda de grands privileges, & pour mortifier davantage les Milanois qu'il venoit d'humilier, permit aux Lodesans de se gouverner par
leurs propres loix. Mais ils ne garderent pas long-temps leur liberté. Les
Vestarini, famille noble du pays, s'emparerent de l'autorité dont ils jouirent
jusqu'au regne de Galeas I, qui prit cette ville d'assaut, l'annexa au duché
de Milan, & força les Vestarini à renoncer à leur puissance.

La ville de Lodi n'est guere fameuse que par ses pâturages. C'est à Lodi
que l'on fait ces fromages excellens & célébres, appellés si improprement
Parmesans. On compte que cet objet d'exportation lui vaut quinze cents
mille livres par an. Cette ville peut avoir huit à dix mille habitans.

Le Comasque.

LE Comasque est un petit pays entre le Bergamasque, les Grisons, la
Valteline, & les quatre bailliages d'Italie qui sont aux Suisses. Il tire son
nom de la ville de Come, qui est à la pointe méridionale du lac, appellé
aussi *le lac de Come.* Cette ville est assez forte & passablement peuplée. Les
Impériaux la prirent en 1706. Il faut la distinguer de l'ancienne Come,
dont on voit les ruines à une demi-lieue de la nouvelle.

Le Crémonois.

LE Crémonois s'étend le long du Pô qui le sépare au midi du Parmesan,
il est borné à l'orient par le duché de Mantoue, au septentrion par le Bres-
san, à l'occident par le Lodesan & le Cremasque. C'est un pays fertile en
vins & en fruits. Il a été long-temps comme tout le reste du Milanez sous
la domination de l'Espagne ; mais depuis la fameuse guerre pour la succession de Charles II, il a été cédé à la maison d'Autriche, ou plutôt à l'Empire dont il est un fief.

Crémone, capitale du Crémonois, fondée anciennement par des Gaulois
Senonois, qui passèrent en Italie sous la conduite de Brennus, 391 ans
avant Jesus-Christ, ou l'an de Rome 363, fut ensuite une colonie des Romains. Cette ville souffrit beaucoup lorsqu'Annibal vint en Italie, & du
temps des guerres civiles de Rome, parce que ses habitans avoient pris le
parti d'Antoine contre Auguste. Elle ne souffrit pas moins du temps de
Vitellius. Elle fut encore ravagée dans la suite par les Goths, & entiérement ruinée par les Esclavons & les Lombards, vers l'an 630 de Jesus-
Christ. Mais elle se releva toujours de ses ruines avec honneur. Elle a eu
depuis ses vicomtes ; & a été soumise successivement aux François, aux Vénitiens & aux ducs de Milan, auxquels elle est restée avec tout le Crémonois. Elle est dans une plaine délicieuse sur le Pô à seize lieues de Milan.
Elle a un château.

Le comté d'Anghiera.

LE comté d'Anghiera, qui appartient au roi de Sardaigne, en vertu du traité de Worms de 1743, est situé au pied des Alpes, entre les Suisses & le Valois au nord, la vallée d'Aouste au couchant, le Vercellois & le Novarois au midi. Anghiera, appellée par les Romains *Angleria*, en est la capitale : c'est une ville bien peuplée, assez marchande, & dont le territoire est fertile. Elle est à douze lieues de Milan. Elle a en perspective la ville d'Arone ou Arona, dont elle n'est séparée que par le lac-majeur, quoiqu'autrefois elle fût à plus de mille pas de ce lac : ce qui prouve que les lacs ainsi que les mers gagnent insensiblement du terrein vers l'orient, tandis qu'ils laissent à découvert les rivages du côté de l'occident.

La Martiniere assure dans son dictionnaire géographique, que cette ville avec son territoire fut érigée en comté l'an 1397, par l'empereur Wenceslas, en faveur de Galeas III. C'est une méprise. Les comtes d'Anghiera sont connus dans l'histoire pour être les plus anciens de l'Italie, & pour avoir été des seigneurs très-puissans. Ils présidoient au sacre des empereurs dans la Basilique de Milan, & leur création remonte jusqu'à Charlemagne.

Outre les villes d'Anghiera & d'Arone, on trouve encore dans ce comté Vogogne, Oscella & Margozzo.

Les vallées de la Sessia.

CE petit pays est situé sur les bords de la Sessia, riviere qui prend sa source dans les Alpes, vers les confins du Valois. Delà elle vient tomber dans les vallées, auxquelles cette riviere a donné son nom, & dont elle est bordée des deux côtés. La Sessia coule ensuite vers les confins du Piémont, & vient se jeter dans le Pô, au-dessus de Cuzal. Le bourg de Sessia, *borgo di Sessia*, Romagnano, qui sont les deux endroits principaux, n'ont rien de remarquable.

Le Novarois.

CETTE contrée du Milanez, à laquelle la ville de Novare a donné son nom, & qui a plus l'air d'un marais que d'un pays cultivé, parce que tous les habitans ne travaillent qu'à des plantations de riz, est borné au nord par les vallées de la Sessia, à l'est, par Milan ; à l'ouest, par le Piémont ; & au midi, par la Vigevanasc. Les autres endroits sont Frecasso, Silavengo, Orta, Biandrata, & Borgomanero. C'est du *Bourg-manoir*, *Borgo-manero*, qu'on prétend qu'étoit le fameux Pierre Lombard, évêque de Paris, appellé par les théologiens, le maître des sentences, & reconnu pour le premier qui ait donné aux matieres théologiques une forme scholastique. La somme de S. Thomas n'est qu'un commentaire des sentences de Pierre Lombard. Le Novarois est depuis 1734 sous la dépendance du roi de Sardaigne. La ville de Novare, s'il faut en croire les origines de Caton, doit fon établiffement à Eltius Troyen, & fils de Vénus. Ce prince, en arrivant dans ce pays, commença par élever un autel à Vénus fa mere. Autel qu'il appella *Nova-Ara*, & dont il donna le nom à la ville qui le porte encore aujourd'hui. Mais Pline foutient avec plus de vraifemblance qu'elle doit fa fondation aux Gaulois Vocoutius. Cependant dans un autre endroit, il dit que Novare étoit la capitale des Léviens dans l'Infubrie. L'évêque de cette ville eft fuffragant de Milan, dont elle eft éloignée de dix lieues.

Novare eft fur une petite colline, & fa citadelle paffe pour l'une des meilleures forterefes du Milanez. C'eft dans cette citadelle que fut d'abord renfermé Louis Sforce, en 1500, lorfque les Suiffes l'eurent fait prifonnier. Ils le livrerent aux François, qui bientôt le transférerent en France, où il mourut prifonnier au château de Loches. Novare fe glorifie d'avoir produit Albutius Silon, célèbre orateur de Rome & du fiecle d'Augufte.

Les voyageurs remarquent tous comme une fingularité, que les proceffions de la fête-Dieu durent à Novare, & dans les villes voifines, bien au delà de l'octave : s'il y a, par exemple, dans l'une de villes, douze couvens, ou douze paroiffes, il y aura douze proceffions de fuite, & qui fe font toutes alternativement, parce que ces douze églifes font obligées d'affifter à chaque proceffion, enforte que chaque paroiffe doit faire une proceffion générale. Si l'on fuivoit à Paris le même réglement, l'année ne feroit pas affez longue pour remplir le nombre des proceffions. Voici ce qui a donné lieu à ce réglement : le pape Leon IX, dans le XI fiecle, l'an 1050, convoqua un concile à Verceil, pour y condamner l'héréfie des facramentaires, dont le fameux Berenger étoit le chef. C'eft en mémoire de ce concile, dit l'abbé Richard, & de la condamnation de l'archidiacre d'Angers, que la fête-Dieu fe célèbre à Verceil, à Novare, & autres villes voifines, avec tant de pompe & de vénération.

» Novare, dit M. Grofley, tom. 1. p. 86, me donna un fpectacle qui » m'embarraffa beaucoup, & que je trouvai depuis dans d'autres villes » du Milanez. Les charniers de ce pays, où l'on raffemble les os des morts, » font des efpeces de chapelles où ces os, fymétriquement arrangés dans » des layettes ornées de papier doré, offrent le même coup-d'œil que de » jolis cabinets d'hiftoire-naturelle. A ces layettes étoient fufpendus, par ef- » paces égaux & avec le même goût de fymétrie, des ftylets, des poignards » & des couteaux, le tout plus ou moins rouillés. On m'expliqua le myf- » tere de tout cela, en m'apprenant que lorfque deux ennemis fe laiffoient » réconcilier, ils venoient le foir devant ces chapelles, s'y embraffoient, » & que pour preuve de réconciliation entiere & parfaite, ils jetoient cha- » cun dans le charnier les ftylets, ou couteaux, qui devoient être les mi- » niftres de leur vengeance. Enfuite, le cuftode de l'églife trouvant ces » armes à terre, les releve & les fufpend aux layettes des charniers pour » le bon exemple... On me dit auffi, & je me fuis trouvé à portée de » le vérifier, que les Milanois, & en général tous les Italiens, ont une » très-grande confiance dans les ames du purgatoire *qu'ils invoquent, tandis*

» qu'en *France* on prie pour elles : enforte qu'en *Italie* la fête des trépaffés
» eft moins un jour de prieres pour les morts que pour les vivans. Le peu-
» ple ne parle de ces ames que fous le nom de *fanctiffime anime pur-*
» *ganti;* & les pauvres demandent l'aumône plus communément au nom
» *delle anime purganti,* qu'au nom de Dieu ».

Le Vigevanois.

CE petit canton du Milanez, dépendant aujourd'hui tout entier du roi
de Sardaigne, depuis le traité de Worms, de 1743, fe trouve fitué entre
le Novarefe & la Laumelline. La ville de Vigévano, le feul endroit remarquable de ce pays, lui a donné fon nom. Le territoire eft agréable &
fertile, & l'on y trouve abondamment tout ce qui eft néceffaire à la vie,
quoiqu'il manque de cultivateurs.

Vigévano, en latin *Vigevanum,* eft fur le Tefin, & dans une pofition fi
riante, que les ducs de Milan y faifoient fouvent, pendant l'été, leur réfidence. Son évêché fut érigé en 1530, & créé fuffragant de Milan. Sa citadelle forme une importante forterefle, autant par les ouvrages qui la défendent, que parce qu'elle eft affife fur le haut d'un rocher.

La Laumelline.

CE pays, le plus fertile peut-être de tout le Milanez pour les plantations
de riz, regne tout le long des rives du Pô, qui le fépare en deux parties,
& s'y trouve enclavé entre le Pavéfan & le Montferrat. Le nom de Laumelline lui a été donné, à caufe d'une ancienne ville de l'Infubrie, que
Pline appelle *Laumellum,* & qu'on trouve citée dans Ptolomée, fous le
nom de *Gaumellum,* & dans l'itinéraire d'Antonin, fous celui de *Laumello.*
Cette ancienne ville n'eft plus aujourd'hui qu'un village qui a retenu le
nom de *Laumello.* Les deux villes principales de la Laumelline, font
Mortare & Valence.

Mortare, belle ville, grande, & bien peuplée, eft fituée fur la petite
riviere d'Albonia, tout près de Cafal. C'eft dans la pleine de Mortare, qui
n'eft plus aujourd'hui qu'une riziere, que Charlemagne, fuivant le récit de
Godefroi de Viterbe, célèbre hiftorien du XII fiecle, remporta la victoire,
qui le rendit maître de Didier, dernier roi des Lombards, & qui lui affura
la conquête de toute l'Italie.

Valence eft aujourd'hui la capitale de la Laumelline, & forme une ville
très-belle, & très-fortifiée. Elle eft fur une montagne près du Pô, & cette
fituation la rend une place d'armes fort importante. Ces deux villes furent
cédées au roi de Sardaigne, en 1707, par l'empereur Jofeph I, & la poffeffion lui en fut affurée pour toujours, par le traité d'Utrecht, en 1714.

L'Alexandrin.

CE petit quartier du Milanez, qui appartient au roi de Sardaigne, depuis le traité d'Utrecht, eſt borné au nord par le Piémont, au levant par la Tortoneſe, au midi & au couchant par le Montferrat; c'eſt la ville d'Alexandrie, *Alexandria Staciellorum*, qui lui a donné ſon nom.

Alexandrie eſt ainſi nommée, parce qu'on l'a bâtie en l'honneur du pape Alexandre III, grand ennemi de l'empereur Frédéric Barberouſſe. Après la ruine de Milan, en 1162, une partie de ſes habitans vinrent s'établir en cet endroit. Ils furent bientôt joints par les autres Gibelins que l'empereur avoit exilés de Parme, de Plaiſance, & de pluſieurs autres villes. On la nomma d'abord *Alexandrie de la paille*, parce que les tours, dit Sigonius, n'étoient abſolument que de la paille mêlée avec de la terre glaiſe. Cependant, malgré un ſi foible rempart, Frédéric Barberouſſe, qui ne tarda pas à venir l'aſſiéger pour la détruire, ne put jamais la prendre, & les habitans ſe défendirent avec tant de courage & de bravoure, qu'après ſix mois de ſiege, l'empereur fut obligé de ſe déſiſter de ſon entrepriſe. Il s'en vengea par un mot piquant contre le pape, & dit : *Qu'il ne s'étonnoit pas qu'on eût bâti une ville imprenable en l'honneur d'un âne vivant & féroce, tel qu'Alexandre III, puiſqu'Alexandre-le-grand en avoit fait conſtruire une ſemblable, pour conſerver la mémoire d'un cheval mort.* Le pape, pour récompenſer le zele de ſes nouveaux habitans, leur donna un évêque qu'il fit ſuffragant de Milan, & leur accorda divers privileges.

Miſſon (Tom. 3. p. 47) prend gratuitement beaucoup de peine, pour faire voir qu'il eſt faux que les empereurs y aient jamais été couronnés d'une couronne de paille. Mais la Forêt-Bourgon, (*Geogr. Hiſtoriq. t. 2. p.* 440.) donne une explication ridicule du mot d'Alexandrie de la Paille. Il dit : « Que la vigueur des troupes avec leſquelles Frédéric l'aſſiégeoit, fut un » feu de paille : car elle ſe ralentit ſi fort, ajouta-t-il, qu'il fut contraint » de lever le ſiege après s'être morfondu ſix mois. « La Martiniere dit, que l'empereur voulut l'appeller Céſarée; mais que les habitans, perſiſtant à lui laiſſer celui d'Alexandrie, l'empereur alors la traita d'*Alexandrie de Paille.*

Les murs d'Alexandrie ne ſont pas de paille aujourd'hui, & forment un très-beau rempart, entouré d'un foſſé plein d'eau. C'eſt une des plus fortes places du roi de Sardaigne, & ſa citadelle eſt fortifiée à la Vauban. La ville d'Alexandrie eſt ſituée ſur le Tanaro, à onze lieues de Milan, & n'offre aucun édifice remarquable, excepté le nouvel hôtel-de-ville. La cathédrale eſt dans un goût abſolument gothique. Les foires d'Alexandrie qui ſe tiennent deux fois l'an, en avril & en octobre, ſont célèbres dans toute l'Italie.

Le Tortonois.

LE Tortonois a reçu ce nom de la ville de Tortone fa capitale, & n'eſt formé, pour ainſi dire, que des environs de cette ville, dont le terroir eſt très-fertile en blé, en riz, en fruits, & en toutes ſortes de légumes. Il appartient au roi de Sardaigne, auquel il fut cédé par le traité de Vienne, en 1736.

Tortone, ſuivant quelques auteurs, doit ſon établiſſement à une colonie Romaine, & reſta toujours belle, grande, & bien peuplée, juſqu'au regne de l'empereur Barberouſſe, qui vint l'aſſiéger en 1155, & qui la détruiſit entièrement parce qu'elle avoit embraſſé le parti du pape Alexandre. Dans la ſuite les Milanois la rétablirent, & c'eſt depuis lors qu'elle fut toujours annexée au duché de Milan. Tortone eſt ſur la Servia, petite riviere rapide, dangereuſe, & qui change ſouvent de lit, à 15 lieues de Milan, & forme une ville d'environ ſix mille ames. Elle a cependant douze paroiſſes, douze couvens, & douze colleges, ſuivant un voyageur moderne (M. de la Lande.) Son évêque eſt ſuffragant de Milan, & ſa citadelle, aſſiſe ſur une hauteur, eſt très-bien fortifiée. Le roi de Sardaigne a toujours deux à trois mille hommes de garniſon dans cette ville. M. de la Lande dit, qu'on voit à la cathédrale un tombeau antique, qu'on dit être celui d'Œlius Sabinus : il eſt haut de cinq pieds, orné de bas reliefs & d'inſcriptions grecques. L'abbé Richard, en parlant de cette ville, fait une réflexion qui n'honore pas les habitans : » on voit, dit-il, en traverſant cette ville, quelques quartiers » aſſez mal bâtis. Quoique la campagne où elle eſt ſituée ſoit fertile & » cultivée, cependant la ville eſt pauvre & mal peuplée. Les habitans ſont » fort intéreſſés avec les étrangers, & ne donneroient pas même de l'eau » gratuitement, s'ils croyoient pouvoir s'en faire payer. «

Le territoire de Bobio.

LE territoire de Bobio, qu'on appelle auſſi la Bobieſe, eſt ſitué aux extrémités du duché de Milan, dans une plaine au bas des montagnes de l'Apennin, entre Gênes, Parme & Tortone. Il eſt ſous la dépendance du roi de Sardaigne, depuis le traité de Vienne, en 1736, & dont la poſſeſſion lui fut confirmée par le traité d'Aix-la-Chapelle, en 1748. Bobio, en latin *Bobium*, ville ſur la Trébie, dans la plaine de l'Apennin, dont nous venons de parler, doit ſa naiſſance à Colomban, fameux moine bénédictin, de l'abbaie de Luxeuil, en Franche-Comté, que Thierri, roi des deux Bourgognes, avoit perſécuté. Il vint en Lombardie, implorer la protection d'Agizulphe, qui le reçut avec bonté, & lui permit de s'établir dans le lieu qu'il voudroit choiſir. Saint Colomban ſe retira dans une ſolitude de l'Apennin, près des rivieres de Bobio & de la Trébie, & y fonda un monaſtere, auquel il donna le nom de Bobio, l'an 610. Ce monaſtere fut enrichi dans la ſuite & magnifiquement bâti par les ſoins de la reine

Théodélinde, femme d'Agizulphe. Il est devenu avec le temps une petite ville, & ensuite un évêché suffragant de Milan, ainsi que l'étoit dans les commencemens l'évêché de Gênes. Mais, dans le XIIIme. siecle, le pape, pour obliger les Génois, qui venoient de lui rendre un service important, démembra Gênes & Bobio de la métropole de Milan, pour ériger Gênes en archevêché.

DES IMPÔTS DANS LE MILANEZ.

NOUS considérerons ici le Milanez comme composé de six provinces qui formoient anciennement autant de petites républiques distinctes & indépendantes les unes des autres, savoir :

La ville & le duché de Milan proprement dit.

La ville & principauté de Pavie.

La ville & comté de Crémone.

La ville & comté de Cône.

La ville & comté de Lodi.

Et la ville & seigneurie de Casal-Maggiore.

Les ducs de Milan, de la maison de Visconti, à mesure qu'ils les ont soumis à leur domination, les ont réunis à leur domaine; & c'est de ces réunions qu'a été formé successivement le Milanez : mais ces pays, quoique réunis sous un même souverain, sont encore considérés relativement aux droits d'entrée, de sortie & de transit des marchandises & denrées, comme étant étrangers les uns par rapport aux autres.

Les impositions qui s'y levent & les droits qui s'y perçoivent, peuvent être rangés sous trois classes différentes.

La premiere comprend les impôts & droits domaniaux dénommés *régaliens*, qui dans différentes circonstances ont été aliénés ou engagés soit à des villes ou communautés, soit à des particuliers, & dans lesquels le souverain peut rentrer lorsqu'il le jugera convenable.

Dans la seconde classe se rangent les impositions qui sont payées au souverain directement, & qui sont presque toujours administrées, soit à titre de ferme générale, soit à titre de fermes particulieres.

La troisieme classe enfin est composée de deux taxes, dont l'une est réelle & l'autre personnelle.

On va rappeller séparément les différens objets qui composent ces trois classes.

PREMIERE CLASSE.

Impôts & droits domaniaux aliénés.

LE Milanez produit des grains en assez grande quantité pour fournir à la subsistance de ses habitans & à celle de ses voisins qui, dans différentes circonstances, se sont approvisionnés dans les greniers qu'il renferme.

On ne perçoit aucuns droits, foit à l'entrée, foit à la circulation des grains dans le Milanez; on en perçoit feulement à l'exportation; l'on en rendra compte dans la fuite.

1°. Les grains acquittent des droits lorfqu'ils font convertis en farine.

Ces droits, connus fous la dénomination de *droits de mouture*, confiftent dans une fomme de 3 livres 10 fous, monnoie du pays, qui fe paye par chaque mefure de farine, la mefure pefe cent cinquante livres, & chaque livre eft de vingt-huit onces.

Les meuniers, foit de la ville, foit de la campagne, auxquels on donne du grain à moudre, font obligés, lorfqu'il eft converti en farine, d'en faire la déclaration au bureau le plus prochain & d'acquitter le droit; & le propriétaire leur en rembourfe le montant lorfqu'on lui rapporte la farine.

Les meuniers font affujettis à des vifites dont l'objet eft de prévenir les fraudes auxquelles ils pourroient fe livrer fans cette précaution.

2°. On perçoit un droit fur les fours ou boulangeries publiques.

Il exifte, foit dans les villes, foit dans les campagnes, un certain nombre de fours qui font affermés à un entrepreneur général, qui les fous-ferme enfuite à des boulangers.

C'eft dans ces fours que fe cuit le pain qui eft deftiné à être vendu au public.

Le pain qui eft cuit dans les fours de la campagne ne peut être apporté dans les villes.

Il eft cependant permis à tout particulier, foit de la ville, foit de la campagne, d'avoir un four chez lui, & d'y faire cuire le pain néceffaire pour fa confommation & celle de fa maifon; mais la facilité de trouver à tout inftant du pain dans les fours ou boulangeries publiques, empêche qu'on ne faffe ufage de cette faculté, & cette circonftance rend l'objet du produit des droits fur ces fours ou boulangeries publiques, affez confidérable.

3°. Quelques particuliers, tels que les aubergiftes & les cabaretiers, payent des droits pour raifon de la faculté qui leur eft accordée de faire cuire chez eux du pain & de le vendre au public.

4°. Les vins étrangers, qui font conduits dans le Milanez, font fujets à des droits qui font perçus non-feulement fur la frontiere, mais encore dans les différentes villes par lefquelles ils paffent, & dans celles pour lefquelles ils font deftinés.

5°. Les vins du pays, lorfqu'on les tranfporte dans une ville, payent des droits d'entrée; s'ils font conduits d'une province du Milanez dans une autre, ils acquittent des droits de tranfit feulement; enfin s'ils font exportés, ils ne font fujets qu'à des droits de fortie.

6°. Les aubergiftes, les cabaretiers, foit de la ville, foit de la campagne, payent des droits pour raifon du vin qu'ils vendent en détail. Les particuliers ont pareillement la faculté de vendre du vin en détail en payant une fomme dont on convient avec eux.

Quant à ceux qui font le commerce de vin en gros, ils ne font fujets à aucuns droits de ce genre; cette exemption a été principalement accordée en faveur des propriétaires des terres, afin de leur procurer la facilité de vendre leurs vins.

7°. Le nombre de boucheries, tant dans les villes que dans les différens bourgs & villages, eft fixé & déterminé, ainfi que l'efpece de viandes qui doivent être vendues dans chaque boucherie.

Dans les unes on vend du bœuf & du veau, dans d'autres de la vache, & dans d'autres enfin, du mouton, des chevres & de l'agneau.

Les particuliers qui veulent vendre des menues viandes, comme l'agneau & le mouton, font obligés de demander des permiffions qu'on leur accorde moyennant une certaine fomme.

Les droits qui doivent être acquittés pour chaque efpece de viande, font réglés par un tarif qui fait la regle de la perception.

8°. Les particuliers qui, pour leur propre confommation, font tuer chez eux des beftiaux, payent un droit à raifon de chaque piece.

9°. Les charcutiers peuvent feuls vendre les porcs, foit en gros, foit en détail : les droits qu'ils doivent payer font pareillement réglés par des tarifs.

10°. La volaille & le gibier payent pareillement des droits, foit aux entrées fur les frontieres, foit à l'entrée dans les villes où ils font tranfportés.

11°. L'eau-de-vie & les liqueurs fortes font affujéties à des droits qui font perçus à la vente en gros & à la vente en détail.

Celles qui font deftinées pour les particuliers payent des droits non-feulement à l'entrée dans le Milanez, mais même à l'entrée des villes.

12°. Les huiles qui font fabriquées dans les campagnes ne payent des droits qu'à leur entrée dans les villes; celles qui font fabriquées dans les villes acquittent les mêmes droits; les huiles d'olive, qui viennent de l'étranger, font pareillement fujetes à des droits comme marchandife étrangere.

13°. Il exifte, dans chaque ville du Milanez, des magafins de bois & de charbons, qui appartiennent à des particuliers qui les vendent au public, foit en gros, foit en détail : ces marchands payent des droits pour raifon de la vente de ces bois & charbons; ils font obligés de fe conformer pour le prix aux taxes qui font faites quatre fois l'année, & dont le montant eft réglé eu égard à l'abondance ou à la difette, & au degré de befoin d'après la faifon.

14°. Les barques ou chariots remplis de foin, font pareillement fujets à des droits, dont le montant eft fixé à raifon du poids de la barque & du chariot. On connoit par la grandeur de la barque & du chariot ce qu'ils pefent, & c'eft en conféquence que le droit eft réglé.

15°. Les cuirs & peaux qui font tannés & apprêtés, foit dans les villes, foit dans les campagnes, font fujets à des droits : les cuirs & peaux en verd, qui font exportés à l'étranger, payent pareillement des droits de fortie.

16°. La grande quantité de lacs, de rivieres & de canaux qui environnent & qui traverfent le Milanez, rend la pêche très-abondante. Le poiffon paye des droits, non-feulement à l'entrée dans le Milanez, mais encore à l'entrée des villes.

Il arrive rarement à Milan du poiffon de mer frais ; celui qu'on y tranfporte ne paye que les mêmes droits que les poiffons fecs & falés.

Indépendamment des droits qui fe payent à l'entrée du Milanez & des villes, on en perçoit encore à la vente, & ces différens droits réunis augmentent confidérablement le prix de toute efpece de poiffon.

17°. Les œufs & les autres fruits & denrées qui font apportés des campignes dans les villes, font affujétis à des droits d'entrée qui les tiennent toujours à un certain prix. Les revendeurs ne peuvent fe préfenter dans les marchés qu'à une heure qui eft fixée, afin que les bourgeois & les particuliers puiffent s'approvifionner.

18°. Les droits de péage qui fe perçoivent fur les chemins, les ponts, les lacs, les rivieres & canaux, forment un objet d'autant plus confidérable, que ces chemins, ponts, rivieres & canaux font très-multipliés dans le Milanez.

Ce font les différens droits dont on vient de rappeller les détails, qui forment les droits domaniaux aliénés, ou dont la jouiffance fe trouve actuellement dans les mains des communautés & des particuliers ; on en évalue le produit annuel à fix millions, monnoie de Milan, ce qui revient à environ quatre millions, monnoie de France.

Les aliénations de ces différens droits, déterminées fucceffivement par les conjonctures & par les befoins de l'Etat, ont été faites par un tribunal qui eft connu fous la dénomination de *chambre royale* ou *chambre du fouverain*.

Chaque aliénataire a la libre adminiftration des objets qu'il a acquis ; de-là l'établiffement d'une multitude de bureaux, de gardes, qui font d'autant plus multipliés que quelquefois le même droit doit être acquitté dans deux bureaux différens, c'eft-à-dire, par exemple, que le droit principal & originaire eft payé dans les bureaux de la ferme générale, & l'augmentation créée & établie depuis, en fus de ce droit, eft acquittée dans le bureau de celui auquel elle a été aliénée.

On regarde comme un principe certain, que le fouverain peut rentrer, quand il le juge convenable, dans les droits domaniaux qui ont été aliénés, en rembourfant le montant des finances qui ont été payées lors des acquifitions qui en ont été faites ; mais la différence qui exifte dans la valeur de la monnoie actuelle, par comparaifon à celle de la monnoie qui avoit cours à l'époque des aliénations, occafionne fouvent des difficultés dans la liquidation des fommes qui doivent être rembourfées aux aliénataires ; & lorfque les circonftances ouvrent la voie à des reventes avantageufes, le fouverain exerce le droit de rachat, & revend en même temps les droits rachetés à des conditions plus profitables ; ces reventes fe font en la chambre royale ou chambre du fouverain.

Les

Les villes du Milanez, pour subvenir aux dépenses ordinaires dont elles sont tenues, & aux dépenses extraordinaires qui peuvent survenir, perçoivent quelques taxes ou impôts; mais ils ne sont perçus qu'après qu'ils ont été autorisés par le souverain qui n'accorde ces octrois qu'après que l'utilité & la nécessité en ont été constatées & reconnues.

SECONDE CLASSE.

Impositions & droits qui sont payés directement au souverain, & qui forment communément l'objet d'une ferme-générale & de quelques fermes particulières.

FERME-GÉNÉRALE.

LES objets qui composent la ferme générale, consistent:

1°. Dans l'achat, la vente & distribution du sel, qui sont donnés à Ferme sous l'inspection de la chambre des finances de Milan, qui veille, d'une manière particulière, à ce qu'il ne soit livré au public que du sel d'une bonne qualité, & qu'il ne se commette aucune fraude ni abus dans la manière de le mesurer. Cette chambre se conforme, dans son administration, au nouveau réglement qui a été fait par l'impératrice-reine, & qui a fait cesser les abus qui avoient lieu auparavant, soit par rapport au mélange, soit par rapport à la mesure de cette denrée.

2°. L'entreprise des marchandises ou les droits qui se perçoivent à l'entrée, à la sortie & à la circulation des marchandises & denrées, forment encore un des objets de la ferme-générale.

On se rappelle que le duché de Milan est composé de six provinces qui, quoique réunies sous une seule & même domination, sont néanmoins considérées comme étrangeres les unes par rapport aux autres, relativement aux droits d'entrée, de sortie, & à la circulation des marchandises & denrées.

La multiplicité des droits auxquels cette circonstance donnoit lieu, les difficultés qui survenoient dans la perception, étoient très-préjudiciables au commerce en général & très-onéreuses pour les particuliers.

Il a été formé depuis peu un nouveau réglement par lequel, en supprimant plusieurs des droits qui avoient lieu, & en diminuant l'objet de quelques autres, la perception de ceux qui subsistent a été réglée par des principes uniformes: il a été en même-temps arrêté un tarif général qui contient, par ordre alphabétique, les différentes especes des marchandises & denrées sujetes aux droits qui doivent être perçus, la quotité de ces droits relativement à la quantité, au poids & à la mesure des marchandises; le même tarif contient, par un article final, une énumération des marchandises & denrées qui n'étoient point susceptibles d'acquitter les droits relativement à leur quantité, poids ou mesures; ils sont réglés sur ces marchandifes à tant par écu de leur valeur, au moyen de quoi cette perception eſt ſimple & facile.

3°. L'entreprife du tabac forme le troiſieme objet de la ferme-générale.

Les fermiers tirent tout le tabac des pays étrangers. Il ne s'en fait aucune culture dans le Milanez, le prix auquel il eſt vendu eſt conſidérable ; on prétend d'ailleurs que la contrebande ſur cet objet eſt infiniment plus étendue que par rapport à tous les autres droits.

4°. Le ſel rafiné ou le ſel blanc forme auſſi l'objet d'un droit particulier, & qui eſt indépendant de celui qui ſe leve ſur le ſel ordinaire ; il fait partie de la ferme-générale.

5°. Le droit d'extraire le ſalpêtre, la fabrication & la vente de la poudre à tirer, ſont auſſi compris dans la ferme-générale.

Les autres droits qui compoſent la ferme-générale, ſont les droits de la douane de Lodi, de Caſal-Maggiore, & ceux qui ſe perçoivent le long du fleuve du Pô, & d'autres droits locaux qui ſe perçoivent dans les villes de Crémone, & de Soreſſora.

Les droits qui compoſent la ferme-générale avoient toujours été régis & adminiſtrés par les fermiers, & l'on ne pouvoit en connoître le véritable produit.

Lors du dernier bail, l'impératrice-reine s'eſt réſervée un tiers dans le produit total de cette ferme, & il a été établi deux régiſſeurs qui, conjointement avec ceux qui ſont choiſis par les fermiers, préſident à toutes les opérations relatives à ſon exploitation, de maniere que la conduite de ces fermiers eſt continuellement éclairée, & que le montant du produit des droits eſt exactement connu.

On ne néglige rien pour s'oppoſer à la contrebande. Le pays, du côté de la plaine, eſt fermé par trois rivieres conſidérables, & qu'on ne peut paſſer à gué en aucun endroit ; ces rivieres ſont le Pô, le Teſino & l'Adda ; d'ailleurs une troupe de huſſards prête main-forte aux commis & court ſans ceſſe le pays : mais malgré ces précautions les contrebandiers, qui riſquent tout & ſe regardent comme n'ayant rien à perdre, viennent par troupes, ſur-tout au delà du Pô, & du côté de la Sardaigne & de Gênes, & apportent ſans ceſſe, en fraude, du tabac, du ſel, & de l'huile.

Cette ferme rapporte environ cinq millions, monnoie de Milan, faiſant, monnoie de France, trois millions 333 mille 333 livres.

FERMES PARTICULIERES.

LES objets qui compoſent des fermes particulieres, conſiſtent :

1°. Dans la fabrication & la vente excluſive des cartes à jouer, qui ſont affermées à un particulier.

Toutes les cartes qui ne ſont point de cette fabrique, ſont contrebande, & ceux qui s'en ſervent, ſoit dans les jeux publics, ſoit dans les maiſons particulieres, ſont dans le cas d'une amende.

2°. Dans l'entreprise du théâtre de Milan, qui est donné à ferme, les rois d'Espagne avoient affecté le produit de cette entreprise à la dotation & entretien du couvent des vierges Espagnoles; l'impératrice-reine a destiné un autre fonds à cette fondation.

3°. Le droit de donner à jouer aux jeux de hasard, est affermé à celui qui a l'entreprise du théâtre.

Ces jeux ne sont permis que pendant le temps que le théâtre est ouvert, ils ne peuvent être joués que dans des salles qui sont destinées à cet usage, & qui tiennent au théâtre; il y a des salles pour la noblesse, & d'autres pour la bourgeoisie; on peut, pendant le carnaval, se présenter à ces jeux en masque ou sans masque, & au moyen d'une somme dont on convient avec l'entrepreneur, on peut, si on le veut, tenir la banque pendant le temps qui est fixé.

4°. Le privilege des loteries, est pareillement affermé à une compagnie particuliere : il se fait deux tirages par mois; cette ferme rend environ 100 mille livres par année.

5°. La poste aux chevaux est pareillement affermée, mais la poste aux lettres est en régie; le produit de cette régie, les frais prélevés, est affecté au remboursement d'une dette de l'Etat à laquelle il a été destiné.

6°. Le droit de chasse est pareillement en régie; le produit en est peu considérable.

7°. Le gouvernement fait encore régir le droit sur la soie écrue. L'exportation qui s'en fait, monte par année à 12 ou 14 millions de livres; on perçoit à la sortie 15 sous par chaque livre.

8°. Il existe à Milan, un tribunal qui est connu sous la dénomination de *tribunal de santé.*

On étoit obligé, avant de retirer de la douane les marchandises étrangeres, & de les introduire dans la ville de Milan, d'aller à ce tribunal prendre un billet qui coûtoit 10 sous, & par lequel il étoit attesté que les marchandises qu'on vouloit faire entrer, n'étoient suspectées ni de peste ni de contagion; cet usage a été restreint aux circonstances seulement dans lesquelles les inquiétudes fondées que l'on peut avoir, exigent cette précaution.

9°. On perçoit à l'exportation des grains & du riz, dont les productions sont très-abondantes dans le Milanez, des droits, dont la régie se fait pour le compte du gouvernement.

TROISIEME CLASSE.

Taxe réelle & personnelle.

CES deux taxes ont été substituées, sous la dénomination de *censimento,* à différentes impositions qui se levoient auparavant, & dont les produits étoient destinés, les uns aux dépenses qu'exigeoient l'entretien & le logement des troupes, & la subsistance des armées qui étoient à la charge du pays, & les autres à l'acquittement des dettes & dépenses dont les provinces, les villes & les communautés étoient tenues; c'est ce que les détails, dans lesquels on se propose d'entrer, feront connoître.

Louis XII, pendant le temps qu'il occupoit le Milanez, avoit jeté le fondement d'un cadastre ou taxe réelle.

François Sforce, second du nom, avoit porté ses vues plus loin; il avoit formé le projet de convertir non-seulement les impositions, mais même tous les droits sur les denrées & marchandises dans l'intérieur de l'Etat, en une imposition sur les fonds; mais il n'eut pas le temps nécessaire pour l'exécuter.

L'empereur Charles-Quint, qui s'empara du duché de Milan comme fief dévolu à l'empire, n'adopta point le système que s'étoit formé François Sforce; il rétablit les droits que ce duc avoit supprimés, mais il s'occupa en même-temps à donner une base stable & solide à l'imposition qui portoit sur les fonds, & qui étoit alors connue sous la dénomination du *mensuale*.

Il étoit nécessaire, pour y parvenir, de procéder à l'arpentage & à l'élévation des fonds; cette opération ne fut alors qu'entamée, & ne fut point portée, à beaucoup près, au degré de perfection nécessaire pour servir de regle immuable à la répartition.

Tant que le Milanez fut sous la domination des princes de la maison d'Autriche qui occupoient le trône d'Espagne, l'opération du cadastre fut entiérement négligée, & les impositions anciennes continuerent d'avoir lieu.

Ces impositions furent connues d'abord sous la dénomination de *fodra*, depuis sous celles de *paye, fourrage, contribution, mensuale, diaria, dettes & dépenses des provinces, villes & communautés.*

Leur produit étoit destiné, ainsi qu'on l'a déjà observé, à l'entretien & au logement des troupes, à la subsistance des armées, & à l'acquittement des dettes & dépenses des provinces, villes & communautés.

Le montant de ces contributions étoit réglé par le souverain.

On fixoit ensuite, d'après un tarif, qui étoit formé à cet effet, ce que chaque province, ville & communauté devoient supporter; & chaque province faisoit alors, sur les particuliers, la répartition & la levée tant de ce qui concernoit la taxe destinée pour le service militaire, que pour l'acquittement des dettes & des dépenses des provinces, villes & communautés.

Les inexactitudes qui existoient dans le tarif, les abus qui s'étoient introduits dans la répartition, & la forme de la levée & perception, les excès auxquels on se portoit dans la répartition des sommes destinées pour les dépenses des provinces, des villes & communautés, excitoient sans cesse des réclamations & des plaintes qui firent connoître la nécessité de les prévenir par une imposition générale qui portât sur les fonds; & ces circonstances engagerent l'empereur Charles VI à reprendre les moyens qui furent jugés les plus propres à parvenir par la voie d'un cadastre général, à une impofition réelle, mais ce n'a été qu'en 1760 que cet ouvrage a été conduit à fon entiere perfection par les foins de l'impératrice-reine.

La bafe de cette opération a été un plan figuré & topographique de tout le territoire de Milan ; ce plan comprend chaque héritage, chaque haie, chaque canal, repréfentés au naturel.

Une defcription, jointe à ce plan, indique la qualité du fol & les autres renfeignemens qui ne pouvoient être rendus fenfibles dans la carte.

C'eft fur le regiftre, qui contient cette defcription, que s'infcrivent les changemens qui furviennent journellement dans les poffeffions; & au moyen des renvois difpofés avec ordre & intelligence, les mutations les plus fréquentes n'occafionnent aucune confufion.

Cette premiere opération exécutée, il a été queftion de déterminer le principe & la proportion de l'impofition réelle.

Pour y parvenir, il a été formé dans chaque lieu un procès-verbal qui énonce la nature du territoire, l'objet du produit dont il eft fufceptible, les dépenfes qu'exigent la culture des terres, la fubfiftance des colons & la nourriture des beftiaux, & l'on eft parvenu, par la combinaifon de ces différentes circonftances, à connoître le produit net des terres, qui a été évalué fur le pied de quatre pour cent.

Quant aux maifons, l'eftimation en a été faite principalement, relativement à leur étendue & au genre de leur conftruction.

Le total de ces évaluations a été fixé à 75 millions d'écus de 6 livres, monnoie de Milan, faifant monnoie de France, 50 millions d'écus de 6 livres ou 300. millions de livres; la répartition de la taxe a été réglée à raifon de tant de fous & de deniers par écu.

Quant aux fonds eccléfiaftiques, on les diftingue en deux claffes ; ceux que les eccléfiaftiques poffedent depuis 1575, font entrés dans l'évaluation générale, & acquittent les taxes comme les autres fonds.

A l'égard de ceux dont la propriété remonte au-delà de l'année 1575, il a été réglé par un concordat fait en 1756 avec la cour de Rome, qu'ils ne contribueroient que pour un tiers de leur valeur, & qu'ils jouiroient de l'exemption quant aux deux autres tiers.

Ainfi la totalité du produit des fonds qui, dans l'évaluation générale, a été fixée à 75 millions d'écus de 6 livres, fe trouve réduite, par la diftraction des deux tiers du produit des fonds que les eccléfiaftiques poffedoient avant 1575, à 65 millions d'écus de fix livres, monnoie de Milan, faifant monnoie de France, 42 millions d'écus de 6 livres, ou 252 millions de livres, & c'eft fur ce montant que tombe la taxe réelle.

Quant à la taxe perfonnelle, elle ne porte point fur les habitans des villes, qui en font exempts à raifon des autres impofitions & droits auxquels ils font affujettis, mais uniquement fur les gens de la campagne qui ne font point affujettis à ces impofitions & droits. Il fe leve cependant une taxe à titre d'induftrie, mais qui eft fort modérée, & qui fe répartit fous la dénomination de *taille*, fur les différens corps des marchands des villes & provinces de l'Etat.

La taxe perfonnelle eft réglée à 7 livres par perfonne ; les eccléfiaftiques, les femmes, les garçons jufqu'à l'âge de quatorze ans, & les hommes depuis l'âge de foixante ans, en font exempts : un pere de famille qui a douze enfans vivans en eft pareillement exempt.

Le réglement appellé *la fonction du cenfimento*, porte que l'intention de l'impératrice-reine, en ne fixant la taxe perfonnelle qu'au prix modique de 7 livres, & en ordonnant qu'elle ne pourroit être augmentée, a été que le pauvre pût la fupporter, & qu'elle a en même temps confidéré que l'induftrie & les facultés des pauvres contribuables, étoient peu fufceptibles d'accroiffemens ; qu'elle veut au contraire que, pour le furplus & felon les befoins, on charge la taxe réelle des fonds par voie de furimpofition, comme fur un fonds appartenant à qui peut mieux fupporter cette furcharge.

Le réglement fait même entrevoir la diminution de la taxe perfonnelle, à mefure que les communautés feront libérées de leurs dettes & engagemens.

On forme chaque année, dans chaque communauté de la campagne ; un regiftre dans lequel font infcrits avec exactitude, tous ceux qui font dans le cas d'acquitter la taxe perfonnelle. Ces regiftres font remis à des receveurs qui font choifis dans chaque communauté, & qui font chargés de faire la collecte, tant de la taxe réelle que de la taxe perfonnelle.

On fe rappelle que le produit de la taxe perfonnelle eft deftiné en partie à acquitter les dettes & les dépenfes foit ordinaires, foit extraordinaires, qui font à la charge des communautés.

Sur la fin de chaque année, il fe tient à Milan une affemblée qu'on appelle *affemblée de l'État*, & à laquelle chaque province envoie un fyndic & chaque ville un député.

On examine dans cette affemblée les dépenfes ordinaires & extraordinaires qui ont été fupportées pendant l'année par chaque province, ville & communauté, & lorfque le montant de ces dépenfes excede celui des fonds qui lui avoient été affignés, ou que le fouverain exige un nouveau fecours, cet excédant eft ajouté l'année fuivante par fur-impofition, non fur la taxe perfonnelle qui ne peut jamais être augmentée, mais fur la taxe réelle.

Les fonds qui proviennent de la taxe perfonnelle, font remis par le receveur de chaque communauté, favoir, moitié à la caiffe de la province, d'où elle eft enfuite verfée dans la caiffe du gouvernement, & l'autre moitié dans la caiffe particuliere de la communauté, pour être employée aux dépenfes communes, conformément aux regles qui font établies à cet effet.

Tous les objets qui font relatifs à l'adminiftration de la taxe réelle & de la taxe perfonnelle, font réglés par un tribunal que l'on appelle le *tribunal du cenfiment* ; l'on affure que de tous les cadaftres qui exiftent, il n'y en a aucun qui ait été fait avec plus d'exactitude, de précifion & de clarté, & qu'il n'y a pas un particulier qui ne foit à portée de connoître ce qu'il doit payer chaque année.

Au moyen de ce cadaſtre, l'on eſt parvenu à fixer une répartition juſte & égale :

1°. Entre les différentes provinces dont le duché de Milan eſt compoſé.

2°. Dans chaque province, de communauté à communauté.

3°. Enfin dans chaque communauté, entre les différens poſſeſſeurs des fonds qui ſont aſſujettis au payement de cette taxe.

MILITAIRE, adj. *Qui appartient à la milice, à la guerre.*

MILITAIRE, ſ. m. *Homme de guerre, officier ou ſoldat ; ou bien collectivement, les gens de guerre.*

L'ART Militaire eſt la ſcience de la guerre, qui eſt née de la défenſe de ſoi-même : car la méchanceté humaine met ſouvent les nations, comme les individus, dans la néceſſité de défendre leurs poſſeſſions, leurs biens, leur honneur, leur exiſtence. Nous aimons à conſidérer l'art Militaire plutôt comme un art protecteur que comme un art deſtructeur, & plût au ciel que les princes en euſſent cette idée, & n'y euſſent jamais recours que dans le cas d'une défenſe abſolument néceſſaire.

§. I.

ADMINISTRATION MILITAIRE.

Département de la guerre.

LE livre qui a pour titre *Rêveries, ou Mémoires ſur l'Art de la Guerre*, par M. le comte *Maurice de Saxe*, maréchal-général de S. M. T. C., &c. &c. s'eſt acquis une ſi grande célébrité dans l'Europe, que je ne puis me diſpenſer de faire l'examen des parties de ſon ſyſtême qui ont un rapport intime avec la politique. Il eſt certain que cet ouvrage porte avec ſoi le caractere du grand homme qui en eſt l'auteur, & qu'il ne peut que plaire à ceux qui aiment les idées neuves, grandes & brillantes ; mais voyons ſi toutes ces idées ſont également juſtes & praticables. A l'égard de la maniere de lever des troupes, il dit : » Ne vaudroit-il pas mieux » établir par une loi, que tout homme, de quelque condition qu'il fût, » ſeroit obligé de ſervir ſon prince & ſa patrie pendant cinq ans ? En les » choiſiſſant entre vingt & trente ans, il ne réſulteroit aucun inconvé- » nient. « &c. Il me ſemble, au contraire, entrevoir dans cette propoſition divers inconvéniens, tant pour l'état civil, que pour l'état Militaire même ; j'en indiquerai les principaux. En pourroit-on imaginer un plus grand que celui d'enlever à toutes les ſciences, à tous les arts, à tous les métiers, en un mot à toutes les profeſſions néceſſaires à l'Etat, tous leurs ouvriers sans exception, & cela pendant l'espace de cinq ans, précisément entre vingt & trente, qui est l'âge où chaque homme ayant appris la théorie & les principes de son métier, doit passer rapidement à la pratique, & ne s'en laisser distraire par rien, s'il veut y faire des progrès capables de le conduire à la perfection. Nul talent ne s'acquiert que par l'application constante au même objet, sur-tout à l'âge de vingt ou trente ans; & que dirons-nous de ces arts utiles, de ces manufactures, qui demandent absolument l'adresse de la main? L'expérience fait connoître que l'exercice militaire & le maniement des armes engourdissent le poignet & les doigts, & rendent l'homme impropre aux ouvrages subtils & délicats. Il y a plus encore. Ne nous fascinons pas les yeux sur une considération importante. La vie de simple soldat donneroit aux citoyens une certaine dureté de caractere qui influeroit sur les mœurs de la nation en général. En un mot, je réponds à M. le maréchal, qu'une loi qui établiroit son système, seroit infiniment préjudiciable à la perfection des manufactures & de l'industrie en général, & formeroit une nation insupportable. Mais qu'y gagneroit encore l'état Militaire? On seroit obligé de congédier le meilleur soldat au bout de cinq ans; & l'armée seroit composée singuliérement, ayant tous les ans un cinquieme de recrues nouvelles, & une diminution d'un cinquieme des meilleurs soldats à peine formés. Quiconque a servi dans les troupes reconnoîtra de quelle utilité inexprimable sont les vieux soldats aguerris en toute rencontre; combien on peut s'y confier dans les expéditions difficiles, & combien on doit les ménager. Au bout de six ou sept ans de paix, il n'y auroit plus, selon ce plan, dans l'armée un soldat qui auroit vu le feu. Si j'avois une dissertation à faire sur cette matiere, j'appuyerois mon idée encore par cinquante argumens, mais ne pouvant qu'effleurer les objets, ceux-ci suffiront.

Si toutes les puissances de l'Europe pouvoient & vouloient s'accorder à faire une réduction proportionnelle de leurs troupes, & ne garder chacune, par exemple, que la moitié du nombre qu'elles ont, ce seroit en effet un grand bien pour le genre-humain, & la proportion de leur puissance respective subsisteroit toujours sur le même pied. Mais depuis que Louis XIV a mis les grandes armées à la mode, la plupart des princes ont senti qu'ils affoiblissoient trop par-là leur état civil, & ont employé diverses maximes politiques pour remédier à cet inconvénient. Les uns ont pris à leur solde des régimens entiers de troupes étrangeres, comme des Suisses, des Allemands, des Suédois, des Irlandois, &c. d'autres n'ont laissé subsister, en temps de paix, que le pied de leurs régimens, & ont fait des réductions considérables dans les compagnies à la fin de chaque guerre; d'autres encore recrutent constamment leur armée par des enrôlemens qu'ils font dans les pays étrangers par-tout où ils peuvent en obtenir la liberté. Cette derniere méthode est préférable à toutes les autres; car premiérement, on augmente par ce moyen le nombre des sujets, ce qui n'est pas un petit avantage; secondement, on épargne les naturels du pays pour

l'agriculture

l'agriculture & l'induſtrie; troiſiémement, l'armée reſte toujours dans un état d'activité qui fait qu'on peut la faire agir à chaque inſtant, ſans être obligé de faire de nouvelles levées; quatriémement, la diſcipline, la paye, l'exercice, tout eſt uniforme dans l'armée, & le même eſprit anime toutes les troupes; ce qui ne ſauroit être lorſqu'elles ſont mêlées de régimens étrangers. On croit communément que ces enrôlemens dans les pays étrangers emportent beaucoup d'argent hors de l'Etat, mais on ſe trompe. Chaque ſoldat nouvellement engagé rapporte preſque toujours avec ſoi la ſomme modique qui lui a été donnée pour ſon engagement; & s'il poſſede encore quelque choſe de plus, il le fait ſuivre. Tout cela rentre dans la maſſe de l'Etat. Il n'y a que la dépenſe faite hors du pays pour la remonte de la cavalerie, qui eſt perdue à jamais.

Ces réflexions néanmoins ne doivent pas ſéduire un prince, ni le porter à vouloir entretenir des armées exceſſives. Les troupes, indépendamment de leur levée, demandent de la paye & de l'entretien; & ſi les revenus naturels du pays ne ſuffiſent pas, il faut fouler les ſujets pour y ſubvenir : or plus un prince accable ſes peuples, plus il ſe coupe toutes les reſſources pour l'avenir; c'eſt le moyen de tout détruire en peu de temps. Un ſouverain qui met une trop grande armée ſur pied, eſt comme un particulier qui entretient trop de valets; il a les mains liées pour toute autre dépenſe, quelque avantageuſe qu'elle puiſſe lui être. C'eſt une faute où tombent ſouvent des petits princes qui veulent imiter les grands monarques. Ils ont des armées trop fortes pour le badinage, & trop foibles pour le ſérieux. Ils ſont obligés à la fin d'en faire un trafic. Malheur ſur-tout à leur pays, s'ils s'aviſent d'avoir des forchereſſes! Si la guerre s'allume dans leur voiſinage, aucune des puiſſances belligérantes, fuſſent-elles leurs meilleurs amis, ne peut les laiſſer tranquilles. La premiere armée qui paſſe eſt obligée, malgré elle, de s'emparer de ces forchereſſes, de peur que l'ennemi qui ſuit ne s'en ſaiſiſſe, n'en faſſe une place d'arme, & ne la coupe par ce moyen. C'eſt s'attirer gratuitement la guerre dans le pays; au-lieu que tout prince qui n'a point de villes fortifiées, peut toujours garder la neutralité. Il eſt ſans conſéquence, il demeure ſpectateur bénévole, & ſes ſujets profitent de la vente de leurs denrées.

L'entretien même des troupes ne ſeroit pas à charge à l'Etat, ſi la paix duroit toujours. Il n'y auroit qu'à faire de tels arrangemens que tous les beſoins de l'armée fuſſent pris dans le pays, toute la dépenſe retomberoit dans l'Etat, & ce ſeroit une nouvelle circulation d'argent : car que cet argent ſoit dépenſé par un homme de guerre portant un habit blanc, rouge, ou bleu, ou par un homme de cour bien poudré & bien chamarré, l'effet en eſt égal pour l'Etat. L'expérience confirme ce raiſonnement; & nous voyons bien des villes de province qui languiſſent dès qu'elles n'ont point de garniſon. Mais l'inconvénient ſe manifeſte lorſque la guerre éclate. Tous les congédiés ſont rappellés ſoudain à leurs drapeaux, l'armée ſe met en marche, & va non-ſeulement porter dans des contrées étrangeres tout l'argent que coûte son entretien, mais prive aussi l'agriculture & l'industrie de leurs ouvriers, ce qui est une double perte, d'autant plus sensible, qu'elle arrive précisément dans un temps où la nation est obligée de faire les plus grands efforts pour subvenir aux frais de cette guerre; & lorsque le pays même devient le théâtre de la guerre, le mal est encore plus grand par les dégâts qui s'y font, & par l'interruption de tous les travaux. Concluons de tout ce qui vient d'être dit, que c'est moins le nombre des habitans qui doit déterminer la quantité de troupes qu'un Etat peut entretenir, que la considération des revenus plus ou moins grands. La situation d'un pays arrondi ou non, défendu par la mer, par des montagnes, ou par une chaîne de forteresses, ou bien ouvert, d'un pays peuplé, d'un pays riche ou pauvre, d'un pays qui a des voisins formidables ou foibles; toutes ces considérations doivent, ce me semble, régler la grandeur de l'armée. Je ne crois pas qu'il y ait d'autre regle sûre & invariable à donner.

Tant que la politique marche à tâtons, & qu'on adopte des maximes dont l'expérience n'a point confirmé la solidité, on est sujet à faire des arrangemens qui éblouissent le vulgaire, qu'il envisage comme utiles, & qui dans le fond sont préjudiciables à l'Etat. On peut regarder comme tels les bans & les arriere-bans, les compagnies bourgeoises, les mineurs, les chasseurs enrégimentés, l'établissement d'une cavalerie milicienne qu'on a si souvent proposé, & qu'on prétendoit former de cochers domestiques, voituriers, paysans, &c. qui devoient être fournis d'armes & d'uniformes pour se mettre chacun sur son cheval, & s'assembler au rendez-vous à l'approche de quelque danger. Toutes ces sortes d'inventions sont chimériques. De pareilles milices feront toujours une pitoyable contenance vis-à-vis d'un ennemi bien aguerri comme le sont de nos jours les troupes réglées des principales puissances de l'Europe; & le mal est qu'on fait ordinairement dans le cabinet quelque fond sur un pareil arrangement. L'ennemi paroît, les bannerets & leurs vassaux, les bourgeois armés, &c. vont à sa rencontre, sont taillés en pieces; & l'Etat fait une perte d'excellens sujets le plus inutilement du monde. Il y a cependant quelques nations en Europe qui entretiennent des milices, & qui les ont mises sur un si bon pied, qu'elles retirent une grande utilité de cet établissement. En France, on les regarde comme la pépiniere de l'armée; ce sont des recrues toutes prêtes, & presque toutes dressées, qui prennent soudain l'esprit du corps dans lequel on les fait entrer; & en cas de besoin, on les met en garnison dans les places fortes, où on les a vues souvent soutenir un siege avec beaucoup de valeur; mais il ne faut pas les mener à l'ennemi en rase campagne; on risque trop avec elles dans une bataille rangée. En Suisse, tous les citoyens sont miliciens pour la défense de la patrie; & dans un pays tel que celui-là, où tout est montagne & défilé, on ne pouvoit imaginer un arrangement plus sage. Armer tout un peuple, l'exercer presque dès le berceau, l'employer à garder des passages que la nature a rendus inacceſſibles, & où il combat pour ſes propres foyers, épargner par ce moyen toute la dépenſe d'une armée, c'eſt en effet une invention digne de la plus profonde politique. Le milicien pris d'entre les habitans du plat-pays doit reſter en temps de paix chez ſoi, & vaquer à ſes travaux. On en forme des régimens, commandés par de vieux officiers, qui font faire, une fois par ſemaine, l'exercice à une partie de leur troupe. Leur uniforme eſt ſimple, & n'a pas beſoin d'être renouvellé ſouvent, parce qu'ils ne le mettent que lorſque le régiment eſt aſſemblé. Leur paye eſt petite, & leur entretien coûte peu à l'Etat.

Depuis qu'on connoît des armées, on ſait qu'elles ont été compoſées de cavalerie & d'infanterie, & cet uſage ſubſiſtera vraiſemblablement juſqu'à la fin des ſiecles : car nous ne parlons pas des éléphans, des tours mobiles, des charriots à faulx, & d'autres uſages des anciens qui, malgré les exagérations des hiſtoriens, n'ont peut-être jamais fait un grand effet, & que l'invention de la poudre à canon a rendus tout-à-fait inutiles. On ne peut encore donner ici de regle fixe ſur la proportion qu'il doit y avoir entre le nombre de la cavalerie & de l'infanterie dans une armée ; elle eſt toujours déterminée par la ſituation d'un pays, de ſes reſſources, des chevaux qu'il fournit, des ennemis qu'il a probablement à combattre, & par pluſieurs autres conſidérations politiques. La remonte, & l'entretien des chevaux, forment des objets ſi diſpendieux, que les régimens de cavalerie ſont par-tout beaucoup moins nombreux que ceux d'infanterie. Par une combinaiſon de l'état Militaire des principales puiſſances de l'Europe, on trouve que leurs armées ne contiennent jamais au deſſus d'un tiers, & jamais au deſſous d'un cinquieme de cavalerie, y compris les troupes légeres. (a) Cette proportion paroît ſuffire à toutes ſortes de beſoins dans les opérations Militaires. La cavalerie eſt compoſée de cuiraſſiers, de dragons,

(a) L'Etat complet de l'armée de ſa majeſté l'impératrice-reine de Hongrie & de Boheme, eſt réglé de la maniere ſuivante.

45 régimens d'infanterie à trois bataillons, & deux compagnies de grenadiers, faiſant en tout 2,300 hommes par régiment. . . ſomme		103,500 hommes
9 régimens d'infanterie Hongroiſe. . . . . à 3,000 hommes		27,000
6 régimens Wallons & Italiens. . . . . à 3,000		18,000
5 régimens Croates & Eſclavons. . . . . à 3,000		15,000
2 régimens Suiſſes. . . . . à 3,000		6,000
67 régimens ſomme de l'infanterie.		169,500
18 régimens de cuiraſſiers à ſix eſcadrons, & une compagnie de carabiniers, faiſant en tout 1,094 maîtres par régiment.		19,692
14 régimens de dragons à ſix eſcadrons, & une compagnie de grenadiers en tout 1,094 hommes.		15,316
11 régimens de houſſards à neuf & demi eſcadrons, faiſant 1,300 hommes.		14,300
43 régimens, ſomme de la cavalerie.		49,308
110 régimens, ſomme totale de l'armée.		318,808 hommes

Selon le dénombrement qui fut rendu public en l'année 1755.

de houffards, de houlans, ou d'autres troupes légeres dont les dénominations ne font pas les mêmes par-tout. Dans l'infanterie font compris les
grenadiers, les fantaffins, les fufiliers, les canonniers, pionniers, mineurs,
bombardiers, ingénieurs, &c.

Les cuiraffiers & les carabiniers doivent avoir les plus grands chevaux
qu'on peut trouver. L'effort du choc dans les attaques devient plus grand.
Leur arme principale, fur laquelle ils peuvent faire le plus de fond, c'eft,
le fabre, qui doit être fait dans la plus grande perfection. Il eft rare qu'ils
fe fervent de leurs carabines, & encore moins de leurs piftolets. Leur cui-
raffe doit être légere, c'eft la feule arme défenfive dont l'ufage foit refté
dans nos armées modernes; encore les jettent-ils fouvent avant que la bataille commence, pour être moins gênés. Les dragons mettent pied à terre
dans l'occafion; on s'en fert beaucoup plus fouvent en campagne que des
cuiraffiers, qui ne femblent être réfervés que pour les grands combats,
tandis que les dragons font employés également aux détachemens, à efcorter des vivres, du bagage, &c. On leur donne des chevaux d'une taille
médiocre, plus propres à foutenir les fatigues, & plus faciles à recruter.
Les houffards font les vrais fouffre-douleurs de l'armée; ils voltigent fans
ceffe, foit pour reconnoître l'ennemi, foit pour le harceler, foit pour enlever fes convois, foit pour efcorter ceux de l'armée, foit pour faire du
butin; enfin, il n'eft forte d'expédition à laquelle ils ne concourent. On
les monte pour cet effet fort légérement fur de petits chevaux propres à la
courfe, qui coûtent moins à remplacer, & qu'on dreffe à fouffrir toutes
les fatigues poffibles. Leurs cavaliers étant, tantôt en embufcade, tantôt à
pied, tantôt à la courfe, ils fe fervent de toutes fortes d'armes; fabre,
piftolets, carabine, tout y va. Au refte, il n'eft pas néceffaire que tous
ces cavaliers, fur-tout les dragons & houffards, foient d'une taille co-
loffale; au contraire, un fort grand corps fatigue & accable le cheval.

Pour grenadiers, il faut prendre l'élite de l'infanterie, non pas à l'égard
de la hauteur de la taille, mais pour la quarrure, & pour l'air du vifage;
car comme on fe fert d'eux aux expéditions les plus difficiles, & qu'on les
place aux endroits les plus périlleux, il convient de choifir les hommes
les plus robuftes, les plus adroits, les plus braves, & les plus fûrs. Ils ont
tiré leur nom des grenades qu'on leur faifoit jeter anciennement, fur-tout
lorfqu'ils fe trouvoient placés aux angles des bataillons quarrés: mais cette
manœuvre de guerre étant prefqu'entiérement abolie de nos jours, le feul
nom leur en eft refté, & ce ne font, dans le fond, que des fantaffins de
confiance. M. le maréchal de Saxe dit (a) qu'il n'eft point pour les grenadiers, mais les raifons qu'il allegue pour juftifier ce fentiment, me paroiffent plus porter fur l'abus que fur l'ufage qu'on peut faire de ces braves gens. Il eft vrai qu'on pourroit s'en paffer, fi l'on vouloit adopter tout
fon fyftème en entier, établir fa légion, fa maniere de former les divers

_____

(a) Mémoires Militaires, chap. II.

corps de troupes, de les habiller, de les armer, de les faire combattre, &c.
(ce que je n'oferois cependant confeiller qu'à une puiffance ennemie) car
il fubftitue les vétérans aux grenadiers, ce qui me femble prouver même
la néceffité indifpenfable de ces derniers, lorfqu'on fuit l'ancien fyftême
Militaire; mais l'expérience la prouve bien plus encore; j'en appelle au
témoignage des officiers. C'eft un abus que d'expofer les grenadiers en
chaque rencontre; il faut favoir employer, pour les expéditions dont parle
M. le maréchal, les troupes irrégulieres, les compagnies ou bataillons
francs &c. Mais encore, d'où prendra-t-on ces vétérans, fi chaque foldat
doit être congédié au bout de cinq ans? Les fantaffins forment l'infanterie, ils ne marchent & ne combattent qu'à pied. Il faut choifir pour cette
claffe de troupes, les hommes de la plus haute taille qu'on peut trouver.
L'expérience a fait connoître, malgré ce qu'en difent bien des gens, même
du métier, qu'un grand homme manie fes armes, & combat mieux qu'un
petit : il a plus de force, il foutient mieux les affauts de la cavalerie; de
fa bayonnette plantée au bout du fufil, il eft capable de défarçonner un
cavalier, ce que ne fera point un homme de taille ordinaire. La maxime
d'ailleurs de n'avoir que des foldats de haute taille, fur-tout pour l'infanterie, eft fort avantageufe au pays. On voit fouvent que les officiers vont
à leur but fans trop réfléchir à l'utilité publique, ils ne mettent pas dans
leurs enrôlemens toute la difcrétion qu'il faudroit. S'ils peuvent employer
dans leurs troupes des gens médiocrement grands, ils font main baffe fur
tout, & privent l'agriculture & l'induftrie de bien des ouvriers. S'ils n'ofent
ranger dans leurs compagnies que des hommes d'une certaine hauteur, ils
ont les mains liées pour nuire, car il ne naît dans un village, ville ou canton, que très-peu de gens qui viennent à une taille extraordinaire. La multitude eft toujours de moyenne grandeur.
 Les fufiliers ou fufeliers, ne different prefque des fantaffins que de nom.
Les uns & les autres ont des armes égales, marchent & combattent de
même. La feule différence qu'il pourroit y avoir entre eux, c'eft que les
hommes qu'on place dans les régimens de fufiliers ne font communément
pas fi hauts que les fantaffins, qu'on les habille plus fimplement, & qu'on
leur fait porter des efpeces de bonnets de grenadiers au lieu de chapeaux.
Les canonniers, pionniers, mineurs, ingénieurs, &c. font auffi partie de l'infanterie, & doivent être enrégimentés, mais il eft rare de les voir rangés
en bataille. On les fait fervir à ces parties de la guerre auxquelles ils font
deftinés, & que leur nom indique. Dans ces corps il ne doit pas être queftion de taille; il n'y faut faire entrer que des gens adroits, intelligens, &
qui fachent leur métier. Au refte, c'eft une chofe fi connue, qu'on n'ofe
prefque la remarquer, que toute l'armée, tant infanterie que cavalerie, doit
être partagée en différens corps ou régimens, diftingués par leurs uniformes.
Ces régimens font, pour l'ordinaire, divifés en deux bataillons, & les bataillons en plufieurs compagnies. Celles-ci ont un chef à leur tête qu'on appelle
capitaine, qui a fous lui des lieutenans, des enfeignes, ou porte-étendarts

dans la cavalerie, des bas-officiers, &c. Il doit y avoir, en outre, dans
chaque régiment, des officiers de l'état-major, qui font le général ou colonel commandant, le lieutenant-colonel, & les majors; de plus, un aumô-
nier, pour les exercices de piété, un régiment quartier-maître, pour les
affaires économiques, & un auditeur, pour l'examen des affaires de justice,
soit civiles, soit criminelles qui sont ensuite jugées par un conseil de guerre,
enfin un chirurgien-major, quelques fraters, & un prévôt.

Ces différens corps de troupes étant ainsi commandés par des officiers de
divers grades, l'on fait bien de prendre ceux-ci, le plus qu'on peut, parmi
les nobles du pays. La guerre est le métier naturel des gens de qualité.
Soit raison, soit préjugé, l'Europe a adopté une fois le principe que le gentilhomme déroge en s'appliquant à de certains arts & à de certains travaux
méchaniques. Le nombre en est cependant grand, & il ne leur reste que
peu de métiers à faire. Sans celui des armes que deviendroit toute cette
jeune noblesse? Elle seroit à charge à l'Etat; & se multipliant sans cesse,
après avoir fait la guerre aux bêtes dans les bois, elle la déclareroit enfin
aux passans & aux voyageurs. On n'en a vu que trop d'exemples en Allemagne dans le dixieme, onzieme & douzieme siecles, & dans quelques-
uns des suivans. Les nobles y faisoient un métier qui ne l'étoit guere; ils
tenoient des châteaux fortifiés, qui servoient de repaire au butin qu'ils at-
trapoient en faisant des sorties sur les voyageurs, qu'ils dévalisoient (a).
L'entretien d'une armée permanente prévient une semblable barbarie. Les
nobles y trouvent un emploi lucratif, honorable, & même glorieux; mais
il est bon de les accoutumer de bonne heure à un métier qui demande
beaucoup d'exactitude, d'application, & de grandes connoissances, sur-tout
pour ceux qui veulent s'y élever au-dessus du vulgaire. C'est dans cette
vue que les jeunes gentilshommes sont placés, comme pages, chez les rois,
princes, & généraux; d'autres sont faits cadets, & élevés dans des sémi-
naires Militaires; d'autres sont envoyés à des académies de nobles, d'autres
enfin ont le bonheur d'entrer dans des écoles Militaires. De ce premier
apprentissage ils sortent pour être placés dans l'armée où ils passent par tous
les grades Militaires, & parviennent enfin à commander à des compagnies,
à des régimens, & à des armées.

Qu'on ne s'imagine pas cependant que nous voulions exclure, par ce qui
vient d'être dit, du métier d'officier tous ceux que le hasard n'a pas fait
naitre gentilshommes. L'habileté, la valeur ne sont pas des qualités uniquement adhérentes à des quartiers; & il n'y a que des esprits foibles qui
croient que l'homme de qualité est pétri d'un limon différent de celui des

_____

(a) On lit, dans les chroniques & mémoires de ces temps-là, que les voyageurs, dans
leurs litanies & prieres matinales, demandoient à Dieu de les préserver des attaques des
gentilshommes, dont les noms étoient exprimés dans leurs bréviaires. Les descendans de
ces nobles brigands subsistent encore, & effacent, par des services signalés qu'ils rendent à
la patrie, les crimes de leurs ancêtres.

autres. Les fimples foldats, partie effentielle d'une armée, prouvent bien le contraire ; & l'hiftoire ancienne & moderne fourmille de noms de généraux & d'officiers qui, fans naiffance illuftre, ont fait les actions les plus brillantes, & rendu les fervices les plus éclatans à l'Etat. La regle eft qu'il faut préférer, en général, la nobleffe pour les emplois Militaires ; mais cette régle doit fouffrir à tout moment des exceptions en faveur de tous les bons fujets qui fe préfentent.

La plupart des foldats s'enrôlent fur des capitulations, ou engagemens de fervir un certain nombre d'années. Malgré tout ce qu'on en peut dire, je crois qu'il feroit d'une bonne politique de tenir exactement ces capitulations en temps de paix, c'eft-à-dire, de licencier le foldat au bout du terme ftipulé, ou de le prolonger à fon choix. La réputation glorieufe que cette maxime donneroit au prince lui vaudroit des milliers de recrues, & l'on verroit combien il eft rare qu'un homme qui a fervi fix ans fous les armes veuille quitter fon métier qui lui eft devenu prefque naturel. Sous quelle ombre de juftice peut-on punir de mort un déferteur auquel on ne tient pas ce qu'on lui a promis ? l'humanité fe révolte à ces idées. Mais lorfqu'on remplit envers le foldat les conditions auxquelles on l'a engagé, on peut & l'on doit même être très-févere pour les défertions, fur-tout pendant la guerre, vu que l'Etat fe trouveroit fans défenfe, & qu'un général ne pourroit compter fur rien, fi les foldats n'étoient pas retenus à leurs drapeaux par la crainte de la potence, qui eft le châtiment ufité en Europe pour le crime de défertion.

Dans les pays bien peuplés, & où il y a une nobleffe nombreufe, les officiers peuvent renvoyer leurs commiffions lorfqu'ils ne veulent plus fervir. Mais cette méthode n'eft pas praticable par-tout. Cependant il femble qu'il n'eft ni équitable ni politique de retenir un officier au fervice malgré lui, que la vraie valeur s'unit rarement à l'efclavage, & qu'il n'eft pas fi difficile de remplacer des officiers. Un prince en trouvera à fon choix dans toute l'Europe, lorfqu'il leur accorde un congé quand ils le demandent, & qu'on ne les contraint point à faire, pour ainfi dire, avec lui un pacte pour l'éternité. Au refte, c'eft une excellente maxime de placer (comme on fait en France) un grand nombre d'officiers dans tous les régimens ; mais il faut fe garder de pouffer cette maxime à l'excès, parce que la paye & l'entretien de ces Officiers augmente infiniment la dépenfe de l'armée, & que la prodigieufe quantité de bagage, qui en eft une fuite naturelle, caufe un très-grand embarras dans les marches, fait fouvent échouer des opérations, & ruine les pays que l'armée traverfe.

Après qu'un fouverain a formé fon armée fur ces principes, il faut qu'il penfe *au logement, à la nourriture, au vêtement, & aux armes des troupes.* Quant au logement, nous croyons les troupes, même la cavalerie, mieux placées dans les villes qu'à la campagne, 1°. parce que la défertion y peut mieux être prévenue, 2°. que l'officier eft à même d'y avoir plus l'œil fur le foldat, & de le tenir en regle, 3°. parce que le

foldat ne fauroit tant chicaner fon hôte bourgeois, que fon hôte payfan;
4°. parce qu'une garnifon fert toujours à défendre une ville contre une attaque
foudaine, 5°. parce qu'il y a une raifon de finances à faire dépenfer la paye
de l'armée dans des villes où demeurent des artifans, & où l'accife eft
introduite. Au refte, les foldats font logés, ou dans des cafernes, ou chez
le bourgeois. C'eft au fouverain à faire conftruire de bonnes écuries dans
toutes les villes où l'on place de la cavalerie. Mais fi j'étois fouverain, je
voudrois, en temps de paix, faire changer fouvent cette cavalerie de quartiers, parce qu'un cheval qui eft accoutumé à ne boire que de la même
eau, à ne refpirer que le même air, à ne manger que de l'avoine, du foin
& de la paille crûs dans le même terroir, eft fort fujet à crever dans une
marche où, indépendamment des fatigues, il change à tout moment de
nourriture.

Le prêt du foldat, qui à la vérité, ne fauroit être fort confidérable, vu
la multitude, doit cependant aider à fa fubfiftance. Un trop petite paye
lui abat le courage, & le met dans la néceffité d'avoir recours pour vivre
à toutes fortes d'expédiens, parmi lefquels il y en a fouvent de fort finif-
tres. Mais, d'un autre côté, c'eft une erreur de croire que le fouverain
doive donner au fimple foldat plus que fa fubfiftance abfolue qu'il trouve
dans fon prêt, dans fon logement, & fon vêtement aux dépens de l'Etat.
Tout ce qui peut être compris en quelque maniere fous le nom de luxe,
il le gagne par d'autres travaux entrepris aux jours qu'il n'eft point occupé
aux fonctions militaires. Dans des temps de cherté, ou dans des provinces peu abondantes, le fouverain doit ouvrir fes greniers, & convertir une
partie du prêt en pain de munition, ce qui foulage infiniment le pauvre
foldat. Il y a même des armées où cet ufage fe pratique conftamment.
Au refte, le foldat ne vit, & ne fauroit vivre uniquement de fa paye; il
faut que chacun ait encore un métier à part, ou qu'il cherche à gagner
fa vie d'une autre maniere honnête lorfqu'il ne monte point de gardes. Il
y a quelques armées où l'on permet au foldat de faire des gardes doubles,
dont l'une lui eft payée par fon camarade qui travaille pendant ce temps
à quelque autre chofe.

L'habillement des gens de guerre doit être folide, & convenable à leurs
fonctions. J'appelle folide, point mefquin, pas de bure, point de farraux,
point déguenillé, pas de toutes pieces. Peu importe quelle coupe, quelle
mode, on veuille fuivre, pourvu que les habits foient affez amples pour
que le foldat puiffe s'y remuer, & qu'en agiffant il ne s'y trouve pas tellement refferré que le fang foit preffé vers les poulmons, abus qui a fait,
& qui fait encore périr beaucoup de braves gens. Je voudrois encore que
l'habit du foldat, fur-tout du fantaffin, fût court, pour être moins embar-
raffant dans une marche. On ne croiroit jamais combien l'infanterie, qui
marche dans des temps pluvieux, & par des chemins crottés, fe trouve
fatiguée lorfque les juftaucorps font trop longs. Toute l'humidité defcend
& s'amaffe dans les pans & dans les plis de l'habit, le rend pefant, &

met

met le fantaſſin d'autant plus au déſeſpoir, qu'il n'a pour ſe couvrir la nuit, dans ſa tente, que ce même juſtaucorps qui eſt mouillé d'outre en outre. La plupart des maladies dans une armée ne proviennent que delà. Mais lorſqu'on adopte l'uſage des habits courts, il faut imiter auſſi ce qui ſe pratique ſi ſagement, & avec tant d'humanité, dans l'armée Pruſſienne, où chaque ſoldat trouve le ſoir dans ſa tente une bonne & groſſe couverture ſeche. Au reſte il n'eſt pas néceſſaire de dire que toute l'armée doit être vêtue d'uniformes ; mais chaque corps, chaque régiment, diſtingué par des paremens, veſtes ou autres parties de l'habillement, de diverſes couleurs. Cette marque des différens régimens eſt d'une grande utilité à la guerre, parce qu'il importe, dans l'occaſion, de connoître chaque homme, & de ſavoir à quel corps il appartient. C'eſt auſſi la raiſon pour laquelle chaque ſouverain fait porter à ſes officiers des écharpes & des dragonnes, & aux bas-officiers & ſoldats d'autres marques de diſtinction, ſoit à l'épée, ſoit au chapeau, pour empêcher que l'ami & l'ennemi ne ſoient confondus dans la mêlée.

Les réflexions que fait M. le maréchal de Saxe, dans ſes *mémoires militaires* (chap. I. article II.) ſur le vêtement des troupes me paroiſſent très-juſtes. On pourroit les appliquer, en général, à l'habillement françois uſité chez la plupart des nations Européennes. Il ſemble qu'il n'y ait ni rime ni raiſon dans notre façon de nous mettre, & qu'on pourroit inventer d'autres habits plus avantageux, plus commodes, plus élégans, & peut-être moins coûteux. Cependant je n'approuve pas tout-à-fait la maniere d'habiller le ſoldat, qu'il propoſe pour la ſubſtituer à l'ancienne ; & voici mes raiſons. La perruque de peau d'agneau ſeroit trop chaude lorſque le ſoldat marche ou agit ; & en faiſant trop tranſpirer ſa tête, elle lui feroit tomber tellement les cheveux, qu'il ſeroit chauve en peu de temps. La pluie d'ailleurs ayant imbibé toute la toiſon, perceroit juſqu'au cuir, la tête du ſoldat n'en ſeroit que plus mouillée, & ce cuir en ſe ſéchant ſe racorniroit infailliblement. J'aimerois encore mieux des perruques telles qu'on en fait de laine, qui imitent fort bien la tête naiſſante, & qui ſe ſechent facilement. Mais le ſoldat gardera-t-il ſes cheveux ſous cette perruque, ou les coupera-t-il ? Dans ce dernier cas, que fera-t-il au retour du printemps & à l'approche des chaleurs ? Les caſques à la Romaine ſont très-incommodes, parce qu'ils ne peuvent être que fort peſans ; & comme ils n'ont ni rebord, ni ombrelle, pour couvrir l'œil, le ſoldat ſe trouvera fort mal à ſon aiſe lorſque, dans les jours d'été, il ſera obligé ou de marcher, ou de s'avancer ſur l'ennemi, & que les rayons d'un ſoleil brûlant lui tomberont, ſoit à plomb, ſoit obliquement ſur le viſage. Il en ſera tellement ébloui, qu'à un jour d'action il perdra le point de mire, & n'ajuſtera jamais bien ſon coup. C'eſt un défaut qu'ont les bonnets des fuſiliers & ceux des grenadiers. Le manteau à la turque eſt, je crois, d'un excellent uſage, pourvu qu'il puiſſe s'attacher le long de la giberne, ſur le dos, & qu'alors il n'incommode pas le ſoldat, qui n'a déjà que trop à porter. Ce que

M. le maréchal dit au sujet de la chauſſure ordinaire, & ſur-tout des jar-
retieres, eſt exactement vrai : mais les changemens qu'il propoſe ſont trop
compoſés & ſuſceptibles de beaucoup de raffinemens.

Comme, dans la cavalerie, l'arme principale eſt le ſabre, l'infanterie ne
fait guere uſage que du fuſil & de la bayonnette. Le grand effet des armes
à feu a rendu les épées des fantaſſins inutiles, ce n'eſt plus qu'une arme
d'oſtentation. Il n'y a plus de mêlée telle que chez les anciens ; & quand
il y en auroit, la bayonnette, plantée au bout du fuſil, eſt d'un bien meilleur uſage, ſoit pour attaquer, ſoit pour ſe défendre, que l'épée. Un ancien reſpect pour le nom fait encore conſerver la choſe. Car du reſte,
pourvu qu'un fantaſſin ait un excellent fuſil, une bonne bayonnette, une
ample gibeciere à carthouches, je crois que l'arme blanche lui eſt un fardeau aſſez embarraſſant & aſſez inutile. C'eſt à des généraux d'armée à décider la queſtion, & à donner les meilleurs modeles tant des ſabres pour la
cavalerie, que des piſtolets, carabines, fuſils, bayonnettes, épées, & autres armes pour l'infanterie. Il eſt incroyable quelle confiance le ſoldat met
en ſes armes ; ſon courage naturel s'accroît infiniment lorſqu'il eſt perſuadé
qu'il a une bonne piece de défenſe, & ſur-tout un bon fuſil en main. La
politique demande donc que toutes ces armes ſoient parfaites dans leur eſpece, & fabriquées, s'il ſe peut, dans le pays. C'eſt un article très-eſſentiel, auquel il faut penſer bien ſérieuſement ; car, quand on peut ſe pourvoir chez ſoi d'armes & de tout l'attirail de guerre, il eſt certain que l'entretien d'une armée coûte beaucoup moins à l'Etat, que lorſqu'on eſt réduit
à prendre tout chez l'étranger. C'eſt, au contraire, un moyen de plus pour
faire circuler l'argent dans le royaume. L'Angleterre, par exemple, ne regarde pas comme une dépenſe perdue ce qu'elle débourſe pour l'équipement
de ſes flottes, parce que c'eſt un argent répandu dans le ſein de l'Etat. Ces
manufactures d'armes procurent encore l'avantage qu'on les a fidélement
faites, qu'on peut être aſſuré de leur bonne trempe & qualité, qu'elles
peuvent être prêtes au temps précis, & qu'on épargne les frais de tranſport, &c.

La diſcipline militaire eſt le troiſieme objet qui occupe le département
de la guerre. Nous en ferons l'objet d'un paragraphe particulier (a). On entend par-là *une ſoumiſſion des gens de guerre à vivre ſelon les loix de leur
profeſſion, & à obéir aux ordres de leurs ſupérieurs.* Cette définition ſuppoſe
que tout ſouverain doit faire des loix qui réglent les devoirs de chaque Militaire ; & en effet nous avons les réglemens & les articles de la guerre,
imprimés, de la plupart des puiſſances de l'Europe (b). Ils ſont remis entre
les mains de chaque officier, qui y peut lire tous ſes devoirs, & qui doit
ſe les rendre familiers. Quant à ceux du ſimple ſoldat, ils ſe trouvent exprimés dans le ſerment qu'on lui fait prêter lors de ſon engagement ; &

_____

(a) Voyez ci-après §. IV.
(b) Le réglement Militaire d'Eſpagne eſt très-fameux;

le reste dépend des ordres de ses officiers auxquels il doit obéir sans murmure, & sans la moindre marque de répugnance ; obéissance que chaque officier doit, à son tour, à tous ceux qui sont dans un grade supérieur, & en droit de leur commander. Cette subordination exacte est l'ame du service militaire. La discipline peut suppléer, en quelque maniere, à la valeur des troupes. Les Romains n'ont soumis tous les peuples de la terre que par la sévérité qu'ils y ont observée ; & les conquêtes les plus brillantes des peuples anciens & modernes ne sont dues qu'à cette belle discipline établie dans leurs armées. Aussi doit-elle être uniforme & constante. Il y a des nations où elle est fort rigoureuse en temps de guerre, mais très-relâchée en temps de paix ; maxime tout-à-fait fausse. Il faut accoutumer le soldat à remplir ses devoirs lorsqu'il est tranquille, afin qu'il ne lui en coûte point quand il doit agir, outre qu'il n'y auroit ni repos, ni sureté, soit pour le public, soit pour les officiers même, si le soldat n'étoit contenu fort exactement dans son devoir. On auroit, en temps de paix, le plus dangereux ennemi dans le sein de l'Etat ; & comment une poignée d'officiers pourroit-elle se faire obéir d'une multitude si grande d'hommes armés, si la plus légere faute, mais sur-tout la désobéissance, n'étoit punie très-sévérement ?

Le quatrieme objet du département de la guerre, c'est l'exercice des troupes. Il a deux parties ; la premiere consiste à rendre chaque soldat adroit au maniement des armes ; la seconde à accoutumer tous les soldats à agir en corps, tant pour ce même maniement de leurs armes, que pour les mouvemens & évolutions Militaires, &c. La nécessité d'un pareil exercice a été reconnue de tous les peuples anciens & modernes ; mais tous n'y ont pas réussi également. Les Grecs & les Romains y excelloient dans les temps que leurs républiques étoient les plus florissantes. Sans avoir recours à ces autorités, nous remarquerons simplement que, comme la valeur est le sentiment de nos forces, rien n'inspire plus de courage aux troupes que la persuasion qu'on leur donne d'être plus habiles & plus adroits que l'ennemi. La raison nous dicte, d'ailleurs, que celui-là couche le plus d'ennemis à terre qui tire le plus vîte, & qui ajuste le mieux son coup. Ce sont les deux principaux objets que l'on doit avoir en vue dans l'exercice du fusil ; en un mot une armée mal exercée, mal aguerrie, n'est pas une armée ; on ne peut faire nul fond sur elle. Peu avant la guerre qui éclata en 1740 à la mort de l'empereur Charles VI, la république de Hollande entretenoit environ vingt mille hommes de bonnes & braves troupes. Le gouvernement résolut trois augmentations qui porterent cette armée jusqu'à 80 mille hommes. Mais il s'en falloit de beaucoup que ces 60 mille hommes d'augmentation fussent des soldats aguerris & disciplinés. Cependant on se confia dans le nombre, la république fut enveloppée dans la guerre, & au bout de quelques campagnes, 50 mille Hollandois se trouverent captifs en France. Les officiers devroient donc faire comprendre aux soldats, que ce n'est pas parce que tel est le bon plaisir du souverain, ou le caprice du général , qu'on les fatigue par des exercices continuels, mais pour leur propre sureté, & leur propre bien. Il y a plus , si l'officier n'occupe pas le soldat, soit en l'exerçant, soit en l'obligeant à entretenir ses armes, & son uniforme, dans la plus grande propreté, le soldat occupera sûrement l'officier par les désordres que son loisir lui fera commettre.

L'essentiel dans l'exercice du fantassin, c'est de bien tirer & de bien marcher; dans la cavalerie, c'est de savoir faire une attaque vigoureuse, & se servir du sabre. On a proscrit bien des pédanteries de l'ancien manuel, & plusieurs évolutions inutiles. Comme les combats de la cavalerie sont des affaires que la plus grande vigueur décide, il ne faut pas qu'elle attende l'ennemi de pied ferme ; mais elle doit aller sur lui de toutes ses forces & en choquant, chaque cavalier doit alonger de grands coups de sabre. C'est là à peu près tout le secret de l'exercice de la cavalerie, & la raison en est fondée dans la nature même. C'est un principe de méchanique bien simple que le poids, multiplié par la vitesse, donne la force dans tout choc quelconque. Au reste, le soin que chaque cavalier, soit cuirassier, dragon ou houssard, est obligé de prendre pour dresser, nourrir & panser son cheval, fait une partie essentielle de son exercice. Un souverain verroit sa cavalerie bientôt ruinée, s'il permettoit la moindre négligence ou le plus petit relâchement d'exactitude à cet égard. C'est aussi une raison pour laquelle on recrute volontiers la cavalerie par des paysans, accoutumés à monter un cheval & à le soigner.

Outre ces exercices particuliers, il y a encore ceux où les troupes agissent en corps, & apprennent à faire toutes sortes de mouvemens & de manœuvres de guerre. On assemble pour cet effet, ou de petites troupes, ou des compagnies, ou des bataillons, ou des régimens, ou même des armées. L'habileté de l'officier général, ou du maréchal, qui commande à un pareil exercice, décide de l'utilité qu'il procure dans l'armée. Au reste, chaque souverain doit faire successivement la revue de tous les régimens qui composent une armée. S'il y manque, il ne remplit pas tous les devoirs de sa charge, & il est très-dangereux de s'en rapporter à cet égard à des inspecteurs. L'œil du maître est tout autre chose que l'œil d'un officier. Rien ne donne d'ailleurs plus d'émulation aux différens corps de troupes, que la présence même d'un monarque, qui tantôt condamne les arrangemens des chefs & des officiers d'un régiment, qui tour à tour les blâme, ou les comble d'éloges, qui les punit, ou les récompense, selon qu'ils le méritent. C'est le vrai & le seul moyen d'avoir toujours une excellente armée sur pied.

Mais le cinquieme & le grand objet, c'est de faire agir l'armée vis-à-vis de l'ennemi, ou les opérations de guerre. C'est un art d'un détail infini, que la politique abandonne toujours aux héros qui commandent des armées. Aussi n'ai-je garde de m'émanciper à parler ici de la tactique, ou de l'art de ranger une armée en bataille, de la maniere de conduire les troupes à l'ennemi, des avantages qu'un général peut tirer de chaque terrein,

& de mille objets pareils qui forment la science Militaire. Mais on me permettra de remarquer simplement que je crois la maniere de former les troupes pour le combat (proposée par M. le maréchal de Saxe, liv. I. art. 6.) trop composée, & trop capable de causer, en formant l'armée, une confusion qui doit nécessairement entraîner la perte d'une bataille. Si tous les terreins étoient unis comme un billard, si l'on pouvoit toujours ranger son armée tranquillement comme un jeu d'échecs, peut-être cette méthode seroit-elle bonne; mais si, à un jour d'action, le général commandant entreprenoit de faire de pareils mouvemens, & de semblables manœuvres, en présence d'un ennemi actif, adroit, audacieux, il paroît indubitable qu'il ne parviendroit jamais à ranger son armée, vu que, pendant cette opération même, l'ennemi enverroit fondre sur lui sa cavalerie légere, ses grenadiers, ses dragons, &c. & ne lui donneroit jamais le temps de former toutes ses troupes en bataille. Il seroit battu avant que d'en pouvoir venir aux mains : au reste, du fond d'un cabinet on ne peut que prescrire quelques maximes générales, que tout souverain doit observer dans son armée, qui même sont assez connues, & dont voici les principales. 1°. Tout le succès d'une expédition militaire dépend de l'habileté du général qui commande. Soit donc que le souverain ne veuille pas se mettre lui-même à la tête de ses troupes, soit qu'il ne donne pas une trop grande confiance à ses propres talens, soit qu'il croie ne pas pouvoir faire tout lui seul, il est toujours certain qu'on doit faire choix de généraux pleins de valeur, d'expérience, & qui soient sur-tout hommes de tête. On ne peut guere se fier à l'habileté des officiers généraux qui ont acquis ce grade en vieillissant dans une garnison. La guerre est un métier où l'expérience est trop essentielle. 2°. Lorsqu'un pareil général est trouvé, le cabinet doit lui faire une entiere ouverture de ses desseins; les petites réserves, en pareil cas, sont ordinairement fort nuisibles aux succès d'une campagne. 3°. Le plan des opérations, qui doit toujours être concerté avec le cabinet, ne doit pas tellement lier les mains au général, qu'il soit obligé d'envoyer des couriers, & attendre de nouveaux ordres pour chaque opération qu'il veut entreprendre. A la guerre, tout dépend souvent d'un moment; & il est impossible que le cabinet, ou le conseil de guerre, établi dans la capitale auprès du souverain, puisse prendre un parti aussi juste, aussi convenable, sur des objets qu'il voit de si loin, que le général qui y est présent.

4°. Comme dans le Militaire, ainsi que dans tout autre métier, les peines préviennent les mauvaises actions, & les récompenses font éclore les bonnes, on doit punir sévérement tous ceux qui manquent à leur devoir, soit généraux, soit officiers, soit soldats, & récompenser, en échange, avec éclat ceux qui se signalent par des actions brillantes. J'entends par-là un coup de tête, une action où le génie a plus de part que la simple bravoure; car tout honnête homme est censé avoir du cœur, mais tout homme de guerre n'a pas de l'esprit. 5°. Il faut que le général en chef puisse non-seulement faire un bon plan pour ses opérations, qu'il ait de beaux deſſeins en tête, mais qu'il ſache auſſi découvrir ceux de l'ennemi, & il ne doit rien négliger de tout ce qui peut le mener à cette connoiſſance. C'eſt auſſi pourquoi, 6°. tout général commandant doit ſe procurer de bons eſpions, & les payer largement. Les grands capitaines, (ſur-tout le prince Eugene) leur ont toujours répandu l'or à pleines mains, & s'en ſont bien trouvés ; ceux, au contraire, qui ont léſiné avec eux, ont eu ſujet de s'en repentir. Regle ſûre; un eſpion qui vient offrir ſes ſervices pour une petite gratification, eſt, ou un fou fieffé, qui s'expoſe à la corde pour une bagatelle, qui voit tout mal, & ſur le rapport duquel on ne peut faire aucun fond; ou c'eſt un fripon lâché par le général ennemi, auquel il eſt très-dangereux de ſe fier. Depuis l'introduction des houſſards, qui battent ſans ceſſe l'eſtrade, ceux-ci tiennent ſouvent lieu d'eſpions par les rapports qu'ils font toujours au général, des découvertes qu'ils viennent de faire; mais comme ils ne font que voltiger autour de l'armée ennemie, & qu'on eſt ſouvent intéreſſé à ſavoir ce qui ſe paſſe au quartier-général, & dans l'intérieur du camp, on ne doit point s'en contenter, mais y joindre les connoiſſances fournies par d'autres eſpions. 7°. Le cabinet & le général doivent concourir à ſe procurer une connoiſſance parfaite de la carte du pays où l'on veut tranſporter le théâtre de la guerre. Il ne ſuffit pas d'en ſavoir la ſituation en gros; il faut connoître toutes les ſituations de détail, fleuves, rivieres, ruiſſeaux, grands chemins, ſentiers, lacs, montagnes, défilés, places tenables, débouchés, &c. Cette connoiſſance eſt indiſpenſable pour faire les plans d'opérations, pour diriger les marches de l'armée, & ſur-tout pour établir les camps, ce qui eſt une des plus difficiles choſes de la guerre, & dont dépend preſque toujours le bon ou le mauvais ſuccès d'une campagne : car, qu'un général ſache prendre un camp avantageux en Flandre, ou en Italie, il n'y a rien de ſurprenant. La guerre a été faite depuis tant de ſiecles dans ces pays-là par les plus habiles capitaines; on connoît par leurs mémoires, & par l'hiſtoire, ſi préciſément tous les endroits qu'ils ont choiſis pour y aſſeoir leurs camps, qu'on n'a qu'à ſuivre leurs traces. Mais la difficulté eſt de s'établir commodément, & ſurement, dans un pays peu connu, montueux, difficile d'y choiſir des ſituations avantageuſes pour le tranſport des vivres, de conſerver toutes ſes communications libres, d'être à portée de l'eau, & à couvert de toutes ſortes d'attaques. Les cartes géographiques, où ſe trouvent marquées toutes ces ſituations particulieres, ſont fort rares; on ne doit rien épargner pour s'en procurer une ample collection, ſur-tout de ces cartes manuſcrites que des habiles ingénieurs levent quelquefois, à l'uſage de leurs généraux, ou des grands princes. C'eſt un vrai tréſor au beſoin. Lorſqu'au commencement de ce ſiecle, l'armée Ruſſe pénétra dans le pays de Holſtein, le czar dirigea ſa marche, & prit tous ſes camps ſur une vieille topographie de ce pays qui lui étoit tombée par haſard entre les mains, & qui ſe trouva ſi bonne & ſi exacte, qu'on prit ce monarque preſque pour un ſorcier.

8°. La ſubſiſtance d'une armée fait non-ſeulement un objet très-eſſentiel

des foins d'un général, mais doit auffi attirer toute l'attention du cabinet.
Je crois qu'il ne feroit pas impoffible à un conquérant de porter la victoire
jufqu'aux confins de la terre, fi la néceffité de faire vivre fon armée ne
l'arrêtoit à chaque pas. Il y a plufieurs méthodes de pourvoir à l'article des
vivres, lefquelles fe mettent diverfement en ufage felon les pays où l'on
porte fes armes, & les circonftances de la guerre qu'on mene. Tantôt le
fouverain fait lui-même les provifions qui doivent fuivre l'armée, tantôt
on les achete dans le pays où l'on entre, tantôt on nomme des commiffaires pour les vivres, tantôt on fait des accords avec des entrepreneurs, &c.
On ne fauroit déterminer laquelle de ces méthodes eft préférable, vu que
les circonftances changent les mefures; mais quelque parti qu'on prenne,
il ne faut point porter un efprit d'économie dans l'arrangement des fubfif-
tances; la guerre coûte; & quiconque veut léfiner, doit refter en paix; il
eft cruel de faire manquer les troupes de pain par fa faute, ou de fe voir
arrêté dans une expédition faute de vivres. Il faut prendre fes précautions
de bonne heure, établir des magafins, qui font la navette pour fe fournir
l'un l'autre de provifions, choifir les places les plus fûres & les plus commodes pour cet établiffement, rechercher la voie la plus aifée & la moins
difpendieufe pour le tranfport, prendre des informations fûres des denrées
que produit le pays où l'on veut marcher, & de la quantité qui s'y trouve
amaffée, & ainfi du refte. Tous ceux qui ont fuivi l'armée de fa majefté
le roi de Sardaigne dans fes opérations, affurent que les arrangemens pour
la fubfiftance y font admirables, qu'il faut en avoir été témoin oculaire
pour s'en former une véritable idée, que, malgré les montagnes, les défilés, & toutes les difficultés des chemins, les vivres abondent toujours dans
cette armée, & que c'eft un problême pour les gens du métier même, par
quelle efpece d'enchantement ce miracle s'opere. Un fi bel exemple mérite d'être connu, approfondi & imité.

Soit qu'on attaque un pays ennemi, foit qu'on foit réduit à protéger le
fien, il y a toujours, dans le cours d'une guerre, des places fortes à affié-
ger, ou à défendre. Ainfi le fixieme objet militaire eft l'entretien des fortereffes, des arfenaux, & de tout l'attirail de la guerre; trois articles qui
ont une connexion intime entre eux. Il feroit auffi rifible de mettre toutes
les frontieres en fortereffes, que de réduire toute la côte en ports de mer:
il fuffit qu'on en ait affez pour couvrir un pays contre toute invafion
ennemie, à l'aide de l'armée. (a) Les plus grands capitaines, les maîtres

_____

(a) Mr. le maréchal de Saxe, dans le fecond livre, chap. I, de fes mémoires militaires, dit en termes formels : *Je m'étonne toujours comment on ne revient pas de l'abus de
fortifier les villes*, &c. J'avoue que ce fentiment, avancé par un fi grand-homme, m'en impofe, mais qu'il furpaffe mes lumieres. J'ai cru jufqu'ici que les places fortes fervoient,
ou à arrêter les progrès rapides d'une armée qui cherche à pénétrer dans un pays, ou à
garantir une armée battue de fa ruine totale, & à lui donner les moyens de fe retaire, ou
à préferver les provinces des incurfions des troupes légeres, des contributions, &c. Perfonne, je penfe, n'a prétendu atteindre un autre but, ni cherché à conftruire des forte-

de l'art, ont établi pour maxime, qu'on ne doit jamais aller en avant dans un pays où l'on fait la guerre, en laissant derriere soi des forteresses importantes entre les mains de l'ennemi. Le prince Eugene, tout habile qu'il étoit, n'a pas laissé d'éprouver, avant & après la bataille de Denin, combien il est dangereux de s'écarter de ce principe. C'est ce qui rend l'attaque & la défense des places si nécessaires dans la conduite de la guerre. La prise d'une ville considérable décide souvent du succès d'une campagne autant que le gain d'une bataille. Il y a donc deux objets à considérer dans une forteresse : 1°. qu'elle soit avantageusement située, point placée au hasard, sur un terrein détaché où elle ne couvre point le pays qu'elle doit couvrir, où l'ennemi peut la bloquer, où elle est commandée par les hauteurs voisines, où la nature s'oppose à l'art pour la solidité des ouvrages, & où elle porte par conséquent plus de préjudice que d'utilité. Ainsi le choix de l'emplacement mérite la premiere attention du prince qui veut faire bâtir une forteresse; 2°. qu'elle soit construite sur un excellent plan, & bien convenable au terrein. Le peuple ébloui, crie au miracle quand il voit des ouvrages qui avancent dans la campagne à perte de vue, ou qui s'élevent dans les nues, des fossés d'une profondeur énorme. Les connoisseurs prétendent que ces ouvrages immenses, entassés les uns sur les autres sans discernement, ne signifient rien; qu'on ne sauroit jamais les bien garnir de troupes, à moins que d'avoir une armée pour garnison, auquel cas un habile général, qui commande à de braves gens, n'attendra point l'ennemi derriere des murailles, mais se mettra en campagne, & lui présentera la bataille. Mais, en revanche, on ne doit compter presque pour rien ces petites bicoques dont les fortifications ne font élevées que de simple terre. Il me semble qu'on ne peut appeller forteresse, qu'une place dont les ouvrages sont solidement revêtus de maçonnerie, qui a de bonnes casemates à l'épreuve de la bombe, qui est bien minée, qui a de bons logemens pour les gens de guerre, des puits abondans, & tout ce qu'il faut pour y mettre une garnison raisonnable.

Au reste, en fortifiant une ville, on peut suivre différens systêmes. Coehorn, Vauban, Rimpter, & plusieurs autres habiles ingénieurs ont in-

---

reffes imprenables. Si ce systême de M. le maréchal pouvoit être suivi, nous verrions bientôt renaître en Europe la maniere de faire la guerre des anciens ou des peuples orientaux. Les armées marcheroient l'une contre l'autre, & la premiere ou la seconde bataille déciderot du sort des peuples. Les vaincus ne trouveroient point de retraite assurée, & ne pourroient plus se rétablir. Les troupes légeres d'ailleurs, mettroient bientôt les habitans du plat pays, & des petites villes ouvertes, au désespoir. On a pu s'en convaincre dans les deux dernieres guerres. Ces mêmes houssards qui ont défolé l'Allemagne, la Bohême, la Silésie, &c. sont devenus des fantômes inutiles dès qu'on a voulu les faire agir sur les bords du Rhin, en Italie, & dans des pays défendus par des places fortes. Ils ont été assommés par les paysans du territoire de Gênes. La maxime de garantir les pays par un grand nombre de places fortes est une suite de ce que l'Europe s'est policée davantage, & qu'on a voulu y prévenir des guerres à la Tartare; mais je conviens avec Mr. le Maréchal qu'il ne faut les asseoir que dans des lieux convenables, & ne pas choisir des situations où la nature s'oppose à la perfection de l'art.

venté

venté diverses méthodes de fortifier, que l'on connoît par leurs livres, &
par les plans de leurs ouvrages. Il seroit à souhaiter que l'architecture militaire fût fondée sur des principes aussi sûrs, aussi uniformes, aussi invaria-
bles, que l'architecture civile, & plusieurs autres arts. Mais les regles pour
tous les ouvrages de détail ne sont pas ici des vérités incontestables. Chaque systême de fortification a ses avantages, mais qui sont toujours contre-
balancés par de grands inconvéniens. La perfection ne consiste encore que
dans le choix des moindres. Les personnes du métier comprendront aisément ce que je veux dire, & les bornes de cet ouvrage ne me permettent point de prouver cette these aux autres. Tant de raisons doivent engager un souverain à se procurer les généraux, & autres officiers, les plus
habiles qu'il est possible de trouver dans l'art du génie; & comme cet
art ne devroit être ignoré d'aucun officier, il seroit très-avantageux qu'il
y eût, dans un Etat bien réglé, des écoles, ou académies, où tous ceux
qui se dévouent au métier de la guerre, fussent instruits par des habiles
gens; non-seulement dans l'architecture militaire, mais aussi dans la science
de l'attaque & de la défense des places. Il est mille & mille occasions, à
la guerre, où un officier peut tirer le plus grand parti des connoissances
qu'il a acquises à cet égard. Je ne parlerai point de la faute énorme que
font ces puissances qui laissent tomber leurs fortifications en ruine. Le simple bon sens fait voir qu'il est absurde de détruire par sa négligence, ou
par une économie mal entendue, ces remparts de la sureté d'une nation,
& qui ont tant coûté à construire.

Sans artillerie, il est impossible de faire la guerre, d'attaquer ou de
défendre les places. Il faut donc établir non-seulement des fonderies de
canons, mais aussi des arsenaux, où se gardent tous les instrumens de
guerre. On ne s'attend, vraisemblablement point à trouver ici une énumération de tous les canons, mortiers, affuts, fusils, bayonnettes, carabines,
pistolets, sabres, épées, bombes, carcasses, boulets de canons, bales de
fusil, plomb, fer, & autres attirails de guerre dont un arsenal doit être
garni. C'est aux généraux, aux officiers de l'artillerie, & aux ingénieurs,
à proposer tout ce qui est nécessaire à cet effet, & au souverain à destiner
une somme raisonnable pour se procurer tous ces besoins réels, & les
entretenir sur un pied solide. Nous comprenons aussi sous cet article les
bâtimens où se gardent les tentes, les chariots de bagage & de munitions avec leurs harnois, les pontons, les chariots à poudre, les forges,
en un mot, tout l'attirail d'une armée, dont le détail est immense. Nous
entendons, de même que tous les remparts & autres ouvrages des forteresses, doivent être constamment garnis de canons & que les affuts n'en
soient point pourris, ou autrement endommagés au point qu'on ne puisse
s'en servir. Il est bon d'établir des arsenaux dans toutes les villes de guerre,
& de disperser l'artillerie de maniere qu'elle ne puisse être prise à la fois,
en cas de malheur. Quant à la poudre à canon, il faut en avoir toujours une
ample provision que l'on peut faire garder dans des magasins pratiqués dans

les ouvrages les plus avancés de chaque forterelle. On a aujourd'hui des inventions admirables pour la construction de ces magasins. Les murs & les voûtes sont épais, du côté de la ville, & foibles vers les glacis, de maniere que la poudre venant par malheur à s'allumer, elle fait tout son effort du côté extérieur où elle trouve le moins de résistance, & n'endommage point les villes en sautant en l'air.

Le bien de l'Etat & l'humanité s'intéressent également à la conservation de ces braves citoyens qui, en défendant la patrie, ou en combattant pour les droits des nations, tombent dans des maladies, ou reçoivent des blessures. Cette considération si équitable a donné lieu à l'établissement des hôpitaux militaires, qui suivent l'armée en campagne. On charge de l'intendance générale de ces hôpitaux un habile médecin & un chirurgien en chef, qui sont assistés de plusieurs autres chirurgiens gagés ou volontaires. Tous les chirurgiens majors des régimens, & leurs aides, de même que tous les chirurgiens des compagnies, desservent également l'hôpital général, s'il en est besoin, & s'ils en sont à portée. On joint à cet arrangement la pharmacie, ou apothicairerie générale de l'armée, qui est conduite par des apothicaires, & bien pourvue d'excellents onguents, baumes, herbes, drogues & remedes, sur-tout d'eau d'arquebusade. On fait aussi provision d'instrumens, d'emplâtres, de vieux linge, de charpie, & de tout ce dont on peut avoir besoin pour les appareils des blessures & les opérations de chirurgie. Il faut encore ajouter à tout cela des cuisiniers pour préparer les bouillons aux malades, des femmes pour entretenir la propreté, des gardes pour les soigner, des matelats pour les coucher, &c. On commande aussi, tous les jours, un certain nombre d'officiers, pour faire la visite des hôpitaux, pour examiner si les malades y sont bien traités, & s'ils ne manquent de rien, ce dont ils font leur rapport au général qui commande.

Les soldats rendent trop de services à l'Etat, & ils en sont trop mal payés, pour qu'on ne doive pas au moins tâcher de leur procurer une vieillesse heureuse. Il seroit cruel de voir un vieux guerrier couvert de blessures & de gloire, chargé d'années, d'infirmités & de misere tout ensemble. Ce seroit une espece d'ingratitude nationale dont la simple idée révolte. La bonne politique veut, d'ailleurs, qu'on donne aux Militaires un encouragement en leur procurant un asile contre les maux de la vieillesse & de la pauvreté, après avoir fourni une carriere honorable. C'est l'objet glorieux de la fondation des hôtels des invalides. Plusieurs monarques, mais sur-tout les rois d'Angleterre Charles II & Guillaume III, par les hôpitaux de Greenwich & de Chelsea, Louis XIV, par le superbe hôtel des invalides à Paris, Frédéric II, roi de Prusse, par celui qu'il a fait bâtir aux portes de Berlin, ont donné cette récompense à la vertu militaire, & cet encouragement à la valeur. Ce sont les plus beaux monumens qu'ils pouvoient laisser à la postérité de leur grandeur. Toutes les nations policées devroient les imiter; mais on leur demande moins une magnificence extraordinaire dans l'édifice, qu'une grande folidité dans l'établiffement. Il n'eft pas néceffaire qu'un hôpital reffemble à un palais de roi, & les ornemens ne rendent point les invalides heureux. Il me femble qu'une belle fimplicité convient mieux à une pareille maifon, qui, au refte, doit être bien dotée, bien entretenue, bien pourvue, où l'on place des foldats qui ne font plus en état de fervir, & auxquels on laiffe l'image de la guerre, en leur faifant monter la garde chez eux, & en leur donnant quelques officiers furannés, qui entretiennent le bon ordre dans la maifon, & dont on peut encore attendre quelques fervices dans une occafion extraordinaire.

Les affaires de la guerre étant intimement liées à l'état civil, tant pour la paye, la nourriture & l'entretien des troupes, que pour la marche de l'armée, & pour toutes les opérations militaires, il faut établir néceffairement un département de la guerre, qui régle toutes ces chofes, & qui veille à tout ce qui peut tendre au bien & à la confervation de l'armée. On conçoit aifément que, dans un grand royaume, ces détails font immenfes, & occupent non-feulement le miniftre qui eft à la tête d'un pareil département, mais auffi tous les autres employés dont il eft compofé. Au refte, le fouverain & le miniftre de la guerre doivent fe procurer tous les mois des liftes exactes de l'état de tous les régimens qui compofent l'armée, & de leurs officiers. Les officiers, depuis l'enfeigne jufqu'au capitaine inclufivement, font avancés à chaque vacance, felon le rang qu'ils tiennent dans leur régiment. Les officiers de l'état-major, au contraire, depuis le major jufqu'au maréchal, ont leur rang dans l'armée, & font avancés felon leur ancienneté, chacun à fon tour. Tout officier eft cenfé être un homme d'honneur, qui remplit fes devoirs, & qui par conféquent ne fauroit fouffrir de paffe-droits fans une cruelle mortification. Un fouverain qui feroit des promotions militaires en confultant uniquement fon caprice, décourageroit tous les officiers; & le fervice iroit fort mal. Cependant il doit y avoir toujours quelques exceptions à cette regle en faveur des actions brillantes & de ceux qui fe fignalent d'une maniere extraordinaire; mais ces cas font rares, & demandent à être bien conftatés. Vendre les régimens au plus offrant, rendre les charges militaires vénales, c'eft pécher, ce me femble, contre la juftice qu'on doit à d'autres honnêtes gens qui ne font pas avantagés de la fortune, & contre tous les principes de la faine politique.

§. I I.

DES QUALITÉS MILITAIRES.

LE roi pacifique n'eft pas propre à de grandes conquêtes, c'eft-à-dire, qu'il n'eft pas né pour troubler le repos de fon peuple, en voulant foumettre les autres nations. Mais s'il eft véritablement capable de gouverner en paix, il a toutes les qualités néceffaires pour mettre fa nation en fureté contre fes ennemis. Il eft jufte, modéré, & commode à l'égard de fes voifins, il n'entreprend jamais rien qui puisse troubler la paix, il est fidele à ses alliances, ses alliés l'aiment & ont une entiere confiance en lui. S'il a quelque voisin ambitieux, tous les autres princes qui craignent ce voisin inquiet, & qui n'ont aucune jalousie du roi pacifique, se joignent à ce bon roi pour l'empêcher d'être opprimé. Sa probité, la bonne foi, sa modération, le rendent l'arbitre de tous les Etats qui environnent le sien. Il tirera du secours de ses alliés, & ses sujets aimeront mieux mourir, que de passer sous la domination d'un prince violent & injuste.

Il faut avouer néanmoins, que c'est un grand défaut dans un roi, de n'être pas également capable de conduire sa nation dans la guerre & dans la paix. Lorsque le peuple d'Israël demanda un roi à Samuël, il le fit en des termes qui marquoient que sous ce nom, il entendoit un juge dans la paix, & un général dans la guerre. *Nous aurons un roi* (dit le peuple) *& nous serons en cela semblables aux autres nations. Notre roi nous jugera, & il marchera à notre tête, ce sera lui qui combattra pour nous quand nous serons en guerre* (a). Le roi guerrier, qui n'est propre qu'à la guerre, rend ses peuples malheureux. Le roi pacifique qui ignore la guerre, ne sait point remplir une des plus grandes fonctions de la royauté, qui est de combattre ses ennemis; mais il est néanmoins infiniment supérieur au roi conquérant, qui manque des qualités nécessaires dans la paix. Un prince parfait, c'est celui qui réunit les deux avantages, & qui joint à l'inclination, à la paix, le talent de la guerre (b).

Entendons parler sur ce point un roi aussi distingué par son génie que par son courage, & voyons le jugement qu'il portoit tout à la fois de lui-même, des grands rois, des grands guerriers, & des ames élevées des princes. Ce jugement n'est point suspect, & je le trouve dans un ouvrage dont je rapporterai ici les propres termes : » J'ai autrefois ouï prouver un para-
» doxe au roi de Suede, qui revenoit assez à ce que je dis. Quelqu'un louoit
» ses grands progrès en Allemagne, & soutenoit en sa présence, que sa
» valeur, ses grands desseins, & ses hauts faits d'armes, étoient les ou-
» vrages les plus accomplis de la providence qui furent jamais; que sans
» lui la maison d'Autriche s'acheminoit à la monarchie universelle & à la
» destruction de la religion des Protestans; qu'il paroissoit bien par les mira-
» cles de sa vie, que Dieu l'avoit fait naître pour le salut des hommes,
» & que cette grandeur démesurée de son courage étoit un présent de la
» toute-puissance & un effet visible de sa bonté infinie. *Dites plutôt* (répar-
« tit le roi) *que c'est une marque de sa colere. Si la guerre que je fais est
» un remede, il est plus insupportable que vos maux.* Dieu ne s'éloigne jamais
» de la médiocrité, pour passer aux choses extrêmes, sans châtier quelqu'un.
» C'est un coup de son amour envers les peuples, quand il ne donne aux
» rois que des ames ordinaires. Celui qui n'a point d'élévation excessive,

(a) I. Reg. chap. VII. v. 19 & 20.
(b) *Soli illi pacem colere licet qui lacessentes ulcisci potest.* Synes. ad Imperat. Arcad.

» ne conçoit que des desseins de sa portée. La gloire & l'ambition le laif-
» fent en repos ; s'il s'applique à ses affaires, ses Etats en deviennent plus
» heureux ; & s'il se décharge de ce soin sur quelqu'un de ses sujets à qui
» il fait part de son autorité, le pis qu'il en peut arriver, est qu'il fait sa
» fortune aux dépens de son peuple, qu'il impose quelques subsides pour
» en tirer de l'argent & pour avancer ses amis, & qu'il fait gronder ses
» égaux qui ont peine à souffrir son pouvoir ; mais ces maux sont bien
» légers, & ne peuvent être en aucune considération, si on les compare à
» ceux que produisent les humeurs d'un grand roi. Cette passion extrême
» qu'il a pour la gloire lui faisant perdre tout le repos, l'oblige nécessai-
» rement à l'ôter à ses sujets ; il ne peut souffrir d'égaux dans le monde,
» il tient pour ennemis ceux qui ne veulent point être ses vassaux, c'est
» un torrent qui défole les lieux par où il passe, & portant ses armes aussi
» loin que ses espérances, il remplit le monde de terreur, de misere & de
» confusion. Les conquêtes sont l'effet de l'ambition, & la guerre est l'exer-
» cice des conquérans ; c'est un mal qui entraîne une infinité d'autres à sa
» suite, & qui n'en trouve pas un qui lui soit comparable. La querelle de
» César & de Pompée intéressa autrefois toutes les puissances de l'univers,
» parce qu'ils prétendoient l'un & l'autre à la monarchie universelle ; leurs
» courages furent si pareils & leur vertu si égale, que la valeur ne pouvant
» mettre de différence entr'eux, en laissa le soin à la fortune. Les entrepri-
» ses des grands princes sont toujours funestes à leurs sujets ; leurs lauriers
» font des ombres qui étouffent les autres plantes, & ne portent que des
» fruits nuisibles. Par ce raisonnement, il concluoit que la providence, qui
» veille sans cesse sur nous, n'en fait naître que de temps en temps pour
» remettre les peuples dans leur devoir, & que sa bonté paroissoit bien
» plus grande dans la médiocrité de l'esprit des rois, que dans leur extrême
» élévation (a) «.

Il est ordinaire de voir des princes qui savent donner une bataille. Il y
en a peu qui savent faire une guerre, qui soient également capables de
se servir de la fortune & de l'attendre, & qui, avec cette disposition d'esprit qui donne de la méfiance avant que d'entreprendre, aient celle de ne
craindre plus rien, après avoir entrepris.

C'est un des devoirs du prince de s'exposer pour l'Etat qui est sa famille,
& d'être préparé à donner sa vie pour la défense de la liberté publique.

La présence du prince rend le commandement plus absolu & par-là même
plus utile, elle fait garder une discipline plus exacte aux troupes, elle réunit toutes les volontés, elle excite une émulation avantageuse, elle fait
cesser la crainte qu'un sujet trop puissant n'abuse de l'autorité qu'on lui
confie, elle se communique jusqu'au dernier soldat, elle soutient leur confiance, elle entretient leur activité, elle enflamme leur courage.

(a) Cailliere, maréchal de bataille des armées du roi, dans un livre qui a pour titre :
La fortune des gens de qualité & des gentilshommes particuliers. Paris, Claude Audinet 1680,
in-12 aux pages 235, 236, 237, 238 & 239.

Pleins de cet amour que l'éducation donne pour les souverains, les soldats exécutent avec joie les ordres les plus rigoureux, ils essuient sans murmurer les fatigues les plus pénibles, ils volent avec assurance au-devant d'une mort presque certaine ; & si le jour d'une action, une valeur trop bouillante entraîne le prince au fort du péril, quels efforts ne leur arrache pas la vue d'un objet si cher & l'idée qu'il ne s'expose que pour eux ? Ils accourent de toutes parts, ils s'assemblent autour de sa personne, ils lui font un rempart de leurs corps, la fureur, le désespoir, leur donnent des forces, qu'ils ne connoissoient peut-être pas, ils vengent sur l'ennemi leurs craintes & leurs alarmes.

Si la présence du prince influe si avantageusement sur les soldats, a-t-elle moins de force sur les chefs ? Elle leur inspire un courage encore plus élevé, elle fait plus, elle détruit ces jalousies de commandement si préjudiciables aux entreprises militaires. Une fiere émulation remue la noblesse, chacun brûle de se signaler dans le poste qui lui est confié, plus curieux, ce semble, de mériter les honneurs aux yeux de celui qui les distribue, que flatté de l'espérance de les posséder.

Ajoutons que la gloire que les actions militaires répandent sur la personne du prince, lui acquiert une réputation toujours avantageuse à ses affaires, & qu'il y auroit sur-tout de l'indécence de sa part, & une espece de honte à charger ses lieutenans de la justice de sa cause, si son ennemi s'expose lui-même pour des desseins que la justice désavoue.

Ces considérations sont propres sans doute à montrer qu'il est utile que le prince commande lui-même ses armées, lorsque le péril est imminent, qu'il est question de monter sur un trône auquel il a des droits bien fondés, de recouvrer son Etat qu'il a perdu, d'appaiser des mouvemens séditieux, de conserver ou de perdre son pays. Dans tous ces cas, le prince doit payer de sa personne ; les ménagemens alors seroient des signes de foiblesse. Il faut que les troupes fassent les derniers efforts ; & c'est ordinairement la présence du prince qui les y excite. Ce n'est pas du fond d'un cabinet qu'on rétablit des affaires délabrées, ou qu'on pare des coups qui pourroient devenir mortels (a).

Mais le devoir de se trouver au combat pour son peuple, devient moins pressant pour le prince, lorsque la nécessité est moins évidente ; & il cesse absolument quand de fortes raisons obligent le prince à se conserver pour le bien de son peuple, & à confier ses armées à ses lieutenans. Hors des conjonctures extraordinaires que j'ai dit, c'est risquer la fortune de l'Etat, que d'exposer sans nécessité la personne du souverain aux événemens incertains de la guerre.

(a) Si status Imperii aut salus Galliarum in discrimen verteretur, debuisse Cæsarem in acie stare.... ipse Lugduni vim fortunamque principatûs à proximo ostentaret, nec parvis periculis immixtus & majoribus non defuturus. C'étoit le sage conseil que Mucien, général des troupes de Vespasien, donnoit à Domitien, qui vouloit commander l'armée des Gaules. Tacite liv. IV, hist. p. 423.

Lorfque le prince eft bien affermi, & que ce n'eft pas fon droit au royaume qui eft contefté, lorfque la guerre fe fait ou foiblement ou dans des pays éloignés du lieu de fa réfidence, lorfqu'elle peut être conduite par des généraux habiles & autorifés, il y a plus de fageffe à demeurer dans le centre de l'Etat, pour y conferver le bon ordre & tenir dans le devoir toutes les provinces. La garde de la perfonne du prince prend plus fur les forces de l'armée, que fa préfence n'y ajoute; les foins du gouvernement du dedans du royaume ne font pas fi bien remplis dans le tumulte du camp, que dans la tranquillité du cabinet; plus le prince eft éloigné du centre de fon Etat, plus l'Etat eft expofé aux mouvemens des factieux & aux invafions étrangeres. Mille dépenfes font inévitables, quand le prince marche en perfonne. On excite d'ailleurs la jaloufie des voifins qui craignent un prince belliqueux & qui le foupçonnent aifément d'être entreprenant. On donne de l'activité & de la chaleur à une guerre qu'il ne faudroit point aigrir, & qu'on ne peut pouffer mollement quand le prince la fait en perfonne. Enfin, le prince expofe fa réputation qu'il ne doit pas commettre, & même fa vie qui eft fi précieufe à l'Etat. Que fi le prince eft tué ou fimplement fait prifonnier, il en réfulte des inconvéniens fi terribles, que toutes les efpérances que l'on peut fonder fur le prince commandant fes armées en perfonne, ne peuvent les balancer. Dans quel embarras le roi Jean ne plongea-t-il pas la France? Et que ne fouffrit pas ce royaume par la prifon de François I! Les anciens Perfes avoient bien compris toute l'étendue de cet inconvénient; il n'étoit point permis à leur roi d'aller à la guerre, fans avoir nommé celui qui devoit monter fur le trône après lui (a): Coutume fagement établie pour prévenir les troubles attachés à l'incertitude du fucceffeur, les cabales de divers prétendans, les inconvéniens de l'anarchie.

Un prince fage doit donc gouverner fes peuples de fon cabinet, & faire la guerre par fes lieutenans, à moins que de grandes confidérations ne demandent qu'il la faffe lui-même. Si la réputation qu'il acquiert eft moins brillante, elle en fera plus réelle. Le facrifice que les rois font quelquefois de leur propre gloire au bonheur public, eft pour eux la fource d'une autre gloire plus folide.

Mais dans tous les temps & dans ceux même où la guerre paroît peu importante, le prince doit être préparé à fe rendre à l'armée, fans néanmoins laiffer entrevoir cette difpofition, & fans ordonner pour cela aucune dépenfe nouvelle. Il doit favoir que des événemens imprévus peuvent apporter de grands changemens dans les deffeins les mieux concertés, & que les remedes les plus prompts font auffi les meilleurs; & il ne doit pas regarder comme une grande affaire, ou de s'approcher de la frontiere, lorfqu'on ne l'attend pas, ou même de fe mettre à la tête de fes troupes découragées par un mauvais fuccès ou difperfées par la perte d'une bataille.

(a) Herodot. lib. VI. cap. 2.

La France avoit reçu plufieurs échecs en Allemagne, fes troupes étoient un peu découragées, & le peuple François étoit menacé d'une longue & fanglante guerre de la part prefque de toute l'Europe, lorfque fon roi prit le parti (a) d'aller commander fon armée des Pays-Bas. La préfence du monarque encouragea fes troupes, rétablit l'ordre avec la confiance, & infpira de la circonfpection aux nations qui étoient fur le point de fe déclarer contre lui. Les victoires de ce prince pendant les quatre dernieres campagnes, ont donné la paix à toute l'Europe.

Un officier général Efpagnol, qui a fait de très-bons mémoires fur la guerre, remarque qu'à la bataille de Luzara, on fentit le befoin qu'on auroit eu pour la garde des lignes, des troupes qui furent employées à la garde de Philippe V; & que néanmoins ce même monarque fe mit à la tête de fes troupes à la bataille de Villa-Viciofa, parce qu'il prévit que s'il perdoit cette bataille, fa couronne étoit en un très-grand danger (b).

§. I I I.

POUVOIR MILITAIRE, *ou* POUVOIR DE FAIRE LA GUERRE ET LA PAIX.

LES trois pouvoirs (légiflatif, judiciaire, coactif) qui ont fait le fujet des trois précédens paragraphes, fuffifent pour mettre chaque citoyen à couvert des entreprifes de fes concitoyens; mais ils ne raffurent pas contre les entreprifes des étrangers. En vain les citoyens vivroient-ils en paix entre eux, s'ils demeuroient expofés aux infultes du dehors. Pour s'en garantir, il faut que les fujets d'un même Etat réuniffent toutes leurs forces, fans quoi mille hommes, cent mille hommes, un million d'hommes, vingt millions d'hommes vivans dans la même enceinte, ne feroient pas plus forts qu'un feul homme. Il eft par conféquent néceffaire qu'il y ait dans l'Etat un pouvoir qui puiffe armer les citoyens, ou lever du moins en leur place des troupes en auffi grand nombre que l'exige la défenfe commune, & qui, après avoir armé les peuples, les puiffe défarmer. C'eft delà que le pouvoir de faire la guerre & la paix & tout ce qui appartient à l'une & à l'autre, a été attaché à la fouveraineté, afin que tandis que le fouverain maintient le repos de l'Etat au dedans par l'empire légitime qu'il exerce fur les citoyens, il puiffe le défendre au dehors contre les attaques de fes ennemis.

On appelloit ce pouvoir à Rome le droit de l'épée, le droit de la paix & de la guerre, le haut empire ou le pur commandement (c), c'eft-à-dire,

---

(a) En 1744.

(b) Tom. V. de la traduction françoife des *Réflexions Militaires & politiques* de Sancta Crux.

(c) *Merum imperium, jus ferri, jus pacis & belli.*

un droit souverain qui n'étoit attaché à aucune des grandes charges de la république, & qui ne pouvoit être communiqué que par une loi particuliere du prince.

Il n'y a que les souverains qui puissent déclarer la guerre à leurs ennemis. L'ordre naturel & le bien de la société civile veulent (dit S. Augustin) qu'il n'y ait que les princes qui puissent l'entreprendre.

Le droit de faire la guerre & la paix est donc un droit royal, incommunicable à qui que ce soit. Lever des gens de guerre, donner des commissions à cet effet, cela n'appartient qu'au souverain.

§. IV.

DISCIPLINE MILITAIRE.

LES Romains qui ont fait de si grandes choses à la guerre, avoient des troupes bien exercées, bien disciplinées, & bien entretenues; & ces trois choses essentielles manquent aux armées de France. Si les réglemens militaires de Louis XIV étoient observés, il n'y auroit point de troupes mieux disciplinées que celles de France; mais ils ne le sont pas, & les officiers François en général ne s'occupent peut-être pas assez du soin d'apprendre leur métier. Ils ne cedent en valeur à ceux de quelque nation de l'Europe que ce soit; mais les étrangers les accusent d'être communément moins instruits & moins exacts à obéir à leurs généraux & à se faire obéir par leurs soldats.

» Le moyen le plus sûr de se faire bien obéir (disoit un grand roi de
» Perse à son fils (a)) c'est de convaincre ceux à qui l'on commande,
» qu'on sait mieux ce qui leur est utile qu'eux-mêmes, car tous les hom-
» mes obéissent sans peine à ceux dont ils ont cette opinion. C'est de ce
» principe que part la soumission aveugle des malades pour le médecin,
» des voyageurs pour un guide, de ceux qui sont dans un vaisseau pour
» le pilote. Leur obéissance n'est fondée que sur la persuasion où ils sont
» que le médecin, le guide, le pilote, sont plus habiles & plus prudens
» qu'eux. Mais que faut-il faire (demanda le prince à son pere) pour pa-
» roître plus habile & plus prudent que les autres? Il faut (reprit le roi)
» l'être effectivement; & pour l'être, il faut se bien appliquer à sa pro-
» fession, en étudier sérieusement toutes les regles, consulter avec soin &
» avec docilité le plus habiles maîtres «.

Manlius-Torquatus & Decius-Mus, faisant la guerre aux Latins, le conseil de guerre défendit, sous peine de la vie, aux Romains de combattre l'ennemi sans un ordre exprès & hors de son rang. T. Manlius, fils du consul, défié à un combat singulier par Geminius-Metius, Tusculan, du parti ennemi, l'accepta & le vainquit. Il se présenta à son pere avec confiance;

(a) Cambyse à Cyrus.

mais fon pere ayant fait affembler l'armée, le fit attacher à un poteau, & commanda aux licteurs de lui couper la tête, pour avoir violé la discipline militaire : acte de févérité qui paffa en proverbe parmi les Romains, (*a*) qui fut trifte dans le moment, mais utile pour l'avenir. (*b*)

Le dictateur L. Papirius voulut ufer de la même févérité envers un maître de la cavalerie, qui étoit fils de Marcus-Fabius, & qui avoit manqué à la difcipline ; mais toute la république demanda fa grace, & il l'accorda. Le péril extrême où avoit été Fabius de perdre la vie, & la peine que le fénat entier avoit eu d'obtenir fa grace, ne contribua pas moins à affermir la difcipline militaire, que *la févérité Manlienne.*

L'hiftoire romaine eft pleine d'exemples d'une pareille févérité. Ils ne font point dans nos mœurs, & ils ne doivent pas être propofés à l'imitation des nations modernes. Quelque bonne que paroiffe cette coutume, elle eft fujette à bien des inconvéniens, & ne doit, tout au plus, être obfervée que contre des témérités qui auroient expofé le falut public, fi elles n'avoient pas été heureufes.

Dans le temps de la guerre de Charles-Quint contre les proteftans d'Allemagne, un Allemand de l'armée proteftante, d'une taille & d'une vigueur extraordinaire, s'avançoit tous les jours entre les deux camps, armé d'une hallebarde, & défioit au combat le plus brave des impériaux. Charles-Quint fit défenfe à tous les fiens d'accepter le défi, dans la crainte apparemment que fi quelqu'un de fes foldats avoit le deffous, les autres n'en tiraffent un mauvais augure pour le fuccès de la guerre. Cependant, comme ce fanfaron ne ceffoit point de renouveller le défi & les injures, un fimple fantaffin Efpagnol, nommé Tomays, prit une hallebarde, paffa le retranchement, & attaqua fi heureufement le nouveau Goliath, que l'ayant renverfé d'un coup à la gorge, il n'eut pas de peine enfuite à lui couper la tête avec fa propre épée. Il la porta toute fanglante aux pieds de l'empereur, & lui demanda pardon d'avoir contrevenu à fes ordres. On fut bien étonné que ce prince, fans nul égard pour fa valeur, & n'envifageant que fes mauvais effets que fa défobéiffance pouvoit produire, le condamna à être paffé par les armes. Tous les officiers, les princes étrangers qui étoient dans l'armée, le légat même s'employerent inutilement pour obtenir fa grace. Ce généreux foldat fut le feul qui dédaigna de la demander. Lorfque la fentence eut été prononcée, il marcha de bonne grace au fupplice. Il montroit feulement à fes compagnons la tête de fon ennemi qu'il tenoit encore dans fes mains. On lui bandoit déjà les yeux, lorfque les Efpagnols, qui étoient au nombre de neuf mille dans le camp, abandonnerent leurs poftes, & courant féditieufement vers l'empereur, le menacerent des dernieres extrémités, s'il ne pardonnoit à un auffi brave homme. Charles vit bien qu'il falloit céder, & il s'y prit affez adroitement. » On a raifon (dit-il)

(*a*) *Imperia Manliana.*
(*b*) Zonaras, liv. VII ; Tit. Liv. I. decad. lib. VIII.

» de fe foulever contre moi, puifque j'ai moi-même manqué à la difci-
» pline militaire, en reprenant une autorité que j'ai confiée au duc d'Albe,
» lorfque je l'ai nommé le général de mon armée. C'eft à lui à difpofer
» fouverainement de la vie & de la mort de ce foldat, & je reconnois
» que je n'en ai plus le droit, puifque je me le fuis ôté «. Le duc qui en-
tendit parfaitement ce que la chofe fignifioit, fe hâta d'envoyer le pardon
à Tomays (a).

On voit dans l'hiftoire de Malte un chevalier défobéir au grand-maître,
pour délivrer l'ifle d'un dragon qui y faifoit de terribles ravages, & combattre ce monftre avec un courage digne d'admiration & une adreffe furprenante. Pour récompenfe, le chevalier eft d'abord dégradé ; mais après qu'on
eut fatisfait à ce qu'exigeoit la difcipline Militaire, il eft comblé d'honneur, comme le libérateur de l'ifle (b).

La frugalité des premiers Romains fervoit à les endurcir à la peine &
à les former à la patience. Le fimple néceffaire leur fuffifoit ; & ils mettoient leur gloire à retrancher les befoins, & non à les diverfifier & à les
rendre infinis, comme le font aujourd'hui les nations qui fe piquent d'une
plus grande politeffe. La volupté eft devenue pour elles une étude férieufe. L'a-
mour de la vie & de tout ce qui peut la rendre fenfuelle, a pris la place
de l'amour de la gloire. On fe fait fuivre à la guerre par tout ce qui peut
contribuer à la commodité & à la molleffe. Les chofes fuperflues y font
auffi recherchées que les néceffaires ; & devant le foldat réduit au pain
de munition, des officiers généraux & même des officiers particuliers,
fe piquent de profufion & de délicateffe. Tout prince qui veut conferver
les forces de fes armées, doit rappeller les officiers de fes troupes à une
vie plus tempérante & plus frugale, pour empêcher que les délices ne les
énervent, & qu'ils ne confument dans une feule campagne, ce qui peut
fuffire à plufieurs.

Il en eft des empires comme des arbres qu'on a plantés trop près les
uns des autres ; il leur faut d'abord peu de nourriture, ils ne fe nuifent
pas beaucoup ; mais à mefure qu'ils croiffent, ils fe dérobent mutuellement
les fucs de la terre leur mere commune ; & lorfqu'ils font arrivés à leur
grandeur naturelle, leurs branches & leurs racines venant à fe rencontrer,
ils s'étouffent l'un l'autre, jufqu'à ce qu'enfin le plus vigoureux caufe la
ruine du plus foible. De même, les Etats naiffans confervent quelque
temps la paix enfemble ; dans la fuite venant à s'étendre, ils commencent
par envahir tout ce qui fe trouve au milieu d'eux ; & alors fe touchant,
ils fe pouffent, ils fe preffent, ils empiétent à l'envi l'un fur l'autre, aucun
ne s'en tient à ce qu'il poffede, chacun veut porter fes conquêtes plus
loin ; & c'eft ce qu'il ne peut faire, fans abattre tout ce qui s'oppofe à
fon ambition.

_____

(a) Voyez tout ce détail dans l'hiftoire du duc d'Albe.
(b) Hiftoire de Malthe, par Vertot.

Les officiers & les soldats de l'antiquité se marioient. Les armées étoient composées de peres de familles, & les anciens croyoient que la patrie n'étant plus ou moins chere que par le nombre inégal des liens par lesquels on lui est attaché, une femme & des enfans étoient très-propres à augmenter le courage d'un soldat. « Vous ne défendez pas seulement » (leur disoient les généraux) votre liberté, vos loix, votre fortune, mais » vos femmes & vos enfans à qui l'ennemi prépare des chaines & que la » victoire seule vous peut conserver ».

Chez les anciens Germains, il falloit que non-seulement les femmes suivissent leurs maris à la guerre, mais encore qu'elles combattissent à côté d'eux (a) : C'étoit une condition du contrat de leur mariage. Les choses ne sont plus sur ce pied, mais la plupart des officiers & des soldats Allemands se marient.

Les ordonnances militaires de France défendent aux officiers & aux soldats de se marier sans permission. On voit très-peu de femmes dans les armées de France, en comparaison de ce qu'il y en a dans celles d'Allemagne, où l'on compte presque autant de femmes que de soldats. C'est peut-être la seule chose en quoi la discipline des François est meilleure que celle des Allemands.

Que servent les femmes dans les armées, sinon à les embarrasser & à énerver les soldats ! On ne doit souffrir des femmes dans une armée, qu'autant que l'exige le service même des troupes. Un soldat garçon a épousé la guerre. Un soldat marié a deux femmes. Tous les Militaires pensent unanimement qu'un soldat marié ne vaut pas un soldat garçon.

Les princes de l'Europe sont dans l'usage de faire circuler les troupes d'une frontiere à l'autre, & cet usage est fort sage. Il faut les séparer souvent & ne pas leur donner le temps, par une longue fréquentation des mêmes corps, de connoître leurs forces & de se faire craindre. Sous les empereurs Romains qui n'empêcherent pas cette fréquentation, les troupes usurperent une telle autorité, qu'elles se mirent en possession de faire & de détrôner les empereurs.

Le général qui manque de courage est indigne du commandement ; mais ce n'est pas un mérite que la bravoure dans un général. Tout l'emploi de sa valeur doit être d'en inspirer à ses troupes.

Polybe blâme beaucoup le consul Marcus-Claudius-Marcellus de s'être exposé sans nécessité à un péril où il fut tué ; & il dit à ce sujet, que celui qui commande les armées, doit éviter jusqu'à ces sortes de dangers qui ne peuvent pas même passer pour dangers à l'égard de ses troupes (b).

Le même Polybe, après avoir donné plusieurs éloges à Asdrubal-Marca,

---

(a) Ne se mulier extra virtutum cogitationes extraque bellorum casus putet, ipsis incipientis matrimonii auspiciis admonetur, venire se laborum periculorumque sociam, idem in pace, idem in prælio esse passuram ausuramque : hoc paratus equus, hoc data arma denuntiant : sic vivendum, sic pereundum. Tacit.

(b) Polyb. hist. lib. X.

général Carthaginois, fur fa valeur & fur fon habileté dans la guerre, le loue de ce que, dans les combats, il prenoit des précautions particulieres pour la confervation de fa perfonne (a).

Cet écrivain rapporte encore qu'Annibal, qui craignoit d'être tué par les Gaulois, fit faire plufieurs perruques de différens âges, & qu'en changeant fouvent de perruque & d'habit, ceux qui venoient de lui parler ne le connoiffoient plus le moment d'après (b).

Fernand Cortès a été blâmé par fon hiftorien (c), de s'être trop expofé dans les diverfes occafions de la guerre du Mexique, parce qu'il hafardoit par-là le fuccès de fon entreprife.

Le général eft l'ame de l'armée; en périffant, il ôte la vie à ce grand corps qu'il anime; fon armée qui refte fans chef, devient un monftre à plufieurs têtes. Pendant que le bruit du malheur arrivé au général fe répand, perfonne ne commande; peu après, tous les officiers généraux commandent; & comme la nouvelle que le général a été tué ou fait prifonnier ne fauroit fe cacher, parce que le bruit de la chûte eft toujours proportionné à la hauteur & à la grandeur de l'édifice qui écroule, fes troupes perdent le courage, & celles des ennemis le recouvrent & s'animent d'une nouvelle ardeur.

Les exemples des généraux qui, pour ne pas furvivre à leur honte, ont cherché à périr dans une bataille qu'ils regardoient comme perdue, ne méritent pas d'être imités. C'eft un faux & un fatal point d'honneur, où il n'y a ni héroïfme, ni jugement, ni religion. Combien plus raifonnable fut la conduite d'Antigonus II, roi de Macédoine ! *Je ne fuis pas* (difoit ce prince en faifant retraite après un combat perdu) *je cours après mon avantage; & dans la fituation où je me trouve, il ne fe préfente rien pour moi de plus utile que de diminuer ma perte* (d).

Il n'eft permis à un général de s'expofer que lorfque le befoin de fon armée l'exige. Il ne doit expofer fa perfonne que dans ces crifes décifives où il eft queftion de fixer ou de ramener la victoire.

§. V.

JUSTICE MILITAIRE.

C'EST une jurifdiction qui eft exercée au nom du fouverain dans le confeil de guerre par les officiers qui le compofent.

Cette jurifdiction connoit de tous les délits militaires qui font commis par les gendarmes, cavaliers, dragons, foldats.

(a) *Nihil antiquius in obeundis præliis habuit, propriæ falutis confervatione.* Polyb. hift. lib. X.

(b) Polyb. hift. lib. III.

(c) Antoine de Solis, hift. de la conquête du Mexique.

(d) *Comin ventura.* Tréfor politique.

Pour entendre de quelle maniere s'exerce la justice Militaire tant dans les places qu'à l'armée, il faut observer ce qui suit.

Tout gouverneur ou commandant d'une place peut faire arrêter & constituer prisonnier tout soldat prévenu de crime, de quelque corps & compagnie qu'il soit, en faisant avertir dans 24 heures de l'emprisonnement le capitaine ou officier commandant la compagnie dont est le soldat.

Il peut aussi faire arrêter les officiers qui seroient tombés en grieve faute, à la charge d'en donner aussi-tôt avis au souverain pour recevoir ses ordres.

Les chefs & officiers des troupes peuvent aussi faire arrêter & emprisonner les soldats de leurs corps & compagnies qui auront commis quelqu'excès ou désordre ; mais ils ne peuvent les élargir sans la permission du gouverneur, ou qu'ils n'aient été jugés au conseil de guerre, si le cas le requiert.

Le sergent-major de la place, & en sa place celui qui fait les fonctions, doit faire faire le procès aux soldats ainsi arrêtés.

Les juges ordinaires des lieux où les troupes tiennent garnison, connoissent de tous crimes & délits qui peuvent être commis dans ces lieux par les gens de guerre, de quelque qualité & nation qu'ils soient, lorsque les habitans des lieux ou autres sujets du souverain y ont intérêt, nonobstant tous privileges à ce contraires, sans que les officiers des troupes en puissent connoître en aucune maniere. Les juges ordinaires sont seulement tenus d'appeller le prévôt des bandes ou du régiment, en cas qu'il y ait, pour assister à l'instruction & au jugement de tout crime de soldat à habitant ; & s'il n'y a point de prévôt, ils doivent appeller le sergent-major, ou l'aide-major, ou l'officier commandant le corps de la troupe.

Les officiers connoissent seulement des crimes ou délits qui sont commis de soldat à soldat : ils ne peuvent cependant, sous prétexte qu'ils auroient droit de connoître de ces crimes, retirer ou faire retirer leurs soldats des prisons où ils auroient été mis de l'autorité des juges ordinaires, mais seulement requérir ces juges de les leur remettre, & en cas de refus, se pourvoir pardevers le roi.

Les chefs & officiers ne peuvent s'assembler pour tenir conseil de guerre ou autrement, sans la permission expresse du gouverneur ou commandant.

La justice Militaire peut condamner à mort ou à d'autres peines plus légeres, selon la nature du délit. Ses jugemens n'emportent point mort civile ni confiscation, quand ils sont émanés du conseil de guerre : il n'en est pas de même quand ils sont émanés du prévôt de l'armée ou autres juges, ayant caractere public pour juger selon les formes judiciaires.

Lorsque le condamné, après avoir subi quelque peine légere, a passé sous le drapeau, & est admis à rester dans le corps, le jugement rendu contre lui n'emporte point d'infamie.

La justice qui est exercée par le prévôt de l'armée sur les maraudeurs,

& pour la police du camp, est aussi une justice Militaire qui se rend sommairement.

On appelle aussi *justice Militaire*, dans un sens figuré, une jurisdiction où la justice se rend sommairement & presque sans figure de procès, ou bien une exécution faite militairement & sans observer aucune formalité.

La plupart des justices seigneuriales tirent leur origine de la justice ou commandement militaire.

Si une place est assiégée, il n'est pas plus permis au gouverneur d'en sortir, même pour parlementer avec l'ennemi, qu'à un ambassadeur de quitter la cour où il a été envoyé. Il doit défendre, de toutes ses forces & au péril de sa vie, le poste qui lui a été confié, jusqu'à ce qu'il se voie sur le point d'être inévitablement passé au fil de l'épée avec la garnison, sans qu'il en puisse revenir aucun avantage à l'Etat. En ce cas-là même, il ne doit rendre la place que de l'avis des principaux officiers qui sont sous ses ordres.

La garnison d'une place assiégée est-elle obligée d'obéir à un gouverneur qui, après avoir assemblé le conseil de guerre, veut se rendre, contre l'avis de ce même conseil? Il est évident que non-seulement la garnison n'est pas obligée d'obéir à un tel gouverneur, mais que le conseil de guerre est en droit d'en nommer un à la place du lâche qui trahit la cause publique.

Le commandant d'une place est chargé par le devoir de son emploi, & il a d'ailleurs des ordres de la cour ou du général qui commande sur la frontiere, de se défendre jusqu'à la derniere extrémité. Loin d'agir conformément à cet engagement & à cet ordre, il forme le dessein de capituler sans assembler le conseil de guerre, & il y persiste malgré les oppositions. Il emploie de mauvaises voies pour engager tout ce qu'il y a d'officiers à concourir avec lui; & contre l'avis de la garnison, il envoie proposer à l'ennemi des articles de capitulation, & les arrête, sans que qui que ce soit de la garnison les signe. Ce commandant ne perd-il pas tout droit de commander? Et n'est-il pas permis aux officiers de s'assembler, de s'opposer à son dessein, d'arrêter le commandant comme traître à la patrie, & d'en nommer un autre à sa place? Oui, sans doute. Le commandant devant se défendre, & ayant ordre de se défendre jusqu'à la derniere extrémité, doit conserver, tant qu'il est possible, le dépôt sacré qui lui a été confié. La place n'est pas plus au commandant qu'aux autres officiers de la garnison, c'est au commandant à la défendre, & aux officiers à lui obéir en cela seul. Il est du devoir & de l'honneur des officiers de la garnison de s'opposer à tout ce que le gouverneur entreprend contre le service de l'Etat & contre les ordres du souverain.

Les princes Allemands vengent souvent sur leurs généraux les mauvais succès de leurs armes, & ils donnent dans toutes les occasions des exemples de sévérité qui répandent un grand jour sur les deux questions que je viens de propofer, & qui font voir que les officiers des garnifons doivent réfifter à de lâches gouverneurs.

Le grand Guftave-Adolphe, roi de Suede, étant à Nuremberg, fit affembler le conseil de guerre pour juger un colonel nommé *Mitzual*, qui avoit rendu Rain où il commandoit, & qu'il pouvoit encore défendre. Comme cet officier ne put prouver qu'il fe fût mis en devoir de punir la rebellion des foldats qui l'avoient menacé de ne faire aucune faction, s'il ne compofoit promptement, on le condamna à être décapité, ce qui fut exécuté (a), à la vue de plufieurs régimens rangés en bataille, pour leur apprendre que fi un lâche évitoit une mort glorieufe, il la trouveroit ignominieufement fur un échaffaud. Son lieutenant-colonel fut puni du même fupplice (b).

Le gouverneur de Heidelberg affiégé par le maréchal de Lorges, n'ayant pas fait toute la réfiftance qu'il auroit pû faire, le prince Louis de Bade, qui commandoit l'armée de l'empereur & de l'empire d'Allemagne, le fit arrêter. Son procès lui fut fait par le confeil de guerre, & il fut condamné à être dégradé de nobleffe & de l'ordre Teutonique dont il étoit revêtu; à être mené à travers l'armée impériale par l'exécuteur de la haute-juftice; & à avoir la tête tranchée. On lui fit grace de la vie; mais l'exécuteur lui ôta fur l'échaffaud l'épée dont on l'avoit ceint, la mit en pieces, & lui en frappa plufieurs fois le vifage.

Le duc de Bourgogne prit (c) le Vieux-Brifack après treize jours de tranchée ouverte. Ce prince, avant que d'attaquer cette place qui étoit alors très-forte (d), avoit réuffi à en affoiblir extrêmement la garnifon. Un gros détachement de fon armée s'étoit préfenté (e) devant Fribourg, & le gouverneur, qui en fit auffi-tôt brûler les faubourgs, avoit obtenu, par fes inftances réitérées, dix hommes par compagnie de toute la garnifon de Brifack, & la meilleure partie de fes canonniers. Dès le lendemain (f) Brifack fut invefti. L'empereur fut fi mécontent de la défenfe du comte d'Arco, gouverneur de cette place & de fa garnifon, qu'il les fit mettre au confeil de guerre. Arco fut condamné (g) à avoir la tête tranchée, pour avoir trop précipitamment abandonné les dehors & les contrefcarpes, fans même fouffrir aucun affaut; & le jugement fut exécuté (h). Le comte de Marfigli, qui commandoit fous lui, fut dégradé des armes & fon épée caffée par la main du bourreau, *pour avoir confenti à la capitulation qu'il devoit abfolu-*

(a) Le 15 d'octobre 1632.
(b) Hift. de Guftave-Adolphe, par Prade, Paris, 1656, p. 187.
(c) Le 6 de feptembre 1703.
(d) Louis XV l'a fait démolir totalement en 1745.
(e) Le 14 d'août 1703.
(f) Le 15 d'août 1703.
(g) Dans le mois de février 1704.
(h) En rafe campagne, hors de Bregentz, fur le bord du lac.

ment empêcher (dit le jugement) *ayant mérité, suivant la rigueur des loix militaires, de perdre aussi la tête.* Lui & quelques autres officiers de la garnison furent bannis des terres de l'empire, & condamnés néanmoins à rester en prison, jusqu'à ce que tous les frais de justice eussent été payés, & qu'ils eussent prêté serment de ne jamais porter les armes contre l'empereur & contre l'empire.

Nissa, investi par les Turcs (a) sur les Autrichiens, se rendit sur de simples menaces & sans soutenir un siege. Le général Doxat, Suisse de nation, qui y commandoit, capitula par une délibération unanime du conseil de guerre, pour sauver six mille hommes qui composoient la garnison qui auroient inutilement péri, sans pouvoir défendre la place, & qui pouvoient servir ailleurs. Le conseil de guerre de Belgrade lui fit son procès. Il se défendit sur le mauvais état de la place, le défaut de munitions de guerre, la trop grande supériorité des Turcs dont l'armée étoit de soixante mille hommes, & le peu d'espérance d'être secouru. Mais on avoit ordonné à ce général de réparer les fortifications de Nissa, & d'y employer les troupes & les paysans ; & les ouvrages n'étoient pas achevés, lorsque les Turcs parurent devant la place, soit qu'il n'eût pas trouvé dans les troupes & dans les paysans la docilité nécessaire pour exécuter les ordres de la cour, soit qu'il n'eût pas cru devoir se presser pour ne pas fatiguer sa garnison. On en rejeta la faute sur le commandant, on le crut, ou l'on voulut le croire coupable. Il fut décapité en conséquence du jugement du conseil de guerre (b), & la plupart des officiers de sa garnison furent condamnés à des peines infamantes. Les gens bien informés trouverent le jugement non-seulement sévere, mais injuste. Doxat, qui étoit un très-brave homme & les officiers de sa garnison, furent sacrifiés, dit-on, à la réputation d'un prince qui appartenoit de fort près à Charles VI. Les comtes de Seikendorff & de Neuperg lui auroient peut-être été sacrifiés aussi, si cet empereur n'étoit mort.

En France, les loix gardent le silence sur les officiers qui ne manquent que de conduite ou de valeur. Les Romains ne punissoient point la lâcheté autrement que par le déshonneur, & nous les imitons d'ordinaire.

Le capitaine Frauget, sous le regne de François premier, ayant été chargé (c) du commandement de Fontarabie, y fut assiégé par l'armée de Charles-Quint. Il ne manquoit de rien pour une vigoureuse défense, dans une ville où du Lude avoit auparavant soutenu pendant un an un siege qu'il fit lever, manquant de tout. Frauget rendit la place au bout d'un mois, par la défiance où il étoit des soldats Navarrois qui faisoient une partie de sa garnison, & dont il soupçonna le capitaine d'intelligence avec les Espagnols. On arrêta Frau-

***

(a) En 1737.
(b) La sentence à laquelle présidoit le général Suckow, fut prononcée le 17 d'avril 1738. Voyez Barre, *hist. d'Allemagne, sous cette année.*
(c) En 1523.

get après la reddition de la place, & il fut conduit à Lyon où le conseil de guerre lui fit son procès. On le fit monter sur un échafaud ; on le dégrada de noblesse, & on le déclara roturier, lui & tous ses descendans, avec les cérémonies les plus infamantes (a).

Creme en Italie fut pris (b) par le marquis de Leganez, gouverneur du Milanez. Montgaillad, gouverneur François de cette place, ne la rendit que parce que la garnison le força de capituler. Ce gouverneur eut néanmoins la tête tranchée (c) ; c'est que la garnison n'étoit que de six cents hommes & qu'il se faisoit payer comme si elle eût été de dix-sept complets (d).

Le fameux prince de Condé faisoit le siege de Fontarabie (e) dans la Biscaye. On croyoit que cette place étoit aux abois, lorsque l'amirante de Castille & le marquis de Mortare attaquerent les lignes des François ; les assiégeans furent défaits, & la ville fut délivrée. Toute la honte de cette défaite retomba sur le duc de la Valette qui avoit différé au lendemain l'attaque d'un bastion entr'ouvert par une mine ; il fut condamné à mort par contumace, sous le ministere sévere de Richelieu, mais il revint en France après la mort de ce cardinal.

Dupas, gouverneur de Naerden, jusques-là bon & brave officier, assiégé par le prince d'Orange, se rendit le sixieme jour de la tranchée ouverte, dans le temps qu'il alloit être secouru par le duc de Luxembourg qui commandoit l'armée de France. Cette conduite ne pouvoit être excusée, & ce gouverneur ayant été mis au conseil de guerre, fut condamné à avoir le cou coupé ; mais le vicomte de Turenne qui estimoit cet officier, obtint de Louis XIV., que la peine de mort fût changée en celle d'une prison perpétuelle. Dupas eut l'année d'après la permission de servir dans Grave assiégé par le prince d'Orange. Il y fit de belles actions qui reparerent sa réputation, & y fut tué (f).

La ville de Treves étant assiégée par les Allemands sur les François, le maréchal de Crequy qui s'étoit enfermé dans cette place, y fit une très-belle défense. Les assiégeans gagnerent un capitaine du régiment de la Marine, nommé Bois-Jourdan, qui révolta une partie de la garnison, & qui força le maréchal de Crequy, l'épée à la main, de signer la capitulation. Bois-Jourdan, qui avoit passé chez les ennemis, rentra en France déguisé, y fut reconnu, conduit à Metz, & mis au conseil de guerre. La difficulté ne fut pas de savoir si on le condamneroit à mort. De tous les officiers qui composoient le conseil, il n'y en eut pas un qui ne fut de cet avis ; la

(a) Daniel, *hist. de la milice françoise*, liv. 13.
(b) Le 27 de mars 1638.
(c) A Casal, le 22 d'avril 1638.
(d) D'Avrigny, *Mémoires pour servir*, &c.
(e) En 1638.
(f) Daniel, *Hist. de la Milice Françoise*, liv. 13 ; & Reboulet, *Hist. du regne de Louis XIV*, sous l'an 1673.

différence des opinions ne roula que fur le genre de fupplice qu'on lui feroit fubir. La plupart le condamnoient à être roué, & les autres à être pendu.
Mais un d'entre eux, foit qu'il voulût favorifer Bois-Jourdan, foit qu'il dît
fimplement fa penfée, repréfenta que fi on le condamnoit à l'un de ces deux
fupplices, l'exemple feroit moins éclatant, parce qu'en le voyant ainfi attaché au gibet, on le prendroit pour un fimple foldat. Cette confidération
réunit le confeil, & toutes les voix furent de le condamner à perdre la
tête, ce qui fut exécuté deux heures après, en préfence de toutes les troupes. Le jour fuivant, plufieurs des complices de ce rebelle qui avoient auffi
été arrêtés, furent jugés; quelques-uns furent condamnés à être pendus,
d'autres à être dégradés; & les moins coupables furent bannis à perpétuité
du royaume (a).

Le gouverneur d'Exilles, à qui le maréchal de Villars avoit mandé (b)
qu'il marchoit à fon fecours, rendit cette place au duc de Savoie, quoique la breche ne fut pas encore praticable. Il fut dégradé des armes, fon
épée caffée par la main du bourreau, & condamné à une prifon perpétuelle, par le confeil de guerre tenu à Grenoble, où préfidoit le comte de
Medavy, lieutenant-général.

Le comte de Genfac, lieutenant-général, fut mis au confeil de guerre,
pour avoir rendu (c) Lauterbourg au prince Charles de Lorraine, au bout
de vingt-quatre heures, & fans avoir fait aucune défenfe. Perfonne ne com-
prit que cette place n'eût pu tenir quelques jours, malgré la vétufté de fes
ouvrages, & le manque de communication entre les ouvrages extérieurs &
le corps de la place. Genfac rendit fa garnifon prifonniere de guerre, fans
pouvoir fervir d'un an, & fe réferva à lui feul le droit de fervir le refte
de la campagne : fait remarquable & peu digne d'être imité. Cependant il
fut abfous, par le confeil de guerre tenu à Strafbourg; mais le roi lui ôta
fes emplois, & fes penfions, lui ordonna, par une lettre de cachet de fe
retirer chez lui, & lui défendit de jamais paroître à la cour.

Rochambeau, chef d'efcadre, qui croifoit (d) dans les mers d'Efpagne,
à la hauteur du cap S. Vincent, avec quelques vaiffeaux de guerre, pour
intercepter un convoi confidérable de vivres; d'artillerie, & d'agrès, que
les Anglois vouloient tâcher de faire paffer de Lifbonne à Gibraltar, auroit
pu l'attaquer avec avantage; mais les officiers de fon efcadre le follicite-
rent inutilement au combat, il fe retira à Cadix, & le convoi paffa. Le
roi (e) lui accorda la permiffion de fe retirer du fervice, & eut encore la
bonté de lui accorder une demi-folde (f).

(a) Mémoires de Beauveau; & hift. de Louis XIV par Reboulet, fous l'an 1675.
(b) En 1707.
(c) Le 14 de juillet 1744.
(d) En 1744.
(e) Par un brevet du 2 de décembre 1744.
(f) De 4500 liv.

Audry, lieutenant pour le roi & commandant des isles de sainte Marguerite, qu'il remit aux Anglois, fut déclaré atteint & convaincu du crime de lâcheté, à la défense du fort de ces isles, & condamné à être dégradé de noblesse, des armes, & de la croix de S. Louis, par le major de la place d'Antibes, à la tête des troupes (a).

L'incapacité, l'ignorance, l'indétermination sont les sources des fautes d'un général, d'un commandant, mais c'est aux princes à ne confier le sort & la gloire de leurs Etats, qu'à des sujets éprouvés. Nos loix ne punissent de mort que la seule infidélité.

Il est des situations où les troupes se trouvent destituées de loix & d'exemples, en sorte que les officiers ne peuvent se déterminer que par leurs propres lumieres. Ces conjonctures sont très-embarrassantes, & l'on doit suivre ces trois regles. 1°. Si le prince a décidé le cas par son code Militaire, il est du devoir du gouverneur & de toute la garnison de se conformer à cette décision souveraine. 2°. S'il ne l'a pas décidé, il faut consulter la raison; & le conseil de guerre est forcé de se déterminer par ses propres lumieres. 3°. Dans le doute, la garnison doit prendre le parti le plus glorieux & le plus utile à l'Etat.

§. VI.

DROIT MILITAIRE, ou DROIT DE LA GUERRE.

LE droit absolu de la guerre, dans l'état de nature, abstraction faite de toute convention, étoit un droit illimité. Par la loi naturelle, l'observation des devoirs de la paix entre nos premiers peres, devoit être réciproque; & celui qui le premier avoit violé ces devoirs à l'égard de son prochain, l'avoit dispensé de les observer de son côté. Faire la guerre à quelqu'un, c'étoit vouloir lui enlever son bien, c'étoit vouloir le détruire lui-même, le faire disparoître de dessus la terre. Elle n'étoit point policée, elle étoit couverte de crimes, la justice parloit peu au cœur des hommes, la regle étoit ou inconnue ou violée, & les particuliers s'entr'égorgeoient. Les nations même adopterent cette coutume barbare. C'étoit un usage ancien chez les Romains (dit Tite-Live) lorsqu'ils avoient vaincu un peuple avec qui ils n'avoient encore été unis par aucun traité d'alliance ou d'amitié, de ne lui point donner la paix qu'on ne l'eût désarmé, qu'il ne leur eût livré tous ses biens, tant sacrés que profanes, qu'il ne leur eût donné des ôtages, & qu'il n'eût reçu garnison dans ses villes (b). C'en étoit trop sans doute, & il y avoit dans cette conduite des premiers Etats un excès que la raison & la justice condamnent. A consulter la lumiere naturelle, quel étoit le seul objet légitime que les particuliers & les Etats pouvoient

(a) Conseil de guerre tenu à Antibes le 16 de novembre 1747, dans la maison de La Ravoye, lieutenant-général qui y présidoit.
(b) Décad. III, lib. VIII.

fe propofer en faifant la guerre ? C'étoit de forcer les autres hommes à leur rendre juftice. Ils pouvoient agir contre leur ennemi, jufqu'à ce qu'ils euffent recouvré ce qu'il leur avoit enlevé injuftement, qu'il leur eût payé ce qu'il leur devoit, & qu'ils fe fuffent mis à couvert du danger dont il les menaçoit. Il ne devoit pas aller au-delà; mais l'injuftice qui avoit armé les hommes, les porta, dès le commencement des guerres, à détruire le bien, les uns des autres, & à fe priver réciproquement de la vie, fans examiner fi cela étoit jufte ou néceffaire. La barbarie étoit portée au point que l'efclavage, fi horrible par lui-même, fi contraire aux droits naturels de l'homme, fut un adouciffement du traitement que les vaincus recevoient auparavant des vainqueurs; mais les nations s'étant policées, & la religion ayant adouci les mœurs, les hommes confulterent moins leur colere que leurs vrais intérêts. L'équité & le confentement des peuples reftreignirent le droit illimité de la guerre, & priverent les puiffances belligérantes d'une liberté qui leur étoit également nuifible. Alors l'humanité reprit dans leur cœur une place que la barbarie en avoit bannie.

A la gloire des armes & à l'honneur des guerriers, un fentiment d'humanité, & l'intérêt même des Etats, en réduifant en art la maniere de faire la guerre, établit des loix & une efpece de commerce parmi les ennemis même. Je les expliquerai, ces loix, après que j'aurai difcuté le droit qu'une guerre légitime acquiert au vainqueur. L'Etat de guerre eft aujourd'hui un Etat de convention réglé par le droit des gens.

Tout ce que nous faifons pour empêcher qu'un ennemi injufte ne nous nuife, eft légitime; c'eft l'objet même de la paix. Tout ce qui n'eft point néceffaire à l'exercice de nos droits & à notre confervation, eft illégitime; c'eft l'ouvrage de la fureur.

Trois regles générales fervent à faire connoître l'étendue & les bornes du droit de la guerre.

Premiérement, les armes par elles-mêmes ne forment pas un droit de poffeffion pour le conquérant, elles fuppofent un titre antérieur à la guerre. S'il en étoit autrement, il feroit indifférent que la guerre fût fondée fur des motifs juftes ou illégitimes; mais il eft certain au contraire, que l'Etat qui a pris les armes fans de juftes caufes, doit dédommager fon ennemi de toutes les pertes qu'il a faites pendant la guerre.

En fecond lieu, tout ce qui a une liaifon moralement néceffaire avec l'objet légitime de la guerre, eft permis. En vain auroit-on droit de faire une chofe, fi on ne pouvoit employer légitimement les moyens qui y conduifent. Plufieurs chofes illicites en foi deviennent innocentes, lorfqu'elles font des fuites inévitables de la guerre, fans quoi un prince ne pourroit jamais faire la guerre fans être injufte.

Enfin, le droit qu'on pourfuit par les armes doit être confidéré, non-feulement par rapport au fujet qui a fait commencer la guerre, mais encore relativement aux caufes furvenues depuis. C'eft ainfi que, dans les tribunaux de judicature, les parties font valoir incidemment les droits qu'elles acquierent pendant les procès. Tel eſt le fondement du droit que nous avons d'agir offenſivement contre ceux qui ſe joignent à notre ennemi, ſoit qu'ils dépendent de lui ou non. Delà vient auſſi le droit d'étendre nos conquêtes au-delà du motif de la guerre, pour nous dédommager des maux qu'elle nous a faits, & des dépenſes auxquelles elle nous a engagés.

Le principe eſt certain, que les conquêtes ne doivent tenir lieu que d'une exacte reſtitution, & ne doivent point aller au-delà. Le vainqueur ne peut, en conſcience, retenir ſur les choſes enlevées aux ennemis, que ce qui lui étoit dû avec les frais de la guerre, & un juſte dédommagement des pertes qu'il a faites. Un prince, dont les armes ſont & juſtes & heureuſes, fait quelquefois des ravages néceſſaires, démantele des places, & conſerve, pour ſa ſureté, de certains poſtes; c'eſt comme la punition de l'injuſtice de ſon ennemi : mais, ſi l'expérience a juſtifié que ces premieres & légeres peines ne ſuffiſent pas pour le contenir, le victorieux peut juſtement garder toutes ſes conquêtes, & ôter à l'ennemi le pouvoir de nuire, lorſqu'on ne peut lui en ôter la volonté, ſans quoi le vainqueur ſeroit condamné à faire toujours la guerre, & à laiſſer à un ennemi injuſte & remuant, de quoi la rendre éternelle.

1°. Le miniſtre public ne peut être traité en ennemi, lorſque, pendant l'ambaſſade, il ſurvient une guerre entre les deux puiſſances, & qu'on doit lui donner un temps convenable pour ſortir de l'Etat où il réſide ; mais les autres ſujets de la puiſſance déclarée ennemie, peuvent au contraire être arrêtés dans le moment même de la déclaration de guerre. La différence qui ſe trouve à cet égard, entre les miniſtres & les particuliers, eſt ſenſible. Ceux-là vont dans un Etat pour négocier les intérêts qui regardent les deux nations; ils y vont ſous la foi du droit des gens qui les rend inviolables. On eſt convenu de les faire jouir de tous les privileges de leur caractere, & de les ſuppoſer, non dans le pays où ils ſont, mais dans celui d'où ils ſont partis. Ceux-ci n'y vont que pour leur plaiſir, ou pour leurs affaires particulieres; ils n'y vont que ſous la foi publique, on ne leur a rien promis; & ſi des événemens poſtérieurs les ſoumettent à des actes d'hoſtilité, c'eſt la ſuite naturelle de la guerre déclarée, c'eſt un malheur qu'ils ont pu prévoir, & dont ils ont bien voulu courir les riſques.

A ce ſujet, il eſt auſſi quelque différence à mettre entre les particuliers qui ſe trouvent ſur les terres ennemies, le jour d'une déclaration de guerre, & ceux qui y ſont à l'expiration des treves.

Ces deux cas exceptés, la regle eſt générale, & tout particulier qui ſe trouve ſur les terres d'une puiſſance, peut y être arrêté, dans le moment qu'elle déclare la guerre au ſouverain de ce particulier, à moins que les deux nations n'en aient diſpoſé autrement. Par quelle autre raiſon différeroit-on de faire ſur le champ des actes d'hoſtilité ? Pourquoi ne feroit-on pas la guerre d'abord après l'avoir déclarée ? Le principe eſt ſi certain, que les princes, en faiſant la paix, prévoient ce cas-là, & donnent, par une convention expreſſe, un délai aux ſujets reſpectifs, pour ſe retirer après la rupture : or, cette convention expreffe d'un délai, fuppofe néceffairement que les fujets pourroient être arrêtés de part & d'autre, s'il n'y avoit point eu de convention. La France & l'Angleterre, convinrent à la paix d'Utrecht, qu'en cas de rupture, les François auroient fix mois, du jour de la déclaration de guerre, pour fe retirer d'Angleterre, & pour en tranfporter leurs effets; & les Anglois, un pareil temps pour retirer de France & leurs perfonnes & leurs effets. (a) L'Efpagne & l'Angleterre convinrent du même délai de fix mois pour le même fujet. (b) La France & la Hollande fe donnerent, dans le même cas, neuf mois; (c) l'Efpagne & la Hollande, un an. (d) Aujourd'hui, que la France & l'Angleterre font en guerre, les fujets refpectifs des deux couronnes font reftés & reftent, les François en Angleterre, & les Anglois en France, fans qu'on les inquiete, pourvu qu'ils s'y comportent convenablement.

2°. Pour connoitre fi ce qu'on prend fur l'ennemi appartient aux fouverains, ou à tout le corps du peuple, aux particuliers, ou aux foldats, qui s'en font emparés, il faut confulter l'ufage.

David ordonna que celui qui auroit combattu, & celui qui feroit demeuré au bagage, auroient la même part au butin, & le partageroient également. Cette coutume devint une loi ftable dans Ifraël (e).

Les Grecs partageoient le butin aux troupes. Le général en avoit fimplement une portion confidérable.

Chez les Romains, le butin étoit ordinairement porté au tréfor public, & les confuls Romulus & Veturius furent condamnés de péculat, pour avoir vendu le butin que leur armée avoit fait fur les Eques (f); mais les généraux avoient le droit de le diftribuer aux foldats pour les animer ou pour les récompenfer. » Ceux (dit Polybe) qui font nommés, portent » le butin à leurs légions; & après que le butin eft vendu, les Tribuns le » partagent également à tous les foldats de la légion, en y comprenant » ceux qui avoient été détachés pour la garde des tentes & des malades,

(a) Sin autem (quod omen Deus optimus maximus avertat) fopitæ fimultates inter dictas regias majeftates eorumve fucceffores aliquando renoventur, & in apertum bellum erumpant, fubditorum utriufque partis naves, merces, ac bona quævis mobilia atque immobilia, quæ in portubus atque in ditione partis adverfæ hærere atque extare deprehendentur, fifco ne addicantur aut ullo incommodo afficiantur, fed dictis fubditis alterutrius regiarum fuarum majeftatum femeftre fpatium integrum, à die rupturæ numerandum dabitur, quo res prædictas, ac aliud quidvis ex fuis facultatibus vendant, aut quò libitum erit, citra ullam moleftiam, indè avehant ac transferant, feque ipfis indè recipiant. Art. 19 du traité de paix conclu entre la France & l'Angleterre, le 11 d'avril 1713.

(b) Art. 18 du traité de paix conclu entre l'Efpagne & l'Angleterre, à Utrecht, le 13 de juillet 1713.

(c) Art. 16 du traité conclu entre la France & les Provinces-Unies, le 11 d'avril 1713.

(d) Art. 26 du traité conclu à Utrecht entre l'Efpagne & les Provinces-Unies, le 26 de juin 1714.

(e) I. Reg. XXX, 24, 25.

(f) Tit. Liv. Decad. III, lib. VIII; Tacit. Hift. lib. III.

» ou pour le fervice du public. Quand on doit bientôt fe mettre en mar-
» che, on raffemble tout le butin dans le camp. Tous font ferment de ne
» pas faire tort à leurs camarades, & ce ferment ne fe viole point. Comme
» la moitié des troupes eft toujours prête à foutenir celles qui font em-
» ployées au pillage, le défir du butin ne les met jamais en danger d'être
» battues, parce qu'elles ne fe défient point les unes des autres. Affurées d'a-
» voir toutes une égale part au butin, elles n'abandonnent jamais leur pofte;
» au lieu que plufieurs nations, pour fe débander & courir au pillage, ont
» été vaincues au milieu même de la victoire (a) «.

La loi établie parmi les Turcs, veut que tout le butin foit diftribué également aux troupes qui l'ont fait, à l'exception d'une cinquieme partie qui
appartient au grand-feigneur, ou au général de fon armée (b).

C'étoit la coutume, parmi les Francs, de réunir après une victoire tout
le butin, afin de le diftribuer aux troupes avec équité (c). Nos premiers
François le partageoient au fort, & le roi lui-même n'avoit que le lot qui
lui étoit échu (d). Comme les premieres expéditions des Francs n'avoient
guere été que des courfes en deçà du Rhin, & que l'unique motif de ces
courfes étoit l'efpérance du butin, ce partage étoit tout naturel ; mais depuis que la monarchie fut une fois établie dans les Gaules ; que les François eurent des terres, & les rois des revenus confidérables, ces princes,
felon toutes les apparences, ne fe mirent plus en peine d'entrer ainfi en
partage avec les foldats, ils leur abandonnerent tout le butin, & fe réfer-
voient feulement quelquefois certaines chofes précieufes qui leur convenoient par leur beauté ou par leur rareté.

Les prifonniers de guerre étoient une des meilleures parties du butin. On
les faifoit efclaves ; la rançon étoit au profit de ceux qui les avoient pris,
ou auxquels ils étoient échus par le fort, dans le partage du butin ; ils les
gardoient faute de rançon ; ils les vendoient ; ils les faifoient travailler au
profit de leur famille ; leur poftérité en héritoit comme d'un meuble, de
même qu'il fe pratique encore aujourd'hui dans les pays où il y a des efclaves. Tant que dura l'ufage qui attribuoit les prifonniers à ceux qui les
avoient pris, le défir d'en faire l'emportoit fur celui de combattre. Louis XI
ordonna qu'ils fuffent mis au butin général & partagés en commun, afin
qu'on fongeât moins à faire des prifonniers, que lorfqu'on les faifoit pour
fon compte particulier (e). Aujourd'hui, les prifonniers font au roi. La dépouille des morts reftés fur le champ de bataille, leur argent, leurs bijoux, les chevaux errans fans maître appartiennent au foldat, avec cette
reftriction de police militaire, que le général a l'autorité de défendre tout

(a) Polyb. hift. lib. I.
(b) Suarez, hift. des empereurs Ottomans.
(c) Forefti Map. hift.
(d) Greg. de Tours, liv. II.
(e) Lettre de Louis XI, rapportée dans fon hiftoire, par Duclos, fous l'an 1479.

pillage,

pillage, dans la crainte que l'ennemi ne se ralliât pendant que le soldat vainqueur pilleroit.

Le butin confidérable raffemblé en un feul lieu, le tréfor d'une armée, l'artillerie, les vivres, les bagages, les richeffes d'une place prife, appartiennent au prince, avec cette autre reftriction, que lorfqu'une place eft emportée d'affaut, elle eft d'ordinaire abandonnée au pillage du foldat, pendant quelques heures, à la volonté du général : bien entendu que le général eft le maître de défendre abfolument le pillage, & de borner les troupes à une gratification qui en tient lieu. C'eft ce que fit le maréchal de Berwick (a) à Barcelone, où il entra l'épée à la main en faifant main baffe. Il défendit le pillage, fous peine de la vie, & taxa la ville à une fomme qu'il fit diftribuer à l'armée.

Quand une place a laiffé tirer le canon, fi elle eft prife, les cloches des églifes & les autres uftenfiles de cuivre & d'autre métal, appartiennent au grand-maître de l'artillerie, & doivent être rachetés d'une fomme d'argent par les habitans, à moins que dans la capitulation, on ne convienne du contraire (b).

La guerre eft entreprife, ou pour tout l'État, ou pour une raifon qui ne regarde que quelques particuliers. Dans ce dernier cas, il eft évident qu'il faut commencer par dédommager les particuliers pour qui l'on a pris les armes. Dans le premier, comme c'eft par l'autorité du fouverain que la guerre fe fait, c'eft auffi à lui qu'eft acquis premiérement & originairement tout le butin, qui que ce foit qui l'ait fait, foit étranger à fa folde, foit regnicole, quand même celui-ci ferviroit fans folde; mais il eft de l'équité du prince de faire enforte que tous fes fujets fe reffentent des avantages d'une guerre heureufe, puifque tous fupportent les charges & les incommodités qu'elle traîne après elle. Il peut, au gré de fa prudence, donner à ceux qu'il fait marcher en campagne une paye extraordinaire des deniers publics, ou leur partager le butin, ou laiffer à chacun ce qu'il a pris, ou faire de tout le butin un fonds qui diminue les charges publiques.

3°. Si le fouverain qui fait la guerre, a des alliés, les troupes auxiliaires qui font dans fon armée, partageant les périls de la guerre, en doivent partager les avantages.

Pour les troupes ftipendiaires, le fouverain n'eft tenu que de leur payer exactement leur folde ; parce qu'elles font convenues, moyennant cette folde, de s'expofer à tous les périls qu'elles courent. S'il leur donne quelque chofe au-delà, c'eft ou par pure libéralité, ou en récompenfe de quelque action, ou pour les animer à quelque entreprife confidérable.

La diftinction que je mets ici entre les troupes ftipendiaires & les troupes auxiliaires, m'oblige d'en expliquer la différence. Elle confifte en ce que les troupes ftipendiaires font foudoyées par le prince qu'elles fer-

_____

(a) En 1714.
(b) Daniel, hiftoire de la milice françoife, liv. XIII.

vent, au lieu que les auxiliaires sont entretenues aux dépens de la puissance à qui elles appartiennent, & qui les a envoyées au secours de son
allié. Les troupes Suisses sont stipendiaires dans les armées de France, d'Espagne, &c. Les sept mille hommes que Louis XIV envoya à l'empereur
Léopold, & qui eurent tant de part à la bataille de S. Godard, étoient des
troupes auxiliaires. Les armées que ce même monarque fit passer en Espagne, dans le commencement de ce siecle, au secours de Philippe V,
son petit-fils, étoient auxiliaires. Les troupes que, dans la guerre de l'élection de Pologne (a), quelques princes de l'empire fournirent à l'empereur
Charles VI, contre la France, outre leur contingent, étoient stipendiaires.
Celles que Louis XV envoya en Allemagne aux électeurs de Baviere, depuis 1741 jusqu'en 1745 étoient auxiliaires, aussi bien que toutes celles que,
dans le cours de la même guerre, ce prince entretint en Italie avec les
Espagnols.

Au reste, le prince à qui appartiennent les troupes, ou auxiliaires ou
stipendiaires, conserve, dans tous les pays étrangers où elles servent, le
droit de vie & de mort que tout souverain a sur ses sujets. La réserve que
fait de sa jurisdiction le souverain qui prête ou qui loue des soldats, empêche ceux qui composent ces troupes d'oublier quel est leur souverain
naturel, & de s'imaginer qu'ils sont sujets, à tous égards, du prince dont
ils sont actuellement les soldats. Elle entretient parmi eux l'esprit de retour dans leur patrie. Le souverain remet ordinairement la jurisdiction qu'il
se réserve, entre les mains d'un conseil de guerre composé d'officiers nationaux. Tel est, par exemple, l'ordre judiciaire établi dans les troupes
Suisses qui servent les divers potentats de l'Europe. Le Canton qui fournit
un régiment, se dépouille de la jurisdiction qu'il a sur ceux qui le composent, & la remet entre les mains des officiers qui le commandent, pour
être exercée conformément aux capitulations générales & particulieres faites
à ce sujet.

4°. Les effets mobiliaires sont pris dès qu'on s'en est emparé ; & les
immeubles, dès qu'on est en état de les garantir des efforts de l'ennemi :
mais tant que la guerre dure, le droit sur les choses dont on a dépouillé
l'ennemi, n'est valable que par rapport aux tiers neutres. L'ennemi conserve le droit de les reprendre par la même voie qu'il les a perdus, aussi
long-temps qu'il n'a pas renoncé à ses prétentions par un traité de paix.

Si le prisonnier qu'on a fait, vivoit dans l'égalité de l'état naturel, on
est censé s'être emparé de tous ses biens, dès qu'on s'est saisi de sa personne, ou du moins, avoir acquis le droit de s'en emparer à la premiere
occasion. Mais, si ce prisonnier étoit membre d'une société civile, ses
biens (je parle de ceux dont le vainqueur ne s'est pas rendu maître)
passent aux personnes que les loix de son pays auroient appellé à la succession, s'il étoit mort. Que si l'on s'empare des biens d'un homme, en

_____

(a) La guerre de 1733, terminée en 1735.

même temps qu'on fait cet homme prisonnier, on les acquiert purement & simplement, parce qu'on les a entre les mains, & non parce qu'on tient sous sa puissance leur ancien propriétaire.

Il est des droits incorporels, & ces droits suivent les choses ou les personnes. I. Les uns sont attachés à des pays, à des villes, à des fonds de terre, à des rivieres, à des ports; ceux-là sont réels & suivent les choses & les possesseurs de ces choses, quels qu'ils soient. Celui qui se rend maître de ces pays, de ces villes, de ces fonds de terre, de ces rivieres, de ces ports, devient, par une conséquence nécessaire, le propriétaire des droits qui y sont attachés. II. Les autres droits incorporels sont attachés aux personnes, à certain titre, & ceux-là ne s'acquierent que par le consentement d'une personne qui n'est censée l'avoir donné qu'à un individu déterminé; le vainqueur, en faisant cette personne prisonniere, ne devient pas pour cela maître de ses droits : ainsi, pour avoir fait prisonnier le roi d'une nation avec qui l'on étoit en guerre, l'on n'est pas pour cela seul devenu véritablement maître de son royaume; de même, quoiqu'un mari ou un pere tombent entre les mains des ennemis, ceux-ci n'acquierent aucune autorité sur la femme ni sur les enfans.

5°. Le vainqueur acquiert par les armes le droit de commander aux peuples vaincus.

On voit ce droit de conquête dans l'écriture même. (a) Dès le temps de Jephté, juge d'Israël, le roi des Ammonites se plaignoit de ce que le peuple d'Israël, en sortant d'Egypte, avoit pris beaucoup de terres à ses prédécesseurs, & il les redemandoit. Jephté établit le droit des Israëlites, par deux titres incontestables : une conquête légitime & une possession paisible pendant trois cents ans. D'abord, il pose pour fondement, qu'Israël n'a rien enlevé aux Moabites & aux Ammonites ; qu'il a au contraire pris de très-grands détours pour ne pas passer sur leurs terres. (b) Il montre ensuite que les places contestées n'étoient plus aux Ammonites ni aux Moabites, lorsque les Israëlites les prirent, mais à Sehon roi des Amorrhéens qu'ils avoient vaincu dans une juste guerre (c) *car il avoit le premier marché contre eux, & dieu l'avoit livré entre leurs mains* (d). Là, il fait valoir le droit de conquête établi par le droit des gens, & reconnu par les Ammonites qui possédoient beaucoup de terres à ce seul titre. Delà, il passe à la possession, & il fait voir premiérement, que les Moabites ne se plaignirent point des Israëlites, lorsqu'ils conquirent ces places où en effet les Moabites n'avoit plus rien (e). *Valez-vous mieux* (leur dit-il) *que Balac roi de Moab? ou pouvez-vous nous montrer qu'il ait in-*

(a) Jud. 11, 13.
(b) Jud. 15, 16, 17, &c.
(c) Ibid. 20, 21.
(d) Ibid.
(e) Ibid. 25.

quiété les Israëlites ou leur ait fait la guerre pour ces places (a) ? En effet, il est constant, par l'histoire, que Balac n'avoit point fait la guerre, quoiqu'il en eût eu quelque dessein. Non-seulement les Moabites ne s'étoient pas plaints, mais même les Ammonites avoient laissé les Amorrhéens dans une possession paisible durant trois siecles. *Pourquoi* (ajoute-t-il) *n'avez-vous rien dit pendant un si long-temps* (b) ? Enfin il conclut ainsi : *Ce n'est donc pas moi qui ai tort, c'est vous qui agissez mal contre moi, en me déclarant la guerre injustement. Que le seigneur juge en ce jour entre les enfans d'Israël & les enfans d'Ammon* (c)

A remonter encore plus haut, on voit Jacob user de ce droit dans la donation qu'il fait à Joseph en cette sorte : *Je vous donne par préciput sur vos freres un héritage que j'ai enlevé à la maison des Amorrhéens par mon épée & par mon arc* (d). On voit que Jacob s'attribuoit cet héritage par le droit de conquête, fruit d'une juste guerre. La mémoire de cette donation de Jacob à Joseph s'étoit conservée dans le peuple de Dieu, comme d'une chose sainte & légitime jusqu'au temps de notre seigneur dont il est écrit : *Qu'il vint auprès de l'héritage que Jacob avoit donné à son fils Joseph* (e).

Mais pour rendre le droit de conquête incontestable, il faut qu'il soit accompagné d'une longue possession. Ce droit, ainsi qu'on vient de le voir, dans la discussion de Jephté, qui commence par la force, se réduit, pour ainsi dire au droit commun & naturel, du consentement des peuples & de la possession paisible. Afin que l'empire acquis par les armes soit légitime; & qu'il oblige en conscience ceux qui y sont soumis, il faut que les vaincus accoutumés à l'obéissance, par un traitement honnête, aient promis au vainqueur, ou expressément ou tacitement de le reconnoître pour leur maître, & que lui, de son côté, ait cessé de les traiter en ennemis (f).

Le peuple qu'on a opprimé est en droit, pour recouvrer sa liberté & ses biens, d'employer la même voie dont on s'est servi pour les lui ravir, tant qu'il n'a contracté aucun engagement ni exprès ni tacite, qu'il n'a prêté aucun serment de fidélité, & qu'il n'y a eu aucun acquiescement formel ni présumé de sa part, ni aucune sorte de convention écrite ou verbale, entre le conquérant & le peuple subjugué. Il seroit en effet absurde de penser que, dès qu'un prince a possédé pendant quelque temps le pays qu'il a conquis, sa conquête doive lui demeurer à jamais ; & que le peuple doive toujours être soumis à sa domination, sans que jamais ce

---

(a) Num. 24, 25.
(b) *Quare tanto tempore nihil super hac repetitione tentastis ?* Jud. 11, 26.
(c) Ibid. 11, 27.
(d) Genes. 48, 22.
(e) Joan. 4, 5.
(f) *Voyez l'article* PRESCRIPTION.

peuple puiſſe ôter au conquérant ou à ſes deſcendans ce qu'il a pris par force. La guerre pour rendre aux vaincus ce qu'elle leur a enlevé, & le droit de conquête doit ceſſer avec la force qui lui a donné l'être.

6°. Si la guerre eſt un moyen légitime d'acquérir, & que les princes puiſſent retenir les choſes conquiſes, dans une juſte guerre, que deviendra la ſuzeraineté des fiefs conquis ? que deviendra la ſubſtitution des Etats qui devoient, après la mort du poſſeſſeur, paſſer à d'autres hommes, en vertu de la diſpoſition de l'ancien propriétaire ?

La condition des voiſins d'un prince vaſſal ſeroit dure, ſi ce vaſſal avoit droit de faire la guerre, ſans pouvoir perdre ſon fief. Il le peut perdre, cela n'eſt pas douteux ; & il ne s'agit que de connoitre la deſtinée de la ſuzeraineté. Or ſi le ſeigneur ſuzerain a non ſeulement laiſſé au vaſſal la liberté de faire la guerre, mais qu'il l'ait encore ſoutenu dans cette guerre, il a par une conſéquence néceſſaire, ſoumis ſa ſuzeraineté à tous les événemens de la guerre.

Le vaſſal ne peut, il eſt vrai, changer la condition du fief, ſans la permiſſion de ſon ſeigneur ſuzerain ; mais cette maxime eſt renfermée dans l'enceinte des Etats qui ſe la ſont faite, elle n'a aucune application au droit des gens, elle eſt muette dans tous les cas où le droit des gens eſt reconnu ; c'eſt une loi particuliere qui cede à la loi générale.

Le conquérant doit relever du ſouverain qui n'a point participé aux deſſeins du vaſſal ; il en doit relever, comme en relevoit le prince dépoſſédé ; & le ſeigneur ſuzerain doit lui donner l'inveſtiture du fief conquis. Que ſi le ſuzerain a appuyé le vaſſal dans la guerre injuſte où celui-ci a ſuccombé, il a perdu ſa ſuzeraineté, par la même voie que le vaſſal a perdu ſon fief.

Il ſemble qu'on puiſſe dire, en faveur des enfans, en faveur des héritiers collatéraux, & en général en faveur de tous ceux qui ſont appellés à la ſubſtitution des Etats conquis, qu'on ne doit pas les punir d'une faute qu'ils n'ont pas faite. Ce n'eſt pas du dernier poſſeſſeur qu'ils tiennent leur droit de ſucceſſion, ils le tiennent de la volonté & de la diſpoſition de celui à qui les terres ont appartenu primitivement.

Mais ni les enfans, ni les héritiers collatéraux, ni les ſubſtitués n'ont en effet aucun droit à oppoſer à celui de la conquête ſuppoſée légitime. Le conquérant n'a point connu d'autre propriétaire des Etats de ſon ennemi que celui qui en étoit en poſſeſſion & qui s'en eſt ſervi pour lui faire la guerre. Les diſpoſitions qu'un prince fait dans ſa famille pour régler l'ordre de ſa ſucceſſion parmi ſes deſcendans, ſont des règles domeſtiques, particulieres aux familles régnantes qui ne peuvent changer les principes généraux du droit des gens adopté par tous les Etats. Après tout, il n'y a pas plus d'inconvénient que, dans le droit des gens, les ſubſtitués ſoient privés de l'effet de la ſubſtitution par une guerre légitime, qu'il n'y en a que, dans le droit civil, ils en ſoient privés par un crime de felonie, ou en général pour tout crime d'Etat.

7°. Pour connoître à qui les biens conquis reviennent, lorfqu'ils font repris fur l'ennemi qui s'en étoit emparé, il faut diftinguer deux cas; celui ou les biens repris appartenoient au parti qui les reprend, & celui où ils appartenoient à un tiers non ennemi.

Dans le premier cas, les biens meubles ou immeubles repris fur l'ennemi doivent retourner aux propriétaires, foit qu'ils aient été repris par les propriétaires eux-mêmes, foit qu'ils l'aient été par leurs concitoyens ou par les troupes de leur pays. L'obligation où eft le fouverain de défendre les biens de fes fujets, renferme néceffairement celle de leur faire recouvrer ceux dont on les a dépouillés. Que ferviroit de dire que ce font d'autres citoyens ou les foldats qui les ont repris fur l'ennemi? La guerre eft l'affaire commune de l'Etat, les foldats & tous ceux qui font des entreprifes contre l'ennemi, ne font que les miniftres de l'Etat; & il feroit fouverainement injufte que l'Etat s'appropriât des biens dont on avoit dépouillé quelqu'un de fes voifins.

La cour de Naples décida le fecond cas, d'une maniere conforme à la regle. Un bâtiment François fut pris (en 1740) par un corfaire de Barbarie, & le corfaire devint lui-même avec fa prife la proie d'un armateur Napolitain. Le propriétaire du bâtiment François le réclama à la cour de Naples, & l'armateur prétendit qu'il étoit à lui. L'affaire fut mife en délibération dans le confeil du roi des deux Siciles, & ce prince fit rendre au François fon bâtiment. Fut-ce juftice? fût-ce égard particulier pour le roi de France? Ce fut juftice. On avoit beau dire qu'un navire eft un meuble, que tout effet mobiliaire appartient au poffeffeur, que le capitaine François avoit non-feulement perdu fon vaiffeau, mais fa liberté, & étoit l'efclave du corfaire, qu'il étoit au nombre de fes biens, que fon fort dépendoit déformais de fon patron; & que dans cette fituation, le corfaire lui-même ayant été pris avec les bâtimens qui lui appartenoient, tous ces vaiffeaux devoient demeurer au vainqueur, comme le prix du courage qui l'en avoit rendu le maître. Ce raifonnement n'étoit que fpécieux, & manquoit de folidité. Il eft certain, dans les ufages de la mer, qu'un bâtiment qui n'a été conduit dans aucun lieu de la jurifdiction de l'Etat lequel s'en eft emparé, n'eft point cenfé une prife appartenante à celui qui l'a faite; & en fecond lieu, les corfaires de Barbarie font de vrais pirates, les ennemis publics du genre humain. Un homme qui auroit enlevé à un voleur fa proie, feroit-il en droit de fe l'approprier? La France & la Hollande, par leur traité de commerce, font convenues, que les navires & les biens pris par les pirates & forbans, lefquels fe trouveront en nature, feront incontinent, & fans forme de procès, reftitués franchement aux propriétaires qui les réclameront (a).

Trois regles peuvent fervir à connoître fous la domination de qui doivent paffer les pays reconquis.

_____

(a) Article 25 du traité de commerce entre le roi très-Chrétien & les Provinces-Unies, du 21 de décembre 1739.

I. Lorſqu'un peuple entier, par ſes ſeules forces, ou avec le ſecours de quelque allié, ſecoue le joug de l'ennemi, il recouvre ſa liberté & ſon premier état.

II. Si un tiers, agiſſant en ſon propre nom, délivre par ſes armes un peuple que l'ennemi avoit ſoumis, le peuple délivré ne fait alors que changer de maître, il paſſe ſous les loix de ſon libérateur.

III. Si une province eſt reconquiſe par le peuple à qui on l'avoit enlevée, ou par quelqu'un de ſes alliés, elle doit être réunie à ſon ancien corps ; à moins qu'on ne ſoit convenu avec les alliés de leur laiſſer ce pays, s'ils le reprenoient eux-mêmes ſur l'ennemi commun. Quand même ce peuple, ſoumis par les armes, auroit chaſſé, par ſes ſeules forces, les troupes de l'ennemi, il n'en ſeroit pas moins tenu de ſe rejoindre à ſon ancien corps, tant que ce corps, dont il avoit été détaché n'auroit pas renoncé manifeſtement à ſes prétentions.

8º. Un ſouverain reçoit ſans difficulté les troupes ennemies qui paſſent ſous ſes drapeaux. La queſtion eſt de ſavoir s'il a droit de débaucher les ſujets ou les troupes de ſon ennemi.

Il n'eſt point d'exemple de plus dangereuſe conſéquence que celui que donne un prince qui fomente des révoltes chez ſes voiſins, & qui protege des ſujets rebelles à leur ſouverain. Le ſecours qu'il leur donne, fait eſpérer aux ſiens de trouver une pareille aſſiſtance, lorſqu'ils ſe révolteront ; mais cette réflexion purement politique ne fait rien au droit. Je me borne donc à ſuppoſer, car cela eſt inconteſtable, qu'un ſouverain peut bien prendre toutes les meſures néceſſaires pour être informé de ce qui ſe paſſe à ſon égard dans une cour étrangere, quoiqu'ami, mais qu'il ne peut ſans crime, ſoulever les ſujets de cet Etat avec lequel il vit en paix : & cela établi, je vais prouver qu'il peut exciter à la révolte les ſujets d'un ennemi.

Si l'on a droit d'ôter à l'ennemi tout ce qui peut y être de quelque ſecours, ſi l'on peut lui cauſer du dommage, pourquoi ne ſeroit-il pas permis de lui en faire en corrompant ſes ſujets ? La force ouverte eſt ſans doute le moyen le plus naturel, le plus noble, & le plus légitime de nuire à l'ennemi ; mais l'artifice n'eſt pas illicite à la guerre. Il importe peu de vaincre ſon ennemi par force ou par adreſſe (a), & cette maxime généralement ſuivie eſt autoriſée (b). Les traîtres commettent une action criminelle, cela eſt vrai ; mais le crime ne rejaillit point ſur le prince qui les a ſollicités à la trahiſon. Un ſouverain ne fait en cela qu'employer à la défenſe de ſes droits, la voie la plus commode ; il ôte ſimplement l'occaſion de lui nuire à un ennemi qui, par ſon injuſtice, a rompu les liens d'une ſociété de devoirs réciproques.

Je ſuppoſe ici, comme l'on voit, que le ſouverain qui débauche les ſu-

_____

(a) *Dolus an virtus quis in hoſtes requirat ?* Virgil.

(b) *Cùm bellum juſtum ſuſcipitur* (dit S. Auguſtin) *vi apertâ pugnet quis, an ex inſidiis ; nihil ad juſtitiam intereſt.*

jets de son ennemi ait un droit légitime de lui faire la guerre : s'il la lui fait injustement, la séduction qu'il pratique est une injustice, mais une injustice qui est la suite de celle qui lui a mis les armes à la main.

Les princes n'ont aucune sorte de droit sur ce qui appartient à une puissance avec laquelle ils vivent en paix ; ils ne peuvent légitimement faire du mal à ceux de ses sujets qui refusent d'entrer à leur service ; mais ni l'une ni l'autre de ces raisons, bonnes pour le temps de la paix, n'ont d'application au temps de la guerre. Un ennemi n'a, par rapport à nous, aucun droit de propriété dont il ne puisse être justement privé ; & rien ne nous impose l'obligation de ne pas dépouiller notre ennemi de sa puissance sur ses sujets. Son autorité, inviolable à leur égard, ne l'est pas au nôtre. La maxime, qu'il n'est pas permis d'exciter à une action injuste, bonne parmi les princes qui vivent en paix, porte à faux contre un ennemi qui, par cela seul qu'il est ennemi, doit chercher à nuire.

David, ce saint roi, ordonna à Chusaï, qui lui offroit ses services contre Absalon & Architopel, de demeurer parmi les rebelles, pour détourner leurs mauvais desseins & pour lui donner des avis utiles.

La guerre autorise un prince, absolument parlant, à débaucher les sujets de son ennemi ; mais il faut reconnoître que cette voie de lui nuire a quelque chose de bas, & qu'il y a de la magnanimité à ne pas employer des moyens de cette nature.

9°. Pendant la guerre civile des Romains, (a) César, maître dans Rome, pendant que Pompée étoit passé en Orient, voulut puiser dans le trésor public, gardé dans le temple de Saturne, & dont les consuls se contentoient d'avoir la clef, dans la confiance qu'il étoit assez défendu par la sainteté du lieu. L'un des tribuns du peuple (b) s'opposa de toutes ses forces à la demande de César ; il cita des loix qui défendoient d'ouvrir le trésor sans le consentement des consuls. (c) » Il est bien question de loix, (dit » César) elles se taisent dans le tumulte des armes. Vous appartient-il de » me les opposer, ces loix, vous que je puis traiter en ennemi & réduire » au sort des vaincus ? (d) C'est livrer tout à celui qui a les armes à la » main que de lui refuser ce qui est juste. (e) Il ne tint point à Cotta que » le tribun ne cédât au temps. (f)

_____

(a) Vers l'an 704 de Rome.
(b) L. Cæcilius Metellus.
(c) Les consuls avoient suivi Pompée.
(d) *Jura negat sibi nata.*
(e) . . . . . . *Arma tenenti*
    Omnia dat qui justa negat.   Lucan.
(f) . . . . . . *Cotta Metellum,*
   Compulit audaci nimium desistere cœpto.
   Libertas, inquit, populi quem regna coërcent,
   Libertate perit, cujus servaveris umbram,
   Si quidquid jubeare velis.   Lucan.

Appartient-il

Appartient-il à des citoyens de citer des loix à un général à la tête de son armée ? dit auſſi Pompée aux Mammertins, *(a)* qui alléguoient leurs privileges.

On dit en effet communément que les loix ſe taiſent dans le tumulte des armes ; mais cela ſignifie ſimplement que les loix civiles ne ſont pas auſſi réguliérement obſervées dans la guerre que dans la paix , & que la fureur de la guerre leur donne ſouvent des atteintes. Il faut bien ſe garder d'entendre par-là que la guerre n'ait pas des regles, & que ſur ces regles on ne puiſſe pas juger évidemment ſi celle qu'on fait eſt juſte ou non ; & ſi, dans la maniere de la faire, on obſerve les loix mêmes de la guerre.

Il y a une grande différence entre la guerre que fait un prince juſte & humain , & celle que fait un prince injuſte & cruel. Le premier garde des meſures avec ſes ennemis, ne fait que le mal qu'il eſt contraint de faire , & ne le fait que de la maniere reçue parmi les peuples & adoptée par toutes les nations civiliſées, pour mettre en ſureté ceux dont il entreprend la dé- fenſe, ou pour faire une conquête légitime ; l'autre penſe moins à mettre ſon pays en repos qu'à exterminer ceux contre qui il va combattre : il donne continuellement des exemples pernicieux à des gens qui ne ſont déjà que trop portés à commettre toutes ſortes de crimes ; ſon armée porte la déſolation dans tous les lieux où elle paſſe, & on peut le regarder comme l'ennemi du genre humain.

Ce n'eſt point aſſez qu'un prince n'entreprenne la guerre qu'avec juſtice & par néceſſité ; en la faiſant, il doit ſe renfermer avec circonſpection dans les bornes que la coutume lui preſcrit. On ne peut violer les regles éta- blies dans l'uſage des armes , ſans faire de la guerre un théâtre perpétuel de confuſion & d'horreur.

» Nous ne ſommes unis, les Faliſques & nous , par aucun de ces traités » que les hommes font enſemble, mais la nature a mis entre eux & nous » une liaiſon que rien n'eſt capable de rompre. La guerre a ſes loix auſſi » bien que la paix ; & nos peres nous ont appris à garder la juſtice à l'égard » de nos ennemis, dans le temps même que nous les combattons avec » courage. » *(b)* C'eſt ce que dit autrefois Camille au maître d'école de Faleres qui , par une trahiſon infame , avoit conduit les enfans des Faliſques juſques dans la tente de ce général, à la faveur d'une promenade autour des murs de la ville aſſiégée. Le principe que poſa ce grand homme eſt inconteſtable, & ſa vertu le fit aller au-delà. Il pouvoit avec juſtice pro- fiter de la perfidie du maître d'école ; mais il ne voulut devoir aucun avan- tage à la trahiſon d'un lâche, qui avoit abuſé de l'obéiſſance d'un âge in- nocent. Le Romain renvoya le perfide dans la place, les mains liées der-

_____

(a) Habitans de Meſſine.
(b) *Nobis cum Falijcis quæ pacto ſit humano ſocietas non eſt, quam ingeneravit natura utriſ- que eſt eritque. Sunt & belli ſicut pacis jura, juſtèque ea (bella) non minùs quam fortiter didi- cimus gerere.* Tit. Liv. Decad. I. lib. V.

Kkkk

riere le dos, nud jusqu'à la ceinture, & battu de verges par ses disciples
rendus à leurs familles : trait de magnanimité que toute l'antiquité a célébré, & qui gagna à Camille les cœurs de tous les Falisques. La reddition de la place qu'il assiégeoit en fut sur le champ le fruit, & les éloges
de la postérité en font encore la récompense. Un ancien (a) a mal à propos
placé cet événement parmi les ruses de guerre : ce n'est point une ruse,
c'est un trait de magnanimité qui fut utile & qui pouvoit ne pas l'être.

10°. Parmi les anciens, le droit de la guerre ne détruisoit pas le droit
de l'hospitalité. Ce droit sacré étoit éternel, à moins qu'on n'y renonçât d'une
maniere solemnelle, en brisant la marque d'hospitalité, & dénonçant à un
ami infidele qu'on rompoit pour jamais avec lui.

Faire la guerre selon les usages reçus; éviter quelques manieres de nuire;
épargner certain ordre de personnes; respecter les hérauts, les trompettes,
les tambours; ne pas tirer sur l'ennemi pendant les chamades; ne pas faire
prisonniers ceux des assiégeans qui viennent parlementer, en conséquence
du drapeau blanc que les assiégés ont arboré; faire des cartels; échanger
les prisonniers, ou leur rendre la liberté en recevant leur rançon; ne pas
employer des armes empoisonnées; laisser le commerce libre parmi les marchands de l'une & de l'autre nation, à moins qu'elles ne se portent réciproquement à l'interdire; donner & recevoir des ôtages : tous ces usages ont
été établis à la guerre, & le droit des gens en a fait des loix.

11°. Empoisonner les eaux, & par-là faire couler la mort avec les fontaines publiques dans les places assiégées, ou dans le camp ennemi, ce
seroit une barbarie à la vengeance de laquelle tout le genre humain seroit
intéressé.

Les Amphictions assiégeoient Cirrha. Une source abondante fournissoit
de l'eau à la ville par un aqueduc secret. Ils firent apporter d'Antycire
une grande quantité d'ellébore, & on la mêla dans cette eau. Les Cirrhéens
en ayant bu, furent tourmentés de grandes douleurs de ventre. Tous demeurerent malades & sans forces; & c'est ainsi que les Amphictions se
rendirent maîtres de la ville sans peine. Cet événement, que deux auteurs (b)
ont placé parmi les stratagêmes & les ruses de guerre, devoit simplement
grossir la liste des crimes.

Les Celtes, faisant la guerre aux Autariates, mêlerent dans leur pain &
dans leur vin, le suc de quelques plantes vénéneuses, & laissant ces provisions dans leurs tentes, s'enfuirent la nuit. Les Autariates, persuadés que
c'étoit la peur qui les avoit fait fuir, se saisirent de leurs tentes, & se rem-
plirent des vivres & du vin qu'ils y trouverent. Aussi-tôt ils furent tourmentés du flux de ventre; & les Celtes revenant contre eux, & les trouvant la plupart couchés à terre, les tuerent tous : (c) ruse de guerre encore,
selon l'écrivain qui m'a appris ce fait; mais plutôt action détestable!

_____

(a) Ruses de guerre de Polyen, au chapitre de Camille.
(b) Frontin, stratagêmes ; & Polyen, ruses de guerre.
(c) Ruses de guerre de Polyen, au chap. des Celtes.

Jugurtha, roi de Numidie, à qui les Romains faifoient la guerre, em-poifonnoit les fontaines.

Le conful M. Aquilius, commandant une armée en Afie (*a*), empoi-fonnoit les fources, & faifoit périr plus de monde par cette voie horrible, que par le fer (*b*) C'eft une barbarie que toute l'antiquité a abhorrée.

On trouve encore, dans l'antiquité, quelques autres exemples de cette infamie. L'hiftoire moderne ne nous en fournit aucun, depuis que les fo-ciétés font mieux policées, les mœurs plus douces, & les hommes plus éclairés; car l'empoifonnement des rivieres & des fontaines, dont les chrétiens accufoient les Juifs en France fous Philippe-Augufte (*c*), & les proteftans d'Allemagne, quelques émiffaires du pape Paul III & du clergé de Rome (*d*) étoit une pure calomnie.

On comprend qu'il n'y auroit pas moins de barbarie à faire empoifonner les armes. Un de nos hiftoriens (*e*) remarque qu'avant l'ufage de l'ar-quebufe, & dans le temps que l'arbalete étoit l'arme principale, c'étoit la coutume des Efpagnols d'empoifonner leurs fleches. Ce font des chré-tiens qui ont inventé la poudre, les bombes, les boulets rouges; & nous ne devrions pas être étonnés que des Turcs n'euffent rien d'affez puiffant, dans leurs principes de morale, pour leur faire rejeter la découverte per-nicieufe qu'on dit qu'ils cherchent depuis quelque temps d'une nouvelle compofition, que de leur nom on appelle *la poudre Ottomane*. On pré-tend qu'en rempliffant des boulets creux d'une certaine matiere compofée des poifons les plus fubtils, & les jetant en grand nombre dans une ville, comme on jette les bombes, cette matiere s'enflamme par le feu de la poudre qui s'y trouve mêlée, & produit une vapeur fi mortelle, lorfque le boulet vient à crever, que les hommes & les bêtes en meurent égale-ment. Veuille le ciel préferver les hommes de cette horrible invention !

Un écrivain, qui a fait un très-bon traité de l'artillerie & des feux d'ar-tifices, tant pour la guerre que pour la paix, remarque que les anciens Allemands faifoient faire ferment à tous ceux qui s'adonnoient à l'art py-rotéchnique, »Qu'ils ne conftruiroient aucuns globes empoifonnés; qu'ils » ne cacheroient aucuns feux clandeftins, en aucuns lieux fecrets; qu'ils » ne tireroient point de canon pendant la nuit; qu'ils ne prépareroient » jamais aucuns feux artificiels, fautans & voltigeans, & qu'ils ne fervi-» roient pas pour la ruine & deftruction des hommes « (*f*). Loi honorable pour fon auteur, & digne d'être mieux obfervée qu'elle ne l'eft!

(*a*) Dans le royaume de Pergame, au commencement du feptieme fiecle de la fonda-tion de Rome.

(*b*) *Florus*, l. I, c. 20.

(*c*) Voyez les Hiftoriens de France fous ce regne.

(*d*) Vers l'an 1547. Voyez Sleidan & de Thou.

(*e*) Hift. Thuan. lib. XLVIII, ad ann. 1570.

(*f*) *Brechtelius.*

12°. Donner ou faire donner un breuvage mortel à ſon ennemi, attenter à ſa vie ou à ſa liberté, autrement que dans les regles de la guerre, lui nuire par quelque voie honteuſe, ce ſont des lâchetés que le droit des gens abhorre, & c'eſt pour cela que dans tous les camps & dans tous les lieux, on fait pendre les eſpions ennemis.

L'action de Caïus Mutius Scevola qui, pendant le ſiege de Rome (*a*), pénétra au camp de Porſenna, roi des Cluſiens (*b*), action qui fut faite de l'autorité publique, excuſée & admirée par Porſenna, récompenſée par le ſénat Romain, & qui a été louée par tous les hiſtoriens, cette action, dis-je, eſt d'un infame aſſaſſin, & ne donnera jamais que de l'horreur, lorſqu'on la conſidérera dans ſon objet, & détachée de l'intrépidité à entreprendre, & de la conſtance à ſouffrir, qui ont rendu cet aſſaſſin ſi célèbre (*c*). A cette action, contraire à toutes les regles, on peut oppoſer deux exemples illuſtres, par leſquels ce même peuple Romain, mieux policé, a déſavoué ſolemnellement les récompenſes & les éloges reçus par Mutius Scevola.

Le conſul Caïus Fabricius étant à la tête d'une armée Romaine, & à la veille de livrer un combat (*d*), le médecin de Pyrrhus (*e*) à qui le conſul faiſoit la guerre, vint juſques dans le camp des Romains offrir d'empoiſonner ſon maître, & de finir par-là une guerre qui étoit onéreuſe à la république, & dont l'iſſue pouvoit lui être funeſte. Le vertueux Romain n'eut pas beſoin de réfléchir pour répondre. Il communiqua l'affaire à ſon collegue, & ils écrivirent une lettre de concert à Pyrrhus où, ſans lui découvrir le nom du traître (*f*), ils l'avertirent d'être en garde contre les trahiſons domeſtiques : grand exemple d'équité donné à tous les ſiecles !

(*a*) L'an 507 avant J. C.

(*b*) *Cluſium* s'appelle aujourd'hui *Chiuſi.*

(*c*) *Ante tribunal regis deſtitutus, tum quoque inter tentas fortunæ minas metuendus magis quàm metuens : Romanus ſum, inquit civis ; C. Mutium vocant, hoſtis hoſtem occidere volui, nec ad mortem minùs animi eſt quàm fuit ad cædem. Et facere & pati fortia Romanum eſt. Nec unus in te ego hos animos geſſi. Longus poſt me ordo eſt idem potentium decus. Proinde in hoc diſcrimen, ſi juvat, accingere, ut in ſingulas horas capite dimicetur, ferrum hoſtemque in veſtibulo habeas regia. Hoc tibi juventus Romana indicimus bellum, nullam aciem, nullum prælium timueris, uni tibi & cum ſingulis res erit.* Tit. Liv. Decad. I. lib. II.

(*d*) L'an de Rome 474; avant J. C. 278 ans.

(*e*) Les uns l'appellent *Nicias*; les autres *Cyneas.* D'autres diſent que ce fut un inconnu qui en vint faire la propoſition, porteur d'une lettre de ce médecin; quelques autres, que ce fut un certain Timocharès dont les deux fils étoient échanſons de Pyrrhus. Les uns racontent que la propoſition fut faite à Fabricius; d'autres, que ce fut au ſénat; d'autres, enfin, que Pyrrhus en fut averti par le ſénat, qui lui-même l'avoit été par les conſuls. Les circonſtances varient, mais le fonds eſt toujours le même. On peut voir ſur cela Plutarque, dans la vie de Pyrrhus; Valerius, Autias, cité par Aulugelle; Valere Maxime; Elien; Tite-Live, décad. II, liv. III; Cicéron, troiſieme liv. des offices; Eutrop. Aurelius Victor; Florus.

(*f*) *Timocharis nomen ſuppreſſit* (dit Valer. Maxim.) *utroque modo æquitatem amplexus, quia nec hoſtem malo exemplo tollere, neque eum qui benè mereri paratus fuerat, prodere voluit.*

Ne vouloir point vaincre par le poifon, étoit une action bien digne d'un général qui, peu de temps auparavant, ne s'étoit pas laiffé vaincre par l'or de l'ennemi (*a*).

L'autre exemple n'eft pas moins éclatant. Algandeftre, prince des Cattes, peuple de Germanie, offrit, fi Tibere l'approuvoit, de faire empoifonner Arminius ce redoutable ennemi de Rome, qui avoit défait Varus & fait périr trois légions Romaines, dont Augufte avoit pleuré amérement la perte. Les lettres du prince des Cattes furent lues dans le fénat. Que répondit l'empereur? Que ce n'étoit ni par des trahifons, ni par des voies cachées, mais publiquement & les armes à la main, que le peuple Romain fe vengeoit de fes ennemis (*b*). Tibere, tout Tibere qu'il étoit, voulut faire la guerre en guerrier généreux, & ce prince vicieux rendit en cette occafion hommage à la vertu.

Les nations modernes n'approuvent l'ufage d'aucun moyen de nuire à l'ennemi, s'il n'eft conforme aux loix les plus exactes de la guerre.

L'empereur Charles-Quint ne voulut point que, par des voies inufitées à la guerre, l'on donnât la mort au fameux Turc Barberouffe.

Le duc de Noailles, gouverneur de la province de Rouffillon, & général de l'armée Françoife, qui faifoit la guerre à Charles II roi d'Efpagne, ne permit pas non plus que les habitans de Catalogne, qui fe difpofoient à une révolte en faveur de la France, égorgeaffent les troupes du roi catholique qui étoient en quartier dans leur pays. C'eft un officier général Efpagnol qui nous a inftruit de ce fait (*c*).

Combien fut différente en 1741, ou la conduite du grand duc de Tofcane, depuis chef du corps germanique, ou celle du roi de Pruffe. Celui-ci, fe plaignit de ce que le confeil de Vienne avoit envoyé des bandits dans fon armée pour l'affaffiner; il prétendit qu'il en avoit fait arrêter deux ou trois, & qu'interrogés, ils avoient chargé quelques miniftres de la reine de Hongrie, & en particulier le grand duc de Tofcane. L'accufation fut faite à la face de toute l'Europe, & les réponfes de la cour de Vienne font entre les mains de tout le monde (*d*). Un attentat fi énorme avoit-il été projetté? ou l'accufation étoit-elle calomnieufe? Pour porter un jugement fur cette queftion, il faudroit favoir au jufte ce que les gens arrêtés dans l'armée du roi de Pruffe avoient déclaré, quelle foi ces gens-là méritoient, & ce qu'ils devinrent. On ne l'a point fu, & la paix conclue bientôt après

---

(*a*) *Ejufdem animi fuit auro non vinci, veneno non vincere.* Senec. Ep. 120.

(*b*) *Non fraude neque occultis, fed palam & armatum populum Romanum hoftes fuos ulcifci.* Tacit. annal. l. II. Des écrivains antérieurs à Tacite ont rapporté le même fait.

(*c*) Voyez le feptieme volume des réflexions militaires & politiques de Santa-Cruz, pag. 259, du feptieme tome de la traduction françoife.

(*d*) Cette accufation fut mife dans la gazette de Berlin, dans des refcrits, & dans des lettres de cette cour, & inférée dans plufieurs gazettes de l'Europe, où l'on trouve auffi les réponfes de la cour de Vienne.

à Breſlaw, entre le roi de Pruſſe & la reine de Hongrie, fit perdre de vue cette affaire ſcandaleuſe.

13°. Les ſujets peuvent être proſcrits, parce qu'ils dépendent de la juriſ-diction de l'Etat; mais ils ne peuvent l'être que pour des crimes énormes, attendu que les crimes ordinaires ne doivent être punis que par les voies ordinaires de la juſtice, c'eſt-à-dire de la maniere que les loix civiles ont réglé qu'ils le ſeroient. Il n'eſt queſtion, ni de remplir des formalités à l'égard d'un traître, d'un révolté, d'un chef de mutins, ni de lui déclarer la guerre, ni de le vaincre comme un juſte ennemi; il ne s'agit que de le punir comme un ſujet, & de le punir par la voie que le ſouverain ou l'Etat a marquée. Dès que la tête d'un ſujet a été miſe à prix par le ſouverain ou par un tribunal légitime, ſa punition eſt déférée à toute perſonne qui trouve une maniere de l'exécuter : ſa mort eſt un juſte châtiment; & quiconque tue le proſcrit, ne fait que prêter ſa main à l'autorité des loix & à la vengeance publique.

De mille exemples dont je pourrois juſtifier cette propoſition, je ne choiſirai que ceux-ci.

Joab, général de l'armée de David, conſentit que les habitans d'Abela tuaſſent Seba, chef de rebelles, qui s'étoit réfugié dans leur ville, avec une femme dont Joab ſe ſervit pour traiter de la mort de Seba. Les paroles de l'Ecriture ſont remarquables : *remettez-nous* (c'en ſont les propres termes), *Seba ſeul, & nous nous retirerons de devant la ville*. Cette femme répondit à Joab : *on vous jettera ſa tête par deſſus les murs*. Elle s'adreſſa à tout le monde, & lui parla avec ſageſſe ; & *ayant fait couper la tête de Seba, fils de Bochri, on la jeta à Joab, qui fit ſonner de la trompette, & chacun ſe retira de devant la ville dans ſes tentes* (a).

Salomon, ayant appris dans la ſuite que ce même Joab favoriſoit le parti d'Adonias, le fit tuer dans le temple, par la main de Bananias (b).

Galba appaiſa les ſoulevemens d'Afrique, de Germanie & de Rome, en faiſant aſſaſſiner Claudius-Fonteius & Fuffidius (c).

Adrien donna des ordres pour faire périr quatre chefs d'une conſpiration qui dès-lors s'évanouit (d).

Malec-Schach, troiſieme Sultan des Seleucides, fit ſecrétement maſſacrer Caderd, gouverneur de la Caramanie Perſienne, parce que, ſans cette mort, il ne ſe croyoit pas en ſûreté ſur le trône de Malec (e).

_____

(a) *Tradite illum ſolum, & recedemus à civitate. Et ait mulier ad Joab : Ecce caput ejus, mittetur ad te per murum. Ingreſſa eſt ergo ad omnem populum, & locuta eſt eis ſapienter. Qui abſciſſum caput Saba filii Bochri projecerunt ad Joab, & ille cecinit tubâ, & receſſerunt ab urbe unuſquiſque in tabernacula ſua.* Reg. cap. 20, v. 21.

(b) Reg. c. 2.

(c) Tacit.

(d) Dolce, vie d'Adrien.

(e) Hiſtoire des captifs & empereurs Ottomans, par Suarez.

Tacite, qui raconte comment Corbulon s'y prit pour faire périr Janaf-que, fugitif des troupes de Rome & chef des Cauques rebelles, dit que les embûches qu'on lui avoit dreſſés eurent leur effet, & qu'on ne ſauroit les déſapprouver contre un perfide & un déſerteur (a).

Honorius en uſa de même contre Stilicon, déterminé à commettre une ſemblable perfidie (b).

Le bonheur dont jouiſſoit l'Eſpagne ſous l'empire d'Auguſte, qui l'avoit entiérement ſoumiſe, ne fut troublé qu'une ſeule fois pendant le regne de ce prince. Cocoratus, né dans la province d'entre le Duero & le Minho, s'étant mis à la tête de quelques bandits, pilla la campagne, & oſa même attaquer les garniſons Romaines qu'Auguſte entretenoit dans la Luſitanie. Le ſuccès ne répondit pas à ſon audace : ſes compagnons furent preſque tous tués ou faits priſonniers, & ſa tête fut miſe à prix par l'empereur ; craignant même d'être livré aux Romains, il abandonna la Luſitanie, tra-verſa l'Eſpagne & alla ſe cacher dans les Pyrenées parmi les Baſques. Il erra pendant quelque temps ſur ces hautes montagnes, & ſe retirant dans les cavernes, il ne ſe nourriſſoit que de plantes ; mais las d'une vie ſi triſte, il alla ſe livrer lui-même à Auguſte : touché de ſa confiance, l'empereur lui pardonna, le reçut au nombre de ſes Gardes-Eſpagnoles, & lui fit compter la ſomme qu'il avoit promiſe à celui qui le livreroit (c). La prof-cription étoit légitime, & le traitement que reçut le proſcrit fut un acte de clémence de la part d'Auguſte.

Mais les proſcriptions dégénerent en aſſaſſinats, lorſque ce n'eſt pas con-tre la tête d'un ſujet coupable de crimes énormes qu'elles ſont décernées.

Elles avoient leurs formalités dans la Grece. Un héraut publioit que l'on récompenſoit d'une certaine ſomme quiconque apporteroit la tête du prof-crit. Afin qu'on ſe portât plus volontiers à mériter cette récompenſe, & que le vengeur de la patrie ſût où la prendre, dès qu'il l'auroit méritée, on expoſoit ou dans la place publique, ou ſur l'autel d'un temple la ſomme promiſe par le héraut. Conduits par la fureur dont ils étoient animés contre les barbares, les Athéniens mirent à prix la tête de Xerxès, & il ne tint pas à eux qu'elle ne leur coutât cent talens. Cette proſcription étoit contre les loix de la guerre.

Pendant le ſiege d'Algézire, aſſiégée par Alphonſe XI, roi de Caſtille, ſur Joſeph roi Maure de Grenade, on mit publiquement dans la ville la tête du roi de Caſtille à prix, & l'on propoſa ce parricide au zele des bons Mahométans, comme un acte de religion. Pluſieurs s'engagerent à le tenter, & un d'eux ayant été pris, avoua qu'il étoit venu exprès dans le camp pour le commettre. Deux autres, peu de jours après, mis à la queſtion,

---

(a) Annal. lib. XI.

(b) Dolce, hiſtoire des empereurs Romains.

(c) Hiſtoire de Portugal, par la Clede, Paris, 1735, 2 vol, in-4to,

confefferent qu'ils avoient eu le même deffein (*a*). Je doute que jamais aucun prince chrétien ait donné en ce genre un exemple fi fcandaleux.

Le lecteur peut voir à l'article NASSAU une profcription de Philippe II, roi d'Efpagne, qui fut fatale à Guillaume de Naffau, prince d'Orange, fondateur de la république de Hollande. Cette profcription étoit émanée d'une autorité légitime, car quoique Guillaume de Naffau ne fût pas né fujet du roi d'Efpagne, il étoit à fon fervice, & lui avoit prêté, auffi-bien qu'à l'empereur fon pere, plufieurs fermens de fidélité.

Dans les mouvemens dont l'ifle de Corfe a été fi long-temps agitée, la république de Gênes mit à prix la tête du celébre aventurier (*b*) qui avoit voulu ufurper ce royaume. Elle fit en cela un ufage raifonnable de fon droit, quoique cet homme ne fut lié par aucun ferment, ni par aucune autre obligation envers la république de Gênes. La raifon en eft qu'en entrant dans l'ifle de Corfe, l'aventurier étoit devenu jufticiable des Génois fouverains de cette ifle, & qu'il n'avoit pu fe joindre aux révoltés, leur donner des fecours, fomenter la rébellion, ufurper le titre de roi, fans conftituer les Génois en droit de mettre fa tête à prix. Mais, dira-t-on, c'étoit un étranger qui déclaroit la guerre aux Génois de qui il étoit abfolument indépendant, & les Génois étoient obligés de la lui faire dans les regles. Non, parce qu'un particulier n'a pas le droit des armes, & que le prince dont il fouleve les fujets peut le traiter comme un écumeur de mer, comme un empoifonneur public.

On publia à Vienne en 1738, dans toutes les provinces de la maifon d'Autriche & à la tête des armées de l'empereur Charles VI, une ordonnance de ce prince qui dit » comme Jofeph Ragotzi (*c*), contre la fidélité » qu'il doit à l'empereur, en qualité de fujet né de fa majefté impériale, » s'eft rendu dans les provinces Ottomanes, qu'il s'y eft mis fous la pro- » tection de la Porte, qu'il a conclu un traité avec le grand feigneur; » qu'après avoir publié un manifefte féditieux, dans lequel il fe nomme » prince de Tranfilvanie & duc de Hongrie, il cherche à envahir, à la tête » d'une armée ennemie, les Etats héréditaires de l'empereur, & que, par » ces démarches, il a encouru la punition réfervée aux criminels de lefe- » majefté, l'empereur le déclare profcrit & met fa tête à prix : & en con- » féquence fa majefté impériale permet à qui que ce foit, même à fes do- » meftiques de le tuer, fans craindre aucune recherche à ce fujet, & promet » fix mille florins à celui qui apportera fa tête ou prouvera l'avoir tué, &c. » A confulter le dernier état des chofes, le prince Ragotzi pouvoit être confidéré comme fujet; mais fans remonter bien haut, on pouvoit le regarder comme le defcendant d'un fouverain que la maifon d'Autriche, dont

_____

(*a*) Hiftoire des révolutions d'Efpagne, par Dorléans, fur l'an 1342; Hiftoire d'Efpagne, par Ferreras, fur la même année.

(*b*) Le Baron de Neuhoff.

(*c*) Il mourut au commencement de 1739.

il étoit indépendant, avoit dépouillé de fes Etats. Le dernier état des chofes fuffifoit pour fonder la jurifdiction de l'empereur fur Ragotzi, pour le
traiter comme fujet, & pour mettre fa tête à prix en conféquence de fa
révolte. La queftion de favoir au furplus fi la profcription que l'empereur
publioit étoit jufte en foi, dépendoit de cet autre problême. L'empereur n'é-
toit-il pas l'ufurpateur de la Tranfilvanie, & la prife d'armes de Ragotzi
n'étoit-elle pas légitime ?

Il faut penfer la même chofe de la profcription que le parlement d'Irlande publia en 1743, contre le prince Edouard, fils aîné du chevalier
de faint Georges, *au cas qu'il entreprit de faire une defcente dans cette ifle.*

14°. La bravoure (dit un illuftre Romain) qui paroit dans les dangers &
dans les travaux de la guerre, eft un vice & non pas une vertu, lorfque
la juftice en eft féparée, & qu'elle cherche plutôt fes intérêts particuliers
que le bien public. (a). La véritable bravoure eft en effet toujours animée
par la raifon & par un fentiment d'honneur & d'équité. La grandeur d'a-
me & le courage font deux qualités inféparables ; & le courage, qui n'a
aucun égard à la juftice ni à l'humanité, n'eft autre chofe que la férocité
d'une bête brute.

Les loix de la guerre ne permettent point de tuer fans néceffité. Quelle
barbarie n'eft-ce pas de tremper fes mains meurtrieres dans le fang d'un
ennemi qui a ceffé de réfifter ! On ne doit ôter la vie ni à ceux qui fe
font rendus, ni à ceux qui demandent quartier, ni à ceux qui ne font pas
affurés, ou qui, par la foibleffe de l'âge ou du fexe, ne peuvent faire aucune réfiftance.

On ne peut pas (dit un hiftorien) reprocher aux Romains d'avoir ufé
de cruauté dans la prife d'Aftopa ; car, outre qu'ils étoient juftement irrités, c'étoit felon les loix de la guerre qu'ils verfoient le fang d'un ennemi
qui avoit les armes à la main, & qui combattoit opiniâtrément fans vouloir ni demander, ni recevoir de quartier (b).

Titus, prenant Jérufalem d'affaut, ordonna à fes troupes de mettre en
liberté ceux qui étoient retenus dans les prifons ; & leur défendit de tuer
les femmes & les perfonnes qui feroient trouvées fans armes (c) ; & lorfque les chrétiens, commandés par Guillaume Embriachi, général des Génois, prirent d'affaut Antipatride fur les Turcs, ils accorderent la vie à tous
ceux qui mirent les armes bas.

On doit ufer avec modération des droits de la victoire. Elle eft glorieufe, quand elle fe borne à dompter des ennemis intraitables, elle eft honteufe lorfqu'elle va jufqu'à détruire les malheureux.

15°. Ces mêmes loix de la guerre défendent d'attenter à l'honneur des

(a) *Sed ea animi elatio quæ cernitur in periculis & laboribus, fi juftitia vacat, pugnaque
non pro falute communi, fed pro fuis commodis, in vitio eft.* Cicer. de off. lib. I, cap. 19.

(b) Tit. Liv. Decad. III. lib. VIII.

(c) Jofeph, guerre des Juifs contre les Romains.

femmes. Les outrages qu'on leur fait, ne contribuent ni à la défenfe, ni à la fureté, ni aux droits du vainqueur; ils ne fervent qu'à affouvir la brutalité du foldat, & qu'à tranfmettre l'horreur pour le peuple victorieux, du pere aux enfans jufqu'à la poftérité la plus reculée.

16°. Plufieurs capitaines croient faire la guerre, & ne font que des brigandages. On doit s'abftenir de tout incendie, de toute inondation, & n'endommager les biens de l'ennemi qu'autant que cela eft, ou indifpenfable pour faire la guerre, ou utile pour hâter la paix. Faire un mal qui n'avance pas la défaite de l'ennemi, un mal dont il ne revient aucun avantage à celui qui le fait, c'eft un procédé barbare, infpiré par une fureur criminelle, contre lequel les loix de l'humanité réclament, à la honte de ceux qui le mettent en ufage, & que le droit des gens condamne.

Le gouverneur de la Flandre-Hollandoife fit inonder cette province (a), lorfque le roi très-chrétien voulut en faire la conquête. La France n'eut garde de fe plaindre d'une inondation qui n'endommageoit qu'une province qui eft actuellement fous la domination des Etats-généraux, & qui en retardoit la conquête (b); mais les Etats-généraux ayant fait couper (c) la grande digue de l'Efcaut près de Lille, fort qu'il poffédoit, & fubmergé par ce moyen un pays étendu & riche, favoir, le territoire d'Anvers & quelques petites villes, bourgs ou villages adjacens qui étoient fous la domination de la France, on prétendit que cette inondation étoit un violement des loix de la guerre. I. Parce que le fort de Lillo n'en feroit pas moins pris par des troupes portées fur des barques légeres. II. Parce que le dommage caufé aux nouveaux fujets de ce monarque étoit confidérable, & ne contribuoit point à l'objet de la guerre. Cependant la raifon de guerre rendoit cette inondation légitime, parce qu'elle rendoit la prife de Lillo plus difficile.

Aucune convention, ni expreffe ni tacite, aucun ufage ne défend aux affiégeans de tirer à boulets rouges fur les affiégés; mais on ne le fait point fans une forte de néceffité, & tous les hommes de guerre s'accordent à regarder cette action comme inhumaine, fi elle ne doit pas vraifemblablement avancer la reddition de la place, & qu'elle n'ait d'autre objet que de détruire les maifons des bourgeois. Ce font les fortifications de la place, & non les maifons des habitans qu'on doit attaquer. Lorfque les affiégeans font en état de tirer fur des magafins à poudre, ou à matieres combuftibles, ils peuvent très-légitimement employer les boulets rouges, parce qu'ils privent le commandant affiégé des munitions de guerre, fans lefquelles il ne peut défendre fa place. Ils le peuvent encore, lorfque preffés par le temps, ils ont lieu de penfer que la bourgeoifie, extrêmement in-

---

(a) En 1747.

(b) Cette conquête commencée le 17 d'avril 1747, fut, malgré l'inondation, achevée le 16 de mai.

(c) Le 10 de juin de la même année.

commodée par les boulets rouges , fera en état d'impofer à la garnifon la néceffité de fe rendre plutôt qu'elle ne feroit fans cela. C'eft l'objet des armes , & tout ce qui conduit à cet objet , par des voies ufitées, eft légitime. En 1742, le grand-duc de Tofcane fit tirer à boulets rouges fur Lintz ; le prince de Conti, fur Demont & fur Coni en 1744; & le maréchal de Lowendal, fur Berg-op-zoom en 1747. Les boulets rouges font encore employés légitimement par le gouverneur d'une citadelle, contre les habitans de la ville qui ont forcé les troupes affiégées de fe rendre plutôt qu'elles n'auroient dû ; c'eft alors un châtiment de l'infidélité des fujets envers leur fouverain.

Les anciens peuples donnoient mille exemples de barbarie ; & néanmoins ils ne laiffoient pas de convenir quelquefois que pendant la guerre , il feroit permis aux laboureurs de vaquer paifiblement à l'agriculture (a). Cela fe pratiquoit même par divers peuples fans aucun traité particulier, & par une coutume fagement établie (b).

17°. Le vainqueur eft tenu de refpecter les bâtimens publics, les ftatues, les tombeaux , & fur-tout les temples du feigneur, où les vieillards, les femmes & les enfans fe retirent d'ordinaire, lorfque les affiégeans entreprennent de prendre une ville d'affaut.

Dans les violens accès de colere qui porterent Alexandre à faire rafer Thebes , ce conquérant, loin d'oublier le refpect qu'il devoit aux dieux, eut foin qu'on ne fît pas, même par imprudence, le moindre tort aux temples & aux autres lieux facrés. Ce qui eft encore plus remarquable, c'eft que dans la guerre qu'il entreprit contre les Perfes , qui avoient pillé & brûlé prefque tous les temples de la Grece , Alexandre épargna & refpecta tous les lieux confacrés au culte des dieux (c).

Rome venoit d'être brûlée par les Gaulois conduits par Brennus qui bloquoit le Capitole, & qui, dans une efpece d'inaction des deux partis, fe bornoit à empêcher qu'aucun des affiégés ne s'échappât entre les corps-de-gardes. La fête particuliere des dieux domeftiques d'un Fabius, furnommé Dorfo, étoit arrivée. Comme il étoit le principal héritier des biens de fa maifon, c'étoit à lui de faire des facrifices aux dieux tutélaires de fa race (d). Le lieu de la cérémonie étoit fixé , & il ne lui étoit pas permis de la faire ailleurs que fur le mont Quirinal. Le pieux Romain fortit du Capitole dans ce jour folemnel , en habit de facrificateur, ceint de fa robe, & portant fur fes épaules les dieux & les inftrumens du facrifice. Les Gaulois avoient beaucoup de religion ; l'hiftorien Romain qui leur eft le plus contraire eft

_____

(a) Recueil des anciens traités par Barbeyrac , pag. 75 de la premiere partie.

(b) Grotius, *de jure belli & pacis*, liv. III , chap. 11, §. 11.

(c) Quint. Curt. Vie d'Alexandre.

(d) Il y avoit parmi les Romains des facrifices particuliers, comme il y en avoit de publics. *Cicer. liv. III, de leg.*

obligé d'en convenir (a) ; la pitié du Romain les toucha. Ils le laifferent paffer, immoler fes victimes, & retourner au capitole (b). Que le courage du Romain, que la modération des Gaulois fut digne de louange! L'un & l'autre partoient du même principe, de piété pour les dieux.

18°. Il eft une humanité à obferver jufques dans l'orgueil de la victoire. Je reconnois d'abord qu'à la guerre, il n'eft pas toujours injufte de faire plus de mal qu'on n'en a reçu. Ce n'eft que dans les tribunaux de judicature qu'on doit garder une jufte proportion dans les peines qu'on impofe. Les maux qu'on fait par le droit de la guerre, ne font pas des peines proprement ainfi nommées ; ceux à qui on les caufe ne fouffrent pas en conféquence de la fentence d'un fupérieur confidéré comme tel ; & ces maux ne tendent pas non plus directement à corriger l'agreffeur, & à détourner les autres du crime par l'exemple de la punition. Ils ont pour but la défenfe de la perfonne léfée & la confervation de fes droits ; & tout ce qui nous conduit à ces deux objets, à affoiblir notre ennemi, & à nous fortifier, eft légitime. Néanmoins, autant qu'il eft poffible & que fa fureté le permet, un prince doit fuivre, dans les maux qu'il fait à l'ennemi, les regles que les tribunaux de judicature font obligés d'obferver dans la punition des crimes, & dans la fixation des dommages.

L'état de convention où les Etats civilifés font aujourd'hui, veut que l'on confidere non-feulement fi les actes d'hoftilité qu'on eft tenté de faire peuvent être exercés fans que l'ennemi ait lieu de s'en plaindre, mais encore s'ils font dignes d'un guerrier humain, difons davantage, d'un vainqueur clément & généreux. La clémence & la générofité ont leur ufage à la guerre ; & il eft grand & beau de s'en faire une loi.

Scipion, depuis furnommé l'Africain, qui faifoit la guerre en Efpagne, s'étant rendu maître des ôtages que les Efpagnols avoient donnés aux ennemis de Rome, les renvoya à leurs parens. On amena à ce général la femme de Mandonius, frere d'Indibilis, roi des Illergetes, deux filles d'Indibilis, & quelques autres de même rang, recommandables par leur jeuneffe & par leur beauté ; il les fit reconduire chez leurs parens, avec ces belles paroles : » Mon honneur & celui du peuple Romain m'engagent à » empêcher que la vertu, toujours refpectable en quelque lieu que ce puiffe » être, ne foit expofée dans mon camp à un traitement indigne d'elle ; » mais vous me fourniffez encore un motif d'y veiller avec plus de foin, » par l'attention vertueufe que vous faites paroître à ne penfer qu'à la con- » fervation de votre honneur, au milieu de tant d'autres fujets de crainte. Ce fut dans cette même occafion que fes foldats lui préfenterent une princeffe d'une beauté fi accomplie qu'elle attiroit fur elle les regards de toute l'armée : elle étoit fur le point d'être mariée à Allucius, prince des Celtibériens. Scipion fit venir ce prince & les parens de la prifonniere, & ayant

(a) Valer. Max. lib. I.
(b) Tit. Liv. décad. I, lib. V.

fait mettre à ſes pieds une grande ſomme d'argent qu'ils avoient apportés pour la racheter : » J'ajoute (dit-il à Allucius) à la dot que vous devez » recevoir de votre beau-pere cette ſomme que je vous prie d'accepter » comme un préſent de noces. « Le futur mari publia dans ſon pays » qu'il » étoit venu en Eſpagne un jeune héros , ſemblable aux dieux, qui ſou- » mettoit tout, moins encore par la force de ſes armes que par les char- » mes de ſes vertus & la grandeur de ſes bienfaits (a). Ces trois actions que la politique & la vertu avouent égalen.ent, concilierent les eſprits des Eſpagnols aux Romains, & valurent à Rome beaucoup plus que ne lui au- roit valu le gain d'une bataille.

On ſait la belle réponſe que fit Pyrrhus aux Romains qui lui offroient une rançon pour les priſonniers que ce prince avoit faits ſur eux. » Ce n'eſt » pas de l'or que je cherche (leur dit l'Epirote) ; je ne vous demande » point de rançon, & je ne ſais point faire un trafic de la guerre. C'eſt par » le fer & non par l'argent qu'il faut terminer nos différends. Si nous com- » mettons notre vie au ſort des armes, c'eſt pour voir à qui de vous ou de » moi la fortune a réſervé l'empire ; c'eſt de quoi il faut que le courage & » la vertu décident. Du reſte, j'accorde volontiers la liberté à ceux dont le » ſort de la guerre a reſpecté la valeur. Emmenez-les donc ; je vous les » remets, je vous les donne, ſûr que les dieux m'en ſauront gré. Voilà (dit » Cicéron, qui rapporte ce trait hiſtorique), des ſentimens dignes d'un » roi, & d'un roi du ſang des Eacides « (b). Nous avons vu comment le conſul Fabricius en avoit uſé avec Pyrrhus qui en uſoit ainſi avec lui. Le roi & le conſul ſembloient ſe diſputer la gloire de la généroſité plus encore que celle des armes.

Il eſt des devoirs de bienſéance dont un ennemi généreux ne doit pas ſe diſpenſer. Les Athéniens intercepterent un paquet de lettres de Philippe, roi de Macédoine, qui leur faiſoit la guerre. Ils ouvrirent dans le ſénat ce paquet, d'où ils crurent tirer quelque éclairciſſement ſur les ſecretes prati- ques de ce prince contre eux. Parmi les dépêches du Macédonien, on trouva une lettre cachetée & fermée ſelon l'uſage de ce temps-là, qui étoit adreſſée à Olympias ſa femme : cette lettre fut envoyée toute fermée à la princeſſe,

---

(a) Tit. Liv. Decad. III, lib. VI & VII.

(b)   *Nec mi aurum poſco nec mi pretium dederitis ,*
       Non cauponantes bellum ſed belligerantes ,
       Ferro non auro vitam cernamus utrique ,
       Vos ne velit, an me regnarehera , quiſve ſerat ſors ,
       Virtute experiamur & hoc ſimul accipe dictum ,
       Quorum virtuti belli ſortuna pepercit ,
       Eorumdem me libertati parcere certum eſt.
       Dono , duxite , doque volentibus cum magnis Diis.

Ces vers rapportés par Cicéron ſont d'Ennius, & voici la réflexion de l'orateur philoſophe:

   Regalis ſané & digna Æacidarum genere ſententia.
                              Cicer. de Off. lib. XII, c. 12.

par ordre du fénat, qui crut qu'il feroit honteux, même à un ennemi, de
vouloir découvrir les fecrets d'un mari & d'une femme (a). Cet acte de générofité marque le refpect particulier des Athéniens pour tout ce qui avoit
rapport à l'union conjugale. Il eft digne de louange, fi néanmoins il n'eft
pas imprudent. La conduite que les Anglois tinrent dans le dernier fiecle en
une occafion toute pareille, mérite affurément d'être blâmée. La caffette de
Charles premier, roi d'Angleterre, ayant été enlevée (b), on y trouva entre
autres papiers des lettres de la reine fa femme : elles furent toutes lues à
haute voix, expofées aux railleries indécentes des parlementaires, & rendues publiques par l'impreffion. A la rigueur, ni l'un ni l'autre de ces derniers exemples ne doit être propofé à imiter. Des lettres peuvent découvrir
des myfteres que l'Etat a intérêt qui foient connus. Ne pas les lire, ce
feroit peut-être manquer au public; les manifefter fans néceffité, après
les avoir lues, c'eft caufer à l'ennemi qui les a écrites une peine inutile.
Il femble que le jufte milieu, ce foit de les lire, de mettre à profit les
connoiffances qu'on y peut trouver, & de les envoyer à la perfonne à qui
elles font adreffées, fi elles ne donnent aucun éclairciffement.

L'humanité & la générofité d'un général d'armée ont leurs bornes, &
tout excès eft vicieux. Une place eft affiégée, la garnifon eft réduite dans
un état déplorable, elle efpere du fecours, ou veut fe fignaler par une
belle défenfe, elle fe défend opiniâtrément, les hôpitaux font pleins de malades qui périffent faute de remedes, le général affiégeant leur en enverra-
t-il ? Peut-il donner un fecours quelconque aux malades ? Non, fans doute.
Ce feroit une pitié déplacée, une charité mal entendue. L'humanité & la
générofité ne font louables dans un général, que lorfque ces vertus ne
prennent rien fur le fervice de fon prince. Ce qui paroit magnanimité
n'eft fouvent que foibleffe. Soulager des affiégés n'eft point un acte de
clémence pour l'ennemi, c'eft un acte de cruauté pour le compatriote.
Ceux qui, enfermés dans une place, s'obftinent à la défendre, quoique
deftitués de moyens, font des gens que leur fouverain & leur commandant
ont dévoués à la mort, qui s'y dévouent eux-mêmes. Eft-ce au général
affiégeant à arracher les affiégés au trépas ? En mettant l'ennemi en état
de tenir long-temps dans une place affiégée, ne fut-ce qu'un jour de
plus, le général affiégeant expoferoit le fervice de fon maitre. Si la fortune qui s'eft réfervée des droits dans toutes les occafions, fi un de ces
traits d'audace qui font réfervés pour les grands befoins, favorifoit les affi-
fiégés, fi l'inclémence de la faifon forçoit les affiégeans de lever le fiege,
quel feroit le fruit des tendres fentimens du général affiégeant ?

19°. Lorfque les troupes de la reine de Hongrie voulurent faire une invafion en France, un colonel de huffards, nommé Mentzel, fit publier
fur les frontieres de France, des lettres-patentes (c) où cet homme, fa-

(a) Plutarq. in Demet.
(b) En 1646.
(c) Datées de Trarbach, du 20 août 1743.

meux par fes brigandages, réclamoit, au nom de fa fouveraine, fix provinces qui font partie de l'empire François, & où il menaçoit les habitans
des villes & de la campagne de ces provinces qui n'appartenant pas à l'état
militaire, prendroient les armes ou commettroient des hoftilités directement, où, dis-je, on les menaçoit d'en tirer raifon par le feu & par le
fer, & de les obliger de fe couper le nez & les oreilles les uns aux autres,
après quoi ils feroient pendus. Ces lettres-patentes font contraires aux loix
de la guerre. I. Il n'appartient point à un fimple colonel de faire des réglemens ; c'eft au fouverain feul ou au général de fon armée à en publier.
II. Les horreurs dont on menaçoit les habitans des fix provinces qu'on
vouloit envahir, font contraires à toutes les regles ; & l'officier qui avoit
figné ces lettres-patentes, & qui fut tué l'année d'après, dans les regles
de la guerre, auroit dû périr fur un échaffaud.

Ceux qui violent les loix de la guerre, foit ouvertement foit par des
rufes inufitées à la guerre, contraires aux regles qui y font reçues & à la
bonne foi, font ceffer le feul commerce qu'il y ait entre des ennemis, &
expofent tous les gens du même parti à perdre la liberté & même la vie,
ou à fouffrir de juftes repréfailles felon la nature de l'infidélité.

20°. Des troupes affiégées qui ne veulent point capituler, & qui réduifent l'affiégeant à monter à l'affaut, s'expofent & expofent les habitans à
être paffés au fil de l'épée.

La valeur a des bornes que la témérité feule fait paffer. De-là eft né
auffi l'ufage de punir, même de mort, ceux qui s'opiniâtrent à défendre
une place trop foible pour foutenir un fiege.

21°. La navigation ne peut fe maintenir fans loix ; & il y en a toujours eu de particulieres pour les affaires maritimes.

Toutes les nations fe doivent mutuellement la liberté & la fureté de la
navigation & du commerce, affiftance & protection, bonne & brieve
juftice en toutes fortunes de mer, & dans tous les cas de trouble & d'entreprife fur cette même liberté & fureté.

Pour jouir de cette liberté & de cette fureté dans les Etats amis, alliés
ou neutres, les navires marchands doivent être munis de connoiffemens
ou polices, de paffe-ports, congés ou lettres de mer (a) de leur nation.
Tous les peuples fe font affujettis mutuellement à cette formalité. Un vaiffeau ne doit point fe mettre en mer, qu'il ne foit muni de lettres qui
faffent connoître fon nom & fon port, le nom du domicile de fon maitre
ou de fon capitaine, les efpeces de fa charge, le pays d'où il eft parti, &
celui pour lequel il eft deftiné, afin qu'on puiffe juger s'il ne porte point
de marchandifes confifcables, & de prévenir les fraudes des prête-noms.
On convient, par les traités, des perfonnes qui doivent délivrer ces lettres de mer, & de la forme dans laquelle elles doivent être faites.

On paye des droits à l'entrée d'un port ; mais ces droits ne fe levent,

(a) Ce font des patentes par lefquels un Etat permet à fes fujets de courir les mers.

dans quelque pays que ce foit, que fur les vaiffeaux marchands, parce que ces vaiffeaux ont une charge, laquelle peut devoir des droits, & qui ne naviguent que pour le commerce. Un vaiffeau de guerre ne doit rien à perfonne.

Tout armateur qui navigue fans congé, mérite la mort : il eft réputé pirate.

Tout commandant de vaiffeau qui, avant que d'en venir au combat, n'arbore pas le pavillon de fa nation, à un certain fignal, doit être pendu, parce qu'il viole les loix de la guerre. Elles veulent que l'ennemi que l'on combat foit connu.

Les navires marchands, rencontrés à la mer par des vaiffeaux de guerre ou armés en courfe, font obligés d'obéir à la femonce, & de fe laiffer reconnoître, fans quoi ils font de bonne prife; mais il n'eft permis à un vaiffeau d'en approcher un autre qu'il veut vifiter, qu'à une certaine diftance, par exemple, à la portée du canon. Il envoie alors fa chaloupe pour faire la vifite.

Les navires libres rendent libres les marchandifes des ennemis & leurs perfonnes. Il eft permis de commercer avec les puiffances belligérantes, pourvu qu'on ne leur porte point des marchandifes de contrebande, telles que font celles qui fervent à la guerre; mais tout commerce, quel qu'il puiffe être, eft défendu avec une place affiégée ou bloquée.

Les navires ennemis rendent ennemies & les perfonnes qui s'y trouvent, & les marchandifes qui y font ; ils font de bonne prife, mais le vainqueur ne peut s'approprier les effets qui appartiennent à des étrangers, à moins que ces étrangers ne les euffent envoyés à l'ennemi pour le fecourir, ou qu'ils ne foient entrés dans la querelle comme auxiliaires ou comme ftipendiaires. La charge des vaiffeaux ennemis eft cenfée appartenir à l'ennemi toute entiere ; & par conféquent, elle eft de bonne prife, fi les étrangers qui n'ont fecouru d'aucune maniere l'ennemi, & qui réclament les effets qu'ils peuvent avoir fur ces vaiffeaux ne juftifient que ces effets leur appartiennent, & ne le juftifient affez clairement pour détruire une préfomption qui eft fi grande qu'elle peut tenir lieu de preuve, tant qu'il n'y en a pas de contraire.

Quant aux marchandifes qui, par les traités de commerce entre les nations, font déclarées de contrebande, elles peuvent être faifies fur les bâtimens libres qui les portent, fans que ces mêmes bâtimens, non plus que les marchandifes, denrées & effets libres & permis qui font à bord des mêmes bâtimens, puiffent être confifqués. C'eft la difpofition des traités faits entre les François & les Anglois, entre les François & les Hollandois, entre les Efpagnols & les Anglois, entre les Anglois & les Ruffes, & entre les Anglois & les Suédois. Cette maxime qui borne la confifcation aux marchandifes de contrebande, fans autorifer la faifie ni du vaiffeau ni des marchandifes permifes qui s'y trouvent, eft très-ancienne, & eft aujourd'hui pratiquée par tous les peuples de l'Europe. Admife & reconnue par tant de nations, & répétée dans tous les traités, elle eft devenue une regle du

droit

droit des gens; quand elle ne le feroit pas par l'équité même qui a dû la dicter à tous les hommes.

Au reste, il faut que chaque nation se conforme aux conventions qu'elle a faites. Voici la regle que les François & les Hollandois s'étoient prescrite par leur traité de commerce de 1739. » Il a été en outre convenu que » tout ce qui se trouvera chargé par les sujets de sa majesté, dans un bâ- » timent des ennemis desdits seigneurs Etats, quand même ce ne seroient » pas des marchandises de contrebande, sera confisqué avec tout ce qui » sera chargé dans lesdits bâtimens, sans exception ni réserve; mais que tout » ce qui sera dans les bâtimens appartenans aux sujets de sa majesté, quoi- » que la charge, ou partie d'icelle, fût aux ennemis desdits seigneurs Etats, » demeurera libre, sauf les marchandises de contrebande, à l'égard des- » quelles on suivra ce qui a été réglé par les articles précédens (a) «.

Selon les traités de navigation & de commerce, les navires marchands, obligés par la tempête ou par quelque autre accident de relâcher dans un port, ne doivent payer les droits que pour les marchandises qu'ils mettent à terre; & ils sont libres de ne décharger que celles qu'ils jugent à pro- pos. A l'égard des vaisseaux de guerre, il est d'usage de régler le nombre de ceux qui peuvent entrer dans un port, & ce nombre est ordinairement de six vaisseaux. Cependant, si une escadre plus considérable est obligée, pour quelque raison importante, de chercher un asile, elle doit faire sa- voir au gouverneur de la place où elle veut aborder, la cause de son arri- vée, & le temps qu'elle compte séjourner.

Dans les dernieres guerres entre la France & l'Angleterre, les Anglois infiniment puissans par mer, n'ont respecté aucun pavillon, & ont visité les navires de toutes les nations commerçantes : ils ont plus fait; ils ont saisi & quelquefois même confisqué les vaisseaux de leurs alliés, sous toutes sortes de prétextes. Dans la derniere, sur-tout, ils ont tenu la même conduite.

Les Hollandois, qui faisoient la guerre à la France, & à qui la France la faisoit, sans qu'on se la fût déclarée de part ni d'autre, interdirent en 1747 d'abord à leurs sujets le commerce de beaucoup de denrées & de mar- chandises avec cette monarchie, tant par mer que par terre; ils publierent ensuite une ordonnance au sujet des marchandises de contrebande, dont il est nécessaire de voir la substance. Sur ce principe qu'ils n'étoient pas obli- gés de souffrir que qui que ce fût au monde, fournît au roi très-chrétien ou à ses sujets aucune marchandise de contrebande. » Les Etats-généraux » ordonnent à tous ceux qui sont sous leur obéissance, & leur défendent » de la maniere la plus rigoureuse, comme aussi ils avertissent amiablement » toutes les autres nations alliées & amies de leur république, ou neutres, » & généralement tous les peuples & toutes les nations, qu'aucun de ses » sujets ne pourra à l'avenir transporter des Provinces-Unies ou d'autres

_____

(a) Article 23 du traité de commerce fait entre les François & les Hollandois le 21 de décembre 1739.

» Etats & royaumes, dans les ports, isles, villes, ou places appartenantes
» au roi de France, en Europe ou ailleurs, aucunes marchandises de con-
» trebande, telles que sont les armes offensives & défensives, salpêtre,
» souffre raffiné & non raffiné, & toutes autres provisions & munitions de
» guerre, de quelque dénomination qu'elles puissent être, chevaux, selles
» & équipages, mâts, vergues, & toutes sortes de bois propre à la cons-
» truction des vaisseaux, préparé & non préparé, toiles à voile, chanvres,
» cordages, ancres, poix & goudron, sous peine d'être punis sans rémis-
» sion; que les étrangers qui se trouveront dans les Provinces-Unies sont
» compris dans cette défense & seront punis de même; qu'ils avertissent &
» requierent amiablement les alliés amis & neutres, & généralement tous
» les peuples & toutes les nations de ne pas transporter dans les ports ou
» places de la domination du roi de France, en Europe ou ailleurs, au-
» cunes de ces marchandises de contrebande, d'autant que les Etats-géné-
» raux se croient en droit de les saisir & de les faire amener comme de
» bonne prise; bien entendu que, pour ce qui regarde les sujets des rois &
» des princes amis ou neutres, on ne réputera pour marchandises de con-
» trebande que celles qui auront été déclarées telles dans les traités res-
» pectifs faits ou à faire entre la république & ces rois & princes; que
» personne ne pourra charger dans les Provinces-Unies aucune de ces mar-
» chandises, pour les transporter dans les Etats, villes ou places des alliés
» amis ou neutres, sans avoir pris les précautions indiquées par le placard
» du 31 août précédent; que les habitans & sujets de la république & ceux
» des alliés ou neutres, ainsi que les autres peuples & nations qui vou-
» dront aller vers quelque endroit que ce soit ou en revenir, seront tenus
» de naviguer en pleine mer, parce que les vaisseaux qu'on trouvera sur les
» côtes des terres & isles de la domination de la France, principalement
» au dedans des balises & barres, le long d'icelles, & qui auront des con-
» trebandes à bord, seront arrêtés, envoyés dans les ports de la républi-
» que, & déclarés de bonne prise, à moins qu'il ne conste qu'ils y aient
» été jetés par la tempête ou par quelque autre nécessité urgente; que les
» commandans & autres officiers des vaisseaux de guerre de la républi-
» que, ainsi que des armateurs, pourront faire amener les navires qu'ils
» rencontreront en mer, & les obliger à leur montrer leurs passe-ports,
» lettres de mer & autres écritures; & qu'au cas qu'ils trouvent, par leur
» examen, par les papiers ou autrement, qu'ils ont de la contrebande à
» bord destinée pour quelque port de France, & de s'en assurer, sinon de
» les laisser continuer librement leur route; & que ces commandans & offi-
» ciers des vaisseaux de guerre, ainsi que des armateurs, devroient se
» conformer exactement aux alliances & traités faits ou à faire entre
» la république & d'autres rois, républiques, princes & villes, à l'é-
» gard de ce qui y aura été stipulé concernant le transport des contre-
» bandes. «
Enfin, les Etats-généraux publierent en même-temps une autre ordon-

nance (*a*) qui porte affurément trop loin le droit de la guerre. Elle contient en fubftance : » Qu'ils font obligés de veiller autant qu'il eft poffi-
» ble, & de prévenir qu'aucuns capres ou armateurs ne troublent les ports
» & rades de la république ; qu'ils n'y entrent point, & qu'ainfi ils n'infeftent pas les embouchures des fleuves ou bras de mer en deçà des
» tonnes, par la prife, le pillage & la deftruction des vaiffeaux, effets &
» marchandifes qui fe trouvent, ou qu'ils ne commettent toute forte d'infolences, d'hoftilités & de violences le long de la côte ou fur le rivage
» même. Ils ordonnent, en conféquence, que tous les équipages des navires François pourvus de lettres de marque & armés en courfe, qui feront
» pris dans les bras de mer, ou dans les embouchures des fleuves de la ré-
» publique, en quelque endroit en deçà des tonnes, ou que l'on trouvera
» fur les rivages ou à terre le long des côtes, feront punis de mort, fans
» aucune connivence ni diffimulation, à moins qu'il ne paroiffe évidem-
» ment qu'ils y ont été jetés par la tempête ou par le gros temps, ou
» pouffés contre terre, & qu'à la premiere rencontre qu'ils feront de quel-
» ques vaiffeaux en deçà des tonnes ou à la vue des perfonnes fur le rivage
» & en terre ferme, ils ne fe foient rendus & n'aient mis bas les armes.

Quant à la France, elle s'eft toujours fagement renfermée dans l'ordre, comme on peut le voir par le réglement que je fais tranfcrire ici.

Article premier. » Fait fa majefté défenfes aux armateurs François d'ar-
» rêter en mer & d'amener dans les ports de fon royaume les navires ap-
» partenans aux fujets des princes neutres, fortis d'un des ports de leur
» domination, & chargés pour le compte des fujets defdits princes neutres,
» de marchandifes du crû ou fabrique de leur pays, pour les porter en
» droiture en quelque Etat que ce foit, même en ceux avec qui fa ma-
» jefté eft en guerre ; pourvu néanmoins qu'il n'y ait fur lefdits navires
» aucunes marchandifes de contrebande.

II. » Leur fait pareillement défenfes d'arrêter les navires appartenans
» aux fujets des princes neutres, fortis de quelque autre Etat que ce foit,
» même de ceux avec lefquels fa majefté eft en guerre, & chargés pour
» le compte defdits fujets des princes neutres, de marchandifes qu'ils au-
» ront prifes dans le pays ou Etat d'où ils feront partis, pour s'en retour-
» ner en droiture dans un des ports de la domination de leur fouverain.

III. » Comme auffi leur fait défenfes d'arrêter les navires appartenans aux
» fujets des princes neutres, partis des ports d'un Etat neutre ou allié de fa
» majefté, pour s'en aller dans un autre Etat pareillement neutre ou allié
» de fa majefté, pourvu qu'il ne foit pas chargé de marchandifes du crû ou
» fabrique de fes ennemis, auquel cas les marchandifes feront de bonne
» prife & les navires relâchés.

IV. » Défend pareillement fa majefté auxdits armateurs d'arrêter les na-
» vires appartenans aux fujets defdits princes neutres, fortis des ports d'un

_____

(*a*) Du 11 de décembre 1747.

» Etat allié de fa majefté ou neutre, pour aller dans un port d'un Etat
» ennemi de fa majefté, pourvu qu'il n'y ait fur ledit navire aucunes mar-
» chandifes de contrebande, ni du crû ou fabrique des ennemis de fa ma-
» jefté, dans lequel cas lefdites marchandifes feront de bonne prife, &
» les navires feront relâchés.

V. » Si, dans les cas expliqués par les articles I, II, III, IV de ce ré-
» glement, il fe trouvoit fur lefdits navires neutres, de quelque nation
» qu'ils fuffent, des marchandifes ou effets appartenans aux ennemis de fa
» majefté, les marchandifes ou effets feront de bonne prife, quand même
» elles ne feroient pas de fabrique du pays ennemi, & néanmoins les na-
» vires relâchés.

VI. » Veut fa majefté que tous vaiffeaux pris, de quelque nation qu'ils
» foient, ennemie, neutre ou alliée, defquels il fera conftaté qu'il y a eu
» des papiers jetés à la mer, foient déclarés de bonne prife avec leur car-
» gaifon, fur la feule preuve conftante des papiers jetés à la mer, & fans
» qu'il foit befoin d'examiner quels étoient ces papiers, par qui ils ont
» été jetés, ni s'il en eft refté fuffifamment à bord pour juftifier que le
» navire & fon chargement appartient à des amis ou alliés.

VII. » On n'aura aucun égard aux paffe-ports des princes neutres, aux-
» quels ceux qui les auront obtenus fe trouveront avoir contrevenu; &
» les vaiffeaux qui navigueront fur lefdits paffe-ports, feront déclarés de
» bonne prife.

VIII. » Un paffe-port ou congé ne pourra fervir que pour un feul voyage,
» & fera confidéré comme nul, s'il eft prouvé que le navire pour lequel
» il auroit été expédié n'étoit, lors de l'expédition, dans aucun des ports
» du prince qui l'a accordé.

IX. » Tous connoiffemens trouvés à bord, non fignés, feront nuls &
» regardés comme actes informes.

X. » Tout navire qui fera de fabrique ennemie, ou qui auroit eu un
» propriétaire ennemi, ne pourra être cenfé neutre ni allié, s'il n'eft trouvé
» à bord quelques pieces authentiques, paffées devant les officiers publics,
» qui puiffent en affurer la date, qui juftifient que la vente ou ceffion en
» a été faite à quelqu'un des fujets des puiffances alliées ou neutres avant
» la déclaration de guerre; & fi ledit acte tranflatif de propriété de l'en-
» nemi, au fujet neutre ou allié, n'a été dûment enregiftré devant le
» principal officier du lieu du départ, & n'eft foutenu d'un pouvoir au-
» thentique donné par le propriétaire, dans le cas où il n'auroit pas fait
» lui-même ladite derniere vente. A l'égard des navires de fabrique enne-
» mie, qui auroient été pris par nos vaiffeaux, ceux de nos alliés & de
» nos fujets, pendant la préfente guerre, & qui auroient enfuite été vendus
» aux fujets des Etats alliés ou neutres, ils ne pourront être réputés de
» bonne prife s'il fe trouve à bord des actes en bonne forme, paffés par
» des officiers à ce prépofés, juftificatifs, tant de la prife que de la vente
» ou adjudication qui en auroit été faite enfuite aux fujets defdits Etats

» alliés ou neutres, soit en France, soit dans les ports de nos alliés; faute
» desquelles pieces justificatives, tant de la prise que de la vente, lesdits
» navires seront déclarés de bonne prise, sans que, dans aucun cas, les
» pieces qui pourroient être rapportées par la suite, puissent faire aucune
» foi ni être d'aucune utilité, tant aux propriétaires desdits navires, qu'à
» ceux des marchandises qui pourroient y avoir été chargées.

XI. » On n'aura aucun égard aux passe-ports accordés par les princes
» neutres ou alliés, tant aux propriétaires qu'aux maitres des navires sujets
» des Etats ennemis de sa majesté, s'ils n'ont été naturalisés, & n'ont trans-
» féré leur domicile dans les Etats desdits princes, avant la déclaration
» de la présente guerre. Ne pourront pareillement lesdits propriétaires &
» maitres des navires, ou sujets des Etats ennemis, qui auront obtenu les-
» dites lettres de naturalité, jouir de leur effet, si depuis qu'elles ont été
» obtenues, ils sont retournés dans les Etats ennemis de sa majesté pour y
» continuer leur commerce.

XII. » Seront de bonne prise tous navires étrangers sur lesquels il y aura
» un subrecargue, marchand, commis, ou officier-marinier d'un pays en-
» nemi de sa majesté, ou dont l'équipage sera composé au-delà du tiers
» de matelots sujets des Etats ennemis de sa majesté, ou qui n'auront pas
» à bord le rôle de l'équipage, arrêté par les officiers publics des lieux neutres
» d'où les navires seront partis.

XIII. » N'entendons comprendre dans la disposition du précédent article,
» les navires dont les capitaines ou les maitres justifient, par actes trouvés
» à bord, qu'ils ont été obligés de prendre des officiers-mariniers ou ma-
» telots, dans les ports où ils auront relâché, pour remplacer ceux du pays
» neutre, morts dans le cours de leur voyage.

XIV. » Les navires appartenans aux sujets du roi de Danemarc, ou ceux
» appartenans aux sujets des Etats-généraux des provinces-unies, pourront
» naviguer librement pendant la présente guerre, soit de leurs ports à des
» ports d'autres Etats neutres ou ennemis, ou d'un port neutre à un port
» ennemi, ou d'un port ennemi à un autre port ennemi, pourvu que ce
» ne soit pas à une place bloquée, & que, dans ces deux derniers cas,
» ils ne soient pas chargés, en tout ou en partie, de marchandises réputées
» de contrebande par les traités; & ce nonobstant ce qui est porté par les
» quatre premiers articles du présent réglement, duquel néanmoins les ar-
» ticles VI, VII, VIII, IX, X, XI & XII seront exécutés à leur égard.
» Et dans le cas où ils se trouveroient chargés, en tout ou en partie,
» desdites marchandises de contrebande, allant à un port ennemi, soit qu'ils
» fussent partis d'un autre port ennemi ou d'un port neutre, lesdites mar-
» chandises seront de bonne prise, sans que les navires & le surplus de
» leur cargaison, ni leurs biens & effets puissent être retenus, quand même
» ils appartiendroient aux ennemis.

XV. » Il en sera usé de même à l'égard des navires appartenans aux su-
» jets du roi de Suede, & de ceux appartenans aux habitans des villes Han-

» féatiques, dans lefquelles néanmoins toutes marchandifes, fans diftinc-
» tion, appartenantes aux ennemis, quand même elles ne feroient pas de
» contrebande, feront de bonne prife, fans toutefois que les navires, & le
» furplus de leur cargaifon, ni leurs autres biens & effets puiffent être
» retenus.

XVI. » Tous les navires fortis des ports du royaume, qui n'auront à bord
» d'autres denrées & marchandifes que celles qu'ils y auront chargées, &
» qui fe trouveront munis de congés de l'amiral de France, ne pourront
» être arrêtés par les armateurs François, ni ramenés par eux dans les ports
» du royaume, fous quelque prétexte que ce puiffe être.

XVII. » En cas de contravention par les armateurs François, aux défenfes
» à eux faites par le préfent réglement, veut fa majefté qu'il foit fait
» main-levée aux fujets des princes neutres, des navires à eux appartenans,
» & des marchandifes de chargement, dans les cas où elles ne feroient
» pas fujettes à confifcation, & que lefdits armateurs foient condamnés en
» leurs dommages & intérêts.

XVIII. » Veut au furplus fa majefté, que le titre des prifes, de l'ordon-
» nance de la marine du mois d'août 1681, foit exécuté fuivant fa forme
» & teneur, en ce qui n'y eft dérogé par le préfent réglement (a).

Le même efprit d'équité & d'ordre a dicté les réglemens faits pour le
même objet dans la guerre actuelle, & comme ils font entre les mains de
tout le monde il eft inutile de les tranfcrire ici.

22°. La piraterie eft profcrite comme un vol qu'exercent les ennemis déclarés du genre humain. Il eft défendu de donner aux pirates aucune affiftance ni retraite. Toutes les nations font obligées de les chaffer, pour-
fuivre & punir. On doit les dépouiller de leur butin, qui doit être rendu
aux propriétaires; & s'il n'eft pas réclamé, dépofé en main fûre.

Voici les loix que l'Angleterre a faites à l'occafion des pirates.

» Si un marchand, en vertu de lettres-patentes qu'il a obtenues, équipe
» un vaiffeau monté de capitaine & de matelots, & que contre la teneur
» de fa commiffion, il attaque les vaiffeaux ou effets des alliés, c'eft pira-
» terie. Si ce vaiffeau rentre dans les ports de fa majefté, il fera faifi, &
» les propriétaires perdront leur vaiffeau, fans être néanmoins obligés à
» aucune fatisfaction.

» Si un vaiffeau eft pris par des pirates, & que le maître devienne ef-
» clave, les intéreffés au vaiffeau font tacitement obligés, felon le droit
» de la marine, de contribuer, chacun pour fa part, au rachat du maître;
» mais fi la perte de ce vaiffeau peut être attribuée à la négligence du maî-
» tre, en ce cas-là, les intéreffés ne font obligés à aucune contribution.

» Si les fujets d'un Etat en guerre avec la couronne d'Angleterre, fe
» trouvent à bord d'un vaiffeau Anglois dont l'équipage commette des pi-

_____

(a) Réglement du roi très-Chrétien du 21 d'octobre 1744; concernant les prifes faites
fur mer, & la navigation des vaiffeaux neutres pendant la guerre.

» rateries, & que ce vaisseau soit pris, les Anglois seront poursuivis pour
» crime de félonie; mais les sujets ennemis seront traités selon les loix de
» la guerre.

» Si les sujets ennemis de la couronne d'Angleterre commettent des pi-
» rateries sur les mers Britanniques, ils ne sont proprement punissables que
» par la couronne d'Angleterre qui a seule *istud regimen & dominium*, à
» l'exclusion des autres puissances (*a*).

» Si les pirates commettent quelques pirateries sur l'Océan, & qu'ils
» soient pris sur le fait, les vainqueurs ont droit de les pendre au grand
» mât, sans aucune condamnation solemnelle. Si les prisonniers sont con-
» duits dans quelque port voisin, & que le juge rejette le procès, ou
» que les vainqueurs ne puissent sans danger attendre la commodité du
» juge, ils peuvent eux-mêmes exercer la justice, & condamner les pri-
» sonniers.

» Si un maître de navire, ayant chargé des marchandises pour les trans-
» porter vers quelque port, les transporte vers un autre, & qu'il les y vende
» ou en dispose, ce n'est pas félonie; mais si, après les avoir déchargées
» au premier port, il les reprend ensuite, c'est piraterie, quand même les
» pirates n'auroient rien pris.

» Si un pirate attaque & pille un navire qui est à l'ancre, & dont les
» matelots sont à terre, c'est piraterie.

» Si quelqu'un commet quelques pirateries envers les sujets de quelques
» princes ou républiques, quoiqu'en paix avec l'Angleterre, & que les
» marchandises soient vendues en place publique, elles resteront à ceux
» qui les auront achetées, & les propriétaires seront frustrés de leurs pré-
» tentions.

» Si un pirate entre dans quelque port de la Grande-Bretagne, & qu'il
» y prenne un vaisseau à l'ancre, ce n'est pas piraterie, parce que cette
» action ne se commet pas *super altum mare*; mais c'est un vol, selon les
» loix communes, d'autant que c'est *intra corpus comitatûs*; un pardon gé-
» néral ne comprend pas de tels pirates, à moins qu'ils n'y soient bien
» expressément nommés.

» Les meurtres & les vols commis sur mer ou autres endroits que l'ami-
» ral prétend être sous sa jurisdiction, seront examinés, ouïs & décidés sur
» les lieux ou par devant telle cour de justice du royaume que la commis-
» sion royale indique, & comme si les crimes eussent été commis sur terre.
» De semblables commissions étant scellées du grand sceau, seront déférées
» au grand amiral ou à son lieutenant, & à trois ou quatre autres que le
» grand chancelier nommera.

» Les commissaires ou trois d'entr'eux, ont le pouvoir de faire exami-
» ner de semblables crimes par douze jurés légitimement établis, ainsi
» limités dans leurs commissions, comme si les crimes eussent été com-

(*a*) Cette expression est remarquable.

» mis fur terre fous leur jurifdiction, & ces examens feront tenus pour
» bons & conformes à la loi ; & la fentence & l'exécution qui s'en en-
» fuivront, feront auffi valables que fi les crimes euffent été commis fur
» terre. Si l'on nie les crimes, ils feront jugés par les douze jurés limités
» dans la commiffion, fans que les accufés puiffent en appeller aux grands
» jurés ; & tous ceux qui feront trouvés coupables feront punis de mort,
» avec l'exclufion du bénéfice du clergé, & leurs biens feront confif-
» qués, comme cela fe pratique à l'égard des meurtres & vols commis
» fur terre.

» Cet acte n'aura pas lieu envers ceux qui, par néceffité, enlevent aux
» autres vaiffeaux des vivres & des cables, des ancres ou voiles, pourvu
» qu'il en refte d'autres aux vaiffeaux, & qu'on les paye en argent ou
» en marchandifes, ou en obligations par écrit, payables ; fi c'eft en deçà
» du détroit de Gilbraltar, dans quatre ; fi c'eft au-delà, dans douze mois.

» Si ces commiffions font envoyées vers quelques endroits fous la jurif-
» diction des cinq ports, elles feront déférées au lord gardien de ces ports
» ou à fon lieutenant affifté de trois ou quatre jurés qui feront nommés
» par le grand chancelier, & les procès feront inftruits par les habitans &
» membres des cinq ports.

» Le livre des loix page XI. XII. chap. 3. verf. 7. dit que fi un fujet
» né ou naturalifé en Angleterre, commet quelque piraterie ou quelque
» autre acte d'hoftilité par mer envers les fujets de fa majefté fous le pa-
» villon ou fous l'autorité de quelque puiffance étrangere, fans exception,
» il fera réputé pirate.

» Si quelque commandant ou maître de vaiffeau, ou quelque matelot
» livre fon vaiffeau aux pirates, ou qu'il complote pour le céder, qu'il
» cherche à fufciter quelque révolte parmi l'équipage, il fera réputé pirate.

» Tous ceux qui, depuis le 29 de feptembre 1720, affifteront quelque
» pirate, ou donneront quelque fecours à ceux qui commettent des pirate-
» ries, foit par mer foit par terre, feront regardés comme complices des
» pirates, & punis comme tels.

» La loi G. page XI. fect. 7. dit que tous ceux qui auront commis ou
» commettront des crimes pour lefquels ils feront accufés comme pirates,
» feront privés de la prérogative du clergé.

» Section VIII. Cet acte n'aura lieu envers les perfonnes atteintes &
» convaincues en Ecoffe. Section IX. Mais il aura lieu pour tous les do-
» maines de fa majefté en Amérique, & fera regardé comme un acte
» public (a).

24°. Par le droit de la guerre, les hérauts, les trompettes, & les tambours jouiffent de la protection du droit des gens, lorfqu'ils font employés
par le fouverain ou par les généraux de fes armées.

_____

(a) Extrait des loix & ordonnances d'Angleterre, qu'on trouve à la fin de l'hiftoire des
pirates Anglois, compofée en Anglois par Charles Johnfon, & traduite en François. Paris, Etienne Ganeau, 1726, in-12.

Toute

Toute déclaration de guerre par un héraut emporte une protestation qu'on veut user de la voie des armes, conformément à la droite raison. C'est ce motif qui fait regarder les hérauts comme jouissant des droits de la paix au milieu de la guerre. Diodore de Sicile (a), parlant du dieu Mercure, dit qu'on lui attribue l'invention des ambassades & des conventions qui se font entre ennemis, aussi-bien que du caducée, à la faveur duquel ceux qui vont parler à l'ennemi peuvent revenir en toute sureté. Un héraut d'armes étoit chez les Grecs une personne sacrée, même entre les ennemis. Thucidide (b) dit que la guerre de Sparte avec Athenes avoit rompu entre les deux républiques tout commerce autre que celui des hérauts.

En un mot, les hérauts, les trompettes & les tambours doivent jouir à leur maniere des privileges dont les ambassadeurs jouissent à la leur. La violence faite au moindre trompette est aussi-bien un violement du droit des gens, que celle qui seroit faite au ministre public le plus qualifié.

On trouve dans l'histoire plus d'ambassadeurs que de hérauts, de trompettes, de tambours offensés. Ou le droit des gens a toujours été observé à l'égard de ceux-ci, ou le violement en a toujours été réparé.

Comme la terre & l'eau fournissent les choses les plus nécessaires à la vie, c'étoit, parmi les Perses, reconnoître pour souverain celui que l'on en rendoit maître; la soumission se faisoit par un acte symbolique. On présentoit une motte de terre & de l'eau dans quelque vase à ceux qui recevoient l'hommage. Darius, fils d'Histaspe, ayant envoyé des hérauts par toute la Grece, pour demander en son nom, la terre & l'eau, plusieurs villes de la Grece firent ce qui leur étoit commandé : mais des deux hérauts qui allerent à Sparte & à Athenes, l'un fut jeté dans un puits, & l'autre dans une fosse profonde *pour prendre de l'eau & de la terre* (c). Ce violement du droit des gens ne demeura pas impuni. Talthybius, héraut d'Agamemnon, qui étoit honoré à Sparte comme un dieu, & qui y avoit un temple, (d) vengea, dit-on, l'injure faite aux hérauts du roi des Perses, & fit sentir sa colere aux Athéniens par des accidens funestes. Ceux-ci pour l'appaiser & pour expier leur faute, envoyerent dans la suite en Perse plusieurs de leurs principaux citoyens qui s'exposerent volontairement à la mort pour leur patrie. On les livra entre les mains de Xerxès; mais ce prince les renvoya sans leur faire aucun mal. Quant aux Athéniens, Talthybius fit tomber, ajoute-t-on, sa colere sur la famille de Miltiade qui avoit eu part aux mauvais traitemens faits aux hérauts de Darius.

A peine les habitans de Mégare eurent-ils attenté sur Anthémocrite, héraut d'armes d'Athenes, (e) que les Athéniens crurent en devoir tirer une ven-

(a) Biblioth. hist. lib. V, cap. 75, pag. 235, 236, edit. Steph.

(b) Liv. 2.

(c) Herodot. lib. VII, cap. 133, 136.

(d) Pausan. in Lac. p. 181, 183.

(e) Vers l'an 439 avant J. C.

geance éclatante. Ils exclurent de leurs myſteres (a) les habitans de Mégare; ils firent élever ſur la voie ſacrée qui conduiſoit d'Athenes à Eleuſis, un monument pour honorer la mémoire de ce héraut (b), & ils éleverent devant leur porte une pyramide qui éternifoit le ſouvenir, & du crime, & de la punition (c).

Quinte-Curce rapporte qu'Alexandre-le-Grand, ayant envoyé des hérauts aux Tyriens, pour leur propoſer des conditions de paix, les Tyriens les jeterent du haut des murs dans la mer; en quoi, ajoute cet hiſtorien, les Tyriens violerent le droit des gens (d).

Pendant le ſiege d'Orléans, ſous Charles VII, l'héroïne connue ſous le nom de la Pucelle d'Orléans, ayant envoyé (e) un héraut d'armes aux généraux Anglois, pour les ſommer de ſortir du royaume, & de le céder à Charles VII qui en étoit légitime héritier, ils firent mettre le héraut d'armes en priſon; & ſans doute ils en avoient le droit, parce qu'ils ne reconnoiſſoient point la miſſion prétendue divine de la Pucelle, & que le ſeul comte de Dunois pouvoit leur envoyer des hérauts. Mais le comte de Dunois leur fit dire que » s'ils ne renvoyoient le héraut d'armes que la Pucelle leur avoit en- » voyé, il feroit paſſer au fil de l'épée tous les Anglois qu'il prendroit, & » ceux même qui viendroient traiter de la rançon des autres. « Les Anglois renvoyerent le héraut de la Pucelle (f).

Les princes de l'union de Smalcalde, ayant écrit de leur armée une lettre à Charles-Quint, avec cette inſcription: *A celui qui ſe dit empereur*, & cette lettre ayant été portée par un jeune gentilhomme, accompagné d'un trompette ſelon l'uſage, Charles-Quint ne voulut pas la recevoir, & fit dire au gentilhomme qu'il eût à la reporter ſous peine de la vie, le menaçant lui & tous ceux qui viendroient de la part des rebelles, de leur faire préſent d'une corde au lieu d'un collier d'or (g).

Un trompette, parti du camp de Henri II, roi de France (h), pour celui de l'empereur Charles-Quint (i), où il alloit réclamer un priſonnier, tomba entre les mains de quelques ſoldats Allemands qui le démonterent & le mirent en chemiſe. Le roi en fit faire des plaintes. Le duc de Savoie, qui

---

(a) Tous les Grecs avoient droit de ſe faire initier aux myſteres que les Athéniens célébroient à Eleuſis, en l'honneur de Cérès & de ſa fille Proſerpine. *Herodot.*

(b) Pauſanias, lib. I.

(c) Lettre de Philippe, roi de Macédoine, écrite l'an 339 avant J. C. Voyez Pauſanias, lib. I.

(d) *Caduceatores qui ad pacem eos compellerent, miſit (Alexander) quos contra jus gentium occiſos præcipitaverunt in altum.* Lib. IV, cap. 2, n. 15.

(e) En 1428.

(f) Voyez l'hiſtoire de la pucelle d'Orléans, dans le dixieme tome des cauſes célebres & intéreſſantes.

(g) Hiſt. Thuan. lib. II, ad ann. 1546.

(h) Sur la frontiere de Picardie en 1554.

(i) Sur la frontiere des Pays-Bas.

commandoit l'armée de l'empereur, ordonna une recherche exacte des auteurs de cette violence, fit donner un de ses meilleurs chevaux, & une casaque au trompette, le fit reconduire en sureté au camp des François, & donna toutes les marques qu'on pouvoit désirer de son respect pour le droit des gens (a).

Le prince d'Orange, ayant envoyé, de son camp (b) un trompette à l'armée du duc d'Albe (c), l'Espagnol qui étoit violent & cruel, le fit pendre sous prétexte que le trompette de sujets révoltés ne pouvoit pas jouir du privilege du droit des gens (d). Ce général étoit dans l'erreur si un député des Hollandois étoit venu à son camp, il auroit pu le faire pendre, parce qu'il y seroit venu volontairement, qu'il se seroit rendu par-là le fauteur & le complice de ceux qui l'auroient envoyé, & que le duc d'Albe n'étoit pas obligé de communiquer avec des gens qu'il regardoit comme des sujets révoltés ; mais le trompette, homme public, & obligé sous peine de la vie d'obéir aux ordres de son général, étoit sous la protection du droit des gens, puisqu'il étoit parti d'une armée ennemie actuellement sur pied, & qu'il falloit ou que les deux armées ennemies observassent les loix de la guerre, ou que tout ce qui de l'une tomberoit au pouvoir de l'autre, fût pendu.

Le même duc d'Albe, commandant l'armée de Philippe II, qui conquit le Portugal, fit pendre le gouverneur de Cascays, parce qu'il avoit fait tirer sur le trompette qui avoit sonné la chamade pour le sommer de se rendre (e).

Dans le commencement du dernier siecle, le prince Maurice de Nassau, capitaine général des Provinces-Unies, ayant fait investir Ysendich, la garnison tira sur le trompette pendant qu'il sonnoit la chamade. Le prince en marqua un si grand ressentiment, qu'il refusa d'accorder aucune capitulation. On voulut l'appaiser, & on livra un soldat Italien qui, pour avoir mérité la mort pour d'autres crimes, fut destiné à expier celui-ci, dont on supposa qu'il étoit l'auteur. Il s'en justifia au prince qui le renvoya avec cette réponse, que la violence qui avoit été faite au droit des gens, ne pouvoit être expiée par la mort d'un seul homme (f).

L'histoire d'Italie nous apprend que Fabricio Maramaldo tua de sa main Ferruccio, commissaire de la république de Florence, pour avoir fait pendre, pendant le siege de Volterre, un tambour que Maramaldo avoit envoyé dans la place.

(a) Wicquefort, de l'Ambassadeur, édition de la Haye de 1724, page 79 du premier volume.

(b) Sur la Meuse.

(c) Campé de l'autre côté de cette riviere.

(d) Wicquefort, de l'Ambassadeur, édition de la Haye de 1724, premier volume, p. 78.

(e) Ibid.

(f) Ibid.

Pour jouir du privilege du droit des nations, les gens dont je parle doivent porter les marques de leur état ; le trompette, sa trompette ; le tambour, sa caiſſe ; le héraut, sa cotte d'armes.

Ils doivent auſſi avoir des lettres ou un paſſe-port de leur prince, du général ou du commandant. Le ſouverain ſeul, ou l'officier qui le repréſente dans le commandement d'une armée, d'une place, d'un poſte, a droit de donner des paſſe-ports ou des lettres aux hérauts, aux tambours, aux trompettes. Ce n'eſt auſſi qu'au ſouverain, ou au commandant, qu'il appartient de faire ſommer l'ennemi de quelque choſe, ou une place de ſe rendre.

L'amirante d'Arragon ayant aſſiégé Rhimberg (a), Alphonſe d'Avalos qui ne commandoit pas au ſiege, & qui étoit ſimplement meſtre-de-camp de l'un des régimens Eſpagnols qui y ſervoient, fit ſommer la garniſon de ſe rendre ; mais le gouverneur fit dire au tambour de ſe retirer, & que, s'il en venoit quelque autre qui ne fût pas envoyé par le général, il le feroit pendre (b).

Marie, reine d'Angleterre, envoya déclarer la guerre à Henri II, roi de France (c). Son héraut, nommé Norris, étoit entré dans ce royaume, ſous un habit déguiſé, ſans porter les armes de Marie, & ſans avoir aucun paſſeport de cette princeſſe. Le connétable de Montmorenci, favori & premier miniſtre de Henri, dit au héraut qu'il avoit mérité qu'on le fît pendre ; mais Henri ne laiſſa pas de lui donner audience, en préſence des ambaſſadeurs qui étoient à ſa cour (d).

Les tambours doivent battre la caiſſe trois fois, en entrant dans le pays, en y marchant, & en arrivant au lieu de leur miſſion. Un tambour étant parti (e) du camp Suédois en Finlande, pour le camp Moſcovite, s'y étant préſenté entre dix & onze heures du ſoir, & n'ayant battu la caiſſe qu'à la portée du piſtolet du poſte Moſcovite, on tira ſur lui. Le général Suédois s'en plaignit, mais le général Moſcovite s'excuſa ſur les circonſtances que je viens de dire ; & ajouta que la nuit même étoit ſi obſcure, qu'on n'avoit pu reconnoître de quelle force étoit la troupe, encore moins ſi c'étoit un tambour qui portât des lettres.

Les trompettes, les tambours & les hérauts, ne peuvent être envoyés qu'au ſouverain, ou au commandant. Charles-Quint tenant une diete à Spire, & haranguant les Etats, déclama avec véhémence contre François I, ce qui produiſit une aliénation générale contre le roi. Celui-ci voulut envoyer des ambaſſadeurs à la diete. Ils arriverent à Nanci & s'y arrêterent,

---

(a) En 1598.

(b) Wicquefort, l'*Ambaſſadeur*, édition de la Haye, de 1724, pag. 79 & 80 du premier volume.

(c) En 1557.

(d) Hiſt. Thuan. lib. XIX ; & Wicquefort, *ubi ſupra* ; p. 76.

(e) En 1742.

en attendant qu'ils eussent reçu un passe-port qu'ils avoient envoyé demander à la diete, à qui ils avoient dépêché un héraut. Le chevalier de l'empereur fit arrêter le héraut, lui donna sa maison pour prison, & lui défendit d'en sortir. Le héraut se plaignit en vain qu'on violoit le droit des gens à son égard ; on ne voulut ni l'écouter, ni recevoir ses dépêches. Quatre jours après son arrivée, on le congédia, en lui disant qu'il étoit heureux de s'en retourner la vie sauve ; qu'on lui pardonnoit pour cette fois, mais qu'il se gardât bien à l'avenir de se charger de pareille commission, parce que l'empereur seul pouvoit donner sûreté au héraut ; qu'il la lui auroit donnée sans difficulté, s'il lui avoit été adressé, & que le héraut auroit mérité d'être pendu, pour l'insulte que l'empereur recevoit d'un message fait à des princes ses sujets, en sa présence & dans un lieu où il étoit le maître. On donna au héraut cette réponse par écrit, & un cheval pour le conduire à Nanci. Il y trouva les ambassadeurs de France qui n'attendoient que le passe-port pour partir. Le rapport du héraut les surprit beaucoup ; ils consulterent le duc de Lorraine pour savoir le parti qu'ils devoient prendre, & ce prince leur conseilla de revenir en France, ce qu'ils firent (a). La question de savoir si le héraut devoit trouver sa sûreté dans le passe-port du roi qui marquoit sa mission, dépendoit de cette autre question : L'empereur d'Allemagne, assistant à la diete de l'empire, en représente-t-il la souveraineté ? ou cette souveraineté réside-t-elle dans la diete ? Il paroît par la solution de cette derniere question que Charles-Quint usurpoit les droits de la diete. Il pouvoit importer à l'empire assemblé, que les ambassadeurs de France fussent admis & écoutés ; & ce n'étoit point au chef à imposer au corps. Un empereur moins puissant que ne l'étoit alors Charles-Quint, n'auroit osé faire cet usage de son autorité.

On peut, sans violer le droit des gens, refuser d'admettre les trompettes, les tambours & les hérauts, comme l'on a droit de refuser d'admettre des ambassadeurs. Xénophon nous apprend que, dans la retraite des dix mille, les généraux résolurent que, tant qu'ils seroient en pays ennemi, ils ne recevroient point de hérauts, parce que sous prétexte d'envoyer des hérauts, on envoyoit des espions, qui tâchoient de débaucher les soldats. Mais on ne doit point prendre ce parti, si l'on n'y est forcé par la conduite du général ennemi, d'autant que c'est faire cesser le seul commerce qu'il puisse y avoir entre des ennemis, & que la précaution qu'on prend de bander les yeux aux trompettes & aux tambours qu'on admet, prévient tous les abus.

_____

(a) Sleidan, lib. XV, pag. 438 ; Wicquefort, édition de 1724, pag. 77 du premier vol. & Barre, histoire d'Allemagne, sous l'an 1544.

§. VII.

PROJET D'UN MARTYROLOGE MILITAIRE.

SPIFAME proposoit au seizieme siecle l'établissement d'un martyrologe militaire, c'est l'objet d'un projet d'arrêt dont voici le dispositif.

» Ledit seigneur a ordonné & ordonne, qu'il sera fait un martirologe du catalogue de tous princes, capitaines, leurs lieutenans & autres gens de guerre, qui sont morts en expédition Militaire, pour la tuition & défensse de la couronne de France, depuis le temps du roy Charlemaigne; lequel martirologe sera distribué par les journées ausquelles ils seront deiedez, pour estre leu par toutes églises, à l'office de tierce, comme l'on lit l'autre martirologe ancien à l'heure de prime. Et en toutes églises cathédrales en sera fait un sermon par l'une des dignitez d'icelles, non chargée des autres leçons, ou prédications ordonnées pour les quatre ordinaires par autre arrest d'icelui seigneur, afin d'exciter la noblesse à plus vaillamment entreprendre les faits d'armes & périls de la guerre, ausquels la nécessité & l'injure du temps les pourra appeller, comme s'estimans vrais martirs, s'il advient qu'ils meurent en ce lict d'honneur, sans autre canonisation; & seront prins les frais dudit office divin sur les fondations des anciens mortuaires, & aussi sur les dixmes personnelles dues de droit divin: lesquelles seront levées ainsi qu'il sera ordonné ci-après. Et a ledit seigneur érigé & érige à cette fin un historiographe ordinaire, des gestes vertueux, & faits chevaleureux des bons & notables chevaliers, qui ont porté par ci-devant, portent aujourd'hui, & porteront ci-après la querelle de la couronne de France, & les prouesses des princes du très-noble sang d'icelle qui en fera livres historiaux par années, tant en latin qu'en françois; & pareillement un poëte illustre, qui l'ensuivra par mêmes années, & se conformera avec lui. Iceux deux personnages scientifiques, résidens en sa ville de Paris, ayans entrée libre en sa cour de parlement, & autres cours souveraines, pour quelquefois estre ouys en leurs raisons & remonstrences sur les affaires qui peuvent advenir dignes de leur advertissement, sans toutefois avoir voix délibérative, & faire un quartier de l'année, à la suite de la court d'icelui seigneur, chacun d'eux aux gaiges de douze cens livres par an, payables par le trésorier, payeur des officiers de ladite court, sur les fons des droits de présentations, ou enrollemens, ou en deffault d'iceux, par le receveur des amendes. Et par ledit historiographe, sera fait & continué ledit martirologe, tant qu'il vivra; & en icelui nommera les noms, surnoms & familles, strenuitez & faits chevaleureux desdits martyrs, à l'honneur de Dieu le créateur, seigneur des exercites & batailles, & dateur de victoires, comme tenus pour vrais saincts glorieux au royaume de paradis, ainsi que la saincte escripture certifie que l'homme peche quand il prie Dieu pour le salut du martyr, doubtant ou défiant de sa promotion ou relation au nombre des bienheureux, & hiérarchie céleste des benoists anges. »

OBSERVATION.

L'établissement d'un martyrologe Militaire, d'après le plan que Spifame propose, nous semble mériter d'autant plus de considération, qu'il donneroit bien du relief à nos guerriers, dont la mémoire doit, en effet, être conservée avec plus de soin que nous ne le faisons. Il faut à ces citoyens illustres, des fastes particuliers; l'histoire générale ne peut s'arrêter autant qu'il le faudroit sur de belles actions, dont les plus petits détails sont précieux. Une collection annuelle & bien faite, serviroit à nourrir cet amour pour la patrie, qui forme les héros. Qu'est devenue la mémoire des compagnons d'armes des Condé, des Créqui, des Catinat! Qu'est devenue seulement celle de ceux que conduisirent les de Saxe, les Lowendal! Elle est enfouie avec leurs cendres aux champs de Laufelt & de Fontenoi. Cependant si ces généraux n'avoient point été secondés par des chefs & des soldats vaillans, quels lauriers auroient-ils cueillis? C'est donc à ces soldats, à ces chefs & à ces généraux, qu'il faut distribuer des couronnes, lorsqu'ils ont, les uns comme les autres, bien mérité de l'Etat. On sait qu'en Espagne, on est dans l'usage de célébrer tous les ans, un service solemnel pour les Militaires défunts, où le roi ou quelqu'un député de sa part préside. Le conseil royal, les grands, les officiers & autres personnes de distinction s'y trouvent, & l'on y prononce une oraison funebre : établissement de la plus grande sagesse, qui fait un honneur infini à cette nation, si estimable par les qualités du cœur & celles de l'esprit. On fait encore à Malthe, tous les ans, la cérémonie de l'anniversaire des chevaliers tués pendant le siege de Malthe, ainsi qu'une procession le lendemain, avec l'étendard de la religion. A Vienne on célebre un service pour les officiers & les soldats morts dans l'année. Les Etats de Bretagne, province de France, ont fait faire l'année (1781) un service solemnel pour tous les Bretons morts dans la guerre actuelle; & l'on y a prononcé une oraison funebre, où l'orateur a célébré leurs exploits & exalté leur zele pour la patrie; mais ces cérémonies ne sont point ce que demande Spifame avec tant de raison.

MILLETOT, *Jurisconsulte.*

BÉNIGNE MILLETOT, conseiller au parlement de Dijon, a fait un *Traité du Délit commun & du cas privilégié ou de la puissance du juge séculier sur les personnes ecclésiastiques.* Il y en eut d'abord deux éditions. La premiere, où l'on trouve ces lettres initiales, par M. B. M. C. in-8vo, Paris, 1611. La seconde, revue & augmentée par Bénigne Milletot, conseiller au parlement de Dijon, est encore in-8vo, 1615. Ce traité, traduit en latin, est imprimé dans Goldast, au troisieme tome de sa monarchie de l'empire, in-folio, *Francofurti*, 1613. On trouve aussi cet ouvrage dans le recueil des traités & des preuves des libertés de l'église gallicane.

On appelle *délit commun* les fautes d'un ecclésiastique qui sont punies par les tribunaux ecclésiastiques; & *cas privilégié*, les crimes d'un ecclésiastique qui sont soumis à la jurisdiction séculiere.

» Il y a quelque-temps (dit l'auteur dans sa préface de l'édition de 1615) » que ce traité s'est échappé de mes mains, sans nom, sans aveu, sans au- » torité. Il a été improuvé des uns & approuvé des autres, (c'est le sort de » tous les livres qui intéressent l'autorité ecclésiastique) qui en ont fait » faire diverses impressions sous mon nom, même comme revu & augmen- » té, quoique je n'y eusse pas encore pensé «. L'auteur ajoute qu'il ne re- connoît que cette édition pour être de lui; & son ouvrage y est presque entiérement changé.

Le même écrivain a encore fait un petit ouvrage intitulé : *Réponse de Bénigne Milletot sur la question à lui proposée, touchant la dénomination de l'église gallicane.* Cette réponse est imprimée avec son *traité du délit commun*, in-8vo, Dijon, 1615.

M I L T O N, (Jean) *Secrétaire d'Olivier Cromwel, de Richard Cromwel & du Parlement d'Angleterre, Auteur Politique.*

JEAN MILTON, né à Londres en 1608, & mort à Brunhill le 15 no- vembre 1674, joignit à une vaste érudition le plus heureux génie, & a été le plus grand poëte d'Angleterre (a). Il fut le secrétaire d'Olivier Crom- well, de Richard Cromwell, & du parlement de ce temps-là. Zélé répu- blicain, il se fit l'esclave d'un tyran, & se distingua parmi les furieux qui, après avoir bien déclamé contre le pouvoir qu'ils appelloient arbitraire, mirent sur la tête de leurs compatriotes & sur la leur, un joug infiniment plus pesant que celui qu'ils secouoient, & publierent des écrits en faveur du parlement qui fit couper la tête au roi Charles I. Tout le monde sait que l'église anglicane déplore tous les ans cet événement par un office so- lemnel (b). Bouillant & hardi, Milton fit imprimer en Anglois en 1641, un livre extrêmement violent & fort injurieux à tout le college épiscopal: *De l'origine du gouvernement ecclésiastique contre la prélature épiscopale.*

Ce qu'il avoit fait contre les évêques, il le fit aussi contre les souve- rains, par un autre ouvrage Anglois in-4to, imprimé à Londres en 1649

(a) Il est l'auteur du *Paradis perdu*, poëme que les Anglois placent à côté de ceux d'Ho- mere & de Virgile. Un savant Italien a dit de Milton.

Græcia Mæonidem, jactet sibi Roma Maronem,
Anglia Miltonum jactat utrique parem.

(b) Le 30 de janvier.

&

& en 1650, qu'il intitula : » le droit des rois & des magiftrats, où l'on » prouve qu'un tyran peut être mis en juftice, dépofé & mis à mort : « livre que lui dicta la fureur du parti qui avoit coûté la vie à Charles I en 1648.

Ce même écrivain paffionné a fait encore en fa langue en 1649, un in-4to. intitulé : *Iconoclafte ou Réfutation du livre intitulé : Icon Regia.* L'*Icon Regia*, ou, comme quelques-uns le nomment, l'*Icon Bafilick*, eft attribué à Charles I par quelques auteurs, & au docteur Gauden, évêque d'Excefter, par quelques autres. Toland qui a compofé la vie de Milton (*a*), a prouvé que l'*Icon Regia* étoit l'ouvrage de Gauden, qui avoit cru rendre fervice à Charles I, en le publiant fous le nom de ce prince infortuné, à qui il l'avoit envoyé dans l'ifle de Wight pour le confoler pendant fa captivité.

Il a auffi fait en Anglois un autre ouvrage intitulé : *Quarante-huit obfervations fur le fupplice de Charles I.*

Le livre de Saumaife qui a pour titre : *Defenfio Regia pro Carolo I.* Parifiis 1650, in-4to, n'eut pas plutôt paru, que Milton y répondit par un autre auquel il mit ce titre : *Joannis Miltoni Angli pro populo Anglicano defenfio, contrà Claudii anonymi, aliàs Salmafii, defenfionem regiam.* Londini 1651 in-folio, & 1652 in-12. Son emportement n'y a aucunes bornes. Saumaife fit une réplique, qui n'a été imprimée que long-temps après fa mort, & il s'en faut bien qu'il n'ait défendu la caufe des rois auffi-bien qu'elle pouvoit l'être. Milton même, qui n'écrivoit pas à beaucoup près fi bien en profe qu'en vers, foutint, en mauvais déclamateur, la caufe d'un peuple qui fe vantoit d'avoir jugé fon Prince, & de l'avoir jugé felon les loix. La plus grande caufe qu'il y eut jamais, fut plaidée miférablement de part & d'autre. Deux arrêts des parlemens de Paris & de Touloufe condamnerent le livre de Milton au feu, qu'il avoit mérité luimême.

Pierre du Moulin le fils, chapelain du roi de la Grande-Bretagne, & chanoine de Cantorbery, avoit compofé un livre fous le titre de *Clamor regii fanguinis ad cœlum adverfùs parricidas Anglicanos*, in-12. Alexandre Morus, qui fut depuis miniftre de Charenton, le fit imprimer en 1652, après y avoir ajouté une épître dédicatoire de fa façon à Charles II, roi d'Angleterre. Milton réfuta ce livre par un ouvrage fous ce titre : *Secunda defenfio pro populo Anglicano*, qui n'eft qu'un tiffu d'injures contre Morus que Milton croyoit l'auteur du *Clamor regii fanguinis*, quoiqu'il n'en fût que l'éditeur (*b*).

Le miniftre de Charenton réfuta les calomnies dont l'avoit chargé Mil-

---

(*a*) Elle eft à la tête de l'édition in-folio des œuvres de Milton, & eft imprimée féparément.

(*b*) Bayle, dans fon dictionnaire au mot *Morus*, lettre M ; & *Colomiés* dans fa bibliotheque choifie, pag. 26, 27 & 28, de la derniere édition.

ton, & intitula fon ouvrage : *Fides publica.* Milton répliqua par un ouvrage intitulé : *Defenfio pro Miltone contra Alexandrum Morum.*

Le même Milton compofa vers l'an 16ç0, un Traité de l'éducation qui
eft écrit en Anglois, & qui ne contient que dix-huit pages *(a).* Il déplore
le temps que les jeunes gens perdent au college dans la maniere dont ils
font élevés ; & les plaintes qu'il fait de la maniere ordinaire d'élever la
jeuneffe ne font peut-être que trop bien fondées en France auffi bien qu'en
Angleterre. Il place leur éducation depuis l'âge de feize jufqu'à celui de
vingt-cinq ans, contre l'avis de tant d'auteurs qui reprochent comme une
perte irréparable celle des premieres années. Ce n'eft pas qu'il abandonne
un temps fi précieux ; il juge fimplement que c'eft à feize ans que doit
commencer le plan d'éducation qu'il trace. Ce plan contient plufieurs des
chofes qui ne font propres qu'au pays de l'auteur, & il y en a beaucoup
auffi qui fe fentent de la haine qu'il avoit pour le gouvernement monarchique ; mais fans examiner fi la maniere d'élever la jeuneffe que Milton
propofe feroit aifée à réduire en pratique, il eft certain que fon plan eft
rempli de vues très-fines & très-fages, & qu'il paroit contenir tout ce qui
eft néceffaire pour former un citoyen utile à fa patrie & agréable à la fociété *(b)* ; ce qui fuppofe des fentimens vertueux dans l'ame, des lumieres
dans l'efprit, & des graces dans la perfonne. Il feroit à défirer que l'éducation domeftique des princes fût faite fur ce pied-là avec quelques légers
changemens. Les études du Grec, de l'Hébreu & des Dialectes Syriaques
& Chaldéens ne peuvent convenir qu'à peu de perfonnes, & font abfolument inutiles au prince ; mais rien ne conviendroit mieux à leur éducation,
que l'ordre des connoiffances qu'il propofe ; il eft proportionné au progrès
des forces de l'efprit, & par conféquent les augmente par la maniere fage
de les employer. Elles font de la même nature que celles du corps. D'un
côté, elles fe perdent dans l'inaction ; de l'autre, un trop grand effort les
épuife.

Cet écrivain, toujours livré à des fpéculations de religion & de politique, fit depuis un traité de la puiffance civile dans les matieres eccléfiaftiques, imprimé à Londres in-12 en 16ç9 ; des confidérations fur les
moyens les plus faciles pour éloigner de l'églife les mercenaires, publiées
en Angleterre in-12 dans la même année ; des notes fur un difcours du
docteur Griffich, fur la crainte de Dieu & le refpect pour le roi, en Anglois, à Londres in-4to. en 1660 ; & enfin un moyen facile & commode
pour former une république libre ; où il fait le parallele de l'excellence
d'une république, avec les dangers & les inconvéniens qui accompagnent
la monarchie, en Anglois, à Londres en 16ç9.

(*a*) Il eft imprimé avec fes œuvres politiques, & la traduction françoife s'en trouve à
la fin des *Lettres fur l'éducation des princes,* par Fontenai, lefquelles ont été publiées à
Amfterdam en 174ç, in-12.

(*b*) *Quid deceat, quid non ; quò virtus, quò ferat error.*   Horat.

Les livres de Milton ont été condamnés par le parlement d'Angleterre
& par l'églife Anglicane. L'univerfité d'Oxford, par une conclufion du 21
de juillet 1683, déclara hérétiques & fcandaleufes vingt-fept propofitions
extraites ou des ouvrages de Milton, ou de ceux de quelques autres auteurs
qui ne font pas plus favorables à l'autorité royale, ni moins contraires aux
devoirs des fujets envers leurs rois. Une de ces propofitions étoit » que la
» fouveraine puiffance dépend du peuple, & que les communes peuvent
» dépofer les rois & exclure de la fucceffion à la couronne ceux qu'elles
» en jugent incapables. « Cette univerfité défendit la lecture des livres d'où
ces propofitions étoient extraites. Elle ordonna qu'ils feroient brûlés dans
la cour des principaux colleges, & que tous les régens, profeffeurs, & ca-
téchiftes enfeigneroient le contraire des vingt-fept propofitions. Un régent
du college de Lincoln ayant contrevenu à cette ordonnance, & ayant recommandé à fes écoliers la lecture des livres de Milton, l'univerfité le re-
trancha de fon corps & le bannit à perpétuité, avec défenfes d'approcher
de plus près que quarante milles des lieux où elle fait fes exercices.

La doctrine de Milton, ainfi profcrite en Angleterre dans un temps, fut
fuivie dans un autre. Je veux parler de la révolution qui fit defcendre du
trône Jacques II, & qui y fit monter Guillaume III.

Milton, qui avoit mérité de périr, & qui devoit s'attendre à périr fous
le regne d'un prince, lequel avoit à venger un pere mort par la main d'un
bourreau, rappellé en 1660, obtint de la circonfpection à laquelle Charles II, étoit obligé, des lettres d'abolition, & ne fut puni par le parlement
que de la perte de fes emplois publics, qu'il eût bien mérités, s'il avoit
fait un ufage plus raifonnable de fes talens.

Voyez les articles de SIDNEY, d'ABBADIE & de LOCKE.

Milton a encore compofé un traité du divorce où il tâche de prouver que,
felon l'évangile bien entendu, ou felon l'efprit de l'évangile, Dieu n'a point
prétendu rendre l'union conjugale fi indiffoluble que nous ne puiffions jamais, fi ce n'eft pour caufe d'adultere ou par la mort de l'une des parties,
nous fouftraire aux inconvéniens d'un mauvais mariage. Voici comment il
répond enfuite à une objection ordinaire.

» Je m'attends pourtant bien (dit-il) que des gens pour qui la coutume
» eft la regle de la foi, tâcheront toujours de couvrir d'un prétexte fpé-
» cieux la pareffe de leur efprit timoré (qui rampe fous le joug des pré-
» jugés.) Le meilleur parti après tout, diront-ils, c'eft de fouffrir patiem-
» ment & en filence des maux qui nous font envoyés de Dieu : Et j'a-
» dopterai moi-même cette maxime, pourvu que, fans l'ériger ici en pré-
» cepte, on fe borne à la propofer en forme de confeil : Mais encore
» fera-t-on fagement, fi au préalable on prend bien garde de ne pas im-
» puter à Dieu, ce qui ne doit être mis que fur le compte de l'iniquité
» des hommes, (ou des loix purement humaines :) crainte que, fous le
» prétexte d'une réfignation affectée, nous ne nous trouvions fans ceffe par
» notre propre faute fur le bord d'un abime de tentations affreufes, telles

» qu'on ne fauroit les furmonter fans une grace particuliere que le feigneur
» accorde rarement (comme l'a fort bien obfervé Perkins) & qui fouvent
» même eft refufée aux requêtes les plus preffantes. C'eft pour cela que
» nous difons, *Ne nous induis point en tentation.* Vaine priere, fi, après
» nous être mis nous-mêmes dans la tentation, nous aimons encore à nous
» y tenir.... *Supportez patiemment votre épreuve...* Eft-ce une fimple ex-
» hortation que vous m'adreffez? Sans vous demander des preuves d'une
» miffion célefte, je vous écoute comme un ange : Mais fi vous prétendez
» m'impofer une loi; arriere de moi, fatan. Au mari qui veut répudier fa
» femme adultere, la piété peut lui dire, *Fais grace à la coupable; aye*
» *pitié d'elle, c'eft peut-être une ame que tu gagneras.* On convient cepen-
» dant que les loix divines & humaines lui laiffent là-deffus une pleine
» liberté.... Dieu ne fe plaît point à faire de la vertu une efclave.... Ce
» n'eft ni à l'écriture ni à la raifon qu'il faut attribuer l'injufte auftérité
» des loix qui réduifent prefque à rien l'ufage du divorce : Elle eft le pur
» ouvrage de l'attachement fervile des canoniftes pour la lettre de certains
» textes.... Si donc quelqu'un de mes lecteurs fe trouve malheureufement
» compris dans la mifere contagieufe dont je me plains, & qu'il fente
» fouvent redoubler en lui les violens accès d'une impatience parvenue à
» fon comble; qu'au moins, au milieu de tous les murmures par lefquels
» la foibleffe humaine cherche alors à fe foulager, il ne s'avife jamais
» d'ouvrir la bouche contre la providence divine, ou de taxer les voies
» de Dieu, comme fi elles étoient rudes & pénibles; car elles font unies
» & aifées; & il eft faux que fon adorable parole croiffant fans ceffe nos
» défirs, même les plus juftes & les plus raifonnables; cette portion de
» notre vie mortelle foit inévitablement enveloppée dans la trifteffe & dans
» le mécontentement, par des préceptes qui gourmandent avec hauteur les
» répugnances invincibles qu'ils rencontrent tôt ou tard dans le fonds de
» notre nature. Les oracles céleftes nous mettent, au contraire, entre les
» mains le remede de ces maux, où l'erreur commune peut nous avoir
» conduits à travers les meilleurs intentions du monde : Ils nous permet-
» tent de fecouer ce joug, & de recourir dans nos perpétuels embarras à
» l'autorité irréfragable de la reine des loix, la *charité;* dont le grand em-
» ploi eft d'agir & d'ordonner en fupérieure, établie de Dieu fur toutes
» les autres..; pendant que nous, de notre côté, littéralement fuperftitieux
» par une habitude de foibleffe ou de pufillanimité, & n'ofant d'un efprit
» libre traverfer le vafte champ que la nature & la religion nous ouvrent,
» nous nous abandonnons en efclaves à l'ufurpation tyrannique des préju-
» gés; fouffrant que ces mêmes loix qui nous ont été accordées pour nous
» foulager, pour nous rendre la vie, nous tiennent, en quelque forte, le
» pied fur la gorge; nous foulent, & nous entrainent dans une multitude
» de chagrins, qui dans le plan de Dieu ne nous furent jamais deftinés. Il
» nous marque généreufement un chemin fpacieux, il nous donne pour ef-
» corte l'honnête liberté avec la prudence; & nous? nous ne ceffons de

» fubtilifer, de cafuiftiquer, jufques à ce qu'à force de rogner & de retré-
» cir ce beau chemin, nous nous trouvions réduits à marcher comme fur
» le tranchant d'un rafoir entre deux précipices, qui ne font-là que parce
» que nous l'avons bien voulu ; trébuchant de peur, ou reculant à la moin-
» dre fauffe alarme, & ne fachant où avancer le pied avec une confiance
» mâle ou avec une chrétienne réfolution, au milieu du bruit confus que
» font retentir dans nos oreilles les exclamations & les fcrupules d'une
» frayeur panique. »

M I N E, f. f.

Extrait d'un mémoire qui contient les principes de l'adminiftration politique
fur la propriété des Mines & des Carrieres ; & fur les regles de leur
exploitation.

DEUX points de vue doivent diriger l'adminiftration dans l'établiffement
des loix qui réglent l'exploitation des Mines & des carrieres ; favoir, par
rapport à l'intérêt des particuliers, la confidération du droit naturel ; &
par rapport à l'intérêt de l'Etat, le défir de procurer l'exploitation la plus
abondante & la plus fructueufe de cette efpece de richeffe.

C H A P I T R E   P R E M I E R.

De la jurifprudence des Mines, confidérées relativement aux principes du
droit naturel.

VOYONS d'abord ce que le droit naturel feul auroit établi, ou ce qui
réfulte immédiatement des principes de la propriété, fans autre modifica-
tion que celle qu'exige néceffairement la nature des chofes.

§. I.

Droit du propriétaire du fol, de creufer fur fon terrein.

1°. **I**L eft difficile de contefter au propriétaire d'un champ le droit d'y
fouiller. Avant l'établiffement des propriétés foncieres, il n'étoit pas moins
libre au premier occupant de creufer la terre que d'en labourer une portion, & de l'enclore pour s'en affurer la poffeffion exclufive : or, pourquoi
un homme qui, en faifant fermer un champ en eft devenu propriétaire,
n'auroit-il pas fur cette terre une faculté qu'il partageoit auparavant avec
tout le monde ? N'eut-il d'autre titre pour pouvoir y creufer que celui de
premier occupant, il n'y a certainement pas renoncé. Auffi dans le fait,
n'a-t-on jamais contefté au propriétaire le droit de creufer des foffés & des
puits dans fon terrein, ni le droit d'y prendre de la pierre pour bâtir.

§. II.

Droit d'empêcher les autres d'y faire aucune ouverture.

2°. Si le droit de fouiller la terre dans son champ est une suite inséparable de la propriété, le droit d'empêcher les autres d'y fouiller est une conséquence immédiate de cette propriété. En effet, dès que ces conventions sociales, fondées & dictées par la nature même, ont établi qu'un homme pouvoit, en cultivant un terrein, en le fermant, s'en assurer la possession exclusive, & qu'en conséquence de cette propriété, acquise par le travail, il pouvoit en interdire non-seulement la culture, mais jusqu'à l'entrée à tout autre; il est évident que personne ne peut, sans son consentement, y fouiller : toute la superficie est incontestablement l'objet de sa propriété, donc personne ne peut, sans son consentement, ouvrir cette superficie.

§. III.

Liberté générale de pousser des galeries sous le terrein d'autrui.

3°. Il suit delà que si l'on ne peut parvenir aux matieres souterraines, sans ouvrir la superficie du terrein sous lequel elles se trouvent, la propriété de la surface entraîne nécessairement celle des matieres qu'elle couvre. Mais lorsqu'un homme a fait un puits dans son terrein, ou bien a ouvert une carriere sur la croupe d'un coteau, rien ne l'empêche de continuer la fouille & l'extraction des pierres, en poussant des galeries en tous sens sous le terrein d'autrui. C'est ici qu'on peut commencer à douter, & demander si le propriétaire de la surface supérieure peut, en vertu de son droit de propriété, s'opposer au travail de ces galeries poussées sous son terrein ; je ne le pense pas, & à cet égard, je suis de l'avis du plus grand nombre des jurisconsultes.

Ils en ont cependant, selon moi, donné une assez mauvaise raison : ils ont dit que le propriétaire de la surface, en s'appropriant la terre par son travail, n'avoit eu pour objet que de s'assurer la jouissance des fruits & de la faculté d'y semer, d'y planter, d'y bâtir; qu'il n'avoit point dirigé son intention (*affectum possidendi*) sur la possession des matieres souterraines. Cette raison n'est pas entiérement satisfaisante, car s'il ne s'agissoit que de diriger son intention, il n'y auroit point d'homme qui ne désirât tout ce qu'il peut avoir, & ce n'est certainement pas par leurs propres désirs que les propriétés des hommes ont reçu quelques limitations. Il faut aller plus loin, & dire que quand même le propriétaire auroit eu l'intention de posséder toutes les matieres souterraines, cette intention ne lui auroit donné aucune propriété. Qu'est-ce en effet que la propriété ? (je ne prends pas ce mot dans le sens strict que lui donnent les jurisconsultes, lorsqu'ils l'opposent à l'usufruit & à différentes manieres de posséder, qui toutes ne sont que des dérivations, ou fi l'on veut, des partages du droit de propriété : je parle de la propriété prife dans fon fens primitif, de ce droit par lequel un objet propre aux jouiffances de tous les hommes n'appartient qu'à un feul). La propriété dans ce fens, eft le droit d'ufer de la chofe, & d'empêcher les autres d'en ufer. Le fauvage qui cueille le fruit d'un arbre, acquiert la poffeffion momentanée de ce fruit ; mais il n'a aucun droit fur l'arbre, qu'il ne foit commun à tout autre qui, comme lui, pourra en prendre auffi des fruits : mais s'il enferme le terrein où cet arbre eft planté, il acquiert exclufivement à tout autre, un droit aux fruits que cet arbre & ce terrein produifent ; il poffede ce terrein par voie d'occupation, fa propriété eft garantie par la force qu'il peut oppofer aux entreprifes de ceux qui voudroient partager avec lui les fruits de ce terrein.

Dans l'établiffement des fociétés, la convention générale & les loix ont ajouté à la force de chaque particulier celle de la fociété entiere, dont tous les membres fe font réciproquement garanti la poffeffion des héritages que chacun s'étoit appropriés par voie d'occupation, & par fon travail perfonnel. A la place des forces particulieres qui font devenues inutiles, la force publique a été établie ; elle n'a point borné fa garantie aux terreins enclos, un fentiment d'équité naturelle, très-conforme aux intérêts communs de la fociété, a fait regarder le travail de la culture comme une occupation fuffifante pour affurer la propriété, légale d'un héritage & la poffeffion des fruits.

Il réfulte delà qu'il ne peut y avoir de propriété fans pouvoir de conferver fon droit d'ufage à l'exclufion de tout autre : ce pouvoir de conferver ne peut venir que de la force ou des précautions du propriétaire lui-même, ou bien de la garantie des loix : voyons fi l'un ou l'autre de ces deux principes affure la poffeffion exclufive des matieres fouterraines au propriétaire de la furface.

Il eft d'abord évident au premier coup-d'œil, que celui-ci ne peut s'oppofer par lui-même à une entreprife dont rien ne l'inftruit, & qui ne lui fait ni bien ni mal ; il n'ira pas fouiller à grands frais dans fon champ, pour découvrir fi d'autres ne l'ont pas miné à fon infçu.

Le propriétaire de la furface n'a donc par lui-même aucun pouvoir de conferver la poffeffion des matieres fouterraines ; quant à la garantie légale que la fociété accorde en conféquence de l'occupation du terrein par la culture, elle ne s'étend point fur les matieres fouterraines ; premiérement, parce que l'occupation ne s'y eft point étendue elle-même ; fecondement, parce que la raifon d'équité & d'intérêt commun, qui a fait garantir aux premiers cultivateurs le fruit de leurs travaux, n'a aucune application aux matieres fouterraines qui ne font ni l'objet de la culture ni le produit du travail ; troifiémement, parce que le propriétaire ne reçoit ni dommage ni trouble de la recherche de ces matieres, lorfque les ouvertures ne font pas dans fon héritage ; quatriémement, parce que dans les temps voifins de l'origine des propriétés foncieres, la fociété manquoit elle-même de moyens pour faire exécuter cette garantie légale de la poffeffion des matieres fouterraines.

La géométrie n'avoit point encore appris aux mineurs l'art de décrire la route qu'ils fuivent fous terre, & d'en tracer tous les détours fur la fuperficie : ceux qui s'occupoient à fouiller dans les entrailles de la terre ne s'informoient pas fous quel héritage leur travail les avoit conduits. Le cultivateur & le mineur travailloient chacun de leur côté, fans aucun rapport l'un à l'autre, fans fe connoître, & les loix n'avoient rien à régler entr'eux puifqu'ils ne fe demandoient rien.

Je ne prétens pas foutenir que dans la fuite, lorfque la fituation des propriétés & celle des travaux des Mines ont été fufceptibles d'une détermination plus précife, la fociété n'ait pu donner au propriétaire de la furface le droit de s'oppofer à toute entreprife faite fous fon fonds ; mais je crois avoir prouvé que ce droit n'eft point une conféquence de la convention primitive, qui a établi le droit des propriétées, droit fi ancien & fi néceffaire, qu'il a précédé les loix, & qu'à quelques égards il fe confond avec le droit naturel. Il eft certain que dans le fait le droit du propriétaire fur les matieres fouterraines n'a point été affuré par des loix pofitives chez la plupart des nations, & en particulier en France, puifque l'on y croit que les Mines appartiennent au fouverain. J'examinerai dans la fuite fi une loi qui en donneroit la propriété au propriétaire de la furface feroit utile ; il eft toujours certain qu'à ne confidérer que le droit naturel & les conféquences immédiates des premieres conventions qui ont garanti les propriétés foncieres, il eft libre de fouiller fous le terrein d'autrui, pourvu que l'on n'ouvre que fur fon propre terrein.

§. I V.

Bornes de cette liberté.

4°. CETTE faculté eft cependant limitée par l'obligation de ne nuire en rien au propriétaire de la fuperficie, car le droit de celui-ci s'étend inconteftablement fur tout ce qui peut intéreffer la confervation de fon terrein, la folidité des ouvrages qu'il y a faits, la jouiffance tranquille des fruits ; ainfi un homme qui en ouvrant la terre dans fon champ creuferoit fous celui de fon voifin, de façon à faire enfoncer le fol, à affoiblir les fondemens de fa maifon, à faire écouler l'eau de fon puits, donneroit certainement atteinte à fa propriété. Il n'eft donc pas permis de fouiller fous le fol d'autrui qu'à deux conditions, l'une de ne fouiller qu'à une profondeur, telle qu'on ne puiffe lui caufer aucun dommage ; l'autre de laiffer d'efpace en efpace des foutiens fuffifans pour que fon terrein & fes bàtimens ne puiffent s'écrouler : la poffeffion réfultante de l'occupation des matieres fouterraines eft donc affujettie à une fervitude naturelle en faveur du propriétaire de la fuperficie.

§. V.

§. V.

Droit d'occupation sur les matieres souterraines. Quoiqu'avant l'occupation elles ne soient encore à personne, il n'en résulte pas qu'elles doivent appartenir au souverain.

5°. LES matieres souterraines n'appartiennent à personne jusqu'à ce que le terrein soit fouillé; celui qui entreprend de les extraire s'en empare à titre de travail, comme premier occupant, & le propriétaire du sol qui fouille dans son terrein n'a pas d'autre titre.

On a voulu en conclure que ces matieres appartiennent à l'Etat, & font partie du domaine du souverain, de même que les terres vaines & vagues. Mais il y a deux différences considérables. La premiere consiste en ce que pour s'approprier les terres vaines & vagues, il a suffi que le souverain en ait eu la volonté; au lieu qu'il ne peut parvenir aux matieres souterraines, sans passer par la superficie, ce qui ne peut se faire sans donner atteinte au droit de propriété. Je conviens que le prince peut être aussi propriétaire de terreins, mais les droits qui lui appartiennent à ce titre, appartiennent à tous les autres propriétaires comme à lui, & ne sont point un apanage de la souveraineté. Une seconde différence consiste en ce que personne n'a aucune espece de droit à réclamer sur les terres vaines & vagues; mais quoique le propriétaire du sol n'a pas un droit exclusif sur les matieres souterraines, on ne peut nier que le droit d'ouvrir la terre dans son champ, & de s'approprier par la voie de l'occupation des matieres qu'il y trouve, ne soit un accessoire de son droit de propriété : cette faculté n'exclut pas la concurrence de celui qui pourroit le prévenir dans cette espece d'occupation, mais elle est incompatible avec la propriété absolue du prince, puisque celle-ci priveroit le propriétaire du sol d'une liberté qui fait partie de sa propriété primitive.

§. VI.

Le droit d'occupation sur les Mines, ne s'étend qu'à la propriété des ouvrages faits sous terre, & des matieres déjà extraites, sans droit de suite sur les bancs ou filons découverts.

6°. JE crois avoir prouvé que le droit de celui qui a ouvert une carriere ou une Mine, est le droit du premier occupant; pour fixer la nature & l'étendue de la propriété qu'il acquiert à ce titre, il ne faut que considérer quelle est précisément la chose qu'il occupe.

Il n'est pas douteux qu'en creusant des puits & des galeries, il ne se mette véritablement en possession de tout son ouvrage : cette possession lui en donne une véritable propriété. L'ouverture en est faite dans son terrein ou dans celui d'un propriétaire qui lui a cédé son droit, le reste est le fruit

Tome XXIV.   Pppp

de son travail, il a le droit d'en user; il peut en exclure tout autre, au même titre que le premier cultivateur d'un champ a pu l'enclore. Le même motif d'équité qui a engagé la société à garantir au cultivateur la propriété du terrein qu'il a occupé par son travail, doit faire assurer au mineur la possession permanente des chemins qu'il s'est ouverts pour tirer de nouvelles richesses du sein de la terre.

Le mineur a encore pris possession de la matiere même qu'il a arrachée par son travail, de la carriere ou de la Mine; mais à cet égard sa possession, & par conséquent sa propriété, se borne à ce qu'il a effectivement arraché : que cette matiere forme un banc continu, comme dans certaines carrieres, ou un filon prolongé comme dans la plupart des Mines; celui qui a pris la matiere de ce filon sur dix toises de longueur, n'a pas plus de droit sur la suite de ce filon jusqu'à cent, & jusqu'à mille toises plus loin que le propriétaire de la surface n'en avoit sur la totalité; il n'a que la faculté de s'en mettre en possession en continuant son travail; mais il ne peut empêcher qu'un autre en ouvrant la terre ailleurs, n'attaque ce banc ou cette veine par un autre côté : sa possession ne s'étend donc que sur ce qu'il a pris, & ne lui donne aucun droit de suite sur ce qui reste à prendre. Ce principe est important.

§. V I I.

Par quels principes les contestations entre les mineurs, dont les travaux se rencontrent, peuvent être décidées.

7°. CHAQUE propriétaire ayant droit d'ouvrir la terre dans son héritage, & de pousser en tous sens ses galeries, il est très-facile que deux mineurs se rencontrent en s'avançant sous terre chacun de leur côté. Par le principe que je viens d'établir, chacun restera le maître, 1°. de ses ouvrages souterreins, 2° de la matiere qu'il en aura tirée jusques-là, & n'aura rien à demander à l'autre. S'ils veulent continuer de travailler, comme leur droit est égal, il faut qu'ils s'arrangent ensemble, ou pour se détourner chacun de son côté, ou pour s'associer dans un travail commun : si l'un des deux se refusoit à l'accord, le juge en décideroit; mais il n'auroit besoin pour cela d'autre loi que des principes de l'équité naturelle.

L'accord ne seroit pas difficile, s'il s'agissoit de carrieres disposées par bancs réguliers, car chacun pourroit sans peine se détourner pour travailler de son côté. Quant aux filons métalliques, comme ils n'ont qu'une direction & une épaisseur médiocre, il arriveroit le plus souvent que lorsque deux hommes se rencontreroient en suivant deux directions opposées, le filon se trouveroit épuisé, & alors ils n'auroient rien à se disputer.

Mais supposons que deux hommes suivent chacun un filon, que ces deux filons soient convergens, & viennent, comme il arrive quelquefois, se réunir en un seul; si les deux mineurs ne parviennent pas au point de réunion des deux filons dans le même moment, le premier arrivé continuant de s'avancer, s'emparera de la fuite du filon, & les galeries qu'il aura pouffées étant fon ouvrage, lui appartiendront : le fecond en arrivant trouvera le filon confommé, l'efpace occupé par les galeries de fon concurrent, & n'aura par conféquent rien à prétendre.

Ils n'auroient un droit entiérement égal que dans le cas où ils parviendroient enfemble au point de la réunion des deux filons ; il faudroit alors, ou qu'ils s'affociaffent, ou que l'un achetât le droit & les travaux de l'autre : s'ils ne s'accordoient pas, ils auroient befoin de juge ou d'arbitre ; mais cet arbitre n'auroit encore befoin que de la fimple équité, pour régler leurs prétentions d'après l'évaluation des travaux de l'un & de l'autre.

§. VIII.

La propriété d'une Mine n'entraîne point le droit de forcer le propriétaire du fol à permettre les ouvertures néceffaires pour en continuer l'exploitation.

8°. DANS tout ceci, le propriétaire de la fuperficie n'a aucun intérêt ; mais il n'eft pas poffible de pouffer fort loin le travail des Mines, ni même l'exploitation de certaines carrieres, en fuivant des galeries qui n'auroient qu'une feule ouverture : on eft obligé de les multiplier pour diminuer les frais de l'extraction des matieres, pour procurer de l'écoulement aux eaux qui noieroient les ouvrages, enfin pour donner aux travailleurs les moyens de refpirer, & pour diffiper par la circulation de l'air les exhalaifons nuifibles. Il y a des carrieres qui, comme une grande partie de celles de plâtre & d'ardoife, exigent, pour être exploitées de la maniere la plus avantageufe, que la fuperficie même du terrein foit détruite : dans tous ces cas, le mineur a befoin de recourir au propriétaire de la fuperficie, & de lui demander la permiffion de pratiquer des ouvertures dans fon terrein.

Celui-ci étant maître abfolu de fon héritage eft libre par le droit naturel d'accorder ou de refufer fon confentement, & c'eft au mineur à lui propofer des avantages affez grands pour l'engager à le donner. S'il refufe obftinément, le mineur fera obligé d'interrompre fes travaux, c'eft un malheur ; mais il n'a point à s'en plaindre, c'étoit à lui à prévoir le befoin qu'il auroit du propriétaire, & à s'affurer d'avance de fon confentement.

En vain prétendroit-on, que le mineur étant obligé par une fervitude naturelle, à prendre toutes les précautions néceffaires pour garantir au propriétaire du fol la confervation & la jouiffance tranquille de fa propriété, cette fervitude devroit être réciproque, & que le propriétaire de la fuperficie devroit être pareillement obligé à fe prêter, fauf un dédommagement convenable à tout ce qui eft néceffaire au mineur pour jouir de fa propriété fouterraine.

Cette réciprocité n'a aucun fondement. Il eft faux que le propriétaire du fol, en s'oppofant à l'ouverture dont le mineur a befoin, empêche celui-ci de jouir d'aucune propriété. Le mineur n'a d'autre propriété que celle

des travaux déjà faits, & des matieres qu'il en a tirées. C'eſt pour continuer ſes travaux, c'eſt pour extraire de nouvelles matieres, c'eſt pour acquérir une nouvelle propriété, & non pour conſerver l'ancienne, qu'il a
beſoin d'une nouvelle ouverture : or une propriété qu'il n'a pas, ne peut
lui donner aucune ſervitude. D'ailleurs, eût-il une vraie propriété, celle
du poſſeſſeur de la ſuperficie ſeroit antérieure, & c'eſt de cette antériorité
que réſulte la ſervitude ; c'eſt cette antériorité qui reſtreint la faculté laiſſée
à celui qui n'eſt pas propriétaire de creuſer ſous le ſol ; c'eſt elle qui met
à cette liberté la condition de garantir le propriétaire de tout dommage.
Mais celui-ci n'a fait de condition avec perſonne ; ſa propriété étoit pleine
& entiere, & perſonne n'a pu la diminuer après coup, ni s'acquérir une
ſervitude ſur lui, ſans ſon conſentement. Par cela ſeul qu'il eſt propriétaire, il eſt ſeul maître de ſa choſe, & ne peut être forcé à en céder l'uſage à un autre. Il n'eſt ici queſtion que du droit de propriété conſidéré
en lui-même, & non des motifs d'utilité générale qui pourroient déterminer le légiſlateur à reſtreindre la propriété dans ce cas particulier. J'examinerai bientôt la ſolidité de ces prétendus motifs.

§. I X.

*Réſultat des principes de l'équité naturelle & des conſéquences immédiates du
droit de propriété relativement à la juriſprudence des Mines.*

IL réſulte de cette analyſe, que le code des Mines, à ne le fonder que
ſur les principes de l'équité naturelle, & ſur les conſéquences immédiates
des droits de propriété fonciere, ſe réduit aux quatre articles ſuivans.

1°. Chacun a droit d'ouvrir la terre dans ſon champ.

2°. Perſonne n'a droit d'ouvrir la terre dans le champ d'autrui, ſans ſon
conſentement.

3°. Il eſt libre à toute perſonne de pouſſer des galeries ſous le terrein
d'autrui, pourvu qu'elles prennent toutes les précautions néceſſaires pour
garantir le propriétaire de tout dommage.

4°. Celui qui, en uſant de cette liberté, a creuſé ſous ſon terrein ou ſous
celui d'autrui, eſt devenu à titre de premier occupant, propriétaire des ouvrages qu'il a faits ſous terre, & des matieres qu'il en a extraites, mais il
n'a rien acquis de plus.

CHAPITRE II.

*De la juriſprudence des Mines, conſidérée par rapport à l'avantage de
l'Etat.*

JE dois maintenant examiner ſi le plus grand avantage des Etats a dû ou
doit déterminer l'autorité légiſlative à modifier ou à reſtreindre ces principes, & à établir une juriſprudence différente.

On ne peut fe refufer à une premiere réflexion, c'est que fi ce petit nombre de principes, dictés par la nature, fuffit pour conferver à chacun fes droits, & pour procurer à l'Etat la plus grande jouiffance des richeffes renfermées dans le fein de la terre, on auroit, ou l'on auroit eu tort d'y rien changer ou d'y rien ajouter. Toute loi inutile eft un mal, par cela feul qu'elle eft une reftriction à la liberté, qui par elle-même eft toujours un bien. Voyons donc fi l'intérêt des Etats exige une autre jurifprudence fur la matiere des Mines. Cet intérêt a pu être & a été envifagé de deux façons; ou relativement à l'avantage du fifc par le profit qu'il peut retirer des Mines, ou relativement à l'intérêt qu'a l'Etat, en général, d'encourager l'extraction des richeffes fouterraines, fi précieufes par leurs ufages multipliés, & par leur valeur dans le commerce.

§. I.

Examen des motifs tirés de l'intérêt du fifc, pour reftreindre la liberté naturelle d'exploiter les Mines.

EXAMINONS d'abord l'intérêt du fifc. Je conviens que les fouverains ne pouvant fe paffer de revenu pour fubvenir aux dépenfes de l'Etat, l'intérêt fifcal peut être, à quelques égards, confidéré comme une branche de l'intérêt public; & je ne doute pas que l'idée de groffir le tréfor du prince d'une richeffe qui ne fembloit prife à perfonne, n'ait contribué plus que tout autre motif à faire établir par les jurifconfultes Romains le principe que toutes les Mines appartiennent à l'Etat; mais les empereurs Romains ne furent pas long-temps fans reconnoître combien cette idée eft chimérique. Un entrepreneur particulier qui emploie tout fon temps & fon induftrie à l'exploitation d'une Mine, a fouvent peine à retirer quelque profit de fes avances, & quelquefois le produit n'égale pas les frais; comment une adminiftration furchargée d'affaire de tout genre pourroit-elle fuivre les détails d'un travail très-difficile avec cette économie fcrupuleufe, fans laquelle ces entreprifes ruinent toujours leurs auteurs? Les tentatives que le gouvernement à faites de temps en temps en France pour faire valoir les Mines au profit du roi, n'ont fervi qu'à en prouver l'impoffibilité par de nouvelles expériences : on voit par l'édit de 1601 que M. de Sulli avoit fondé de grandes efpérances fur cette reffource, mais il en fut bientôt défabufé.

§. II.

S'il eft poffible de faire valoir les Mines avec avantage au profit du fouverain ?

POUR que l'exploitation d'une Mine, au profit du fouverain, lui foit avantageufe; il faut deux conditions, l'une que la Mine foit exceffivement riche, l'autre que l'Etat foit très-petit : d'un côté, les produits d'une Mine riche

font diminués, mais ne font pas abforbés en totalité par quelques négligences dans la régie; de l'autre, les négligences font un peu moindres dans
un petit Etat : l'objet eft plus fous les yeux : il eft plus important, parce
que la totalité des revenus eft moindre, & le gouvernement eft moins fur-
chargé : c'eft par ces raifons que plufieurs princes d'Allemagne gagnent à
faire travailler leurs Mines pour leur compte; mais un grand Etat y perdroit. C'eft fur le revenu territorial qu'il doit fonder les fiens; & non fur
les produits d'entreprifes particulieres dont l'adminiftration ne pourroit s'occuper, fans dérober fon attention à des objets qui doivent la fixer toute
entiere. En attribuant à l'Etat la propriété des Mines, les jurifconfultes ne
lui ont donc rien donné; puifque le fouverain ne peut par lui-même, les
mettre en valeur, & qu'il eft réduit à en céder l'ufage à des particuliers,
qui feuls peuvent les exploiter avec avantage. Il auroit autant valu abandonner les Mines au fort des autres biens, que de fe réferver un droit illufoire, dont le prince ne peut faire ufage qu'en le cédant. ·

§. I I I.

*Le droit de dixieme fur les Mines, quand il feroit utile de le conferver,
pourroit être levé à titre d'impôt, fans que la propriété des Mines appartînt
au domaine.*

I L eft vrai que les empereurs Romains & plufieurs fouverains après eux,
en permettant aux particuliers d'exploiter des Mines, fe font réfervé le
droit de prélever un dixieme fur leur produit; mais pour cela ils n'avoient
nullement befoin de s'attribuer la propriété des Mines. Ce dixieme n'eft autre
chofe qu'un impôt fur le produit des Mines, & l'Etat leve des impôts auffi
forts fur les autres efpeces de biens, fans y prétendre aucun droit de propriété particuliere. Or que les fouverains levent ce dixieme à titre d'impôt
ou à titre de droit domanial, la chofe eft fort indifférente. S'il eft avantageux à l'Etat qu'une partie des impofitions porte fur le produit des Mines,
(queftion très-fufceptible de doute, & que j'examinerai plus bas) le prince
n'a befoin que de fon autorité pour établir cet impôt; fi au contraire l'Etat
a plus d'intérêt à encourager l'exploitation des Mines par une entiere fran-
chife, qu'à en tirer une branche de revenu, l'Etat fera très fagement de
remettre fon droit domanial; & c'eft ce que le roi a fait en plufieurs occafions, notamment par l'édit de février 1722, en faveur d'une compagnie
établie pour exploiter les Mines du royaume. Dans l'un & l'autre cas, la
parité eft entiere entre l'impôt & le droit domanial; & puifque l'expérience
a démontré que l'Etat ne peut trouver aucun avantage à faire travailler les
Mines pour fon propre compte, il en réfulte évidemment que le fifc n'a
aucun intérêt direct au maintien du principe que la propriété des Mines fait
partie du domaine public; c'eft donc fans objet & fans intérêt que l'avidité fifcale a dérangé fur ce point l'ordre que la nature des chofes avoit
établi.

§. IV.

Examen des motifs qu'on allégua pour reſtreindre la liberté naturelle de l'exploitation des Mines & qu'on tire de l'intérêt qu'a l'Etat, à ce qu'elles ſoient exploitées de la maniere la plus fructueuſe.

APRÈS avoir détruit le véritable motif qui a fait introduire la juriſprudence domaniale ſur les Mines, il me reſte à diſcuter les prétextes dont on a cherché à l'appuyer.

On part d'un principe inconteſtable; c'eſt l'intérêt qu'a l'Etat à ce que les Mines ſoient miſes en valeur & exploitées de la maniere la plus avantageuſe, ſoit pour épargner l'achat des matieres qu'on ſeroit obligé de tirer de l'étranger pour fournir aux différens beſoins de la ſociété, ſoit pour mettre dans le commerce de nouvelles valeurs qui en augmentent l'activité.

Or, on prétend que la liberté laiſſée à tout propriétaire, d'ouvrir ſur ſon terrein, à l'excluſion de tout autre, eſt incompatible avec l'exploitation fructueuſe des Mines.

§. V.

Premiere objection contre la liberté, fondée ſur la néceſſité de faire de groſſes avances & de courir de très-gros riſques pour mettre une Mine en valeur: d'où l'on conclut qu'il eſt indiſpenſable d'aſſurer à un ſeul entrepreneur le droit excluſif de faire travailler toutes les Mines qui ſe trouvent dans une certaine étendue de terrein.

IL n'eſt pas poſſible, dit-on, de mettre une Mine en valeur, ſans commencer par faire les plus grandes dépenſes; il faut creuſer des puits, percer des galeries dans le roc, ſoutenir les uns & les autres par de forts étais, établir des machines pour l'épuiſement des eaux, bâtir les fourneaux, payer une foule d'ouvriers, acheter du bois, extraire la Mine, la fondre avant d'en retirer un ſol. De pareilles avances, effrayantes par leur immenſité, le ſont encore plus par l'incertitude du ſuccès. On ſait que les plus habiles artiſtes ne peuvent former que des conjectures plus ou moins probables ſur la richeſſe d'une Mine, ni même ſur la vraie direction des filons, dont la marche irréguliere déconcerte ſouvent les mineurs les plus expérimentés. Maintenant quel eſt l'homme qui voudra faire des avances auſſi fortes, & riſquer ſa fortune, s'il n'eſt pas aſſuré de recueillir, ſans partage, le fruit de ſes travaux; ſi lorſque ſes recherches lui auront enfin découvert une veine ſuivie & abondante, les propriétaires de chacun des héritages ſous leſquels elle paſſe, ou ceux à qui ces propriétaires auroient cédé leurs droits, peuvent, en ouvrant la terre de leur côté, s'emparer des richeſſes qu'elle renferme, & s'approprier ſans riſque le fruit de tant de travaux & de dépenſes? Sur quelle aſſurance l'entrepreneur d'une Mine pourra-t-il engager des gens riches à s'aſſocier avec lui, & à lui confier leurs fouds?

Il eſt donc néceſſaire, pour qu'un homme puiſſe entreprendre la recherche
& l'exploitation d'une Mine, que l'Etat lui en aſſure la poſſeſſion ſans trouble; ce qui ne peut ſe faire qu'en lui donnant la conceſſion excluſivement
à tout autre, de toutes les Mines qui ſe trouvent aux environs du lieu où
il ſe propoſe de fouiller, dans une étendue aſſez grande pour qu'il puiſſe
être indemniſé de ſes frais & trouver un profit ſuffiſant. Or, l'Etat ne peut
faire cette conceſſion, s'il n'a pas, à l'excluſion des propriétaires de la ſuperficie, la propriété des matieres ſouterraines. La loi qui la lui donne eſt
néceſſaire, parce que ſans elle, les Mines les plus riches demeureront à
jamais des tréſors enfouis & perdus pour l'Etat. Cette loi n'a rien d'injuſte,
car elle n'ôte au propriétaire de la ſuperficie qu'un droit inutile, & qui
ne peut lui ſervir qu'à empêcher un autre de mettre en valeur des richeſſes
dont lui-même ne profite pas.

Sacrifier à ces prétendus droits toutes les richeſſes que le travail des Mines peut procurer au royaume, ce ſeroit ſacrifier à un intérêt chimérique
& de nulle valeur pour un particulier, un intérêt très-réel & très-conſidérable pour l'Etat. Quand il s'agiroit de la valeur même du fond où l'on
doit creuſer, c'eſt-à-dire, de quelques arpens de terre, elle ne pourroit
être comparée aux dépenſes immenſes de l'exploitation d'une Mine, ni par
conſéquent aux produits, qui dans toute entrepriſe, doivent toujours faire
rentrer les dépenſes avec un profit proportionné. On ne devroit pas même
craindre d'obliger le propriétaire à céder ſon fonds, s'il le falloit, en obligeant l'entrepreneur à lui en payer la valeur.

§. VI.

*Seconde objection contre la liberté. Néceſſité d'obliger le propriétaire de la
ſuperficie, de conſentir, moyennant un dédommagement, aux ouvertures
dont les mineurs ont beſoin pour continuer leur exploitation.*

CE ſeroit bien en vain que l'Etat donneroit à un entrepreneur de Mines, la conceſſion de toutes celles qui ſe trouvent dans un certain arron-
diſſement, ſi le propriétaire de la ſurface n'étoit pas forcé par une loi de
permettre dans ſon terrein toutes les ouvertures néceſſaires pour l'exploitation de ces Mines. Il eſt indiſpenſable de multiplier ces ouvertures pour
chercher de nouvelles traces d'un filon interrompu, pour rendre l'extraction des matieres moins diſpendieuſes, pour établir des pompes, ou ménager des écoulemens aux eaux, enfin, pour donner de l'air aux ouvriers. Or
ſi le propriétaire du terrein peut refuſer ſon conſentement à l'ouverture,
il ne faudra qu'un homme de mauvaiſe humeur, pour faire perdre le fruit
d'une dépenſe immenſe, ruiner les entrepreneurs, & rendre impoſſible l'exploitation de la Mine la plus riche & la plus avantageuſe pour l'Etat. Quelque étendue qu'on puiſſe donner au droit du propriétaire du ſol, il ne ſauroit avoir celui de ruiner, ſans intérêt, la fortune d'un autre citoyen. La
loi

loi doit les protéger tous également; par conféquent, elle doit ordonner au propriétaire de fouffrir une ouverture dont le mineur ne peut fe paffer, & obliger le mineur à lui donner un dédommagement tel, qu'il demeure entiérement indemnifé. Le droit des particuliers a toujours cédé à l'intérêt public, & pourvu que le particulier foit dédommagé, il n'a point à fe plaindre. Ce dédommagement peut être fixé par la loi même; mais il paroît plus jufte que le dédommagement foit plus ou moins fort, fuivant le plus ou le moins de tort que fouffre le propriétaire; ce qui dépend de mille circonftances locales & variables. Il fuffit donc que l'indemnité foit fixée à dire d'experts, & par l'autorité du juge, lorfque les parties ne peuvent s'accorder.

§. VII.

Troifieme objection contre la liberté, fondée fur le danger des petites exploitations irrégulieres, que chaque propriétaire pourroit faire fur fon terrein.

CE n'eft pas feulement pour mettre l'Etat à portée d'affurer aux entrepreneurs de Mines le fruit de leurs dépenfes, que la propriété doit lui en être réfervée, & qu'il ne doit pas être permis à chaque propriétaire de travailler les filons qui peuvent fe trouver fur fon terrein; c'eft encore pour prévenir l'inconvénient de ces petites exploitations, faites par des payfans qui creufent à la hâte quelques puits, lorfqu'ils apperçoivent l'extrémité d'un filon qui fe montre à la fuperficie de la terre, & les abandonnent dès qu'ils font parvenus à une certaine profondeur, parce qu'ils manquent également de fonds & d'intelligence. Ils ne peuvent ni foutenir les terres, ni fe délivrer des eaux, ni fe procurer l'air dont ils ont befoin pour refpirer; négligeant les précautions les plus effentielles, ils rifquent à tous momens leur vie. Ils gagnent à peine à ce travail, ce qu'ils gagneroient par-tout ailleurs, à travailler de leurs bras, & ce profit médiocre eft une véritable perte pour l'Etat; parce que les ouvertures multipliées, & pratiquées fans aucune régularité, nuifent aux exploitations régulieres que d'habiles gens pourroient entreprendre dans la fuite. Les maffes de terres affoiblies par l'interruption de leur continuité & mal foutenues avec de mauvais bois, s'éboulent fur les travaux; les puits abandonnés fe rempliffent d'eaux, qui fe faifant jour tout-à-coup dans les galeries inférieures, y viennent furprendre & noyer les mineurs. Les eaux, fi elles fe filtrent, peuvent détremper & décompofer les filons; fi elles féjournent dans les puits, elles s'y corrompent & produifent ces vapeurs mal-faines qui font périr fur le champ les ouvriers. L'Etat a donc un intérêt fenfible à ce que les Mines ne foient exploitées que fuivant les regles de l'art; ce qui eft incompatible avec la liberté générale laiffée à tous les propriétaires d'ouvrir les Mines, chacun fur fon terrein.

MINE.

§. VIII.

Conséquences des trois objections ci-dessus ; en faveur de l'utilité & de la nécessité des systêmes établis sur la jurisprudence & sur l'administration des Mines.

En effet, des concessions accordées en connoissance de cause, sont l'unique moyen d'obvier aux petites exploitations irrégulieres qui produisent peu pour le moment, & nuisent pour l'avenir, en devenant un obstacle à des exploitations plus régulieres. L'Etat en donnant à ces concessions une certaine étendue, assure aux entrepreneurs, outre la rentrée de leurs frais, des profits suffisans pour les exciter à multiplier leurs entreprises, & à mettre en valeur toutes les richesses que le royaume possede en ce genre. En n'accordant ces concessions que pour un temps limité, & statuant que dans le cas où les concessionnaires négligeroient ou abandonneroient l'exploitation de la Mine concédée, l'Etat y rentrera de plain droit ; on n'a point à craindre qu'un privilege accordé à un concessionnaire qui n'en feroit point d'usage devienne dans la suite un obstacle à ce qu'un autre entreprenne de mettre la même Mine en valeur.

Tel est précisément le systême actuel de l'administration sur la police des Mines, dans une partie de l'Europe, & c'est le seul dans lequel elles puissent être exploitées de la maniere la plus avantageuse pour l'Etat. Ce systême suppose que la propriété des matieres souterraines soit distinguée de celle de la superficie, & qu'elle appartienne au prince ; il est donc nécessaire que la loi lui donne irrévocablement cette propriété, non pour l'intérêt de son trésor, mais pour l'intérêt public.

§. IX.

Réfutation des raisons qu'on allegue en faveur du systême établi sur l'administration des Mines.

Ce font-là, ce me semble, les argumens les plus spécieux qu'on allegue pour autoriser les principes établis sur la propriété des Mines, & je ne pense pas en avoir déguisé la force ; il s'en faut bien que je les trouve convaincans.

§. X.

Ressemblance de ces raisons avec celles qu'on allegue en faveur des monopoles de toute espece.

Avant que d'entrer dans la discussion qu'exigent ces raisonnemens, je ne peux m'empêcher de remarquer qu'ils ressemblent beaucoup à ceux qu'on entend journellement en faveur de tous les privileges exclusifs. Les demandeurs ne manquent jamais d'alléguer les dépenſes qu'ils ont faites pour trouver les ſecrets utiles ; ils craignent que ces ſecrets une fois connus , d'autres particuliers à qui cette connoiſſance n'a rien coûté & qui par conſéquent n'ont pas les mêmes frais à retirer, ne leur enlevent le fruit de leurs recherches, en vendant à meilleur marché qu'ils ne peuvent faire.

Tout entrepreneur qui eſt parvenu à perſuader que ſon entrepriſe eſt utile à l'Etat, ne manque pas de demander ſous ce prétexte, des ordres pour ſe faire fournir des manœuvres , des voitures, des matieres premieres à ſalaire compétant ; à écouter ces ſortes de gens, (& on ne les a que trop ſouvent écoutés), c'eſt toujours par mauvaiſe volonté que les marchands ou les ouvriers ne ſe contentent pas du prix qu'ils offrent, & le ſervice eſt toujours prêt à manquer, ils obtiennent des ordres, on taxe le prix du travail ou des fournitures , on croit avoir rendu juſtice aux propriétaires des matieres, ſi ce prix n'eſt pas au-deſſous du prix courant , & l'on oublie, que quand cela ſeroit, on leur auroit toujours fait l'injuſtice d'attenter à leur liberté.

A entendre de même la plupart des riches manufacturiers, des gros commerçans , on regardera les petits fabriquans, les colporteurs comme la ruine des fabriques & du commerce. Ces gens épargnent ſur la quantité & ſur la qualité des matieres, ils donnent de mauvaiſes marchandiſes, parce que n'ayant point de fonds , ils ſont toujours preſſés de vendre vîte, & qu'ils ne peuvent vendre vîte qu'en vendant à un prix trop bas, dont ils tâchent de ſe dédommager ſur la marchandiſe. Ce langage du monopole eſt le même dans toutes les branches de commerce : il ne doit pas être moins ſuſpect dans la matiere des Mines que dans toute autre, & j'eſpere montrer qu'il n'eſt pas mieux fondé.

§. XI.

Réponſe à la premiere objection. Il n'eſt nullement néceſſaire de donner aux entrepreneurs des Mines, le droit excluſif de travailler toutes celles d'un certain canton.

Personne ne conteſtera que la recherche & l'exploitation des Mines n'exige des avances énormes & d'autant plus effrayantes, que le ſuccès en eſt long-temps incertain. Il eſt encore indubitable que perſonne ne ſe livreroit à de pareils riſques, ſi le fruit de ſes richeſſes ne lui étoit point aſſuré ; mais l'entrepreneur ne peut avoir une aſſurance plus forte que celle qui réſulte des avances même qu'il a faites : plus il a fallu de dépenſes pour creuſer la terre , percer des galeries & monter tout le travail d'une Mine, & moins on peut craindre d'avoir des concurrens. Quel homme ſeroit aſſez extravagant pour faire les mêmes dépenſes, avec le déſavantage d'avoir été prévenu , & de ſe trouver en concurrence avec une exploitation toute montée? Puiſque l'entrepriſe d'une Mine eſt au-deſſus des forces de tout propriétaire qui n'a qu'un bien médiocre, la crainte que chaque propriétaire n'ouvre sur son terrein est chimérique; il seroit bientôt puni de sa folie; le premier entrepreneur n'auroit donc d'autre commerce à craindre que celui d'une compagnie pareille à la sienne : or, si la liberté générale n'empêche pas cette compagnie de se former, & de risquer ses fonds, malgré le nouveau désavantage qu'elle a d'avoir à combattre contre une compagnie déjà en possession de la Mine; je demande comment le seul obstacle de la liberté générale auroit pu empêcher une premiere compagnie de se former, & de faire les mêmes avances?

Dira-t-on, que la premiere compagnie épuisée par les dépenses de la découverte, ne pourra soutenir la concurrence d'une compagnie nouvelle, qui profitant de la découverte connue, partira du point où la premiere est arrivée, sans avoir les mêmes frais à faire? Je répons que si la premiere compagnie est encore en état de travailler ou de trouver de l'argent à emprunter, elle a toujours de l'avantage sur la nouvelle, puisque ses puits sont ouverts, ses galeries pratiquées, & le filon entamé. La nouvelle compagnie seroit obligée de faire les mêmes ouvrages pour arriver à ce filon, & avant qu'elle y fut arrivée, l'ancienne en aura consommé une grande partie.

Si pour prévenir cet inconvénient, la premiere compagnie dirige ses fouilles, de façon à rencontrer le cours du filon dans un point éloigné du lieu où sont déjà parvenus les mineurs de l'ancienne; alors elle court tous les risques qu'entraînent l'incertitude & l'irrégularité de la marche des filons, elle redouble par conséquent ses désavantages. Ceux qui connoissent la peine qu'on a souvent à retrouver les traces des Mines qu'on sait avoir été anciennement travaillées, & dont les galeries sont encore ouvertes, sentiront combien cette nouvelle compagnie agiroit imprudemment, & combien l'ancienne conserveroit d'avantages sur elle.

Si l'ancienne est tellement épuisée par ses dépenses qu'elle ne soit plus en état de continuer son exploitation, ni par ses propres forces, ni par son crédit, à quoi lui serviroit un privilege dont elle ne peut faire usage? La nouvelle compagnie, bien loin de lui nuire lui rendroit service, en achetant la propriété de tous les établissemens, & de tous les ouvrages souterrains.

L'ancienne, bien loin d'avoir à se plaindre de la liberté générale, y gagneroit; car les compagnies n'ayant besoin d'aucune concession pour se former, il s'en présenteroit plusieurs pour cet achat, & aucune ne lui feroit la loi.

A quelque prix que cette concurrence fit monter la vente des ouvrages & des établissemens de celle-ci, jamais la dépense de leur acquisition ne seroit comparable aux frais qu'entraîneroient de nouvelles fouilles; & la seconde compagnie auroit toujours le plus grand intérêt à s'accommoder avec la premiere.

Il est vrai que dans le cas où les premiers entrepreneurs auroient si mal

dirigé leurs travaux, qu'il feroit plus profitable de faire de nouvelles fouilles que de fe fervir des leurs, une nouvelle compagnie pourroit entreprendre de nouveau l'exploitation de la Mine, fans s'accommoder avec
eux, & qu'ils perdroient toutes leurs dépenfes; mais c'eft-là un danger
dont l'Etat n'a pas dû les garantir, & dont le privilege exclufif ne les fau-
veroit pas; car ils ne pourroient profiter de ce privilege, qu'en faifant
précifément ce que feroit une nouvelle compagnie; c'eft-à-dire, en recom-
mençant fur nouveaux frais: mais que ce foit eux ou d'autres qui commencent une nouvelle fouille, la dépenfe de la premiere eft également perdue pour eux.

C'eft une entreprife nouvelle à former; s'ils ont encore des fonds, rien
ne s'oppofe à ce qu'ils les employent; ils auront l'avantage d'être inftruits
par leurs fautes. S'ils font ruinés, il n'eft avantageux ni pour eux ni pour
l'Etat de leur affurer le droit exclufif de faire une entreprife au-deffus de
leurs forces.

Il ne faut pas s'imaginer que ce droit exclufif fût une reffource avec laquelle ils puffent réparer leurs pertes; il ne vaudroit exactement pour eux
que ce qu'il vaudroit dans le commerce, s'il étoit à vendre: or, il eft
certain qu'il ne fe vendroit pas fort cher. L'entreprife d'une Mine fuppofe
trois chofes: de très-gros capitaux pour les dépenfes inféparables de ce
genre d'exploitation; l'induftrie d'un habile mineur capable de diriger les
travaux, de la maniere la moins coûteufe & la plus profitable; enfin la
poffeffion du terrein qui renferme le filon, ou la faculté d'y creufer. Or,
de ces trois chofes, la derniere eft certainement celle qui vaut le moins,
à peine mériteroit-elle d'entrer en confidération dans la totalité des dépenfes à faire pour l'exploitation d'une Mine. On fent bien qu'un entrepreneur
qui fait que par la nature de fon entreprife, il fera obligé à rifquer d'a-
vance de très-gros capitaux, fans pouvoir être affuré d'aucun bénéfice, n'a-
chetera pas bien cher la permiffion de faire une tentative qui peut également le ruiner ou l'enrichir. C'eft par cette raifon que dans les pays où il
eft libre à chacun de fouiller les Mines dans fon terrein, l'exiftence d'une
veine métallique fous un héritage, ne le fait pas vendre plus cher, & ne
forme pour le propriétaire qu'une richeffe prefque nulle. Ce ne feroit donc
pas un grand avantage pour une compagnie qui fe feroit ruinée par le défaut d'intelligence ou d'économie dans l'exploitation d'une Mine, que d'en
conferver le privilege exclufif; & ce feroit un défavantage pour l'Etat, qui
peut toujours efpérer que les entrepreneurs plus habiles exploiteront la même
Mine avec un fuccès plus heureux.

Je ne parle pas du cas où les entrepreneurs auroient échoué dans leurs
recherches, parce qu'ils fe feroient livrés à leur entreprife fur de fauffes
efpérances. Il eft bien évident qu'ils ne pourroient imputer qu'à eux-mêmes la perte de leurs frais; & qu'une conceffion, fut-elle perpétuelle, ne
leur feroit d'aucune utilité.

Toutes ces réflexions prouvent que la conceffion accordée aux entrepreneurs d'une Mine, ne diminue que très-peu l'incertitude du fuccès : cette incertitude eſt dans la nature des choſes. Les entrepreneurs favent qu'ils riſquent de perdre une partie de leurs frais, & ils font leur calcul en con-féquence. Leurs bénéfices dépendent du haſard qui leur préſente un filon riche & facile à mettre en valeur, & de l'habileté avec laquelle leurs ou-vrages ont été dirigés ; ils n'ont pas non plus d'autres garans pour la fureté de leurs avances. Si leurs ouvrages font dirigés d'une maniere trop diſ-pendieuſe, s'ils n'ont rencontré que des veines pauvres, leurs avances fe-ront perdues, foit qu'ils aient un privilege excluſif, ou qu'ils n'en aient pas : fi au contraire leurs ouvrages font bien conduits, & qu'ils foient par-venus à un filon riche, fuſſent-ils hors d'état d'en continuer l'exploitation par leurs propres forces, la faculté de vendre leurs ouvrages & leurs éta-bliſſemens à une nouvelle compagnie, les aſſurera bien mieux de ne pas perdre toutes leurs avances, que ne pourroit faire le privilege excluſif ré-fultant d'une conceſſion. Le fyſtéme de la liberté générale, dans lequel les premiers entrepreneurs ont acquis à titre d'occupation la propriété incom-mutable de tous leurs ouvrages, leur aſſure donc un gage bien plus folide que le fyſtéme domanial, où toute leur fureté confiſte dans une conceſſion accordée pour un terme limité, à l'expiration duquel la propriété revient au prince, & tous les anciens travaux font perdus pour ceux qui les ont faits. Bien loin donc que les conceſſions excluſives foient néceſſaires pour exciter les entrepriſes, en aſſurant aux entrepreneurs la rentrée & le béné-fice de leurs avances, elles leur donnent moins de fureté qu'ils n'en au-roient dans le fyſtéme de la liberté générale ; donc rien n'oblige à cet égard d'y mettre aucune reſtriction.

§. X I I.

Réponſe à la feconde objection. Il eſt inutile de forcer le propriétaire du fol à fouffrir que les mineurs y faſſent les ouvertures néceſſaires pour continuer leur exploitation.

JE ne vois pas non plus aucune néceſſité à donner atteinte au droit na-turel, qu'a tout propriétaire d'empêcher qu'on ne faſſe des ouvertures dans fon terrein malgré lui. En effet, quel prétexte à l'entrepreneur de la Mine pour demander qu'on force le propriétaire à y confentir ? Avant de for-mer une entrepriſe auſſi confidérable que celle de l'exploitation d'une Mi-ne, ne favoit-il pas qu'il auroit befoin d'éventer fes galeries, de faire écou-ler fes eaux, & par conféquent d'ouvrir la terre dans pluſieurs endroits ? N'a-t-il pas dû, en conféquence, s'arranger avec tous les propriétaires, dans le terrein defquels il préfume qu'il fera obligé d'ouvrir, & convenir avec eux de leur dédommagement ? Il n'y a aucun doute que ces arrangemens ne fe fiſſent toujours d'avance, s'il étoit établi que le propriétaire pourroit toujours refufer fon confentement : or, pourquoi vouloir faire par contrainte ce qui peut fe faire librement ? La crainte qu'un propriétaire de mauvaiſe humeur n'arrête, par un refus capricieux, l'exploitation d'une Mine, est une crainte chimérique ; & l'intérêt réciproque des deux parties est un garant sûr qu'elles s'accorderont. L'entrepreneur qui a besoin du consentement d'un propriétaire, l'achetera, & le propriétaire ne le refusera pas, s'il y trouve un profit suffisant : il vendra son champ s'il le faut, pourvu qu'on le lui achete assez cher ; & c'est à l'entrepreneur à offrir un prix proportionné au besoin qu'il a de la chose.

J'ai déjà cité l'exemple des ardoisieres d'Angers, & des plâtrieres des environs de Paris, dont l'exploitation entraîne le plus souvent la destruction même du sol ; alors il faut que l'entrepreneur achete la propriété du champ, & l'on ne voit pas que les propriétaires s'y refusent.

Le cas d'un refus fondé uniquement sur la mauvaise humeur n'est pas impossible, mais il sera rare, parce qu'il est rare que les hommes agissent contre leur intérêt : le cas où l'entrepreneur voudroit abuser de la loi pour rançonner les propriétaires en les menaçant d'ouvrir sur leur terrein n'est pas impossible non plus, & il pourra être moins rare, parce qu'il est plus commun d'être injuste & méchant par intérêt, que de l'être contre son intérêt.

D'ailleurs le refus de l'ouverture n'est à craindre que dans le cas où l'entrepreneur auroit fait ses puits & ses galeries, sans s'être assuré du consentement du propriétaire, & l'auroit mis par-là dans le cas de lui faire la loi ; mais comme il pouvoit prévenir ce malheur en prenant d'avance ses précautions, il ne doit l'imputer qu'à son imprudence.

J'ajoute que l'on n'est pas nécessairement assujetti à placer dans tel lieu plutôt que dans un autre, les ouvertures qu'on est obligé de pratiquer d'espace en espace : l'on a toujours à choisir entre plusieurs positions ; ainsi l'on n'est presque jamais exposé à recevoir la loi d'un seul propriétaire. Si le premier auquel on s'adresse refuse par caprice, un autre sera plus complaisant, & le premier sera privé du prix que l'entrepreneur auroit mis à son consentement. S'il n'y avoit pas une assez grande liberté dans le choix des positions qu'on peut donner aux ouvertures, il arriveroit souvent qu'on seroit forcé à les pratiquer au milieu d'un village, d'une rue, sous des maisons, sous des églises, dans le parc d'un grand seigneur, puisque cela n'arrive jamais, on peut être bien sûr que la crainte d'être forcé d'abandonner l'exploitation d'une Mine par la mauvaise humeur d'un propriétaire, & la nécessité qu'on veut en induire de forcer les propriétaires à laisser ouvrir dans leur terrein malgré eux, n'ont pas le moindre fondement.

§. XIII.

Réponse à la troisieme objection, tirée du prétendu danger des exploitations irregulieres.

QUANT au motif de prévenir le danger des exploitations irregulieres, je ne puis m'empêcher de le regarder encore comme un prétexte imaginé par l'esprit de monopole. Je conviens qu'un payfan qui fait un puits dans son champ pour tirer de la Mine, ne fait pas tant de dépenſe en étais que l'entrepreneur d'une Mine conſidérable, & qu'il ne ſe conforme aux réglemens ni ſur la forme ni ſur la largeur des puits, ni ſur la qualité des bois employés à ſoutenir les terres; mais auſſi n'a-t-il pas beſoin d'auſſi grandes précautions, parce qu'il n'eſt jamais dans le cas de creuſer à d'auſſi grandes profondeurs; dès que l'exploitation de la Mine ſurpaſſe ſes forces, il l'abandonne, & pourvu que ſes puits ſe ſoutiennent juſques-là, toute dépenſe pour leur donner une plus grande ſolidité ſeroit en pure perte. Il eſt ſuffiſamment intéreſſé à conſerver ſa vie, pour qu'on s'en rapporte à lui ſur les précautions néceſſaires; malgré ces précautions, il arrivera ſans doute des accidens, mais il en arrivera auſſi dans les grandes exploitations : je ſuis même très-perſuadé qu'à proportion du nombre d'hommes employés, ils ſont au moins auſſi fréquens; mais ils n'alarment point l'humanité de ceux qui ſollicitent des privileges excluſifs; parce que leur ſenſibilité eſt le prétexte, & l'intérêt, le motif de ces alarmes.

Au fond, les couvreurs, les charpentiers, courent bien autant de riſques que les mineurs, ſoit dans les grandes, ſoit dans les petites exploitations. Une loi qui interdiroit tous les travaux où les hommes peuvent courir le riſque de leur vie, condamneroit une grande partie du genre-humain à mourir de faim, & priveroit la ſociété d'une foule de biens; mais le gouvernement ne défend ni ne doit défendre de s'expoſer volontairement à un riſque incertain & même léger, pour éviter une miſere certaine.

Reſte donc le danger que ces petites exploitations, lorſqu'elles ſont abandonnées, ne deviennent un obſtacle à une exploitation plus avantageuſe; mais ce danger eſt bien exagéré, & peut-être entièrement nul. Les puits abandonnés ſe comblent à la vérité, ou ſe rempliſſent d'eau; mais comme preſque toutes les entrepriſes de Mines couronnées par les ſuccès ont été faites à la ſuite de tentatives antérieures qui n'avoient point réuſſi, & que ces premiers travaux bien loin d'avoir nui aux derniers, paroiſſent au contraire les avoir facilités; j'en conclus qu'il eſt peut-être moins coûteux de ſe ſervir des puits & des galeries déjà faites, ou d'en faire écouler des eaux, que de pratiquer de nouvelles ouvertures : ces eaux ne font pas plus de mal aux filons que celles qui s'amaſſent naturellement, & je ſuis bien convaincu que ces foibles inconvéniens n'ont arrêté l'exploitation d'aucune Mine. D'ailleurs, quand ils ſeroient de quelqu'importance, ce ſeroit un mal néceſſaire qu'il faudroit ſouffrir, parce qu'il eſt impoſſible de l'empêcher : on n'auroit jamais connu l'exiſtence de la plupart des Mines, ſi les propriétaires qui ont apperçu dans leur champ les traces de quelques veines, ne s'étoient aviſés d'y fouiller, & n'y avoient été encouragés par la vente des matieres. Si pour les découvrir, il falloit que les hommes prépoſés à cet effet parcouruſſent toutes les parties d'un royaume pour en chercher les indices, & fiſſent ouvrir la terre par-tout où ils en apercevroient, pour vérifier leurs ſoupçons, ils dépenſeroient des ſommes immenſes,

&

& le plus souvent ils ne trouveroient rien. C'est donc par le succès des petites exploitations, que les riches entrepreneurs sont avertis de l'existence des Mines : le gouvernement l'ignore tant que personne n'a d'intérêt à exciter son attention, & il ne l'apprend que lorsqu'on lui en demande la concession : or, alors il n'est plus temps de prévenir le prétendu inconvénient des petites exploitations irrégulieres, le mal est fait, si on peut l'appeller mal, & s'il n'est pas absurde de représenter comme un obstacle à l'exploitation des Mines en grand, une chose sans laquelle il seroit impossible que jamais personne eût songé à exploiter aucune Mine.

Je suis bien trompé, si je n'ai pas démontré la frivolité de tous les prétextes, par lesquels on a prétendu prouver que les Mines ne pouvoient être mises en valeur, si l'Etat ne s'en rendoit le maître pour en accorder la concession exclusive à certains entrepreneurs.

§. X I V.

Exemples de plusieurs Mines mises en valeur avec le plus grand succès, sans aucunes concessions exclusives.

J'AUROIS pu m'épargner cette discussion, car on n'a pas besoin de prouver la possibilité d'un fait. Puisque les Mines de charbon de terre de Newcastle, & toutes celles de la Bretagne s'exploitent avec le plus grand succès, & sont les premieres Mines du monde en ce genre, malgré la liberté indéfinie dont jouit chaque propriétaire d'ouvrir la terre sur son terrein; il faut bien que cette liberté ne soit pas une chose si funeste.

Les Mines de charbon de saint Etienne en Forez n'ont pas attendu le réglement de 1744, pour procurer aux manufactures de cette ville une quantité immense de charbon; elles ont prospéré par la seule liberté.

Les Mines d'étain de Cornouailles sont en valeur depuis plus de trois mille ans; & jamais on ne s'est apperçu que la liberté que laissent à cet égard les loix de l'Angleterre, ait dérangé ou fait languir les travaux nécessaires à leur exploitation. En France même, les Mines dont les matieres ne sont pas assez précieuses pour piquer la cupidité des riches entrepreneurs, & qui, par cette raison, échappent aux attentions du gouvernement, s'exploitent sans concession, sans réglement, & pourtant sans abus. Il y a en Limousin, auprès de la ville de saint Yrier, des Mines d'antimoine assez abondantes : de temps immémorial, quelques bourgeois de cette ville se sont adonnés à les fouiller; ils s'arrangent avec les propriétaires du terrein, & ces arrangemens n'éprouvent point de difficulté, parce que l'avantage est réciproque.

L'expérience est donc sur cela pleinement d'accord avec la théorie; & par conséquent la jurisprudence qui attribue au domaine la propriété des matieres souterraines, n'est pas plus utile à l'intérêt général de l'Etat, qu'elle ne l'est à l'intérêt fiscal du prince.

§. X V.

De l'opinion de ceux qui voudroient que la loi donnât au propriétaire de la superficie la propriété de toutes les matieres souterraines.

J'AI vu des personnes éclairées qui, en regardant le systême fiscal comme inutile & nuisible, ne convenoient cependant pas de tous les principes que j'ai établis. Elles attribuoient au propriétaire de la superficie, la propriété absolue de toutes les matieres souterraines. Suivant cette opinion, les principes des jurisconsultes seroient encore plus directement injustes; mais elle me paroît pécher par un excès contraire, & donner trop d'étendue aux droits du propriétaire de la superficie, comme le systême domanial lui en donne trop peu. Je crois avoir bien prouvé ci-dessus que le droit de propriété de la surface n'entraîne point par lui-même le droit de s'opposer à toute entreprise faite sous le fonds; & qu'à ne considérer que le droit naturel & les loix primitives qui ont établi le droit de propriété fonciere, les matieres souterraines sont restées au premier occupant : en sorte que l'on est libre de fouiller sous le terrein d'autrui, pourvu que l'on n'ouvre que dans son propre terrein. La question ne peut donc être douteuse que relativement à l'utilité d'une loi, par laquelle la propriété des matieres souterraines seroit attachée inséparablement à la propriété de la surface; car, puisque le droit naturel & les loix primitives ont laissé ces matieres au rang des choses qui ne sont à personne, on doit convenir que la société civile a pu en disposer par une loi, d'après des considérations de convenance ou d'utilité. Cette loi dans le fait n'existe pas : mais seroit-elle utile? C'est ce que je dois examiner.

§. X V I.

Inutilité & inconvéniens d'une pareille loi.

JE demande à qui cette loi seroit utile; seroit-ce à l'Etat? Et dira-t-on que, comme il est avantageux que chaque héritage ait un propriétaire intéressé à le cultiver, il seroit de même, avantageux que les richesses souterraines eussent un propriétaire certain qui eut intérêt à les mettre en valeur : je répons que cette comparaison n'est nullement exacte.

Un champ produit chaque année des fruits; mais il ne produit qu'autant qu'il est cultivé. Il ne peut donc produire qu'autant qu'il appartient à un maître certain qui ait intérêt à le cultiver tous les ans, & qui seroit assuré d'en recueillir les fruits : il n'en est pas de même d'une veine métallique; elle ne produit aucun fruit, elle est même le fruit à recueillir. C'est une chose mobiliaire, un trésor déposé par la nature dans le sein de la terre. Celui qui l'en tire en devient le maître, & ne laisse à la place qu'un espace vide qui n'est plus un objet de propriété. Il n'est donc pas besoin, pour qu'une mine soit mise en valeur, qu'elle appartienne à un propriétaire autre que celui-là même qui s'en emparera le premier : il n'est pas nécessaire qu'il y ait un homme intéressé à s'assurer par son travail la propriété des veines métalliques. Or, tout entrepreneur assez riche & assez habile dans l'art d'exploiter les Mines, a cet intérêt ; & le plus grand avantage de l'Etat est d'exciter entre eux la plus grande concurrence, & de leur offrir toutes les facilités compatibles avec la justice due aux propriétaires. Il ne faut donc pas donner à ceux-ci un droit que la nature des choses & la justice n'exigent pas ; car ce seroit imposer une charge de plus sur les entrepreneurs. C'est bien assez pour ceux-ci d'acheter le consentement des propriétaires dans les héritages desquels ils sont obligés de pratiquer des ouvertures, sans avoir à payer celui de tous les propriétaires sous le terrein desquels passent les filons.

Une pareille loi décourageroit les entrepreneurs des Mines, sans faire aucun bien au propriétaire de la superficie. Il faut, pour savoir précisément si les mineurs travaillent ou non sous un terrein, plusieurs opérations géométriques, tant sur la superficie de la terre, que dans l'intérieur des galeries dont il faut relever tous les détours à la boussole. Les mineurs peuvent aisément ignorer sous quel héritage ils travaillent : quand ils le sauroient on ne peut exiger qu'ils se dénoncent eux-mêmes : le propriétaire de la superficie seroit donc obligé, pour fonder son action, de faire constater lui-même la situation des galeries souterraines, la direction & la valeur des filons. Quand tout cela seroit fait, que pourroit-il demander ; & d'après quel principe évalueroit-on ce que le mineur devroit lui payer ? certainement, ce qu'on pourroit lui adjuger ne vaudroit pas le salaire des experts employés à lever les plans de la superficie & des souterrains. La loi qui lui auroit attribué la propriété des matieres souterraines, ne lui auroit donc donné que la faculté d'avoir un procès incommode pour l'entrepreneur des Mines, dispendieux pour lui-même, & dont il ne pourroit espérer aucun avantage réel.

§. XVII.

Conclusion en faveur du système, qui, en réservant au propriétaire de la surface, la faculté exclusive de pratiquer des ouvertures dans son héritage, attribue la propriété des matieres souterraines au premier occupant.

Aucun motif d'utilité générale ou particuliere ne doit donc engager la législation à donner la propriété des matieres souterraines au propriétaire de la superficie ; & puisque l'intérêt public n'exige pas qu'elle soit attribuée au souverain, je suis en droit d'en conclure, qu'il n'y a rien à changer aux quatre articles auxquels j'ai prouvé que la jurisprudence des Mines se réduit, si on ne la fonde que sur l'équité naturelle & sur les conséquences immédiates du droit de propriété.

§. X V I I I.

Avantages de ce fyftême.

CETTE légiſlation, la plus ſimple & la plus juſte, ſeroit en même temps
la plus propre à encourager l'exploitation des Mines : ſans donner aux propriétaires de la ſuperficie, plus que la juſtice n'exige, elle leur conſerve-
roit tous leurs droits, & les mettroit à l'abri de toute contrainte : ſans em-
barraſſer l'adminiſtration du ſoin oiſeux de donner des permiſſions, ſans exclure perſonne du droit de travailler où il voudroit, elle aſſureroit aux en-
trepreneurs·le fruit de leurs peines & de leurs avances, autant que la nature des choſes le comporte : elle leur laiſſeroit un gage plus ſolide qu'ils
ne peuvent l'avoir dans aucun autre ſyſtême, & qui cependant ne nuiroit
en rien aux nouvelles entrepriſes que d'autres pourroient former. Enfin,
elle donneroit à cette branche d'induſtrie, toute l'activité que la concurrence générale & la liberté donnent à tous les genres de commerce. Si l'on
veut faire entrer en conſidération l'intérêt fiſcal du prince, il ſeroit privé
du droit excluſif de faire exploiter les Mines pour ſon compte, c'eſt-à-dire,
qu'il perdroit un droit dont il n'uſe jamais, & dont il eſt démontré que du
moins dans un grand Etat il ne pourroit uſer qu'avec perte. Il ne leveroit
plus le dixieme du produit des Mines à titre de redevance domaniale, mais
il n'y perdroit encore rien, puiſqu'il pourroit toujours percevoir le même
droit à titre d'impôt, s'il le jugeoit plus avantageux que nuiſible.

§. X I X.

Du droit de dixieme ſur les Mines. Eſt-il de l'intérêt des ſouverains de le conſerver?

J'AI déjà annoncé des doutes ſur cette queſtion : c'eſt la ſeule qui me
reſte encore à diſcuter pour épuiſer entiérement cette matiere.

Je crois qu'on peut mettre en principe, que tout impôt qui nuit à l'augmentation de la richeſſe des ſujets, eſt plus nuiſible qu'utile au prince,
& doit être ſupprimé. Ce ſeroit une grande erreur de prétendre balancer
l'intérêt pécuniaire du prince, avec l'intérêt qu'il a d'enrichir ſes ſujets.
L'intérêt pécuniaire du prince eſt toujours nul dans ces ſortes de queſtions:
il ne s'agit pas de lui donner plus ou moins d'argent, (il aura toujours,
ou par ſon autorité, ou par les conceſſions de la nation, ſuivant la différente forme du gouvernement, tout celui qu'exigent les beſoins de l'Etat;)
il s'agit uniquement de ſavoir dans quelle forme, & ſur quelle eſpece de
produits il lui eſt plus avantageux de lever l'argent dont il a beſoin : or,
il eſt bien évident que ſon revenu ne pouvant être qu'une portion déterminée du revenu de ſes ſujets, toute diminution ſur celui-ci entraîne une
diminution proportionnée ſur le ſien. Il eſt donc démontré que l'intérêt du

prince eft ici entiérement confondu avec celui des fujets ; & que l'impôt
le plus utile, le feul qui ne foit pas nuifible au fouverain, eft celui qui ne
porte que fur un produit entiérement difponible, dont le prince peut prélever fa portion fans rien déranger à l'ordre des dépenfes reproductives,
fans intéreffer les travaux de l'agriculture & de l'induftrie, fans entamer les
profits du cultivateur, du manufacturier, ni du commerçant. Le revenu net
des biens fonds, ou ce qui revient au propriétaire après que le cultivateur
a prélevé fes frais, les intérêts de fes avances & fes profits, préfente &
préfente feul ce produit entiérement difponible, fur lequel l'impôt peut être
affis fans danger, c'eft-à-dire fans diminuer les richeffes de la nation, &
par contre-coup celles du fouverain. Il a été prouvé dans plufieurs ouvrages
modernes, que tout impôt fur l'exploitation des terres, fur les travaux de
l'induftrie, ou fur les profits du commerce, retomboit toujours fur les propriétaires des terres qui le payent directement par la diminution du prix des
baux, par l'augmentation des falaires, par la moindre confommation des
fruits de la terre, d'où réfulte la diminution de leur revenu; on en a conclu
avec raifon, que l'induftrie devoit être entiérement affranchie de toute impofition. Sans entrer dans des difcuffions trop étendues, & qui feroient ici
déplacées, il eft aifé de fentir que toute impofition fur l'induftrie eft une
diminution de profit pour l'homme induftrieux : or, toute diminution de
profit tend à diminuer les motifs du travail, & par conféquent le travail
lui-même. Si donc le travail, envifagé dans toutes fes branches, eft l'unique
caufe qui follicite la production de toute richeffe ; il s'enfuit qu'un impôt
qui entame les profits de celui qui travaille, & qui ne tombe pas uniquement fur le produit net réfervé au propriétaire, tend à la diminution des
richeffes.

Appliquons cette théorie au produit des Mines. D'après les principes que
j'ai établis, l'entrepreneur n'a d'autre propriété que celle de fes ouvrages & des
fruits de fon travail; il ne peut donc avoir, à proprement parler, de produit
net : il eft vrai que lorfque la Mine eft riche, il retire un profit au-delà
du capital & de l'intérêt de fes avances, mais ce profit n'eft pas d'une autre
nature que les profits de tous les autres genres d'induftrie. Un commerçant
en fait quelquefois d'auffi confidérables fur un voyage heureux; mais ce
profit eft toujours la récompenfe de fon travail & du rifque qu'il a couru
de perdre, il n'a rien de commun avec le revenu qu'un propriétaire retire
de fa terre fans rifque & fans travail.

Si quelqu'un retiroit des Mines un produit net, ce feroit le propriétaire
de la furface, qui vend à l'entrepreneur la permiffion d'ouvrir dans fon
héritage : mais le prix de cette permiffion eft ordinairement un bien petit
objet, & prefque toujours il fe réduit à l'indemnité des dégats qu'entraînent
ces fortes d'ouvertures. D'ailleurs ce foible profit accidentel purement paffager, ne peut jamais être confidéré comme revenu.

Quant à l'entrepreneur, fes profits font dans la claffe de tous les profits
des autres genres d'induftrie : quelque grands qu'ils foient, il s'en faut bien

qu'on doive les lui envier; il les achete par des risques au moins proportionnés. Obligé d'avancer des capitaux immenses lorsqu'il commence son exploitation, il n'est jamais certain de les retirer : il court le hasard de se ruiner ou de s'enrichir. Prélever une portion des profits qui lui reviendront si le succès est heureux, c'est, dans le cas où la balance seroit égale entre la crainte & l'espérance, la faire pencher du côté de la crainte, c'est diminuer un encouragement qu'il faut au contraire augmenter, si l'Etat a intérêt que les Mines qu'il possede soient exploitées; or c'est ce dont personne ne doute. Les productions des Mines sont certainement une richesse de plus pour la nation & une dépense de moins, puisqu'il faudroit qu'elle achetât de l'étranger de quoi subvenir à tous ses besoins en ce genre. Il seroit donc contraire aux vrais principes en matiere d'imposition, de charger l'exploitation des Mines d'aucune taxe : l'intérêt de l'Etat, & par conséquent celui du roi, demandent qu'elle en soit entiérement affranchie.

J'ajouterai que, quand même on voudroit laisser subsister une imposition sur cet objet, celle du dixieme des produits seroit très-inégale, & souvent excessive. Les dépenses d'exploitation sont souvent si considérables, que le dixieme du produit emporteroit la totalité du profit : alors l'imposition équivaudroit à une défense d'exploiter la Mine. En général, les dépenses d'exploitation sont si variables, si difficiles à prévoir, ont des proportions si différentes avec le produit réel des différentes Mines, qu'une portion déterminée du produit, sans aucune déduction des dépenses, forme nécessairement une taxe très-inégale, & d'autant plus injuste, qu'elle augmente à mesure que les profits diminuent. Cette injustice existeroit déjà, si ce dixieme se prélevoit sur la Mine brute sans avoir égard aux dépenses de l'extraction; mais elle est encore bien augmentée par la disposition de quelques anciennes loix qui réglent que ce dixieme sera pris sur les matieres fondues & affinées, & qui par conséquent chargent encore l'entrepreneur de la dépense & des risques de la fonte. J'en ai peut-être trop dit sur cette derniere question; car autant que je puis en juger, les personnes qui sont en France à la tête de l'administration, sont assez convaincues que le roi a plus d'intérêt à encourager l'extraction des Mines, qu'à la charger d'un impôt.

Conclusion générale.

TOUT ce que les loix positives ont à faire sur la matiere de l'exploitation des Mines, pour assurer le plus grand avantage possible de l'Etat, se réduit à ne rien retrancher & à ne rien ajouter à ce qu'établit la seule équité naturelle.

On ose prédire que, sur quelque matiere que ce soit, l'étude approfondie des vrais principes de la législation & de l'intérêt public bien entendu, conduira précisément au même résultat.

MINISTERE, f. m.

CE mot a deux acceptions différentes dans le droit public. Il fignifie ou la geftion particuliere d'un miniftre d'Etat, comme lorfqu'on dit le Miniftere du cardinal de Richelieu; ou les miniftres d'Etat collectivement, comme quand on dit : le Miniftere qui étoit Wigh devint Torry dans les dernieres années du regne de la reine Anne, pour dire que les miniftres attachés à la premiere de ces factions furent remplacés par d'autres miniftres du parti contraire.

MINISTERE PUBLIC, *Emploi public, fonction publique.*

MINISTERE PUBLIC, *Ceux qui rempliffent la fonction de partie publique.*

CE font dans les cours fupérieures, les avocats & procureurs-généraux; dans les autres jurifdictions royales, les avocats & procureurs du roi; dans les juftices feigneuriales, le procureur fifcal; dans les officialités, le promoteur.

Le miniftre public requiert tout ce qui eft néceffaire pour l'intérêt du public; il pourfuit la vengeance des crimes publics, requiert ce qui eft néceffaire pour la police & le bon ordre, & donne des conclufions dans toutes les affaires qui intéreffent le prince ou l'Etat, l'églife, les hôpitaux, les communautés : dans quelques tribunaux, il eft auffi d'ufage de lui communiquer les caufes des mineurs. On ne le condamne jamais aux dépens, & on ne lui adjuge pas non plus de dépens contre les parties qui fuccombent.

MINISTRE, f. m.

MINISTRE D'ÉTAT, *Perfonne diftinguée à qui le fouverain confie une partie de l'adminiftration des affaires de l'Etat.*

LES princes fouverains ne pouvant vaquer par eux-mêmes à l'expédition de toutes les affaires de leur Etat, ont toujours eu des Miniftres dont ils ont pris les confeils, & fur lefquels ils fe font repofés de certains détails dans lefquels ils ne peuvent entrer.

Les devoirs des princes, fur-tout de ceux qui commandent à de vaftes

Etats, font fi étendus & fi compliqués, que les plus grandes lumieres fuffifent à peine pour entrer dans les détails de l'adminiftration. Il eft donc
néceffaire qu'un monarque choififfe des hommes éclairés & vertueux, qui
partagent avec lui le fardeau des affaires & qui travaillent fous fes ordres
au bonheur des peuples foumis à fon obéiffance. Les intérêts du fouverain
& des fujets font les mêmes. Vouloir les défunir, c'eft jeter l'Etat dans
la confufion. Ainfi, dans le choix de fes Miniftres, un prince ne doit confulter que l'avantage de l'Etat, & non fes vues & fes amitiés particulieres.
C'eft de ce choix que dépend le bien-être de plufieurs millions d'hommes;
c'eft de lui que dépend l'attachement des fujets pour le prince, & le jugement qu'en portera la poftérité. Il ne fuffit point qu'un roi défire le bonheur de fes peuples; fa tendreffe pour eux devient infructueufe, s'il les
livre au pouvoir de Miniftres incapables, ou qui abufent de l'autorité.
» Les Miniftres font les mains des rois, les hommes jugent par eux de
leur fouverain; il faut qu'un roi ait les yeux toujours ouverts fur fes Miniftres; en vain rejetera-t-il fur eux fes fautes au jour où les peuples fe
fouleveront. Il reffembleroit alors à un meurtrier qui s'excuferoit devant fes
juges, en difant que ce n'eft pas lui, mais fon épée qui a commis le
meurtre. » C'eft ainfi que s'exprime Huffein, roi de Perfe, dans un ouvrage
qui a pour titre, *la fageffe de tous les temps.*

Les fouverains ne font revêtus du pouvoir que pour le bonheur de leurs
fujets; leurs Miniftres font deftinés à les feconder dans ces vues falutaires.
Premiers fujets de l'Etat, qu'ils donnent aux autres l'exemple de l'obéiffance
aux loix. Ils doivent les connoître, ainfi que le génie, les intérêts, les
reffources de la nation qu'ils gouvernent. Médiateurs entre le prince &
fes fujets, leur fonction la plus glorieufe eft de porter aux pieds du trône
les befoins du peuple, de s'occuper des moyens d'adoucir fes maux, & de
refferrer les liens qui doivent unir celui qui commande à ceux qui obéiffent.
L'envie de flatter les paffions du monarque, la crainte de le contrifter,
ne doivent jamais les empêcher de lui faire entendre la vérité. Diftribu-
teurs des graces, il ne leur eft permis de confulter que le mérite & les
fervices.

Il eft vrai qu'un Miniftre humain, jufte & vertueux, rifque toujours de
déplaire à ces courtifans avides & mercenaires, qui ne trouvent leur intérêt
que dans le défordre & l'oppreffion; ils formeront des brigues, ils trame-
ront des cabales, ils s'efforceront de faire échouer fes deffeins généreux,
mais il recueillira malgré eux les fruits de fon zele; il jouira d'une gloire
qu'aucune difgrace ne peut obfcurcir; il obtiendra l'amour des peuples, la
plus douce récompenfe des ames nobles & vertueufes. Les noms chéris des
d'Amboife, des Sulli partageront avec ceux des rois qui les ont employés,
les hommages & la tendreffe de la poftérité.

Malheur aux peuples dont les fouverains admettent dans leurs confeils
des Miniftres perfides, qui cherchent à établir leur puiffance fur la tyrannie
& la violation des loix, qui ferment l'accès du trône à la vérité lorfqu'elle

eft

est effrayante, qui étouffent les cris de l'infortune qu'ils ont causée, qui insultent avec barbarie aux miseres dont ils sont les auteurs, qui traitent de rebellion les justes plaintes des malheureux, & qui endorment leurs maîtres dans une sécurité fatale qui n'est que trop souvent l'avant-coureur de leur perte. Tels étoient les Séjan, les Pallas, les Rufin, & tant d'autres monstres fameux qui ont été les fléaux de leurs contemporains, & qui sont encore l'exécration de la postérité. Le souverain n'a qu'un intérêt, c'est le bien de l'Etat. Ses Ministres peuvent en avoir d'autres très-opposés à cet intérêt principal : une défiance vigilante du prince est le seul rempart qu'il puisse mettre entre ses peuples & les passions des hommes qui exercent son pouvoir.

Mais la fonction de Ministre d'Etat demande des qualités si éminentes, qu'il n'y a guere que ceux qui ont vieilli dans le ministere qui en puissent parler bien pertinemment.

Un Ministre doit avoir la science de discerner le mérite des hommes, & de les employer chacun à ce qu'ils sont propres.

Mais que de dons du corps & de l'esprit ne faut-il pas à un Ministre pour bien s'acquitter d'un emploi si honorable, & en même temps si difficile? Un tempérament robuste, un travail assidu, une grande sagacité d'esprit pour saisir les objets & pour discerner facilement le vrai d'avec le faux, une heureuse mémoire pour se rappeller aisément tous les faits, de la noblesse dans toutes ses actions pour soutenir la dignité de sa place, de la douceur pour gagner les esprits de ceux avec lesquels on a à négocier, savoir user à propos de fermeté pour soutenir les intérêts du prince.

Lorsqu'il s'agit de traiter avec des étrangers, un Ministre ne doit pas régler sa conduite sur leur exemple; il doit traiter différemment avec eux, selon qu'ils sont plus ou moins puissans, plus ou moins libres, savoir prendre chaque nation selon son caractere, & sur-tout se défier des conseils des étrangers, qui doivent toujours être suspects.

Un Ministre n'est pas obligé de suivre inviolablement ce qui s'est pratiqué dans un Etat; il y a des changemens nécessaires, selon les circonstances, c'est ce que le Ministre doit peser avec beaucoup de prudence.

Enfin, le soin & la vigilance sont nécessaires à un Ministre, & il ne faut rien négliger, principalement à la guerre; le véritable exercice de la prudence politique consiste à savoir comparer les choses entr'elles, choisir les plus grands biens, éviter les plus grands maux.

Caractere d'un Ministre des finances.

REGARDER toujours les hommes comme étant faits pour les emplois, & non pas les emplois pour les hommes; savoir résister à toutes les offres de services & à tous les témoignages extérieurs de bienveillance, ne connoître ni parens, ni amis, ni domestiques, ni créatures : peser les services qu'un sujet peut rendre, & non la recommandation d'un protecteur; être

dans la difpofition de faire céder tout fentiment perfonnel, toute inclination particuliere, à la voix facrée du devoir ; allier à ces belles qualités
des manieres douces & polies, des mœurs pleines d'humanité, qui faffent
aimer toujours davantage au peuple la régie des impôts ; défirer fincérement
& fans rivalité la bonne iffue d'une commiffion donnée ; recherchef fans
aucune partialité le vrai & l'utile ; favoir entrer dans les plus petits détails,
fans pedre jamais de vue leurs rapports avec les parties effentielles du tout ;
être capable de faifir le tout lui-même fans confufion ; connoître par expérience & avec une pleine conviction les vrais mobiles de l'induftrie ; avoir
analyfé la nature de l'homme & de la fociété ; aimer fincérement avec une
parfaite égalité le bonheur des hommes ; connoître exactement toutes les
circonftances particulieres du pays fur lequel on doit opérer. Telles feroient
les vertus, tels feroient les talens, qui conviendroient à un Miniftre des
finances, pour le rendre digne que fon prince lui confiât toute l'autorité
néceffaire pour former & pour établir un bon fyftême de finances ; mais
la nature n'eft pas prodigue de fes dons.

Il fera d'autant plus probable cependant, qu'un fouverain trouve un homme d'un caractere femblable à celui que je viens de tracer, qu'il y aura
plus d'hommes éclairés dans la nation qu'il gouverne. Il feroit très-fuperflu
fans doute, de faire fentir combien il importe de l'avoir bien connu, bien
examiné, bien éprouvé, avant de lui confier une autorité d'une auffi grande
étendue, & qui a tant d'influence fur le bonheur & la tranquillité du peuple. Il feroit également inutile d'ajouter, combien il eft effentiellement
néceffaire, que le fouverain protege puiffamment & conftamment cet homme choifi & préféré, contre lequel, dans tout pays, s'éleveront imman-
quablement des accufations & des plaintes ; mais j'obferverai, que dans
l'époque d'une réforme femblable, tout doit fe faire avec la plus parfaite
exactitude & la plus grande activité ; afin de rendre ces momens de révolution auffi courts qu'il fera poffible, & qu'ils fe terminent par l'établiffement complet d'un fyftême folide, régulier, plein d'harmonie, & à l'abri
de tous les caprices d'une exécution arbitraire : dès ce moment, le plus
heureux fans doute pour la nation, le pouvoir de l'homme doit ceffer, &
les feules loix reprendre leur empire. Les hommes meurent, les fyftêmes
reftent ; il conviendra donc de choifir les hommes pour les emplois, comme
fi tout devoit dépendre de leur feule vertu, & de régler les fyftêmes
comme fi on ne pouvoit point compter fur la capacité des hommes qu'on
emploie ; & comme, quand le befoin pour lequel on avoit créé un dictateur à Rome, venoit à ceffer par le rétabliffement de la tranquillité,
alors auffi cette fuprême autorité étoit anéantie ; ainfi par l'établiffement
d'une adminiftration des finances rectifiée & fimplifiée, la néceffité d'un
Miniftre, maître abfolu de cette opération, venant à ceffer, on pourra
très-bien confier à un tribunal le maintien du nouveau fyftême, comme
d'une loi toute établie ; & la plus conforme aux intérêts de la nation.

Au refte, je ne prétends point que ce foit là précifément le feul moyen de rectifier un fyftême défectueux de finances; il en eft peut-être plufieurs autres, dépendants des circonftances particulieres, des gouvernemens & des pays. Je veux dire feulement que dans le cas où le défordre à cet égard exige abfolument un remede, ce fera toujours par des moyens peu différens de ceux que je viens de détailler, qu'on s'acheminera vers une réforme utile.

Caractere d'un Miniftre d'économie politique.

JE viens d'expofer quelles doivent être les qualités d'un Miniftre des finances. Après ce que j'en ai dit, on peut voir à peu près quels doivent être les talens d'un Miniftre chargé de l'économie politique. Il doit être fur-tout très-actif à détruire & très-prudent à établir. La plupart des objets fur lefquels roule fon miniftere, refufent le poids de la main de l'homme; éloigner les obftacles; détruire les liens; ouvrir & applanir les routes à la concurrence qui ranime la reproduction; augmenter la liberté civile; laiffer un champ vafte & libre à l'induftrie; protéger finguliérement par de bonnes loix la claffe des reproducteurs, afin que l'agriculteur & l'artifan n'ayent rien à craindre de la puiffance du riche; affurer un cours facile, prompt & défintereffé aux effets des contrats; établir par-tout la bonne foi dans le commerce, en ne laiffant jamais la fraude impunie; combattre avec un courage ferme & tranquille en faveur du bien public, qui eft toujours le bien du fouverain, ne défefpérer jamais du bien, mais en hâter les progrès, & en faciliter l'exiftence, en répandant dans la nation le germe des vérités les plus utiles. Ce font là les feuls objets qui doivent occuper un habile Miniftre d'économie politique; pour tout le refte il doit néceffairement en abandonner le foin à la nature.

Entrons dans de plus grands détails fur un emploi auffi important.

Le Prince a un intérêt capital d'être affifté d'excellens Miniftres.

CHOISIR un confeiller, c'eft lui donner la plus grande marque de confiance qu'un homme puiffe recevoir. Les uns confient leur bien; les autres, leur honneur; quelques uns, leurs perfonnes; quelques autres, des gens qui leur font chers. Celui qui fe choifit un confeiller, confie toutes ces chofes à la fois.

L'élévation des hommes fages eft l'augure le plus certain, & de la félicité & de la grandeur des Etats. Un fouverain ne fauroit donc trop s'appliquer à faire un choix auquel l'immortalité de fon nom & le bonheur de fon peuple font attachés. Les bons fujets attendent qu'on les recherche, & les princes ne favent guere les aller chercher. Les mauvais au contraire font hardis, trompeurs, empreffés à s'infinuer & à plaire, adroits à diffimuler, prêts à tout faire pour contenter les paffions de celui qui regne.

L'occafion offre quelquefois des Miniftres aux princes. Pour s'épargner les longueurs de la recherche & les difficultés du choix, ils mettent en œuvre les inſtrumens les plus proches, & gardent par coutume ceux qu'ils n'avoient pris que par haſard.

Il eſt même des princes qui, jaloux des grands hommes, mettent leur politique à n'employer que des gens ſans mérite pour faire croire qu'eux-mêmes ils ſont capables de faire de grandes choſes, ſans le ſecours des hommes habiles : ſatisfaction dangereuſe & dignes d'être cherement payée !

Du choix des mauvais Miniſtres naiſſent des inconvéniens terribles. Quelque doux que ſoit un joug, il ſe trouve toujours des gens qui, ſoit orgueil, ſoit inquiétude, ſoit humeur, ne le portent pas volontiers. Nous ſentons tous la néceſſité d'être gouvernés; mais nous nous ſoumettons avec peine au gouvernement, & le peuple qui a naturellement de la répugnance à ſouffir celui des gens de bien (a), s'échappe à la licence des murmures, & paſſe juſqu'à la rebellion, quand il vit ſous la loi des méchans. Toutes les mauvaiſes humeurs d'un Etat ſont miſes en mouvement ſous le gouvernement des mauvais Miniſtres.

Les bons Miniſtres ſont les yeux du prince. Toujours ouverts & toujours veillans pour le ſalut du royaume, ils regardent en même temps, devant, derriere, à droite & à gauche, ils ſont la gloire du prince & la félicité des peuples. Les mauvais ſont la honte de l'un & le déſeſpoir des autres.

Le ſouverain doit employer les bons Miniſtres de ſon prédéceſſeur, quelque ſujet qu'il ait eu de s'en plaindre, & il ne doit changer les méchans que peu à peu.

LES princes qui ont paſſé de l'exil au trône, ont toujours été cruels (b), & l'on a rarement vu un ſouverain conſerver aux Miniſtres l'autorité qu'ils avoient ſous le précédent gouvernement. Comme le prince qui doit ſuccéder à la couronne eſt aſſez ordinairement ſuſpect au prince régnant, les Miniſtres ſont ſouvent obligés d'agir contre les intérêts ou contre le goût de l'héritier préſomptif, & cette conduite involontaire les lui rend odieux. D'ailleurs, l'héritier préſomptif a des ſerviteurs & des favoris qui veulent avoir part aux graces. Parvenu à la couronne, il cherche les moyens de les élever, & il éloigne les ſerviteurs de ſon prédéceſſeur, ou de ſon mouvement, ou par le conſeil de ceux qui aſpirent à leurs places. Conduite déplorable.

Dès qu'un prince regne, il ne lui eſt plus permis de ſe déterminer par le mouvement d'une affection particuliere, il ne doit connoître d'autre intérêt que l'intérêt de ſon étar. A la bonne-heure que ſur le trône un roi ſe ſouvienne de ceux qui ont mérité ſon affection, lorſqu'il étoit en condition privée !

(a) *Ineſt malignum quiddam & querulum in importantes.* Plutar.

(b)　　　　　　　　　　　*Regnabit ſanguine multo*
　　　Quiſquis ab exilio venit ad imperium.
　　　　　　　　　　Suet. in vit. Tiber.

Qu'il leur faſſe quelque bien ; mais que ce ne ſoit jamais en les élevant à des emplois dont ils ne ſont pas capables. Il y a bien de la différence (dit un habile Eſpagnol) entre l'amitié perſonnelle des rois & leur amitié d'office ; ſi leur perſonne ſouffre quelquefois un compagnon, leur office n'en ſouffre jamais (*a*).

Un nouveau roi qui change tout-à-coup les Miniſtres de ſon prédéceſ-ſeur, manque aux regles de la bonne politique. Le gouvernement de notre Louis XI en eſt une preuve ; il avoua ſur la fin de ſes jours, qu'il avoit imprudemment dépoſſédé les principaux Miniſtres & officiers de ſon royaume ; qu'il s'en étoit mal trouvé ; & que c'étoit de-là qu'étoit venu la guerre qu'on appella *du bien public* (*b*).

Le prince qui prend les rênes du gouvernement, doit employer ceux des Miniſtres de ſon prédéceſſeur qui peuvent utilement ſervir l'Etat, quoi-que dans le temps qu'il n'occupoit que le ſecond rang, il fût fâché de les voir dans les affaires. Plus ils ont été fideles à leur maitre, plus ils le ſeront à ſon ſucceſſeur.

L'empereur Adolphe bien conſeillé, laiſſa dans leurs emplois ceux que ſon prédéceſſeur avoit choiſis pour gouverner les provinces & les villes de l'empire. Boëmond, ſon principal Miniſtre, lui avoit fait voir qu'un prince nouvellement monté ſur le trône, doit conſerver les Miniſtres déjà formés & inſtruits dans le ſecret du gouvernement, quand de bonnes raiſons ne les rendent pas ſuſpects ; qu'il ne ſied pas de payer, par une ſubite diſgrace, les ſervices d'un officier qui ne l'a pas mérité ; & qu'il eſt plus aiſé de mener le peuple par les voies qui lui ſont déjà connues, que de le livrer à des hommes qui, ſe croyant plus habiles que ceux dont ils ont pris la place, tentent de nouvelles routes pour donner de l'éclat à leur miniſtere.

Eliſabeth, reine d'Angleterre, qui fut long-temps en danger de périr ſous le regne de Marie ſa ſœur, ne fut pas plutôt parvenue à la couron-ne, qu'elle employa la plupart des Miniſtres dont elle avoit été fort maltraitée.

Adrien, avant que d'être empereur, avoit été offenſé par un particulier qui, devenu ſon ſujet, vint en tremblant implorer ſa clémence. » Tu as » échappé à ma vengeance (*c*) (lui dit ce prince) tu euſſes péri, ſi nous » euſſions combattu d'égal à égal ; mais aujourd'hui que je ſuis ton ſouve-» rain, je ne fais éclater ma puiſſance que par mes bienfaits (*d*).

L'hiſtoire de France nous fournit un exemple à peu près ſemblable. Louis XII, n'étant encore que duc d'Orléans, avoit des ennemis en Fran-

____

(*a*) Antoine Perez, dans la 68 & dans la 71 de ſes ſecondes lettres.

(*b*) Comines, liv. I. chap. 3.

(*c*) Dion. Liv. liv. LXIX.

(*d*) *Perieras ſi pares contendiſſemus, nunc potentior omitto, & potentiam meam non niſi be-neficiis oſtendo.* Spartian. in Adrian ; Juſt. Lipſ. exempl. polit.

ce, dont il se fut sans doute vengé, s'il en avoit eu le pouvoir. A peine fut-il assis sur le trône, qu'on lui représenta que le temps étoit venu de châtier ceux qui avoient traversé ses desseins sous le précédent regne, & sur-tout Louis de la Trémoille qui l'avoit pris prisonnier à la bataille de Saint-Aubin. Mais ce prince montra dès-lors qu'il mériteroit dans la suite le beau titre de pere du peuple que son siecle lui a déféré & que la postérité lui a confirmé. *Le roi de France*, (répondit-il à ceux qui vouloient exciter son ressentiment), *ne venge pas les querelles du duc d'Orléans*.

S'il est beau à un prince de pardonner les offenses personnelles qu'on lui a faites (a), quel avantage ne trouve-t-il pas à sacrifier son ressentiment particulier à l'intérêt de son gouvernement!

Le principe que j'établis a même son usage pour les Ministres qu'on n'estime pas gens de bien. Lorsqu'à son avénement au trône, un prince trouve en place des gens injustes & artificieux, il y auroit du danger à leur ôter d'abord leurs emplois. Ils ont acquis, en les exerçant, la confiance de certains hommes puissans qu'on a besoin de ménager. Il faut les ménager eux-mêmes ces méchans Ministres, parce qu'ils peuvent tout bouleverser. Le nouveau prince doit s'en servir jusqu'à ce qu'il ait affermi son autorité, & connu tous les secrets du gouvernement. Il ne faut jamais leur accorder la vraie & intime confiance, parce qu'ils peuvent en abuser, & tenir ensuite le prince malgré lui par son secret, chaîne extrêmement difficile à rompre. Il faut se servir d'eux pour des négociations passageres, les engager, par leurs passions même, à être fideles au nouveau maitre, car il ne peut les tenir que par-là, mais il ne faut pas les admettre à des négociations de confiance. Lorsque l'Etat devient paisible, réglé, conduit par des hommes sages dont le prince est sûr, les méchans dont il avoit été contraint de se servir, lui deviennent peu à peu inutiles. C'est alors qu'il doit cesser de les employer, sans cesser de les bien traiter, car il n'est jamais permis d'être ingrat, même pour les méchans.

Si le prince doit avoir un premier Ministre.

LE souverain est dans son Etat ce qu'un pere de famille est dans sa maison, l'un doit veiller au bien de ses peuples; & l'autre à celui de ses enfans. Quand le pere ne conduit sa famille que par procureur, elle est mal conduite; & si le prince ne gouverne son Etat que par ses Ministres, il ne peut être que mal gouverné. Le souverain doit prendre lui-même les résolutions, donner les ordres, & veiller à l'exécution.

Peu d'Empereurs Romains gouvernerent par eux-mêmes. Après avoir été les instrumens de leurs plaisirs ou les compagnons de leurs débauches, des favoris étoient tout d'un coup appellés au gouvernement de l'Etat. Si le prince étoit jeune, ces indignes Ministres le corrompoient par le luxe &

(a) *Nihil gloriosius est principe impuné laso.* Plin. Panegyr. Traj.

par la débauche. S'il étoit âgé, ils tâchoient de le rendre défiant & cruel. Qu'il fût bon ou méchant, jeune ou vieux, ils lui infpiroient du dégoût pour le gouvernement, & s'emparoient ainfi de toute l'adminiftration publique. Qu'il y a eu peu de princes femblables à celui qui étant fur le point d'expirer, fit cette belle queftion aux perfonnes qui l'environnoient! *Y a-t-il quelque affaire publique à décider? Je la terminerai avant que de vous quitter* (a).

La France & l'Efpagne ont eu, par intervalles, des premiers Miniftres qui avoient ce titre, pendant que la plupart des autres Etats de l'Europe ont été gouvernés par des hommes qui, pour ne l'avoir pas, ne faifoient pas moins les fonctions qui y font attachées. Il eft peu de princes qui ne foient conduits par des Miniftres en qui ils ont une confiance aveugle, & fur qui ils fe repofent de la conduite des affaires. Si ces princes ne fe croient pas uniquement nés pour fe livrer à toutes fortes de plaifirs, & placés fur le trône, pour donner à la terre le fpectacle d'une vaine magnificence, au moins eft-il certain que plufieurs vivent comme s'ils avoient cette penfée. Quelle honte pour celui qui doit conduire & gouverner les hommes, d'être lui-même conduit & gouverné par ceux qui l'environnent! Qui pourroit nombrer les maux qui en réfultent!

Il eft difficile que tous les Miniftres du prince aient le même mérite, la même étendue d'efprit, la même capacité pour les affaires, le même degré de vertu, le même zele, & il eft jufte que la confiance foit proportionnée aux talens; mais fous un prince fage, l'unique différence entre un Miniftre plus capable & un autre moins habile, confifte en ce que l'un eft employé par le prince à des chofes plus importantes, & que l'autre eft appliqué à des affaires d'une moindre conféquence; le prince conduit l'un & l'autre & leur marque leurs occupations. Tous les Miniftres doivent être dans une égale dépendance à l'égard du prince, & ils ne doivent être affujettis qu'à lui feul. Jamais le prince ne doit confondre ces deux chofes qui paroiffent femblables & qui ne le font point du tout, une confiance entiere, & une pleine autorité. Un homme vertueux & habile peut bien mériter une confiance parfaite, mais il ne peut mériter que le prince lui abandonne fon autorité. Si le prince étoit capable de cette foibleffe, non-feulement l'homme de bien n'en devroit pas abufer; mais il devroit faire tous fes efforts pour empêcher le prince de fe dégrader par cette efpece de démiffion.

Abandonner à un Miniftre la fuprême direction des affaires, c'eft faire régner fa volonté fur les peuples qui ne doivent obéir qu'à leur fouverain; c'eft fe dépouiller de l'autorité fouveraine qui ceffe d'être dès qu'elle ceffe de commander; c'eft lui céder le trône. Le trône eft la même chofe que la fouveraine puiffance; & c'eft réellement defcendre du trône que d'aban-

(a) Xiphil. in Sever.

donner la furintendance de toutes les affaires à un premier Miniftre qui difpofe de tout à fon gré.

Le fage, difant que trois chofes jettent le défordre dans les Etats, compte
pour la premiere le ferviteur ambitieux qui regne au lieu du maitre (*a*).
L'obéiffance au prince coûte peu; celle qu'exige un fujet eft infupportable.
On veut dépendre du fouverain, & non pas ramper fous un homme qui
devroit obéir comme les autres. On fe foumet pourtant fi l'on y eft forcé;
mais c'eft avec une fecrete indignation, & en cherchant tous les moyens
d'abattre une puiffance importune (*b*).

Sans compter l'abus qu'un premier Miniftre peut faire de la confiance
du fouverain portée trop loin, les peuples en refpectent moins le gouvernement, dont ils voient l'autorité exercée par un autre que par celui à qui
elle appartient. Ils regardent le premier Miniftre comme un homme qui
travaille la terre d'autrui, qui n'eft point du tout occupé du bonheur de la
nation, qui a des vues particulieres, & qui n'étant pas affuré de conferver
fon pofte, cherche à faire une fortune précipitée aux dépens du public. De-
là, les murmures & l'indocilité des fujets, l'inexécution des meilleurs réglemens, & quelquefois les troubles & les révoltes.

Un prince né pour commander eft né auffi pour le travail (*c*). C'eft à lui à
veiller & même à fouffrir pour le repos & la fureté des peuples. Il eft dans
l'Etat comme un pilote dans un vaiffeau qui demeure attaché au gouvernail,
qui veille pendant le fommeil des autres, & qui fouffre l'incommodité du
froid & du vent, afin que ceux qui fe repofent fur fon application ne foient
expofés à aucun danger (*d*). Il eft dans l'Etat ce qu'un général eft dans une
armée, ce que l'ame eft au corps.

Il eft néceffaire que le fouverain foit aidé dans la double fonction dont il
eft chargé, de juger les hommes & de les défendre; mais être aidé n'eft
pas être dépouillé. Il demeure juge & protecteur comme il demeure roi.
Il doit communiquer fon autorité, mais fans communiquer fa place & fans
la partager.

La gloire des princes reçoit une grande atteinte de l'ufage des premiers
Miniftres; & il eft évident qu'un fouverain qui donne à un de fes Miniftres
une autorité fupérieure, & qui confie à des mains étrangeres des foins
qu'il doit remplir lui-même, fe reconnoît, ou dépourvu des qualités néceffaires pour le gouvernement, ou incapable de l'application que le gouvernement demande. Si cela n'eft pas, il eft inutile qu'il établiffe un premier Miniftre dont l'autorité, honteufe pour le fouverain, eft moins refpectée des peuples. Mais fi le prince a l'un ou l'autre des défauts que je

---

(*a*) *Per tria movetur terra; per fervum, cùm regnaverit.* Prov. ch. XXX, v. 21 & 22.

(*b*) *Potentiam apud unum, odium apud omnes adeptus.* Tacit. liv. I. annal. p. 37.

(*c*) *Imperium curarum eft laborumque gravium fufceptio voluntaria.* Theophil. inft. reg.
part. II. chap. 21.

(*d*) *Qui, aliis fuavi & profundo fomno fepultis, vigilans obdurat.* Ibid.

viens

viens de dire, ou fi fa mauvaife fanté demande qu'il fe décharge des principaux foins de la royauté fur des Miniftres, alors il n'y a plus à délibérer ; qu'il nomme un Miniftre principal dont les autres reçoivent les ordres. Il eft indifpenfable que le fouverain qui ne peut ou ne veut pas avoir toujours le gouvernail en main, le faffe tenir à quelqu'un, lequel réuniffant à un même point les diverfes vues des Miniftres, les faffe tous concourir au bien général de l'Etat. Sans cela, jaloux les uns des autres, les divers Miniftres appréhenderont qu'un d'entr'eux qui feroit trop fouvent prévaloir fes avis, ne perfuade le roi que fon génie eft fupérieur à celui de fes égaux, & que de leur égal il ne devienne leur fupérieur : ainfi, trop inquiet pour fa fortune particuliere, & trop tranquille fur la deftinée de l'Etat, chaque Miniftre combattra tour à tour les avis les plus judicieux, quand ils pourront faire trop d'honneur à ceux qui les donneront.

Avoir préfenté ces idées, c'eft, je crois, avoir réfuté d'avance un long paffage du teftament politique qui porte le nom du cardinal de Richelieu. » Diverfes expériences (fait-on dire à ce grand Miniftre) m'ont rendu fi » favant en cette matiere, que je penferois être refponfable devant Dieu, » fi ce teftament ne portoit en termes exprès, qu'il n'y a rien de plus » dangereux dans un Etat que diverfes autorités égales en l'adminiftration » des affaires. Ce que l'un entreprend eft traverfé par l'autre ; & fi le plus » homme de bien n'eft pas le plus habile, quand même fes propofitions » feroient les meilleures, elles feroient toujours éludées par le plus puiffant » en efprit..... Comme les maladies & la mort des hommes ne viennent que » des mauvais accords des élémens dont ils font compofés, auffi eft-il certain que la contrariété & le peu d'union qui fe trouve toujours entre les » puiffances égales, altérera le repos des Etats dont elles auront la con- » duite, & produiront divers accidens qui pourront enfin les perdre..... Ainfi » que divers pilotes ne mettent jamais tous enfemble la main au timon, » auffi n'en faut-il qu'un qui tienne celui de l'Etat. Il peut bien recevoir » les avis des autres. Il doit même quelquefois les demander, mais c'eft à » lui d'en examiner la bonté, & de tourner la main d'un côté ou d'autre, » felon qu'il eftime plus à propos, pour éviter la tempête & faire heureufe- » ment la route (a). « Ce raifonnement prouve que quelqu'un doit réunir les diverfes vues des différens Miniftres, & fubordonner le bien particulier d'une affaire ou d'une province, au bien général de la monarchie ; & c'eft ce qui eft inconteftable ; mais n'eft-ce pas là l'emploi des rois ? Et un prince capable de gouverner les peuples doit-il fe repofer fur autrui d'un foin qui le regarde uniquement ?

Au refte, fi le fouverain fe détermine à avoir un principal Miniftre, plus cette place eft importante, plus le prince doit apporter d'attention au choix de la perfonne qui la doit remplir. Comme le premier Miniftre domine

(a) Teftament politique de Richelieu, feftion VI du chap. 8 de la premiere partie, édit. de 1689.

tous les autres Ministres, il doit être auffi diftingué d'eux par fes talens, que par fon emploi. Il doit poffeder éminemment toutes les qualités néceffaires aux diverfes places que rempliffent les Miniftres fubalternes.

Du nombre de Miniftres néceffaires à un Etat.

PLUS un Etat eft vafte, plus il y faut de Miniftres. Le faix du gouvernement devenu plus confidérable ne peut être fupporté que par un plus grand nombre de perfonnes, mais ce n'eft pas feulement à l'étendue des Etats, c'eft encore à leur fituation que le nombre des Miniftres doit être proportionné. Lorfque les Etats font féparés, & qu'ils ne font pas gouvernés par les mêmes principes, il faut un plus grand nombre de Miniftres, que lorfque les Etats font réunis & ne forment qu'un feul corps foumis aux mêmes loix.

Quelque puiffante que foit la monarchie Françoife, quatre Miniftres peuvent fuffire à fon gouvernement politique, parce que fes provinces font contigues. Il ne lui en faut pas davantage. Premiérement, plus le gouvernement s'éloigne de l'unité, moins il eft monarchique. En fecond lieu, le fecret en eft mieux gardé. Enfin le petit nombre des Miniftres rend les opérations plus promptes & plus efficaces; & comme la pluralité des médecins caufe plus fouvent la mort du malade qu'elle ne procure fa guérifon, de même le trop grand nombre de Miniftres nuit plus fouvent à l'Etat, qu'il ne lui eft utile. Le confeil doit donc être compofé de peu de têtes, & l'unité qui eft la perfection du gouvernement ne laiffera pas que de s'y trouver, pourvu que le prince foit la première & feule intelligence qui donne le mouvement, que lui feul manie le gouvernail, & qu'il n'y ait pas un fecond roi dans l'Etat.

De la protection que le prince doit accorder, du traitement qu'il doit faire à fes Miniftres, & regles de fa conduite, lorfqu'il reçoit des avis contre fes Miniftres, ou contre fes généraux & fes favoris.

IL importe extrêmement au prince de ne choifir que des Miniftres habiles & gens de bien; mais ce choix une fois fait, il ne doit pas les renvoyer légérement. Tout changement de Miniftre eft nuifible à l'Etat. C'eft déjà un affez grand malheur que la mort enleve aux peuples les princes & les Miniftres devenus habiles à force de gouverner, fans y ajouter l'inconftance des changemens. Il feroit à défirer que les bons princes & les Miniftres habiles fuffent éternels.

Les courtifans attaquent, par des voies artificieufes, ceux qui rempliffent les emplois, comme s'ils vouloient fe venger du choix du prince qui cherchant un mérite qu'ils n'ont pas, les a éloignés des places dont ils étoient ambitieux. Ils tâchent de ruiner des affaires qu'ils ne peuvent gouverner, & ils lancent de mille manieres des traits empoifonnés contre les gens en place.

Le prince doit confidérer que les rebelles même commencent toujours par protefter qu'ils n'en veulent pas au prince, mais aux Miniftres qui abu-fent de fa confiance ; que le gouvernement des Miniftres eft toujours ce qui fert de prétexte au dépit des mécontens & à l'inquiétude des factieux ; qu'on ne peut attaquer l'autorité des Miniftres, fans donner atteinte à celle du prince, & que diftinguer l'une d'avec l'autre, c'eft faire au fouverain une injure cruelle.

Pour mettre les Miniftres en état de s'appliquer uniquement au fervice de l'Etat, quatre chofes font néceffaires de la part du prince.

La première, que fans leur laiffer prendre aucun afcendant, il ait con-fiance en eux, & qu'ils le fachent. Sans cela, ils fe tiendront fur la réferve en beaucoup d'occafions où leur inaction & leur filence feront préjudicia-bles à l'Etat.

La feconde, qu'il leur commande de lui parler librement, & leur per-fuade qu'ils le peuvent faire fans péril.

La troifieme, qu'il foit libéral envers eux, de forte qu'ils foient tous convaincus que leurs fervices ne demeureront pas fans récompenfe.

La quatrieme, qu'il les autorife fi ouvertement, qu'ils n'aient ni à re-douter les artifices ni à craindre le crédit de ceux qui voudroient les perdre.

C'eft affurément une très-belle invitation que celle que Conftantin fit à fes peuples, de venir répandre dans fon fein avec confiance, les fujets de plainte qu'ils avoient contre les Miniftres, les favoris, les juges, les offi-ciers de l'empereur (a) ; elle eft la marque d'un grand & bon prince ; mais il n'importe pas moins de punir les faux amis que de récompenfer les bons.

Les Miniftres, les généraux, les favoris du prince ne peuvent le fervir utilement, fans s'attirer l'inimitié de beaucoup de gens, & ils ne font pas toujours affez vertueux pour bien faire, s'ils craignent qu'il ne leur en re-vienne du mal. Il y a peu de courtifans qui ofent attaquer ouvertement ceux qui font chargés des grands emplois de l'Etat, ou honorés de la confiance du prince ; mais il s'en trouve toujours qui effaient de les rui-ner par des artifices & par des moyens fecrets & difficiles à découvrir.

Le calomniateur eft pour l'ordinaire écouté favorablement par le prince, parce qu'il fe couvre d'une apparence d'affection & de zele qui flatte leur orgueil. La calomnie fait toujours quelque impreffion fur les efprits les plus équitables, & y laiffe des traces fombres & triftes, qui difpofent aux foupçons, aux ombrages, aux défiances. Le calomniateur eft perféverant & hardi, parce qu'il croit être fûr de l'impunité, & qu'il rifque peu en

_____

(a) Si quis eft (dit Conftantin) qui fe in quemcumque judicum, comitum, amicorum, vel palatinorum meorum aliquid veraciter probare poffe contendit, quod non integrè atque juftè gef-fiffe videatur; intrepidus & fecurus accedat ; ipfe audiam omnia, ipfe cognofcam ; & fi fuerit comprobatum, ipfe me vindicabo de eo, qui me ufque ad hoc tempus fimulatâ integritate dece-perit : illum autem qui hoc prodiderit & comprobaverit & dignitatibus & rebus augebo. Ita mihi fumma divinitas propitia fit. Cod. Theod.

nuifant beaucoup. Les princes approfondiffent rarement les calomnies fecretes, par pareffe, par diftraction, par la honte de la baffeffe qu'il y a à
paroître foupçonneux, timides & défians ; enfin par la péine d'avouer qu'ils
fe font laiffés tromper, & qu'ils fe font livrés à une crédulité précipitée.
Le fouverain inappliqué eft encore plus expofé à être furpris que les autres
princes, parce qu'ayant peu d'expérience des affaires, il les juge plus fouvent par le nombre des témoins, que par le poids des témoignages.

Le prince doit extrêmement fe défier des avis qu'on lui donne en fecret
ou indirectement contre la conduite de fes Miniftres. Il n'eft point de Miniftre, quelque vertueux qu'il foit, qui puiffe paffer pour innocent dans
l'efprit de fon maître, fi fon maître n'examinant pas les chofes par lui-
même, prête une oreille trop facile aux rapports; mais le danger qu'il y
auroit à négliger les avis, ne feroit pas moindre que d'y ajouter foi légérement. Il y a un milieu. C'eft de tout approfondir avec exactitude, pour
récompenfer convenablement celui qui a fait le rapport s'il eft vrai & utile, ou le punir avec une févérité inexorable, fi l'accufation eft fauffe &
mal-intentionnée. C'eft un remede fouverain contre les faux rapports, que
de les punir.

Des devoirs des Miniftres d'État, & des qualités qu'ils doivent avoir pour les remplir.

L'HOMME-D'ÉTAT doit être auffi diftingué par les qualités de l'ame, qu'il
l'eft par l'autorité que lui donne le pofte où il eft élevé, & par l'éclat
qu'il l'environne. Sa place eft auprès du trône, il foutient le fceptre, &
partage le poids de la couronne. C'eft un membre des confeils fouverains
qui font dans les États ce que le foleil eft dans l'Univers, c'eft-à-dire l'af-
tre qui éclaire & qui anime toutes chofes. Comme fes confeils font le
point de réunion de la puiffance & des intérêts des princes & des peuples
d'où dépend leur gloire, toutes les vertus qui forment les grandes ames
doivent fe réunir dans l'homme d'État.

Les Perfes difoient que les grands qui compofoient le confeil de leurs
rois, étoient les yeux & les oreilles du prince. Par là, ils avertiffoient
tout enfemble, & le prince, qu'il avoit fes Miniftres comme nous avons
les organes de nos fens, non pour nous repofer, mais pour agir par leur
moyen ; & les Miniftres, qu'ils ne devoient pas agir pour eux-mêmes,
mais pour le prince qui étoit leur maître & pour tout le corps de l'État.

Plufieurs qualités font néceffaires à ceux que le choix & la confiance du
prince affocient, en quelque forte, au gouvernement de l'empire. Ils ont befoin d'expérience, de capacité, de probité, de courage, d'application (a).

_____

(a) Imprimis neceffe eft ut regis confiliarii fint maximo ingenio præditi, bonis artibus ex-
culti, longo rerum ufu periti, in hiftoriis diligentiffimè verfati, neque præfentiâ tantum faga-
citer odorantes, fed longè in pofterum, quid utile futurum fit Reipublicâ, conjecturâ providen-
tes. Aufonius.

Le concours de toutes ces qualités peut seul former un grand homme d'Etat.

L'expérience est comme le fondement de toutes les qualités que doit avoir le Ministre. Elle suppose qu'il est dans un âge avancé, & qu'il a été employé de bonne heure aux affaires. L'âge seroit inutile sans l'expérience, & une expérience consommée ne peut se trouver que dans un homme âgé. Les peuples ont plus de respect pour les décisions d'un conseil composé de gens expérimentés, que pour celles d'un conseil formé de jeunes gens.

Quand je parle de personnes âgées, j'entends parler de celles d'un âge mûr, ou dont la vieillesse n'est point décrépite ; car les conseils de celle-ci sont trop timides, parce que l'affoiblissement des forces produit d'ordinaire la langueur du courage. D'un autre côté, le sang coule trop impétueusement dans les veines des jeunes gens ; comme ils n'ont jamais été trompés par la fortune, ils s'arrêtent aux conseils qui ont plus de magnificence que de sûreté. Mais les personnes d'un âge mûr, dans qui la nature est modérément refroidie, & qui ont l'expérience de plusieurs entreprises faites & manquées, s'attachent au parti le plus sûr, & ne laissent presque rien à la fortune de tout ce dont ils peuvent s'assurer par les précautions que la prudence inspire.

Un sens exquis, un jugement sûr, de l'esprit & de la solidité dans l'esprit, toutes ces qualités sont nécessaires pour conseiller son prince, & encore plus nécessaires que le savoir & l'érudition ; mais ces premieres & principales qualités peuvent être relevées par une teinture raisonnable de lettres, & doivent nécessairement être accompagnées de la connoissance des Etats, de leur histoire, de leur constitution, de leur situation actuelle, & sur-tout de celui au gouvernement duquel on est appellé.

Les esprits louches ne voient rien d'une vue nette, & sont absolument incapables de gouvernement.

Les esprits subtils sont plus dangereux qu'utiles au maniement des affaires. S'ils n'ont de la solidité, ils y sont moins propres que les esprits médiocres. (a) Il en est de si fertiles en inventions, de si abondans en pensées, & qui varient si fort dans leurs desseins, que les vues du soir different de celles du matin. Ils changent les bonnes comme les mauvaises résolutions, ils ne demeurent fermes dans aucune. Les anciens ont dit de Simonide, qu'ayant médité plusieurs jours sur la demande que lui avoit fait Hieron, roi de Syracuse, son imagination lui présenta diverses considérations si subtiles, qu'il ne sut à laquelle s'arrêter. (b)

Les esprits vifs, dont la vivacité est destituée de jugement, sont plus capables de changer la face des Etats, que de les gouverner sur le pied que ces Etats sont établis, (c) au-lieu que les esprits pesans mais justes sont utiles, lors même qu'ils n'ont pas beaucoup d'étendue.

(a) *Hebetiores quàm acutiores, ut plurimùm, melius rempublicam administrant.* Thucid. lib. 3.

(b) *Volutantibus res inter se pugnantes obtorpuerant animi.* Tacite dit de Tibere ; *Ut cæ-lidum ingenium, ita anxium judicium.*

(c) *Novandis quàm gerendis rebus sunt aptiores.* Curt. lib. 4.

La préſomption nuit extrêmement aux affaires, & il eſt dangereux de donner de l'autorité à des hommes qui croyent avoir trop de lumieres pour avoir beſoin de celles d'autrui. Comme la prudence veut que le Miniſtre d'Etat parle peu, elle veut auſſi qu'il écoute beaucoup; il peut mettre tous les avis à profit; les bons ſont utiles par eux-mêmes, & les mauvais confirment les bons. L'homme le plus habile doit écouter les avis même de ceux qui ſont beaucoup moins habiles que lui; (a) mais plus un eſprit eſt élevé, moins il eſt d'ordinaire capable de recevoir des conſeils, & ce défaut rend peu propres au gouvernement ceux en qui il ſe trouve, quoiqu'ils aient d'ailleurs les talens qui y ſont néceſſaires.

Un homme d'Etat doit être fidele à Dieu, au prince, à l'Etat, aux citoyens, & à lui-même; mais ſa probité ne ſuppoſe pas une conſcience ſcrupuleuſe. Cette timidité que, dans la religion, on appelle ſuperſtition, eſt ſimplicité dans le gouvernement; elle y eſt très-dangereuſe. Comme du défaut de probité, il naît des injuſtices & des cruautés; de la timidité, il naît des ſcrupules & des facilités nuiſibles au public. Ceux qui, dans les choſes les plus certaines, tremblent par la crainte de ſe perdre, perdent ſouvent les Etats, lorſqu'ils pourroient les ſauver & ſe ſauver eux-mêmes.

Il eſt dangereux de parler librement aux princes qui ont preſque tous le cœur & les oreilles empoiſonnés de flatterie; mais le Miniſtre d'Etat n'eſt pas pour cela diſpenſé de l'obligation de leur dire librement tout ce qu'il leur importe de ne pas ignorer.

Iſocrate a donné aux Miniſtres des princes un exemple qu'il ſeroit à ſouhaiter qu'ils imitaſſent. Il étoit lui-même Miniſtre de Philippe roi de Macédoine, & il lui parle ainſi dans une de ſes lettres:

» Loin de te procurer des plaiſirs pour t'entretenir dans la molleſſe, je ne » veux que te donner des conſeils utiles au gouvernement. Un prince qui » veut régner avec ſageſſe, ne doit employer ſes jours qu'aux ſoins de pro- » curer le repos & l'abondance à ſes peuples. Je ſoutiens que ce n'eſt pas » la bravoure & l'intrépidité qui forment un grand prince. Ces qualités ſont » communes. Le ſoldat le pourroit diſputer à ſon général, s'il ne s'agiſſoit » que de ces actions vives & déterminées & de cette audace martiale. Mais ce » qui doit diſtinguer un prince & l'élever, c'eſt une prudence conſommée, » une politique fine & délicate, une prévoyance continuelle, une connoiſ- » ſance parfaite de lui-même & de ſes Miniſtres, un diſcernement juſte du » mérite, un généreux mépris de la flatterie & de la prévention, une cu- » rioſité raiſonnable de connoître les différens particuliers de ſes ſujets, une » douceur engageante, une bonté paternelle. Enfin, il faut qu'un prince » meſure la récompenſe à la vertu, & la peine au vice.

La ſincérité d'un Miniſtre parlant à ſon maître fait une partie de la fidé- lité qu'il lui doit; & tout Miniſtre qui n'oſe dire la vérité au ſouverain, eſt

(a) Reſtê opportuna ſæpê olitorius locutus eſt.

incapable de le bien fervir. Loin d'ici cette ancienne & pernicieufe maxime : *Si tu empêches ton maître de tomber, il ne fentira pas que c'eft toi qui
le relèves.* Sous les mauvais princes, il eft dangereux en effet de donner
des confeils. On fe rend garant des événemens dont la fortune décide, &
l'on paye quelquefois les mauvais fuccès d'un bon confeil. C'eft pour cela
que les Miniftres tâchent de laiffer former au prince lui-même fes réfolutions, & évitent tant qu'ils peuvent de lui en infpirer à découvert. Mais
ou il faut s'abftenir de tout emploi auprès des princes, ou il faut leur donner des confeils fideles.

La probité du Miniftre ne peut compatir avec la rigueur qui a fa fource
dans l'injuftice; mais elle n'eft pas contraire à la févérité dont il faut ufer
en beaucoup d'occafions. Loin de la défendre, elle la confeille, & quelquefois elle la commande. Elle n'empêche pas qu'un homme ne puiffe faire
fes affaires en faifant celles de l'Etat; mais elle lui ordonne de préférer les
intérêts du public aux fiens.

Cette même probité exclut cette foibleffe qu'on honore du nom de bonté
& qui empêche de refufer ceux qui font des demandes injuftes. Elle veut
qu'en accordant fans héfiter ce qui eft raifonnable, on refufe avec fermeté
ce qui ne l'eft pas. Les particuliers peuvent bien fe relâcher de leurs droits,
parce qu'ils ne donnent que ce qui leur appartient & qu'ils font récompenfés de ce qu'ils abandonnent, par la gloire qui leur en revient ; mais les
Miniftres ne font point généreux en abandonnant les intérêts de l'Etat, ils
ne font qu'imprudens & injuftes. Ferdinand, grand duc de Florence, difoit, à ce fujet, qu'il aimoit mieux un Miniftre corrompu que celui dont
la facilité étoit extrême, parce que le Miniftre corrompu n'eft pas toujours
féduit par fon intérêt qui ne fe trouve pas toujours dans les affaires qu'il
manie, au lieu que le Miniftre facile eft entraîné dans toutes les occafions
par tous ceux qui le preffent, & on le preffe d'autant plus qu'on le connoît moins capable de réfifter.

Un Miniftre ne doit avoir d'autres ennemis que ceux de l'Etat. Il ne
doit jamais venger fes injures, que quand il tire raifon de celles de l'Etat;
& il ne doit jamais venger celles-ci, que par la confidération du bien public. S'il les venge par un reffentiment perfonnel, on peut dire que, comme ceux qui ont une probité fcrupuleufe font fouvent mal par un bon
principe, il fait bien par un mauvais.

Le Miniftre d'Etat ne doit jamais expofer la fortune publique, & il eft
néceffaire qu'il ait du courage pour méprifer toutes fortes de périls. Ce n'eft
pas qu'il ne doive penfer qu'aux grandes chofes; car il doit auffi porter fes
vues fur les moindres, attendu que les plus grands défordres ont fouvent
de très-petits commencemens. C'eft pour être exempt de ces mouvemens
de foibleffe & de crainte qui empêchent qu'on ne prenne des réfolutions
utiles & qu'on n'exécute celles qu'on a prifes.

L'application eft encore une des qualités indifpenfablement néceffaires au
Miniftre. Il doit être attaché, d'efprit, de penfée, & d'affection, aux affai-

res publiques. Il doit porter ſes vues ſur toutes les conditions, prévoir ce qui peut arriver, aller au-devant des maux qu'on peut craindre, & exécuter les entrepriſes utiles à l'Etat dont l'intérêt veut, dans quelques occaſions, qu'on ne précipite rien, & dans d'autres, qu'on ne diffère point. Quelquefois on a beſoin de temps pour prendre des réſolutions dont on n'ait pas ſujet de ſe repentir. Quelquefois auſſi, le moindre retardement peut faire manquer des affaires que la diligence feroit réuſſir.

Philippe, pere d'Alexandre, dit un mot bien honorable & bien flatteur pour ſon Miniſtre. Un jour que s'étant levé fort tard, il trouva à ſon réveil une cour fort nombreuſe : *Je dors* (dit-il à ſes courtiſans) *mais Antipater veille.*

Le bon ſuccès des affaires doit être le plus grand plaiſir du Miniſtre, mais l'application qu'il y doit donner ne lui interdit pas les divertiſſemens raiſonnables. Un travail continuel épuiſeroit ſes forces & il eſt juſte & même néceſſaire qu'un homme d'Etat prenne des plaiſirs, pourvu qu'il le faſſe avec la modération de celui qui en uſe, & non avec l'emportement de celui qui s'y livre.

La diſtinction des actions des ſouverains que j'ai faite ailleurs, a une application naturelle aux actions des grands d'un Etat. Un gentilhomme dans ſes terres, un magiſtrat dans les fonctions de ſa charge, un gouverneur dans ſa province, tout homme en un mot qui exerce quelque autorité ſur d'autres hommes, doit conſidérer qu'il n'eſt pas à lui, mais à ſon emploi, & que la puiſſance de ſa place ne lui eſt pas donnée pour en jouir & pour s'y plaire, mais afin qu'il s'en ſerve pour le bien de ceux qui lui ſont ſoumis.

Fin du Tome vingt-quatrieme.